Jens Peter Meincke

Erbschaftsteuer- und Schenkungsteuergesetz

Erbschaftsteuer- und Schenkungsteuergesetz

Kommentar

von

Dr. Jens Peter Meincke
em. o. Professor
an der Universität zu Köln

16., neubearbeitete Auflage

www.beck.de

ISBN 978 3 406 63240 2

© 2012 Verlag C. H. Beck oHG
Wilhelmstraße 9, 80801 München
Satz, Druck und Bindung: Druckerei C. H. Beck Nördlingen
(Adresse wie Verlag)

Gedruckt auf säurefreiem, alterungsbeständigem Papier
(hergestellt aus chlorfrei gebleichtem Zellstoff)

Vorwort

Das Manuskript dieser Neuauflage, mit dessen Ausarbeitung schon frühzeitig begonnen worden war, konnte erst nach Verabschiedung der neuen Erbschaftsteuer-Richtlinien Mitte Dezember 2011 seine Endfassung erhalten. Dafür war es dann aber möglich, neben den Änderungen, die das Wachstumsbeschleunigungsgesetz (BGBl I 2009, 3950) und das Jahressteuergesetz 2010 (BGBl I 2010, 1768) mit sich gebracht hatten, auch noch die Neuregelungen durch das Steuervereinfachungsgesetz 2011 (BGBl I 2011, 2131) und das Beitreibungsrichtlinie-Umsetzungsgesetz (BGBl I 2011, 2592) in die Kommentierung einzubeziehen. Wie in den Vorjahren hat sich die Überarbeitung nicht auf die Berücksichtigung neuer Vorschriften und einschlägiger Gerichtsentscheidungen beschränkt. Vielmehr wurden zusätzlich Anstrengungen unternommen, die Grundlinien der Kommentierung in vielen Einzelfragen zu überprüfen, undeutliche Passagen deutlicher zu fassen, hier zu kürzen und dort zu erweitern und so dem Kommentar insgesamt mehr Profil zu geben, ohne dabei den Umfang der Kommentierung wesentlich auszudehnen.

Die Vorauflage hatte auf verschiedene Redaktionsversehen in dem kurz zuvor in Kraft getretenen Erbschaftsteuerreformgesetz aufmerksam gemacht. Eines dieser Versehen ist inzwischen behoben worden. § 13 b Absatz 3 Satz 2 aF war falsch platziert und enthielt eine unzutreffende Verweisung. Um dem abzuhelfen, hat der Gesetzgeber im Jahressteuergesetz 2010 die bisherige Regelung durch den jetzigen Absatz 2 Satz 7 ersetzt. Andere Missgriffe sind dagegen unkorrigiert geblieben. So schreibt § 19 a Absatz 5 unverändert vor, dass der Entlastungsbetrag bei Verstößen des Erwerbers gegen die Behaltensregelungen auch im Fall des § 13 a Absatz 8 entfallen soll. Unter den Voraussetzungen des § 13 a Absatz 8 kommt aber der Entlastungsbetrag gar nicht zum Zuge. Die Regelung läuft daher ins Leere. Auch Bedenken gegen die sprachlich verunglückte Fassung des § 13 a Absatz 5 Nr 5 („... soweit der Erwerber ... die Stimmrechtsbündelung aufgehoben wird ..."), wurden bisher ignoriert. Und wie ein Paketzuschlag bei Gesellschaftsanteilen gedacht werden soll, die als Bruchteil des Unternehmenswerts zu verstehen sind, muss unverändert ein Geheimnis des Gesetzgebers bleiben (§ 12 Anm 47).

Jede Neuauflage bietet Anlass zu danken. Anregungen, die mich mit Dank erfüllen, gewinne ich immer wieder aus einem freundschaftlichen Mailaustausch mit Dr. Dietmar Moench, dem verdienstvollen Kommentator, der sich inzwischen auch erfolgreich als Lehrbuchautor etablieren

Vorwort

konnte. Mein Dank gilt ferner dem Lektor des Verlags, Herrn Theismann, der die Kommentierungsarbeiten auch im Rahmen der Neuauflage jederzeit sachkundig und hilfsbereit begleitet hat. In diesem Jahr richte ich schließlich einen besonderen Dank an Freya Meincke, meine Frau. Sie hat Last und Lust des Wissenschaftlerdaseins mit Verständnis und Rücksichtnahme für mich seit nun fast 50 Jahren mitgetragen. Dafür bin ich ihr außerordentlich dankbar.

Bonn, im März 2012 *Jens Peter Meincke*

Inhaltsverzeichnis

Vorwort V
Abkürzungsverzeichnis XI
Einführung 1

Erläuterungen zum Erbschaftsteuer- und Schenkungsteuergesetz (ErbStG)

Abschnitt 1. Steuerpflicht

§ 1	Steuerpflichtige Vorgänge	19
§ 2	Persönliche Steuerpflicht	37
§ 3	Erwerb von Todes wegen	62
§ 4	Fortgesetzte Gütergemeinschaft	132
§ 5	Zugewinngemeinschaft	138
§ 6	Vor- und Nacherbschaft	165
§ 7	Schenkungen unter Lebenden	183
§ 8	Zweckzuwendungen	292
§ 9	Entstehung der Steuer	297

Abschnitt 2. Wertermittlung

§ 10	Steuerpflichtiger Erwerb	334
§ 11	Bewertungsstichtag	383
§ 12	Bewertung	389
§ 13	Steuerbefreiungen	447
§ 13 a	Steuerbefreiung für Betriebsvermögen, Betriebe der Land- und Forstwirtschaft und Anteile an Kapitalgesellschaften	496
§ 13 b	Begünstigtes Vermögen	528
§ 13 c	Steuerbefreiung für zu Wohnzwecken vermietete Grundstücke	549

Abschnitt 3. Berechnung der Steuer

§ 14	Berücksichtigung früherer Erwerbe	554
§ 15	Steuerklassen	573
§ 16	Freibeträge	597

Inhalt

§ 17	Besonderer Versorgungsfreibetrag	605
§ 18	Mitgliederbeiträge	613
§ 19	Steuersätze	614
§ 19 a	Tarifbegrenzung beim Erwerb von Betriebsvermögen, von Betrieben der Land- und Forstwirtschaft und von Anteilen an Kapitalgesellschaften	619

Abschnitt 4. Steuerfestsetzung und Erhebung

§ 20	Steuerschuldner	626
§ 21	Anrechnung ausländischer Erbschaftsteuer	643
§ 22	Kleinbetragsgrenze	663
§ 23	Besteuerung von Renten, Nutzungen und Leistungen	663
§ 24	Verrentung der Steuerschuld in den Fällen des § 1 Abs. 1 Nr. 4	672
§ 25	*Besteuerung bei Nutzungs- und Rentenlast*	672
§ 26	Ermäßigung der Steuer bei Aufhebung einer Familienstiftung oder Auflösung eines Vereins	682
§ 27	Mehrfacher Erwerb desselben Vermögens	685
§ 28	Stundung	693
§ 29	Erlöschen der Steuer in besonderen Fällen	700
§ 30	Anzeige des Erwerbs	711
§ 31	Steuererklärung	719
§ 32	Bekanntgabe des Steuerbescheids an Vertreter	727
§ 33	Anzeigepflicht der Vermögensverwahrer, Vermögensverwalter und Versicherungsunternehmen	734
§ 34	Anzeigepflicht der Gerichte, Behörden, Beamten und Notare	739
§ 35	Örtliche Zuständigkeit	742

Abschnitt 5. Ermächtigungs- und Schlußvorschriften

§ 36	Ermächtigungen	747
§ 37	Anwendung des Gesetzes	748
§ 37 a	Sondervorschriften aus Anlaß der Herstellung der Einheit Deutschlands	750
§ 38	*Berlin-Klausel*	751
§ 39	*Inkrafttreten*	752

Anhang

1. Bewertungsgesetz – Auszug 755
2. Erbschaftsteuer-Durchführungsverordnung 796
3. Verzeichnis der für die Verwaltung der ErbSt/SchSt zuständigen Finanzämter 812

Sachregister 821

Abkürzungsverzeichnis

Verzeichnis der Abkürzungen und der abgekürzt zitierten Literatur*

aA (AA)	anderer Ansicht
aaO	am angegebenen Ort
ABl	Amtsblatt
abl	ablehnend
ABlKR	Amtsblatt des Kontrollrats in Deutschland
Abs	Absatz
Abschn	Abschnitt
abw	abweichend
AcP	Archiv für die civilistische Praxis (Zeitschrift)
AdV	Aussetzung der Vollziehung
aE	am Ende
AEAO	Anwendungserlass zur Abgabenordnung
AEUV	Vertrag über die Arbeitsweise der Europäischen Union
aF	alte(r) Fassung
AfA	Absetzung für Abnutzung
AG	Aktiengesellschaft; auch: Zeitschrift „Die Aktiengesellschaft"; mit Ortsbezeichnung: Amtsgericht
AktG	Aktiengesetz
Allg (allg)	Allgemein(es)
aM	anderer Meinung
AmtlSlg	Amtliche Sammlung
Anl	Anlage
Anm	Anmerkung
AO	Abgabenordnung
Art	Artikel
AStG	Außensteuergesetz
Aufl	Auflage
ausl	ausländisch
AVG	Angestelltenversicherungsgesetz
Az	Aktenzeichen
Bad-Württ	Baden-Württemberg
BAnz	Bundesanzeiger
Bay, bay	Bayern, bayerisch
BayObLG	Bayerisches Oberstes Landesgericht
BB	Betriebs-Berater (Zeitschrift)
BBG	Bundesbeamtengesetz
Bbg	Brandenburg
Bd	Band
BdF	siehe BMF
BEG	Bundesentschädigungsgesetz
Begr	Begründung
BeitrRL-UmsG	Beitreibungsrichtlinie-Umsetzungsgesetz

---

* Weitere Literatur und Nachweise s in der Einführung Anm 19.

Abkürzungen

Abkürzungsverzeichnis

Berl	Berlin
betr	betrifft, betreffend
BewÄndG	Bewertungsänderungsgesetz
BewG	Bewertungsgesetz
BewDV	Durchführungsverordnung zum Bewertungsgesetz
BewRGr	Richtlinien für die Bewertung des Grundvermögens
BezG	Bezirksgericht
BF(in)	Beschwerdeführer(in)
BFH	Bundesfinanzhof
BFHE	Sammlung von Entscheidungen des Bundesfinanzhofs
BFH/NV	Sammlung amtlich nicht veröffentlichter Entscheidungen des BFH (Zeitschrift)
BFinBl	Amtsblatt des Bundesfinanzministeriums
BFuP	Betriebswirtschaftliche Forschung und Praxis (Zeitschrift)
BGB	Bürgerliches Gesetzbuch
BGBl I/II	Bundesgesetzblatt Teil I/Teil II
BGBl III	Bereinigte Sammlung des Bundesrechts, abgeschlossen am 28. 12. 1968 (in Nachweisform fortgeführt durch FNA)
BGH	Bundesgerichtshof
BGHZ	Sammlung von Entscheidungen des Bundesgerichtshofs in Zivilsachen
BMF	Bundesminister(ium) der Finanzen
Bp	Betriebsprüfung
BRD	Bundesrepublik Deutschland
BRDrs	Bundesratsdrucksache
Bre	Bremen
Bsp	Beispiel
BStBl I/II/III	Bundessteuerblatt Teil I/Teil II/(Teil III – erschienen bis 1967)
BTDrs	Bundestagsdrucksache
BTProt	Bundestagsprotokoll
BV	Betriebsvermögen
BVerfG	Bundesverfassungsgericht
BVerfGE	Sammlung von Entscheidungen des Bundesverfassungsgerichts
BVerfGG	Bundesverfassungsgerichtsgesetz
BVG	Bundesversorgungsgesetz
BW	siehe Bad-Württ
BWNotZ	Zeitschrift für das Notariat in Baden-Württemberg
bzw	beziehungsweise
Daragan/(Bearbeiter)	Daragan/Halaczinsky/Riedel, ErbSt und BewG (Kommentar)
DB	Der Betrieb (Zeitschrift)
DBA	Abkommen zur Vermeidung der Doppelbesteuerung
DDR	Deutsche Demokratische Republik
dh	das heißt
Dig	Digesten
Diss	Dissertation
DJT	Deutscher Juristentag
DJZ	Deutsche Juristenzeitung

Abkürzungsverzeichnis **Abkürzungen**

DM	Deutsche Mark
DNotZ	Deutsche Notar-Zeitschrift
DR	Deutsches Recht (Zeitschrift)
DRiZ	Deutsche Richterzeitung
Drs	Drucksache
DStJG	Deutsche Steuerjuristische Gesellschaft e. V.
DStR	Deutsches Steuerrecht (Zeitschrift)
DStRE	DStR Entscheidungsdienst (Zeitschrift)
DStZ	Deutsche Steuerzeitung
DStZ/A	Deutsche Steuerzeitung Ausgabe A
DStZ/E, DStZ/B	Deutsche Steuerzeitung/Eildienst
DV, DVO	Durchführungsverordnung
DVR	Deutsche Verkehrsteuer-Rundschau
EFG	Entscheidungen der Finanzgerichte (Zeitschrift)
EG	Europäische Gemeinschaft(en)
EGAO	Einführungsgesetz zur AO 1977
EGBGB	Einführungsgesetz zum Bürgerlichen Gesetzbuch
EGV	Vertrag über die Gründung der Europäischen Gemeinschaft (EG-Vertrag)
Einf	Einführung
Einl	Einleitung
einschr	einschränkend
ErbbauRG	Gesetz über das Erbbaurecht
ErbbauVO	Verordnung über das Erbbaurecht, s jetzt ErbbauRG
ErbR	Erbrecht
ErbSt	Erbschaftsteuer
ErbStÄndG	Erbschaftsteueränderungsgesetz
ErbStB	Der Erbschaftsteuerberater (Zeitschrift)
ErbStDV	Erbschaftsteuer-Durchführungsverordnung
ErbStErl	Erlass betreffend Zweifelsfragen bei Anwendung des neuen Erbschaftsteuer- und Schenkungsteuergesetzes (gleich lautender Ländererlass vom 20. 12. 1974, BStBl I 75, 42, sowie vom 10. 3. 1976, BStBl I 76, 145)
ErbStG	Erbschaftsteuer- und Schenkungsteuergesetz
ErbStH	Hinweise zu den Erbschaftsteuer-Richtlinien vom 19. 12. 2011, BStBl I Sondernr 1/11, 117
ErbStR	Allgemeine Verwaltungsvorschrift zur Anwendung des Erbschaftsteuer- und Schenkungsteuerrechts (Erbschaftsteuer-Richtlinien) vom 19. 12. 2011, BStBl I Sondernr 1/11, 2
ErbStRecht	Erbschaftsteuerrecht
ErbStRG	Erbschaftsteuer-Reformgesetz
Erl	Erlass
ESt	Einkommensteuer
EStDV	Einkommensteuer-Durchführungsverordnung
EStG	Einkommensteuergesetz
EStH	Einkommensteuer-Hinweise
EStR	Einkommensteuer-Richtlinien
EStRecht	Einkommensteuerrecht
etc	et cetera (und so weiter)
EU	Europäische Union

Abkürzungen

EuGH	Europäischer Gerichtshof (Gerichtshof der Europäischen Union)
EW	Einheitswert
EWG	Europäische Wirtschaftsgemeinschaft
EWR	Europäischer Wirtschaftsraum
EWS	Europäisches Wirtschafts- und Steuerrecht (Zeitschrift)
f, ff	(fort)folgend(e)
F	Fach
FA/FÄ	Finanzamt (Finanzämter)
FA (BT)	Finanzausschuss des Bundestages
FamFG	Gesetz über das Verfahren in Familiensachen vom 17. 12. 2008 (BGBl I 08, 2586)
FamRZ	Zeitschrift für das gesamte Familienrecht
FG	Finanzgericht
FGB-DDR	Familiengesetzbuch der Deutschen Demokratischen Republik
FGO	Finanzgerichtsordnung
FinArch	Finanzarchiv
FinBeh	Finanzbehörde
Finger	Kommentar zum Erbschaftsteuergesetz (4. Aufl 1932)
FinMin	Finanzministerium, Finanzminister
FinSen	Finanzsenator
FinVerw	Finanzverwaltung
Fischer/(Bearbeiter)	Fischer/Jüptner/Pahlke/Wachter, Erbschaft- und Schenkungsteuergesetz (Kommentar)
Fn	Fußnote
FNA	Bundesgesetzblatt Teil I, Fundstellennachweis A (Bundesrecht ohne völkerrechtliche Vereinbarungen)
FR	Finanz-Rundschau (Zeitschrift)
FS	Festschrift
FSt	(Institut) Finanzen und Steuern
G, Ges	Gesetz
GBl	Gesetzblatt
GBO	Grundbuchordnung
GbR	Gesellschaft des bürgerlichen Rechts
gem	gemäß
GemVO	Gemeinnützigkeits-Verordnung
GesSt	Gesellschaftsteuer
GewSt	Gewerbesteuer
GG	Grundgesetz
ggf	gegebenenfalls
GmbH	Gesellschaft mit beschränkter Haftung
GmbHG	Gesetz betreffend die GmbH
GmbHR	GmbH-Rundschau
GrESt	Grunderwerbsteuer
GrEStG	Grunderwerbsteuergesetz
GrS	Großer Senat
GrSt	Grundsteuer
GrStG	Grundsteuergesetz

Abkürzungen

G/S	Gürsching/Stenger, Bewertungsgesetz, Erbschaftsteuergesetz, Kommentar (Loseblatt)
GVBl, GVOBl	Gesetz- und Verordnungsblatt
Hbg.	Hamburg
Hdb	Handbuch
Hess, hess	Hessen, hessisch
HFR	Höchstrichterliche Finanzrechtsprechung (Zeitschrift)
HGA	Hypothekengewinnabgabe
HGB	Handelsgesetzbuch
hM	herrschende Meinung
HöfeO	Höfeordnung
HRR	Höchstrichterliche Rechtsprechung (Zeitschrift)
hrsg	herausgegeben
Hs	Halbsatz
ibid	ibidem (= an gleicher Stelle)
idF	in der Fassung
idR	in der Regel
idS	in diesem Sinne
ieS	im engeren Sinne
Inf	Die Information über Steuer und Wirtschaft (Zeitschrift)
insb	insbesondere
InsO	Insolvenzordnung
Intertax	European Tax Review/Europäische Steuerzeitung/La Fiscalité du Marché Commun, Deventer/Bonn
IPR	Internationales Privatrecht
IStR	Internationales Steuerrecht (Zeitschrift)
iSd (v)	im Sinne des (von)
iV (m)	in Verbindung (mit)
IWB	Internationale Wirtschaftsbriefe (Zeitschrift)
iwS	im weiteren Sinne
Jauernig	Jauernig, Kommentar zum Bürgerlichen Gesetzbuch
JbDStJG	Jahrbuch der Deutschen Steuerjuristischen Gesellschaft
JbdStR	Jahrbuch des Steuerrechts
JbFfSt	Jahrbuch der Fachanwälte für Steuerrecht
Jg(e)	Jahrgang (Jahrgänge)
JR	Juristische Rundschau
jur	juristisch
JuS	Juristische Schulung (Zeitschrift)
JW	Juristische Wochenschrift
JZ	Juristenzeitung
KapErtragSt	Kapitalertragsteuer
Kapp/Ebeling/Geck.	Kapp/Ebeling/Geck, Erbschaftsteuer- und Schenkungsteuergesetz, Kommentar (Loseblatt)
KBV	Kleinbetragsverordnung
KG	Kammergericht, Kommanditgesellschaft
KGaA	Kommanditgesellschaft auf Aktien
Kipp	Kipp, Kommentar zum Erbschaftsteuergesetz 1925 (1927)

Abkürzungen

KiSt	Kirchensteuer
KO	Konkursordnung
KÖSDI	Kölner Steuerdialog (Zeitschrift)
KRG	Kontrollratsgesetz
KSt	Körperschaftsteuer
KStG	Körperschaftsteuergesetz
KVSt	Kapitalverkehrsteuer
KVStG	Kapitalverkehrsteuergesetz
LAG	Lastenausgleichsgesetz
lfd	laufend
Lfg	Lieferung
LG	Landgericht
lit	Buchstabe
LM	Lindenmaier-Möhring, Nachschlagewerk des BGH
LPartG	Gesetz über die Eingetragene Lebenspartnerschaft
LSt	Lohnsteuer
lt	laut
luf	land- und forstwirtschaftlich
M	Mark
Maunz/Dürig	Maunz/Dürig, Kommentar zum Grundgesetz (Loseblatt)
maW	mit anderen Worten
MdF	Minister der Finanzen
MDR	Monatsschrift für Deutsches Recht (Zeitschrift)
MinBl	Ministerialblatt
Mirre	Kommentar zum ErbStG (2. Aufl 1923)
MittBayNotK	Mitteilungen der Bayerischen Notarkammer (Zeitschrift)
MittRhNotK	Mitteilungen der Rheinischen Notarkammer (Zeitschrift)
Moench/(Bearbeiter)	Moench/Weinmann, Erbschaft- und Schenkungsteuergesetz mit Bewertungsgesetz, Kommentar unter Mitarbeit von Kien-Hümbert, Roscher, Wiegand (Loseblatt)
MünchKomm, MK	Münchener Kommentar zum BGB
M-Vorp	Mecklenburg-Vorpommern
mwN	mit weiteren Nachweisen
mWv	mit Wirkung vom/von
Nds, nds	Niedersachsen, niedersächsisch
NEhelG	Gesetz über die rechtliche Stellung der nichtehelichen Kinder
nF	neue(r) Fassung, neue(r) Folge
NJW(-RR)	Neue Juristische Wochenschrift(-Rechtsprechungs-Report)
Nr(n)	Nummer(n)
NRW, NW	Nordrhein-Westfalen
NSt	Neues Steuerrecht (Zeitschrift)
nv	nicht veröffentlicht
Nw	Nachweise
NWB	Neue Wirtschaftsbriefe (Zeitschrift)

Abkürzungen

ÖsterrJurBlätter	Österreichische Juristische Blätter
OFD	Oberfinanzdirektion
OGHZ	Entscheidungen des Obersten Gerichtshofes für die Britische Zone in Zivilsachen (1.1949–4.1950)
OHG	offene Handelsgesellschaft
OLG	Oberlandesgericht
OLGZ	Entscheidungen der Oberlandesgerichte in Zivilsachen
OWiG	Ordnungswidrigkeitengesetz
Palandt/(Bearbeiter)	Palandt, Kommentar zum Bürgerlichen Gesetzbuch
ParteiG	Parteiengesetz
PersGes	Personengesellschaft(en)
Petzoldt	Petzoldt, Kommentar zum Erbschaftsteuer- und Schenkungsteuergesetz (2. Aufl 1986)
Pfl, pfl	Pflicht, pflichtig
preuß	preußisch
PreußAG	Preußisches Ausführungsgesetz zum BGB
R	Recht; Einzelrichtlinie der EStR bzw ErbStR (E zum ErbStG; B zum BewG)
RA	Rechtsanwalt(-anwälte)
RAO	Reichsabgabenordnung
RdErl	Runderlass
RdF	Reichsminister der Finanzen
Rdnr, Rn	Randnummer
RdVfg	Rundverfügung
RFH	Reichsfinanzhof
RFHE	Sammlung der Entscheidungen des Reichsfinanzhofs
RG	Reichsgericht
RGBl	Reichsgesetzblatt
RGRK	Das Bürgerliche Gesetzbuch, Kommentar herausgegeben von Mitgliedern des BGH (12. Aufl 1974 ff)
RGZ	Sammlung von Entscheidungen des Reichsgerichts in Zivilsachen
Rh-Pf	Rheinland-Pfalz
RIW	Recht der internationalen Wirtschaft (Zeitschrift)
RL	Richtlinie
ROW	Recht in Ost und West (Zeitschrift)
Rspr	Rechtsprechung
RStBl	Reichssteuerblatt
RTDrs	Reichstagsdrucksache
RVO	Reichsversicherungsordnung; Rechtsverordnung
RWP	Rechts- und Wirtschaftspraxis (Loseblattsammlung)
Rz	Randziffer
S, s	Satz; Seite; siehe
Saarl	Saarland
S-Anh	Sachsen Anhalt
sc	scilicet (= nämlich)
Schachian	Kommentar zum ErbStG (1921)
Schl-H	Schleswig-Holstein
SchR	Schenkungsrecht

Abkürzungen

SchSt(R)	Schenkungsteuer(recht)
SGB VI	Sozialgesetzbuch, Sechstes Buch, Gesetzliche Rentenversicherung
SGB XI	Sozialgesetzbuch, Elftes Buch, Soziale Pflegeversicherung
sog	sogenannt(e)
Sp	Spalte
St	Steuer
StÄndG	Steueränderungsgesetz
StandOG	Standortsicherungsgesetz
StAnpG	Steueranpassungsgesetz
Staudinger	Staudinger, Kommentar zum Bürgerlichen Gesetzbuch
StBerG	Steuerberatungsgesetz
Stbg	Die Steuerberatung (Zeitschrift)
StbJb	Steuerberater-Jahrbuch
StbKRep	Steuerberaterkongress-Report (ab 1977)
StBp	Die steuerliche Betriebsprüfung (Zeitschrift)
StED	Steuereildienst (Zeitschrift)
StEK	Steuererlasse in Karteiform, hrsg von Felix
StEntlG	Steuerentlastungsgesetz
SteuerStud	Steuer und Studium (Zeitschrift)
StKl	Steuerklasse
StKRep	Steuerkongress-Report (bis 1976)
StMBG	Missbrauchsbekämpfungs- und Steuerbereinigungsgesetz
Stölzle	Stölzle, Kommentar zum ErbStG (2. Aufl 1932)
StPfl, Stpfl, stpfl	Steuerpflicht(iger), steuerpflichtig
str	streitig
StR	Steuerrecht
StRefG	Steuerreformgesetz
StRK	Steuerrechtsprechung in Karteiform, hrsg von Felix
StRK Anm	Anmerkungen zur Steuerrechtsprechung in Karteiform
StuW	Steuer und Wirtschaft (Zeitschrift)
StVj	Steuerliche Vierteljahresschrift (Zeitschrift)
StW	Die Steuerwarte (Zeitschrift)
StZBl	Steuer- und Zollblatt
T	Tausend
Tiedtke/(Bearbeiter)	Erbschaftsteuer- und Schenkungsteuergesetz (Kommentar)
Troll/(Bearbeiter)	Troll/Gebel/Jülicher, Erbschaftsteuer- und Schenkungsteuergesetz, Kommentar (Loseblatt)
Tz	Textziffer
u	und
ua	unter anderem
uE	unseres Erachtens
UmwStG	Umwandlungssteuergesetz
UrkSt	Urkundensteuer
USt	Umsatzsteuer
UStAE	Umsatzsteuer-Anwendungserlass

Abkürzungsverzeichnis **Abkürzungen**

UStG	Umsatzsteuergesetz
usw	und so weiter
uU	unter Umständen
UVR	Umsatzsteuer- und Verkehrsteuer-Recht (Zeitschrift)
VerfGH	Verfassungsgerichtshof
VerschG	Verschollenheitsgesetz
VerwAuff	Verwaltungsauffassung
Vfg	Verfügung
vgl	vergleiche
vH	vom Hundert
Viskorf/ (Bearbeiter)	Viskorf/Knobel/Schuck, Erbschaftsteuer- und Schenkungsteuergesetz (Kommentar)
VO	Verordnung
Vorb	Vorbemerkung
VSt	Vermögensteuer
VStG	Vermögensteuergesetz
VStR	Vermögensteuer-Richtlinien
VStRecht	Vermögensteuerrecht
vT	vom Tausend
VVG	Gesetz über den Versicherungsvertrag
VwZG	Verwaltungszustellungsgesetz
VZ	Veranlagungszeitraum
W/J/(Bearbeiter)	Wilms/Jochum, Erbschaft- und Schenkungsteuergesetz, Kommentar (Loseblatt)
WM	Wertpapiermitteilungen (Zeitschrift)
WPg	Die Wirtschaftsprüfung (Zeitschrift)
WÜD	Wiener Übereinkommen über diplomatische Beziehungen
WÜK	Wiener Übereinkommen über konsularische Beziehungen
zB	zum Beispiel
ZDG	Zivildienstgesetz
ZErb	Zeitschrift für die Steuer- und Erbrechtspraxis
ZEV	Zeitschrift für Erbrecht und Vermögensnachfolge
ZGB	Zivilgesetzbuch (der DDR)
ZGR	Zeitschrift für Unternehmens- und Gesellschaftsrecht
ZHR	Zeitschrift für das gesamte Handelsrecht und Wirtschaftsrecht
Ziff	Ziffer
ZIP	Zeitschrift für Wirtschaftsrecht und Insolvenzpraxis
ZivilR	Zivilrecht
ZNotP	Zeitschrift für die Notarpraxis
ZPO	Zivilprozessordnung
ZRP	Zeitschrift für Rechtspolitik
zT	zum Teil
zust	zustimmend
zZ (zZt)	zurzeit

Einführung

Übersicht

1.–4. Die ErbSt im StSystem
5.–10. ErbSt und Verfassung
11., 12. ErbSt und ZivilR, Auslegungsgrundsätze
13.–18. Rückblick und Ausblick
19. Literatur

1.–4. Die ErbSt im Steuersystem

Schrifttum: *Tipke,* Die Steuerrechtsordnung II, 2. Aufl 2003, 869; *Meincke,* Zur Abstimmung von ESt und ErbSt, FS Tipke, 1995, 391; vgl ferner die in *Birk* (Hrsg), Steuern auf Erbschaft und Vermögen, DStJG 22, 1999, zusammengestellten Beiträge von *Meincke, Crezelius* und *Mellinghoff; J. Lang,* Das verfassungsrechtliche Scheitern der Erb- und SchSt, StuW 08, 189; *Hübner,* Erbschaftsteuerreform 2009, Gesetze, Materialien, Erläuterungen, 2009; *Crezelius,* Das neue Erbschaft- und Schenkungsteuerrecht im Rechtssystem, ZEV 09, 1; *Seer,* Die Erbschaft- und Schenkungsteuer im System der Besteuerung nach der wirtschaftlichen Leistungsfähigkeit, GmbHR 09, 225. – Eindrucksvolle Überlegungen zum gegenwärtigen und künftigen ErbStRecht finden sich bei *Kirchhof,* Bundessteuergesetzbuch, 2011, 581 ff.

Überblick. Die ErbSt hat zwei StGegenstände. Sie besteuert zum 1 einen den Vermögensanfall, der sich von Todes wegen oder durch Schenkung unter Lebenden vollzieht (einschließlich des Quasi-Erwerbs, den eine sog Zweckzuwendung bewirkt), und sie erfasst zum zweiten in periodischen Abständen das Vermögen von Familienstiftungen und Familienvereinen. Als St auf den Vermögenserwerb wird die ErbSt den St auf das Einkommen iwS zugerechnet (*Seer,* in *Tipke/Lang* § 13 Rn 103), als VerkehrSt (BFH BStBl II 08, 258; 10, 74; 363, allerdings ohne jede Auseinandersetzung mit den abweichenden Entscheidungen BFH BStBl II 71, 269; 73, 329, 349; 84, 27, 28) oder als SubstanzSt (*Rose,* Die Substanzsteuern, 8. Aufl 1991, 151) eingeordnet. Sie ist beim Vergleich mit den indirekten St zu den direkten, beim Vergleich mit den RealSt zu den PersonenSt (BFH BStBl II 84, 27; DStR 11, 759) und beim Vergleich mit den periodisch anfallenden zu den nichtperiodischen St zu zählen. Die St erfasst im Vergleich zu den regelmäßig anfallenden Einkünften einen außerordentlichen Vermögenszugang. Nach Auffassung des BVerfG (BStBl II 84, 608, 613) will das ErbStG „den wirtschaftlichen Vorgang des Substanzübergangs" besteuern. Diese und andere Äußerungen zeigen: die ErbSt hat ein **Doppelgesicht.** Sie knüpft an Rechtsverkehrsvorgänge (= bestimmte zivilrechtlich bezeichnete Erwerbsvorgänge) an und will doch damit wirtschaftliche Vorgänge erfassen, die sich in diesen Rechtsverkehrsvorgängen nicht immer klar genug widerspiegeln. Sie steht der ESt nahe, verfolgt dabei jedoch das Ziel einer Substanzbesteuerung, das mit einer Ertragsteuerkonzeption nur schwer vereinbar ist. Mit manchen aus dieser Doppelgesichtigkeit der St herrührenden Inkonsistenzen bleibt das ErbStRecht auch nach der Neuregelung belastet.

1a Kritik und Rechtfertigung der ErbSt. Die Berechtigung des Staates, ErbSt zu erheben, wird immer wieder in Zweifel gezogen. **Kritisiert** wird vornehmlich, dass die ErbSt, wie es heißt,

- zu einer Doppelbesteuerung führt, weil sie bereits versteuertes Vermögen erneut der Besteuerung unterwirft und die mit dem Nachlass transferierte latente ESt nicht ausreichend berücksichtigt, so dass der Effekt einer St auf St entsteht;
- die Eigentums- und Testierfreiheit der Erblasser beeinträchtigt;
- den Leistungswillen der Erblasser schwächt;
- auf Bewertungen angewiesen ist und sich damit von unsicheren Prognosen abhängig macht;
- gestaltungsabhängig ist und so keine Belastungsgleichheit verwirklichen kann;
- den Übergang von Betriebsvermögen im Erbgang beeinträchtigt und damit Familienunternehmen und Arbeitsplätze gefährdet;
- keine Rücksicht auf die vermögensmäßigen Verhältnisse der Erwerber nimmt;
- in der gesetzlichen Ausgestaltung zu kompliziert ist und zu hohe StSätze zum Einsatz bringt;
- unverhältnismäßige Verwaltungskosten verursacht;
- die Kapitalflucht fördert und so „wirtschaftspolitisch verfehlt" und „fiskalisch unsinnig" ist (*J. Lang,* Süddeutsche Zeitung Nr 106/2008, 20);
- im internationalen Vergleich ein Auslaufmodell darstellt und demnächst einen Standortnachteil für Deutschland abgeben wird;
- keine ausreichende Ermächtigungsgrundlage für eine bundeseinheitliche Regelung vorweisen kann (dazu unten Anm 7).
- Insgesamt soll die Erhebung der ErbSt verfassungswidrig sein (*J. Lang,* StuW 08, 189).

Demgegenüber wird zur **Rechtfertigung** der StErhebung angeführt, dass

- der Staat durch seine Einrichtungen die Bildung und Sicherung der Vermögen erst ermöglicht, die im Erbgang übergehen, und dass von ihm dafür eine Gegenleistung in der Form der ErbSt verlangt werden kann (Äquivalenzgedanke);

Die ErbSt im Steuersystem **2 Einführung**

- das Wirtschaftssystem so angelegt ist, dass es ungleiche Vermögensentwicklungen begünstigt, die im Interesse des sozialen Ausgleichs im Erbfall korrigiert werden sollten (Restributions- oder Umverteilungsgedanke);
- bei dieser Steuer „der Zuwachs an wirtschaftlicher Leistungsfähigkeit, die der Erwerber erfährt, Ziel und Rechtfertigung der Besteuerung ist" (Begründung zur Reform des ErbStG 1974, BTDrs 6/3418, 1974, 59) (Leistungsfähigkeitsgedanke);
- erarbeitete Vermögenszuflüsse besteuert werden und dass daher ohne Arbeit erworbene Zuflüsse nicht unbesteuert bleiben dürfen (Gleichbehandlungsgedanke).
- Insgesamt soll die Erhebung der ErbSt durch die Verfassung geboten sein (*v. Waldenfels,* Der Gleichheitssatz im Erbschaft- und Schenkungsteuerrecht, 2008, 93 ff; *Eckert,* FS Spiegelberger, 2009, 79 ff).

ErbSt und ESt. Als St auf den Zuwachs an wirtschaftlicher Leistungsfähigkeit erfasst die ErbSt Einkommen iwS. Sie könnte daher dem EStG inkorporiert werden (s *Schneider,* StuW 79, 38, 40 Fn 7; *Timm,* FinArch 42, 1984, 553, 561 ff; *Seer,* GmbHR 02, 873, 878), wenn es nicht aus praktischen Gründen wegen mancher Sonderentwicklungen im ErbStRecht (StKlassen, Freibeträge, Bewertungsgrundsätze), wegen ihrer besonderen Grundrechtsrelevanz im Hinblick auf die Art 6 und 14 GG (*Fischer,* DB 03, 9) oder aus grundsätzlichen Erwägungen (Gutachten d StReformkommission 1971 VII Rz 155) angezeigt erschiene, die Besteuerung der Erwerbe von Todes wegen getrennt vom EStG zu regeln. Nach der geltenden Fassung des EStG werden die Erwerbe, die von Todes wegen oder durch Schenkung unter Lebenden anfallen, zwar nicht ausdrücklich von der ESt ausgeschlossen (so noch § 12 Nr 1 EStG 1920, § 6 III EStG 1925). Doch beschränkt sich das EStG (und mit ihm das KStG: § 8 I KStG, BFH BStBl II 70, 470) auf die Besteuerung bestimmter Einkunftsarten und den zu ihnen gehörenden Fällen „erzielten" Einkommens, zu denen die im ErbStG genannten Erwerbe regelmäßig nicht gehören (BFH BStBl II 93, 298, 299; 00, 82, 84). Ihr Ausschluss erschien dem Gesetzgeber daher entbehrlich (Begr z EStG 1934, RStBl 35, 33, 35). Einmalige Vermögenszuflüsse, die innerhalb eines Gewerbebetriebs anfallen, waren allerdings auch schon unter der Geltung des § 6 III EStG 1925 als gewerbliches Einkommen stpfl. Daran hat sich nichts geändert. Unentgeltliche Zuwendungen in das Betriebsvermögen von Gewerbetreibenden (Kapitalgesellschaften) lösen daher neben der ErbSt/SchSt auch ESt/KSt aus (vgl BFH BStBl II 90, 1028; 06, 650), soweit das EStG keine Sonderregelung vorsieht, die die Zuwendung von der Besteuerung ausnimmt. Solche Sonderregelungen liegen insbesondere in den Vorschriften über die Gewinn-Neutralität von Einlagen (§ 4 I 1 EStG) vor. Zu den Einlagen werden bei Kapitalgesellschaften die Zuwendungen von Gesellschaftern und von den Gesellschaftern nahe stehenden Personen gerechnet (RFH RStBl 36, 951: Forderungsverzicht des Aktionärs-Vaters). Daher kann auch der Erwerb, der einer GmbH von einem verstorbenen Gesellschafter-Geschäftsführer auf Grund letztwilliger Verfügung zufließt, als Einlage gewinnneutral zu behandeln sein (BFH BStBl III 56, 154), wodurch die Doppelbelastung mit ErbSt und ESt für diesen Fall vermieden wird (BFH BStBl II 93, 799; *Thiel/Eversberg,* DStR 93, 1881). Es kann im Übrigen nicht nur bei Zuwendungen in das Betriebsvermögen von Gewerbetreibenden, sondern auch dann zur Überschneidung beider StArten kommen, wenn wiederkehrende Bezüge iS des § 22 Nr 1 EStG freigebig gewährt werden. Wenn der RFH hier zwei verschiedene Tatbestände sehen will, weil „das eine Mal die unentgeltliche Zuwendung und das andere Mal die äußere Form in wiederkehrenden Bezügen" besteuert wird (RFH RStBl 41, 418, 420), so ist daran zwar richtig, dass die beiden St an verschiedene Merkmale anknüpfen. Doch kann nicht zweifelhaft sein, dass „die von beiden St erfassten Sachverhältnisse dieselben sind" (RFH RStBl 33, 457, 458). Daher spricht viel dafür, bei einem durch wiederkehrende Leistungen abzugeltenden Pflichtteilsanspruch die wiederkehrenden Bezüge allenfalls in Höhe des Zinsanteils der ESt zu unterwerfen (BFH BStBl II 00, 82). Im wirtschaftlichen Ergebnis kann eine Doppelbelastung mit ErbSt und ESt auch daraus folgen, dass eine Realisierung von Todes wegen erworbener Vermögensposten ESt auslöst. Dazu gehören insbesondere Veräußerungsgewinne iS der §§ 14, 16, 17 und 18 III EStG sowie Forderungen aus einer betrieblichen Tätigkeit des Erblassers im Fall der Gewinnermittlung nach § 4 III EStG, die als nachträgliche Betriebseinnahmen den Erben zufließen, aber auch zB Einnahmen aus rückständigen Mietforderungen (sorgfältige Übersicht über die einschlägigen Fälle bei *Kirchhof/Söhn/Mellinghoff/Keß,* EStG, Stand Mai 2011, § 35b EStG A 38 ff).

3 Im Hinblick auf die **Doppelbelastung mit ErbSt und ESt** hat die Rechtsprechung wiederholt hervorgehoben, dass die ErbSt/SchSt und die ESt einander grundsätzlich nicht ausschließen (RFH RStBl 33, 457; BFH BStBl III 56, 85; II 77, 420; 10, 641; 11, 680) und dass der Gesetzgeber eine mögliche Doppelbelastung durch ESt und ErbSt „bewusst in Kauf genommen" hat (FG Bad-Württ DStRE 05, 243, 244). Das mag auf Grund der Gesetzeslage so sein. Doch fehlt die innere Rechtfertigung für diesen Gesetzeszustand, die auch nicht aus einem behaupteten Redistributionszweck der ErbSt hergeleitet werden kann. „Dass ein aus versteuertem Einkommen gebildetes Vermögen beim Übergang von Todes wegen oder bei der Schenkung auch mit ErbSt belastet wird" (BTDrs 7/2180, 21), ist nicht unbedenklich, wird

Die ErbSt im Steuersystem 3 Einführung

aber weithin akzeptiert. Dass erbstpflichtig aber auch solche Beträge sein sollen, die dem Erwerber gar nicht verbleiben, sondern die er als (nachgeholte) ESt an das FA zu zahlen haben wird, ist nur schwer einzusehen. Daher bleibt die Anerkennung der Doppelbelastung im Ergebnis unbefriedigend (*Meincke,* FS Tipke, 391 ff). Die Doppelbelastung würde allerdings beim Erwerb von Renten, wiederkehrenden Nutzungen oder Leistungen gemildert, wenn der Erwerber eines Rentenrechts die Jahresversteuerung wählen und nach einer jahrzehntealten Praxis die Jahresbeträge der ErbSt-Zahlungen bei der ESt als dauernde Last (§ 10 I Nr 1a EStG) zum Abzug bringen könnte (BFH RStBl 35, 1496, BFH BStBl II 94, 690). Doch wird dieser Sonderausgabenabzug neuerdings nicht mehr anerkannt (BFH 11, 680; unten § 23 Anm 9). Bisweilen geht auch der BFH wie selbstverständlich davon aus, dass sich eine Doppelbelastung mit ESt und ErbSt verbietet, so wenn er ein Testamentsvollstreckerhonorar nur insoweit zum erbschaftsteuerpflichtigen Vermächtniserwerb rechnen will, als es nicht zu den Einkünften iS des EStG gehört. Dass das Honorar von beiden Steuern erfasst sein könnte, schließt das Gericht damit ohne Weiteres aus (BFH BStBl II 05, 489, 490). § 35 EStG aF sah im Übrigen eine EStErmäßigung für doppelt belastete Erwerbe vor, die aber nur für das Zusammentreffen von ErbSt und ESt galt, für das Zusammentreffen von SchSt und ESt dagegen keine Regelung vorsah und auch Körperschaften nicht zugute kam (BFH BStBl II 95, 207). Diese Regelung ist ab 2009 durch den neuen § 35 b EStG reaktiviert worden. In der Entscheidung BFH BStBl II 87, 175, 177 erneuert der BFH noch einmal seine These, dass ErbSt und ESt „auf verschiedenen Ebenen" liegen und grundsätzlich nicht „saldierfähig" (BFH/NV 93, 371) sind. Denn die ESt treffe den StPfl nicht in seiner Eigenschaft als Erwerber des Vermögensanfalls von Todes wegen oder durch Schenkung unter Lebenden, sondern „nach Maßgabe seiner persönlichen Verhältnisse und seines Einkommens". „Erbschaftsteuer und Einkommensteuer greifen auf verschiedene Steuerobjekte zu und folgen dabei ihrer jeweiligen Sachgerechtigkeit", betont der BFH in der Entscheidung BStBl II 10, 641, 643 (ähnlich FG Köln EFG 10, 343). Das klingt so, als sei eine Doppelbelastung desselben StGegenstandes in Wahrheit gar nicht vorhanden. Das ist in der Tat die Ansicht des FG Nürnberg (EFG 11, 361,363), das betont: „Das Gericht ist der Auffassung, dass zwei verschiedene Steuergegenstände gegeben sind und eine verfassungswidrige Doppelbesteuerung daher nicht vorliegt". Doch kann das schwerlich richtig sein. Der BFH spricht denn auch in der Entscheidung BStBl II 10, 641 wiederholt von einer Doppelbelastung, meint aber, dass ihm die Hände gebunden seien, weil der Gesetzgeber die Doppelbelastung einschließlich der mit ihr verbundenen Härten in Kauf genommen habe. Es spreche nichts für einen Willen des Gesetzgebers, die Doppelbelastung auf der Ebene der ErbSt

5

Einführung 4, 5   ErbSt und Verfassung

zu beseitigen. Das sei entscheidend. Denn ein Verfassungsrechtssatz, dass alle St zur Vermeidung von Mehrfachbelastungen aufeinander abgestimmt werden müssten, existiere nicht (BVerfG BStBl II 99, 152). *Kirchhof* (oben vor Anm 1) spricht sich in § 6 seines Gesetzentwurfs für einen Abzug der latenten ESt im Fall ihrer Realisierung von der ErbSt aus. Vgl auch unten § 10 Anm 32.

4   **ErbSt und GrESt.** Unter dem Aspekt der VerkehrSt steht die ErbSt der GrESt besonders nahe. Die Doppelbelastung bei Grundstücksübertragungen durch ErbSt und GrESt wird dadurch ausgeschaltet, dass § 3 Nr 2 GrEStG die Grundstückserwerbe von Todes wegen und durch Schenkung unter Lebenden ausdrücklich von der GrEStPfl ausnimmt. Außerdem sieht § 3 Nr 3 GrEStG die GrEStFreiheit für den Grundstückserwerb im Wege der Nachlassverteilung vor. GrESt wird erhoben, wenn der Schuldner eines von Todes wegen anfallenden Geldanspruchs (Vermächtnis, Pflichtteil) seiner Leistungspflicht durch Grundstücksübertragung an Erfüllungs statt gem § 364 BGB nachkommt (RFH RStBl 36, 198; BFH BStBl III 56, 7; s auch BFH BStBl II 71, 462; 74, 40). Doch kann die GrEStPfl schon durch eine leicht veränderte Vertragsgestaltung vermieden werden, wenn nämlich der Erbe das Grundstück als Abfindung für den Verzicht auf den Pflichtteil oder für die Ausschlagung des Vermächtnisses überträgt und damit die Grundstücksübertragung zu einem Erwerb von Todes wegen macht (§ 3 II Nr 4). GrESt fällt im Übrigen nach Maßgabe des Wertes an, in dem der Beschenkte bei der gemischten Schenkung zur Gegenleistung, bei einer Schenkung unter Auflage zur Vollziehung der Auflage verpflichtet ist (§ 3 Nr 2 S 2 GrEStG) Das BVerfG (BStBl II 84, 608, 613 f) hat in diesem Zusammenhang einen gesetzessystematischen Vorrang, „eine **Prävalenz der ErbSt gegenüber der GrESt**" anerkannt und daraus gefolgert, dass § 3 Nr 2 Satz 2 GrEStG bei verfassungskonformer Auslegung eine Doppelbelastung des Erwerbers eines Vermögensgegenstandes mit ErbSt/SchSt und GrESt ausschließt. Zum Stichwort Doppelbelastung mit GrESt und ErbSt vgl auch *G. Hofmann* (DStR 02, 1519) und *Halaczinsky* (ZEV 03, 97).

5.–10. ErbSt und Verfassung

5   **Die verfassungsrechtliche Dimension.** Im ErbStRecht wie im StRecht überhaupt spielt die verfassungsrechtliche Dimension der einschlägigen Probleme eine große Rolle. Für die meisten Steuerrechtler gilt derzeit, was über den Münchener Doppelbesteuerungsspezialisten *Klaus Vogel* gesagt worden ist: Das Steuerrecht (war) für ihn immer zuallererst Verfassungsrecht (*Leisner-Egensperger,* NJW 08, 277). Jede wichtigere steuerrechtliche Frage wird als ein verfassungsrechtliches

Problem behandelt, so als wenn das Verfassungsrecht Grund und nicht Grenze des Steuerrechts wäre. Der Bundesfinanzhof entdeckt in den ihm vorgelegten Fällen immer häufiger Verfassungsprobleme und legt die Fälle dem Verfassungsgericht vor, statt sie als steuerrechtliche Fragen selbst zu entscheiden. Die Berufung auf entgegenstehendes Verfassungsrecht wirkt wie ein Hebel, mit dessen Hilfe sich die Trennung von geltendem und künftigem Recht überwinden lässt, ein Hebel, der es erlaubt, das künftige, rechtspolitisch wünschbare Recht als im Verfassungsrecht schon angelegt und als schon geltendes Recht zu behandeln. Ja, man gewinnt den Eindruck, dass über der Sorge für die Einhaltung der verfassungsrechtlichen Vorgaben der konkrete Fall, der zur Entscheidung steht, zu Unrecht gelegentlich fast in den Hintergrund tritt. So kritisiert der BFH in einem Beitrittsbeschluss vom Oktober 2011, der eine Vorlage an das BVerfG vorbereiten soll (DStR 11, 2193) die geltenden §§ 13a und 13b anhand von Sachverhaltsgestaltungen, die „in der Praxis so wohl kaum vorkommen" (*Flick/v. Oertzen*, FAZ Nr 272/2011, 20), denen gegenüber erst noch geprüft werden muss, ob es sich um ein verfassungsrechtlich relevantes Massenphänomen oder um seltene Ausnahmefälle handelt (*Hannes*, ZEV 11, 672, 676), und die jedenfalls in dem zur Entscheidung stehenden Fall gar keine Rolle spielen (*Wachter*, DStR 11, 2331, 2332). Und es wird sich auch kaum bestreiten lassen, dass der Fall, der dem II. Senat des BFH den Anlass für den Vorlagebeschluss an das BVerfG gegeben hat, um dort das ErbSt-Recht insgesamt auf den Prüfstand zu stellen (BFH BStBl II 02, 598; dazu *Meincke*, ZEV 02, 493), vom BFH im Ergebnis ganz unbefriedigend entschieden worden ist (BFH DStRE 07, 1382).

Europarechtliche Einflüsse. Auch die europarechtliche Dimension des ErbStRechts gewinnt zunehmend an Bedeutung. Zwar fällt die Ausgestaltung der direkten Steuern (zu denen die ErbSt und das mit ihr verbundene Bewertungsrecht gehört) nach dem Recht der EU in die Zuständigkeit der Mitgliedstaaten. Diese müssen jedoch, wie der EuGH betont, ihre Befugnisse unter Wahrung des Gemeinschaftsrechts ausüben. Dass auch das Gemeinschaftsrecht unter Wahrung der Zuständigkeiten der Mitgliedstaaten angewandt werden muss, bleibt dabei unerwähnt. Vornehmlich unter der Devise des Schutzes der Kapitalverkehrsfreiheit nimmt der EuGH vielmehr unter breiter Zustimmung der Fachöffentlichkeit auch auf den Inhalt der direkten Steuern Einfluss (kritisch dazu *Meincke*, ZEV 04, 353). So mehren sich denn auch die Vorlagebeschlüsse zum Bewertungs- und ErbStRecht an den EuGH (BFH BStBl II 06, 627; FG Hbg DStRE 07, 232; BFH BStBl II 08, 623; BFH BStBl II 11, 221). In der Rechtssache *Jäger* (C-256/06, DStRE 08, 174) hat denn auch der EuGH zum deutschen ErbStRecht Stellung genommen und ausgesprochen, dass Bewertungsregelungen

Einführung 7, 7a

und Befreiungstatbestände, die inländisches vor ausländischem Vermögen (im Bereich der EU) begünstigen, mit dem Gemeinschaftsrecht unvereinbar sind. Und in der Rs *Mattner* (C-510/08, DStR 10, 861) hat der EuGH festgestellt, dass sich verminderte Freibeträge für Schenkungen zwischen Gebietsfremden mit dem Gemeinschaftsrecht nicht vereinbaren lassen.

7   **Die Gesetzgebungshoheit.** Ein einheitliches deutsches Reichs- (später Bundes-) ErbStRecht gibt es seit 1906. Die Gesetzgebungszuständigkeit des Bundes für die ErbSt ist lange Zeit unbeanstandet geblieben. Aus Anlass der jüngsten StReform wurde jedoch auch diese Frage problematisiert. Die Bundeskompetenz setzt voraus, dass die Herstellung gleichwertiger Lebensverhältnisse im Bundesgebiet oder die Wahrung der Rechts- oder Wirtschaftseinheit im gesamtstaatlichen Interesse eine bundesgesetzliche Regelung erforderlich macht (Art 72 II GG). Das BVerfG selbst hat nach der Grundgesetzänderung von 1994 (BGBl I, 3146) hohe Anforderungen an die Erfüllung dieser Merkmale gestellt (BVerfGE 106, 62, 135 ff). Daher gibt es Stimmen, die die Bundeskompetenz verneinen (Näheres dazu bei *Wernsman/Spernath,* FR 07, 829; *Korte,* Die konkurrierende StGesetzgebung im Bereich der Finanzverfassung, 2008, 128 ff; *Rüfner,* Privatgutachten, Universität zu Köln 2008). Der Gesetzgeber hat jedoch bisher keinen Anlass gesehen, diesen Stimmen zu folgen (vgl auch FG Köln, DStRE 11, 811).

7a **Der verfassungsrechtliche Rahmen.** Das BVerfG betont in ständiger Rspr (Nachweise in der Entscheidung BVerfG DStR 10, 1721, 1722), dass der Gesetzgeber im Bereich des StRechts einen weitreichenden Entscheidungsspielraum hat, der sowohl die Auswahl des StGegenstandes als auch die Bestimmung des StSatzes betrifft. Die Freiheit des Gesetzgebers im ErbStRecht werde jedoch durch zwei Leitlinien begrenzt, nämlich durch das Gebot der Ausrichtung der StLast am Prinzip der finanziellen Leistungsfähigkeit und durch das Gebot der Folgerichtigkeit. Beide Gebote dürfen indes nicht missverstanden werden. Dass die ErbStLast an der finanziellen Leistungsfähigkeit des StPfl auszurichten sei, trifft nicht zu. Die **finanzielle Leistungsfähigkeit** des StPfl spielt bei der Bestimmung der StLast regelmäßig gar keine Rolle. Wie leistungsfähig ein Erwerber ist, wird nicht geprüft. Der Arme und der Reiche werden für denselben Erwerb mit derselben St belegt. Es geht immer nur um die Frage, welchen Zuwachs an Leistungsfähigkeit der Erwerber erfährt, weil das Gesetz nur die aus dem Erwerb „resultierende Steigerung der wirtschaftlichen Leistungsfähigkeit des Erwerbers" erfassen will (BVerfG DStR 10, 1721, 1724). Auch das so verstandene Prinzip kommt im Übrigen im ErbStRecht nur mit vielen Einschränkungen zum Tragen, die sich nicht zuletzt aus dem für das ErbStRecht bedeutsamen Familienprinzip ergeben. In

ErbSt und Verfassung **8 Einführung**

wichtigen Einzelfällen, nämlich bei der Besteuerung des Schenkers, knüpft die StLast sogar an eine Minderung der Leistungsfähigkeit des Steuerpflichtigen an. Das ist vom Verfassungsgericht bisher trotz aller grundsätzlichen Erklärungen noch unbeanstandet geblieben. Auch das **Prinzip der Folgerichtigkeit** bedarf einer Konkretisierung. Denn es kann ganz sicher nicht so sein, dass der Gesetzgeber an eine einmal getroffene Belastungsentscheidung in der Weise gebunden sein könnte, dass er sie folgerichtig fortentwickeln muss und sie nicht jederzeit neu justieren, an anderen Prämissen orientieren oder auch von ihr abweichen kann. Kein Parlament kann gezwungen sein, in der Gesetzgebung dauerhaft folgerichtig zu handeln. Wechselnde Mehrheiten können wechselnde Prioritätensetzungen nach sich ziehen und neue Erkenntnisse fruchtbar machen. Dem Parlament muss es möglich sein, heute dies und morgen das zu beschließen. Folgerichtigkeit kann daher nur unter der Voraussetzung gelten, dass der Gesetzgeber selbst erkennbar an der einmal getroffenen grundsätzlichen Belastungsentscheidung festhalten will, sich also im Fall einer Abweichung von seinen eigenen unverändert fortgeltenden Prämissen entfernt. Man kann bezweifeln, dass diese notwendige Einschränkung des Folgerichtigkeitsprinzips in der verfassungsrechtlichen Diskussion immer ausreichend beachtet wird.

Art 3 GG. Verfassungsrechtliche Grenzen der ErbSt können insbesondere aus Art 3 GG folgen. So hat das BVerfG (BStBl II 84, 608) § 25 I unter dem Gesichtspunkt des Art 3 I GG überprüft. Verfassungsrechtlich ungeklärt war vor 1995 lange Zeit die Vereinbarkeit der Grundbesitzbewertung mit der Bewertung anderen Vermögens. Das BVerfG war einer Entscheidung mehrfach ausgewichen (vgl BFH BStBl II 73, 329 und BVerfG BStBl II 76, 311; BFH BStBl II 78, 446 und BVerfG BStBl II 84, 20; vgl ferner BVerfG BStBl II 87, 240 und BStBl II 94, 133). 1995 hat das BVerfG (BStBl II 95, 671, 673) dann jedoch entschieden, dass die Vorschriften des ErbStG insofern mit Art. 3 I GG nicht vereinbar sind, als sie die Bemessungsgrundlage für Grundbesitz auf der Grundlage von zum 1. Januar 1964 festgestellten Einheitswerten, für Kapitalvermögen jedoch zu Gegenwartswerten ansetzen. Auf Vorlagebeschluss des BFH (BStBl II 02, 598) hat das BVerfG diese Linie elf Jahre später fortgeführt und in seiner Entscheidung vom 7. 11. 2006 (BStBl II 07, 192) hervorgehoben, dass der Gesetzgeber mit der ErbSt in ihrer derzeitigen Ausgestaltung das Ziel verfolgt, den anfallenden Vermögenszuwachs jeweils gemäß seinem Wert zu erfassen, wobei die gleichmäßige Belastung der StPfl verlangt, auf Bemessungsgrundlagen zurück zu greifen, die die Werte der anfallenden Posten in ihrer Relation realitätsgerecht abbilden. Dazu ist es nach Auffassung des Gerichts erforderlich, die Geldrechnung des Erwerbs auf der Bewertungsebene durchgehend am gemeinen Wert als dem maßgeblichen Bewertungsziel zu orientieren. Mit dieser Begründung hat das Gericht die bisherigen Vorschriften über die Bewertung des Betriebsvermögens, der Gesellschaftsanteile und des Grundbesitzes für verfassungswidrig erklärt. Unter Hinweis auf Art 3 I GG hat das Gericht in jüngster Zeit ferner die stliche Begünstigung von Zuwendungen an politische Parteien auf kommunale Wählervereinigungen ausgedehnt (DStRE 08, 1206) und die Begünstigung von Eheleuten auf eingetragene Lebenspartner übertragen (DStR 10, 1721). In einem Beschluss, der eine Beitrittsaufforderung an das BMF enthält und eine Überprüfung durch das BVerfG vorbereiten könnte, hat der BFH (BStBl II 12, 29) angesichts der Verschonungsregelungen der §§ 13 a, 13 b die Möglichkeit, durch bloße Rechtsformwahl StVergünstigungen zu erreichen, problematisiert und beanstandet, dass der Gesetzgeber durch kurzfristig vorgenommene Änderungen der StSätze in StKl II Geschwister bei im Übrigen gleich liegendem Erwerb in kurz aufeinander folgenden Zeiträumen ganz unterschiedlich behandelt hat. Unter Gleichbehandlungsgesichtspunkten wird schließlich auch noch darüber diskutiert, ob es vertretbar sein kann, dass der Gesetzgeber unter den in § 13 a VIII genannten Voraussetzungen das Unternehmensvermögen von der ErbSt völlig freistellt, obwohl der große Wohlstand vermögender Kreise doch vielfach gerade aus vererbtem Unternehmensvermögen herrührt.

9 **Art 14 GG** gewährleistet das Eigentum und das Erbrecht. Inwieweit schon das Eigentumsgrundrecht des Erwerbers der Besteuerung Schranken zieht, ist zweifelhaft. Denn da die ErbSt zugleich mit dem Erwerb entsteht (§ 9), lässt sich die Auffassung vertreten, dass der Vermögensanfall erst als Nettoerwerb nach Abzug der St zu Eigentum iS der Gewährleistung wird. Die ErbSt berührt jedoch das Eigentum des Veräußerers, sofern man die Veräußerungs- und Testierfreiheit zum Inhalt des Eigentums des Veräußerers zählt (*Stöcker,* WM 79, 214, 220). Außerdem nennt Art 14 GG neben dem Eigentum das Erbrecht und bezieht damit schon die Aussicht, Eigentum aus dem Nachlass zu gewinnen, in den verfassungsrechtlichen Schutz ein. Die Gewährleistung der Testierfreiheit und des Erbrechts liefe leer, wenn der Staat den Erwerb durch Erbanfall zu 100% wegsteuern dürfte. Aus Art 14 GG müssen daher verfassungsrechtliche Schranken der Erbschaftsbesteuerung folgen. Bei welcher Höhe des Steuersatzes die Grenzziehung vorgenommen werden kann, in welchem Umfang die Testierfreiheit, in welchem Umfang das Recht auf Nachlassteilhabe der Angehörigen bei dieser Grenzziehung Beachtung verdient und ob der Schutz des Erbrechts sich als Schutz der vorweggenommenen Erbfolge auch auf die Schenkungen unter Lebenden erstreckt (vgl dazu *Pabst,* JuS 01, 1145), war bisher umstritten. Dazu hat das BVerfG (BStBl II 95, 671,

673) jedoch festgestellt: „Die Ausgestaltung und Bemessung der ErbSt muss den grundlegenden Gehalt der Erbrechtsgarantie wahren, zu dem die Testierfreiheit und das Prinzip des Verwandtenerbrechts gehört; sie darf Sinn und Funktion des Erbrechts als Rechtseinrichtung und Individualgrundrecht nicht zunichte oder wertlos machen". Die Erbrechtsgarantie schützt nicht nur den Erblasser, sondern auch die Hinterbliebenen. Denn „andernfalls würde der Grundrechtsschutz mit dem Tod des Erblassers erlöschen und damit weitgehend entwertet werden".

Sonstige Grundrechtsbestimmungen. Neben Art 3 und Art 14 **10** GG können noch andere Grundrechte Grenzen der Erbschaftsbesteuerung markieren. So hat das BVerfG in seiner Entscheidung vom 22. 6. 1995 (BStBl II 95, 671) hervorgehoben, der Gesetzgeber müsse den erbschaftsteuerlichen Zugriff bei den nächsten Familienangehörigen derart mäßigen, dass jedem dieser Steuerpflichtigen sein Erwerb von Todes wegen – je nach Größe – zumindest zum deutlich überwiegenden Teil oder, bei kleineren Vermögen, völlig steuerfrei zugute komme. In Bezug auf einen darüber hinaus gehenden Vermögenszuwachs sei der erbschaftsteuerliche Zugriff so zu beschränken, dass die Erbschaft für den Ehegatten noch Ergebnis der ehelichen Erwerbsgemeinschaft bleibe und dass auch eine im Erbrecht angelegte Mitberechtigung der Kinder am Familiengut nicht verloren gehe. Damit wird das in Art 6 GG verankerte Prinzip des Schutzes von Ehe und Familie für die ErbSt bedeutsam. Unter dem Gesichtspunkt des Familienschutzes war schon früher vom BFH (BStBl II 79, 244) die Frage aufgeworfen worden, ob die Regelung des Versorgungsfreibetrages in § 17 II mit den Art 3, 6 und 20 I GG vereinbar ist. Das BVerfG hat es abgelehnt, in der ungleichen Behandlung von Eheleuten und nichtehelichen Partnern einen Verstoß gegen Art 3 und 6 GG zu sehen (BStBl II 83, 779; 90, 103, 764). Es hat schließlich auch verneint, dass in der Einführung der ErsatzErbSt mit Wirkung auch auf sog Altstiftungen ein Verstoß gegen das aus Art 20 GG herzuleitende Prinzip des Vertrauensschutzes gesehen werden kann (BVerfG BStBl II 83, 779, 784).

11., 12. ErbSt und ZivilR, Auslegungsgrundsätze

Das ErbStG nimmt in verschiedenen Bestimmungen ausdrücklich auf **11** das BGB Bezug. So enthalten § 3 I Nr 1 u 2, § 4, § 5, § 7 I Nr 4–6, § 15 III, § 20 III, § 29 I Nr 2 u 3 Verweisungen auf das BGB. Mit Rücksicht auf die hier zutage tretende **enge Verbindung des ErbStRechts zum ZivilR** wird von einem Prinzip der Maßgeblichkeit des Zivilrechts für das ErbStRecht gesprochen (*Crezelius,* ErbSt u SchSt in zivilrechtl Sicht, 1979, 37). Daran ist richtig, dass das ErbStRecht die StFolgen an einen Vermögensanfall anschließt, dessen Voraussetzungen es nicht selbst bestimmt, sondern dem ZivilR entnimmt. Das ErbSt-Recht ist also hinsichtlich der Voraussetzungen des Vermögenserwerbs an das ZivilR gebunden, ist „bürgerlich-rechtlich geprägt" (BFH BStBl II 87, 175). Hierauf bezieht sich der vielzitierte Satz: „Es gibt keine Erbschaft im wirtschaftlichen Sinn" (BFH BStBl III 60, 348, 349). Hierauf verweist auch das BFH-Urteil BStBl II 83, 179, 180. Dort heißt es nämlich, dass die Regelung über das wirtschaftliche Eigentum in § 39 II Nr 1 AO Ausdruck der wirtschaftlichen Betrachtungsweise sei und daher naturgemäß auf Steuerarten, welche an bürgerlich-rechtliche Vorgänge anknüpfen, nicht oder nur nach Sachlage des Einzelfalles passe: „Das gilt auch für die ErbSt". Der BFH (BStBl III 60, 348) hat denn auch unmissverständlich festgestellt: „Im ErbStRecht ist die wirtschaftliche Betrachtungsweise regelmäßig ausgeschlossen". Demgegenüber hat jedoch das BVerfG (BStBl II 84, 608, 612 f) betont, dass das ErbStG zu den Steuergesetzen gehöre „die die StPfl an bestimmte wirtschaftliche Lebenssachverhalte knüpfen", wobei der Gesetzgeber mit der Belastung des Erwerbs von Todes wegen oder durch Schenkung unter Lebenden nach Auffassung des Gerichts „den wirtschaftlichen Vorgang des Substanzübergangs besteuern will". Gelegentlich verwendet das ErbStRecht denn auch schon zur Umschreibung des Vermögensanfalls eigenständige Begriffe („freigebige Zuwendung": § 7 I Nr 1). Auch hat sich im Bereich der Grundstücksschenkung eine eigenständige stliche Betrachtungsweise hinsichtlich des Zeitpunktes der Ausführung der Vermögenszuwendung durchgesetzt (§ 9 Anm 45). Im Übrigen endet die Bindung des ErbStRechts an das ZivilR spätestens dort, wo es um die nähere Einordnung des Vermögensanfalls geht. So kann das ErbStRecht einen Erwerb durch Rechtsgeschäft unter Lebenden als Erwerb von Todes wegen qualifizieren (§§ 3 I Nr 4, 4 II 1), einen Erwerb vom Erben als Erwerb vom Erblasser (§ 3 II Nr 4) oder einen Erwerb vom Erblasser als Erwerb vom Erben behandeln (§ 6 II 1), einen Vermächtniserwerb als Erwerb aus selbstständiger Arbeit qualifizieren (BFH BStBl II 05, 489), eine Verwandtschaft auch dort zugrunde legen, wo die Verwandtschaft bürgerlich-rechtlich erloschen ist (§ 15 I a), und einen womöglich längst verstorbenen Stifter bei Auflösung der Stiftung noch nachträglich zum Schenker des Vermögens ernennen, das jetzt an die in der Satzung benannten Personen fällt (§ 15 II 2). Soweit es nicht um die Voraussetzungen des Vermögenserwerbs geht, besteht also keine strikte Abhängigkeit des ErbStRechts vom ZivilR. Doch sollte der Gesetzgeber auch hier eine vom ZivilR abweichende Beurteilung der Vermögensbeziehungen nur aus triftigen Gründen vornehmen (BVerfGE 13, 331, 340; 24, 112, 117 f). Die These des BVerfG, dass es im Steuerrecht keine Vermutung dafür gäbe, dass zivilrechtlich geprägte Begriffe im Zweifel im zivilrechtlichen Sinn zu verstehen seien, geht auf jeden Fall zu weit (BVerfG BStBl II 92, 212; dagegen *Meincke* StuW 92, 188; *Moench/*

Weinmann, Einführung Rz 75). Die Rspr des BFH schwankt. Meist folgt das Gericht dem ZivilR, meint gelegentlich sogar, die strikte Übernahme der zivilrechtlichen Rspr ohne selbstständige zivilrechtliche Argumentation sei der Gesetzesbindung bei der Anwendung des StRechts geschuldet (BStBl II 07, 783, 785!). In anderen Fällen sieht das Gericht dagegen keine Bedenken, sich über zivilrechtliche Auffassungen hinwegzusetzen (BStBl II 89, 524; 95, 81; 01, 605 – die zuletzt genannte Entscheidung jetzt aber korrigiert durch BFH BStBl II 08, 982).

Zur Auslegung des ErbStG. Die herkömmliche, auf die Rspr des BVerfG (BVerfGE 13, 318, 328; wieder aufgenommen in BVerfG NJW 85, 1891) zurückgehende Interpretationslehre bringt der BFH in der Entscheidung BStBl II 69, 550 zum Ausdruck. Danach ist es dem Gesetzgeber vorbehalten, den Kreis der stbaren Tatbestände und deren Umfang zu bestimmen. Wegen dieses Vorbehalts ist es nicht statthaft, stbegründende Normen über den möglichen Wortsinn hinaus auszulegen. Begünstigende Normen können dagegen ausdehnend, stbegründende Normen restriktiv interpretiert werden, soweit die befürwortete Auslegung den Rahmen der Gesetzmäßigkeit der Besteuerung nicht verlässt (BFH BStBl II 95, 656, 657). Auf der Linie dieser **herkömmlichen Interpretationslehre** liegt der Kommentar, wenn er darauf beharrt, dass der Gesetzeswortlaut bei der Rechtsanwendung nicht unberücksichtigt bleiben darf, und sich gegen eine Auslegung wendet, die die Auseinandersetzung mit dem Gesetzeswortlaut einfach überspringt und das Ergebnis ohne Versuch der Legitimation an dem im verfassungsmäßigen Verfahren fixierten Normtext direkt aus angeblichen oder wirklichen Sachgesetzlichkeiten, Gesetzeszwecken oder dem Gesetz zugrunde liegenden Prinzipien oder Wertungen entnimmt. Richtig ist, dass nur ein vages Kriterium angibt, wer die Auslegung am „möglichen Wortsinn" des Gesetzes enden lässt. Denn gerade über die Grenzen des möglichen Wortsinns können begründete Zweifel bestehen. Richtig ist auch, dass die Unterscheidung zwischen begünstigenden Normen, die eine analoge Anwendung zulassen, und belastenden Normen, deren Anwendung regelmäßig am Wortsinn endet, sich nicht immer zuverlässig durchführen lässt und dass der BFH gelegentlich doch einer belastenden Analogie das Wort geredet hat (BStBl II 84, 221; 07, 621; besonders wenig überzeugend in BStBl II 92, 925, 928; vgl dazu § 7 Anm 143). Dennoch besteht kein Anlass zu einer grundsätzlichen Wende in der Gesetzesinterpretation. Immer geht es darum, den Blick zugleich auf das Sachproblem und auf den auf dieses Problem bezogenen Gesetzeswortlaut zu richten und das eine nicht über dem anderen aus dem Auge zu verlieren. Wer die Auseinandersetzung mit dem vom Gesetzgeber vorgegebenen Normtext für zweitrangig hält, unterschätzt die ordnende, begrenzende, die juristische Argumentation strukturierende Funktion des Gesetzeswortlauts. Vor Übertreibungen in jeder Richtung ist zu warnen. Wer den Sinn des Gesetzes in den Vordergrund stellt, muss bedenken, dass schon der Sinn des Gesetzes selbst nicht ohne Rückgriff auf den Gesetzeswortlaut erschlossen werden kann (vgl auch § 7 Anm 144). Zur richtigen Einordnung des Normtextes gehört im Übrigen auch die Beachtung der Gesetzesüberschrift (BFH BStBl II 84, 327) und des systematischen Standorts der Norm (BFH BStBl II 93, 238), wobei eine Auslegung, die einer anderen Norm desselben Gesetzeszusammenhangs „keinen Raum" lässt (vgl jedoch noch BFH BStBl II 82, 83), nach der jetzigen Rspr-Linie des BFH (BStBl II 07, 472, 478) die Grenzen der richterlichen Auslegungsbefugnis überschreiten würde. Bei der Auslegung ist nicht zuletzt auch die Entstehungsgeschichte der gesetzlichen Regelung zu beachten. Bei RsprÄnderungen sollte ferner die Auseinandersetzung mit den tragenden Gründen der bisherigen RsprLinie und die Auseinandersetzung mit den wichtigsten in der Literatur vertretenen Meinungen zu den selbstverständlichen Anforderungen an eine höchstrichterliche Rspr gehören (vgl *Meincke,* ZEV 94, 17, 22 f). Die Entscheidungen des II. Senats des BFH könnten die Bereitschaft zur Förderung der wissenschaftlichen Diskussion durch Auseinandersetzung mit den in der Literatur geäußerten Ansichten noch deutlicher erkennen lassen (kritisch dazu *Meincke,* ZEV 02, 493).

13.–18. Rückblick und Ausblick

13 **Entwicklung bis 1973.** Die ErbSt ist eine alte Abgabe. Sie war schon im antiken Rom bekannt (*Meincke,* StuW 78, 352), trat aber in der Spätantike zurück und wurde erst im späteren Mittelalter in einigen italienischen Stadtstaaten wieder erhoben (grundlegend *Schanz,* FinArch 1900, 1; 1901, 553). Veranlasst durch den zunehmenden staatlichen Finanzbedarf gingen auch die deutschen Länder in der Zeit zwischen dem 17. und 19. Jahrhundert zur Einführung der ErbSt über. Schon in diesen einzelstaatlichen Rechten wurden wichtige Entscheidungen getroffen, die noch im geltenden Recht wirksam sind. Eine Übersicht über die zum Anfang des 20. Jahrhunderts geltenden Landesgesetze und -verordnungen findet sich bei *F. W. R. Zimmermann,* Reicherbschaftsteuergesetz, 1906, 19. Ihren Abschluss fand die von der Landesgesetzgebung ausgelöste Entwicklung nach der Vereinheitlichung des Zivilrechts im Reich durch das BGB im Erlass des RErbStG 1906 (RGBl 06, 654; dazu *Meincke,* ZEV 06, 285). Das ErbStG 1906 wurde später durch das ErbStG 1919 (RGBl 19, 1543), dieses wieder durch das ErbStG 1925 (RGBl I 25, 320) abgelöst, das in unterschiedlichen Fassungen (ua RGBl I 34, 1056; BGBl I 51, 764; 59, 187; 70,

Rückblick und Ausblick 14, 15 **Einführung**

1856) bis zum 31.12.1973 in Geltung war (Überblick bei *Crezelius,* FR 07, 613).

Das ErbStG 1974. Mit Gesetz vom 17. 4. 1974 (BGBl I 74, 933) **14** wurde nach langen Vorarbeiten rückwirkend zum 1. 1. 1974 ein neues ErbStG in Kraft gesetzt, dessen Bestimmungen noch heute den wesentlichen Bestand des geltenden ErbStRechts bilden. Ziel der Neuregelung war es, die StGerechtigkeit zu fördern und zu einer Vereinfachung der Besteuerungspraxis zu führen. Größere StGerechtigkeit wurde vornehmlich auf drei Wegen erstrebt. Zum einen sollten kleinere Erwerbe im Familienkreis durch zusätzliche Freibeträge entlastet, größere Erwerbe außerhalb der engeren Familie durch höhere StSätze dagegen belastet werden. Zum Zweiten diente die Ersetzung der unrealistisch gewordenen Einheitswerte aus dem Jahr 1935 durch die Einheitswerte aus dem Jahr 1964 mit einem Zuschlag von 40% dazu, Vergünstigungen für den Erwerb von Grundvermögen abzubauen, von denen zweifelhaft geworden war, ob sie sich aus der Sicht des Verfassungsrechts noch verantworten ließen (vgl BFH BStBl II 73, 329; BVerfG BStBl II 76, 311). Zum Dritten war es das Ziel der Reform, „Schlupflöcher" des bisherigen Rechts zu schließen. Zu diesem Zweck wurde die vom FA (BT) entwickelte ErsatzErbSt auf Familienstiftungen und -vereine in das Gesetz übernommen (§ 1 I Nr 4), wurde der Abzug von Nutzungs- und Rentenrechten in bestimmten Fällen des Substanzerwerbs ausgeschlossen (§ 25) und der Anwendungsbereich des Gesetzes auf „StFlüchtlinge" ausgedehnt (sog erweiterte unbeschränkte StPfl: § 2 I Nr 1 b). Dem Ziel der Vereinfachung des StVerfahrens versuchte der Gesetzgeber mit einer übersichtlicheren Fassung des Gesetzes Rechnung zu tragen.

Reformschritte 1990, 1992, 1996. Bis 1990 hatte das ErbStG der **15** Bundesrepublik nur in den alten Bundesländern gegolten. Erwerbe, die auf das Gebiet der DDR entfielen, hatte § 2 III aF von der Besteuerung durch dieses Gesetz ausgenommen. Im Zuge der Vereinigung wurde zunächst § 2 III mWv **1. 7. 1990** aufgehoben (BGBl II 90, 518). Sodann wurde mWv 1.1.1991 auch für den Bereich der ErbSt ein einheitliches Rechtsgebiet hergestellt (BGBl II 90, 885, 985): die Geltung des ErbStG wurde auf das Beitrittsgebiet erstreckt. Dazu wurde eine Übergangsregelung in § 37 a geschaffen, die allerdings nicht ohne Kritik geblieben ist (vgl unten § 37 a Anm 2). Anschließend wurde das ErbStG unter dem 19. 2. 1991 (BGBl I 91, 468) neu bekannt gemacht. **1992** kam es durch das StÄndG 1992 (BGBl I 92, 146) zu einer Neuregelung der Betriebsvermögensbewertung, die zugleich deutlich machte, dass wichtige Änderungen des ErbStRechts ohne Eingriff in den Text des ErbStG allein durch Änderungen im BewG verwirklicht werden können. An die Stelle der Werte für die Vermögensaufstellung

Einführung 16   Rückblick und Ausblick

wurden damals die Bilanzsteuerwerte gesetzt (§ 12 V iVm §§ 95 I, 109 I BewG). Damit wurde eine Vereinfachung des Rechnungswesens, aber zugleich auch eine deutliche Entlastung des Betriebsvermögens angestrebt. Ein weiterer wichtiger Reformschritt ist mit dem Jahr **1996** verbunden. Eine Entscheidung des BVerfG vom 22. 6. 1995 (BStBl II 95, 671) hatte die ungleiche Bewertung von Grundbesitz und Kapitalvermögen im ErbStRecht beanstandet. Dem Gesetzgeber war für die (auf den 1. 1. 1996 rückwirkende) Neufassung des Gesetzes eine Zeitgrenze bis zum 31. 12. 1996 gesetzt. Diese Zeitgrenze hat der Gesetzgeber mit der Änderung des ErbStG durch das JStG 1997 vom 20. 12. 1996 (BGBl I 96, 2049, 2055) eingehalten. Die Neuregelung ersetzte die bisherigen vier StTarife durch drei und reduzierte dabei die Zahl der StStufen. Sie vergrößerte die Freibeträge für nahe Angehörige und führte in den §§ 13 a und 19 a wichtige Verschonungsregelungen für den Erwerb von Betriebsvermögen ein. Zugleich wurde durch Neufassung des BewG die Grundbesitzbewertung für die Zwecke der ErbSt neu geordnet. An die Stelle der niedrigen Einheitswerte von 1964 (mit einem Zuschlag von 40%) wurden in den neu eingefügten §§ 138 ff BewG deutlich angehobene Bedarfswerte gesetzt. Die Neuregelung wollte nicht nur der Kritik des BVerfG Rechnung tragen, sondern auch das StAufkommen um ca 60% erhöhen, freilich bei Nichterhebung der Vermögensteuer, die vom BVerfG in der Parallelentscheidung vom 22. 6. 1995 (BStBl II 95, 655) für verfassungswidrig erklärt worden war. Die Steigerung des StAufkommens ist in der Folgezeit gelungen.

16   Neue Anstöße zu einer ErbStReform im Jahr 2006. Die die Regierung tragenden Parteien hatten sich 2005 in einem Koalitionsvertrag darauf verständigt, zum 1. 1. 2007 ein Gesetz zur Erleichterung der Unternehmensnachfolge in Kraft zu setzen. In diesem Gesetz sollten die bestehenden Vergünstigungen für den Betriebsübergang in den §§ 13 a, 19 a zugunsten der mittelständischen Wirtschaft erweitert werden. Ein entsprechender Gesetzentwurf wurde im Herbst 2006 vorgelegt, blieb jedoch zunächst noch außerhalb der parlamentarischen Beratung. Denn der BFH hatte schon im Mai 2002 das BVerfG zur verfassungsrechtlichen Prüfung des ErbStG angerufen (BFH BStBl II 02, 598, dazu *Meincke,* ZEV 02, 493) und die Entscheidung des BVerfG stand noch aus. Kurze Zeit später, am 7. 11. 06, erging die Entscheidung (BVerfG BStBl II 07, 192 = NJW 07, 573 mit Anm *Meincke*). Sie verwarf die bisherigen Bewertungsvorschriften für Betriebsvermögen, Gesellschaftsanteile, Grundbesitz und luf Vermögen, verlangte eine klare Trennung von Bewertungs- und Verschonungsregelungen, forderte, dass alle Bewertungsvorschriften sich an dem Ziel, den gemeinen Wert der Güter zu ermitteln, ausrichten müssten und setzte dem Gesetzgeber eine Frist zur Neuregelung des ErbStG bis zum 31. 12. 2008.

Rückblick und Ausblick **17, 18 Einführung**

Damit war der Gesetzgeber aufgefordert, noch im Laufe des Jahres 2008 ein Reformgesetz zu verabschieden, das den beiden Reformzielen, der Entlastung der mittelständischen Wirtschaft und der Umsetzung der verfassungsgerichtlichen Vorgaben, entsprach.

Mit Erlass des **ErbStRG vom 24. 12. 2008** (BGBl I 08, 3018) hat 17 der Gesetzgeber dieser Aufforderung entsprochen. Vorangegangen waren heftige Diskussionen, die vor allem anderen die Gesetzgebungskompetenz des Bundes, Einzelheiten der vom Bund geplanten Verschonungsregelungen für Grundbesitz, Betriebsvermögen, Gesellschaftsanteile und luf Vermögen und ihre Gegenfinanzierung durch Belastung von Mitgliedern der weiteren Familie und durch exorbitant hohe Steuersätze für alle nicht in StKlasse I eingeordneten Erwerber in Frage stellten. Die Diskussionen entzündeten sich am Text eines Gesetzentwurfs, den die Bundesregierung am 7. 11. 2007, ein Jahr nach der Verfassungsgerichtsentscheidung vorgelegt hatte. Es verging ein weiteres Jahr, bis aufgrund einer Koalitionsvereinbarung vom 6. 11. 2008 umfangreiche Änderungsanträge zu einer Neufassung des Entwurfs führten, der dann der Bundestag am 27. 11. 2008 und der Bundesrat am 5. 12. 2008 zustimmen konnten.

Ausblick. Nach dem Wechsel der Parlamentsmehrheit im Herbst 18 2009 ist zum Jahreswechsel 2009/2010 ein WachstumsbeschleunigungsG (BGBl I 2009, 3950) verabschiedet worden, das zwar vornehmlich durch die Entlastung des Hotelgewerbes im UStRecht in die Schlagzeilen geriet, das aber auch Änderungen des ErbStG mit sich gebracht hat. So wurden die Voraussetzungen, unter denen die Verschonung nach § 13a erreicht werden kann, erleichtert und die StSätze der (für Geschwister bedeutsamen) StKlasse II neu gefasst. Das JahresStG 2010 (BGBl I 2010, 1768) hat sodann den eingetragenen Lebenspartner dem Ehepartner uneingeschränkt gleichgestellt und Detail-Änderungen zu der Verschonungsregelung des § 13b hinzugefügt. Ergänzungen der §§ 13a und 13b waren auch Gegenstand einer Neuregelung im StVereinfachungsG 2011 (BGBl I 2011, 2131), während das Beitreibungsrichtlinie-UmsetzungsG (BGBl I 2011, 2592) die §§ 2 und 16 geändert hat, um sie europarechtskonform auszugestalten, und die §§ 7 und 15 durch neue Absätze ergänzt hat, um die Besteuerung von Leistungen von Kapitalgesellschaften in ihrer steuerlichen Bedeutung besser zu erfassen. In einem Beschluss, der eine Beitrittsaufforderung an das BMF enthält, hat der BFH seine Skepsis gegen die Verfassungsmäßigkeit auch des seit 2009 geltenden ErbStRechts zum Ausdruck gebracht (BStBl II 12, 29). Selbst wenn diese Skepsis sich zu einem erneuten Vorlagebeschluss an das BVerfG verdichten sollte, wird das nicht zu einem Stillstand in der Rspr führen. Vielmehr wird der BFH mit der Aufarbeitung der Anwendungsprobleme, die sich aus den

Einführung

nicht selten undurchsichtigen Neuregelungen ergeben, insbesondere mit dem Durchdringen der komplizierten Verschonungsregelungen für Betriebsvermögen, noch längere Zeit beschäftigt sein.

19. Literatur

19 Kommentare

a) zu älteren Gesetzesfassungen: zum **ErbStG 1906** von *A. Hoffmann* (1907), *U. Hoffmann* (2. Aufl 1911), *Josewski* (1906), *Wunsch* (2. Aufl 1915), *E. Zimmermann* (1907), *F.W.R. Zimmermann* (2. Aufl 1911); zum **ErbStG 1919** von *Berolzheimer* (1921), *Breit* (1921), *Ehm* (1921), *Hoffmann/Henckel* (1920), *Schachian* (1921), *Zimmermann/Mühe* (1919); zum **ErbStG 1922** von *Mirre* (2. Aufl 1923), *Wunsch* (3. Aufl m Nachtrag 1923), *Zimmermann/Ludewig* (4. Aufl 1925); zum **ErbStG 1925** von *Groener* (1928), *Kipp* (1927), *Marcus* (6. Aufl 1926); zum **ErbStG 1931** von *Finger* (4. Aufl 1932), *Stölzle* (2. Aufl 1932); zum **ErbStG 1934** von *Brecht* (1942); vgl ferner die ersten Auflagen des Kommentars von *Megow* zum ErbStG 1934 (1. Aufl 1937, 2. Aufl 1941), zum ErbStG 1954 (3. Aufl 1955) und zum ErbStG 1959 (4. Aufl 1959, 5. Aufl 1969 m Nachtrag 1970).

b) zum **ErbStG 1974 und zum geltenden Recht** von *Daragan/Halaczinsky/Riedel* (2010; zitiert: Daragan/Bearbeiter), *Fischer/Jüptner/Pahlke/Wachter*, 3. Aufl 2011; zitiert: Fischer/Bearbeiter), *Gürsching/Stenger* (Loseblatt, Stand September 2011, zitiert: G/S/Bearbeiter), *Kapp/Ebeling/Geck* (Loseblatt, Stand März 2011), *Moench/Weinmann* (Loseblatt, Stand September 2011, zitiert: Moench/Bearbeiter), *Petzoldt* (2. Aufl 1986), *Tiedtke* (2009, zitiert Tiedtke/Bearbeiter), *Troll/Gebel/Jülicher* (Loseblatt, Stand Juli 2011, zitiert: Troll/Bearbeiter), *Viskorf/Knobel/Schuck* (3. Aufl 2009, zitiert: Viskorf/Bearbeiter), *Wilms/Jochum* (Loseblatt, Stand Oktober 2010, zitiert: W/J/Bearbeiter). Vgl ferner die Vorauflagen dieses Kommentars ab 1974: *Megow/Michel* (6. Aufl 1974), *Meincke/Michel* (7. Aufl 1981; 8. Aufl 1987), *Meincke* (9. Aufl 1992; 10. Aufl 1994; 11. Aufl 1997; 12. Aufl 1999; 13. Aufl 2002; 14. Aufl 2004; 15. Aufl 2009).

Studium und Praxis

Moench/Albrecht, Erbschaftsteuer, 2. Aufl 2009; *Handzik*, Erbschaft- und Schenkungsteuer, 7. Aufl 2010.

Dissertationen

Eine auf Vollständigkeit berechnete Übersicht über die im letzten Jahrhundert geschriebenen Dissertationen zum ErbStRecht enthält die 12. Auflage dieses Kommentars.

Erbschaftsteuer- und Schenkungsteuergesetz (ErbStG)

In der Fassung der Bekanntmachung vom 27. Februar 1997
(BGBl I 97, 378); zuletzt geändert durch G vom 7. 12. 2011
(BGBl I 2011, 2592)

BGBl. III/FNA 611-8-2-2

Abschnitt 1. Steuerpflicht

§ 1 Steuerpflichtige Vorgänge

(1) Der Erbschaftsteuer (Schenkungsteuer) unterliegen
1. der Erwerb von Todes wegen;
2. die Schenkungen unter Lebenden;
3. die Zweckzuwendungen;
4. das Vermögen einer Stiftung, sofern sie wesentlich im Interesse einer Familie oder bestimmter Familien errichtet ist, und eines Vereins, dessen Zweck wesentlich im Interesse einer Familie oder bestimmter Familien auf die Bindung von Vermögen gerichtet ist, in Zeitabständen von je 30 Jahren seit dem in § 9 Abs. 1 Nr. 4 bestimmten Zeitpunkt.

(2) Soweit nichts anderes bestimmt ist, gelten die Vorschriften dieses Gesetzes über die Erwerbe von Todes wegen auch für Schenkungen und Zweckzuwendungen, die Vorschriften über Schenkungen auch für Zweckzuwendungen unter Lebenden.

Erbschaftsteuer-Richtlinien: R E 1.1, 1.2/H E 1.1, 1.2.

Übersicht

1., 2. Allgemeines
3.– 7. Vermögensanfall, Erwerber (Abs 1)
8., 9. Erwerb von Todes wegen (Abs 1 Nr 1)
10.   Schenkungen unter Lebenden (Abs 1 Nr 2)
11., 12. Zweckzuwendungen (Abs 1 Nr 3)
13.–21. ErsatzErbSt (Abs 1 Nr 4)
22.–27. ErbSt und SchSt (Abs 2)

1., 2. Allgemeines

Steuerpflichtige Vorgänge. Abs 1 benennt die vier vom Gesetz für **1** stpfl erklärten Vorgänge. „Vorgänge" im Wortsinn sind jedoch nur in den Fällen des Abs 1 Nr 1–3 erkennbar. Nr 4 regelt dagegen eine Vermögensbesteuerung, die nicht von einem bestimmten „Vorgang" abhängig ist. Mit der Bestimmung der stpfl Vorgänge eröffnet § 1 den Abschnitt I des Gesetzes. Zu diesem Abschnitt gehören noch die §§ 2–9, die § 1 ergänzen. Nach dem Gesetzesplan, wie er zB in § 30 I zum Ausdruck kommt, regelt § 1 I die Grundlage der StPfl, während die §§ 3–8 die in § 1 I genannten stpfl Vorgänge näher erläutern, § 2 das Ausmaß der StPfl in Fällen mit Auslandsberührung und § 9 den Zeitpunkt der Entstehung der St betrifft. Abs 2 erläutert den abgekürzten Sprachgebrauch, mit dem der Gesetzgeber nur von Erwerben von Todes wegen spricht, wenn er auch Schenkungen unter Lebenden und Zweckzuwendungen bezeichnen will, und nur die Schenkungen unter Lebenden erwähnt, wenn eine Regelung sich auch auf die Zweckzuwendungen unter Lebenden erstrecken soll.

2 Erbschaftsteuer und Schenkungsteuer. In der Gesetzesüberschrift wird zwischen Erbschaftsteuer und Schenkungsteuer getrennt. Diese Trennung hat keine praktische Bedeutung. Das zeigt schon der Klammerzusatz in der Gesetzesüberschrift, der für beide Steuern die Abkürzung ErbStG vorsieht. Es besteht denn auch kein Zweifel, dass die 1996 in das BewG eingefügten „Vorschriften für die Bewertung von Grundbesitz für die Erbschaftsteuer" (§§ 138 ff BewG) auch für die SchSt gelten sollten und dass die neuen §§ 157 ff BewG sich zugleich auch auf die SchSt beziehen. Weil es steuerliche Regelungen gibt, die nur für Erwerbe von Todes wegen oder nur für Erwerbe durch Schenkung unter Lebenden gelten, ist die Unterscheidung der beiden Erwerbswege für die Besteuerung sehr bedeutsam. Steht jedoch fest, dass für einen Erwerb von Todes wegen oder unter Lebenden eine St verwirklicht ist, kann offen bleiben, ob die daraus resultierende St den Namen der ErbSt oder der SchSt verdient. Es ist dann auch unschädlich, dass das Gesetz dort, wo es nur die ErbSt erwähnt, auch die SchSt mitmeint (zB § 10 VIII, § 21 I, § 30 I). Auch kann dahinstehen, ob und unter welchen Voraussetzungen die St auf Zweckzuwendungen und auf das Vermögen einer Familienstiftung oder eines Familienvereins der ErbSt oder der SchSt zugerechnet werden muss, solange nur sichergestellt ist, dass sie unter einer dieser Bezeichnungen mitgemeint sein soll (vgl § 29 I Nr 4 S 4).

3.–7. Vermögensanfall, Erwerber (Abs 1)

3 Vermögensanfall. Als stpfl Vorgänge iS des Abs 1 Nr 1 und 2 bezeichnet das Gesetz Erwerbe von Todes wegen und Erwerbe durch Schenkung unter Lebenden. In beiden Fällen werden Übertragungsvorgänge oder Vorgänge der Rechtsbegründung angesprochen, die beim Empfänger zu einem „Vermögensanfall" (§ 2 I Nr 1) führen. Der Vermögensanfall kann auf Gesetz oder Vertrag beruhen, in dem Erwerb eines Anspruchs, in dem Erwerb von Sachwerten oder auch in der bloßen Werterhöhung eines bereits innegehabten Gesellschaftsanteils (§ 7 VII 2) bestehen und einzelne Vermögensposten, einen Vermögensbestand (Erwerb des Alleinerben) oder Anteile an einem Vermögensbestand oder an den zu einem Vermögensbestand gehörenden Posten (Erwerb der Miterben) umfassen. Der Vermögensanfall wird sich im Zweifel nach bürgerlich-rechtlichen Regeln vollziehen. Im Hinblick darauf bezeichnet der BFH das ErbStRecht als „bürgerlich-rechtlich geprägt" (BFH BStBl II 87, 175, 176). Doch können auch dem öffentlichen Recht zugehörende Vererbungs- und Zuwendungsvorgänge eine StPfl nach dem ErbStG auslösen. So kann es zB zu einer stpfl Nachfolge in öffentlich-rechtliche Erstattungsforderungen kommen. Auch Zuwendungen der öffentlichen Hand können, wenn die Voraussetzungen eines StTatbestandes erfüllt sind, der Besteuerung unterliegen.

Bereicherung. Der Vermögensanfall interessiert das ErbStRecht nur **4** unter der Voraussetzung, dass er sich für den Empfänger wirtschaftlich günstig auswirkt, ihm einen Vermögensvorteil (§ 14 I 1), eine Bereicherung, verschafft. Das zeigt § 10 I 1. Im Hinblick auf diese Vorschrift wird denn auch von einem **Bereicherungsprinzip** des ErbStRechts gesprochen (BFH BStBl II 81, 411, 412; 83, 179, 180). Die SchSt wird als eine „BereicherungsSt" bezeichnet (BFH BStBl II 84, 27, 28). Der BFH ist sogar noch einen Schritt weiter gegangen und hat das „Prinzip der ErbSt, die unentgeltliche Bereicherung – und nur diese – zu erfassen", betont (BFH BStBl II 73, 329, 334). „Wie mehrfach entschieden (Hinweis auf BFH BStBl II 73, 329) unterliegt nur die für den Erwerber unentgeltliche Bereicherung der ErbSt" (BFH BStBl II 84, 37, 38). Zur Klarstellung hat das Gericht (BFH BStBl II 85, 59, 60) für den Bereich der Erwerbe von Todes wegen jedoch alsbald hinzugefügt: „Der Erwerb von Todes wegen iS des § 2 I Nr 1 ErbStG 1959 (= § 3 I ErbStG 1974) setzt grundsätzlich nicht voraus, dass die Zuwendung ohne Gegenleistung geschieht".

Erwerber. Das Gesetz geht davon aus, dass die StPfl jeden trifft, der **5** von Todes wegen oder durch Schenkung unter Lebenden erwirbt (§ 20 I), so dass auch der Bund, die Länder und die Gemeinden als Erwerber stpfl wären, wenn das Gesetz die Freistellung nicht ausdrücklich angeordnet hätte (§ 13 I Nr 15). Auch gegenüber Körperschaften des öffentlichen Rechts (vgl BFH BStBl II 05, 311; 06, 557, 632, 720) und gegenüber ausländischen Staaten, die durch Schenkung oder von Todes wegen erwerben, wird ein Besteuerungsrecht in Anspruch genommen (BFH BStBl II 77, 213).

6 OHG und KG, die in der frühen Rspr des RFH (RFHE 1, 197; 7, 192; StuW 1922 Nr 1055) noch als mögliche Erwerber/Schenker angesprochen worden waren, wurden in der Folgezeit unter Hinweis auf die Vorschriften der §§ 80 II RAO und 11 Nr 5 StAnpG aus dem Kreis der StPfl nach dem ErbStG ausgegrenzt (RFH RStBl 28, 270 = RFHE 23, 282; BFH BStBl III 60, 358); statt der Gesamthand sollten danach die Gesellschafter anteilig als Schenker/Erwerber gelten. Anschließend war der BFH zeitweise (BStBl II 89, 237) wieder zu der ursprünglichen Judikatur zurückgekehrt und hatte sich damit dem hier in den Vorauflagen vertretenen ablehnenden Standpunkt angeschlossen. Der II. Senat des BFH betonte in dieser Entscheidung die vermögensrechtliche Selbstständigkeit der PersGes, wie sie in § 124 HGB (jetzt auch in §§ 14 I, 1059 a II BGB) zum Ausdruck kommt; OHG und KG gelten nach der im ZivilR vorherrschenden – wenngleich nicht unumstrittenen (*Flume*, Die Personengesellschaft, 1977, 107) – Meinung insb auch als erbfähig. OHG und KG können damit die wichtigsten der zivilrechtlichen Tatbestände, an die das ErbStG in den §§ 3 und 7 die Besteuerung knüpft, als eine im Rechtsverkehr verselbstständigte Einheit verwirklichen. Als Beleg für die selbstständige StPfl der Personengesellschaften führte der BFH (BStBl II 89, 237, 238) ferner die Vorschrift des § 2 I Nr 1 Buchst d ErbStG an, die die unbeschränkte StPfl inländischer Personenvereinigungen regelt. Auch § 35 II Nr 1 konnte genannt werden, wo von Personenvereinigungen als Erwerbern die Rede ist. Schließlich hob der BFH (BStBl II 89, 237, 239) zutreffend hervor, dass die Vorschriften des § 39 II Nr 2 AO und § 3 BewG, die an die Stelle der früheren §§ 80 II RAO und 11 Nr 5 StAnpG getreten sind, nicht selbst eine Entscheidung über eine eigenständige StPfl der Gesamthandsgemeinschaft treffen, sondern eine entsprechende Regelung in den EinzelStGesetzen voraussetzen und daher nicht – wie es die ältere Rspr wollte – als Argument gegen eine StPfl der PersGes nach dem ErbStG dienen können.

7 **Die gegenwärtige Rechtsprechungslinie.** Inzwischen hat der BFH (BStBl II 95, 81, JZ 95, 1074 mit Anm *Meincke;* BStBl II 98, 630) wiederum eine Wendung gemacht. Danach heißt es nunmehr erneut: Fällt einer Gesamthandsgemeinschaft von Todes wegen oder durch Schenkung unter Lebenden Vermögen zu oder wird von einer Gesamthandsgemeinschaft eine freigebige Zuwendung bewirkt, so sind unabhängig von dem Willen der Beteiligten, wer Schenker oder Erwerber sein soll und wer daher **zivilrechtlich Schenker oder Erwerber ist,** für die ErbSt stets nur die Einzelnen an der Gesamthand beteiligten Gesellschafter anteilig als Schenker oder Erwerber anzusehen, weil die Gesamthand der Gesellschafter **erbschaftsteuerrechtlich nicht Schenker oder Erwerber sein kann** (zustimmend *Seer,* in *Tipke/Lang* § 13 Rn 135). Es wird damit zwischen dem, der zivilrechtlich schenkt oder erwirbt und dem, der steuerlich als Erwerber einzustufen ist, unterschieden. Steuerlich sollen nur die Gesamthänder als Erwerber gelten, weil sie angeblich zivilrechtlich allein bereichert sind und weil damit angeblich das Zivilrecht selbst für eine Abkehr von der zivilrechtlichen Betrachtungsweise spricht. Weil das einer Gesamthand zugewandte Vermögen „stets gesamthänderisches Vermögen der Gesamthänder" wird, sind es nach Auffassung des Senats allein die Gesamthänder, die die durch den Vermögensübergang ausgelöste Bereicherung trifft.

Damit werden jedoch die Gesellschaft und die Gesellschafter in einen durch den Zusammenhang so nicht gebotenen Gegensatz gebracht. Wenn zwischen der Gesamthand und den Gesamthändern unterschieden wird, geht es nur darum, die Gesellschaftergesamtheit als Rechts- und Pflichtenträger von ihren einzelnen Mitgliedern und deren Rechten und Pflichten getrennt zu verstehen (*Wiedemann*, Rechtsverhältnisse der BGB-Gesellschaften zu Dritten, WM Sonderbeilage 4/1994, 1 ff, 7). Wer die Erwerbereigenschaft der Gesamthand verneint, vertritt damit die These, dass die Gesellschafter außerhalb des Gesamthandverbandes je einzeln anteilig bereichert worden sind. Zivilrechtlich kann dieser Argumentationsgang schwerlich einleuchten (zustimmend *Moench/Weinmann*, § 2 Rz 10). Umso gewichtiger sind allerdings die im Hintergrund stehenden **steuerlichen Überlegungen** zu nehmen, die mit den nicht auf **Gesamthandsgemeinschaften** ausgerichteten Freibeträgen und Steuersätzen zusammenhängen. So ist denn auch nicht zu leugnen, dass die neue RsprLinie zu einer Vereinfachung der Steueranwendung führt. Sie hat zur Konsequenz, dass Zuwendungen von einer Gesamthand und an eine Gesamthand in Teilzuwendungen von den Gesamthändern persönlich und an die Gesamthänder persönlich aufgespalten werden, dass Zuwendungen von und an die Gesamthand mit Zuwendungen von den Gesellschaftern persönlich und an die Gesellschafter persönlich im Rahmen des § 14 zusammengerechnet werden können und dass Zuwendungen an eine OHG oder KG nicht zu StSchulden der Gesellschaft, sondern nur zu persönlichen StSchulden der Gesellschafter führen, so dass die St nicht aus dem Gesellschaftsvermögen beigetrieben werden kann. Aus Zuwendungen in das Gesellschaftsvermögen kann der Kommanditist neuerdings über seine Haftsumme hinaus steuerlich verpflichtet werden. Ähnliches gilt hinsichtlich der St des Schenkers, wenn sich eine OHG oder KG zu Schenkungen aus dem Gesellschaftsvermögen entschließt. Auch wenn der Kommanditist an diesen Schenkungen nicht mitgewirkt hat und auch wenn ihm diese Schenkungen nicht zugute kommen, muss er dennoch als (Teil-)Schenker einen Teil der StLast persönlich übernehmen. Das alles vermag aus der Sicht des Zivilrechts nicht zu überzeugen. Auch aus steuerrechtlicher Sicht wird die Haltung der Rspr nachdrücklich kritisiert (*U. Lehmann*, Gesellschaftsrechtliche Gestaltungen im Erbschaft- und Schenkungsteuerrecht, 2009, 35 ff). Das FG Münster (EFG 07, 1037) hat denn auch bereits ausgesprochen, dass die neuere Rspr-Linie jedenfalls auf den nichtrechtsfähigen Verein nicht übertragbar ist.

8., 9. Erwerb von Todes wegen (Abs 1 Nr 1)

8 Abs 1 Nr 1 begründet die StPfl für **Erwerbe von Todes wegen.** Die Bestimmung zeigt, dass die St entgegen ihrer traditionellen Bezeichnung als „Erbschaft"-St nicht die Erbschaft (= Nachlass) als solche ergreift, sondern die Vermögenserwerbe aus Anlass des Todes der Besteuerung unterwirft. Diese Erwerbe aus Anlass des Todes, deren Voraussetzungen das Gesetz in den §§ 3 und 4 zusammenstellt, können mit der Erbschaft zusammenhängen. So ist der Erwerb der Erben durch Erbanfall unmittelbar auf die Erbschaft bezogen. Der Vermächtniserwerb erfasst im Regelfall Werte, die gegenständlich aus der Erbschaft stammen, und der Erwerb durch Pflichtteil ist zumindest rechnerisch aus der Erbschaft abgeleitet. Dagegen werden mit den Vermögensvorteilen des § 3 I Nr 4 Posten der StPfl unterworfen, die außerhalb der Erbschaft anfallen, und § 4 II 2 erklärt sogar den Übergang eines Gesamtgutanteils zum Erwerb von Todes wegen, den § 1490 BGB aus dem Erbschaftserwerb herausnimmt. Die der ErbSt unterliegenden Erwerbe haben daher mit der Erbschaft im zivilrechtlichen Sinn nicht immer etwas zu tun. Weil jedoch als wichtigster Erwerb von Todes wegen der Erwerb durch Erbanfall gilt, wird die St auf den Erwerb von Todes wegen nach dem Vorbild des ErbStG 1919 als **„ErbanfallSt"** bezeichnet und der im geltenden Recht nicht verwirklichten **„NachlassSt"** als einer auf die Erbschaft gelegten letzten VSt gegenübergestellt.

9 Zur **Begründung der StPfl** für Erwerbe von Todes wegen ist auf den Zuwachs an wirtschaftlicher Leistungsfähigkeit zu verweisen, den der Vermögensanfall für den Erwerber mit sich bringt (*Meincke*, DStJG 22, 1999, 39), auch wenn es für den hinterbliebenen Ehepartner makaber klingen mag, wenn man ihm verständlich zu machen sucht, dass er durch den Tod seines Partners bereichert worden ist. Über das, was er bisher mit dem Verstorbenen geteilt hat, kann er nun allein verfügen. Das bringt ihn – rein ökonomisch betrachtet – einen Zuwachs an wirtschaftlicher Leistungsfähigkeit. Und in einem StSystem, in dem die Zunahme an Leistungsfähigkeit auch sonst als ausreichendes Kriterium für eine zusätzliche stliche Belastung gilt, kann der Erwerb von Todes wegen nicht ausgeklammert bleiben (so wörtlich auch: Gutachten StReformkommission, 1991, Rz 205).

10. Schenkungen unter Lebenden (Abs 1 Nr 2)

Schenkungen unter Lebenden sind ursprünglich in die StPfl einbezogen worden, um ein Ausweichen vor den stpfl Vermögensübertragungen von Todes wegen in stfreie Rechtsgeschäfte unter Lebenden auszuschließen (vgl amtl Begründung zum ErbStG 1906, RTDrs Nr 10 Anl 5, 1905/06, 1060). Inzwischen hat die SchSt jedoch längst eigenständige Bedeutung gewonnen. Heute kann man daher mit demselben Recht die ErbSt als Instrument zur Vermeidung einer Umgehung der SchSt bezeichnen, mit dem sich die SchSt als Instrument zur Vermeidung einer Umgehung der ErbSt einstufen lässt. Dennoch spielt die These, dass die SchSt der Bekämpfung der StUmgehung dient, in der Rspr nach wie vor eine gewisse Rolle (zB BVerfG BStBl II 83, 779, 783; BFH/NV 86, 96, 98). Aus ihr soll ua folgen, dass der Gesetzgeber die Besteuerung von Zuwendungen unter Lebenden anders als die von Zuwendungen von Todes wegen ausgestalten kann. Denn bei „Vorschriften, die die Umgehung des Grundtatbestandes verhindern sollen, ist es nicht von Verfassungs wegen erforderlich, dass eine völlige Gleichstellung mit den Grundtatbeständen erreicht wird" (BFH/NV 86, 96, 98). Demgegenüber bleibt hervorzuheben, dass beide St auf derselben gedanklichen Konzeption beruhen, von vergleichbaren wirtschaftlichen Sachverhalten ausgehen und einander ergänzen. Daher lassen sich unterschiedliche Belastungswirkungen der beiden St nur schwer rechtfertigen. Die neuere Rspr des BVerfG (BStBl II 95, 671), die verfassungsrechtliche Schranken der ErbSt aus der Erbrechtsgarantie des GG ableitet und daher unmittelbar nur für die ErbSt gilt, muss für die SchSt entsprechend herangezogen werden. § 1 I nennt im Übrigen als stpfl Vorgänge den Erwerb von Todes wegen und Schenkungen unter Lebenden. Warum das Gesetz im ersten Fall die Einzahl und im zweiten Fall den Plural wählt, ist unbekannt. Dass nicht vom schenkweisen Erwerb unter Lebenden, sondern von Schenkungen unter Lebenden die Rede ist, dürfte damit zusammenhängen, dass im Fall der Schenkung unter Lebenden nicht nur der schenkweise Erwerb, sondern (sinnwidrig) auch die schenkweise Fortgabe des Vermögens der Besteuerung unterliegen soll, wie sich daran zeigt, dass § 20 I auch den Schenker als StSchuldner nennt (§ 20 Anm 6). Das Gesetz spricht im Übrigen unter Übernahme eines aus dem römischen Recht stammenden Ausdrucks (Institutionen Iustinians 2,7,1: donatio inter vivos) von Schenkungen unter Lebenden in Gegenüberstellung zu der Schenkung auf den Todesfall, die nach § 3 I Nr 2 zum Erwerb von Todes wegen zählt. Darauf, dass der Schenker oder Beschenkte im Zeitpunkt der Zuwendung im Wortsinne „lebt", kommt es nicht an. Auch juristische Personen können daher eine Schenkung „unter Lebenden" abschließen (BFH BStBl II 11, 732). Zu den Schenkungen unter Lebenden iS des Abs 1 Nr 2 gehört in erster Linie der Erwerb auf Grund einer Schenkung des BGB, der jedoch nicht mehr gesondert genannt, sondern als Unterfall der freigebigen Zuwendung besteuert wird (§ 7 Anm 3).

11., 12. Zweckzuwendungen (Abs 1 Nr 3)

11 Die **Zweckzuwendung** ist ein der Zweckauflage des § 2193 BGB verwandtes Institut, das die Rspr (RGZ 75, 378; RFH RStBl 19, 230, 295; 22, 191) unter der Herrschaft des ErbStG von 1906 und 1919 in Anlehnung an das preuß ErbStRecht entwickelt hat und das erstmals mit dem ErbStG 1922 unter die stpfl Vorgänge aufgenommen wurde. Mit der Besteuerung der Zweckzuwendungen sollen Zuwendungen erfasst werden, die weder dem Geber noch dem Empfänger noch bestimmten dritten Personen zugute kommen, die als Erwerber zur StZahlung herangezogen werden könnten. Den Ausgangsfall in der Rspr bildete der Tod einer märkischen Gutsherrin, die ihrem Sohn ein Geldvermächtnis mit der Auflage zugewendet hatte, die Zinsen zur Fortführung des Gutskindergartens zu verwenden (RGZ 75, 378). Der Fall zeigt die für Zweckzuwendungen charakteristische zweistufige Struktur der Vermögensverschiebung. Es wird eine Zuwendung an eine bestimmte Person mit der Anordnung verbunden, einen Teil des Empfangenen zu einem bestimmten, mit den Interessen des Empfängers nicht identischen, unpersönlichen Zweck zu verwenden. Vorausgesetzt wird, dass der Empfänger der Zuwendung (der Sohn) den zur Zweckerfüllung (Fortführung des Kindergartens) gewidmeten Betrag bei der Besteuerung des eigenen Vermögenserwerbs (Geldvermächtnis) in Abzug bringen kann, weil er insoweit nicht bereichert ist (§ 10 V Nr 2), so dass dieser Betrag unversteuert bliebe, wenn er nicht als Zweckzuwendung erfasst würde. Der Fall zeigt zugleich, dass man die Besteuerung wesentlich einfacher regeln könnte, indem nur die Abzugsfähigkeit der Zweckauflage eingeschränkt würde.

12 Die **theoretische Begründung** der Besteuerung der Zweckzuwendung ist unklar, weil, wo eine bestimmte Person als Erwerber fehlt, auch nicht von einer Bereicherung die Rede sein kann, die die Voraussetzung der Besteuerung bildet (§ 10 I 1). Der Gesetzgeber hilft sich mit der Anordnung, dass bei der Zweckzuwendung an die Stelle des Vermögensanfalls die Verpflichtung des Beschwerten tritt (§ 10 I 5). Doch ist damit eine Rechtfertigung dieser Anordnung noch nicht gegeben. Die Rspr (RFHE 11, 257, 258) bezeichnet den Zweck als bereichert, was schwerlich zu überzeugen vermag, da die Zunahme an Leistungsfähigkeit, die die Grundlage der Besteuerung bildet, nicht auf einen Zweck bezogen werden kann. Die praktische Bedeutung der Regelung ist gering, zumal § 13 I Nr 15 und 17 die Freistellung der

Zuwendungen vorsieht, die kirchlichen, gemeinnützigen oder mildtätigen Zwecken gewidmet sind. Einzelheiten der Zweckzuwendung regelt § 8.

13.–21. Ersatzerbschaftsteuer (Abs 1 Nr 4)

Schrifttum: *Meincke,* ErbersatzSt und Gleichheitssatz, StuW 82, 169; *Binz/Sorg,* Aktuelle ErbStProbleme der Familienstiftung, DStR 94, 229; *Jülicher,* Die Familienstiftung iSd § 1 Abs 1 Nr 4 ErbStG, StuW 95, 71; *Meincke,* Rechtfertigung der ErbSt und SchSt, DStJG 22, 1999, 39, 52; *Thömmes/Stockmann,* Familienstiftung und Gemeinschaftsrecht, IStR 99, 261; *Jülicher,* Brennpunkte der Besteuerung der inländischen Familienstiftung im ErbStG, StuW 99, 363; *Gebel,* Die ErbSt bei der Stiftung von Todes wegen, BB 01, 2554; *Carlé/Strahl,* Stiftungen bei der Erbfolgegestaltung, KÖSDI 02, 13471; *Schiffer,* Stiftungen und Familienstiftungen in der Unternehmensnachfolge, FS DVEV, 2005, 153; *Schiffer/Fries,* Ersatzerbschaftsteuer und „sale and lease back", ZErb 06, 115; *Löwe/Droege,* Ist die Erbersatzsteuer bei Familienstiftungen reformbedürftig?, ZEV 06, 530; *Werner,* Stiftungen als Instrument der Unternehmens- und Vermögensnachfolge, ZEV 06, 539; *Wachter,* Erbersatzsteuer für Familienstiftungen, in: *Richter/Wachter,* Handbuch des internationalen Stiftungsrechts, 2007, 541; *Seidel,* Stiftung und Stiftungsteuerrecht, ErbStB 10, 204; *Haas,* Die Besteuerung der Destinatäre der Familienstiftung, DStR 10, 1011; *Piltz,* Erbschaftsteuerliche Neuorientierung bei Familienstiftungen, ZEV 11, 236.

Grundgedanke. Die 1974 neu eingeführte St auf das Vermögen von Familienstiftungen und -vereinen wird ErbersatzSt (*Zeitel,* BTProt 7/4117) oder ErsatzErbSt (BFH BStBl II 81, 581; BVerfG BStBl II 83, 779) genannt, weil sie das Ziel verfolgt, „Vermögen, die in Stiftungen verwaltet werden, künftig erbschaftsteuerlich ähnlich wie Vermögen, das in anderen Formen behalten und organisiert wird", zu belasten (*Porzner,* BTProt 7/4121). Den Materialien (BTDrs 7/1333, 3) zufolge geht das ErbStG davon aus, „dass Vermögen im Generationswechsel einmal der ErbSt unterworfen werden". Durch die Einbringung in eine Stiftung könne das Vermögen dagegen „über viele Generationen hinweg vererbt werden, ohne dass auch nur ein Pfennig ErbSt gezahlt werden muss" (*Huonker,* BTProt 7/4115). Diese Privilegierung der Familienstiftungen im ErbStRecht bewirke einen deutlichen Systembruch (*Huonker,* aaO, 4116), es entstehe eine Lücke im ErbStRecht (BTDrs 7/1333, 3), die durch die Neuregelung auszufüllen sei.

Kritik. Die im Gesetzgebungsverfahren vorgetragene These von der Privilegierung der Familienstiftungen im ErbStRecht, die noch das BVerfG beeindruckt hat (vgl BStBl II 83, 779, 785, wo die bisherige stliche Behandlung der Familienstiftung als „Ausnahme von der Regel" bezeichnet wird), ist im Wesentlichen unrichtig (*Meincke,* StuW 82, 169). Nicht die Stiftung wurde privilegiert, sondern die hinter der Stiftung stehenden natürlichen Personen konnten mit Hilfe der Stiftung

Vorteile erlangen. Wenn der Gesetzgeber diese Vorteile für unangemessen hielt, hätte er bei der Besteuerung der natürlichen Personen ansetzen sollen (idS auch *Marx,* StuW 90, 151, 158 ff). Stattdessen hat er die Stiftung mit einer St überzogen. Mit der Besteuerung der Stiftung wollte er nicht die Stiftung selbst, sondern die hinter der Stiftung stehenden Personen in einer Art Durchgriff treffen, weil ohne die St „Familienmitglieder der Gründer-Familie steuerlich in einer gegen Art 3 GG verstoßenden Weise bevorzugt wären" (Hess FG, EFG 94, 493, 495). Auch liegt der Verdacht nicht völlig entfernt, dass der Gesetzgeber mit Hilfe der St zumindest die großen Familienstiftungen zur Auflösung zwingen wollte (*Flämig,* DStZ 86, 11, 15). Die Regelung des § 1 I Nr 4 fällt aus dem Besteuerungskonzept des ErbStG vollkommen heraus. Sie schließt nicht eine Lücke im ErbStRecht, das den von den Familienstiftungen angeblich durchlöcherten Grundsatz, alles Vermögen unabhängig von seinem Träger im Generationswechsel einmal der St zu unterwerfen, gar nicht kennt. Die Neuregelung kombiniert die St auf Erwerbe von Todes wegen und durch Schenkung unter Lebenden mit einer St auf die Innehabung von Vermögen, die nur einzelne Vermögensträger trifft. Sie beseitigt damit nicht einen Systembruch innerhalb des geltenden Rechts, sondern führt ihn erst herbei. Die St wird von dem Gedanken getragen, dass das Vermögen der Stiftung zum Besteuerungszeitpunkt auf zwei Personen übergeht. Das soll den Vermögensübergang auf zwei Kinder im Rahmen der natürlichen Erbfolge nachahmen. Wollte man diesen Gedanken konsequent durchführen, müssten allerdings zum nächsten Besteuerungszeitpunkt zwei (halbe) Vermögen auf nun insgesamt vier Personen übergehen. Davon ist jedoch keine Rede (Kritik bei *von Löwe/du Roi Droege,* ZEV 06, 530).

15 Die **Verfassungsmäßigkeit der Neuregelung** wurde schon während der Gesetzesberatungen in Zweifel gezogen (BRDrs 759/2/73, 5; *Klein,* DB 73, 2323) und anschließend von einem umfangreichen Schrifttum infrage gestellt (ältere Nachweise bei *Meincke,* StuW 82, 169, 170 Fn 8; ausführliche Darstellung jetzt bei *Wachter,* oben vor Anm 13, 598 ff). Das BVerfG (BStBl II 83, 779) hat die ErsatzErbSt jedoch für verfassungsgemäß erklärt, soweit sie die Familienstiftungen betrifft. Wie der Gesetzgeber so hat auch das BVerfG die Stiftung rein instrumental gesehen und das Stiftungsvermögen als Vermögen betrachtet, das trotz der Verselbstständigung der Stiftung nach wie vor von der hinter der Stiftung stehenden Familie gehalten wird. Die Entscheidung hat wichtige der erhobenen verfassungsrechtlichen Bedenken nicht ausgeräumt (so auch *Sorg,* BB 83, 1620), doch wird es trotz mancher, für die Argumentationsweise des BVerfG bedeutsamer Neuregelungen wohl kaum zu einem neuen Verfahren kommen, so dass die Verfassungsfrage zZt keine Aktualität mehr besitzt. In dem Steuergesetzbuchentwurf von *Kirchhof* (S. 591 ff) wird die ErsatzErbSt ausdrücklich abgelehnt.

Familienstiftung. Die St trifft das Vermögen von Stiftungen, die im 16 Interesse einer Familie oder von bestimmten Familien errichtet sind und ihre Geschäftsleitung oder ihren Sitz im Inland haben (§ 2 I Nr 2). Stiftungen mit Sitz und Geschäftsleitung im Ausland unterliegen nicht der ErsatzErbSt, auch nicht hinsichtlich ihres inländischen Vermögens. Als Stiftung wird hier das nach § 80 BGB rechtsfähige Zweckvermögen bezeichnet. Unter Familie wird der Kreis der durch Abstammung, Heirat oder häusliche Gemeinschaft verbundenen Angehörigen iS des § 15 AO verstanden (*Petzoldt* § 1 Rz 10; aM *Flämig*, DStZ 86, 11, 14, der den Familienbegriff auf die aus Eltern und Kindern bestehende Kernfamilie begrenzen will). Es muss sich um die Familie des Stifters handeln. Mit Interessen sind Vermögensinteressen gemeint. Dazu gehören alle Vermögensvorteile, die die begünstigte Familie und ihre Mitglieder aus dem Stiftungsvermögen ziehen. Es genügt, dass die Stiftung den Interessen eines einzelnen Familienangehörigen dient (vgl RFH RStBl 34, 75). Die Stiftung ist im Familieninteresse errichtet, wenn sie den Familieninteressen nach dem in der Satzung festgelegten Stiftungszweck dienen soll. Die nachträgliche Zweckänderung einer bereits errichteten Stiftung, die nunmehr zur Förderung von Familieninteressen verpflichtet wird, erfüllt im Wortsinn die Voraussetzungen des Abs 1 Nr 4 nur, wenn man in der Zweckänderung zugleich eine Auflösung und Neuerrichtung der Stiftung sieht, mag aber bei teleologischer Auslegung auch sonst noch unter den StTatbestand fallen (*Meyer zu Hörste*, BB 74, 1633). Es kommt demnach zumindest auf die satzungsmäßige Zwecksetzung der Stiftung zu dem gemäß § 9 I Nr 4 für die Steuerentstehung maßgeblichen Zeitpunkt an. Weitergehend will der BFH (BStBl II 98, 114; zustimmend *Viskorf* § 1 Rn 22) den ganzen Dreißigjahreszeitraum, auf den sich die Besteuerung bezieht, für maßgeblich halten. Die Stiftung soll die Voraussetzungen der Besteuerung nur erfüllen, wenn die in § 1 I Nr 4 genannten Merkmale über den gesamten Zeitraum hinweg vorgelegen haben. Die Stiftung dient im Übrigen den Interessen der Familienangehörigen dann, wenn ihnen das Vermögen der Stiftung zugute kommt. Das Stiftungsvermögen kann den Familienangehörigen über unternehmerische Einflussmöglichkeiten, über die Duldung der Nutzung von Vermögensgegenständen oder der Inanspruchnahme von Personal, über laufende Ausschüttungen von Kapitalerträgen an Destinatäre oder über den Vermögensanfall bei Auflösung der Stiftung zugute kommen, wobei die Nutzungschance genügt; ob sie ausgenutzt wird, ist nicht entscheidend.

Wesentliches Interesse. Die Stiftung dient den Interessen der Fami- 17 lie wesentlich, wenn die Familienangehörigen in hohem Maße gefördert werden. Ausschließlichkeit der Förderung der Familieninteressen wird nicht verlangt. Bei den Gesetzesberatungen wurde eine Konzeption der Familienstiftung zugrunde gelegt, nach der das Stiftungsvermögen trotz der Verselbstständigung der Stiftung weiterhin im Besitz der Familie bleibt, von dieser weiterhin behalten und von der Stiftung nur verwaltet wird. So hatte der Vertreter des BMF zur Begründung der ErsatzErbSt vorgetragen, dass „rund 4 Milliarden DM, also 80% des in Familienstiftungen verwalteten Vermögens, ... im Besitz von 20 Familien" sind. Es sollten „Vermögen, die in Stiftungen verwaltet werden, künftig erbstlich ähnlich wie Vermögen, das in anderer Form behalten und organisiert wird, behandelt werden" (*Porzner*, BTProt 7/4121). Es war davon die Rede, dass das in die Familienstiftungen eingebrachte Vermögen „über viele Generationen hinweg vererbt" werde (*Huonker*, BTProt 7/4115) und dass die Nichtbesteuerung des Stiftungsvermögens im ErbStRecht systemwidrig sei (BTDrs 7/1333, 3). Diese Äußerungen zeigen, dass an einen ganz engen Bezug des Stiftungsvermögens zur Familie gedacht war, der die Einbringung des Familienvermögens in die Stiftung als eine mehr formale Ausgliederung erscheinen lässt, die bei wirtschaftlicher Betrachtung zu vernachlässigen ist. Danach kann es nicht genügen, dass die Stiftung nur in erheblichem Umfang Familieninteressen fördert. Die FinVerw (R E 1.2. I ErbStR) lässt es genügen, dass die Destinatäre zu mehr als einem Viertel bezugs- oder anfallsberechtigt sind, wenn die Familie wesentlichen Einfluss auf die Geschäftsführung der Stiftung hat. Das erscheint angesichts der Grundkonzeption der Vorschrift als nicht unbedenklich. „Was überwiegt, ist als wesentlich anzusehen" (*Viskorf* § 1 Rn 19). Das spricht dafür, dass das Stiftungsvermögen den Familieninteressen überwiegend, wenn nicht ganz überwiegend zugute kommen sollte. Der Einfluss auf die Geschäftsführung der Stiftung kann einen geringen Anteil der Destinatäre an den Ausschüttungen nicht ausgleichen. Die Stiftung muss im Übrigen den Familieninteressen unmittelbar dienen. Eine Stiftung, die sich auf die Förderung eines Familienunternehmens konzentriert, ist selbst dann keine Familienstiftung, wenn das Unternehmen im Interesse der Familienangehörigen betrieben wird (FG Bln-Bbg EFG 08, 470).

18 **Aus der Sicht des BFH** (BStBl II 98, 114, 116) dient die Stiftung Familieninteressen dann wesentlich, wenn nach der Satzung und ggf dem Stiftungsgeschäft ihr Wesen darin besteht, es den Familienangehörigen zu ermöglichen, das Stiftungsvermögen zu nutzen und die Stiftungserträge an sich zu ziehen. Hinsichtlich der Erträge genügt es, wenn ohne Satzungsverstoß 85% an Familienangehörige ausgeschüttet werden können. Umfasst der Stiftungskatalog unterschiedliche Zwecke, so ist ihre tatsächliche Bedeutung für die Stiftung im Rückblick auf die letzten bis zu 30 Jahre vor dem StEntstehungsdatum zu würdigen.

Dabei ist insbesondere dem Einfluss der Familie auf die Geschäftsführung der Stiftung Bedeutung beizumessen.

Familienverein. Die StPfl nach Abs 1 Nr 4 trifft auch das Vermögen von Familienvereinen. Die Gesetzesmaterialien vermerken dazu, dass Familienvereine bisher stlich begünstigt wurden. „Dies hat vereinzelt dazu geführt, dass große Vermögen in einem Verein gebunden worden sind. Solche Vereine entsprechen der Stiftung. Es erscheint daher aus Gründen der StGerechtigkeit geboten, sie ... erbschaftsteuerlich den Stiftungen gleichzustellen" (BTDrs VI/3418, 64). Nach *Moench/Weinmann* (§ 1 Rz 19) ist die Zahl der Vereine sehr gering, die die Merkmale des Abs 1 Nr 4 erfüllen. Die Bestimmung kann nur Vereine im Auge haben, deren Mitgliedschaft unvererblich ist (§ 38 BGB), weil andernfalls (vgl § 40 BGB) die zum Vereinsvermögen gehörenden Werte nicht, wie es die Parallele zum Stiftungsrecht voraussetzt, durch zivilrechtliche Konstruktion der Erbfolge entzogen wären (zustimmend *Viskorf* § 1 Rn 24). Die Thesaurierung von Vermögen muss Zweck des Vereins sein, sich also als Zielsetzung aus der Satzung ergeben (§ 57 I BGB). Es genügt, dass der Verein derzeit die Bindung von Vermögen anstrebt, auch wenn der Vereinszweck bei der Gründung anders lautete. Denkbar wäre es, von einem Thesaurierungszweck bereits dann auszugehen, wenn das Vereinsvermögen, gemessen an der Mitgliederzahl und an den Erfordernissen anderer, satzungsmäßiger Vereinszwecke, einen unverhältnismäßig großen Umfang hat; doch wird dieses Kriterium wohl nur als Indiz für eine Anwendung der §§ 41 II, 42 AO dienen können. Wie die Familienstiftung, so wird auch der Familienverein dadurch charakterisiert, dass er den Zweck wesentlich im Familieninteresse verfolgt. Die Verfassungsmäßigkeit der ErsatzErbSt auf das Vermögen von Familienvereinen ist noch nicht explizit geklärt, da das BVerfG seine Entscheidung (BStBl II 83, 779) auf die Besteuerung der Familienstiftungen beschränkt hat.

StFolgen. In Zeitabständen von 30 Jahren, das entspricht nach den Vorstellungen des Gesetzgebers einer Generation, entsteht die StPfl (§ 9 I Nr 4). Der Lauf der 30-Jahres-Frist beginnt mit dem ersten Übergang von Vermögen auf die Stiftung oder auf den Verein. Die St wurde erstmals zum 1. 1. 1984 erhoben (§ 9 I Nr 4). Sie erfasst das gesamte zum Stichtag vorhandene Vermögen der Stiftung oder des Vereins (§ 10 I 5), nicht nur die Vermögensposten, die schon seit 30 Jahren zum Stiftungs- oder Vereinsvermögen gehören. Leistungen an die nach der Stiftungsurkunde oder Vereinssatzung Berechtigten sind nicht abzugsfähig (§ 10 VII). Bei der Besteuerung wird es so angesehen, als sei das Stiftungsvermögen im maßgeblichen Zeitpunkt vom Vater auf zwei Kinder vererbt worden (BFH BStBl II 98, 114, 115). Es wird also die StKlasse I zugrunde gelegt. Zwei Kinderfreibeträge werden eingeräumt.

Die Befreiungstatbestände in § 13 – zB § 13 I Nr 2 Buchst b für Kulturgüter (BFH BStBl II 98, 114, 116) – sind zu beachten. Für das Betriebsvermögen bestehende Vergünstigungen können in Anspruch genommen werden (vgl § 13 a IX). Die St wird nach dem Prozentsatz berechnet, der für die Hälfte des stpfl Vermögens gilt (§ 15 II 3). StSchuldner ist die Stiftung oder der Verein (§ 20 I). Der StSchuldner kann die St auf 30 gleiche Jahresbeträge verteilen lassen (§ 24), womit sich eine der früheren VSt weitgehend vergleichbare jährliche StBelastung ergibt.

21 Sonstige StTatbestände. Neben der ErsatzErbSt trifft die Familienstiftungen noch eine ErbSt- oder SchStBelastung aus Anlass der Errichtung der Stiftung (§ 3 II Nr 1, § 7 I Nr 8); die StKlasse richtet sich dabei nach dem Verwandtschaftsverhältnis des Stifters zu dem entferntest Bezugs-/Anfallsberechtigten, § 15 II 1. Der StPfl unterliegen ferner freigebige Zuwendungen unter Lebenden („Zustiftungen"), selbst wenn sie aus dem Kreis der durch die Stiftung begünstigten Familienangehörigen stammen oder wenn der Zuwendende zugleich der einzige Begünstigte der Stiftung ist (BFH BStBl II 10, 363), und die der Stiftung nach ihrer Errichtung zufallenden Erwerbe von Todes wegen (§ 3 I Nr 1, 2, 4, § 7 I Nr 1); zur Abgrenzung von dem mit der Errichtung zusammenhängenden Erwerb vgl § 7 Anm 112. Auch der Vermögensübergang bei Auflösung der Stiftung wird besteuert (§ 7 I Nr 9), doch trifft die StPfl hier in erster Linie die Erwerber. Nach Auffassung der FinVerw (DStR 83, 744) soll die **Änderung des Stiftungscharakters** durch Satzungsänderung als Aufhebung der Familienstiftung und Errichtung einer neuen Stiftung gelten; die gleiche Beurteilung soll auch dann Platz greifen, wenn ein Wechsel der Destinatäre zur Besteuerung der Stiftungserstausstattung nach einer ungünstigeren Steuerklasse führen müsste (R E 1.2 IV ErbStR; zustimmend *G/S-Esskandari* § 1 Rn 37). Zur Begründung wird auf die allerdings wenig aussagekräftigen Entscheidungen RFH Mrozek-Kartei ErbStG 1919 § 40 II Nr 5 = StuW 1923 Sp 310 = JbdStR 1923, 196 und RFH RStBl 1939, 789 verwiesen. Aus diesen Entscheidungen wird eine StPfl für das gesamte bei der Umwandlung vorhandene Stiftungsvermögen nach § 7 I Nr 9 abgeleitet, soweit die umgewandelte Stiftung nicht nunmehr einen gemeinnützigen Charakter trägt (§ 13 Abs 1 Nr 16 b). *Meyer-Arndt,* BB 84, 1542, wollte aus diesem Erlass sogar die Anordnung einer doppelten StPfl (bei Auflösung der alten und bei Errichtung der neuen Stiftung) herauslesen. Auch wenn das ErbStG in § 7 Abs 1 Nr 8 und 9 zwei Regelungen kennt, so begründet doch der Übergang des Vermögens von einer aufgelösten auf eine neu errichtete Stiftung nur einen StFall. Etwas anderes will auch die FinVerw nicht statuieren (R E 1.2 IV ErbStR). Fraglich kann daher nur sein, ob es bei der

Änderung des Stiftungszwecks zu der von der FinVerw angenommenen einfachen Besteuerung des Stiftungsvermögens kommt. Die FinVerw will mit ihrer These verhindern, dass StPfl, die Unternehmensstiftungen gründen wollen, das Vermögen zunächst stgünstig auf eine Familienstiftung übertragen, um die Stiftung dann stneutral in eine Unternehmensstiftung umzuwandeln. Gegen eine solche Praxis hilft aber schon eine entsprechende Auslegung des § 15 II 1 (eine nur vorübergehend den Familieninteressen dienstbare Stiftung ist keine Familienstiftung). Sonst müsste § 42 AO herangezogen werden. Die Haltung der FinVerw kann im Einzelfall wirtschaftlich sinnvolle Umorganisationen verhindern oder wesentlich erschweren. Sie wirkt weit über die gedachten Missbrauchsfälle hinaus und ist daher auch aus ökonomischer Sicht abzulehnen. Die Annahme einer Stiftungsauflösung bei Änderung des Stiftungszwecks überzeugt nicht. Solange es nicht zu einem Wechsel des Rechtsträgers kommt, fehlt der Erwerbstatbestand, der allein die Besteuerung zu rechtfertigen vermag und der von der FinVerw nicht erfunden werden kann. Auch die Umwandlung eines Familienvereins in eine Kapitalgesellschaft löste bisher keine SchSt aus (FG Düsseldorf EFG 06, 57, 1084; BFH BStBl II 07, 621; FinVerw ZEV 07, 548 unter Aufhebung eines entgegenstehenden Erlasses: DStR 00, 2189). Ein Zusatz in § 7 I Nr 9 hat jedoch nunmehr den Erwerbstatbestand für diesen Fall ausdrücklich geschaffen (§ 7 Anm 114).

22.–27. ErbSt und SchSt (Abs 2)

Grundsatz. Abs 2 lässt die Vorschriften über Erwerbe von Todes wegen im Zweifel auch für Schenkungen unter Lebenden, die Vorschriften für Schenkungen unter Lebenden im Zweifel auch für Zweckzuwendungen unter Lebenden gelten. Gemeint sind nicht die Vorschriften, die den stpfl Vorgang regeln, sondern die Bestimmungen, die die StFolgen der Erwerbe betreffen. Erwerbe durch Schenkung unter Lebenden werden damit den Erwerben von Todes wegen in den StFolgen weitgehend gleichgestellt. Diese Aussage hat grundsätzlichen Charakter. Sie will nicht nur den Sprachgebrauch des ErbStG erleichtern, das sich auf die Erwähnung der Erwerbe von Todes wegen beschränken kann, wenn es auch die Schenkungen unter Lebenden bezeichnen will. Abs 2 bringt darüber hinaus auch den Willen des Gesetzgebers zum Ausdruck, dass er die StFolgen aus Erwerben von Todes wegen und aus Schenkungen unter Lebenden im Zweifel gleichbehandelt wissen möchte. Da die ErbSt und die SchSt auf einer vergleichbaren gedanklichen Konzeption beruhen und an vergleichbare wirtschaftliche Sachverhalte anknüpfen, sollen auch die aus diesen St resultierenden Belastungswirkungen im Zweifel gleich sein. Für Schenkungen unter Lebenden sollen alle Bestimmungen des ErbStG gelten, die nicht Sachverhalte betreffen, die allein bei Erwerben von Todes wegen vorkommen (BFH BStBl II 04, 234). Ausnahmen bedürfen besonderer Begründung. Abs 2 statuiert in diesem Zusammenhang einen **Begründungszwang.**

23   **Gleichstellung.** Abs 2 bezieht sich nur auf Vorschriften dieses Gesetzes, gilt daher nur für Bestimmungen des ErbStG (RFH RStBl 35, 629) und kann also nicht ohne Weiteres zur Interpretation der DBA für Erwerbe von Todes wegen herangezogen werden. Die in Abs 2 angeordneten Konsequenzen gelten für die Vorschriften über die Erwerbe von Todes wegen. Das sind alle Bestimmungen des ErbStG, die auf Erwerbe von Todes wegen Bezug nehmen und nicht so neutral gefasst sind, dass sie schon ohne weitere gesetzliche Anordnung für Erwerbe von Todes wegen und für Schenkungen unter Lebenden gelten (Bsp für solche neutralen Anordnungen: § 10 III, § 13 I Nr 2, § 20 I 1. Alternative: *Naarmann,* Das Verhältnis der SchSt zur ErbSt, Diss Köln 1985, 91). Vorschriften über die Erwerbe von Todes wegen sind zB Bestimmungen, die die Merkmale „Erblasser" (§ 13 I Nr 5 u Nr 9, hierzu *Moench/Kien-Hümbert,* DVR 87, 130 f), „Erbschaftsteuer" (§ 10 VIII, § 21 I), „Nachlass" (§ 10 IV), „Nachlassverbindlichkeit" (§ 10 V), Rückfall „von Todes wegen" (§ 13 I Nr 10) enthalten. Die Vorschriften über die Erwerbe von Todes wegen sollen auch für die Schenkungen unter Lebenden gelten. Daraus folgt ua, dass § 10 VIII nicht nur die eigene ErbSt beim Erwerb von Todes wegen, sondern auch die eigene SchSt beim Erwerb durch Schenkung unter Lebenden vom Abzug ausschließt und dass § 10 IV die Anwartschaft eines Nacherben nicht nur aus dem stpfl Erwerb von Todes wegen, sondern auch aus dem Erwerb durch Schenkung unter Lebenden herausnimmt. Durch Abs 2 wird ferner klargestellt, dass die Vorschrift des § 9 I Nr 1 a, die bei aufschiebend bedingten Erwerben von Todes wegen den Besteuerungszeitpunkt auf das Datum des Bedingungseintritts verschiebt, auch auf Schenkungen angewandt werden kann (BFH BStBl II 09, 606), und dass § 21 neben der Anrechnung ausländischer ErbSt auch die Anrechnung ausländischer SchSt erlaubt. Welcher Sinn in der Anordnung liegt, dass die Vorschriften über Schenkungen auch für Zweckzuwendungen unter Lebenden gelten sollen, bleibt unklar. Durch diese Bestimmung wird jedenfalls im Umfang der Zweckwidmung niemand zu einem Schenker oder Beschenkten gemacht und damit der StPfl des Schenkers oder Beschenkten unterworfen. Auch eine Zusammenrechnung mehrerer Zweckzuwendungen desselben Gebers dürfte sich nicht aus § 1 II herleiten lassen.

24   **Grenzen der Gleichstellung.** Die SchSt wird in ihren StFolgen der ErbSt nur insoweit gleichgestellt, als nichts anderes bestimmt ist. Dieser Ausnahmevorbehalt ist einerseits selbstverständlich, weil keine Regel

ohne Ausnahme gilt. Er ist zum anderen jedoch problematisch, weil das Gesetz, indem es die Ausnahmemöglichkeiten betont, damit zugleich die Tragweite der allgemeinen Regel selbst infrage stellt. Abs 2 sollte demgegenüber zunächst in seiner Regelbedeutung ernst genommen werden. Der Gesetzgeber legt auf die Gleichstellung der StFolgen mit guten Gründen Gewicht. Sie soll nur ausnahmsweise nicht gelten, wenn der Gesetzgeber den Regelsatz selbst durch eine besondere Bestimmung durchbrochen hat. Die Behauptung einer Ausnahmeregelung, bei der die in Abs 2 vorgesehene Gleichstellung versagt, bedarf nach allem besonderer Begründung. Wird ein Befreiungstatbestand nicht gleichmäßig auf Erwerbe von Todes wegen und auf Schenkungen unter Lebenden zur Anwendung gebracht, dann reicht es zur Begründung nicht aus, auf den Wortlaut der Befreiungsvorschrift zu verweisen, die nur von Erwerben von Todes wegen spricht, und daraus zu folgern: „Der Befreiungstatbestand wird also auf einen bestimmten Lebenssachverhalt beschränkt und erfasst nicht schlechthin jeden Rückfall von Vermögensgegenständen" (FG München EFG 84, 76, 77). Denn dieses Wortlaut-Argument wird durch die Regelung des Abs 2 in seiner Tragweite gerade in Frage gestellt. Zu dem Wortlaut müssen vielmehr weitere Argumente aus der Entstehungsgeschichte (Beispiel: BFH BStBl II 97, 625) oder aus dem systematischen Zusammenhang des Gesetzes hinzutreten, um die Regelung als eine Ausnahmebestimmung gegenüber Abs 2 zu kennzeichnen. Angesichts der grundsätzlichen Entscheidung des Gesetzgebers für die Gleichbehandlung von Erwerben von Todes wegen und von Schenkungen unter Lebenden müssen die Argumente, die für eine unterschiedliche Behandlung sprechen sollen, besonderes Gewicht haben, um Anerkennung zu finden. Für die Sonderstellung der Vorschrift gegenüber § 1 II sollte sich allerdings auch ein Anhaltspunkt im Wortlaut der Ausnahmevorschrift finden. Demgegenüber lässt die Entscheidung RFH RStBl 41, 564 es genügen, dass Sinn und Zweck einer lediglich für Erwerbe von Todes wegen getroffenen Vorschrift ihre Anwendung auf Schenkungen unter Lebenden verbieten, um die Gleichstellung der StFolgen durch § 1 II auszuschließen.

Ausnahmebestimmungen. Nicht auf Schenkungen angewendet wird der Pauschbetrag für Erwerbskosten nach § 10 V Nr 3 Satz 2 (FG Nürnberg EFG 93, 729), der Erwerb eines Familienheims von Todes wegen (§ 13 I Nr 4b), die Haftungsregelung für Kreditinstitute in § 20 VI Satz 2 (§ 20 Anm 20) und die StKlassenregelung des § 15 I StKlasse I Nr 4. Der BFH (BStBl II 86, 622) hat ferner die Anwendung des § 13 I Nr 10 auf Rückerwerbe durch Schenkung ausgeschlossen. Auch die in § 27 geregelte StErmäßigung bei mehrfachem Erwerb desselben Vermögens soll auf den Fall beschränkt bleiben, dass der letzte

Erwerb von Todes wegen anfällt (BFH BStBl II 87, 785; 97, 625; näher dazu § 27 Anm 4). Als unumstritten galt es lange Zeit, dass der Versorgungsfreibetrag, den § 17 dem überlebenden Ehegatten einräumt, nur auf Erwerbe von Todes wegen zur Anwendung gelangt, für Schenkungen dagegen nicht gilt. Dann hat jedoch das FG Nürnberg (EFG 90, 65, 67) die These entwickelt, dass der Versorgungsfreibetrag uU auch bei der Besteuerung einer Abfindung für einen Erb- oder Pflichtteilsverzicht eingreifen kann, obwohl § 7 I Nr 5 diesen Erwerb den Schenkungen unter Lebenden zuordnet. Hieran anknüpfend empfiehlt sich auch in Bezug auf andere Vorschriften, die bisher nur auf Erwerbe von Todes wegen angewendet werden, eine nochmalige besondere Prüfung, ob die in diesen Fällen angenommene Ausnahmebestimmung gegenüber § 1 II einer Einschränkung für den Erwerb einer Abfindung gemäß § 7 I Nr 5 bedarf. Denn die Abfindung für einen Erb- oder Pflichtteilsverzicht wird besteuert, weil sie ein Surrogat für den wegen des Verzichts ausbleibenden Vermögensübergang von Todes wegen bildet, und steht den Erwerben von Todes wegen insofern besonders nahe. Der BFH (BFH/NV 01, 705) hat neuerdings sogar Erwerbe durch freigebige Zuwendung (§ 7 I Nr 1) der Steuerklasse für einen Erwerb vom Erblasser unterworfen und sie damit in die Nähe der Erwerbe von Todes wegen gerückt.

26   **Abzulehnen** ist im Übrigen die vom BFH BStBl II 82, 83, 85 im Zusammenhang mit der **gemischten Schenkung** (§ 7 Anm 27 ff) entwickelte und von der FinVerw (vgl noch R E 1.1 Nr 1 ErbStR) zunächst übernommene These, dass auch die Regelung des § 10 I 2 über die Berechnung der Bereicherung aus Erwerben von Todes wegen eine Ausnahmebestimmung gegenüber § 1 II darstellen soll. § 10 I 2 befasst sich mit der Frage, wie der Geldbetrag zu ermitteln ist, der als Bereicherung iSv § 10 I 1 die Bemessungsgrundlage der Besteuerung bildet. Der BFH erwägt in der zitierten Entscheidung, ob diese Bestimmung aus dem Kreis der Wertermittlungsvorschriften zur Abgrenzung des stpfl Vorgangs iSv § 7 I 1 entsprechend herangezogen werden kann und verneint dies. Damit wird jedoch über die direkte Anwendbarkeit des § 10 I 2 bei der Wertermittlung von Schenkungen überhaupt nichts ausgesagt. Der BFH hat denn auch inzwischen (BStBl II 01, 454; 04, 234) ausdrücklich anerkannt, dass auch beim schenkweisen Erwerb mit dem Erwerb verbundene Verpflichtungslagen im Rahmen der Wertermittlung abgezogen werden können und dass insoweit die Vorschriften über Nachlassverbindlichkeiten (§ 10 V) auch für Erwerbsschmälerungen im Schenkungsfall gelten. Damit ist die Anwendbarkeit des § 10 I 2 auch auf Schenkungen im Ergebnis bejaht. Bedeutsam bleibt nur, dass bei gemischten Schenkungen die Gegenleistung nach der Rspr des BFH nicht in ausreichender Verbindung zur freigebigen Zuwendung

Persönliche Steuerpflicht §2

gesehen wird, aus diesem Grunde nicht als Nachlassverbindlichkeit gelten kann und daher auch nicht den Tatbestand des § 10 I 2 erfüllt. Trotz dieser Besonderheit bleibt aber die grundsätzliche Anwendbarkeit des § 10 I 2 auf den Schenkungsfall unberührt. Dies wird jetzt auch von der FinVerw ausdrücklich anerkannt (vgl R E 7.4 I ErbStR).

Umkehrung des Abs 2? Abs 2 gleicht die StFolgen der Schenkung 27 denen der Erwerbe von Todes wegen an, sieht aber nicht umgekehrt die Übernahme der StFolgen der Schenkung auf die Erwerbe von Todes wegen vor. Das leuchtet dort unmittelbar ein, wo die StFolgen der Schenkung wegen der Fortexistenz des Schenkers von den StFolgen der Erwerbe von Todes wegen abweichen. So kann das Gesetz zwar den Schenker (§ 20 I), aber nicht den Erblasser für die StSchuld des Erwerbers haften lassen. Auch kann nur der Schenker, nicht der Erblasser, die Entrichtung der vom Erwerber geschuldeten St selbst übernehmen (§ 10 II). Dagegen ist weniger leicht verständlich, warum die StFreiheit des erbrechtlichen Erwerbs des Familienwohnheims bisher nicht einfach unter Hinweis auf § 13 I Nr 4a, die StFreiheit von Unterhalts- und Ausbildungszuwendungen von Todes wegen nicht unter Hinweis auf § 13 I Nr 12 (RFH RStBl 38, 571) und die StFreiheit kleiner Vermögenszuwendungen von Todes wegen nicht unter Bezugnahme auf die StFreiheit üblicher Gelegenheitsgeschenke nach § 13 I Nr 14 begründet werden durfte. Auch vermag die Beschränkung des Anwendungsbereichs der Bewertungsregelung des § 7 V auf Schenkungen unter Lebenden nicht ohne Weiteres zu überzeugen. Die hM begnügt sich mit dem Hinweis auf den Wortlaut des § 1 II, der eine Übernahme der StFolgen von Schenkungen unter Lebenden auf die Erwerbe von Todes wegen nicht kennt. Angesichts des dem § 1 zugrunde liegenden Gleichstellungsprinzips ist dieses Wortlaut-Argument jedoch nur von begrenzter Überzeugungskraft. Bei der Auslegung der Vorschriften des ErbStG sollte jedenfalls Gewicht darauf gelegt werden, dass die Rechtswirkungen der beiden St möglichst ähnlich bleiben, soweit der Gesetzestext nicht selbst deutliche Differenzierungen bringt (vgl dazu BFH/NV 86, 96, 98).

§ 2 Persönliche Steuerpflicht

(1) **Die Steuerpflicht tritt ein**
1. in den Fällen des § 1 Abs. 1 Nr. 1 bis 3, wenn der Erblasser zur Zeit seines Todes, der Schenker zur Zeit der Ausführung der Schenkung oder der Erwerber zur Zeit der Entstehung der Steuer (§ 9) ein Inländer ist, für den gesamten Vermögensanfall (unbeschränkte Steuerpflicht). ²Als Inländer gelten
   a) natürliche Personen, die im Inland einen Wohnsitz oder ihren gewöhnlichen Aufenthalt haben,

§ 2 Persönliche Steuerpflicht

b) deutsche Staatsangehörige, die sich nicht länger als fünf Jahre dauernd im Ausland aufgehalten haben, ohne im Inland einen Wohnsitz zu haben,
c) unabhängig von der Fünfjahresfrist nach Buchstabe b deutsche Staatsangehörige, die
   aa) im Inland weder einen Wohnsitz noch ihren gewöhnlichen Aufenthalt haben und
   bb) zu einer inländischen juristischen Person des öffentlichen Rechts in einem Dienstverhältnis stehen und dafür Arbeitslohn aus einer inländischen öffentlichen Kasse beziehen,

sowie zu ihrem Haushalt gehörende Angehörige, die die deutsche Staatsangehörigkeit besitzen. ²Dies gilt nur für Personen, deren Nachlaß oder Erwerb in dem Staat, in dem sie ihren Wohnsitz oder ihren gewöhnlichen Aufenthalt haben, lediglich in einem der Steuerpflicht nach Nummer 3 ähnlichen Umfang zu einer Nachlaß- oder Erbanfallsteuer herangezogen wird,

d) Körperschaften, Personenvereinigungen und Vermögensmassen, die ihre Geschäftsleitung oder ihren Sitz im Inland haben;
2. in den Fällen des § 1 Abs. 1 Nr. 4, wenn die Stiftung oder der Verein die Geschäftsleitung oder den Sitz im Inland hat;
3. in allen anderen Fällen, vorbehaltlich des Absatzes 3, für den Vermögensanfall, der in Inlandsvermögen im Sinne des § 121 des Bewertungsgesetzes besteht (beschränkte Steuerpflicht). ²Bei Inlandsvermögen im Sinne des § 121 Nr. 4 des Bewertungsgesetzes ist es ausreichend, wenn der Erblasser zur Zeit seines Todes oder der Schenker zur Zeit der Ausführung der Schenkung entsprechend der Vorschrift am Grund- oder Stammkapital der inländischen Kapitalgesellschaft beteiligt ist. ³Wird nur ein Teil einer solchen Beteiligung durch Schenkung zugewendet, gelten die weiteren Erwerbe aus der Beteiligung, soweit die Voraussetzungen des § 14 erfüllt sind, auch dann als Erwerb von Inlandsvermögen, wenn im Zeitpunkt ihres Erwerbs die Beteiligung des Erblassers oder Schenkers weniger als ein Zehntel des Grund- oder Stammkapitals der Gesellschaft beträgt.

(2) Zum Inland im Sinne dieses Gesetzes gehört auch der der Bundesrepublik Deutschland zustehende Anteil am Festlandsockel, soweit dort Naturschätze des Meeresgrundes und des Meeresuntergrundes erforscht oder ausgebeutet werden.

(3) ¹Auf Antrag des Erwerbers wird ein Vermögensanfall, zu dem Inlandsvermögen im Sinne des § 121 des Bewertungsgesetzes gehört (Absatz 1 Nummer 3) insgesamt als unbeschränkt steuerpflichtig behandelt, wenn der Erblasser zur Zeit seines Todes, der Schenker zur Zeit der Ausführung der Schenkung oder der Erwerber zur Zeit

Allgemeines

der Entstehung der Steuer (§ 9) seinen Wohnsitz in einem Mitgliedstaat der Europäischen Union oder einem Staat hat, auf den das Abkommen über den Europäischen Wirtschaftsraum anwendbar ist. ²In diesem Fall sind auch mehrere innerhalb von zehn Jahren vor dem Vermögensanfall und innerhalb von zehn Jahren nach dem Vermögensanfall von derselben Person anfallende Erwerbe als unbeschränkt steuerpflichtig zu behandeln und nach Maßgabe des § 14 zusammenzurechnen. ³Die Festsetzungsfrist für die Steuer endet im Fall des Satzes 2 Nummer 1 nicht vor Ablauf des vierten Jahres, nachdem die Finanzbehörde von dem Antrag Kenntnis erlangt.

Erbschaftsteuer-Richtlinien: R E 2.1 – 2.2

Übersicht

1.– 2 a.	Allgemeines
3.– 9.	Unbeschränkte StPfl (Abs 1 Nr 1 u 2)
10.–13.	Beschränkte StPfl (Abs 1 Nr 3, Abs 3)
14.–38.	Anhang: Doppelbesteuerungsabkommen

Schrifttum: *Meincke,* Ist das deutsche Erbschaftsteuerrecht EU-konform? ZEV 04, 353; *Scheffler/Zinser,* Internationale Doppelbesteuerungen bei der Erbschaftsteuer, StuW 05, 216; *Wachter,* Erweitert unbeschränkte Erbschaftsteuerpflicht und Europarecht, ErbStB 05, 357; Ettinger, Erbschaft- und Schenkungsteuer beim Wegzug ins Ausland und danach, ZErb 06, 41; *Jülicher,* Ausländische Familienstiftungen und trusts, ZErb 07, 361; *Knauf,* Determinanten und Gestaltungsansätze der internationalen Nachfolgeplanung, 2008; *Bürgin/Ludwig/Schmidt/Schwind,* Erbschaft-/Schenkungsteuer in der Schweiz und in Deutschland, ZErb 09, 49; *Frenz,* Erbschaftsteuer und Europäische Grundfreiheiten, DStZ 09, 334; *Gottschalk,* Internationale Unternehmensnachfolge, ZEV 09, 157; *Strunk/Kaminski,* Internationale Aspekte des neuen Erbschaftsteuerrechts, Stbg 09, 158; *Werz,* Gestaltungsmöglichkeiten bei beschränkter Erbschaftsteuerpflicht, FS Spiegelberger, 2009, 584; *Dehmer,* Einmal erben, mehrfach zahlen – Gestaltungsansätze zur Vermeidung doppelter Erbschaftsteuerbelastung, IStR 09, 454; *Schaumburg,* Internationales Steuerrecht, 3. Aufl 2010; *Falting,* Die Vermeidung der Doppelbesteuerung im internationalen Erbschaftsteuerrecht, 2010; *Watrin/Kappenberg,* Internationale Besteuerung von Erbfällen, IStR 10, 546; *Werkmüller,* Der Fall „Mattner", ZEV 10, 360.

1.–2 a. Allgemeines

Normzweck. § 2 wird eine doppelte Zielsetzung zugeschrieben. Es geht hier zum einen um den Umfang des Erwerbs, der von der Steuerpflicht erfasst wird. § 2 bezieht sich dabei auf Fälle mit Auslandsberührung und bestimmt, dass die Steuerpflicht nur dann den gesamten Vermögensanfall erfasst, wenn der Geber oder der Empfänger des Vermögens Inländer ist. Ist weder der Vermögensgeber (Erblasser/Schenker) noch der Vermögensempfänger (Erwerber) Inländer, soll es nur zu einer auf den Inlandserwerb beschränkten Steuerpflicht kommen. Wird im zuletzt genannten Fall nur Auslandsvermögen transferiert, soll die deutsche Steuerpflicht ganz entfallen. Weil damit die Inländereigenschaft des Erblassers/Schenkers oder des Erwerbers für die Steuerpflicht bedeutsam ist und weil die Inländereigenschaft wiederum von persönlichen Merkmalen (Wohnsitz, Aufenthaltsort, Staatsangehörigkeit) abhängt, behandelt § 2 Fragen der **persönlichen Steuerpflicht.** § 2 wird im Übrigen noch eine zweite Zielsetzung zugeschrieben. Und zwar soll § 2 den Kreis der potentiell steuerpflichtigen Personen umschreiben (*Wohlschlegel* ZEV 95, 94). Weil Gesamthandgemeinschaften in § 2 nicht genannt werden, sollen sie nicht steuerpflichtig werden können. Auch unter dieser Perspektive, wenn man sie denn teilt (ablehnend *Viskorf/Richter* § 2 Rz 1), behandelt § 2, indem diese Bestimmung den möglichen Adressatenkreis der Steuerpflicht umschreibt, Fragen der persönlichen (= personenbezogenen) Steuerpflicht.

2 **Internationales Erbschaftsteuerrecht.** Soweit § 2 eine Regelung für die Anwendung des Gesetzes in Fällen mit Auslandsberührung trifft, behandelt die Vorschrift Fragen des deutschen Internationalen Erbschaftsteuerrechts. Die Grundsatznorm des § 1 ist zunächst ganz ohne räumlichen Bezug abgefasst. Die Vorschrift könnte so verstanden werden, als sollten alle irgendwo auf der Welt vorkommenden Vererbungs- und Schenkungsvorgänge der deutschen StPfl unterworfen werden. § 2 beschränkt die aus § 1 folgende umfassende Aussage auf solche Erwerbe, die mit dem Inland in Verbindung stehen. Die Masse der weltweit vorkommenden Vermögensübertragungen wird nicht erfasst, auch wenn sie den Merkmalen des § 1 genügen, weil an ihnen kein Inländer beteiligt ist (§ 2 I Nr 1) und weil sie sich auch nicht auf Inlandsvermögen beziehen (§ 2 I Nr 3). Unter den mit dem Inland verbundenen und daher von der deutschen Steuerpflicht erfassten Vorgängen unterscheidet § 2 Erwerbe, die eine StPfl für den gesamten Vermögensanfall auslösen (Abs 1 Nr 1), von solchen Vorgängen, die zu einer StPfl nur für den Erwerb von Inlandsvermögen führen (Abs 1 Nr 3). Erwerbe von Todes wegen oder durch Schenkung unter Lebenden, an denen kein Inländer als Erblasser/Schenker oder Erwerber beteiligt ist und die sich auch nicht auf Inlandsvermögen beziehen, bleiben von der deutschen ErbStPflicht frei. Das gilt auch dann, wenn alle an den Erwerbsvorgängen Beteiligten deutsche Staatsangehörige sind, wenn das transferierte Vermögen aus Deutschland stammt oder in Deutschland oder unter maßgeblicher deutscher Initiative erwirtschaftet worden ist oder wenn sich die Erwerbsvorgänge nach deutschem ZivilR auf Grund von Rechtsgeschäften vollziehen, die in Deutschland abgeschlossen oder beurkundet worden sind. Diese Abgrenzung der deutschen ErbStPflicht ist nicht selbstverständlich und bedarf noch weiterer Diskussion.

Unbeschränkte Steuerpflicht **2a, 3 § 2**

Unbeschränkte/beschränkte ErbStPflicht. Die StPflicht hin- 2a
sichtlich des gesamten Vermögensanfalls, für die das ErbStG in allen
seinen Bestimmungen zur Anwendung kommt, wird als **unbeschränkte ErbStPflicht** bezeichnet. Die Steuerpflicht, die nur für den Erwerb
von Inlandsvermögen gilt und auf die nicht ohne Weiteres alle Bestimmungen des ErbStG anwendbar sind (zB nicht die Freibeträge des § 16
I), wird traditionell und nun auch von Gesetzes wegen **beschränkte
ErbStPflicht** genannt. Grundsätzlich können alle in § 1 genannten
stpfl Vorgänge entweder der beschränkten oder der unbeschränkten
StPfl unterliegen. Das Halten von Vermögen durch eine Familienstiftung nach § 1 I Nr 4 wird jedoch nur erfasst, wenn die Stiftung oder
der Verein die Geschäftsleitung oder den Sitz im Inland hat (§ 2 I
Nr 2). Daher kommt für diesen Vorgang nur die unbeschränkte StPfl in
Betracht. Zwischen der unbeschränkten und der beschränkten StPfl
kann es im Übrigen **Zwischenstufen** geben. So können Vermögensgegenstände durch DBA der unbeschränkten StPfl entzogen sein
(§ 19 II). Die **unbeschränkte Steuerpflicht** wird damit **gegenständlich begrenzt.** Umgekehrt erstreckt § 4 I AStG die beschränkte StPfl
über das „normale Inlandsvermögen" nach § 121 BewG hinaus auf alle
Teile des Erwerbs, deren Erträge bei unbeschränkter EStPfl nicht zum
Kreis der ausländischen Einkünfte iS des § 34c EStG gehörten. Im
ersten Fall kann man von einer **unbeschränkten begrenzten,** im
zweiten Fall von einer **beschränkten erweiterten** StPfl sprechen. Als
erweiterte unbeschränkte StPfl wird die 1974 eingeführte StPfl nach
§ 2 I Nr 1 b bezeichnet.

3.–9. Unbeschränkte StPfl (Abs 1 Nr 1 und 2)

StPfl Vorgang nach § 1. § 2 I Nr 1 lässt die nicht auf das Inlands- 3
vermögen beschränkte und daher sog unbeschränkte StPfl „in den
Fällen des § 1 I Nr 1–3" eintreten. Vorausgesetzt wird also, dass es zu
einem stpfl Vorgang nach § 1 gekommen ist. Sofern es um einen
Vermögensanfall im Ausland geht, der nach deutschem IPR ausländischem Privatrecht unterliegt, bedarf dieses Merkmal besonderer Aufmerksamkeit. Denn zur näheren Bestimmung des § 1 gelten die §§ 3
bis 9, die in einzelnen Vorschriften ausdrücklich auf das deutsche BGB
verweisen (§ 3 I Nr 1, Nr 2, II Nr 7). Angesichts dieser Gesetzesfassung
liegt die Annahme nahe, dass die StPfl nur die dem deutschen BGB
unterliegenden Erwerbe treffen soll. Schon der RFH hat jedoch keine
Bedenken gesehen, auch Erwerbe, die dem ausländischen Recht unterliegen, als stpfl Vorgänge iS des § 1 I zu werten (RFH RStBl 31, 122;
35, 1366; 38, 717), und der BFH ist dieser Linie gefolgt (BStBl III 57,
211; 58, 79; 61, 312; 64, 408; II 72, 462; 77, 425; 79, 438; 86, 615).
Eine überzeugende Auseinandersetzung mit dem Text der auf das BGB

verweisenden erbstlichen Bestimmungen fehlt allerdings in der Rspr nach wie vor. Aus § 2 selbst lässt sich jedenfalls keine Antwort auf die Frage gewinnen, wann die hier vorausgesetzten „Fälle des § 1 I Nr 1–3" gegeben sind.

4 Qualifikation ausländischer Erwerbe. Die Einordnung der ausländischem Recht unterliegenden Erwerbe unter § 1 I Nr 1 bis 3 gelingt nicht ohne Schwierigkeiten. Für die Lösung des Qualifikationsproblems, dh der Frage, nach welchen Kriterien ein ausländischem Recht unterliegender Vorgang als Erwerb durch Erbfolge, Vermächtnis, Pflichtteil usw beurteilt werden kann, ist noch keine überzeugende Formel gefunden. Nach der Rechtsprechung (BFH BStBl II 72, 462) ist folgender Weg einzuschlagen: Zunächst ist ein Vergleich der Privatrechtsinstitutionen vorzunehmen. Ergibt dieser Vergleich, dass das ausländische Rechtsinstitut dem deutschen entspricht, ist die Besteuerung unproblematisch. Liegt ein dem ausländischen Recht entsprechendes deutsches Institut nicht vor, kann dennoch eine Besteuerung in Betracht kommen. Erforderlich ist dann eine Anpassung der Rechtsposition des potentiell StPfl an das deutsche Recht (BFH BStBl II 86, 615, 617). Maßgebend ist dabei nicht die formale Gestaltung des ausländischen Rechts, sondern die wirtschaftliche Bedeutung dessen, was das ausländische Recht für den Einzelfall vorschreibt. Nur insoweit als der Vermögensanfall in seiner wirtschaftlichen Bedeutung einem durch das deutsche ErbStG erfassten Erwerb gleichkommt, sind die Voraussetzungen für eine Besteuerung gegeben. Sieht das deutsche bürgerliche Recht mehrere Strukturen vor, die dem nach ausländischem Recht verwirklichten Sachverhalt in ihrem wirtschaftlichen Gehalt gleichkommen, muss die jeweils mildere Besteuerung Platz greifen, da nur für diesen Mindestgehalt die deutsche Besteuerung eindeutig vorgeschrieben ist. Nach der Entscheidung BFH BStBl II 86, 615, 618 sind die zuletzt angeführten, aus der Entscheidung BFH BStBl II 72, 462 stammenden Bemerkungen „lediglich unter dem Blickwinkel der Steuerklasse ... gemacht". Aus ihnen darf nicht gefolgert werden, dass der Anwartschaftsberechtigte hinsichtlich eines amerikanischen Trustvermögens (remainderman) den stpfl Erwerb schon vor der Beendigung des trusts zugewiesen erhält. Die Entscheidung BFH BStBl II 86, 615 ist allerdings inzwischen in ihren zentralen Aussagen durch die Einfügung des § 3 II Nr 1 Satz 2 (§ 3 Anm 95 a) überholt. Danach bleibt es zwar dabei, dass der remainderman erst mit der Beendigung des trust bereichert wird. Doch wird sein Erwerb nun nicht mehr als Erwerb durch Erbfolge, sondern als Erwerb durch Schenkung unter Lebenden aufgefasst (§ 7 I Nr 9 Satz 2; dazu § 7 Anm 115 a). Zum Qualifikationsproblem vgl jetzt auch *Klein*, FR 01, 118 mwN.

Unbeschränkte Steuerpflicht 5–6 § 2

Inland. Abs 1 Nr 1 knüpft die unbeschränkte StPfl an die Inländer- 5
eigenschaft eines der Beteiligten. Wer hier lebt und von Todes wegen oder durch Schenkung unter Lebenden Vermögen erwirbt, soll für diesen Erwerb hier St zahlen. Das leuchtet unmittelbar ein. Aber auch, wer hier nicht lebt, Deutschland weder durch Wohnsitz/gewöhnlichen Aufenthalt noch durch Staatsangehörigkeit, Herkommen, Sprache oder Kultur verbunden ist, soll hier St zahlen, wenn der Erblsser/ Schenker hier lebt oder bis zu seinem Tode gelebt hat. Das ist deutlich weniger plausibel. Im Grunde regelt das Gesetz an dieser Stelle eine Ausdehnung der beschränkten, auf das Inlandsvermögen bezogenen StPfl in den Bereich der unbeschränkten StPfl hinein. Denn die Inländereigenschaft des Erblassers/Schenkers beeinflusst nicht die Stellung des Erwerbers, wohl aber den Charakter des transferierten Vermögens, das wegen der Inlandszugehörigkeit des bisherigen Vermögensträgers mit dem Inland verbunden ist. Der zugrunde liegende Inlandsbegriff wird im Übrigen im Gesetz nicht definiert. Abs 2 stellt (bisher wohl ohne praktische Bedeutung) nur ergänzend fest, dass der der Bundesrepublik Deutschland zustehende Anteil am (vom offenen Meer bedeckten) Festlandsockel, soweit dort Naturschätze des Meeresgrundes erforscht oder ausgebeutet werden, zum Inland iS dieses Gesetzes gehört.

Beteiligte. Die unbeschränkte StPfl ist im ErbStRecht **steuer-** 5 a
objektbezogen ausgestaltet. Sie fragt nicht, ob der Erwerber unbeschränkt stpfl ist, sondern ob der Erwerb der unbeschränkten StPfl unterliegt. Der Erwerb kann auch dann der unbeschränkten StPfl unterfallen, wenn der Erwerber keinerlei Verbindungen zum Inland hat und auch das transferierte Vermögen in keinerlei Verbindung zum Inland steht. Denn es genügt, dass der Vermögensgeber (Erblasser/ Schenker) zum Kreis der Inländer gehört (oben Anm 5). Im ErbSt-Recht kommt es also zu einer Umdeutung des Merkmals der unbeschränkten StPfl von einem Merkmal zur Qualifikation des Erwerbers zu einem von den Verhältnissen des Erwerbers gelösten Merkmal des Erwerbs, das für die unbeschränkte StPfl auch die Verhältnisse anderer Personen als der Steuerschuldner maßgeblich sein lässt. Ob diese Umdeutung wirklich sinnvoll sein kann, ist zu bezweifeln (kritisch *Seer*, in *Tipke/Lang* § 13 Rn 139).

Inländer sind die Bürger, gleichgültig welcher Staatsangehörigkeit, 6
die im Inland einen Wohnsitz oder ihren gewöhnlichen Aufenthaltsort haben (Abs 1 Nr 1 a), sowie die Körperschaften, Personenvereinigungen und Vermögensmassen, deren Geschäftsleitung oder Sitz sich im Inland befindet (Abs 1 Nr 1 d). Die Einzelheiten ergeben sich aus den §§ 8–11 AO). Einen **Wohnsitz** hat jemand dort, wo er einen Wohnraum zur Verfügung hat, den er nutzen kann und wird. Eine dauernde Nutzung ist

nicht erforderlich. Auch der in Abständen immer wieder genutzte Zweitwohnsitz gilt als Wohnsitz iS der AO. Die Rspr geht in der Bejahung eines Wohnsitzes sehr weit. Zwar wird der Ort einer nur gelegentlich genutzten Ferienwohnung noch nicht als Wohnsitz behandelt. Doch kann am Ort einer dem Erben gehörenden Doppelhaushälfte schon dann ein Wohnsitz bestehen, wenn der Erbe sie zweimal jährlich zu bestimmten Zeiten über mehrere Wochen hinweg zu Jagdzwecken genutzt hat (BFH BStBl II 89, 182; BVerfG BStBl II 90, 103). Auch wenn der Hauptwohnsitz im Ausland liegt, steht dies der Annahme eines weiteren inländischen Wohnsitzes nicht entgegen (BFH/NV 87, 301). Wenn die im Ausland lebende Erblasserin im Inland eine möblierte Wohnung gemietet hatte, die ihr als Unterkunft bei Inlandsaufenthalten diente, so kann dadurch ein inländischer Wohnsitz begründet sein (FG Hbg EFG 88, 424). Auch eine Ausländerin, die seit Jahrzehnten im Ausland lebt, aber im Inland eine Wohnung besitzt, die sie mit einer gewissen Regelmäßigkeit zum Besuch ihrer Ärzte aufsucht, soll als Inländerin zu behandeln sein (FG München UVR 93, 148). Als Inländer gelten darüber hinaus auch die Bürger, die zwar im Inland weder einen Wohnsitz noch ihren gewöhnlichen Aufenthaltsort haben, dem Inland aber durch die deutsche Staatsangehörigkeit und dadurch verbunden sind, dass sie sich entweder erst relativ kurzer Zeit (weniger als 5 Jahre) dauernd im Ausland aufhalten (Abs 1 Nr 1 b: bedenklich wegen einer Diskriminierung deutscher Staatsangehöriger im Vergleich zu Ausländern: *Schaumburg,* RIW 01, 161, 165) oder die zu einer inländischen juristischen Person des öffentlichen Rechts in einem Dienstverhältnis stehen und dafür Arbeitslohn aus einer inländischen öffentlichen Kasse beziehen (Abs 1 Nr 1 c). Gedacht ist im Fall des Abs 1 Nr 1 c vornehmlich an Auslandsbeamte. Sie werden zusammen mit den in ihrem Haushalt lebenden deutschen Angehörigen auch dann als Inländer behandelt, wenn sie sich schon mehr als 5 Jahre dauernd im Ausland aufhalten. Doch soll das nur gelten, wenn sich das Gastland, in dem sie leben, seinerseits auf eine Besteuerung im Umfang des Abs 1 Nr 3 beschränkt. Die Auslandsbediensteten und ihre Angehörigen sollen also eine unbeschränkte deutsche ErbStPfl dann nicht auslösen, wenn sie für den infrage stehenden Erwerb schon in dem Gastland, in dem sie wohnen, der unbeschränkten StPfl unterliegen. Diese Bestimmung macht deutlich, dass jemand zugleich im Ausland und im Inland als Inländer gelten und hier wie dort der unbeschränkten StPfl unterliegen kann. Nur im Fall des Abs 1 Nr 1 c soll dann die deutsche unbeschränkte StPfl zurücktreten. Diese Ausnahmeregelung ist für Auslandsbeamte von praktischem Gewicht, da bei Auslandsbeamten im Regelfall davon ausgegangen werden kann, dass sie im ausländischen Wohnsitzstaat unbeschränkt stpfl sind, so dass die Erstreckung der inländischen unbeschränkten Steuerpflicht auf die den Auslandsbeamten zufallenden Erwerbe wegen der in Abs 1 Nr 1

Buchst. c getroffenen Ausnahmeregelung voraussichtlich ohne größere praktische Bedeutung bleiben wird.

Maßgeblicher Zeitpunkt. Die Inländereigenschaft eines der Beteiligten führt zur unbeschränkten StPfl, wenn der Erblasser zZ seines Todes, der Schenker zZ der Ausführung der Schenkung oder der Erwerber zZ der Entstehung der St (§ 9) Inländer ist. Da die SchSt mit der Ausführung der Zuwendung entsteht (§ 9 I Nr 2), stimmen bei einer Schenkung der für den Schenker und für den Erwerber geltende Zeitpunkt überein. Auch bei Erwerben von Todes wegen fallen der Zeitpunkt des Todes des Erblassers und der Zeitpunkt der Entstehung der St regelmäßig zusammen (§ 9 I Nr 1). Doch sieht § 9 I Nr 1 a–1 j auch spätere Entstehungszeitpunkte vor. Dann bleibt die von der Person des Erwerbers abhängige Frage nach dem Eingreifen der unbeschränkten StPfl zunächst in der Schwebe. Der Erwerber kann gegebenenfalls noch selbst darauf hinwirken, dass er zum maßgeblichen Zeitpunkt die Merkmale eines Inländers (nicht) erfüllt (zustimmend *Viskorf/Richter* § 2 Rn 6). Im Fall der auf den Tod des Vorerben gestellten Nacherbfolge gilt der Vorerbe auch dann als Erblasser des Nacherben, wenn der Nacherbe nach § 6 II 2 beantragt, der Besteuerung sein Verhältnis zum zivilrechtlichen Erblasser zugrunde zu legen. Denn auch in diesem Fall handelt es sich um einen einheitlichen Erwerb vom Vorerben, bei dem nur für die Berechnung der Steuer die in § 6 II 3 bis 5 vorgesehenen Modifikationen zu berücksichtigen sind (BFH BStBl II 99, 235; 11, 123). Ist der Nacherbe Ausländer, so kommt es also auf die Inländereigenschaft des Vorerben zZ seines Todes, nicht auf die Inländereigenschaft des Erblassers beim Erbfall an.

Wirkungen der unbeschränkten StPfl. Die unbeschränkte StPfl zieht auch die stpfl Vorgänge, die nicht das Inlandsvermögen iS des Abs 1 Nr 3 betreffen, in den Anwendungsbereich des ErbStG. Sie gilt „für den gesamten Vermögensanfall" (Abs 1 Nr 1), gleichgültig, wo er sich verwirklicht. Ist bei einem Erbfall der Erblasser Inländer, so erfasst die unbeschränkte StPfl alle Erwerbe von Todes wegen, die § 1 I Nr 1 iVm den §§ 3 und 4 auf den Erblasser zurückführt. Ist dagegen der Erblasser nicht Inländer, so gilt die unbeschränkte StPfl nur für den Erwerb der Personen, die nach § 2 I Nr 1 zu den Inländern gehören. Der „gesamte Vermögensanfall" (Abs 1 Nr 1) hat daher in beiden Fällen unterschiedlichen Umfang. Die unbeschränkte StPfl kennt keine Beschränkungen der Besteuerung und wirkt sich unter diesem Aspekt für den StPfl nachteilig aus. Mit ihr sind jedoch auch keine Beschränkungen der StEntlastung verbunden, was für den StPfl günstig sein kann (§ 16 I, § 21 I). Schenkt zB ein ausländischer Staatsbürger seinem Sohn ein im Inland belegenes Grundstück, so ist es jedenfalls aus dem Blickwinkel des bisherigen deutschen ErbStRechts für die

§ 2 9 Persönliche Steuerpflicht

Besteuerung günstiger, wenn einer der Beteiligten seinen Wohnsitz im Inland hat, so dass die unbeschränkte StPfl mit dem Freibetrag von 400 000 € (§ 16 I Nr 2) zur Anwendung kommt, während bei beschränkter StPfl bisher nur ein Freibetrag in Höhe von 2000 € geltend gemacht werden konnte (§ 16 II). Die theoretische Begründung des vom deutschen Gesetzgeber beanspruchten Besteuerungsrechts über die Grenzen hinaus fällt schwer. Insbesondere scheint es mit dem Charakter der St als einer BereicherungsSt, die nicht die Veräußerung, sondern den Erwerb mit einer Abgabe belegt, nicht recht zusammenzustimmen, dass sich der Anwendungsbereich des deutschen ErbSt-Rechts nach der Inländereigenschaft des Erblassers oder Schenkers richten soll. Diese Anknüpfung würde dann eher überzeugen, wenn die ErbSt als NachlassSt (= letzte VermögenSt des Erblassers) ausgestaltet wäre oder wenn die SchSt (wie im US-amerikanischen BundesR) die Minderung des Schenkervermögens und nicht den Erwerb des Beschenkten als stpfl Vorgang erfassen würde, Konzeptionen, die dem deutschen Recht jedoch fremd sind. Die praktische Bedeutung der Ausdehnung der deutschen StPfl auf Auslandserwerbe erhält angesichts der internationalen Verflechtung der Wirtschaft immer größeres Gewicht und führt dazu, dass in spektakulären Einzelfällen die Inländereigenschaft durch Wegzug aus Deutschland aufgegeben wird, um so im Ausland nicht besteuertes ausländisches Betriebsvermögen im Erbgang vor der deutschen ErbSt abzuschirmen.

9 **Unbeschränkte ErsatzErbStPfl.** Abs 1 Nr 2 regelt die Ersatz-ErbStPfl für Familienstiftungen und -vereine. Ausdrücklich wird nur festgehalten, dass die StPfl eintritt, wenn die Stiftung oder der Verein die Geschäftsleitung oder den Sitz im Inland hat. Über den Umfang der StPfl wird nichts ausgesagt. Somit bleibt offen, ob die StPfl nur das Inlands- oder auch das Auslandsvermögen der Stiftung oder des Vereins erfassen soll. Doch scheint der Zusammenhang der Regelung mit Abs 1 Nr 1 und die Gegenüberstellung beider Fälle zum Abs 1 Nr 3 darauf hinzudeuten, dass das Gesetz die StPfl der Stiftungen und Vereine als unbeschränkte StPfl versteht. Dies würde dafür sprechen, dass in Anlehnung an Abs 1 Nr 1 das gesamte Vermögen, also auch das Auslandsvermögen, der ErsatzErbSt unterliegen soll. Es gilt danach eine **unbeschränkte ErsatzErbStPfl inländischer Familienstiftungen und -vereine.** Demgegenüber sieht Abs 1 Nr 2 eine **beschränkte ErsatzErbStPfl ausländischer Familienstiftungen und -vereine** nicht vor (zustimmend *Moench/Weinmann* § 2 Rz 19). Sie kann auch nicht aus Abs 1 Nr 3 entnommen werden, obwohl Abs 1 Nr 3 „alle anderen Fälle" anspricht. Denn nach Abs 1 Nr 3 soll nur ein „Vermögensanfall" zur beschränkten StPfl führen, während die ErsatzErbSt das Vermögen selbst zum Besteuerungsgegenstand erklärt.

Beschränkte Steuerpflicht 10 **§ 2**

Das Inlandsvermögen ausländischer Familienstiftungen und -vereine bleibt daher von der deutschen ErsatzErbSt freigestellt. Weil die Ersatz-ErbSt für ausländische Familienstiftungen und -vereine nicht gilt, ist auch die auf die ErsatzErbSt gemünzte Übergangsregelung des Art 7 ErbStRG 1974 auf sie nicht anwendbar (BFH HFR 90, 255). Zur Besteuerung ausländischer Familienstiftungen vgl im Übrigen *Wachter,* Erbersatzsteuer für Familienstiftungen (oben § 1 vor Anm 13), 573.

10.–13. Beschränkte StPfl (Abs 1 Nr 3)

Gesetzliche Grundlage. Die auf den Erwerb von Inlandsvermögen 10 beschränkte StPfl greift „in allen anderen Fällen" ein, also immer dann, wenn keiner der am stpfl Vorgang Beteiligten zu den Inländern (Abs 1 Nr 1) gehört. Zur näheren Erläuterung des Begriffs des Inlandsvermögens wird auf § 121 BewG verwiesen. **§ 121 BewG** lautet:

Zum Inlandsvermögen gehören:

1. das inländische land- und forstwirtschaftliche Vermögen;
2. das inländische Grundvermögen;
3. das inländische Betriebsvermögen. **Als solches gilt das Vermögen, das einem im Inland betriebenen Gewerbe dient, wenn hierfür im Inland eine Betriebsstätte unterhalten wird oder ein ständiger Vertreter bestellt ist;**
4. **Anteile an einer Kapitalgesellschaft, wenn die Gesellschaft Sitz oder Geschäftsleitung im Inland hat und der Gesellschafter entweder allein oder zusammen mit anderen ihm nahe stehenden Personen im Sinne des § 1 Abs 2 des Außensteuergesetzes in der jeweils geltenden Fassung am Grund- oder Stammkapital der Gesellschaft mindestens zu einem Zehntel unmittelbar oder mittelbar beteiligt ist;**
5. nicht unter Nummer 3 fallende Erfindungen, Gebrauchsmuster und Topographien, die in ein inländisches Buch oder Register eingetragen sind;
6. Wirtschaftsgüter, die nicht unter die Nummern 1, 2 und 5 fallen und einem inländischen Gewerbebetrieb überlassen, insbesondere an diesen vermietet oder verpachtet sind;
7. Hypotheken, Grundschulden, Rentenschulden und andere Forderungen oder Rechte, wenn sie durch inländischen Grundbesitz, durch inländische grundstücksgleiche Rechte oder durch Schiffe, die in ein inländisches Schiffsregister eingetragen sind, unmittelbar oder mittelbar gesichert sind. Ausgenommen sind Anleihen und Forderungen, über die Teilschuldverschreibungen ausgegeben sind;
8. Forderungen aus der Beteiligung an einem Handelsgewerbe als stiller Gesellschafter und aus partiarischen Darlehen, wenn der Schuldner Wohnsitz oder gewöhnlichen Aufenthalt, Sitz oder Geschäftsleitung im Inland hat;
9. Nutzungsrechte an einem der in den Nummern 1 bis 8 genannten Vermögensgegenstände.

11 Inlandsvermögen. § 121 BewG nennt einzelne Vermögensgegenstände, die mit dem Inland besonders verbunden sind. Die Vorschrift enthält jedoch keine Generalklausel für alles im Inland belegene Vermögen. Anteile an inländischen Kapitalgesellschaften, die den in § 121 Nr 4 BewG genannten Umfang nicht erreichen, Wertpapiere, Bankguthaben, ungesicherte Geldforderungen gegen sonstige inländische Schuldner, Hausrat, Schmuck usw (vgl die Erläuterungen zu § 4 AStG unten Anm 12), gelten selbst dann nicht als Inlandsvermögen, wenn sie sich im Inland befinden oder im Inland geltend zu machen sind, sofern sie nicht zum Grundvermögen, zum land- und forstwirtschaftlichen Vermögen oder zum Betriebsvermögen (dazu FG Saarland DStRE 11, 937) zählen. Das Inlandsvermögen des § 121 BewG kann daher nicht mit dem im Inland befindlichen Vermögen gleichgesetzt werden (BFH HFR 66, 401). Da ein ungesicherter Geldanspruch nicht zum Inlandsvermögen gehört, wird zB der Pflichtteilsanspruch des mit seinem Vater in Mallorca lebenden, von ihm enterbten Sohnes nicht besteuert. Dabei spielt es keine Rolle, dass die zur Alleinerbin eingesetzte Tochter in Deutschland lebt und dass der Nachlass, aus dem der Pflichtteil berechnet werden muss, ausschließlich aus Inlandsvermögen besteht. Auch bleibt das einem ausländischen Vermächtnisnehmer von einem ausländischen Erblasser eingeräumte Geldvermächtnis stfrei, selbst wenn das Vermächtnis aus einem Nachlass aufzubringen ist, der ausschließlich aus Inlandsvermögen besteht (FG Bremen EFG 55, 336). Handelt es sich dagegen um einen als Vermächtnis eingeräumten Grundstücksübereignungsanspruch, kann § 121 Nr 2 BewG zur Anwendung gelangen, wenn man den auf einer Vermächtnisanordnung beruhenden Sachleistungsanspruch nicht nur hinsichtlich der Bewertung (§ 3 Anm 40), sondern auch hinsichtlich der Zuordnung zu Vermögensgruppen dem Sacheigentum gleichstellt. Denn es dürfte nicht im Gesetzessinn liegen, dass man inländisches Grundvermögen ganz einfach dadurch der beschränkten StPfl entziehen kann, dass man es zum Gegenstand einer Vermächtnisanordnung erklärt. Um die für das ErbStRecht wichtige Gleichstellung in der Bewertung zu sichern und um nicht ohne Not sachlich ungerechtfertigte Differenzierungen in Kauf zu nehmen, sollte man die Gleichstellung in der Zuordnung zu Vermögensgruppen ernstlich erwägen (aM BFH BStBl III 59, 22, 23; *Viskorf/Richter*, § 2 Rn 27; *Moench/Weinmann* § 2 Rz 35; *Troll/Jülicher* § 2 Rz 72). Mit Blick auf das Betriebsvermögen hat der BFH bereits eine Linie eingeschlagen, die den Anspruch auf Übertragung von Betriebsvermögen wie den unmittelbaren Erwerb des Betriebsvermögens behandelt (BFH BStBl II 97, 820; 08, 982). Auch die Begünstigung für Hausrat (§ 13 I Nr 1) wird gleichermaßen auf den unmittelbaren Erwerb des Hausrats und auf den Erwerb eines Vermächtnisanspruchs auf Leistung von Hausrat zur Anwendung gebracht (vgl zB *Viskorf* § 13

Rn 18, der die Begünstigung des § 13 I Nr 1, wie es scheint, bei allen Erwerben von Todes wegen für anwendbar hält).

Einzelheiten. Im Fall der beschränkten StPfl sind bei der Feststellung der Bereicherung nach § 10 von den zum Inlandsvermögen gehörenden Gegenständen nur die damit in wirtschaftlichem Zusammenhang stehenden Schulden und Lasten abzugsfähig (§ 10 VI 2). Umfasst der Erwerb also Inlands- und Nichtinlandsvermögen, so müssen die zum Nichtinlandsvermögen gehörenden Schulden und Lasten unberücksichtigt bleiben. Mit dem Inlandsvermögen können auch solche Schulden in Zusammenhang stehen, die als Forderung nicht den Charakter von Inlandsvermögen haben. So sind ESt-Schulden eines Erblassers bei der Ermittlung des Inlandsvermögens abzuziehen, wenn die ESt durch den Besitz des Inlandsvermögens ausgelöst worden ist, wobei es die Steuerforderungen des Erblassers vorweg zu saldieren gilt. Der beschränkt stpfl Erbe kann auch solche Vermächtnis- und Pflichtteilsschulden abziehen, die den inländischen Nachlass belasten, aber für den ausländischen Vermächtnis- oder Pflichtteilsgläubiger keinen Erwerb von Inlandsvermögen darstellen (vgl dazu BFH BStBl II 73, 3). Die sachlichen Stbefreiungen des § 13 gelten auch hinsichtlich der beschränkten StPfl, sofern sie ihren Voraussetzungen nach passen (vgl dazu BFH BStBl II 84, 9). Auch der Freibetrag nach § 5 wird vom Gesetz ohne Sonderregelung für Fälle der beschränkten StPfl gewährt (aM *Moench/Weinmann* § 5 Rz 15; unten § 5 Anm 37). Dagegen werden die Freibeträge des § 16 I und des § 17 nicht gewährt, auch wenn es sich um Erbfälle und Schenkungen in der engsten Familie handelt (§ 16 II). Diese Anordnung hängt mit der Vorstellung zusammen, dass der Nichtinländer wegen des Inlandserwerbs einer weiteren Besteuerung im Ausland unterliegen wird, bei der er die deutsche St zur Anrechnung bringen kann (vgl § 21). Die Gewährung der vollen Freibeträge würde daher nur das Anrechnungsvolumen verkürzen, damit zwar den Heimatstaat, aber nicht den beschränkt StPfl selbst begünstigen. Die Vorstellung passt allerdings in den Fällen nicht, in denen der Heimatstaat des beschränkt StPfl gar keine ErbSt kennt. Der **EuGH** hat denn auch in der Rs **Mattner** (DStR 10, 861) verminderte Freibeträge für Schenkungen unter Gebietsfremden für nichtkonform mit dem EU-Recht erklärt. Der Gesetzgeber hat diese Entscheidung allerdings nicht, wie erwartet, zum Anlass genommen, die Abstufung der Freibeträge ganz generell aufzuheben. Er hat dafür im BeitrRLUmsG (BGBl I 2011, 2592) mit dem neuen § 2 III ein Wahlrecht eingeführt, das es Erwerbern, die der beschränkten StPfl unterliegen, erlaubt, für die unbeschränkte StPfl zu optieren und sich so die günstigeren Freibeträge für ihren Erwerb zu sichern. Die Regelung gilt nur für Erwerber mit Wohnsitz in einem EU- oder EWR-Staat. Inwieweit es darüber hinaus auch für Nichtinländer aus Nicht-EU-Staaten eine entsprechende Wahlmöglichkeit geben müsste, ist noch nicht ausreichend geklärt (vgl dazu BFH BStBl II 11, 221).

11 b Option zur unbeschränkten Steuerpflicht (Abs 3). Wenn die Voraussetzungen der beschränkten StPfl vorliegen, kann der Erwerber beantragen, dass sein Erwerb insgesamt als unbeschränkt stpfl behandelt wird. Den Antrag muss im Fall der Schenkung auch der zur StZahlung herangezogene Schenker stellen können. Der Antrag hat zur Folge, dass an die Stelle der auf den Erwerb von Inlandsvermögen beschränkten StPfl die unbeschränkte StPfl tritt, die alles von dem Erwerb umfasste Vermögen der Besteuerung unterwirft. Der Antrag muss also sorgfältig bedacht werden. Das gilt selbst dann, wenn nur auf das Inland bezogenes Vermögen zum Erwerb gehört. Denn als Inlandsvermögen iSv § 121 BewG gelten ja nur die im Gesetz ausdrücklich aufgeführten Wirtschaftsgüter. Bankguthaben, Anteile an Kapitalgesellschaften, die eine Beteiligung von weniger als 10% repräsentieren, und viele andere mit dem Inland verbundene Vermögensposten werden nur durch die unbeschränkte StPfl erfasst. Die Option, die den Zugang zu erhöhten Freibeträgen eröffnet, kann daher im Einzelfall durchaus nachteilige Folgen für den StPfl haben. Um sicher zu stellen, dass die für unbeschränkt stpfl Erwerbe geltenden Vorschriften nicht durch Aufteilung einer zugedachten Zuwendung in mehrere Erwerbe umgangen werden können, wird die Option auf alle Erwerbe erstreckt, die zehn Jahre vor und nach dem Erwerb vorgekommen sind und damit der Zusammenrechnung nach § 14 unterliegen.

12 Mit der **erweiterten beschränkten StPfl** des § 4 AStG wird die sich aus § 2 I Nr 3 ergebende beschränkte StPfl über das Inlandsvermögen des § 121 BewG hinaus auf weitere Vermögensposten erstreckt. Der Anwendungserlass des BMF zum AStG vom 14. 5. 2004 (BStBl I Sondernummer 1/2004, 3, 17) nennt:

1. Kapitalforderungen gegen Schuldner im Inland;
2. Spareinlagen und Bankguthaben bei Geldinstituten im Inland;
3. Aktien und Anteile an Kapitalgesellschaften, Investmentfonds und offene Immobilienfonds sowie Geschäftsguthaben bei Genossenschaften im Inland;
4. Ansprüche auf Renten und andere wiederkehrende Leistungen gegen Schuldner im Inland sowie Nießbrauchs- und Nutzungsrechte an Vermögensgegenständen im Inland;
5. Erfindungen und Urheberrechte, die im Inland verwertet werden;
6. Versicherungsansprüche gegen Versicherungsunternehmen im Inland;
7. beweglichen Wirtschaftsgüter, die sich im Inland befinden;
8. Vermögen, dessen Erträge nach § 5 AStG der erweiterten beschränkten Steuerpflicht unterliegen;
9. Vermögen, das nach § 15 AStG dem erweitert beschränkt Steuerpflichtigen zuzurechnen ist.

§ 4 AStG kommt nur zum Zuge, wenn weder der Erblasser/Schen- 13
ker noch der Erwerber Inländer ist, der Erblasser oder Schenker aber
früher Inländer war, auch jetzt noch wesentliche wirtschaftliche Interessen im Inland hat, seinen Wohnsitz und dauernden Aufenthalt jedoch
vor mindestens 5 Jahren (sonst würde er nach § 2 I Nr 1 b noch als
Inländer gelten) und höchstens 10 Jahren in ein Niedrigsteuerland verlegt hat, wo weniger als 30% der deutschen ErbSt erhoben werden.
Vorausgesetzt wird, dass der Erblasser/Schenker früher als Inländer
deutscher Staatsangehöriger war und mindestens 5 Jahre der unbeschränkten EStPfl unterlegen hat. Hat der Erblasser/Schenker zugleich
mit dem Wohnsitzwechsel die deutsche Staatsangehörigkeit aufgegeben,
greift § 2 I Nr 1 b nicht ein, so dass die erweiterte beschränkte StPfl des
§ 4 AStG schon gleich mit dem Wohnsitzwechsel und nicht erst 5 Jahre
nach Wohnsitzverlegung zur Anwendung kommt. Die Einzelheiten
ergeben die Kommentare zum AStG.

14.–38. Anhang: Doppelbesteuerungsabkommmen

14., 15. Doppelbesteuerung im ErbStRecht

Allgemeines. Das deutsche ErbStRecht kennt drei Anknüpfungs- 14
punkte, die in Fällen mit Auslandsberührung zur deutschen ErbStPfl
führen. Sie werden in § 2 I benannt. Danach greift die deutsche StPfl
ein, wenn der Erblasser/Schenker Inländer ist, wenn der Erwerber zum
Kreis der Inländer gehört oder wenn der Erwerb aus Inlandsvermögen
besteht. Da andere Länder ihre StHoheit ähnlich abgrenzen, kann ein
einziger Erbfall eine StPfl in drei Ländern auslösen (Bsp: Erblasser
Staat A, Erbe Staat B, Vermögen Staat C). Auch ohne besondere Abkommen würde allerdings die StLast für den Erwerber nicht einfach
kumulieren, wenn man die auf ausländische Erwerbe entfallenden ausländischen Steuern abweichend von der üblichen Interpretation des
§ 10 VIII als Kosten, die dem Erwerber unmittelbar im Zusammenhang
mit der Erlangung des Erwerbs entstehen, zum Abzug von der Bemessungsgrundlage der inländischen Steuer zuließe (§ 10 Anm 59). Darüber hinausgehend besteht nach deutschem Recht die Möglichkeit, die
an das Ausland für den Erwerb von Auslandsvermögen gezahlte St unter
den strengen Voraussetzungen des § 21 (s dort) auf die inländische St
anzurechnen. Auch ein solcher Abzug von der StSchuld kann jedoch
die Doppelbesteuerung vieler internationaler ErbStFälle nicht oder nur
teilweise vermeiden, da die speziellen Anrechnungsvorschriften der verschiedenen Länder nicht aufeinander abgestimmt sind. So besteht zwar
in vielen Staaten Einverständnis darüber, dass die ausl ErbSt, die für
Auslandsvermögen (im Quellenstaat) erhoben wird, im jeweiligen Inland (Wohnsitzstaat) auf die StSchuld eines unbeschränkt StPfl ange-

rechnet werden soll. Dennoch werden Doppelbesteuerungen auch zwischen diesen Staaten ohne Doppelbesteuerungsabkommen (DBA) insoweit nicht verhindert werden können, als die jeweiligen Definitionen des „Auslandsvermögens" und „Inlandsvermögens" in den verschiedenen Staaten nicht übereinstimmen. Die von der Bundesrepublik abgeschlossenen DBA können allerdings ebenfalls nicht jede bestehende Gefahr einer doppelten Besteuerung von Erbfällen und Schenkungen vermeiden. Soweit jedoch der Anwendungsbereich eines DBA betroffen ist, geht dieses in nationales Recht transformierte völkerrechtliche Abkommen den allgemeinen Regeln des ErbStG als lex specialis vor (§ 2 AO). Die DBA wirken als Beschränkung der nationalen Besteuerungsrechte. Sehen sie für bestimmte Probleme keine Regelung vor, bleibt es bei der Geltung des jeweiligen nationalen ErbStRechts (vgl allg zur Stellung der DBA im Verhältnis zum sonstigen nationalen Recht: *Wassermeyer,* StuW 90, 404, 410 f).

15   Überblick über den Stand der deutschen ErbSt-DBA. Die Bundesrepublik hat zur Vermeidung einer internationalen Doppelbesteuerung bei Erwerben von Todes wegen folgende DBA abgeschlossen; DBA Dänemark v. 22. 11. 1995 (BGBl II 96, 2565; 97, 728); DBA Frankreich v. 12. 10. 2006 / 3. 4. 2009 (BGBl II 07, 1402; 09, 596); DBA Griechenland v. 18. 11./1. 12. 1910 (RGBl 12, 173; BGBl II 53, 525); DBA Schweden v. 8. 6. 1994 (BGBl II 94, 686; 95, 29); DBA Schweiz v. 30. 11. 1978 (BGBl II 80, 594; 80, 1341); DBA USA v. 21. 12. 2000 (BGBl II 00, 1170; 01, 62). Des Weiteren hat die Bundesregierung mit den Regierungen der Niederlande (vgl Erl NW, DB 64, 935) und Italiens (vgl Erl NW, DB 88, 1630) vereinbart, Zuwendungen an gemeinnützige oder mildtätige Organisationen auch bei grenzüberschreitenden Erbschaften und Schenkungen bilateral von der ErbSt zu befreien, sofern nur der Erwerb in einem der beiden Staaten stfrei ist. Die Abkommen mit Schweden und Dänemark beziehen sich in erster Linie auf die Steuern vom Einkommen und Vermögen, enthalten aber auch Regelungen für die Erbschaftsteuer und die Amtshilfe. Verhandelt wird zZ über Abkommen mit Finnland und Großbritannien. Das ErbSt-DBA mit Griechenland wird im Folgenden nicht weiter berücksichtigt. Es stellt kein umfassendes ErbSt-DBA dar, sondern ist lediglich eine Vereinbarung über die Besteuerung des beweglichen Nachlassvermögens. Hiernach kann das bewegliche Vermögen eines Erblassers grundsätzlich nur von seinem Wohnsitzstaat besteuert werden. Lediglich soweit der Erbe in dem jeweils anderen Staat ansässig ist, kann auch dieser Erben-Wohnsitzstaat auf das bewegliche Vermögen des ausländischen Erblassers Zugriff nehmen. Ein Abkommen mit Israel, das erst am 20. 1. 1984 ratifiziert wurde, hat nur eine rückwirkende Geltung vom 1. 1. 1968 bis zum 31. 3. 1981 erlangt, da Israel mWv 1. 4. 1981 die ErbSt abgeschafft hat. In Österreich ist die dortige ErbSt durch Entscheidungen des Verfassungsgerichtshofes vom 7. 3. und 15. 6. 2007 mit einer Anpassungsfrist bis zum 31. 7. 2008 für verfassungswidrig erklärt worden. An eine Anpassung wurde nicht gedacht. Das österreichische ErbStG ist daher seit dem 1. 8. 2008 nicht mehr in Kraft. Diese Entwicklung hat Deutschland zum Anlass genommen, das bis dahin bestehende DBA mit Österreich vom 4. 10. 1954 (BGBl II 55, 755) zum 31. 12. 2007 zu kündigen (BStBl I 07, 821). In Österreich ist an die Stelle des ErbStG ein Schenkmeldegesetz getreten, das insbesondere auch die Ausdehnung der GrESt auf Zuwendungen unter Lebenden und Erwerbe von Todes wegen vorsieht (*Galeitner/Fugger,* Das neue österreichische Schenkmeldegesetz, ZEV 08, 405).

16.–23. Grundstrukturen der Doppelbesteuerungsabkommen

Einführung. Zunächst sollen anhand des OECD-Musterabkommens zur Vermeidung der Doppelbesteuerung von Nachlässen und Erbschaften von 1966/1982 (amtlicher Abdruck: *BMF,* Musterabkommen zur Vermeidung der Doppelbesteuerung der Nachlässe, Erbschaften und Schenkungen mit Bericht des Fiskalausschusses der OECD 1982, Herne/Berlin 1987) die Grundstrukturen der DBA und des Musterabkommens dargelegt werden. Soweit die einzelnen Abkommen in wesentlichen Punkten von dem OECD-Muster abweichen, werden sie im Anschluss an diese allgemeinen Darlegungen im Einzelnen erläutert. **16**

Geltungsbereich. Der Geltungsbereich der ErbSt-DBA ist grundsätzlich auf Erwerbe von Todes wegen beschränkt und erfasst keine Schenkungen unter Lebenden (Art 2 II OECD-MA). Dadurch entsteht die Gefahr einer Kumulierung von Schenkung- und NachlassSt, wenn ein Staat die Schenkung schon zum Zeitpunkt der Ausführung und der andere Staat sie erst zum Zeitpunkt des Todes des Schenkers rückwirkend erbschaftsteuerlich erfasst. Der offizielle Kommentar zum OECD-MA (ErbSt) tendiert zu einer vollständigen Einbeziehung der in der Vergangenheit gezahlten ausl SchSt bei der Anrechnung und empfiehlt den Vertragstaaten, sich wenn möglich auf eine Verhinderung solcher Doppelbesteuerungen gesondert zu verständigen. **17**

Methoden zur Vermeidung der Doppelbesteuerung. Kernpunkt der DBA ist die Verhinderung bzw. Verringerung der internationalen Doppelbesteuerung wahlweise durch die sog **Freistellungs-** oder die sog **Anrechnungsmethode.** Entweder verpflichten sich die Staaten dazu, bestimmte Vermögensgegenstände ganz aus der eigenen Besteuerung herauszunehmen (Freistellungs-/Befreiungsmethode) oder **18**

sie erklären sich dazu bereit, die bei uneingeschränkter Besteuerungskompetenz verbleibende Doppelbesteuerung durch Anrechnung der AuslandsSt auf die inländische StSchuld zu verhindern. Es muss dann festgelegt werden, welchem Staat das vorrangige Besteuerungsrecht zukommen soll und welcher Staat dementsprechend verpflichtet ist, die im anderen Vertragsstaat erhobene ErbSt zum Abzug von der inländischen ErbStSchuld zuzulassen. Typischerweise ist danach der Erblasser-Wohnsitzstaat zur Freistellung oder Anrechnung der Steuern, die an den primär stberechtigten Belegenheitsstaat gezahlt werden, verpflichtet. Das OECD-MA trifft keine Entscheidung zwischen Freistellungs- und Anrechnungsmethode, sondern hält in Art 10 A/10 B für beide Formen Abkommensvorschläge bereit, so dass diese auch miteinander kombiniert werden können. Wird die Befreiungsmethode angewendet, kommt ein dem § 19 II ErbStG entsprechender Progressionsvorbehalt zur Geltung (Art 10 A 2. Hs OECD-MA).

19 **Wohnsitz.** Systematischer Ausgangspunkt der stbegrenzenden DBA-Regeln ist das sog (Erblasser-)Wohnsitzprinzip. Danach soll das primäre Besteuerungsrecht im Sinne einer unbeschränkten StPfl grundsätzlich dem Staat zukommen, in dem der Erblasser zum Zeitpunkt seines Todes einen Wohnsitz hatte (Art 8 OECD-MA). Die Problematik einer Doppelbesteuerung wegen mehrfachen Wohnsitzes wird im Vergleich zum deutschen Recht (vgl § 2 I Nr 1) insoweit verringert, als lediglich der Erblasser-Wohnsitz den Anknüpfungspunkt für eine StPfl des Vermögensübergangs bildet und nicht auch der Erwerber-Wohnsitz; dem deutschen StR würde allerdings eine Konzentration auf den Erwerber-Wohnsitz eher entsprechen (vgl oben Anm 8). Bei einem Erblasser-Wohnsitz in beiden Vertragsstaaten („doppelter Wohnsitz") behilft man sich darüber hinaus mit einer schrittweisen Einengung der Wohnsitzdefinition, so dass jenes Land, das als einziges noch die strengeren Kriterien erfüllt, als der primär stberechtigte Wohnsitzstaat gilt. Zunächst wird hierbei auf die ständige Wohnstätte des Erblassers abgestellt. Besteht eine solche ebenfalls in beiden Staaten, soll der Mittelpunkt der Lebensinteressen ausschlaggebend sein. Ist auch dies nicht zu klären, greift als nächstes Kriterium der gewöhnliche Aufenthalt ein und zuletzt die Staatsangehörigkeit des Erblassers (Art 4 II Nr a–c OECD-MA).

20 **Beschränkte StPfl.** Erhebliche Einschränkungen erfährt das Wohnsitzprinzip aber dadurch, dass auf Grund des sog Quellenstaatsprinzips der beschränkten StPfl des Belegenheitsstaates in zwei Fällen der Vorrang gegeben wird mit der Folge, dass der dieses Vermögen ebenfalls besteuernde Wohnsitzstaat entweder zur Freistellung oder zur Anrechnung verpflichtet ist. Nach dem aus dem Quellenstaatsprinzip abgeleiteten sog Belegenheitsprinzip (Art 5 OECD-MA) unterfällt das unbewegliche Vermögen, wozu auch Inventar, Zubehör und Nutzungsrechte an Immobilien zählen (Art 5 III S 2 OECD-MA), der vorrangigen Besteuerungskompetenz desjenigen Landes, in dem sich das betreffende Vermögen befindet. Das Gleiche gilt gemäß dem sog Betriebsstättenprinzip (Art 6 OECD-MA) im Hinblick auf das gewerbliche, einer Betriebsstätte zugehörige Vermögen für das Land, in dem die Betriebsstätte belegen ist. Da die meisten Staaten wesentlich mehr inländische Vermögensgegenstände als Immobilien oder Betriebsstättenvermögen in die beschränkte StPfl einbeziehen, ist mit dieser Regelung eine erhebliche Erleichterung für den StPfl verbunden.

Abgrenzungsfragen. Die genaue Definition des Belegenheits- und Betriebsstättenvermögens bereitet erhebliche Probleme. Zu den Schwierigkeiten bei der Einordnung von Anteilen an Personen- und Kapitalgesellschaften vgl Anm 14 ff, 19 ff des offiziellen Kommentars zu Art 8 OECD-MA (ErbSt). Danach sollen Beteiligungen an Personengesellschaften dem jeweiligen Erblasser ähnlich wie nach deutschem Recht so zugerechnet werden, wie es auch geschehen würde, wenn der Gesellschafter Alleineigentümer des Vermögens wäre. Hat demnach die Personengesellschaft unbewegliches Vermögen oder Betriebsstättenvermögen in anderen Ländern als dem Wohnsitzstaat des Erblassers, so fällt diesen die vorrangige Besteuerungskompetenz zu (vgl auch *Hueck,* oben vor Anm 1, 44 ff, 82 ff). Der Vorrang des Quellenstaatsprinzips erschien jedoch im Hinblick auf Anteile an Kapitalgesellschaften und Forderungen nicht realisierbar, so dass diese generell nur der Besteuerungskompetenz des Wohnsitzstaates (Art 8 OECD-MA) unterfallen. Für grundpfandrechtlich gesicherte Forderungen gilt eine Sonderregelung. Diese werden zwar normalerweise wie bewegliches Vermögen nach dem Wohnsitzprinzip behandelt (Anm 6 des Kommentars zu Art 5 OECD-MA). Soweit sie jedoch als gewerbliche Forderungen einer Betriebsstätte betrachtet werden können, fallen sie unter das Betriebsstättenprinzip (Anm 6 des Kommentars zu Art 5 OECD-MA (ErbSt)).

Der **Verbindlichkeitenabzug** wird so gehandhabt, dass die mit dem unbeweglichen oder Betriebsstättenvermögen zusammenhängenden Verbindlichkeiten zunächst von diesem Vermögen jeweils gesondert abgezogen werden (Art 9 I und II OECD-MA) und dass die übrigen Schulden dann vom Wert des restlichen, nach dem Wohnsitzprinzip besteuerten Vermögens abzuziehen sind (Art 9 III OECD-MA). Übersteigen die in einem Vertragsstaat abzugsfähigen Schulden den Wert des in diesem Land steuerbaren Vermögens, so kürzt der Negativsaldo den Wert des Vermögens, das in dem anderen Staat besteuert wird (Art 9 V OECD-MA).

Für alle in den DBA nicht geregelten Problemkreise gilt im Übrigen eine Subsidiaritätsregel in dem Sinn, dass die Staaten insoweit ihr nationales Recht anwenden können, was insbesondere auch für sämtliche Bewertungsfragen zutrifft.

23 Die DBA enthalten eine Bestimmung über **Verständigungsverfahren** (Art 12 OECD-MA). Hiernach steht dem StPfl nicht nur der normale Rechtsweg gegen den jeweils St erhebenden Staat offen, sondern ihm soll auch die FinBehörde seines Ansässigkeitsstaates zu Hilfe kommen, wenn die ausl StBehörde seinen Fall unter Verstoß gegen das DBA entscheiden will. Die zuständige Behörde des Ansässigkeitsstaates soll sich bemühen, ein Verständigungsverfahren mit der zuständigen FinBehörde des anderen Staates einzuleiten (Art 12 III OECD-MA). Der in Deutschland ansässige StPfl hat insoweit einen Anspruch auf ermessensfehlerfreie Entscheidung der zuständigen FinBehörde. Hält diese ein Verständigungsverfahren mit dem anderen Staat allerdings begründeterweise für zwecklos, besteht kein Anspruch auf Einleitung eines solchen Verfahrens.

24.–38. Die einzelnen Doppelbesteuerungsabkommen

a) DBA Frankreich.

24 Das Abkommen vom 12. 10. 2006 (BGBl II 07, 1402), das am 3. 4. 2009 in Kraft getreten ist, wird durch ein Protokoll ergänzt, dessen Regelungen Bestandteil des Abkommens sind. Abkommen und Protokoll sind abgedruckt bei *Troll/Jülicher* § 2 Rz 281 ff. Das Abkommen betrifft Erwerbe von Todes wegen und durch Schenkung unter Lebenden und gilt für die französischen Abgaben vom unentgeltlichen Vermögensübergang (droits de mutation à titre gratuit) und für das deutsche ErbStG. Vorausgesetzt wird, dass der Erblasser oder Schenker in einem der beiden Vertragsstaaten zum Besteuerungszeitpunkt seinen Wohnsitz hatte und dass es um Vermögen geht, das einer der Vertragsstaaten im Rahmen der genannten Steuern in Anspruch nimmt. Das Abkommen äußert sich ausführlich zu den Merkmalen des Wohnsitzbegriffs. Das Besteuerungsrecht wird grundsätzlich dem Ansässigkeitsstaat des Erblassers oder Schenkers zugewiesen. Doch steht auch dem Belegenheitsstaat dann, wenn es um unbewegliches Vermögen geht oder wenn bestimmte bewegliche Vermögensposten transferiert werden (wie zB Betriebsstättenvermögen), ein Besteuerungsrecht zu. Die Doppelbesteuerung wird durch Anrechnung der im anderen Staat erhobenen Steuer vermieden, wobei verschiedene Anrechnungshöchstgrenzen zu beachten sind.

b) DBA Schweden.

25 Der Geltungsbereich des alten Abkommens, das bis Ende 1994 in Geltung war (v 14. 5. 1935, BStBl I 51, 284), beschränkte sich auf

Erwerbe von Todes wegen, während das geltende Abkommen auch Schenkungen unter Lebenden einbezieht. Nach dem alten Abkommen wurde die Doppelbesteuerung von Erbfällen im Hinblick auf das Immobiliar- und Betriebsstättenvermögen im Wege der Befreiungsmethode erreicht (Art 1 u 2 DBA), wobei die Freistellung durch den Wohnsitzstaat nur unter Progressionsvorbehalt erfolgt (Art 5 DBA). Der Schuldenabzug richtete sich in erster Linie nach der wirtschaftlichen Zugehörigkeit der Verbindlichkeiten zum Immobiliar- oder Betriebsstättenvermögen; die restlichen Schulden sind beim Wohnsitzstaat abzuziehen (Art 4 I DBA).

Im neuen DBA wird dagegen ausschließlich die Anrechnungsmethode für eine Verhinderung der internationalen Doppelbesteuerung sorgen (Art 25 DBA). Außerdem wird nunmehr für deutsche Staatsangehörige die verlängerte unbeschränkte StPfl nach § 2 I Nr 1 b ErbStG beibehalten, so dass bei einem Wohnsitzwechsel nach Schweden die ersten fünf Jahre eine doppelte unbeschränkte StPfl bestehen bleibt. Zum Ausgleich ist die Bundesrepublik, soweit sie den Erwerb nur auf Grund der verlängerten unbeschränkten Steuerpflicht besteuert, verpflichtet, die im Rahmen des Wohnsitzprinzips erhobene schwedische ErbSt anzurechnen (wegen der Einzelheiten vgl *Krabbe*, ZEV 95, 286). Das neue DBA ist ein Abkommen neuen Typs, das neben der Besteuerung von Nachlässen, Erbschaften und Schenkungen die Besteuerung des Einkommens und Vermögens und die gegenseitige Amtshilfe regelt. Ab 2005 hat Schweden die ErbSt abgeschafft. Das Abkommen wurde noch nicht aufgehoben.

c) DBA (ErbSt) Schweiz.

Allgemeines. Das für seit dem 25. 4. 1980 erlangte Erbschaften geltende Abkommen erfasst insb die in der Schweiz bedeutsamen kantonalen ErbSt. Das allgemeine Verständigungsverfahren des Art 12 DBA ist ua auch vorgesehen für Beratungen der zuständigen Behörden der Vertragsstaaten über die Frage, wie eine Doppelbesteuerung in den nicht vom Abkommen erfassten Fällen – also zB in Schenkungsfällen – einvernehmlich vermieden werden kann. Es besteht schon heute die Vereinbarung, dass die Regelungen des Abkommens auch für die Schenkung von Geschäftsbetrieben anwendbar sein sollen (BMF-Schreiben vom 7. 4. 1988, DB 88, 938).

Methodik. Auch nach dem DBA Schweiz gilt bei Immobilien (Art 5 DBA) und dem Betriebsstättenvermögen (Art 6 DBA) der Vorrang des Quellenstaates vor dem Wohnsitzstaat (Art 8 DBA). Ist die Bundesrepublik der (Erblasser-)Wohnsitzstaat, kommt grds gem Art 10 I b DBA die Anrechnungsmethode zur Anwendung. Von der deutschen St unter Progressionsvorbehalt freigestellt wird jedoch das schweizerische Immobiliarvermögen eines Schweizer Staatsbürgers (Art 10 I a

§ 2 28, 29   Persönliche Steuerpflicht

DBA). Für die Schweiz als Wohnsitzstaat gilt hingegen ausschließlich das Freistellungsprinzip mit Progressionsvorbehalt (Art 10 II DBA). Die gesamte Regelung im Verhältnis zur Schweiz ist deshalb recht kompliziert, weil Freistellungs- und Anrechnungsmethode miteinander kombiniert werden und mehrere Ausnahmeregelungen geschaffen worden sind, die die verschiedenen Interessen der Vertragspartner besonders berücksichtigen. Von deutscher Seite wurde beispielsweise besonderer Wert darauf gelegt, die unbeschränkte deutsche ErbStPfl auch bei in die Schweiz ausgewanderten Erblassern ausdrücklich aufrechtzuerhalten, um der Gefahr einer StFlucht zu begegnen.

28   Der **Verbindlichkeitenabzug** erfolgt ebenfalls nach zwei verschiedenen, miteinander kombinierten Methoden. Soweit die Verbindlichkeiten in einem konkreten wirtschaftlichen Zusammenhang mit bestimmten Vermögensgegenständen stehen, werden sie vom Wert dieser Gegenstände abgezogen (Art 9 I DBA). Bei grundpfandrechtlich gesicherten Forderungen kann ein wirtschaftlicher Zusammenhang mit dem belasteten Grundstück vermutet werden. Die anderen Schulden werden im Wohnsitzland abgezogen (Art 9 II S 1 DBA), mit Ausnahme der Verbindlichkeiten, die auf das von der Bundesrepublik nach Art 4 IV DBA zu besteuernde Vermögen entfallen, da diese gem Art 9 II S 3 DBA pro rata auf beide Vertragsstaaten aufgeteilt werden.

29   **Vorbehaltsklauseln.** In concreto sind der Bundesrepublik folgende, über das OECD-Musterabkommen (ErbSt) hinausgehende Besteuerungskompetenzen verblieben: Die Bundesrepublik darf ihre unbeschränkte StPfl weiterhin an den Erwerberwohnsitz anknüpfen, soweit der Erwerber über eine ständige Wohnstätte oder einen gewöhnlichen Aufenthalt im Inland verfügt (Art 8 II S 1 DBA). Darüber hinaus kann sie die unbeschränkte StPfl selbst dann beibehalten, wenn der Erblasser, der sowohl in der Bundesrepublik als auch in der Schweiz über einen Wohnsitz verfügte, den Mittelpunkt seiner Lebensinteressen in die Schweiz verlagert hatte (Art 4 III S 1 DBA). Schließlich kann die Bundesrepublik ihre unbeschränkte StPfl um effektiv 6 Jahre verlängern, nachdem der Erblasser seinen Wohnsitz in Deutschland aufgegeben hat (Art 4 IV S 1 DBA). In allen diesen Fällen ist jedoch die Bundesrepublik verpflichtet, eine dadurch verursachte Doppelbesteuerung im Wege der Anrechnung der schweizerischen ErbSt zu beheben. Darüber hinaus setzt das Bestehen bleiben der unbeschränkten deutschen ErbStPfl in den genannten Fällen immer voraus, dass nicht schweizerische Interessen berührt werden. Die unbeschränkte deutsche StPfl ist demnach auch in den oben genannten Fällen ausgeschlossen, wenn Erblasser und Erwerber schweizerische Staatsangehörige waren (Art 8 II S 4 DBA), oder die Wohnsitzverlagerung in die Schweiz entweder von einem Schweizer Staatsbürger vorgenommen wurde, oder nur deshalb stattgefunden hatte, weil der Erblasser in der Schweiz für einen dortigen Arbeitgeber tätig war oder mit einem schweizerischen Staatsangehörigen die Ehe einging (Art 4 IV S 2 DBA). Hat der Erwerber sich für einkommensteuerliche Zwecke auf einen Wohnsitz im Inland berufen, kann er ohne Verstoß gegen Treu und Glauben nicht für Zwecke der ErbSt behaupten, dieser Wohnsitz habe nicht bestanden (FG München UVR 96, 247).

d) DBA (ErbSt) USA.
Geltungsbereich. Der sachliche Geltungsbereich des Abkommens **30** bezieht sich nicht nur auf Erbschaften, sondern auch auf Schenkungen, wenn der Erblasser/Schenker im Zeitpunkt seines Todes bzw der Schenkung einen Wohnsitz in zumindest einem der Vertragsstaaten hatte (Art 1 DBA). Auf amerikanischer Seite ist neben der normalen federal estate tax (ErbSt) und der federal gift tax (SchSt) auch die generation-skipping transfer tax (Steuer auf Generationen überspringende Vermögenstransfers) erfasst (Art 2 I a DBA). Allerdings gilt das DBA prinzipiell nicht auch für die in den USA sehr wichtigen Erb/SchSt der verschiedenen Einzelstaaten (vgl Art 2 I lit a DBA), die schon nach inneramerikanischem Recht auf die BundesErbSt angerechnet werden und so das Anrechnungspotential an BundesErbSt vermindern. Dennoch ist vereinbart, dass die St der Einzelstaaten bei einer Anrechnung durch die Bundesrepublik mit berücksichtigt werden (Art 11 IV), und dass bei Fehlen der Anrechnungsvoraussetzungen ein Verständigungsverfahren eingeleitet werden kann.

Der zeitliche Geltungsbereich des Abkommens beginnt für Schenkungen und Erbfälle mit dem 1. 1. 1979 (Art 17 II DBA). Für Erbfälle zwischen dem 1. 1. 1974 und dem 1. 1. 1979 können die Staaten gem Art 17 III DBA gemeinsam darüber beraten, ob und wie sie die auch bei Ausnutzung der innerstaatlichen Anrechnungsmöglichkeiten verbliebene Doppelbesteuerung verhindern.

Das Abkommen vom 3. 12. 1980 (BGBl II 82, 847; BStBl I 82, 765; BStBl I 86, 478) wird durch ein **Änderungsprotokoll** (BGBl II 00, 1170; BGBl II 01, 62) ergänzt, das Änderungen insbesondere für die Besteuerung des überlebenden Ehegatten im Erbfall gebracht hat. Näheres dazu unten Anm 35. Eine kurze Übersicht über die wichtigsten Neuregelungen findet sich bei *Moench/Weinmann* § 2 Rz 48.

Anrechnungsmethode. Das Abkommen verzichtet auf eine gegen- **31** seitige Steuerfreistellung durch den Wohnsitzstaat und beseitigt die Doppelbesteuerung mittels einer im Verhältnis zum nationalen Recht erweiterten Anrechnung. Hieraus folgt, dass weder die USA gehindert werden, weiterhin ihre unbeschränkte StPfl an die Staatsangehörigkeit des Erblassers (Art 11 I a DBA) anzuknüpfen, noch dass es der Bundesrepublik versagt wird, dieselbe mit dem Wohnsitz des Erwerbers (Art 11 I b DBA) zu verbinden. Allerdings ist die unbeschränkte Steuerpflicht, die lediglich auf diesen Tatbestandsmerkmalen basiert, nachrangig im Verhältnis zu dem normalen Belegenheits-, Betriebsstätten- oder Erblasser-Wohnsitzprinzip (Art 5–9 DBA), so dass der gem Art 11 I Buchstabe a) oder b) Steuern erhebende Staat hier zur vollständigen Anrechnung der ausländischen Steuer verpflichtet ist (Art 11 II b, III b DBA), sofern nicht die Bundesrepublik selbst der stberechtigte Belegenheitsstaat ist. In die Anrechnung miteinbezogen werden jeweils alle versteuerten Schenkungen des Erblassers aus früheren Zeiten, soweit das betreffende Vermögen später auch zum stpfl Nachlass gehört (Art 11 V a DBA). Eine damals schon erfolgte Berücksichtigung der ausländischen St muss bei einer späteren Anrechnung aber auch zum Nachteil des StPfl berücksichtigt werden, um eine doppelte Anrechnung zu vermeiden (vgl Art 11 V b DBA).

32 **Beschränkte StPfl.** Im Verhältnis zum früheren Recht besteht die wohl bedeutendste StErleichterung, die das Abkommen für deutsch-amerikanische Erbfälle und Schenkungen mit sich bringt, darin, dass beide Vertragsstaaten den Umfang ihrer beschränkten StPfl entsprechend dem OECD-MA (s Anm 20) auf das Immobiliar- und das Betriebsstättenvermögen eingrenzen (Art 9 DBA). In dieser Hinsicht, also nur für den Bereich der beschränkten StPfl, hat das Abkommen eine Freistellung von der jeweiligen StPfl zur Folge. Unterfällt der Erwerb demnach nur in Deutschland der unbeschränkten StPfl, so wird der StPflichtige von Seiten der USA nicht mehr mit Steuern auf amerikanische Aktien, Wertpapiere oder sonstiges bewegliches Vermögen belastet. Umgekehrt unterfällt ein lediglich in den USA unbeschränkt stpfl Erwerb in der Bundesrepublik nicht mehr der beschränkten StPfl nach § 2 I Nr 3 ErbStG iVm § 121 BewG, soweit es sich dabei nicht um Immobiliar- oder Betriebsstättenvermögen handelt. Insbesondere die wesentlichen Beteiligungen an bundesdeutschen Kapitalgesellschaften und deutsche Patentrechte werden dann in Deutschland nicht mehr besteuert.

33 **Sonstiges.** Im Übrigen bleibt anzumerken, dass das Wohnsitzprinzip des Art 9 DBA auch für Seeschiffe und Luftfahrzeuge gilt (Art 7 DBA) und das Belegenheitsprinzip des Art 5 DBA sich auf gewerblich genutzte Immobilien erstreckt (Art 5 III DBA). Für Beteiligungen an Personengesellschaften besteht in Art 8 DBA eine Sonderregelung, wonach diese entsprechend ihrem im Ausland belegenen Vermögensanteil vorrangig nach dem Belegenheits- oder dem Betriebsstättenprinzip

behandelt werden. Das Betriebsstättenvermögen wird im Übrigen in Art 6 II DBA sehr detailliert definiert.

Der Verbindlichkeitenabzug wird in Art 10 I DBA nur in Form eines Mindestabzugs geregelt, wobei die mit einem Grundstück oder einer Betriebsstätte konkret in Zusammenhang stehenden Schulden auch vom Belegenheitsstaat abzuziehen sind (Art 10 I a, b, c DBA). Für den darüber hinausgehenden Abzug der Verbindlichkeiten gilt das nationale Recht der Vertragsstaaten.

Besondere StVergünstigungen. In Art 10 II DBA werden verschiedene Arten von gemeinnützigen Organisationen, Körperschaften etc in beiden Vertragsstaaten von der St befreit, soweit die Übertragung des Vermögens an eine solche Organisation in einem der beiden Staaten stfrei wäre. Dasselbe soll nach Art 10 III DBA grds auch für Sozialversicherungsrenten und ähnliche staatliche Ruhegehälter gelten, soweit sie – für den Fall, dass der Erblasser dort seinen Wohnsitz hatte – in einem Vertragsstaat stfrei wären. Die so befreiten Beträge können jedoch auf den Versorgungsfreibetrag nach § 17 ErbStG angerechnet werden (Art 10 III S 2 DBA). 34

Eine wichtige StVergünstigung gewähren beide Vertragsstaaten für den **Vermögensübergang zwischen Ehegatten.** Gem Art 10 IV S 1 DBA wird das auf den Ehegatten übergegangene Vermögen, das lediglich auf Grund des Belegenheits- oder Betriebsstättenprinzips in dem Nichtwohnsitzstaat besteuert werden kann, nur zum halben Wert in die StBemessungsgrundlage desjenigen Staates einbezogen, in dem der Erwerb der beschränkten StPfl unterliegt. Die genannte StVergünstigung des Erwerbs zwischen Ehegatten darf jedoch nicht dazu führen, dass der StPfl bei beschränkter StPfl im Belegenheitsstaat höhere Vergünstigungen erhält, als sie ihm dort bei unbeschränkter StPfl gewährt würden (Art 10 IV S 2 DBA). Zu beachten bleibt allerdings, dass in den USA eine mögliche Kollision zwischen völkerrechtlichen Abkommen und innerstaatlicher Gesetzgebung nicht eindeutig zugunsten der zwischenstaatlichen Abkommen entschieden wird. Es besteht daher die Gefahr, dass im innerstaatlichen Recht der USA auch solche Normen nach Inkrafttreten eines DBA geändert werden, die zur Grundlage des Vertragswerks gemacht worden waren (sog „treaty overriding"). So sind im Verlauf der Änderung des US-amerikanischen ErbStRechts für StAusländer durch das „TAMRA"-Gesetz von 1988 vorher bestehende StVergünstigungen für Ehegatten für den Fall gestrichen worden, dass der überlebende Ehegatte nicht ebenfalls in den USA ansässig ist. Hier greift nunmehr das Änderungsprotokoll ein, das einen begrenzten Ehegattenfreibetrag gewährt (Einzelheiten bei *Eimermann*, ZEV 00, 496; *Schmidt/Dendorfer*, IStR 01, 206). 35

36 Trust. In Art 12 DBA wird die Problematik einer bundesdeutschen ErbSt für amerikanische trusts, bzw für die jeweiligen Zwischennutzungsberechtigten und den endgültig Begünstigten angesprochen. Diese Bestimmung war auf die bis 4. 3. 1999 in Deutschland geltende trust-Besteuerung fixiert und dürfte mit der Neuregelung der Besteuerung durch § 3 II Nr 1, § 7 I Nr 9 und 10 ab 5. 3. 1999 ihre wesentliche Bedeutung verloren haben.

37 In Hinblick auf den in Art 14 DBA geregelten **Informationsaustausch** zwischen den Behörden bleibt schließlich anzumerken, dass im Unterschied zu der Vorschrift des Art 13 I OECD-MA (ErbSt), die einen Informationsaustausch nur im Hinblick auf die vom Abkommen betroffenen Steuern vorsieht, hier eine sog „große Auskunftsklausel" vereinbart wurde, die auch Informationen betrifft, welche generell für die Durchführung des innerstaatlichen Rechts der Vertragsstaaten erforderlich sind.

e) DBA Dänemark.

38 Das DBA mit Dänemark (vom 25. 11. 1995; dazu *Krabbe*, ZEV 97, 146) ist Teil eines umfassenderen DBA, das neben der Besteuerung von Nachlässen, Erbschaften und Schenkungen auch die Besteuerung des Einkommens und Vermögens anspricht. Es gilt für Erwerbe von Todes wegen oder durch Schenkung unter Lebenden, wenn der Erblasser zur Zeit seines Todes oder der Schenker zur Zeit der Schenkung in einem der beiden Vertragsstaaten ansässig war. Eine Sonderregelung ist für Personen vorgesehen, die von einem in den anderen Vertragsstaat wechseln. Wer so umgezogen ist, wird noch für weitere fünf Jahre dem früheren Wohnsitzstaat zugerechnet. Das Besteuerungsrecht liegt grundsätzlich beim Wohnsitzstaat. Doch hat bei unbeweglichem Vermögen und bei dem Betriebsvermögen einer Betriebsstätte auch der Belegenheitsstaat ein Besteuerungsrecht. Der Doppelbesteuerung wird durch Anrechnung entgegengewirkt.

§ 3 Erwerb von Todes wegen

(1) **Als Erwerb von Todes wegen gilt**
1. **der Erwerb durch Erbanfall (§ 1922 des Bürgerlichen Gesetzbuchs), durch Vermächtnis (§§ 2147 ff. des Bürgerlichen Gesetzbuchs) oder auf Grund eines geltend gemachten Pflichtteilsanspruchs (§§ 2303 ff. des Bürgerlichen Gesetzbuchs);**
2. **der Erwerb durch Schenkung auf den Todesfall (§ 2301 des Bürgerlichen Gesetzbuchs). ²Als Schenkung auf den Todesfall gilt auch der auf dem Ausscheiden eines Gesellschafters beruhende**

Übergang des Anteils oder des Teils eines Anteils eines Gesellschafters einer Personengesellschaft oder Kapitalgesellschaft bei dessen Tod auf die anderen Gesellschafter oder die Gesellschaft, soweit der Wert, der sich für seinen Anteil zur Zeit seines Todes nach § 12 ergibt, Abfindungsansprüche Dritter übersteigt. ³Wird auf Grund einer Regelung im Gesellschaftsvertrag einer Gesellschaft mit beschränkter Haftung der Geschäftsanteil eines Gesellschafters bei dessen Tod eingezogen und übersteigt der sich nach § 12 ergebende Wert seines Anteils zur Zeit seines Todes Abfindungsansprüche Dritter, gilt die insoweit bewirkte Werterhöhung der Geschäftsanteile der verbleibenden Gesellschafter als Schenkung auf den Todesfall;
3. die sonstigen Erwerbe, auf die die für Vermächtnisse geltenden Vorschriften des bürgerlichen Rechts Anwendung finden;
4. jeder Vermögensvorteil, der auf Grund eines vom Erblasser geschlossenen Vertrags bei dessen Tode von einem Dritten unmittelbar erworben wird.

(2) Als vom Erblasser zugewendet gilt auch
1. der Übergang von Vermögen auf eine vom Erblasser angeordnete Stiftung. ²Dem steht gleich die vom Erblasser angeordnete Bildung oder Ausstattung einer Vermögensmasse ausländischen Rechts, deren Zweck auf die Bindung von Vermögen gerichtet ist;
2. was jemand infolge Vollziehung einer vom Erblasser angeordneten Auflage oder infolge Erfüllung einer vom Erblasser gesetzten Bedingung erwirbt, es sei denn, daß eine einheitliche Zweckzuwendung vorliegt;
3. was jemand dadurch erlangt, daß bei Genehmigung einer Zuwendung des Erblassers Leistungen an andere Personen angeordnet oder zur Erlangung der Genehmigung freiwillig übernommen werden;
4. was als Abfindung für einen Verzicht auf den entstandenen Pflichtteilsanspruch oder für die Ausschlagung einer Erbschaft, eines Erbersatzanspruchs oder eines Vermächtnisses oder für die Zurückweisung eines Rechts aus einem Vertrag des Erblassers zugunsten Dritter auf den Todesfall oder anstelle eines anderen in Absatz 1 genannten Erwerbs gewährt wird;
5. was als Abfindung für ein aufschiebend bedingtes, betagtes oder befristetes Vermächtnis, für das die Ausschlagungsfrist abgelaufen ist, vor dem Zeitpunkt des Eintritts der Bedingung oder des Ereignisses gewährt wird;
6. was als Entgelt für die Übertragung der Anwartschaft eines Nacherben gewährt wird;
7. was der Vertragserbe oder der Schlusserbe eines gemeinschaftlichen Testaments oder der Verächtnisnehmer wegen beeinträchtigender Schenkungen des Erblassers (§§ 2287, 2288 Abs. 2 des

Bürgerlichen Gesetzbuchs) von dem Beschenkten nach den Vorschriften über die ungerechtfertigte Bereicherung erlangt.

Erbschaftsteuer-Richtlinien: R E 3.1 – 3.7/ H E 3.1 – 3.7.

Übersicht

1.–11 a. Allgemeines
12.–35. Erwerb durch Erbanfall (Abs 1 Nr 1)
36.–38. Erbersatzanspruch (Abs 1 Nr 1 aF)
39.–47 a. Vermächtnis (Abs 1 Nr 1)
48.–54. Pflichtteil (Abs 1 Nr 1)
55.–61. Schenkung auf den Todesfall (Abs 1 Nr 2 S 1)
62.–70. Anteilsübergang im Gesellschaftsrecht (Abs 1 Nr 2 S 2 und 3)
71., 72. Vermächtnisgleicher Erwerb (Abs 1 Nr 3)
73.–94. Erwerb durch Vertrag zugunsten Dritter (Abs 1 Nr 4)
95.–104. Sonstige Zuwendungen vom Erblasser (Abs 2)

1.–11 a. Allgemeines

1 **Zusammenhang mit § 1.** Nach § 1 I Nr 1 unterliegt der Erwerb von Todes wegen der ErbSt. Als Erwerb von Todes wegen hatte § 1369 BGB aF für den Bereich des Zivilrechts den Erwerb „durch Erbfolge, durch Vermächtnis oder als Pflichtteil" definiert. § 3 geht über diese Begriffsbestimmung hinaus und erläutert, was als Erwerb von Todes wegen iS des § 1 I Nr 1 gelten soll. Der Zusammenhang des § 3 mit § 1 I Nr 1 wird in § 3 I schon durch den Wortlaut klargestellt. Zum Verständnis des § 3 II ist dagegen aus der Überschrift hinzuzusetzen, dass die hier aufgeführten Zuwendungen nicht nur als Zuwendungen des Erblassers gelten sollen, sondern dass sie auf der Seite des Empfängers auch den Charakter eines Erwerbs von Todes wegen haben. Die den Erwerb von Todes wegen begründenden Akte werden Zuwendungen von Todes wegen genannt (§ 8).

2 **Entstehungsgeschichte.** Die 1974 leicht veränderte Bestimmung entspricht weitgehend dem § 2 früherer Gesetzesfassungen. 1992 wurde § 3 II Nr 7 angefügt. 1999 wurde § 3 I Nr 2 S 2 neu gefasst und durch einen S 3 ergänzt. Zugleich wurde in §§ 3 II Nr 1 S 2 eine Neuregelung zur trust-Besteuerung eingefügt. Das ErbStRG 2009 hat den im Zivilrecht entfallenen Erbersatzanspruch aus der Zahl der stpfl Tatbestände herausgelöst, hat den in Abs 2 Nr 4 genannten Kreis von Abfindungen erweitert und verdeutlicht, dass nach Abs 2 Nr 7 auch die Bereicherung eines Schlusserben und eines Vermächtnisnehmers stpfl sein soll.

3 Der Erwerb von Todes wegen setzt den **Tod** des bisherigen Vermögensinhabers voraus. Dem Tod steht die Todesvermutung gleich, die durch die **Todeserklärung eines Verschollenen** begründet wird (§ 9

Allgemeines 4, 5 § 3

VerschG, § 49 AO, BFH BStBl III 54, 78). Nehmen die Angehörigen, ohne die Todeserklärung zu beantragen, das Vermögen eines Verschollenen in Besitz, so wird damit ein Erwerb von Todes wegen noch nicht verwirklicht (aM *Kipp* § 2 Anm 2). Das FA könnte allerdings die Staatsanwaltschaft veranlassen, gem § 16 II a VerschG das Aufgebotsverfahren zur Todeserklärung zu beantragen, um durch einen stattgebenden Beschluss die StPfl auszulösen. Doch kommt die Todeserklärung auf Antrag der Staatsanwaltschaft in der Praxis kaum vor.

Der Tod des Erblassers bildet den **Erbfall** (§ 1922 I BGB), dessen 4 zeitliche Fixierung für die Bestimmung der Erwerber von Todes wegen bedeutsam ist. Denn Erbe, Vermächtnisnehmer, Pflichtteilsberechtigter oder Beschenkter auf den Todesfall kann nur werden, wer zZ des Erbfalls lebt (§§ 1923 I, 2160, 2301 BGB) oder als juristische Person (s § 2101 II BGB) existent ist. Diese sog Überlebensbedingung hat zum Inhalt, dass der Erwerber, der vor dem Erbfall gelebt hat, zZ des Erbfalls noch gelebt haben muss. Sie bedeutet nicht notwendig, dass der Erwerber, der vor dem Erbfall noch nicht lebte, zZ des Erbfalls schon gelebt haben muss. Vielmehr kennt das BGB Sonderregeln für Erwerber, die erst nach dem Erbfall geboren werden oder zur Entstehung gelangen und trotzdem Erbe (§§ 84, 1923 II BGB), Nacherbe (§ 2101 I BGB) oder Vermächtnisnehmer (§§ 2162 ff BGB) werden. ZZt des Erbfalls lebt, wer vor dem Erbfall oder gleichzeitig mit ihm geboren wurde und nicht vor dem Erbfall oder gleichzeitig mit ihm gestorben ist. Ist nicht zu beweisen, dass von mehreren Menschen der eine den anderen überlebt hat, wie es für Eltern und ihre Kinder, die im Konzentrationslager umgebracht wurden (BGHZ 62, 112), und für Eheleute gilt, die bei einem Flugzeugabsturz ums Leben gekommen sind (BGHZ 72, 85), so wird vermutet, dass sie gleichzeitig gestorben sind (§ 11 VerschG: **Kommorientenvermutung**), so dass eine Erbfolge untereinander (mit der Konsequenz des Nachrückens des Erbeserben in die durch Erbfolge verstärkte Stellung seines Vormannes) ausscheidet.

Todeserklärung. Nach § 49 AO gilt für die Besteuerung nicht das 5 in der Todeserklärung genannte Datum, sondern der Tag als Todestag, mit dessen Ablauf der Beschluss über die Todeserklärung rechtskräftig geworden ist. Damit will die AO weder einen Erwerb von Todes wegen fingieren, der sich zivilrechtlich gar nicht verwirklicht hat, noch umgekehrt einen zivilrechtlich gegebenen Erwerb für das ErbStRecht negieren. Ist daher im Fall der Todeserklärung des Erblassers ein Erbe zwischen dem in der Erklärung bezeichneten Datum und dem Tag der Rechtskraft des Beschlusses gestorben, so wird er durch § 49 AO nicht aus dem Kreis der Erben ausgeschieden (*Kipp* § 2 Anm 4). Im Fall der Todeserklärung des Erben bleibt trotz § 49 AO das in der Todeserklärung genannte Datum maßgeblich für die Entscheidung, ob der für tot erklärte Erbe zZ des Erbfalls noch gelebt hat (BFH BStBl III 56, 373).

6 Abschließender Katalog der Erwerbsgründe. Zum stpfl Erwerb von Todes wegen gehört **nur** (BFH BStBl II 91, 412), was in § 3 (mit Einschränkungen durch § 5 und Ergänzungen durch die §§ 4, 6) als stpfl Erwerb bezeichnet ist. Hier nicht genannte Vorteile, die mit dem Tod des Erblassers erworben werden, bleiben, sofern nicht § 7 eingreift, stfrei. Dies gilt für die gesetzlichen Renten- und Pensionsansprüche von Hinterbliebenen sowie für solche vertraglichen Witwenrenten, für die der BFH BStBl II 81, 715 keine Besteuerungsgrundlage in § 3 I Nr 4 erkennt (unten Anm 84 ff). Stfrei wurden bisher Abfindungsleistungen erworben, die nicht unter die Regelung des Abs 2 Nr 4 oder 5 fallen, auch nicht als Schenkung unter Lebenden stpfl sind (FG München UVR 97, 368), aber doch an die Stelle eines stpfl Erwerbs von Todes wegen treten, wie die Abfindung für die Zurückweisung eines Erwerbs nach § 3 I Nr 4. Doch hat das ErbStRG 2009 diese Besteuerungslücke nunmehr geschlossen. Nicht von der Besteuerung erfasst wird unverändert die gesetzliche Mietvertragsübernahme nach §§ 563 ff BGB. Auch Schadensersatzansprüche enttäuschter Erben wegen rechtswidriger Vereitelung einer durch den Erblasser geplanten wirksamen Erbeinsetzung (vgl BGH JZ 66, 141; NJW 79, 2033; ZEV 99, 1298; dazu *Hüftle,* Schadensersatz wegen entgangener Erbschaft, 2008) und Schadensersatzansprüche der Angehörigen wegen Tötung des Erblassers (§ 844 BGB) sowie Ansprüche der Erben aus einer gesetzlichen Luftunfall-Pflichtversicherung, mit der pauschal ohne Nachweis eines Schadens Ansprüche wegen Tötung des Erblassers abgegolten werden (BFH BStBl II 79, 115), bleiben stfrei (anders bei der KFZ-Insassenunfallversicherung, unten § 10 Anm 12).

7 Nicht geregelt war lange Zeit die Besteuerung des Anspruchs, der dem in einem Erbvertrag eingesetzten oder in einem gemeinschaftlichen Testament bedachten Erben nach § 2287 BGB wegen eines ihm beeinträchtigenden Geschenks zusteht. Diese Besteuerungslücke hat der Gesetzgeber 1992 (ergänzt im Rahmen des ErbStRG 2009) durch Einfügung des Abs 2 Nr 7 geschlossen. Gegenwärtig wird darüber gestritten (Nachweise in KÖSDI 2011, 17544), ob der in § 3 nicht ausdrücklich erwähnte **Pflichtteilsergänzungsanspruch** nach § 2225 BGB unter dem Tatbestandsmerkmal des geltend gemacht Pflichtteilsanspruchs (§ 3 Nr 1) besteuert werden kann oder nicht (Näheres dazu unten Anm 54). Die **Abfindung** an einen weichenden Erbprätendenten soll nach einer neueren Entscheidung des BFH auch nicht steuerbar sein (BFH BStBl II 11 725; dazu unten Anm 26).

Abschließender Katalog der Erwerbsgründe   8, 9 § 3

Unversteuert bleibt der Vorteil aus dem Wegfall einer Verbindlich- 8
keit oder einer dinglichen Belastung mit dem Tod des Berechtigten,
wenn das Recht (zB Leibrente, Nießbrauch) seinem Inhalt nach von
vornherein auf die Lebenszeit des Inhabers begrenzt war. Denn das,
was auf Grund einer Bedingung oder Befristung beim Tod des Erblassers
erlischt, gehört nicht zum Erwerb durch Erbanfall. Keinen Erwerb
bildet weiterhin der Wegfall eines Gesamtgläubigers durch Tod, auch
wenn damit zugleich die vor dem Tod bestehende Ausgleichspflicht
des Überlebenden entfällt. An einem stbaren Erwerb fehlt es schließlich,
soweit die Nachlassgegenstände bereits vor dem Tode des Erblassers
strechtlich der Person zuzurechnen waren, die auf Grund des
Erbfalls die zivilrechtliche Berechtigung daran erwirbt; hier ist namentlich
an den Fall zu denken, dass der mit einem Grundstück
Beschenkte, für dessen Erwerb bereits SchSt entstanden war, noch vor
dem Eigentumswechsel das Grundstück durch Erbanfall erwirbt, oder
dass der Treugeber den Treuhänder beerbt und dabei im Wege des
Erwerbs durch Erbanfall Vermögen übernimmt, das ihm schon vor
dem Erbfall zuzurechnen war, ein Fall, für dessen Vorliegen allerdings
der Erwerber die objektive Beweislast trägt (FG München EFG 90,
406).

Erwerb von Todes wegen (§ 3) und stpfl Erwerb (§ 10). Die 9
§§ 1 und 3 beschreiben den stpfl Vorgang „Erwerb von Todes wegen",
an den der Gesetzgeber den StZugriff knüpft. Die St bemisst sich
jedoch nach der Bereicherung (§ 10), die dem Erwerber aus diesem
Vorgang zufließt. Zu den Merkmalen des stpfl Vorganges „Erwerb von
Todes wegen" gehört es daher, dass der Vorgang dem Erwerber eine
Bereicherung verschafft. Folgt aus dem Erwerb von Todes wegen für
den Empfänger unter den Umständen des Einzelfalls keine Bereicherung,
entsteht auch keine StPfl. Als Bereicherung gilt nach § 10 I 1
und 2 der Differenzbetrag, der sich nach Abzug der persönlichen und
sachlichen StBefreiungen (§§ 5, 13, 13 a, 13 c, 16, 17, 18) zwischen
dem nach § 12 ermittelten StWert des Erwerbs von Todes wegen und
den in § 10 III–IX zum Abzug zugelassenen Nachlassverbindlichkeiten
ergibt. § 3 ist daher in engem Zusammenhang mit den Abs 3 bis 9 des
§ 10 zu sehen. In Einzelfällen ergänzt § 10 den § 3 auch dadurch, dass
er den Gegenstand des Erwerbs näher umschreibt. So liegt es bei dem
mit dem ErbStRG 2009 eingefügten § 10 X, der unter den dort
genannten Voraussetzungen einen Abfindungsanspruch an Stelle eines
Gesellschaftsanteils als Gegenstand des Erwerbs bestimmt. Das die SchSt
beherrschende Prinzip, „die unentgeltliche Bereicherung – und nur
diese – zu erfassen" (BFH BStBl II 73, 329, 334), kann nicht ohne
weiteres auch auf die Besteuerung der Erwerbe von Todes wegen
übertragen werden. Im Bereich der von § 3 bezeichneten Vorgänge

sind vielmehr auch entgeltliche Vermögenszuflüsse stpfl, soweit nicht der Wortlaut oder Sinnzusammenhang der einzelnen Gesetzesbestimmungen ergibt, dass nur die unentgeltliche Zuwendung besteuert werden soll, wie es zB durch die Verweisung auf das Schenkungsrecht in Abs 1 Nr 2 geschieht. § 3 II Nr 6 erhebt sogar ausdrücklich das Entgelt für die Übertragung einer Nacherbenanwartschaft zum StGegenstand. Insbesondere ist auch der Erwerb durch Erbanfall oder Vermächtnis nicht schon deswegen von der St freigestellt, weil er auf entgeltlicher Grundlage beruht (BFH BStBl II 85, 59, 60; zum **erbrechtlichen Erwerb auf entgeltlicher Grundlage** vgl im Übrigen BGHZ 36, 65; *v. Tuhr,* Allg Teil des BGB II 2, 1918, 143; *Meincke,* in *Schulze-Osterloh,* Rechtsnachfolge im StR, JbDStJG Nr 10, 1987, 19, 24; *Gebel,* UVR 95, 105). Doch würde es dem Bereicherungsgedanken des § 10 I 1 widersprechen, wenn das für den Vermögensanfall aufgewendete Entgelt nicht zur Minderung des stpfl Erwerbs herangezogen werden dürfte. Der BFH lässt daher zu Recht (BFH BStBl II 84, 37) die Zuwendung, die der Erbe zu Lebzeiten des Erblassers an diesen als Gegenleistung für eine vertraglich vereinbarte Erbeinsetzung erbracht hat, zum Abzug zu (anders noch RFH RStBl 35, 154; 37, 1302; Nds FG EFG 80, 190). Die Zuwendung von Dienstleistungen soll allerdings nach wie vor keine abzugsfähigen Kosten begründen (BFH BStBl II 85, 137, 139; § 10 Anm 49).

10 Von dem erbrechtlichen Erwerb auf entgeltlicher Grundlage ist im Übrigen der **entgeltliche Erwerb** zu unterscheiden, der **außerhalb der erbrechtlichen Zuwendungen** steht und in einem Testament nur noch einmal bestätigt wird. Er unterliegt nicht der ErbSt. Die Erwähnung im Testament ändert daran nichts (BFH BStBl III 65, 706; II 85, 137; FG München, UVR 93, 27). Das gilt erst recht, wenn das Testament unwirksam ist (BFH BStBl III 66, 279). Es gilt auch dann, wenn der Erblasser, der sich zB der Existenz eines schuldrechtlichen Anspruchs des Bedachten nicht bewusst ist, diesem ein Vermächtnis in entsprechendem Umfang zuwendet (vgl BFH/NV 87, 302), es sei denn, die Auslegung ergibt, dass das Vermächtnis kumulativ neben dem anderweitigen Anspruch zugewendet sein soll, und wenn auch in diesem Fall der für das Vermächtnisrecht charakteristische Vermögensvorteil (§ 1939 BGB) bejaht werden kann. Zur Abgrenzung vgl auch BFH BStBl II 86, 609 sowie FG Düsseldorf EFG 97, 1247. Umgekehrt kommt es nicht auf die Bezeichnung eines Vertrages als entgeltliches Geschäft unter Lebenden an, wenn nach dem Inhalt der (formgerechten) Vereinbarung eine wechselseitige Vermächtnisanordnung gegeben ist (vgl FG Hamburg EFG 87, 625). Ebenso kann eine testamentarisch zugewendete überhöhte Testamentsvollstreckervergütung als Vermächtniserwerb zu werten sein (vgl aber BFH BStBl II 90, 1028; unten

Anm 47 a) oder ein als Darlehensrückzahlung bezeichneter Betrag, wenn ein Darlehen in Wahrheit nicht bestand (FG München EFG 91, 545).

Änderung des Erwerbs. Wird der Inhalt des Erwerbs nachträglich 10 a geändert, so dass an die Stelle des zunächst erworbenen Vermögensanfalls ein anderer Inhalt des Erwerbs tritt, so ist zu unterscheiden. Bisweilen hat die Änderung **steuerliche Bedeutung.** Das gilt zB dann, wenn der ursprünglich angefallene Erwerb mit Rückwirkung wegfällt und an seine Stelle ein anderer Erwerb tritt, wie es zB im Fall der Erbausschlagung oder des Pflichtteilsverzichts der Fall ist, wenn an die Stelle des ausgeschlagenen Erbes oder Pflichtteils ein Abfindungserwerb tritt (Abs 2 Nr 4; unten Anm 98 ff). Eine Änderung des Erwerbsinhalts, die zu steuerlichen Konsequenzen führt, wird auch dann angenommen, wenn bei Ungewissheit oder Streit über die Rechtslage ein Vergleich zwischen den Beteiligten geschlossen wird, wobei dann nicht mehr der ursprüngliche Inhalt des Vermögensanfalls, sondern der durch diesen Vergleich modifizierte Erwerbsinhalt den Gegenstand der Besteuerung bilden soll (unten Anm 26 f). Eine nachträgliche Inhaltsänderung, die ohne Rückwirkung erfolgt und für die auch nicht die Rechtsprechung zur Maßgeblichkeit vergleichsweiser Regelung streitiger Erbverhältnisse in Anspruch genommen werden kann, ist dagegen **steuerlich bedeutungslos,** gleichgültig ob sie auf Gesetz beruht (zB § 281 BGB: ein Sachleistungsanspruch wird in eine Geldforderung umgestellt) oder durch freie Vereinbarung der Beteiligten herbeigeführt wird. Dies gilt insbesondere für **Leistungen an Erfüllungs statt.** Von seiner früheren Rechtsprechung (BFH BStBl II 82, 350), nach der der Geldpflichtteil bei Vereinbarung einer Grundstücksübertragung an Erfüllungs statt als Sachleistungsanspruch zu besteuern sein kann, ist das Gericht in der Zwischenzeit wieder abgerückt (BFH BStBl II 99, 23).

Übertragung des Erwerbs. Erwerber von Todes wegen iS des § 3 11 ist nur, wer als Erbe, Vermächtnisnehmer, Pflichtteilsgläubiger usw unmittelbar mit dem Erbfall von Todes wegen erwirbt, nicht wer als Außenstehender durch Rechtsgeschäft unter Lebenden in die Stellung des Erben, Vermächtnisnehmers, Pflichtteilsgläubigers usw einrückt. Stirbt der Vermächtnisnehmer oder Pflichtteilsgläubiger gleich nach dem Erbfall, wird der Vermächtnis- oder Pflichtteilsanspruch zweimal besteuert, einmal beim Vermächtnis- oder Pflichtteilsgläubiger und einmal bei dessen Erben, die den Vermächtnis- oder Pflichtteilsanspruch als Teil ihres Erwerbs durch Erbanfall übernehmen. Die doppelte Besteuerung wird aber dadurch gemildert, dass die beim ersten Erbfall ausgelöste St beim zweiten Erbfall als Nachlassverbindlichkeit abgezogen werden kann. Auch kommt eine Milderung nach

§ 27 in Betracht. Inwieweit im Fall der Übertragung unter Lebenden der Übernehmer zusätzlich zu dem Veräußerer die StPfl mitübernimmt, richtet sich nicht nach § 3, sondern nach den vertraglichen Beziehungen zwischen dem Veräußerer und dem Übernehmer, im Fall des Erbschafts- oder Erbteilskaufs nach § 2381 I 1 BGB, bei unentgeltlicher Zuwendung des Erwerbs nach § 20 V. Der Veräußerer wird jedenfalls durch die Übertragung seines Erwerbs von der StPfl nicht frei (vgl FG Nürnberg EFG 67, 354, zur Abtretung eines Erwerbs gem Abs 1 Nr 4; ähnlich FG Rh-Pf EFG 86, 456). Der Veräußerer bleibt StSchuldner auch dann, wenn die StSchuld erst nach der Veräußerung entsteht, weil erst jetzt die Bedingung eintritt, von der der Erwerb abhängt (§ 9 I Nr 1 a), oder weil der Anspruch erst jetzt mit der Folge der StPfl geltend gemacht wird (§ 9 I Nr 1 b). Eine kaum ausreichend durchdachte Sonderregelung findet sich nur in § 3 II Nr 6. Denn wenn hier das Entgelt für die Übertragung der Anwartschaft eines Nacherben der StPfl unterworfen wird, soll offenbar im Fall des Eintritts der Nacherbfolge die StPfl für den Erbschaftserwerb nicht den Veräußerer, sondern nur den Erwerber der Anwartschaft treffen (unten Anm 103).

12.–35. Erwerb durch Erbanfall (Abs 1 Nr 1)

Schrifttum: *Hübner*, Die (dis)qualifizierte Nachfolgeklausel, ZErb 04,34; *Wachter*, ErbSt-Optimierung nach Eintritt des Erbfalls, ErbStB 04, 218,256; *Fischer*, Nachlassteilung durch Teilungsanordnung, Vermächtnis, Auflage ErbStB 04, 395; *Benne,* ErbSt-Folgen des Erbvergleichs, FR 04, 1102; *Selbherr*, Der erbrechtliche Auslegungsvertrag, ZErb 05, 10; *Hübner*, Die Eintrittsklausel im Einkommen- und ErbSt-Recht, ErbStB 05,17; *Schuhmann*, Teilungsanordnung oder Vorausvermächtnis?, UVR 05, 375; *Kirnberger*, Erbengemeinschaft: Teilungsanordnung oder Vorausvermächtnis?, ErbStB 06, 291; *Groß*, Gesellschaftsrechtliche Abfindungsklauseln im Lichte der ErbSt-Reform. ErbStB 09, 154; *Götzenberger*, Konsequenzen des neuen Erbschaftsteuer- und Bewertungsrechts bei Ausscheiden eines Gesellschafters aus einer Personen- oder Kapitalgesellschaft, BB 09, 131; *Hübner/Maurer*, Erbschaft-/schenkungsteuerliche Folgen gesellschaftsvertraglicher Abfindungsbeschränkungen für die verbleibenden Gesellschafter, ZEV 09, 361, 428; *Riedel*, Zur erbschaftsteuerlichen Behandlung von Einziehungs- und Zwangsabtretungsklauseln bei Kapitalgesellschaften, ZErb 09, 113; *Wangler*, Einfluss des neuen Bewertungs- und ErbSt-Rechts auf Abfindungsregelungen in Gesellschaftsverträgen, DStR 09, 1501.

12 **Die zum Erbanfall gehörenden Erwerbe.** § 3 Abs 1 Nr 1 nennt unter den Erwerben von Todes wegen an erster Stelle den Erwerb durch Erbanfall. § 3 Abs 1 Nr 1 bezieht sich dabei ausdrücklich auf § 1922 BGB, doch ist als Erwerb durch Erbanfall auch der Erwerb des Nacherben gem § 2139 BGB anzusehen sowie der Erwerb des Dritten, der die Nacherbenanwartschaft durch Rechtsgeschäft vom Nacherben erworben hat und beim Nacherbfall gemäß § 2139 BGB erwirbt (BFH BStBl II 93, 158); § 6 bringt nur ergänzende Bestimmungen. Zum Erwerb durch Erbanfall rechnet die Rechtsprechung ferner die Beteiligung der weichenden Erben im Höferecht (§ 12 HöfeO, BFH BStBl II 92, 669; vgl unten Anm 19, 72) und den Erwerb, der dem durch eine qualifizierte Nachfolgeklausel von der Nachfolge in einen Personengesellschaftsanteil ausgeschlossenen Miterben hinsichtlich des Gesellschaftsvermögens zufällt (BFH BStBl II 83, 329; dazu unten Anm 19; weitere Einzelheiten zum Erbschaftserwerb § 10 Anm 12 a). Ferner gilt der Erwerb auf Grund eines über die Erbfolge geschlossenen Vergleichs (unten Anm 26 f) und der Erwerb, den ein unwirksam eingesetzter Erbe mit Rücksicht auf die unwirksame Verfügung von Todes wegen erhält (unten Anm 28 f), als Erwerb durch Erbanfall. Zum Erwerb durch Erbanfall ist auch der Erwerb auf Grund ausländischen Erbrechts zu zählen, der in seinen Rechtswirkungen der Erbfolge des BGB entspricht (unten Anm 30). Wer als Erbe in welchem Umfang durch Erbanfall erwirbt, bestimmt sich nach der in Abs 1 Nr 1 in Bezug genommenen zivilrechtlichen Lage. Zu ihr gehört seit 2001 auch das LPartG. Zu ihr gehört ferner die Vermutungswirkung, die sich hinsichtlich der Erbfolge aus einem vom Nachlassgericht ausgestellten **Erbschein** ergibt (§ 2365 BGB). Diese Vermutung bindet die StBehörden (Hess FG EFG 90, 368; FG München EFG 91, 5). Für Abweichungen vom Erbscheinsinhalt müssen gewichtige Gründe gegeben sein (FG Rh-Pf UVR 93, 373). Liegen sie vor, müssen die Finanzbehörden und -gerichte das Erbrecht und – bei Miterben – die Erbteile selbstständig ermitteln (BFH BStBl II 96, 242). Die Vorlage eines anderen Erbscheins mit geändertem Inhalt kann nicht verlangt werden (*Mößlang,* UVR 96, 155). Der StPfl kann die Vermutung, soweit sie ihm nachteilig ist, nur durch den Beweis entgegenstehender Tatsachen, nicht schon durch eine abweichende Auslegung des die Erbfolge bestimmenden Testaments entkräften (RFH RStBl 38, 929; BFH BStBl III 62, 444; FG Bad-Württ EFG 76, 138).

Gewillkürte Erbfolge. Die Erbfolge richtet sich in erster Linie nach dem im Testament (§§ 1937, 2064 ff BGB) oder Erbvertrag (§§ 1941, 2274 ff BGB) niedergelegten Willen des Erblassers. Ggf ist durch Auslegung der Verfügung des Erblassers zu ermitteln, wer in welchem Umfang bedacht sein soll (Auslegungsregeln in den §§ 2066 ff BGB), und wer das ihm Zugewendete als Erbe (und nicht als Vermächtnisnehmer) erhält. Hat der Erblasser sein Vermögen oder einen Bruchteil seines Vermögens dem Bedachten zugewendet, so ist die Verfügung als Erbeinsetzung anzusehen, auch wenn der Bedachte nicht als Erbe bezeichnet ist, während umgekehrt im Zweifel nicht anzunehmen ist, dass der Bedachte Erbe sein soll, auch wenn er als Erbe bezeichnet ist, sofern ihm nur einzelne Gegenstände zugewendet wurden (§ 2087 BGB). Der Erblasser kann im Übrigen im Wege der Erbeinsetzung Ersatzerben benennen, die nur dann zur Erbfolge gelangen, wenn der in erster Linie Bedachte nicht Erbe wird (§ 2096 BGB), oder bestimmen, dass jemand als Vorerbe nur vorübergehend Erbe sein soll, bis ihn ein Nacherbe in der Erbenstellung ablöst (§ 2100 BGB). Ausnahmsweise kann die Erbfolge bei Soldaten genehmigungsbedürftig sein (§ 19 SG). Wird die Genehmigung nicht erteilt, kann das Testament die beabsichtigte Erbfolgegestaltung nicht verwirklichen (BVerwG ZEV 96, 384 mit Anm *Meincke*).

14 Gesetzliche Erbfolge. Hat der Erblasser niemanden wirksam zum Erben eingesetzt, hat er durch wirksame Einsetzung nicht über den gesamten Nachlass disponiert oder den eingesetzten Erben zum Vorerben oder Nacherben bestimmt, ohne zugleich anzugeben, wer vor oder nach ihm Erbe sein soll (§§ 2104 f BGB), so kommt es zur gesetzlichen Erbfolge, die neben oder an die Stelle der gewillkürten Erbfolge tritt. Zu gesetzlichen Erben sind die Verwandten und der Ehegatte des Verstorbenen sowie der Partner aus einer eingetragenen Lebensgemeinschaft berufen. Die nähere Bestimmung der Verwandten, die zur Erbfolge gelangen, erfolgt nach Ordnungen (Parentelen, von parens = Elternteil). Jeder Verwandte, der einer vorangehenden Ordnung zugerechnet wird, schließt die Verwandten nachrangiger Ordnungen von der Erbfolge aus (§ 1930 BGB). Auch innerhalb der einzelnen Ordnungen werden nach einem für die Ordnungen unterschiedlichen Schlüssel nähere von entfernteren Verwandten unterschieden, wobei der nähere dem entfernteren vorgeht (zB § 1924 II BGB), gleich nahe aber zu gleichen Teilen berufen sind (§ 1924 IV BGB). Zur ersten Ordnung gehören die Abkömmlinge des Erblassers (§ 1924 BGB), zur zweiten die Eltern (§ 1925 BGB), zur dritten die Großeltern (§ 1926 BGB), zur vierten die Urgroßeltern (§ 1928 BGB), zur fünften Ordnung und zu ferneren Ordnungen die entfernteren Voreltern des Erblassers (§ 1929 BGB), jeweils mit ihren Abkömmlingen, soweit sie nicht schon in vorangehenden Ordnungen berücksichtigt worden sind. Der Ehegatte erhält neben Verwandten der ersten und zweiten Ordnung und neben Großeltern einen Teil des Nachlasses (§ 1931 I, III, IV BGB), entferntere Verwandte schließt er von der Erbfolge aus (§ 1931 II BGB). Vergleichbares gilt für den Partner einer eingetragenen Lebenspartnerschaft. Ist weder ein Verwandter noch ein Ehegatte noch ein eingetragener Lebenspartner des Erblassers vorhanden, erbt der Fiskus (§ 1936 BGB).

15 Vonselbsterwerb, Ausschlagung. Der Erwerb durch Erbanfall verwirklicht sich unmittelbar mit dem Erbfall, ohne dass es einer Erwerbshandlung des Erben bedarf (Vonselbsterwerb: §§ 1922 I, 1942 I BGB,

Erwerb durch Erbanfall 16, 17 §3

hM; aM *v. Lübtow,* ErbR II, 651 ff; Antrittserwerb). Mit der Annahme der Erbschaft (§ 1943 BGB) erklärt der Erbe daher nur, die Erbschaft, die er schon hat, behalten zu wollen. Statt die Erbschaft anzunehmen, kann der Erbe jedoch die Erbschaft oder den auf ihn entfallenden Erbteil (§ 1922 II BGB) durch Erklärung gegenüber dem Nachlassgericht ausschlagen (§§ 1942, 1945 BGB). Die Ausschlagungsfrist beträgt 6 Wochen (§ 1944 I BGB; in Fällen mit Auslandsberührung 6 Monate: § 1944 III BGB), gerechnet von dem Zeitpunkt an, in welchem der Erbe von dem Anfall und dem Grund der Berufung Kenntnis erlangt (§ 1944 II 1 BGB). Ist der Erbe durch Verfügung von Todes wegen berufen, so beginnt die Frist nicht vor der Verkündung der Verfügung (§ 1944 II 2 BGB). Der Erbe, der zum Verkündungstermin geladen wird (§ 2260 I 2 BGB), kann sich, nimmt man das Gesetz beim Wort, zum Verkündungstermin ins Ausland begeben, um statt der 6-Wochen-Frist die 6-Monats-Frist in Lauf zu setzen (§ 1944 III BGB).

Wirkung der Ausschlagung. Wird die Erbschaft ausgeschlagen, so 16 gilt der Anfall an den Ausschlagenden als nicht erfolgt (§ 1953 I BGB). Auch die StPfl entfällt. An die Stelle des Ausschlagenden tritt rückwirkend auf den Erbfall der Erbe, der berufen wäre, wenn der Ausschlagende zZ des Erbfalls nicht gelebt hätte (§ 1953 II BGB). Im Bereich der gewillkürten Erbfolge ist dies der vom Erblasser bestimmte Ersatzerbe (§ 2096 BGB). Schlägt im Rahmen der Vor- und Nacherbfolge der Vorerbe aus, tritt im Zweifel der Nacherbe an seine Stelle (§ 2102 BGB), schlägt der Nacherbe aus, verbleibt die Erbschaft im Zweifel dem Vorerben (§ 2142 II BGB). Wer infolge der Erbausschlagung an die Stelle des Erben tritt, den trifft damit auch die StPfl. Stirbt der Erbe während des Laufs der Ausschlagungsfrist, so geht das Ausschlagungsrecht als Teil seines Nachlasses auf den Erbeserben über (§ 1952 I BGB), der es zur stgünstigen Nachlassgestaltung einsetzen kann. So können die Kinder beim Tod der Mutter, die von dem kurz vorher verstorbenen Vater zur Alleinerbin eingesetzt worden war, den auf die Mutter übergegangenen Nachlass des Vaters als Erben der Mutter ausschlagen und als Erben des Vaters annehmen, dadurch die von den Eltern stammenden Vermögen trennen, eine zweimalige Besteuerung des vom Vater herrührenden Erwerbs vermeiden, die StProgression mindern und die Freibeträge sowohl nach dem Vater als auch nach der Mutter in Anspruch nehmen (FG Düsseldorf EFG 65, 183).

Die **Ausschlagung,** bei der es sich gem § 1947 BGB um ein 17 bedingungsfeindliches Rechtsgeschäft handelt, kann **nicht zugunsten einer bestimmten Person** erfolgen, sondern führt zum Anfall der Erbschaft bzw des Erbteils bei den kraft Gesetzes oder auf Grund letztwilliger Verfügung Nächstberufenen (vgl auch BFH BStBl II 91, 467,

468). *Troll* (BB 88, 2153, 2154) und *Kapp* (BB 80, 117, 119) halten es allerdings für möglich, eine zivilrechtlich unwirksame Ausschlagung zugunsten einer Person, die ohnehin nicht oder nicht allein nächstberufen ist, gem § 41 AO der Besteuerung zugrunde zu legen, wenn der Erbfall tatsächlich in dieser Weise abgewickelt wird. Ob dieser Auffassung zu folgen ist, erscheint zweifelhaft, weil die Unwirksamkeit der zugunsten einer bestimmten Person erklärten Ausschlagung gerade aus den mit dieser Gestaltungserklärung bezweckten Rechtsfolgen resultiert, die das Gesetz so nicht kennt. Privatrechtlich nicht vorgesehene Rechtsfolgen sollten indessen auch mittels § 41 AO nicht zur Grundlage der steuerrechtlichen Beurteilung gemacht werden. Entsprechende Überlegungen gelten für eine nach § 1950 BGB unwirksame **Teilausschlagung** (dazu *Troll,* BB 88, 2153, 2155 Fn 9).

18 **Gegenstand des Erbschaftserwerbs.** Der Erwerb durch Erbanfall vermittelt dem Erben die dingliche Teilhabe am Nachlass des Verstorbenen, dessen Rechts- und Schuldnachfolger der Erbe wird (§§ 1922, 1967 BGB). Das Vermögen geht in dem Zustand und in der Zusammensetzung auf den Erben über, die es im Zeitpunkt des Erbfalls aufweist. Absprachen zwischen Erblasser und Erben über die Verwendung des Nachlasses, etwa über den Kauf eines Grundstückes aus Mitteln der Erbschaft, sind für die Bestimmung dessen, was Gegenstand des Erwerbs durch Erbanfall ist, unbeachtlich. Die Grundsätze, die der BFH zur sog mittelbaren Grundstücksschenkung entwickelt hat (unten § 7 Anm 17 ff), lassen sich auf den kraft Gesetzes eintretenden Erwerb durch Erbanfall nicht übertragen (BFH BStBl II 91, 310). Das gilt selbst dann, wenn der Erblasser dem Erben den Erwerb des Grundstücks zur Auflage gemacht hat. Fällt ein GmbH-Anteil in den Nachlass, so ist str, ob dem Anteil noch ein anteiliger Gewinnanspruch für das bis zum Erbfall abgelaufene Jahr hinzugerechnet werden muss (so RFH RStBl 43, 589, 851; FG Hamburg EFG 91, 544; aM für den Erwerb durch Schenkung: BFH/NV 92, 250; vgl auch § 7 Anm 75). Die FinVerw (R E 12.3 I ErbStR) unterscheidet nunmehr danach, ob der Gewinnverwendungsbeschluss noch vor oder erst nach dem Datum der Steuerentstehung gefasst worden ist. Der Gewinnanspruch ist gesondert als Kapitalforderung zu erfassen, wenn der Gewinnverwendungsbeschluss schon vor dem Erbfall gefasst worden war. Andernfalls wird angenommen, dass sich der Gewinn im Vermögenswert der Kapitalgesellschaft niederschlägt und nicht gesondert neben dem Anteilswert als Kapitalforderung zu erfassen ist. Zum Erbschaftserwerb gehören auch die Nachlassgegenstände, die der Erblasser durch Vermächtnis, Auflage oder Schenkung auf den Todesfall einem anderen zugewandt hat, die der Erbe also auf Anordnung des Erblassers aus dem Nachlass an den Begünstigten weiterleiten muss. Doch kann der Erbe

Erwerb durch Erbanfall 19 § 3

bei der Ermittlung seiner Bereicherung die vom Erblasser begründete Verbindlichkeit zum Abzug bringen (§ 10 V Nr 2). Anders liegt es bei den Gegenständen, die der Erblasser bereits verkauft, aber noch nicht übereignet hatte, weil hier zusätzlich der Kaufpreisanspruch oder der bereits gezahlte Kaufpreis zu beachten ist, wobei sich die Übereignungspflicht des Erblassers und der ihm zustehende Kaufpreis oder Kaufpreisanspruch neutralisieren, so dass der Erbe den verkauften wie einen nichtverkauften Gegenstand erwirbt, dafür aber auch den Erwerb des Kaufpreises oder Kaufpreisanspruchs nicht versteuern muss. Miterben erwerben mit dem Erbfall nicht einzelne zum Nachlass gehörende Gegenstände, auch nicht Anteile an den einzelnen zum Nachlass gehörenden Posten (RGZ 61, 76; str), sondern einen Anteil am Nachlass als gemeinschaftlichem Vermögen zur gesamten Hand (§§ 2032 f BGB). Besteuert werden die Miterben nach § 39 II Nr 2 AO allerdings so, als wenn ihnen Bruchteile an den einzelnen Nachlassgegenständen zugefallen wären. Der StBerechnung wird daher nicht der Wert des Nachlassanteils, sondern der anteilige Wert der zum Nachlass gehörenden Wirtschaftsgüter (abzüglich der Nachlassverbindlichkeiten: § 10 V) zugrunde gelegt.

Nachfolgeklausel im Personengesellschaftsrecht. Besonderheiten gelten für die Vererbung eines Gesellschaftsanteils an einer OHG oder KG. Ist der Gesellschaftsanteil durch eine **erbrechtliche Nachfolgeklausel** (§ 139 HGB) vererblich gestellt, so fällt der Anteil nicht in das gemeinschaftliche Vermögen der Miterben, sondern spaltet sich auf. Jeder Miterbe erwirbt im Wege der Einzelrechtsnachfolge mit dem Erbfall einen seinem Erbteil entsprechenden selbstständigen Gesellschaftsanteil. Diese von der Rechtsprechung (BGHZ 22, 186, 191; 68, 225, 237) entwickelte Lösung weicht von § 2032 I BGB ab, stimmt aber mit der aus § 39 II Nr 2 AO folgenden steuerlichen Beurteilung weitgehend überein. Sind dagegen nach dem Gesellschaftsvertrag nur einzelne der Miterben zur Nachfolge in den Gesellschaftsanteil vorgesehen **(qualifizierte Nachfolgeklausel),** so geht der Anteil des verstorbenen Gesellschafters nach der Rechtsprechung (BGHZ 68, 225, 237) unter Ausschluss der übrigen allein auf die zur Nachfolge berufenen Erben über. Daraus müsste an sich folgen, dass der Gesellschaftsanteil den nicht zur Gesellschafternachfolge zugelassenen Miterben auch nicht anteilig zugerechnet werden kann. Für sie müsste vielmehr an die Stelle des Gesellschaftsanteils der Anspruch auf Wertausgleich gegen die zur Nachfolge zugelassenen Erben treten. Da der Wert des Ausgleichsanspruchs den anteiligen Steuerwert des Gesellschaftsanteils jedoch deutlich übersteigen kann, birgt diese Behandlung das Risiko einer steuerlichen Benachteiligung der ausgleichsberechtigten Erben in sich (*Ebeling,* DStZ/A 77, 445). Einer solchen Praxis ist der BFH mit der

Entscheidung BStBl II 83, 329 entgegengetreten. Nach Auffassung des Gerichts ist der „Fall der qualifizierten Nachfolge in einen Gesellschaftsanteil als ein gesellschaftsrechtlich besonders ausgestalteter **Unterfall einer bloßen Teilungsanordnung** (anzusehen), die für die Erbschaftsbesteuerung ohne Bedeutung ist" (BStBl II 83, 329, 331). Daraus soll folgen, dass die ausgleichsberechtigten Miterben nicht mehr als den anteiligen Steuerwert des Gesellschaftsanteils, von dessen Erwerb sie ausgeschlossen sind, versteuern müssen. Worin nun aber genau der Erwerb durch Erbanfall der von der Gesellschafternachfolge ausgeschlossenen Miterben besteht, wird aus dem Urteil nicht ganz klar. *Flume* (DB 83, 2271) hat die Entscheidung mit Nachdruck bekämpft. Für ihn steht fest, dass die von der Gesellschafternachfolge ausgeschlossenen Miterben die ihnen zufallenden Ausgleichsansprüche mit dem gemeinen Wert versteuern müssen. Inzwischen hat der BFH in der Entscheidung BStBl II 92, 669 die für die qualifizierte Nachfolgeklausel entwickelten Grundsätze noch einmal bestätigt und auf den Fall der Sondererbfolge gemäß § 4 Satz 1 HöfeO (Hofnachfolge) übertragen (vgl dazu auch schon BFH BStBl II 87, 561). Auch wenn der Hof bei entsprechender Anordnung des Erblassers ohne vorherigen Zwischenerwerb der Erbengemeinschaft im Wege der Sondererbfolge allein dem Hoferben zufalle, so sei er doch zum Nachlass zu zählen. Daraus folge, dass alle Miterben beim Erbfall (für eine gedankliche Sekunde) eine Beteiligung am Nachlass (einschließlich des Hofs) innehatten, dass aber, „gewissermaßen durch eine kraft Gesetzes sogleich mit dem Erbfall sich vollziehende (Teil-)Auseinandersetzung" dann doch allein der Hoferbe den Hof erlangt. Die Sondernachfolge des Hoferben sei „als gleichsam dinglich wirkende Teilungsanordnung zu begreifen", die wie eine normale, schuldrechtlich wirkende Teilungsanordnung (unten Anm 23 ff) bei der Besteuerung unbeachtet bleiben müsse, weil § 3 I Nr 1 den Erwerb „durch Erbanfall" und nicht den Erwerb „auf Grund" eines Erbanfalls der Besteuerung unterwirft (BFH/NV 92, 676). Auch die Rspr zum EStRecht (BFH BStBl II 92, 512, 514) sieht die Sonderrechtsnachfolge auf Grund einer qualifizierten Nachfolgeklausel „als eine mit dem Erbfall vollzogene Teilungsanordnung mit unmittelbarer dinglicher Wirkung" an, verlegt jedoch den Wirkungszeitpunkt der Klausel vor den Erbschaftserwerb und kommt daher zu dem Ergebnis, dass die nichtbegünstigten Erben zu keinem Zeitpunkt (auch nicht für eine gedankliche Sekunde) Gesellschafter geworden sind. Der Erwerb unter Wahrnehmung einer Eintrittsklausel wird erbschaftsteuerlich wie ein Erwerb durch Erbanfall behandelt.

20 **Auseinandersetzung unter Miterben.** Miterben werden die im Nachlass zusammengefassten Wirtschaftsgüter gem § 3 I Nr 1 iVm § 39 II Nr 2 AO anteilig als Erwerb von Todes wegen zugerechnet (vgl

Anm 18). Die Verteilung der Nachlassposten bei der Erbauseinandersetzung unter den Miterben ist für die Besteuerung regelmäßig belanglos (RFH RStBl 37, 6; 40, 417; BFH BStBl III 60, 348; II 83, 329). Die Erben werden mit dem besteuert, was sie beim Erbfall erhalten, nicht mit dem, was als Ergebnis der Abwicklung des Erbfalls im Zuge der Auseinandersetzung in ihr Vermögen endgültig übergeht. Allerdings kann die Zuweisung von Nachlassposten durch den Erblasser oder die Durchführung der Nachlassteilung durch die Erben für die Bemessungsgrundlage der StBefreiungen nach den §§ 13 I Nr 4b, 13 I Nr 4c, 13a iVm 13b, 13c sowie für die StEntlastung nach § 19a von Bedeutung sein. Auch nach diesen Vorschriften bleibt es jedoch dabei, dass allein der Anteil am Nachlass zum Erbfall den Umfang des Erwerbs des Erben bestimmt und dass der Erwerb durch Erbanfall nicht deswegen unterschiedlich hoch ausfällt, weil im Rahmen der Auseinandersetzung Gegenstände von unterschiedlichem steuerlichen Wert auf die einzelnen Erben übertragen werden. Im Übrigen ist schon bei der Ermittlung dessen, was die Erben beim Erbfall erhalten, die Verschiebung der Nachlassquoten durch die Miterbenausgleichung zu beachten (unten Anm 21f). Zu fragen ist ferner, inwieweit Teilungsanordnungen des Erblassers bei der Ermittlung des Erwerbs von Miterben durch Erbanfall zu berücksichtigen sind (unten Anm 23ff). Nach der herrschenden Besteuerungspraxis wirkt es sich schließlich auf die Besteuerung aus, wenn die Erben einen Streit über die Auseinandersetzung durch Vergleich beilegen oder aus Pietät gegenüber dem Erblasserwillen eine unwirksam angeordnete Erbeinsetzung bei der Auseinandersetzung als wirksam behandeln (unten Anm 28f).

Miterbenausgleichung. Für die anteilige Zurechnung der Nachlassposten, die § 39 II Nr 2 AO vorschreibt, sah § 11 Nr 5 StAnpG zwei verschiedene Maßstäbe vor, und zwar konnten die Anteile entweder nach dem Verhältnis der Beteiligung am fortgeführten Vermögen (Vermögensanteil) oder nach dem Verhältnis dessen berechnet werden, was den Beteiligten bei Auflösung der Vermögenseinheit zufallen würde (Liquidations- oder Teilungsanteil). Für die Erbengemeinschaft war der Teilungsanteil als der verbindliche Zurechnungsmaßstab anerkannt. Obwohl § 39 AO heute die beiden Maßstäbe nicht mehr ausdrücklich nennt, ist nach wie vor davon auszugehen, dass für die Zurechnung der Nachlassposten an die Miterben der Teilungsanteil maßgeblich ist. Der Teilungsanteil wird aber bei der Erbengemeinschaft unter den Voraussetzungen der §§ 2050ff BGB durch die Regeln über die Miterbenausgleichung gegenüber dem Vermögensanteil modifiziert (dazu *Meincke*, Das Recht der Nachlassbewertung im BGB, 1973, 37f, näher ausgeführt in ArchZivPraxis 178, 1978, 45, dem folgend BGHZ 96, 174, 179). Hat nämlich der Erblasser vor dem Erbfall einem seiner

Kinder eine Ausstattung zugewandt, hat er für eines seiner Kinder übermäßige Aufwendungen für die Berufsvorbildung übernommen, übermäßige als Einkünfte zu verwendende Zuschüsse geleistet oder Zuwendungen mit der Anordnung erbracht, dass der Vorempfang beim Erbfall ausgeglichen werden soll, so wird die ausgleichungspflichtige Zuwendung ihrem Empfänger bei der Auseinandersetzung unter den zur gesetzlichen Erbfolge gelangenden Kindern gemäß den §§ 2055 f BGB in Rechnung gestellt. Die Regeln über die Ausgleichung begründen nicht Leistungspflichten unter den Erben, die wie die Pflichten aus einer Teilungsanordnung (dazu unten Anm 23 ff) oder aus einem Vorausvermächtnis (dazu unten Anm 45) schuldrechtlich auf die Auseinandersetzung einwirken, sondern laufen auf eine vom Vermögensanteil abweichende Berechnung der Teilungsquoten hinaus (BGHZ 96, 174, 179). Diese Teilungsquoten sind der Besteuerung zugrundezulegen (RFHE 29, 137, 160; R E 3.1 V ErbStR). Die Miterbenausgleichung ist daher steuerlich relevant.

22 **Beispiel:** Nachlasswert 300. Gesetzliche Erben sind die Kinder A, B und C zu je ⅓. Ihr Erbteil (Vermögensanteil) beträgt also je 100. A hat eine Zuwendung von 60 zur Ausgleichung zu bringen. Bei der Auseinandersetzung wird die Zuwendung dem Nachlasswert hinzugerechnet (300 + 60 = 360), aus der Summe werden die Anteile neu berechnet (Anteile je 120), A wird die Zuwendung auf seinen Anteil angerechnete (120 ./. 60 = 60). Der Nachlasswert von 300 wird also bei der Auseinandersetzung nicht nach dem Verhältnis 100 zu 100 zu 100 (Vermögensanteil), sondern nach dem Verhältnis 60 zu 120 zu 120 (Teilungsanteil) verteilt. Dieser Teilungsanteil bestimmt die Quote, mit der die Nachlassposten den Miterben gem § 39 II Nr 2 AO zuzurechnen sind (vgl RFH RStBl 30, 817; 31, 559 = RFHE 29, 137). Der BFH (BStBl II 83, 329, 330) hat die Frage offen gelassen, „ob trotz der Unabänderlichkeit der Erbquote in einem solchen Fall (des Ausgleichs von Vorempfängen) aus erbschaftsteuerrechtlichen Gründen (vgl auch § 13 ErbStG 1959) die Abrechnung (§§ 2055, 2056 BGB) bei der Besteuerung des Erbanfalls zu berücksichtigen wäre".

23 **Teilungsanordnung.** Der Erblasser kann durch letztwillige Verfügung Anordnungen für die Auseinandersetzung treffen und dabei eine Verteilung der Nachlassgegenstände unter den Miterben mit der Wirkung vorschreiben, dass jeder der Erben einen Anspruch gegen die Miterben auf eine entsprechende Auseinandersetzung gewinnt (§ 2048 BGB). Derartige Teilungsanordnungen, die nicht die Stellung des Erben beim Erbfall verändern, sondern lediglich in die Erbauseinandersetzung eingreifen, hatte die Rechtsprechung zunächst für erbschaftsteuerlich nicht maßgebend erklärt (BFH BStBl III 60, 348). Später wurde jedoch anerkannt, dass eine Teilungsanordnung, die einen Nachlassgegenstand einem Miterben bei der Auseinandersetzung unmittelbar zuweist, für die erbschaftsteuerliche Bemessung des Vermögensanfalls an diesen Erben zu berücksichtigen ist (BFH BStBl II 77, 640). Die FinVerw sah diese Rechtsprechungsänderung mit Skepsis.

Durch einen abgestimmten Ländererlass (FinMin NRW DB 78, 819) wurde daher den Miterben grundsätzlich ein Wahlrecht eingeräumt, ob sie die Teilungsanordnung berücksichtigen wollten oder nicht. Lehnten die Miterben die Anwendung des BFH-Urteils BStBl II 77, 640 ab oder erklärten sie sich nicht ausdrücklich für die Anwendung dieses Urteils, so blieb die Teilungsanordnung unberücksichtigt. Diesen merkwürdigen Zustand hat der BFH (BStBl II 83, 329) aber dann durch eine erneute RsprÄnderung beendet. Mit ihr wurde die in dem Urteil BFH BStBl II 77, 640 niedergelegte Rechtsauffassung ausdrücklich aufgegeben. Nunmehr sind wieder wie früher Teilungsanordnungen des Erblassers für die Bemessung des Erwerbs durch Erbanfall der einzelnen Miterben ohne Bedeutung (BFH BStBl II 92, 669; BFH/NV 93, 100), was bei der Besteuerung des Erwerbs von Miterben (FinVerw BStBl I 94, 905, 906) und nach einer Entscheidung des FG München (UVR 94, 56) auch dann zu beachten ist, wenn es um die Besteuerung des Erbschaftserwerbs eines Alleinerben geht, zu dessen Erwerb ein in den Nachlass fallender Miterbenanteil des Erblassers (mit Teilungsanordnung) gehört.

Problematik. Mit der vorübergehenden Anerkennung der Teilungsanordnungen als Einflussfaktoren für die Berechnung des stpfl Erwerbs hatte der BFH die Teilungsanordnungen wie Vermächtnisse behandelt, die den einzelnen Erben über ihren Erbteil hinaus zugewiesen sind (§ 2150 BGB: Vorausvermächtnis, dazu unten Anm 45). Während das Gesetz aber den Erwerb durch Vermächtnis ausdrücklich erwähnt, hat es eine StPfl für den Erwerb durch Teilungsanordnung nicht vorgeschrieben. Aus der Sicht des Erbrechts ist der Erwerb auf Grund einer Teilungsanordnung ein integraler Bestandteil des Erwerbs durch Erbanfall, während der Erwerb durch Vorausvermächtnis nicht zu dem Erwerb durch Erbanfall gehört, sondern einen eigenständigen (zB selbstständig ausschlagbaren) Erwerbsgrund darstellt. Der BFH hatte also nicht nur praktische Gründe auf seiner Seite, als er mit der Entscheidung BFH BStBl II 83, 329 zu der älteren Rspr zurückkehrte, die den Erwerb durch Teilungsanordnung und durch Vorausvermächtnis strikt unterschieden hatte.

Von der erbschaftsteuerlichen Behandlung der reinen Teilungsanordnung ist die Behandlung von Anordnungen des Erblassers zu trennen, die eine Teilungsanordnung mit einer **Erbquotenbestimmung** verbinden. Nach den Erbquoten richtet sich der Anteil des Miterben am Nachlass zum Erbfallzeitpunkt. Die Bestimmung der Erbquoten ist daher steuerlich konstitutiv. Steuerlich beachtlich sind daher auch **Teilungsanordnungen, die zu einer genaueren Eingrenzung der Erbquoten führen.** Hat der Erblasser bestimmte Vermögensgegenstände oder -gruppen verschiedenen Beteiligten zugewiesen, so kann darin entgegen der Auslegungsregel des § 2087 II BGB eine Erbeinsetzung liegen, vor allem dann, wenn die auf diese Weise verteilten Gegenstände den Nachlass weitgehend erschöpfen oder doch zZ der Testamentserrichtung das wesentliche Erblasservermögen darstellen und wenn kein Wertausgleich zwischen den Erben vorgesehen ist. In einem solchen Fall bestimmen sich die Erbquoten idR nach dem Verhältnis der Verkehrswerte der zugewendeten Gegenstände zueinander. In der Zuweisung der Gegenstände liegt in diesem Fall eine Erbquotenbestimmung; zugleich wird eine Teilungsanordnung anzunehmen sein, die auf diese Weise mittelbar durch die Beeinflussung der Erbquoten (dazu BGH FamRZ 90, 396, 398) auch für die erbschaftsteuerliche Beurteilung Bedeutung gewinnt (Nds FG EFG 89, 464; FG München EFG 91, 28; UVR 98, 440; FG Münster EFG 07, 1534). Liegen allerdings nach der Auslegung der letztwilligen Verfügung die Erbquoten fest, so kann einem Miterben ein darüber hinausgehender Vermögensvorteil nur durch Vorausvermächtnis (unten Anm 45), nicht durch eine sog wertverschiebende Teilungsanordnung zugewendet werden (BGH NJW 85, 51, 52; FamRZ 85, 62, 63; FamRZ 87, 475, 476). In der Praxis kommen im Übrigen nicht selten Anordnungen vor, die eine Teilungsanordnung mit einem Vorausvermächtnis verbinden. Dann ist die einheitliche Verfügung des Erblassers für die Zwecke des ErbSt-Rechts in zwei getrennte Anordnungen zu zerlegen.

26 **Erbvergleich.** In Fortführung einer schon vom Reichsgericht (RGZ 48, 304; 69, 321) begründeten Rechtsprechung hat der RFH (RFHE 1,1; 16, 95; 18, 291; RStBl 38, 857; 42, 1063) wiederholt ausgesprochen, dass das Ergebnis eines ernsthaft gemeinten Vergleichs, der die gütliche Regelung streitiger Erbverhältnisse zum Ziel hat, der Erbschaftsbesteuerung zugrundezulegen ist, da das, was die Beteiligten im Vergleichswege erhalten, seinen letzten Rechtsgrund in ihrem Erbrecht hat (RFH RStBl 35, 1485). Noch allgemeiner wurde anerkannt, dass **bei ernsthafter Zweifelhaftigkeit der Erbrechtslage** diejenige Gestaltung, zu der sich alle Beteiligten ernstlich bekennen, regelmäßig auch für die erbstliche Behandlung zu übernehmen ist (RFH RStBl 38, 929). Beruht die Erbfolge daher auf einem nach § 2078 BGB anfechtbaren Testament, so können die Beteiligten auch ohne förmliche Anfechtung im allseitigen Einverständnis steuerlich bindend das Ergebnis herstellen, das eine Anfechtung gehabt hätte (RFH RStBl 39, 935). Wird allerdings durch den Vergleich nur die Änderung unzweifelhafter Rechtsfolgen bezweckt, so bleibt der Vergleich steuerlich einflusslos (RFH RStBl 31, 560; 40, 417). Diese Rspr hat der BFH fortgeführt (BFH BStBl III 57, 447; 61, 49) und mit dem Grundsatz der ErbSt, die wirkliche Bereicherung und nur diese zu erfassen, begründet (BFH BStBl II 72, 886). Entscheidend ist dabei, dass der

Vergleich seinen Rechtsgrund im Erbrecht und nicht in Zweifeln über die außererbrechtliche Lage hat (BFH/NV 99, 313; 01, 163, 601; BStBl II 08, 625). Die Abfindung, die bei einem Streit unter Erbprätendenten der eine vom anderen dafür bekommt, dass er die Erbenstellung des anderen nicht mehr bestreitet, hat ihre Grundlage nach gewandelter Auffassung des BFH, der damit die Linie früherer Entscheidungen (RFHE 1,1; BFH BStBl III 61, 133) verlässt, nicht mehr im Erbrecht und kann daher nicht nach § 3 I Nr 1 besteuert werden (BFH BStBl II 11, 725; dazu *Berresheim,* DB 11, 2622). Ein Vergleich unter Miterben und unter Erben und anderen Nachlassbeteiligten, der bei eindeutiger Beteiligungsquote nur die Modalitäten der Auseinandersetzung regeln soll, gehört nicht hierher (FG München EFG 06, 1337). Auch auf einen Vergleich, den Miterben mit einem außenstehenden Dritten über Grund und Höhe möglicher Nachlassforderungen schließen, ist die Rspr zum Erbvergleich nicht anwendbar (BFH BStBl II 08, 629). Dagegen ist ein Erbvergleich, der die Kürzung eines Vermächtnisanspruchs mit Blick auf § 2318 BGB betrifft, der Besteuerung zugrunde zu legen (FG München EFG 07, 270). Bei ernstlichen Zweifeln über die Rechtslage ist ein Erbvergleich für die Besteuerung nicht nur dann maßgeblich, wenn die Beteiligten einer mehrdeutigen letztwilligen Verfügung einverständlich einen bestimmten, rechtlich möglichen Inhalt unterlegen (BFH BStBl III 66, 507; zum Begriff des „Auslegungsvertrages" vgl BGH NJW 86, 1812, 1813), sondern auch dann, wenn sie eine Auseinandersetzung vereinbaren, die jedenfalls so im Testament nicht vorgesehen ist und daher auch nicht Inhalt eines zivilgerichtlichen Urteils sein könnte (BFH BStBl II 72, 886). Ist der Vergleich ernsthaft geschlossen, so bleibt er für die Besteuerung auch dann verbindlich, wenn die Beteiligten bei seiner Durchführung von ihm abweichen (FG Düsseldorf EFG 66, 127). Für die Anerkennung einer im Vergleichswege vereinbarten Zahlung als Erwerb durch Erbanfall kommt es nicht darauf an, ob die Zahlung aus dem Nachlass oder aus sonstigem nachlassfreiem Vermögen des Erben erfolgen soll (BFH BStBl III 61, 133). Der BFH (BFH/NV 99, 313) hat diese Rechtsprechungslinie, die ursprünglich für den Streit unter Erbprätendenten entwickelt worden war und die im Ergebnis zu einer Auswechselung des Erwerbsinhalts mit steuerlichen Wirkungen führt (vgl schon oben Anm 10 a), neuerdings auch auf den Streit zwischen einem Erben und einem vom Erblasser Beschenkten übertragen, bei dem im Vergleichswege an die Stelle eines Grundstücksübereignungsanspruchs eine Geldforderung getreten ist. Und das FG Köln (EFG 99, 300) hat die Grundsätze über die Maßgeblichkeit des Vergleichs auch auf die vergleichsweise Beilegung eines Streits über einzelne Nachlassposten (Eigentum? Übereignungsanspruch? Geldforderung?) zur Anwendung gebracht. Die Lehre von der Bindung der StPraxis an ernst gemeinte Vergleiche unter Nachlassbeteiligten hat *Bettermann,* FS Fritz Baur, 1981, 273, 277 ff, kritisch durchleuchtet. Er beschreibt die argumentativen Schwierigkeiten, mit denen diese Lehre zu kämpfen hat, und weist insbesondere darauf hin, dass die Qualifikation der ErbSt als „BereicherungsSt" nicht ausreicht, um eine Bindung des Fiskus an Urteile oder Vergleiche unter den Nachlassbeteiligten zu erzwingen.

27 Ist nach den soeben dargestellten Grundsätzen der Erbvergleich der steuerlichen Beurteilung zugrunde zu legen, so richtet sich auch der **Umfang der Besteuerung** nach dem Inhalt der Vereinbarung und nicht etwa nach der von dem einzelnen Beteiligten geltend gemachten, strittigen Rechtsposition. Soll die Position eines Erbprätendenten zB durch die Übertragung eines Grundstücks abgegolten werden, so bildet dieses Grundstück den erbschaftsteuerlichen Erwerb (FG München EFG 89, 642), obwohl derselbe Beteiligte als Miterbe einen Anteil am gesamten Nachlass hätte versteuern müssen (vgl oben Anm 20). Ist allerdings ein Beteiligter unstreitig Miterbe geworden, so dass der Vergleich lediglich Zweifel hinsichtlich des Umfangs der Nachlassbeteiligung ausräumt, so bleibt ein Anteil am Nachlass Gegenstand des Erwerbs; die auf den Beteiligten entfallende Quote ist in diesem Fall aus dem (Verkehrs-)Wertverhältnis der ihm zugewiesenen Vermögensgegenstände zu dem übrigen Nachlass abzuleiten. Wird im Vergleichswege an die Stelle eines Grundstücksübereignungsanspruchs eine Geldzahlungsleistung gesetzt, dann muss sich der Erwerber die Besteuerung dieser Geldforderung mit dem Nennwert gefallen lassen (BFH/NV 99, 313; Köln EFG 99, 300). Kommt der Vergleich erst nach dem Tode eines Prätendenten durch Mitwirkung der Erben dieses Beteiligten zustande, so ändert der Vergleichsschluss nichts daran, dass der Erwerb dieser „Erbeserben" einem doppelten StZugriff – Vermögensübergang auf den verstorbenen Prätendenten und sodann auf dessen Erben – unterliegt (vgl FG München EFG 89, 641).

28 **Unwirksame Verfügung von Todes wegen.** § 14 ErbStG 1925 hatte vorgesehen: „Erfüllt der Erbe eine wegen Formmangels nichtige Verfügung von Todes wegen, so ist nur die St zu erheben, die bei Gültigkeit der Verfügung des Erblassers zu entrichten gewesen wäre". Diese Bestimmung wurde durch das ErbStÄndG 1951 unter Hinweis darauf gestrichen, dass der dieser Vorschrift zugrunde liegende Gedanke nunmehr in § 5 III StAnpG (§ 41 I AO) enthalten sei (BTDrs 1/1575, 14). Die Regelung gilt daher trotz der Herausnahme aus dem ErbStG weiter (BFH BStBl II 70, 119; 74, 340), jetzt aber in einer dem Wortlaut des § 41 I AO entsprechenden, erweiterten Fassung. Danach ist heute jede Unwirksamkeit einer Verfügung für die Besteuerung unerheblich, soweit die Beteiligten das wirtschaftliche Ergebnis der Verfügung gleichwohl eintreten und bestehen lassen. Es kommt also nicht

mehr darauf an, dass die Verfügung gerade wegen eines Formmangels unwirksam ist (so schon BFH BStBl III 54, 159 zu § 5 III StAnpG). Auch ein wegen fehlender Testierfähigkeit (§§ 2229, 2247 IV BGB) oder fehlender Testierfreiheit (§§ 2271 II, 2289 I 2 BGB: BFH BStBl II 82, 28) unwirksames Testament ist im Fall seiner Verwirklichung steuerlich zu beachten. Das Gleiche gilt für eine nicht mit dem Vertragspartner abgesprochene Änderung der Bezugsberechtigung aus einem Vertrag zugunsten Dritter auf den Todesfall, die wegen Nichterfüllung der Merkmale des § 332 BGB unwirksam ist (FG Düsseldorf, EFG 83, 135; hier lag es allerdings näher, an eine wirksame Vermächtnisanordnung zu denken). Die Unwirksamkeit ist nach § 41 I AO unerheblich, „soweit" die Beteiligten die Verfügung verwirklichen. „Soweit" bedeutet „in dem Maße wie" (FG Bad-Württ EFG 76, 138, 139), so dass die unwirksame Verfügung bei nur teilweiser Durchführung in dem Umfang, in dem sie durchgeführt worden ist, steuerlich berücksichtigt werden muss (BFH BStBl II 82, 28). Zu den „Beteiligten", die die wirtschaftlichen Folgen des unwirksamen Rechtsgeschäfts eintreten und bestehen lassen (§ 41 I AO), gehören bei einer einseitigen testamentarischen Anordnung auch diejenigen, die durch Begünstigung oder Belastung an den Wirkungen des unwirksamen Rechtsgeschäfts irgendwie beteiligt werden (BFH BStBl II 82, 28, 29).

Vorausgesetzt wird allerdings, dass überhaupt eine, wenn auch unwirksame Verfügung von Todes wegen getroffen worden ist und dass der in der unwirksamen Verfügung zum Ausdruck kommende Erblasserwille von den Hinterbliebenen mindestens teilweise (vgl § 41 AO: „soweit") vollzogen wird (BFH BStBl II 00, 588). Als Verfügung kommt dabei die **mündliche Erklärung** des Erblassers in Frage, mit der er Anordnungen für den Fall seines Todes vorsieht (RFH RStBl 42, 587; 1116; BFH BStBl II 07, 461), selbst wenn der Erblasser sich der Unwirksamkeit seiner Verfügung bewusst war (BFH BStBl II 70, 119). Der Rückgriff auf § 41 I AO bewirkt in einem solchen Fall, dass der in § 3 näher fixierte Steuertatbestand durch § 41 I AO ergänzt wird, so dass der Steuertatbestand nicht schon mit den in § 3 niedergelegten Merkmalen, sondern erst dann verwirklicht ist, wenn es zur Verwirklichung der unwirksamen Verfügung etwa durch Auskehrung eines unwirksam angeordneten Vermächtnisses kommt (BFH BStBl II 07, 461). Eine steuerlich zu beachtende, von den Hinterbliebenen verwirklichte Verfügung kann auch in der mündlichen Änderung oder dem mündlichen Widerruf einer wirksamen testamentarischen Anordnung liegen (BFH BStBl II 74, 340; aM BFH DB 53, 636), so dass es über § 41 AO trotz Vorliegens eines wirksamen Testaments zur Besteuerung nach der gesetzlichen Erbfolge kommen kann. Steuerliche Beachtung kann auch eine mündliche Äußerung des Erblassers finden, mit der er

§ 3 30, 31   Erwerb von Todes wegen

einem Erwerber nach § 3 I Nr 4 Ausgleichszahlungen an die Geschwister auferlegt (FG München EFG 01, 641; aM FG Schl-H EFG 07, 780, doch ist diese Entscheidung nicht rechtskräftig geworden: BFH ZEV 08, 402). Eine Verfügung fehlt dagegen, wenn der Erblasser nur in Aussicht gestellt hat, in bestimmter Weise zu testieren, oder sich auf unverbindliche Wünsche beschränkt (RFH RStBl 31, 974); ausführlich zu dieser Abgrenzungsfrage *Schuhmann,* UVR 89, 230. Von der Fallgruppe der unwirksamen, aber tatsächlich durchgeführten Verfügung zu unterscheiden ist die **irrtümliche Annahme einer unzutreffenden erbrechtlichen Lage,** die erst später auf Grund nachträglich bekannt gewordener Tatsachen richtiggestellt werden kann.

30   **Auslandserwerb.** Nach st Rspr (BFH BStBl II 72, 462; 77, 425; 79, 438; 86, 615) kann ein Erwerb durch Erbanfall auch in einem Erwerb gefunden werden, der sich nach ausländischem Recht vollzieht. Denn in der Verweisung auf die Erbfolge nach § 1922 BGB soll zugleich eine Bezugnahme auf das der deutschen Erbfolge vergleichbare ausländische ErbR liegen, soweit das deutsche IPR das ausländische Recht für anwendbar erklärt und der Erwerber der deutschen StPfl nach § 2 unterliegt (§ 2 Anm 4; *Klein,* FR 01, 118 mwN). Nach deutschem IPR unterliegt die Rechtsnachfolge von Todes wegen dem Recht des Staates, dem der Erblasser im Zeitpunkt seines Todes angehörte, so dass für die Erbfolge nach einem Ausländer im Zweifel ausländisches Recht eingreift (Art 25 I EGBGB). Bei ausländischem Erbschaftserwerb ist nicht selten der Zeitpunkt der Entstehung der St problematisch; Einzelheiten dazu § 9 Anm 25 ff.

31   **Erbauseinandersetzung und Einkommensteuer.** Die Gestaltung von Nachfolgeregelungen, vor allem im unternehmerischen Bereich, hat nicht nur auf die zivilrechtliche Ausgangslage und auf die StFolgen nach dem ErbStG, sondern auch auf mögliche Konsequenzen für die EStBelastung der am Erbfall Beteiligten Rücksicht zu nehmen. Der erbrechtliche Vermögensübergang als solcher unterliegt zwar nicht der ESt, doch können im Zuge der Abwicklung des Erbfalls einkommensteuerlich relevante Entnahme- oder Veräußerungsgewinne entstehen, wenn Vermögensgegenstände aus einem Betriebsvermögen in ein Privatvermögen gelangen, wenn Betriebe liquidiert oder veräußert werden oder wenn die durch Beteiligung an einer Personengesellschaft oder durch die gesamthänderische Mitberechtigung im Rahmen einer Erbengemeinschaft begründete Mitunternehmerstellung zum Gegenstand eines Übertragungsgeschäfts gemacht wird. Gewinne aus der Veräußerung von Privatvermögen bringen demgegenüber nur in Sonderfällen (wesentliche Beteiligung an einer Kapitalgesellschaft iS des § 17 EStG, private Veräußerungsgeschäfte gemäß § 23 EStG, einbringungsgeborene Anteile iS des § 21 UmwStG) eine EStBelastung mit sich.

Erwerb durch Erbanfall 32, 33 § 3

Lange Zeit war die Rspr des BFH von einer **Einheitsbetrachtung** 32
des Erbfalls und der Erbauseinandersetzung ausgegangen, auf
Grund deren alles, was ein Miterbe im Zuge der Auseinandersetzung
erwirbt, mit dem Erbfall als einem privaten, dh einkommensteuerlich
irrelevanten Vorgang in Verbindung gebracht wird und folglich keine
einkommensteuerlichen Folgen nach sich zieht, so dass zB ein Miterbe,
der gegen eine Abfindungszahlung seinen Erbteil auf einen anderen
Miterben überträgt, keinen einkommenstpfl Veräußerungsgewinn erzielt, der übernehmende Miterbe allerdings auch keine einkommensteuerlich berücksichtigungsfähigen Anschaffungskosten hat. Von diesem Standpunkt ist der BFH, beginnend mit der Entscheidung des
IX. Senats BFH BStBl II 85, 722, zunächst für den Bereich des Privatvermögens abgerückt. Mit Beschluss vom 5. 7. 90 hat der Große Senat
des BFH (BStBl II 90, 837) auch hinsichtlich der Erbauseinandersetzung
über Betriebsvermögen die vorhin beschriebene Einheitsbetrachtung
aufgegeben und die einkommensteuerliche Beurteilung der Erbauseinandersetzung insgesamt auf eine neue Grundlage gestellt *(Meincke,*
NJW 89, 3251; 91, 198; 93, 976). Die FinVerw ist dem mit entsprechenden Anwendungsschreiben gefolgt (BStBl I 93, 62; 02, 1392; 06,
253; dazu *Röhrig/Doege,* DStR 06, 969).

Nach den Grundsätzen des Beschlusses des Großen Senats bleibt es 33
einkommensteuerneutral, wenn ein Miterbe in der Auseinandersetzung
so viel Vermögen erhält, wie ihm nach seiner Erbquote zusteht (sog
Realteilung – diese steuerrechtliche Begriffsbildung weicht von der
zivilrechtlichen Definition der Naturalteilung gemäß § 752 BGB ab).
Der Miterbe führt in diesem Fall die Buchwerte übernommenen Betriebsvermögens und die StWerte von Gegenständen des Privatvermögens unverändert so fort, wie sie zuletzt vom Erblasser bzw von der
Erbengemeinschaft anzusetzen waren. Diese Rechtsfolge tritt ein unabhängig davon, inwieweit sich der Nachlass aus Betriebs- oder Privatvermögen zusammensetzt, und auch dann, wenn einer der Miterben zB
das gesamte Betriebsvermögen erhält, solange nur der durch die Auseinandersetzung den einzelnen Miterben zugewiesene Nachlassanteil
wertmäßig ihrer jeweiligen Erbquote entspricht. Wird einem Miterben
dagegen weniger als seine Quote zugeteilt oder überträgt er seinen
Erbanteil und erhält er eine **Abfindung,** so handelt es sich um einen
Veräußerungserlös; dieser führt zu einem einkommenstpfl Veräußerungsgewinn, wenn er die vorher vom Erblasser bzw von der Erbengemeinschaft für die abgefundenen Vermögensgegenstände angesetzten
Werte übersteigt und wenn überdies die Vermögensteile, auf die sich
die Abfindung bezieht, zu einem Betriebsvermögen gehören oder die
Voraussetzungen der §§ 17 oder 23 EStG oder des § 21 UmwStG
erfüllen. Dem Veräußerungsgewinn bei dem weichenden Miterben

stehen Anschaffungskosten bei dem oder den übernehmenden Miterben gegenüber.

34 Besteht der Nachlass ganz oder überwiegend aus **Privatvermögen**, so wirkt sich die neue Rspr idR einkommensteuerlich günstig aus, weil Abfindungen für den übernehmenden Teil Anschaffungskosten und damit zusätzliche Abschreibungsmöglichkeiten begründen, während der weichende Miterbe den Veräußerungsgewinn, soweit Privatvermögen betroffen ist, in den meisten Fällen nicht der ESt zu unterwerfen braucht. Werden demgegenüber im Zuge der Abfindungsvereinbarung in größerem Umfang stille Reserven bei Gegenständen eines **Betriebsvermögens** aufgedeckt, so wird die dadurch ausgelöste EStMehrbelastung oftmals unerwünscht sein, auch wenn dieser Mehrbelastung ein Entlastungseffekt bei einem späteren nochmaligen Veräußerungsgeschäft gegenübersteht.

35 **Gestaltungsmodelle** zur Vermeidung einer Realisation stiller Reserven stützen sich zum einen auf Ausgleichsregelungen mittels Erbfallschulden, wie Vermächtnis- und Pflichtteilsverbindlichkeiten, die im Unterschied zu vertraglichen Abfindungsvereinbarungen nicht zu einem einkommensteuerlich relevanten Veräußerungsvorgang führen. Nach dieser Konzeption wird zB einer der Vermögensnachfolger als Alleinerbe eingesetzt und mit Vermächtnissen zugunsten der anderen Beteiligten belastet, oder Miterben werden zu unterschiedlichen Quoten entsprechend dem Wert der ihnen durch Teilungsanordnung zugewiesenen Nachlassgegenstände eingesetzt, ergänzt durch Vorausvermächtnisse zum Zwecke des Wertausgleichs in Geld. Andere Modelle zielen auf eine Umstrukturierung der zur Verteilung gelangenden Vermögenskomplexe innerhalb des Nachlasses. Soll etwa der eine Miterbe das Betriebsvermögen, der andere das Privatvermögen erhalten und weist das Betriebsvermögen den höheren Wert auf, so wird der Ausgleich nicht durch eine Abfindung, sondern im Wege einer Barentnahme noch vor Durchführung der Auseinandersetzung bewirkt. Bei allen diesen Gestaltungen ist allerdings zu bedenken, dass der übernehmende Miterbe, wenn die stillen Reserven nicht aufgedeckt werden, die auf dem Nachlass ruhende latente EStBelastung zu tragen hat. Im Übrigen kann es stets – auch im Fall der sog Realteilung – zu einem einkommenstpfl Entnahmegewinn kommen, wenn Wirtschaftsgüter aus einem Betriebsvermögen in den privaten Bereich überführt werden.

36.–38. Erbersatzanspruch (Abs 1 Nr 1 aF)

36 **Grundlagen:** Nach § 1589 II BGB aF galten das nichteheliche Kind und sein Vater als nicht verwandt. Beim Tod des Vaters war das Kind,

Erbersatzanspruch 37, 38 § 3

beim Tod des Kindes war der Vater nicht zur Erbfolge berufen. Dieser Rechtszustand wurde durch das NEhelG vom 19. 8. 1969 (BGBl I, 1243) geändert. § 1589 II BGB aF wurde – zunächst nur für die ab 1. 7. 1949 geborenen Kinder, nach der Entscheidung des Europäischen Gerichtshofs für Menschenrechte (3545/04 vom 28. 5. 2009, ZEV 09, 510), wenn der Erbfall nach dem 29. 5. 2009 eingetreten ist, für alle Kinder – aufgehoben. Das nichteheliche Kind gehört daher nunmehr uneingeschränkt wie ein eheliches Kind zu den gesetzlichen Erben erster Ordnung nach dem Vater (§ 1924 BGB), der Vater zu den Erben zweiter Ordnung nach dem Kind (§ 1925 BGB). Zur Vermeidung von Konflikten sollte das nichteheliche Kind jedoch nach der bisherigen Fassung des BGB nicht in die Erbengemeinschaft der engeren ehelichen Familie aufgenommen werden. Daher wurde das ErbR des nichtehelichen Kindes nach seinem Vater (und des Vaters nach seinem Kind) unter den Voraussetzungen des § 1934a BGB aF durch einen Geldanspruch gegen die Erben in Höhe des vollen Wertes des Erbteils ersetzt. Dieser Erbersatzanspruch trat an die Stelle der dinglichen Nachlassbeteiligung des nichtehelichen Kindes oder seines Vaters, wenn das Kind neben ehelichen Abkömmlingen oder neben dem überlebenden Ehegatten des Vaters zur Erbfolge gelangte oder wenn der Vater neben der Mutter und ihren ehelichen Abkömmlingen oder neben dem überlebenden Ehegatten des nichtehelichen Kindes zur Erbfolge nach dem nichtehelichen Kind berufen war.

Problematik der Besteuerung. „Der Grundgedanke der Neuregelung des gesetzlichen Erbrechts im Verhältnis des nichtehelichen Kindes zu seinem Vater geht dahin, das Kind wirtschaftlich in gleichem Umfang am väterlichen Nachlass zu beteiligen wie ein eheliches Kind" (BVerfGE 44, 3). Diesem Grundgedanken wurde die Besteuerung nicht gerecht. Denn als Geldanspruch unterlag der Erbersatzanspruch mit seinem Nennwert der ErbSt, während die Nachlassbeteiligung des ehelichen Kindes beim Ansatz niedriger Steuerwerte und bei Berücksichtigung sachlicher StBefreiungen (§ 13) wesentlich günstiger besteuert wurde. Die Rspr hat dennoch keinen Anlass gesehen, die Ungleichbehandlung zu beanstanden oder ihr im Billigkeitswege abzuhelfen (FG München EFG 06, 1446). 37

Neuregelung. Inzwischen haben die Bestimmungen über die steuerliche Behandlung des Erbersatzanspruchs ihre aktuelle Bedeutung verloren. Denn durch das **Erbrechtsgleichstellungsgesetz** vom 16. 12. 1997 (BGBl I 97, 2968) wurden die §§ 1934a ff BGB aufgehoben. Die seit dem 1. 7. 1949 geborenen nichtehelichen Kinder werden nunmehr **bei Erbfällen nach dem 31. 3. 1998** den ehelichen Kindern erbrechtlich gleichgestellt. Das ErbStRG 2009 hat daraus die 38

Konsequenzen gezogen und die StPfl des Erbersatzanspruchs in Abs 1 Nr 1 gestrichen.

39.–47 a. Vermächtnis (Abs 1 Nr 1)

Schrifttum: *Piltz,* Steuerliche Flexibilität nach dem Tod durch offene Vermächtnisse, ZEV 05, 469; *Wachter,* Unternehmensvermächtnisse in der ErbSt, ErbStB 05, 322; *Engler,* Handlungsbedarf bei Sachvermächtnissen, NJW 06, 649; *Kamps* Nicht erfüllbare Vermächtnisse – Lösen sie eine Erbschaftsteuer aus? ErbStB 08, 267.

39 **Grundlagen.** Durch Vermächtnis wird nach § 2174 BGB eine Forderung gegen den Beschwerten auf Leistung des vermachten Gegenstandes erworben. Die Forderung kann auch der Abwehr dienen und einem Vertragspartner des Erblassers erlauben, die ungestörte Fortsetzung eines ihm günstigen Vertrages zu verlangen (FG München EFG 07, 779). Schuldner des Vermächtnisses ist im Zweifel der Erbe (§ 2147 S 2 BGB), doch kann auch ein Vermächtnisnehmer beschwert sein (§ 2186 BGB: **Untervermächtnis;** § 2191 BGB: **Nachvermächtnis,** dazu auch § 6 IV). Als Gläubiger des Vermächtnisses kommt neben anderen auch ein Erbe in Betracht (§ 2150 BGB: **Vorausvermächtnis**). Mit dem Vermächtnis wendet der Erblasser dem Bedachten einen Vermögensvorteil zu (§ 1939 BGB). Ist der Erbe beschwert, so ist im Zweifel ein Gegenstand aus dem Nachlass zu leisten. Doch kann der Erblasser dem Erben auch aufgeben, dem Vermächtnisnehmer einen nachlassfremden Gegenstand zu besorgen (§ 2170 BGB: **Verschaffungsvermächtnis**). Inhalt des Vermächtnisses kann ferner sein, dass der Vermächtnisnehmer nur gegen Entgeltzahlung einen Anspruch gegen den Erben gewinnt **(Kaufrechtsvermächtnis).** Vermächtnis iSv § 3 I Nr 1 ist das, was zivilrechtlich als Vermächtnis gilt. Ein Rechtssatz, nach dem Zuwendungen, die zivilrechtlich als Vermächtnis zu qualifizieren sind, aus der Besteuerung herausfallen, weil ihnen, wie es heißt, das Merkmal der Unentgeltlichkeit erbschaftsteuerrechtlich fehlt, existiert nicht (aM FG Nürnberg DStRE 11, 227, 229). Das Vermächtnis setzt zu seiner zivilrechtlichen Wirksamkeit eine schriftliche Anordnung des Erblassers im Testament oder Erbvertrag voraus. Erbschaftsteuerlich kann jedoch auch eine zivilrechtlich unwirksame (BFH BStBl II 00, 588; 09, 957; oben Anm 29) Vermächtnisanordnung beachtlich sein, wenn der Beschwerte das dem Vermächtnisnehmer zugedachte Vermögen tatsächlich überträgt. Der Vermächtnisnehmer kann das Vermächtnis durch formlose Erklärung gegenüber dem Beschwerten ausschlagen. In dem Verzicht auf das Vermächtnis ist im Zweifel eine solche Ausschlagung zu sehen (aM FG Berlin EFG 86, 26). Eine Frist für die Ausschlagung besteht nicht (Ausnahme: § 2307 II 1 BGB). Doch ist die Ausschlagung ausgeschlossen, wenn der Vermächtnisneh-

mer das Vermächtnis – sei es auch nur durch schlüssiges Verhalten – angenommen hat (§ 2180 BGB). Wird das Vermächtnis wirksam ausgeschlagen oder ist es als ausgeschlagen zu behandeln (§ 2307 II 2 BGB), gilt der Anfall des Vermächtnisses als nicht erfolgt. Die StPfl entfällt mit Rückwirkung (§ 175 I S 1 Nr 2 AO).

Gegenstand des Vermächtniserwerbs. Das Vermächtnis verschafft 40 dem Begünstigten einen Vermögensvorteil (§ 1939 BGB). An dem Vermögensvorteil fehlt es, wenn der Erwerber durch Testament lediglich das zugesprochen erhält, worauf er bereits ohne die Anordnung des Erblassers einen Anspruch hat. In diesem Fall liegt genau genommen gar kein Vermächtnis vor; auf jeden Fall ist die Zuwendung nicht als Vermächtnis steuerbar. Das gilt zB, wenn ein Arbeitgeber in seinem Testament einen auf Grund des Arbeitsverhältnisses begründeten Ruhegehaltsanspruch bestätigt (FG München UVR 96, 54). Das Vermächtnis verschafft dem Begünstigten nur eine Forderung gegen den Erben (oder Hauptvermächtnisnehmer) – nicht, wie der Erwerb durch Erbfolge, eine dingliche Beteiligung am Nachlass. Gegenstand des Erwerbs durch Vermächtnis kann daher zum Erbfallszeitpunkt auch nur ein Sachleistungsanspruch sein, so jetzt auch in Abweichung von der dortigen Vorauflage *Viskorf/Wälzholz* § 3 Rn 23. Zu Unrecht wird dort allerdings die Problematisierung dieses Ergebnisses in der Vorauflage dieses Kommentars vermisst; vgl demgegenüber § 3 Anm 40, § 9 Anm 13 der 15. Aufl). Dennoch stellte die bewertungsrechtliche Rspr bisher den Forderungserwerb des Vermächtnisnehmers der Nachlassbeteiligung des Erben insofern gleich, als sie den StWert der Sachleistungsforderung des Vermächtnisnehmers nach dem StWert des Gegenstandes bestimmte, den der Vermächtnisnehmer aus dem Nachlass zu beanspruchen hat (BFH BStBl II 97, 820; ZEV 06, 373). Sie folgte damit der langjährigen erbschaftsteuerlichen Praxis, die Vorschriften über den Erwerb bestimmter Gegenstände, für bewegliche Sachen oder Grundstücke, stets auch auf das Vermächtnis solcher Gegenstände anwandte. Denn, so hatte schon *Kipp* (§ 2 Anm 29) formuliert: „Dass der Anfall in einer Forderung... besteht, darf nicht dazu verführen, jene Vorschriften außer Anwendung zu lassen, weil sie nur für die bewegliche Sache oder das Grundstück selbst, nicht für Forderungen gegeben wären". Obwohl sich das Gericht mit seiner Rspr also eigentlich problemlos in einer jahrzehntelangen Tradition bewegte, war es in der letzten Zeit doch schwankend geworden (BStBl II 04, 1039; 07, 461; vgl auch BFH/NV 08, 1379), hatte die Mahnung *Kipps* (§ 2 Anm 29: Der Wert bemisst sich nach dem Wert des vermachten Gegenstandes) unbeachtet gelassen und für das Kaufrechtsvermächtnis (BStBl II 01, 605; 08, 892) und für das Verschaffungsvermächtnis (BStBl II 07, 461) statt an den Wert des Anspruchsgegenstandes an den nach ganz anderen Grundsätzen ermittelten Wert des Sachleistungsanspruchs angeknüpft. Nach dieser neueren Rspr des BFH sollte der vermächtnisweise Erwerb einer Forderung auf Grundstücksübertragung ganz unterschiedlich bewertet werden, je nachdem, ob das Vermächtnis als einfaches Vermächtnis oder als Verschaffungsvermächtnis ausgestaltet war, ob das Grundstück, das der Vermächtnisnehmer beanspruchen konnte, vom Erblasser stammte oder erst vom Erben zum Nachlass erworben worden war. Eine solche Gesetzeshandhabung konnte keinesfalls überzeugen. Das ErbStRG 2009 hat nunmehr den gemeinen Wert eines Grundstücks und den gemeinen Wert eines Grundstücksübertragungsanspruchs einander angeglichen und damit die Problematik der unterschiedlichen Behandlung von Eigentumserwerb und Forderungserwerb zum Glück deutlich entschärft.

41 Hat der Erblasser dem Vermächtnisnehmer einen bestimmten **Gegenstand aus dem Nachlass** (zB ein Grundstück) als Vermächtnis zugewandt, so ist dieser Gegenstand mindestens dreimal stlich zu erfassen. Er wird zunächst vom Erben als Teil seines Erwerbs durch Erbfolge erworben. Er bildet sodann den Gegenstand der Vermächtnisverbindlichkeit des Erben, die nach § 10 V zum Abzug zu bringen ist. Schließlich erscheint der Gegenstand drittens als stpfl Erwerb des Vermächtnisnehmers. Die neuere bewertungsrechtliche Rspr führt dazu, dass der Erwerb des Erben, die diesen Erwerb neutralisierende Vermächtnisverbindlichkeit des Erben und der Erwerb des Vermächtnisnehmers regelmäßig nach demselben Maßstab bewertet werden. In Ausnahmefällen wird dieses Korrespondenzprinzip allerdings durchbrochen.

42 So hat der Erbe beim **Verschaffungsvermächtnis** (Anm 39) den Gegenstand der Vermächtnisforderung nicht aus dem Nachlass zu leisten. Er erhält vielmehr vom Erblasser nur die Mittel, um den vermachten Gegenstand zu besorgen. Der Erblasser hinterlässt zB Bankguthaben, mit deren Hilfe der Erbe dem Vermächtnisnehmer ein Grundstück verschaffen soll. In diesem Fall besteht der Erwerb des Erben in Geld. Auch die den Erben belastende Vermächtnisverbindlichkeit wird üblicherweise nach dem Umfang der Geldmittel berechnet, die der Erbe zur Erfüllung des Vermächtnisses einsetzen muss (FG Rh-Pf BB 93, 1725; *Moench/Weinmann* § 3 Rz 105). Der Vermächtnisnehmer erwirbt demgegenüber eine Forderung auf Grundstücksübereignung und damit einen Sachleistungsanspruch. Kann der Erbe das Vermächtnis nicht erfüllen, weil es ihm nicht gelingt, das Grundstück zu beschaffen, so ist er zum Wertausgleich verpflichtet (§ 2070 III BGB). Dann soll der Vermächtnisnehmer diesen Geldbetrag zu versteuern haben (HessFG EFG 03, 1400). Eine dem Verschaffungsvermächtnis ähnliche Rechtslage ergibt sich auch dann, wenn der Erblasser, ohne entsprechende Geldmittel zu hinterlassen, ein **Geldvermächtnis** ausgesetzt hat. Be-

Vermächtnis 43 **§ 3**

steht der Nachlass zB ausschließlich in Sachwerten (zB Grundstücken), hat der Erbe dem Vermächtnisnehmer aber Geld auszuzahlen, dann muss sich der Erbe das Geld im Zweifel durch Veräußerung von Sachwerten verschaffen. Der Erwerb des Erben besteht dann in den Sachwerten (Grundbesitz), der Erwerb des Vermächtnisnehmers im Anspruch auf Geldzahlung. Zweifelhaft bleibt aber, wie die Vermächtnisschuld des Erben beurteilt werden soll. Die Parallele zur Behandlung des Verschaffungsvermächtnisses würde an sich für einen Abzug der Vermächtnisverbindlichkeit im Umfang des für den Gelderwerb eingesetzten Grundstückswertes sprechen. In der Praxis wird jedoch der Abzug im Umfang des geschuldeten Geldbetrages für unbedenklich gehalten. Kein Verschaffungsvermächtnis liegt vor, wenn der Erblasser dem Vermächtnisnehmer Geld zuwendet, damit dieser mit Hilfe des Geldes ein Grundstück erwirbt. Auch die Grundsätze über die mittelbare Grundstücksschenkung gelten hier nicht (§ 7 Anm 17 ff), so dass das Geld und nicht das Grundstück den Vermächtnisgegenstand bildet (BFH/NV 03, 1583). Vom **Geldsummenvermächtnis,** dessen Höhe der Erblasser in Zahlen festgelegt hat, ist im Übrigen das **Geldwertvermächtnis** zu unterscheiden, dessen Höhe der Erblasser dadurch bestimmt, dass er dem Erben die Geldzahlung in Höhe des Wertes eines bestimmten Gegenstandes aufgibt (FG Rh-Pf UVR 93, 373).

Soweit trotz der Angleichung der Wertmaßstäbe durch das ErbStRG 43 2009 das Grundstücksvermächtnis im Vergleich zum Geldvermächtnis steuerlich Vorteile bringt, kann der Vermächtnisnehmer bei einem Geldvermächtnis die Besteuerung für sich dadurch günstiger gestalten, dass er das Vermächtnis ausschlägt und sich als Abfindung für die Ausschlagung von dem Erben ein Grundstück übereignen lässt. Dann bildet nämlich nach Abs 2 Nr 4 das abfindungshalber übertragene Grundstück den Erwerb des mit dem Vermächtnis Bedachten, so dass ihm der günstigere Grundbesitzwert zugute kommt. Ob der Vermächtnisnehmer auch ohne Ausschlagung nach dem Grundstückswert zu besteuern ist, wenn ihm der Erbe ein Grundstück zur **Abgeltung** seines Geldanspruchs **an Erfüllungs statt** übertragen hat, erschien mit Rücksicht auf die Grundsätze der BFH-Entscheidung zum Pflichtteilsrecht (BFH BStBl II 82, 350) lange Zeit zweifelhaft. Denn in dieser Entscheidung hatte der BFH der Übertragung an Erfüllungs statt für den Bereich des Steuerrechts rückwirkende Bedeutung beigelegt. Inzwischen hat der BFH diese Linie – zunächst für den Bereich des Vermächtnisrechts – ausdrücklich aufgegeben (BFH BStBl II 96, 97). Der Senat hat sodann entschieden, dass er auch an seinem zum Pflichtteilsrecht ergangenen Urteil nicht weiter festhalten will (BStBl II 99, 23). Wird daher ein Geldvermächtnis durch Übertragung von Grundstücken erfüllt, so bleibt doch der Wert der Geldforderung für die Besteuerung entscheidend. Das muss erst recht gelten, wenn der Geldvermächtnisnehmer vom Erben ein Grundstück kauft und den Kaufpreis durch Aufrechnung mit der Vermächtnisforderung tilgt (BFH BStBl II 95, 783).

44 Auch beim **Kaufrechtsvermächtnis,** das einem Vermächtnisnehmer den Anspruch auf einen Nachlassgegenstand gegen Zahlung eines unter dem Verkehrswert liegenden Geldbetrags zuweist (Beispiele in BFH BStBl II 93, 765; 01, 605; 08, 892; 09, 245; 11, 873), stimmen der Erwerb des Erben, seine Vermächtnisverbindlichkeit und der Erwerb des Vermächtnisnehmers nicht ohne Weiteres überein. Denn der stpfl Erwerb des Erben richtet sich – folgt man der **älteren Linie** von Rspr (RFH RStBl 29, 562), FinVerw (DB 79, 769) und Literatur (vgl 10. Aufl Anm 44) – nach dem Wert des Gegenstandes, auf den der Vermächtnisnehmer einen Anspruch erhält (FG München EFG 82, 310), während als Vermächtnisverbindlichkeit nur die Belastung abgesetzt werden darf, die sich für den Erben aus der Weiterleitung des vermachten Gegenstandes unter Abzug des vom Vermächtnisnehmer an den Erben zu zahlenden Kaufpreises ergibt. Da der Kaufpreis für den Erben nicht zum Erwerb durch Erbanfall oder zu einem sonstigen stpfl Erwerb gehört (BFH BStBl II 72, 886), konnte er nach dieser Rspr-Linie nur den Abzugsbetrag für die Vermächtnisleistung kürzen und damit die Vermächtnisschuld als Nachlassverbindlichkeit schmälern. Der im Fall eines niedrigen StWerts des Vermächtnisgegenstandes die Höhe der Vermächtnisschuld übersteigende Entgeltanteil fiel dann dem Erben ohne stliche Belastung zu. Der Vermächtnisnehmer, um nun auf ihn zu blicken, erhielt den Anspruch auf Abschluss eines Kaufvertrages. Dieser Anspruch war mit dem StWert des Kaufgegenstandes abzüglich des Kaufpreises zum Ansatz zu bringen (RFH RStBl 29, 562), so dass sich für den Vermächtnisnehmer keine StPfl ergab, wenn der Kaufpreis höher als der StWert des vermachten Gegenstandes lag. Seit den neunziger Jahren hat die FinVerw (DStR 93, 608) und in ihrer Folge auch die Rspr des BFH (BStBl II 01, 605) dann aber eine **neuere Linie** eingeschlagen. Gegenstand des Vermächtniserwerbs sollte jetzt nicht mehr der Sachleistungsanspruch abzüglich der Kaufpreisverpflichtung sein. Sondern nun wurde als Gegenstand des Vermächtniserwerbs das Erwerbsrecht angesehen, dessen Wert sich nach dem gemeinen Wert des zu erwerbenden Gegenstandes abzüglich der Kaufpreisverpflichtung zu richten hat. Das Kaufrechtsvermächtnis galt nun als Sonderfall des Vermächtnisses eines Übernahmerechts (FG Bad-Württ EFG 07, 530), dessen Besonderheit darin besteht, dass es mit einer Entgeltverpflichtung verbunden ist. Für beide Vermächtnisformen wurde angenommen, dass der Vermächtnisnehmer nicht einen Leistungsanspruch, sondern ein Gestaltungsrecht zugewiesen erhält. Diese neuere Rspr benachteiligte (im Vergleich zum Erwerb eines Vermächtnisses ohne

Vermächtnis

Entgeltverpflichtung) den Vermächtnisnehmer, der wegen der Entgeltverpflichtung nunmehr höher besteuert wurde als ohne diese. Denn ihm wurde ein Erwerb zugerechnet, der nach dem gemeinen Wert des Vermächtnisgegenstandes berechnet war, während der normale Vermächtnisnehmer auf den StWert des Vermächtnisgegenstandes verweisen konnte. Die **neueste Linie** der Rspr wird durch die Entscheidung BFH BStBl II 08, 892 repräsentiert. Dort ist der Gedanke, Gegenstand des Kaufrechtsvermächtnisses sei ein Gestaltungsrecht, wieder aufgegeben worden. Der BFH kehrt zu der früheren Auffassung zurück, dass als Vermächtnisgegenstand der mit einer Entgeltverpflichtung verbundene Sachleistungsanspruch anzusehen ist. Doch soll im Unterschied zur älteren Rspr-Linie nun nicht mehr der niedrigere StWert, sondern der gemeine Wert des Anspruchsgegenstandes den Wert des Vermächtniserwerbs bestimmen. Die Entscheidung ist vor 2009 und damit noch unter Geltung der niedrigen StWerte für Grundstücke ergangen. Sie führte bei einem StWert des Grundstücks von 200, einem gemeinen Wert des Sachleistungsanspruchs von 400 und einem Entgelt von 100 dazu, dass der Vermächtnisnehmer 300 zu versteuern hatte, wenn ihm die Entgeltverpflichtung auferlegt war, aber nur 200 versteuern musste, wenn ihm das Grundstück ohne Entgeltverpflichtung zugewiesen war. Wie soll man eine derartige Unterscheidung einem Außenstehenden verständlich machen?

Vorausvermächtnis. Stpfl ist auch das Vorausvermächtnis, das ein 45 Erbe neben seinem Erbteil erwirbt (§ 2150 BGB). Im ZivilR ist die Abgrenzung des Vorausvermächtnisses von der Teilungsanordnung (§ 2048 BGB) wiederholt Gegenstand gerichtlicher Entscheidungen gewesen (RGZ 170, 163; OGHZ 1, 161; BGHZ 36, 115; BGH LM Nr 5 und 5a zu § 2048 BGB; BGH NJW 85, 51; FamRZ 85, 62; FamRZ 87, 475; FamRZ 90, 396), weil nach allgemeiner Auffassung die Bindungswirkung eines gemeinschaftlichen Testaments oder Erbvertrages sich zwar auf Vermächtnisse, nicht aber auf Teilungsanordnungen erstreckt (§§ 2270 III, 2278 II BGB). Für die Abgrenzung der beiden Institute ist nach dieser Rspr der Begünstigungswille des Erblassers entscheidend. Nur wenn der Erblasser dem Erben durch seine Anordnung gegenüber den Miterben einen zusätzlichen Vermögensvorteil verschaffen will, liegt ein Vorausvermächtnis, sonst eine Teilungsanordnung vor. Auch im ErbStRecht muss die **Abgrenzung zur Teilungsanordnung** beachtet werden, weil § 3 nur den Erwerb durch Erbanfall und den Forderungserwerb durch Vermächtnis, aber nicht den Forderungserwerb durch Teilungsanordnung als stpfl Tatbestand nennt. Die Rspr (BFH BStBl II 83, 329; BFH/NV 05, 2114) hat diesen Befund dadurch unterstrichen, dass sie Teilungsanordnungen für die Besteuerung von Miterben, soweit es um den Umfang ihres Erwerbs durch

Erbanfall geht, keine Bedeutung zuerkennt. Zur Abgrenzung des Vorausvermächtnisses von der Teilungsanordnung ist auch im StRecht zu fragen, ob das Zugewiesene im Rahmen des Erwerbs durch Erbanfall zufällt oder den Gegenstand eines selbstständigen, auch selbstständig ausschlagungsfähigen Erwerbs bildet und dem Miterben einen über seinen Erbanteil hinausgehenden Vorteil verschafft. Ein solcher Vorteil ist nicht gegeben, wenn jedem der Miterben gleichmäßig die Chance eingeräumt wird, einen Nachlassgegenstand bei einer Versteigerung günstig zu erwerben (FG München EFG 06, 1075).

46 **Nießbrauchsvermächtnis.** Wendet der Erblasser dem Bedachten durch ein Nießbrauchs- oder Leibrentenvermächtnis Vorteile zu, die mit dem Tod des Vermächtnisnehmers erlöschen, so dass der Erbe durch das Vermächtnis nur vorübergehend bis zum Tod des Vermächtnisnehmers belastet wird, dann kann der Erbe auch ein solches Vermächtnis mit dem Kapitalwert von seinem Erwerb zum Abzug bringen. Besonderheiten galten bisher, wenn der Ehepartner des Erblassers als Vermächtnisnehmer bedacht worden war. Für diesen Fall schloss § 25 I 1 den Abzug der Vermächtnisverbindlichkeit beim Erben aus. Doch hat das ErbStRG 2009 § 25 aufgehoben. Für den Vermächtnisnehmer gilt: er hat im Fall des Nießbrauchsvermächtnisses den Kapitalwert seines Nießbrauchs- oder Rentenrechts zu versteuern, kann die St jedoch statt in einmaliger Zahlung jährlich im Voraus vom Jahreswert des Nießbrauchs- oder Rentenrechts entrichten (§ 23).

47 Ein **Wahlvermächtnis** (§ 2154 BGB) richtet sich nach Auffassung des BFH (BStBl II 01, 725) bereits vom Erbfall an ausschließlich auf den Gegenstand, für den sich der Bedachte später entscheidet. Gegenstand eines Vermächtnisses kann auch der **Anspruch auf eine Abfindung** sein, wenn dem Begünstigten eine Option auf die Abfindung anstelle einer anderen Zuwendung zustehen soll (vgl FG München EFG 87, 308).

47a **Einkommensteuerpflichtiger Vermächtniserwerb.** Das Zivilrecht sieht in einer überhöhten Testamentsvollstreckervergütung ein Vermächtnis. Der BFH (BStBl II 90, 1028) ordnet jedoch diesen Teil der Vergütung den Einkünften aus selbstständiger Arbeit zu. Eine Doppelbelastung desselben Erwerbs mit ESt und ErbSt wäre verfehlt. Die Überlegung des FG Nürnberg (DStRE 11, 227, 229), dass hier gar kein Vermächtnis im erbschaftsteuerlichen Sinn vorliege, überzeugt nicht (oben Anm 36). Dennoch wird die ErbSt hier zurücktreten müssen (*Meincke*, FS Tipke, 1995, 391, 399). Der BFH (BStBl II 05, 489) hat sich dieser These – allerdings ohne Blick auf die erbstliche Literatur – im Ergebnis angeschlossen.

Pflichtteil 48, 49 §3

48.–54. Pflichtteil (Abs 1 Nr 1)

Schrifttum: *Piltz,* Die Unternehmensbewertung in der Rechtsprechung, 3. Aufl 1994; *Crezelius,* ErbSt-Probleme im Pflichtteilsrecht, ZErb 02, 142; *Meincke,* Zum normativen Konzept der Nachlassbewertung im Pflichtteilsrecht, FS Wiedemann, 2002, 105; *Meincke,* Die steuerlichen Rahmenbedingungen von Verwandtschaftsunterhalt und Pflichtteil, Verh des 64. DJT 2002, Bd II /1, L 89; *Meincke,* Zum Geltendmachen des Pflichtteils, ZErb 04, 1; *Müller/Grund,* Pflichtteilsklausel und einvernehmliche Geltendmachung des Pflichtteils aus erbschaftsteuerlichen Gründen, ZErb 07, 205; *Wälzholz,* Die (zeitliche) Geltendmachung von Pflichtteilsansprüchen, ZEV 07, 162; *Seer/Krumm,* Der Pflichtteilsanspruch im System der erbschaftsteuerlichen Vermögensanfallbesteuerung, ZEV 10, 57; *Lohr/Görges,* Die Behandlung des Pflichtteils in der Erbschaftsteuer, DStR 11, 1939.

Grundlagen. Als Pflichtteil wird ein Geldanspruch von den Abkömmlingen, den Eltern und dem Ehegatten oder dem eingetragenen Lebenspartner des Erblassers erworben, wenn sie nach der gesetzlichen Ordnung zur Erbfolge berufen wären, aber durch Verfügung von Todes wegen vom Erwerb durch Erbanfall ausgeschlossen sind (§ 2303 BGB). Einen Zusatzpflichtteil oder Pflichtteilsrestanspruch können die genannten Angehörigen auch dann geltend machen, wenn sie zwar zur Erbfolge gelangen, der Wert ihres Erbteils jedoch geringer ist als die Hälfte des Wertes des gesetzlichen Erbteils (§ 2305 BGB). Das Gleiche gilt, wenn sie lediglich mit einem Vermächtnis bedacht sind, dessen Wert unterhalb dieser Grenze bleibt § 2307 I 2 BGB). Ist ein als Erbe berufener Pflichtteilsberechtigter durch die Einsetzung eines Vor- oder Nacherben, durch die Ernennung eines Testamentsvollstreckers oder durch eine Teilungsanordnung beschränkt oder ist er mit einem Vermächtnis oder einer Auflage beschwert, so kann er den Erbteil ausschlagen und den Pflichtteil verlangen, obwohl es in diesem Fall nicht auf einer Verfügung von Todes wegen, sondern auf der Ausschlagung beruht, dass er von der Erbfolge ausgeschlossen ist (§ 2306 BGB). Auch der überlebende Ehegatte, der mit dem Erblasser im Güterstand der Zugewinngemeinschaft gelebt hat (§ 1371 III BGB), und der lediglich mit einem Vermächtnis (gleich welchen Umfangs) bedachte Pflichtteilsberechtigte (§ 2307 I 1 BGB) kann den (vollen) Pflichtteil verlangen, wenn er die Erbfolge oder das Vermächtnis ausschlägt. Ähnliches gilt für den eingetragenen Lebenspartner (§ 10 LPartG). 48

Die maßgebliche Erbquote. Der Pflichtteil bemisst sich nach der Hälfte des Wertes des gesetzlichen Erbteils (§ 2303 BGB). Dabei ist ein dem Berechtigten hinterlassener geringer Erbteil (§ 2305 BGB) sowie ein Vermächtnis anzurechnen, das der Pflichtteilsgläubiger vom Erblasser erhalten hat (§ 2307 I 1 BGB). Auch ist die Veränderung der Erbquoten zu beachten, die sich im Fall der sog erbrechtlichen Lösung des Zugewinnausgleichs (§ 5 Anm 4) durch Erhöhung des Erbteils des 49 überlebenden Ehegatten (§§ 1371 I, 1931 III BGB) und entsprechende Kürzung der Nachlassbeteiligung der Verwandten ergibt. Der aus dem erhöhten Erbteil berechnete Pflichtteil des überlebenden Ehegatten wird als „großer" Pflichtteil dem nach § 1931 I, II BGB ermittelten „kleinen" Pflichtteil gegenübergestellt. Schlägt der überlebende Ehegatte den ihm zugewandten Erbteil aus, um nach § 1371 III BGB neben dem Pflichtteil den güterrechtlichen Zugewinnausgleich zu verlangen, so kann er nur den kleinen Pflichtteil in Anspruch nehmen. Diese Regelungen gelten für den eingetragenen Lebenspartner entsprechend. Weitere Verschiebungen der für die Pflichtteilsberechnung maßgeblichen Erbquoten können sich aus der Ausgleichungspflicht unter Abkömmlingen (§ 2316 BGB) und aus einer Bestimmung des Erblassers ergeben, nach der ein Vorempfang des Pflichtteilsberechtigten auf seinen Pflichtteil angerechnet werden soll (§ 2315 BGB). Die Pflichtteilsberechnung knüpft an den Wert des Erbteils und damit an den Wert des Nachlasses zZ des Erbfalls an (§ 2311 BGB). Zum Nachlass werden bei der Pflichtteilsberechnung Posten hinzugerechnet, die der Erblasser in den letzten 10 Jahren vor dem Erbfall zum Nachteil des Pflichtteilsberechtigten an Dritte verschenkt hat (§ 2325 BGB; zur Zehn-Jahres-Frist vgl BGHZ 98, 226). Dieser sog Pflichtteilsergänzungsanspruch, der verjährungsrechtlich als selbstständiger Anspruch behandelt wird (BGHZ 103, 333, 337; BGH WM 96, 1410, 1411), aber steuerrechtlich doch zum Pflichtteil iSv § 3 I Nr 1 gehört (unten Anm 54), verändert im Regelfall nur die Nachlassverteilung zwischen Pflichtteilsberechtigtem und Erben. Was dem Pflichtteilsberechtigten mehr zukommt, muss der Erbe aus dem ihm verbleibenden Nachlass aufbringen. Nur soweit der Erbe zur Ergänzung des Pflichtteils trotz der Schenkung ausnahmsweise nicht verpflichtet ist, kann der Pflichtteilsberechtigte die Ergänzung direkt vom Beschenkten verlangen (§ 2329 BGB).

50 **Der maßgebliche Nachlasswert.** Zur Berechnung des Pflichtteils wird der Bestand und Wert des Nachlasses zur Zeit des Erbfalls zugrunde gelegt (§ 2311 I 1 BGB). Der Nachlasswert ist als Reinnachlass zu ermitteln. Daher sind die Nachlassschulden zum Abzug zu bringen. Zu den **Nachlassaktiva** gehören alle im Wege der Universalsukzession auf den Erben übergegangenen Vermögensposten. Einschränkungen aus stlichen Rücksichten gelten hier nicht. Daher sind für die Berechnung des Pflichtteils auch die von der St befreiten (§ 13, § 13a) oder für beschränkt stpfl Erben von der Besteuerung ausgenommenen (§ 2 I Nr 3) Nachlassposten heranzuziehen. Als **Schuldposten** sind alle Schulden des Erblassers, die schon vor seinem Tod bestanden haben (Erblasserschulden), sowie die Schulden abzuziehen, deren Rechtsgrund und Notwendigkeit auf den Erbfall zurückzuführen ist (Erbfallschulden). Dazu gehört die Forderung des überlebenden Ehegatten auf

Zugewinnausgleich in den Fällen des § 1371 II, III BGB (sog güterrechtliche Lösung des Zugewinnausgleichs) sowie die latente Einkommensteuerlast, die den Wert der Nachlassposten in der Hand des Erben mindert (BGH NJW 72, 1269; Nw bei *Meincke,* FS Tipke, 1995, 391, 400). Ferner können die Kosten der standesgemäßen Beerdigung des Erblassers sowie in begrenztem Umfang Kosten der Nachlasssicherung, Nachlassverwaltung und Testamentsvollstreckung abzugsfähig sein. Nicht abzugsfähig sind die Pflichtteilsansprüche anderer Gläubiger, weil sie mit dem zur Berechnung stehenden Anspruch gleichrangig sind, die Ansprüche der Vermächtnisnehmer, weil sie dem Pflichtteilsrecht nachgehen, und die ErbStSchuld des Erben, weil die Pflichtteilslast bei der Bemessung dieser ErbStSchuld berücksichtigt wird (§ 10 V Nr 2) und weil den Pflichtteilsgläubiger eine eigene StPfl trifft.

Der **Wert der Aktivposten und Schulden** ist nach zivilrechtlichen Bewertungsgrundsätzen zu ermitteln (dazu *Meincke,* Das Recht der Nachlassbewertung im BGB, 1973; *Piltz,* oben vor Anm 48). Maßgeblich ist im Zweifel der Verkaufswert der Güter (BGH NJW 11, 1004). Für Landgüter kann der Ertragswert heranzuziehen sein (§ 2312 BGB und dazu näher BGHZ 98, 375 u 382 sowie BVerfG NJW 88, 2723). Bei der Bewertung von Unternehmen ist auch der Goodwill zu schätzen. Die Grundsätze, die für die Bewertung von **Beteiligungen mit Abfindungsklauseln** gelten sollen, sind umstritten. Eine verbreitete Meinung neigt zum Ansatz des sog Vollwertes, der die Abfindungsklausel unberücksichtigt lässt, andere suchen nach mittleren Lösungen. Versteht man das Pflichtteilsrecht als eine Teilhabe an dem Geldbetrag, der sich in der Hand der Erben realisieren ließe, wenn der Nachlass zum Erbfallzeitpunkt von den Erben in Geld umgesetzt würde (diese Deutung des Pflichtteilsrechts legt auch die Entscheidung BGH WM 91, 1352, 1353 zugrunde), dann kann der Pflichtteilsgläubiger keinen Anteil an solchen Vorteilen beanspruchen, die für den Erben im Erbfallzeitpunkt nicht realisierbar sind. Kann der Erbe daher bei einem Ausscheiden aus der Gesellschaft nur einen Teilbetrag des Vollwertes als Abfindung beanspruchen und kann er den Anteil auch nicht durch Veräußerung zu einem höheren Betrag realisieren, dann erscheint nur der Ansatz des Abfindungswertes sachgerecht (*Meincke* aaO 220 ff; vgl auch BGHZ 75, 195). Die abweichenden Auffassungen, die den Vollwert zur Geltung bringen wollen (zu ihnen *Piltz/Wissmann,* NJW 85, 2673, 2681 ff), nehmen, soweit sie sich überhaupt zu § 2311 BGB äußern, den **auf eine Veräußerung zum Erbfall** gerichteten Charakter der hier angeordneten Bewertung nicht ernst (vgl dazu *Meincke,* FS Wiedemann, 2002, 105). Der Veräußerungscharakter in dem hier angenommenen Sinn hindert nicht die Bewertung wirtschaftlicher Einheiten als Einheiten, zielt nicht auf die Zerschlagung von Unternehmen und den Notverkauf von Einzelposten ab, sondern besagt nur, dass mit der Bewertung eine Versilberung zum Bewertungsstichtag zu unterstellen ist, wobei eine Versilberung auch nur auf den Wegen unterstellt werden darf, die zum Bewertungsstichtag tatsächlich offen stehen. Ist daher ein Anteil unveräußerlich, so darf die Bewertung nicht mit einer gedachten Veräußerung operieren. Die Bewertung muss vielmehr auf den Geldbetrag abzielen, der sich jetzt auf den jetzt gangbaren Wegen für den Erben bei einer Versilberung erzielen lässt. Dass der Erbe später mit dem ihm verbleibenden Gesellschaftsanteil zusätzliche Vorteile erzielen kann, darf so wenig zu einer Erhöhung des Pflichtteilsbetrages führen, wie der Umstand, dass der Pflichtteilsberechtigte sein Geld viel günstiger anlegen kann, als es die Bindung des Betrages im Gesellschaftsvermögen zuließe, zu einer Herabsetzung der Pflichtteilssumme Anlass gibt.

52 **Besteuerung des Pflichtteils.** Besteuert wird – trotz des abweichenden Gesetzeswortlauts – schon der Erwerb des Pflichtteilsanspruchs, nicht erst der Gelderwerb, der dem Pflichtteilsgläubiger auf Grund des Anspruchs zufließt (FG München EFG 05, 1887). Um den Pflichtteilsgläubiger nicht zu einer Realisierung seines Anspruchs aus stlichen Rücksichten zu drängen, entsteht die StPfl aber erst dann, wenn und **soweit** der Anspruch **geltend gemacht** ist (Näheres zu den Merkmalen des Geltendmachens unten § 9 Anm 30 ff). Der Anspruch kann auch teilweise geltend gemacht werden. Die St entsteht dann „begrenzt durch die Höhe, in der dieser (Anspruch) geltend gemacht worden ist" (BFH BStBl II 73, 798, 800). Der Anspruch kann noch nach Ablauf der dreijährigen Verjährungsfrist (§ 2332 BGB) geltend gemacht werden, sofern der Erbe von der Berufung auf die Einrede der **Verjährung** absieht und den Anspruch trotz Ablauf der Verjährungsfrist anerkennt (*Moench*, DStR 87, 139, 144). Ob Kinder, die den Freibetrag für einen Erwerb vom Vater ausnutzen und das Elternvermögen steuergünstig aufspalten wollen, den bereits verjährten Pflichtteilsanspruch gegen die vom Vater zur Alleinerbin eingesetzte Mutter auch dann noch geltend machen können, wenn sie nach dem Tod der Mutter deren Erben geworden sind, erscheint allerdings auch angesichts der Bestimmung des § 10 III (die mit dem Erbfall durch Vereinigung von Recht und Verbindlichkeit erloschenen Rechtsverhältnisse gelten als nicht erloschen) als durchaus fraglich (*Moench*, DStR 87, 139, 144, gegen FG Düsseldorf DStZ/B 54, 422). Jedenfalls entfällt die Abzugsmöglichkeit beim Nachlass der Mutter, wenn es an einer wirtschaftlichen Belastung der Erben der Mutter fehlt (FG München UVR 93, 55); anders jedoch mit Nachdruck *Muscheler*, ZEV 01, 384: „Diese Ansicht ist falsch".

53 **Problematik.** Da als Pflichtteil der Geldbetrag besteuert wird, der sich als Anteil des Pflichtteilsberechtigten an dem nach zivilrechtlichen

Pflichtteil 54 § 3

Grundsätzen festgestellten und bewerteten Nachlass ergibt, kann sich für den Pflichtteilsgläubiger eine gegenüber der Besteuerung des Erben nachhaltig erhöhte StBelastung ergeben. Denn dem Pflichtteilsgläubiger kommen die Verschonungsregelungen nicht zugute, die beim Erben zu einer weitgehenden Steuerfreistellung führen. Wird ein Unternehmensvermögen im Umfang von 30 Mio €, für das sich nach § 13a VIII eine 100%-Steuerfreistellung erreichen lässt, vom verwitweten Erblasser auf eines seiner beiden Kinder vererbt, während das andere sich mit dem Pflichtteil begnügen muss, dann kann der Erblasser damit vor Steuern eine Verteilung des Nachlasswertes im Verhältnis von 22,5 zu 7,5 oder von 3 zu 1 erreichen. Nach Steuern verbleiben dem Erben jedoch unverändert 22,5 Mio, während der Pflichtteilsberechtigte nach Abzug einer Steuerschuld von 1 610 000 Mio € nur knapp 5,9 Mio behält, so dass sich ein Verhältnis von 22,5 zu 5,9 oder von nahezu 4 zu 1 ergibt. Sieht man das Pflichtteilsrecht der Kinder als eine grundsätzlich unentziehbare wirtschaftliche Mindestbeteiligung am Nachlass des Erblassers an, das von der Erbrechtsgarantie des Art. 14 GG gewährleistet wird (BVerfG NJW 05, 1561), ist diese unterschiedliche Besteuerung nicht unproblematisch. Denn sie verschiebt die Quote am Nachlasswert, die dem Pflichtteilsberechtigten von Verfassungs wegen garantiert werden soll. Problematisch ist auch, dass die FinVerw (dazu unten § 10 Anm 57) die Abzugsfähigkeit der Pflichtteilsschuld in dem Umfang verneint, in dem sie aus dem Wert steuerfrei erworbener Nachlassposten abgeleitet ist, während eine entsprechende Aufteilung des Anspruchs beim Pflichtteilsgläubiger offenbar nicht stattfinden darf. Der 64. DJT hat diese Praxis kritisiert (Verh 64. DJT, Bd II/1 L 118). Soweit die ungünstige Behandlung der Pflichtteilsgläubiger darauf beruhte, dass ihnen besonders niedrige StWerte (zB für den Grundbesitz) nicht zugute kamen, ließ sich die StLast der Pflichtteilsgläubiger bisher dadurch begrenzen, dass sie auf den noch nicht geltend gemachten Pflichtteil verzichteten und für den Verzicht eine **günstiger besteuerte Abfindungsleistung** entgegennahmen. Dieser Weg wird sich bei dem jetzt weitgehend verschonten Betriebsvermögen in den Fällen nicht gehen lassen, in denen die FinVerw an ihrer Auffassung festhält, dass die Verschonungsregelungen auf Abfindungsleistungen nicht angewandt werden dürfen (dazu § 13a Anm 9). Im Regelfall wird gerade bei Nachlässen mit hohem Anteil von begünstigtem Betriebsvermögen die Besteuerung des Erben und die Besteuerung der Pflichtteilsgläubiger durchweg weit auseinander klaffen!

Der Pflichtteilsberechtigte kann durch Vertrag mit dem Erblasser auf 54 sein Pflichtteilsrecht **verzichten** (§ 2346 BGB); der Pflichtteilsanspruch kann auf diese Weise auch *modifiziert* werden, zB hinsichtlich der Bewertung des Nachlasses. Gegenwärtig wird darüber diskutiert, ob der

Pflichtteilsergänzungsanspruch (§ 2325 BGB), der zivilrechtlich als eigener Anspruch behandelt wird, von der Besteuerung „des geltend gemachten Pflichtteilsanspruchs (§ 2303 ff BGB)" miterfasst werden kann oder ob dieser Anspruch ohne besondere gesetzliche Regelung nicht besteuert werden darf. Gegen die Besteuerung haben sich insbesondere *Geck* (in *Kapp/Ebeling* § 3 Rz 226) und *Fischer* (§ 3 Rz 424) ausgesprochen. Doch gehört auch der Ergänzungsanspruch in den Bereich des Pflichtteils hinein. Die Verweisung auf die §§ 2303 ff BGB umfasst auch diesen Anspruch. Es sollte eher überlegt werden, ob die zivilrechtliche Einordnung als selbstständiger Anspruch wirklich sachgerecht sein kann. Eine so weitgehende Verselbstständigung dieses Anspruchs, dass er nicht mehr zu dem Bereich des in § 3 I Nr 1 angesprochenen Pflichtteilsanspruchs nach den §§ 2303 BGB gerechnet werden dürfte, kann jedenfalls nicht anerkannt werden (für Steuerpflicht ausdrücklich auch *Kipp* § 2 Anm 60; *Moench/Weinmann* 3 Rz 117; *Troll/Gebel* § 3 Rz 223).

55.–61. Schenkung auf den Todesfall (Abs 1 Nr 2 Satz 1)

55 **Gestaltungsformen.** Als Schenkung auf den Todesfall regelt § 2301 BGB das schenkweise erteilte Leistungsversprechen, das seinem Inhalt nach nur wirksam sein soll, wenn der Beschenkte den Schenker überlebt. § 2301 BGB unterscheidet zwei Fälle: Wird die Schenkung durch Leistung des zugewendeten Gegenstandes noch vor dem Tode des Schenkers vollzogen, so gilt das SchR (§ 2301 II BGB), andernfalls finden die Vorschriften über Verfügungen von Todes wegen Anwendung (§ 2301 I 1 BGB). Da § 2 I Nr 2 aF den Erwerb durch Schenkung auf den Todesfall zusammen mit dem Erwerb geregelt hatte, auf den die für Vermächtnisse geltenden Vorschriften des BGB Anwendung finden, diese aber nach § 2301 BGB nur auf **das zu Lebzeiten des Erblassers noch nicht vollzogene Versprechen** zur Anwendung gelangen, wurde auch nur dieses noch nicht vollzogene Versprechen als stpfl Schenkung auf den Todesfall angesehen (*Kipp* § 2 Anm 72, 74; RFH RStBl 31, 559 = RFHE 29, 137, 152; BFH BStBl III 61, 234). Doch war diese allein auf den Wortzusammenhang bezogene Argumentation noch nie sehr überzeugend (*Kegel,* Zur Schenkung von Todes wegen, 1972, 10). Sie hat nach der Neufassung des § 3 weiter an Zugkraft verloren.

56 Auch **das zu Lebzeiten des Erblassers vollzogene Versprechen** bleibt wegen der fortwirkenden Überlebensbedingung eine Schenkung auf den Todesfall iS des § 2301 BGB (*Staudinger-Boehmer,* 11. Aufl 1954, Einl § 26 Anm 14 vor § 1922 BGB), wird also von dem Wortlaut des § 3 I Nr 2 S 1 erfasst. Aus der Gegenüberstellung der Absätze 1 und 2 in § 2301 BGB unmittelbar eine Aussage über die stliche Behandlung der vollzogenen Schenkung herzuleiten, erscheint bedenklich. Denn die Unterscheidung, die § 2301 in seinen beiden Absätzen trifft, bezieht sich auf die Qualifikation des Rechtsgeschäfts als Schenkung oder Verfügung von Todes wegen, während es hier um die Qualifikation des Erwerbs als Erwerb durch Schenkung oder als Erwerb von Todes wegen mit jeweils unterschiedlicher StFolgen geht. Über die Angemessenheit derartiger StFolgen sagt die zivilrechtliche Unterscheidung nichts aus.

Wenn der in Frage stehende Vermögenstransfer allerdings zugleich die Merkmale einer **unter Lebenden ausgeführten freigebigen Zuwendung** iSd §§ 7 I Nr 1, 9 I Nr 2 aufweist, kommt auch eine Zuordnung zu den Erwerben unter Lebenden in Betracht. Doch setzen die Vorschriften § 7 I Nr 1 und § 9 I Nr 2 mit dem Tatbestandselement „unter Lebenden" gerade eine Abgrenzung zu den in § 3 geregelten Erwerben von Todes wegen voraus und deuten auf einen Vorrang der in § 3 normierten Erwerbstatbestände hin (zustimmend FG Hbg EFG 05, 793, 794). Nach einer Entscheidung des BFH (BStBl II 91, 181, 182) zu dieser Frage ist eine Schenkung auf den Todesfall iSd § 3 I Nr 2 S 1 zwar auch dann gegeben, wenn sich der Erwerb des Bedachten mit dem Tode des Erblassers ipso iure vollzieht, der Erblasser also zu Lebzeiten alles Erforderliche getan hatte, um mit seinem Tode den Rechtsübergang auf den Bedachten eintreten zu lassen. Ist der Rechtsübergang dagegen noch zu Lebzeiten des Erblassers bewirkt, aber unter die auflösende Bedingung des Vorversterbens des Bedachten gestellt worden, so hält der BFH § 7 für einschlägig.

Charakteristische Merkmale. Zu den Voraussetzungen der Schenkung auf den Todesfall iS des § 2301 BGB gehört, dass ein Schenkungsversprechen iS des BGB-Schuldrechts (§ 518 I BGB) oder ein ihm gleichstehendes schenkweise erteiltes abstraktes Schuldversprechen/Schuldanerkenntnis (§ 2301 I 2 BGB) vorliegt, also ein Vertrag, der neben der Einigung über die vom Schenker zugesagte Leistung auch die Übereinkunft der Vertragspartner über die Unentgeltlichkeit der Zuwendung enthält (§ 516 I BGB; Näheres dazu unten Anm 59 f). Unter Nr 2 S 1 fallen nur Verträge, die auf unmittelbare Zuwendungen gerichtet sind. Schenkungen auf den Todesfall durch Vertrag zugunsten Dritter werden durch § 3 I Nr 4 erfasst (FG Hbg EFG 05, 793). Ferner müssen die Vertragspartner vereinbart haben, dass das Schenkungsversprechen unter einer Überlebensbedingung stehen soll. Die Überlebensbedingung fasst drei Voraussetzungen für die Wirksamkeit des Schenkungsversprechens in sich zusammen. Sie bestimmt zum einen, dass die Wirksamkeit des Versprechens bis zum Tod des Erstversterbenden, des Schenkers oder des Beschenkten, in der Schwebe sein soll, sie besagt zum zweiten, dass das Versprechen beim Vorversterben des Beschenkten unwirksam wird, und sie stellt zum dritten fest, dass das Versprechen mit dem Vorversterben des Schenkers endgültig wirksam werden soll. Ob die Bedingung als aufschiebende oder als auflösende formuliert ist, macht dabei aus zivilrechtlicher Sicht keinen Unterschied. Doch kann § 3 I Nr 2 S 1 auf eine unter Lebenden ausgeführte, auflösend bedingte Zuwendung keine oder jedenfalls keine uneingeschränkte Anwendung finden; insoweit haben die §§ 7 und 9 II Vorrang (BFH BStBl II 91, 181 und oben Anm 57). Die versprochene Leistung ist danach im Zweifel erst von den Erben des Schenkers und nur an den Beschenkten selbst, nicht an die Erben des Beschenkten, zu erbringen; hat der Schenker das Versprechen noch zu Lebzeiten erfüllt, so bedeutet dies, dass die Erben des Beschenkten, wenn dieser vor dem Schenker verstirbt, zur Rückgewähr verpflichtet sind. Ein Schenkungsversprechen, das auf jeden Fall wirksam werden soll, allerdings erst mit dem Tod des Schenkers, ist ein befristetes Versprechen und steht als solches nicht unter der Überlebensbedingung, die in § 2301 BGB vorausgesetzt wird. Es erfüllt nicht die Merkmale einer Schenkung auf den Todesfall (FG München EFG 04, 437; 663). Zur Abgrenzung zwischen Schenkung unter Überlebensbedingung und auf den Tod des Schenkers befristeter Schenkung vgl ferner BGHZ 99, 97. Wenn von zwei Gesamtgläubigern, die bis zum Tod des Längstlebenden zusammen monatlich 11.600 DM von einer Kirchengemeinde verlangen konnten, der eine stirbt, so dass die Rente nunmehr dem anderen allein zusteht, so ist der Tod des Erstverstorbenen zwar mit einem Vorteil für den Längstlebenden verbunden, dieser ist ihm auch beim Tod des Erstverstorbenen unentgeltlich zugefallen, dennoch kann man nicht annehmen, dass der Vorteil dem Längstlebenden von dem Erstverstorbenen durch Schenkung auf den Todesfall zugewandt worden ist (BFH BStBl II 01, 245).

59 **Bereicherungswille.** Da zum Schenkungsversprechen iS des § 2301 BGB die Übereinkunft der Vertragspartner über die Unentgeltlichkeit der Zuwendung gehört, kann es ohne den Willen des Zuwendenden, eine unentgeltliche Zuwendung vorzunehmen, ein Schenkungsversprechen iS des § 2301 BGB nicht geben. Dieser Zusammenhang ist von der Rechtsprechung des RFH (RStBl 31, 559 = RFHE 29, 137) und des BFH (BStBl III 61, 234) lange Zeit verkannt worden, wenn es dort hieß, dass ein Bereicherungswille des Zuwendenden bei der Schenkung auf den Todesfall nicht erforderlich sein soll. Der RFH hatte seine Auffassung damit begründet, dass § 2301 I BGB auf das nichtvollzogene Schenkungsversprechen auf den Todesfall die Vorschriften über Verfügungen von Todes wegen zur Anwendung kommen lasse. Damit werde die Schenkung auf den Todesfall einer Erbeinsetzung oder einem Vermächtnis und damit einem kraft Gesetzes unentgeltlichen Erwerb gleichgestellt, bei dem es auf den Willen des Zuwendenden nicht ankommt. Aus den Rechtsfolgen, die sich nach § 2301 BGB ergeben, kann jedoch nicht auf die Voraussetzungen zurückgeschlossen werden, unter denen der Tatbestand einer Schenkung auf den Todesfall verwirklicht ist.

60 Nachdem die instanzgerichtliche Judikatur schon seit einiger Zeit begonnen hatte, sich von den wenig überzeugenden höchstrichterlichen Präjudizien zu lösen (vgl FG Münster als Vorinstanz zu BFH BStBl II 85, 59; FG Münster EFG 90, 321; aM Nds FG EFG 89, 296, 297), hat der **BFH** sodann durch Urteil vom 5. 12. 1990 (BStBl II 91, 181) seine **Rechtsprechung geändert** und entschieden: Die Schenkung auf den Todesfall iSv § 3 Abs 1 Nr 2 S 1 ErbStG setzt voraus, dass die Zuwendung zu einer Bereicherung führt, was nach bürgerlich-rechtlichen Maßstäben zu beurteilen ist, und dass die Beteiligten sich über die Unentgeltlichkeit der Zuwendung einig sind (zustimmend FG Düsseldorf EFG 06, 1447).

61 Als Folge dieser RsprÄnderung konnte man daran denken, die vom BFH zur Besteuerung der **gemischten Schenkung und der Schenkung unter Auflage** entwickelten Grundsätze (s § 7 Anm 27 ff) auch auf die Schenkung auf den Todesfall anzuwenden (*Rid*, DStR 91, 377; *Troll/Gebel* § 3 Rz 245). *Moench/Weinmann* (§ 3 Rz 132) verweist demgegenüber auf § 10 I 2, wobei er die Rspr zur gemischten Schenkung als Abweichung von der durch § 10 I 2 vorgesehenen uneingeschränkten Abzugsfähigkeit der Nachlassverbindlichkeiten versteht. Doch kann man der Rspr auch einen anderen Sinn beilegen. Sie weicht nicht von § 10 I 2 ab, sondern betrifft nur die Auslegung des § 7. Und zwar beschränkt sie bei der Auslegung des § 7 die freigebige Zuwendung auf den unentgeltlichen Geschäftsteil des gemischten Geschäfts. Diesem unentgeltlichen Geschäftsteil steht dann keine Nachlassverbindlichkeit gegenüber. Weil das Entgelt bei dieser Auslegung nicht mit der freigebigen Zuwendung zusammengehört, hat es auch nicht den Charakter einer Erwerbsschmälerung und ist daher von vornherein nicht abzugsfähig. Die Rspr des BFH zur gemischten Schenkung stellt bei dieser Interpretation keine Abweichung von § 10 I 2 dar (vgl auch § 7 Anm 31). So kann sie auch bei Erwerben von Todes wegen, die keine Abweichung von § 10 I 2 erlauben, zur Anwendung kommen.

62.–70. Anteilsübergang im Gesellschaftsrecht
(Abs 1 Nr 2 Sätze 2 und 3)

62 **Anteilsübergang im Personengesellschaftsrecht.** Die im Anschluss an einen Vorschlag der StReformkommission (Gutachten 1971 VII Rz 224) in das Gesetz eingefügte Bestimmung will den Vorteil besteuern, der den verbleibenden Gesellschaftern oder der Gesellschaft zufällt, wenn ein Gesellschafter von Todes wegen ohne vollwertige Abfindung aus der Gesellschaft ausscheidet. Die Vorschrift befasst sich nicht mit der Besteuerung des Abfindungserwerbs, sondern regelt die Besteuerung derjenigen, die dadurch begünstigt werden, dass eine nichtvollwertige Abfindung an die Stelle des Gesellschaftsanteils tritt. Zum Ausscheiden eines Gesellschafters von Todes wegen und zur Umwandlung seiner Gesellschaftsbeteiligung in einen Abfindungsanspruch kommt es dann, wenn die Beteiligung nicht vererblich gestellt ist, sondern beim Tod des Gesellschafters auf die anderen Gesellschafter oder auf die Gesellschaft übergehen soll. Gedacht ist dabei zunächst an das Personengesellschaftsrecht. Das Personengesellschaftsrecht kennt allerdings keinen Erwerb eigener Anteile durch die Gesellschaft. Einen Übergang des Anteils auf die Gesellschaft kann es daher hier nicht geben. Auch ein Übergang des Anteils auf die anderen Gesellschafter kommt im Wortsinn nicht in Betracht, da kein Gesellschafter zu seinem Anteil allein oder mit anderen einen weiteren selbstständigen Anteil an der Gesellschaft erwerben kann. Doch entspricht dem Übergang des Anteils in den Wirkungen die Ausdehnung der Rechtsstellung der übrigen Gesellschafter, die sich beim Tod eines Mitgesellschafters durch Anwachsung ergibt (§ 738 I 1 BGB), wenn gesetzlich oder vertraglich eine Fortsetzung der Gesellschaft unter den verbleibenden Gesellschaftern vorgesehen ist und der Anteil nicht durch eine Nachfolgeklausel in den Erbgang gelangt. Die Anwachsung bewirkt eine Ausdehnung der dem Anteil der verbleibenden Gesellschafter zugeordneten Vermögenssubstanz, so dass sie als Anteilsübergang iS des Abs 1 Nr 2 S 2 gedeutet werden kann.

63 Zur Anwachsung des Anteils eines verstorbenen Gesellschafters kommt es in einer **zweigliedrigen Gesellschaft** auch dann, wenn der Gesellschaftsvertrag für den Fall des Todes eine **Übernahmeklausel** enthält, nach der dem überlebenden Gesellschafter das Gesellschaftsvermögen nunmehr allein zustehen soll. Auf einen solchen Fall nehmen auch die Gesetzesmaterialien Bezug (BTDrs 6/3418, 62, unter Hinweis auf RFH RStBl 35, 1061). Im Fall der Übernahmeklausel wird die Gesellschaft jedoch mit dem Tod des Gesellschafters beendet (vgl BFH BStBl II 81, 293), während Abs 1 Nr 2 S 2 eine Regelung für den Anteilsübergang auf die Gesellschaft oder auf Gesellschafter trifft, also mit dem Fortbestehen der Gesellschaft zu rechnen scheint. Im Übrigen kommt es bei einer Anwachsung auf Grund der Übernahmeklausel auch nicht zu einem Erwerb durch „die anderen Gesellschafter" (Plural!), so dass Abs 1 Nr 2 S 2 jedenfalls der Textfassung nach nicht genau passt. **Dennoch hat der BFH** (BStBl II 92, 925, 928) zu der Parallelvorschrift des § 7 VII **entschieden,** dass die Bestimmung auch im Fall der Übernahmeklausel bei zweigliedriger Gesellschaft zur Anwendung zu bringen ist (§ 7 Anm 143), was auch bei der Auslegung des § 3 I Nr 2 S 2 beachtet werden muss.

Dass ein **Anteilsübergang** nach § 3 I Nr 2 S 2 **auf die Personengesellschaft selbst ausgeschlossen** ist, verdient besondere Hervorhebung. Ein Erwerb durch die Personengesellschaft selbst kann im Fall des § 3 I Nr 2 S 2 auch nicht damit begründet werden, die Gesellschaft sei Schuldnerin des Abfindungsanspruchs der Erben des verstorbenen Gesellschafters gem § 738 I 2 BGB, so dass ein Ausschluss oder eine Beschränkung dieses Anspruchs (s unten Anm 66) das Gesamthandsvermögen der Gesellschaft, nicht aber die einzelnen Gesellschafter bereichere. Das Ausscheiden des verstorbenen Gesellschafters – hieran und nicht an den Abschluss des die Abfindung beschränkenden Gesellschaftsvertrages knüpft der StTatbestand an – bewirkt nämlich keine Veränderung des Gesellschaftsvermögens, insb wird die Gesellschaft nicht (ganz oder teilweise) von einer Abfindungsverbindlichkeit befreit, da ein (vollwertiger) Abfindungsanspruch im Fall des § 3 I Nr 2 S 2 erst gar nicht zur Entstehung gelangt. Der Umstand, dass eine Belastung nicht (in voller Höhe) eintritt, kann aber nicht mit einem Erwerb gleichgesetzt werden. Einer Veränderung unterliegt lediglich der Anteil der verbleibenden Gesellschafter am Gesellschaftsvermögen, der sich durch Anwachsung gem § 738 I 1 BGB erhöht. Dass der einzelne Gesellschafter über den ihm angewachsenen Vermögensvorteil nicht ohne Weiteres verfügen (§ 719 I BGB) und dass er diesen Vermögensvorteil auf Grund der gesellschaftsvertraglichen Abfindungsbeschränkung wieder verlieren kann, wenn er selbst ausscheidet, ändert nichts daran, dass zunächst eine stbare Bereicherung des durch die Anwachsung begünstigten Gesellschafters gegeben ist (vgl §§ 9 II 3 u III, 5 I 1 BewG).

Anteilsübergang im Recht der GmbH. Schon die ältere Fassung des Abs 1 Nr 2 S 2, die uneingeschränkt von Gesellschaft, Gesellschaftern und Gesellschaftsvertrag sprach und die die Möglichkeit eines Erwerbs von Gesellschaftsanteilen durch die Gesellschaft selbst ins Auge fasste, deutete daraufhin, dass auch der Anteilsübergang im Recht der GmbH von dieser Regelung umfasst sein sollte. Allerdings geht im Recht der GmbH der Geschäftsanteil des Gesellschafters bei dessen Tod notwendig zunächst auf die Erben über. Ein direkter Übergang auf die nicht zu den Erben gehörenden Gesellschafter oder auf die Gesellschaft kommt hier nicht in Betracht. Daher gab es Anwendungszweifel. Diese Zweifel sind durch die Neufassung des Satzes 2 durch das StEntlG 1999/2000/2002 (BGBl I 99, 402) beseitigt worden. Die FinVerw (R E 3.4 III ErbStR) verdeutlicht, dass sich Satz 2 im Recht der Kapitalgesellschaften auf gesellschaftsvertragliche Vereinbarungen bezieht, durch die die Erben verpflichtet werden, den durch Erbanfall erworbenen Geschäftsanteil auf die Gesellschafter oder die Gesellschaft gegen eine Abfindung zu übertragen, die geringer ist als der sich nach § 12 I und II ergebende steuerliche Wert des Anteils. Zugleich ist in dem **neu eingefügten Satz 3** der Fall einer **Einziehung des Geschäftsanteils** beim Tod des Gesellschafters gegen unterwertige Abfindung noch einmal ausdrücklich genannt. Weil umstritten war, ob die Gesellschaft oder ob die Gesellschafter durch eine solche Einziehung bedacht würden, wird jetzt ausdrücklich die Werterhöhung der Geschäftsanteile der Gesellschafter als steuerpflichtiger Vorgang charakterisiert.

66 Abfindungsbeschränkung. Besteuert wird der Anteilsübergang nur insoweit, als der StWert des Anteils, der sich nach § 12 ergibt, Abfindungsansprüche Dritter übersteigt. Abfindungsansprüche Dritter, gemeint sind die Gesellschafter-Erben, entstehen nach § 738 I 1 BGB an sich in Höhe des vollen Wertes der Gesellschaftsbeteiligung. In der Praxis sind jedoch Vertragsklauseln verbreitet, die die Höhe der Abfindung begrenzen. Das Gesetz gibt zu erkennen, dass solche Klauseln, selbst wenn sie den Abfindungsbetrag unter den StWert des Anteils drücken, für wirksam gehalten werden können (vgl auch § 7 V). Die Regelung geht von dem Bestehen von Abfindungsansprüchen aus. Ihre Anwendung wird aber auch für den Fall befürwortet, dass die Zahlung einer Abfindung durch den Gesellschaftsvertrag ganz ausgeschlossen wurde. Die Vorschrift ist unabhängig davon anwendbar, ob die Abfindungsbeschränkung ausschließlich für den Todesfall oder auch für den Fall des Ausscheidens des Gesellschafters zu dessen Lebzeiten, zB durch Kündigung, vereinbart ist (FG München EFG 90, 433). Die Besteuerung soll nur eingreifen, wenn die Abfindungsansprüche den Wert des Anteils nicht erreichen, so dass sich eine Wertdifferenz zugunsten der Anteilserwerber ergibt. Dabei sollte nach der ursprünglichen Konzeption der Vorschrift nicht die ganze Wertdifferenz zwischen dem Anteilswert und der Höhe der Abfindungsansprüche steuerlich erfasst werden. Vielmehr ging der Gesetzgeber davon aus, dass der StWert des Anteils deutlich unter dem Verkehrswert des Anteils liegt. Die Abfindungsansprüche konnten daher den Verkehrswert des Anteils nachhaltig unterschreiten, ohne eine Besteuerung auszulösen. Erst wenn die Abfindungsansprüche nicht nur unter dem Verkehrswert, sondern auch noch unter dem StWert des Anteils lagen, sollte es zu einer Besteuerung kommen. Und es sollte dann auch nur die Differenz zwischen dem Wert des Abfindungsanspruchs und dem StWert des Anteils der Besteuerung unterliegen. Nunmehr hat das ErbStRG 2009 die StWerte dem Verkehrswert angeglichen. Damit ist eine in den Text des § 3 I Nr 2 S 2 eingebaute Beschränkung des StZugriffs entfallen. Soweit es keine Differenz zwischen dem Verkehrswert und dem StWert des

Anteils mehr gibt, wird nun die volle Differenz zwischen dem Abfindungsanspruch und dem Verkehrswert des Anteils steuerlich erfasst. Damit ist es auch an dieser Stelle zu einer verdeckten Ausweitung des Besteuerungsprogramms gekommen, zu dessen Rechtfertigung der Gesetzgeber allerdings leider keine Begründung mitgeliefert hat.

Die Bestimmung greift nur ein, wenn der StWert des Anteils den Abfindungsbetrag übersteigt. Bei der **Ermittlung des StWertes** ist zu beachten, dass § 7 V 2 zu einer Berichtigung der Bewertung bei einer geschenkten Beteiligung im Personengesellschaftsrecht nötigen kann (§ 7 Anm 130). § 7 V gilt jedoch nur für Anteile, die durch Schenkung unter Lebenden erworben wurden, und passt nicht auf die Weitergabe von Anteilen, die dem Gesellschafter nach § 3 I Nr 2 S 2 zugewachsen sind. Wird daher bei einem Gesellschaftsvertrag mit allseitiger Abfindungsbeschränkung der beim ersten Todesfall von einem Gesellschafter nach § 3 I Nr 2 S 2 erworbene Anteil bei dessen Tod an die anderen Gesellschafter weitergegeben, so ist der Wert des weitergegebenen Anteils nicht nach § 7 V 2 zu korrigieren. 67

Bewusstsein und Wille des Zuwendenden. Die Schenkung auf den Todesfall setzt das Bewusstsein und den Willen des Schenkers zur unentgeltlichen Zuwendung voraus (oben Anm 59 ff). Nach Abs 1 Nr 2 S 2 gilt der Anteilsübergang als Schenkung auf den Todesfall. Fraglich ist, ob damit auch für die Besteuerung des Anteilsübergangs das Bewusstsein und der Wille zur unentgeltlichen Zuwendung geprüft werden muss. Folgt man den Gesetzesmaterialien (BTDrs 6/3418, 62), so wollte der Gesetzgeber mit der neuen Bestimmung nur zu der Rspr des RFH (RStBl 35, 1061) zurückkehren, die den Anteilsübergang unter dem Gesichtspunkt der Schenkung auf den Todesfall gewürdigt hatte, während der BFH (BStBl III 53, 199) den Gesichtspunkt der Schenkung unter Lebenden für sachgerechter hielt. Die neue Bestimmung sollte damit nur zu einer Streitfrage aus dem Bereich des SchRechts Stellung nehmen, ohne den Rahmen des SchRechts zu verlassen. Der Gesetzgeber interessierte sich für die schenkungsrechtliche Systematik, weil er davon ausging, dass als Gegenstand der Schenkung unter Lebenden nur die schwer abschätzbare Bereicherung gelten kann, die den anderen Gesellschaftern oder der Gesellschaft beim Abschluss des Gesellschafts- und Schenkungsvertrages als Chance eines künftigen Erwerbs zufällt, während als Gegenstand der Schenkung auf den Todesfall relativ einfach die Bereicherung zu ermitteln ist, die mit dem Tod auf die anderen Gesellschafter oder die Gesellschaft tatsächlich übergeht. 68

Zuordnung zum Schenkungsrecht. Dass der Gesetzgeber mit der Neuregelung den schenkungsrechtlichen Rahmen nicht verlassen und 69 damit auch die für jede Schenkung konstitutiven Merkmale des Bewusstseins und des Willens zur unentgeltlichen Zuwendung nicht aus den Besteuerungsvoraussetzungen herauslösen wollte, lässt sich an der Bemerkung aus den Gesetzesmaterialien ablesen, dass in dem nunmehr ausdrücklich angeordneten Sinn „bereits auf Grund der Rechtsprechung des RFH zu verfahren" war (BTDrs 6/3418, 62). Denn auf Grund der Rspr des RFH war der Anteilsübergang nur unter den Voraussetzungen des § 2301 BGB stpfl, und das in der Gesetzesbegründung herangezogene Urteil (RStBl 35, 1061) hatte denn auch – unter Hinweis auf das abweichende Gutachten des RFH RStBl 31, 559 – neben der Bereicherung den Willen zur unentgeltlichen Zuwendung als Merkmal des Schenkungstatbestandes ausführlich geprüft.

70 **Die Rechtsprechungslinie des BFH.** Ohne Auseinandersetzung mit dem erbschaftsteuerlichen Schrifttum hat der BFH jedoch entschieden, dass **das subjektive Merkmal des Bewusstseins der Unentgeltlichkeit nicht zum Tatbestand des § 3 I Nr 2 Satz 2 gehört** (BFH BStBl II 92, 912; BFH/NV 93, 101). Die Begründung dieser Entscheidung ist knapp. Zwar wirke die gesellschaftsvertragliche Vereinbarung wie ein Schenkungsversprechen. Die gesellschaftsrechtliche Einkleidung der Zuwendung schließe es jedoch aus, sie unmittelbar dem SchRecht zuzuordnen. Das Gesetz stelle den Anteilsübergang nur im Wege der Fiktion der Schenkung auf den Todesfall gleich. Daraus folge, dass das Bewusstsein der Unentgeltlichkeit nicht notwendig zum Tatbestand des § 3 I Nr 2 S 2 gehört. Das Gericht beschränkt sich im Übrigen auf die Abwehr von Gegenargumenten: Der Sinnzusammenhang der Regelung stehe der neuen Interpretation nicht in einer Weise entgegen, dass diese nicht vertretbar wäre. Dem Gesetzgeber sei es nicht verwehrt gewesen, eine Regelung im Sinne der neuen Interpretation zu schaffen. Vergebens sucht man nach Gründen, die positiv für die neue Linie sprechen. Zweifellos hat das Gericht einen klaren und einfachen Weg zur Handhabung der Regelung mit seiner Rspr gefunden. Die Frage bleibt nur, ob denn auch die Richtung dieses einfachen und klaren Weges stimmt.

71., 72. Vermächtnisgleicher Erwerb (Abs 1 Nr 3)

71 Zu den Erwerben, auf die die für Vermächtnisse geltenden Vorschriften des BGB Anwendung finden und die in der zivilrechtlichen Nomenklatur üblicherweise unter der Bezeichnung **„gesetzliches Vermächtnis"** zusammengefasst werden, zählt das Recht des überlebenden Ehepartners, die zum ehelichen Haushalt gehörenden Gegenstände zu übernehmen (§ 1932 BGB; sog Voraus; im Regelfall steuerfrei nach § 13 I Nr 1), das der Rechtsstellung des überlebenden Ehegatten angeglichene Recht auf den Voraus des überlebenden eingetragenen Lebenspartners (§ 10 I LPartG), der Anspruch auf Kost und Logis, den die im Haushalt lebenden Familienmitglieder in den ersten 30 Tagen nach dem Erbfall gegen den Erben geltend machen können (§ 1969 BGB; sog Dreißigster; nach § 13 I Nr 4 steuerfrei), sowie der seltene Anspruch aus einer letztwilligen Verfügung im Bereich der fortgesetzten Gütergemeinschaft gem § 1514 BGB. Ob auch der Anspruch auf Ausbildungsmittel, der den durch den Zugewinnausgleich benachteiligten Stiefabkömmlingen nach § 1371 IV BGB zusteht, als gesetzliches Vermächtnis gedeutet werden kann, obwohl § 1371 IV BGB nicht ausdrücklich auf die Vorschriften des Vermächtnisrechts verweist, erscheint eher zweifelhaft.

Im **Höferecht** qualifiziert der BFH (BStBl II 77, 79; 730) den Abfindungsergänzungsanspruch eines Miterben gegen den Hoferben, der den Hof innerhalb von 20 Jahren nach dem Erwerb durch Erbfolge veräußert (§ 13 I HöfeO, BGBl I 76, 1933), als gesetzliches Vermächtnis. Der Abfindungsanspruch selbst, der im Höferecht den weichenden Erben zusteht, die von der Hoferbfolge ausgeschlossen sind, beurteilt der BFH (BStBl II 92, 669) dagegen nicht als selbstständig stpfl Erwerb. Vielmehr werden die Miterben mit einem Anteil am Nachlass erfasst. Zum Nachlass wird auch der Hof gerechnet. Die Zuweisung des Hofes an den Hoferben wird wie eine sich kraft Gesetzes vollziehende Teilungsanordnung eingestuft, die erbschaftsteuerlich bedeutungslos ist.

73.–94. Erwerb durch Vertrag zugunsten Dritter (Abs 1 Nr 4)

Schrifttum: *Lehmann*, Die Erbschaftsteuerung von Versicherungsverträgen, ZEV 04, 398; *Götz*, Erbschaftsteuerliche Behandlung von Witwenrenten von Gesellschafter-Geschäftsführern, INF 05, 225; *Gebel*, Mittelbare Schenkung einer Versicherungssumme durch unentgeltliche Einräumung eines Bezugsrechts aus einer Kapitallebensversicherung, ZEV 05, 236; *Fuhrmann/Demuth*, Bezugsrecht von Kapitallebensversicherungen zugunsten naher Angehöriger, ErbStB 05, 355; 06,13; *Vorwold*, Der Vertrag zgg Dritter auf den Todesfall, ErbStB 06, 22; *Worgulla*, Die Übertragung von Lebensversicherungen, ErbStB 08, 234; *Wall*, Wider die herrschende Meinung: Forderungsvermächtnis statt Schenkung im Valutaverhältnis des Vertrags zugunsten Dritter auf den Todesfall, ZEV 11, 3.

Vertraglicher Erwerb. Aufgrund eines vom Erblasser geschlossenen Vertrages wird nach Abs 1 Nr 4 nur der Vermögensvorteil erworben, der dem Begünstigten nicht schon durch Erbfolge oder Vermächtnis zufällt. Ein Erwerb nach Abs 1 Nr 4 ist daher nicht vorhanden, wenn jemand auf der Grundlage eines Erbvertrages einen Vermögensvorteil als Erbe oder Vermächtnisnehmer erhält. Nach Nr 1 und nicht nach Nr 4 richtet sich die Besteuerung auch dann, wenn der Anspruch auf die Versicherungsleistung aus einem Lebensversicherungsvertrag, für die ein Bezugsberechtigter nicht benannt war, im Wege der Erbfolge auf die Erben übergeht (vgl BFH BStBl III 60, 54; BGHZ 32, 44), wenn der Anspruch auf Auskehrung der vom Versicherungsnehmer eingezogenen Versicherungssumme in der Insassen-Unfallversicherung in den Nachlass des Verunglückten fällt (BFH BStBl III 63, 187; BStBl II 94, 36) oder wenn der Erbe eines Handelsvertreters mit dessen Tod im Wege der Erbfolge einen Ausgleichsanspruch gegen den Unternehmer gem § 89b HGB gewinnt (BFH BStBl III 62, 335). Zur Erbfolge und nicht zum Erwerb auf Grund eines vom Erblasser geschlossenen Vertrages gehört ferner der Abfindungsanspruch, der den Erben eines mit dem Tod ausscheidenden Personengesellschafters gegen die anderen Gesellschafter gem § 738 BGB zusteht. Der Wertausgleichsanspruch, den die Rspr (BGHZ 68, 225, 238; vgl auch BFH BStBl II 81, 614) den nicht zur Gesellschafternachfolge zugelassenen Miterben im Fall der sog qualifizierten Nachfolgeklausel im Personengesellschaftsrecht zuerkennt, ist überhaupt kein selbstständiger stpfl Erwerb. Sein Wert wird vielmehr in dem den Miterben zuzurechnenden Nachlassanteil ohne Weiteres miterfasst und fällt daher in den Erwerb durch Erbanfall (oben Anm 19). Dagegen ist nicht ausgeschlossen, dass ein Erbe neben dem Erwerb durch Erbfolge noch einen weiteren, nach Abs 1 Nr 4 stpfl Erwerb erhält (RFH RStBl 31, 824; 33, 1087). Ein derartiger, außerhalb der Erbfolge stehender Erwerb liegt zB vor, wenn im Gesellschaftsvertrag einer KG für die Witwe eines Komplementärs eine Witwenrente festgesetzt ist (BFH BStBl II 77, 420; 86, 265), wenn der Übernehmer eines OHG-Gesellschaftsanteils auf Grund des Übernahmevertrages eine Rente an die Witwe des früheren OHG-Gesellschafters zu leisten hat (BFH BStBl II 83, 775) oder wenn der Erblasser in einem Lebensversicherungsvertrag als Bezugsberechtigte „die Erben" benannt hat, weil das Bezugsrecht den Erben unabhängig von der Annahme oder Ausschlagung der Erbschaft zufällt (§ 160 II 2 VVG). Immer muss jedoch ein Vertrag des Erblassers zugrunde liegen. Ein einseitiges Rechtsgeschäft des Erblassers erfüllt den Tatbestand des § 3 I Nr 4 nicht (aM FG Bremen DStRE 11, 361, 362). Abzugrenzen ist der Erwerb nach nach Abs 1 Nr 4 im Übrigen auch von dem auf öffentlich-rechtlichen Gesetzesnormen beruhenden, nicht steuerbaren Erwerb von Leistungsansprüchen gegen die Träger der Sozialversicherung, namentlich von Ansprüchen auf Hinterbliebenenrente (näher unten Anm 84 ff).

74 **Erwerb beim Tod des Erblassers.** Zu den Vermögensvorteilen, die erst beim Tod des Erblassers erworben werden, rechnet die Rspr den Anspruch aus einer vom Erblasser abgeschlossenen Lebensversicherung auf den Todesfall auch dann, wenn der Begünstigte schon vor dem Tod des Versicherungsnehmers **unwiderruflich** zum **Bezugsberech-**

tigten benannt war (RFH RStBl 42, 555; BFH BStBl III 52, 240; DStRE 00, 36), weil die Versicherungssumme, die der Erblasser dem Begünstigten zuwenden wollte, erst mit dem Todeszeitpunkt verlangt werden kann. Mit einer vergleichbaren Begründung wird die Bezugsberechtigung aus einer Todesfallversicherung selbst dann dem Erwerb nach Abs 1 Nr 4 zugezählt, wenn der Versicherungsnehmer noch zu seinen Lebzeiten die Rechte aus dem Versicherungsvertrag **an den Begünstigten abgetreten** hatte, aber durch eigene Prämienzahlungen weiterhin dafür sorgte, dass dem Begünstigten beim Eintritt des Versicherungsfalls die ganze Versicherungssumme zufiel (BFH BStBl III 53, 247 gegen RFH RStBl 43, 251).

Ein steuerbarer Erwerb scheidet dagegen aus, wenn die **Versicherungssumme an den Versicherungsnehmer** (= Versprechensempfänger) ausgezahlt wird, mag dieser auch die Versicherung auf das Leben einer anderen Person genommen haben. Steuergünstig ist es daher, wenn die Person, die wirtschaftlich sichergestellt werden soll, selbst als Versicherungsnehmer auftritt, während derjenige, dessen Einkommenswegfall abzusichern ist, Versicherter wird. Im Einzelfall kann allerdings ein Gestaltungsmissbrauch (§ 42 AO) zu prüfen sein, wenn der Versicherte dem Versicherungsnehmer die Mittel zur Prämienzahlung zur Verfügung stellt (*Kottke,* DB 90, 2446, 2447). Unter Ehegatten dürfte jedoch auch eine solche Gestaltung anzuerkennen sein, soweit sie sich im Rahmen einer unterhaltsrechtlich geschuldeten angemessenen Vorsorge (vgl unten Anm 85) hält. Dabei ist zu berücksichtigen, dass hier im Unterschied zum Vertrag zugunsten Dritter auf den Todesfall der unterhaltsverpflichtete Ehegatte bereits zu seinen Lebzeiten ein endgültiges Vermögensopfer erbringt, beide Gestaltungsformen sich also nicht nur rechtlich, sondern auch in der wirtschaftlichen Zielrichtung voneinander unterscheiden.

Zwecks **Abdeckung zu erwartender hoher ErbStVerbindlichkeiten** wird der Abschluss einer Lebensversicherung durch den zukünftigen Erben als Versicherungsnehmer auf das Leben des Erblassers als Versicherter empfohlen (*Kleeberg,* BB 89, 2448, 2451). Soll zur Entlastung eines künftigen Erben finanzielle **Vorsorge für Abfindungszahlungen** an weichende Miterben getroffen werden, so kommt neben dem vorgenannten Modell auch der Abschluss einer Versicherung durch den Erblasser selbst zugunsten des übernehmenden Miterben in Betracht, da der aus dem Zufluss der Versicherungssumme resultierende zusätzliche stpflichtige Erwerb durch die Belastung mit abzugsfähigen Abfindungsverbindlichkeiten neutralisiert wird.

Bei einer sog **Versicherung auf verbundene Leben,** bei der zwei oder mehr Personen – idR ein Ehepaar – sich gemeinschaftlich in der

Weise versichern, dass die Versicherungssumme beim Tod des Erstversterbenden fällig wird, fehlt es insoweit an einem steuerbaren Erwerb, als der überlebende Teil im Innenverhältnis die Prämienzahlung getragen hat; unter Ehegatten ist dabei grundsätzlich von einer Halbteilung auszugehen (R E 3.6 III ErbStR).

78 Als **Vermögensvorteil** ist dem Wortlaut nach jedes Wirtschaftsgut stpfl, das unter den Voraussetzungen des Abs 1 Nr 4 an den Erwerber gelangt. Dabei ist vornehmlich an den Anspruch zu denken, den der Begünstigte aus einem berechtigenden (echten) Vertrag zugunsten Dritter auf den Todesfall gem § 331 BGB erwirbt. Die FinVerw (DB 93, 2160) rechnet jedoch auch Leistungen hierher, die vom Begünstigten ohne Rechtsanspruch erworben werden. Nach Auffassung des RFH war uU auch die nicht durch einen Rechtsanspruch abgesicherte Begünstigung aus einem unechten Vertrag zugunsten Dritter als Vermögensvorteil iS des Abs 1 Nr 4 zu werten, wenn sich aus ihr eine im wirtschaftlichen Ergebnis vergleichbare Position ergab (RFH RStBl 41, 222). Demgegenüber sollen jedoch nach der Rspr des BFH „wiederkehrende Bezüge nur dann von dieser Vorschrift erfasst werden, wenn unmittelbar mit dem Tode des Erblassers ein Anspruch auf die künftigen Bezüge entsteht" (BFH BStBl II 77, 420, 421).

79 Die Reichweite des in § 3 I Nr 4 normierten Besteuerungstatbestandes hängt nicht unwesentlich von der Frage ab, welche Bedeutung dem **Valutaverhältnis** zukommt, auf dem die Zuwendung des Erblassers (Versprechensempfängers) an den vertraglich begünstigten Dritten beruht. Seit dem Gutachten des RFH vom 21. 5. 1931 (RFHE 29, 137, 153 f) galt es lange Zeit als unbestritten, dass eine Besteuerung gemäß § 3 I Nr 4 nur dann Platz greift, wenn es sich im Verhältnis zwischen dem Erblasser und dem Dritten um eine freigebige Zuwendung handelt (FG Rh-Pf EFG 81, 246; FG München EFG 83, 71).

80 Dieser Linie folgend handelt es sich nicht um einen steuerbaren Vorgang, wenn der Erblasser die **Lebensversicherungssumme** einem Gläubiger zum Zwecke der **Schuldentilgung** zuwendet. An einer steuerbaren Zuwendung kann es auch dann fehlen, wenn die Mittel, aus denen die Prämien für einen Lebensversicherungsvertrag gezahlt werden, nicht vom Erblasser, sondern von dem begünstigten Dritten stammen, dessen Bereicherung folglich das Erblasservermögen nicht belastet hat (RFH RStBl 31, 359). Diese Sichtweise setzt allerdings voraus, dass die **Prämienzahlung durch den Begünstigten** einerseits und die Zuwendung der Versicherungssumme andererseits nicht als zwei voneinander getrennte Vorgänge (Hin- und Rückschenkung) behandelt werden müssen (Hess FG EFG 89, 518; ähnlich Nds FG EFG 99, 1141). Eine Verkopplung zu einem einheitlichen Gesamtvorgang

Erwerb durch Vertrag zugunsten Dritter 81 § 3

wird idR bei Vereinbarung einer unwiderruflichen Bezugsberechtigung des Dritten für den Erlebens- und Todesfall anzunehmen sein. Das FG Rh-Pf EFG 94, 665 hat denn auch nachdrücklich festgestellt, dass der Bezug der Versicherungssumme nach dem Tod des Versicherungsnehmers nicht der ErbSt unterliegt, wenn der Bezugsberechtigte die Versicherungsprämien selbst gezahlt hat. Hat der Bezugsberechtigte Gegenleistungen zu erbringen oder Leistungsauflagen zu erfüllen, so ist sein Erwerb nach den Grundsätzen einer gemischten Schenkung zu beurteilen (FG Rh-Pf UVR 94, 117). Die bisherige Rspr zur gemischten Schenkung wird üblicherweise als einschränkende Interpretation des § 10 I 2 verstanden. *Moench/Weinmann* (§ 3 Rz 152) lehnt daher die Anwendung dieser Grundsätze im Rahmen des § 3 Nr 4 unter Hinweis auf § 10 I 2 ab. Richtigerweise geht es jedoch bei den von der Rspr entwickelten Grundsätzen zur gemischten Schenkung nicht um eine Frage der Wertermittlung (§ 10), sondern um eine Frage der Interpretation des stpfl Vorgangs (hier: § 3 I Nr 4). Wird daher die Leistung an den Dritten mit einem Entgelt des Dritten verknüpft, so ist nur der unentgeltliche Leistungsteil „Vermögensvorteil" iS von § 3 I Nr 4 (vgl schon oben Anm 61 sowie § 7 Anm 31 und *Raudszus*, ZEV 99, 179). Es ist daher für die Besteuerung nicht „unerheblich, wer Prämienzahlungen geleistet hat" (aM Nds FG EFG 06, 910, 911; dagegen wie hier FG München EFG 06, 1921). Mangels Freigebigkeit im Valutaverhältnis wird eine steuerbare Zuwendung ferner dann verneint, wenn in Vollzug einer **Scheidungsvereinbarung** zugunsten des unterhaltsberechtigten Ehegatten ein Lebensversicherungsvertrag geschlossen wird, so dass diese Zuwendung sich als Erfüllung der nachehelichen Unterhaltspflicht darstellt (vgl BFH BStBl II 68, 239; 71, 184).

Die **Rechtsprechung des BFH** zu diesem Fragenkreis ließ längere Zeit eine völlig klare Linie nicht erkennen. Im Zusammenhang mit der Besteuerung privatrechtlicher Hinterbliebenenbezüge hatte der BFH (BStBl II 86, 265, 266; bestätigt durch BFH BStBl II 90, 322, 323 und 90, 325, 326) den Umstand hervorgehoben, dass der Erwerb durch Vertrag zugunsten Dritter auf den Todesfall im ErbStRecht den Erwerben von Todes wegen zugeordnet wird. Mit Rücksicht hierauf schränkte die Entscheidung die Bedeutung des Valutaverhältnisses für den Tatbestand des § 3 I Nr 4 ein. Die Tendenz der Entscheidung ging dahin, ähnlich wie bei anderen Erwerben von Todes wegen (vgl oben Anm 10), die Zuwendung nur dann als nicht steuerbar einzustufen, wenn dem Empfänger bereits auf Grund eines anderweitigen Rechtsverhältnisses ein Anspruch auf den Gegenstand der Zuwendung zusteht. Noch deutlicher kam dies in der Entscheidung BFH/NV 86, 96, 97 zum Ausdruck, die von einer Anwendung des § 3 I Nr 4 nur dann absehen wollte, wenn „eindeutig ein vermögensrechtlicher Leistungsaustausch" vorliegt, und auf die Abgrenzung des Erwerbs von Todes wegen bei deklaratorischen testamentarischen Anordnungen Bezug nimmt. Nachdem der BFH (BStBl II 91, 181) anerkannt hatte, dass für den Tatbestand des § 3 I Nr 2 S 1 die allgemeinen Schenkungsmerkmale gegeben sein müssen (oben Anm 59 f), konnte man auch hinsichtlich des Valutaverhältnisses im Rahmen des § 3 I Nr 4 wieder eine Angleichung an die allgemeinen Beurteilungsgrundsätze für freigebige Zuwendungen erwarten. Und diese Entscheidung ist wenig später ergangen (ZEV 99, 73). In ihr hat der BFH unter ausdrücklicher Bezugnahme auf den Schenkungstatbestand hervorgehoben, dass auch beim Erwerb nach § 3 I Nr 4 die **Bereicherung** des Begünstigten **aus dem Vermögen des Erblassers herrühren** muss. Wenn die Bereicherung daher nicht aus dem Vermögen des Erblassers, sondern aus dem des Vertragspartners des Erblassers stammt, der mit dem Tode des Erblassers selbst eine freigebige Zuwendung an den Dritten bewirkt, oder wenn der Vermögensvorteil im Ergebnis von dem Dritten selbst erwirtschaftet wurde, so dass er aus dem Vermögen des Dritten stammt, liegt der Tatbestand des § 3 I Nr 4 nicht vor (so auch FG Rh-Pf EFG 94, 665; vgl dazu oben Anm 80; Nds FG EFG 99, 1141; aM Hess FG EFG 89, 518; vgl auch R E 3.7 II ErbStR). Inzwischen hat der BFH (BStBl II 02, 15; ZEV 08, 402) anerkannt, dass die Zuwendung an den Dritten im Verhältnis zum Erblasser **alle objektiven und subjektiven Merkmale einer freigebigen Zuwendung** aufweisen muss (zustimmend FG Hbg EFG 05, 793; Fa Bremen DStRE 11, 361).

82   Ist dem Versprechensempfänger ein **Widerruf der Drittbegünstigung** vorbehalten (§ 328 II BGB), so muss der Widerruf gegenüber dem Versprechensgeber erklärt werden, um den Rechtserwerb des Dritten zu verhindern. Ein Widerruf gegenüber dem Drittbegünstigten selbst kann allerdings bewirken, dass kein Valutaverhältnis zwischen dem Dritten und dem Versprechensempfänger zustandekommt, so dass der Dritte rechtsgrundlos erwirbt und gem §§ 812 ff BGB zur Herausgabe an die Erben des Versprechensempfängers verpflichtet ist. Ein solcher Widerruf kann auch noch nach dem Tode des Versprechensempfängers durch dessen Erben oder Testamentsvollstrecker ausgesprochen werden. Das gilt allerdings nicht, wenn der Versprechensempfänger noch zu seinen Lebzeiten dem Dritten ein Zuwendungsangebot gemacht und dieser das Angebot angenommen hat; Zugang und Annahme des Angebots können dabei auch nach dem Tode des Versprechensempfängers erfolgen, es sei denn, den Dritten erreicht noch vor dem Angebot des Versprechensempfängers ein von dessen Erben erklärter Widerruf (BGH NJW 75, 382). Fehlt es infolge wirksamen Widerrufs an einem Rechtsgrund für den Erwerb des Dritten und kommt dieser seiner Herausgabepflicht gemäß §§ 812 ff BGB nach, so ist schon zweifelhaft, ob eine St zur Entstehung gelangt (vgl unten § 7 Anm 58); jedenfalls würde eine etwa entstandene St gem § 29 I Nr 1 rückwirkend erlöschen. Für einen ähnlichen Sachverhalt im Ergebnis übereinstimmend, jedoch mit einer unnötig komplizierten Begründung über § 41 AO, FG Düsseldorf EFG 88, 581.

Zurückweisung des Erwerbs. Der begünstigte Dritte kann das Recht, das er auf Grund des zwischen anderen Personen geschlossenen Vertrages erwirbt, durch Erklärung gegenüber dem versprechenden Teil gem § 333 BGB zurückweisen mit der Folge, dass das Recht als nicht erworben gilt und damit auch keine Besteuerung eingreift. Verzichtet der Begünstigte allerdings zugunsten einer bestimmten Person, so kann darin die Annahme und Weiterübertragung des Erwerbs liegen und einen doppelten Steuerzugriff bei dem vertraglich begünstigten Dritten (gem § 3 I Nr 4) und bei dem von diesem bestimmten Zuwendungsempfänger (gem § 7 I Nr 1) auslösen. Die Auslegung der Verzichtserklärung kann aber auch ergeben, dass die Benennung einer vierten Person, der der Erwerb zufallen soll, bloßes rechtlich unbeachtliches Motiv für die Zurückweisung ist, namentlich dann, wenn diese Person als Folge der Zurückweisung ohnehin (zB als Erbe des Versprechensempfängers) in die Position des Erwerbers einrückt (BFH BStBl II 90, 467). Die Zurückweisung des Erwerbs wird in den Fällen **empfohlen,** in denen der Erblasser auf Anraten des Kreditinstituts einem von mehreren Erben, statt ihm Bankvollmacht zu erteilen, seine Bankguthaben und Depots durch Vertrag zugunsten Dritter auf den Todesfall zugewiesen hat. Will der Bedachte dann das Buchgeld und die Wertpapiere unter den Miterben verteilen, läuft er Gefahr, dass diese Ausgleichsleistung nun einer eigenständigen Besteuerung als freigebige Zuwendung unterliegt (vgl FG Saarland EFG 96, 447), eine Steuerfolge, der er nur durch Zurückweisung des Erwerbs und der damit verbundenen Überleitung des Erwerbs in den Nachlass entgehen kann. Steht fest, dass der Erblasser mit der Begünstigung eines zum Testamentsvollstrecker berufenen Miterben nur die sofortige Auszahlung der diesem durch Vertrag zugunsten Dritter auf den Todesfall zugewiesenen Mittel an die anderen Miterben erreichen wollte, so geht das FG München (EFG 99, 341) davon aus, dass die Mittel nach Zurückweisung des Erwerbs in den Nachlass gefallen sind.

Besondere Probleme wirft die Auslegung des Abs 1 Nr 4 im Hinblick auf vertraglich begründete **Versorgungsansprüche Hinterbliebener** auf. Da die im Beamtenverhältnis und in der gesetzlichen Rentenversicherung (einschließlich freiwilliger Höher- oder Weiterversicherung) begründeten Hinterbliebenenrenten nicht auf vertraglicher Grundlage, sondern auf gesetzlicher Bestimmung beruhen, werden sie erbschaftsteuerfrei bezogen. ErbStFreiheit wird ferner für die Versorgungsansprüche von Hinterbliebenen freiberuflich Tätiger angenommen, die aus gesetzlich vorgeschriebenen berufsständischen Zwangsversicherungen stammen. Ebenfalls erbschaftsteuerfrei sind die Versorgungsbezüge der Hinterbliebenen von Abgeordneten auf Grund der Diätengesetze des Bundes und der Länder. Einen vertraglichen Erwerb iSv § 3 I Nr 4 verneinen der BFH (BStBl II 81, 715) und die FinVerw (R E 3.5 II ErbStR) ferner dann, wenn der Versorgungsanspruch auf einem **kollektiv geprägten** arbeitsrechtlichen **Rechtsinstitut,** wie Tarifvertrag, Betriebsordnung, Betriebsvereinbarung, betrieblicher Übung oder auf dem Gleichbehandlungsgrundsatz beruht. Alle Bezüge, die auf ein Dienstverhältnis des Erblassers (§ 1 I LStDV) zurückzuführen sind, werden hierher gerechnet, gleichgültig, ob sie vom Arbeitgeber, von einer Pensions- oder Unterstützungskasse, auf Grund einer Direktversicherung des Arbeitgebers oder auf Grund einer anderen Rechtsgrundlage gezahlt werden. Die StPfl von Hinterbliebenenbezügen, die auf einem **Einzelvertrag** beruhen, ist dagegen nach Abs 1 Nr 4 zu beurteilen (dazu unten Anm 88 ff).

85 Die durch einen Einzelvertrag zugunsten Dritter auf den Todesfall begründeten Versorgungsansprüche lassen sich auch nicht deshalb generell aus dem Bereich der steuerbaren Zuwendungen ausgrenzen, weil ihnen ein besonderes **familienrechtliches Valutaverhältnis** zwischen dem Erblasser (Versprechensempfänger) und den begünstigten Familienangehörigen zugrunde liegt. Denn aus dem Unterhaltsrecht kann sich zwar unter Ehegatten eine Verpflichtung zum Aufbau einer angemessenen Alters- und Hinterbliebenensicherung ergeben (BGHZ 32, 246, 248 f; BGH NJW 72, 580; vgl auch BFH BStBl II 78, 400; II 79, 244; FG Rh-Pf EFG 81, 246; FG München EFG 83, 71), doch folgt daraus kein unterhaltsrechtlicher Anspruch auf Verwirklichung solcher Vorsorge in einer bestimmten Form. Könnte die unterhaltsrechtlich gebotene Vorsorge mithin auch durch bloße Vermögensansammlung geschehen, die dem überlebenden Ehegatten im Wege eines steuerbaren erbrechtlichen Transfers zugute käme, so genügt das der vertraglichen Begünstigung des überlebenden Ehegatten zugrunde liegende familienrechtliche Verhältnis nicht den gesteigerten Anforderungen, die der BFH (BStBl II 86, 265, 266; BFH/NV 86, 96, 97) bisher an eine die Besteuerung nach § 3 I Nr 4 ausschließende entgeltliche Kausalbeziehung stellt (vgl oben Anm 81; FG Hbg EFG 05, 794). So hat denn auch der BFH (BStBl II 02, 153; dazu *Viskorf,* FR 02, 350; *Gebel* ZEV 02, 120) bestätigt, dass die eheliche Unterhaltsvorsorgepflicht den Willen zur Freigebigkeit bei Zuwendung von Lebensversicherungsleistungen nicht ausschließt. Nicht ganz unproblematisch erscheint es im Übrigen, wenn der BFH (BFH/NV 86, 672) bei der Beurteilung der aus einer **eheähnlichen Lebensgemeinschaft** resultierenden Rechts-

Erwerb durch Vertrag zugunsten Dritter

beziehungen im Hinblick auf Mitarbeit oder Pflegeleistungen des überlebenden Partners unter erleichterten Voraussetzungen zur Annahme einer entgeltlichen Zuwendung von Versorgungswerten gelangt; doch rechtfertigt sich diese großzügigere Betrachtungsweise insofern, als sie einen gewissen Ausgleich für die hohe erbschaftsteuerliche Belastung der eheähnlichen Lebensgemeinschaft durch die Besteuerung nach StKlasse III schafft. Eine Parallele findet diese Rspr zudem in der einkommensteuerrechtlichen Behandlung der eheähnlichen Lebensgemeinschaft; danach „ist bei einem Leistungsaustausch zwischen Partnern einer nichtehelichen Lebensgemeinschaft nicht in dem gleichen Umfang wie bei Partnern einer ehelichen Lebensgemeinschaft damit zu rechnen, dass er auf privater Veranlassung beruht" (BFH GrS BStBl II 90, 160, 166).

Die **Ungleichbehandlung** steuerbarer vertraglich und nichtsteuerbarer gesetzlich begründeter Versorgungsbezüge galt schon unter dem ErbStG aF als Problem und ist bis in die jüngste Zeit hinein in der Diskussion geblieben. **86**

Lösungsversuche nach altem Recht. Es gab verschiedene Versuche, zumindest die mit dem **Arbeitsverhältnis des Erblassers zusammenhängenden Versorgungsrenten** aus der Besteuerung nach Abs 1 Nr 4 herauszulösen. So hatte der RFH angenommen, dass der Anfall einer vom Arbeitgeber zu zahlenden Hinterbliebenenrente deswegen nicht erbschaftstpfl sei, weil eine solche Rente zu den Einkünften aus nichtselbstständiger Arbeit iS des EStRechts zählt (RStBl 44, 205). Bei dieser Betrachtung wird jedoch die Beziehung zwischen dem Arbeitgeber und dem Erblasser, die die Besteuerung nach dem EStG rechtfertigt (Deckungsverhältnis), und die Beziehung zwischen dem Erblasser und den Hinterbliebenen, die nach Abs 1 Nr 4 zu beurteilen ist (Valutaverhältnis), nicht ausreichend getrennt. Das FG Rh-Pf (EFG 66, 22) war denn auch dieser Linie nicht gefolgt, hatte jedoch mit Rücksicht auf die Besteuerung von Hinterbliebenenbezügen die dem Abs 1 Nr 4 entsprechende Bestimmung des ErbStG 1959 für partiell verfassungswidrig erklärt. Der BFH (BStBl II 75, 539) war schließlich einen dritten Weg gegangen und hatte die StFreiheit betriebsbezogener Hinterbliebenenbezüge mit ausführlicher historischer Begründung aus § 18 I Nr 16 ErbStG 1959 zu rechtfertigen versucht. **87**

Rechtslage seit 1974. Das ErbStG 1974 hatte, wie es schien, der Rechtsprechung des BFH zum ErbStG 1959 den Boden entzogen. Denn § 18 I Nr 16 ErbStG 1959 war in das neue Recht nicht übernommen worden. Dafür hatte der Gesetzgeber den zusätzlichen Freibetrag des § 17 eingeführt, der eine Anrechnung der steuerfreien Versorgungsbezüge verlangt und mit dieser Anrechnung eine indirekte **88**

Besteuerung der steuerfreien Versorgungsbezüge bewirkt. Der Gesetzgeber hatte sich damit, so schien es, nicht für eine Fortführung der von der Rspr angenommenen StFreiheit vertraglicher, sondern für eine (indirekte) Besteuerung gesetzlicher Versorgungsbezüge entschieden. Dieser Auffassung ist der BFH jedoch mit seiner aufsehenerregenden Entscheidung vom 20. 5. 1981 (BStBl II 81, 715) entgegengetreten. Nach dieser Entscheidung fallen vertragliche Hinterbliebenenbezüge aus einem Arbeitsverhältnis nicht unter Abs 1 Nr 4. Ihr Erwerb bildet keinen stpfl Vorgang. Sie können daher auch nach geltendem Recht steuerfrei bezogen werden. Der BFH hat diese Interpretation auf eine am Gleichheitssatz unter Berücksichtigung der historischen Entwicklung orientierte Auslegung zurückgeführt und mit dem Gesichtspunkt einer teleologischen Reduktion (= einschränkenden Interpretation nach dem Zweck der Norm) begründet. Das BVerfG (BStBl II 89, 938, 943) hat die weitreichende Auslegung des BFH zum ErbStG 1959 im Rahmen zulässiger richterlicher Rechtsfortbildung für verfassungsrechtlich unbedenklich erklärt, hat jedoch eine ausdrückliche Stellungnahme zu der Interpretation, die der BFH dem § 3 I Nr 4 ErbStG 1974 gegeben hat, in seiner Entscheidung vermieden. Bemerkenswert ist in diesem Zusammenhang auch, dass der BFH seine restriktive Auslegung des § 3 Abs 1 Nr 4 ErbStG 1974 zunächst nur in den Entscheidungen BFH BStBl II 81, 715 und 82, 27 entwickelt hat, während die übrigen **einschlägigen Urteile des BFH lange Zeit ausschließlich auf den Vorschriften des ErbStG 1959 beruhten.** Inzwischen geht das Gericht jedoch unter Hinweis auf die Entscheidung BFH BStBl II 90, 322 von einer ständigen Rspr auch zum ErbStG 1974 aus (BFH/NV 99, 311; BStBl II 02, 153).

89 Die vom BFH aus einer teleologischen Reduktion des § 3 I Nr 4 gewonnene StFreiheit der Hinterbliebenenbezüge aus einem Arbeitsverhältnis gilt für Leistungen auf Grund **einzelvertraglicher Ruhegeldvereinbarung** nur, soweit die Bezüge ein **angemessenes Maß** nicht überschreiten. Als angemessen gilt in Anlehnung an das Beamtenversorgungsrecht jedenfalls eine Witwenrente bis zur Höhe von 45% der letzten Aktivbezüge des verstorbenen Arbeitnehmers (BFH BStBl II 81, 715). Ob und inwieweit dieser Grenzwert überschritten werden darf, ist noch offen; die FinVerw legt im Interesse einer gleichmäßigen praktischen Handhabung eine Obergrenze von 45% zugrunde und unterwirft darüber hinausgehende Beträge der ErbSt (R E 3.5 III ErbStR). Wird die Hinterbliebenenversorgung nicht in Form wiederkehrender Bezüge, sondern als einmalige Kapitalleistung gewährt, so empfiehlt es sich, beim Vergleich mit den Aktivbezügen des verstorbenen Arbeitnehmers in Anlehnung an die inzwischen aufgehobene Vorschrift des § 104 XI BewG aF den zehnten Teil der Kapitalsumme als

Jahreswert der Versorgung anzusetzen (*von der Thüsen*, Versicherungswirtschaft 89, 986). Hinterbliebenenversorgungen, die auf Tarifvertrag, Betriebsvereinbarung, betrieblicher Übung oder arbeitsrechtlicher Gleichbehandlung beruhen, fallen generell aus dem Anwendungsbereich des § 3 I Nr 4 heraus (oben Anm 84) und unterliegen folglich auch keiner Angemessenheitsprüfung.

Die StFreiheit setzt weiter voraus, dass die vertraglichen Leistungen **90** solchen Personen zugute kommen, die auch nach gesetzlichem Rentenversicherungs- und Beamtenversorgungsrecht zum **Kreis der Hinterbliebenen** zählen, also dem überlebenden Ehegatten und den Kindern des Arbeitnehmers, nicht dagegen zB seinem Bruder (FG Münster EFG 87, 570).

Besondere Bedeutung hat die Frage gewonnen, unter welchen Vo- **91** raussetzungen die vertragliche Versorgung der Hinterbliebenen von **Gesellschafter-Geschäftsführern** steuerfrei bleibt. Die Rspr hat sich lange Zeit an der einkommensteuerlichen Beurteilung orientiert und dementsprechend im Fall des Gesellschafter-Geschäftsführers einer GmbH eine steuerfreie Arbeitnehmer-Hinterbliebenenversorgung angenommen (BFH BStBl II 81, 715), wohingegen die im Gesellschaftsvertrag einer Personengesellschaft – auch Freiberufler-Sozietät (BFH BFH/NV 86, 96; BStBl II 90, 325) – vorgesehene Versorgung der Hinterbliebenen eines persönlich haftenden Gesellschafters ausnahmslos der Besteuerung nach § 3 I Nr 4 unterworfen wurde (BFH BStBl II 86, 265), ebenso eine Rente, die der Erwerber eines Anteils an einer Personengesellschaft an die Hinterbliebenen des veräußernden Gesellschafters zu zahlen hat (BFH BStBl II 83, 775). Auf Verfassungsbeschwerde hin hat das BVerfG (BStBl II 89, 938, 943 ff) diese Rspr für gleichheitswidrig erklärt, weil ein schematisches Abstellen auf die Rechtsform der Gesellschaft, der der verstorbene Gesellschafter angehörte, die unterschiedliche erbschaftsteuerliche Behandlung nicht rechtfertigen könne. Mit drei Entscheidungen vom 13. 12. 1989 hat der BFH (BStBl II 90, 322 ff) diesen Gleichheitsverstoß in der Weise korrigiert, dass die Versorgung der Hinterbliebenen eines geschäftsführenden Gesellschafters nunmehr ohne Rücksicht auf die Rechtsform immer dann, aber auch nur dann steuerfrei bleiben soll, wenn der Verstorbene in der Gesellschaft eine **arbeitnehmerähnliche Stellung** innehatte. Diese Rechtsprechungsänderung bedeutet einerseits eine wesentliche Einschränkung der bisherigen generellen StFreiheit der Hinterbliebenenversorgung beim Gesellschafter-Geschäftsführer einer GmbH, während andererseits der persönlich haftende Gesellschafter einer Personengesellschaft nur in Ausnahmefällen einer so weitgehenden Bindung im Innenverhältnis unterliegen wird, dass seine Stellung als arbeitnehmerähnlich qualifiziert werden und die von ihm erdiente

Hinterbliebenenversorgung steuerfrei bleiben könnte (BFH/NV 99, 311). Auf eine erneute Verfassungsbeschwerde hat das BVerfG (BStBl II 94, 547) die Linie des BFH bestätigt.

92 Die FinVerw (BStBl I 91, 141; vgl jetzt auch R E 3.5. III ErbStR) hat die Kriterien präzisiert, die nach der neuen Rspr des BFH für die erbschaftsteuerliche Beurteilung der Hinterbliebenenversorgung bei einem GmbH-Gesellschafter maßgeblich sind. Ein **beherrschender Einfluss des Gesellschafter-Geschäftsführers,** der die Annahme einer arbeitnehmerähnlichen Stellung ausschließt und zur ErbStPfl der Hinterbliebenenbezüge führt, ist danach ua gegeben, wenn der Gesellschafter mittels einer 50%igen Kapitalbeteiligung oder auf Grund besonderer Bestimmungen im Gesellschaftsvertrag Beschlussfassungen gegen seine Stimme verhindern kann (so auch FG Münster EFG 02, 627), wenn er eine solche Position im Zusammenwirken mit anderen je für sich allein nicht herrschenden Gesellschafter-Geschäftsführern erreicht (FG Bad-Württ EFG 10, 1144) oder wenn er die Gesellschaft als Großgläubiger oder auf Grund überragender Branchenkenntnisse faktisch beherrscht; darüber hinaus soll auch bereits die Befreiung vom Selbstkontrahierungsverbot eine faktische Beherrschung begründen. Für die Frage der Beherrschungsposition ist der Zeitpunkt der Vereinbarung der Hinterbliebenenversorgung maßgebend.

93 Nicht unzweifelhaft war längere Zeit neben der Hinterbliebenenversorgung im gesellschaftsrechtlichen Bereich auch die erbschaftsteuerliche Behandlung von Leistungen aus einer nach früherem Recht zur Befreiung der Versicherungspflicht in der gesetzlichen Rentenversicherung abgeschlossenen Lebensversicherung. Bisher werden Leistungen aus einer **befreienden Lebensversicherung** in vollem Umfang der Besteuerung nach § 3 I Nr 4 unterworfen. Hiergegen hatte sich das Nds FG (EFG 00, 507, 509) gewandt und auf die StFreiheit der gesetzlichen Pflichtversicherungsrenten verwiesen, an deren Stelle die Lebensversicherung tritt (zustimmend *Wilms,* UVR 00, 249). Der BFH (BStBl II 02, 153) ist diesen Überlegungen jedoch entgegengetreten und hat die StPfl aus § 3 I Nr 4 bejaht.

94 **StFreiheit als StNachteil.** Mit der Anerkennung der StFreiheit hat der BFH die aus einem Arbeitsverhältnis stammenden Hinterbliebenenbezüge im Übrigen nicht generell für erbschaftsteuerlich irrelevant erklärt. Er hat sie vielmehr in den Kreis der Versorgungsbezüge eingeordnet, die den Freibetrag nach § 17 kürzen. Der BFH hat ferner ausgesprochen, dass sich die StFreiheit der Renten auch nachteilig auf die Berechnung des Freibetrages aus § 5 (Zugewinnausgleichsfreibetrag) auswirken muss (BFH BStBl II 82, 27). Diese nachteiligen Folgen der StFreiheit im Recht der Freibeträge sind so gravierend, dass sie die

Vorteile aus der StFreiheit nicht selten überwiegen (*Meincke,* FamRZ 83, 13, 16). Die FinVerw trägt dem durch einschränkende Interpretation des § 17 Rechnung (§ 5 Anm 24, § 17 Anm 6).

95.–104. Sonstige Zuwendungen vom Erblasser (Abs 2)

Schrifttum: *Schindhelm/Stein,* Der trust im deutschen Erbschaft- und Schenkungsteuerrecht, FR 99, 880; *Klein,* Trustbesteuerung nach deutschem Erbschaftsteuerrecht, IStR 99, 377; *Meincke,* Abfindungsleistungen aus erbschaftsteuerlicher Sicht, ZEV 00, 214; *Crezelius,* Pflichtteilsabfindung und Erbschaftsteuer, BB 00, 2333; *Flick,* Die Erbausschlagung als Instrument zur nachträglichen Gestaltung als Instrument zur nachträglichen Gestaltung einer verunglückten Erbfolge, DStR 00, 1816; *Zimmermann,* Einkommensteuerliche Risiken aus der Erbausschlagung gegen Abfindung, ZEV 01, 5; *Heiliger,* Einkommensteuerliche Risiken aus der Erbausschlagung gegen Abfindung, ZEV 01, 432; *Gebel,* ErbSt bei der Stiftung von Todes wegen, BB 01, 2554.

Vermögensübergang auf eine Stiftung oder Vermögensmasse (Abs 2 Nr 1). Die Vorschrift scheint keine selbstständige Bedeutung zu haben, soweit in ihr der Übergang von Vermögen auf eine vom Erblasser von Todes wegen errichtete Stiftung für stpfl erklärt wird. Denn die Vermögensausstattung einer von Todes wegen errichteten Stiftung erfolgt durch Erbeinsetzung, Vermächtnis oder Auflage, ist also an sich schon nach Abs 1 Nr 1 oder Abs 2 Nr 2 stpfl. Der BFH (BStBl II 96, 99) sieht in der Regelung des Abs 2 Nr 1 jedoch eine Sondervorschrift, die alle Fälle des Vermögensübergangs auf eine vom Erblasser angeordnete oder errichtete Stiftung umfasst. Als eine vom Erblasser angeordnete Stiftung kann im Übrigen auch die Stiftung zu verstehen sein, die ein Erbe oder Vermächtnisnehmer durch Stiftungsgeschäft unter Lebenden auf Grund einer testamentarischen Anordnung des Erblassers vornimmt (*Kipp* § 2 Anm 92; *Troll/Gebel* § 3 Rz 320). Ist dieser Auslegung zu folgen (so BFH BStBl II 96, 99), so liegt die Bedeutung dieser Bestimmung darin, dass sie das auf Anordnung des Erblassers vorgenommene Stiftungsgeschäft unter Lebenden aus der Schenkungsbesteuerung (§ 7 I Nr 8) in die Erbschaftsbesteuerung verlegt und die Vermögensausstattung der Stiftung als Zuwendung des Erblassers versteht. Die Zuwendung ist stfrei, soweit die Stiftung nach dem Stiftungsgeschäft ausschließlich und unmittelbar kirchlichen, gemeinnützigen oder mildtätigen Zwecken dienen soll (§ 13 I Nr 16 b). Der Übergang von Vermögen auf eine beim Erbfall bereits bestehende Stiftung, die der Erblasser oder ein anderer Stifter errichtet hat, soll dagegen nicht Abs 2 Nr 1, sondern Abs 1 Nr 1 oder Abs 2 Nr 2 unterfallen (*Moench/Weinmann* § 3 Rz 197). 95

Bildung oder Ausstattung eines trust. Die mit StEntlG 1999/2000/2002 (BGBl I 99, 402) hinzugefügte Bestimmung Nr 1 S 2 will 95 a verhindern, dass sich durch Einfügung von Vermögen in einen nach ausländischem Recht errichteten trust das Entstehen der ErbSt auf einen Zeitpunkt nach dem Todesfall verschieben lässt. Durch diese Verschiebung kann es aus der Sicht der FinVerw zu positiven oder negativen Wirkungen kommen. Positive Wirkungen hatten sich in einem vom RFH 1935 entschiedenen Fall gezeigt (RStBl 1935, 1366). Der RFH hatte damals die Auffassung entwickelt, dass die StPfl des Substanzerben erst mit Beendigung der Trustverwaltung eintritt und dass für die Annahme, die Zwischennutzungsberechtigten könnten schon als Vorerben stpfl sein, regelmäßig ein ausreichender Anhaltspunkt fehle. Diese Entscheidung kam damals dem Fiskus zugute, weil der Erwerb des Substanzerben bei Beendigung der Trustverwaltung der ErbSt unterlag, der Erbschaftserwerb zu einem früheren Zeitpunkt dagegen noch stfrei gewesen wäre. Als der BFH jedoch gut fünfzig Jahre später ähnlich entschied, sah der Gesetzgeber vornehmlich die für den Fiskus negativen Konsequenzen, die sich auf Grund der Verschiebung des StEntstehungsdatums ergeben konnten. Der BFH (BStBl 86, 615) hatte 1986 entschieden: „Ist das Vermögen eines verstorbenen US-Bürgers durch eine nach dem Recht des Staates New York errichtete letztwillige Verfügung auf einen trust übergegangen mit der Maßgabe, dass das trust-Vermögen mit Tod seiner Witwe und seiner Tochter, denen Zwischennutzungsrechte eingeräumt wurden, auf die Abkömmlinge seiner Tochter übergehen solle, soweit diese diesen Zeitpunkt erlebten, so tritt ein der deutschen Erbschaftsteuer unterliegender Erwerb erst mit dem Erlöschen der Zwischennutzungsrechte ein." Mit dem Erlöschen der Zwischennutzungsrechte und der Beendigung des trust gehe das Vermögen auf den zur Erbfolge bestimmten remainderman über, der die Stellung eines aufschiebend bedingt eingesetzten Erben einnehme und beim Eintritt der Bedingung erwerbe. Der Zwischenerwerb des trustee wurde nicht als steuerpflichtig angesehen. Da der Erblasser 1949 verstorben war und der remainderman das Vermögen erst 1969 erlangte, kam es über zwanzig Jahre nicht zu einem Eingreifen der deutschen Steuerpflicht. Dieser Rechtsfolge soll Abs 2 Nr 1 S 2 dadurch abhelfen, dass nunmehr schon der **Übergang des Vermögens auf den trustee** besteuert wird, wobei der trust selbst als Erwerber und Steuerschuldner gelten soll (§ 20 I 2). Interessant ist, dass auch unter Geltung dieser Neuregelung der damalige Fall gar nicht anders zu entscheiden gewesen wäre. Denn da der Fall unter Steuerausländern spielte, kam aus deutscher Sicht nur die beschränkte Steuerpflicht in Betracht. Und weil das in Frage stehende Vermögen, das 1969 zum Inlandsvermögen gehörte, 1949 noch gar nicht den Charakter von Inlandsvermögen gehabt hatte, wäre auch die jetzt eingefügte Neuregelung 1949 ins Leere gelaufen. Bemerkenswert ist weiterhin, dass der Erwerb des remainderman, den der BFH bisher als Erwerb durch

Sonstige Zuwendungen vom Erblasser **96 § 3**

Erbfolge qualifiziert hatte, nun als Erwerb durch Schenkung unter Lebenden (§ 7 I Nr 9 S 2) gedeutet werden soll, womit der Kreis der auf diesen Erwerb anwendbaren Bestimmungen unversehens verändert wird. Offen bleibt bei allem, ob der trust, der selbst als Erwerber gedacht wird (§ 20 I 2), die aufschiebend bedingte oder befristete Pflicht, den Erwerb an den remaindermann weiterzugeben, von seinem Erwerb als Nachlassverbindlichkeit zum Abzug bringen kann. Denkbar wäre auch, dass die Bestimmung des § 6 III 2 entsprechend herangezogen werden kann, die es dem Enderwerber ermöglicht, die von dem Vormann gezahlte St auf die eigene St anzurechnen.

Erwerb bei Vollziehung einer Auflage oder Erfüllung einer 96
Bedingung (Abs 2 Nr 2). Unter einer vom Erblasser angeordneten Auflage ist die erbrechtliche Auflage nach den §§ 1940, 2192 ff BGB zu verstehen. Sie unterscheidet sich vom Vermächtnis (Abs 1 Nr 1) in zweierlei Hinsicht. Zum einen erwirbt der Begünstigte durch die Auflage keinen Anspruch auf die zugedachte Leistung (§ 1940 im Unterschied zu § 2174 BGB). Der Begünstigte wird daher nicht schon unmittelbar mit dem Erbfall durch einen Anspruchserwerb, sondern erst infolge der Vollziehung der Auflage bereichert (BFH HFR 62, 83). Die St entsteht daher auch nicht wie beim Vermächtnis schon mit dem Erbfall, sondern erst mit der Vollziehung der Auflage (§ 9 I Nr 1 d). Zum anderen kann die Auflage im Gegensatz zum Vermächtnis ausschließlich einem unbestimmten Personenkreis oder einem sachlichen Zweck zugute kommen. Dann fehlt es an einem Begünstigten, der infolge der Vollziehung der Auflage erwirbt. Abs 2 Nr 2 kommt in diesem Fall nicht zum Zuge. Vielmehr ist dann die StPfl unter dem Gesichtspunkt der Zweckzuwendung gem § 1 I Nr 3, § 8 zu prüfen. Abs 2 Nr 2 hebt diese Möglichkeit ausdrücklich hervor, wenn die Bestimmung am Schluss auf die Besteuerung der Zweckzuwendungen verweist. Abs 2 Nr 2 will als Auflage nur die für den Erben oder für den Vermächtnisnehmer verbindliche Anordnung des Erblassers bezeichnen, die den Erben oder Vermächtnisnehmer zur Ausführung verpflichtet. Im Einzelfall kann es schwierig sein, die verbindliche Anordnung des Erblassers von unverbindlichen Wünschen oder Ratschlägen des Erblassers zu unterscheiden. Folgt der Erbe solchen Wünschen oder Ratschlägen, richtet sich der Erwerb des Begünstigten nicht nach Abs 2 Nr 2, vielmehr ist er unter dem Gesichtspunkt der freigebigen Zuwendung nach § 7 I Nr 1 zu würdigen. Begünstigt eine Auflage den Beschwerten selbst, ist eine StPfl nach Abs 2 Nr 2 ebenfalls nicht gegeben (vgl § 10 IX). Der **Erwerb infolge Erfüllung einer vom Erblasser gesetzten Bedingung** ist von dem Erwerb zu unterscheiden, der dem unter einer Bedingung zum Erben oder Vermächtnisnehmer Eingesetzten zufällt. Wendet zB der Erblasser ein Grundstück seinem Neffen

unter der Bedingung zu, dass der Neffe sein Studium erfolgreich abgeschlossen hat, dann entsteht die StPfl mit dem Eintritt der Bedingung und richtet sich nach § 3 I Nr 1 iVm § 9 I Nr 1 a, nicht nach § 3 II Nr 2 iVm § 9 I Nr 1 d. Gedacht ist in § 3 II Nr 2 an Fälle, in denen der Erblasser eine Zuwendung von der aufschiebenden Bedingung abhängig gemacht hat, dass der Bedachte seinerseits eine Leistung an einen Dritten erbringt. Abs 2 Nr 2 regelt nicht die StPfl des Bedachten, sondern des Dritten. Der Dritte ist nicht Erbe oder Vermächtnisnehmer, nicht ihm wird die Erfüllung der Bedingung anheimgegeben (unklar BFH HFR 62, 304), sondern dem Erben oder Vermächtnisnehmer, der unter der Bedingung bedacht worden ist. Der Dritte gewinnt mit dem Erbfall nur eine zunächst unsichere Aussicht auf einen Erwerb, die aber mit der Erfüllung der Bedingung zu einer stpfl Bereicherung des Dritten führt (sog *mortis causa capio*).

97 **Erwerb bei Genehmigung einer Zuwendung (Abs 2 Nr 3).** Die Vorschrift knüpft an die durch Art 86 EGBGB (mit Einschränkungen durch die Gesetze vom 5. 3. 1953, BGBl I 33 u vom 2. 4. 1964, BGBl I 248) fortgeführten Genehmigungsvorbehalte einzelner Bundesländer an, die für juristische Personen mit Sitz im Ausland außerhalb des EG-Bereichs beim Erwerb über eine bestimmte Wertgrenze hinaus gelten. Die Bestimmung setzt voraus, dass die Genehmigung von der Erfüllung von Leistungen abhängig gemacht werden darf, die dann bei den Empfängern als Erwerb von Todes wegen der Besteuerung unterliegen. Eine praktische Bedeutung dieser Regelung ist nicht erkennbar.

98 **Abfindung für die Ausschlagung einer Erbschaft, eines Erbersatzanspruchs oder eines Vermächtnisses (Abs 2 Nr 4).** Die §§ 1942 und 2176 BGB räumen den Erben und Vermächtnisnehmern das Recht ein, den ihnen zugefallenen Erwerb nach dem Erbfall (§§ 1946, 2180) mit der Wirkung auszuschlagen, dass der Anfall an den Ausschlagenden als nicht erfolgt gilt (§§ 1953, 2180 BGB). Das führt dazu, dass auch eine StPfl wegen des zurückgewiesenen Erwerbs für den Ausschlagenden nicht entsteht. Dafür erweitert sich der stpfl Erwerb derjenigen, denen die Ausschlagung zugute kommt. Es bleibt also auch im Fall der Ausschlagung kein Teil des vom Erblasser stammenden Vermögens unversteuert. Dennoch wollte der Gesetzgeber auf eine StPfl der Ausschlagenden nicht verzichten, wenn ihnen an Stelle des ausgeschlagenen Erwerbs eine Abfindung zufällt. Diese Abfindung wird als Surrogat des ausgeschlagenen Erwerbs behandelt und nach Abs 2 Nr 4 als Erwerb vom Erblasser besteuert. Gegenstand der Besteuerung ist das, was als Abfindung gewährt wird, dh der Abfindungserwerb selbst, nicht der Erwerb des Anspruchs auf Abfindung. *Kipp* (§ 2 Anm 106) hielt diese Interpretation zwar für fraglich. Er kannte aber die neuere Rspr noch nicht, die Bewertungsvergünstigungen nur für

Sonstige Zuwendungen vom Erblasser **97, 98** § 3

den Gegenstand selbst, nicht für den Anspruch auf Leistung des Gegenstandes gelten ließ und die damit den Blick für den Unterschied auch von Abfindung und Abfindungsanspruch geschärft hat. Diese Rspr zwingt dazu, den Wortlaut des § 3 II Nr 4 ernst zu nehmen und den Abfindungserwerb selbst zum Besteuerungsgegenstand zu erklären (*Moench/Weinmann* § 3 Rz 213 unter Hinweis auf BFH/NV 01, 1406 = ZEV 01, 374). Nach § 3 II gilt die Abfindung als vom Erblasser zugewendet. Schlägt der Nacherbe gegen Abfindung durch den Vorerben aus, ist jedoch zu fragen, ob der Empfänger die Abfindung nicht auch als Erwerb vom Vorerben behandeln kann (§§ 6 II, 7 II). Insgesamt wird der Umfang des stpfl Erwerbs durch die Besteuerung der Abfindungszahlung nicht erweitert, da der Erbe oder derjenige, dem die Ausschlagung zugute kommt, den von ihm gezahlten Abfindungsbetrag als Erwerbskosten (§ 10 V) von dem ihm zufallenden Erwerb zum Abzug bringen kann. Mit der Ausschlagung gegen Abfindungsleistung kann der Erwerber den Inhalt seines Erwerbs verändern und zB an die Stelle eines Geldvermächtnisses eine Grundstücksabfindung treten lassen. Auch der Zeitpunkt des Erwerbs kann im Interesse einer steuergünstigeren Gestaltung herausgeschoben werden, wenn an die Stelle des schon zum Erbfall stpfl Vermächtnisanspruchs erst später der Anspruch auf Abfindungsleistung tritt (vgl §§ 9, 14). Aus der Sicht des Erben konnte es bisher günstig sein, wenn der Vermächtnisnehmer das beim Erben ausnahmsweise nicht abzugsfähige Vermächtnis (§ 25 aF) ausschlägt und an dessen Stelle eine abzugsfähige Leistung entgegen nimmt. Doch hat dieser Gestaltungsvorschlag mit dem Wegfall des § 25 seine Bedeutung verloren. Wichtig ist, dass das Ausschlagungsrecht mit der Annahme der Erbschaft oder des Vermächtnisses verlorengeht. Der Annahme steht im Fall des Erwerbs durch Erbanfall das Versäumen der Ausschlagungsfrist gleich (§ 1943 BGB). Wer sich das Ausschlagungsrecht hinsichtlich eines Vermächtnisses zB über zwei Jahre hinweg erhalten will, um dann die Ausschlagung gegen Abfindung zu vollziehen und dann erst mit seinem Abfindungserwerb stpfl zu werden, darf also nichts tun, was auf eine Annahme des Vermächtnisses hinausläuft, die auch durch schlüssiges Verhalten erfolgen kann (vgl die Kommentare zu § 2180 BGB). In der ErbStZahlung darf für sich genommen noch keine Annahme des Vermächtnisses gesehen werden, weil der Vermächtnisnehmer zu ihr ohne Rücksicht auf die Annahme des Vermächtnisses verpflichtet ist. Wird die Abfindungsvereinbarung erst nach der Annahme der Erbschaft/des Vermächtnisses abgeschlossen, bleibt die StPfl des primären Erwerbs bestehen, so dass die Abfindung in diesem Fall nicht der ErbSt unterliegt. Als Ausschlagung eines Vermächtnisses ist auch der Fall zu behandeln, dass Nachvermächtnisnehmer gegenüber den Vorvermächtnisnehmern auf ihre Rechte aus dem Nachvermächtnis verzichten. Hatten die Nachvermächtnisnehmer das Nachvermächtnis allerdings zum Zeitpunkt des Verzichts bereits angenommen, kommt eine Stpfl der

Abfindung nach Abs 2 Nr 5 in Betracht; demgegenüber wendet die Entscheidung BFH BStBl II 89, 623 im Anschluss an FG Berlin EFG 86, 26 den Tatbestand des Abs 2 Nr 6 an. Abs 2 Nr 4 erwähnt im Zusammenhang mit der Ausschlagung einer Erbschaft oder eines Vermächtnisses auch die Abfindung, die für die Ausschlagung eines Erbersatzanspruchs gewährt wird. Dieser Anspruch hat inzwischen seine aktuelle Bedeutung verloren (vgl oben Anm 36 ff).

99   **Abfindungsleistung durch Außenstehende.** Problematisch ist die Frage, wie die Abfindungsleistung behandelt werden soll, wenn die Abfindung von einem Außenstehenden aufgebracht wird, dem die Ausschlagung nicht zugute kommt. Hat der Erblasser zB seine beiden Kinder A und B unter Ausschluss der gesetzlichen Erbfolge zu Erben eingesetzt, dann kommt die Ausschlagung des B dem A zugute, der mit der Ausschlagung des B die Stellung eines Alleinerben erhält (§ 2094 BGB). Wird dem B für die Ausschlagung eine Abfindung von der Ehefrau des Erblassers gezahlt, dann liegt in diesem Vorgang nach der Auffassung des RFH (RFHE 29, 303 = RStBl 31, 971; zustimmend *Troll/Gebel* § 3 Rz 339), der sich bei dieser These auf *Mirre* (ErbStG 1919 § 20 Anm 14) stützt, eine Schenkung der Mutter an A. A muss folglich nicht nur den vollen Nachlass als Erbschaftserwerb vom Vater, sondern auch noch den Abfindungsbetrag als Erwerb durch freigebige Zuwendung der Mutter versteuern. Dafür soll er den Abfindungsbetrag als Erwerbskosten von seinem Erbschaftserwerb abziehen können, während gleichzeitig B den Abfindungsbetrag als Erwerb nach Abs 2 Nr 4 zu versteuern hat. Es wird also so angesehen, als hätte die Mutter den Abfindungsbetrag über den Sohn A an den Sohn B geleitet, wobei der Abfindungsbetrag zunächst von A als Erwerb von der Mutter (dagegen nachdrücklich *Breit,* ErbSt u SchSt, 1922, 136 ff) und dann von B als Erwerb vom Erblasser zu versteuern ist. Näher scheint es allerdings zu liegen, die Abfindungszahlung nur bei B zu erfassen und sie bei A weder als Abzugsposten (so auch *Petzoldt* § 3 Rz 183) noch als Erwerb zu berücksichtigen, zumal die zivilrechtliche Einordnung der Abfindungszahlung als Schenkung des Abfindungsleistenden an den durch die Ausschlagung Begünstigten durchaus zweifelhaft erscheint.

100   **Abfindungsleistung in sonstigen Fällen.** Abs 2 Nr 4 nennt neben den bisher behandelten Ausschlagungsfällen noch die Abfindung für den Pflichtteilsverzicht (dazu unten Anm 101). Ferner erwähnt Abs 2 Nr 5 die Abfindung für bedingte, betagte oder befristete Vermächtniserwerbe (dazu unten Anm 102). Unbefriedigend blieb bisher, dass § 3 damit nur einzelne Fälle der Abfindungsleistung zu stpfl Vorgängen erklärt, ohne eine Gesamtregelung anzustreben. So kann durch Zurückweisung eines durch Vertrag zugunsten Dritter auf den Todesfall

Sonstige Zuwendungen vom Erblasser **101 § 3**

zugewandten Erwerbs die StPfl nach Abs 1 Nr 4 vermieden werden, weil auch im Fall dieser Zurückweisung wie in den Fällen der Ausschlagung das zugefallene Recht als nicht erworben gilt (§ 333 BGB; vgl dazu BFH BStBl II 90, 467). Wird eine Abfindung für die Zurückweisung dieses Erwerbs von dem durch die Zurückweisung Begünstigten gewährt, so fehlte bisher ein dem Abs 2 Nr 4 entsprechender Besteuerungstatbestand. Das ErbStRG 2009 hat nunmehr diese Lücke geschlossen. Es hat die Abfindung für die Zurückweisung eines Rechts aus einem Vertrag des Erblassers zugunsten Dritter sowie auch andere Abfindungsleistungen, die an die Stelle eines der in Abs 1 genannten Erwerbe treten, für stpfl erklärt.

Verzicht auf den entstandenen Pflichtteilsanspruch (Abs 2 **101 Nr 4).** Abs 2 Nr 4 unterwirft neben der Abfindung für die Ausschlagung einer Erbschaft, eines Erbersatzanspruchs oder eines Vermächtnisses (dazu oben Anm 98) die Abfindung für den Verzicht auf den entstandenen Pflichtteilsanspruch der Besteuerung. Als Verzicht auf den entstandenen Pflichtteilsanspruch ist das Rechtsgeschäft gemeint, durch das der Pflichtteilsgläubiger nach dem Erbfall, aber vor dem Geltendmachen seines Anspruchs dem Erben die Schuld erlässt. Der Kern des Geschäfts liegt aus steuerlicher Sicht nicht so sehr in dem Erlass des Anspruchs, sondern primär in dem Verzicht auf das Geltendmachen des mit dem Erbfall entstandenen Pflichtteilsrechts. Auf jeden Fall handelt es sich um einen Verzicht nach dem Erbfall. Den Pflichtteilsverzicht gegen Abfindung vor dem Erbfall regelt § 7 I Nr 5 (Verzicht gegenüber dem Erblasser) oder § 7 I Nr 1 (Verzicht gegenüber einem künftigen Erben: BFH BStBl II 01, 456). Den Pflichtteilsverzicht gegen Abfindung nach dem Geltendmachen des Anspruchs lässt der Gesetzgeber ungeregelt. Die mit dem Geltendmachen des Anspruchs einmal entstandene StPfl erlischt nämlich nicht nachträglich durch einen Schulderlass des Pflichtteilsgläubigers (FG München EFG 05, 1887). Die Abfindung für den Verzicht auf den bereits geltend gemachten Pflichtteil tritt daher aus stlicher Sicht für den Erwerber nicht an die Stelle seines ursprünglichen Anspruchs, so dass auch kein Anlass besteht, die Abfindung als Erwerb von Todes wegen zu besteuern. Der Verzicht auf das Geltendmachen des Anspruchs gegen Abfindung ist nicht deswegen unmöglich, weil in dem Aushandeln der Abfindung stets schon ein Geltendmachen des Pflichtteils liegt. Der Verzicht gegen Abfindung ist von dem Geltendmachen des Anspruchs durch Vereinbarung einer Leistung an Erfüllungs statt zu unterscheiden. Die Unterscheidung ist deswegen wichtig, weil im ersteren Fall der Umfang der Steuerpflicht nach dem Wert des Abfindungsobjekts bemessen wird, während im letzteren Fall der Nennwert der Pflichtteilsforderung der Steuerbemessung zugrunde liegt (FG Köln EFG 01, 765). Der Verzicht kann auch als **Teilverzicht** vorkommen. Als Verzicht auf den entstandenen Pflichtteilsanspruch iSv Abs 2 Nr 4 hat der BFH (BStBl II 81, 473) auch den Fall gedeutet, dass der als Nacherbe Eingesetzte auf den Pflichtteilsanspruch verzichtet, obwohl § 2306 BGB für diesen Fall bestimmt, dass der Pflichtteilsberechtigte den Pflichtteil erst verlangen kann, wenn er die Nacherbschaft ausschlägt. Der BFH konnte jedoch auf die ZivilRspr des Reichsgerichts (RG JW 31, 1354) verweisen, die angenommen hatte, dass auch im Fall des § 2306 II BGB aF der Pflichtteilsanspruch schon mit dem Erbfall entsteht, wobei § 2306 II BGB aF bis zur Ausschlagung der Nacherbschaft nur ein Hindernis für das Geltendmachen des Pflichtteils aufrichtet (auf einer ähnlichen Konzeption beruht vermutlich die wenig durchsichtig formulierte Entscheidung des FG Berlin, EFG 86, 270). **Zahlt der Erbe** für den Verzicht auf den entstandenen, aber noch nicht geltend gemachten Pflichtteil eine Abfindung, kann er sie von seinem Erwerb zum Abzug bringen (BFH BStBl II 81, 473). Soll die Abfindungsleistung erst beim Tod des Erben fällig sein, verneint der BFH (BStBl II 07, 651) die Abzugsmöglichkeit, weil die Abfindungsverpflichtung für den Erben keine wirtschaftliche Belastung darstelle. Doch vermag diese Auffassung nicht zu überzeugen. Denn auch Schulden, die erst beim Tod des Schuldners fällig werden, belasten den Schuldner. Bei einem Vermögensstatus müssten sie denn auch unter entsprechender Abzinsung jederzeit berücksichtigt werden. Wird ein Grundstück als Abfindung übertragen, bemisst sich die Abfindung nach dem StWert des Grundstücks, was sich bisher angesichts der niedrigen Grundstückswerte zum Vorteil des Pflichtteilsgläubigers auswirken konnte (vgl BFH/NV 01, 1406; kritisch *Viskorf*, FR 01, 967). **Zahlt ein Dritter,** kann der Erbe den Abfindungsbetrag ebenfalls zum Abzug bringen, wenn in der Zahlung des Dritten an den Abfindungsempfänger eine Schenkung des Dritten an den Erben gesehen wird (vgl oben Anm 99; skeptisch hinsichtlich der Abzugsmöglichkeit in diesem Fall *Petzoldt* § 3 Rz 183). Immerhin liegt es zivilrechtlich noch näher, in der Zahlung des Dritten an den Pflichtteilsgläubiger eine Schenkung an den Erben zu sehen, als in der Zahlung an einen Miterben, der durch die Zahlung zur Ausschlagung veranlasst wird. Denn die Ausschlagung bedeutet nur einen Verzicht auf Vermögenserwerb und enthält keine Leistung an den Erben, dem die Ausschlagung zugute kommt, während in dem Verzicht auf den Pflichtteilsanspruch eine Leistung liegt, die beim Erben zu einer Schuldbefreiung führt. Bei der Abfindungsleistung für den Verzicht auf den Pflichtteil könnte daher eine mittelbare Schenkung des Außenstehenden an den Erben denkbar sein.

102 **Abfindung für ein bedingtes, betagtes oder befristetes Vermächtnis (Abs 2 Nr 5).** Die Vorschrift geht von dem Fall eines auf-

Sonstige Zuwendungen vom Erblasser 103 § 3

schiebend bedingten, betagten oder befristeten Vermächtnisses aus, das nicht mehr ausgeschlagen werden kann, weil es bereits angenommen worden ist (eine Ausschlagungsfrist, von der das Gesetz spricht, kennt das Vermächtnisrecht nur in dem Sonderfall des § 2307 II BGB; auch hier handelt es sich im Grunde eher um eine Annahme- als um eine Ausschlagungsfrist). Für einen solchen Vermächtniserwerb entsteht die StPfl erst dann, wenn durch Eintritt der Bedingung oder des Ereignisses aus dem bedingten, betagten oder befristeten Anspruch eine unbedingte, unbetagte oder unbefristete Forderung geworden ist (§ 9 I Nr 1 a). Der Vermächtnisnehmer hat es damit noch nach der Annahme des Vermächtnisses in der Hand, durch Verzicht auf seine Forderung zu verhindern, dass jemals ein unbedingter, unbetagter oder unbefristeter Anspruch entsteht. Die StPfl bleibt also auch nach der Annahme des Vermächtnisses in der Schwebe und entfällt, wenn der Anspruch vor Eintritt des Ereignisses durch Schulderlass erlischt. Daher wird für diesen Fall der Erwerb der Abfindung bei einem Schulderlass nach Annahme des Vermächtnisses dem Erwerb der Abfindung bei Ausschlagung des Vermächtnisses gleichgestellt. Der Gesetzgeber folgt in dieser Bestimmung einer Entscheidung des RFH (RStBl 35, 1304), die den Erwerb schon nach dem ErbStG aF für stpfl erklärt hatte. Die Regelung lässt sich als Sonderfall der allgemeiner gefassten Bestimmung des § 7 I Nr 10 interpretieren (dazu § 7 Anm 116). Verzichten Nachvermächtnisnehmer auf ein vor dem Nachvermächtnisfall bereits angenommenes Nachvermächtnis, dann erlassen sie eine Forderung, die als bedingtes und/oder befristetes Recht die Voraussetzungen des Abs 2 Nr 5 erfüllte. Dies gilt auch dann, wenn das Nachvermächtnis mit dem Tod des Vorvermächtnisnehmers zugewendet sein sollte. Zwar bestimmt § 6 IV iVm § 6 III 1 für diesen Fall, dass der Erwerb des Nachvermächtnisnehmers als unbedingter Erwerb vom Vorvermächtnisnehmer zu behandeln ist. Dennoch bleibt der Erwerb des Nachvermächtnisnehmers auch aus erbstlicher Sicht ein befristeter Erwerb, der schon mit dem Erbfall als befristeter Erwerb entsteht und schon vor dem Tod des Vorvermächtnisnehmers angenommen oder ausgeschlagen werden kann. Damit bleibt auch Abs 2 Nr 5 anwendbar, nur dass als Erblasser iS des Abs 2 Nr 5 der Vorvermächtnisnehmer anzusehen ist (aM FG Berlin, EFG 86, 26, das Abs 2 Nr 6 zur Anwendung bringen will; der BFH – BStBl II 89, 623 – hat die Entscheidung des FG Berlin im Ergebnis bestätigt, ohne jedoch zur Anwendbarkeit des Abs 2 Nr 5 Stellung zu nehmen).

Entgelt für die Übertragung einer Nacherbenanwartschaft 103 **(Abs 2 Nr 6).** Unter der Anwartschaft eines Nacherben wird die Rechtsstellung des unter einer aufschiebenden Bedingung oder Befristung eingesetzten Erben in der Zeit zwischen dem Erbfall und dem Eintritt der Bedingung oder des Ereignisses verstanden. Die ZivilRspr

(RGZ 101, 185) hatte die Anwartschaft 1920 für übertragbar erklärt. Daraufhin unterwarf erstmals das ErbStG 1922 das für die Übertragung gewährte Entgelt der StPfl. Diese Bestimmung ist noch in das geltende Recht übernommen worden, obwohl die zugrunde liegende gedankliche Konzeption angreifbar ist (oben Anm 11). Es wird offenbar angenommen, dass der Nacherbe durch die Übertragung der Anwartschaft die (bis zum Eintritt der Bedingung oder des Ereignisses noch ausgesetzte: § 9 I Nr 1 h) StPfl für die Nacherbschaft auch dann von sich abwenden kann, wenn später mit Eintritt des Nacherbfalls die Anwartschaft in das Vollrecht übergeht (so jetzt auch BFH BStBl II 93, 158; Hess FG EFG 05, 965). Nur unter dieser Voraussetzung rechtfertigt es sich, für die Zwecke der Besteuerung das Entgelt an die Stelle der Anwartschaft treten zu lassen. Die StPfl für die Nacherbschaft soll dann beim Nacherbfall den **Übernehmer der Anwartschaft** (bei Weiterveräußerung den Zweiterwerber) treffen, der das gezahlte Entgelt als Erwerbskosten nach § 10 V Nr 3 von seinem Erwerb absetzen kann (BFH BStBl II 93, 158, 160; Hess FG EFG 05, 965). Abs 2 Nr 6 findet auch Anwendung, wenn der Nacherbe seine Anwartschaft auf den Vorerben überträgt (BFH BStBl II 80, 46). Besteht das Entgelt in diesem Fall in der Hingabe eines Grundstücks, ist das Entgelt nach dem StWert des Grundstücks zu bemessen (BFH/NV 01, 1406). Die Möglichkeit des Abzugs des Entgelts von seinem Erwerb wird dem Vorerben in diesem Fall vom BFH dagegen nicht zugestanden (BFH BStBl II 96, 137 gegen FG Düsseldorf EFG 93, 44; vgl unten § 6 Anm 7). Durch die Veräußerung wird der Anwartschaftserwerber im Übrigen nicht „Nacherbe" iS des BGB. Er ist aber derjenige, auf den beim Eintritt des Nacherbfalls das Vermögen übergeht. Da § 6 II, III ohne weitere Unterscheidung vom Vermögensübernehmer oder vom Nacherben spricht und beim Nacherbfall dessen Verhältnis zum Vorerben oder Erblasser der Besteuerung zugrundelegt, wird durch die Textfassung nicht deutlich, ob sich die Besteuerung nach dem Verhältnis des Veräußerers (= Nacherben) oder des Erwerbers (= Vermögensübernehmers) zum Vorerben oder Erblasser richten soll. Für die erstgenannte Auffassung ließ sich anführen, dass die für den Erwerb der Nacherbschaft maßgeblichen stlichen Merkmale durch die Veräußerung nicht beeinflusst werden können. Der BFH (BStBl II 93, 158) hat sich jedoch (im Anschluss an *Kipp* § 2 Anm 112) für die Person des Erwerbers entschieden. Die Rspr (BFH BStBl II 89, 623 im Anschluss an FG Berlin EFG 86, 26) sieht im Übrigen in dem Verzicht des Nachvermächtnisnehmers auf sein Recht gegen Abfindung einen Fall der Anwartschaftsübertragung gegen Entgelt iS des Abs 2 Nr 6.

104 **Herausgabeanspruch des Vertragserben (Abs 2 Nr 7).** Wer durch Erbvertrag (§§ 2274 ff BGB) zum Erben eingesetzt worden ist, hat eine Position erlangt, die ihm der Erblasser zu seinen Lebzeiten nicht mehr einseitig entziehen kann (Ausnahmen: §§ 2293 bis 2295 BGB). Als Vertragserbe gebührt dem Eingesetzten jedoch nur das, was beim Tod des Erblassers noch vorhanden ist. Der Erblasser bleibt zu Lebzeiten in seinen Verfügungsmöglichkeiten frei (§ 2286 BGB). Er kann daher den Vertragserben dadurch beeinträchtigen, dass er noch zu Lebzeiten sein Vermögen durch Schenkungen vermindert. Um hier einen gewissen Schutz des Vertragserben zu garantieren, sieht § 2287 BGB nach dem Erbfall einen Anspruch des beeinträchtigten Vertragserben gegen den vom Erblasser Beschenkten vor. Für die Besteuerung dieses Anspruchs gab es lange Zeit keine Rechtsgrundlage (BFH BStBl II 91, 412; oben Anm 7). Dann hat das StÄndG 1992 mit Abs 2 Nr 7 die bisher fehlende gesetzliche Basis für die Besteuerung geschaffen. Besteuert wird der Anspruch des Vertragserben, sobald er geltend gemacht ist (vgl § 9 I Nr 1 Buchst j; zum Zeitpunkt des Geltendmachens vgl § 9 Anm 31 ff). Neben dem Anspruch des Vertragserben wird auch der dem Anspruch des Vertragserben im Zivilrecht gleichgestellte Anspruch des Vertragsvermächtnisnehmers nach § 2288 II 2 BGB erfasst. Der Anspruch nach § 2287 BGB setzt eine Schenkung voraus, zu der die ZivilRspr an dieser Stelle auch die unbenannte Zuwendung zählt (BGHZ 116, 167). Ob die im Zivilrecht (BGHZ 82, 274) übliche analoge Anwendung des § 2287 BGB auf den Schlusserben aus dem Berliner Testament zur Anwendung des Abs 2 Nr 7 führt, war lange Zeit ungeklärt. Steuertatbestände sollten zwar nicht durch Analogie ausgedehnt werden. Hier geht es jedoch nicht um eine Erweiterung des Steuerzugriffs durch Analogie, sondern hier geht es um die **Interpretation der Steuernorm,** die auf § 2287 BGB verweist und die Frage aufwirft, ob § 2287 BGB durch diese Verweisung in seinem ursprünglichen oder in seinem seit bald 100 Jahren durch Analogie erweiterten Anwendungsbereich herangezogen werden soll. Manches sprach dafür, dass die Verweisung auf § 2287 BGB diese Rechtsnorm in ihrem durch die ZivilRspr festgelegten Anwendungsbereich heranziehen sollte. Damit war die Besteuerung auch des durch ein gemeinschaftliches Testament geschützten Erben schon nach bisherigem Recht zu bejahen (BFH BStBl II 00, 587; FG München EFG 07, 370). Das ErbStRG 2009 hat diese Auslegung durch eine klarstellende Neufassung des StTatbestandes jetzt ausdrücklich bestätigt und hat den Vermächtnisnehmer als möglichen Erwerber hinzugefügt. Der Anspruch richtet sich gegen den Beschenkten oder dessen Rechtsnachfolger, gegebenenfalls auch gegen den, an den der Beschenkte das Geschenk weiterverschenkt hat (§ 822 BGB). Nach § 3 II gilt der Anspruch jedoch als vom Erblasser zugewendet, so dass sich die Besteuerung nach dem Verhältnis des Erben/Vermächtnisnehmers zum Erblasser und nicht zum Beschenkten richtet. Der Anspruch setzt neben der Beeinträchtigungsabsicht des

Erblassers, die nur bei Schenkungen nach Abschluss des Erbvertrages bejaht werden kann, eine tatsächliche Beeinträchtigung des Vertragserben voraus. Die Beeinträchtigungsabsicht des Erblassers fehlt im Fall einer Schenkung, die durch ein anerkennenswertes lebzeitiges Eigeninteresse des Schenkers veranlasst worden ist (BGHZ 66, 8, 15). Eine Beeinträchtigung des Erben ist nicht vorhanden, wenn der Erblasser als Schenker frei war, weil er die verschenkten Gegenstände trotz der erbvertraglichen Bindung auch durch Verfügung von Todes wegen hätte weiterleiten können (BGHZ 82, 278). Der Anspruch geht auf Herausgabe des Geschenkes in Natur, hilfsweise auf Geldausgleich (§ 818 II BGB; FG München EFG 07, 370); in beiden Fällen kann der Anspruchsschuldner sich wegen der von ihm getragenen SchStPfl nicht auf § 29 I Nr 1 berufen, wenn er den geltend gemachten Anspruch erfüllt. Er kann seine Leistung jedoch nach § 10 V iVm § 1 II noch nachträglich bei der Besteuerung der Schenkung erwerbsmindernd geltend machen und damit seine SchSt-Schuld noch nachträglich kürzen (BFH BStBl II 04, 234; *Meincke* ZEV 04, 126). Der Beschenkte braucht den Anspruch nur in dem Umfang zu erfüllen, zu dem er noch bereichert ist (§ 818 III BGB). Der Einwand des Wegfalls der Bereicherung ist ihm unter den Voraussetzungen der §§ 818 IV, 819 BGB (insbesondere ab Kenntnis der Herausgabeverpflichtung und ab Rechtshängigkeit des Anspruchs) allerdings versagt.

§ 4 Fortgesetzte Gütergemeinschaft

(1) **Wird die eheliche Gütergemeinschaft beim Tode eines Ehegatten oder beim Tod eines Lebenspartners fortgesetzt (§§ 1483 ff. des Bürgerlichen Gesetzbuchs), wird dessen Anteil am Gesamtgut so behandelt, als wäre er ausschließlich den anteilsberechtigten Abkömmlingen angefallen.**

(2) **¹Beim Tode eines anteilsberechtigten Abkömmlings gehört dessen Anteil am Gesamtgut zu seinem Nachlaß. ²Als Erwerber des Anteils gelten diejenigen, denen der Anteil nach § 1490 Satz 2 und 3 des Bürgerlichen Gesetzbuchs zufällt.**

Übersicht

1. Allgemeines
2.–7. Stpfl beim Tod des Ehegatten (Abs 1)
8. Stpfl beim Tod eines Abkömmlings (Abs 2)
9. Der überlebende Ehegatte als StSchuldner
10. Sonstige Erwerbe

1 Allgemeines. Die auf das ErbStG 1922 zurückgehende Vorschrift entspricht mit geringfügigen redaktionellen Änderungen dem § 5 ErbStG aF. Die Bestimmung soll die Bereicherung erfassen, die den

Fortgesetzte Gütergemeinschaft 2, 3 § 4

gemeinschaftlichen Abkömmlingen und ihren Nachfolgern in der fortgesetzten Gütergemeinschaft gemäß den §§ 1483 ff BGB zufällt. Der Hinweis auf Art 200 EGBGB, den die Gesetzesfassung bis 2008 enthielt, war bedeutungslos geworden, da mit Gütergemeinschaften, die vor dem 1. 1. 1900 begründet worden sind (RFH RStBl 35, 885), nicht mehr zu rechnen ist. Das ErbStRG 2009 hat ihn daher gestrichen. Auf Gütergemeinschaften ausländischen Rechts wird § 4 nicht angewandt (RFHE 54, 58).

2.–7. Steuerpflicht beim Tod des Ehegatten (Abs 1)

Grundlagen. Eheleute können durch Ehevertrag den Güterstand 2 der Gütergemeinschaft vereinbaren. Dasselbe Recht steht den Partnern einer **eingetragenen Lebenspartnerschaft** zu. Sie werden nach der Neufassung des § 4 I durch das ErbStRG 2009 nunmehr ausdrücklich erwähnt, und alles, was im Folgenden für Eheleute gesagt wird, soll auch für eingetragene Lebenspartner gelten. Haben die Eheleute den Güterstand der Gütergemeinschaft vereinbart, so haben sie damit den wesentlichen Teil ihres vor der Ehe vorhandenen und während der Ehe erworbenen Vermögens in einer gemeinschaftlichen Vermögensmasse, dem Gesamtgut (§ 1416 I 1 BGB), zusammengefasst. Stirbt einer der Eheleute, so wird im Regelfall die Gütergemeinschaft beendet. Der Anteil des Verstorbenen am gemeinschaftlichen Vermögen fällt in seinen Nachlass (§ 1482 I 1 BGB). Der Verstorbene wird nach den allgemeinen Vorschriften beerbt (§ 1482 I 2 BGB). Die Eheleute können allerdings auch Abweichendes vereinbaren. Sie können nämlich bestimmen, dass die Gütergemeinschaft beim Tod eines Ehegatten nicht beendet, sondern mit den gemeinschaftlichen Abkömmlingen fortgesetzt werden soll (Fortgesetzte Gütergemeinschaft: §§ 1483 ff BGB). Dann treten die Abkömmlinge beim Tod des Ehegatten an dessen Stelle in die Gesamthandsgemeinschaft hinsichtlich des Gesamtguts ein (§ 1483 I BGB). Dieser Vorgang lässt sich schon zivilrechtlich so charakterisieren, dass der Anteil des verstorbenen Ehegatten am Gesamtgut den gemeinschaftlichen und damit anteilsberechtigten Abkömmlingen anfällt (*Kipp* § 5 Anm 5). Abs 1 soll denn auch nicht diese zivilrechtliche Regelung wiederholen, sondern zum Ausdruck bringen, dass der Anfall (in Abweichung von der bis 1919 geltenden Rechtslage) als stpfl Erwerb von Todes wegen gilt (vgl. zur Entstehungsgeschichte der Nachweise bei *Zimmermann-Ludewig* § 5 Anm 1). Auf diese Aussage legt das Gesetz angesichts des § 1483 I 3 BGB Gewicht (dazu unten Anm 3).

Der Anteilsübergang als Erwerb von Todes wegen. Nach 3 § 1483 I 3 BGB gehört der Anteil des Verstorbenen am Gesamtgut im Verhältnis zu den gemeinschaftlichen Abkömmlingen nicht zu seinem Nachlass. Das bedeutet: Mit der Vereinbarung der Fortsetzung der

Gütergemeinschaft über den Tod eines der Ehegatten hinaus wird der Anteil des Erstversterbenden nicht vererblich gestellt. Er wird vielmehr aus dem Erblasservermögen, das bei dessen Tod im Wege der Erbfolge auf die Erben übergeht (§ 1922 I BGB), ausgegliedert. Die Abkömmlinge, die beim Tod des Ehegatten an dessen Stelle in die Gütergemeinschaft eintreten, erwerben den Anteil nicht im Wege der Erbfolge, sondern kraft Güterrechts. § 4 I stellt demgegenüber klar, dass der Erwerb der Abkömmlinge für die Zwecke der Besteuerung zum Erwerb von Todes wegen zählt. Der RFH (RStBl 32, 855) hat darüber hinausgehend gemeint, der Erwerb der Abkömmlinge werde von § 4 I nicht nur als Erwerb von Todes wegen, sondern auch als Erwerb durch Erbfolge charakterisiert. Auch *Moench/Weinmann* (§ 4 Rz 7) geht davon aus, dass das Gesetz die Abkömmlinge im Fall des § 4 I so besteuern wolle wie bei der nicht fortgesetzten Gütergemeinschaft, bei der der Anteil des Verstorbenen in den Nachlass fällt (§ 1482 I 1 BGB). Daher werde von § 4 I im Gegensatz zum bürgerlichen Recht eine eigene Erbfolge angenommen. Von einer Erbfolge sagt § 4 I allerdings nichts. Doch kann die Entscheidung dahinstehen, da es ohne praktische Bedeutung sein dürfte, ob der Anteilserwerber als Erbe oder als sonstiger Erwerber von Todes wegen angesehen wird.

4 **Der Anteilsübergang als güterrechtlicher Erwerb.** Die Regelung des Abs 1 ändert nichts daran, dass der Anteilsübergang, soweit es auf das Zivilrecht ankommt, den familienrechtlichen und nicht den erbrechtlichen Vorschriften des BGB unterliegt (BFH BStBl III 54, 159). Das muss auch dann berücksichtigt werden, wenn es um den Umfang der beim Anteilserwerb nach Abs 1 abzugsfähigen Bestattungskosten geht. Nach dem Urteil des RFH RStBl 29, 515 sollen die anteilsberechtigten Abkömmlinge die Bestattungskosten zur Hälfte absetzen können, weil der auf die Abkömmlinge übergehende Gesamtgutsanteil die Hälfte des gemeinschaftlichen Vermögens der Eheleute umfasst. Dabei ist vorausgesetzt, dass die Abkömmlinge zumindest einen Teil der Bestattungskosten zu tragen haben. Denn nach § 10 V Nr 3 kann nur abzugsberechtigt sein, wer die Bestattungskosten trägt. Die Bestattungskosten trägt nach § 1968 BGB, wer zivilrechtlich Erbe ist. § 4 I macht die Abkömmlinge nicht zu Erben iS des § 1968 BGB. Als Anteilserwerber haben die Abkömmlinge die Bestattungskosten daher überhaupt nicht zu tragen. Immerhin können die Abkömmlinge als Erwerber sonstigen Vermögens des Verstorbenen Erbe sein. Doch wird insoweit nicht das Gesamtgut belastet, so dass die Pflicht zur Kostentragung die Abkömmlinge dann vollen Umfangs und nicht nur zur Hälfte trifft. Nur soweit der überlebende Ehegatte Erbe ist und seine Verpflichtung als Gesamtgutsverbindlichkeit (§ 1488 BGB) auch den Anteil der Abkömmlinge mindert, ist an einen hälftigen Abzug beim

Erwerb der Abkömmlinge zu denken. Doch bleibt auch dann noch zu überlegen, ob die Verbindlichkeit nicht im Innenverhältnis allein dem überlebenden Ehegatten zugerechnet werden muss (§ 1499 Nr 1 BGB). Die Entscheidung des RFH vermag daher nicht zu überzeugen (zustimmend *Moench/Weinmann* § 4 Rz 13).

Vorempfänge, die die anteilsberechtigten Abkömmlinge vom Verstorbenen erhalten haben, werden nach § 1503 II BGB zivilrechtlich erst bei der Auseinandersetzung des Gesamtgutes nach Beendigung der fortgesetzten Gütergemeinschaft gem den §§ 2050 ff BGB zur Ausgleichung gebracht. Da der Erwerb im Zuge der Auseinandersetzung des Gesamtgutes jedoch nicht selbst stpfl ist, müssen sie zum Zweck der Besteuerung schon bei der Ermittlung der nach Abs 1 zufallenden Anteile berücksichtigt werden (RFH RStBl 32, 855 = RFHE 31, 226). Sind die Vorempfänge aus dem Gesamtgut bewirkt, so gilt nur die Hälfte des Vorempfangs als ausgleichspflichtige Zuwendung des Verstorbenen (RFH RStBl 23, 341; 33, 1342).

Ausschließlichkeit des Erwerbs. Wenn der Anteil des Verstorbenen am Gesamtgut nach Abs 1 so behandelt werden soll, als wäre er **ausschließlich** den anteilsberechtigten Abkömmlingen angefallen, so wird damit im Anschluss an eine Entscheidung des RFH (StuW 23 Nr 302) und in Übereinstimmung mit dem Zivilrecht zunächst nur klargestellt, dass der überlebende Ehegatte nicht zu den Erwerbern des Anteils gehört, dass also im Verhältnis zum überlebenden Ehegatten ausschließlich die gemeinschaftlichen Abkömmlinge von dem Anteilsübergang profitieren. Die Vorschrift geht dabei vom gesetzlichen Regelfall (vgl § 1503 I 1 BGB) aus, dass den gemeinschaftlichen Abkömmlingen der vorher dem verstorbenen Ehegatten zustehende hälftige Anteil am Gesamtgut zufällt. Sie bedarf daher der einschränkenden Auslegung für den Fall, dass gemäß § 1514 iVm §§ 1512, 1513 I BGB dem überlebenden Ehegatten ein über die ihm bereits zustehende Hälfte hinausgehender Anteil am Gesamtgut zugewendet worden ist (zustimmend *Moench/Weinmann* § 4 Rz 10).

Problematisch ist das **Verhältnis der gemeinschaftlichen Abkömmlinge zu den nichtgemeinschaftlichen Abkömmlingen** des Verstorbenen (dessen Kindern aus erster Ehe), wenn die nichtgemeinschaftlichen Abkömmlinge zu den Erben des Verstorbenen gehören. Schon die zivilrechtliche Lage ist undurchsichtig. § 1483 BGB trifft nämlich für diesen Fall zwei im Grunde miteinander unvereinbare Aussagen. Zum einen wird festgelegt, dass den Gesamtgutsanteil nur die gemeinschaftlichen Abkömmlinge übernehmen. Zum anderen wird jedoch bestimmt, dass die Rechtsstellung der nichtgemeinschaftlichen Abkömmlinge so beurteilt werden soll, als wäre fortgesetzte Gütergemeinschaft nicht eingetreten, der Gesamtgutsanteil also allen Abkömmlingen zugefallen. Die Rechtslage ähnelt dem Rechtszustand bei Vereinbarung einer qualifizierten Nachfolgeklausel im Personengesellschaftsrecht (§ 3 Anm 19). Die nichtgemeinschaftlichen Abkömmlinge können von den Anteilserwerbern zumindest einen Wertausgleich verlangen, der sie so stellt, als wäre der Anteil auch ihnen zugefallen. Ob sie noch weitergehende Rechte geltend machen, zB Naturalteilung verlangen oder gar Teilungsversteigerung beantragen können, bleibt unklar. § 4 I will jedenfalls die Rechtsstellung der gemeinschaftlichen Abkömmlinge nicht für die Zwecke der Besteuerung auf Kosten der Rechtsstellung der nichtgemeinschaftlichen Abkömmlinge ausdehnen. Die Beteiligung der nichtgemeinschaftlichen Abkömmlinge am Gesamtgutsanteil des Verstorbenen, die sich daraus ergibt, dass sich nach § 1483 II BGB das Erbrecht der nichtgemeinschaftlichen Abkömmlinge so bestimmt, wie wenn fortgesetzte Gütergemeinschaft nicht eingetreten wäre, bleibt daher trotz des zumindest missverständlich gefassten Wortlauts von § 4 I unberührt (*Stölzle* § 5 Anm 49 ff). Bei der Berechnung des Anteilswerts, den die gemeinschaftlichen Abkömmlinge erwerben, sind daher die Beteiligungsrechte der nichtgemeinschaftlichen Abkömmlinge zu beachten. Für die nichtgemeinschaftlichen Abkömmlinge bildet die aus § 1483 II BGB folgende Beteiligung einen stpfl Erwerb gemäß § 3 I Nr 1. Soweit dieser Erwerb als Ausgleichsanspruch verstanden wird, sollten bei seiner Berechnung für Zwecke der Besteuerung die Grundsätze zur Anwendung gelangen, die der BFH BStBl II 83, 329 für die von der Gesellschafternachfolge ausgeschlossenen Erben bei einer qualifizierten Nachfolgeklausel entwickelt hat (§ 3 Anm 19).

8 Steuerpflicht beim Tod eines Abkömmlings (Abs 2). So wie der Übergang des Gesamtgutsanteils vom erstversterbenden Ehegatten auf die gemeinschaftlichen Abkömmlinge zivilrechtlich nicht als ein Übergang durch Erbfall, sondern als ein güterrechtlicher Wechsel in der Gesamtgutsberechtigung gedeutet wird (§ 1483 I 3 BGB; oben Anm 3), so richtet sich auch das weitere Schicksal des Anteils bis zur Beendigung der fortgesetzten Gütergemeinschaft zivilrechtlich nicht nach den Regeln des Erbrechts, sondern nach denen des Ehegüterrechts. Um dies festzulegen, bestimmt § 1490 S 1 BGB: „Stirbt ein anteilsberechtigter Abkömmling, so gehört sein Anteil an dem Gesamtgut nicht zu seinem Nachlass". § 4 I weicht schon bei der Beurteilung des Anteilsübergangs vom erstversterbenden Ehegatten auf die gemeinschaftlichen Abkömmlinge von der zivilrechtlichen Einschätzung der Rechtslage ab. Abs 2 führt diese Linie fort und bestimmt für den Anteilsübergang beim Tod eines Abkömmlings, dass dessen Anteil am Gesamtgut zu seinem Nachlass gerechnet werden soll. Daraus folgt, dass der Erwerb des Anteils vom Abkömmling als ein Erwerb aus dem Nachlass und damit als ein Erwerb durch Erbanfall iS des § 3 I Nr 1 zu versteuern ist. § 1490 S 2 und S 3 BGB nennen die Erwerber, denen der Anteil des Verstorbenen bei seinem Tod kraft Güterrechts anfällt. Es sind dies seine Kinder, die schon gleich beim Tod des erstverstorbenen Ehegatten in die Gütergemeinschaft eingetreten wären, wenn sie der jetzt verstorbene Abkömmling nicht als näher Berechtigter von dem Eintritt in die Gütergemeinschaft ausgeschlossen hätte. Hilfsweise fällt der Anteil an ihm bisher schon in der Gütergemeinschaft vertretenen Abkömmlingen zu. War der verstorbene Abkömmling neben dem überlebenden Ehegatten der einzige Beteiligte der fortgesetzten Gütergemeinschaft, so fällt sein Anteil hilfsweise dem überlebenden Ehegatten zu, der damit Alleineigentümer des Gesamtguts wird. Diese Regeln übernimmt § 4 II 2 auch für die Zwecke der Besteuerung. Der **Verzicht eines Abkömmlings** auf seinen Anteil am Gesamtgut führt nach den §§ 1491 IV, 1490 S 3 BGB zu der gleichen Anwachsungsfolge, wie wenn der Verzichtende kinderlos gestorben wäre. Das ErbStRecht übernimmt diese zivilrechtliche Fiktion jedoch nicht. § 4 II findet keine Anwendung, da es im Fall des Verzichts an einem „Nachlass" des Abkömmlings fehlt. Allerdings kann der Vorgang als freigebige Zuwendung gem § 7 I Nr 1 zu würdigen sein (vgl RFH RStBl 32, 1029 = RFHE 32, 41). § 517 BGB steht dem nicht entgegen, da der Gesamtgutsanteil des Verzichtenden ein von diesem bereits endgültig erworbenes Recht darstellt; § 1491 IV BGB lässt denn auch die Anwachsungsfolge nicht rückwirkend, sondern „zur Zeit des Verzichts" eintreten. Handelt es sich um einen (voll-)entgeltlichen Verzicht, so kann weder die Anwachsung des Gesamtgutsanteils bei den anderen Abkömmlingen – mangels freigebiger Zuwendung – noch der Zufluss der Abfindung beim Verzichtenden – in Ermangelung eines dem § 3 II Nr 4 entsprechenden StTatbestandes – besteuert werden.

Der überlebende Ehegatte als StSchuldner. Der überlebende 9 Ehegatte ist nur ausnahmsweise unter den Voraussetzungen der §§ 1490 S 3 BGB, 4 II 2 ErbStG, ferner im Fall einer Zuwendung gemäß § 1514 BGB (oben Anm 7), selbst Anteilserwerber. Dennoch ordnet § 20 II an, dass der Ehegatte in allen Fällen des § 4 für den gesamten Betrag StSchuldner ist. Damit soll die Zugriffsmöglichkeit auf das Gesamtgut sichergestellt werden. Denn nach § 1488 BGB haftet das Gesamtgut für die Verbindlichkeiten des überlebenden Ehegatten. Neben dem überlebenden Ehegatten sind auch die anteilserwerbenden Abkömmlinge StSchuldner (§ 20 II). Im Hinblick auf die Verpflichtung des Ehegatten bestimmt § 31 III, dass das FA die StErklärung allein von dem überlebenden Ehegatten verlangen kann. Ob damit gesagt werden soll, dass das FA die StErklärung nur von dem überlebenden Ehegatten verlangen kann oder ob dem FA eine Wahlmöglichkeit zugestanden werden soll, die Erklärung entweder allein von dem Ehegatten oder von allen Beteiligten zu verlangen, bleibt undeutlich (vgl unten § 31 Anm 10).

10 Sonstige Erwerbe. § 4 betrifft nur die Besteuerung der Erwerber, denen beim Tod des erstversterbenden Ehegatten oder beim Tod eines die Gütergemeinschaft fortsetzenden Abkömmlings ein Anteil am Gesamtgut zufällt, und spricht sich nur über die Beurteilung dieses Anteilserwerbes aus. Die Rechtsstellung der nichtanteilsberechtigten Erwerber bleibt von § 4 unberührt (oben Anm 7). Auch der Erwerb, der den anteilsberechtigten und nichtanteilsberechtigten Abkömmlingen, dem überlebenden Ehegatten oder sonstigen Personen kraft Erbrechts aus dem nicht zum Gesamtgut gehörenden Vermögen des Erblassers (§§ 1417 f BGB) zufällt, wird von § 4 nicht erfasst, sondern folgt den allgemeinen Regeln des § 3. Der überlebende Ehegatte haftet daher nach § 20 II nicht für die StSchuld der Abkömmlinge, die solche nicht aus dem Gesamtgut stammenden Erwerbe betrifft. Umgekehrt können auch die anteilsberechtigten Abkömmlinge nicht für die Erwerbe als StSchuldner herangezogen werden, die dem überlebenden Ehegatten aus dem gesamtgutsfreien Vermögen des erstversterbenden Partners zukommen. Dies gilt, obwohl das Vermögen, das der überlebende Ehegatte aus dem Nachlass des verstorbenen Partners erwirbt, gemäß § 1485 I BGB in das Gesamtgut fällt und so den anteilsberechtigten Abkömmlingen anteilig zugute kommt. Der Erwerb, der den anteilsberechtigten Abkömmlingen, dem überlebenden Ehegatten oder dessen Erben in der Auseinandersetzung der fortgesetzten Gütergemeinschaft (§§ 1492 ff, 1497 ff BGB) zufällt, bewirkt im Zweifel keine selbstständige Bereicherung und unterliegt damit nicht der StPfl. Endet die fortgesetzte Gütergemeinschaft durch den Tod des überlebenden Ehegatten (§ 1494 BGB), so fällt allerdings dessen Gesamtgutsanteil in seinen Nachlass und bildet für die Erben des zweitverstorbenen Ehegatten einen stpfl Erwerb iS des § 3 I Nr 1.

§ 5 Zugewinngemeinschaft

(1) ¹Wird der Güterstand der Zugewinngemeinschaft (§ 1363 des Bürgerlichen Gesetzbuchs, § 6 des Lebenspartnerschaftsgesetzes) durch den Tod eines Ehegatten oder den Tod eines Lebenspartners beendet und der Zugewinn nicht nach § 1371 Abs. 2 des Bürgerlichen Gesetzbuchs ausgeglichen, gilt beim überlebenden Ehegatten oder beim überlebenden Lebenspartner der Betrag, den er nach Maßgabe des § 1371 Abs. 2 des Bürgerlichen Gesetzbuchs als Ausgleichsforderung geltend machen könnte, nicht als Erwerb im

Allgemeines 1 § 5

Sinne des § 3. ²Bei der Berechnung dieses Betrags bleiben von den Vorschriften der §§ 1373 bis 1383 und 1390 des Bürgerlichen Gesetzbuchs abweichende güterrechtliche Vereinbarungen unberücksichtigt. ³Die Vermutung des § 1377 Abs. 3 des Bürgerlichen Gesetzbuchs findet keine Anwendung. ⁴Wird der Güterstand der Zugewinngemeinschaft durch Ehevertrag oder Lebenspartnerschaftsvertrag vereinbart, gilt als Zeitpunkt des Eintritts des Güterstandes (§ 1374 Abs. 1 des Bürgerlichen Gesetzbuchs) der Tag des Vertragsabschlusses. ⁵Soweit das Endvermögen des Erblassers bei der Ermittlung des als Ausgleichsforderung steuerfreien Betrags mit einem höheren Wert als dem nach den steuerlichen Bewertungsgrundsätzen maßgebenden Wert angesetzt worden ist, gilt höchstens der dem Steuerwert des Endvermögens entsprechende Betrag nicht als Erwerb im Sinne des § 3.

(2) Wird der Güterstand der Zugewinngemeinschaft in anderer Weise als durch den Tod eines Ehegatten oder eines Lebenspartners beendet oder wird der Zugewinn nach § 1371 Abs. 2 des Bürgerlichen Gesetzbuchs ausgeglichen, gehört die Ausgleichsforderung (§ 1378 des Bürgerlichen Gesetzbuchs) nicht zum Erwerb im Sinne der §§ 3 und 7.

Erbschaftsteuer-Richtlinien: R E 5.1, 5.2/H E 5.1, 5.2.

Übersicht

1.– 7. Allgemeines
8.–11. StFreiheit beim erbrechtlichen Zugewinnausgleich (Abs 1 S 1)
12.–30. Berechnung des Freibetrages (Abs 1 S 1 bis 4)
31.–37. Grenzen der StFreiheit (Abs 1 S 5)
38.–46. StFreiheit beim güterrechtlichen Zugewinnausgleich (Abs 2)
47. StFreiheit beim Versorgungsausgleich

Schrifttum: *Meincke,* Fiktiver Zugewinnausgleich im Todesfall und Inflation, FS Wacke, 2001, 267; *Götz,* Die Wahl des Güterstandes unter erbschaftsteuerlichen Gesichtspunkten, Inf 01, 417, 460; *Jülicher,* Beendigung der Zugewinngemeinschaft oder nicht?, ZErb 03, 10; *Geck,* Gestaltungen im Rahmen des Güterstands der Zugewinngemeinschaft – Chancen und Risiken, ZErb 04, 21; *v. Oertzen/Cornelius,* Güterstandsschaukeln, ErbStB 05, 349; *Ebeling,* Rechnerische Ermittlung der erbschaftsteuerfreien Zugewinnausgleichsforderung, ZEV 06, 19; *Schlünder/Geißler,* Güterrechtlicher Neustart um Mitternacht, NJW 07, 482; *Münch,* Kompensation ist keine Schenkung, DStR 08, 26; *Büte,* Die Reform des Zugewinnausgleichsrechts, NJW 09, 2776; *Kogel,* Die Indexierung von negativem Anfangsvermögen nach der Güterrechtsnovelle, NJW 10, 2025;

1.–7. Allgemeines

Grundgedanke. § 5 begrenzt die StPflicht für den Erwerb, der 1 einem Ehegatten von seinem Partner bei der Beendigung des Güterstandes der Zugewinngemeinschaft zufällt. § 5 unterscheidet zwei Fälle der Beendigung des Güterstandes. **Abs 1** geht von dem Fall aus, dass der Güterstand durch den Tod eines der Partner beendet wird, wobei der überlebende Ehegatte als Erbe oder Vermächtnisnehmer Vermögen des Verstorbenen übernimmt. § 5 I bestimmt für diesen Fall, dass das Vermögen, das der überlebende Ehegatte von seinem Partner von Todes wegen erwirbt, im Umfang des Betrages, den der überlebende Ehegatte im Fall der Scheidung hätte als Zugewinnausgleich beanspruchen können – im Umfang also dieser sog **fiktiven Zugewinnausgleichsforderung,** die unter den Voraussetzungen des § 5 I gar nicht besteht, aber im Scheidungsfall bestanden hätte (Näheres dazu unten Anm 11) –, „nicht als Erwerb iS des § 3" gilt und damit auch nicht nach § 1 I stpfl ist. Da § 5 keinerlei Hinweis darauf gibt, wie „der Betrag", der „nicht als Erwerb iS des § 3" gilt, gegenständlich aus dem Erwerb von Todes wegen ausgegliedert werden könnte, ist § 5 I 1 als **Freibetragsregelung** zu verstehen, nach der der Erwerb (entgegen dem Gesetzeswortlaut) uneingeschränkt als Erwerb iS von § 3 gilt, aber durch einen Abzugsposten bei der Wertermittlung im Umfang des genannten Betrages für die Besteuerung neutralisiert werden kann. Der Erwerb des überlebenden Ehegatten wird in dem angegebenen Umfang von der StPfl freigestellt, weil in dem erbrechtlichen Erwerb des überlebenden Partners nach der zugrunde liegenden zivilrechtlichen Konzeption des Zugewinnausgleichs ein Stück selbst erarbeitetes, von dem überlebenden Ehegatten mitverdientes Vermögen steckt, für das er im Fall der Scheidung einen Ausgleich hätte verlangen können, was auch im Fall der Beendigung des Güterstandes durch Tod beachtet werden muss. Denn im Scheidungsfall hätte der überlebende Ehegatte den Ausgleich stfrei bezogen, weil „keine Zweifel darüber bestehen, dass es sich bei der Ausgleichsforderung nicht um eine unentgeltliche Zuwendung iS des ErbStG handeln kann" (BTDrs III/598, 6). Weil mit dem Erwerb der Ausgleichsforderung im Scheidungsfall keine unentgeltliche Zuwendung verbunden wäre, soll auch der erbrechtliche Erwerb, der an die Stelle dieser Ausgleichsforderung tritt, von der StPfl freigestellt sein. Es bedurfte dieser Anordnung in § 5 I, weil der erbrechtliche Erwerb, der dem Partner mitverdientes, im Grunde anteilig selbst erarbeitetes Vermögen transferiert, nicht schon nach allgemeinen Grundsätzen von der ErbSt ausgenommen ist.

2 **Absatz 2** betrifft demgegenüber den Fall, dass der Güterstand zu Lebzeiten der Eheleute beendet wird oder dass der überlebende Ehegatte im Fall der Beendigung des Güterstandes durch Tod weder Erbe noch Vermächtnisnehmer des Verstorbenen geworden ist. In diesem Fall wird die unterschiedliche Entwicklung der Vermögen der Eheleute während der Ehe durch den Geldanspruch nach § 1378 BGB ausgeglichen. Abs 2 stellt in diesem Zusammenhang klar (BTDrs III/598, 6),

Allgemeines **3, 4 § 5**

dass der Erwerb des Ausgleichsanspruchs oder der durch den Ausgleichsanspruch vermittelten Geldzahlung die Merkmale eines stpfl Erwerbs von Todes wegen oder durch Schenkung unter Lebenden nach den §§ 1, 3, 7 nicht erfüllt und daher nicht stpfl ist. § 5 I nimmt nach allem einen an sich stpfl Erwerb von der Besteuerung aus und regelt damit eine StBefreiung, den sog **Zugewinnausgleichsfreibetrag.** § 5 II hat demgegenüber mit einer Freibetragsregelung nichts zu tun, sondern stellt nur klar, dass es für den Anspruchserwerb in den §§ 1, 3, 7 keinen Besteuerungstatbestand gibt.

Entstehungsgeschichte. § 5 geht auf die Bestimmung des § 6 **3** ErbStG 1959 zurück, die das ErbStRecht an den mit dem Gleichberechtigungsgesetz neu eingeführten gesetzlichen Güterstand der Zugewinngemeinschaft angepasst hatte. Ab 1 wurde 1974 nach dem Leitziel größerer StGerechtigkeit (BTDrs VI/3418, 63) neu gefasst. Während § 6 I aF den Erwerb des überlebenden Ehegatten beim Tod des Partners im Anschluss an den Wortlaut des § 1371 I BGB pauschal in Höhe eines Viertels des Reinnachlasses stfrei ließ, wurde nunmehr die StFreiheit des Erwerbs an die Höhe der (fiktiven) Ausgleichsforderung unter Berücksichtigung des StWertes des Nachlasses angepasst. Abs 2 entspricht dem früheren Abs 2 S 1. § 6 II 2 ErbStG 1959 wurde in § 29 I Nr 3 übernommen. Zum Jahresende 1993 ist es sodann durch das StMBG v 21. 12. 1993 (BGBl I 93, 2310) zu einer bedeutsamen Änderung des Abs 1 gekommen. Und zwar wurden nunmehr – neben einer geringfügigen Änderung des Abs 1 S 1 – die Sätze 2 bis 4 in den Gesetzeszusammenhang eingefügt, um so den Umfang des Freibetrages auf den gesetzlichen Umfang des Ausgleichsanspruchs zu begrenzen und vertraglichen Absprachen zur Ausdehnung der Freibetragshöhe entgegenzutreten. Der bisherige Abs 1 S 2 wurde dabei zu Satz 5 umgestellt. Das ErbStRG 2009 hat die zunächst nur für Eheleute konzipierte Bestimmung auf die Partner einer **eingetragenen Lebenspartnerschaft** erstreckt. Wenn in den einleitenden und nachfolgenden Erläuterungen von Ehepartnern die Rede ist, sind daher stets auch die Partner einer eingetragenen Lebenspartnerschaft mitgemeint.

Ausgleichsmodalitäten. Zum Zugewinnausgleich kann es nach **4** der Regelung des BGB auf zwei Wegen kommen. Bei der sog **güterrechtlichen Lösung** (§ 1371 II, §§ 1373 ff BGB) wird das Endvermögen jedes der Ehegatten mit dem Anfangsvermögen verglichen, das ihm beim Eintritt des Güterstandes zustand. Der Betrag, um den das Endvermögen das Anfangsvermögen übersteigt, bildet den Zugewinn. Der Ehegatte, der den höheren Zugewinn erzielt hat, muss dem anderen Partner die Hälfte des überschießenden Betrages in Geld vergüten (§ 1378 I BGB). Unter den Voraussetzungen der **erbrechtlichen Lösung** beim Tod eines Ehegatten (§ 1371 I BGB) wird der Ausgleich demgegenüber pauschal dadurch verwirklicht, dass sich der gesetzliche Erbteil des überlebenden Ehegatten um ein Viertel erhöht. Dabei ist unerheblich, ob die Ehegatten im Einzelfall einen Zugewinn erzielt hatten. Von der güterrechtlichen Lösung des Zugewinnausgleichs kann je nach der Rechtslage jeder der beiden Partner profitieren. Die erbrechtliche Lösung des Zugewinnausgleichs kommt immer nur dem überlebenden Ehepartner, nicht den Erben des erstverstorbenen Partners zugute. An diese beiden Ausgleichsmodalitäten knüpft § 5 in den Abs 2 und 1 an.

5   Im **Güterstand der Zugewinngemeinschaft** (§§ 1363 ff BGB) leben die Eheleute, deren Güterstand sich nach dem Recht des BGB richtet und die nicht durch Ehevertrag einen anderen Güterstand vereinbart haben. Der Güterstand gilt auch für die Eheleute, die ihre Ehe vor dem 1. 7. 1958, dem Datum der Einführung der Zugewinngemeinschaft als gesetzlicher Güterstand, geschlossen hatten, für die bis zum 30. 6. 1958 der gesetzliche Güterstand galt und die einer Überführung des früheren gesetzlichen Güterstandes in die Zugewinngemeinschaft nicht widersprochen hatten. In der Zugewinngemeinschaft bleibt das Vermögen des Mannes und das Vermögen der Frau getrennt. Auch der Zugewinn, den die Eheleute während der Ehe erzielen, fällt nicht beiden Eheleuten gemeinschaftlich zu. Weil der Vermögenserwerb eines Ehegatten in der Regel unmittelbar oder mittelbar von dem anderen Ehepartner während der Ehe unterstützt worden ist (BGH FamRZ 81, 239, 240), oder weil der im Haushalt tätige Partner eine Teilhabe als Entschädigung für Erwerbsverzicht beanspruchen kann (vgl *Lieb,* Die Ehegattenmitarbeit, 1970, 174 ff), wird der Zugewinn ausgeglichen, wenn die Zugewinngemeinschaft endet (§ 1363 II BGB). Das Gesetz geht dabei von der optimistischen Erwartung aus, dass beide Partner während der Ehe einen Gewinn erzielt haben werden, wobei sich eine Gewinndifferenz (§ 1378 I BGB) zugunsten eines der Partner ergibt Zum Zugewinnaugleich kommt es auch dann, wenn nur einer der Partner mit einem positiven Ergebnis bezogen auf die Ehezeit abschließt. Beenden dagegen beide Partner die Ehezeit mit Verlusten, kommt ein Ausgleich nicht in Frage. Ein (nicht schon im Gewinnausgleich erfasster) Verlustausgleich findet zwischen den Eheleuten nicht statt.

6   Im Güterstand der Zugewinngemeinschaft, dem der Güterstand der Ausgleichsgemeinschaft nach § 6 des Lebenspartnerschaftsgesetzes nachgebildet ist, leben seit dem 3. 10. 1990 auch die Ehegatten, für die bis zu diesem Zeitpunkt die Eigentums- und Vermögensgemeinschaft **(Errungenschaftsgemeinschaft)** iS der §§ 13 ff, 39 ff des Familiengesetzbuchs der DDR als gesetzlicher Güterstand gegolten hatte. Diese automatische **Überleitung des gesetzlichen Güterstandes** ist

Allgemeines **7 § 5**

in Art 234 § 4 I EGBGB geregelt; Abs 2 derselben Vorschrift gab allerdings jedem der Ehegatten die Möglichkeit, durch eine innerhalb von zwei Jahren abzugebende einseitige Erklärung für die **Beibehaltung des früheren Güterstandes** zu optieren. Geschah dies, so fand die Überleitung in die Zugewinngemeinschaft nicht statt, so dass kein Raum für die Anwendung des § 5 ErbStG eröffnet wurde. Haben die Eheleute für die Beibehaltung des früheren Güterstandes optiert und kommt es dann – insb beim Tod eines Ehegatten oder bei Ehescheidung – zur Auseinandersetzung der Eigentums- und Vermögensgemeinschaft nach den §§ 39 ff FGB-DDR, so gehört das dem einzelnen Ehegatten im Rahmen dieser Auseinandersetzung zugeteilte Vermögen nicht zum stpfl Erwerb iS der §§ 3 oder 7 ErbStG. Die FinVerw (BStBl I 91, 142, Tz 2.1.2) schränkt diese Aussage mit dem Hinweis auf den gesetzlichen Vermögensanteil gemäß § 39 FGB-DDR ein. Dabei wird man aber auch einen über 50% hinausgehenden Anteil als gesetzlichen und damit steuerfreien Erwerb ansehen müssen, sofern die ungleichmäßige Vermögensverteilung auf einer gerichtlichen Entscheidung gemäß § 39 II FGB-DDR beruht. Zu Einzelheiten der rechtlichen Auswirkungen der Überleitung des gesetzlichen Ehegüterrechts der DDR in die Zugewinngemeinschaft vgl 10. Aufl Anm 7.

Anwendbarkeit bei beschränkter StPfl. Die persönlichen Freibeträge des § 16 I nur auf Erwerbe bezogen, für die eine unbeschränkte, mit dem Inlandsvermögen auch das Nichtinlandsvermögen ergreifende StPfl besteht (§ 2 I Nr 1 iVm § 16 I). § 5 sieht eine entsprechende Einschränkung nicht vor. Das hängt damit zusammen, dass § 5 I im Wesentlichen dieselben Rechtsfolgen wie § 5 II zu verwirklichen sucht. § 5 II macht darauf aufmerksam, dass es für die Zugewinnausgleichsforderung und einen durch sie vermittelten Erwerb keinen Steuertatbestand im ErbStG gibt. Diese Aussage gilt unabhängig von der Eigenschaft der Eheleute als Inländer oder Ausländer. Auch wenn Steuerausländer einen Zugewinnausgleichsanspruch nach deutschem Eherecht erhalten – zB weil sie als deutsche Staatsangehörige, die im Ausland leben, dem deutschen Ehegüterrecht unterliegen (Art 14, 15 EGBGB) –, ist der Erwerb dieses Anspruchs nach den §§ 1, 3, 7 nicht steuerbar. Daher liegt es in der Konsequenz der Anknüpfung des Abs 1 an Abs 2, dass auch der Zugewinnausgleichsfreibetrag unabhängig davon gewährt werden muss, ob beschränkte oder unbeschränkte StPfl eingreift. Eine andere Frage ist, ob bei beschränkter StPfl der Freibetrag nach Abs 1 in voller Höhe oder nur anteilig in dem Umfang gewährt werden kann, in dem der Ausgleichsanspruch sich auf vom Verstorbenen während der Ehezeit hinzuerworbenes Inlandsvermögen bezieht. In dieser Frage gehen die Meinungen auseinander. Doch deutet auch hier die Anknüpfung des Abs 1 an Abs 2 darauf hin, dass der Freibetragsumfang unabhängig von der Qualifikation des hinzuerworbenen Vermögens als Inlands- oder Nichtinlandsvermögen gewährt werden muss, weil der Ausgleichsanspruch, auch soweit er sich auf Zugewinn im Auslandsvermögen bezieht, kraft Gesetzes entsteht, nicht auf einer Freigebigkeit beruht und daher auch nicht stpfl ist (Näheres dazu unten Anm 37).

8.–11. StFreiheit beim erbrechtlichen Zugewinnausgleich (Abs 1 Satz 1)

8 Beendigung des Güterstandes durch Tod. Der Zugewinnausgleichsfreibetrag nach Abs 1 S 1 kann nur in Anspruch genommen werden, wenn die Eheleute im Güterstand der Zugewinngemeinschaft gelebt haben und wenn der Güterstand durch den Tod eines der Partner beendet worden ist. Der Güterstand ist nur dann durch den Tod beendet worden, wenn die Eheleute noch zum Todeszeitpunkt in Zugewinngemeinschaft gelebt haben. Der Güterstand darf daher nicht schon vor dem Tod durch Scheidung oder durch einverständliche Änderung des Güterstandes beendet worden sein (eine einseitige Abwahl des Güterstandes gibt es nicht). Dabei ist zu beachten, dass der Güterstand im Fall der Scheidung erst mit der Auflösung der Ehe beendet wird, wobei § 1564 S 2 BGB die Auflösung der Ehe mit der Rechtskraft des Scheidungsurteils verbindet. Verunglückt also einer der Partner nach Ausspruch der Scheidung, aber vor Rechtskraft des Urteils, wird der Güterstand nicht durch die Scheidung, sondern durch den Tod beendet, so dass § 5 I eingreift. § 5 I billigt den Freibetrag dann zu, wenn der Güterstand durch den Tod *eines* Ehegatten beendet wird. Fraglich ist, wie die Rechtslage beurteilt werden soll, wenn beide Eheleute gleichzeitig verunglücken. In diesem Fall ist zunächst zu unterscheiden: Hat einer der Partner den anderen – wenn auch nur für kurze Zeit – überlebt, wird der Güterstand durch den Tod des früher versterbenden Partners beendet. Es gelten keine Besonderheiten. Sind jedoch beide Partner im selben Moment gestorben oder ist nach § 11 Verschollenheitsgesetz anzunehmen, dass sie beide gleichzeitig gestorben sind, weil sich nicht beweisen lässt, dass der eine den anderen überlebt hat, verneint die Rechtsprechung des BGH (BGHZ 72, 85) die Anwendbarkeit des Zugewinnausgleichsrechts. Die Frage ist jedoch im Zivilrecht durchaus umstritten (Nachweis bei *MK-Gernhuber* § 1372 BGB RdNr 10). Es ist nicht anzunehmen, dass § 5 zu dieser Streitfrage Stellung beziehen will. § 5 I 1 geht von dem Überleben eines der Partner aus und kommt daher bei gleichzeitigem Versterben der Partner nicht zum Zuge. Sollte es jedoch im Zivilrecht zu einer veränderten Beurteilung kommen, nach der auch die Erben gleichzeitig verstorbe-

Erbrechtlicher Zugewinnausgleich **9, 10 § 5**

ner Partner einen Zugewinnausgleich unter sich beanspruchen können, wird sich das ErbStRecht dieser Beurteilung im Rahmen des § 5 II nicht verschließen.

Zugewinnausgleich nach Erbrecht. Abs 1 S 1 gewährt den Zu- 9 gewinnausgleichsfreibetrag nur für den Fall, dass der Zugewinn **nicht nach § 1371 II BGB** ausgeglichen wird. § 1371 II BGB sieht vor, dass der überlebende Ehegatte im Fall der Beendigung des Güterstandes durch Tod den Zugewinnausgleich nach den Vorschriften der §§ 1373 ff BGB, also nach der güterrechtlichen Lösung, verlangen kann, wenn er weder Erbe noch Vermächtnisnehmer seines verstorbenen Partners geworden ist. Die Regelung wird so interpretiert, dass der überlebende Ehegatte in diesem von § 1371 II BGB umschriebenen Fall nur den güterrechtlichen Ausgleich verlangen kann und dass ihm der Ausgleich nach Erbrecht in diesem Fall nicht offen steht (obwohl über das Pflichtteilsrecht auch in diesem Fall durchaus ein erbrechtlicher Ausgleich möglich wäre). Weil § 1371 II BGB den überlebenden Ehegatten also auf den güterrechtlichen Ausgleich verweist und weil dieser güterrechtliche Ausgleich schon nach allgemeinen Grundsätzen, die § 5 II noch einmal bekräftigt, steuerfrei erworben wird, soll der Zugewinnausgleichsfreibetrag nach Abs 1 S 1 **nur in den nicht durch § 1371 II BGB erfassten Fällen** gelten. Das sind vornehmlich die Fälle, für die § 1371 I BGB die erbrechtliche Lösung des Zugewinnausgleichs vorsieht.

Wirkungen des erbrechtlichen Zugewinnausgleichs. Zum erb- 10 rechtlichen Zugewinnausgleich kommt es nur, wenn der überlebende Ehegatte Erbe oder Vermächtnisnehmer des Verstorbenen geworden ist (vgl § 1371 II BGB). § 1371 I BGB verändert dann die gesetzliche Erbquote des überlebenden Ehegatten mit Wirkung für die gesetzliche Erbfolge und für das Pflichtteilsrecht. Und zwar erhöht sich der Nachlassanteil des überlebenden Ehegatten um ein Viertel, wenn er als gesetzlicher Erbe neben anderen gesetzlichen Erben zur Erbfolge gelangt. Die Anteile der anderen gesetzlichen Erben werden entsprechend gekürzt. Ist der überlebende Ehegatte dagegen als gesetzlicher Erbe neben Erben berufen, die durch Testament oder Erbvertrag eingesetzt worden sind, ist er selbst durch Testament oder Erbvertrag als Erbe eingesetzt worden oder ist ihm nur ein Vermächtnis zugewandt, dann ändert der Zugewinnausgleich nicht die unmittelbaren Nachlassanteile, sondern beeinflusst lediglich die pflichtteilsrechtliche Lage. Das bedeutet: Der Umfang der für die Pflichtteilsberechnung maßgeblichen Erbquote des überlebenden Ehegatten erhöht sich mit der Folge, dass der Ehegatte ggf neben seinem Erbteil oder Vermächtnis einen Zusatzpflichtteil verlangen kann (§§ 2305, 2307 BGB). Zugleich vermindern sich die für die Pflichtteilsberechtigung maßgeblichen Quoten anderer

Nachlassbeteiligter, so dass die Belastung des zum Erben eingesetzten Ehegatten durch Pflichtteilsansprüche enterbter Kinder oder Eltern infolge des Zugewinnausgleichs verringert wird.

11 Die Anknüpfung des Freibetrages. Führt man sich die Wirkungen des erbrechtlichen Zugewinnausgleichs vor Augen, so wird deutlich, dass es keine glückliche Lösung war, wenn das ErbStG bis 1974 den Erwerb des überlebenden Ehegatten generell im Umfang eines Viertels des Reinnachlasses steuerfrei gelassen hatte. Denn nur unter den Voraussetzungen der gesetzlichen Erbfolge wird der Erwerb des Ehegatten durch den Zugewinnausgleich tatsächlich um ein Viertel des Nachlasswerts erhöht. In allen anderen Fällen bewirkt der Ausgleich dagegen lediglich eine Änderung des Pflichtteilsrechts, das aus der Hälfte des gesetzlichen Erbteils berechnet wird (§ 2303 BGB), so dass der Ausgleich dem Ehegatten regelmäßig nur Vorteile im Umfang eines Achtels des Nachlasswerts verschafft. Die frühere Regelung beruhte daher auf einem Missverständnis des § 1371 I BGB, wenn sie generell ein Viertel des Nachlasses für den überlebenden Ehegatten steuerfrei hielt. Es war jedoch nicht diese Überlegung, die den Gesetzgeber 1974 zu einer Neukonzeption der einschlägigen Bestimmungen veranlasste. Vielmehr nahm er daran Anstoß, dass die erbrechtliche Lösung für den überlebenden Partner zu Vorteilen führen kann, die ihm im Fall des güterrechtlichen Ausgleichs nicht zuständen. Denn § 1371 I BGB sieht die Erhöhung des Erbteils unabhängig davon vor, ob bei dem überlebenden Ehegatten überhaupt ein Zugewinndefizit in entsprechender Höhe vorlag. Auch der Partner, der im Fall der Scheidung ausgleichspflichtig gewesen wäre, kann im Fall seines Überlebens von der erbrechtlichen Lösung des Zugewinnausgleichs profitieren. Im Übrigen zielt die erbrechtliche Lösung nicht nur auf eine Teilhabe am Zugewinn, sondern erfasst mit der Erhöhung der Erbquote das ganze Vermögen des Verstorbenen, also auch den Teil des Nachlasses, der nicht während der Ehe erwirtschaftet wurde, sondern Anfangsvermögen ist. Obwohl der Gesetzgeber beim Erlass des § 1371 I BGB keine Bedenken gesehen hatte, den Angehörigen, insbesondere den einseitigen Abkömmlingen (Kindern aus erster Ehe) des verstorbenen Partners, diese harte, möglicherweise sogar verfassungswidrige (*Leipold,* NJW 11, 1179) Regelung zuzumuten, erschien ihm nun, wo es um die Interessen des Fiskus ging, die Pauschallösung des § 1371 I BGB nicht länger sachgerecht. Er wollte eine Verkürzung des StAufkommens durch einen nach dem zusätzlichen Viertel des § 1371 I BGB berechneten Freibetrag in den Fällen nicht mehr hinnehmen, in denen dem überlebenden Ehegatten – wäre der Ausgleich nach der güterrechtlichen Lösung vollzogen worden – ein Anspruch in der von § 1371 I BGB gekennzeichneten Höhe nicht zustand. Daher wurde die Anknüpfung des

Freibetrages an das durch § 1371 I BGB zusätzlich gewährte Viertel des Nachlasses des Verstorbenen 1974 aufgegeben. Dafür wurde dem überlebenden Partner ein Freibetrag in Höhe des Betrages eingeräumt, „den er im Fall des § 1371 II BGB als Ausgleichsforderung geltend machen könnte", der ihm also zustände, wenn der Ausgleich nach der güterrechtlichen Lösung verwirklicht worden wäre. Der Freibetrag ist daher nunmehr nach der **fiktiven Ausgleichsforderung** zu bemessen, die zivilrechtlich unter den Voraussetzungen der erbrechtlichen Lösung des Zugewinnausgleichs gerade nicht besteht, die aber bestünde, wenn es zu der erbrechtlichen Lösung nicht gekommen wäre. Der Gesetzgeber hat in Kauf genommen, dass es durch diese Neuregelung nicht nur zu einer Einschränkung, sondern im Einzelfall auch zu einer Ausdehnung der Entlastung des überlebenden Ehegatten kommen kann. Dies gilt insbesondere dann, wenn der Verstorbene im Wesentlichen ausgleichspflichtiges Vermögen hinterlassen hat. Die Freibetragsregelung ist denn auch von großer wirtschaftlicher Bedeutung. Sie ist in ihrem Umfang nicht durch einen Höchstbetrag begrenzt und kann im Einzelfall zugunsten des überlebenden Ehegatten Vermögen in Millionenumfang von der St freistellen.

12.–30. Berechnung des Freibetrages (Abs 1 Satz 1 bis 4)

Grundzüge. Die Berechnung des Freibetrages kann unterbleiben, wenn abzusehen ist, dass der Erwerb des überlebenden Ehegatten unter Einrechnung von Vorerwerben (§ 14) die persönlichen Freibeträge (§§ 16, 17) nicht überschreiten wird (R E S. 1 I ErbStR). In allen anderen Fällen ist zur Berechnung des Freibetrages der Umfang der Ausgleichsforderung zu ermitteln, die dem überlebenden Ehegatten unter den Voraussetzungen des § 1371 II BGB zustünde. § 1371 II BGB verweist auf die §§ 1373 bis 1383 und 1390 BGB. Nach diesen Vorschriften ist also der Anspruchsumfang zu bestimmen. Als Zentralvorschrift kann dabei § 1378 I BGB gelten. Nach ihr kann der Ehegatte, der in der Ehe den geringeren Zugewinn erzielt hat, von seinem Partner einen Ausgleich in Höhe der Hälfte der Zugewinndifferenz verlangen. Um die Zugewinndifferenz (§ 1378 I BGB: „Überschuss") zu ermitteln, muss zunächst der Zugewinn jedes der Ehepartner berechnet werden. Zu diesem Zweck sind das Anfangsvermögen und das Endvermögen der Eheleute in Geldbeträgen nach Verkehrswerten einander gegenüberzustellen. Als Anfangsvermögen gilt das Reinvermögen jedes Ehegatten beim Eintritt des Güterstandes (also im Zweifel zum Zeitpunkt der Eheschließung). Endvermögen ist das Reinvermögen, das ein Ehegatte bei Beendigung des Güterstandes hat. Der Betrag, um den das Endvermögen eines Ehegatten sein Anfangsvermögen übersteigt, ist sein Zugewinn. War ein Ehegatte bei Eingehung der Ehe überschuldet, ist auch der Abbau der Überschuldung während der Ehe als Zugewinn anzusehen. Auf jeden Fall kann jedoch nur eine positive Vermögensentwicklung als Zugewinn berücksichtigt werden. Einen negativen Zugewinn gibt es nicht. Hat daher der überlebende Ehegatte während der Ehe ohne Ausgleich durch entsprechenden Zuerwerb einen Teil seines Anfangsvermögens verloren, wird durch diesen Verlust der Umfang der ihm zustehenden Ausgleichsforderung nicht erhöht. Zeigt ein Vergleich der Zugewinnberechnung für beide Eheleute, dass ein Ehepartner einen höheren Zugewinn erzielt hat als der andere, ist der Ehepartner, bei dem sich der höhere Zugewinn feststellen lässt, dem anderen Ehegatten ausgleichspflichtig. Und zwar hat er seinem Partner die Hälfte des Überschusses, der sich zu seinen Gunsten bei einem Vergleich der Zugewinnbeträge ergibt, in Geld auszuzahlen.

13   Die Probleme, die diese **Anspruchsberechnung im Zivilrecht** aufwirft, liegen auf zwei Ebenen. Zum einen geht es um die Trennung der beiden in der Ehe vielfach verbundenen Vermögen der Eheleute (Wem gehört das Silber?), um die Ermittlung des Bestandes des Endvermögens unter Abzug der auf jeden Ehegatten entfallenden Schulden, um die Zuordnung von Vermögensposten zum Anfangsvermögen und um die Beachtung der komplizierten gesetzlichen Bestimmungen, die nachträglich erworbene Posten noch zum Anfangsvermögen erklären oder zwischenzeitlich fortgegebene Güter noch als Endvermögen führen (§§ 1374, 1375 BGB). Zum Zweiten entstehen nicht selten schwierige Bewertungsprobleme. Denn für die Zugewinnermittlung muss das ganze (Privat- und Geschäfts-)Vermögen der Eheleute in Geld umgerechnet werden. Da das BGB den Bewertungsfragen keine größere Aufmerksamkeit zuwendet (vgl immerhin § 1376 BGB), muss sich die Praxis, so gut es geht, behelfen. Wegen der Einzelheiten sei auf die Kommentare zu § 1376 BGB verwiesen.

14   Besondere Erwähnung verdient hierbei allerdings die Frage des **Inflationsausgleichs** im Rahmen der Zugewinnermittlung. Um den unechten, lediglich auf allgemeiner Geldentwertung beruhenden Zugewinn aus der Berechnung der Ausgleichsforderung zu eliminieren, ist nach der ZivilRspr (BGHZ 61, 385, 393; 101, 65, 67) das Anfangsvermögen der Ehegatten mit dem Verbraucherpreisindex zZ der Beendigung des Güterstandes zu multiplizieren und durch die für den Zeitpunkt des Beginns des Güterstandes geltende Indexzahl zu dividieren. Durch diese Rechenoperation erhöht sich der Ansatz des Anfangsvermögens, und die Zugewinne beider Ehegatten sowie die Ausgleichsforderung können je nach dem Umfang des beiderseitigen Anfangsvermögens entsprechend niedriger ausfallen. Der niedrigere Zugewinn könnte wiederum eine Verminderung (niedrigerer Zugewinn des Aus-

Berechnung des Freibetrages § 5

gleichspflichtigen) oder eine Erhöhung (niedrigerer Zugewinn des Ausgleichsberechtigten) der Ausgleichspflicht und des Freibetrages zur Folge haben. Aus Vereinfachungsgründen gestattete die FinVerw dem überlebenden Ehegatten früher, die fiktive Ausgleichsforderung wahlweise mit oder ohne Anwendung dieses Inflationsausgleichs zu berechnen; dabei musste der Zugewinn beider Ehegatten nach dem gleichen Verfahren ermittelt werden. Dieses durch die FinVerw geschaffene Wahlrecht eröffnete insb nach langjähriger Ehedauer ein beträchtliches StSparpotential und erschien deshalb unter dem Gesichtspunkt der Gesetzmäßigkeit der Besteuerung bedenklich. Nunmehr lässt die FinVerw das Wahlrecht nicht mehr gelten, sondern bestimmt ultimativ: Die infolge des Kaufkraftschwundes nur **nominelle Wertsteigerung des Anfangsvermögens** eines Ehegatten während der Ehe stellt **keinen Zugewinn dar** (R E 5.1 II ErbStR). Damit wird der Freibetrag in seinem Umfang bei langdauernden Ehen beachtlich eingeschränkt. Bemerkenswert ist insbesondere dies: Nach der ZivilRspr wird nicht etwa jede nominelle Wertsteigerung aus der Zugewinnausgleichsberechnung eliminiert. Nur gerade die Wertsteigerung des Anfangsvermögens wird unter dem Gesichtspunkt des zwischenzeitlichen Kaufkraftverlustes korrigiert. Hat der Ehemann wenige Tage nach der Eheschließung Vermögen erworben und dieses bis zum Ausgleichszeitpunkt in Besitz gehabt, so ist die Wertsteigerung dieses Vermögens vollen Umfangs (einschließlich der nominellen Komponente) Zugewinn, da es nicht zum Anfangsvermögen gehört und daher auch nicht der vom BGH geforderten Korrekturrechnung unterliegt. Nicht zum Anfangsvermögen gehören auch die Beträge, die nach § 1375 II BGB dem Endvermögen hinzuzurechnen sind. Auch für sie kommt nach der Rspr-Linie des BGH eine Berücksichtigung des Kaufkraftschwundes nicht in Frage (aM H E 5.1 II ErbStH). Man sieht aus allem, dass die Rspr des BGH, die kein allgemeines Prinzip verfolgt, sondern nur punktuell den Zugewinn aus Wertsteigerungen des Anfangsvermögens begrenzt, nicht die innere Autorität beanspruchen kann, die ihr die FinVerw jetzt zubilligen will. Aus Gründen, die an anderer Stelle ausführlich dargelegt wurden (*Meincke*, FS Wacke, 267), ist das Konzept des BGH zur Inflationsbereinigung des Zugewinnausgleichs schon für das Zivilrecht abzulehnen. Die auf diesem Konzept aufbauende Praxis der FinVerw verdient ebenfalls keine Zustimmung. Der BFH (BStBl II 08, 631) hat jedoch keine Bedenken gesehen, die aus fiskalischer Sicht günstige ZivilRspr uneingeschränkt in das ErbStRecht zu integrieren.

15 Über die Schwierigkeiten hinaus, die sich schon bei der zivilrechtlichen Anspruchsberechnung ergeben, sind bei der Freibetragsberechnung noch weitere, **aus dem steuerlichen Zusammenhang folgende Problemkreise** zu beachten. Sie lassen sich in der Frage zusammenfassen, ob § 5 I 1 mit der Verweisung auf § 1371 II BGB die dort in Bezug genommenen zivilrechtlichen Bestimmungen (§§ 1373–1383, 1390) wirklich ausnahmslos für die Berechnung des StFreibetrages für anwendbar erklären will. Zwar war es das Ziel der Neuregelung nach den Gesetzesmaterialien, „das Ausmaß der Vergünstigung nach Abs 1 ... dem nach Abs 2" gleichzustellen (BTDrs VI/3418, 63), also den stfreien Betrag beim erbrechtlichen Ausgleich nach denselben Grundsätzen zu berechnen, die für die Ermittlung der Ausgleichsforderung beim güterrechtlichen Ausgleich bestimmt sind. Doch kann bei der Auslegung der unterschiedliche Zusammenhang, in den die Absätze 1 und 2 gehören, nicht ganz unberücksichtigt bleiben. So muss bei der Ausgleichsberechnung beachtet werden, dass der Anspruchsumfang auf den Todeszeitpunkt zu ermitteln ist. Werte, die zum Endvermögen gehören würden, wenn es zur Beendigung des Güterstandes unter Lebenden gekommen wäre (zB ein wertvolles Nießbrauchsrecht), die aber im Todeszeitpunkt erlöschen, müssen außerhalb der Rechnung bleiben. Auch bedarf die Anwendbarkeit der §§ 1377 III, 1380, 1381 und 1587 III BGB aF bei der Freibetragsberechnung besonderer Prüfung.

16 **Die Vermutung des § 1377 BGB.** Die Ausgleichsforderung wird unter Gegenüberstellung des Anfangs- und Endvermögens der Eheleute berechnet (§ 1373 BGB). Fehlt ein Verzeichnis des Anfangsvermögens, so gilt nach § 1377 III BGB die Vermutung, dass das Endvermögen jedes der Ehegatten während der Ehe erwirtschaftet wurde und ausgleichspflichtig ist. Diese Bestimmung geht von dem natürlichen Interessengegensatz der Partner aus und vertraut darauf, dass jeder Ehegatte seine eigenen Interessen wahren und die Vermutung, soweit sie ihm nachteilig ist, widerlegen wird. Die Eheleute (oder ihre Erben) können daher die zu ihren Ungunsten sprechende Vermutung entkräften. Gehen sie jedoch übereinstimmend von der Vermutung aus und berechnen sie die Ausgleichsforderung entsprechend, so ist ihr Vorgehen für die Besteuerung beim **güterrechtlichen Zugewinnausgleich** verbindlich. Denn der nach § 1377 III BGB berechnete Ausgleich ist zivilrechtlich in voller Höhe Zugewinnausgleich, und für einen Erwerb, der zivilrechtlich Zugewinnausgleich darstellt, fehlt in den §§ 3, 7 ein Besteuerungstatbestand.

17 Anders liegt es dagegen bei der Berechnung des Freibetrages im **erbrechtlichen Zugewinnausgleich.** Hier besteht der von § 1377 III BGB vorausgesetzte Interessengegensatz nicht zwischen dem überlebenden Ehegatten und den anderen Nachlassbeteiligten, denen es gleichgültig sein kann, ob der Nachlass vollen Umfangs aus Zugewinn besteht, sondern zwischen dem überlebenden Ehegatten und der FinVerw. Daher muss auch, soll die Vermutungsregelung funktionieren, der FinVerw die Befugnis zugestanden werden, die dem Fiskus nachteilige Vermutung zu entkräften und den Freibetrag nach den tatsächlichen Gegebenheiten zu ermitteln. Daher wird in **Abs 1 Satz 3** ausdrücklich festgestellt, dass die Vermutung des § 1377 III bei der Freibetragsberechnung nach Abs 1 (*nicht:* bei der Berechnung der stfreien Ausgleichsforderung nach Abs 2!) keine Anwendung finden kann.

Anrechnung von Schenkungen nach § 1380 BGB. Schenkungen untereinander wollen die Eheleute im Zweifel für den Fall, dass der Beschenkte bei Beendigung des Güterstandes ausgleichsberechtigt ist, als Vorauszahlung auf die Ausgleichsforderung gewertet wissen. Von dieser Vermutung geht § 1380 I 2 BGB aus. Danach wird das verschenkte Vermögen bei der Berechnung des Ausgleichsanspruches durch Subtraktion beim Endvermögen des Empfängers und Addition beim Endvermögen des Gebers grds so behandelt, als wenn es noch dem Schenker gehörte (§ 1380 II BGB; näher BGHZ 82, 227, 234 f; 101, 65, 70 f), zugleich aber auf die um den Betrag des Geschenkes erhöhte Ausgleichsforderung angerechnet (§ 1380 I 1 BGB). Diese Regelung hat für die Besteuerung die Konsequenz, dass die Schenkung, die sich nun als Vorausleistung auf den Zugewinnausgleichsanspruch erweist, in die StFreiheit des Ausgleichsanspruchs einbezogen werden muss. § 29 I Nr 3 sah bisher die nachträgliche Freistellung der nach § 1380 BGB angerechneten Schenkung nur für den Fall des güterrechtlichen Zugewinnausgleichs nach § 5 II vor. Eine entsprechende Regelung für die StBerechnung beim erbrechtlichen Zugewinnausgleich fehlte lange Zeit. Doch wurde von der FinVerw anerkannt, dass die Freistellung der Schenkung auch bei der Einrechnung in die Freibetragsregelung des § 5 I 1 zur Anwendung kommen muss (so auch FG Hbg EFG 87, 191, 193). Das ErbStRG 2009 hat dies nun durch eine entsprechende Erweiterung des § 29 I Nr 3 ausdrücklich geregelt.

Nach § 1380 I BGB hat der Zuwendende die Möglichkeit, im Zusammenhang mit der Zuwendung eine Bestimmung darüber zu treffen, ob die Zuwendung auf die Ausgleichsforderung angerechnet werden soll oder nicht. Im erbschaftsteuerlichen Schrifttum wird daher erwogen, ob durch den **Ausschluss der Anrechnung** in bestimmten Fällen eine StErsparnis erreicht werden kann. Doch sind die Einzelheiten dieser Gestaltungsempfehlung bisher so wenig durchdacht, dass sie als Instrument zur StErsparnis nicht empfohlen werden kann.

Beim güterrechtlichen Zugewinnausgleich kann der Schuldner wegen **grober Unbilligkeit gem § 1381 BGB** die Erfüllung der Ausgleichsforderung verweigern. Der erbrechtliche Zugewinnausgleich kennt keine entsprechende Regelung. Sie kann trotz der Verweisung des § 5 I 1 auf § 1371 II BGB auch bei der Freibetragsberechnung nicht gelten. Denn der Staat, der den Kindern des Erstverstorbenen im Rahmen der erbrechtlichen Lösung des Zugewinnausgleichs die Berufung auf grobe Unbilligkeit versagt, kann sich nicht selbst im Interesse eine Begrenzung des Freibetrags die Berufung auf die Unbilligkeit des Ausgleichs vorbehalten.

21 **Versorgungsleistungen und § 2 III VersorgungsausgleichsG (= § 1587 III BGB aF).** Ein güterrechtlichen Ausgleich findet nach § 2 III VersorgungsausgleichsG für Anrechte iS dieses Gesetzes nicht statt. Zu den Anrechten im Sinne dieses Gesetzes gehören nach § 2 I VersorgungsausgleichsG Anwartschaften auf Versorgung und Ansprüche auf laufende Versorgungen aus der gesetzlichen Rentenversicherung oder aus anderen Regelsicherungssystemen. Sie sind also aus dem Zugewinnausgleich herauszunehmen. Fraglich ist, ob dies auch für den Zugewinnausgleich im Todesfall gilt und ob § 2 III VersorgungsausgleichsG damit die Berücksichtigung der Versorgungswerte bei der Freibetragsberechnung verhindert. Nach seinem Sinngehalt will § 2 III VersorgungsausgleichsG ausschließen, dass Versorgungswerte sowohl vom Zugewinnausgleich als auch vom Versorgungsausgleich erfasst werden. Es soll kein Nebeneinander der beiden Ausgleichssysteme geben. Vielmehr wird dem Versorgungsausgleich der Vorrang vor dem Ausgleich des Zugewinns eingeräumt. Diese Zielsetzung passt im Todesfall nicht. Denn weil es keinen Versorgungsausgleich von Todes wegen gibt, ist ein Nebeneinander der beiden Ausgleichsregelungen beim Tod von vornherein ausgeschlossen. Für den Todesfall trifft § 2 III VersorgungsausgleichsG bei näherem Betrachten keine Aussage. Daher lässt sich die Meinung vertreten, dass die Sperrwirkung, die sich aus § 2 III VersorgungsausgleichsG oder aus § 1587 III BGB aF ergibt, im Todesfall nicht zur Anwendung zu bringen ist (*Meincke*, DStR 77, 363, 369; FamRZ 83, 13, 17). Fraglich ist allerdings, ob eine Sperrwirkung für die in § 2 III VersorgungsausgleichsG genannten Anrechten bei der Freibetragsberechnung aus anderen Gründen folgt.

22 **Der BFH** (BStBl II 10, 923) hat die Sperrwirkung auch für den Todesfall bejaht. Nach Auffassung des Gerichts muss der Pensionsanspruch, den die Witwe eines Personengesellschafters bei dessen Tod gegen die Gesellschaft erwirbt, bei der Freibetragsberechnung unberücksichtigt bleiben. Zur Begründung hat der BFH auf § 1587 III BGB aF (= § 2 III VersorgungsausgleichsG) verwiesen. Das überzeugt aus den eben genannten Gründen nicht. Das Ergebnis, zu dem das Gericht gelangt, dürfte jedoch aus anderen Gründen gerechtfertigt sein. Denn einen Ausgleich kann der überlebende Ehegatte nur für die Werte verlangen, die ihm ohne den Ausgleich entgehen. Der überlebende Ehegatte hat den Pensionsanspruch, um dessen Ausgleich es geht, jedoch mit dem Tod des bisherigen Vermögensinhabers erlangt. Es liefe

Berechnung des Freibetrages 23, 24 **§ 5**

auf eine doppelte Begünstigung des überlebenden Ehepartners hinaus, wenn er zusätzlich zu dem Pensionsanspruch auch noch einen Ausgleich für das in den Pensionsanspruch investierte Vermögen beanspruchen könnte. Daher kann der Zugewinnausgleich den Pensionsanspruch nicht umfassen. Folglich muss der Anspruch auch bei der Freibetragsberechnung unberücksichtigt bleiben.

Witwenrente und Freibetrag. Bevor der BFH die Einrechnung 23 von Witwenrenten in den Freibetrag unter Hinweis auf § 1587 III BGB aF ausgeschlossen hatte (oben Anm 22), war die Rspr des Gerichts (BFH BStBl II 82, 27) von der These ausgegangen, dass steuerpflichtig erworbene Witwenpensionen aus privater Lebensversicherung oder aus gesellschaftsrechtlicher Versorgungszusage den Zugewinnausgleichsfreibetrag im Umfang der Hälfte ihres Kapitalwertes erhöhen. Dasselbe sollte für das Bezugsrecht aus einer Kapitallebensversicherung gelten (FG Rh-Pf UVR 95, 186). Diese Handhabung beruhte auf folgender Überlegung. Als Ausgangspunkt der Argumentation gilt, dass das von der Witwe erworbene Rentenstammrecht aus dem Vermögen ihres Mannes stammt und daher als Teil seines Endvermögens angesehen werden muss. Zugleich wird angenommen, dass das Rentenstammrecht als Erwerb von Todes wegen auf die Witwe übergeht, also zu einem Zeitpunkt, der gedanklich nach dem Stichtag zur Ermittlung der beiderseitigen Endvermögen liegt, so dass der Übergang des Stammrechts auf die Witwe weder das Endvermögen des Mannes schmälert noch das Endvermögen der Witwe erhöht. Aus diesen Überlegungen folgt, dass der Kapitalwert der Rente nur auf der Seite des Mannes zu erfassen ist. Er erhöht dort das Endvermögen, den Zugewinn und den zu seinen Lasten festgestellten Zugewinnüberschuss. Da sich der Ausgleichsanspruch an der Hälfte des Zugewinnüberschusses orientiert (§ 1378 I BGB), folgt aus der Erhöhung des Zugewinnüberschusses um den vollen Kapitalwert der Rente, dass die Ausgleichsforderung um die Hälfte des Rentenkapitalwertes heraufgesetzt wird. Diese Begründung hatte dazu geführt, dass im gesetzlichen Güterstand im Ergebnis jede stpfl erworbene Witwenrente durch § 5 I zur Hälfte von der Besteuerung freigestellt worden ist. Der BFH (10, 923) erkennt nun unter Hinweis auf § 1587 III BGB aF diese Freistellung nicht mehr an (oben Anm 21). Die FinVerw (R E 5.1 IV ErbStR) hält jedoch den Ausgangspunkt der bisherigen Praxis fest, allerdings mit der bemerkenswerten Einschränkung, dass eine Hinzurechnung der Erwerbe des überlebenden Ehegatten insoweit unterbleiben muss, als es sich um Ansprüche handelt, die zivilrechtlich dem Versorgungsausgleich unterliegen. Damit wird ein Widerspruch zur BFH-Praxis vermieden.

Bevor sich der BFH zum Ausschluss der stpfl erworbenen Witwen- 24 renten aus der Freibetragsberechnung entschied, hatte das Gericht schon festgestellt (BStBl II 82, 27), dass **steuerfrei erworbene Renten** die Freibetragshöhe nicht beeinflussen können. Stfrei erworbene Renten – dazu zählen insbesondere auch angemessene Versorgungsbezüge aus einem Arbeitsverhältnis (§ 3 Anm 87 ff) – sollen also bei der Freibetragsberechnung nach § 5 I unberücksichtigt bleiben. Zugleich unterliegen diese stfreien Bezüge einer indirekten steuerlichen Belastung, wenn sie gemäß § 17 I 2 auf den dem überlebenden Ehegatten zustehenden Versorgungsfreibetrag angerechnet werden. Das Zusammentreffen dieser beiden Belastungsfaktoren – Kürzung des Versorgungsfreibetrages und fehlende Einrechnung in den Zugewinnausgleichsfreibetrag – würde zur Folge haben, dass Versorgungsbezüge bei StFreiheit nicht selten ungünstiger behandelt werden als bei StPfl. Um diese **Benachteiligung steuerfreier Bezüge** zu vermeiden, ließ sich daran denken, diese Bezüge entgegen der Grundlinie des BFH insoweit bei der Freibetragsberechnung zu berücksichtigen, als sie zu einer Kürzung des Versorgungsfreibetrages geführt haben. Die FinVerw hat sich jedoch dafür ausgesprochen, die Kürzung durch § 17 entfallen zu lassen (§ 17 Anm 6).

25 Die neuere BFH-Rspr hat, wie aus dem Hinweis auf § 1587 III BGB aF deutlich wird, die Argumentation zu § 5 I zu Recht in eine Richtung gelenkt, in der **zivilrechtliche Überlegungen** eine maßgebliche Rolle spielen. Noch kann man jedoch über die zutreffende zivilrechtliche Beurteilung streiten. Daher wird weiter darüber nachzudenken sein, wie Leistungen auf Grund eines Vertrags des Erblassers, die von Todes wegen erworben werden, im güterrechtlichen Zugewinnausgleich beurteilt werden sollen. In diesem Punkt bleibt in der Rspr (und in der zivilrechtlichen Kommentarliteratur!) bisher unverändert noch ein deutliches **Begründungsdefizit**.

26 **Veränderung des Freibetrages durch Ehevertrag?** Die Eheleute können durch Ehevertrag (§ 1408 BGB) den Umfang der Zugewinnausgleichsforderung modifizieren und gegenüber dem gesetzlichen Anspruchsumfang **erhöhen.** Umstritten war bisher, inwieweit sich derartige Vereinbarungen der Eheleute auf die Berechnung des Freibetrages auswirken. Nunmehr bestimmt **Abs 1 S 2,** dass bei der Berechnung des Freibetrages nur von den gesetzlichen Bestimmungen auszugehen ist und abweichende güterrechtliche Vereinbarungen unberücksichtigt bleiben müssen. Das heißt: die Eheleute können den Zugewinnausgleichsanspruch unter den gesetzlichen Umfang herabdrücken oder sogar – zB für den Scheidungsfall – ganz ausschließen (sofern sie nur gewisse Wirkungen, zB die Verfügungsbeschränkung, des gesetzlichen Güterstandes dennoch bestehen lassen, so dass nicht Gütertrennung eintritt), ohne dass dies Auswirkungen auf die Freibetragsberechnung

hat. Erhöhungen der Ausgleichsforderung über den gesetzlichen Umfang hinaus beeinflussen die Freibetragsberechnung ebenfalls nicht.

Einen Sonderfall der vertraglich modifizierten Zugewinngemeinschaft stellt auch die fälschlich sog **rückwirkend vereinbarte Zugewinngemeinschaft** dar, bei der Ehegatten, die zunächst in Gütertrennung gelebt haben, vertraglich zum gesetzlichen Güterstand übergehen und hierbei den während der gesamten Ehedauer – nicht lediglich den seit Abschluss des Änderungsvertrages – erzielten Vermögenszuwachs dem Zugewinnausgleich unterwerfen. Der zivilrechtliche Gehalt einer solchen Vereinbarung zielt auf eine vertragliche Festlegung des Anfangsvermögens ab, die von der gesetzlichen Begriffsbestimmung – Vermögen beim Eintritt des Güterstandes, § 1374 I BGB – abweicht und statt dessen das Vermögen bei Eingehung der Ehe für maßgebend erklärt (*Meincke,* DStR 91, 515, 549, 552; missverständlich insoweit die Entscheidungen BFH BStBl II 89, 897 und FG Düsseldorf EFG 89, 581, die von einer Rückwirkung sprechen, sowie die Entscheidung FG Berlin EFG 91, 545, die Rückwirkung der Zugewinngemeinschaft einerseits und Festlegung des Anfangsvermögens andererseits als zwei unterschiedliche Gestaltungsvarianten nebeneinander stellt). 27

Die **Rspr** hatte in den genannten Entscheidungen (BFH BStBl II 89, 897; FG Düsseldorf EFG 89, 581; FG Berlin EFG 91, 545; BFH BStBl II 93, 739) die vertragliche Vorverlegung des Zeitpunktes für die Bestimmung des Anfangsvermögens im Grundsatz auch auf die Ermittlung des erbschaftsteuerlichen Zugewinnausgleichsfreibetrages durchschlagen lassen. 28

Die **FinVerw** lehnte diese Interpretation des § 5 I 1 ErbStG jedoch von Anfang an ab, weil sie in den zur Beurteilung stehenden Fallgestaltungen von einer Rückwirkung der Vereinbarungen auf abgeschlossene Verhältnisse ausging, die steuerlich unbeachtlich bleiben müsse. Auf ihr Betreiben kam es 1993 zur Einfügung des neuen **Abs 1 S 4** in den Gesetzestext, wonach mit Wirkung für Erbfälle ab dem 1. 1. 1994 die Einbeziehung von Vermögenserwerben vor dem Zeitpunkt der Vereinbarung der Zugewinngemeinschaft für die Freibetragsberechnung künftig ohne Auswirkung ist. Da es sich bei der sog rückwirkend vereinbarten Zugewinngemeinschaft in Wahrheit um nichts anderes als um eine Zugewinngemeinschaft mit einer von den Vorschriften des § 1374 BGB abweichenden güterrechtlichen Vereinbarung handelt, hat Abs 1 S 4 gegenüber Abs 1 S 2 keine selbstständige Bedeutung. Wie die Regelung des Abs 1 S 2 gilt auch Abs 1 S 4 nur für die Freibetragsberechnung und wirkt sich auf die Höhe der nach Abs 2 steuerfreien Zugewinnausgleichsforderung nicht aus! Dass Abs 1 S 4 dennoch gesondert aufgenommen wurde, hängt mit dem Nachdruck zusammen, 29 mit dem die FinVerw gerade in dieser Frage die gerichtliche Praxis bekämpfte.

30 Die Neuregelung des Abs 1 Satz 4. Die **FinVerw** hat sich in der Frage der Beurteilung von Eheverträgen, die bei nachträglicher Vereinbarung der Zugewinngemeinschaft den Ausgleich auf die ganze Ehezeit bezogen, von Anfang an für Gegenargumente nicht zugänglich gezeigt. Das fiskalische Interesse dominierte. Ob zu recht, kann man bezweifeln. Denn in den Fällen, in denen wesentliche Vermögenswerte in Frage stehen, die gerade nur durch eine auf die gesamte Ehezeit bezogene Ausgleichsregelung der Besteuerung entzogen werden können, wird man nun den Weg des güterrechtlichen Ausgleichs nach den §§ 1371 II, 1373 ff BGB wählen und so das gewünschte Ergebnis auf einem Umweg im Wesentlichen doch erreichen (dazu unten Anm 38 ff).

31.–37. Grenzen der Steuerfreiheit (Abs 1 Satz 5)

31 Der Steuerwert des Endvermögens als Freibetragsgrenze. Abs 1 S 5 begrenzt die Freistellung des Erwerbs des überlebenden Ehepartners auf den dem Endvermögen des Erblassers entsprechenden Betrag. Die Gesetzesmaterialien lassen eine Begründung für diese Regelung nicht erkennen. Ein in der Literatur bekannt gewordener Rechtfertigungsversuch verweist darauf, dass „der Zugewinnausgleich ... gem § 1371 I BGB durch eine dingliche Beteiligung des überlebenden Ehegatten am Nachlass" erfolgt, die für die Zwecke der Besteuerung nach den steuerlichen Bewertungsgrundsätzen ermittelt wird. Es sei aber offenkundig, dass „nicht einerseits der Erwerb nach den Vorschriften des BewG bewertet werden kann, während andererseits bei der Ermittlung des strfreien Erwerbs die Verkehrswerte zugrunde gelegt werden. § 5 I 5 stellt deshalb sicher, dass ebenso wie bei der Bewertung des Erwerbs selbst auch bei der Ermittlung der steuerfreien Ausgleichsforderung die erbstlichen Wertmaßstäbe maßgeblich sind" (*Bopp*, DB 75, 1000 f). Dieser Begründungslinie hat sich der BFH (BStBl II 93, 510, 511 f) mit den Worten angeschlossen: „Die Ermittlung der Ausgleichsforderung basiert damit auf anderen Bewertungsregelungen, als sie für die Ermittlung des steuerpflichtigen Erwerbs nach dem ErbStG vorgeschrieben sind".

32 Kritik. Der Hinweis darauf, dass sich die zivilrechtlichen Bewertungsregelungen und die steuerlichen Bewertungsgrundsätze unterscheiden, hat nach der Angleichung der steuerlichen an die zivilrechtlichen, am Verkehrswert orientierten Bewertungsprinzipien inzwischen deutlich an Gewicht verloren. Schon aus diesem Grund liegt die Empfehlung nahe, die Bestimmung des Abs 1 S 5 wieder zu streichen (*Meincke*, NJW 07, 586). Hinzu kommt jedoch, dass die Vorschrift auch

Grenzen der Steuerfreiheit

in sich nicht stimmig ist. Denn die Feststellung des BFH, dass die Ermittlung der Ausgleichsforderung auf anderen Bewertungsregelungen basiert als die Ermittlung des stpfl Erwerbs und deswegen korrigiert werden muss, trifft in dieser Allgemeinheit nicht zu. Das wird deutlich, wenn der überlebende Ehegatte mit einem geringen Erbteil oder mit einem Vermächtnis bedacht ist und dann den Zusatzpflichtteil (§§ 2305, 2307 BGB) verlangt. Der erbrechtliche Zugewinnausgleich erfolgt in diesem Fall durch Erhöhung des Pflichtteilsanspruchs, und der so erhöhte Zusatzpflichtteil wird genau wie die Ausgleichsforderung nach zivilrechtlichen Grundsätzen bewertet. Die Bewertungsdifferenz, die der BFH benennt, kommt hier also gar nicht zum Tragen. Ähnliches gilt, wenn man an einen mit Vermächtnissen beschwerten Erwerb des überlebenden Ehegatten denkt. Die Vermächtnisse bilden im Rahmen des Erbschaftserwerbs einen durchlaufenden Posten, wobei sich der Vermächtniserwerb und die Vermächtnisverbindlichkeit gegenseitig neutralisieren. Das gilt unabhängig davon, wie der Erwerb und die entsprechende Verbindlichkeit zivilrechtlich oder steuerlich zu bewerten sind. Günstige steuerliche Bewertungsgrundsätze wirken sich in dieser Konstellation für den Erben bei der Besteuerung seines Erwerbs überhaupt nicht aus. Daher besteht auch kein Grund, den nach zivilrechtlichen Gesichtspunkten berechneten Ausgleichsanspruch unter Hinweis auf die steuerlichen Bewertungsgrundsätze zu korrigieren. Schließlich ist noch festzuhalten, dass die in Abs 1 S 5 vorgesehene Freibetragsbegrenzung durch die Interpretation dieser Vorschrift in der Praxis einen Regelungsinhalt bekommt, der ihrem Wortlaut nicht entspricht. Auch das verdient Kritik (s Anm 33).

Der dem Steuerwert entsprechende Betrag. § 5 I S 5 bestimmt, 33 dass „höchstens der dem Steuerwert des Endvermögens (des Erblassers) entsprechende Betrag nicht als Erwerb im Sinne des § 3" gelten soll. Als Freibetragsgrenze wird also der StWert des Endvermögens des Erblassers genannt. Bei einem angenommenen Verkehrswert des Endvermögens des Erblassers von 3 Mio €, einem StWert von 1 Mio € und einer Ausgleichsforderung des überlebenden Partners, der ohne eigenen Zugewinn geblieben war, in Höhe von 1,5 Mio € müsste also der Freibetrag auf 1 Mio € festgelegt werden. Denn dieser Betrag entspricht dem StWert des Endvermögens des Erblassers. In der Praxis wird der Freibetrag jedoch auf 0,5 Mio € reduziert. Eine Auseinandersetzung mit dem Wortlaut der Vorschrift findet nicht statt.

Die Umrechnung der Ausgleichsforderung durch Finanzver- 34 **waltung und Rechtsprechung.** Aus der Sicht der FinVerw (R E 5.1 V ErbStR) ist die Ausgleichsforderung nicht nach dem Betrag zu begrenzen, der dem StWert des Endvermögens des Erblassers entspricht, sondern nach dem Betrag, der sich ergibt, wenn die Ausgleichsforderung im Verhältnis von StWert und Verkehrswert des Erblasserendvermögens herabgesetzt wird. So steht es jedoch nicht im Gesetz. In dem oben (Anm 33) genannten Beispiel beträgt das Verhältnis von StWert und Verkehrswert des Erblasserendvermögens 1:3. In diesem Verhältnis soll daher auch die Ausgleichsforderung gekürzt werden. Daher soll der Freibetrag nicht 1 Mio, sondern nur 0,5 Mio betragen. Die Rspr (BFH BStBl II 93, 510; ZEV 97, 36; BStBl II 05, 873; FG München UVR 96, 56) hat sich dem Standpunkt der FinVerw ohne Bedenken angeschlossen mit der wenig aussagekräftigen Begründung, dass jede andere Interpretation „dem erbschaftsteuerlichen Charakter dieser Regelung" widerspricht (FG München UVR 96, 56, 57). Auch im Schrifttum wird die Linie der FinVerw durchweg akzeptiert. Angesichts des Wortlauts der Vorschrift und des in sich nicht stimmigen Sinngehalts der Bestimmung kann die herrschende Interpretation jedoch so schnell keinen unbefangenen Leser des Gesetzestextes überzeugen.

35 Die Ermittlung des als Ausgleichsforderung steuerfreien Betrages. Sind bei der Ermittlung des Zugewinnausgleichsfreibetrages anrechenbare Schenkungen unter den Ehegatten zu berücksichtigen, so ist der Wert der Zuwendung für die Bestimmung der Ausgleichsforderung zunächst gedanklich aus dem Zugewinn des Empfänger-Ehegatten herauszulösen und wieder in den Zugewinn des zuwendenden Ehegatten einzurechnen (oben Anm 18). In welcher Reihenfolge die im Anschluss daran erforderlichen Rechenoperationen vorzunehmen sind, ist – auch wenn man der Auslegung des § 5 I 5 durch die FinVerw und die BFH-Rspr (oben Anm 34) folgt – umstritten. Nach Ansicht des FG Hamburg (EFG 87, 191, 193) sind zuerst die durch das ZivilR vorgesehenen Rechenschritte zu komplettieren. Das bedeutet: die Zuwendung ist mit ihrem Verkehrswert auf die Ausgleichsforderung anzurechnen, während die Umrechnung der so reduzierten Ausgleichsforderung im Verhältnis des StWertes zum Verkehrswert des Endvermögens den letzten Rechnungsvorgang bildet. *Raudszus* (DStR 87, 323) tritt demgegenüber dafür ein, die Umrechnung nach dem Verhältnis von StWert und Verkehrswert vorzuziehen; diese Verhältnisrechnung bezieht *Raudszus* auf das gemäß § 1380 II BGB um den Wert der Zuwendung erhöhte Endvermögen des verstorbenen Ehegatten. Erst zum Schluss ist nach *Raudszus* die Zuwendung auf die verhältnismäßig gekürzte Ausgleichsforderung anzurechnen, und zwar abweichend von § 1380 I 1 BGB mit ihrem StWert. Der Rechnungsmodus des FG Hamburg entspricht dem Aufbau des § 5 I insofern besser, als er die zivilrechtlichen Vorschriften konsequent zum Ausgangspunkt für die Bestimmung der fiktiven Ausgleichsforderung nimmt, führt jedoch, wie *Raudszus* anschaulich darlegt, zu inkonsistenten Ergebnissen.

Grenzen der Steuerfreiheit 36, 37 § 5

Aber auch die von *Raudszus* auf induktiver Basis entwickelte Berech- 36
nungsmethode (kritisch *Anderegg*, DB 91, 2619, 2620; gegen ihn wiederum *Raudszus*, DB 92, 2312), kann sich nicht auf ein schlüssiges Gesamtkonzept stützen, sondern führt mitunter zu sinnwidrigen Ergebnissen, wie folgendes **Beispiel** zeigt:

Anfangsvermögen hatte keiner der Ehegatten (M und F). Das Endvermögen des verstorbenen M hat einen Verkehrswert von 500 und einen StWert von 300, das Endvermögen von F beträgt 400 (Verkehrswert). M hatte F eine Zuwendung gemacht, deren Verkehrswert 300 und deren StWert 100 beträgt. Das gemäß § 1380 II BGB korrigierte Endvermögen beläuft sich für M auf 500 + 300 = 800 und für F auf 400 − 300 = 100 (jeweils Verkehrswerte in Tausend €).

Nach zivilrechtlichen Wertmaßstäben, jedoch vor Anrechnung der Zuwendung, hat F eine (vorläufige) Ausgleichsforderung in Höhe der halben Differenz des beiderseitigen Zugewinns (= Endvermögen, da Anfangsvermögen 0). Diese Differenz beträgt 800 − 100 = 700, die vorläufige Ausgleichsforderung vor Anrechnung der Zuwendung mithin 350. Hieran schließt sich die Umrechnung gemäß § 5 I 5 ErbStG an. Dazu ist zunächst bei M der StWert des gemäß § 1380 II BGB korrigierten Endvermögens zu bestimmen: StWert des tatsächlichen Endvermögens (300) + StWert der Zuwendung (100) = 400. StWert (400) und Verkehrswert (800) des korrigierten Endvermögens verhalten sich wie 1 : 2. Die so gefundene Verhältniszahl von 0,5 ist auf die oben ermittelte vorläufige Ausgleichsforderung von 350 anzuwenden und ergibt eine herabgesetzte vorläufige Ausgleichsforderung von 175. Hierauf ist schließlich noch der StWert der Vorzuwendung (100) anzurechnen, so dass der Zugewinnausgleichsfreibetrag gemäß § 5 I ErbStG 75 beträgt. Zum Vergleich: Die zivilrechtliche Ausgleichsforderung erhält man aus der vorläufigen Ausgleichsforderung (350) ohne verhältnismäßige Kürzung, jedoch unter Abzug des Verkehrswerts der Zuwendung (300). Sie beträgt mithin 50. Somit würde in diesem Fall die Anwendung des § 5 I 5 ErbStG in dem von *Raudszus* vorgeschlagenen Sinne den erbschaftsteuerlichen Zugewinnausgleichsfreibetrag gegenüber der fiktiven güterrechtlichen Ausgleichsforderung nicht herabsetzen, sondern erhöhen, so dass auf die Umrechnung nach § 5 I 5 wohl verzichtet werden müsste. Insgesamt zeigt die Problematik der Anrechnung von Vorzuwendungen gemäß § 1380 BGB erneut, dass die aus § 5 I 5 hergeleitete Verhältnisrechnung die Konzeption der Vorschrift schwerlich zutreffend zu erfassen vermag (zust *Anderegg*, DB 91, 2619; kritisch auch *Viskorf/Richter* § 5 Rz 41, der jedoch „die Frage für die Praxis als entschieden" anzieht).

Im Fall **beschränkter StPfl** des verstorbenen Ehegatten soll (so 37 *Moench/Weinmann* § 5 Rz 15; *Troll/Gebel* § 5 Rz 54) nur der Teilbetrag der fiktiven Ausgleichforderung abzugsfähig sein, der dem Anteil des

Inlandsvermögens am gesamten Endvermögen des verstorbenen Ehegatten entspricht. *Moench/Weinmann* (aaO) beruft sich zur Begründung dieser These auf den Rechtsgedanken des § 10 VI. Allerdings geht es bei der letztgenannten Vorschrift um den Umfang des Abzugs einer den Erwerb mindernden wirtschaftlichen Last, während der Abzug nach § 5 I einen Teil des dem überlebenden Ehegatten zufallenden positiven Erwerbs von der StPfl ausnimmt. Außerdem ist der Zusammenhang des Abs 1 mit der Regelung des Abs 2 auch hier zu beachten. Die güterrechtliche Zugewinngleichsforderung wird ohne jede Einschränkung von der StPfl ausgenommen (BFH BStBl II 05, 843). Es ist nicht zu verstehen, warum die FinVerw darauf dringt, die Unterschiede zwischen der erbrechtlichen und der güterrechtlichen Lösung des Zugewinnausgleichs im ErbStRecht möglichst zu vertiefen, statt die unvermeidlichen Unterschiede, so weit es geht, zu nivellieren! Für einen vollen Abzug des vom gesamten in- und ausländischen Vermögen berechneten Zugewinnausgleichsfreibetrages treten auch *Schaumburg* (DB 86, 1948, 1949), *Kapp/Ebeling* (§ 5 Rz 92) und *v. Oertzen* (ZEV 94, 93) ein.

38.–46. StFreiheit beim güterrechtlichen Zugewinnausgleich (Abs 2)

38 **Grundlagen.** Abs 2 hat keine selbstständige Bedeutung, sondern stellt nur klar, was allerdings auch ohne diese Bestimmung keinem Zweifel unterliegen konnte (BTDrs III/598, 6), dass nämlich der Erwerb der Ausgleichsforderung durch den ausgleichsberechtigten Partner im güterrechtlichen Zugewinnausgleich die Merkmale eines stpfl Vorgangs nach den §§ 1, 3 und 7 nicht erfüllt, so dass der Ausgleichsanspruch steuerfrei erworben wird (BFH BStBl II 93, 510; 05, 843; 07, 785, 787). Abs 2 regelt im Unterschied zu Abs 1 keinen Freibetrag, so dass auch nicht sinnvoll gefragt werden kann, ob sich die StFreiheit der Ausgleichsforderung auf eine für den Ausgleichsanspruch gewährte Abfindung oder auf die Übertragung von Gegenständen unter Anrechnung auf die Ausgleichsforderung erstreckt. Vielmehr geht es allein um die Frage, ob der Erwerb der Abfindungsleistung oder ob die Übertragung der Gegenstände einen stpfl Vorgang iS der §§ 1, 3 oder 7 bildet. Dies wird im Zweifel zu verneinen sein.

39 **Vereinbarter Zugewinnausgleich.** Abs 2 behandelt ausdrücklich nur den gesetzlichen Ausgleichsanspruch, der bei Beendigung des Güterstandes entsteht. Kraft Vereinbarung kann jedoch auch schon während des bestehenden Güterstandes ein Zugewinnausgleich erfolgen. Unter bestimmten Voraussetzungen kann ein solcher vorzeitiger Zugewinnausgleich auch ohne entsprechende Vereinbarung erzwungen werden (§§ 1385, 1386 BGB). Die FinVerw (R E 5.2 III ErbStR) legt Gewicht darauf, dass Abs 2 nicht anwendbar ist, wenn Ehegatten durch Ehevertrag den entstandenen Zugewinn ausgleichen, dabei aber diesen Güterstand selbst nicht beenden. Zwei Gründe sind es, die ihre ablehnende Haltung begründen. Zum einen wird darauf verwiesen, dass die Absprache, den Zugewinn auszugleichen, ohne den Güterstand zu beenden, keinen gesetzlichen Ausgleichsanspruch entstehen lässt (R E 5.2 III ErbStR). Es bedarf jedoch keines gesetzlichen Ausgleichsanspruchs, um den vereinbarten Ausgleich aus dem Kreis der Schenkungen herauszuheben. Sodann übernimmt die FinVerw eine Argumentation des BFH (H E 5.2 ErbStH unter Hinweis auf BFH BStBl II 94, 366, 367), wonach die Vorschrift des § 29 I Nr 3 ihren Sinn verliere, wenn man den vereinbarten Zugewinnausgleich für nicht steuerbar halten würde. Aber auch diese Argumentation überzeugt nicht. § 1380 I BGB, auf den § 29 I Nr 3 verweist, hat Schenkungen im Sinn, die freigebig gewährt werden und die nur, falls der Bedachte später ausgleichsberechtigt sein sollte, dann auf die Ausgleichsforderung anzurechnen sind. Solche Schenkungen sind etwas vollkommen anderes als ein jetzt vollzogener Zugewinnausgleich, der nicht als Schenkung gewährt wird, der nicht wegen groben Undanks widerrufen werden kann und der unabhängig davon Bestand haben soll, ob sich bei Beendigung des Güterstandes wirklich ein Ausgleichsanspruch für den Empfänger der Zuwendung ergeben sollte. § 29 I Nr 3 hat daher mit dem vereinbarten Zugewinnausgleich überhaupt nichts zu tun. Als Argument begegnet in Rspr und Literatur auch noch die These, dass § 5 II auf den Fall des vereinbarten Zugewinnausgleichs nicht passe. Doch wird bei diesen Überlegungen § 5 II zu Unrecht konstitutive Bedeutung beigemessen. So verfahren die Rspr (FG Köln EFG 02, 1254, 1256) und die Literatur (*Geck,* ZErb 04, 21, 25; *Mayer,* DStR 11/04, XVII), wenn sie die Tatbestandsvoraussetzungen des § 5 II im Einzelnen prüfen und Entscheidungen aus der Feststellung ableiten, dass der „klare Wortlaut des § 5 II" nicht erfüllt sei. Wenn § 5 II dagegen keine selbstständige Bedeutung hat, fehlt solchen Argumentationsweisen der greifbare Gehalt. Maßgeblich ist dann allein, ob es für den während des fortbestehenden Güterstandes vollzogenen Ausgleich einen Steuertatbestand gibt. Wenn es keinen Steuertatbestand für den „fliegenden Ausgleich" (vgl *Moench,* DStR 99, 301, 304) gibt, dann kann dahinstehen, ob dieser Ausgleich den Tatbestandsvoraussetzungen des § 5 II entspricht oder nicht. Eine StPfl für den vereinbarten Zugewinnausgleich kann sich nur aus § 7 I Nr 1 ergeben. Dann muss in dem Ausgleich eine freigebige Zuwendung liegen. Güterrechtliche Vereinbarungen zwischen den Eheleuten erfolgen mit Rücksicht auf die Ehe, genau so wie gesellschaftsrechtliche Vereinbarungen ihre Grundlage in einer causa societatis haben. Sie fördern einen Gemeinschaftszweck und werden damit nicht unentgeltlich gewährt. In ihnen ist daher im Zweifel auch keine freigebige Zuwendung zu sehen (FG Nürnberg EFG 05, 1711). Die Rspr des BFH (BStBl II 94, 366), die die Ehe als Gemeinschaft in diesem Zusammenhang nicht anerkennt und die ehebezogene Ausgleichsleistungen unterschiedslos der Besteuerung unterwirft, weist jedoch in eine andere Richtung. Die Eheleute können zwar jederzeit ihren Güterstand wechseln, von der Zugewinngemeinschaft auf die Gütertrennung übergehen, auch wenn sie anschließend alsbald zur Zugewinngemeinschaft zurückkehren wollen, und bei Beendigung der Zugewinngemeinschaft den Ausgleich stfrei vollziehen (BFH BStBl II 05, 843). Ohne Wechsel des Güterstandes während fortbestehender Zugewinngemeinschaft hat der Ausgleich jedoch nach Auffassung des BFH (BFH/NV 06, 63; BStBl II 07, 785) als freigebige Zuwendung zu gelten. Das überzeugt nicht.

40 **Grenzen der Steuerfreiheit.** Der Anspruchserwerb ist nur in der Hand des ausgleichsberechtigten Partners steuerunschädlich. Geht der Anspruch kraft Erbfolge auf die Erben des ausgleichsberechtigten Partners über, bildet der Anspruchserwerb für sie einen stpfl Tatbestand (§ 3 I Nr 1). Nicht nur der Ausgleichsanspruch gegen den ausgleichsverpflichteten Partner oder dessen Erben, sondern auch der Anspruch, der sich unter den Voraussetzungen des § 1390 BGB gegen außenstehende Dritte richtet, wird von dem ausgleichsberechtigten Partner steuerfrei erlangt.

41 **Ausgleichsanspruch und Ehevertrag.** Die durch Abs 2 bestätigte StFreiheit gilt auch für den durch Ehevertrag (§ 1408 BGB) oder Vereinbarung anlässlich der Ehescheidung (§ 1378 III 2 BGB) modifizierten Ausgleichsbetrag, sofern sich nicht die Bemessung der Ausgleichsforderung zugunsten des Ausgleichsberechtigten bewusst so weit von dem gesetzlichen Ausgleichsmodell entfernt, dass in ihr eine teilweise freigebige Zuwendung gefunden werden muss (idS auch BFH BStBl II 89, 897, 898; vgl. ferner BFH BStBl III 64, 202; 66, 521). Doch wird eine freigebige Zuwendung nur in Ausnahmefällen angenommen werden können, da die Eheleute mit dem Ehevertrag oder mit der Scheidungsvereinbarung im Zweifel nur güterrechtliche Regelungen treffen wollen. Und die FinVerw (R E 5.2 II ErbStR) erkennt an, dass nur solche Vereinbarungen, die sich in erster Linie auf erbrechtliche und nicht auf güterrechtliche Wirkungen richten, stpfl sind. Die Zielrichtung der Vereinbarung, in erster Linie güterrechtliche Wirkungen herbeizuführen, hat danach als das entscheidende Kriterium zu gelten, das die Ausgleichsleistungen auch dann, wenn sie von den gesetzlichen Vorgaben abweichen, aus dem Kreis der Schenkungen unter Lebenden und der Schenkungen auf den Todesfall herauslöst Die Rspr (BFH BStBl II 05, 843; FG Düsseldorf EFG 06, 1447) bestätigt diese Linie, wenn es heißt, dass der Ausgleich in der zivilrechtlich vereinbarten Höhe im Zweifel güterrechtlichen Charakter hat und keine freigebige Zuwendung darstellt.

Verzicht auf den Ausgleich. Bleibt die vertragliche Festsetzung der 42 Ausgleichsforderung zum Nachteil des Ausgleichsberechtigten hinter dem gesetzlich geschuldeten Betrag zurück, so kommt eine freigebige Zuwendung an den ausgleichsverpflichteten Partner nur dann in Betracht, wenn die Ausgleichsforderung vor der Vereinbarung entstanden war. Denn der Verzicht auf ein noch nicht endgültig erworbenes Recht enthält keine Schenkung (§ 517 BGB). Da die Ausgleichsforderung erst mit der Beendigung des Güterstandes, also mit der Rechtskraft des Scheidungsurteils oder mit dem Tod des erstversterbenden Partners, entsteht (§ 1378 III 1 BGB), schließen die vor diesem Zeitpunkt getroffenen Absprachen eine freigebige Zuwendung an den ausgleichsverpflichteten Partner aus (BFH BStBl II 07, 785). Gleiches gilt, wenn der später ausgleichsberechtigte Partner Schenkungen des ausgleichsverpflichteten Partners zustimmt und damit darauf verzichtet, dass der Betrag des verschenkten Vermögens die spätere Ausgleichsforderung erhöht (§ 1375 II Nr 1, III BGB). In der Zustimmung liegt eine Freigebigkeit weder gegenüber dem Schenker noch gegenüber dem Beschenkten, weil auch insoweit § 517 BGB zu beachten ist (FG Münster EFG 62, 356). Wechseln die Eheleute den Güterstand unter Verzicht auf den Ausgleich des Zugewinns, indem sie durch Ehevertrag von der Zugewinngemeinschaft auf die Gütertrennung übergehen, so kommt der Ausgleichsanspruch in der vom Gesetz vorgesehenen Höhe niemals zur Entstehung. Der Verzicht bildet daher auch in diesem Fall keinen Besteuerungstatbestand. Im Übrigen wird es sich gerade bei einem Verzicht vor Entstehen der Ausgleichsforderung regelmäßig um eine ohne den Willen zur Freigebigkeit geschlossene güterrechtliche Vereinbarung handeln. Weil der Ausgleichsanspruch vor der Beendigung des Güterstandes noch nicht endgültig erworben ist, liegt in dem Verzicht auf den Anspruch auch noch keine Zuwendung, die besteuert werden kann (vgl § 517 BGB). Ob der Verzicht dennoch eine Leistung enthält, die ggf als Gegenleistung beachtet werden muss, war lange Zeit nicht ausreichend geklärt. Nunmehr hat der BFH (BStBl II 07, 785) entschieden, dass der Verzicht zwar als Gegenleistung angesehen werden kann, dass er aber dennoch stlich nicht beachtet werden darf, weil er nicht in Geld veranschlagt werden kann (§ 7 III). Ob etwas in Geld veranschlagt werden kann, ist ein Bewertungsproblem, das kurz vor Beendigung der Ehe anders als zu einem früheren Zeitpunkt beurteilt werden mag. Die konkreten Umstände des Falles sollten daher bei dieser Einschätzung nicht außer Betracht bleiben (vgl auch § 7 Anm 119).

43 Verzichtet der ausgleichsberechtigte Ehegatte auf die bereits entstandene Ausgleichforderung gegen eine **Abfindung** oder Leistung an Erfüllungs statt, so bleibt diese wie die Ausgleichsforderung selbst steuerlich außer Betracht. Wird der Berechtigte allerdings durch Vermögenswerte abgefunden, die den Betrag der Ausgleichsforderung deutlich übersteigen, so kann darin eine gemischte freigebige Zuwendung liegen.

44 Wechselt ein Ehepaar vom Güterstand der Zugewinngemeinschaft zur Gütertrennung und wird ein Ausgleich der bis dahin entstandenen Zugewinndifferenz ausgeschlossen, so gelangt eine Ausgleichsforderung nicht zur Entstehung (oben Anm 42). Erhält der Ehegatte mit dem geringeren Zugewinn eine Abfindung und liegt deren Wert über dem Betrag der halben Zugewinndifferenz zZ des Güterstandswechsels, dann wird gleichwohl eine gemischte Schenkung nicht ohne Weiteres angenommen werden können, weil die Abfindung auch im Hinblick auf den Ausschluss des Ausgleichs zukünftiger Zugewinndifferenzen gewährt wird. Eine **Aufteilung der Abfindungsleistung,** weil diese nicht nur den Verzicht auf den Zugewinnausgleich, sondern auch einen Verzicht auf Pflichtteilsrechte abgelte und daher teilweise einer Besteuerung nach § 3 II Nr 4 unterliege, kommt nur im Fall des § 1371 II BGB in Betracht, wenn der überlebende Ehegatte von den Erben des verstorbenen Partners für Zugewinnausgleich und kleinen Pflichtteil abgefunden wird. Verzichtet ein Ehegatte dagegen zu Lebzeiten seines Partners auf Zugewinnausgleich, sei es im Scheidungsfall oder während bestehender Ehe anlässlich einer Änderung des Güterstandes, so scheidet eine (Teil-) Besteuerung nach § 3 II Nr 4 aus, weil diese Vorschrift nur den Verzicht auf den bereits entstandenen Pflichtteilsanspruch erfasst; auch der Tatbestand des § 7 I Nr 5, der sich nur auf die dort genannten erbrechtlichen Verträge bezieht, ist nicht erfüllt.

45 Wenn die Zugewinngemeinschaft zu Lebzeiten beider Partner, insb durch vertraglichen Güterstandswechsel, beendet wird, kann es den Interessen der Ehegatten entsprechen, die Ausgleichsforderung bis zum Tode des verpflichteten Teils **zinslos zu stunden;** auch bei dieser Gestaltung bleibt der Erwerb der Ausgleichsforderung ein solcher iSd § 5 II (*Felix,* KÖSDI 90, 7952, 7954).

46 Abs 2 kennt **keine Begrenzung der StFreiheit** des Erwerbs auf einen aus dem StWert des Endvermögens abgeleiteten Betrag, wie sie Abs 1 S 5 für den Fall des erbrechtlichen Zugewinnausgleichs vorschreibt. Abs 2 sieht auch keine Begrenzung der Abzugsfähigkeit der Ausgleichsforderung als Nachlassverbindlichkeit des Erben vor. Das „Ausmaß der Vergünstigung … nach Abs 2", von dem die Gesetzesmaterialien (in Verkennung der Funktion des Abs 2) sprechen (BTDrs VI/3418, 63), kann daher das Maß der StFreiheit beim erbrechtlichen

Zugewinnausgleich deutlich übersteigen. Ob sich dies mit dem in der Gesetzesbegründung genannten Leitziel größerer StGerechtigkeit verträgt, mag zweifelhaft sein. Doch ist zu beachten, dass der überlebende Ehegatte im Fall der Beendigung des Güterstandes durch den Tod eines der Partner bei einer rein ökonomisch orientierten Betrachtungsweise zwischen den beiden Ausgleichsmodalitäten wählen kann. Er kann nämlich statt der pauschalen erbrechtlichen Abgeltung den güterrechtlichen Ausgleich in Anspruch nehmen, wenn er sich entschließt, durch Ausschlagung des erbrechtlichen Erwerbs selbst dafür zu sorgen, dass er weder Erbe noch Vermächtnisnehmer des Verstorbenen wird (§ 1371 II BGB). Bei der Entscheidung über die Annahme oder Ausschlagung des erbrechtlichen Erwerbs, bei der neben dem Gesichtspunkt der Pietät gegenüber dem Verstorbenen vornehmlich die zivilrechtlichen Folgen bedacht zu werden pflegen, sollten daher auch die unterschiedlichen StFolgen nach Abs 1 oder Abs 2 nicht unbeachtet bleiben.

StFreiheit beim Versorgungsausgleich. Abs 2 bestätigt nur, dass 47
die Ausgleichsleistungen, die im Rahmen des Zugewinnausgleichs erbracht werden, erbschaftsteuerfrei erfolgen können. Dasselbe hat jedoch für die Vermögensübertragungen zu gelten, die unter den Eheleuten zum Zweck der Durchführung des Versorgungsausgleichs stattfinden können (§§ 1587 ff BGB; *Meincke*, DStR 77, 363, 369; *Moench/Weinmann* § 5 Rz 69 a).

§ 6 Vor- und Nacherbschaft

(1) **Der Vorerbe gilt als Erbe.**

(2) ¹**Bei Eintritt der Nacherbfolge haben diejenigen, auf die das Vermögen übergeht, den Erwerb als vom Vorerben stammend zu versteuern.** ²**Auf Antrag ist der Versteuerung das Verhältnis des Nacherben zum Erblasser zugrunde zu legen.** ³**Geht in diesem Fall auch eigenes Vermögen des Vorerben auf den Nacherben über, sind beide Vermögensanfälle hinsichtlich der Steuerklasse getrennt zu behandeln.** ⁴**Für das eigene Vermögen des Vorerben kann ein Freibetrag jedoch nur gewährt werden, soweit der Freibetrag für das der Nacherbfolge unterliegende Vermögen nicht verbraucht ist.** ⁵**Die Steuer ist für jeden Erwerb jeweils nach dem Steuersatz zu erheben, der für den gesamten Erwerb gelten würde.**

(3) ¹**Tritt die Nacherbfolge nicht durch den Tod des Vorerben ein, gilt die Vorerbfolge als auflösend bedingter, die Nacherbfolge als aufschiebend bedingter Anfall.** ²**In diesem Fall ist dem Nacherben die vom Vorerben entrichtete Steuer abzüglich desjenigen Steuerbetrags anzurechnen, welcher der tatsächlichen Bereicherung des Vorerben entspricht.**

(4) Nachvermächtnisse und beim Tode des Beschwerten fällige Vermächtnisse oder Auflagen stehen den Nacherbschaften gleich.

Erbschaftsteuer-Richtlinien: R E 6.

Übersicht

1., 2.	Allgemeines
3.–7.	Die Besteuerung des Vorerben (Abs 1)
8., 9.	Die Besteuerung des Nacherben
10.–17.	Nacherbfolge beim Tod des Vorerben (Abs 2)
18.–21.	Nacherbfolge zu Lebzeiten des Vorerben (Abs 3)
22.–24.	Nachvermächtnis (Abs 4)
25.–27.	Zusammenfassende Würdigung

Schrifttum: *Jülicher,* Erbschaftsteuerliche Gestaltungsüberlegungen im Vergleich, ZEV 03, 350; *Riedel,* Nießbrauchsvermächtnis als Alternative zur Vor- und Nacherbschaft, ZErb 03, 44; *Meincke,* Rechtsgestaltung zwischen Vorerbfall und Nacherbfall, FS Korn, 2006, 573; *Carlé,* Die Vor- und Nacherbschaft, ErbStB 06, 257; *Heeg,* Alternativen zur Nacherbeneinsetzung, DStR 07, 89; *Reimann,* Die vorweggenommene Nacherbfolge, DNotZ 07, 579; *Siebert,* Die Erbschaftbesteuerung bei Vor- und Nacherbschaft, BB 10, 1252.

1., 2. Allgemeines

1 **Entstehungsgeschichte.** § 6 ergänzt § 3 I Nr 1 für den Fall der Vor- und Nacherbfolge (Abs 1–3) und des Nachvermächtnisses (Abs 4). Die Bestimmung geht im Wesentlichen auf das ErbStG 1922 zurück. 1974 wurden in Abs 2 zur Klarstellung (BTDrs 6/3418, 63) die Sätze 3–5 eingefügt. Das ErbStRG 2009 hat die Anordnung des Abs 4 auf Auflagen erstreckt. Der frühere Abs 5, der sich auf die Verhältnisse bei einem ländlichen Anerbengut bezog und unter den geltenden Anerbengesetzen keinen deutlich erkennbaren Anwendungsbereich hatte, wurde gestrichen.

2 **Vor- und Nacherbfolge.** Im Fall der Vor- und Nacherbfolge (§§ 2100 ff BGB) teilen sich zwei (oder mehrere) Erben in der Weise den Nachlass, dass sie nicht gleichzeitig, sondern nacheinander Erben werden. Mit dem Erbfall geht das Vermögen des Erblassers zunächst auf den Vorerben über (§ 1922 I BGB). Mit dem Nacherbfall hört der Vorerbe jedoch auf, Erbe zu sein, und fällt die Erbschaft dem Nacherben an (§ 2139 BGB). Der Vorerbe ist also Erbe auf Zeit. Seine Erbenstellung dauert nur bis zum Nacherbfall. Dabei kann der Nacherbfall bedingt oder befristet angeordnet sein. Im Fall der Befristung (Bsp: Nacherbfall beim Tod des Vorerben) steht fest, dass es zum Nacherbfall kommt, der Vorerbe damit seine Erbenstellung verliert. Im Fall der Bedingung (Bsp: Nacherbfall bei Wiederheirat des Vorerben) ist es dagegen nicht sicher, ob der Nacherbfall eintritt. Fällt die Bedingung aus, wird aus dem Vorerben ein Vollerbe, der nun den Nachlass ohne zeitliche Beschränkung innehat. Der auflösend bedingt eingesetzte Vorerbe ist daher nur solange „Erbe auf Zeit", bis die Bedingung ausfällt und er zum Erben ohne zeitliche Beschränkung wird. Als (vorläufiger) Erbe auf Zeit unterliegt der Vorerbe gewissen Beschränkungen, die den Erwerb des Nacherben sichern sollen. So hat der Vorerbe den Nachlass ordnungsgemäß zu verwalten und für sorgfaltswidriges Verhalten beim Eintritt des Nacherbfalls einzustehen (§§ 2130 f BGB). Eigennützig verwendete Gegenstände muss der Vorerbe beim Eintritt des Nacherbfalls dem Nacherben ersetzen (§ 2134 BGB). Über Grundstücke kann er nicht ohne Zustimmung des Nacherben über den Nacherbfall hinaus wirksam verfügen (§ 2113 I BGB). Auch sind Schenkungen des Vorerben aus dem Nachlass beim Eintritt des Nacherbfalls unwirksam (§ 2113 II BGB). Von den meisten dieser Beschränkungen kann der Erblasser den Vorerben befreien (§ 2136 BGB). Die Freiheit, den Nachlass durch Schenkungen zu vermindern, kann er dem Vorerben dagegen nicht vermitteln.

3.–7. Die Besteuerung des Vorerben (Abs 1)

Besteuerung als Erbe. Der Vorerbe ist Gesamtrechtsnachfolger des Erblassers und damit Erbe (§§ 2100, 1922 I BGB). Dass er auch im ErbStRecht als Erbe gelten soll, braucht nicht gesondert hervorgehoben zu werden. Die aus dem ErbStG 1922 stammende Vorschrift des § 6 I erklärt sich vor dem Hintergrund, dass die §§ 27 ErbStG 1906 und 23 ErbStG 1919 für den Fall der nicht befreiten Vorerbschaft angeordnet hatten: „Bei der Einsetzung eines Nacherben (§§ 2100 ff BGB) wird der Vorerbe als Nießbraucher ... behandelt". Demgegenüber stellt die geltende Fassung des § 6 I den Anschluss an das ZivilR wieder her. Sie ist auch dann zu beachten, wenn der Erblasser die Stellung des Vorerben im Einzelfall wirtschaftlich mehr der eines Nießbrauchers als der eines Erben angenähert hat (RFH RStBl 31, 241; vgl. auch FG München UVR 97, 437; EFG 00, 279).

Der Vorerbe wird als **Vollerbe** (= unbeschränkt zur Erbfolge berufener Erbe) besteuert. Das folgt zwar noch nicht aus § 6 I, wohl aber aus § 6 II 1 einerseits und aus den §§ 6 III, 12 I iVm den §§ 5, 9 BewG andererseits. Hat der Erblasser nämlich den Nacherbfall mit dem Tod des Vorerben verknüpft, so sieht das Gesetz den Erwerb des Nacherben „als vom Vorerben stammend" an (§ 6 II 1). Dem Vorerben wird damit die nur auflösend befristet zugewandte Vorerbschaft wie ein unbefristet erworbenes, frei vererbbares Vermögen zugerechnet, das von ihm, nicht vom Erblasser, auf den Nacherben übergeht. Soll die Nacherbfolge dagegen nicht beim Tod des Vorerben eintreten, so gilt der Erwerb des

Vorerben als auflösend bedingter Erwerb (§ 6 III 1). Für auflösend bedingt erworbene Wirtschaftsgüter bestimmt aber der über § 12 I anwendbare § 5 I BewG, dass sie wie unbedingt erworbene zu behandeln sind. Auch die Verfügungsbeschränkungen des Vorerben bleiben nach § 9 II 3, III BewG bei der Bewertung außer Betracht. Tritt der Nacherbfall ein, so wäre allerdings nach § 5 II BewG an eine Berichtigung der StFestsetzung gegen den Vorerben zu denken. Doch greift hier die Sonderregelung des § 6 III 2 ein. Aus ihr folgt: Eine Berichtigung der StFestsetzung gegen den Vorerben findet nicht statt. Dafür wird dem Nacherben die vom Vorerben entrichtete St abzüglich des Betrages, der der Bereicherung des Vorerben entspricht, auf die eigene StSchuld angerechnet.

5   **Entlastung des Vorerben durch § 20 IV.** Der Vorerbe ist nach § 3 I Nr 1 stpfl. Er ist nach § 20 I StSchuldner und haftet auch mit seinem Privatvermögen für die StSchuld (RFH RStBl 35, 1509). Im wirtschaftlichen Ergebnis ist aber nicht der Vorerbe, sondern der Nacherbe der Träger der StLast, auf den der Vorerbe seine StLast überwälzen kann. Denn der Vorerbe kann die St aus den Mitteln der Vorerbschaft entrichten (§ 20 IV iVm § 2126 BGB), also die auf den Nacherben übergehende Erbschaft entsprechend kürzen, ggf auch Aufwendungsersatz für die zunächst aus persönlichen Mitteln entrichtete St verlangen (§ 2124 II BGB), so dass damit den Nacherben die durch die Vorerbschaft ausgelöste stliche Belastung trifft. Besteht die Vorerbschaft vornehmlich aus Grundvermögen, so kann der Vorerbe vom Nacherben die Zustimmung zur Verfügung über ein Nachlassgrundstück verlangen (§ 2120 BGB), wenn die ErbSt nicht aus den sonstigen Mitteln der Vorerbschaft aufzubringen ist (aM wohl BFH BStBl II 77, 640, 642 aE). Erwirbt der Vorerbe mit der Vorerbschaft zugleich nacherbschaftsfreies Vermögen vom Erblasser, so braucht er nur die auf das freie Vermögen entfallende St persönlich zu tragen. Er kann daher das auf den Nacherben übergehende Vermögen auch mit dem StMehrbetrag belasten, der sich aus der Zusammenrechnung der Vorerbschaft mit dem nacherbschaftsfreien Vermögen ergibt (Stellungnahme des RdF in: RFH RStBl 35, 1509). Ob der Vorerbe auch den Steuermehrbetrag aus der Vorerbschaft entnehmen darf, der sich aus der Zusammenrechnung des Vorerbschaftserwerbs mit früheren Schenkungen des Erblassers an den Vorerben nach § 14 ergibt, ist noch nicht ausreichend geklärt. Zu fragen ist, ob der Mehrbetrag zu der „durch die Vorerbschaft veranlassten Steuer" gehört.

6   Bildet der **Tod des Vorerben den Nacherbfall** und gehört der Nacherbe nicht zu den Erben des Vorerben (hinsichtlich des Vermögens, das der Vorerbe außerhalb der Vorerbschaft hat), so fragt sich, ob der Erbe des Vorerben oder ob der Nacherbe für die noch aus-

stehende ErbSt auf die Vorerbschaft haftet. Der RFH (RStBl 35, 1509) hat den Erben des Vorerben für stpfl erklärt. Das FG Hamburg (EFG 68, 382; zustimmend *Petzoldt* § 6 Rz 27) hat die StPfl des Nacherben verneint. In beiden Entscheidungen fehlt jedoch die Auseinandersetzung mit der Bestimmung des (jetzigen) § 6 II 1, die den Nacherben hinsichtlich des Vorerbschaftsvermögens als Erben des Vorerben behandelt. Als Erben des Vorerben könnte ihn auch die auf das Vorerbschaftsvermögen entfallende St treffen. Aus § 20 IV ergibt sich, dass die St des Vorerben aus den Mitteln der Vorerbschaft entnommen werden soll. Diese Mittel stehen dem Erben des Vorerben nicht zur Verfügung. Daher lassen sich Bedenken gegen die bisherige Rspr-Linie formulieren. Im Ergebnis werden die Erben des Vorerben aber durch den Aufwendungsersatzanspruch nach den §§ 2126, 2124 BGB geschützt. Bildet dagegen der **Tod des Vorerben nicht den Nacherbfall,** so geht das der Vor- und Nacherbfolge unterliegende Vermögen nach § 1922 I BGB auf die Erben des Vorerben über (RG Das Recht 28, 78 Nr 298; vgl auch BGHZ 44, 152). Die Erben des Vorerben werden dann erneut die Substanz der Vorerbschaft zu versteuern haben, diesmal aber als Erben (des Vorerben), nicht als Vorerben, daher auch ohne Anrechnungsmöglichkeit auf die Vorerbschaft (§ 20 IV), mit der Konsequenz, dass sie beim Eintritt des Nacherbfalls gem § 5 II BewG eine Berichtigung der StFestsetzung verlangen können (aM *Petzoldt* § 6 Rz 26; vgl Anm 20).

Umwandlung der Vorerbschaft in Vollerbschaft. Erlangt der 7 Vorerbe zivilrechtlich die Stellung eines Vollerben, weil die Bedingung ausfällt, an die der Erblasser die Nacherbfolge geknüpft hatte (vgl dazu § 10 Anm 29), weil der Nacherbe sein Nacherbenrecht zugunsten des Vorerben ausschlägt, es auf den Vorerben überträgt oder zugunsten des Vorerben auf sein Nacherbenrecht verzichtet oder weil der Vorerbe den Nacherben beerbt, so vermittelt dieses Ereignis dem Vorerben keinen zusätzlichen stpfl Erwerb. Dennoch sollten die Kosten, die der Vorerbe im Zusammenhang mit dem Erwerb des Vollrechts übernimmt, zum Abzug zugelassen werden. Denn durch die Umwandlung der Vorerbschaft in eine Vollerbschaft wird der Fiskus entlastet, weil nun bei einem weiteren Erbfall die Verrechnungsmöglichkeit des § 6 III 2 nicht mehr besteht. Auch kann die Umwandlung der Vorerbschaft in die Vollerbschaft für den bisherigen Nacherben, der sein Anwartschaftsrecht gegen Abfindung ausschlägt oder gegen Entgelt auf den Vorerben überträgt, einen selbstständigen StTatbestand bilden (§ 3 II Nr 4, 6, vgl § 3 Anm 101, 103), der dem Fiskus zusätzlich St einbringt. Macht der Vorerbe daher Aufwendungen, um den Ausfall der Bedingung herbeizuführen, lässt er sich vom Nacherben gegen Entgelt dessen Anwartschaft übertragen oder zahlt er dem Nacherben eine Abfindung dafür, dass der Nacherbe zugunsten des Vorerben sein Nacherbenrecht ausschlägt, spräche manches dafür, dass diese Aufwendungen als Kosten anzuerkennen sind, die unmittelbar im Zusammenhang mit der Erlangung des Vollrechts stehen und daher beim Vorerben gem § 10 V Nr 3 S 1 zum Abzug zugelassen werden müssen (FG Düsseldorf EFG 93, 44). Der BFH (BStBl II 96, 137) hat jedoch anders entschieden. Das Gericht beschränkt die Abzugsfähigkeit auf Aufwendungen, die sich unmittelbar auf den stpfl Erwerb beziehen. Hier seien die Aufwendungen auf die Erweiterung der durch Erbanfall erworbenen Erbenstellung bezogen. Diese Erweiterung der Erbenstellung sei nicht stpfl. Die Abzugsfähigkeit der Aufwendungen sei daher zu verneinen (vgl auch § 10 Anm 48). Erlangt der Vorerbe den Verzicht des Nacherben auf sein Nacherbschaftsrecht gegen Herausgabe von Nachlassgegenständen, dann soll der Vorerbe seine Aufwendungen schon deshalb nicht zum Abzug bringen können, weil der Verzicht nicht als Gegenleistung anerkannt werden kann (FG München EFG 03, 552). Denn die Herausgabe von Nachlassgegenständen werde vom Gesetz als eine Vorwegnahme des Nacherbfalls angesehen. Gegenüber der Vorwegnahme des Nacherbfalls könne aber der Verzicht auf die Nacherbfolge keine Rolle spielen.

8., 9. Die Besteuerung des Nacherben

8 Rechtslage vor dem Nacherbfall. Der Nacherbe unterliegt vor dem Eintritt des Nacherbfalls grundsätzlich noch keiner StPfl, auch wenn er schon mit dem Erbfall eine Anwartschaft auf den späteren Erwerb erhält, die veräußerlich und vererblich sein kann und damit Vermögenswert hat. Stirbt der Nacherbe vor Eintritt des Nacherbfalls, so geht sein Recht, sofern es vererblich ist (§ 2108 II 1 BGB), unversteuert auf seine Erben über (§ 10 IV). Auch die Schenkung der Nacherbenanwartschaft führt zu keinem stpfl Erwerb des Beschenkten (§§ 1 II, 10 IV; BFH BStBl II 93, 158). Veräußert der Nacherbe dagegen die ihm zugefallene Anwartschaft oder verzichtet er zugunsten des Vorerben auf sein Nacherbenrecht gegen Entgelt, so wird das Entgelt nach § 3 II Nr 6 der Besteuerung unterworfen (vgl Anm 7). Der Nacherbe wird ferner nach § 3 II Nr 4 dann stpfl, wenn er sein Nacherbenrecht gegen Abfindung ausschlägt, was schon vor dem Eintritt des Nacherbfalls geschehen kann (§ 2142 I BGB). Eine StPfl des Nacherben vor dem Nacherbfall entsteht nach § 7 I Nr 7 auch dann, wenn ihm der Vorerbe mit Rücksicht auf die angeordnete Nacherbfolge vor dem Nacherbfall Nachlassgegenstände herausgibt. Der Verzicht auf das Nacherbenanwartschaftsrecht wird nicht als eine den Schenkungstatbestand ausschließende Gegenleistung anerkannt (FG München EFG 03, 552; oben Anm 7).

Mit Eintritt des Nacherbfalls fällt die Erbschaft dem Nacherben 9 (§ 2139 BGB) oder demjenigen an, der mit der Übertragung der Nacherbenanwartschaft in die Rechtsstellung des Nacherben eingetreten ist. Der Vermögensübergang beim Nacherbfall entspricht in den Wirkungen der Gesamtrechtsnachfolge des § 1922 I BGB (RGZ 65, 142, 144) und ist daher nach § 3 I Nr 1 stpfl (BFH BStBl II 72, 765; 93, 158, 159; oben § 3 Anm 12). § 6 I will nicht besagen, dass im ErbStRecht nur der Vorerbe als Erbe gilt. Gemeint ist vielmehr, dass neben dem Nacherben auch der Vorerbe als Erbe zu gelten hat. Die Erbenstellung des Nacherben war dem Gesetzgeber selbstverständlich. § 6 II und III begründen daher nicht die StPfl des Nacherben, sondern fügen dem § 3 I Nr 1 nur Ergänzungen hinzu, wobei Abs 2 die Nacherbfolge beim Tod und Abs 3 die Nacherbfolge zu Lebzeiten des Vorerben betrifft.

10.–17. Nacherbfolge beim Tod des Vorerben (Abs 2)

Der Tod des Vorerben als Nacherbfall. Welches Ereignis oder 10 welches Datum den Nacherbfall bilden soll, bestimmt der Erblasser. Hat der Erblasser nichts bestimmt, gilt der Tod des Vorerben als Nacherbfall (§ 2106 I BGB). Ist die Nacherbfolge durch Anordnung des Erblassers oder des Gesetzes mit dem Tod des Vorerben verknüpft, so ist die Nacherbfolge im Zweifel von einer Befristung abhängig gemacht. Denn der Tod des Vorerben ist gewiss. Es kann jedoch auch eine Bedingung, also die Anknüpfung an ein ungewisses Ereignis vorliegen, wenn der Erblasser von einer der in der Praxis gebräuchlichen Klauseln Gebrauch gemacht und bestimmt hatte, dass der Nacherbfall beim Tod des überlebenden Ehegatten eintreten soll, aber nur, wenn der überlebende Ehegatte bis dahin nicht wiedergeheiratet hat, oder nur, wenn er den als Nacherben Eingesetzten nicht seinerseits zum Alleinerben eingesetzt hat, oder nur, wenn er nicht anderweitig über den Nachlass verfügt hat. Auch in diesen Fällen der bedingten Vor- und Nacherbfolge tritt die Nacherbfolge, wenn es zu ihr kommt, „durch den Tod des Vorerben ein". Daher muss auch für diese Fälle die Regelung des Abs 2, die für den Nacherbfall beim Tod des Vorerben gilt, anwendbar sein.

Die Beteiligten des Vermögenstransfers. Abs 2 S 1 bestimmt, 10a dass das beim Nacherbfall übergehende Vermögen als vom Vorerben stammend zu versteuern ist. Diese Regelung bringt eine bewusste Abweichung vom Zivilrecht, das den Nacherben als Erben des Erblassers, nicht als Erben des Vorerben ansieht (§ 2100 BGB). Der Anwendungsbereich dieser Bestimmung ist jedoch begrenzt. Denn auch das ErbStRecht geht nicht so weit, einen Erbfall nach dem Vorerben schon zu Lebzeiten des Vorerben zu fingieren. Als vom Vorerben stammend ist der Erwerb des Nacherben daher nur dann zu behandeln, wenn der Nacherbfall mit dem Tod des Vorerben eintritt. Ist der Nacherbfall dagegen nicht mit dem Tod des Vorerben verknüpft, so gilt der Erwerb des Nacherben als aufschiebend bedingter Erwerb vom Erblasser (Abs 3 S 1), so dass in diesem Fall der Erwerb als vom Erblasser stammend (RFH RStBl 39, 726; BFH BStBl II 72, 765) zu versteuern ist. Hat der vom Erblasser zum Nacherben Bestimmte seine Nacherbenanwartschaft vor dem Nacherbfall auf einen Dritten übertragen (vgl Anm 8), so ist die Frage, ob die Steuer beim Eintritt der Nacherbfolge aus dem Verhältnis des Vorerben/Erblassers zum Nacherben oder zu dem die Nacherbschaft erwerbenden Dritten berechnet werden soll, im Gesetz nicht eindeutig geklärt (vgl § 3 Anm 103). Der BFH (BStBl II 93, 158) hat sich für eine Berechnung der St nach dem Verhältnis des Dritten zum Erblasser oder Vorerben entschieden.

11   **Erwerb vom Vorerben.** Wenn Abs 2 S 1 den Erwerb des Nacherben vom Vorerben stammen lässt, so liegt darin die Aussage, dass der Vorerbe wie ein unbeschränkt eingesetzter Vollerbe behandelt wird, der das Vorerbschaftsvermögen als sein Vermögen beim Tod an den Nacherben weitergibt. Der Zusammenhang, den der Erblasser zwischen dem Vorerbfall und dem Nacherbfall hergestellt hatte, wird ignoriert. Der Umstand, dass der Vorerbe über das in der Vorerbschaft gebundene Vermögen zivilrechtlich nicht von Todes wegen verfügen kann, so dass das Vermögen kraft Anordnung des Erblassers und nicht kraft Anordnung des Vorerben auf den Nacherben übergeht, bleibt unberücksichtigt. Jeder der beiden Erbfälle (Eintritt des Vorerbfalls, Eintritt des Nacherbfalls) bildet für sich einen selbstständigen stpfl Erwerb. Eine Berichtigung oder Verrechnung der St des Vorerben gibt es beim Nacherbfall nicht (zur indirekten Verrechnung über § 20 IV vgl unten Anm 24 f). Aus der Anordnung des Abs 2 S 1 folgt ferner, dass der Nacherbe Nachteile hinsichtlich der Freibeträge und der StProgression hinnehmen muss, wenn er zugleich mit der Nacherbschaft freies Vermögen des Vorerben erwirbt, wie es bei der Einsetzung der Kinder als Nacherben nach der Ehefrau des Erblassers als Vorerbin regelmäßig der Fall sein wird. Einzelheiten dazu unten Anm 16 f.

12   **Abs 2 Satz 2.** Während die Nacherbschaft nach Satz 1 als vom Vorerben stammend versteuert werden soll, räumt Satz 2 dem Nacherben das Recht ein, eine Versteuerung nach dem **Verhältnis des Nacherben zum Erblasser** zu verlangen. Geht mit der Nacherbschaft zugleich freies Vermögen des Vorerben auf den Nacherben über, so liegt nach Auffassung des BFH (BStBl II 99, 235; ZEV 07, 284) ein einheitlicher Erwerb des Nacherben vor, weil alles Vermögen, was der Nacherbe übernimmt, einheitlich vom Vorerben stammt. Dennoch sind zwei Teile dieses einheitlichen Erwerbs zu unterscheiden. Denn der

Antrag nach Satz 2 kann nur wegen der Nacherbschaft, also wegen eines Teils des Erwerbs, geltend gemacht werden. Für den Umfang und die Zusammensetzung des Vermögens, für das der Antrag nach S 2 gestellt werden soll, trägt der Nacherbe die Beweislast (Hess FG EFG 07, 205; BFH ZEV 07, 284). Mit der Bestimmung des Satzes 2 scheint – bezogen auf die Nacherbschaft – die Anordnung des Satzes 1 zur Disposition des Nacherben zu stehen, der nach seiner Wahl die Nacherbschaft als vom Vorerben oder vom Erblasser stammend behandeln kann. Doch hat sich die Rspr schon früh für eine Begrenzung des Aussagegehalts des Satzes 2 ausgesprochen, und der Gesetzgeber ist ihr 1974 mit der Einfügung der Sätze 3–5 auf diesem Wege gefolgt. Danach bezieht sich der Ausdruck „Verhältnis" in Satz 2 nur auf das Angehörigkeitsverhältnis des Nacherben zum Erblasser, nicht etwa auf Beziehungen jeder Art. Der Antrag ist nur zulässig, wenn der Nacherbe zum Erblasser in einem engeren Angehörigkeitsverhältnis steht als zum Vorerben (RFH RStBl 29, 145, RFHE 24, 246; Bsp nach *Troll/Gebel* § 6 Rz 29: Vorerbe Kind, Nacherbe Ehefrau; Vorerbe Ehefrau, Nacherbe Bruder des Erblassers; Vorerbe Sohn A, Nacherbe Sohn B). Ist das Angehörigkeitsverhältnis des Nacherben zum Vorerben das Gleiche wie zum Erblasser, ist der Antrag gem § 6 II 2 gegenstandslos (RFH RStBl 39, 726; *Moench,* DStR 87, 139, 141).

Wirkungen des Antrags. Der Erwerb des Nacherben bleibt trotz des Antrags nach Satz 2 ein Erwerb vom Vorerben. Der Antrag nach Satz 2 bewirkt jedoch, dass die für den Erwerb des Nacherben maßgebliche StKlasse (§ 15) nach dem Verhältnis des Nacherben zum Erblasser statt nach dem Verhältnis des Nacherben zum Vorerben bestimmt wird (unten § 15 Anm 4). Die StKlasse wirkt sich auf den Umfang sachlicher StBefreiungen (§ 13 I Nr 1, s auch Nr 6, 10), auf den persönlichen Freibetrag (§ 16; dazu RFH RStBl 37, 109; 39, 726), auf den StSatz (§ 19; dazu RFH RStBl 42, 935) und auf die StErmäßigung bei mehrfachem Erwerb desselben Vermögens aus (§ 27). Durch Auslegung soll den §§ 5 I, 17 zu entnehmen sein, dass der zum Nacherben eingesetzte Ehegatte unabhängig von dem Antrag nach Satz 2 stets die StFreiheit des dem Zugewinnausgleichsanspruch entsprechenden Betrages und den Versorgungsfreibetrag geltend machen kann (vgl *Troll,* DStZ/A 79, 403; zustimmend *Moench/Weinmann* § 6 Rz 19; aM *Troll/Gebel* § 6 Rz 50; *Viskorf/Philipp* § 6 Rz 22), obwohl diese Freibeträge an sich voraussetzen, dass der freizustellende Erwerb vom verstorbenen Ehegatten als Erblasser und nicht vom Vorerben stammt. Im Übrigen gilt trotz des Antrages nach Satz 2, dass das Gesetz den Nacherben „abgesehen von der Anwendung der günstigeren StKlasse steuerlich so behandelt, als ob er das Nacherbschaftsvermögen vom Vorerben geerbt hätte" (RFH RStBl 39, 726, 727; zustimmend

BFH BStBl II 99, 235; 11, 123; *Moench/Weinmann* § 6 Rz 17), so dass der Vorerbe bei der Bestimmung der persönlichen StPfl des Nacherben nach § 2 (RFH RStBl 29, 67), bei der Anwendung von Doppelbesteuerungsabkommen und bei der Anrechnung ausländischer ErbSt nach § 21 als Erblasser des Nacherben gilt. Auch bei der Zusammenrechnung nach § 14 ist zu beachten, dass das Gesetz den Erwerb des Nacherben auf den Vorerben und nicht auf den Erblasser zurückführt (RFH RStBl 37, 974). Das FG Düsseldorf hatte dieser Linie zwar widersprochen (EFG 10, 156), jedoch ohne sich mit irgendwelchen Gegenargumenten auseinander zu setzen. Der BFH (BStBl II 11, 123) hat die Argumentation des FG Düsseldorf denn auch zurückgewiesen.

14 § 6 II 2 kommt bei **mehrfach gestufter Nacherbfolge** auch dem Nach-Nacherben zugute: RFH RStBl 35, 1485. Zweifelhaft ist, ob § 6 II 2 (gegebenenfalls iVm Abs 4) entsprechend herangezogen werden kann, wenn nicht zwei Erben (Abs 2) oder zwei Vermächtnisnehmer (Abs 4) nacheinander zum Zuge kommen sollen, sondern wenn eine Schenkung mit einem Vermächtnis in der Weise verbunden ist, dass der Beschenkte einen Teil des Erwerbs durch Vermächtnis weitergeben soll. Kann hier der Vermächtnisnehmer die Besteuerung nach dem das Vermächtnis veranlassenden Schenker wählen? Das Nds FG (EFG 89, 463) hat die entsprechende Anwendung des § 6 II 2 verneint und gemeint, die Besteuerung des Vermächtnisnehmers nach seinem Verhältnis zum Schenker könne unmittelbar aus § 7 I Nr 2 hergeleitet werden. Der Vermächtniserwerb sei in einem solchen Fall als Erwerb durch Schenkung unter Lebenden zu deuten, da der Beschenkte verpflichtet gewesen sei, das Vermächtnis vorzusehen. Bei dieser Argumentation wird jedoch die Unwirksamkeitsanordnung des § 2302 BGB verkannt, die eine wirksame Verpflichtung zur Vermächtnisanordnung (und damit die Grundkonzeption einer Schenkung unter Auflage) ausschließt.

15 **Abs 2 Satz 3.** Die Vorschrift bestätigt indirekt, dass sich der Antrag nach Satz 2 nur auf die **Bestimmung der StKlasse** auswirken soll. Denn wenn neben dem der Vor- und Nacherbfolge unterliegenden Vermögen beim Tod des Vorerben auch nacherbschaftsfreies Vermögen des Vorerben auf den Nacherben übergeht, wird die Trennung der beiden Erwerbe nur hinsichtlich der StKlasse angeordnet. Ob dies, wie die Gesetzesmaterialien darlegen (BTDrs 6/3418, 63), lediglich eine Klarstellung gegenüber dem früheren Recht bedeutet oder ob das ErbStG 1974 damit, wie der BFH annimmt (BFHE 119, 492, 495), die einschlägigen Fragen gegenüber früher „in einem anderen Sinne entschieden hat", kann hier dahinstehen. Deutlich ist jedenfalls, dass der Gesetzgeber die RFH-Rspr übernehmen wollte, die dem Antrag nach

Satz 2 Wirkungen nur hinsichtlich der StKlasse zusprach (oben Anm 13). Dieser Gesetzesplan hat in Satz 3 hinreichenden Ausdruck gefunden und ist daher für die Auslegung verbindlich. Die Erwerbe werden damit nur hinsichtlich der StKlasse getrennt, im Übrigen aber als Einheit behandelt.

Abs 2 Satz 4. Fällt einem Erben von verschiedenen Erblassern Vermögen im Wege der Erbfolge zu, so kann er gegenüber jedem der Erwerbe den **Freibetrag nach § 16** geltend machen. Dem Nacherben, auf den beim Tod des Vorerben Vermögen des Erblassers und Vermögen des Vorerben übergeht, stünde der Freibetrag nach § 16 daher an sich zweimal zu. Wenn das Gesetz jedoch in Abs 2 S 1 den Erwerb des Nacherben einheitlich auf den Vorerben zurückführt, gleich ob der Erwerb aus dem der Nacherbfolge unterliegenden oder aus freiem Vermögen des Vorerben stammt, schneidet es damit dem Erwerber zunächst einen Freibetrag ab, da auf einen einheitlichen Erwerb auch nur ein Freibetrag zur Anwendung kommen kann (so noch RFH RStBl 39, 726). In diesen Zusammenhang gehört Satz 4. Nach Satz 4 in der Interpretation, die dieser Vorschrift jetzt der zuständige BFH-Senat gibt (BFH BStBl II 99, 235), kann sich der Erwerber dadurch, dass er nach Satz 2 die Versteuerung nach dem Verhältnis zum Erblasser wählt und damit iSv Satz 3 die beiden Vermögensfälle voneinander trennt, doch wieder **zwei Freibeträge** verschaffen. Allerdings sind die beiden Freibeträge in Abhängigkeit voneinander zu sehen. Für das Nacherbschaftsvermögen gilt der aus dem Verhältnis des Nacherben zum Erblasser berechnete Freibetrag. Für das nacherbschaftsfreie Vermögen, das zeitgleich mit der Nacherbschaft vom Vorerben auf den Nacherben übergeht, gilt der aus dem Verhältnis vom Nacherben zum Vorerben berechnete Freibetrag. Dieser letztere Freibetrag kommt jedoch nur zum Zuge, wenn der für das Nacherbschaftsvermögen vorgesehene Freibetrag nicht voll verbraucht werden konnte. Und sein Umfang wird in doppelter Weise, zum einen durch den Betrag, den § 16 im Verhältnis den Nacherben zum Vorerben freistellt, zum anderen durch den beim Nacherbschaftsvermögen noch unverbrauchten Freibetragsrest begrenzt. Demgegenüber war bisher in diesem Kommentar (zustimmend FG Rh-Pf EFG 97, 1319) die Auffassung vertreten worden, dass der beim Nacherbschaftsvermögen nicht verbrauchte Freibetragsrest ohne weitere Beschränkung für das außerhalb der Nacherbschaft erworbene Vermögen eingesetzt werden kann, weil Abs 2 S 4 ausdrücklich und ohne weitere Einschränkung bestimmt, dass für das außerhalb der Nacherbschaft erworbene Vermögen eine Entlastung erfolgen kann, „soweit (= in dem Umfang wie) der Freibetrag nicht verbraucht ist". Der BFH will dagegen den unverbrauchten Freibetragsrest nicht in vollem Umfang zum Einsatz bringen.

Beispiel (jeweils in Tausend €): Der Nacherbe, der beim Nacherbfall 500 erwirbt, wobei 250 vom Erblasser (Vater) und 250 vom Vorerben (Bruder) stammen, kann nach der Rechnung des BFH Freibeträge im Umfang von 250 für das Nacherbschaftsvermögen und 20 für das nacherbschaftsfreie Vermögen verwenden, während nach der hiesigen Rechnung der volle aus dem Verhältnis der Nacherben zum Erblasser abgeleitete Freibetrag von 400 zum Abzug käme.

Moench (DVR 88, 2) hatte die jetzt vom BFH befürwortete Lösung als „sehr kleinlich" bezeichnet. Dieses Verdikt hat die Richter offenbar nicht irritiert.

17 **Abs 2 Satz 5.** Erwirbt der Nacherbe mit der Nacherbschaft zugleich freies Vermögen des Vorerben und stellt er den Antrag nach Satz 2, so sind die beiden Erwerbe in verschiedene StKlassen einzuordnen und für die Bestimmung des StTarifs zu trennen. Dagegen soll sich bei der Bestimmung der StStufe mit Rücksicht auf die StProgression doch wieder das Prinzip der einheitlichen Vererbung vom Vorerben durchsetzen (so schon RFH RStBl 42, 935). In jeder der StKlassen ist der Erwerb daher nach dem StSatz zu besteuern, der für den gesamten Erwerb gelten würde. Es gilt ein der Regelung des § 32b EStG vergleichbarer **Progressionsvorbehalt.**

Beispiel: Erhält der Nacherbe (nach Abzug der Freibeträge) 1 Mio €, wovon 500 000 € vom Erblasser (Vater) und 500 000 € von der Vorerbin (Lebenspartnerin des Vaters) stammen, dann braucht er nicht 1 Mio € nach StKl III zu versteuern (StSatz 30%). Er kann vielmehr 500 000 € nach StKl I und 500 000 € nach StKl III versteuern. Doch sind die StSätze in beiden StKlassen nicht nach einem Erwerb von 500 000 € (15 bzw 30%); sondern nach einem Erwerb von 1 Mio € (19 bzw 30%) zu bestimmen. Dennoch bleibt der Vorteil, dass ein Teil des Erwerbs in Höhe von 500 000 € nicht mit 30%, sondern nur mit 19% versteuert werden muss.

18.–21. Nacherbfolge zu Lebzeiten des Vorerben (Abs 3)

18 **Abs 3 Satz 1.** Die Vorschrift ist nicht glücklich formuliert. Der Kern der Aussage wird erst in der Gegenüberstellung zu Abs 2 S 1 erkennbar. Als Anfall zu Lebzeiten des Vorerben kann der Erbschaftserwerb des Nacherben nämlich nur **vom Erblasser stammen** (RFH RStBl 39, 726, 727; BFH BStBl II 72, 765), während das Gesetz den Erwerb des Nacherben unter den Voraussetzungen des Abs 2 vom Vorerben stammen lässt. Abs 3 S 1 kehrt damit zu der zivilrechtlichen Einordnung der Nacherbfolge zurück. Das Gesetz räumt dem Nacherben kein dem Abs 2 S 2 vergleichbares Wahlrecht ein, mit dem er die Versteuerung nach seinem Verhältnis zum Vorerben verlangen kann.

19 Gibt der Vorerbe die Vorerbschaft **vorzeitig** heraus, so gilt dies als Schenkung des Vorerben an den Nacherben (§ 7 I Nr 7), für die allein das Verhältnis des Nacherben zum Vorerben maßgeblich ist, sofern nicht der Nacherbe die Versteuerung nach seinem Verhältnis zum Erblasser wählt (§ 7 II). § 7 I Nr 7 unterscheidet nicht zwischen den beiden in § 6 II und III einander gegenübergestellten Fällen und sieht daher auch nicht die in § 6 III 2 geregelte Steueranrechnung vor, so dass die vorzeitige Herausgabe von Nacherbschaftsvermögen im Fall einer Nacherbfolge nach § 6 III mit StNachteilen verbunden sein kann.

Abs 3 Satz 2. Auch diese Bestimmung lässt den Kern der gesetzlichen Aussage nicht deutlich erkennen. Weil der Vorerbe seinen Erwerb auflösend bedingt erworben hatte und weil die Bedingung mit dem Nacherbfall eingetreten ist, wäre die auf den Vorerben entfallende Steuer an sich nach § 5 II BewG zu berichtigen. Die Berichtigung müsste dem Vorerben zugute kommen. Diese Rechtsfolge wird durch § 6 III 2 ausgeschlossen. Dafür wird die StPfl des Nacherben durch Verrechnung gekürzt. Das Gesetz berücksichtigt den Bedingungseintritt also nicht bei der Bemessung der StSchuld des Vorerben, sondern bei der des Nacherben. Denn der Vorerbe hat die auf ihn entfallende St zu Lasten des Nacherben gezahlt (§ 20 IV). Also muss dem Nacherben der Betrag zugute kommen, der bei einer Berichtigung der Besteuerung des Vorerben zu erstatten gewesen wäre. Dies gilt jedenfalls dann, wenn der Vorerbe die auf ihn entfallende St beim Nacherbfall bereits entrichtet hatte. Steht die StZahlung beim Nacherbfall dagegen noch aus, dann bleibt fraglich, ob der Vorerbe wirklich erst den vollen Betrag aufbringen muss oder ob es nicht dem Gesetzesplan besser entspricht, dass der Vorerbe in einem solchen Fall gleich nur den nach § 5 II BewG gekürzten Betrag dem Nachlass belasten darf. Durch die Anrechnung der St des Vorerben wird im Übrigen die Bemessungsgrundlage der St des Nacherben nicht verändert. Der Anrechnungsbetrag darf der Bemessungsgrundlage nicht hinzugerechnet werden. Die Kürzung des Nachlasses durch den Abzug der St des Vorerben wird mit der Anrechnung nicht zurückgenommen. Vielmehr wird nur eine besondere Berechnungsmodalität für die auf den Nacherben entfallende St eingeführt (BFH BStBl II 72, 765). Die aus der Bemessungsgrundlage abgeleitete tarifliche St des Nacherben wird um den Anrechnungsbetrag herabgesetzt. Es liegt nicht anders als bei der Anrechnung von Auslandssteuern auf die im Inland verwirkte StSchuld (§ 21). Im Ergebnis wird, soweit die Anrechnung reicht, die viel beklagte Doppelbelastung des Nachlasses im Fall der Vor- und Nacherbfolge auf eine einfache Belastung zurückgeführt.

Die StSchuld des Nacherben wird um den Betrag **gekürzt,** der vom Vorerben vor oder nach dem Nacherbfall an den Fiskus entrichtet worden ist und der daher auf dem Weg über § 20 IV den Nacherben bereits belastet hat. Anzurechnen ist nur die St, die der Vorerbe gezahlt hat, nicht die St, die von den Erben des Vorerben für ihren (die Vorerbschaft enthaltenden) Erwerb entrichtet worden ist. Denn für die Erben des Vorerben ist die Vorerbschaft nur ein auflösend bedingter Teil ihres normalen Erbschaftserwerbes, für den sie nach Eintritt des Nacherbfalles eine Berichtigung der Besteuerung nach § 5 II BewG verlangen können (aM *Petzoldt* § 6 Rz 26). Nicht zur Anrechnung zugelassen wird der Betrag, der der **tatsächlichen Bereicherung** des Vorerben entspricht. Da es auch bei der Ermittlung dieses Betrages um eine Modalität der StBerechnung des Nacherben geht, ist er aus der Sicht des Nacherbfalls, nicht aus der Sicht des Erbfalls zu bestimmen (aM *Petzoldt* § 6 Rz 24).

22.–24. Nachvermächtnis (Abs 4)

22 **Begriff.** Das Nachvermächtnis ist ein Untervermächtnis, mit dem der Erblasser dem Vermächtnisnehmer aufgibt, den Vermächtnisgegenstand nach einer Zeit der eigenen Innehabung an den Nachvermächtnisnehmer weiterzuleiten (§ 2191 I BGB; *Bengel*, NJW 90, 1826). Vom Nachvermächtnis ist das Ersatzvermächtnis (§ 2190 BGB) zu unterscheiden, bei dem nicht ein zweiter Vermächtnisnehmer dem ersten nachfolgt, sondern bei dem ein ersatzweise benannter erster Vermächtnisnehmer an die Stelle des in erster Linie benannten, aber ausfallenden ersten Vermächtnisnehmers tritt (BFH/NV 91, 746). Das Nachvermächtnis unterscheidet sich von dem beim Tod des Beschwerten fälligen Vermächtnis dadurch, dass beim Nachvermächtnis nicht erst die Fälligkeit, sondern schon der Anfall des Vermächtnisses (= das Entstehen des Vermächtnisanspruchs) – im Zweifel bis zum Tod des Beschwerten (§ 2191 II BGB) – hinausgeschoben ist. Außerdem ist das Nachvermächtnis notwendig ein Untervermächtnis. Beschwert vom Nachvermächtnis ist nicht der Erbe, sondern der Vorvermächtnisnehmer, während das beim Tod des Beschwerten fällige Vermächtnis im Regelfall den Erben belastet. Vom normalen Untervermächtnis wird das Nachvermächtnis dadurch abgehoben, dass es den Vermächtnisnehmer verpflichtet, nicht irgendeinen Gegenstand oder eine Geldzahlung, sondern gerade den Gegenstand, den der Vorvermächtnisnehmer selbst erhalten hat, an den Nachvermächtnisnehmer zu leisten. Ein Nachvermächtnis liegt zB vor, wenn der Erblasser das Familienhausgrundstück als einzelnen Vermögensgegenstand zunächst seiner Frau und nach deren Tod seinem Sohn zuwendet (BGHZ 114, 16). Im Nachvermächtnisfall wird der Gegenstand des Nachvermächtnisses nicht unmittelbar auf den Nachvermächtnisnehmer übergeleitet. Vielmehr gewinnt der Nachvermächtnisnehmer nur einen Anspruch gegen den Vorvermächtnisnehmer oder dessen Erben, der ihm den Gegenstand des Vermächtnisses übertragen soll. Trotz dieses Unterschiedes zur Vor- und Nacherbfolge wird das Nachvermächtnis schon im bürgerlichen Recht in gewissen

Beziehungen der Nacherbschaft gleichgestellt (§ 2191 II BGB). Es soll zusammen mit dem beim Tod des Beschwerten fälligen Vermächtnis auch steuerrechtlich den Regeln über die Nacherbschaft folgen.

Ein **Beispiel** für die Anwendung des § 6 IV findet sich in einer Entscheidung des BFH BStBl II 89, 623 (Vorinstanz FG Berlin EFG 86, 26). Hier hatte der Erblasser zwei seiner testamentarischen Erbinnen ein Grundstück ohne Anrechnung auf die Erbteile als Vorvermächtnis zugewendet und die Klägerin und ihre Schwester nach dem Tod der letztüberlebenden Erbin zu gleichen Teilen als Nachvermächtnisnehmerinnen bestimmt. Gegen Abfindungszahlung verzichteten die Nachvermächtnisnehmerinnen gegenüber den Vorvermächtnisnehmerinnen auf ihre Rechte aus dem Nachvermächtnis. Unter Berufung auf § 6 IV sah der BFH in diesem Verzicht gegen Abfindung eine entgeltliche Veräußerung der aus dem Nachvermächtnis folgenden Anwartschaftspositionen, die gemäß § 3 II Nr 6 stpfl sei. Näher hätte es gelegen, an eine Besteuerung nach § 3 II Nr 4, 5 zu denken (vgl § 3 Anm 98, 102, 103). Besteuerungsgrundlage ist das konkret erhaltene Entgelt, nicht ein entsprechender Teil des (früher mit dem Einheitswert zu bemessenden) Grundstücks (BFH BStBl II 89, 623). Einen weiteren Beispielsfall behandelt die Entscheidung FG München EFG 87, 254; dort auch zur Abgrenzung des Nachvermächtnisses vom Nießbrauchsvermächtnis (vgl § 3 Anm 46). Zu § 6 IV sind im Übrigen bisher nur vereinzelt Entscheidungen bekannt geworden (RFH RStBl 31, 395; RFH StuW 32 Nr 489; FG Hbg EFG 70, 226). Aus der Gleichstellung des Nachvermächtnisses mit der Nacherbschaft soll nach Auffassung der FinVerw (R E 6 ErbStR) folgen, dass Nachvermächtnisse abweichend vom Zivilrecht steuerlich als Erwerb vom Vorvermächtnisnehmer zu behandeln sind. Das gilt jedoch nur für Nachvermächtnisse, die beim Tod des Vorvermächtnisnehmers anfallen. Hat der Erblasser ein anderes Ereignis als Nachvermächtnisfall bestimmt, bleibt es nach § 6 IV iVm § 6 III bei der zivilrechtlichen Lage mit der Folge, dass der Nachvermächtnisnehmer vom Erblasser erwirbt, dass der Vorvermächtnisnehmer das Nachvermächtnis um die auf ihn entfallende St kürzen kann (§ 20 IV) und dass dem Nachvermächtnisnehmer die St des Vorvermächtnisnehmers abzüglich des StBetrags anzurechnen ist, der der tatsächlichen Bereicherung des Vorvermächtnisnehmers entspricht (§ 6 III 2).

Das **beim Tod des Beschwerten fällige Vermächtnis**, das das BGB in § 2181 erwähnt, ist kein Nachvermächtnis, weil bei dieser Gestaltung kein zweiter Vermächtnisnehmer einem ersten folgt und weil nicht der Anfall des Vermächtnisses hinausgeschoben ist. Es ist vielmehr ein normales Vermächtnis mit einer über den Erbfall bis zum Tod des Beschwerten hinausgeschobenen Fälligkeit. Für ein normales Vermächtnis gelten zwei Rechtswirkungen. Zum einen gilt der Vermächtniserwerb „als vom Erblasser zugewendet" (§ 3 II mit einer Formulierung – „auch" –, die die Erwerbe nach § 3 I und damit auch den Vermächtniserwerb einbezieht). Zum Zweiten mindert die Vermächtnislast den Erwerb, den der Beschwerte seinerseits zu versteuern hat (§ 10 V Nr 2). Diese beiden Rechtswirkungen ändert § 6 IV ab. Weil das beim Tod des Beschwerten fällige Vermächtnis den Nacherbschaften gleichstehen soll, kommt § 6 II 1 zur Anwendung mit der Folge, dass der Vermächtniserwerb als Erwerb vom Beschwerten und nicht als Erwerb vom Erblasser gilt. Weil der Vermächtniserwerb als Erwerb vom Beschwerten gilt, wird er so behandelt, als hätte der Beschwerte selbst und nicht der Erblasser das Vermächtnis angeordnet. Ein von ihm selbst angeordnetes Vermächtnis kann der Erbe nicht bei dem ihm vom Erblasser zugefallenen Nachlass bereicherungsmindernd geltend machen. Das Vermächtnis wird daher durch die Anordnung des § 6 IV aus dem Kreis der Posten, die noch den Nachlass des Erstverstorbenen mindern, herausverlagert. Das hat Bedeutung insbesondere im Rahmen der sog. **Jastrowschen Klausel** beim Berliner Ehegattentestament (vgl dazu *Seubert*, Die Jastrowsche Klausel, Diss. Greifswald 1998; sowie R E 6 ErbStR). Um den Kindern einen Anteil am Nachlass des Erstversterbenden zu sichern, aber zugleich den Überlebenden noch nicht zu belasten, werden den Kindern beim Tod des überlebenden Partners fällige Vermächtnisse ausgesetzt. § 6 IV verhindert, dass sich auf diesem Wege mit Wirkung für die ErbSt eine Beteiligung am Nachlass des Erstverstorbenen erreichen lässt. Da zivilrechtlich gute Gründe für die Einfügung der Jastrowschen Klausel sprechen, ist der Gerechtigkeitsgehalt der dieser Klausel entgegenlaufenden Bestimmung des § 6 IV zumindest zweifelhaft. Dennoch hat der BFH (BStBl II 07, 651) den Rechtsgedanken dieser Bestimmung auch auf den beim Tod des überlebenden Ehegatten fälligen Abfindungsanspruch erstreckt, der sich auf der Basis eines Berliner Testaments beim **Pflichtteilsverzicht gegen Abfindung** für den Schlusserben ergibt. Der Schlusserbe soll den auf ihn übergehenden Nachlass des überlebenden Ehegatten nicht um den erst beim Tod des Überlebenden fälligen Anspruch kürzen dürfen, weil dieser Anspruch für den überlebenden Ehegatten keine wirtschaftliche Belastung gebildet habe. Dabei wird jedoch der objektive Charakter einer wirtschaftlichen Belastung verkannt. Auch die erst beim Tod des Vermögensträgers fälligen Verbindlichkeiten belasten doch schon zu Lebzeiten sein Vermögen. Die Belastung ließe sich durch eine Abzinsung jederzeit aufzudecken. Weil der Gerechtigkeitsgehalt des § 6 IV zumindest zweifelhaft ist, muss man Verständnis dafür haben, dass über Wege nachgedacht wird, die Anordnung des § 6 IV zu umschiffen. So wird überlegt, ob eine Klausel, die das Vermächtnis nicht „beim Tod" des Beschwerten, sondern vierzehn Tage später fällig werden lässt, die Rechtswirkung des § 6 IV vermeiden kann. Auch wird erwogen, den

Vermächtniserwerb von einer Bedingung abhängig zu machen, deren Eintritt vom Vermächtnisnehmer, zeitgleich mit dem Tod des Beschwerten oder später, jederzeit herbeigeführt werden kann. Schließlich war noch empfohlen worden, an die Stelle von Vermächtnissen beim Tod des Beschwerten fällige Auflagen vorzusehen, deren Durchsetzung von den zugleich als Testamentsvollstrecker eingesetzten Kindern jederzeit erzwungen werden kann (*Daragan,* DStR 99, 393). Dieser Weg wurde nun durch eine Ergänzung des § 6 IV im Zuge des ErbStRG 2009 versperrt. Das beim Tod des Beschwerten fällige Vermächtnis ist im Übrigen **ein betagtes** (nicht: ein bedingtes; aM FinVerw ZEV 98, 347) **Vermächtnis.** § 6 IV bestätigt mit seinem Verweis auf die Regeln der Nacherbfolge, dass das betagte Vermächtnis mit unbestimmtem Fälligkeitsdatum erst zum Fälligkeitszeitpunkt, hier: beim Tod des Beschwerten, steuerpflichtig wird. Das entspricht der Regelung, die § 9 I Nr 1 Buchst a für die Steuerentstehung bei betagten Vermächtnissen vorsieht (vgl auch unten § 9 Anm 22 f).

25.–27. Zusammenfassende Würdigung

Kritik. Die Besteuerung der Vor- und Nacherbfolge wird nicht 25 selten mit großer Entschiedenheit kritisiert. Sie soll nach *Gerken* (ZErb 03, 72) mit der Verfassung, nach *Crezelius* (ErbSt und SchSt in zivilrechtlicher Sicht, 1979, 102 ff) mit der inneren Systematik des ErbSt-Rechts unvereinbar sein, nach *Kirchhof* (Bundessteuergesetzbuch, 2011, 663) soll sie dem Bereicherungsprinzip widersprechen. Mit dem Bereicherungsprinzip soll die Behandlung des (nicht befreiten) **Vorerben** kollidieren, weil er als Vollerbe in Anspruch genommen wird, obwohl er nur die Stellung eines Nutzungsberechtigten hat. Aus der Behandlung als Vollerbe erwächst dem Vorerben jedoch kein Nachteil, weil er nach § 20 IV den Nachlass um die auf ihn entfallende St kürzen und damit seine StLast auf den Nacherben überwälzen kann. Daher wird in erster Linie der Nacherbe durch die beim Vorerbfall anfallende St belastet. Den Vorerben trifft die St nur insoweit, als der Abzug der St den Nachlass kürzt und damit die dem Vorerben zufließenden Erträge und sonstigen Nutzungen schmälert. Darin, dass dem Vorerben nur ein um die St gekürzter Nachlass verbleibt, liegt aber kein Verstoß gegen das Bereicherungsprinzip. Denn der Vorerbe hat ja tatsächlich etwas erlangt. Daher wäre es unsachgerecht, ihn von jeder Belastung freizustellen. Die Besteuerung des Vorerben rechtfertigt daher keine Bedenken (BFH ZEV 01, 327; 03, 383). Die Kritik an der Besteuerung des **Nacherben** richtet sich gegen die Regelung des Abs 2 S 1, nach der der Nacherbe das Vermögen als vom Vorerben stammend zu versteuern hat, und gegen die Regelung des Abs 3 S 2, nach der das Gesetz statt der Berichtigung der Besteuerung des Vorerben nur eine Anrechnung auf die St des Nacherben kennt. Wenn das Zivilrecht den Erwerb des Nacherben vom Erblasser stammen lässt, so ist dies ein Kunstgriff, mit dem gerechtfertigt werden kann, dass noch der Erblasser über den Vermögensübergang auf den Nacherben entscheidet. Diesem Kunstgriff braucht das ErbStRecht nicht zu folgen. Es kann vielmehr berücksichtigen, dass die Nacherbschaft bis zum Nacherbfall dem Vorerben und anschließend dem Nacherben zusteht, so dass bei unvoreingenommener Betrachtung tatsächlich ein Vermögenswechsel zwischen dem Vorerben und dem Nacherben stattfindet. Allerdings ist der Vorerbe wegen der zur Sicherung des Nacherben angeordneten Verfügungsbeschränkungen nicht freier Herr des in der Vorerbschaft gebundenen Vermögens. Doch wird diesem Umstand dadurch Rechnung getragen, dass die vom Vorerben gezahlte St die Nacherbschaft trifft, damit den Vorerben selbst nur geringfügig belastet und zugleich die Bemessungsgrundlage für die St des Nacherben kürzt. Die hieraus folgende indirekte Verrechnung der vom Vorerben gezahlten St muss auch beachtet werden, wenn man es für bedenklich erklärt, dass bei der Nacherbfolge zu Lebzeiten des Vorerben kein Erstattungsanspruch entsteht, sofern die nach Abs 3 S 2 anzurechnende St die St des Nacherben übersteigt. Da die vom Vorerben gezahlte St zusätzlich zu der Anrechnung nach Abs 3 S 2 schon bei der Ermittlung der Bemessungsgrundlage der St des Nacherben berücksichtigt worden ist, kann der Erstattungsanspruch ohne schwerwiegende Bedenken entfallen. Insgesamt rechtfertigt daher die Regelung des § 6 die im Schrifttum geäußerte Kritik nicht.

26 Richtig bleibt, dass das ErbStRecht dem Zivilrecht folgend den Vorerben nicht als bloßen Treuhänder oder Nutzungsberechtigten, sondern als Vermögensinhaber ansieht und besteuert. Richtig bleibt auch, dass sich im ErbStRecht ein deutlicher Unterschied zwischen der Besteuerung eines Nutzungsberechtigten (**Nießbrauchers**) und der eines Vermögensinhabers ergibt. Will ein Ehegatte daher dem überlebenden Partner nicht mehr als die Stellung eines bloßen Nutzungsberechtigten einräumen, ist es im Hinblick auf die auf den Nacherben entfallende Gesamtbelastung regelmäßig günstiger, ihm den Nießbrauch am Nachlass und nicht die Vorerbschaft zuzuweisen. In den ErbStG 1906 und 1919 war vorgesehen, den Vorerben im Regelfall als Nießbraucher zu besteuern. Das käme auch heute manchen Kritikern entgegen. Wenn der Vorerbe nur als Nießbraucher anzusprechen war, musste jedoch ein anderer als Vermögensinhaber behandelt werden, und das war der Nacherbe, der schon beim Erbfall als ein mit einem Nutzungsrecht belasteter Erbe zur Besteuerung herangezogen wurde (§ 23 I ErbStG 1919; *F.W.R. Zimmermann*, Reichserbschaftsteuergesetz 1919, 3. Aufl 1921, § 23 Anm 4), und zu dieser Regelung will heute sicher niemand zurückkehren.

Dieser **Belastungsunterschied** folgt jedoch nicht aus § 6, sondern ergibt sich aus dem **Bewertungsrecht**, das zwischen der Position des Vollrechtsinhabers und der des Nutzungsberechtigten klar unterscheidet, das den Wert eines Vermögens durch Verfügungsbeschränkungen des Inhabers nicht gemindert sieht (§ 9 II, III BewG) und das eine (zu günstige?) Bewertung des Nießbrauchs festlegt, die von der Substanzbewertung deutlich abweicht. Bei einer zusammenfassenden Würdigung dürfen auch diese Vorschriften nicht außerhalb der Betrachtung bleiben.

§ 7 Schenkungen unter Lebenden

(1) **Als Schenkungen unter Lebenden gelten**
1. jede freigebige Zuwendung unter Lebenden, soweit der Bedachte durch sie auf Kosten des Zuwendenden bereichert wird;
2. was infolge Vollziehung einer von dem Schenker angeordneten Auflage oder infolge Erfüllung einer einem Rechtsgeschäft unter Lebenden beigefügten Bedingung ohne entsprechende Gegenleistung erlangt wird, es sei denn, daß eine einheitliche Zweckzuwendung vorliegt;
3. was jemand dadurch erlangt, daß bei Genehmigung einer Schenkung Leistungen an andere Personen angeordnet oder zur Erlangung der Genehmigung freiwillig übernommen werden;
4. die Bereicherung, die ein Ehegatte oder ein Lebenspartner bei Vereinbarung der Gütergemeinschaft (§ 1415 des Bürgerlichen Gesetzbuchs) erfährt;
5. was als Abfindung für einen Erbverzicht (§§ 2346 und 2352 des Bürgerlichen Gesetzbuchs) gewährt wird;
6. *(aufgehoben)*
7. was ein Vorerbe dem Nacherben mit Rücksicht auf die angeordnete Nacherbschaft vor ihrem Eintritt herausgibt;
8. der Übergang von Vermögen auf Grund eines Stiftungsgeschäfts unter Lebenden. ²Dem steht gleich die Bildung oder Ausstattung einer Vermögensmasse ausländischen Rechts, deren Zweck auf die Bindung von Vermögen gerichtet ist;
9. was bei Aufhebung einer Stiftung oder bei Auflösung eines Vereins, dessen Zweck auf die Bindung von Vermögen gerichtet ist, erworben wird. ²Dem steht gleich der Erwerb bei Auflösung einer Vermögensmasse ausländischen Rechts, deren Zweck auf die Bindung von Vermögen gerichtet ist, sowie der Erwerb durch Zwischenberechtigte während des Bestehens der Vermögensmasse. ³Wie eine Auflösung wird auch der Formwechsel eines rechtsfähigen Vereins, dessen Zweck wesentlich im Interesse einer Familie oder bestimmter Familien auf die Bindung von Vermögen gerichtet ist, in eine Kapitalgesellschaft behandelt;

§ 7   Schenkungen unter Lebenden

10. was als Abfindung für aufschiebend bedingt, betagt oder befristet erworbene Ansprüche, soweit es sich nicht um einen Fall des § 3 Abs. 2 Nr. 5 handelt, vor dem Zeitpunkt des Eintritts der Bedingung oder des Ereignisses gewährt wird.

(2) [1]Im Fall des Absatzes 1 Nr. 7 ist der Versteuerung auf Antrag das Verhältnis des Nacherben zum Erblasser zugrunde zu legen. [2]§ 6 Abs. 2 Satz 3 bis 5 gilt entsprechend.

(3) Gegenleistungen, die nicht in Geld veranschlagt werden können, werden bei der Feststellung, ob eine Bereicherung vorliegt, nicht berücksichtigt.

(4) Die Steuerpflicht einer Schenkung wird nicht dadurch ausgeschlossen, daß sie zur Belohnung oder unter einer Auflage gemacht oder in die Form eines lästigen Vertrags gekleidet wird.

(5) [1]Ist Gegenstand der Schenkung eine Beteiligung an einer Personengesellschaft, in deren Gesellschaftsvertrag bestimmt ist, daß der neue Gesellschafter bei Auflösung der Gesellschaft oder im Fall eines vorherigen Ausscheidens nur den Buchwert seines Kapitalanteils erhält, werden diese Bestimmungen bei der Feststellung der Bereicherung nicht berücksichtigt. [2]Soweit die Bereicherung den Buchwert des Kapitalanteils übersteigt, gilt sie als auflösend bedingt erworben.

(6) Wird eine Beteiligung an einer Personengesellschaft mit einer Gewinnbeteiligung ausgestattet, die insbesondere der Kapitaleinlage, der Arbeits- oder der sonstigen Leistung des Gesellschafters für die Gesellschaft nicht entspricht oder die einem fremden Dritten üblicherweise nicht eingeräumt würde, gilt das Übermaß an Gewinnbeteiligung als selbständige Schenkung, die mit dem Kapitalwert anzusetzen ist.

(7) [1]Als Schenkung gilt auch der auf dem Ausscheiden eines Gesellschafters beruhende Übergang des Anteils oder des Teils eines Anteils eines Gesellschafters einer Personengesellschaft oder Kapitalgesellschaft auf die anderen Gesellschafter oder die Gesellschaft, soweit der Wert, der sich für seinen Anteil zur Zeit seines Ausscheidens nach § 12 ergibt, den Abfindungsanspruch übersteigt. [2]Wird auf Grund einer Regelung im Gesellschaftsvertrag einer Gesellschaft mit beschränkter Haftung der Geschäftsanteil eines Gesellschafters bei dessen Ausscheiden eingezogen und übersteigt der sich nach § 12 ergebende Wert seines Anteils zur Zeit seines Ausscheidens den Abfindungsanspruch, gilt die insoweit bewirkte Werterhöhung der Anteile der verbleibenden Gesellschafter als Schenkung des ausgeschiedenen Gesellschafters. [3]Bei Übertragungen im Sinne des § 10 Abs. 10 gelten die Sätze 1 und 2 sinngemäß.

(8) [1]Als Schenkung gilt auch die Werterhöhung von Anteilen an einer Kapitalgesellschaft, die eine an der Gesellschaft unmittelbar

Allgemeines **1 § 7**

oder mittelbar beteiligte natürliche Person oder Stiftung (Bedachte) durch die Leistung einer anderen Person (Zuwendender) an die Gesellschaft erlangt. ²Freigebig sind auch Zuwendungen zwischen Kapitalgesellschaften, soweit sie in der Absicht getätigt werden, Gesellschafter zu bereichern und soweit an diesen Gesellschaften nicht unmittelbar oder mittelbar dieselben Gesellschafter zu gleichen Anteilen beteiligt sind. ³Die Sätze 1 und 2 gelten außer für Kapitalgesellschaften auch für Genossenschaften.

Erbschaftsteuer-Richtlinien: R E 7.1 – 7.8, H E 7.1 – 7.9.

Übersicht

1.– 8.	Allgemeines
9.– 13.	Freigebige Zuwendung (Abs 1 Nr 1)
14.– 51 a.	Der Gegenstand der Zuwendung
14.– 16.	Allgemeines
17.– 26.	Probleme der mittelbaren Schenkung
27.– 32.	Gemischte Schenkung
33.– 45.	Schenkung unter Auflage
46.– 49.	Schenkungsversprechen
50.– 51 a.	Unverzinsliche Kapitalgewährung
52.– 75.	Die aus der Zuwendung folgende Bereicherung
52.– 56 c.	Erwerb bedingter oder unter Vorbehalt stehender Rechte. Verschiedenes
57.– 61.	Bereicherungsmindernde Posten
62.– 64.	Abzugsverbote für bereicherungsmindernde Posten
65., 66.	Die steuergünstige Verbindung positiver und negativer Faktoren
67.– 69.	Bereicherung bei Weiterleitung des Erwerbs
70.– 75.	Probleme der Bereicherung im Gesellschaftsrecht
76.– 93.	Wille zur Freigebigkeit
94.– 98.	Schenkung unter Auflage/Bedingung etc (Abs 1 Nr 2 u 3)
99.–106.	Vereinbarung der Gütergemeinschaft (Abs 1 Nr 4)
107.–116.	Einzelfälle der Schenkung (Abs 1 Nr 5–10)
117.–120.	Ergänzende Bestimmungen (Abs 2 bis 4)
121.–132.	Gesellschaftsanteil mit Buchwertklausel (Abs 5)
133.–141.	Gewinnübermaß-Schenkung (Abs 6)
142.–152.	Anteilsübergang im Gesellschaftsrecht (Abs 7)
153.–155.	Leistungen an Kapitalgesellschaften in Sonderfällen (Abs 8)

1.–8. Allgemeines

Schrifttum: *Meincke,* Brennpunkte der Schenkungsbesteuerung, Harzburger Steuerprotokoll 1995, 111; *Gebel,* Gegenleistungen bei lebzeitigen und letztwilligen Zuwendungen, ZErb 04, 53; *Daragan,* Die Anwartschaftsrechte des Grundstückskäufers im Erbschaftsteuerrecht, DB 05, 634; *Schlitt,* Die Gewährung freien Wohnraums als pflichtteilsrelevante Schenkung?, ZEV 06, 394.

Zusammenhang mit § 1. Nach § 1 I Nr 2 unterliegen der SchSt **1** die Schenkungen unter Lebenden. § 7 I Nrn 1 bis 10 erläutert, welche Tatbestände als Schenkungen unter Lebenden iS des § 1 I Nr 2 gelten sollen. Zwei weitere Fälle der Schenkung unter Lebenden werden in den Absätzen 6 und 7 aufgeführt. Die Absätze 2 bis 5 enthalten ergänzende Bestimmungen, wobei die SchStPfl durchweg bereits vorausgesetzt wird.

2 **Entstehungsgeschichte.** § 7 geht auf die Bestimmung des § 3 ErbStG aF zurück, die 1974 durch die Einfügung von drei neuen StTatbeständen in Abs 1 Nr 4 und 10 sowie in Abs 7 ergänzt und durch die Ausdehnung der StPfl auf den Erwerb von Vereinsvermögen in Abs 1 Nr 9 erweitert worden ist. Abs 1 Nrn 1 und 2 aF wurden zu Abs 1 Nr 1 zusammengezogen und neugefasst. In Abs 2 S 2 wurde ein Hinweis auf die neuformulierten Sätze 3–5 des § 6 II eingefügt. In Abs 5 wurde eine Bewertungsvorschrift und in Abs 6 eine Bestimmung zur Zerlegung einer Schenkung in zwei selbstständige Teile aufgenommen. Die Bestimmung des Abs 5 aF, die die StFreiheit von Ausstattungen geregelt hatte, wurde gestrichen, da die StFreiheit dem Gesetzgeber im Hinblick auf die erhöhten persönlichen Freibeträge für Kinder und die erhöhten sachlichen Freibeträge für Hausrat und andere bewegliche Gegenstände (§ 13 I Nr 1, § 16 I) nicht mehr gerechtfertigt erschien. Änderungen zu Abs 1 Nr 4 und 9 hat das ErbStRG 2009 gebracht. Das BeitrRLUmsG vom 7. 12. 2011 (BGBl I 11, 2592) hat dem § 7 den neuen Abs 8 angefügt.

3 **Schenkung iS des § 7 und Schenkung iS des BGB.** Die SchStPfl ist von der Besteuerung der bürgerlich-rechtlichen Schenkung ausgegangen (§ 55 I ErbStG 1906). Der Schenkung wurden andere schenkungsähnliche Vorgänge gleichgestellt (§ 55 II, III ErbStG 1906). Später wurde der Katalog der stpfl Schenkungen unter Lebenden weiter ausgedehnt. Zugleich wurde die freigebige Zuwendung für stpfl erklärt (§ 40 I 2 ErbStG 1919). Mit dem ErbStG 1922 wurde der StTatbestand wiederum neu formuliert. Es hieß nun in § 3 I Nr 2, dass neben der Schenkung „jede andere" freigebige Zuwendung stpfl ist. Damit wurde der Begriff der freigebigen Zuwendung als Oberbegriff interpretiert, der sowohl die Schenkung als auch andere als freigebig eingestufte Zuwendungen umfasst. Dieses neue Verständnis ließ es als überflüssig erscheinen, dass das Gesetz die Schenkung iS des BGB überhaupt noch erwähnt. Daher wurde der Hinweis auf die Schenkung iS des BGB im Zuge der ErbStReform 1974 aus dem Gesetzestext getilgt. Nach wie vor hat aber die Schenkung iS des BGB als Grundmodell der Schenkung unter Lebenden iS des § 7 zu gelten.

3a **Schenkung iS des § 7 und vorweggenommene Erbfolge.** Zum Bereich der Schenkung iS des BGB gehört auch der Erwerb durch vorweggenommene Erbfolge und durch Übergabevertrag. Von **vorweggenommener Erbfolge** (vgl § 593 a BGB) ist die Rede, wenn ein Vermögensinhaber Teile seines Vermögens mit Rücksicht auf die künftige Erbfolge schon zu Lebzeiten auf Angehörige überträgt. Der Begriff bezeichnet keinen selbstständigen Vertragstyp, der als solcher die Grundlage für einen eigenen stpfl Vorgang iS von § 1 ErbStG bilden könnte, sondern versucht nur, die Zielrichtung, den Zweckzusammenhang einer vertraglichen Übergaberegelung deutlich zu machen, die als Schenkung, gemischte Schenkung oder Schenkung unter Auflage einzuordnen ist und als solche der Besteuerung nach § 7 I Nr 1 oder 2 unterliegt. Der Umstand, dass der Erwerber, der eine Leistung im Wege der vorweggenommenen Erbfolge erhält, mit der Entgegennahme der Leistung zugleich seine Aussicht auf späteren Erwerb aus dem Nachlass schmälert, beeinflusst den Schenkungscharakter der Zuwendung nicht. Auch BFH/NV 94, 373 hebt hervor: Das auf die vorweggenommene Erbfolge gerichtete Rechtsgeschäft enthält typischerweise eine Schenkung. Es muss nach Auffassung des BFH (BStBl II 01, 414) einem Erbschaftserwerb „materiell vergleichbar" sein, sollte daher auf eine endgültige Entäußerung der fortgegebenen Vermögenswerte aus der Sphäre des bisherigen Vermögensinhabers abzielen und sollte keine Modalitäten eines Vermögensrückfalls an den Schenker enthalten. Im Regelfall wird die vorweggenommene Erbfolge in der Form einer Schenkung oder eines teilentgeltlichen Geschäfts erfolgen. Doch kann ausnahmsweise auch ein vollentgeltlicher Vertrag zur vorweggenommenen Erbfolge gehören, wenn nämlich das Entgelt nicht dem Vertragspartner des Erwerbers zufließt oder wenn es keinen Vermögenswert hat und daher dem Vertragspartner des Erwerbers kein Surrogat für die fortgegebenen Vermögenswerte verschafft. Ähnliches gilt für den **Übergabevertrag** (vgl §§ 330 Satz 2, 593a BGB; unten § 13 I Nr 10), der einen Betrieb oder Betriebsteil schon zu Lebzeiten des Unternehmers auf einen Nachfolger überleitet. Weil der Übergabevertrag regelmäßig Verpflichtungen zu Ausgleichs- oder Abfindungsleistungen enthält, ist er im Zweifel als gemischte Schenkung oder als Auflagenschenkung einzustufen. Er kann aber auch den Charakter eines vollentgeltlichen Geschäfts annehmen und fällt dann aus dem Anwendungsbereich des ErbStG heraus. Zu den Merkmalen des Vermögensübergabevertrages vgl auch BMF ZEV 97, 16; 99, 25.

Schenkung iS des § 7 und stpfl Erwerb iS des § 10. Wie in jedem Fall der StPfl so ist auch bei der StPfl wegen Schenkung unter Lebenden zwischen dem stpfl Vorgang, wie ihn der erste Abschnitt des Gesetzes in § 1 I Nr 2 und § 7 umschreibt, und dem aus diesem Vorgang resultierenden stpfl Erwerb, wie ihn der zweite Gesetzesabschnitt in § 10 anspricht, zu unterscheiden. Die Unterscheidung wird allerdings dadurch erschwert, dass das Gesetz in beiden Zusammenhängen ohne deutliche Trennung von „Bereicherung" spricht, obwohl die Bereicherung des § 10 sich als Saldo aus anderen Posten ergibt und nach anderen Maßstäben zu ermitteln ist als die Bereicherung nach § 7. Die gedankliche Prüfung folgt der Reihenfolge der gesetzlichen Bestimmungen. Zunächst ist die Bereicherung iS des § 7 zu ermitteln. Soweit dabei eine Schenkung iS des BGB infrage steht, ist also zunächst zu klären, ob die unentgeltliche Zuwendung zu einer Bereicherung des Empfängers iS der §§ 516 I BGB, 7 I Nr 1 ErbStG geführt hat.

5 Vorrang des § 7. Weil die Prüfung von § 7 auszugehen hat und zur Anwendung des § 10 nur fortschreiten darf, wenn die Merkmale des § 7 erfüllt sind und ein stpfl Vorgang iS des § 1, dh ein steuerbarer Vorgang iS der sonst im StRecht üblichen Terminologie, bejaht werden kann, ergibt sich ein Vorrang des § 7 vor § 10. Dieser Vorrang wirkt sich dahin aus, dass bei der Feststellung der Steuerbarkeitsvoraussetzungen des § 7 die Bestimmungen der §§ 10 ff, die die StBemessungsgrundlage regeln, zunächst noch unberücksichtigt zu lassen sind. Dies gilt auch für den **Begriff der Bereicherung**, den § 7 verwendet. Bei der Prüfung der Frage, ob eine Schenkung unter Lebenden vorgekommen ist, durch die der Erwerber im Wege der freigebigen Zuwendung auf Kosten des Zuwendenden bereichert worden ist, sind daher als Teil des Erwerbs auch solche Posten bereicherungsmehrend zu berücksichtigen, die § 10 I 1 iVm § 13 als **steuerbefreite Gegenstände** aus der dort vorgeschriebenen Rechnung ausschließt. Denn auch die unentgeltliche Zuwendung steuerbefreiter Gegenstände ist zivilrechtlich Schenkung und bildet als solche einen steuerbaren Vorgang iS des § 7 I Nr 1. Auch setzt § 13 den Erwerb der stbefreiten Gegenstände durch Vermögensanfall von Todes wegen oder durch Schenkung unter Lebenden voraus und kann daher der Qualifikation des Erwerbs als Erwerb durch Schenkung unter Lebenden nicht im Wege stehen. Aus denselben Gründen ist die Zuwendung einer **Nacherbenanwartschaft** zur Bereicherung iS des § 7 zu rechnen, auch wenn sich aus § 10 IV iVm § 1 II ergibt, dass bei der Feststellung der Bereicherung iS des § 10 nicht beachtet werden darf. Andererseits sind bei der Prüfung des § 7 alle Posten und nur die Posten bereicherungsmindernd zu berücksichtigen, die schon die aus dem steuerbaren Vorgang resultierende Bereicherung kürzen. So müssen **die in § 10 VI 1 genannten Belastungen** bei der Prüfung der Frage, ob überhaupt ein steuerbarer Vorgang durch freigebige Zuwendung vorgekommen ist, zum Abzug gebracht werden. Das Abzugsverbot des § 10 VI 1 gilt hier nicht. Ob mit der Schenkung verbundene **Auflagen** bei der Feststellung der Bereicherung nach § 7 abzugsfähig sind, hängt nach der Rechtsprechung des BFH (BStBl II 89, 524) von der Art der vereinbarten Auflage ab (näher unten Anm 8 und 33 ff). Die dem Empfänger entstehenden **Kosten des Erwerbs** mindern den Umfang der Schenkung nicht. Als Maßstab, anhand dessen die Bereicherung iS des § 7 zu ermitteln ist,

Schenkung iS des § 7   6, 7 **§ 7**

haben die bürgerlich-rechtlichen Bewertungsgrundsätze zu gelten (RFHE 29, 137, 155). Die Bewertungsregelung des § 12 kommt hier nicht zum Zuge. Nach den bürgerlich-rechtlichen Bewertungsgrundsätzen sind die Güter im Zweifel mit ihrem **Verkehrswert** zum Ansatz zu bringen (R E 7.1 II ErbStR). Im Fall eines Leistungsaustausches liegt daher eine gemischte Schenkung nicht vor, wenn sich bei einem Vergleich der Verkehrswerte kein deutlicher Vorteil für einen der Vertragspartner ergibt. Der Umstand, dass die Steuerwerte der Leistungen voneinander abweichen, bleibt in diesem Stadium der Prüfung bedeutungslos.

Nachrang des § 10. Hat die Prüfung des § 7 ergeben, dass ein 6 steuerbarer Vorgang iS dieser Bestimmung bejaht werden kann, dann ist in einem zweiten Prüfungsschritt zu fragen, ob sich aus diesem steuerbaren Vorgang ein stpfl Erwerb iS des § 10 ergibt. Zur Beantwortung dieser Frage ist der Bereicherungssaldo des § 7 wieder in seine Einzelposten zum Zweck erneuter Bewertung aufzulösen. Nunmehr sind die steuerbefreiten Posten (§ 10 I 1) einschließlich der Nacherbenanwartschaft (§ 10 IV, § 1 II) aus der Berechnung des Erwerbs herauszunehmen. Auch sind die vom Abzug ausgeschlossenen Verbindlichkeiten (zB § 10 VI) unberücksichtigt zu lassen. Andererseits ist erst hier als bereichernder Posten der Betrag einzuführen, der bei der Übernahme der SchStSchuld nach § 10 II als zusätzlicher Erwerb gilt. Auch sind hier neu die Belastungen zum Abzug zu bringen, die zwar noch nicht den Umfang der freigebigen Zuwendung kürzen, wohl aber bei der Ermittlung der stpfl Bereicherung nach § 10 beachtet werden müssen (Bsp: Erwerbskosten: § 10 V Nr 3 iVm § 1 II). Der Maßstab, anhand dessen die Bereicherung iS des § 10 ermittelt werden muss, folgt aus § 12. Es sind also hier die StWerte heranzuziehen, auch wenn sie von den bürgerlich-rechtlichen Bewertungsgrundsätzen abweichen. Unter Berücksichtigung dieser Werte ist dann der Saldo zu ermitteln, der nach Abzug der dort aufgezählten Befreiungen den stpfl Erwerb iS des § 10 ergibt.

Die neuere Rspr zur gemischten Schenkung und zur Auf- 7 **lagenschenkung.** Etwa seit Beginn der achtziger Jahre hat die Rspr des BFH (BStBl II 80, 260; 82, 83; 82, 714; BFH/NV 94, 373) eine Wende in der Beurteilung der gemischten Schenkung vollzogen. Um den Abzug der in das Schenkungsrecht eingebundenen Gegenleistungen im Rahmen des § 10 I 2, V zu vermeiden, hat sie die Gegenleistungen einem entgeltlichen Leistungsteil zugeordnet und damit aus dem stpfl Schenkungsvorgang ausgegliedert. Die Rspr hat damit den § 7 aus der Sicht des § 10 heraus interpretiert. An dem oben beschriebenen systematischen Vorrang des § 7 vor § 10 hat sie jedoch nichts geändert (Näheres unten Anm 27 ff).

8 Nach anfänglichem Schwanken (BFH BStBl II 82, 83, 85) hat der BFH seine Rspr-Linie zur gemischten Schenkung auf die **Schenkung unter Leistungsauflage** ausgedehnt (BFH BStBl II 89, 524; unten Anm 33 ff). Auch die Schenkung unter Leistungsauflage wird nun als Teilschenkung interpretiert, bei der die Auflageverpflichtung nicht als Teil der freigebigen Zuwendung aufgefasst werden darf, sondern mit einem steuerlich nicht relevanten entgeltlichen Leistungsteil verbunden ist und daher als Abzugsposten im Rahmen des § 10 ignoriert werden kann. Auch diese RsprÄnderung ist von dem Blick auf § 10 ausgegangen. Der systematische Vorrang des § 7 vor § 10 ist jedoch unverändert geblieben.

9.–13. Freigebige Zuwendung (Abs 1 Nr 1)

9 **Freigebige Zuwendung und Schenkung.** Abs 1 Nr 1 nennt als Grundform der Schenkung unter Lebenden nicht die Schenkung iS des BGB, sondern die freigebige Zuwendung, um zugleich mit der Schenkung iS des BGB noch weitere schenkungsähnliche Zuwendungen der StPfl zu unterwerfen. Das Gesetz löst sich an dieser Stelle von der Terminologie des BGB, um die Besteuerung wirtschaftlich gleicher Sachverhalte nicht von einer unterschiedlichen zivilrechtlichen Qualifikation abhängig zu machen. Erfasst werden über das Schenkungsrecht des BGB hinaus Zuwendungen, die zwar die Voraussetzungen des § 516 I BGB erfüllen, aber aus besonderen Gründen im Zivilrecht nicht als Schenkungen gelten. So sah § 3 V aF eine Befreiungsvorschrift für Ausstattungen vor. Die Bestimmung wurde 1974 gestrichen. Damit sollen nun auch Ausstattungen uneingeschränkt stpfl sein (vgl § 30 IV Nr 4), obwohl § 1624 BGB sie dem Bereich zivilrechtlicher Schenkungen entzieht. Ähnliches gilt, wenn Dienstbarkeiten, wie zB ein Nießbrauch, unentgeltlich zugewandt werden. Zwar gilt die unentgeltliche Bestellung von Dienstbarkeiten überwiegend als Schenkung, doch gibt es im Zivilrecht auch Stimmen, die den Schenkungscharakter eines solchen Abschlusses verneinen, weil die Schenkung nach der Systematik des BGB zu den Veräußerungsgeschäften gehört und die Einräumung von Nutzungsrechten nicht als (Teil-)Veräußerung qualifiziert werden kann (*Pruskowski*, Das Merkmal der Zuwendung im Tatbestand der Schenkung, Diss Köln 1987, 102 ff mwN). Dieser Streit kann für die steuerliche Beurteilung auf sich beruhen, da in der Bestellung dinglicher Nutzungsrechte eine freigebige Zuwendung gesehen werden muss. Als freigebige Zuwendung kann uU auch die langfristige unentgeltliche Wohnraumüberlassung gelten, die der BGH früher zeitweise dem Schenkungsrecht zugeordnet hatte (NJW 70, 941), jetzt aber nur noch als Leihvertrag gelten lassen will (BGHZ 82, 354). Doch soll die nur vorübergehende Überlassung von Wohnraum zur Benutzung oder Mitbenutzung die Anforderungen einer freigebigen Zuwendung nicht erfüllen (FG Rh-Pf DStRE 02, 1078; FG München EFG 05, 1727; 06, 1263; vgl auch BFH BStBl II 84, 371). Unentgeltliche Dienstleistungen, wie sie als Hilfsdienste in der Familie, unter Nachbarn und im ehrenamtlichen Bereich in großem Umfang vorkommen, entfernen sich dagegen zu weit vom Schenkungsrecht, als dass sie noch den freigebigen Zuwendungen zugeordnet werden könnten. Auch würde die Bejahung der Steuerpflicht angesichts der Milliardenwerte derartiger Leistungen die Steuerlandschaft grundlegend verändern, was schwerlich in der Konzeption des Gesetzgebers gelegen haben kann. Die unbenannte Zuwendung, die als familienrechtliches Rechtsinstitut (BGHZ 116, 167, 170) nicht dem Schenkungsrecht unterfällt, soll dagegen nach Auffassung des BFH als freigebige Zuwendung stpfl sein (BFH BStBl II 94, 366). Auch hindert der Umstand, dass das BGB das unverzinsliche Darlehen als besonderen Vertragstyp außerhalb des Schenkungsrechts geregelt hat, die Besteuerung der durch das Darlehen vermittelten Bereicherung unter dem Gesichtspunkt der freigebigen Zuwendung nicht (FG Düsseldorf EFG 78, 336). Daher kommt es angesichts der Gesetzesfassung im Ergebnis nicht darauf an, ob in dem unverzinslichen Darlehen eine Schenkung iS des BGB (so im Ergebnis BFH BStBl II 79, 631) gesehen werden kann. Immer muss aber eine Zuwendung und damit ein aktives Tun bejaht werden können. **In dem bloßen Unterlassen liegt keine Zuwendung.** Wer ein Recht, das ihm zusteht, lediglich nicht ausübt oder nicht geltend macht, wendet dadurch dem von ihm Begünstigten nichts zu. Es muss schon ein Tun, zB ein Verzicht auf das Geltendmachen (vgl § 13 I Nr 11), bejaht werden können, um zu einer Steuerpflicht zu gelangen.

Keine wesentlichen Unterschiede in den objektiven Merkmalen. Die neben der Schenkung des BGB steuerbaren anderen freigebigen Zuwendungen sind also in Zuwendungen zu sehen, die die Merkmale des § 516 I BGB in ihren Grundzügen erfüllen, aber aus besonderen, dem PrivatR eigentümlichen Gründen doch nicht als Schenkung iS des BGB gelten können. Fraglich ist, ob darüber hinaus auch Zuwendungen, die den Merkmalen des § 516 I BGB nicht entsprechen, als freigebige Zuwendung iS des § 7 I Nr 1 eingeordnet werden können. Es müsste sich dann um Zuwendungen handeln, die entweder in der objektiven oder in der subjektiven Sphäre hinter den Anforderungen des § 516 I BGB zurückbleiben. Nach allg Meinung sind die objektiven Voraussetzungen der Schenkung des BGB und der weiteren, durch § 7 I Nr 1 erfassten freigebigen Zuwendungen im Wesentlichen gleich. Der BFH (BStBl II 08, 258, 259) betont: „Für eine freigebige Zuwendung kommt es ausschließlich auf die Zivilrechtslage ... an". Wenn es in § 7 I Nr 1 heißt, dass die Zuwendung „auf Kosten" des

Zuwendenden erfolgen muss, während § 516 I BGB davon spricht, dass der Schenker den Beschenkten „aus seinem Vermögen" bereichert, so wird durch die Textfassung des § 7 I Nr 1 nur deutlicher, als es der BGB-Text zum Ausdruck bringt, hervorgehoben, dass auch mittelbare Schenkungen zum Kreis der freigebigen Zuwendungen gehören, bei denen das Zuwendungsobjekt nicht unmittelbar „aus" dem Vermögen des Zuwendenden stammt (unten Anm 17). Ein Unterschied zur Schenkung des BGB wird damit aber nicht festgestellt.

11 **Unterschiede in der subjektiven Sphäre.** Während zur Schenkung gem § 516 I BGB die Einigung der Vertragspartner über die Unentgeltlichkeit der Zuwendung gehört, lässt Abs 1 Nr 1 die **Freigebigkeit der Zuwendung** genügen, worunter die Rspr und Literatur den einseitigen Willen des Gebers verstehen, dem Empfänger die Bereicherung schenkweise zu verschaffen (RFH RStBl 31, 559 = RFHE 29, 137, 148; BFH BStBl III 53, 308; 55, 231; 57, 449; 61, 234; II 82, 714; BFH/NV 89, 168). Auf den Willen des Empfängers, die bereichernde Zuwendung unentgeltlich entgegenzunehmen, soll es also im Unterschied zum SchenkungsR des BGB nicht ankommen (R E 7.1 I ErbStR). Die praktische Bedeutung dieser Verkürzung der subjektiven Anforderungen gegenüber dem SchenkungsR ist allerdings gering und steht in keinem Verhältnis zur Fülle der Interpretationsversuche, die die Aufnahme der freigebigen Zuwendung in den StTatbestand ausgelöst hat. Denn im Fall der Schenkung ist der dem Geber zustimmende Wille des Empfängers regelmäßig unproblematisch. Davon gehen auch die §§ 151, 516 II BGB aus. Stimmt der Empfänger dagegen mit dem Geber im Einzelfall eindeutig nicht überein, weil er die als Schenkung gedachte Zuwendung als Darlehen entgegen nimmt, dann liegt keine freigebige Zuwendung vor und eine Besteuerung scheidet aus. Die These der FinVerw (R E 7.1 I ErbStR), „dass eine Einigung zwischen Schenker und Beschenktem über die Unentgeltlichkeit nicht erforderlich ist", geht zu weit. Richtig ist jedoch, dass die Willensrichtung des Beschenkten regelmäßig nicht weiter nachgewiesen werden muss, weil sie vermutet werden kann. Neuerdings zeigt sich in der Rspr des BFH im Übrigen eine Tendenz, bei der gemischten Schenkung die Anforderungen auch an den Nachweis der Kenntnisse und des Willens des Zuwendenden herabzusetzen und auf diese Weise eine „objektivierte" freigebige Zuwendung für das SchStRecht zu entwickeln (*Meincke*, ZEV 94, 17 ff mwN). So hat denn auch der BFH in seiner Rspr zur Steuerpflicht der unbenannten Zuwendung (BFH BStBl II 94, 366) die Anforderungen an die subjektive Seite der freigebigen Zuwendungen gegenüber dem SchenkungsR des BGB deutlich vermindert (unten Anm 85 f). Die Rspr begibt sich damit auf die bedenkliche Linie, mit einer Ausdehnung des Anwendungsbereichs der freigebigen Zuwendungen das SchStR vom SchenkungsR des BGB abzulösen und in ein Recht der **Besteuerung von objektiv ermittelten Bereicherungen** zu überführen. Demgegenüber bleibt die Feststellung des FG Köln (EFG 01, 767) wichtig: „Die SchSt ist kein Auffangtatbestand für ungeklärte Vermögenszuwächse".

Grundvoraussetzungen der StPfl. Nach den vorstehenden Überlegungen (oben Anm 9–11) lassen sich die Merkmale der freigebigen Zuwendung im Vergleich mit dem SchenkungsR des BGB in **zwei Aussagen** zusammenfassen. Um eine freigebige Zuwendung anzunehmen, müssen erstens die objektiven Voraussetzungen vorliegen, die § 516 I BGB als Merkmale der Schenkung nennt. Es muss sich also um eine Zuwendung unter Lebenden handeln, durch die der Geber auf Kosten seines Vermögens den Empfänger bereichert (= bereichernde Zuwendung). Diese bereichernde Zuwendung muss zweitens von dem Willen des Gebers getragen sein, dem Empfänger die Bereicherung unentgeltlich zu vermitteln, so dass sich die Zuwendung aus der Sicht des Gebers als eine freigebige Leistung darstellt (= Wille zur Freigebigkeit). Die Rspr behält sich allerdings vor, mit Vermutungen zu arbeiten, durch die der Nachweis des Willens zur Freigebigkeit im Einzelfall entbehrlich wird. **12**

Überblick. An die beiden soeben genannten Grundvoraussetzungen der Steuerbarkeit nach § 7 I Nr 1 schließt der Aufbau der nachstehenden Kommentierung an. Zunächst werden die **objektiven Merkmale** der bereichernden Zuwendung dargestellt. Dazu ist insbesondere der Gegenstand der Zuwendung näher zu bestimmen (Anm 14–51). Auch sind Probleme zu erörtern, die die aus der Zuwendung folgende Bereicherung betreffen (Anm 52–75). Den Abschluss der Erläuterungen zu Abs 1 Nr 1 bilden sodann Überlegungen, die die Anforderungen an den Willen zur Freigebigkeit sowie die dabei von der Rspr vorgenommenen Unterstellungen zu charakterisieren suchen und die damit die **subjektiven Merkmale** der freigebigen Zuwendung vor Augen führen (Anm 76–93). Das für die Schenkung unter Lebenden charakteristische Kriterium der Unentgeltlichkeit wird in diesem Kommentar unter den subjektiven Merkmalen der freigebigen Zuwendung erörtert. Eine **„objektive Unentgeltlichkeit"** der Leistung, die im zivilrechtlichen Schrifttum (zurückhaltend aber jetzt *Jauernig/Mansel,* BGB, 14. Aufl 2011, § 516 Rn 8) als Merkmal des Schenkungsbegriffs genannt wird, die die FinVerw (R E 7.2 ErbStR) zu den Voraussetzungen des § 7 I Nr 1 erklärt und die sich als objektives Merkmal losgelöst von den Vorstellungen der Zuwendenden auffinden ließe, **gibt es** nach der hier vertretenen Meinung **nicht.** Diese Ansicht stimmt überein mit der Linie des Gesetzgebers des BGB, wie sie in den Protokollen der 2. Kommission zum Ausdruck kommt. Die Protokolle anerkennen nur zwei Be- **13**

standteile der Schenkung, „einen objektiven, das dingliche Übereignungsgeschäft, dessen Inhalt sich nach dem Gegenstand der Übertragung bestimmt, und einen subjektiven, das Einverständnis der Parteien, dass die durch den dinglichen Übertragungsakt erzeugte Vermögensverschiebung unentgeltlich zum Zwecke der Bereicherung, also schenkweise erfolgen soll" (*Mugdan,* Die gesamten Materialien des BGB II, 1899, 738). Ähnlich formuliert es der BFH (BStBl II 11, 134, 136): Der „Schenkungsteuertatbestand setzt objektiv eine Vermögensverschiebung voraus, dh eine Vermögensminderung auf der Seite des Zuwendenden und eine Vermögensmehrung auf der Seite des Bedachten, subjektiv den Willen des Zuwendenden zur Freigebigkeit". Die Frage der Unentgeltlichkeit ist damit dem subjektiven Bereich der Schenkung zugewiesen. Ob eine Zuwendung unentgeltlich erfolgt, richtet sich denn auch danach, ob zu ihr ein Entgelt hinzugehört. Und diese Zugehörigkeit wiederum bestimmt sich nach den Vorstellungen der Parteien, die einen Wert, der als Entgelt in Frage kommt, mit der Zuwendung verbinden oder nicht. „Damit ist vor allem das Ergebnis gewonnen, dass nicht objektive Gründe, sondern allein die Absicht der Parteien für die Entgeltlichkeit oder Unentgeltlichkeit maßgebend ist" (*Liebisch,* Das Wesen der unentgeltlichen Zuwendungen unter Lebenden, 1927, 50; zustimmend: *Enneccerus/Lehmann,* Schuldrecht, 15. Aufl. 1958, 488).

14.–51 a. Der Gegenstand der Zuwendung

Schrifttum: *Meincke,* Wandlungen in der Rspr des BFH zur gemischten Schenkung, ZEV 94, 17; *Hartmann,* Der Gegenstand der Zuwendung bei gemischten Schenkungen, UVR 00, 91; *Söffing,* Mittelbare Schenkung bei grundstücksbezogenen Zuwendungen, ZErb 04, 39; *Gebel,* Einsatz von Erträgen aus hingegebenen Vermögensmitteln für eine mittelbare freigebige Zuwendung, DStR 05, 368; *Gebel,* Mittelbare Schenkung einer Versicherungssumme, ZEV 05, 236; *Hartmann,* Mittelbare Grundstücksschenkung oder Geldschenkung?, ErbStB 05, 224; *Weinhardt,* Aktueller Überblick zur mittelbaren Grundstücksschenkung, INF 05, 267; *Billig,* Erweiterung des Anwendungsbereichs einer mittelbaren Grundstücksschenkung, UVR 05, 210; *Carlé,* Widerrufs- und Rückfallklauseln, EStB 06, 72; *Steiner,* Unentgeltliche Nutzungsüberlassung, ErbStB 07, 110; *Hartmann,* Schenkungsteuerbare Zuwendungen durch Forderungsverzicht, ErbStB 08, 9.

14.–16. Allgemeines

14 Kriterien zur Bestimmung des Zuwendungsobjekts. Die Bestimmung des Zuwendungsobjekts ist deswegen für das SchStR von besonderem Interesse, weil die Bemessungsgrundlage der St gemäß den §§ 10, 12 unter Bewertung des Zuwendungsobjekts ermittelt wird. § 12 sieht aber für die einzelnen Objekte unterschiedliche Wertansätze vor. Zum Beispiel wird ein Grundstück anders bewertet als ein Geldbetrag.

Zuwendungsobjekt 15 § 7

Auch ergibt sich eine unterschiedliche Bemessungsgrundlage für die St je nachdem, ob ein ganzes Grundstück abzüglich einer Geldverpflichtung oder ob ein unbelasteter Grundstücksteil als Zuwendungsobjekt zu gelten hat. Ferner wird im Recht der sachlichen Steuerbefreiungen (§§ 13, 13a) zwischen unterschiedlichen Zuwendungsobjekten differenziert; Barmittel, die zur Anschaffung von Haushaltsgegenständen zugewendet werden, sind nach § 13 I Nr 1a nur dann befreit, wenn in der Hingabe der Barmittel eine Zuwendung der Haushaltsgegenstände gesehen werden kann. Für ererbte Vermögensgegenstände kann die Vergünstigung der §§ 13a–13c nur dann ausgenutzt werden, wenn sie zum dort begünstigten Vermögen gehören. Schließlich lässt sich das Datum der Steuerentstehung mit Ausführung der Zuwendung nur ermitteln, wenn man weiß, was Gegenstand der Zuwendung ist. Die Bestimmung des Zuwendungsobjekts richtet sich nach dem bürgerlichen Recht und bildet so für das StR eine bürgerlich-rechtliche Vorfrage (BGH BStBl II 86, 460, 461). „Denn dieses, nicht das StR, verfügt über den Inhalt eines sich nach bürgerlichem Recht vollziehenden Erwerbs" (BFH BStBl II 85, 73 unter Hinweis auf BFH BStBl II 73, 329; 76, 632). Im bürgerlichen Recht ist auf den Parteiwillen zurückzugreifen (BFH BStBl II 79, 201; BGH NJW 72, 247), wobei für die stlichen Zwecke die Feststellung des Willens des Zuwendenden genügt (BFH BStBl III 59, 417). Zu fragen ist also, was dem Empfänger nach dem Willen des Gebers durch die Zuwendung verschafft werden soll (BFH BStBl II 85, 382, 383), sofern der Wille des Gebers tatsächlich vollzogen worden ist (BFH BStBl II 88, 1025; 95, 83; 03, 273). Der **Wille des Gebers** ist ggf durch **Auslegung unter Berücksichtigung der StFolgen** zu ermitteln („steuersparende" Auslegung: *Lüderitz,* Auslegung von Rechtsgeschäften, 1966, 351; aus der Rspr zB BGHZ 67, 334, 337 f und BGH FamRZ 90, 600, 602). Es zeigt sich an dieser Stelle, dass sich die objektiven und subjektiven Kriterien zur Ermittlung des Tatbestandes einer freigebigen Zuwendung gegenseitig durchdringen und dass auch die objektiven Merkmale einer freigebigen Zuwendung nicht ohne Rückgriff auf den Willen der Beteiligten zu ermitteln sind.

Der Parteiwille ist jedoch nur insoweit beachtlich, als er auch in die Tat umgesetzt und ausgeführt wird (BFH BStBl II 85, 380, 382). Dabei kommt es nicht allein darauf an, was der Empfänger nach dem Willen des Zuwendenden schließlich erhält (so noch RG JW 28, 894). Vielmehr ist auch zu beachten, **ob und wie der Zuwendende dem Empfänger den Erwerb verschafft** (RGZ 167, 199, 203; BFH BStBl II 76, 632), in welcher Form sich die Bereicherung im Vermögen des Beschenkten in dem Zeitpunkt niederschlägt, in dem „die Vermögensverfügung endgültig ist, der Bedachte also im Verhältnis zum Schenker über das Zugewendete tatsächlich und rechtlich (frei) verfügen kann" 15

(BFH BStBl II 91, 32, 33 mwN). Für die Bestimmung des Schenkungsobjekts sollte bisher nicht das Versprechen der Zuwendung, sondern die Zuwendung selbst entscheidend sein (BFH BStBl II 05, 83). Von dieser Auffassung ist der BFH (BStBl II 05, 188, 190) aber wieder abgerückt. Die Parteien können im Übrigen wohl kaum eine Sache zum Gegenstand der Zuwendung erklären, die der Empfänger schon unabhängig von der Zuwendung hat (BFH BStBl II 77, 731; einschränkend BFH BStBl II 85, 382, 383). Sie können jedoch eine Zuwendung auch mit Hilfe eines gesetzlichen Erwerbs durchführen. Daher können Eltern ihrem Kind ein Haus auch in der Weise schenken, dass sie auf dem Grundstück des Kindes das Haus errichten (BFH BStBl II 88, 1025). Auf jeden Fall dürfte es aber nicht genügen, dass der Schenker erst nachträglich erklärt, die Anschaffungskosten eines vom Empfänger bereits erworbenen und bezahlten Gegenstandes zu übernehmen, um den Gegenstand selbst zum Zuwendungsobjekt zu erheben (*Troll*, BB 79, 1489; in dieser Richtung auch BFH/NV 90, 506, 507; vgl aber auch unten Anm 24 aE). Fraglich ist, ob das Zuwendungsobjekt als Sache, Recht, Sach- oder Rechtsbruchteil selbstständig zuwendungsfähig sein muss. Der BFH (BStBl II 79, 201; 80, 260; 82, 83; 82, 714) verneint dies mit Rücksicht auf die von ihm vorgenommene Beurteilung der gemischten Schenkung (zu ihr unten Anm 27 ff). Der Gesetzgeber (§ 7 VII 2, VIII) geht im Übrigen entgegen der vom BFH (BStBl II 10, 566) vertretenen Auffassung davon aus, dass Gegenstand einer Zuwendung auch die bloße **Werterhöhung** von Anteilen sein kann, die dem Gesellschafter schon vor der Zuwendung zustanden.

16 Im Übrigen ist der eingangs (Anm 4 ff) skizzierte zweistufige Aufbau des SchStTatbestandes auch bei der Ermittlung des Zuwendungsgegenstandes zu beachten. Auch wenn nach den im Rahmen des § 7 bedeutsamen zivilrechtlichen Maßstäben und in der Vorstellung der Parteien nur **ein Zuwendungsobjekt** gegeben ist, kann dieser einheitliche Zuwendungsgegenstand zur Ermittlung des stpfl Erwerbs iSd §§ 10 ff doch aus Gründen des steuerlichen Bewertungsrechts in **zwei Bewertungsobjekte** (oder in zwei getrennt zu bewertende Teile desselben Objekts) zerfallen. So wurde früher lange Zeit ein mit einem Erbbaurecht belastetes Grundstück in zwei selbstständig zu behandelnde Objekte, das Grundstück und den mit dem Grundstück verbundenen Erbbauzinsanspruch, aufgeteilt (§ 92 V BewG aF, dazu 9. Aufl 1992, § 12 aF Anm 122), obwohl der Erbbauzinsanspruch zivilrechtlich als Bestandteil des einheitlich zu behandelnden Grundstücks gilt (§ 96 BGB iVm § 9 ErbbauRG). Und so wird noch heute ein bebautes Grundstück, obwohl es zivilrechtlich nur ein Objekt darstellt, im Sach- und im Ertragswertverfahren in zwei Bewertungsgegenstände, das Gebäude und den Grund und Boden, zerlegt (Näheres unten zu § 12).

17.–26. Probleme der mittelbaren Schenkung

Mittelbare Schenkung. Das Zuwendungsobjekt muss nicht unmittelbar aus dem Vermögen des Zuwendenden stammen. Als Gegenstand der Zuwendung kommen daher auch Posten infrage, die niemals zum Vermögen des Zuwendenden gehört haben, aber dem Empfänger auf Kosten des Vermögens des Zuwendenden verschafft worden sind (mittelbare Schenkung). Lässt der Schenker dem Beschenkten Geld zukommen, so ist zunächst an eine Geldschenkung zu denken. Soll das Geld aber nach dem übereinstimmenden Parteiwillen zum Erwerb eines bestimmten Gegenstandes, zB eines Grundstücks, eingesetzt werden, so lässt die Rspr auch die Annahme einer Grundstücksschenkung zu, eine Annahme, die nicht zuletzt wegen der Bewertungsunterschiede und wegen der Unterschiede im Zeitpunkt der StEntstehung im Vergleich zur Geldschenkung für den Erwerber regelmäßig günstiger sein wird. Allerdings kann der Schenker, statt Geld zu transferieren, auch das Grundstück selbst erwerben und dem Beschenkten weitergeben. Im Vergleich zu dieser direkten Grundstücksschenkung ist der Vorteil einer mittelbaren Schenkung für den Erwerber regelmäßig nur gering.

Wege einer mittelbaren Zuwendung. Um einen bestimmten Gegenstand im Wege der mittelbaren Schenkung an den Empfänger zu übertragen, kann der Zuwendende den Vertrag mit einem Dritten schließen, der das Zuwendungsobjekt an den Empfänger übertragen soll (Zuwendung durch Vertrag zugunsten Dritter). Er kann aber auch dem Empfänger den Vertragsschluss überlassen und das aus diesem Vertrag fällige Entgelt für den Empfänger übernehmen oder bei gemeinsamem Vertragsschluss von oder bei beide entfallenden Kaufpreis allein zur Verfügung stellen (FG Münster EFG 93, 588). Er kann dem Empfänger ferner die Mittel zur Verfügung stellen, mit denen dieser das Objekt der Schenkung selbst erwerben und bezahlen soll. Möglicherweise kann er dem Empfänger sogar die Auswahl des Zuwendungsgegenstandes in der Weise überlassen, dass er ihm Mittel zur Verfügung stellt, mit deren Hilfe der Empfänger einen Gegenstand seiner Wahl aus zwei oder drei Objekten aussuchen und erwerben kann (aM FinVerw R E 7.3 I ErbStR: die Schenkung muss ein bestimmtes Grundstück oder Gebäude betreffen; vgl Anm 19), sofern nur die Parteien darüber einig sind, dass nicht das Geld, sondern ein mit dem Geld zu erwerbender bestimmter (oder mindestens bestimmbarer) Gegenstand das Schenkungsobjekt bilden soll. Die Rspr des BFH (BStBl II 86, 460; 91, 310) legt Gewicht darauf, dass die Annahme einer Grundstücksschenkung durch Hingabe einer Geldsumme zur Voraussetzung hat, dass der Bedachte im Verhältnis zum Schenker nicht schon über das ihm übergebene Geld, sondern erst über das Grundstück frei verfügen kann.

Entscheidend ist, in welcher Gestalt sich im Ergebnis die Vermögensmehrung beim Bedachten darstellt. Die bloße Verstärkung der Finanzkraft des Empfängers reicht jedenfalls nicht aus, wenn es der Entscheidung des Empfängers überlassen bleibt, ob er überhaupt irgendeinen Gegenstand, der als Schenkungsobjekt infrage kommt, mit den zugeführten Mitteln erwerben wird. Auch die schenkweise Abtretung des Übereignungsanspruchs aus einem Grundstückskaufvertrag oder die Zuwendung von Mitteln zum Erwerb eines solchen Anspruchs kann als mittelbare Grundstücksschenkung zu werten sein (BFH BStBl II 05, 188). Eine mittelbare Schenkung kann nach Auffassung der FinVerw nur angenommen werden, wenn beim Erwerb des Objekts eine Zusage zur Geldhingabe bereits bestand. Übernimmt der Schenker nachträglich die Erfüllung der Kaufpreisverpflichtung des Erwerbers, wird dies als mittelbare Schenkung des käuflich erworbenen Objekts von der FinVerw nicht mehr anerkannt (R E 7.3 I ErbStR). **Wichtig ist:** Auch die mittelbare Schenkung wird steuerlich nur relevant, wenn die Zuwendung eine nach StWerten berechnete Bereicherung zur Folge hat (§ 10 I 1). Die Bereicherung kann auf dem Wege vom Geber zum Empfänger verlorengehen und ist dann steuerlich nicht zu beachten. Nimmt B zB auf seinem Grundstück mit von A für den Bau zugewandten Mitteln Investitionen vor, die den Grundstückswert aus stlicher Sicht nicht erhöhen, dann ist eine steuerlich relevante Schenkung nicht vorhanden, auch wenn in diesem Zusammenhang Geld von beträchtlichem Wert unentgeltlich transferiert worden ist.

18 **Gesellschaftsanteil als Zuwendungsobjekt.** Die Rechtsprechung hat sich verschiedentlich mit der Frage befasst, ob ein Geldbetrag oder ein Gesellschaftsanteil den Gegenstand der Zuwendung bildet (BFH BStBl II 71, 269; 76, 632; FG Münster EFG 02, 338; vgl. auch BFH BStBl II 05, 411). Dabei kommt es nach den Grundsätzen der mittelbaren Schenkung nicht darauf an, dass dem Schenker der verschenkte Gesellschaftsanteil vor der Schenkung selbst zustand. Eine mittelbare Schenkung kann auch dann vorliegen, wenn der Anteil in der Hand des Beschenkten neu entsteht, weil der Schenker dem Beschenkten die Beteiligung an einer BGB-Gesellschaft gegen eine Einlage ermöglicht, die hinter dem Wert der übernommenen Beteiligung zurückbleibt (FG Münster EFG 10, 1236). Entscheidend ist das, was dem Beschenkten nach dem Willen des Schenkers zugewandt sein soll (BFH BStBl II 76, 632; 06, 36) und worüber er im Verhältnis zum Schenker endgültig tatsächlich und rechtlich frei verfügen kann (BFH BStBl II 08, 631). Maßgeblich ist, was der Beschenkte durch die Zuwendung erhält, nicht was er sich unter Einsatz der Zuwendung anschließend verschafft. Überträgt daher ein Vater seinen Kindern GmbH-Anteile und beschließen die GmbH-Gesellschafter nach vorgefasstem Plan noch am selben

Tag die Umwandlung der GmbH in eine Gesellschaft bürgerlichen Rechts, dann bleiben doch die GmbH-Anteile Zuwendungsobjekt (BFH BStBl II 84, 772). Eine Gesellschaftsbeteiligung kann auch dann das Zuwendungsobjekt bilden, wenn sie erstmals in der Person des Zuwendungsempfängers entsteht, so etwa wenn Schenker und Beschenkter einen Gesellschaftsvertrag schließen, auf Grund dessen dem Beschenkten ein bestimmter Anteil am Vermögen der neu gegründeten Gesellschaft zusteht, der Beschenkte jedoch keine oder keine vollwertige Einlage erbringt (vgl BGH NJW 90, 2616, 2617 für eine KG und BFH/NV 90, 235 für eine GmbH; zurückhaltend gegenüber dieser Entscheidung jetzt BFH BStBl II 96, 616, 618).

Grundstücks- oder Geldschenkung? Wegen der im Rahmen des bisherigen Rechts ins Auge fallenden Wertdifferenzen zwischen den Grundbesitzwerten und dem Nennwert von Geld stand in den letzten Jahren die Abgrenzung der Grundstücks- von der Geldschenkung in der Rspr im Vordergrund. Mit Rücksicht auf die günstigen Grundbesitzwerte neigte die Rspr in diesem Bereich dazu, den Bereich der Grundstücksschenkung weit auszudehnen (BFH BStBl III 59, 417; II 77, 663; 79, 201; 85, 382; 86, 460; 88, 1025). Die FinVerw ist dieser Rspr weitgehend gefolgt und hat die für die Praxis maßgebenden Rechtsgrundsätze bundeseinheitlich zusammengefasst (R E 7.3 ErbStR). Danach ist strikt zwischen der mittelbaren Grundstücksschenkung und der Geldschenkung mit der Auflage, ein Grundstück zu erwerben, zu unterscheiden. Wesentlich für die Anerkennung einer Grundstücksschenkung – im Unterschied zur Annahme einer Geldschenkung – ist es danach, dass in der Schenkungsabrede **ein bestimmtes Objekt** als Gegenstand der Zuwendung festgehalten wird. Die FinVerw stützt dieses Abgrenzungskriterium auf die Entscheidung BFH BStBl II 79, 533, 534. Damit sind allerdings die Grenzen dessen, was dem Bedachten an Dispositionsfreiheit eingeräumt werden kann, ohne der Zuwendung den Charakter als Grundstücksschenkung zu nehmen, noch nicht in den Einzelheiten ausgelotet. Unerheblich ist jedenfalls, ob im Vorfeld des Zuwendungsvorgangs der Schenker oder der Beschenkte die Auswahl des betreffenden Grundstücks getroffen hat (*Troll/Gebel* § 7 Rz 97). Ferner dürfte es für die Annahme einer mittelbaren Grundstückszuwendung ausreichen, wenn Mittel zum Erwerb eines Grundstücks aus einem abgegrenzten Kreis von Objekten hingegeben werden (Bestimmbarkeit; vgl *Moench/Weinmann* § 7 Rz 33). Unschädlich ist dabei auch die Verwendung des Begriffs „Auflage", wenn dennoch ein Grundstück als Zuwendungsgegenstand hinreichend individualisiert ist (BFH BStBl II 86, 460). Demgegenüber kann ein größerer zeitlicher Abstand zwischen Überlassung der Geldmittel und Erwerb des Grundstücks auf Geld als Objekt der Zuwendung hindeuten (BFH BStBl II 85, 159, 160). Wichtig ist auch sonst der **zeitliche Zusammenhang** zwischen der Zusage der Mittel, ihrer Zuwendung an den Beschenkten und dem Grundstückserwerb. Denn nach der Rspr des BFH sind die Voraussetzungen der mittelbaren Schenkung nur erfüllt, wenn der Schenker dem Bedachten den für den Grundstückskauf bestimmten Geldbetrag bis zum Zeitpunkt des Grundstückserwerbs zugesagt und bis zur Erfüllung der Kaufpreisschuld zur Verfügung gestellt hat. Werden die Geldmittel von dem Schenker erst nach dem Erwerb des Grundstücks durch den Beschenkten zugesagt oder erhält der Bedachte die Mittel erst nach Bezahlung des Kaufpreises, scheidet eine mittelbare Grundstücksschenkung aus (BFH BStBl II 05, 188). Als „Erwerb" sieht die Rspr in diesem Zusammenhang bereits den Abschluss des Kaufvertrages an (BFH BStBl II 05, 531). Stehen auf der Empfängerseite einer mittelbaren Grundstückszuwendung mehrere Personen, so wird sich das Bestimmtheitserfordernis auch auf die Festlegung der Miteigentumsanteile oder der sonstigen Mitberechtigung erstrecken müssen (*Wiedemann/Heinemann*, DB 90, 1649, 1651). Die mittelbare Grundstücksschenkung kann auch **zweistufig** erfolgen, wenn eine Eigentumswohnung mit der Bestimmung geschenkt wird, die Wohnung zu veräußern und den Verkaufserlös zum Erwerb eines bestimmten Hauses einzusetzen (FG München EFG 99, 1193).

20 Ob eine mittelbare Grundstücksschenkung auch dann vorliegen kann, wenn der Schenker dem Beschenkten **Zinsvorteile** aus der Gewährung eines unverzinslichen oder niedrig verzinslichen Darlehens für den Erwerb eines Grundstücks zukommen lässt, war umstritten (dafür FG München EFG 00, 83; dagegen FG Bad-Württ DStRE 04, 474). Der BFH (BStBl II 05, 800; dazu *Meincke*, ZEV 05, 492) hat sich der ablehnenden Ansicht angeschlossen. Eine mittelbare Grundstücksschenkung kann dagegen auch nach Ansicht des BFH (BStBl II 05, 188) dann vorliegen, wenn der Schenker einen von ihm erworbenen **Grundstücksübereignungsanspruch** an den Beschenkten abtritt (so schon FG München UVR 98, 205; aM FG Bad-Württ EFG 01, 378), sofern sich der Beschenkte dem Schenker gegenüber verpflichtet, den Anspruch geltend zu machen und nicht anderweitig über ihn zu verfügen (BFH/NV 01, 1401), wenn der Schenker die **Rechtsposition eines Grundstückserwerbers** zwischen Auflassung und Eintragung an den Beschwerten überträgt (FG Bad-Württ EFG 01, 376) oder wenn der Schenker den **Kaufpreis für das Grundstück** anstelle des Beschenkten zahlt (BFH BStBl II 77, 663) oder diesem die erforderlichen Mittel zur Verfügung stellt. Der Schenker kann den Kaufpreis voll oder zum Teil übernehmen; ein vergleichsweise nur unbedeutender Beitrag des Schenkers (bis etwa 10%) wird von der FinVerw allerdings als Geldzuwendung interpretiert (R E 7.3 III ErbStR; aM Hess FG UVR 94,

248). Bei der Ermittlung des Gesamtkaufpreises sind übernommene (insb grundpfandrechtlich gesicherte) Verbindlichkeiten mit zu berücksichtigen. Keinen Einfluss auf die Ermittlung des Gesamtkaufpreises hat dagegen die Belastung mit einem Nießbrauch oder einer anderen Dienstbarkeit, die lediglich den Wert des erworbenen Grundstückseigentums mindert, aber nicht als Gegenleistung aufgefasst werden kann; unberücksichtigt bleiben auch vom Erwerber getragene Nebenkosten, da die Kostentragung von der Zuwendung des Gegenstandes selbst zu trennen ist und die Bereicherung iSd § 7 nicht mindert (oben Anm 5; für Einrechnung in den Gesamtkaufpreis dagegen *Weinmann,* UVR 90, 108, 109). Bei anteiliger Kaufpreistragung durch den Schenker ist ein entsprechender Grundstücksteil als geschenkt anzusehen. Steuern mehrere Personen Geldbeträge zum Kaufpreis bei, so kann jeder von ihnen als Schenker eines Grundstücksteils gelten, der dem Verhältnis des jeweils zugewendeten Betrages zum Gesamtkaufpreis entspricht.

Weil eine Zuwendung nicht nur durch rechtsgeschäftlichen, sondern auch durch gesetzlichen Erwerb bewirkt werden kann und weil der Gegenstand der Zuwendung im Vermögen des Bedachten seine Selbstständigkeit nicht zu behalten braucht, kommt eine mittelbare Schenkung auch im Zusammenhang mit der Übernahme der **Kosten für die Errichtung eines Gebäudes** in Betracht. Denn da das Gebäude Teil des einheitlichen Objekts bebautes Grundstück ist, hat eine Schenkung des Gebäudes den Charakter der Schenkung eines Grundstücksteils. Auch die Schenkung eines Gebäudeteils kann als Grundstücksteilschenkung angesprochen werden. Eine Grundstückszuwendung durch Übernahme der Kosten für die Errichtung eines Gebäudes kommt zunächst in Betracht für den Fall, dass der Schenker die Anschaffungskosten für ein unbebautes oder im Zustand der Bebauung befindliches Grundstück sowie die Kosten der anschließenden Errichtung oder Fertigstellung des Gebäudes ganz oder teilweise trägt; die Zuwendung ist hier mit dem StWert des bebauten Grundstücks oder mit einem Teil hiervon anzusetzen, der dem Anteil des Schenkers an den Gesamtkosten für Grundstückserwerb und Gebäudeerrichtung/-fertigstellung entspricht. Hierher gehört aber auch der Fall, dass der Schenker für die Baukosten eines Gebäudes aufkommt, das auf einem vom Beschenkten noch zu erwerbenden (BFH BStBl II 85, 382) oder ihm bereits gehörenden (so BFH BStBl II 88, 1025 unter Aufgabe der abweichenden Entscheidung BFH BStBl II 77, 731) Grundstück oder sogar auf fremdem Grund und Boden (vgl auch FG München EFG 98, 890; ablehnend offenbar BFH/NV 98, 1378) errichtet wird. Übernimmt der Schenker die **Finanzierung eines Hausbaus auf dem Grundstück des Beschenkten,** dann wendet er ihm einen Grundstücksteil zu, dessen Wert sich aus der Differenz zwischen dem Wert des bebauten und des unbebauten

Grundstücks ergibt. Den Herstellungsaufwand übersteigende Finanzierungsbeiträge bilden eine Geldschenkung. Der nicht in die Herstellungskosten eingehende Vorteil aus einer vorzeitigen zinslosen Kapitalüberlassung bildet eine gesonderte freigebige Zuwendung (BFH BStBl II 03, 273), die nach der durch den BFH (BStBl II 05, 800) bestätigten Meinung des FG Bad-Württ (DStRE 04, 474) auch dann nicht als mittelbare Grundstücksschenkung gewertet werden dürfte, wenn sie in die Finanzierungskosten des Hausbaus einkalkuliert wäre (aM FG München DStRE 00, 256). Bei allem setzt auch die Anerkennung einer mittelbaren Gebäudeschenkung nach Auffassung der FinVerw (R E 7.3 I ErbStR; oben Anm 17) voraus, dass zum Zeitpunkt des Erwerbs des Grundstücks oder des Beginns der Baumaßnahme die Geldhingabe oder eine Zusage zur Geldhingabe bereits vorlag. Bei Baumaßnahmen wird eine mittelbare Grundstücksschenkung nur anerkannt, wenn die Schenkungsabrede sich auf ein hinreichend konkretisiertes Bauvorhaben bezieht. Hierfür eine detaillierte Planung zu fordern (in dieser Richtung *Weinmann,* UVR 90, 108, 109), erscheint zwar als zu weitgehend, doch wird man in der Kautelarpraxis wie stets so auch in diesem Punkt eher Vorsicht walten lassen und im Zweifel schriftliche Planungsunterlagen heranziehen (vgl *Neufang,* Inf 90, 540, 541).

22 Die Übernahme der Kosten für **An-, Aus- oder Umbauten** sowie für **Reparatur- oder Modernisierungsmaßnahmen** wollte die FinVerw (BStBl I 89, 443, Tz 3) zunächst nur dann als mittelbare Sachschenkung gelten lassen, wenn sie mit der Zuwendung des Grundstücks oder doch des Gebäudes insgesamt einhergeht. Dieser restriktive Standpunkt hatte sicher das Argument der Rechtsklarheit für sich (dazu *Weinmann,* UVR 90, 108, 112); auch wird nicht jede beliebig kleine Reparatur eine substantielle Verbesserung des Grundstücks oder Gebäudes bewirken, die als Objekt einer mittelbaren Sachzuwendung greifbar wäre (idS *Moench,* DStR 90, 335, 336). Bei größeren Baumaßnahmen wird man aber letzten Endes kaum einen qualitativen Unterschied finden, der eine grundlegend andere Beurteilung im Vergleich zur Errichtung eines Gebäudes rechtfertigen könnte (so im Ergebnis auch *Troll,* DB 90, 2233). Zumindest in Fällen, in denen die Baumaßnahme etwas Neues, bisher nicht Vorhandenes schafft und deshalb in der einkommensteuerlichen Beurteilung zu Herstellungsaufwand führt, ist daher eine mittelbare Sachzuwendung möglich. Diese Linie hat der BFH (BStBl II 96, 548) inzwischen für grundstücksbezogene Verwendungen (zB den Anbau an ein bereits vorhandenes Gebäude des Beschenkten) bestätigt (ähnlich: BFH/NV 96, 792).

23 Noch nicht abschließend geklärt ist die Behandlung einiger Sachverhaltsgestaltungen, bei denen **Darlehen** zum Grundstückserwerb oder zur Baufinanzierung gewährt worden sind. Der unentgeltliche

Erlass eines solchen Darlehens ist in der Rspr als mittelbare Sachschenkung beurteilt worden, wobei im einen Falle (FG Düsseldorf EFG 88, 314) die Zuwendung noch vor Abschluss der finanzierten Bauarbeiten erfolgte, während im anderen Falle (Nds FG EFG 89, 187) die Darlehensgewährung dazu diente, die Einhaltung der Zweckbestimmung der überlassenen Mittel zu sichern, der spätere Erlass also von vornherein geplant, wenn auch nicht ausdrücklich vereinbart war. Ist der Verzicht auf die Rückzahlung eines Baudarlehens erst neunzehn Monate nach Fertigstellung des Hauses erfolgt, soll demgegenüber keine Grundstücksschenkung vorliegen (Hess FG EFG 95, 77; vgl auch FG Bad-Württ DStRE 04, 474). Als mittelbare Grundstücksschenkung hat das FG Rh-Pf (EFG 93, 43) auch die nachträgliche Tilgung eines von Banken aufgenommenen Baudarlehens gewertet, wenn die Tilgung schon vor der Gebäudeerrichtung zugesagt worden war. Keine mittelbare Sachschenkung sieht dagegen das FG Rh-Pf (UVR 90, 23, 24 mit Anm *Dürr*) in der Gewährung eines zinslosen Darlehens zur Baufinanzierung, weil die durch die Zuwendung vermittelte Ersparnis an Zinsaufwendungen nicht in die – vorher erfolgte – Zahlung der Baukosten eingegangen ist. Die Entscheidungsbegründung erscheint insofern nicht ganz konsistent, als sie Aufwendungsersparnis und (Kapital-)Nutzungsvorteil nebeneinander als Zuwendungsobjekt der zinslosen Darlehensgewährung nennt; der Fall wäre wohl auch im Ergebnis anders zu entscheiden, wenn man bei der unverzinslichen Kapitalüberlassung mit der hier (unten Anm 51) vertretenen Ansicht einen Teilbetrag des Kapitals als Gegenstand der Zuwendung begreift. Zu der Kontroverse, ob die Zuwendung von Zinsvorteilen eine mittelbare Grundstücksschenkung bewirken kann, vgl jetzt auch (ablehnend) BFH BStBl II 05, 800 mit Anm *Meincke,* ZEV 05, 492 (Näheres oben Anm 20).

Eine nach der Parteivereinbarung gewollte **Grundstücksschenkung scheitert, wenn sie tatsächlich nicht vollzogen** und stattdessen Geld zugewendet wird. Geldschenkungen hat die Rspr daher angenommen, wenn der Beschenkte zu keiner Zeit das Eigentum oder die im Rahmen des § 9 I Nr 2 dem Eigentumserwerb gleichgestellte Position eines Erwerbsberechtigten am Grundstück erlangt hatte (Hess FG EFG 03, 870), wenn der Schenker zwar die Zuwendung eines Miteigentumsanteils an einem Grundstück verspricht, gleichzeitig aber das Grundstück verkauft und den Beschenkten auf den ihm zustehenden Anteil am Kaufpreis verweist (BFH BStBl II 85, 380), und ebenso, wenn anlässlich des Verkaufs eines Grundstücks einer der bisherigen Miteigentümer dem anderen seinen Erlösanteil überlässt, selbst wenn die Schenkungsabrede sich ihrem Wortlaut nach auf den Miteigentumsanteil bezogen haben sollte (BFH BStBl II 91, 32). In diesen Fällen ist der wirkliche (durch die anderslautende Abrede nur versteckte) Parteiwille auf die Zuwendung des Erlösanteils gerichtet. Zweifelhaft ist schließlich die Rechtslage, wenn überlassene Geldmittel zwar zur Finanzierung eines Grundstückserwerbs bestimmt sind, jedoch tatsächlich erst kurze Zeit nach bereits erfolgtem Grundstückskauf zur Verfügung gestellt werden und daher nurmehr zur Ablösung einer anderweitigen Überbrückungsfinanzierung eingesetzt werden können (skeptisch gegenüber Grundstücksschenkung BFH/NV 90, 506, 507, allerdings in einer eher beiläufigen Hilfserwägung; unentschieden *Moench*, DStR 91, 169, 206, 208). Im Unterschied zu den beiden vorher erwähnten Fällen richtet sich der Parteiwille hier auf die Zuwendung des Grundstücks; der Grundstückserwerb ist auch nicht unabhängig von der Mittelüberlassung erfolgt (vgl oben Anm 19), sondern wirtschaftlich durch diese ermöglicht oder doch erleichtert worden. Im Ergebnis sollte dies zivilrechtlich wie schenkungsteuerlich die Annahme einer Grundstücksschenkung tragen. Das FG Münster (EFG 00, 987) sieht die Geldhingabe für ein bereits gekauftes und übereignetes Grundstück denn auch solange noch als Grundstücksschenkung an, als der Kaufvertrag noch nicht durch Kaufpreiszahlung vollen Umfangs erfüllt worden ist.

25 Die **Grundstücksübertragung zum Zweck der Geldbeschaffung** kann Geldschenkung sein, wenn die Vertragspartner das Geld als Gegenstand der Zuwendung ansehen. Doch wird ein solcher Parteiwille unter Berücksichtigung der StFolgen (vgl Anm 14) zZ nur selten anzunehmen sein. Dass die Geldbeschaffung Motiv der Grundstücksschenkung war, reicht für sich genommen nicht aus, um die Zuwendung als Geldschenkung zu qualifizieren (BFH BStBl II 74, 521; FG Hbg EFG 76, 512). Dies gilt auch dann, wenn der Beschenkte noch vor Eigentumsumschreibung im Grundbuch und in unmittelbarer zeitlicher Nähe zum Abschluss des Schenkungsvertrages das Grundstück weiterveräußert, ohne jedoch hierzu gegenüber dem Schenker verpflichtet zu sein (BFH BStBl II 74, 521; BFH/NV 90, 506; BStBl II 91, 320, 322). Zur Annahme einer Geldschenkung kann es allerdings wiederum führen, wenn der Beschenkte sich schon zZ der Schenkung in einer Zwangslage befindet, die ihn zur Weiterveräußerung des Grundstücks veranlasst (BFH BStBl II 91, 320, 322). Hierfür genügt aber noch nicht ein Erwartungsdruck, der sich aus familiären Bindungen zwischen Schenker und Beschenktem sowie aus vom Schenker bereits geführten Vorverhandlungen über den Weiterverkauf ergibt (BFH aaO). Als Schenkung einer Kaufpreisforderung und nicht als Grundstücksschenkung hat es der BFH (BFH/NV 94, 102) angesehen, wenn der Beschenkte über das ihm im Schenkungsvertrag zugedachte Grundstück zu keiner Zeit frei verfügen kann, weil er das Grundstück schon in derselben Verhandlung vor dem den Schenkungsvertrag beurkundenden Notar an einen Käufer weiterveräußert hat, für den alsbald eine Auflassungsvormerkung eingetragen wird und der anschließend unmittelbar nach dem Schenker als Erwerber des Grundstücks im Grundbuch eingetragen wird. Soll der Beschenkte, dem eine Eigentumswohnung unentgeltlich übertragen wurde, die Wohnung verkaufen und aus dem Erlös den Bau eines Hauses finanzieren, so ist die Wohnung, nicht das Haus Gegenstand des schenkweisen Erwerbs (FG München UVR 96, 272). Die Zuwendung von Geld zum Erwerb eines Dauerwohnrechts ist Geldschenkung (FG Düsseldorf EFG 96, 992).

Die unterschiedliche Einordnung einer Zuwendung als Grundstücks- oder Geldschenkung wirkt sich nicht nur im Rahmen der Bewertung des Erwerbs, sondern auch auf den **Steuerentstehungszeitpunkt** aus. Die Geldschenkung gilt mit der Geldhingabe als ausgeführt. Eine Grundstücksschenkung gilt dagegen erst als ausgeführt, wenn die für die Rechtsänderung im Grundbuch erforderlichen Erklärungen abgegeben wurden oder im Zeitpunkt der Bezugsfertigkeit des geschenkten Gebäudes (R E 9.1 II ErbStR). Wird weniger Geld hingegeben, als für den Erwerb des Grundstücks oder Gebäudes benötigt wird, kann die Schenkung eines Grundstücks- oder Gebäudeteils vorliegen. Wird mehr Geld hingegeben, als für die vereinbarte Errichtung eines Gebäudes auf dem geschenkten Grundstück erforderlich ist, so liegt neben der Grundstücksschenkung auch noch eine **überschießende Geldschenkung** vor, deren Umfang allerdings erst mit der Bezugsfertigkeit des Gebäudes nach Abzug in der Bauphase erzielter Kapitalerträge, Kursgewinne und Vorsteuererstattungen feststeht, so dass unter diesen Umständen ausnahmsweise ein einheitliches Steuerentstehungsdatum für beide Zuwendungen anzunehmen ist (BFH BStBl II 03, 273). Die Rechtsfigur der mittelbaren Grundstücksschenkung wird gern als ein **Steuersparmodell** angepriesen. Und es ist in der Tat regelmäßig günstiger, ein Grundstück als den dem Grundstücksverkehrswert entsprechenden Geldbetrag zu verschenken. Der Schenker kann jedoch statt einer mittelbaren Grundstücksschenkung auch den Weg einer unmittelbaren Grundstücksschenkung wählen, das Grundstück selbst erwerben und auf den Beschenkten übertragen oder das Grundstück des Beschenkten (mit dessen Zustimmung) selbst bebauen und ihm so zu dem Eigentum am Haus verhelfen. Im Vergleich zu diesem Weg ist mit der mittelbaren Schenkung im Zweifel kein besonderer Vorteil verbunden.

27.–35. Gemischte Schenkung

Das Zuwendungsobjekt bei der gemischten Schenkung. Von einer gemischten Schenkung wird gesprochen, wenn ein Gegenstand teils entgeltlich und teils unentgeltlich hingegeben wird, wobei der unentgeltliche Leistungsteil überwiegt (sonst gemischter Kauf). Eine gemischte Schenkung liegt zB vor, wenn ein Grundstück im (Verkehrs-)Wert von 6 Mio € gegen Zahlung von 1,5 Mio € den Eigentümer wechselt und beide Vertragspartner darüber einig sind, dass das Grundstück teilweise unentgeltlich zugewandt sein soll (vgl Nds FG DVR 77, 154). Als gemischte Schenkung wird es auch angesehen, wenn der Beschenkte im Zusammenhang mit der Schenkung auf einen Ausgleichsanspruch gegen den Schenker verzichtet (BGH NJW 92, 2566; *Hartmann*, DStR 01, 1545) oder wenn der Beschenkte eine im Zusammenhang mit der Schenkung den Schenker treffende ausländische St übernimmt (FG Rh-Pf EFG 00, 86). Die Behandlung der gemischten Schenkung ist im ZivilR und StR umstritten. Im ZivilR überwiegt die These, dass sich die Probleme der gemischten Schenkung nicht von einem einzigen Ansatzpunkt aus lösen lassen, sondern dass nach dem Normzusammenhang unterschieden werden muss (vgl *Pruskowski,* Das Merkmal der Zuwendung im Tatbestand der Schenkung, Diss Köln 1987, 144 ff). Aus diesem Standpunkt folgt ohne Weiteres, dass es eine für das StR verbindliche zivilrechtliche Aussage über die Behandlung der gemischten Schenkung nicht gibt. Auch innerhalb des StRechts ist ein einheitlicher Ansatzpunkt bisher nicht gefunden worden und wird sich wohl auch kaum finden lassen. Das wichtigste Problem, um das es bei der Behandlung der gemischten Schenkung im SchStR geht, ist das der zutreffenden Erfassung des Zuwendungsobjekts. Dazu treten neuerdings auch noch die von der Rspr problematisierten Fragen des Nachweises der Kenntnisse und des Willens des Zuwendenden hinzu (dazu unten Anm 91 ff).

28 Mögliche Zuwendungsobjekte. Zur Bestimmung des Zuwendungsobjekts bei der gemischten Schenkung werden verschiedenartige Überlegungen angeboten (Übersicht bei *Pruskowski,* oben Anm 27, 144 ff). Wenig Zustimmung finden heute die Thesen, die das Zuwendungsobjekt in einem Nachlass der Kaufpreisschuld, in dem Angebot zum Abschluss eines günstigen Kaufvertrages (vgl *Kipp* § 3 Anm 108) oder in dem von dem Kaufpreis nicht gedeckten Mehrwert des Kaufobjekts, dem den Kaufpreis „überschießenden Betrag" (RGZ 163, 257, 261), sehen wollen. Dafür stehen sich zwei weitere Deutungen in bis heute aktuellen Konzeptionen gegenüber. Die früher unangefochtene herkömmliche Auffassung betonte den einheitlichen, aus unentgeltlichen und entgeltlichen Elementen gemischten Charakter des insgesamt zum SchenkungsR gehörenden Geschäfts, sah – im Fall der gemischten Grundstücksschenkung – **das Grundstück als Gegenstand der Zuwendung** an, erfasste die Gegenleistung erst im Rahmen der Wertermittlung und behandelte sie dort als bereicherungsmindernden Abzugsposten. So gelangte sie im Anschluss an *Kipp* (§ 3 Anm 109) zu der These, dass im Beispiel **das ganze Grundstück** das Zuwendungsobjekt bildet (so auch im Ergebnis BFH HFR 65, 269; Nds FG DVR 77, 154).

Die neuere Rechtsprechungslinie. Die bis zum Ende der siebziger Jahre vorherrschende herkömmliche Betrachtungsweise wurde durch die neuere Rspr des BFH abgelöst (BFH BStBl II 80, 260; 82, 83; 82, 714; 89, 523; 03, 162; 06, 475). Auch wenn sie weiterhin von einer „gemischten Schenkung" spricht, will sie doch eine gemischte freigebige Zuwendung nicht mehr anerkennen, betont vielmehr die Notwendigkeit, den gemischten Vertrag in seine Elemente zu zerlegen und aus ihm eine ungemischte freigebige Zuwendung herauszulösen. Nur die reine, von Gegenleistungspflichten freie Zuwendung soll die Merkmale der freigebigen Zuwendung iS des § 7 I Nr 1 erfüllen. **Den Gegenstand der Zuwendung bildet** nach dieser Auffassung bei der gemischten Grundstücksschenkung **ein Grundstücksteil,** der aus dem Vergleich des Verkehrswertes des Grundstücks zum Wert der Gegenleistung ermittelt wird. Haben die Parteien daher zB die Übertragung eines Grundstücks im Verkehrswert von 6 Mio € gegen Zahlung eines Kaufpreises von 1,5 Mio € vereinbart und waren sich die Parteien darüber einig, dass das Grundstück teilweise unentgeltlich übertragen sein soll, so wird angenommen, dass ein Viertel des Grundstücks im Wege eines Kaufs und drei Viertel des Grundstücks durch freigebige Zuwendung erworben sind. Zur Abstützung ihrer These im Gesetzestext beruft sich die Rspr (vgl BFH BStBl II 89, 524, 526; BFH/NV 93, 298) auf den „soweit"-Satzteil im Tatbestand des § 7 I Nr 1, wonach eine freigebige Zuwendung nur dann (unter den Begriff der Schenkung unter Lebenden fällt und damit nach § 1 I Nr 2) steuerpflichtig ist, „soweit der Bedachte durch sie auf Kosten des Zuwendenden bereibereichert wird". Denn soweit er eine Gegenleistung erbringen müsse, fehle es an der Bereicherung des Bedachten.

Folgerungen. Vergleicht man die in den Anm 28 und 29 genannten Auffassungen zur Beurteilung der gemischten Schenkung unter dem Gesichtspunkt der freigebigen Zuwendung nach § 7 I Nr 1, so betreffen sie zwar die Auslegung des § 7, wirken sich jedoch bei der Prüfung dieser Vorschrift auf das für die Besteuerung bedeutsame Zwischenergebnis zunächst noch nicht aus. Denn nach jeder der beiden Auffassungen liegt in dem als Beispiel genommenen Fall (Anm 27 f) eine freigebige Zuwendung vor, die die Voraussetzungen des § 7 I Nr 1 erfüllt und dem Empfänger eine Bereicherung von 4,5 Mio € verschafft. Mit der Bestimmung des Zuwendungsobjekts iS des § 7 wird jedoch zugleich eine wichtige Weichenstellung für die Wertermittlung iS des § 10 vorgenommen. Erst bei der Anwendung des § 10 zeigen sich denn auch die Resultate der unterschiedlichen Konzeption. Ist nämlich im Bsp als stpfl Erwerb das Grundstück abzüglich der Gegenleistung anzusehen und beträgt der nach § 12 maßgebliche Steuerwert des Grundstücks 0,3 Mio €, dem eine Gegenleistung von 1,5 Mio € gegenübersteht, so ergibt sich ein negativer Wert, der die Besteuerung ausschließt. Bildet dagegen ein aus dem Verhältnis des Verkehrswerts zur Gegenleistung ermittelter Grundstücksteil (also drei Viertel) den stpfl Erwerb, wobei dieser Grundstücksteil gegenleistungsfrei erworben ist, so beträgt der stpfl Erwerb drei Viertel des Grundstückssteuerwerts von 0,3 Mio €, also 0,225 Mio €. Das Ergebnis, zu dem die Rspr des BFH gelangt, wäre auch unter Anwendung der herkömmlichen Interpretationslinie erreichbar gewesen, wenn man die Gegenleistung nicht voll zum Abzug zugelassen, sondern sie im Verhältnis von Steuerwert und Verkehrswert des ganzen Grundsücks (0,3 : 6 = 1 : 20) gekürzt hätte (1 : 20 bezogen auf 1,5 Mio = 75 000). Der Schenkung des ganzen Grundstücks (0,3 Mio) hätte dann eine abzugsfähige Gegenleistung von 0,075 Mio gegenübergestanden. Auch bei dieser Berechnungsmethode hätte sich ein stpfl Erwerb von 0,225 Mio ergeben. Beim Blick auf die Auswirkungen der Rspr des BFH ist es daher nicht falsch, wenn man die gegenwärtige Rspr-Linie als eine Praxis zur Begrenzung des Abzugs der Gegenleistung versteht und ihren argumentativen Kern darin sieht, dass „die Gegenleistung nicht vollen Umfangs, sondern nur entsprechend ihrem Anteil am Verkehrswert der Leistung des Zuwendenden von deren Steuerwert abzuziehen" ist (BFH BStBl II 02, 25, 26) oder dass die Gegenleistung iE „nur zu dem Prozentsatz abgezogen werden darf, welcher dem Verhältnis des Steuerwertes zum Verkehrswert des zugewandten WG entspricht" (*Fumi*, EFG 03, 554).

31   Die **Abzugssperre**, die § 10 VI nur für den Bereich von Steuerbefreiungen vorsieht, **wird** bei einem solchen Verständnis für das Recht der freigebigen Zuwendungen im Ergebnis **auf** den Bereich von **Bewertungsvergünstigungen erstreckt**. Der Wertabschlag, den der niedrige StWert für das Zuwendungsobjekt bewirkt, wird auf die Gegenleistung des Beschenkten übertragen. Mit all dem soll der (vom BFH an anderer Stelle: BStBl II 02, 598, 613) so genannte „überproportionale Verrechnungseffekt" vermieden werden, zu dem es kommt, wenn der niedrige StWert des Zuwendungsobjekts mit dem Nennwert der Verbindlichkeit des Beschenkten verrechnet werden kann. Das Ziel der Rspr ist, mehr StGerechtigkeit zu erreichen. Diese Zielsetzung verdient uneingeschränkte Zustimmung. Doch bleibt der vom BFH eingeschlagene Weg problematisch. Es gelingt dem Gericht nicht, den Schwerpunkt seiner Argumentation deutlich festzuhalten. Das Gericht sieht den Kern seiner Argumentation in der Neubestimmung des Zuwendungsobjekts (Zuwendung eines von Gegenleistungspflichten freien, unselbstständigen Grunstücksteils statt eines ganzen Grundstücks abzüglich Gegenleistung). Es geht danach bei der Rspr zur gemischten Schenkung um die dem Gesetz entsprechende Abgrenzung des stpfl Vorgangs (§ 7). Immer wieder begegnen jedoch Formulierungen, die das Problem als ein Problem der Wertermittlung charakterisieren (BFH BStBl II 02, 25, 26; oben Anm 30; so früher *Moench* § 7 Rz 65: Es geht um Schuldenkappung). Der BFH hat denn auch gemeint, seine Rspr durch eine **Neuinterpretation von Wertermittlungsvorschriften** abstützen zu sollen. Nach BFH BStBl II 82, 83, 85 soll die Wertermittlungsvorschrift des § 10 I 2 auf gemischte Schenkungen nicht anwendbar sein. Das kann nicht überzeugen, wenn es gar nicht um ein Problem der Wertermittlung geht. § 10 I 2 ist denn auch nach der allein zutreffenden Ansicht auf gemischte Schenkungen uneingeschränkt anwendbar – nur dass die Gegenleistung im Bereich der gemischten Schenkung keine Erwerbsschmälerung der Schenkung darstellt, sondern zu einem entgeltlichen Leistungsteil gehört und daher den Begriff der Nachlassverbindlichkeit nicht erfüllt. Diese Undeutlichkeiten der Rspr sind ein erstes schwerwiegendes Manko.

Kritik. Noch gewichtiger ist der Nachteil der Rspr des BFH zu nehmen, der darin liegt, dass sie erhebliche Ungleichbehandlungen zur Folge hat. Denn der Ansatz der Argumentation beim stpfl Vorgang führt dazu, dass die Rspr ihr Ziel, für mehr StGerechtigkeit durch Begrenzung von „überproportionalen Verrechnungsmöglichkeiten" zu sorgen, im Wesentlichen nur im Bereich der freigebigen Zuwendungen erreichen kann. Nur dort (und bei der Schenkung auf den Todesfall) kann man nämlich einen SchSt-relevanten unentgeltlichen von einem steuerunerheblichen entgeltlichen Vorgang unterscheiden, und nur dort kann man Verbindlichkeiten, die auf den Erwerber entfallen, mit der Begründung vom Abzug ausschließen, dass sie nicht auf einem freigebigen Vorgang beruhen und daher auch nicht in den Kreis der abzugsfähigen Nachlassverbindlichkeiten gehören. Die Rspr zur gemischten Schenkung hat daher – entgegen der Grundlinie des § 1 II – eine **Ungleichbehandlung** von Erwerben von Todes wegen und von Erwerben durch Schenkung unter Lebenden zur Konsequenz. Sie muss sogar innerhalb der freigebigen Zuwendungen noch zwischen solchen, die eine Aufspaltung in einen entgeltlichen und einen unentgeltlichen Geschäftsteil erlauben, und solchen, für die eine solche Aufspaltung nicht in Frage kommt (vgl BFH BStBl II 04, 234), unterscheiden. Diese Ungleichbehandlung ist ganz unbefriedigend und wäre vermieden worden, wenn die Rspr die „überproportionale Verrechnungsmöglichkeit", gegen die sie sich wendet, als Problem der Wertermittlung definiert und für alle Erwerbe gleichmäßig durch entsprechende Interpretation des § 10 VI gelöst hätte.

§ 7 33–35 — Schenkungen unter Lebenden

33 **Die neue Linie der Finanzverwaltung.** Die FinVerw war der Rspr des BFH bisher uneingeschränkt gefolgt. Nun hat sie sich jedoch von der Betrachtungsweise der neueren Rspr gelöst und ist zu der früheren Behandlung vor 1980 zurückgekehrt. Es heißt jetzt (R E 7.4 I ErbStR) zur Besteuerung der gemischten Schenkung: „Die Bereicherung wird ermittelt, indem von dem nach § 12 ErbStG zu ermittelnden Steuerwert der Leistung die Gegenleistungen des Beschenkten ... mit ihrem nach § 12 ErbStG ermittelten Wert abgezogen werden". So war man auch vor 1980 verfahren.

34 **Folgerungen.** Mit dem geänderten Text der ErbStR wird Zweierlei ausgesagt. **Zum einen:** Die Gegenleistung gehört als Abzugsposten wieder zum stpfl Erwerb. Die freigebige Zuwendung umfasst bei der gemischten Schenkung auch die Gegenleistung. Bei der gemischten Grundstücksschenkung ist daher das ganze Grundstück unter Berücksichtigung der Gegenleistung Gegenstand der Zuwendung, nicht nur ein aus dem Verkehrswert von Leistung und Gegenleistung ermittelter Grundstücksteil. Die Gegenleistung ist nicht einem entgeltlichen Erwerb zuzuordnen, der außerhalb der freigebigen Zuwendung steht. Sie ist vielmehr Bestandteil des Erwerbs durch freigebige Zuwendung und ist daher im Rahmen der Wertermittlung nach § 10 als Nachlassverbindlichkeit zum Abzug zu bringen. **Zum Zweiten:** Die Gegenleistung kann in voller Höhe ihres StWerts von dem StWert der Leistung abgezogen werden. Soweit die Voraussetzungen des § 10 VI vorliegen, ist der Abzug eingeschränkt oder ausgeschlossen. Es gibt aber keine zu § 10 VI hinzutretende Kürzungsmöglichkeit, um „überproportionale Verrechnungsmöglichkeiten" auszuschließen.

35 **Wird die Rspr der neuen Linie der FinVerw folgen?** Es wird dem BFH nicht leicht fallen, der neuen Linie der FinVerw zu folgen, weil das Gericht seine Rspr seinerzeit auf eine unverändert mögliche Interpretation des § 7 I Nr 1 gestützt und sein eigentliches Anliegen, nämlich die bisher bestehenden überproportionalen Verrechnungsmöglichkeiten zu verhindern, unerörtert gelassen hat. Und die aus verschiedener Richtung gegen die bisherige Rspr gerichteten systematischen Bedenken waren dem BFH bisher noch keine Diskussion wert gewesen. Man darf dennoch hoffen, dass das Gericht einen Weg finden wird, um seine bisherige Linie zu überprüfen und sich der neuen Linie der FinVerw anzuschließen, zumal der Gesetzgeber das Problem der „überproportiopalen Verrechnungsmöglichkeiten" durch Angleichung der StWerte an die Verkehrswerte auf der Grundlage der vom BFH selbst herbeigeführten Verfassungsgerichtsentscheidung vom 7. 11. 06 (BStBl II 07, 192) inzwischen weitgehend entschärft hat.

36.–45. Schenkung unter Auflage

Der gemischten Schenkung hatte der BFH zunächst (BStBl II 82, 83, 85) die **Schenkung unter Auflage** gegenübergestellt, auf die die neue Konzeption des Zuwendungsgegenstandes nicht übertragen werden sollte. Mit dieser anfänglichen Einschränkung seiner neuen Rspr lehnte sich der BFH an die zivilrechtliche Sicht der Auflagenschenkung an, nach der die Schenkung unter Auflage in vollem Umfang Schenkung ist und nicht in einen unentgeltlichen und einen entgeltlichen Teil zerlegt werden kann (BGHZ 30, 120); einen einheitlichen unentgeltlichen Vorgang erblickt das Zivilrecht insb auch in der Schenkung unter Übernahme einer bestehenden (nicht erst vom Beschenkten zu bestellenden) dinglichen Belastung – gleich ob Dienstbarkeit oder Pfandrecht –, die nicht einmal als Auflage, sondern als bloße Wertminderung des Geschenks gilt (BGHZ 107, 156, 159; für Auflagenschenkung dagegen BFH/NV 90, 809; zum Ganzen auch *Reiff,* BB 90, 968, 970 f). Gleichwohl bestimmte die FinVerw mit Erlass vom 10. 2. 1983 (BStBl I 83, 238, Tz 2), dass auch Auflagenschenkungen unterschiedslos nach den vom BFH für die gemischte Schenkung entwickelten Grundsätzen behandelt werden sollten, dass also nur ein Teil der Zuwendung als steuerbar gelten sollte, der sich aus dem Verhältnis der nach Verkehrswerten ermittelten Bereicherung des Beschenkten nach Abzug der Auflage einerseits zum Gesamtwert des Geschenks ohne Abzug der Auflage andererseits ableitet. Der so ermittelte steuerbare Zuwendungsteil wurde als auflagenfreie Schenkung aufgefasst; der Abzug des Werts der Auflage von der Bereicherung schied danach aus.

Mit drei Entscheidungen vom April 1989 hat der BFH (BStBl II 89, 524; BFH/NV 90, 373 u 506; bestätigt durch BFH/NV 93, 298; 94, 371) den von der FinVerw eingenommenen Standpunkt korrigiert und eine neue **Differenzierung** eingeführt. Handelt es sich um eine sog **Nutzungs- oder Duldungsauflage,** bei der dem Beschenkten lediglich ein Teil der mit dem Eigentum an dem geschenkten Gegenstand im Zeitablauf verbundenen Nutzungen vorenthalten und dem Schenker oder einer dritten Person zugewiesen wird, so folgt das SchStRecht der zivilrechtlichen Betrachtungsweise und sieht das Geschenk insgesamt als Objekt einer einheitlichen freigebigen Zuwendung. Die durch diese Zuwendung vermittelte Bereicherung wird als Saldo aus dem Bruttowert des Geschenks abzüglich des Werts der vom Beschenkten zu tragenden Nutzungseinschränkung berechnet, sofern § 10 VI 6 den Abzug der Duldungsauflage nicht ausschließt, weil sich das Nutzungsrecht bereits bei der Grundstücksbewertung wertmindernd ausgewirkt hat. Dieser Fallgruppe stellt der BFH die sog **Leistungsauflage** gegenüber, die den Beschenkten über eine bloße Duldung hinsichtlich der

Nutzung des zugewendeten Gegenstandes hinausgehend mit der Verpflichtung zu Geld- oder Sachleistungen oder zur Befreiung von dem Zuwendenden obliegenden Geld- oder Sachleistungen belastet und die ggf auch aus dem sonstigen Vermögen des Bedachten zu erbringen sind. Zuwendungen unter Leistungsauflage sind wie gemischte Schenkungen (dazu oben Anm 27 ff) in einen unentgeltlichen und einen entgeltlichen (nicht der SchSt unterliegenden) Geschäftsteil zu zerlegen; Zuwendungsobjekt ist demnach ein Teil des auf den Beschenkten übertragenen Gegenstandes entsprechend dem Verhältnis der Verkehrswerte der Zuwendung mit und ohne Abzug des Werts der Leistungsauflage. Der hiernach freigebig zugewendete Objektanteil wird der Ermittlung der stpfl Bereicherung nach § 10 zugrunde gelegt. Er ist durch keine Auflageverpflichtung belastet. Ein Abzug der Leistungsauflage von diesem Teil der Zuwendung im Rahmen der Berechnung nach § 10 ist daher von vornherein ausgeschlossen. Der andere Teil der Zuwendung ist entgeltlich zugewandt und scheidet daher zusammen mit der Auflageverpflichtung aus der Berücksichtigung nach den §§ 7, 10 vollkommen aus.

38 Wie bei der gemischten Schenkung, so **begründet der BFH** seine neue Rspr zur Besteuerung der Schenkung unter Leistungsauflage hauptsächlich mit dem Hinweis auf den „soweit"-Satz im Wortlaut des § 7 I Nr 1, wonach im Fall einer Leistungsauflage nur der die Auflageverpflichtung übersteigende Wert der Zuwendung schenkungsteuerlich relevant sein soll. Wenn auf diese Weise die Behandlung der Auflagenschenkung im Fall von Leistungsauflagen der Behandlung der gemischten Schenkung angeglichen wurde, dann ließ sich das unter dem Gesichtspunkt begrüßen, dass damit die diffizile Unterscheidung zwischen der gemischten Schenkung und der Schenkung unter Leistungsauflage ihre Bedeutung verlor. So konnte der BFH (BStBl II 03, 162) denn auch inzwischen so weit gehen, die Schenkung selbst in den Fällen, in denen sie zivilrechtlich zweifelsfrei als Schenkung unter Leistungsauflage eingestuft werden muss (Grundstücksübertragung mit der Verpflichtung, dem Bruder ein Gleichstellungsgeld zu zahlen) im Steuerrecht als gemischte Schenkung anzusprechen. Wegen der übereinstimmenden Steuerfolgen für beide Arten der Schenkung war das nach der Linie der Rspr unschädlich.

39 Die neuere Rspr hatte die Unterscheidung von gemischten Schenkungen und Schenkungen unter Leistungsauflage im Rahmen des § 7 I überflüssig gemacht. Sie führte aber dazu, dass nun die **Grenzziehung zwischen Leistungs- und Duldungsauflagen** Probleme aufwarf.

40 Die Rspr des BFH (BStBl II 11, 730) sieht in der **Leistungsauflage** die Begründung einer mit dem Schenkungserwerb verbundenen Leistungspflicht des Beschenkten, die wie eine Gegenleistung eine Aufteilung des Zuwendungsgegenstandes verlangt, um den unentgeltlichen Leistungsteil von einem entgeltlichen Leistungsteil zu unterscheiden, und die den Abzug der Auflageverpflichtung im Rahmen des § 10 I 2 nicht erlaubt, weil die Auflageverpflichtung nicht zu dem freigebigen, sondern zu dem entgeltlichen Teil der Zuwendung gehört und daher im Rahmen des § 10 I 2 nicht zu beachten ist.

Eine Leistungsauflage ist nach der Rspr immer dann anzunehmen, **41** wenn der Belastete zu Leistungen verpflichtet wird, die er **unabhängig vom Innehaben des auf ihn übergegangenen Gegenstandes** auch aus seinem persönlichen Vermögen erbringen kann oder soweit er den Zuwendenden von diesem obliegenden Leistungspflichten (zumindest im Innenverhältnis) zu befreien hat, selbst wenn sich die Leistungspflicht nach den Erträgnissen bestimmt, die aus dem geschenkten Gegenstand gezogen werden können. Eine Leistungsauflage ist auch im Fall **obligatorischer Nutzungsrechte** wie eines Gewinnbezugsrechts anzunehmen, das bei Übertragung von Gesellschaftsanteilen eingeräumt wird (BFH BStBl II 11, 730).

Die aus einer Nutzungs- oder **Duldungsauflage** entspringende **42** Pflicht des Beschenkten wollte das Gericht dagegen nicht wie eine Leistungspflicht behandeln, der die Gegenleistung in einem Austauschvertrag gleichgestellt werden kann. Die Duldungsauflage sollte daher – anders als bei Vereinbarung einer Leistungsauflage – den Zuwendungsgegenstand ungeteilt lassen mit der Folge, dass der Auflagewert bei der Ermittlung des stpfl Erwerbs nach § 10 I 2 vom Wert des Zuwendungsgegenstandes abgezogen werden kann. Denn mit der Duldungsauflage wird dem Beschenkten aus der Sicht des Gerichts nicht eine Leistungspflicht auferlegt, die er unabhängig vom Innehaben des auf ihn übergegangenen Gegenstandes auch aus seinem persönlichen Vermögen erfüllen kann. Vielmehr wird dem Beschenkten mit der Duldungsauflage nur der **zeitlich begrenzte Verzicht auf die Nutzungen des Zuwendungsgegenstandes** zugemutet, indem ihm der Schenker auferlegt, im Zuge der Schenkung ein Nutzungsrecht zugunsten des Schenkers oder eines Dritten zu bestellen, das die Nutzungen zeitlich befristet dem Schenker oder dem Dritten zuweist (BFH BStBl II 89, 524).

Mit gleich lautenden Erlassen vom 9. 11. 1989 (BStBl I 89, 445) war **43** die FinVerw der neuen Rspr des BFH gefolgt und hatte vereinfachte Verfahren zur **Verkehrswertermittlung** benannt, wenn es darum ging, in den Fällen der gemischten Schenkung und der Schenkung unter Leistungsauflage für die Zerlegung des Zuwendungsvorgangs in einen entgeltlichen und einen unentgeltlichen Teil die Verkehrswerte von Leistung und Gegenleistung oder von Leistung und Leistungsauflage einander gegenüber zu stellen.

44 Probleme ergaben sich in diesem Zusammenhang insbesondere dann, wenn die Schenkung **sowohl unter Leistungs- als auch unter Duldungsauflage** stand. Fraglich war, ob die Zuwendung zunächst im Wege der Verhältnisrechnung in einen entgeltlichen und einen unentgeltlichen Teil zerlegt werden sollte, um dann die Duldungsauflage in voller Höhe beim unentgeltlichen Teil der Zuwendung abzuziehen (so die Linie des Erlasses vom 9. 11. 89), ob nur der anteilige Kapitalwert der Duldungsauflage von dem freigebigen Teil der Zuwendung zum Abzug zu bringen sei (so BFH BStBl II 96, 243; 02, 25; R 17 IV ErbStR 2003) oder ob der Kapitalwert der Duldungsauflage schon in den Verkehrswertvergleich zur Bestimmung des entgeltlichen und unentgeltlichen Teils der Zuwendung Eingang finden müsse (*Meilicke*, DStZ 98, 785).

45 Die mit der Abgrenzung von Leistungs- und Duldungsauflage und mit dem Zusammentreffen der beiden Auflagen verbundenen Probleme haben jedoch nun durch die **Änderung der Haltung der FinVerw** ihre Bedeutung verloren. Die Neukonzeption der Behandlung der gemischten Schenkung (R E 7.4 I ErbStR; oben Anm 33) wirkt sich auch auf die Schenkung unter Auflage aus. Denn der Rspr ging es darum, die Schenkung unter Leistungsauflage der gemischten Schenkung in ihren steuerlichen Wirkungen anzugleichen. Diesen Gedanken hatte die FinVerw übernommen. Hält man an ihm fest, so muss die Neukonzeption der StFolgen der gemischten Schenkung auch zur **Neuausrichtung der StFolgen der Schenkung unter Leistungsauflage** führen. Die Konsequenz dieser Neuausrichtung ist: Die Aufteilung des Zuwendungsgegenstandes in einen unentgeltlich und einen entgeltlich zugewandten Teil unterbleibt. **Leistungsauflagen sind** (wie bisher schon die Duldungsauflagen) **mit ihrem vollen StWert** vom StWert des Zuwendungsgegenstandes **abzuziehen**. Damit ist zugleich die Grenzziehung zwischen Leistungs- und Duldungsauflagen obsolet geworden. Eine Reaktion des BFH auf die Änderung der Haltung der FinVerw in dieser Frage steht noch aus.

46.–49. Schenkungsversprechen

46 **Versprechensschenkung.** Das formlose Schenkungsversprechen begründet keine Forderung des Versprechensempfängers gegen den Versprechenden. Mit ihm wird dem Empfänger daher noch keine Bereicherung verschafft. Anders liegt es dagegen beim formwirksamen Schenkungsversprechen, aus dem der Empfänger anspruchsberechtigt wird (§ 518 I BGB). Doch wertet das Gesetz auch die Anspruchsbegründung durch formwirksames Schenkungsversprechen noch nicht als Zuwendung, die der Besteuerung unterliegt (RFH RStBl 21, 157 = RFHE 4, 243; BFH BStBl II 68, 239; 371; 72, 43; 07, 472, 476). Das stimmt im Regelfall mit dem Parteiwillen überein, weil die Partner des Versprechensvertrages im Zweifel nicht die Forderung, sondern die in der Forderung in Bezug genommene Leistung als Gegenstand der Schenkung ansehen (Versprechen einer Schenkung). Doch kann die Schenkungsabrede auch auf die Forderungsbegründung abzielen. Dann würde schon in dem Abschluss des Versprechensvertrages die schenkweise zugewandte Bereicherung liegen (Schenkung eines Versprechens). Auch in diesem Fall soll aber die St erst mit der Erfüllung der Forderung, der Ausführung der versprochenen Leistung, entstehen.

Die **Freistellung des Versprechens** von der StPfl folgt aus dem Wortlaut der §§ 7 I Nr 1, 9 I Nr 2 noch nicht zwingend. Doch hatte das ErbStG 1919 in § 40 III 2 bestimmt: „Bei einem Schenkungsversprechen tritt die StPfl erst ein, wenn und soweit es vollzogen ist". Aus dieser Vorschrift wurde 1922 die heutige Gesetzesfassung entwickelt, wobei die Worte „Ausführung der Zuwendung" im (heutigen) § 9 I Nr 2 nach kontroverser Diskussion gerade zu dem Zweck eingeführt worden sind, um an der StFreiheit des Schenkungsversprechens im Ergebnis festzuhalten (RTDrs 1/4856, 7, 16; *Zimmermann-Ludewig* § 18 Anm 2; Näheres zur Gesetzgebungsgeschichte bei *C. Wiegand,* Das Schenkungsversprechen im ErbSt- und SchStRecht, 2011, 22 ff). Die Gesetzesmaterialien äußern sich nicht zum Sinn der Freistellung des Schenkungsversprechens von der SchSt. Der RFH hatte diesen Sinn in der Erwägung gesehen, „dass in nicht seltenen Fällen eine Vollziehung der Schenkung unterbleibt" (RFHE 9, 276, 278), „wodurch insofern einstweilen eine gewisse Unsicherheit der wirtschaftlichen Lage des Schenkungsgläubigers entsteht" (RFH RStBl 36, 1218, 1220). Die trotz des Forderungserwerbs zunächst noch wenig gefestigte Stellung des Erwerbers soll also entscheidend sein. Richtiger erscheint es, die Freistellung damit zu begründen, dass der Beschenkte mit dem Forderungserwerb noch nicht das erhalten hat, was ihm nach den Absprachen der Vertragspartner zugewandt werden soll. Der Versprechensvertrag enthält nur das Versprechen der Zuwendung, aber noch nicht die Zuwendung selbst. Daher fehlt es an einem Merkmal, das zum Tatbestand des § 7 I Nr 1 dazu gehört.

Forderungsbegründung gegen den Schenker. Wenn das Gesetz die Forderungsbegründung durch Schenkungsversprechen noch nicht als steuerbare Zuwendung wertet, so bedeutet dies nicht, dass das Schenkungsversprechen als solches im ErbStRecht überhaupt keine Auswirkungen hat. Denn das wirksam begründete Versprechen kann beim Tod des Versprechenden als Nachlassverbindlichkeit zum Abzug gelangen. Auch kann der Inhalt des Versprechens im Fall seiner späteren Ausführung zur Bestimmung der Person des Schenkers beitragen (BFH BStBl II 83, 19) und als vorweggenommene Einigung über den Gegenstand (BFH BStBl II 05, 188, 190; aM noch BFH BStBl II 95, 83) und die Unentgeltlichkeit der Zuwendung (BFH BStBl II 68, 371; 05, 188, 190) bedeutsam sein. Dass das Schenkungsversprechen nicht als steuerbare Zuwendung gilt, lässt sich nicht dahin verallgemeinern, dass jede schenkweise Begründung einer Forderung gegen den Schenker erst mit der Erfüllung der Forderung steuerlich Bedeutung gewinnt. Die Bereicherung durch Forderungsbegründung kann vielmehr nur dann vernachlässigt werden, wenn nicht die Forderungsbegründung, sondern die durch die Forderungsbegründung versprochene Leistung nach dem Parteiwillen den Gegenstand der freigebigen Zuwendung bilden soll.

49 Folgerungen. Wird daher dem Beschenkten schenkweise eine wirksame Darlehnsforderung gegen den Schenker eingeräumt (RFH RStBl 29, 497 = RFHE 25, 250) oder wird eine Schenkung dadurch vorgenommen, dass der Schenker eine Kaufpreisforderung des Beschenkten, die sich gegen den Schenker richtet, ohne rechtliche Notwendigkeit erhöht (BFH/NV 85, 84), dann wird die Zuwendung schon mit dem Vertragsschluss vollzogen, auch wenn der Beschenkte aus dem Vertrag zunächst nicht mehr als eine Forderung gegen den Schenker gewinnt. Werden wiederkehrende Leistungen schenkweise zugesagt, dann kommt eine Ausführung des Versprechens vor Ausführung der Einzelleistungen dann in Betracht, wenn ein Stammrecht zugewendet wurde, das unabhängig vom Leistungsversprechen schon für sich genommen Bestand hat und aus dem die Pflicht zur Leistung der jeweils fälligen Raten auch ohne Rückgriff auf das Schenkungsversprechen fließt, wie es bei der Zuwendung einer Rentenschuld oder einer Leibrente der Fall sein kann (BFH BStBl II 07, 472, 476). Als vollzogene Schenkung und nicht mehr als bloßes Schenkungsversprechen ist auch der Abschluss zu werten, mit dem der Schenker dem Beschenkten einen Geldbetrag zuweist, den er sich gleich anschließend als Darlehn wieder zurückgewähren lässt. In dem Vorgang ist zivilrechtlich die schenkweise Einräumung einer Darlehnsforderung zu sehen (OLG Hamm OLGZ 78, 422; vgl auch *Pruskowski,* Das Merkmal der Zuwendung im Tatbestand der Schenkung, Diss Köln 1987, 124 ff, der eine Geldschenkung unter Auflage annehmen will). Der Umstand, dass die FinVerw (BMF vom 1. 12. 1992, BStBl I 92, 792) im Anschluss an die Entscheidungen BFH BStBl II 91, 291; 391; 581; 838; 882; 911 und 92, 468 eine derartige Vertragsgestaltung im EStRecht nicht als vollzogene Schenkung anerkennen will, kann das SchStRecht nicht binden (BFH BStBl II 96, 11), wenn auch die abweichende Beurteilung in den verschiedenen steuerlichen Zusammenhängen durchaus unbefriedigend bleiben muss (vgl auch § 9 Anm 41). Eine Forderungsschenkung liegt ferner dann vor, wenn ein Vater seinem Kind unentgeltlich eine Darlehnsforderung gegen die Personengesellschaft zuweist, an der er als Gesellschafter beteiligt ist (BFH BStBl II 82, 351). Als vollzogene Forderungsschenkung sieht der BFH im Zweifel den Anspruchserwerb an, der sich für den Drittbegünstigten im Zusammenhang mit einer Schenkung unter Auflage ergibt (unten Anm 95). Manches spricht dafür, als Forderungsschenkung auch die Übernahme einer **abstrakten Verbindlichkeit** durch den Schenker zu beurteilen. Denn die abstrakte Forderungsbegründung deutet darauf hin, dass die Vertragspartner die Forderung von dem Schenkungsgrund ablösen wollen. Der BFH (BStBl II 08, 631) verweist demgegenüber darauf, dass das BGB das Schenkungsversprechen und das abstrakte Schuldversprechen hinsichtlich eines Formmangels gleich behandelt und für beide Versprechen in § 518 BGB vorsieht, dass der Formmangel erst mit dem Bewirken der versprochenen Leistung geheilt werden soll. Aber diese Aussage zur Heilung eines Formmangels lässt nicht ohne Weiteres einen Schluss auf die stlichen Konsequenzen des abstrakten Versprechens zu. Der BFH sieht im Übrigen wie in einem abstrakten Schuldversprechen so auch in der Einräumung einer typischen **Unterbeteiligung** noch keine freigebige Zuwendung. Im Fall der Zuwendung einer atypischen Unterbeteiligung wird dagegen nach Auffassung des Gerichts (BStBl II 08, 631) die Schenkung bereits mit Abschluss des Gesellschaftsvertrages, spätestens mit Einbuchung der atypischen Unterbeteiligung vollzogen.

50.–51 a. Unverzinsliche Kapitalgewährung

Freigebige Zuwendung im Hinblick auf Zinsen. Übernimmt jemand die Zinszahlung für ein dem Darlehnsnehmer von dritter Seite gewährtes **verzinsliches Darlehen,** so besteht kein Zweifel, dass er dem Darlehnsnehmer durch die Freistellung von der Zinspflicht ein steuerbares Zuwendungsobjekt verschafft. Gleiches gilt, wenn der Schenker sich von vornherein anstelle des Darlehnsnehmers zur Zinszahlung verpflichtet, so dass eine Zinsschuld des Darlehnsnehmers gar nicht erst entsteht, der Darlehnsnehmer das Darlehen also unverzinslich erhält. Dagegen war umstritten, ob eine steuerbare Zuwendung auch dann angenommen werden kann, wenn der Darlehnsgeber selbst den Kapitalbetrag unverzinslich als Darlehen zur Verfügung stellt. Zivilrechtlich wird man das **unverzinsliche Darlehen** kaum dem SchR zuordnen können, weil das BGB das zinslose Darlehen als besonderen, neben der Schenkung stehenden Vertragstyp ausgestaltet hat. An diese Wertung ist das StR aber nicht gebunden (oben Anm 9). Der BFH hat sich denn auch im Anschluss an die Rspr-Linie des RFH (RStBl 43, 419 mwN) mit gutem Grund für die Steuerpflicht entschieden und ausgesprochen, dass die unentgeltliche Überlassung einer Kapitalsumme auf Zeit, durch die sich der Darlehnsgeber einer Einnahmemöglichkeit begibt, die verkehrsüblicherweise regelmäßig genutzt wird, mit 5,5% pro Jahr des hingegebenen Kapitals der Schenkungsteuer unterliegt (BStBl II 79, 631, 740; 99, 25; 03, 273; 05, 800; 10, 806). Im Zweifel ist der Wert der Zuwendung mit dem Neunfachen des Jahreswerts anzusetzen, wobei im Fall eines vorzeitigen Endes der Kapitalüberlassung eine Berichtigung der Besteuerung erfolgen kann. Eine steuerpflichtige freigebige Zuwendung kann auch in der **zinsfreien Stundung** eines unverzinslichen Anspruchs wie zB des Anspruchs auf Zugewinnausgleich (BGH ZEV 12, 119) oder des Pflichtteilsanspruchs liegen – allerdings nur, wenn der Pflichtteilsanspruch schon geltend gemacht ist (BFH BStBl II 10, 806; anders noch FG Münster EFG 09, 1042). Doch kann eine freigebige Zuwendung regelmäßig nicht allein aus dem Umstand abgeleitet werden, dass ein Verkäufer den Kaufpreisanspruch vorübergehend zinslos gestundet hat (BFH BStBl II 94, 580). Werden Wertpapiere schenkweise übertragen, so bilden neben den Papieren die beim Schenker bereits angefallenen, aber noch nicht fälligen Zinsen **(Stückzinsen)** den Gegenstand einer freigebigen Zuwendung des alten an den neuen Gläubiger (BFH BStBl II 85, 73). Wird für einen Darlehnsanspruch eine **überdurchschnittliche Verzinsung** vereinbart, mit deren Verwirklichung der Gläubiger über längere Zeit (mindestens vier Jahre) zuverlässig rechnen kann, dann kann in dieser Vereinbarung eine freigebige Zuwendung des Schuldners an den Gläubiger liegen, sofern der Schuldner sich den Kredit an anderer Stelle hätte günstiger verschaffen können. Wird allerdings ein zeitgleich schenkweise eingeräumter Darlehnsanspruch mit einer überdurchschnittlichen Verzinsung ausgestattet, dann wirkt sich die Verzinsung nur bei der Bewertung der Forderungsschenkung aus (BFH BStBl II 82, 351). Denn nur bei der übermäßigen Gewinnausstattung eines Personengesellschaftsanteils sieht das Gesetz die Zuwendung des Gewinnübermaßes als selbstständige Schenkung an (§ 7 Abs 6; dazu Anm 133 ff).

51 Wird eine Kapitalsumme unverzinslich überlassen, so sieht der BFH (BStBl II 79, 631; BFH/NV 95,70; BStBl II 99, 25; 03, 273; 05, 800; 10, 806; kritisch *Meincke*, ZEV 05, 494) den **Gegenstand der Zuwendung** in der unentgeltlichen Gewährung des Rechts, das als Darlehen überlassene Kapital zu nutzen. Gegen diese Betrachtungsweise bestehen jedoch Bedenken. Denn der Darlehnsnehmer wird (beim Bardarlehen, das hier als Prototyp des Darlehens genommen wird) mit der Überlassung der Valuta Eigentümer des Kapitals. Die Nutzungsmöglichkeit folgt damit schon aus seiner Eigentümerposition und bildet für ihn kein selbstständiges Gut, das ihm neben der Eigentümerposition noch gesondert zugewiesen werden könnte. Der BFH (BStBl II 05, 800, 801) stimmt dem zu, bemerkt jedoch: „Es trifft zwar zu, dass der Darlehns-

Unverzinsliche Kapitalgewährung 51a § 7

nehmer Eigentümer des Kapitals und damit schon aus dieser Position heraus nutzungsberechtigt wird. Entscheidend ist aber nicht die Einräumung der Nutzungsberechtigung als solche, sondern die gleichzeitige Vereinbarung der Zinslosigkeit". Entscheidend für die Besteuerung soll also nicht die Einräumung der Nutzungsberechtigung sein. Dennoch heißt es im Leitsatz dieser Entscheidung: „Bei einem zinslosen Darlehen ist Gegenstand der Zuwendung die unentgeltliche Gewährung des Rechts, das als Darlehen überlassene Kapital zu nutzen". Und in der Begründung der Entscheidung ist ausdrücklich von dem Zuwendungsgegenstand „Kapitalnutzungsmöglichkeit" die Rede (S 801). Außerdem verneint die Entscheidung die Entreicherung des Darlehensgebers durch die Vereinbarung der Zinslosigkeit, hebt jedoch zugleich hervor, dass der Darlehensnehmer aus dem Vermögen des Darlehensgebers bereichert worden sei. Angesichts dieser Undeutlichkeiten und Widersprüche kann die bisherige Rspr schwerlich überzeugen. Bemerkenswert ist auch die verwirrende Linie des FG München (EFG 07, 782), das einerseits mit dem BFH den Gegenstand der Zuwendung ausdrücklich nicht in der Zuwendung von Kapital, sondern in der Gewährung des Rechts sieht, das als Darlehen überlassene Kapital zu nutzen, und das andererseits im Leitsatz seiner Entscheidung dennoch formuliert: „Wenn unverzinsliche ... Darlehen ... gewährt werden, liegt eine schenkungsteuerpflichtige Überlassung von Kapital vor"! Wenn nicht die Kapitalnutzungsmöglichkeit den Gegenstand der Zuwendung bilden kann, dann sollte als Gegenstand der Zuwendung vielmehr der Teilbetrag des Kapitals gelten, dessen Zuwendung nicht durch die (abgezinste) Rückzahlungspflicht ausgeglichen wird. Bestimmt man den Zuwendungsgegenstand in dieser Weise, so besteht kein Zweifel, dass die Bereicherung des Darlehnsnehmers aus dem Vermögen des Darlehnsgebers stammt, der das Kapital gegen einen geringerwertigen Rückforderungsanspruch hingegeben hat. Diese Betrachtungsweise gilt auch außerhalb des Darlehensbereichs. Wird daher Geld zum Hausbau zinslos überlassen, das erst längere Zeit später eingesetzt werden soll, so wird – berücksichtigt man die in der Zwischenzeit erzielbaren Zinsen – mehr Geld als erforderlich zugewandt. Der zum Hausbau erforderliche Betrag stellt eine mittelbare Grundstücksschenkung dar. Der Vorteil, der mit der vorzeitigen Überlassung des Kapitals dem Beschenkten zusätzlich verschafft wird, besteht in dem Teilbetrag des Kapitals, der zum Hausbau nicht benötigt worden wäre, wenn der Beschenkte das Geld zwischenzeitlich verzinslich angelegt hätte. Der BFH (BStBl II 03, 273) geht in diesem Zusammenhang von einer Verzinsung von 5,5% aus.

Die Betrachtungsweise, die den Gegenstand der Zuwendung in Fällen der zinslosen Kapitalüberlassung darin sieht, dass dem Empfänger 51a

§ 7 **51a** Schenkungen unter Lebenden

ein **Teilbetrag des überlassenen Kapitals** unentgeltlich zugewandt wird, macht zugleich deutlich, dass die Zuwendung schon mit der Kapitalhingabe vollzogen und nicht nur versprochen ist (BFH BStBl II 79, 631), was auch der esteuerlichen Behandlung durch Abzinsung nach § 6 I Nr 3 EStG entspricht (vgl dazu FG Köln EFG 10, 343), und dass jedenfalls der objektive Tatbestand der freigebigen Zuwendung auch dann verwirklicht ist, wenn das Erheben von Zinsen in den Kreisen, zu denen der Darlehnsgeber und der Darlehnsnehmer gehören, nicht üblich ist (FG Münster EFG 92, 468; FG Berlin EFG 92, 285; vgl auch BFH/NV 95,70: zinsloses Darlehen unter Ehegatten). Regelmäßig ist also als Zuwendungsgegenstand ein Teil der Kapitalleistung anzusehen. Ausnahmsweise kann jedoch auch der Teil eines Grundstücks als Zuwendungsgegenstand gelten, wenn der Zinsvorteil den Kauf oder Bau eines Hauses erleichtern soll (FG München EFG 00, 83; aM FG Bad-Württ DStRE 04, 474). Erlässt der Gläubiger des unverzinslichen Darlehens dem Darlehnsnehmer später schenkweise die Rückzahlung des Kapitals, dann ist auch dieser Erlass unter Abzinsung der Rückzahlungsforderung zu bewerten. Dennoch kann es wegen der zwischenzeitlichen Rückführung der Abzinsung dazu kommen, dass die Summe der Werte, die sich bei einer Zusammenrechnung der Zuwendungen bei Hingabe des Darlehns und beim Verzicht auf die Darlehnsrückzahlung ergeben, den Betrag übersteigt, der als stpfl Erwerb anzusetzen gewesen wäre, wenn der Darlehnsgeber von Anfang an den ganzen Kapitalbetrag geschenkt hätte. Nach einer früheren Auffassung des BFH (BStBl II 79, 740) durfte bei der Zusammenrechnung von Zinsschenkung und Forderungserlass im Rahmen des § 14 kein höherer Betrag zum Ansatz gelangen, als wenn von vornherein das ganze Kapital schenkweise erworben worden wäre. Doch hat der BFH (BStBl II 99, 25) diese Rechtsprechungslinie inzwischen wieder aufgegeben. In der zuletzt genannten Entscheidung hat der BFH zugleich ausgesprochen, dass der Vorteil aus einem auf fünf Jahre gewährten unverzinslichen Darlehen mit Rücksicht auf § 10 III auch dann ungeschmälert erhalten bleibt, wenn der Darlehnsnehmer den Darlehnsgeber nach vier Jahren beerbt. Weil die Zuwendung des Zinsvorteils schon mit der Kapitalhingabe vollzogen ist, spielt es für die Besteuerung keine Rolle, ob der Schenker die unverzinsliche oder besonders niedrig verzinsliche Kapitalforderung nachträglich abtritt (FG Bremen EFG 98, 675). Wird im Übrigen ein Darlehnsanspruch mit einer überdurchschnittlich hohen Verzinsung ausgestattet, so dürfte der Gegenstand der Zuwendung in diesem Fall in dem Betrag der Zinsforderung liegen, der die übliche Verzinsung übersteigt. Auch im Fall der Einräumung eines überhöhten Zinsforderungsrechts wird die freigebige Zuwendung schon in der Begründung des Zinsforderungsrechts gesehen werden müssen, so dass die Zuwendung mit der Forderungsbegründung ausgeführt worden ist.

52.–75. Die aus der Zuwendung folgende Bereicherung

Schrifttum: *Gottschalk,* Leistungen in das Gesellschaftsvermögen einer GmbH als freigebige Zuwendung gemäß § 7 Abs 1 Nr 1 ErbStG, 2001; *Hübner,* Altes und Neues zu disquotalen Gesellschafts- und Gesellschafterleistungen, DStR 07, 1747; *Eggers,* SchSt bei Zuwendungen an Vereine, DStR 07, 1752; *Crezelius,* Verdeckte Gewinnausschüttungen zwischen Zivilrecht, Ertragsteuerrecht und Schenkungsteuerrecht, ZEV 08, 278; *Hübner,* Disquotale Gewinnausschüttungen und Einlagen im Schenkungsteuerrecht, DStR 08, 1357; *Perwein,* Einbringung eines Einzelunternehmens im Wege der Kapitalerhöhung – Schenkung an die Mitgesellschafter der GmbH?, GmbHR 10, 133; *Tolksdorf,* Schenkungsteuer bei disquotalen Einlagen und Gewinnausschüttungen, DStR 10, 423; *Christ,* Auswirkungen von unentgeltlichen Leistungen bei Kapitalgesellschaften auf Gesellschafter, Mitgesellschafter sowie nahe stehende Personen, ZEV 11, 10; *Birnbaum,* Die verdeckte Gewinnausschüttung wird schenkungsteuerpflichtig, DStR 11, 252; *Crezelius,* Disquotale Einlagen und verdeckte Gewinnausschüttungen, ZEV 11, 393; *Götz,* Oder-Konten als Schenkungsteuerfalle, ZEV 11, 408; *Korezkij,* Schenkungen unter Beteiligung von Kapitalgesellschaften, DStR 11, 1454, 1496; *Daragan,* Wer ist der Schenker bei Zuwendungen von Kapitalgesellschaften an nahe stehende Personen?, DStR 11, 2079; *Binnewies,* Schenkungsteuerliche Behandlung von Zuwendungen zwischen Kapitalgesellschaft und Gesellschafter, GmbHR 11, 1022.

52.-56 c. Erwerb bedingter oder unter Vorbehalt stehender Rechte. Verschiedenes

Bereicherung bei Erwerb bedingter Rechte. Voraussetzung jeder freigebigen Zuwendung ist, dass der Empfänger durch sie objektiv bereichert wird (RFH RStBl 41, 222; BFH BStBl II 91, 181; 01, 245). Wie immer bei der Prüfung einer freigebigen Zuwendung ist die Bereicherung zunächst nach zivilrechtlichen Grundsätzen zu ermitteln (oben Anm 5). Das kann bei aufschiebend bedingten Rechten (Bsp: Schenkung eines unter Eigentumsvorbehalt stehenden Objekts) zur Bejahung der Bereicherung führen. So geht § 1986 II 2 BGB unbedenklich davon aus, dass eine aufschiebend bedingte Forderung einen gegenwärtigen Vermögenswert hat, der ihr nur dann fehlen soll, wenn der Eintritt der Bedingung ganz entfernt liegt (vgl dazu *Meincke,* Das Recht der Nachlassbewertung im BGB, 1973, S. 227 ff). Auch hat der BGH (BGHZ 87, 367) § 1376 BGB dahin interpretiert, dass aufschiebend erworbene Rechte und Lasten nach zivilrechtlichen Grundsätzen mit dem Stichtagswert anzusetzen sind, also für den Vermögensinhaber bereits einen Vermögenswert repräsentieren. Doch ist mit dieser Feststellung bei der Besteuerung der freigebigen Zuwendung im Ergebnis wenig gewonnen, weil das StRecht anders entscheidet und die zivilrechtliche Bereicherung daher mit keiner StPfl verknüpft. Denn im StRecht vermittelt die Zuwendung eines aufschiebend bedingten Rechts noch keine Bereicherung (*Kipp* § 3 Anm 15). In diesem Sinn hatte § 48 S 1 ErbStG 1919 bestimmt: „Vermögen, dessen Erwerb von dem Eintritt einer aufschiebenden Bedingung abhängt, unterliegt der Besteuerung erst bei Eintritt der Bedingung". Der Satz wird heute durch §§ 3 II Nr 5, 7 I Nr 10, 9 I Nr 1 a und 1 h sowie durch § 4 BewG anerkannt. Er gilt für Rechte, die der Zuwendende bedingt überträgt, und auch für solche, die schon dem Zuwendenden nur aufschiebend bedingt zustanden und die er ohne Hinzufügen einer weiteren Bedingung unentgeltlich weitergibt. Die zivilrechtliche Einschätzung, dass auch die Zuwendung eines aufschiebend bedingten Rechts beim Erwerber eine Bereicherung bewirkt, bleibt nach allem ohne steuerliche Konsequenzen. Steuerlich bedeutsam ist es dagegen, wenn schon das Zivilrecht eine Bereicherung verneint. Denn mangels zivilrechtlicher Bereicherung kann es zu einer weiteren steuerlichen Prüfung nicht mehr kommen. Steuerlich bedeutsam ist daher die Regelung des § 517 BGB, die eine Bereicherung desjenigen verneint, dem es zugute kommt, dass ein anderer einen Vermögenserwerb unterlässt oder auf ein angefallenes, noch nicht endgültig erworbenes Recht verzichtet oder eine Erbschaft oder ein Vermächtnis ausschlägt. Weil schon das Zivilrecht in solchen Fällen die Bereicherung verneint, kann die steuerliche Beurteilung bei der Prüfung der Voraussetzungen des § 7 I Nr 1 nicht zu abweichenden Ergebnissen führen (oben Anm 5). Von dem aufschiebend bedingten Recht ist im Übrigen das unbedingte Recht zu unterscheiden, dessen Erwerb auf einer aufschiebend bedingten schuldrechtlichen Schenkungsabrede beruht und das nicht nur wegen fehlender Bereicherung, sondern darüber hinaus wegen des noch nicht uneingeschränkt erklärten Zuwendungswillens bis zum Eintritt der Bedingung unversteuert bleibt (vgl RFH RStBl 30, 555).

53 Bereicherung beim Erwerb unter Widerrufsvorbehalt. Nach Art 894 code civil gehört zum Begriff der Schenkung, dass der Schenker den Gegenstand der Zuwendung unwiderruflich aus seinem Vermögen entlässt. Das deutsche Recht kennt kein vergleichbares Schenkungsmerkmal. Daher gilt die Zulässigkeit einer Widerrufsvereinbarung bei der Schenkung im ZivilR nicht als Problem. In der schenkungsteuerlichen Literatur war demgegenüber umstritten, ob von einer Bereicherung die Rede sein kann, wenn sich der Schenker den – soweit gesetzlich möglich – freien Widerruf der Schenkung vorbehält. Insbesondere *Knobbe-Keuk* (FS *Flume* II, 1978, 149, 155; Bilanz- und UnternehmensStR, 9. Aufl 1993, 989; aM *Pruskowski,* Das Merkmal der Zuwendung im Tatbestand der Schenkung, Diss Köln 1987, 135 ff) hatte unter Hinweis auf das EStRecht die These entwickelt, dass in der Zuwendung unter freiem Widerrufsvorbehalt ein der SchSt unterliegender Vorgang noch nicht zu sehen ist. Demgegenüber sprach jedoch schon immer vieles dafür, auch in dieser Frage den Gleichklang mit dem ZivilR zu wahren, das die Zuwendung unter Widerrufsvorbehalt als Schenkung ansieht (Nw bei *Pruskowski* aaO 137 Fn 11). Denn auch ein wirksam vereinbartes freies Widerrufsrecht schließt die Bereicherung des Erwerbers nicht aus. So erwirbt bei der Sachschenkung der Beschenkte das Eigentum an dem Gegenstand der Zuwendung; ihm steht die Verfügung über sein Eigentum dinglich unbeschränkbar frei. Es würde auch zu einem merkwürdigen Ergebnis führen, wenn die Besteuerung einer freigebigen Zuwendung durch Vereinbarung eines bloßen Widerrufsvorbehalts ausgeschaltet werden könnte.

Die **Rechtsprechung**, die eine Zeit lang der These *Knobbe-Keuks* zuneigte (BFH BStBl II 85, 159, 160; FG Rh-Pf EFG 86, 456), hat sich dann jedoch der hier vertretenen Auffassung angeschlossen (BFH BStBl II 89, 1034; 07, 669, 672; FinVerw StEK ErbStG § 9 Nr 11). Weder der Vorbehalt freien Widerrufs durch den Schenker noch eine dem Schenker eingeräumte unwiderrufliche Vollmacht zur dinglichen Rückübertragung des zugewendeten Gegenstandes schließen nach der zuletzt zitierten Entscheidung die Bereicherung des Beschenkten aus; der unwiderruflichen Rückübertragungsvollmacht steht eine Verfügungsermächtigung iSd § 185 I BGB zugunsten des Schenkers gleich. Ein bedingter Rückübereignungsanspruch des Schenkers in Bezug auf ein zugewendetes Grundstück kann durch Rückauflassungsvormerkung oder auch durch die Belastung mit einer (nicht valutierten) Grundschuld abgesichert werden; die hierdurch im wirtschaftlichen Ergebnis bewirkte Einschränkung der Verfügungsmöglichkeit des Beschenkten steht der Annahme einer Bereicherung ebenfalls nicht entgegen (vgl FG Hamburg EFG 89, 298 – im dort entschiedenen Fall war der Rückübertragungsanspruch allerdings an einen näher spezifizierten Tatbestand geknüpft).

Bereicherung beim Erwerb unter Nießbrauchsvorbehalt. So wie durch einen Widerrufsvorbehalt werden die Merkmale der freigebigen Zuwendung auch nicht schon ohne weiteres dadurch ausgeschlossen, dass sich der Schenker bei der Übertragung des Eigentums den Nießbrauch und mit ihm das wirtschaftliche Eigentum an dem verschenkten Gegenstand vorbehält (BFH BStBl II 83, 179; unten § 9 Anm 40). Erlischt der Nießbrauch beim Tod des Nießbrauchers oder zu dem sonst vorgesehenen Ereignis oder Termin und geht damit nach dem rechtlichen nun auch das wirtschaftliche Eigentum auf den Bedachten über, so liegt darin keine erneute bereichernde Zuwendung unter Lebenden oder von Todes wegen. Denn mit dem Wegfall der dinglichen Belastung verwirklicht sich lediglich eine in der früheren Zuwendung bereits angelegte Vervollständigung der Rechtsposition des Beschenkten, die noch zum Inhalt der früheren Zuwendung gehört. Der vorzeitige unentgeltliche Verzicht auf ein vorbehaltenes Nießbrauchsrecht soll dagegen nach Auffassung des BFH (BStBl II 04, 429) die Merkmale der unentgeltlichen Zuwendung erfüllen, weil er mit dem vorzeitigen Erlöschen des Nießbrauchs dem Eigentümer eine Bereicherung vermittelt, die in seiner Rechtsposition bisher so noch nicht angelegt war. Ein selbständiges Zuwendungs- und Bereicherungsobjekt können im Übrigen auch die dem Nießbraucher zustehenden **Nutzungen** bilden. Wendet der Vorbehaltsnießbraucher ihm gebührende Nutzungen (zB Gewinnanteile aus einer Gesellschaftsbeteiligung) dem Eigentümer bzw Rechtsinhaber unter Lebenden zu, wird damit eine Bereicherung verschafft (BFH/NV 90, 373, 374; *Petzoldt,* DNotZ 91, 706, 708).

56 **Verschiedenes.** Als Bereicherung kommt im Übrigen jede Vermehrung der Aktiva und Verminderung der Passiva, die zu dem Erwerb gehören, in Frage (R E 7.1 II ErbStR). Auch der Verzicht auf eine wertlose Forderung bewirkt eine Verminderung der Passiva des Schuldners und damit eine Bereicherung des durch den Verzicht Begünstigten und eine Entreicherung des Verzichtenden (RFH RStBl 38, 749; FG Rh-Pf EFG 05, 1890). Weil jede Verminderung der Passiva des Schuldners als Bereicherung angesehen wird, kann in der Bezahlung fremder Schulden selbst dann eine freigebige Zuwendung an den Schuldner liegen, wenn dieser zahlungsunfähig ist, so dass seine wirtschaftliche Position durch den Wegfall der Verbindlichkeit unmittelbar gar nicht verbessert wird (RFH RStBl 37, 1303). Doch spricht mehr für die These, dass der Wegfall von Verbindlichkeiten, der bei objektiver Betrachtung unmittelbar keine wirtschaftliche Entlastung bewirkt, jedenfalls solange nicht als bereicherungsmehrend eingeschätzt werden darf, solange die Begründung von Verbindlichkeiten, die keine wirtschaftliche Belastung mit sich bringen, vom Abzug ausgeschlossen bleibt (vgl § 10 Anm 31 b). Der Empfänger muss über das Zugewendete im Verhältnis zum Leistenden tatsächlich und rechtlich frei verfügen können (BFH BStBl II 07, 669). Die Einräumung einer Zugriffsposition auf das Vermögen des Zuwendenden wie die Begründung eines Pfandrechts durch den Schuldner für den Gläubiger führt nicht ohne Weiteres zu einer Vermehrung der Aktiva des Bedachten.

56a In diesen Zusammenhang gehört auch die Errichtung eines **Oder-Kontos** zugunsten des Ehepartners. Bei Oder-Konten sind die Eheleute Gesamtgläubiger iS von § 430 BGB. Daraus könnte folgen, dass sie im Innenverhältnis zu gleichen Anteilen berechtigt sind. Zahlt einer der beiden Eheleute größere Beträge auf das Oder-Konto ein, so könnte das bedeuten, dass er damit eine freigebige Zuwendung an den anderen Partner bewirkt, weil die Einzahlung den Wert des Anteils am Kontoguthaben des anderen Partners erhöht. Das kann es bedeuten, muss es aber nicht. Denn die gesetzliche Regel, die zu gleichen Anteilen führt, gilt nur, soweit nicht von den Eheleuten ein anderes bestimmt ist. Und das wird häufig der Fall sein. Der BFH (BStBl II 08, 28) hat denn auch zu Recht auf eine Entscheidung des BGH (NJW 90, 705; vgl auch BGH NJW-RR 93, 2) verwiesen, die die gesetzliche Regel gleicher Anteilsberechtigung für Oder-Konten von Eheleuten während intakter Ehe zur Ausnahme erklärt. Im Innenverhältnis zwischen ihnen ist im Zweifel „ein anderes bestimmt" (§ 426 I 1 BGB). Denn es entspricht ihren Vorstellungen eher, dass nur einem von ihnen der Kontobetrag zustehen soll, während dem anderen nicht mehr als ein Zugriffsrecht zugebilligt wird, das von ihm in bestimmtem Rahmen ausgenutzt werden darf. Unter dieser Prämisse überzeugt es nicht, wenn das FG Nürnberg (DStRE 11, 690) eine freigebige Zuwendung des einzahlenden Ehemannes annimmt, obwohl die Ehefrau ihre Position als Gesamtgläubigerin nur zur Bestreitung der gemeinsamen Lebensführung ausgenutzt hat und, wie das Gericht selbst einräumt, sich „nur um die tägliche Lebensführung einschließlich der hierfür erforderlichen Geldmittel gekümmert" hat (DStRE 11, 691), so dass die Position des Ehemannes als Einzahler und maßgeblicher Gläubiger des Kontoguthabens im Übrigen unangetastet blieb. Gestaltet ein Ehepartner sein Gehaltskonto als Oder-Konto aus, dann kann schwerlich angenommen werden, dass jeder Geldeingang mit einer steuerpflichtigen Zuwendung an den anderen Partner verbunden sein soll.

Schuldtilgung, Sicherheitsleistung oder Verstärkung der Sicherheit im Wege des **Rangrücktritts** durch einen Dritten kann je nach den Umständen ohne bereichernde Auswirkung bleiben oder den Gläubiger oder den Schuldner bereichern (RFH RStBl 37, 1303). Das FG Nürnberg (EFG 97, 894) vertritt die These, dass schon in der **Bürgschaftsübernahme,** jedenfalls aber in der Zahlung des Bürgen an den Gläubiger eine freigebige Zuwendung an den Schuldner liegt, wenn der Regressanspruch des Bürgen gegen den Schuldner wertlos ist. Doch bleibt dann zu prüfen, inwieweit die Auswechselung des Gläubigers, die die Zahlung des Bürgen bewirkt, wirklich zu einer Bereicherung des Schuldners führt. Der BFH (BStBl II 00, 596) will dies nur in Ausnahmefällen anerkennen. In der Aufgabe einer Sicherheit kann eine Bereicherung des Sicherungsgebers (KG JW 37, 2597), im Schulderlass oder der befreienden Schuldübernahme eine Bereicherung des Schuldners liegen. An einer Bereicherung fehlt es nach Auffassung des BFH (BStBl II 01, 245), wenn einer von zwei Gesamtgläubigern ersatzlos wegfällt und damit auch die Ausgleichspflicht zwischen den Gesamtgläubigern hinfällig wird. Durch ein den Eltern eingeräumtes Rentenstammrecht wird ein Elternteil nur insoweit bereichert, als er über die eingehenden Zahlungen im Innenverhältnis endgültig frei verfügen kann (BFH BStBl II 08, 28). 56 b

56 c Soweit das StRecht einen Erwerb noch nicht für steuerbar erklärt, **liegt in der Aufgabe dieses noch nicht für steuerbar erklärten Erwerbs keine stpfl Bereicherung** dessen, dem die Aufgabe zugute kommt. So wird der Erwerb des Pflichtteilsrechts erst mit dem Geltendmachen besteuert (§ 9 I Nr 1 b). Der Verzicht auf den nicht geltend gemachten Pflichtteilsanspruch bewirkt daher beim Erben keine stpfl Bereicherung. Dies wird in § 13 I Nr 11 durch ausdrückliche Anordnung klargestellt. So wie der Verzicht auf den noch nicht geltend gemachten Pflichtteilsanspruch keine steuerbare Bereicherung bewirkt, so muss auch der Erlass der Forderung aus einem Schenkungsversprechensvertrag stfrei bleiben, weil das StRecht, das in dem unentgeltlichen Forderungserwerb noch keine steuerlich relevante Wertbewegung sieht, den unentgeltlichen Erlass dieser stfrei erworbenen Forderung schwerlich zu einem steuerbaren Vorgang erklären kann. Die Schenkung wird erst mit Ausführung der Zuwendung zu einem steuerlich beachtlichen Vorgang. In dem Verzicht auf die Rechte aus einem noch nicht ausgeführten Schenkungsvertrag liegt daher keine steuerlich relevante freigebige Zuwendung (FG M-Vorp, DStRE 02, 107). Da die Erb- oder Vermächtnisausschlagung die StPfl des Ausschlagenden aufhebt und ihn zivilrechtlich so stellt, als sei ihm der ausgeschlagene Erwerb niemals angefallen, liegt auch in dem Erwerb desjenigen, der an die Stelle des Ausschlagenden tritt, keine auf Kosten des Ausschlagenden erlangte Bereicherung. Wird für die Ausschlagung eine Abfindung von einem Außenstehenden gezahlt, so ist zumindest zweifelhaft, ob in der Abfindungszahlung eine freigebige Zuwendung des Gebers an den durch die Ausschlagung Begünstigten gesehen werden kann (oben § 3 Anm 99). In der Übernahme der SchSt durch den Schenker sieht das Gesetz ebenfalls keine selbstständig zu besteuernde Bereicherung, sondern nur eine Werterhöhung des Geschenks, auf das die St entfällt (§ 10 II; BFH BStBl II 78, 220, 223).

57.–61. Bereicherungsmindernde Posten

57 **Lasten und Verbindlichkeiten.** Zur Feststellung der Bereicherung, die aus der Zuwendung resultiert, sind neben den bereichernden auch entreichernde Posten zu beachten. Hierher gehören nicht nur die Rechte, die den Gegenstand der Zuwendung als solchen belasten, wie das vorbehaltene oder einem Dritten zustehende dingliche Nutzungsrecht an dem durch Zuwendung übertragenen Objekt. Vielmehr sind auch die Verbindlichkeiten zu berücksichtigen, die den Empfänger im Zusammenhang mit der Zuwendung treffen, wie die die Bereicherung neutralisierende Pflicht zur Verwaltung und Rückgabe beim **Treuhanderwerb** (dazu *Jülicher*, DStR 01, 2177). Es reicht jedoch noch nicht, um einen treuhänderischen Erwerb anzunehmen, wenn mit der

Zuwendung von Vermögen an die Ehefrau nur der Wunsch verbunden wird, den Töchtern bei Bedarf Geld auszuzahlen (FG Hbg EFG 10, 340). Im Übrigen sind hier auch die Gegenleistungen zu berücksichtigen, die der Empfänger für den Erhalt der Zuwendung aufzubringen hat, sofern sie in Geld veranschlagt werden können (Abs 3) und nicht schon das Zuwendungsobjekt als solches kürzen, wie es die Rechtsprechung für den Fall der gemischten Schenkung und der Schenkung unter Leistungsauflage annimmt (oben Anm 27 ff).

Wegfall von Aktivposten. Der Erwerb kann nicht nur zur Begründung bereicherungsmindernder Lasten und Verbindlichkeiten führen (oben Anm 57), sondern er kann auch das Erlöschen von Rechten des Erwerbers bewirken, dass bei der Feststellung der aus dem Erwerb resultierenden Bereicherung des Erwerbers beachtet werden muss. So neutralisiert bei den Leistungen zur **Erfüllung eines Anspruchs** beim Empfänger das Erlöschen des Anspruchs den durch die Leistung bewirkten Vermögenserwerb, so dass die Erfüllung eines Anspruchs selbst dann keine steuerbare Bereicherung bewirkt, wenn der Anspruch wegen der finanziellen Schwäche des Schuldners vor der Erfüllung nicht als vollwertig erschien. Etwas anderes gilt nur, wenn der Anspruch selbst ausnahmsweise vermögensneutral erworben war, wie es für den Anspruch aus einem formwirksamen Schenkungsversprechen gilt. Weil der Anspruchserwerb in derartigen Fällen für das SchStRecht noch nicht als Bereicherung gilt, kann auch das Erlöschen des Anspruchs nicht bereicherungsmindernd berücksichtigt werden, so dass aus der Sicht des SchStRechts mit der Erfüllung des Schenkungsversprechens beim Gläubiger eine Bereicherung eintritt (BFH DVR 64, 101). Zu einer Bereicherung führen auch die Leistungen, die im Wege der **vorweggenommenen Erbfolge** an die Angehörigen gelangen, selbst wenn diese Leistungen den späteren Erwerb durch Erbanfall kürzen, weil kein Anspruch auf den Erwerb durch Erbanfall bestand, der mit den Leistungen zur vorweggenommenen Erbfolge in Fortfall käme und weil der Erwerb im Wege der vorweggenommenen Erbfolge an die Stelle des Erbschaftserwerbs tritt, der seinerseits der Besteuerung nach dem ErbStG unterliegt. Diese Argumentation wird durch Abs 1 Nr 5 für den Fall des Verzichts auf den künftigen Pflichtteilsanspruch bestätigt. Denn hier wird der Gesamtbetrag der Abfindung für steuerbar erklärt, ohne dass ein Abzug in Höhe des Wertes des Verzichts zugelassen wird (BFH BStBl III 53, 59). Bereicherungsmindernd wirkt dagegen der **Wegfall künftiger Ansprüche** des Zuwendungsempfängers gegen den Zuwendenden, wenn deren spätere Erfüllung keinen StTatbestand verwirklichen würde, so früher beim Verzicht des Kindes auf Unterhalt vom Vater gegen angemessene Abfindung gemäß § 1615 e BGB aF. Nach diesen Grundsätzen ließe sich auch der Vorwegerfüllung des Zugewinnausgleichsanspruchs die bereichernde Wirkung (abgesehen von Vorfälligkeitszinsen) absprechen (vgl dazu aber § 5 Anm 39).

59 Als ein die Bereicherung neutralisierender Posten kommt grds auch die Herausgabepflicht des Empfängers einer **unwirksamen Zuwendung,** insb gemäß §§ 812 ff BGB, in Frage, wenn keine Anhaltspunkte dafür gegeben sind, dass die Beteiligten die unwirksame Zuwendung in ihrem wirtschaftlichen Ergebnis bestehen lassen wollen (§ 41 I AO). Würde man ohne derartige Anhaltspunkte die Rückgewährpflicht von der Berücksichtigung als entreichernder Posten ausschließen, so liefe das auf eine undifferenzierte Besteuerung rechtsgrundloser wie unentgeltlicher Zuwendungen hinaus. Hiervon zu unterscheiden ist die gemäß §§ 119, 120, 123 BGB **anfechtbare,** aber noch nicht angefochtene **Zuwendung,** bei der es erst mit der Anfechtung zum dinglichen Rückfall des Zuwendungsgegenstandes oder zur Entstehung eines Rückgewähranspruchs und damit bei Herausgabe des Geschenks zum Erlöschen der St nach § 29 I Nr 1 kommt. Dieser Fallgruppe steht in ihren StFolgen gleich die vollstreckungsrechtliche Anfechtung der Zuwendung auf Grund des AnfechtungsG oder im Insolvenzverfahren. Hierher gehören ferner die Fälle, in denen der Schenker nach Ausübung eines gesetzlichen oder vertraglich vorbehaltenen **Widerrufsrechts** oder wegen Wegfalls der Geschäftsgrundlage einen Rückforderungsanspruch geltend macht.

60 Welche steuerlichen Auswirkungen eintreten, wenn der Zuwendungsgeber dem Empfänger auf Grund eines vertraglichen Vorbehalts **nachträglich eine Gegenleistungsverpflichtung** auferlegt (vgl BFH FamRZ 85, 696, 697 f) oder wenn die Parteien sich im Nachhinein auf eine Vergütung oder deren Erhöhung einigen (vgl BGH FamRZ 89, 732, 733), so dass die Bereicherung des Zuwendungsempfängers ganz oder teilweise wegfällt, nachdem zuvor bereits der StTatbestand verwirklicht war (vgl auch BFH/NV 90, 809, 810), ist noch nicht ausreichend geklärt. Die St entfällt zumindest dann, wenn die Entgeltvereinbarung noch in engem zeitlichen und sachlichen Zusammenhang mit der Zuwendung erfolgt, so dass von vornherein ein entgeltliches, nicht steuerbares Geschäft angenommen werden kann (vgl zB BFH/NV 90, 506, 507: Zeitabstand von etwa vier Wochen). Nach Meinung des RFH (RStBl 32, 855 = RFHE 31, 231, 236) wird die einmal entstandene St nicht davon berührt, dass die Einigung über die Unentgeltlichkeit in eine Kaufabrede umgewandelt wird. Aber wie soll dann das auf Grund dieser Abrede gezahlte Entgelt behandelt werden? Soll es stlich als freigebige Zuwendung gelten (weil die Leistung, die diesem Entgelt gegenübersteht, als Gegenleistung nicht anerkannt wird)? Der BFH (BStBl II 08, 260, 261) hält es offenbar nicht von vornherein für undenkbar, dass auch eine nachträgliche Entgeltabrede stliche Bedeutung gewinnt (aM FG Köln EFG 06, 912, 913 als Vorinstanz). Der Problemkreis bedarf noch weiterer Diskussion (vgl auch § 29 Anm 1).

Erfüllt der Beschenkte einen Rückgewähranspruch des Schenkers, so **61** bewirkt diese **Rückübertragung** keine Bereicherung in umgekehrter Richtung (so für Herausgabe bei Wegfall der Geschäftsgrundlage FG München EFG 87, 571; FG Münster FamRZ 90, 324; vgl ferner *Kapp,* FR 88, 352 ff, dort auch zu der Frage, inwieweit eine Fehleinschätzung der StFolgen einer zivilrechtlichen Gestaltung die Geschäftsgrundlage berühren kann). Gibt der Beschenkte das Geschenk dagegen freiwillig heraus, so bewendet es nicht nur bei der schenkungsteuerlichen Erfassung der ursprünglichen Zuwendung (FG Berlin EFG 89, 415, 416), sondern darüberhinaus kommt grds die Besteuerung einer Rückschenkung des vormals Beschenkten an den vormaligen Schenker in Betracht (kritisch *Sosnitza,* UVR 92, 342, 348: unten § 29 Anm 6). Die Feststellungslast bezüglich des Rechtsgrundes für die Rückgabe des Geschenks wird von der Rspr (BFH/NV 90, 234) dem StPfl auferlegt. Hat der Schenker (zB wegen Wegfalls der Geschäftsgrundlage) einen Rückforderungsanspruch gegen den Beschenkten erlangt, diesen Anspruch jedoch dem Beschenkten erlassen, so bewirkt dieser Verzicht auf die Rückforderung keine über die ursprüngliche, schenkungsteuerlich bereits erfasste Zuwendung hinausgehende Bereicherung (aM anscheinend *Kapp,* FR 88, 352, 354).

62.–64. Abzugsverbote für bereicherungsmindernde Posten

Abzugsverbote mit zivil- und steuerrechtlicher Wirkung. Aus **62** den schon oben Anm 4 ff getroffenen Feststellungen folgt, dass strikt zwischen der Bereicherung, die die Schenkung konstituiert (§ 7 I Nr 1), und der Bereicherung, die § 10 zur Bemessungsgrundlage der St erklärt, unterschieden werden muss. Einige vermögensmindernde Posten sind in beiden Rechnungen vom Abzug ausgeschlossen. Dies gilt für die vom Erwerber geschuldete **eigene SchSt.** Denn die Zuwendung ist auch in dem Umfang, in dem sie zur Erfüllung der StSchuld eingesetzt werden muss, Geschenk. Die St kürzt daher die Bereicherung iS des § 7 nicht. Im Rahmen des § 10 schließt aber der über § 1 II auch für den Erwerb durch Schenkung anwendbare § 10 VIII den Abzug aus.

Auf das Zivilrecht begrenzte Abzugsverbote. Einige Posten sind **63** bei der Feststellung des Vermögensanfalls iS von § 7 nicht abzugsfähig, dagegen im Zusammenhang des § 10 zum Abzug zugelassen. Dies gilt zB für die **Erwerbskosten,** die den Umfang des Geschenks nicht mindern (vgl oben Anm 5; FG München EFG 91, 546), aber dennoch den Umfang des stpfl Erwerbs kürzen. Hat der Schenker die Erwerbskosten getragen, so liegt hierin eine über das eigentliche Geschenk hinausgehende Bereicherung iS des § 7. Diese führt jedoch nicht zu einem zusätzlichen stpfl Erwerb iS des § 10 I (aM *Kien-Hümbert*, DStR 89, 734, 737 f), sondern lediglich zum Wegfall des Abzugs nach § 10 V Nr 3 beim Erwerber; wollte man anders entscheiden, so würde die mit der Übernahme der Erwerbskosten durch den Schenker dem Erwerber vermittelte Bereicherung zu dessen Lasten doppelt schenkungsteuerlich erfasst.

64 **Abzugsverbote mit ausschließlich steuerlicher Wirkung.** Schließlich gibt es auch Posten, die die Bereicherung iS von § 7 kürzen oder ausschließen, dagegen im Zusammenhang des § 10 nicht berücksichtigt werden dürfen. Zu diesen Posten sind **die in § 10 VI unter Abzugsverbot gestellten Verbindlichkeiten** zu zählen, soweit die genannten Vorschriften nach der bisherigen Rspr des BFH zur gemischten Schenkung und zur Schenkung unter Auflage (oben Anm 8, 27 ff) auf freigebige Zuwendungen Anwendung finden. Denn § 10 VI geht von dem Vorliegen von Erwerbsschmälerungen aus, die den Charakter von Nachlassverbindlichkeiten haben. Soweit Verbindlichkeiten daher im Fall einer gemischten Schenkung oder einer Schenkung unter Auflage dem Kaufteil des Geschäfts zugeordnet werden und den Schenkungsteil des Geschäfts gar nicht belasten, stellen sie keine Nachlassverbindlichkeiten dar und unterliegen daher auch nicht dem in § 10 VI angeordneten Abzugsverbot.

65., 66. Die steuergünstige Verbindung positiver und negativer Faktoren

65 **Bereicherung bei gleichzeitiger Zuwendung verschiedener Vermögensposten.** Die Gegenüberstellung von bereichernden und entreichernden Posten kann zu einem negativen Saldo führen, wenn die vom Empfänger übernommene abzugsfähige Belastung den Wert des Zuwendungsobjekts übersteigt. Ergibt sich schon bei der Ermittlung der Bereicherung iS des § 7 ein negativer Wert, dann liegt eine Schenkung unter Lebenden nicht vor. Führt dagegen erst die Anwendung steuerlicher Bewertungsgrundsätze im Zusammenhang des § 10 zu einem negativen Resultat, dann ist zwar eine Schenkung gegeben, aus der aber kein stpfl Erwerb abgeleitet werden kann. Man spricht von **negativer Schenkung.** Ein Negativsaldo darf nicht auf die Bereicherung durch spätere oder frühere Zuwendungen verrechnet werden, gleichgültig, ob er schon die Annahme einer Schenkung ausschließt oder erst unter Anwendung stlicher Bewertungsgrundsätze zu einer negativen Schenkung führt (nur dieser Fall ist in § 14 I ausdrücklich geregelt). Der Negativsaldo kann aber als Abzugsposten bei der gleichzeitigen Zuwendung verschiedener Vermögenswerte in einem einzigen stpfl Vorgang dienen. Wird also Vermögen mit negativem Wert zugewandt, dann ist es stgünstig, diese Zuwendungen mit anderen Zuwendungen mit positivem Wert zu einem einheitlichen stpfl Vorgang zu verbinden.

Die **Verbindung zu einer einheitlichen Zuwendung** bedarf „sorgfältiger Gestaltung und Durchführung" (*Felix,* KÖSDI 79, 3307). Die Zuwendungen müssen im Zweifel gleichzeitig ausgeführt werden, um die St einheitlich zu begründen (§ 9 I 2). Bei gleichzeitiger Ausführung kann die Schenkung zweier unabhängiger Gegenstände in einem notariellen Vertrag als einheitliche Schenkung angesehen werden, wenn die Parteien übereinstimmend von der Einheitlichkeit des Geschäfts ausgehen (FG Münster EFG 71, 491; FG Hbg EFG 10, 341). Eine einheitliche Schenkung kann auch dann vorliegen, wenn ein Vater seinem Sohn in getrennten Verträgen – einem privatschriftlichen Vertrag und einem notariell beurkundeten Vertrag – am gleichen Tag mehrere unabhängige Gegenstände schenkt, um damit die Unternehmensnachfolge zu regeln (FG Münster EFG 72, 190). Liegt ein einheitliches, wenn auch formunwirksames Schenkungsversprechen zugrunde, so kann sogar die aus „technischen Gründen" kurz nacheinander vollzogene Zuwendung eines KG-Anteils und eines Grundstücks eine einheitliche Schenkung darstellen (Nds FG EFG 79, 141, bestätigt durch BFH BStBl II 81, 532; ähnlich BFH BStBl II 82, 351). Dieser Rspr steht *Moench/Weinmann* (§ 14 Rz 33) im Anschluss an *Gebel* (ZEV 01, 213, 215) sehr zurückhaltend gegenüber. Im Zweifel wird sich die Verbindung aber nur für Zuwendungen unter denselben Personen herstellen lassen. Immerhin fasst der BFH auch die Möglichkeit ins Auge, dass sich Zuwendungen verschiedener Personen und verschiedenen Inhalts an denselben Empfänger zu einer „Gesamtzuwendung" zusammenfassen lassen (BFH BStBl II 73, 329, 332). Ob sich auch die Zuwendung einer Person an verschiedene Empfänger als Gesamtzuwendung auffassen lässt, ist eine Frage, die im Zusammenhang mit der Mindestbeteiligung bei Zuwendung eines Kapitalgesellschaftsanteils auftritt und noch weiterer Klärung bedarf (vgl. § 13 b Anm 7).

67.–69. Bereicherung bei Weiterleitung des Erwerbs

Allgemeines. Nicht selten entspricht es den Wünschen des Schenkers, dass der Beschenkte seinen Erwerb oder Teile seines Erwerbs unmittelbar nach dem Empfang oder nach einer Zeit der eigenen Innehabung an einen Dritten weitergibt. Hierzu kann der Schenker unverbindliche Erwartungen äußern oder für den Beschenkten verbindliche Anordnungen treffen. Wird der Beschenkte wirksam verpflichtet, seinen Erwerb alsbald nach dem Empfang ganz oder teilweise an einen Dritten weiterzuleiten, liegt eine **Schenkung unter Auflage** vor (dazu oben Anm 33 ff, unten Anm 94 ff). Der Erwerb des Dritten beruht in diesem Fall nicht auf einer freigebigen Zuwendung des Beschenkten, sondern auf der Anordnung des Schenkers und gilt daher als Erwerb vom Schenker. Soll der Beschenkte den Erwerb oder Teile des Erwerbs erst nach einer längeren Zeit der eigenen Innehabung und Nutzung in die Hände eines Nachfolgers geben, ist von einer **Schenkung mit Weiterschenkklausel** die Rede. Der Erwerb des Endbegünstigten gilt in diesem Fall als Erwerb vom Beschenkten. Der Schenkung mit Weiterschenkklausel steht die **Schenkung mit Vererbungsklausel** nahe, nach der das Geschenk dem Beschenkten bis zum Tod verbleiben soll, dann jedoch nicht an die Erben des Beschenkten, sondern an einen vom Schenker ausgesuchten Dritten weiterzugeben ist. Diese Vererbungsklausel kann durch Einfügung einer auflösenden Bedingung so ausgestaltet werden, dass der Beschenkte den Zuwendungsgegenstand verliert, wenn er ihn nicht als eigene Zuwendung durch Erbeinsetzung oder Vermächtnis an den vom Schenker benannten Dritten von Todes wegen weitergibt. Es kann auch mit Hilfe einer auflösenden Befristung vorgesehen sein, dass das Geschenk beim Tod des Beschenkten aus seinem Vermögen ausscheidet und an den vom Schenker benannten Dritten, der jetzt auf Grund einer Zuwendung des Schenkers erwirbt, herausgegeben werden muss. Schließlich ist es auch denkbar, dass der Schenker keine verbindlichen Anordnungen hinsichtlich der Weiterleitung des Erwerbs trifft, sondern nur unverbindliche Erwartungen erkennen lässt, die den Freiraum des Beschenkten zu eigenen Gestaltungen bei der Verwendung des Geschenks weder rechtlich noch tatsächlich einengen, so dass die Weiterleitung des Geschenks im Ergebnis zwar mit den Wünschen des Schenkers übereinstimmt, aber doch nicht auf einer Entscheidung des Schenkers, sondern auf dem Entschluss des Beschenkten beruht. Nur in diesem letzteren Fall, der – wie im Fall der Schenkung mit Weiterschenkklausel – zu zwei aufeinander folgenden Zuwendungen des Schenkers an den Beschenkten und des Beschenkten an den Drittbegünstigten führt, wobei aber hier kein längerer Zeitraum der eigenen Innehabung durch den Beschenkten vorausgesetzt wird, sollte im Hinblick auf die aufeinander folgenden Zuwendungen von **Kettenschenkungen** die Rede sein. Doch ist der Sprachgebrauch leider uneinheitlich. Der BFH spricht von Kettenschenkungen auch da, wo eine Durchgangsperson zur Weitergabe des Erlangten verpflichtet ist (BStBl II 08, 46, 48), wo die Durchgangsperson im Umfang dessen, was weitergeleitet werden soll, gar nicht bereichert ist, also eine Kette aufeinander folgender Schenkungen nach der bisherigen Rspr des BFH zur Auflagenschenkung insoweit gar nicht angenommen werden kann. Das erscheint wenig zweckmäßig. In allen genannten Fällen geht es im Übrigen immer um die Weiterleitung eines Erwerbs (oder eines Erwerbsteils) an einen Dritten. Wird Vermögen direkt von dem Geber an den Empfänger transferiert und wird dabei nur bemerkt,

Bereicherung 68, 68a § 7

dass dieser Transfer „auf Veranlassung" eines anderen erfolge (der in Wahrheit niemals Vermögensinhaber gewesen ist), kann von einer Weiterleitung des Erwerbs keine Rede sein (BFH BStBl II 05, 412).

Bereicherung bei Kettenschenkungen. Wendet der Bedachte den 68 Gegenstand der Zuwendung alsbald nach dem Erwerb unentgeltlich einem Dritten zu, wobei er damit zwar den Wünschen des Schenkers entspricht, aber ohne rechtliche oder tatsächliche Verpflichtung zur Weiterleitung des Erwerbs im Ergebnis auf Grund eines eigenen Entschlusses tätig wird (gesetzliches Beispiel: § 20 V!), dann bleibt dieser Vorgang ohne Einfluss auf die dem Bedachten zugefallene Bereicherung. Vielmehr sind zwei aufeinander folgende, voneinander unabhängige Schenkungen anzunehmen, durch die zunächst der Bedachte vom Schenker und anschließend der Dritte vom Bedachten bereichert wird. Diese Einsicht lässt sich zur steuergünstigen Geschäftsplanung nutzbar machen. Will zB der Schwiegervater seinem Schwiegersohn eine Zuwendung machen, so kann er das Vermögen an die Tochter übertragen, die es anschließend dem Ehemann überschreibt. Damit wird die Transaktion aus der StKl II (Schwiegervater/Schwiegersohn) in die StKl I verlegt (Vater/Tochter/Ehefrau/Ehemann). Wollte ein Vater seiner Tochter unter der Geltung der alten Kinderfreibeträge von 205 000 € 400 000 € steuerfrei zukommen lassen, konnte er ihr 200 000 € direkt zuweisen und 200 000 € über seine Ehefrau an die Tochter leiten (vgl FG Münster EFG 91, 737; aufgehoben durch BFH BStBl II 94, 128; dazu unten Anm 68 a). Die Rspr stand derartigen Kettenschenkungen früher unter dem Gesichtspunkt des Gestaltungsmissbrauchs (§ 42 AO) skeptisch gegenüber (BFH BStBl III 55, 395; 61, 21) und wollte in Anlehnung an die für die Schenkung unter Auflage getroffene Regelung (§ 7 I Nr 2) den weitergeleiteten Erwerb beim Erstempfänger zum Abzug bringen und beim Zweitempfänger als vom Erstschenker stammend besteuern. Nach der einschränkenden Entscheidung BFH BStBl III 62, 206 ist zu diesem „Durchgriff" eine Willensäußerung des Schenkers erforderlich, durch die der Erstempfänger zur Weitergabe der Zuwendung an den Zweitempfänger veranlasst wird.

Doch geht auch diese Rspr noch zu weit. Das entscheidende Kriterium sollte vielmehr sein, ob dem Erstempfänger nach den getroffenen Vereinbarungen ein **eigener Entscheidungsspielraum über die Weitergabe** des Vermögens verbleibt, ob der Zwischenerwerber eine eigene Dispositionsmöglichkeit hat (Hess FG EFG 04, 148; 08, 472). Bei einem Geflecht zeitgleich abgeschlossener Verträge spiele dabei der von allen Beteiligten getragene **Gesamtplan** eine entscheidende Rolle (*Moench/Weinmann* § 7 Rz 150 unter Hinweis auf die Entscheidung des Hess FG, EFG 08, 472, und auf eine unveröffentlichte Entscheidung des FG München 4 K 1272/06). Wird der Erstempfänger vom 68a

Schenker so festgelegt, dass er sich auch ohne bindende rechtliche Verpflichtung der Weitergabe des Vermögens faktisch nicht entziehen kann, so erweist sich die Regelung des § 7 I Nr 2 als den wirtschaftlichen Vorgängen angemessene rechtliche Gestaltung iS des § 42 AO. Es liegt in diesen Fällen in Wahrheit keine Kette aufeinander folgender Schenkungen, sondern eine Schenkung unter Auflage vor. Der Erstempfänger wird nur als Durchgangs- oder Mittelsperson eingesetzt. Ihm wird keine eigene, zu seiner Disposition verbleibende Bereicherung zugewandt. In diesen Fällen ist der „Durchgriff" durch den Erstempfänger überzeugend. Einen derartigen Fall hat der BFH in BStBl II 94, 128 entschieden. In den Fällen, in denen dem Erstempfänger ein eigener Entscheidungsspielraum für die Weitergabe des Vermögens verbleibt, sollte dagegen an der getrennten Besteuerung der aufeinander folgenden Schenkungen festgehalten werden (vgl BFH BStBl II 05, 412). Denn die Beteiligten können ihre Rechtsgeschäfte, ohne den Vorwurf des Missbrauchs auf sich zu ziehen, steuergünstig gestalten (FG Münster EFG 91, 737). Der BFH (BStBl II 94, 128) hat die Entscheidung des FG Münster zwar aufgehoben. Doch hat er die dortigen Rechtsausführungen nicht missbilligt, sondern nur den Sachverhalt abweichend gewürdigt, nämlich dass in Wahrheit kein Entscheidungsspielraum des Beschenkten gegeben war, was nach Auffassung des Gerichts aus dem Abschluss der Verträge in einem Zuge und aus der inhaltlichen Abstimmung der Verträge abzuleiten ist. Neben dem Entscheidungsspielraum des Beschenkten kann auch gewürdigt werden, ob die Erstzuwendung oder die Zweitzuwendung **auf besonderen Zielsetzungen beruhen,** die es ausschließen, den Erwerb des Dritten unmittelbar auf den Schenker der Erstzuwendung zurückzuführen (FG Rh-Pf EFG 99, 618). Wenig überzeugend erscheint demgegenüber die Auffassung des FG München (EFG 11, 1733). Das Gericht will bei unmittelbarer Weitergabe des Geschenks die Bereicherung des Erstbedachten auch dann verneinen, wenn er zur Weitergabe des Geschenks nicht verpflichtet war, sondern bei der Weitergabe aus eigenem Antrieb gehandelt hat. Die These des Gerichts lautet: Ein zwischengeschalteter Dritter, der den geschenkten Gegenstand sogleich weiterverschenkt, ist schenkungsteuerlich grundsätzlich nicht bereichert, auch wenn zivilrechtlich zwei aufeinander folgende Schenkungen anzunehmen sind. Die Entscheidung überzeugt nicht, weil der Grund nicht angegeben wird, der es erlaubt, den Erwerb im Rahmen der ersten Schenkung durch die zweite Schenkung für das SchStRecht zu neutralisieren.

69 **Bereicherung bei Schenkungen mit Weiterschenkklausel.** Der BFH hatte früher angenommen, dass im Fall von Schenkungen mit Weiterschenkklausel (dazu oben Anm 67) jedenfalls dann, wenn es dem

Beschenkten freigestellt blieb, den Zeitpunkt der Weiterübertragung des geschenkten Vermögens frei zu bestimmen, von zwei hintereinander geschalteten Schenkungen auszugehen sei: der Beschenkte durfte die Weiterleitungsverpflichtung nicht bereicherungsmindernd geltend machen, konnte aber zugleich den Erwerb als sein Geschenk an den Dritten weitergeben (BFH BStBl II 82, 736). Diese Rspr hat der BFH aufgegeben (BFH BStBl II 93, 523; dazu *Jülicher,* DStR 94, 926). Er will nunmehr die Schenkung mit Weiterschenkklausel wie eine Schenkung unter Auflage behandeln, die Weiterleitungsverpflichtung beim Ersterwerber zum Abzug zulassen und den Erwerb des Zweiterwerbers als Erwerb vom Schenker und nicht als Erwerb vom Ersterwerber behandeln. Das soll (in Abweichung von der Entscheidung des FG Hamburg EFG 90, 639) selbst dann gelten, wenn der Ersterwerber das Geschenk schon zu einem Zeitpunkt weitergegeben hat, zu dem für ihn eine Verpflichtung zur Weiterleitung des Erwerbs noch nicht bestand. „Denn auch die (Vorweg-)Erfüllung eines noch aufschiebend bedingten Anspruchs erfolgt nicht freigebig" (BFH BStBl II 93, 523, 525). Eine Auseinandersetzung mit der Regelung des § 7 I Nr 7 fehlt in diesem Zusammenhang.

70.–75. *Probleme der Bereicherung im Gesellschaftsrecht*

Bereicherung durch Aufnahme in eine Personengesellschaft. Wird jemand ohne Verpflichtung zur Einlage eigenen Vermögens als Teilhaber in eine OHG aufgenommen, so wächst ihm zwar eine Beteiligung am Gesellschaftsvermögen zu, zugleich wird er aber mit der Pflicht zur Geschäftsführung und mit der persönlichen Haftung für die Gesellschaftsschulden belastet. Diese Belastungen schließen nach der im ZivilR lange Zeit vorherrschenden Ansicht die Annahme einer Bereicherung im Allgemeinen aus (BGH LM Nr 3 zu § 516 BGB; BGH WM 65, 359; *Fischer* in Großkomm HGB, 3. Aufl 1973, § 105 Anm 56; *Soergel-Mühl,* 11. Aufl 1980, § 516 BGB Rz 19; aM *A. Hueck,* DB 66, 1043, 1044; *Wiedemann/Heinemann,* DB 90, 1649; 1651; einschr auch BGH WM 81, 623). Dagegen wird nach Auffassung des RFH (RStBl 41, 854) die Geschäftsführungspflicht und das Haftungsrisiko durch die Gewinnbeteiligung abgegolten, so dass eine Bereicherung in Höhe des Betrages vorliegt, den der Gesellschafter bei einer gleich nach dem Beitritt vollzogenen Auflösung der Gesellschaft aus dem Gesellschaftsvermögen zu beanspruchen gehabt hätte. Der BFH (HFR 64, 120; ähnlich jetzt auch BStBl II 92, 923; BFH/NV 93, 54; BStBl II 96, 546) unterscheidet zwischen der Aufnahme in die Gesellschaft, durch die für den Beitretenden die gesellschaftsrechtlichen Pflichten und Risiken begründet werden, und der Übertragung des Kapitalanteils an den bereits aufgenommenen Gesellschafter, die ohne Gegenleistung erfolgt und daher stets zu einer Bereicherung führt. Doch wird man die beiden Vorgänge für die Feststellung der Bereicherung zumindest dann nicht trennen können, wenn der Gesellschafter nur im Hinblick auf die zugesagte Übertragung des Kapitalanteils der Gesellschaft beitritt.

71 Die Frage der Bereicherung wird sich daher nicht grundsätzlich, sondern nur nach den **Umständen des Einzelfalls** entscheiden lassen. Bei einer mit geringem Vermögen ausgestatteten, arbeits- und haftungsintensiven OHG kann die Geschäftsführungspflicht und das Haftungsrisiko die Bereicherung ausschließen, in anderen Fällen kann es dagegen trotz der Geschäftsführungspflicht und des Haftungsrisikos zu einer Bereicherung kommen (BGH WM 81, 623). Doch wird auch in diesen Fällen im Zweifel nur eine gemischte freigebige Zuwendung vorliegen, bei der der Wille zur freigebigen Zuwendung angesichts einer unbeschränkten Haftung, der Tragung des Verlustrisikos sowie der Verpflichtung zur betrieblichen Tätigkeit des Beschenkten einer „besonders vorsichtigen Prüfung" bedarf (FG Düsseldorf EFG 83, 133; ähnlich *Ulmer* in *Staub,* HGB, 4. Aufl 1989, § 105 RdNr 176). Immerhin zeigt Abs 5, eine Bestimmung, die gerade auch für OHG-Anteile aufgenommen worden ist, dass der Gesetzgeber ohne Bedenken von der Möglichkeit der Schenkung einer OHG-Beteiligung ausgegangen ist. Er konnte sich dabei auf eine Entscheidung des BFH aus dem Jahre 1969 stützen (BFH BStBl II 69, 653), die ebenfalls ohne Bedenken die Möglichkeit der Schenkung eines OHG-Anteils zugrunde gelegt hatte (vgl BTDrs 6/3418, 65). Unproblematisch ist im Übrigen der Schenkungscharakter der unentgeltlichen oder teilentgeltlichen Zuwendung eines Gesellschaftsanteils, bei dem strukturell die kapitalmäßige Beteiligung im Vordergrund steht, so im Fall einer **Kommanditbeteiligung** (BGH NJW 90, 2616, 2617) und im Fall eines **GmbH-Anteils** (BFH/ NV 90, 235; BStBl II 05, 845). Unproblematisch ist die Bereicherung auch dann, wenn der Erwerber schon unabhängig von der Zuwendung Gesellschafter ist, weil die **Aufstockung der Beteiligung** den Umfang der Außenhaftung und im Zweifel auch den Umfang des internen Pflichtenkreises nicht erhöht.

72 Schenkung an die Gesellschaft durch Zuwendungen ihrer Gesellschafter? Vornehmlich für den Bereich der **Kapitalgesellschaften** wird die schenkungsteuerliche Behandlung von Zuwendungen der Gesellschafter an ihre Gesellschaft diskutiert. Als juristische Personen und damit als selbstständige Rechtsträger können die Kapitalgesellschaften zweifellos Empfänger einer freigebigen Zuwendung sein. Leistungen von Außenstehenden, die unentgeltlich und mit dem Willen erfolgen, die Gesellschaft zu bereichern, sind daher unbedenklich als Schenkungen an die Gesellschaft anzusehen. Fraglich ist dagegen, ob auch

Zuwendungen der Gesellschafter an ihre Gesellschaft die Voraussetzungen einer Schenkung erfüllen. Zur Beantwortung dieser Frage hatte sich zunächst die These herausgebildet, dass Zuwendungen der Gesellschafter an die Gesellschaft, wenn sie in ihrem jeweiligen Umfang dem Beteiligungsverhältnis der einzelnen Gesellschafter zueinander entsprechen, keine steuerbare Bereicherung der Gesellschaft bewirken (RFH RStBl 43, 589; *Petzoldt* § 7 Rz 168; *Meier,* DVR 86, 135, 146, 149; *Maier,* DVR 87, 50). Zwar werde die Gesellschaft durch die Zuwendungen bereichert; in entsprechendem Maße gewinne jedoch die Beteiligung des einzelnen Gesellschafters und die Gesamtheit der Gesellschafterrechte an Wert, so dass die Bereicherung der Gesellschaft sich nicht auf Kosten der Gesellschafter vollziehe und somit nicht den Tatbestand des § 7 I Nr 1 erfülle. Umgekehrt wurden auch Vermögenstransfers von der Gesellschaft auf die Gesellschafter entsprechend der jeweiligen Beteiligungsquote deshalb nicht als schenkungsteuerbar angesehen, weil der Vermögenszuwachs beim Gesellschafter durch eine Bereicherungsminderung kompensiert werde, die durch die Weggabe von Vermögen seitens der Gesellschaft und dem damit einhergehenden Wertverlust der Mitgliedschaftsrechte zustande kommt (RFH RStBl 43, 589; *Petzoldt* § 7 Rz 168). Für den Sonderfall der **Ein-Mann-Gesellschaft** ließ sich diese Auffassung zusätzlich mit dem Hinweis auf die schadensrechtliche Rspr des BGH stützen, nach der ein bei der Gesellschaft eingetretener Vermögensverlust als Schaden des Alleingesellschafters gewertet werden kann (BGHZ 61, 380; BGH LM BGB § 249 (D) Nr 15; NJW-RR 89, 684). Die Kritik, die im Schrifttum an dieser Judikatur geübt wurde (vgl *Kowalski,* Der Ersatz von Gesellschafts- und Gesellschafterschaden, 1989, 95 ff mwN), nährte allerdings zugleich Zweifel zumindest an der Begründung, mit der im einen Fall eine Vermögenseinbuße, im anderen Fall eine Bereicherung der Gesellschafter verneint wird. Denn der Wert einer Beteiligung wird von komplexen Faktoren, insb vom Substanz- und vom Ertragswert des Gesellschaftsunternehmens, beeinflusst, so dass sich eine Änderung des Gesellschaftsvermögens nicht ohne Weiteres exakt spiegelbildlich in einer Veränderung des Wertes der Gesellschafterrechte niederschlägt (*Kowalski,* aaO, 100 ff; einschr auch bereits RFHE 11, 112, 113).

Einen anderen Weg zur Begründung der These, dass Zuwendungen **73** der Gesellschafter an ihre Gesellschaft keine Schenkungen sein können, hatten *Kipp* (§ 3 Anm 71 f), der RFH (RStBl 43, 589) und der BFH (BStBl II 74, 470, 471) im Begriff des sog „**automatischen Entgelts**" gesucht. Danach erhält ein Gesellschafter, der eine Zuwendung in das Gesellschaftsvermögen tätigt, mit dem gleichzeitigen Wertzuwachs seiner Beteiligung ein den Schenkungscharakter ganz oder teilweise ausschließendes Entgelt. Dieser Sichtweise steht jedoch das Bedenken entgegen, dass die Gesellschaft als Zuwendungsempfängerin nicht mit irgendeiner Art von Gegenleistungsverpflichtung belastet wird, es sei denn, man wollte auf den erst bei einer etwaigen Auflösung der Gesellschaft entstehenden Anspruch auf Auskehrung des Liquidationsanteils (vgl § 72 GmbHG) rekurrieren. *Kipp* (§ 3 Anm 71), auf den die Begriffsbildung zurückgeht, hatte bereits erkannt, dass sich der bei dem Gesellschafter eintretende Bereicherungsreflex nicht ohne Weiteres mit einem Entgelt gleichsetzen lässt, und seine Aussage dahingehend eingeschränkt, die dem Schenker aus der Zuwendung erwachsenden Vorteile seien „jedenfalls als eine Minderung dessen anzusehen ...‚ was sie ihren Urheber kostet", und minderten deshalb den Betrag der stpfl Schenkung. Damit wird die Argumentation wieder auf die Schenkungsmerkmale der Be- und Entreicherung zurückgeführt. Bleibt es aber bei einer Vermögensminderung auf Seiten des Gesellschafters, weil der Wertzuwachs seiner Beteiligung den mit der Zuwendung an die Gesellschaft verbundenen unmittelbaren Vermögensabfluss nicht vollständig ausgleichen kann, so lautet ein weiterer möglicher Einwand: „Auf den Grad des Ärmerwerdens des Schenkers kommt es nicht an: Die Schenkungsteuer richtet sich nach der Bereicherung des Beschenkten ..." (RFHE 11, 112, 117). Für dieses Gegenargument kann man ergänzend auf die Fallgruppe der mittelbaren Schenkung (vgl oben Anm 17 ff) verweisen: Auch dort wird die stpfl Bereicherung aus dem Wert des mittelbar zugewendeten Gegenstandes abgeleitet, selbst wenn im Einzelfall die Aufwendungen des Schenkers zur Bewerkstelligung dieser mittelbaren Zuwendung hinter dem Wert des Zuwendungsobjekts zurückbleiben sollten. Ein **dritter Argumentationsstrang** zur Begründung der These, dass in der Zuwendung eines Gesellschafters an seine Gesellschaft zumindest im Fall der Ein-Mann-Gesellschaft keine Schenkung gesehen werden darf, könnte so lauten, dass der Alleingesellschafter zB einer GmbH mit der Übertragung des Vermögens auf seine Gesellschaft nur eine Umorganisation in seinem eigenen Rechtskreis vornimmt, da er aus seiner Position als Alleingesellschafter und Geschäftsführer der GmbH heraus das Hingegebene jederzeit wieder zurückholen kann. Doch hat der Rechtskreis einer GmbH seine eigenen Gesetze, die eine Rückübertragung ausschließen oder erschweren können. Außerdem wird die Bereicherung eines Erwerbers nicht schon dadurch ausgeschlossen, dass die Möglichkeit besteht, Rückgaberechte zu aktivieren (vgl oben Anm 53 f).

74 Obgleich demnach der Schenkungscharakter von **Zuwendungen eines Gesellschafters an seine Gesellschaft** nicht ohne Weiteres wegen fehlender Bereicherung des Empfängers oder fehlender Entreicherung des Gebers negiert werden kann, erscheint es vom Ergebnis her doch vorzugswürdig, Vermögensbewegungen zwischen den Gesellschaftern und ihrer Gesellschaft als Einlagen, zwischen der Gesellschaft und ihren Gesellschaftern als Gewinnausschüttungen oder Kapitalrückzahlungen zu qualifizieren (so auch RFH RStBl 43, 589; BFH BStBl II 94, 366) und diesen Vermögensbewegungen damit das für die steuerliche Beurteilung kennzeichnende zusätzliche **Merkmal der Freigebigkeit abzusprechen.** Das Merkmal der Freigebigkeit lässt sich nicht bejahen, denn im Gesellschaftsrecht – anders beurteilt der BFH BStBl II 94, 366 das Eherecht! (daher der Versuch, durch Konstruktion einer Ehegatteninnengesellschaft die gesellschaftsrechtliche Beurteilung auf Umwegen in das Eherecht hinein zu tragen: unten Anm 86) – wird die Freigebigkeit der Zuwendung nach Auffassung des Gerichts regelmäßig bereits dann ausgeschlossen, wenn die Zuwendung in rechtlichem Zusammenhang mit dem die Gesellschafter verbindenden Zweck steht (BFH BStBl II 08, 381; vgl auch FG Bbg EFG 04, 835). Dieser Zusammenhang ist nur ausnahmsweise zu verneinen, zB dann, wenn die Leistung des Gesellschafters der Erfüllung einer Vermächtnisanordnung dient, was zu einem steuerbaren Erwerb der Kapitalgesellschaft von Todes wegen führt (BFH BStBl II 96, 454).

In der Leistung eines Gesellschafters an seine Gesellschaft liegt also im Zweifel keine freigebige Zuwendung an die Gesellschaft. In ihr liegt im Zweifel auch keine **Zuwendung des Gesellschafters an die anderen Gesellschafter,** in einer Zwei-Mann-Gesellschaft an den Mitgesellschafter, der von der Zuwendung durch Werterhöhung seines Anteils profitiert. Denn diese Werterhöhung ist nur ein Reflex der Bereicherung der Gesellschaft. Und es ist nicht denkbar, dass eine im Ergebnis der Gesellschaft zugedachte Zuwendung zugleich eine Schenkung an den anderen Gesellschafter darstellt. Möglich ist jedoch, dass die Zuwendung zwar an die Gesellschaft erfolgt, aber im Ergebnis nicht ihr, sondern dem Mitgesellschafter zugedacht ist, dass die Leistung in das Gesellschaftsvermögen nicht der Stärkung der Finanzkraft der Gesellschaft und damit eigenen Interessen des Zuwendenden hinsichtlich seiner Beteiligung dienen soll, sondern dass sie auf die Förderung des Mitgesellschafters abzielt, wie es insbesondere unter Angehörigen als Gesellschaftern der Fall sein kann. Eine Schenkung darf sich nicht dadurch verschleiern lassen, dass die Bereicherung auf dem Umweg über eine gemeinsame Gesellschaft an den anderen Gesellschafter gelangt. Bejaht man diesen Gedanken, dann muss man allerdings in der Werterhöhung des Gesellschaftsanteils, die die unentgeltliche Leistung an eine Zwei-Mann-Gesellschaft bewirkt, den möglichen Gegenstand einer Zuwendung an den anderen Gesellschafter sehen. Und man muss einräumen, dass zur Annahme einer freigebigen Zuwendung mehr als die unentgeltliche Leistung, nämlich noch auch der Wille zur Bereicherung des Bedachten gehört, der erst durch diese Willensrichtung zum

Beschenkten wird. Beides verneint der BFH. Das Gericht hat ausgesprochen, dass in der Werterhöhung von Anteilen der Mitgesellschafter keine substantielle Vermögensverschiebung liegt und die Werterhöhung damit auch kein geeigneter Zuwendungsgegenstand ist (BStBl II 96, 160; 616), und es hat entschieden, dass der Wille, einen anderen zu bereichern, nicht zum Willen zur Freigebigkeit hinzugehört (BStBl II 94, 366). Beides wird jedoch durch den Gesetzestext nicht (mehr) bestätigt. Denn § 7 VII 2 hatte schon bisher die bloße Werterhöhung eines Anteils als Gegenstand einer Schenkung anerkannt. Und der neue § 7 VIII hebt nicht nur die Werterhöhung eines Gesellschaftsanteils als möglichen Zuwendungsgegenstand ausdrücklich hervor, sondern unterstreicht auch, dass Zuwendungen deswegen als freigebig beurteilt werden können, weil sie „in der Absicht getätigt werden, Gesellschafter zu bereichern". Beides zeigt, dass die bisherige Linie des BFH nicht mehr dem Konzept der geltenden Fassung des ErbStG entspricht.

74b Die **Zuwendung eines Gesellschafters an den oder die Mitgesellschafter** wird insbesondere in Fällen einer **Kapitalerhöhung** diskutiert. Der BFH (BStBl II 01, 454; dazu *Albrecht*, ZEV 01, 375; *Gottschalk*, DStR 02, 377) bejaht eine freigebige Zuwendung der Altgesellschafter an mit der Kapitalerhöhung eintretende Neugesellschafter einer GmbH, wenn der gemeine Wert der Geschäftsanteile die jeweils zu leistenden Einlagen übersteigt und wenn im Verhältnis zwischen Altgesellschaftern und Neugesellschaftern die Freigebigkeit bejaht werden kann (vgl ferner BFH/NV 02, 26; 1030; FG Münster EFG 07, 860; 08, 313). Es liegt dann nicht wesentlich anders, als wenn ein Einzelunternehmer im Fall der **Neugründung einer GmbH** mit einem Angehörigen sein Unternehmen zu Buchwerten in die GmbH einbringt. Auch darin kann eine freigebige Zuwendung an den Angehörigen liegen (BFH BStBl II 05, 845), Damit ist allerdings noch keine Aussage darüber getroffen, wie Kapitalerhöhungen in einem unverändert bleibenden Gesellschafterkreis beurteilt werden sollen, wenn im Zuge der Kapitalerhöhung die Beteiligung an stillen Reserven unter den Gesellschaftern verändert wird, wenn ein Gesellschafter Vermögen in eine GmbH einbringt, ohne dafür eine entsprechende Gegenleistung zu erhalten oder wenn bei der Kapitalerhöhung einer GmbH die neu entstehende Stammeinlage durch eine Sacheinlage erbracht wird und diese Einlage mehr wert ist als die übernommene neue Stammeinlage. Dies ist das Problem der **Schenkung durch disquotale Einlagen**, von Einlagen, die nicht dem Beteiligungsverhältnis des Leistenden entsprechen. Der BFH (BStBl II 10, 566) verneint die Zuwendung an den oder die Mitgesellschafter, weil es aus der Sicht des BFH an einer zivilrechtlichen Vermögensverschiebung zwischen den Gesellschaftern fehlt. Den Gegenstandpunkt haben ua *Groh* (DStR 99, 1050), *Gottschalk*

Bereicherung   74c, 75 § 7

(in seiner eindringlichen Dissertation, oben vor Anm 52, 319 ff) und *Birnbaum* (ZEV 09, 125; vgl auch DStR 11, 252) entwickelt. Die FinVerw hatte lange Zeit einen Gegenstandpunkt zur Rspr eingenommen (R 18 ErbStR 2003), hatte sich dann aber der Rspr-Linie angeschlossen (BStBl I 10, 1207 Tz 1.1). Nunmehr spricht die Neuregelung in § 7 VIII dafür, dass der frühere Verwaltungsstandpunkt erneut Beachtung verlangt.

In unentgeltlichen **Leistungen Außenstehender an eine GmbH**   74c können Schenkungen an die GmbH liegen. In ihnen sollte aber nach Auffassung der Rspr **keine Zuwendung an die Gesellschafter der GmbH** gesehen werden, weil die mit der Zuwendung einhergehende Erhöhung des Werts ihrer Geschäftsanteile ihren Rechtsgrund allein in der im Geschäftsanteil verkörperten Mitgliedschaft in der GmbH hat (BFH BStBl II 96, 169; 616; FG Münster EFG 08, 313). Dieser Standpunkt wird sich jedoch angesichts des neuen § 7 VIII (unten Anm 154) nicht aufrechterhalten lassen. Auch wenn die **Leistung eines Außenstehenden an die GmbH** im Interesse eines Gesellschafters erfolgt, hat doch der Außenstehende und nicht der Gesellschafter als Zuwendender zu gelten (BFH BStBl II 08, 258). Umgekehrt ist eine **Leistung der GmbH an Außenstehende** auch dann als Zuwendung an den Außenstehenden zu qualifizieren, wenn es sich bei dem Empfänger um die einem Gesellschafter nahe stehende Person handelt und der Vorgang als **verdeckte Gewinnausschüttung** an den Gesellschafter gewertet werden muss (BFH BStBl II 08, 258).

Bereicherung beim Gesellschafterwechsel. Wird ein GmbH-   75 Anteil schenkweise übertragen, so soll aus der Sicht des FG München (EFG 91, 546; UVR 92, 116) in dem Verzicht des Schenkers auf einen zeitanteiligen Gewinnanspruch für das laufende Jahr der Übertragung ein werterhöhendes Merkmal der Anteilsübertragung oder eine zusätzliche Schenkung liegen, was aber nur richtig sein kann, wenn ein Gewinnanspruch des Schenkers für das laufende Jahr, auf den er verzichten konnte, überhaupt bestand, was entgegen der Auffassung des FG München aus § 101 BGB nicht ohne Weiteres abgeleitet werden kann (dazu *Meincke,* StBKR 1991, 49, 59 ff). Gegen die Auffassung des FG München hat sich auch der BFH (BFH/NV 92, 250) ausgesprochen. Die **FinVerw** (R E 12.3 III ErbStR) hat die Ausgangsüberlegunge des FG München erneut aufgegriffen. Sie will die Bestimmung des § 101 Nr 2 HS 2 BGB, die sich ihrem Wortlaut nach gar nicht auf noch nicht festgestellte „Gewinne" des laufenden Geschäftsjahrs bezieht, dennoch auch auf Gewinne des Wirtschaftsjahrs, in das die Schenkung fällt, anwenden und die Gewinne zwischen Schenker und Beschenktem aufteilen. Allerdings wird der Wert des verschenkten Geschäftsanteils im Umfang des Ausgleichsanspruchs des Beschenkten gemindert. Ein Verzicht auf den Ausgleichsanspruch soll auch aus der Sicht der FinVerw keinen selbstständigen Steuertatbestand bilden (R E 12.3 ErbStR).

76.–93. Wille zur Freigebigkeit

Schrifttum: *Petzoldt,* Zur subjektiven Seite bei freigebigen Zuwendungen, FS Felix, 1989, 331; *Klein-Blenkers,* Die Bedeutung subjektiver Merkmale im ErbSt- und SchStRecht, 1992; *Schulze-Osterloh,* Der „Bereicherungswille" bei der freigebigen Zuwendung im SchStR, StuW 77, 122; *Klein-Blenkers,* Zu den subjektiven Voraussetzungen des § 7 Abs 1 Nr 1 ErbStG, ZEV 94, 221; *Meincke,* Urteilsanmerkung, JZ 95, 55; *Meincke,* 25 Jahre „unbenannte" Zuwendungen, ZEV 95, 81; *Albrecht,* Die SchStPfl unbenannter Zuwendungen zwischen Ehegatten, WPg 96, 16; *Mößlang,* Keine SchSt im geschäftlichen Bereich?, UVR 98, 13; *Viskorf,* Aktuelle Rechtsentwicklung im SchStRecht, Stbg 98, 337; *Gebel,* SchSt bei Vermögensverschiebungen zwischen Eheleuten, BB 00, 2017; *Heine,* Die Bedeutung von Vorstellungen und Willenserklärungen der Parteien für die Auslegung von Verträgen bei der Grunderwerbsteuer und Schenkungsteuer, UVR 04, 401; *Schlünder/Geißler,* Schenkungsteuerfreie Zuwendungen zwischen Ehegatten, ZEV 05, 505; *Schlünder/Geißler,* Schenkungsteuer bei der Immobilienfinanzierung durch nichteheliche Lebenspartner?, ZEV 07, 64 (mit Replik von *Weimer,* ZEV 07, 316); *Wälzholz,* Aktuelle Probleme von lebzeitigen Ehegattenzuwendungen im ErbStG, FR 07, 638; *Viskorf,* Der Wille zur Unentgeltlichkeit, DStR 07, Beihefter zu Heft 39, 25; *Billig,* Konsequenzen der finanziellen Absicherung des Ehegatten durch ein lebenslanges Nießbrauchsrecht bei Gesamtgläubigerschaft, UVR 08, 62.

76 **Freigebigkeit.** Die Bereicherung muss „freigebig" zugewandt werden. Freigebigkeit – das Wort nimmt auf den alten Begriff der liberalitas Bezug – bedeutet nicht ein willkürliches, beliebiges, von jedem äußeren Anlass losgelöstes Handeln, sondern ein Geben, das ohne Verpflichtung zur Leistung und frei von einer Gegenleistung erfolgt und das dem Empfänger nach dem Inhalt des Geschäfts (weitergehende äußere Motivationen bleiben unberücksichtigt) die mit der Gabe verbundene Bereicherung frei von sonstigen Bestimmungsgründen allein „um der Bereicherung willen" (vgl *Windscheid/Kipp,* Pandektenrecht, 9. Aufl 1906, § 365 Fn 4) verschafft. Kennzeichnend für die Freigebigkeit ist damit der Wille des Zuwendenden, den Empfänger unentgeltlich zu bereichern. Dieser Bereicherungswille wurde im ErbStG 1919 noch ausdrücklich erwähnt, wenn es dort hieß: „Schenkungen stehen gleich freigebige Zuwendungen unter Lebenden, soweit der Bedachte durch sie auf Kosten des Zuwendenden *mit dessen Willen bereichert* wird" (§ 40 I 2 ErbStG 1919). Ein ausdrücklicher Hinweis auf den Willen des Zuwendenden fehlt seit 1922 im Gesetz. Doch hat der RFH mit großem Nachdruck ausgesprochen, dass das Erfordernis des Bereicherungswillens des Zuwendenden schon aus dem Begriff der freigebigen Zuwendung abzuleiten ist (RFHE 29, 137, 148). Es muss daher nach wie vor die bereichernde Zuwendung vom Bewusstsein und Willen des

Zuwendenden umfasst sein, um die StPfl nach Abs 1 Nr 1 auszulösen, nur dass der BFH dieses subjektive Merkmal neuerdings nicht mehr Bereicherungswille, sondern Wille zur Freigebigkeit nennt (BFH BStBl II 79, 631, 632; 82, 714, 715; 87, 80, 81; BFH/NV 89, 168, 169).

Die **Bedeutung der tradierten subjektiven Komponente** im SchStTatbestand verdient Hervorhebung gerade auch gegenüber neueren Gesetzgebungs- und Interpretationsvorschlägen, nach denen der Grundsatz der Gleichmäßigkeit der Besteuerung die Berücksichtigung subjektiver Vorstellungen der an der Verwirklichung des Steuertatbestandes Beteiligten weitgehend ausschließen soll (*Schulze-Osterloh*, StuW 77, 122, 128 f) und nach denen das Prinzip der Besteuerung nach der wirtschaftlichen Leistungsfähigkeit am besten verwirklicht wird, wenn Besteuerungstatbestände generell nur an objektive Sachverhalte anknüpfen (*Kirchhof*, NJW 87, 3217, 3222 f; aM *Meincke*, DB 88, 1869, 1870). Diese Thesen werden dem Zusammenspiel des StR mit dem ZivilR, das im Rahmen der Privatautonomie den Vorstellungen und dem Willen der Beteiligten weitgehenden Einfluss einräumen muss, nicht gerecht. Das Vertrauen in die Unparteilichkeit der Justiz zwischen Fiskus und Steuerpflichtigen wird beeinträchtigt, wenn die FinRspr dazu übergeht, an die Stelle der im Normtext genannten subjektiv gefärbten zivilrechtlichen Begriffe rein objektiv konzipierte Merkmale zu setzen, was stets allein im Interesse des Fiskus liegt (weitere Einzelheiten in der Dissertation von *Klein-Blenkers*, oben vor Anm 76, 86 ff).

Wille zur Freigebigkeit. Fragt man nach den Kriterien des Willens zur Freigebigkeit, so kommt es aus der Sicht der FinVerw (R E 7.1 I ErbStR) maßgeblich auf den Willen zur Unentgeltlichkeit an. Auch der BFH (BStBl II 94, 366, 369) betont, dass zur Verwirklichung des subjektiven Tatbestands der freigebigen Zuwendung der Wille des Zuwendenden zur Unentgeltlichkeit genügt. Daran ist richtig, dass der Wille, eine unentgeltliche Zuwendung zu erbringen, zweifellos ein zentrales Merkmal des Willens zur Freigebigkeit darstellt. Nach Auffassung von Rspr und FinVerw soll sich aber der Wille zur Freigebigkeit im Willen zur Unentgeltlichkeit erschöpfen. Das überzeugt nicht. Wenn jemand, wie es § 7 I Nr 2 formuliert, etwas infolge Erfüllung einer einem Rechtsgeschäft unter Lebenden beigefügten Bedingung ohne entsprechende Gegenleistung erwirbt, dann erwirbt er unentgeltlich. Derjenige, der ihm, um die Bedingung zu erfüllen, den Erwerb verschafft, handelt dem Erwerber gegenüber mit dem Willen zur Unentgeltlichkeit. Dennoch ist er nicht der Schenker, weil er keinen Willen zur Freigebigkeit hat und den Erwerber nicht aus eigenem Antrieb heraus bereichern will. Der Wille zur unentgeltlichen Leistung ist also zwar unverzichtbar, in ihm steckt jedoch der Wille zur Freigebigkeit noch nicht drin. Das zeigen auch die in der Rspr entschiedenen Fälle, die deutlich machen, dass die herrschende Interpretationslinie durch das Spektrum der tatsächlich getroffenen Entscheidungen nicht ausreichend bestätigt wird. Im Übrigen liegt die Frage nahe: Soll etwa der unter dem Druck der Öffentlichkeit ausgesprochene Verzicht auf vorteilhafte Vertragspositionen bei vom Staat mit Steuergeldern am Leben erhaltenen Unternehmen deswegen, weil er unentgeltlich erfolgt, steuerbar sein?

79   Auch wenn der **Wille zur Unentgeltlichkeit** die Merkmale des Willens zur Freigebigkeit noch nicht erschöpft, so besteht doch Einmütigkeit darüber, dass der Wille zur Unentgeltlichkeit ein zentrales Kriterium für den Willen zur Freigebigkeit bildet. Der Wille zur Unentgeltlichkeit soll nach Auffassung von Rspr und FinVerw immer dann vorliegen, wenn der Zuwendende in dem Bewusstsein handelt, dass er zu der Vermögenshingabe rechtlich nicht verpflichtet ist, er also seine Leistung ohne rechtlichen Zusammenhang mit einer Gegenleistung erbringt, und wenn auch der Zusammenhang mit einem Gemeinschaftszweck fehlt (BFH BStBl II 79, 631; 92, 921; 04, 366; 07, 472, 478; R E 7.1 III ErbStR). Bei Prüfung des Willens zur Unentgeltlichkeit sind Gegenleistungen ohne Geldeswert nach der neueren Auffassung des BFH (BStBl II 07, 785; anders früher BStBl III 53, 199; II 68, 239; 72, 43) nicht zu beachten. Zur Begründung wird auf § 7 III verwiesen, obwohl diese Bestimmung ihrem Wortlaut nach Gegenleistungen ohne Geldeswert nur bei der Feststellung der Bereicherung, nicht aber schon bei der Feststellung des Willens zur Unentgeltlichkeit ausschließt (Näheres unten Anm 119). Da der Verzicht auf eine Erwerbschance nach § 517 BGB keine schenkweise Leistung enthält, wird er auch als Gegenleistung nicht anerkannt (BFH BStBl II 01, 456).

80   **Fehlen des Willens zur Unentgeltlichkeit.** Der Wille zur Unentgeltlichkeit fehlt, wenn der Zuwendende zur Erfüllung einer Rechtspflicht gehandelt hat, mit der Zuwendung also das Erlöschen eines gegen ihn gerichteten Anspruchs herbeiführen wollte, auch wenn der Anspruch in Wirklichkeit nicht bestand (BFH BStBl III 52, 45; 57, 449) oder nicht gerichtlich durchsetzbar war (RFHE 15, 72, 78). Der Wille zur Unentgeltlichkeit fehlt ferner, wenn der Zuwendende sich zu der Zuwendung aus den Umständen heraus gedrängt fühlte, zB bei einem weit unter dem üblichen Preis liegenden Notverkauf oder dann, wenn ein Arbeitnehmer nur zu einem weit unter der üblichen Vergütung liegenden Entgelt gearbeitet hat, um überhaupt eine Arbeit zu finden (Bsp bei *Hartmann*, ErbStB 08, 292) oder dann, wenn es sich um ein „Gegengeschenk" handelt, mit dem der Geber nur den Empfang eines eigenen Geschenks ausgleichen will (BFH BStBl II 69, 173). Der Wille zur Unentgeltlichkeit fehlt auch, wenn die Zuwendung im Vergleichswege erfolgt, insbesondere der Erledigung anhängiger gerichtlicher Verfahren dient (BFH BStBl II 80, 607). Die Motive des Zuwendenden sagen dagegen, so heißt es (*Viskorf,* vor Anm 76, S 25), über die Entgeltlichkeit nichts aus. Zuwendungen, die durch eine sittliche Pflicht oder durch eine auf den Anstand zu nehmende Rücksicht motiviert sind, schließen daher den Willen zur Unentgeltlichkeit nicht aus (RFH RStBl 34, 923; BFH BStBl III 57, 449). Um diese Linie beizubehalten, aber im Einzelfall doch zu akzeptablen Ergebnissen zu gelangen, neigt die Rspr (BFH HFR 64, 83; FG Bad-Württ EFG 99, 80) dazu, das Problem auf der Ebene der Wertermittlung zu lösen und auf Grund sittlicher Pflichten entsprechende Abzugsposten anzuerkennen (§ 10 Anm 31 a).

Bereicherungswille. Früher hatte es als selbstverständlich gegolten, dass eine Zuwendung nur dann schenkweise erfolgt, wenn sie „unentgeltlich zum Zweck der Bereicherung" vorgenommen wird (*Mugdan,* Die gesamten Materialien zum BGB II, 1898, 738), dass der Wille zur Freigebigkeit neben dem Willen, ohne Entgelt zu leisten, auch noch den Willen verlangt, den Empfänger durch die Zuwendung zu bereichern (Gutachten des RFH RStBl 31, 559), ihn durch wirtschaftliche Vorteile zu begünstigen (BFH BStBl III 53, 308; 61, 234). So hatte es noch in der Begründung zum ErbStG 1974 geheißen, dass das ErbStG als freigebige Zuwendung die objektive Bereicherung erfassen will, „die jemand einer anderen Person zu Lasten seines eigenen Vermögens in der Absicht gewährt, diese andere Person zu bereichern" (BTDrs 6/3418, 64). Ohne sich zu dieser traditionellen Linie zu äußern, hat der BFH jedoch Ende der achtziger Jahre statuiert, dass zu den Voraussetzungen einer freigebigen Zuwendung ein auf die Bereicherung des Empfängers gerichteter Wille nicht gehört (BFH BStBl II 87, 80, 81) und diese Ansicht schon wenig später als „gesicherte Rspr" bezeichnet (BFH BStBl II 92, 921, 923) und unter Zustimmung der FinVerw (R E 7.1 III ErbStR) formelhaft wiederholt (zB BStBl II 94, 366, 369; *Viskorf,* aaO, S 25). Irgendeine Begründung, die das Abweichen von der traditionellen Linie gerechtfertigt hätte, wurde zu keiner Zeit genannt.

Bereicherungswille und Bereicherungsabsicht. Sicher ist richtig, dass eine Bereicherungsabsicht iS einer einseitigen Ausrichtung der Zuwendung nur gerade auf die Förderung des Bedachten nicht verlangt werden kann, dass die freigebige Zuwendung ihren Charakter nicht dadurch verliert, dass der Geber mit der Bereicherung des Empfängers auch eigene Interessen fördern will. Die Schenkung aus „lebzeitigem Eigeninteresse" ist eine dem Zivilrecht im Zusammenhang mit § 2287 BGB durchaus vertraute Rechtsfigur. Wer von einem Bereicherungswillen spricht, meint nicht, dass der Geber uneigennützig handeln und selbstlose Ziele verfolgen müsse. Eine Bereicherungsabsicht iS eines über den Geschäftsinhalt hinausgehenden selbstlosen Endziels, einer außerhalb des Geschäfts liegenden selbstlosen Motivation, eines dem

Empfänger gegenüber wohlwollenden Beweggrundes, ist für den Willen zur Freigebigkeit irrelevant (RFH RStBl 42, 803). Dennoch überzeugt der Gedanke nicht, dass der Wille zur Freigebigkeit sich notwendig in dem Willen zur Unentgeltlichkeit erschöpfen muss. Die Rspr des BFH krankt daran, dass sie die irrelevante Bereicherungsabsicht („animus donandi") und den relevanten Bereicherungswillen nicht klar voneinander trennt (z. B. BFH BStBl II 77, 159; 97, 832; 05, 845, 847). Die Bedeutung, die dem Bewusstsein und dem Willen des Gebers zukommt, den Empfänger zu bereichern, zeigt schon ein Blick auf die Praxis von Rspr und FinVerw. So setzt die ZivilRspr voraus, dass bei einer gemischten Schenkung „die Parteiabsicht dahin gehen (muss), ihn (den Beschenkten) zu bereichern und ihm den Wertunterschied der beiden Leistungen schenkweise zukommen zu lassen" (RGZ 163, 257, 259). Und der BFH sieht die gemischte Schenkung deswegen als Teilschenkung des Vertragsobjekts an, weil bei ihr hinsichtlich des entgeltlichen Vertragsteils der Wille zur freigebigen Bereicherung fehlt (BFH BStBl II 82, 714, 715). Im Geschäftsleben soll die Feststellung des Willen zur Unentgeltlichkeit dann noch nicht genügen, um das Merkmal der Freigebigkeit zu erfüllen, wenn es dem Geber vornehmlich um eigene Interessen und nicht um die Bereicherung des Empfängers ging (BFH BStBl II 97, 832). Der Wille zur Bereicherung des Bedachten soll also doch eine Rolle spielen. Im Zivilrecht steht denn auch für den BGH (BGHZ 129, 259, 263) fest, dass eine Schenkung den Willen des Zuwendenden zur Bereicherung des Empfängers verlangt. Und die FinVerw betont, dass in der Leistung eines Gesellschafters an eine Gesellschaft nur dann eine freigebige Zuwendung an andere Gesellschafter gesehen werden kann, wenn der Leistende das Ziel verfolgt, diese unentgeltlich zu bereichern (R 18 III 1 ErbStR 2003). Ähnliches wird für Leistungen Außenstehender an eine Gesellschaft festgehalten. Sie sollen als freigebige Zuwendung an einen Gesellschafter nur dann gewertet werden können, wenn der Wille des Zuwendenden darauf abzielt, den Gesellschafter als natürliche Person zu bereichern (R 18 IV 4 ErbStR 2003). Der Wille zur Bereicherung des Bedachten muss also doch zu den Merkmalen des Willens zur Freigebigkeit gehören.

82 **Wille zur schenkweisen Zuwendung.** Als eigenständiger Vertragstyp verfolgt die Schenkung des BGB auch einen selbstständigen Vertragszweck, und zwar den der Verwirklichung einer Freigebigkeit, die die für das Schenkungsrecht charakteristische Dankbarkeitsbeziehung begründet, auf die bei einer Rückforderung wegen groben Undanks oder wegen Verarmung des Schenkers zurückgegriffen werden kann. Weil somit der Schenkungsbegriff „über die zu blasse Unentgeltlichkeitsabrede hinaus erst dann Konturen (erhält), wenn man ihn durch den Vertragszweck Freigebigkeit als gekennzeichnet ansieht" (*Langen-*

Wille zur Freigebigkeit

feld, Handbuch der Eheverträge und Scheidungsvereinbarungen, 2. Aufl 1989, 114), muss zu der Unentgeltlichkeitsabrede noch ein weiteres, den Vertragszweck charakterisierendes Merkmal hinzutreten, um den Schenkungsbegriff des BGB zu konstituieren. Dieses Merkmal hat dieser Kommentar mit dem Ausdruck „Wille zur schenkweisen Zuwendung" oder „Wille zur Bereicherung um der Bereicherung willen" zu charakterisieren versucht.

Kritik dieses Merkmals. Der BFH hat sich in der Entscheidung 83 BStBl II 94, 366 mit dem Merkmal des Willens zur schenkweisen Zuwendung und mit der in diesem Kommentar vertretenen Gesetzesinterpretation auseinandergesetzt. Das Gericht hat anerkannt, dass der Wille zur schenkweisen Zuwendung als Merkmal einer Schenkungsofferte iS des BGB zu gelten hat. Für das Steuerrecht will der BFH dieses Merkmal jedoch nicht anerkennen. Im SchStRecht soll der Wille zur Unentgeltlichkeit genügen. Die Praxis des Gerichts zeigt allerdings, dass sich diese Linie nicht konsequent durchhalten lässt. Jedenfalls lassen sich Entscheidungen über Zuwendungen auf dem Gebiet des Familienrechts (unten Anm 84–86), Zuwendungen im Zusammenhang mit dem Gesellschaftsrecht (unten Anm 87), Zuwendungen von Stiftungen, aus öffentlichen Kassen und unter Körperschaften des öffentlichen Rechts (unten Anm 88), Zuwendungen auf dem Gebiet des Geschäftslebens (unten Anm 89) und Zuwendungen für politische Zwecke (unten Anm 90) leichter erklären, wenn man neben dem Willen zur Unentgeltlichkeit auch noch den Willen zur Bereicherung, und zwar zur Bereicherung um der Bereicherung willen (= zur schenkweisen Zuwendung) für erforderlich hält. Dem hatte sich schon früher *Petzoldt* (FS Felix, 1989, 331, 342) angeschlossen. Nunmehr hat *Fischer* (§ 7 Rz 300 ff) die hier vertretenen Überlegungen aufgegriffen, mit eigenen Argumenten bestätigt und näher ausgeführt.

Zuwendungen auf dem Gebiet des Familienrechts. Nimmt 84 man an, dass der Wille des Zuwendenden auf die Bereicherung um der Bereicherung willen gerichtet sein muss, dann wird verständlich, warum die Rspr bei unentgeltlichen Zuwendungen die StPfl dann verneint, wenn sie um der rechtlichen Ordnung der ehelichen Lebensgemeinschaft willen (RFH RStBl 42, 580; BFH BStBl III 64, 202; 66, 521), als letzte Regelung zur Beendigung einer ehelichen Lebensgemeinschaft (BFH BStBl II 68, 239; 71, 184; 72, 43) oder zur Erhaltung des Familienbesitzes (RFH RStBl 34, 41; 35, 206) verschafft worden sind. Dabei betont die Rspr zugleich, dass eine Gesamtbeurteilung stattzufinden hat und dass nicht einzelne Leistungselemente aus dem einheitlichen Leistungsverhältnis herausgelöst und isoliert betrachtet werden können (FG Rh-Pf EFG 00, 1020).

85 Zuwendungen unter Ehegatten. Der BFH hatte zeitweise die ZivilRspr übernommen, nach der ehebezogene („unbenannte") Zuwendungen unter Eheleuten idR keine Schenkung sind (BGHZ 87, 145, 146) und auch nicht als freigebige Zuwendungen eingestuft werden können (BFH BStBl II 85, 159). Denn sie werden nicht zum Zweck der Vorteilsgewährung, also auch nicht um der Bereicherung willen, sondern um der Ehe willen als Beitrag zur Verwirklichung oder Ausgestaltung, Erhaltung oder Sicherung der ehelichen Lebensgemeinschaft erbracht und stützen sich damit nicht auf eine schenkungsrechtliche, sondern eine familienrechtliche causa. Diese Rspr stimmte mit den oben (Anm 84) angeführten Entscheidungen auf dem Gebiet des Familienrechts überein. Das Gericht hat sich von seiner Entscheidung zu den ehebezogenen Zuwendungen jedoch alsbald wieder abgewandt (BFH BStBl II 94, 366) und hat die ehebezogenen Zuwendungen für stpfl erklärt. Dabei hat sich das Gericht allerdings nicht mit seiner bisherigen familienrechtsbezogenen Rspr auseinander gesetzt. Es hat auch den naheliegenden Einwand unberücksichtigt gelassen, dass bei ehebezogenen Zuwendungen Bedenken schon gegen das Merkmal des Willens zur Unentgeltlichkeit bestehen. Denn dieser Wille soll nach der maßgeblichen Entscheidung des BFH (BStBl II 94, 366, 369) nur dann vorliegen, wenn sich der Zuwendende bewusst ist, dass er seine Leistung ohne rechtlichen Zusammenhang mit einem Gemeinschaftszweck erbringt. Bei den ehebezogenen Zuwendungen steht jedoch der Gemeinschaftszweck Ehe ganz eindeutig im Vordergrund.

86 Kritik und Folgerungen. Die gegenwärtige Rspr des BFH, die den Bezug der unbenannten Zuwendungen auf die Ehe unberücksichtigt lässt, den familienrechtlichen Charakter dieser Zuwendungen verneint, die Zuwendungen vielmehr in den Bereich der Freigebigkeit verlagert und damit den – dringend erwünschten – Ausgleich des gemeinsam Erarbeiteten in der Ehe steuerlich belastet, vernachlässigt nicht nur wichtige Elemente des Freigebigkeitsbegriffs, sondern widerspricht zugleich dem Partnerschaftsgedanken in der Ehe und vermag daher nicht zu überzeugen. An dieser grundsätzlichen Kritik ändert auch der Umstand nichts, dass das BVerfG (UVR 98, 57) die Linie des BFH für verfassungsrechtlich unbedenklich erklärt hat, dass nicht erwartet werden kann, dass die derzeit amtierenden Richter des II. Senats ihre Linie noch einmal überdenken werden (vgl BFH/NV 97, 444; BFH BStBl II 05, 188. 190; 08, 256), dass die FinVerw (R E 7.2 ErbStR) auf das StAufkommen aus unbenannten Zuwendungen keinesfalls verzichten will und dass sich der Gesetzgeber inzwischen sogar zu einem gesetzlichen Eingreifen veranlasst sah und Zuwendungen, die das Familienheim betreffen, als typischen Fall unbenannter Zuwendungen ausdrücklich von der St freigestellt hat (§ 13 I Nr 4 a). Immerhin sind in der Rspr gelegentlich (FG Rh-Pf ZEV 99, 243; FG München EFG 06, 686) Stimmen erkennbar, die die Sonderstellung kleiner ehebezogener Zuwendungen unverändert betonen. Doch gibt es auch immer wieder Entscheidungen, die der grundsätzlichen Linie des BFH uneingeschränkt folgen und zB in der Vermögensübertragung vom Vater auf die Kinder unter Einräumung eines Rentenrechts an die Eltern als Gesamtgläubiger ohne Bedenken eine freigebige Zuwendung des Vaters an die Mutter sehen (FG Münster EFG 06, 1184; einschränkend dazu aber BFH BStBl II 08, 28). Außerdem gibt es Bestrebungen, einen stfreien Vermögenstransfer unter Eheleuten jetzt über die Konstruktion einer Ehegatteninnengesellschaft zu ermöglichen, die den Vermögensaufbau als konkludent vereinbarten gemeinsamen Zweck verfolgt, auf gleiche Vermögensbeteiligung abzielt und den Ausgleich einer unterschiedlichen Vermögensentwicklung durch nicht steuerbare gesellschaftsrechtliche Erfolgsbeiträge zu erreichen sucht (dazu BFH/NV 87, 302).

Denn **im Bereich des Gesellschaftsrechts** hat es der BFH immer für selbstverständlich gehalten, dass Leistungen, die dem Gesellschaftszweck dienen und ihren Rechtsgrund in der gesellschaftsrechtlichen Förderungspflicht haben, nicht freigebig erfolgen (BFH BStBl II 92, 921, 924/25). Schon der RFH hatte die StPfl unentgeltlicher Zuwendungen, die mit einem Gesellschaftsverhältnis im Zusammenhang stehen, verneint (RFH RStBl 28, 101; 33, 1087). Da der Wille zur Freigebigkeit sich nicht in dem Willen zur Unentgeltlichkeit erschöpft, ließ sich die Bereicherung, die den verbleibenden Gesellschaftern beim Ausscheiden eines Partners gegen nicht vollwertige Abfindung zuwächst, nicht schon ohne Weiteres als freigebige Zuwendung besteuern (BFH BStBl III 53, 199; FG Hbg EFG 81, 187; BFH/NV 93, 101, 102), so dass der Gesetzgeber auf die Einführung eines zusätzlichen StTatbestandes in Abs 7 angewiesen war. Im Bereich des Gesellschaftsrechts anerkennt das Gericht, dass die Leistungen, auch wenn sie unentgeltlich erfolgen, doch nicht auf der Grundlage einer schenkungsrechtlichen causa, sondern causa societatis erfolgen BFH BStBl II 96, 454; 08, 381). Damit wird das besondere, über die Unentgeltlichkeit der Leistung hinausgehende Merkmal der schenkungsrechtlichen causa indirekt anerkannt.

Unentgeltliche Zuwendungen aus dem Vermögen von Stiftungen, Zuschüsse aus öffentlichen Kassen und Vermögenstransfers durch öffentlich-rechtliche Körperschaften sind keine freigebigen Zuwendungen, sofern sie den Rechtsvorschriften folgen, die für die Stiftungen, Kassen und Körperschaften maßgeblich sind. Dies gilt für die satzungsmäßigen Zuwendungen aus dem Vermögen von Stiftungen, die dem Bedachten zwar unentgeltlich zufallen, aber dennoch stfrei erworben werden. Der RFH (StuW 22 Nr 640 = JW 22, 1066) hatte dazu festgestellt: „Soweit eine Stiftung ihrer Satzung gemäß handelt, liegt eine freigebige Zuwendung nicht vor". Die Unentgeltlichkeit der Zuwendung wird dabei nicht in Frage gestellt. Der BFH (BStBl II 11, 417) sieht in den Zahlungen einer Familienstiftung an Familienangehörige Einkünfte aus Kapitalvermögen. Dass die unentgeltlich erfolgenden Zahlungen auch eine schenkungsteuerlich relevante Komponente haben könnten, wird vom Gericht nicht diskutiert, vermutlich weil wegen der internen Verpflichtung der Stiftungsorgane aus der Sicht des Gerichts die Freigebigkeit fehlen soll. Ähnliches gilt für die unentgeltlich gewährten Zuschüsse aus öffentlichen Kassen, die nicht freigebig erfolgen sollen, weil sie auf Rechtsvorschriften beruhen, die für die Kassen verbindlich sind. Schließlich heißt es ganz allgemein: Wenn Träger der öffentlichen Verwaltung in Wahrnehmung der ihnen obliegenden Aufgaben Grundstücke unentgeltlich übertragen, handeln sie nicht freigebig. So enthält nach Auffassung des RFH (RStBl 28, 201) ein Vertrag, durch den eine Stadtgemeinde ein ihr gehöriges Kasernengrundstück an den Reichswehrfiskus ohne weiteres Entgelt veräußert, keine Schenkung. Dies gilt auch nach Auffassung des BFH (BStBl II 05, 311; 06, 632), selbst wenn die Beteiligten ihren Vertragsschluss ausdrücklich als Schenkung bezeichnen (BFH BStBl II 06, 557), weil sie durch staatliches Recht gehindert werden, freigebige Zuwendungen zu erbringen (BFH BStBl II 06, 720) und weil die Übertragung auf einer internen haushaltsrechtlichen Verpflichtung beruht (FinVerw DStR 05, 196). Die interne Verpflichtung kann die Zuwendung im Verhältnis zum Empfänger natürlich nicht zu einer entgeltlichen machen. Das zeigt, dass für die Annahme einer Freigebigkeit mehr als der Wille zur Unentgeltlichkeit (bezogen auf das Rechtsgeschäft mit dem Zuwendungsempfänger) gefordert werden muss.

89 Hinsichtlich der **Zuwendungen auf dem Gebiet des Geschäftslebens** verneint die Rspr den Willen zur Freigebigkeit, wenn die Zuwendung im Hinblick auf ein Arbeitsverhältnis gewährt worden ist (zB bei Zuwendungen aus Anlass eines Jubiläums oder Geburtstags: BFH BStBl II 77, 181; 80, 705) oder wenn sich die Zuwendung als geschäftlicher Vorgang im kaufmännischen Rechtsverkehr darstellt (zB Werbegeschenke, Kulanzleistungen). Denn „Kaufleute pflegen sich nichts zu schenken" (RFH RStBl 43, 93, 94; ähnlich schon RFH RStBl 35, 730, 731). Der BFH (BStBl II 97, 832; BFH/NV 98, 394; zustimmend FG Thüringen EFG 05, 63; FG Düsseldorf EFG 05, 1451) trägt dem Merkmal des Willens zur schenkweisen Zuwendung, das er als solches nicht anerkennt, im Geschäftsleben dadurch Rechnung, dass er dort, wo geschäftliche Zwecke verfolgt werden, den Willen zur Unentgeltlichkeit verneint und die These vertritt, dass die Verfolgung geschäftlicher Interessen für den Zuwendenden das Bewusstsein von der Unentgeltlichkeit seiner Leistung verdrängt. *Moench/Weinmann* (§ 7 Rz 116) sieht nicht ohne Grund in dieser Rspr-Linie „das verdeckte Eingeständnis, dass die Beschränkung auf den Willen zur Unentgeltlichkeit zu kurz greift und zur Freistellung besteuerungsunwürdiger Vorfälle letztlich doch auf eine Bereicherungsabsicht oder – im Sinne der Unterscheidung von *Meincke* – auf den Willen zur schenkweisen Zuwendung zurückgegriffen werden muss". Selbst *Viskorf,* Vorsitzender des zur Entscheidung erbschaftsteuerlicher Fragen berufenen II. Senats des BFH (aaO, S 26) räumt ein, dass der BFH seine „harte Linie" bei Vorgängen aus dem Geschäfts- oder Wirtschaftsleben nicht durchgehalten habe. Und er verweist dabei auf die ohne rechtsgeschäftliche Verpflichtung erfolgten Zahlungen der Deutschen Bank an die vom *Schneider*-Konkurs betroffenen Handwerksbetriebe, die ebenfalls nicht als freigebige Zuwendung gewürdigt worden seien (dazu *Hartmann,* UVR 96, 39; 97, 153).

Zuwendungen für politische Zwecke, die Parteien ihren Abgeordneten oder Kandidaten gewähren, unterliegen nicht der SchSt (FinVerw DStR 86, 412), da es auch hier an dem Willen zur schenkweisen Zuwendung fehlt. Zuwendungen von dritter Seite sollen dagegen ohne Rücksicht auf die etwa hinter ihnen stehenden kaufmännischen Überlegungen als freigebig eingestuft werden können. Doch sind die Beiträge an einen Berufsverband, der mit diesen Zahlungen politische Parteien fördern will, nicht als freigebig anzusehen (FG Köln EFG 00, 1260).

Feststellung des Willens zur Freigebigkeit. Der Wille zur Freigebigkeit muss im Streitfall nachgewiesen werden, um die StPfl zu begründen (BFH BStBl III 64, 202; 67, 490). Dabei kommt es auf die Feststellung des konkreten Willens des Zuwendenden an. Steht fest, dass dem Zuwendenden der Wille fehlte, die Bereicherung unentgeltlich zuzuwenden, muss eine Besteuerung nach § 7 I Nr 1 unterbleiben. Das gilt auch bei Kapitalüberlassungen an nahe Angehörige, wenn streitig ist, ob die Kapitalüberlassung als Darlehensgewährung oder als freigebige Geldzuwendung erfolgt ist (FG Rh-Pf UVR 95, 24). Demgegenüber hat *Schulze-Osterloh* (StuW 77, 122) vorgeschlagen, nicht den konkreten Willen des Zuwendenden für maßgeblich zu erklären, sondern den Willen, der dem Zuwendenden nach dem Maßstab einer durchschnittlichen Verkehrsauffassung zuzurechnen ist. Hinter diesem Vorschlag steht das Bedenken: Könnten persönliche Vorstellungen des Zuwendenden über die StPfl entscheiden, werde es dem Zuwendenden ein Leichtes sein zu behaupten, er habe die Zuwendung entgeltlich gemeint, mit der Folge, dass dann schon wegen dieser Behauptung die StPfl entfiele. Dieser sog **objektivieren-**

den Theorie (*Moench/Weinmann* § 7 Rz 118) hat sich der BFH ohne weitere Begründung mit dem Bemerken angeschlossen, dass der Wille zur Freigebigkeit auf der Grundlage der dem Zuwendenden bekannten Umstände nach den Maßstäben des allgemein Verkehrsüblichen bestimmbar sei (BFH BStBl II 79, 631, 632; BFH/NV 89, 168, 169; BStBl II 94, 366, 369). Die FinVerw (R E 7.1 III ErbStR) folgt dieser für sie günstigen Linie.

92 **Verfahrensrechtliche und materiellrechtliche Aspekte.** In der von der Rspr aufgenommenen These *Schulze-Osterlohs* (Anm 91) treffen verfahrensrechtliche und materiellrechtliche Erwägungen zusammen. In der Praxis interessiert vornehmlich die verfahrensrechtliche Frage, unter welchen Voraussetzungen der Nachweis des Willens zur Freigebigkeit als geführt gelten kann und welche Behauptungen des StPfl den Nachweis infrage stellen. Nur diesem verfahrensrechtlichen Problem gelten, soweit ersichtlich, die Entscheidungen des BFH, die sich mit der Frage auseinandersetzen, wie der Wille zur Freigebigkeit des Zuwendenden bestimmt oder ermittelt werden kann (oben Anm 91). Wie *Weinmann* zu Recht hervorhebt, gilt es übersteigerte Anforderungen an den Nachweis des Bereicherungswillens zu vermeiden, weil sonst die StPfl von der Ehrlichkeit des Schenkers abhinge (*Moench/Weinmann* § 7 Rz 118). Wichtig ist daher der Hinweis, dass es im Bereich der subjektiven Merkmale neben der Feststellungslast der Finanzbehörde auch eine objektive Beweislast des StPfl geben kann (BFH BStBl II 80, 402), der der StPfl mit bloßen Behauptungen über die Entgeltlichkeit der Zuwendung (BFH BStBl II 69, 173) noch nicht genügt. Daher lässt sich auch die Auffassung vertreten, dass den Empfänger einer Geldleistung, für die keine Gegenleistung in Frage steht, eine objektive Beweislast dafür trifft, dass hinsichtlich des von ihm empfangenen und für eigene Rechnung verwendeten Geldes an eine den Bereicherungswillen ausschließende Rückzahlungspflicht gedacht werden muss (FG Köln EFG 98, 1345). Nicht zu akzeptieren ist dagegen die vom FG Münster (EFG 98, 673, 674) vertretene These, dass es bei Zuwendungen zwischen untereinander erbberechtigten Personen eines Nachweises der subjektiven Merkmale der freigebigen Zuwendung überhaupt nicht bedarf. Daher ist auch mit der Einzahlung eines Geldbetrages auf das Konto des zunächst nichtehelichen, dann ehelichen Partners nicht ohne Weiteres eine freigebige Zuwendung gegeben (BFH ZEV 99, 118).

92a Der BFH geht im Übrigen bei der **Abgrenzung der gemischten Schenkung,** bei der die Feststellung des Willens zur Freigebigkeit besondere Schwierigkeiten macht, von einer **Dreistufenlehre** aus. Auf der ersten Stufe ist zu prüfen, ob eine deutliche Wertdifferenz, ein auffälliges Missverhältnis von Leistung und Gegenleistung besteht, wobei schon eine Wertdifferenz von 51% als auffällig gelten soll (FG München EFG 01, 701). Steht die Wertdifferenz fest, so ist auf der zweiten Stufe nunmehr zu prüfen, ob der Zuwendende zZ der Zuwendung das Missverhältnis von Leistung und Gegenleistung kannte. Bei dieser Prüfung leitet der BFH aus der Lebenserfahrung die Vermutung ab, dass ein bestehendes Missverhältnis dem Zuwendenden bekannt gewesen sein dürfte, weist aber ausdrücklich darauf hin, dass diese Vermutung durch weitere Feststellungen des Gerichts bzw durch konkreten Vortrag des StPfl entkräftet werden kann (BFH BStBl II 87, 80; 91, 181, 183; FG Düsseldorf EFG 03, 1635; FG München EFG 06, 1082). War dem Zuwendenden das Missverhältnis von Leistung und Gegenleistung bei der Zuwendung bekannt, dann geht der BFH auf der dritten Stufe seiner Überlegungen davon aus, dass der das Missverhältnis begründende, die Gegenleistung übersteigende Leistungsteil dem Zuwendungsempfänger schenkweise zugewandt worden ist. Dabei deuten einzelne Formulierungen der Rspr (BFH/NV 88, 568) in eine Richtung, als sollte es auf dieser dritten Stufe der Prüfung keine Möglichkeit zur Entkräftung der für eine Schenkung sprechenden Vermutung geben. In der Entscheidung BFH BStBl II 91, 181, 183 wird jedoch auch im Hinblick auf diese Schenkungsvermutung betont, dass sie nur prima facie und damit nach den Regeln des Anscheinsbeweises gilt und folglich widerlegbar ist.

Unbeschadet verfahrensrechtlicher Beweiserleichterungen, die zur Wahrung einer gleichmäßigen SchBesteuerung unabweisbar sind, sollte es im Übrigen bei dem materiellrechtlichen Ausgangspunkt bleiben, dass es bei der Feststellung des Willens zur Freigebigkeit um die **Ermittlung des wirklichen konkreten Willens** des Zuwendenden geht. Ob eine Zuwendung Schenkung ist, bestimmt sich nach dem Inhalt des Rechtsgeschäfts, und über den Inhalt entscheidet der konkrete Wille der Parteien. Die Unentgeltlichkeit lässt sich daher im Bereich des Schenkungsrechts des BGB und der an dieses Recht anknüpfenden SchSt nicht unabhängig vom Parteiwillen aus der Wirklichkeit deduzieren. Richtig ist, dass es nicht allein auf die Qualifikation des Rechtsgeschäfts durch den Zuwendenden ankommen kann. Es geht daher bei der Feststellung des Schenkungswillens auch nicht darum, ob der Zuwendende die Zuwendung für sich und andere als entgeltlich oder unentgeltlich ausgibt oder sie in die Form eines freigebigen oder lästigen Vertrages kleidet (Abs 4). Soll aber gegenüber dieser Behauptung oder Einkleidung auf die „Wirklichkeit" zurückgegriffen werden, so ist diese doch wieder nur in dem Vertragsinhalt und in dem diesen Vertragsinhalt bestimmenden „wirklichen" Willen des Zuwendenden zu finden. Ohne einen konkreten Willen zur schenkweisen Zuwendung gibt es keine Freigebigkeit.

94.–98. Schenkung unter Auflage/Bedingung etc (Abs 1 Nr 2 u 3)

94 **Schenkung unter Auflage (Abs 1 Nr 2).** Die Schenkung unter Auflage verknüpft eine Zuwendung des Schenkers an den Beschenkten mit einer Leistungspflicht des Beschenkten (meist einer Pflicht zur Weitergabe eines gegenständlichen oder wertmäßigen Teils des Geschenks). Die Schenkung unter Auflage verpflichtet den Beschenkten zur Leistung an einen Dritten, der diese Leistung im Ergebnis vom Schenker (und nicht als Zuwendung des Beschenkten) erhält, weil nur der Schenker den Willen zur Freigebigkeit ihm gegenüber hat. Die Schenkung unter Auflage ist zu unterscheiden von der gemischten Schenkung, bei der die Leistung des Beschenkten als (Teil-)Entgelt für die erhaltene Zuwendung angesehen werden muss (oben Anm 27 ff), von der Schenkung mit Weiterschenkklausel, bei der der Dritte die Leistung als Zuwendung des Beschenkten (und nicht des Schenkers) erhält (oben Anm 67) und von der sog Kettenschenkung (oben Anm 68), die dasselbe Objekt nacheinander durch zwei (oder mehr) Hände schenkweise laufen lässt, ohne dass sich eine (rechtliche oder tatsächliche) Verpflichtung zur Weitergabe des Geschenks ermitteln lässt.

94a Die Schenkung unter Auflage verbindet also zwei freigebige Zuwendungen, die Erstschenkung und die Zweitschenkung, miteinander und führt daher regelmäßig auch zu einer zweifachen StPfl. Und zwar steht die **Erstschenkung,** durch die der Beschenkte das Vermögen vom Schenker erhält, der **Zweitschenkung** gegenüber, mit der der Beschenkte das Vermögen, soweit die Auflagenanordnung reicht, an den aus der Auflage begünstigten Dritten weitergibt. Mit der **Besteuerung der Erstschenkung,** also der unter der Auflage stehenden freigebigen Zuwendung des Schenkers an den Beschenkten, **befasst sich Abs 1 Nr 2 nicht.** Die StPfl des Auflagebeschwerten wegen der Erstschenkung folgt vielmehr aus Abs 1 Nr 1. Zugrunde liegt hier eine normale freigebige Zuwendung, die nur die Besonderheit aufweist, dass sie unter einer Auflage steht und daher den Beschenkten nicht nur begünstigt, sondern auch belastet, weil er durch die Vereinbarung der Schenkung zur Vollziehung der Auflage verpflichtet wird. Nachdem die Rspr des BFH früher der zivilrechtlichen Linie gefolgt war und die Erstschenkung – wie es die Bezeichnung Schenkung unter Auflage nahe legt und auch der Regelung des § 7 IV entspricht – als Vollschenkung des ganzen an den Beschenkten gelangenden Erwerbs verbunden mit einer Auflagenverpflichtung gedeutet hatte, neigt sie seit Beginn der achtziger Jahre dazu, **zwei Typen der Erstschenkung** zu unterscheiden, für die Schenkung unter Duldungsauflage die bisherige Linie fortzuführen, die

Schenkung unter Leistungsauflage dagegen als Teilschenkung anzusehen, die in einen auf die Auflage bezogenen entgeltlichen Geschäftsteil und in einen nicht unter der Auflageverpflichtung stehenden unentgeltlichen Geschäftsteil zerlegt werden muss (Näheres dazu oben Anm 7 ff, 33 ff).

Besteuerung der Zweitschenkung. Abs 1 Nr 2 befasst sich also 95 nicht mit der Besteuerung der Erstschenkung, durch die der Auflagebeschwerte das Vermögen vom Schenker erhält, sondern regelt die **StPfl des Dritten,** die sich aus der Zweitschenkung ergibt. Auch im Hinblick auf die StPfl des Dritten enthält Abs 1 Nr 2 kein vollständiges Regelungsprogramm. Denn nach Auffassung des BFH (BStBl II 81, 78; 93, 523; 03, 162) soll sich auch die StPfl des Dritten im Regelfall schon aus Abs 1 Nr 1 ergeben, sofern er nämlich aus der Anordnung des Schenkers einen Anspruch auf Vollzug der Auflage gegen den Beschenkten gewinnt, was nach den einschlägigen zivilrechtlichen Bestimmungen (§ 330 S 2 BGB) im Zweifel anzunehmen ist. Nur dann, wenn der auflagebegünstigte Dritte aus der Auflagenanordnung ausnahmsweise nicht unmittelbar selbstständig berechtigt wird, soll sich die StPfl des Erwerbers aus Abs 1 Nr 2 ergeben, was iVm § 9 Abs 1 Nr 2 zur Folge hat, dass die StPfl des Dritten in diesem Fall nicht schon mit dem Anspruchserwerb, der vom BFH als Ausführung der Schenkung gedeutet wird, sondern erst mit der Vollziehung der Auflage durch Zuwendung des in der Auflagenanordnung bezeichneten Objekts an den Dritten entsteht. Der BFH behandelt also die Zweitschenkung im Zweifel als Forderungsschenkung an den Dritten, für die die StPfl bereits im Zeitpunkt der Ausführung der Erstschenkung entsteht. Nur dann, wenn eine Forderung für den Dritten nicht begründet wurde, sieht der BFH die Zweitschenkung als Schenkung des an den Dritten zu leistenden Gegenstandes an, die erst mit der Übertragung dieses Gegenstandes an den begünstigten Dritten stpfl wird.

Der Schenker der Zweitschenkung. Weder in Abs 1 Nr 1 noch 96 in Abs 1 Nr 2 wird die für die Besteuerung des auflagebegünstigten Dritten wichtige Frage behandelt, von wem der Dritte das ihm zufließende Vermögen erwirbt, wer also als Schenker der Zweitschenkung zu gelten hat. Bei der **Schenkung unter Auflage** gelangt das Vermögen, das den Gegenstand der Auflagenanordnung bildet, vom Schenker über den Beschenkten an den Dritten. Es ist also der Beschenkte der Erstschenkung, der dem Dritten – zB durch Eigentumsübertragung – den in der Auflage bezeichneten Erwerb verschafft. Der Beschenkte der Erstschenkung handelt dabei jedoch auf verbindliche Weisung des Schenkers, was diesen als den eigentlichen Urheber der Zuwendung an den Dritten erscheinen lässt. Auch dann, wenn man den Erwerb des Dritten bereits mit dem Forderungserwerb gegen den Beschenkten der

Erstschenkung verwirklicht sieht, ist es der Schenker der Erstschenkung, der diesen Forderungserwerb begründet und dem auflagebegünstigten Dritten die Stellung als Forderungsgläubiger verschafft. Bei der Schenkung unter Auflage ist danach **der Schenker der Erstschenkung mit dem Schenker der Zweitschenkung** identisch, während bei der Schenkung mit **Weiterschenkklausel** (oben Anm 67 ff) dem Beschenkten der Erstschenkung die Stellung als Schenker der Zweitschenkung zufallen soll. Der BFH neigt jedoch gegenwärtig dazu, den Bereich der Schenkung unter Auflage auch auf Fallgestaltungen auszudehnen, die früher (BFH BStBl II 82, 736; FG Hbg EFG 90, 639) dem Bereich der Schenkung mit Weiterschenkklausel zugeordnet wurden, so dass für die Schenkung mit Weiterschenkklausel gegenwärtig nach der Rspr gar kein klar definierter Anwendungsbereich erkennbar ist (BFH BStBl II 93, 523). Das Nds FG (EFG 89, 463) will sogar die Schenkung mit **Weiterleitungsanordnung von Todes wegen** den Regeln der Schenkung unter Auflage unterstellen und auch hier die Besteuerung des Dritten nach seinem Verhältnis zum Erstschenker vornehmen. Doch dürfte sich demgegenüber im Zweifel die Anordnung des § 3, nach denen Erwerbe von Todes wegen auf den Erblasser zurückgeführt werden sollen, durchsetzen.

97 **Beim Erwerb infolge Erfüllung einer Bedingung** wird wie beim Erwerb infolge Vollziehung einer Auflage ein Dreiecksverhältnis zugrunde gelegt, an dem der Schenker, der Geschäftspartner des Schenkers und der durch eine Leistung des Geschäftspartners begünstigte Dritte beteiligt sind. Im Unterschied zur Auflagenschenkung wird hier im Verhältnis zwischen dem Schenker und dem Geschäftspartner keine Schenkung, sondern nur irgendein Rechtsgeschäft unter Lebenden vorausgesetzt. Auch wird der Geschäftspartner des Schenkers zur Leistung an den Dritten nicht verpflichtet. Doch ist sein Erwerb von der Leistung an den Dritten abhängig gemacht, so dass im wirtschaftlichen Ergebnis eine Zuwendung des Schenkers an den Dritten auch in diesem Fall besteht. Abs 1 Nr 2 befasst sich auch hier nur mit der Besteuerung des Dritten. Ist auch das von der Bedingung abhängig gemachte Rechtsgeschäft zwischen dem Schenker und dem Geschäftspartner Schenkung, dann richtet sich die Besteuerung dieses Geschäfts wiederum nach Abs 1 Nr 1. IdR wird es sich dabei im Verhältnis zwischen Schenker und Geschäftspartner um eine gemischte Schenkung handeln, weil die durch die Bedingung geschaffene Verknüpfung zwischen der Leistung des Schenkers an den Geschäftspartner und dessen Leistung an den Dritten eine (Teil-)Entgeltlichkeitsbeziehung darstellt. Der Geschäftspartner erwirbt allerdings nach zivilrechtlichen Grundsätzen in vollem Umfang unentgeltlich, wenn das, was dem Dritten auf Grund der vom Schenker gesetzten Bedingung zukommen soll, lediglich eine

Einschränkung des Erwerbs der Mittelsperson bedeutet (vgl oben Anm 33). Der Geschäftspartner des Schenkers, der selbst schenkweise erwirbt, wird jedoch im Steuerrecht differenzierend nach den vom BFH für Schenkungen unter Leistungs- bzw unter Duldungsauflage entwickelten Grundsätzen (oben Anm 34 ff) zu besteuern sein.

Abs 1 Nr 3 hat bisher noch keine praktische Bedeutung erlangt.

99.–106. Vereinbarung der Gütergemeinschaft (Abs 1 Nr 4)

Schrifttum: *Felix,* SchStGestaltungen bei Vereinbarung der Gütergemeinschaft (§ 7 I Nr 4 ErbStG), KÖSDI 81, 4282; *Meincke,* Güterstandsvereinbarungen aus einkommen- und erbschaftsteuerlicher Sicht, DStR 86, 135; *Berger,* Gütergemeinschaft und SchSt, DVR 86, 34; *Voss,* Eheverträge in steuerlicher Sicht, DB 88, 1034; *Behmer,* Ist die Gütergemeinschaft als Wahlgüterstand „obsolet"?, FamRZ 88, 339; *Moench,* Eheliche Güterstände und ErbSt, DStR 89, 299, 344.

Grundlagen. Abs 1 Nr 4 ist durch das ErbStG 1974 eingeführt worden, um die Besteuerung der durch die Vereinbarung der Gütergemeinschaft zugewandten Bereicherung auch für den Fall sicherzustellen, dass durch die Vereinbarung in erster Linie güterrechtliche Wirkungen herbeigeführt werden sollten. Für diesen Fall hatte der BFH früher (BFH BStBl III 64, 202; 66, 521) die Anwendbarkeit des SchStRechts verneint, da auch das Zivilrecht in diesem Fall regelmäßig nicht von einer Schenkung spricht (BGHZ 116, 178 mwN). Dem Gesetzgeber erschien diese Auslegung unbefriedigend. Er meinte – so jedenfalls ergeben es die Gesetzesmaterialien (BTDrs 6/3418, 64) –, dass diese Rspr die Praxis überfordere und sachlich nicht gerechtfertigt sei. Es sei vielmehr folgerichtig, diese Bereicherung – wie jede andere Bereicherung unter Ehegatten – ausnahmslos zur SchSt heranzuziehen. Als vorübergehend nicht mehr jede andere Bereicherung unter Ehegatten ausnahmslos zur SchSt herangezogen wurde (BFH BStBl II 85, 159), ja sich gerade die Erkenntnis Bahn brach, dass Zuwendungen unter Ehegatten idR keine Schenkungen sind (BGHZ 87, 145, 146; 116, 167, 169), erschien die Gesetzesbegründung schon bald erstaunlich antiquiert. Sie hat aber jetzt (oben Anm 85 ff) erneut Aktualität erlangt.

Vereinbarung der Gütergemeinschaft. Abs 1 Nr 4 besteuert die Bereicherung, die ein Ehegatte bei Vereinbarung der Gütergemeinschaft (§ 1415 BGB) durch die Vergemeinschaftung der beiderseitigen Vermögen zum Gesamtgut (§ 1416 BGB) erfährt. Dem Ehegatten wird der Partner einer eingetragenen Lebensgemeinschaft seit dem ErbStRG 2009 gleichgestellt. Wenn im Folgenden von der Ehe oder von dem Ehegatten die Rede ist, wird immer auch die **eingetragene Lebensgemeinschaft** und der Lebenspartner mitgemeint. Es kommt nicht darauf an, ob die Vereinbarung der Gütergemeinschaft gleich mit der Eheschließung oder erst nachträglich getroffen worden ist. Besteuert wird jedoch nur die **Bereicherung bei Begründung der Gütergemeinschaft** und damit der Vermögensvorteil, der sich für einen der Ehepartner als unmittelbare Folge aus der Vereinbarung der Gütergemeinschaft ergibt. Dies wird durch den Hinweis auf § 1415 BGB noch ausdrücklich klargestellt. Auch die Anzeigepflicht nach § 34 II Nr 3 ist nur auf die Vereinbarung der Gütergemeinschaft bezogen. Änderungen der Vermögensverteilung unter den Ehegatten während bestehender Gütergemeinschaft durch Überführung von Vorbehaltsgut eines Ehegatten in das gemeinschaftliche Vermögen (FG Stuttgart EFG 70, 24) oder Überführung von Posten aus dem Gesamtgut in das Vorbehaltsgut eines Partners, also Vermögensübertragungen unter den Ehegatten, die zu einer **Bereicherung nach Begründung der Gütergemeinschaft** führen, können zwar einen Zuwachs im Vermögen und damit die Bereicherung eines Partners bewirken, sind aber nicht nach Abs 1 Nr 4, sondern allenfalls unter den dort genannten Voraussetzungen nach Abs 1 Nr 1 steuerbar (vgl FG München EFG 07, 54, das allerdings die Merkmale des § 7 I Nr 1 in diesen Fällen unbedenklich für gegeben hält).

101 **Mehrungen des Gesamtguts** unterliegen ebenfalls nicht der Besteuerung nach Abs 1 Nr 4. Insbesondere wenn dritte Personen einem der Ehegatten ein Geschenk machen, das in das Gesamtgut fällt, bleibt der kraft Gesetzes eintretende Erwerb der Mitberechtigung durch den anderen Ehegatten unbesteuert. Die beiden Ehegatten gelten nicht allein wegen der zwischen ihnen bestehenden Gütergemeinschaft jeweils beide als beschenkt (R E 7.6 III ErbStR).

102 **Bereicherung.** Abs 1 Nr 4 besteuert die Bereicherung, die ein Ehegatte bei Eintritt des Güterstandes der Gütergemeinschaft erfährt. Zur Ermittlung der Bereicherung sind die von beiden Ehepartnern in das Gesamtgut überführten Vermögenswerte zu vergleichen. Für den Partner, der Vermögen von geringerem Wert in das Gesamtgut eingebracht hat, kann sich eine Bereicherung bis zur Höhe der Hälfte des vom anderen Partner eingebrachten Mehrwertes ergeben. Dabei ist jedoch das Zusammenspiel der §§ 7 und 10 zu beachten (vgl Anm 4 ff). So ist zunächst anhand einer Gegenüberstellung der Verkehrswerte des eingebrachten Vermögens zu ermitteln, ob sich für einen der Partner eine Bereicherung ergibt, die zu einem steuerbaren Vorgang nach § 7 I Nr 4 führt. Sodann ist durch eine Gegenüberstellung der StWerte unter Ausscheiden der stbefreiten Posten, Berücksichtigung persönlicher StBefreiungen und unter Abzug der in § 10 genannten oder zugelassenen Erwerbsminderungen zu klären, ob für den zivilrechtlich bereicherten Partner auch ein stpfl Erwerb festgestellt werden kann.

Der stpfl Erwerb iS des § 10 ist aus der zivilrechtlich festgestellten **103** Bereicherung iS des § 7 zu entwickeln und findet in dieser zugleich seine **Obergrenze** (so auch *Felix*, KÖSDI 81, 4280, 4283; *Petzoldt* § 7 Rz 120). Hat daher (Bsp von *Bopp*, FamRZ 75, 245, 247) der Ehemann Gegenstände im Verkehrswert von € 1,5 Mio und die Ehefrau Gegenstände im Verkehrswert von € 1,6 Mio in das Gesamtgut eingebracht, dann kann sich eine StPfl nur für den Ehemann ergeben, auch wenn der Wert des von der Frau eingebrachten Vermögens nach steuerlichen Bewertungsgrundsätzen niedriger als der des Mannesvermögens zu veranschlagen ist. Der stpfl Erwerb des Mannes kann € 50 000 nicht überschreiten, auch wenn die Bereicherung des Mannes bei Ansatz der StWerte erheblich höher liegt.

Zum **Wegfall** der durch die Gütergemeinschaft vermittelten Berei- **104** cherung kommt es, wenn im Fall der Ehescheidung der Wert des eingebrachten Vermögens gem § 1478 BGB aus dem Gesamtgut zurückzuerstatten ist; für diese Fälle erscheint eine analoge Anwendung des § 29 angebracht (*Meincke*, DStR 77, 363, 366 f; *Moench*, DStR 89, 344).

Wille zur Freigebigkeit. Auf den Willen, die Bereicherung um der **105** Bereicherung willen zu verschaffen, soll es nach der in der Gesetzesbegründung dargelegten Konzeption nicht ankommen (BTDrs 6/3418, 64). Die Besteuerung ist daher unabhängig von der Überlegung durchzuführen, ob die Eheleute mit der Vereinbarung in erster Linie güterrechtliche Wirkungen herbeiführen wollten.

Wirkt sich die Vergemeinschaftung des Vermögens lediglich dahin **106** aus, dass dem Partner eine **Mitberechtigung am Familienwohnheim** zufällt, dann ist § 13 I Nr 4a zu beachten, der den Vermögenszuwachs insoweit stfrei stellt. Wechseln die Eheleute vom Güterstand der Zugewinngemeinschaft in die Gütergemeinschaft, so erwächst dem Ehegatten, der den geringeren Zugewinn erzielt hat, mit der Beendigung des gesetzlichen Güterstandes eine nach § 5 II steuerfreie Ausgleichsforderung, die er in das Gesamtgut der Gütergemeinschaft einbringt (BGH FamRZ 90, 256) und die auf diese Weise die durch Vereinbarung der Gütergemeinschaft vermittelte Bereicherung mindern kann (*Moench*, DStR 89, 299, 304; FG Münster EFG 93, 587).

107.–116. Einzelfälle der Schenkung (Abs 1 Nr 5–10)

Abs 1 Nr 5. Erb-, Pflichtteils- und Vermächtnisverzicht iS der **107** §§ 2346, 2352 BGB sind Rechtsgeschäfte, durch die der Erblasser vor dem Erbfall – zur Erbausschlagung und zum Pflichtteils- und Vermächtnisverzicht nach dem Erbfall vgl § 3 II Nr 4 u 5 – die Erbaussicht des künftigen Erben, Pflichtteilsberechtigten oder Vermächtnisgläubigers mit dessen Mitwirkung kürzt oder ausschließt. Der Erbe, Pflichtteilsberechtigte oder Vermächtnisgläubiger wird sich zur Mitwirkung an diesem Verzicht regelmäßig nur dann bereit finden, wenn er als Ausgleich für den Verzicht eine Abfindung erhält. Das Gesetz lässt diese Abfindung an die Stelle der ausgefallenen Erwerbsaussicht treten, unterwirft sie aber nicht erst mit dem Erbfall, sondern schon im Zeitpunkt ihrer Gewährung (§ 9 Anm 53) der StPfl. Weil das Gesetz die Frage offen halten wollte, ob der Verzicht als Entgelt für die Abfindung gewertet werden kann (*Rheinbay,* ZEV 00, 278; vgl auch *Loritz,* BB 01, 236) oder ob die Abfindungsleistung als Surrogat des Verzichtsgegenstandes eingestuft werden muss, als solche unentgeltlich erfolgt und damit schon wesentliche Merkmale der freigebigen Zuwendung nach Abs 1 Nr 1 erfüllt (so FG Bad-Württ EFG 00, 1396), wurde der Sondertatbestand des § 7 I Nr 5 geschaffen. Wie ein Verzicht des Erben auf den Anspruch aus § 2287 BGB zu behandeln ist, wenn er vor dem Erbfall gegen Abfindung erfolgt, wird in Abs 1 Nr 5 nicht geregelt. Auch die Abfindung, die auf der Grundlage eines Verzichtsvertrages geschuldet wird, den der künftige Erbe oder Pflichtteilsberechtigte mit einem anderen künftigen Erben oder Pflichtteilsberechtigten gemäß dem früheren § 312 (jetzt § 311 b III BGB) abschließt, wird von Abs 1 Nr 5 nicht erfasst (FG München ZEV 98, 237). Doch soll in diesem Fall nach Auffassung des BFH (BStBl II 01, 456) eine Besteuerung nach § 7 I Nr 1 zulässig sein mit der eigentümlichen, nur aus der Anwendung des Gedankens des § 7 I Nr 5 erklärbaren Modifikation, dass sich die Steuerklasse nach dem Verhältnis des Erwerbers zum künftigen Erblasser richten soll (zustimmend FG Münster EFG 11, 1267), auch wenn die Zuwendung nicht vom Erblasser stammt, sondern den Charakter einer Zuwendung des zukünftigen Erben hat. Als freigebige Zuwendung hat der RFH (RStBl 41, 509) auch die Abfindung gewertet, die für die einverständliche Aufhebung einer erbvertraglichen Erbeinsetzung gezahlt worden ist. Das Reichsgericht (RGZ 95, 12) und der RFH (RStBl 41, 564) haben in der vorzeitigen Erfüllung eines in einem Erbvertrag ausgesetzten Vermächtnisses durch den überlebenden Ehegatten eine freigebige Zuwendung des Vermächtnisgegenstandes an den Vermächtnisnehmer gesehen.

108 Die **Abfindung** kann von dem Erblasser oder von einem Dritten gewährt werden, dem im Erbfall der Verzicht zugute kommt. Auch wenn der Abfindungsbetrag von dem Dritten stammt, sieht das Gesetz den Erwerb der Abfindungsleistung als Schenkung von Seiten des Erblassers an (BFH BStBl II 77, 733; aM noch BFH BStBl III 53, 59; *Kipp* § 3 Anm 183). Für diese Einordnung spricht die Parallele zu den Abfindungsleistungen nach § 3 II Nr 4, die als Erwerb vom Erblasser gelten, auch wenn sie von dritter Seite gewährt werden. Die Zuordnung der Abfindung zu den schenkweisen Erwerben vom Erblasser kann in die Steuerplanung einbezogen werden, indem zB Zuwendungen unter Geschwistern als Abfindung für einen Erbverzicht gegenüber den Eltern ausgestaltet werden; hierdurch wird einerseits der Erwerb in die StKlasse I verlagert, andererseits sind die Eltern nicht gehindert, den verzichtenden Abkömmling gleichwohl von Todes wegen zu bedenken (*Troll/Gebel* § 7 Rz 319). Soll die Abfindung nach einer Vereinbarung zwischen Erblasser und Verzichtendem nicht dem Verzichtenden, sondern einem Dritten zugute kommen, so liegt dennoch im Verhältnis zwischen dem Erblasser und dem Verzichtenden eine Schenkung vor. Erlangt der Dritte die Abfindung unentgeltlich, kann eine weitere Schenkung zwischen dem Verzichtenden und dem Dritten anzunehmen sein (*Kipp* § 4 Anm 22).

Nach einem von *Moench/Weinmann* (§ 7 Rz 216) zitierten, unveröffentlichten BFH-Urteil vom 29. 11. 1978 (II R 104/75) kommt es bei der Schenkung nach Abs 1 Nr 5 nicht auf das Bewusstsein der Unentgeltlichkeit an. Das leuchtet ein, wenn man die Auffassung vertritt, dass die Besteuerung in Abs 1 Nr 5 gar nicht ein unentgeltliches, sondern ein **entgeltliches Geschäft** erfasst (aM allerdings nunmehr BGHZ 113, 393, BFH BStBl II 92, 809 zum Pflichtteilsverzicht gegen Abfindung; ausdrücklich offen gelassen in BFH BStBl II 00, 82), das besteuert wird, weil der Erwerb der Abfindung als Surrogat des durch Verzicht entgehenden unentgeltlichen Erwerbs verstanden werden kann. Auf die Abfindungsleistung sollen die Grundsätze über mittelbare Schenkungen (oben Anm 17 ff) anwendbar sein (FG Bad-Württ EFG 00, 1396). Werden mit der Abfindung neben dem Erbverzicht weitere Gegenleistungen des Erben entgolten, so ist eine entsprechende Aufteilung des Gesamtbetrages erforderlich. Eine als Abfindung geleistete Zuwendung ist auch insoweit nicht stpfl, als der Empfänger diese bereits unabhängig von der Abfindungsvereinbarung aus einem anderen Rechtsgrund zu beanspruchen hat. Aus der unterhaltsrechtlichen Verpflichtung unter Ehegatten zum Aufbau einer angemessenen Altersvorsorge soll sich jedoch kein konkreter Rechtsanspruch idS ergeben, da der unterhaltsverpflichtete Teil in der Ausgestaltung dieser Vorsorge frei ist (FG Nürnberg EFG 90, 65, 66 f im Anschluss an BFH BStBl II 86, 265, 266 f). Gewährt daher der Erblasser seinem Erbverzicht leistenden Ehegatten eine auf den Todesfall befristete Abfindung, die zugleich zu dessen Alterssicherung bestimmt ist, so bleibt die Zuwendung steuerbar nach Abs 1 Nr 5; es kommt aber eine analoge Anwendung des Versorgungsfreibetrags nach § 17 in Betracht (FG Nürnberg EFG 90, 65, 67).

Abs 1 Nr 6. Der durch das NEhelG 1969 eingeführte **vorzeitige Erbausgleich** (§§ 1934 d, 1934 e BGB aF) sollte dem nichtehelichen

Kind zum Start in die selbstständige berufliche Existenz den finanziellen Rückhalt verschaffen, den das eheliche Kind regelmäßig in der Vaterfamilie findet (Bericht zu BTDrs 5/4179, 6). Inzwischen **wurde** die zivilrechtliche Regelung über den vorzeitigen Erbausgleich durch das Erbrechtsgleichstellungsgesetz vom 16. 12. 1997 (BGBl I 97, 2968) **aufgehoben.** Dem hat sich das ErbStRG 2009 angeschlossen.

111   **Abs 1 Nr 7.** Unter den **Voraussetzungen der Vor- und Nacherbfolge** geht der Nachlass zunächst auf den Vorerben und dann beim Nacherbfall auf den Nacherben über. Der Zeitpunkt des Nacherbfalls bestimmt sich nach der Anordnung des Erblassers. Ist nichts anderes angeordnet, gilt der Tod des Vorerben als Nacherbfall (§ 2106 I BGB). Der Vorerbe kann nicht nach eigenem Gutdünken den Nacherbfall herbeiführen, sofern ihm nicht der Erblasser dieses Recht eingeräumt hat, was zulässig ist (RGZ 95, 278). Er kann jedoch das der Vor- und Nacherbfolge unterliegende Vermögen vorzeitig auf den Nacherben übertragen. Dabei kann er das Vermögen um die ihn als Vorerbe treffende Steuer kürzen. Bei der Herausgabe des gesamten Vermögens sollte er ausreichende Mittel zurückhalten, um sich eine Deckung für die ihn als Schenker treffende St zu sichern. Die vorzeitige Übertragung eines Teils des Vermögens kann unter Ausnutzung der Zehnjahresfrist des § 14 zur steuergünstigen Aufteilung des Nachlasses führen. Soll nicht der Tod des Vorerben den Nacherbfall bilden, kann der Vorerbe durch vorzeitige Herausgabe von Nachlassgegenständen erreichen, dass sich die Besteuerung des Nacherben für die herausgegebenen Gegenstände nach dem Verhältnis zum Vorerben bestimmt, während der Vermögensübergang beim Nacherbfall zu Lebzeiten des Vorerben immer ein solcher vom Erblasser ist (§ 6 III 1). Mit der vorzeitigen Übertragung von Nachlassgegenständen schenkt der Vorerbe dem Nacherben nicht „nur die Nutzungen der Zwischenzeit" (offen gelassen in BFH BStBl II 90, 504, 506). Denn vor dem Eintritt des Nacherbfalls ist der Vorerbe Erbe, also Vermögensträger und nicht Nutzungsberechtigter an fremdem Vermögen. Der Vorerbe bereichert den Nacherben also um die vorzeitig zugewendete Vermögenssubstanz, so dass die Zuwendung schon nach Abs 1 Nr 1 stpfl wäre, wenn das Gesetz die StPfl in Nr 7 nicht noch gesondert angeordnet hätte. Dabei soll sich der Tatbestand in Nr 7 von dem Tatbestand der freigebigen Zuwendung durch geringere Anforderungen an das Bewusstsein der Unentgeltlichkeit unterscheiden (FG Nürnberg EFG 03, 353; zur Abgrenzung beider Tatbestände vgl auch BFH BStBl II 90, 504, 506). Die vom BFH (BStBl II 93, 523, 525) in anderem Zusammenhang apodiktisch geäußerte These: „Die (Vorweg-)Erfüllung eines noch aufschiebend bedingten Anspruchs erfolgt nicht freigebig", passt auf Ansprüche nicht, deren Erfüllung zu einem steuerpflichtigen Erwerb unter Lebenden oder von

Todes wegen führt. Dennoch bleibt zu beachten, dass Abs 1 Nr 7 wie Abs 1 Nr 1 nur die unentgeltliche Herausgabe von Nachlassgegenständen stpfl machen will. Im Fall einer geringerwertigen Gegenleistung ist nach den Grundsätzen über gemischte Schenkungen zu verfahren (FG Nürnberg aaO). Der Verzicht auf das Nacherbenanwartschaftsrecht gegen Herausgabe von Nachlassgegenständen wird nicht als Gegenleistung anerkannt (FG München EFG 03, 552). Nach Abs 2 kann der Beschenkte beantragen, dass der Versteuerung das Verhältnis des Beschenkten zum Erblasser zugrunde zu legen ist. Aus dem Hinweis auf die Sätze 3–5 des § 6 II folgt, dass dieser Antrag nur eine eingeschränkte Bedeutung hat. Der Erwerb des Nacherben bleibt ein solcher vom Vorerben. Der Antrag nach Abs 2 bewirkt lediglich, dass sich die StKlasse nach dem Verhältnis des Beschenkten zum Erblasser bestimmt. Für die Zusammenrechnung nach § 14 ist der Antrag dagegen bedeutungslos (BFH BStBl II 11, 123; unten Anm 117; oben § 6 Anm 13; aM noch FG Düsseldorf EFG 10, 156). Wird daher dem Nacherben das der Nacherbschaft unterliegende Vermögen in zwei Zuwendungen übertragen, so kann der Nacherbe nicht dadurch, dass er für die erste Schenkung den Antrag nach Abs 2 stellt, für die zweite dagegen unterlässt, die Zusammenrechnung der Schenkungen nach § 14 vermeiden Auch die vorzeitige Herausgabe des gesamten, der Vorerbfolge unterliegenden Vermögens führt noch nicht zum Nacherbfall. War daher der Nacherbfall nicht mit dem Tod des Vorerben verknüpft, fragt sich trotzdem, ob der Nacherbe schon beim Empfang von Nachlassgegenständen die nach § 6 III 2 vorgesehene Anrechnung auf seine St vornehmen kann.

Abs 1 Nr 8. Im **Recht der rechtsfähigen Stiftung** (§§ 80 ff BGB) **112** sind folgende steuererhebliche Vorgänge zu unterscheiden: Die Erstausstattung der Stiftung mit Vermögen, spätere Zuwendungen an die bereits errichtete Stiftung von Seiten des Stifters oder anderer Personen, das Halten des Vermögens durch die Stiftung, die satzungsgemäße ordentliche Ausschüttung von Stiftungsmitteln an die Destinatäre, außerordentliche Kapitalzuwendungen aus dem Stiftungsvermögen und der Vermögensübergang auf die erwerbsberechtigten Personen beim Erlöschen der Stiftung. **Abs 1 Nr 8 betrifft die Erstausstattung der Stiftung,** die auch als ausländische Stiftung errichtet sein kann (FG Rh-Pf EFG 98, 1021). Doch greift Abs 1 Nr 8 bei ausländischen Stiftungen nur ein, wenn die Stiftung über das ihr anvertraute Vermögen im Verhältnis zum Stifter tatsächlich und rechtlich frei verfügen kann. Andernfalls entfällt die SchStPfl (BFH BStBl II 07, 669). Eine Stiftung kann auch von einer anderen Stiftung gegründet und mit Vermögen ausgestattet werden. Auch dieser Vorgang unterliegt der Steuer nach Abs. 1 Nr. 8 (BFH BStBl II 11, 732). Als Übergang von

Vermögen auf Grund eines Stiftungsgeschäfts wird hier der Vermögensübergang auf die Stiftung besteuert, der sich auf Grund des Stiftungsgeschäfts unter Lebenden mit der Anerkennung der Stiftung als rechtsfähig gemäß § 82 S 2 BGB von selbst vollzieht, oder zu dem der Stifter gemäß § 82 S 1 BGB mit der Anerkennung der Stiftung gegenüber verpflichtet wird. Der stpfl Vorgang liegt noch nicht in der Begründung der Übertragungspflicht, sondern erst in dem Vermögensübergang, der auf der Verpflichtung beruht, wobei der Vermögensübergang, obwohl er eine Verpflichtung erfüllt, dennoch – wie bei der Erfüllung eines Schenkungsversprechens – den Charakter einer unentgeltlichen Zuwendung hat. Der Vermögensübergang auf Grund des Stiftungsgeschäfts von Todes wegen wird durch § 3 II Nr 1 erfasst. Die nicht mit der Stiftungserrichtung gekoppelten Zuwendungen unter Lebenden und von Todes wegen an eine bereits errichtete Stiftung („Zustiftungen") unterliegen als freigebige Zuwendung nach § 7 I Nr 1 (RFH RStBl 31, 539) oder als Erbeinsetzung, Vermächtnis oder Erwerb durch Schenkung auf den Todesfall gem § 3 I Nr 1, 2 und 4 der StPfl. Zustiftungen an eine Familienstiftung sind auch dann stpfl, wenn der Zuwendende von der Zustiftung selbst profitiert (BFH BStBl II 10, 363). Kann die Stiftung allerdings im Verhältnis zum Zuwendenden über das zugewendete Vermögen nicht frei verfügen, so liegt eine stpfl Zustiftung gar nicht vor (BFH BStBl II 07, 669). Die Stpfl der Stiftung schließt eine StPfl der Begünstigten der Stiftung als Folge der Zustiftungen aus (BFH BStl II 10, 74). Hat der Stifter im Stiftungsgeschäft die (hinreichend konkretisierte) Verpflichtung zu weiteren Zuwendungen an die Stiftung übernommen, so handelt es sich bei der Erfüllung dieser Verpflichtung noch um einen Erwerbsvorgang iSd § 7 I Nr 8; dies kann vor allem bei Familienstiftungen im Rahmen des § 15 II für die Einordnung in die StKlasse III oder in eine günstigere StKlasse Bedeutung gewinnen. Das Halten des Vermögens wird durch § 1 I Nr 4 besteuert. Die ordentlichen Ausschüttungen an die Destinatäre sind nach § 7 I Nr 1 zu beurteilen, woraus sich nach bisher allg Meinung die StFreiheit der Ausschüttungen ergibt (vgl Anm 88). Außerordentliche Kapitalzuwendungen sind ebenfalls an § 7 I Nr 1 zu messen. Hier wird im Zweifel eine StPfl in Frage kommen (RFH RStBl 39, 789). Für den Vermögensübergang beim Erlöschen der Stiftung sieht Abs 1 Nr 9 die Besteuerung vor. Abs 1 Nr 8 unterscheidet nicht zwischen gemeinnützigen und nicht gemeinnützigen Stiftungen. Doch stellt § 13 I Nr 16 b den Vermögensübergang auf eine als gemeinnützig anerkannte Stiftung von der StPfl frei, so dass sich aus § 7 I Nr 8 iVm § 10 I 1 ein stpfl Erwerb **nur für die nicht gemeinnützigen Stiftungen** ergibt. Der mit StEntlG 1999/2000/2002 (BGBl I 99, 402) neu eingefügte **Satz 2**, der die Besteuerung auf die **Bildung oder Ausstattung einer Vermögensmasse ausländischen Rechts** durch Rechtsgeschäft unter

Lebenden erstreckt, dient der Ergänzung des § 3 II Nr 1 S 2. Gedacht ist an einen trust nach anglo-amerikanischem Recht. Der trust gilt nach § 20 I 2 selbst als Erwerber und StSchuldner. Soll das Vermögen, wie üblich, nur vorübergehend in die trust-Verwaltung eingestellt sein, um dann an einen Enderwerber weitergeleitet zu werden, so fragt sich, ob die Weiterleitungspflicht bei der Bewertung des Zwischenerwerbs oder – entsprechend § 6 III 2 – bei der Besteuerung des Enderwerbs berücksichtigt werden kann (vgl schon oben § 3 Anm 95 und unten Anm 115).

Abs 1 Nr 9. Stiftungen können durch Zeitablauf, Zweckerreichung, Eintritt einer auflösenden Bedingung des Stiftungsgeschäfts, durch Eröffnung des Insolvenzverfahrens (§§ 86, 42 BGB), Beschluss der zuständigen Stiftungsorgane und durch Aufhebung seitens der zuständigen Behörde (§ 87 I BGB) **erlöschen.** Abs 1 Nr 9 regelt seinem Wortlaut nach nur den Erwerb, der bei Aufhebung einer Stiftung anfällt. Doch dürfte damit jeder Fall des Erlöschens der Stiftung in Bezug genommen sein. Art 7 ErbStRG 1974 setzt jedenfalls voraus, dass auch die Auflösung durch Beschluss der Stiftungsorgane zur StPfl nach § 7 Abs 1 Nr 9 führt. Mit dem Erlöschen der Stiftung fällt das Vermögen an die in der Stiftungsverfassung bestimmten Personen (§ 88 BGB). Nach § 15 II 2 gilt in den Fällen des § 7 I Nr 9 als Schenker der Stifter. Entgegen diesem Wortlaut hat der BFH (BStBl II 93, 238; 10, 237) entschieden, dass nicht der Stifter, sondern die Stiftung als Schenker zu gelten hat, weil § 15 II 2 nach seiner systematischen Stellung keine Aussage über den Schenker, sondern nur eine Aussage über die für den Erwerb von Stiftungsvermögen maßgebliche Steuerklasse treffen will. Die Folge dieser These ist, dass auch der Stifter steuerpflichtig wird, wenn an ihn bei Auflösung der Stiftung Vermögen zurückgelangt, und dass nur ein Erwerb durch Schenkung unter Lebenden verwirklicht ist, auch wenn die Stiftung durch zwei Stifter gegründet und ausgestaltet worden ist, wobei für diesen Fall an die Anwendung unterschiedlicher Steuerklassen unter entsprechender Berücksichtigung des § 6 II 3 zu denken sein soll. Ob dieses Ergebnis wirklich angesichts von Gesetzeswortlaut, -sinn und Billigkeit (vgl zur Besteuerung des Vermögensrückfalls an den Schenker unten § 29 Anm 6 mit Hinweis auf *Sosnitza*, UVR 92, 342, 348) überzeugen kann, sei hier dahingestellt. Schon vor der Wende der Rspr in der Frage der Interpretation des § 15 II 2 war im Übrigen anerkannt, dass § 7 I Nr 9 (und damit auch § 15 II 2) nicht zur Anwendung kommt, wenn ohne Auflösung der Stiftung lediglich Teile des Stiftungsvermögens auf den Stifter zurückübertragen werden. Es ist dann eine Besteuerung als freigebige Zuwendung nach StKlasse III in Betracht zu ziehen. Der Fiskus als Anfallberechtigter ist gem § 13 I Nr 15 von der St freigestellt.

114 Unklar ist, was bei Auflösung eines auf die Bindung von Vermögen gerichteten **Vereins** (§ 1 Anm 13) der Besteuerung unterliegen soll, wenn das Vereinsvermögen bestimmungsgemäß den Vereinsmitgliedern im Umfang ihrer Vereinsbeteiligung zufällt. Das Gesetz bestimmt als Besteuerungsgegenstand das, „was ... erworben wird". Nach dem Zusammenhang des Gesetzes dürfte jedoch als Erwerb nur der Vermögensanfall anzusehen sein, der bei einer Bewertung nach bürgerlich-rechtlichen Bewertungsgrundsätzen zu einer Bereicherung des Erwerbers führt. Wird daher bei Auflösung des Vereins das Vereinsvermögen auf die Mitglieder transferiert, die für den Vermögenserwerb ihre Anteile am Vereinsvermögen einbüßen, so bewirkt der Vermögenstransfer zumindest nicht in vollem Umfang eine Bereicherung der Erwerber (vgl oben Anm 72); eine uneingeschränkte StPflicht des Vermögensanfalls ließe sich nur mit der Erwägung begründen, wegen der vom Gesetzgeber intendierten Gleichstellung des Vereins mit einer Stiftung sei der in der Vereinsmitgliedschaft liegende Vermögenswert zu ignorieren (so *Moench/Weinmann* § 7 Rz 223). Die Besteuerung des Vermögensanfalls ist, wie der BFH BStBl II 95, 609, 610 hervorhebt, „aus Gründen der Steuergerechtigkeit" auf den Fall der Vereinsauflösung ausgedehnt worden. Das Gericht will die Vorschrift auch beim Anfall an Vereinsmitglieder zur Anwendung bringen, ohne die Gerechtigkeitserwägungen dieser Praxis zu verdeutlichen. Die Umwandlung des Vereins in eine AG sollte nach Auffassung der FinVerw (DStR 00, 2189) als Auflösung des Vereins zu behandeln sein. Dem hatte die Rspr (FG Düsseldorf EFG 06, 57; 1084; BFH BStBl II 07, 621) widersprochen. Daraufhin hatte die FinVerw ihre Weisung zurückgezogen (ZEV 07, 548). Das ErbStRG 2009 hat aber nun die frühere Verwaltungsmeinung bestätigt und durch einen in § 7 I Nr 9 eingefügten Zusatz ausdrücklich anerkannt.

115 Wird eine Stiftung durch Beschluss aufgehoben und ihr Vermögen einer anderen neu gegründeten Stiftung als Erstausstattung zugewiesen oder wird der Charakter einer Stiftung durch Satzungsänderung so tiefgreifend neu bestimmt, dass von der **Aufhebung der alten und der Errichtung einer neuen Stiftung** ausgegangen werden muss – nach Auffassung der FinVerw (§ 1 Anm 21) ist dies stets anzunehmen, wenn eine Stiftung ihren Charakter als Familienstiftung verliert –, dann treffen die beiden StTatbestände der Nr 8 und Nr 9 in einem Vorgang zusammen. Dennoch kann es in diesem Fall nur eine einfache und nicht eine doppelte StPfl geben. Weil Abs 1 Nr 9 von einem Vorgang ausgeht, der als ein Erwerb qualifiziert werden kann, sollte die Vorschrift nur zur Anwendung gelangen, wenn es zu einem Rechtsträgerwechsel hinsichtlich des Vermögens kommt. An einem Rechtsträgerwechsel fehlt es, wenn die Stiftung trotz Satzungsänderung identisch bleibt oder wenn ein Familienverein ohne Rechtsträgerwechsel in eine GmbH oder in eine AG (*Petersen* BB 97, 1981) umgewandelt wird. Dennoch soll in dem zuletzt genannten Fall nach der entsprechenden Änderung des Gesetzes nunmehr eine Besteuerung stattfinden. Das überzeugt nicht.

Vermögensmasse ausländischen Rechts. Mit StEntlG 1999/ 2000/2002 (BGBl I 99, 402) wurde Abs 1 Nr 9 durch einen **neuen Satz 2** ergänzt. Diese Bestimmung bildet die Folgeregelung zu den neuen Vorschriften des § 3 II Nr 1 S 2 und § 7 I Nr 8 S 2, die die Einfügung von Vermögen in einen ausländischen trust für steuerpflichtig erklären. Die Stpfl besteht nur, wenn der trust auf die Bindung von Vermögen gerichtet ist. Dies dürfte trotz der Widerrufsmöglichkeit auch bei einem revocable trust zu bejahen sein (*Habammer*, DStR 02, 425, 430). Wenn der trust selbst als Erwerber des Vermögens gilt, dann ist die Weiterleitung des Vermögens aus dem trust an den Enderwerber ein selbstständiger steuerpflichtiger Vorgang, der mit der Ausstattung des trusts nur mittelbar zusammenhängt und – unabhängig von der Art der Ausstattung des trusts – stets den Charakter einer Zuwendung unter Lebenden hat. Bei einem testamentarischen trust galt der Vermögensanfall bei Beendigung des trusts an den Enderwerber bisher als aufschiebend bedingter Erwerb durch Erbanfall. Nunmehr wird dieser Erwerb in einen Erwerb durch Schenkung unter Lebenden aus dem trust umgestellt, wobei § 15 II 2 dafür sorgt, dass die Besteuerung des Enderwerbers sich nach wie vor nach dem Verhältnis zum Erblasser bestimmt. Neu ist auch, dass der **Erwerb durch Zwischenberechtigte** ausdrücklich der Besteuerung unterworfen wird. Als Zwischenberechtigte hatte der BFH in der Entscheidung BStBl II 86, 615, 617 die Personen bezeichnet, denen sog life interests oder future interests zustanden und die aus der Sicht des Senats wie Nutzungsberechtigte zu behandeln waren. Ihre Besteuerung kommt bei Steuerausländern nur in Betracht, wenn die Zwischenrechte zum Inlandsvermögen gehören, sofern eine beschränkte Steuerpflicht in Frage steht (§ 2 Anm 10). Es bleibt die Aufgabe der Gesetzesinterpretation, die Erwerbe des trust, des Zwischenberechtigten und des Enderwerbers in ein angemessenes Verhältnis zueinander zu bringen. Indem das Gesetz schon den trust selbst als Erwerber behandelt, zielt es darauf ab, die StPfl vorzuverlegen und sie nicht bis zur Übernahme des Vermögens durch den Enderwerber offen zu halten. Das Ziel ist jedoch nicht, den einheitlichen Vermögensübergang mehrfach zu erfassen. Daher bleibt zu prüfen, ob die St, die der trust aufzubringen hatte, schon gleich unter Berücksichtigung der späteren Weiterleitungspflicht an die Zwischen- oder Enderwerber bemessen werden kann oder ob es denkbar ist, nach dem Vorbild des § 6 III 2 die Steuer des trust auf die Steuer des Enderwerbers anzurechnen.

Abs 1 Nr 10. Die wenig deutlich gefasste Bestimmung geht davon aus, dass ein **Anspruch** unter Voraussetzungen **erworben** wurde, die eine StPfl nach den §§ 3 und 7 auslösen würden, wenn der Anspruch dem Erwerber unbedingt, unbetagt oder unbefristet zugefallen wäre. Infolge der Bedingung, Betagung oder Befristung (zu diesen Begriffen und den mit ihnen verbundenen Auslegungsproblemen vgl § 9 Anm 19 ff) fehlt es vor Eintritt des Ereignisses oder des Termins, von dem die Bedingung, Betagung oder Befristung abhängt, an einem stpfl Erwerb (oben Anm 52, § 9 Anm 18, 44; BFH BStBl II 99, 742; ZEV 04, 35). Dies gilt auch dann, wenn nicht der Erblasser oder Schenker die Bedingung, Betagung oder Befristung gesetzt hatte, sondern wenn der Anspruch schon dem Erblasser oder Schenker selbst nur bedingt, betagt oder befristet zustand und von ihm ohne weitere Einschränkung an den Erwerber weitergegeben wurde. Da erst der Erwerb des unbedingten, unbetagten oder unbefristeten Anspruchs besteuert wird, hat es der Erwerber in der Hand, durch Verzicht auf seine Forderung zu verhindern, dass es jemals zum Erwerb des unbedingten, unbefristeten oder unbetagten Anspruchs kommt. Vor Eintritt des Ereignisses oder des Termins kann sich der Erwerber daher durch Verzicht auf seinen Anspruch der StPfl entziehen. Würde die für den Verzicht gewährte Abfindung als entgeltliche Leistung steuerfrei bleiben, so könnte der Erwerber den Wert seines Rechts durch Verzicht gegen Abfindungsleistung stfrei in sein Vermögen überführen. Dies soll die 1974 neu eingeführte Bestimmung des Abs 1 Nr 10 verhindern, indem sie anstelle des Anspruchs die Abfindung für steuerbar erklärt. Dabei ist ausdrücklich nur von Ansprüchen die Rede, also von dem Recht, eine Leistung zu fordern (§ 194 BGB). Doch sollen wohl auch absolute Rechte wie das Eigentum in Bezug genommen sein (§ 9 Anm 21). Der Verzicht auf Ausübung eines Optionsrechts (zum günstigen Erwerb einer Gesellschafterstellung) kann unter § 7 I Nr 10 fallen (*Hartmann*, UVR 01, 93). Auch die Nichtbesteuerung der unentgeltlichen Einräumung des Bezugsrechts aus einer Kapitallebensversicherung bringt der BFH (BStBl II 99, 742) mit § 7 I Nr 10 in Verbindung. Die Sondervorschrift für bedingt usw erworbene Vermächtnisse in § 3 II Nr 5 geht der Regelung des § 7 I Nr 10 vor. Nicht unter Abs 1 Nr 10 fällt die Abfindung, die für den Verzicht auf bloße Erwerbsaussichten gezahlt wird, wie für den Verzicht auf das gesetzliche Erbrecht und das Pflichtteilsrecht (*Troll/Gebel* § 7 Rz 351; FG München ZEV 98, 237). Auch auf die Zurückweisung des Erwerbs aus einem Vertrag zugunsten Dritter (§ 333 BGB) ist Abs 1 Nr 10 nicht unmittelbar gemünzt.

117.–120. Ergänzende Bestimmungen (Abs 2 bis 4)

117 Vorzeitige Herausgabe von Nacherbschaftsvermögen (Abs 2). Abs 2 ergänzt die Regelung des Abs 1 Nr 7, nach der als Schenkung unter Lebenden gilt, was ein Vorerbe dem Nacherben mit Rücksicht

Herausgabe von Nacherbschaftsvermögen   **118** **§ 7**

auf die angeordnete Nacherbschaft vor Eintritt des Nacherbfalls herausgibt. Die Herausgabe gilt als Schenkung des Vorerben, nicht als Erwerb vom Erblasser. Der Nacherbe – mit Rücksicht auf die subsidiäre StPfl des Schenkers nach § 20 I auch der Vorerbe? – kann jedoch beantragen, dass der Versteuerung das Verhältnis des Nacherben zum Erblasser zugrunde gelegt wird, um die stlichen Wirkungen der Herausgabe den StFolgen des Vermögensübergangs beim Nacherbfall anzugleichen. Was die StFolgen des Vermögensübergangs beim Nacherbfall betrifft, so unterscheidet § 6 zwei Fälle der Nacherbfolge, je nachdem ob der Tod des Vorerben (§ 6 II) oder ob ein Ereignis zu Lebzeiten des Vorerben (§ 6 III) den Nacherbfall herbeiführen soll. Im ersten Fall wird der Erwerb des Nacherben als Erwerb vom Vorerben, im zweiten Fall als Erwerb vom Erblasser behandelt. Diese Unterscheidung greift § 7 I Nr 7 für den Fall der vorzeitigen Herausgabe von Nacherbschaftsvermögen nicht auf. Die vorzeitige Herausgabe von Nacherbschaftsvermögen soll vielmehr immer als Schenkung des Vorerben und damit aus der Sicht des Nacherben als Erwerb vom Vorerben gelten. Daher kann § 7 II 2 für beide Fälle der Nacherbfolge einheitlich auf § 6 II verweisen, weil in beiden Fällen der Nacherbfolge die vorzeitige Herausgabe von Nacherbschaftsvermögen zu der in § 6 II geregelten Rechtsfolge führt, dass der Erwerb des Nacherben als Erwerb vom Vorerben gilt. Der Antrag nach § 7 II 1 hat zur Folge, dass sich die StKlasse und mit ihr der für den Erwerber anwendbare Freibetrag und StTarif nach dem Verhältnis des Nacherben zum Erblasser bestimmt. Der Antrag bewirkt nicht, dass der Erwerb des Nacherben nunmehr als Erwerb vom Erblasser gilt, dass aus dem Erwerb durch Schenkung unter Lebenden ein Erwerb von Todes wegen wird, dass die aus § 20 I folgende StPfl des Vorerben als Schenker entfällt oder dass der Erwerb aus der Zusammenrechnung mit anderen vom Vorerben stammenden Erwerben herauszunehmen ist (vgl § 6 Anm 13 und oben Anm 111; aM FG Düsseldorf EFG 10, 156).

Mit dem Hinweis auf die Sätze 3–5 des § 6 II wird eine Regelung **118** für den Fall getroffen, dass der Vorerbe **zugleich** mit dem der Nacherbfolge unterliegenden Vermögen auch **nacherbschaftsfreies Vermögen** schenkweise herausgibt und der Nacherbe den Antrag stellt, die Besteuerung nach seinem Verhältnis zum Erblasser durchzuführen. Da dieser Antrag nur Wirkungen für das der Nacherbfolge unterliegende Vermögen haben kann, muss, soweit die Wirkungen des Antrages reichen, zwischen zwei Erwerben des Nacherben unterschieden werden. Die Erwerbe sind hinsichtlich der StKlasse getrennt zu behandeln (§ 6 II 3). Das bedeutet aus der Sicht des BFH (BStBl II 99, 235; § 6 Anm 16), dass der Nacherbe nach Stellen des Antrages zweimal den Freibetrag nach § 16 geltend machen kann. Doch kommt der aus dem

Verhältnis zum Vorerben berechnete Freibetrag für das nacherbschaftsfreie Vermögen nur im Rahmen der Betragsgrenze nach § 16 und insoweit zum Zuge, als der nach dem Verhältnis zum Erblasser berechnete Freibetrag durch den Erwerb nach Abs 1 Nr 7 noch nicht verbraucht ist (§ 6 II 4). Durch die Aufteilung der Erwerbe und die Anwendung von zwei verschiedenen StKlassen soll dem Erwerber kein Progressionsvorteil entstehen. Daher ist die St für jeden der beiden Erwerbe in der für ihn maßgeblichen StKlasse nach dem StSatz zu erheben, der für den gesamten Erwerb gelten würde (§ 6 II 5).

119 Gegenleistungen (Abs 3). Eine zufrieden stellende Interpretation der Vorschrift ist nicht leicht zu finden. Entweder ist die Bestimmung ihrem Wortlaut entsprechend nur auf die Feststellung der Bereicherung zu beziehen (BFH BStBl III 53, 199; II 68, 239; 72, 43). Dann ist ihre Aussage unergiebig. Denn dass bei der Feststellung der Bereicherung, die den stpfl Vorgang begründet, nur geldwerte Posten berücksichtigt werden können, versteht sich von selbst. Oder die Vorschrift wird entgegen ihrem Wortlaut auf die Unentgeltlichkeit der Zuwendung bezogen. Dann bringt sie zum Ausdruck, dass auch entgeltliche Leistungen der StPfl unterliegen sollen, wenn die Gegenleistung nicht in Geld veranschlagt werden kann (so jetzt BFH BStBl II 01, 456; 07, 795). Das Gericht hatte allerdings früher anders entschieden und festgestellt, das Merkmal der Freigebigkeit sei „nicht allein deshalb zu bejahen, weil der Zuwendung keine geldwerte Gegenleistung gegenüber steht und die Beteiligten das wissen" (BFH BStBl II 68, 239, 241). Es hatte ausdrücklich ausgesprochen, dass bei der Prüfung der Unentgeltlichkeit auch Gegenleistungen zu berücksichtigen sind, die keinen Geldeswert haben (BFH BStBl II 72, 43, 44). Aber wie so häufig ist der BFH auch in dieser Frage von seiner älteren Rspr abgewichen, ohne sich mit ihren Gründen auseinander zu setzen. Diese Auseinandersetzung wäre auch gar nicht so einfach gewesen. Denn ein Grund dafür, dass jetzt entgeltliche Zuwendungen dann, wenn ein Geldwert der Gegenleistung fehlt, als unentgeltliche Zuwendungen besteuert werden sollen, lässt sich nicht leicht finden. Eines zeigt die Vorschrift jedenfalls klar: Der Gesetzgeber hat angenommen, dass Gegenleistungen, die in Geld veranschlagt werden können, bei der Berechnung der Bereicherung nach § 7 zu berücksichtigen sind. Er ist damit von einer Konzeption ausgegangen, nach der Gegenleistungen bei der gemischten Schenkung nicht das Schenkungsobjekt verkürzen, sondern bei der Ermittlung der aus der Zuwendung entstehenden Bereicherung zum Abzug zu bringen sind. Mit dieser Konzeption stimmt die neuere Rspr des BFH zur gemischten Schenkung nicht überein (vgl oben Anm 29).

119a Beispielsfälle. Die neue Rspr des BFH zu § 7 III macht darauf aufmerksam, dass über die Frage, wann eine Gegenleistung nicht in

Geld veranschlagt werden kann, noch intensiver nachgedacht werden muss. Der BFH rechnet den Verzicht auf zukünftigen Zugewinnausgleich (BStBl II 07, 785) und auf zukünftigen nachehelichen Unterhalt (BStBl II 08, 256) hierher. Das kann jedoch zu Beginn der Ehe und kurz vor ihrem Scheitern unterschiedlich zu beurteilen sein. Jedenfalls ist nicht zu erkennen, warum ein zukünftiger Zugewinnausgleichsanspruch nicht kurz vor dem Ende der Ehe einen greifbaren Wert darstellen soll. In der Rspr der Finanzgerichte wird als nicht bewertbar angesehen: die Übernahme der dinglichen Haftung für die auf einem Grundstück lastenden Grundschulden (FG Nürnberg EFG 07, 1185), ein Schuldbeitritt oder eine befreiende Schuldübernahme, wenn sie mit Absprachen einher geht, nach denen der Erstschuldner im Innenverhältnis doch unverändert die Zinsen und Tilgungen der Kredite tragen soll (FG München EFG 07, 270), der Verzicht eines Kindes auf Unterhaltsansprüche gegen seine Mutter (FG München EFG 06, 1082), die Übernahme einer Verpflichtung, zu eigenem Nutzen tätig zu werden (FG München EFG 06, 1685), und die Einräumung eines Vorkaufsrechts für ein Grundstück (FG Düsseldorf EFG 04, 1164). Gerade die letztgenannte Entscheidung zeigt, dass über die Frage, was in Geld veranschlagt werden kann, noch weitere Diskussionen notwendig sind. Soll ein Vorkaufsrecht wirklich keinen Wert verkörpern?

Schenkung zur Belohnung, unter Auflage oder in Form eines lästigen Vertrags (Abs 4). Die Vorschrift ist wenig glücklich gefasst. Denn dass jede Schenkung stpfl ist, folgt schon aus Abs 1. Es besteht daher kein Anlass, die StPfl auch der Schenkung zu betonen, die zur Belohnung gemacht oder in die Form eines lästigen Vertrages gekleidet ist. Von Interesse ist vielmehr allein die Frage, inwieweit durch den Willen zur Belohnung oder durch die Einkleidung in einen lästigen (dh entgeltlichen: RFH RStBl 31, 283) Vertrag die Annahme einer Schenkung ausgeschlossen wird. Zur Lösung dieser Problematik lässt sich aus Abs 4 nur soviel entnehmen, dass der Belohnungs- (nicht: Entlohnungs-) Wille mit dem bei einer freigebigen Zuwendung vorausgesetzten Willen zur Freigebigkeit vereinbar sein kann und dass es für die Annahme einer freigebigen Zuwendung nicht auf die Form („Einkleidung"), sondern nur auf den Inhalt des infrage stehenden Geschäfts ankommen soll (RFH RStBl 31, 971). Der Hinweis auf die Auflage zeigt, dass auch die unter einer Auflage gemachte Schenkung vollen Umfangs Schenkung bleibt und einen entsprechenden stpfl Vorgang iS des § 7 bildet. Mit dieser Regelung stimmt die Rspr des BFH nicht überein, die im Fall der sog Leistungsauflage in der Auflagenanordnung eine Verkürzung des Zuwendungsgegenstandes der zugrunde liegenden Schenkung sieht (oben Anm 34). Unrichtig wäre es jedoch, wenn man aus Abs 4 eine Aussage des Inhalts herauslesen wollte, dass der Teil des

Erwerbs, der zur Vollziehung der Auflage eingesetzt werden muss, einen stpfl Erwerb des Beschenkten iS des § 10 bilden soll. Denn im Umfang des an den Auflagebegünstigten weiterzugebenden Erwerbs fehlt es für den Beschenkten an einer Bereicherung iS des § 10, wie sich aus § 1 II iV mit § 10 V oder mit einem Umkehrschluss aus § 10 IX ergibt.

121.–132. Gesellschaftsanteil mit Buchwertklausel (Abs 5)

Schrifttum: *Schulz,* Schenkung einer Beteiligung an einer Personengesellschaft, insbesondere einer Beteiligung mit Buchwertabfindungsklausel (§ 7 V ErbStG), in: *Schlutius* (Hrsg), Gesellschaften und Gesellschafter im StR, FS Fachhochschule Steuern und Finanzen Nordkirchen, 1986, 221; *Schulze zur Wiesche,* Übertragung von Gewerbebetrieben und Anteilen an Personengesellschaften aus erbstl und schstl Sicht, DStZ 87, 339; *Moench,* SchSt und ErbSt bei der Unternehmensnachfolge, DStR 89, 594; *Troll,* Zur Wertermittlung von OHG- und KG-Anteilen bei der ErbSt, BB 90, 674.

121 **Systematischer Zusammenhang.** Die 1974 neu eingeführte Bestimmung ist falsch plaziert. Denn sie regelt nicht die StPfl, mit der sich das Gesetz in den §§ 1–9 befasst, sondern die Wertermittlung, die in den Zusammenhang der §§ 10 ff gehört. Zwar ist auch im Zusammenhang des § 7 eine Wertermittlung insoweit vorzunehmen, als es um die nach bürgerlich-rechtlichen Bewertungsgrundsätzen (vgl Anm 5) zu beurteilende Frage geht, ob die Zuwendung zu einer Bereicherung des Empfängers geführt hat, die die Annahme einer Schenkung unter Lebenden rechtfertigt. Doch geht Abs 5 von dem Vorliegen einer Schenkung unter Lebenden ohne Weiteres aus, so dass die hier angesprochene Feststellung der Bereicherung nicht die Voraussetzungen der Schenkung, sondern nur die von ihr ausgelösten StFolgen betreffen kann.

122 Denkbar wäre allenfalls, dass § 7 V den Fall der gemischten Schenkung einer Beteiligung mit Buchwertklausel ins Auge fasst und eine Bewertungsregelung für die nach Verkehrswerten aufzustellende Verhältnisrechnung bringt, die zur Abgrenzung des Zuwendungsobjekts vom BFH neuerdings für erforderlich gehalten wird (oben Anm 27 ff). Doch war die neuere Rspr des BFH zur gemischten Schenkung dem Gesetzgeber 1974 noch nicht bekannt, so dass § 7 V schwerlich auf sie bezogen sein kann.

123 **Zuwendung durch Schenkung.** Abs 5 geht also von dem Vorliegen einer Schenkung aus. Als Schenkung wird hier nicht die Schenkung iS des BGB, sondern die Schenkung unter Lebenden iS des § 7 angesprochen. Die Bestimmung gilt daher für jeden Fall der Schenkung iS des Abs 1 Nr 1–10. Dagegen bestehen Bedenken, auch den Fall als Schenkung iS des Abs 5 zu werten, der nach **Abs 7** als Schenkung gilt.

Denn Abs 7 regelt einen Fall der Schenkung, bei dem die Beteiligung „auf die anderen Gesellschafter" (oder auf die Gesellschaft) übergeht, also einen Beteiligungswechsel innerhalb des bisherigen Gesellschafterbestandes, während Abs 5 sich nur auf den Fall bezieht, dass die Beteiligung durch Schenkung an einen „neuen" Gesellschafter gelangt, also ein bisher Außenstehender in den Kreis der Gesellschafter aufgenommen wird. Abs 5 behandelt die Schenkung einer ganzen Beteiligung, während Abs 7 nur die Zuwendung des Unterschiedsbetrags zwischen dem StWert des Anteils und dem Abfindungsanspruch betrifft. Abs 5 geht von der vorläufigen Schenkung der stillen Reserven aus und sieht eine Korrektur der Besteuerung für den Fall vor, dass der Beschenkte die stillen Reserven im Ergebnis nicht realisieren kann. Abs 7 geht dagegen von der endgültigen Zuweisung der stillen Reserven an die verbleibenden Gesellschafter aus. Der Anteilsübergang nach Abs 7 kann daher nicht als Beteiligungsschenkung unter Abs 5 subsumiert werden.

Nicht zum Beteiligungserwerb durch Schenkung iS des Abs 5 gehört **124** auch der Erwerb von Todes wegen einschließlich des Erwerbs durch **Schenkung auf den Todesfall,** obwohl die Beschränkung auf den Erwerb durch Schenkung unter Lebenden nicht ohne Weiteres naheliegt. Der Kontext der Vorschrift als Teilregelung des § 7 unter einer Überschrift, die auf die Schenkungen unter Lebenden verweist, und der Zusammenhang mit anderen Bestimmungen, die zweifelsfrei nur für das Recht der Schenkung unter Lebenden gelten, legen jedoch die Interpretation nahe, dass Abs 5 für die Erwerbe von Todes wegen nicht gelten soll.

Abs 5 regelt StFolgen für den Fall, dass die **Beteiligung an einer** **125** **Personengesellschaft** (vgl unten Anm 134) den Gegenstand einer Schenkung gebildet hat. Abs 5 setzt damit die Möglichkeit der Schenkung von Personengesellschaftsbeteiligungen voraus, eine Möglichkeit, die jedenfalls für OHG-Beteiligungen nicht völlig außer Zweifel steht (vgl oben Anm 70 f). Die Schenkung von Kapitalgesellschaftsanteilen wird nicht erfasst. Es muss gerade die Gesellschaftsbeteiligung selbst den Gegenstand der schenkweisen Zuwendung bilden. Wird Geld zum Erwerb einer Gesellschaftsbeteiligung überlassen, ist nach dem Parteiwillen zu bestimmen, ob das Geld oder die Beteiligung den Gegenstand der Schenkung bilden soll (BFH BStBl II 76, 632; oben Anm 18). Überträgt der Vater seinen Kindern GmbH-Anteile, um die GmbH mit den Kindern gleich anschließend in eine Gesellschaft bürgerlichen Rechts umzuwandeln, dann gelten GmbH-Anteile und nicht Personengesellschaftsanteile als geschenkt (BFH BStBl II 84, 772).

Die zwischenzeitliche Rspr des BFH (BStBl II 89, 237), derzufolge **126** auch Personengesellschaften Erwerber oder Schenker iS des ErbStG sein

§ 7 127 Schenkungen unter Lebenden

können, wurde wieder aufgegeben (BStBl II 95, 81). Nunmehr sind für die ErbSt als Erwerber die Gesamthänder anzusehen (Darstellung und Kritik § 1 Anm 6 u 7). Die frühere Rspr hatte bei der Beteiligungsschenkung gemäß § 7 V im Regelfall keine Bedeutung (aM *Ebeling*, BB 89, 1865, 1869). Das gilt nicht nur für den Fall der Abtretung eines Gesellschaftsanteils von einem Alt-Gesellschafter an den neuen Gesellschafter, sondern auch dann, wenn der neue Gesellschafter ohne Vereinbarung eines Rechtsnachfolgeverhältnisses unentgeltlich in die Gesellschaft aufgenommen wird. Die hierdurch bewirkte Bereicherung des Aufgenommenen vollzieht sich nicht auf Kosten der Gesellschaft, sondern auf Kosten der übrigen Gesellschafter. Zwar wird das Gesamthandsvermögen durch die Aufnahme des neuen Gesellschafters mit Sozialverbindlichkeiten (Gewinn- und Liquidationsanteil) belastet, doch vermindert sich im Gegenzug der Anteil der bisherigen Gesellschafter an dem insgesamt zur Verfügung stehenden Ausschüttungsvolumen entsprechend. **Schenker** sind daher in jedem Fall entweder einzelne oder alle Alt-Gesellschafter; die Vorstellung, dass die Personengesellschaft einen Anteil an sich selbst auf den Neu-Gesellschafter überträgt, verträgt sich nicht mit der Struktur der Gesamthand. Lediglich wenn die PersGes an einer anderen Gesamthand beteiligt ist, hätte sie nach der früheren Rspr hinsichtlich dieser Beteiligung als Schenker auftreten können.

127 **Buchwertklausel.** Im Gesellschaftsvertrag muss sich die Bestimmung finden, dass der neue Gesellschafter bei Auflösung der Gesellschaft oder im Fall seines vorherigen Ausscheidens nur den Buchwert seines Kapitalanteils erhält (Buchwertklausel). Das Gesetz spricht von Klauseln, die für den Ausscheidens- *oder* Auflösungsfall gelten, weil der Gesellschafter nur auf die eine oder auf die andere Weise den Gesellschafterverband verlassen kann. Die Klausel kann jedoch beide Fälle bedenken, und Abs 5 ist denn auch gerade auf Klauseln gemünzt, die in diesem Sinne für den Ausscheidens- *und* Auflösungsfall vorgesehen sind. Die Klausel muss als Abfindungsbetrag, der für den ausscheidenden Gesellschafter vorgesehen wird, den Buchwert seines Kapitalanteils bestimmen. Als Buchwert des Kapitalanteils hat der Betrag zu gelten, der dem Gesellschafter nach dem Verhältnis der Einlagehöhe (dem Kapitalanteil) in den Büchern der Gesellschaft nach Handelsrecht gutzuschreiben ist oder gutzuschreiben wäre, wenn die Buchführungsvorschriften des Handelsrechts zur Anwendung kämen. Buchwert ist damit der anteilige Handelsbilanzwert, der namentlich die stillen Reserven und einen selbst geschaffenen Firmenwert nicht erfasst. Durch eine Buchwertklausel wird der ausscheidende Gesellschafter folglich auf seinen Kapitalanteil, seine stehen gebliebenen Gewinne und seinen Anteil an den offenen Rücklagen beschränkt (*Kellermann*, StbJb 86/87, 403, 408).

Abs 5 greift ein, wenn der Gesellschafter nach den vertraglichen Bestimmungen „nur den Buchwert seines Kapitalanteils erhält". Trotz dieser Gesetzesfassung will *Moench/Weinmann* (§ 7 Rz 232) Abs 5 immer dann zur Anwendung bringen, wenn der Beschenkte im Fall seines Ausscheidens oder der Auflösung der Gesellschaft weniger als den vollen Wert seines Gesellschaftsanteils erhält, weil sich sonst durch eine geringe Abweichung vom Buchwert die Anwendung der Vorschrift zu leicht vermeiden ließe. Doch wird man die vom Gesetzgeber gewählte Gesetzesfassung auch an dieser Stelle ernst nehmen müssen. Allenfalls ließe sich erwägen, ob Klauseln, die ausgehend vom Buchwert den Abfindungsbetrag mit Hilfe eines Zu- oder Abschlages bestimmen, noch als Buchwertklauseln gelten können. Klauseln, die den Abfindungsbetrag dagegen aus ganz anderen Berechnungsgrundlagen ableiten oder den Abfindungsanspruch vollständig ausschließen, können demgegenüber beim besten Willen nicht mehr als Buchwertklauseln bezeichnet werden. Abs 5 dürfte im Übrigen für die typische Stille Gesellschaft nicht gelten, weil diese den Gesellschafter schon von Gesetzes wegen auf die Rückforderung des Einlagebuchwertes beschränkt (§ 235 I HGB). Abs 5 zeigt, dass Buchwertabfindungsklauseln aus der Sicht des Gesetzgebers wirksam sein können. Die Vorschrift kann allerdings auch bei unwirksamer Klausel über § 41 AO Bedeutung gewinnen (*Moench/Weinmann* § 7 Rz 232).

Rechtswirkungen des Abs 5 Satz 1. Die Bestimmung des Gesellschaftsvertrages, die die Buchwertabfindung vorschreibt, wird bei der Feststellung der Bereicherung nicht berücksichtigt. Das bedeutet: Der stpfl Erwerb iS des § 10 I 1 wird so berechnet, als ob der Gesellschaftsvertrag für den neu eintretenden Gesellschafter eine Abfindungsregelung nicht enthielte. In diesem Sinne wurde schon nach früherem Recht verfahren, wenn die Abfindungsklausel lediglich den Fall des Ausscheidens des Gesellschafters betraf (BFH BStBl III 59, 155). Sollte der Gesellschafter dagegen sowohl für den Fall des Ausscheidens als auch für den Auflösungsfall von den über den Buchwert hinausgehenden stillen Reserven ausgeschlossen sein, wurde die Klausel gelegentlich bereicherungsmindernd anerkannt (BFH BStBl III 52, 176). Dem ist der Gesetzgeber nunmehr mit der Begründung entgegengetreten, der Gesellschafter könne an den stillen Reserven nicht nur über den Abfindungsanspruch und das Auseinandersetzungsguthaben, sondern auch mittels seiner Gewinnbeteiligung partizipieren. Über die Gewinnbeteiligung könnten ihm nämlich die durch Veräußerung aufgelösten stillen Reserven zufließen, so dass sich eine Berücksichtigung der Abfindungsklausel bei der Bewertung verbiete (BTDrs 6/3418, 65). **128**

Praktische Bedeutung. Die praktische Tragweite der Neuregelung des Abs 5 Satz 1 konnte schon früher fraglich erscheinen, weil eine zum **129**

BewertungsR ergangene und auch für das SchStR bedeutsame Entscheidung des BFH (BStBl II 71, 678) die Nichtberücksichtigung der Buchwertklausel schon für das bisherige Recht vorgeschrieben hatte. In der Zwischenzeit hatte der Gesetzgeber durch Änderung des § 109 BewG den stlichen Anteilswert so nahe an den Buchwert herangeführt, dass dem von Abs 5 S 1 vorausgesetzten Fall eines den Buchwert übersteigenden StWerts keine größere praktische Bedeutung mehr zukam. Wie sich die erneute Änderung des Bewertungsrechts durch das ErbStRG 2009 auswirken wird, bleibt abzuwarten.

130   Rechtswirkungen des Abs 5 Satz 2. Die den Buchwert des Kapitalanteils übersteigende Bereicherung gilt, wenn sie sich denn einstellen sollte, als auflösend bedingt erworben. Das bedeutet: Der Erwerber kann gemäß § 5 II BewG eine Berichtigung der StFestsetzung nach dem tatsächlichen Wert des Erwerbs beantragen, wenn die Bedingung eintritt und sich mit ihrem Eintritt herausstellt, dass er die den Buchwert des Kapitalanteils übersteigende Bereicherung nicht für sich realisieren kann, so dass ihm ihr Wert „tatsächlich" nicht zur Verfügung steht. Das Gesetz sagt nicht, welches Ereignis als Bedingungseintritt gewertet werden soll. Da die Abfindungsklausel für den Ausscheidens- oder Auflösungsfall gilt, liegt es nahe, das Ausscheiden des Gesellschafters oder die Auflösung der Gesellschaft als maßgebliches Ereignis anzusehen. Veräußert der Gesellschafter seine Beteiligung in vertraglich zugelassener Weise, so verlässt er damit zwar den fortbestehenden Gesellschafterverband. Dennoch kann dieser Vorgang nicht zur Anwendung des Abs 5 S 2 führen. Denn ein Gesellschafter, der seinen Anteil verkauft oder verschenkt, verfügt damit über die stillen Reserven als Teil seines Vermögens und kann sich daher nicht auf den Standpunkt stellen, dass er diese Reserven „tatsächlich" nicht erworben habe, so dass ihm der StBetrag, der auf den Erwerb dieser Reserven entfällt, erstattet werden müsste. Kommt es zum Bedingungseintritt iS des Abs 5 S 2, so ist die StFestsetzung auf Antrag entsprechend dem Betrag zu korrigieren, um den der tatsächliche Wert der Beteiligung von dem bei der StFestsetzung angenommenen Wert abweicht. Zur Ermittlung des tatsächlichen Werts der Beteiligung ist vom Buchwert des Kapitalanteils zZ der Schenkung auszugehen. Dieser Buchwert ist mit dem bei der StFestsetzung zugrunde gelegten StWert zZ der Schenkung zu vergleichen.

131   Berücksichtigung von Gewinnausschüttungen. Die StFestsetzung kann allerdings nicht ohne weiteres um den vollen Unterschiedsbetrag zwischen dem Buchwert und dem StWert der Beteiligung zZ der Schenkung korrigiert werden, da der Gesetzgeber auch die dem Gesellschafter vor Bedingungseintritt über die Gewinnbeteiligung zugeflossenen stillen Reserven besteuern will. Die St für diese über die

Gewinnbeteiligung zugeflossenen stillen Reserven darf also nach der gesetzlichen Konzeption nicht erstattet werden. Um den „tatsächlichen Wert" iS des § 5 II BewG zu ermitteln, ist daher dem Buchwert der Beteiligung zZ der Schenkung der Wert der stillen Reserven hinzuzurechnen, die nach der Schenkung aber vor dem Bedingungseintritt aufgelöst und dem Gesellschafter über seine Gewinnbeteiligung zugewendet wurden. Ein plausibles Verfahren, diese über die Gewinnverteilung zugewandten stillen Reserven abzuschätzen, hat der Gesetzgeber nicht genannt. Die FinVerw (ErbStErl 1976 Tz 3.2; ablehnend *Troll,* BB 90, 674, 679) hilft sich mit einer Berechnungsweise, die den auf anderen Gründen beruhenden Aufbau und Abbau von stillen Reserven während der Zeit der Beteiligung des Gesellschafters ignoriert und unterstellt, dass die stillen Reserven dem Gesellschafter über die Gewinnbeteiligung zugeflossen sein werden, soweit der StWert der Beteiligung zZ des Ausscheidens (der Auflösung) unter dem StWert zZ der Schenkung liegt.

Folgerungen. Aus der Berücksichtigung der Gewinnbeteiligung **132** folgt: Eine StErstattung wird nur vorgenommen, wenn auch zZ des Ausscheidens oder der Auflösung der Buchwert von dem StWert der Beteiligung abweicht. Die Erstattung umfasst die St, die auf den Unterschiedsbetrag zwischen Buchwert und StWert zZ der Schenkung, höchstens jedoch auf den Unterschiedsbetrag zwischen Buchwert und StWert zZ des Ausscheidens entfällt. Dabei wird der StWert zZ des Ausscheidens nach denselben Grundsätzen wie der StWert zZ der Schenkung, also ohne Berücksichtigung der Abfindungsklausel, errechnet.

133.–141. Gewinnübermaß-Schenkung (Abs 6)

Schrifttum: *Moench,* SchSt und ErbSt bei der Unternehmensnachfolge, DStR 89, 594; *Troll,* Zur Wertermittlung von OHG- und KG-Anteilen bei der ErbSt, BB 90, 674.

Normzweck. Die 1974 neu eingeführte Bestimmung bildet das **133** Beispiel einer wenig geglückten Gesetzesreform, weil sie, statt durch eine einfache Regelung die StGerechtigkeit spürbar zu fördern, eine praktisch wenig bedeutsame Änderung mit einer komplizierten Regelung zu verwirklichen versucht. Ausweislich der Gesetzesmaterialien (BTDrs 6/3418, 65) sollten mit der neuen Vorschrift StVorteile ausgeschlossen werden, die durch die Schenkung eines Gesellschaftsanteils mit überhöhter Gewinnbeteiligung erlangt werden konnten. Doch hatte die ErtragStRspr des BFH (BStBl II 73, 5, 489) den steuerlichen Anreiz, Gesellschaftsanteile mit einer überhöhten Gewinnbeteiligung auszustatten, schon vor der Gesetzesreform weitgehend beseitigt, womit auch die schenkungsteuerliche Behandlung derartiger Gesellschaftsanteile an Gewicht verlor. Die Neuregelung sollte ferner die StVerwaltung gegenüber der bisherigen, durch die Rspr bestimmten Praxis erleichtern. Doch wurde auch dieses Ziel nicht erreicht, da die Bestimmung die Praxis im Ergebnis vor dieselben Schwierigkeiten wie die bisherige Rspr stellt.

134   Gesellschaftsanteil mit überhöhter Gewinnbeteiligung. Abs 6 trifft eine Regelung für **Personengesellschaften,** zu denen neben der BGB-Gesellschaft, der OHG, der KG, der atypischen Stillen Gesellschaft und der Partenreederei auch die typische Stille Gesellschaft gehört (*Troll/Gebel* § 7 Rz 388). Bei Kapitalgesellschaftsanteilen kann das Gewinnübermaß im Rahmen der Anteilsbewertung berücksichtigt werden. Die Aufteilung des Betriebsvermögens von Personengesellschaften nach § 97 I a BewG lässt dagegen die Berücksichtigung des Gewinnübermaßes bei der Anteilsbewertung nicht zu (*Moench/Weinmann* § 7 Rz 243). Abs 6 setzt eine Personengesellschaft voraus, die einem ihrer Gesellschafter ein Übermaß an Gewinnbeteiligung bietet. Die Regelung bestätigt, dass aus der Sicht des Gesetzgebers übermäßige Gewinnanteile wirksam vereinbart werden können. Abs 6 denkt dabei nicht an eine Beteiligung, aus der dem Gesellschafter besonders hohe, aus der Sicht eines statistischen Durchschnittsverdienstes übermäßige Gewinne zufließen, sondern an eine Beteiligung, die dem Gesellschafter im Verhältnis zu den anderen Partnern seiner Gesellschaft übermäßige Gewinne verschafft und ihm durch die erhöhte Gewinnbeteiligung zu Lasten des sie gewährenden Gesellschafters eine bevorzugte Kapitalbildung ermöglicht (BTDrs 6/3418, 60). Es kommt also auf den für den Gesellschafter besonders günstigen Gewinnverteilungsschlüssel, nicht auf die absolute Höhe der ihm zufallenden Gewinne an. Ein besonders günstiger, ein Übermaß an Gewinn vermittelnder Verteilungsschlüssel wird dann angenommen, wenn das Gewinnbezugsrecht der Kapitaleinlage, der Arbeits- oder sonstigen Leistung des Gesellschafters für die Gesellschaft nicht entspricht oder einem fremden Dritten üblicherweise nicht eingeräumt würde. Diese Formeln so zu präzisieren, dass aus ihnen eine Entscheidung über das Vorliegen und den Umfang des Gewinnübermaßes abgeleitet werden kann, ist schwer.

135   Bestimmung des Gewinnübermaßes. Wegen der in Anm 134 genannten Schwierigkeiten hat die FinVerw (ErbStErl 1976 Tz 3.3, R E 7.8 I ErbStR) vorgeschlagen, an die vom BFH entwickelten ertragsteuerlichen Beurteilungsgrundsätze anzuknüpfen. Die FinVerw verweist auf die ertragsteuerlichen Grundsätze nur für den Fall, dass bei den Ertragsteuern bereits eine Entscheidung über das Vorliegen und den Umfang eines überhöhten Gewinnanteils getroffen worden ist. In anderen Fällen soll dagegen selbstständig zu ermitteln sein. Wenn eine bereits getroffene ertragsteuerliche Entscheidung maßgeblich ist, dann muss sich jedoch auch die Ermittlung in anderen Fällen nach den ertragsteuerlichen Kriterien richten, da auf die Einheitlichkeit des Beurteilungsmaßstabes keinesfalls verzichtet werden kann. Im Ertragsteuerrecht gilt nach einem Beschluss des Großen Senats des BFH (BStBl II 73, 5) eine Gewinnbeteiligung, die ein Vater seinem nicht mitarbeitenden Kind bei der Schenkung einer Gesellschaftsbeteiligung schenkweise gewährt, insoweit als übermäßig, als sie auf längere Sicht zu einer Verzinsung von mehr als 15% des gemeinen Werts des Gesellschaftsanteils führt. Von diesem Satz ist somit zur Beurteilung des Gewinnübermaßes auszugehen, soweit nicht die Umstände des Einzelfalls für eine andere Grenzziehung sprechen.

Die Zuwendung des Gewinnübermaßes. Nach Abs 6 gilt das Übermaß der Gewinnbeteiligung als selbstständige Schenkung, wenn die Beteiligung an einer Personengesellschaft mit einer übermäßigen Gewinnbeteiligung ausgestattet wird. Diese Formulierung lässt nicht klar erkennen, welcher Vorgang als Schenkung gewertet werden soll. Unstreitig ist, dass die unentgeltliche Zuwendung der übermäßig ausgestatteten Beteiligung die Voraussetzungen des Abs 6 erfüllt, wenn die Beteiligung erst im Zeitpunkt der Schenkung mit dem übermäßigen Gewinnbezugsrecht ausgestattet wird. Als unproblematisch kann auch noch der Fall gelten, dass eine schon früher mit einem übermäßigen Gewinnbezugsrecht versehene Beteiligung schenkweise übertragen wird. Problematisch sind dagegen die Fälle, in denen eine Beteiligung gegen Entgelt oder gegen Einlage erworben wird, das Entgelt oder die Einlage jedoch das übermäßige Gewinnbezugsrecht nicht abdeckt, so dass insoweit von einer gemischten Schenkung gesprochen werden kann. **136**

Schließlich ist noch der Fall zu erwähnen, dass einem Gesellschafter **nach Aufnahme in die Gesellschaft durch Änderung des Gewinnverteilungsschlüssels** eine übermäßige Gewinnbeteiligung zugewiesen wird; sei es dass eine bisher nicht überhöhte Gewinnbeteiligung nachträglich zu einer überhöhten Gewinnbeteiligung aufgestockt wird, sei es dass eine bereits überhöhte Gewinnbeteiligung nachträglich noch weiter angehoben wird. Soll die Anwendbarkeit des Abs 6 auch in diesen Fällen bejaht werden, gerät man mit dem Wortlaut der Bestimmung in Kollision. Denn nach Abs 6 soll das Übermaß der Gewinnbeteiligung (gemeint ist: die Zuwendung des übermäßigen Gewinnanteils) als selbstständige Schenkung gelten. Dabei liegt der Ton auf dem Merkmal der Selbstständigkeit. Es wird also ein anderes Geschäft vorausgesetzt, gegenüber dem die schenkweise Zuwendung des Gewinnübermaßes unselbstständig sein könnte, wenn das Gesetz die Selbstständigkeit nicht ausdrücklich festlegte. Unselbstständig kann eine **137**

Schenkung aber nur gegenüber einer anderen Schenkung sein. Schon nach dem Wortlaut des Gesetzes muss man also eine andere Schenkung voraussetzen, mit der die schenkweise Zuwendung des überhöhten Gewinnbezugsrechts verbunden ist. In dieselbe Richtung deutet auch der in den Gesetzesmaterialien dokumentierte Gesetzessinn. Denn in der Gesetzesbegründung wird auf die ältere Rspr des RFH verwiesen, die vom BFH (BStBl III 62, 323) aufgegeben worden sei und die schon früher das Übermaß an Gewinnbeteiligung als selbstständige Schenkung behandelt habe. Demgegenüber erfasse der BFH zurzeit (BStBl II 69, 653) das Gewinnübermaß bei der Bewertung der Kapitalbeteiligung als deren Bestandteil, was kompliziert und schwer praktizierbar sei. Die in Bezug genommenen Entscheidungen betreffen ausnahmslos Fälle, in denen es um die Schenkung einer Beteiligung ging. Nur diese Fälle wollte der Gesetzgeber, soweit der Gesetzessinn aus den Materialien erschließbar ist, erfassen. Als Anwendungsfall des § 7 VI kann daher nur die Zuwendung des Gewinnübermaßes im Zusammenhang mit der schenkweisen Zuwendung des mit dem Gewinnübermaß ausgestatteten Gesellschaftsanteils gelten, die das Gesetz unter Wiederaufnahme der Rspr des RFH (RStBl 35, 1155) und unter Ablehnung der abweichenden Rspr des BFH (BStBl III 62, 232; II 69, 653; 73, 14) in eine Schenkung der Beteiligung mit normaler Gewinnausstattung und in eine selbstständige Schenkung des Gewinnübermaßes zerlegt. Nachträgliche Änderungen des Gewinnverteilungsschlüssels ohne Änderung der Beteiligung sind nicht anhand des § 7 VI, sondern anhand des § 7 I 1 zu prüfen.

138 Einheitliche Schenkung. Die Interpretation nach Gesetzeswortlaut und Gesetzessinn (Anm 136) führt also zu dem Ergebnis, dass Abs 6 eine einheitliche Schenkung zugrunde legt, die die Zuwendung der Beteiligung und die Zuwendung des Gewinnübermaßes als unselbstständige Geschäftsteile umfasst (*Schulze-Osterloh,* StuW 77, 122, 139). Diese aus zwei unselbstständigen Geschäftsteilen zusammengesetzte einheitliche Zuwendung wird dann für die Zwecke der Besteuerung durch Abs 6 in zwei selbstständige Schenkungen zerlegt. Bei diesem Verständnis des Abs 6 als einer **Zerlegungsvorschrift** wird ohne Weiteres deutlich, dass Abs 6 auf Schenkungen, die keine unselbstständigen Teile in sich enthalten, wie zB auf die Schenkung einer überhöhten Gewinnbeteiligung durch nachträgliche Aufstockung des Gewinnbezugsrechts, nicht zur Anwendung gelangen kann. Es besteht auch kein Bedürfnis, den Abs 6 in einem solchen Fall heranzuziehen, weil in einem solchen Fall gar nicht zweifelhaft sein kann, dass die Zuwendung des Gewinnübermaßes als selbstständige Schenkung zu behandeln ist. So dürften auch freigebige Zuwendungen, die nicht gesellschaftsvertraglich als Gewinnbeteiligung, sondern in Form **überhöhter Sondervergütun-**

gen (Gehälter, Darlehens-, Miet- oder Pachtzinsen) gewährt werden, bereits unabhängig von § 7 VI als im Verhältnis zur Zuwendung der Beteiligung selbstständige Schenkung anzusehen sein (vgl *Schulze zur Wiesche,* DStZ 87, 339, 343). Ähnlich wie Abs 5 unterwirft auch Abs 6 nicht einen Vorgang, der bisher unversteuert blieb, einer neuen StPfl. Die Vorschrift erweitert nicht den Kreis der stpfl Vorgänge – auch die Einräumung einer ungewöhnlich hohen Gewinnbeteiligung kann sich im Einzelfall als entgeltliches Geschäft darstellen (vgl BFH BStBl III 67, 490) –, sondern setzt das Vorliegen eines stpfl Vorgangs iS des § 7 Abs 1 voraus und regelt nur die besondere Behandlung dieses Vorgangs durch Zerlegung in zwei selbstständig zu behandelnde Teile. Abs 6 spricht im Übrigen im Hinblick auf die Übermaß-Schenkung von Konditionen, die einem fremden Dritten üblicherweise nicht eingeräumt würden. Daraus folgt, dass der Gesetzgeber bei der Schaffung der Vorschrift vornehmlich an Familiengesellschaften gedacht haben wird.

Die Selbstständigkeit der Übermaßschenkung. Abs 6 zerlegt die Gewinnbeteiligung in einen normalen und einen überhöhten Teil und behandelt das Recht, Gewinne zu beziehen, die über die 15%-Marge hinausgehen (vgl Anm 135), als Wirtschaftsgut, dessen Zuwendung eine selbstständige Schenkung darstellt. Gegenstand dieser Schenkung ist das Übermaß an Gewinnbeteiligung, also die gegenüber den anderen Gesellschaftern bevorzugte Stellung, die dem Beschenkten mit der Übertragung des privilegierten Gesellschaftsanteils verschafft wird (*Rüßmann,* Diss Heidelberg 1977, 97; aM *Teichmann,* ZGR 75, 156, 164; *Crezelius,* BB 80, 1481, 1484, die die jährlichen überhöhten Gewinnanteile als Gegenstand der Schenkung ansehen). Als Schenker des Gewinnübermaßes ist der Schenker der Gesellschaftsbeteiligung anzusehen. Die Übermaß-Schenkung ist mit der Übertragung des Gesellschaftsanteils ausgeführt (§ 9 Anm 54). **139**

Folgerungen. Die vom Gesetz angeordnete gesonderte Erfassung der Gewinnübermaßschenkung hat zwei Konsequenzen. Zum einen wird damit sichergestellt, dass das Gewinnübermaß bei der Berechnung des stpfl Erwerbs nicht unberücksichtigt bleibt, sondern als bereichernder Posten die StPfl erhöht. Zum anderen kann das Gesetz so den Kapitalwert als selbstständigen Bewertungsmaßstab für das Gewinnübermaß einführen. Das Gesetz sagt allerdings nicht, wie der Kapitalwert ermittelt werden soll. Die FinVerw (R E 7.8 I 4 ErbStR) geht von der Annahme aus, dass der überhöhte Gewinnanteil dem Bedachten auf unbestimmte Zeit in gleichbleibender Höhe zufließen wird und leitet daraus unter Bezugnahme auf § 13 II BewG einen Kapitalwert in Höhe des 9,3-fachen des Jahreswerts ab. Darin liegt eine deutliche Verschärfung der bisherigen Praxis, die von einer Laufzeit von nur 5 Jahren und von einem Kapitalisierungsfaktor von 4,505 ausgegangen war (11. Aufl **140**

§ 7 Anm 140). Da die FinVerw die Gewinnübermaßschenkung ertragsteuerlich nicht anerkennt, ergibt sich für den Beschenkten der StVorteil, dass er die überhöhten Gewinne estfrei bezieht, weil der Schenker diese Gewinne weiterhin als eigenes Einkommen versteuern muss. Dieser zusätzliche Vorteil kann weder bei der Besteuerung nach Abs 6 berücksichtigt werden, noch bildet er den Gegenstand einer freigebigen Zuwendung iS des Abs 1 Nr 1 (so auch *Moench/Weinmann* § 7 Anm 242). Denn er ist nicht unmittelbar auf Kosten des Vermögens des Schenkers erlangt. Auch steht dem Schenker kein Ausgleichsanspruch gem § 812 BGB gegen den Beschenkten wegen der ertragsteuerlichen Auswirkungen der Schenkung zu, dessen Nichtrealisierung als freigebige Zuwendung iS des Abs 1 Nr 1 gewertet werden könnte (aM *Crezelius*, BB 80, 1481, 1485).

141 Für die **Steuergestaltung** kann sich die Frage stellen, ob die Schenkung eines größeren Gesellschaftsanteils der Zuwendung eines Gewinnübermaßes vorzuziehen ist. In die Vergleichsbetrachtung sind vor allem die estlichen Folgewirkungen hinsichtlich der Zurechnung der Gewinneinkünfte einzubeziehen. Aber auch zivilrechtliche Implikationen in Bezug auf Stimmrechte und Auseinandersetzungsguthaben dürfen nicht außer Betracht bleiben, so dass sich eine allgemeine Leitlinie kaum ziehen lässt (*Petzoldt* § 7 Rz 208 ff).

142.–152. Anteilsübergang im Gesellschaftsrecht (Abs 7)

Schrifttum: *Felix,* Vergleichsweises Ausscheiden unter StWert aus Gesellschaften – kein Fall des § 7 Abs 7 ErbStG, DStZ 91, 275; *Klein-Blenkers,* Zur Besteuerung nach den §§ 7 Abs 7, 3 Abs 1 Nr 2 ErbStG, DStR 92, 1577; *Gebel,* Gesellschafternachfolge im Schenkung- und ErbStRecht, 2. Aufl 1997; *Hübner,* Die Unternehmensnachfolge, 1997; *Gottschalk,* Substanzielle Vermögensverschiebungen auf Gesellschafterebene bei Leistungen in das Vermögen einer GmbH, DStR 00, 1798; *Ostermayer/Erhart,* Schenkungsteuer ohne objektive Bereicherung? BB 05, 2044; *Hübner/Maurer,* Erbschaft- und schenkungsteuerliche Folgen gesellschaftsvertraglicher Abfindungsbeschränkungen für die verbleibenden Gesellschafter, ZEV 09, 361; 428; *Wangler,* Einfluss des neuen Bewertungs- und Erbschaftsteuerrechts auf Abfindungsregelungen in Gesellschaftsverträgen, DStR 09, 1501; *Neumayer/Imschweiler,* Schenkungsteuer beim Ausscheiden eines Gesellschafters auf Basis gesellschaftsvertraglicher Abfindungsklauseln, DStR 10, 201.

142 **Grundlagen.** Abs 7 rechnet die Bereicherung, die den anderen Gesellschaftern oder der Gesellschaft beim Ausscheiden eines Gesellschafters gegen nicht vollwertige Abfindung zufällt, zum Erwerb durch Schenkung unter Lebenden. Die Bedeutung der Vorschrift gegenüber Abs 1 Nr 1 liegt darin, dass sie geringere Anforderungen an den Willen des Ausscheidenden zur Freigebigkeit stellt und insbesondere die Einbettung des Anteilsübergangs in die gesellschaftsrechtlichen Beziehungen der Partner unberücksichtigt lässt (unten Anm 151). Abs 7 S 1 ist im Zusammenhang mit § 3 I Nr 2 S 2 zu sehen. Während § 3 I Nr 2 S 2 eine Regelung für den Übergang des Anteils eines Gesellschafters bei dessen Tod trifft, regelt Abs 7 S 1 die StFolgen des Übergangs des Anteils eines Gesellschafters bei dessen Ausscheiden, wobei der Vergleich mit § 3 ergibt, dass hier das Ausscheiden aus anderen Gründen als durch Tod gemeint sein soll. Abs 7 S 1 setzt Abfindungsklauseln voraus, die zu einem unter dem StWert der Beteiligung liegenden Abfindungsbetrag führen (unten Anm 148 f). Im Hinblick auf dieses Merkmal hat sich die Ausgangslage seit der Einführung der Vorschrift im Jahre 1974 in verschiedener Hinsicht geändert. So hat die ZivilRspr die Anforderungen an die Wirksamkeit derartiger Klauseln erhöht (zB BGH DB 93, 1614), was nicht ohne Rückwirkung auf die Vertragspraxis geblieben ist. Dann hatte das StÄndG 1992 die steuerlichen Regelungen für die Betriebsvermögensbewertung den handelsrechtlichen Grundsätzen angepasst, den StWert der Beteiligungen damit nachhaltig abgesenkt und auf die Höhe der bilanzsteuerlichen Buchwerte gebracht. Die Folge war, dass nur noch Klauseln, die den Abfindungsbetrag unter den Buchwert der Beteiligung drückten, zur Anwendung des § 7 VII führen konnten. Für die Praxis hatte damit die Vorschrift drastisch an Bedeutung verloren. Nunmehr hat das ErbStRG 2009 den StWert der Beteiligung wieder angehoben und in die Nähe des Verkehrswertes der Beteiligung gebracht. Das kann der Vorschrift wieder einen größeren Anwendungsbereich sichern.

Ausscheiden eines Gesellschafters. Abs 7 S 1 setzt das Bestehen 143 einer Personen- oder Kapitalgesellschaft voraus, deren Gesellschaftsvertrag zulässt, dass ein Gesellschafter aus der Gesellschaft gegen Abfindung ausscheiden kann. Unter Ausscheiden ist das Verlassen der im Übrigen fortbestehenden Gesellschaft zu verstehen (vgl § 738 BGB), ein Vorgang, durch den die Gesellschaftsbeteiligung des ausscheidenden Gesellschafters untergeht oder auf die verbleibenden Gesellschafter oder die Gesellschaft übertragen wird. Das Ausscheiden steht im **Gegensatz zur Auflösung der Gesellschaft,** die die Liquidation des Gesellschaftsvermögens und die Beendigung des Gesellschaftsverbandes bewirkt (vgl die Gegenüberstellung der beiden Begriffe in Abs 5). Wird eine GmbH & Co KG in der Weise in eine GmbH umgewandelt, dass alle Kommanditisten die KG verlassen und die GmbH das Gesellschaftsvermögen durch Anwachsung übernimmt, handelt es sich nicht um ein Ausscheiden von Gesellschaftern, sondern um die Auflösung der KG, so dass Abs 7 seinem Wortlaut nach von vornherein nicht zur Anwendung kommt (abweichend allerdings BFH BStBl II 92, 925, 927; dazu sogleich). Das Ausscheiden ist auch vom Übergang der Gesellschafterstellung durch gesellschaftsvertraglich zugelassene **Übertragung der Beteiligung auf Außenstehende** zu unterscheiden, die als neu hinzukommende Gesellschafter an die Stelle des die Gesellschaft verlassenden Gesellschafters treten (zustimmend *Felix,* DStZ 83, 165). Denn Abs 7 zielt auf das Ausscheiden gegen Abfindung ab, also auf einen Vorgang, bei dem für den Ausscheidenden eine Abfindung an die Stelle der aufgegebenen Mitgliedschaft tritt. Diese Konstellation ist bei der Übertragung der Mitgliedschaft an Außenstehende nicht gegeben. Da das Ausscheiden die Zahl der Gesellschafter verringert (sofern die Gesellschaft nicht im Zuge des Ausscheidens eigene Anteile erwirbt und dadurch als neuer Gesellschafter einrückt), die Gesellschaft aber trotz des Ausscheidens fortbestehen soll, passt § 7 VII **auf zweigliedrige Personengesellschaften und auf Ein-Mann-Kapitalgesellschaften nicht.** Denn aus diesen Gesellschaften kann niemand ausscheiden, ohne zugleich den Gesellschaftsverband aufzuheben (zustimmend *Klaas,* WPg 91, 537, 539). Bei einer zweigliedrigen Personengesellschaft kann daher nicht davon die Rede sein, dass der Anteil des Ausscheidenden „auf die anderen Gesellschafter" übergeht, weil der Plural hier von vornherein nicht passt und weil derjenige, der das Gesellschaftsvermögen im Wege der Anwachsung übernimmt, mit dem Ausscheiden seines Partners kein „Gesellschafter" mehr ist, so dass der Anteil auch nicht auf ihn als Gesellschafter übergehen kann. Der BFH (BStBl II 92, 925, 928) räumt ein, „dass § 7 Abs 7 ErbStG 1974 – jedenfalls in erster Linie – auf den Fall der Anwachsung nach § 738 Abs 1 Satz 1 BGB als Folge des Ausscheidens eines Gesellschafters abzielt und dass die zuletzt genannte Bestimmung vom Regelfall des Fortbestehens der Gesellschaft und nicht von deren Beendigung und Auflösung ausgeht, die bei der Vereinigung aller Gesellschaftsanteile in einer Hand zwingend ist". Dennoch will das Gericht § 7 VII auch im Fall einer zweigliedrigen Personengesellschaft (zB einer GmbH & Co KG) anwenden, wenn eine Übernahmeklausel vereinbart wurde, nach der bei Auflösung der Gesellschaft das Gesellschaftsvermögen einem der bisherigen Partner (zB der GmbH) anwächst. Denn: „In diesem Fall erfolgt der Übergang des Anteils des ausscheidenden auf den anderen Gesellschafter nach den gleichen Regeln wie bei der mehrgliedrigen Personengesellschaft analog § 142 HGB, § 738 Abs 1 Satz 1 BGB. Eine Differenzierung zwischen mehr- und zweigliedrigen Personengesellschaften ist danach nicht gerechtfertigt" (BFH aaO). Der Gang dieser Argumentation, in der nach wie vor vom „ausscheidenden Gesellschafter" und dem „anderen Gesellschafter" die Rede ist, verdeckt, dass hier eine gesetzliche Regelung für den Ausscheidensfall auf den Fall der Auflösung der Gesellschaft übertragen wird. Die Differenzierung zwischen den beiden Fällen, die das Gesetz auch sonst unterscheidet (vgl § 7 V), soll deswegen nicht gerechtfertigt sein, weil sich in beiden Fällen die Vermögensverschiebung durch Anwachsung vollzieht. Als wenn gerade die Rechtsfigur der Anwachsung das entscheidende Merkmal für die Anknüpfung der Steuerpflicht bildete! Der Sache nach wird durch diese Rspr eine im Zivilrecht unbedenkliche Analogie ohne zwingende Begründung zur Ausweitung des Steuertatbestandes eingesetzt.

Um auch die Vorteile nach Abs 7 zu erfassen, die Gesellschaftern bei der sukzessiven Verringerung des Anteils eines ihrer Partner zuwachsen können, will die FinVerw (DStR 87, 205) auch Fälle der **Verminderung des Umfangs der Beteiligung** gegen Abfindung als Fälle des (teilweisen) Ausscheidens werten. Dabei wird nicht übersehen, dass § 7 VII „nach dem Wortlaut dieser Vorschrift ... nur bei einem völligen Ausscheiden eines Gesellschafters anzuwenden" ist (Stbg 84, 321). Doch soll die neue Praxis dem Sinn der Vorschrift entsprechen (FinVerw DStR 87, 205; *Nolte,* JbFfSt 83/84, 273, 297). Will man aber die Fixierung eines bestimmten Gesetzestextes nicht überhaupt für überflüssig erklären und nur noch aus dem Sinn der Gesetzgebung argumentieren, dann kann man den Gesetzessinn nur iVm dem Gesetzeswortlaut zur Anwendung bringen. Man muss jeweils eine Andeutung für den Gesetzessinn in dem Gesetzeswortlaut auffinden. Diese Brücke vom Gesetzessinn über den Gesetzwortlaut zum Regelungsinhalt wird von der FinVerw, wie *Moench/Weinmann* (§ 7 Rz 250) berichtet, darin gesehen, dass Abs 7 S 1 auch vom Übergang des „Teils eines Anteils" spricht. Doch fehlt dieser Argumentation bisher noch die ausreichende Überzeugungskraft (so auch *Troll,* BB 90, 674, 682; *Autenrieth/Breucha-Schmidberger,* DStZ 88, 589, 591).

Das Ausscheiden führt zum **Übergang des Gesellschaftsanteils** auch dann, wenn die anderen Gesellschafter von dem Ausscheiden nicht durch Anteilsübertragung, sondern durch Anwachsung der Gesellschafterrechte profitieren (BFH BStBl II 92, 925; oben § 3 Anm 39). Das Ausscheiden und der Anteilsübergang beim Tod eines Gesellschafters wird nicht durch § 7 VII, sondern durch § 3 I Nr 2 S 2 erfasst. Zum Anteilsübergang beim Tod ist auch der Fall zu rechnen, dass der Anteil zunächst im Wege der Erbfolge auf die Erben übergeht, aber alsdann auf Grund einer durch den Gesellschaftsvertrag begründeten Verpflichtung von den Erben an die Gesellschafter oder an die Gesellschaft übertragen werden muss (§ 3 Anm 40). Aus der in den Gesetzesmaterialien (BTDrs 6/3418, 65) hervorgehobenen Parallelität von Anteilsübergang beim Tod und Anteilsübergang beim sonstigen Ausscheiden folgt nicht zwingend, dass Abs 7 nur bei einem dem Ausscheiden durch Tod vergleichbaren zwangsweisen Verlassen der Gesellschaft durch Kündigung oder Ausschlussklage der Mitgesellschafter zur Anwendung gebracht werden kann (aM *Schulze-Osterloh,* StuW 77, 122, 141; wie hier *Moench/Weinmann* § 7 Rz 249).

146 Allerdings muss der Anteilsübergang **auf Gesetz oder auf dem Gesellschaftsvertrag beruhen,** auch wenn der Wortlaut des Abs 7 diese Einschränkung zurzeit nicht mehr deutlich zum Ausdruck bringt (so auch *Moench/Weinmann* § 7 Rz 249). Die separat vereinbarte Übertragung des Anteils auf einen einzelnen Mitgesellschafter lässt sich daher regelmäßig nicht unter § 7 VII subsumieren (FG Düsseldorf EFG 89, 642 und BFH/NV 90, 675; s auch FinVerw DStR 87, 205), sondern ist nach § 7 I Nr 1 zu beurteilen. Diese Auffassung hat der BFH (BStBl II 92, 921) unter Hinweis darauf bestätigt, dass die zur Anteilsübertragung erforderliche Zustimmung der Gesellschafter nicht die Beurteilung zulässt, dass die den Gesellschafterwechsel begründenden Rechtsbeziehungen zwischen Anteilsveräußerer und Anteilserwerber gesellschaftsvertraglicher Art seien oder auf dem Gesellschaftsvertrag iS des § 7 VII beruhen, was auch zu gelten hat, wenn die Zustimmung bereits im Gesellschaftsvertrag erteilt ist. Im Urteilstext findet sich allerdings auch noch die zusätzliche Bemerkung: „Der Senat lässt ... offen, ob im Rahmen des Anwendungsbereichs des § 7 Abs 7 ErbStG in besonders gelagerten Fällen eine andere Beurteilung Platz greifen könnte" (S 923). Doch ist zurzeit nicht erkennbar, an welche besonders gelagerten Fälle dabei gedacht sein kann.

147 Die grundsätzliche Haltung der Rspr zum Anwendungsbereich des § 7 VII hat im Übrigen Konsequenzen für die Ermittlung des Zuwendungsobjekts und des stpfl Erwerbs: Bei Anwendung des Abs 7 unterliegt die Wertdifferenz zwischen übergegangenem Anteil und Abfindung der Besteuerung, die Bereicherung wird demnach als Saldo bestimmt. Wird dagegen ein Anteil auf einen einzelnen Mitgesellschafter oder auf einen Außenstehenden übertragen und leistet dieser nur ein unter dem StWert des Anteils liegendes Entgelt, so kann es sich um eine gemischte Schenkung (oben Anm 27 ff) handeln, die als freigebige Zuwendung nach Abs 1 Nr 1 entsprechend dem Verhältnis der Buchwertabfindung zum Verkehrswert des Gesellschaftsanteils in einen entgeltlichen und einen unentgeltlichen Geschäftsteil zerlegt werden muss (oben Anm 27 ff).

148 **Ausscheiden gegen nicht vollwertige Abfindung.** Die mit dem Anteilsübergang verbundene Bereicherung wird von der Besteuerung in dem Umfang erfasst, in dem der nach § 12 berechnete StWert des Anteils den Abfindungsanspruch übersteigt, der für den Ausscheidenden an die Stelle der früheren Gesellschaftsbeteiligung tritt. Abs 7 geht mithin von einer Konzeption aus, nach der der StWert eines Anteils über dem Betrag der für diesen Anteil vereinbarten Abfindung liegen kann (kritisch dazu *Flume,* NJW 79, 902, 904 f). Da dem aus einer Personengesellschaft ausscheidenden Gesellschafter ohne besondere vertragliche Absprache ein vollwertiger Abfindungsanspruch zusteht (vgl § 738 I 2 BGB), wird eine wirksame – oder nach § 41 AO als wirksam zu behandelnde – Vereinbarung vorausgesetzt, die den Abfindungsbetrag unter den StWert des Anteils drückt. Nach der durch das ErbStRG 2009 geänderten Rechtslage, die den StWert an den Verkehrswert des Anteils herangeführt hat, werden das vornehmlich Buchwertklauseln sein, die die Abfindung statt mit dem vollen Wert des Anteils mit dem niedrigeren Buchwert des Anteils verbinden. Abs 7 bestätigt, dass gesellschaftsvertragliche Abreden, die zu einer Abfindung unter dem StWert des Anteils führen, nach Auffassung des Gesetzgebers wirksam sein können. Die Wirksamkeit muss jedoch, soweit nicht § 41 AO eingreift (BFH BStBl II 92, 925, 929), im Einzelfall unter Berücksichtigung der zunehmend skeptischen ZivilRspr (zB BGH NJW 85, 192; NJW 89, 2685) überprüft werden. Abs 7 geht vom Bestehen eines Abfindungsanspruchs aus. Die Anwendung des Abs 7 wird aber auch für den Fall empfohlen (vgl *Hofmann,* DStZ/A 79, 230), dass der Abfindungsanspruch vertraglich ganz ausgeschlossen worden ist. Soweit allerdings schon kraft Gesetzes kein Abfindungsanspruch besteht (§§ 21 GmbHG, 64 AktG), sollte Abs 7 nicht zur Anwendung gelangen.

Nicht vollwertige Beteiligung. Abs 7 greift nur ein, wenn der Wert, der sich für den Gesellschaftsanteil zur Zeit des Ausscheidens des Gesellschafters nach § 12 ergibt, den Abfindungsanspruch übersteigt. Der Abfindungsbetrag muss also unter dem StWert des Anteils nach § 12 liegen. Abs 7 unterstellt, dass es mit dem Übergang des Anteils beim Ausscheiden des Gesellschafters in Höhe der Differenz zwischen StWert der Beteiligung und Abfindungsbetrag zu einer Vermögensumschichtung zwischen dem Ausscheidenden und den verbleibenden Gesellschaftern oder der Gesellschaft kommt. Nach einer verbreiteten Auffassung soll es an dieser Voraussetzung fehlen, wenn dem ausscheidenden Gesellschafter schon bei seiner Aufnahme in die Gesellschaft eine nicht vollwertige Beteiligung eingeräumt worden ist (vgl *Rüßmann,* Diss Heidelberg 1977, 147 Fn 406 mwN). Abs 7 soll in diesem Fall nicht anwendbar sein. Doch vermag diese Auffassung in solcher Allgemeinheit nicht zu überzeugen. Abs 7 setzt voraus, dass der StWert des Anteils über dem Abfindungsbetrag liegt, dem ausscheidenden Gesellschafter also nach steuerlichen Bewertungsgrundsätzen ein gegenüber dem Abfindungsbetrag höherwertiger Anteil zustand. War der Anteil des Ausscheidenden nicht vollwertig, so kommt es allein darauf an, ob sich diese Wertminderung in dem StWert des Anteils niederschlägt. Ist dies der Fall, so wird sie im Rahmen des Abs 7 ohne Weiteres berücksichtigt. Andernfalls muss sie unberücksichtigt bleiben. Bei der Ermittlung des StWertes einer schenkweise erworbenen Beteiligung im Personengesellschaftsrecht kann allerdings die Regelung des **Abs 5** nicht unberücksichtigt bleiben. Nach ihr gilt unter den dort genannten Voraussetzungen die den Abfindungsbetrag übersteigende Vermögensbeteiligung als auflösend bedingt erworben. Der StWert ist beim Ausscheiden des Gesellschafters zu berichtigen. Nur an diesen berichtigten StWert kann dann auch die Prüfung des Abs 7 anknüpfen. Denn eine Besteuerung des nicht durch die Abfindung abgedeckten Mehrwerts würde voraussetzen, dass sich der Übergang dieses Mehrwerts auf die verbleibenden Gesellschafter als Zuwendung aus dem Vermögen des Ausscheidenden darstellt; hieran fehlt es aber, wenn dessen Erwerb von vornherein als auflösend bedingt und damit bloß vorläufig anzusehen war (vgl *Schulze-Osterloh,* StuW 77, 122, 141 Fn 190).

150 Einziehung eines Geschäftsanteils (Satz 2). Wird ein GmbH-Geschäftsanteil beim Ausscheiden des Gesellschafters auf Grund einer Regelung im Gesellschaftsvertrag durch Einziehung aufgehoben und wird die Aufhebung mit einer Abfindung verbunden, die unter dem Steuerwert des Anteils liegt, so wurde dieser Vorgang schon bisher als steuerpflichtiger Vorgang iS des § 7 Abs 7 gedeutet. Allerdings war nicht ganz sicher, wer in diesem Fall als Schenker und wer als Beschenkter zu gelten hat. Der mit StEntlG 1999/2000/2002 (BGBl I 99, 402) eingefügte Satz 2 stellt klar, dass in diesem Fall von einer Schenkung des ausgeschiedenen Gesellschafters an die verbleibenden Gesellschafter auszugehen ist.

151 Wille zur Freigebigkeit? Die Bereicherung, die sich für die verbleibenden Gesellschafter beim Ausscheiden eines Partners gegen Abfindungszahlung ergibt, kann nicht ohne Weiteres als freigebige Zuwendung iS des Abs 1 Nr 1 erfasst werden. Denn regelmäßig wird diese Vermögensumschichtung im Gesellschafterverband auf einer vertraglichen Grundlage beruhen, die nicht die Bereicherung der verbleibenden Gesellschafter um der Bereicherung willen anstrebt, sondern die der Förderung des gemeinsamen Zwecks im Rahmen der Gesellschaftsbeziehungen dient (BFH BStBl III 53, 199; FG Hbg EFG 81, 187). Der Gesetzgeber wollte die Bereicherung dennoch der StPfl unterwerfen. Die gesellschaftsvertragliche Einbettung der Vermögensumschichtung sollte also kein Argument gegen die StPfl sein. Auch sollte erst der Anteilsübergang und nicht schon die vertragliche Vereinbarung des späteren Anteilsübergangs als Schenkung gewertet werden, um die gegen den Schenkungscharakter sprechenden Argumente der „Wagnisrechtsprechung" (vgl oben § 3 Anm 68 ff) auszuschalten. Es sollten also im Rahmen des § 7 VII in jedem Fall nicht dieselben Anforderungen für den Willen zur Freigebigkeit wie im Rahmen des § 7 I Nr 1 gelten. Darüber bestand und besteht weithin Einigkeit. Dagegen lag es erkennbar nicht in der Zielsetzung der Gesetzesverfasser, im Rahmen des § 7 VII eine entgeltlich erlangte Bereicherung für stpfl zu erklären, wie schon die Einordnung des StTatbestandes unter die Schenkungen unter Lebenden erweist. Die Unentgeltlichkeit des Vermögenserwerbs spielt daher auch in diesem Zusammenhang eine Rolle. Ist daher das Ausscheiden gegen Abfindung Teil einer als Vergleich getroffenen Regelung, die insgesamt als entgeltliches Geschäft beurteilt werden muss, kommt eine Besteuerung der mit dem Anteilsübergang vermittelten Bereicherung auf die verbleibenden Gesellschafter nicht in Betracht (übereinstimmend *Felix,* DStZ 91, 275, 276; *Klaas,* WPg 91, 537, 540). Weil über die Entgeltlichkeit oder Unentgeltlichkeit des Anteilsübergangs nicht ohne Berücksichtigung der zugrunde liegenden Vertragsgestaltungen und daher auch nicht ohne Rücksicht auf den Willen der Vertragspartner entschieden werden kann, liegt es nahe, auch das Bewusstsein und den Willen des ausscheidenden Gesellschafters vorauszusetzen, dass sein Ausscheiden zu einer unentgeltlichen Bereicherung der verbleibenden Gesellschafter führen wird. Der BFH ist dieser Rechtsansicht jedoch mit Nachdruck entgegengetreten (BFH BStBl II 92, 925). Danach **gehört das subjektive Merkmal des Bewusstseins der Unentgeltlichkeit nicht zum gesetzlichen Tatbestand des § 7 VII.** Zur Begründung verweist der BFH vornehmlich darauf, dass eine andere Entscheidung durch den Gesetzeswortlaut und -sinn nicht erzwungen wird, ohne dass damit allerdings schon eine überzeugende innere Rechtfertigung für die eigene Rspr-Linie gefunden ist.

Erwerb bei Anteilsübertragung (Satz 3). Der mit dem ErbStRG 2009 eingefügte § 10 X beschäftigt sich wie § 7 VII mit der Rechtslage, die sich ergibt, wenn an die Stelle einer Gesellschaftsbeteiligung ein unterwertiger Abfindungsanspruch tritt. Nur hat § 10 X nicht die Stellung der Anteilserwerber, sondern die Stellung des Abfindungsberechtigten im Sinn. Obwohl der Abfindungsberechtigte nach den in § 10 X genannten Voraussetzungen zunächst eine Gesellschaftsbeteiligung erwirbt, soll ihm doch nur der niedrigere Abfindungsanspruchals Erwerb zugerechnet werden. Diese Vorschrift braucht eine Ergänzung im Hinblick auf diejenigen, die die Abfindung aufbringen und dafür dann die höherwertige Gesellschaftsbeteiligung erwerben. Ihnen soll die Wertdifferenz zwischen Abfindungsanspruch und Gesellschaftsbeteiligung als stpfl Vermögensanfall zugerechnet werden. Das will S 3 mit der Anordnung einer sinngemäßen Anwendung der S 1 und 2 besagen. Auch in diesem Zusammenhang wird die Praxis das Bewusstsein und den Willen zur Unentgeltlichkeit nicht zu den Merkmalen des gesetzlichen Tatbestandes rechnen.

153.-155. Leistungen an Kapitalgesellschaften in Sonderfällen (Absatz 8)

Allgemeines. Abs 8 ist durch das Gesetz zur Umsetzung der Beitreibungsrichlinie sowie zur Änderung steuerlicher Vorschriften

(BGBl I 2011, 2592) mWv 14. 12 2011 eingeführt worden. Die Vorschrift betrifft unentgeltliche Leistungen an eine Kapitalgesellschaft, die zur StPfl der empfangenden Gesellschaft oder ihrer Gesellschafter führen können, oder bei denen jede StPfl zu verneinen ist. Unterschieden werden dabei Leistungen, die einer an der Kapitalgesellschaft beteiligten natürlichen Person oder Stiftung zugedacht sind und sich aus dieser Zielrichtung heraus als Zuwendung an diese Person darstellen (Satz 1). Diesen Leistungen werden Leistungen gegenüber gestellt, die zwischen Kapitalgesellschaften stattfinden, den Charakter von Zuwendungen an die Gesellschaft haben und entweder keine SPfl auslösen oder die empfangende Gesellschaft zur Beschenkten machen (Satz 2). Satz 3 erstreckt die für Kapitalgesellschaften getroffenen Regelungen auch auf Genossenschaften.

154 **Zuwendungen an natürliche Personen (Satz 1).** In der Leistung an eine Kapitalgesellschaft kann eine stpfl Zuwendung liegen, die nach der Zielrichtung des Geschäfts nicht der Kapitalgesellschaft selbst, sondern einem (oder mehreren) ihrer Gesellschafter zugute kommen soll. Der Zuwendende kann ein anderer Gesellschafter oder ein Außenstehender sein. Die Rspr des BFH hatte bisher in beiden Fällen den Durchgriff durch die Kapitalgesellschaft auf ihre Gesellschafter abgelehnt und eine stpfl Zuwendung an die Gesellschafter verneint. In Leistungen eines Gesellschafters an seine Gesellschaft könne keine Zuwendung an die Mitgesellschafter gesehen werden, weil es im Verhältnis zwischen den Gesellschaftern an der für die Annahme einer freigebigen Zuwendung konstitutiven zivilrechtlichen Vermögensverschiebung fehle (BFH BStBl II 10, 566; oben Anm 74b). Auch die Leistung eines Außenstehenden an eine GmbH dürfte nicht als Zuwendung an die Gesellschafter der GmbH gedeutet werden, weil die mit der Zuwendung einhergehende Erhöhung des Werts ihrer Geschäftsanteile ihren Rechtsgrund allein in der Geschäftsanteil verkörperten Mitgliedschaft in der GmbH habe (BFH BStBl II 96, 169; 616; vgl auch FG Münster EFG 08, 313). Mit der Leistung an die GmbH sei eine Bereicherung des Gesellschaftsvermögens bewirkt, die durch die mit ihr einhergehende Erhöhung der Geschäftsanteile der GmbH weder aufgehoben noch gemindert werde. Zuwendungen an eine GmbH seien daher allein bei dieser und nicht bei den Gesellschaftern zu erfassen. Dem ist der Gesetzgeber nunmehr entgegen getreten. Nach der Neuregelung in Satz 1 hat die Werterhöhung von Anteilen an einer Kapitalgesellschaft bei Leistungen in das Gesellschaftsvermögen als möglicher Zuwendungsgegenstand zu gelten. Damit sind die Bedenken der Rspr gegen die Annahme von Schenkungen unter den Gesellschaftern einer GmbH durch Leistung an die Gesellschaft vom Tisch. Außerdem wird im Ergebnis anerkannt, dass in der Leistung auch von außenstehenden

Personen an eine Kapitalgesellschaft eine Zuwendung an die Mitglieder dieser Kapitalgesellschaft gesehen werden kann. Eine Zuwendung an natürliche Personen durch Leistung an die Kapitalgesellschaft soll selbst dann vorliegen können, wenn der Bedachte an der Kapitalgesellschaft nur mittelbar beteiligt ist, dieser Gesellschaft also nicht selbst als Gesellschafter angehört, sondern Gesellschafter einer anderen Gesellschaft ist, die ihrerseits Anteile an der empfangenden Gesellschaft hält. Da es nicht denkbar erscheint, dass die empfangende Gesellschaft und die an ihr unmittelbar oder mittelbar beteiligten Gesellschafter nebeneinander wegen derselben Zuwendung als Beschenkte stpfl werden können, muss bei Leistungen, die als Schenkung an einen oder mehrere der Gesellschafter gelten, eine stpfl Zuwendung an die Gesellschaft selbst verneint werden. Das lässt sich nur so begründen, dass bei der Leistung an die Gesellschaft, obwohl sie unentgeltlich erfolgt, doch der Bereicherungswille und damit ein unverzichtbares Merkmal der Freigebigkeit (oben Anm 81 f) im Verhältnis zur Gesellschaft fehlt.

Zuwendungen zwischen Kapitalgesellschaften (Satz 2). Der zweite Satz des neuen Abs 8 beschäftigt sich mit der Frage, unter welchen Voraussetzungen Zuwendungen zwischen Kapitalgesellschaften freigebig erfolgen. Sind an beiden Gesellschaften, der abgebenden Gesellschaft und der empfangenden Gesellschaft, dieselben Gesellschafter unmittelbar oder mittelbar zu gleichen Anteilen beteiligt, liegt eine freigebige Zuwendung nicht vor. Vielmehr ist nur eine stneutrale Umorganisation des Vermögens der Gesellschafter im Kreis ihres auf verschiedene Gesellschaften verteilten Vermögens anzunehmen. Die Freigebigkeit der Leistung ist auch dann zu verneinen, wenn die abgebende Gesellschaft an der empfangenden Gesellschaft beteiligt ist, die Leistung der abgebenden Gesellschaft sich daher als Einlage darstellt und wegen der gesellschaftsrechtlichen causa keine Freigebigkeit enthält. In anderen Fällen, bei denen nicht dieselben Gesellschafter in beiden Gesellschaften mit gleichen Anteilen wirken, die nicht betrieblich veranlasst sind und die auch keine Einlage der einen Gesellschaft bei der anderen darstellen, weil sie nicht der Gesellschaft wegen, sondern aus außergesellschaftsrechtlichen Gründen erfolgen, ist dagegen an eine freigebige Zuwendung zugunsten der empfangenden Gesellschaft zu denken. Die StPfl der empfangenden Gesellschaft ist angesichts der Regelung in Satz 1 allerdings nicht zweifelsfrei, weil in Satz 2 die Absicht der zuwendenden Gesellschaft, Gesellschafter zu bereichern, vorausgesetzt wird. Man könnte daher daran denken, auch hier nicht die Gesellschaft, sondern die begünstigten Gesellschafter als Bedachte anzusprechen. Ein in Vorbereitung befindlicher Erlass der FinVerw wird, so ist zu hoffen, das vom Gesetzgeber gedachte Verhältnis von Satz 2 zu Satz 1 außer Zweifel stellen.

§ 8 Zweckzuwendungen

Zweckzuwendungen sind Zuwendungen von Todes wegen oder freigebige Zuwendungen unter Lebenden, die mit der Auflage verbunden sind, zugunsten eines bestimmten Zwecks verwendet zu werden, oder die von der Verwendung zugunsten eines bestimmten Zwecks abhängig sind, soweit hierdurch die Bereicherung des Erwerbers gemindert wird.

Übersicht

1.–3. Allgemeines
4.–6. Zweckwidmung
7., 8. Minderung der Bereicherung
9., 10. Sonstiges

1.–3. Allgemeines

Schrifttum: *Meincke,* Zweckzuwendungen unter Lebenden, FS Zehn Jahre DVEV, 2005, 89.

1 § 8 erläutert den in § 1 I Nr 3 genannten **Begriff der Zweckzuwendung.** Zur Geschichte des Rechtsinstituts vgl Näheres oben § 1 Anm 11, 12. In der Zweckzuwendung treffen **zwei stpfl Vorgänge** zusammen, eine Zuwendung und eine Zweckauflage. Die StPfl der **Zuwendung** richtet sich nach § 1 I Nr 1 oder 2, je nachdem, ob sie einen Erwerb von Todes wegen oder einen Erwerb durch Schenkung unter Lebenden begründet. § 1 I Nr 3 iVm § 8 befasst sich nicht mit der Besteuerung dieser Zuwendung, sondern mit der Besteuerung der mit dieser Zuwendung verbundenen **Zweckauflage.** Der Auflage gleichgestellt ist die Belastung des Zuwendungsempfängers mit gewissen Leistungen, die dieser aufbringen muss, um eine mit der Zuwendung verknüpfte Erwerbsbedingung zu erfüllen. Das Gesetz spricht von Zweckzuwendung, weil es in der Leistung des Zuwendungsempfängers zur Erfüllung der Auflage oder der Bedingung eine mit der Hauptzuwendung gekoppelte zweite Zuwendung sieht (vgl § 20 I), die ohne bestimmten Adressaten nur der Zweckerfüllung dient. Um das Institut deutlicher zu charakterisieren, würde es besser als Zweckauflage statt als Zweckzuwendung bezeichnet.

2 **Normzweck.** Das Institut der Zweckzuwendung dient dem Ziel, Entlastungswirkungen bei der stpfl Zuwendung zu neutralisieren. Ist eine Zuwendung nämlich mit der Auflage verbunden, den Erwerb oder einen Teil des Erwerbs zugunsten eines bestimmten, mit den eigenen Interessen des Erwerbers nicht identischen Zwecks zu verwenden, ist die stpfl Bereicherung des Erwerbers insoweit gemindert, als ihm die Zuwendung in Höhe des zur Zweckerfüllung erforderli-

Zweckwidmung **3, 4 § 8**

chen Betrags nicht zugute kommt. Der Erwerber braucht bei Erwerben von Todes wegen den eigenen Erwerb nur abzüglich des zur Erfüllung der Zweckauflage erforderlichen Betrags zu versteuern (§ 10 V Nr 2). Beim Erwerb unter Lebenden wird das Zuwendungsobjekt nach der Rspr des BFH zur gemischten Schenkung im Verhältnis des Werts der Zweckauflage zum Wert der Leistung des Zuwendenden gekürzt. Als Folge dieser Kürzung wird auch die StPfl des Bedachten entsprechend herabgesetzt. Damit der bei der Besteuerung der Zuwendung wegen der Zweckauflage unversteuert bleibende Betrag im Ergebnis dennoch zur St herangezogen werden kann, wird er durch § 1 I Nr 3 iVm § 8 der Besteuerung als „Zweckzuwendung" unterworfen (§ 1 Anm 11).

Charakteristisch für die Zweckzuwendung ist der **zweistufige Aufbau** des Steuertatbestandes. Immer wird eine Zuwendung von Todes wegen oder eine freigebige Zuwendung unter Lebenden vorausgesetzt, die ihrerseits einen stpfl Vorgang iS von § 1 Nr 1 oder § 1 Nr 2 begründet (BFH BStBl III 53, 144). Nur solche Zuwendungen können, wenn sie mit einer Zweckauflage verbunden sind, eine StPfl nach § 1 I Nr 3 iVm § 8 auslösen. Eine Zweckzuwendung kommt daher nicht in Betracht, wenn der Zuwendende, statt den Weg einer Zuwendung unter Auflage zu wählen, einen gegenseitigen Vertrag abschließt und zB mit einem Gebirgsverein vereinbart, dass dieser gegen Zahlung von 15 000 € die Ausbesserung eines Wanderweges übernimmt (aM FG Düsseldorf EFG 85, 397). Eine Zweckzuwendung scheidet ferner dann aus, wenn das Versprechen einer Geldleistung von 5000 € an denjenigen, der die lebenslange Pflege einer Katze übernimmt (FG Düsseldorf EFG 98, 1274), nicht als schenkweise Zuwendung mit einer Zweckauflage, sondern als eine nicht steuerbare Auslobung einzuordnen ist. Eine Zweckzuwendung liegt auch dann nicht vor, wenn der Erblasser einen Dritten durch einen Geschäftsbesorgungsvertrag zur späteren Grabpflege verpflichtet (BFH BStBl II 87, 861). Erfolgt die Grabpflege freiwillig ohne Belastung durch eine Erwerbsbedingung, liegt eine Zweckzuwendung schon mangels Auflage nicht vor (FG Hamburg EFG 88, 584).

4.–6. Zweckwidmung

Auflage ohne Adressat. Soll mit der Aufnahme der Zweckzuwendung unter die stpfl Vorgänge eine Lücke in der Besteuerung geschlossen werden, die sich ergeben könnte, falls der dem Zweck gewidmete Teil der Zuwendung unversteuert bliebe (oben Anm 2), so kann § 8 nicht zum Zuge kommen, wenn der dem Zweck gewidmete Betrag schon unabhängig von dieser Bestimmung stpfl ist. Eine StPfl ergibt sich

§ 8 5, 6   Zweckzuwendungen

bereits aus § 3 II Nr 2 oder aus § 7 I Nr 2, wenn mit der Zweckwidmung bestimmte Personen begünstigt werden, die als Erwerber des von der Zweckwidmung erfassten Vermögens angesehen werden können. In diesen Fällen greift daher § 8 nicht ein. Zwar hat der Gesetzgeber in den §§ 3 II Nr 2 und 7 I Nr 2 eine aus dem ErbStG 1922 stammende Formulierung übernommen, die an einen Vorrang der Zweckzuwendung denken lässt. Doch war es entgegen dieser Textfassung das Ziel der Bestimmung, die Zweckzuwendung bei der Begünstigung bestimmter Personen zurücktreten zu lassen. So heißt es in den Gesetzesmaterialien zum ErbStG 1922 (RTDrs 1/4856, 13), immer müsse „durch den Zweck nicht eine bestimmte Person, sondern ein unbestimmter Personenkreis oder etwas Unpersönliches begünstigt werden". An dieser durch die Rspr wiederholt bestätigten Zielsetzung (RFH RStBl 19, 230; 22, 191; 23, 130; 36, 544; BFH BStBl III 58, 79; II 87, 861; 93, 161) hat sich bis heute nichts geändert. Die abweichenden Entscheidungen RFH RStBl 23, 212 (kritisch dazu *Kipp* § 4 Anm 28) und RFH RStBl 39, 729 (bei ausbleibender Genehmigung einer Stiftung soll der der Stiftung zugedachte Erwerb vorläufig als Zweckzuwendung versteuert werden können) verdienen keine Zustimmung (ebenso wohl RdVfg OFD Koblenz DStR 89, 581).

5   Bei der Entscheidung der Frage, ob die Auflage bestimmten Personen oder einem unbestimmten Personenkreis zugute kommt, ist nicht der Standpunkt des Erblassers/Schenkers einzunehmen, sondern es ist von dem **Standpunkt eines Beobachters** auszugehen, der die Ausführung der Auflageverpflichtung verfolgt. Dies wirkt sich bei der Beurteilung von Zuwendungen an politische Fördergesellschaften aus. *Moench/ Weinmann* (§ 7 Anm 160) will in Übereinstimmung mit der Auffassung der FinVerw (DB 86, 621; BB 86, 250) die StPfl derartiger Zuwendungen bejahen und unterscheidet: Soll die Fördergesellschaft die erhaltenen Mittel an zuvor bestimmte Abgeordnete weiterleiten, werden diese Abgeordneten begünstigt, sie trifft daher die StPfl. Soll die Fördergesellschaft dagegen die Verteilung an einzelne Abgeordnete nach eigenem Ermessen vornehmen, soll eine Zweckzuwendung vorliegen, die die Fördergesellschaft zu versteuern hat. Auch im letzteren Fall lassen sich jedoch bestimmte Abgeordnete als Erwerber ermitteln, so dass die Besteuerung bei ihnen einsetzen kann. Fehlt es an bestimmten Erwerbern, wird regelmäßig § 10 IX den Abzug der weitergegebenen Mittel ausschließen, so dass die in § 8 vorausgesetzte Bereicherungsminderung nicht bejaht werden kann. Eine Zweckzuwendung ist daher nicht anzunehmen.

6   Kein Erblasser oder Schenker wird eine Zweckauflage vorsehen, wenn ihm nicht an der Erfüllung dieser Auflage liegt. Die innere Anteilnahme, das Interesse des Gebers an der Zweckerfüllung wird

daher in § 8 immer vorausgesetzt und hindert die Annahme einer Zweckzuwendung nicht. Die weitergehende Frage, ob die Zuwendung mit der Auflage, einen **ausschließlich im Interesse des Gebers** liegenden Zweck zu erfüllen – wie die Zuwendung einer Geldsumme zur Verwendung für die Grabpflege oder das Seelenheil des Gebers –, eine Zweckwidmung iS von § 8 enthält, hat der BFH (BStBl II 87, 861) zunächst offengelassen. Die FinVerw (StEK § 8 Nr 4; DStR 88, 617; DStR 90, 250; H E 10.7 ErbStH) neigt dazu, die Frage zu verneinen. Dabei gilt es **stets zu unterscheiden:** (1) Ist der für die Erfüllung der Auflage einzusetzende Betrag beim Empfänger der Zuwendung abzugsfähig? (2) Unterliegt der zum Abzug gebrachte Betrag der Besteuerung als Zweckzuwendung? Wird die Abzugsfähigkeit der Auflage verneint, entfällt die Besteuerung der Zweckzuwendung ohne weitere Begründung. Problematisch ist daher die Besteuerung der Auflage nur dann, wenn sie bei der Besteuerung der Zuwendung zum Abzug zugelassen wird. Dem Grundgedanken der Besteuerung der Zweckzuwendung zufolge müsste eigentlich jede die Besteuerung der Zuwendung kürzende und nicht bei einem bestimmten Empfänger als solche steuerpflichtige Auflage den Anforderungen des § 8 genügen. Denn Gründe dafür, die Auflage, die ausschließlich zugunsten des Gebers wirkt, aus der Besteuerung auszunehmen, sind nur schwer erkennbar. Die Entscheidung BFH BStBl II 87, 861 deutet jedoch darauf hin, dass die **Auflage zur Grabpflege,** die nach § 10 V Nr 2 beim Auflageverpflichteten abzugsfähig ist, im Interesse des Erblassers selbst liegt und daher keine Zweckzuwendung begründet, so dass der zur Auflageerfüllung bestimmte Betrag im Ergebnis unversteuert bleibt. Diese Rechtsansicht wird nun durch die Entscheidung BFH BStBl II 93, 161 bestätigt.

7., 8. Minderung der Bereicherung

Auflagen im Interesse des Beschwerten. Eine Zweckzuwendung ist nur gegeben, wenn die Zweckbindung zu einer Minderung der Bereicherung des Erwerbers (oder zu einer Kürzung seines Erwerbs nach den Regeln, die die Rspr des BFH zur gemischten Schenkung und zur Schenkung unter Auflage entwickelt hat) führt. An der Minderung der Bereicherung fehlt es, wenn die Auflage den Bedachten nicht wirtschaftlich fühlbar beschwert, weil sie nicht verbindlich angeordnet ist, wie es bei der Anordnung, einen hinterlassenen Hund zu pflegen, nach Auffassung des II. Senats des BFH der Fall sein kann (BStBl II 93, 161 gegen FG Bremen EFG 89, 414). An einer Minderung der Bereicherung fehlt es auch dann, wenn die Erfüllung des Zwecks im eigenen Interesse des Beschwerten liegt. Denn § 10 IX sieht ausdrücklich vor, dass Auflagen, die dem Beschwerten selbst zugute kommen, nicht abzugsfähig sind. Bei einer juristischen Person gilt die Auflage, das Empfangene satzungsgemäß zu verwenden, als Auflage, die der juristischen Person selbst zugute kommt. Daher mindert die Auflage gegenüber einer Stiftung, das ihr Zugewandte satzungsgemäß zu verwenden, die Bereicherung der Stiftung nicht (RFH RStBl 31, 539; BFH BStBl II 02, 303). Dieser Rechtsgedanke muss auch dann durchschlagen, wenn Zuwendungen an einen Berufsverband vorgenommen werden, der hinsichtlich der Zuwendung als Empfänger zu behandeln ist (FG Köln EFG 00, 1260). Daraus folgt, dass Zuwendungen an sog Öko-Fonds der Partei der Grünen nicht nach den Regeln über die Zweckzuwendungen beurteilt werden können (aM *Felix,* FR 87, 105, 106; *Winands,* ZRP 87, 185, 187). Denn entweder kommen die Öko-Fonds wegen mangelnder rechtlicher Selbstständigkeit nicht als Empfänger der ihnen zufließenden Zuwendungen in Betracht. Dann können sie auch nicht als Auflageverpflichtete beurteilt werden. Oder die Öko-Fonds sind Empfänger der Zuwendungen und als solche stpfl. Dann kommt die mit der Zuwendung verbundene Auflage den Öko-Fonds selbst zugute, so dass ihre Bereicherung nicht gemindert ist. Werden einer Stiftung Mittel zugewandt, die sie zu satzungsfremden Zwecken verwenden soll, ist eine Zweckzuwendung anzunehmen (BFH BStBl II 02, 303). Dies muss auch bei Zuwendungen an einen Verein gelten (*Meincke,* aaO, S 95). Der BFH (BStBl II 07, 472, 479) hat diesen Gesichtspunkt jedoch trotz entsprechender Hinweise im Schrifttum unberücksichtigt gelassen. Der Rechtsgedanke des § 10 IX – keine Minderung der Bereicherung durch Auflagen, die dem Erwerber selbst zugute kommen – muss im Übrigen auch dann gelten, wenn die Zuwendung nicht unter einer Auflage steht, aber von einer Bedingung abhängig ist, deren Erfüllung im eigenen Interesse des Empfängers liegt.

8 **Auflage ohne stpfl Erwerb.** Eine Minderung der Bereicherung des Erwerbers ist auch dann nicht gegeben, wenn die Zuwendung, falls sie dem Beschwerten verbliebe, unter Anwendung eines **persönlichen Freibetrages** steuerfrei wäre (aM *Troll/Gebel* § 8 Rz 12; *Moench/Weinmann* § 8 Anm 10). Denn die Bereicherung, deren Minderung § 8 ins Auge fasst, ist die Bereicherung, die nach § 10 den stpfl Erwerb des Bedachten bildet und beim Bedachten steuerlich erfasst werden könnte, wenn die Zweckauflage nicht zu beachten wäre. Diese Bereicherung ist aber gem § 10 I 1 unter Abzug des Freibetrages zu ermitteln. Lässt die Anwendung des Freibetrages schon vor Abzug der Auflage die Bereicherung entfallen, kann sich der Abzug der Auflage nicht mehr bereicherungsmindernd auswirken. Es bleibt also wegen des Abzuges der Auflage kein Betrag stfrei, der durch § 8 erfasst werden müsste. Folglich greift § 8 nicht ein.

Entstehung der Steuer § 9

9., 10. Sonstiges

Arten der Zweckzuwendung. § 8 stellt Zwecksetzungen, die mit 9
einer Verfügung von Todes wegen verbunden sind (Zweckzuwendungen von Todes wegen), solchen gegenüber, die eine freigebige Zuwendung einschränken (Zweckzuwendungen unter Lebenden). § 8 unterscheidet ferner zwischen Zweckbestimmungen, die als Auflage eine Verpflichtung des Bedachten begründen, und solchen, die den Erwerb des Beschwerten von einer Bedingung abhängig machen.

StSchuldner ist bei der Zweckzuwendung der mit der Ausführung 10
der Zuwendung Beschwerte (§ 20 I). Der Geber der Zuwendung ist im Umfang der Zweckauflage nicht stpfl. Die Regelung des § 20 I geht von der Annahme aus, dass der Beschwerte den zur Zweckerfüllung aufzuwendenden Betrag um die StSchuld kürzen darf. Diese Annahme konnte sich früher auf eine gesetzliche Grundlage stützen (§ 8 II preuß ErbStG 1873) und ist heute durch Auslegung der Zwecksetzung zu entnehmen. Soll der Beschwerte nach dem Willen des Erblassers oder Schenkers die StSchuld zusätzlich zu der Zweckerfüllung tragen, so ist nach *Moench/Weinmann* (§ 8 Anm 16) die Bestimmung des § 10 II zur Anwendung zu bringen mit der Folge, dass sich die St auf die Zweckzuwendung nach dem Ausmaß der vom Erwerber zu tragenden St erhöht. Doch ist angesichts der Textfassung des § 10 II, die auf Zweckzuwendungen nicht passt, zweifelhaft, ob der Auffassung von *Moench/Weinmann* gefolgt werden kann.

§ 9 Entstehung der Steuer

(1) **Die Steuer entsteht**
1. **bei Erwerben von Todes wegen mit dem Tode des Erblassers, jedoch**
   a) **für den Erwerb des unter einer aufschiebenden Bedingung, unter einer Betagung oder Befristung Bedachten sowie für zu einem Erwerb gehörende aufschiebend bedingte, betagte oder befristete Ansprüche mit dem Zeitpunkt des Eintritts der Bedingung oder des Ereignisses,**
   b) **für den Erwerb eines geltend gemachten Pflichtteilsanspruchs mit dem Zeitpunkt der Geltendmachung,**
   c) **im Fall des § 3 Abs. 2 Nr. 1 Satz 1 mit dem Zeitpunkt der Anerkennung der Stiftung als rechtsfähig und im Fall des § 3 Abs. 2 Nr. 1 Satz 2 mit dem Zeitpunkt der Bildung oder Ausstattung der Vermögensmasse,**
   d) **in den Fällen des § 3 Abs. 2 Nr. 2 mit dem Zeitpunkt der Vollziehung der Auflage oder der Erfüllung der Bedingung,**

e) in den Fällen des § 3 Abs. 2 Nr. 3 mit dem Zeitpunkt der Genehmigung,
f) in den Fällen des § 3 Abs. 2 Nr. 4 mit dem Zeitpunkt des Verzichts oder der Ausschlagung,
g) im Fall des § 3 Abs. 2 Nr. 5 mit dem Zeitpunkt der Vereinbarung über die Abfindung,
h) für den Erwerb des Nacherben mit dem Zeitpunkt des Eintritts der Nacherbfolge,
i) im Fall des § 3 Abs. 2 Nr. 6 mit dem Zeitpunkt der Übertragung der Anwartschaft,
j) im Fall des § 3 Abs. 2 Nr. 7 mit dem Zeitpunkt der Geltendmachung des Anspruchs;
2. bei Schenkungen unter Lebenden mit dem Zeitpunkt der Ausführung der Zuwendung;
3. bei Zweckzuwendungen mit dem Zeitpunkt des Eintritts der Verpflichtung des Beschwerten;
4. in den Fällen des § 1 Abs. 1 Nr. 4 in Zeitabständen von je 30 Jahren seit dem Zeitpunkt des ersten Übergangs von Vermögen auf die Stiftung oder auf den Verein. ²Fällt bei Stiftungen oder Vereinen der Zeitpunkt des ersten Übergangs von Vermögen auf den 1. Januar 1954 oder auf einen früheren Zeitpunkt, entsteht die Steuer erstmals am 1. Januar 1984. ³Bei Stiftungen und Vereinen, bei denen die Steuer erstmals am 1. Januar 1984 entsteht, richtet sich der Zeitraum von 30 Jahren nach diesem Zeitpunkt.

(2) In den Fällen der Aussetzung der Versteuerung nach § 25 Abs. 1 Buchstabe a gilt die Steuer für den Erwerb des belasteten Vermögens als mit dem Zeitpunkt des Erlöschens der Belastung entstanden.

Erbschaftsteuer-Richtlinien: R E 9.1/H E 9.1–9.3

Übersicht

1.–7. Allgemeines
8.–15. Erwerb von Todes wegen (Abs 1 Nr 1)
16.–29. Bedingter Erwerb (Abs 1 Nr 1 a)
30.–33 a. Pflichtteil (Abs 1 Nr 1 b)
34.–39. Sonstige Erwerbe von Todes wegen (Abs 1 Nr 1 c–1 j)
40.–54. Erwerb durch Schenkung (Abs 1 Nr 2)
55., 56. Zweckzuwendung, ErsatzErbSt (Abs 1 Nr 3 und 4)
57., 58. Aussetzung der Versteuerung (Abs 2)
59.–61. Verjährung der StSchuld

1.–7. Allgemeines

Schrifttum: *Klein-Blenkers,* StEntstehung und Verfügungsmöglichkeiten im ErbSt- und SchStRecht, DStR 91, 1549, 1581; *Kapp,* Inkonsequente Rechtsprechung zur Stichtagsbewertung im ErbStRecht, DStZ 91, 556; *Moench,* Grund-

Allgemeines 1, 2 **§ 9**

stücke bei Erbschaft und Schenkung, DStR 91, 169, 206; *Brandmüller*, Die Ausführung einer Grundstücksschenkung iS von § 9 Abs 1 Nr 2 ErbStG, BB 95, 2244; *Muscheler*, Kindespflichtteil und ErbSt beim Berliner Testament, ZEV 01, 377; *Wachter*, Die Rückwirkung von Genehmigungen im StRecht, ZErb 02, 334; *Meincke*, Zum Geltendmachen des Pflichtteils, ZErb 04, 1; *Meincke*, Erlass der ErbSt aus Billigkeitsgründen, DStR 04, 573; *Halaczinsly*, Wann entsteht die Erbschaft- bzw die Schenkungsteuer? ErbStB 07, 384; 08, 20; *Müller/Grund*, Pflichtteilsklausel und einvernehmliche Geltendmachung des Pflichtteils, ZErb 07, 205; *Wälzholz*, Die (zeitliche) Geltendmachung von Pflichtteilsansprüchen, ZEV 07, 162.

Entstehen der St. Die AO unterscheidet zwischen Entstehen (§ 38 AO) und Fälligkeit (§ 220 AO), Begründung und inhaltlicher Ausrichtung der StSchuld. Diese Unterscheidung gilt auch für die ErbSt. Schon mit dem Entstehen „der Steuer" (= des staatlichen StAnspruchs) wird die StSchuld dem Grunde und der Höhe nach fixiert; der spätere StBescheid hat nur feststellenden, nicht rechtsbegründenden Charakter. Die entstandene Schuld ist ihrem Inhalt nach aber nicht auf sofortige Zahlung ausgerichtet, sondern auf Zahlung zu dem im StBescheid angegebenen Termin. Erst mit diesem Datum, jedenfalls nicht vor Bekanntgabe des StBescheides (§ 220 II 2 AO), wird die StSchuld fällig. Fälligkeit der StSchuld bedeutet, dass sie nunmehr von der FinVerw eingefordert werden kann und von dem StPfl, um Rechtsnachteile zu vermeiden, bezahlt werden muss. 1

Grundgedanke. Nach § 38 AO entsteht die StSchuld, sobald der Tatbestand „verwirklicht" ist, an den das Gesetz die Leistungspflicht knüpft. Maßgeblich ist damit das Datum der Erfüllung des gesetzlichen Tatbestandes, nicht der Zeitpunkt der Beurteilung des Tatbestandes und der Festsetzung der St durch die FinVerw oder der Entscheidung über die StPfl durch ein Gericht. Die St entsteht (oder: „tritt ein", § 2 I) bei Verwirklichung des gesetzlichen Tatbestandes unabhängig von der Kenntnis der Beteiligten, sofern nicht das Gesetz selbst die Kenntnis zur Voraussetzung der StEntstehung erhebt. Die Tatbestände, an die das Gesetz die Leistungspflicht knüpft, sind für den Bereich der ErbSt/SchSt in den §§ 1 bis 8 genannt. Wenn aus den hier erwähnten Vorgängen eine Bereicherung iS des § 10 resultiert, entsteht die StPfl. § 9 schafft keinen zusätzlichen Verpflichtungstatbestand (BFH BStBl II 76, 17, 19), sondern stellt nur klar, wann die Voraussetzungen der §§ 1 bis 8 iVm § 10 nach dem Sprachgebrauch der AO „verwirklicht" sind. Zum Verständnis der dem § 9 zugrunde liegenden Konzeption ist von folgender Überlegung auszugehen: Mit der ErbSt/SchSt verschafft sich der Staat eine Teilhabe an dem dem Bedachten zufallenden Erwerb. Diese Teilhabe kann der Staat als Geldzahlung verlangen, weil der Bedachte den Erwerb, auch soweit er nicht in Geld besteht, jedenfalls in Geld umsetzen kann. Die Besteuerung soll nun nicht früher ein- 2

299

setzen, als dem Bedachten der Erwerb in Geld oder in Geld umsetzbar zur Verfügung steht und der Bedachte die St somit aus dem Erwerb aufbringen kann. Die St soll allerdings auch nicht später als zu diesem Termin entstehen, weil sich andernfalls ein Freiraum auftäte, innerhalb dessen der StPfl Verfügungen treffen könnte, die den Vermögenserwerb und mit ihm den StAnspruch kürzen.

3 Folgerungen. Mit dem in Anm 2 entwickelten Grundgedanken hängt es zusammen, dass das ErbStG erst „den tatsächlichen Erwerb ..., aber nicht schon eine unbestimmte Hoffnung, Anwartschaft" besteuern will (RFH RStBl 35, 1366, 1368), dass „eine ErbStPfl jedenfalls solange nicht eintreten kann, als der Nachlassbegünstigte weder irgendeinen Anspruch auf die Substanz oder auf Nutzungen daran noch eine sonstige Verfügungsmacht darüber hat" (BFH BStBl III 64, 408, 409), dass eine Schenkung erst stpfl wird, wenn „der Beschenkte im Verhältnis zum Schenker frei über das Zugewendete verfügen kann" (BFH BStBl II 85, 382, 383; II 91, 310, 311 mwN; anders dagegen beim Erwerb von Todes wegen: BFH/NV 91, 243, 244; FG Nürnberg EFG 91, 548), und dass bei der Fassung des Gesetzes „entscheidendes Gewicht ... auf den Eintritt der wirtschaftlichen Bereicherung, nicht aber auf den Eintritt der rechtlichen Bereicherung gelegt worden" ist (RTDrs 3/798, 15). Der in Geld umsetzbare, tatsächlich verfügbare Erwerb, die wirtschaftliche Bereicherung, fällt dem Bedachten nach der Konzeption des § 9 bei der Schenkung unter Lebenden mit ihrer Ausführung (Abs 1 Nr 2), beim Erwerb von Todes wegen mit dem Tod des Erblassers zu (Abs 1 Nr 1). Doch wird in Abs 1 Nr 1a bis 1j anerkannt, dass der Erwerb von Todes wegen sich in Sonderfällen auch erst nach dem Erbfall verwirklichen kann. Zusätzliche Bestimmungen sind ferner für die St auf Zweckzuwendungen (Abs 1 Nr 3) und für die ErsatzErbSt (Abs 1 Nr 4) vorgesehen. Abs 2 nimmt auf den früheren § 25 aF (ErbStG 1974) Bezug und hat daher nur noch als Übergangsbestimmung Bedeutung.

4 Stichtagsprinzip. Da der Entstehungszeitpunkt die StSchuld dem Grund und der Höhe nach fixiert, sind sämtliche für die StBerechnung bedeutsamen Merkmale aus der Sicht dieses Zeitpunktes zu beurteilen, soweit das Gesetz nicht ausnahmsweise nachträglich getroffenen Entscheidungen des StPfl Einfluss auf die StBerechnung zumisst (zB §§ 6 II 2, 7 II 1, 23; dazu *Rose,* StbJb 79/80, 49). Der Satz, dass alle Merkmale des StTatbestandes einheitlich aus der Sicht des in § 9 genannten Datums zu beurteilen sind, wird gelegentlich als Stichtagsprinzip zu den tragenden Grundsätzen des ErbStRechts gezählt (*Kapp,* StbJb 60/61, 291, 310: „fundamentaler Grundsatz"). Doch hat *Kapp* selbst in zahlreichen Beiträgen (BB 83, 1048; DStR 85, 174, 405; DStR 86, 30) vor einer Überbetonung des Stichtagsgedankens insbesondere bei der Bewertung (vgl unten § 11 Anm 2) gewarnt. Unter diesen Umständen erscheint es richtiger, die Regeln über die StEntstehung und über die für jede Bewertung unausweichliche Anknüpfung an ein bestimmtes zeitliches Datum gar nicht erst zu einem fundamentalen Prinzip des ErbStRechts zu stilisieren.

Bedeutung des Stichtages. Der Stichtag hat ua Bedeutung für die Merkmale der persönlichen StPfl (§ 2), der Wertermittlung (§ 11) und der StKlasse (§ 15), für die Anrechnung ausländischer ErbSt (§ 21), für die StErmäßigung bei mehrfachem Erwerb desselben Vermögens (§ 27), für den Beginn der Frist zur Übertragung von Vermögen auf eine Stiftung (§ 29 I Nr 4) und für die Übergangsregelungen beim Wechsel gesetzlicher Bestimmungen (§ 37). Bei mehreren Zuwendungen zwischen denselben Personen wird mit dem Entstehen der StSchuld der einzelne Erwerb von späteren abgegrenzt, was wegen des Verbots der Verrechnung positiver und negativer Erwerbe (§ 14 I 5) bedeutsam sein kann. Die einmal entstandene StSchuld geht beim Tod des StPfl auf dessen Erben über (§ 45 AO). Sie erlischt bei nachträglicher Veränderung der die StPfl begründenden Merkmale nur kraft ausdrücklicher gesetzlicher Anordnung (Bsp § 29: Widerruf einer Schenkung wegen groben Undanks) oder dann, wenn eine rückwirkende Änderung der rechtlichen Verhältnisse der StPfl den Boden entzieht (§ 175 I 1 Nr 2 AO; Bsp § 1953 I BGB: Erbausschlagung).

Zusammentreffen und Auseinanderfallen von Stichtagen. Ist ein stpfl Vorgang in der Weise mit zwei Personen verknüpft, dass er der einen Person einen Erwerb, der anderen einen Abzugsposten verschafft, dann wird der Vorgang auf der Seite beider StPfl regelmäßig unter demselben zeitlichen Blickwinkel beurteilt werden. Entsteht die St für beide StPfl zum selben Zeitpunkt, kann die Beurteilung des Vorgangs nur einheitlich ausfallen. Stimmen die Zeitpunkte für die StEntstehung dagegen nicht überein, kommt eine unterschiedliche Beurteilung des Vorgangs für die Zwecke der Besteuerung der beiden Personen infrage. Hat zB der Erblasser A dem Erben B auferlegt, Wertpapiere aus dem Nachlass an den Vermächtnisnehmer C zu übereignen, dann entsteht die St des Erben und die des Vermächtnisnehmers mit dem Tod des A (§ 9 I Nr 1). B und C haben folglich übereinstimmend die Papiere mit dem Wert zum Todeszeitpunkt des A in ihre StBerechnung einzufügen. Die Bewertungsstichtage für B und C konvergieren. Hat A dagegen dem C das Vermächtnis unter einer Bedingung zugewandt, dann ist die Vermächtnisverpflichtung des B im Fall des Bedingungseintritts nach den Gegebenheiten des Erbfalls, die Vermächtnisforderung des C dagegen nach den Verhältnissen beim Bedingungseintritt zu beurteilen (BFH BStBl II 77, 211). Die Stichtage – und mit ihnen die Bewertungsergebnisse – divergieren. Auch bei der Beurteilung eines erst geraume Zeit nach dem Erbfall geltend gemachten **Pflichtteils** sind unterschiedliche Stichtage zugrunde zu legen (FG Hamburg EFG 77, 269; vgl auch BFH BStBl II 04, 234). Im Übrigen muss nach Auffassung des BFH (BStBl II 08, 626) auch nicht für jeden Erwerb ein einheitlicher Stichtag bestehen. Vielmehr können für verschiedene Teile eines Erwerbs auch verschiedene Stichtage gelten.

7 **Entstehungsgeschichte.** § 9 geht im Wesentlichen auf die 1974 neugefasste Regelung des § 14 ErbStG 1925 zurück, die erstmals eine breite Aufzählung an die Stelle der älteren, knapper gefassten Bestimmungen gesetzt hatte, ohne damit allerdings zugleich wesentlich neue Ergebnisse herbeizuführen (*Kipp* § 14 Anm 1). Der Text des § 9 wurde 1992 (BGBl I 92, 297), 1999 (BGBl I 99, 402) und 2002 (BGBl I 02, 2634) und zuletzt durch das ErbStRG 2009 geringfügig angepasst.

8.–15. Erwerb von Todes wegen (Abs 1 Nr 1)

8 **Grundlagen.** Bei Erwerben von Todes wegen entsteht die StSchuld grundsätzlich mit dem Tod des Erblassers. Dies gilt für den Erwerb durch Erbanfall und durch Vermächtnis (§ 3 I Nr 1), für den Erwerb durch Schenkung auf den Todesfall (§ 3 I Nr 2), für die sonstigen Erwerbe, auf die die für Vermächtnisse geltenden Vorschriften des BGB Anwendung finden (§ 3 I Nr 3) und für den Vermögensvorteil, der auf Grund eines vom Erblasser geschlossenen Vertrages bei dessen Tod unmittelbar erworben wird (§ 3 I Nr 4). Die St entsteht **mit dem Tod des Erblassers,** ohne dass noch weitere Umstände hinzutreten müssten. Insbesondere die Kenntnis und Billigung des Erwerbs durch den Erwerber wird regelmäßig nicht vorausgesetzt (Ausnahme: Schenkung auf den Todesfall, § 3 I Nr 2 S 1; hier wird der Erwerber als Partner des Schenkungsvertrages gedacht). Dafür geht das Gesetz davon aus, dass der Erwerber durch Zurückweisung (§ 333 BGB) oder Ausschlagung (§§ 1942 ff, 2180 BGB) des Erwerbs die bereits entstandene StSchuld noch von sich abwenden kann (§§ 1953 I BGB, 175 I 1 Nr 2 AO). Der **Tag des Todes** bestimmt sich nach der Sterbeurkunde, im Fall des § 11 VerschG (es kann nicht bewiesen werden, dass von mehreren gestorbenen Menschen der eine den anderen überlebt hat) nach gesetzlicher Vermutung, unter den Voraussetzungen der Todesfeststellung (§ 39 VerschG) nach dem festgestellten Datum (BFH BStBl III 53, 237) und im Fall der Todeserklärung (§§ 9 VerschG, 49 AO) nach der Rechtskraft des Gerichtsbeschlusses, der die Todesvermutung begründet hat (vgl dazu § 3 Anm 5).

9 **Erwerb durch Erbanfall.** Wenn das Gesetz die StSchuld für den Erwerb durch Erbanfall mit dem Todeszeitpunkt entstehen lässt, folgt es der überwiegenden zivilrechtlichen Lehre, die aus den §§ 1922 I,

1942 I BGB den **Grundsatz des Vonselbsterwerbs** entnimmt, nach dem das Erblasservermögen schon mit dem Erbfall und nicht erst mit der Annahme der Erbschaft auf den (die) Erben übergeht (aM aber *v. Lübtow,* Erbrecht II, 1971, 651 ff). Allerdings erlangt der Erbe nicht immer gleich mit dem Erbfall die uneingeschränkte rechtliche Verfügungsmacht über die ihm zufallenden Nachlassposten, weil Mitspracherechte von Miterben oder Nacherben bestehen können oder weil Testamentsvollstreckung angeordnet oder Nachlassverwaltung eingerichtet sein kann. Auch können tatsächliche Hindernisse Verfügungen über den Erwerb durch Erbanfall gleich nach dem Tod des Erblassers erschweren. Doch geben die hieraus folgenden Einschränkungen der Stellung des Erben keinen Grund, die StEntstehung auf einen Zeitpunkt nach dem Erbfall zu verschieben (RFH RStBl 31, 122). Vielmehr hat die Rspr (BFH/NV 91, 243; FG Köln EFG 89, 236; FG Nürnberg EFG 91, 548; zust *Klein-Blenkers,* DStR 91, 1549, 1550; aA *Kapp,* DStZ 89, 146; DStZ 91, 556) immer wieder nachdrücklich betont, dass der entscheidende Zeitpunkt für die StEntstehung bei Erwerben von Todes wegen der Tod des Erblassers und nicht der Zeitpunkt der erstmaligen Verfügungsmöglichkeit des Erwerbers ist.

Schranken der Rechtsmacht des Erben, die sich aus dem Vorhandensein von Miterben ergeben, sind für die StEntstehung deswegen irrelevant, weil ein Miterbe jederzeit die Auseinandersetzung betreiben (§ 2042 I BGB) und sich damit eine uneingeschränkte Rechtsposition verschaffen kann. Ist die Auseinandersetzung ausnahmsweise ausgeschlossen (§ 2044 I BGB), kann er verlangen, dass die auf ihn entfallende ErbStSchuld wie eine Nachlassverbindlichkeit (§ 20 III) unter Anrechnung auf seinen Erbteil aus dem Nachlass beglichen wird (§ 2046 II BGB). Auch kann er über seinen Nachlassanteil als solchen verfügen (§ 2033 I 1 BGB) und sich auf diesem Wege die Mittel zur Erfüllung der StSchuld verschaffen. Der Vorerbe ist zwar zum Schutze des Nacherben in der Verfügung über Grundstücke beschränkt (§ 2113 I BGB). Doch darf er kraft ausdrücklicher gesetzlicher Bestimmung die durch die Vorerbschaft veranlasste St aus den Mitteln der Vorerbschaft entrichten (§ 20 IV). Daraus folgt, dass der Vorerbe vom Nacherben zur Begleichung der ErbSt notfalls auch die Zustimmung zur Verfügung über ein Nachlassgrundstück verlangen kann (vgl. § 2120 BGB). Die durch Testamentsvollstreckung und Nachlassverwaltung begründeten Verfügungsbeschränkungen können schließlich deswegen vernachlässigt werden, weil die Vollstrecker und Verwalter selbst dafür zu sorgen haben, dass die StSchuld des Erben aus dem Nachlass beglichen wird (§ 32 I 2), so dass ihre Verfügungsbefugnis über den Nachlass dem Erben hinsichtlich der StEntstehung zugerechnet werden kann.

11 Tatsächliche Hindernisse. Wichtiger als die Schranken der Rechtsmacht (oben Anm 10) sind die tatsächlichen Hindernisse zu nehmen, die einer Verfügung des Erben über die ihm zugefallenen Nachlassposten gleich nach dem Erbfall entgegenstehen (s auch § 11 Anm 5). So kann die Steuerentstehung zum Zeitpunkt des Erbfalls insbesondere bei verspätetem Auffinden des für die Erbfolge maßgeblichen Testaments (RFH RStBl 39, 271), bei einer späten Erteilung des Erbscheins (FG Berlin EFG 90, 323), beim schwer zugänglichen Auslandserwerb (vgl BFH BStBl II 77, 425) und beim rückwirkenden Erwerb nach Erbausschlagung eines Vormannes (§ 1953 II BGB), nach Testamentsanfechtung (§§ 2078 f, 142 BGB), beim Erbvergleich oder nach einer Erbunwürdigkeitserklärung (§ 2344 BGB) zu unbefriedigenden Ergebnissen führen, wenn der endgültige Erbe oder Vermächtnisnehmer sich zum Erbfall Werte anrechnen lassen muss, die er wegen ungünstiger (zB Kurs-)Entwicklung gleich nach dem Erbfall in dieser Höhe niemals realisieren konnte. Unbefriedigend ist es auch, wenn der Erbe die Frist des § 29 I Nr 4 nicht einhalten konnte, weil ihm der Erbschein erst drei Jahre nach dem Erbfall erteilt worden ist (unten § 29 Anm 12 a). Die Übertragung der privatrechtlichen Rückwirkung des Erwerbs in das StRecht führt zu Konsequenzen, die in der Rückwirkungsanordnung nicht mitbedacht sind und daher von ihr auch nicht gedeckt werden. Die Stichtagsproblematik wurde aus Anlass eines Vermächtniserwerbs dem BVerfG zur Entscheidung vorgelegt. Das Gericht hat die Beschwerdeführerin auf den Weg eines Billigkeitserlasses (§ 163 AO) verwiesen: BVerfG BStBl II 95, 671. Doch hat die FinVerw und die ihr folgende Gerichtspraxis (FG Köln EFG 98, 1603) diesem Hinweis keine entscheidende Bedeutung beigemessen (*Meincke,* DStR 04, 573 und unten § 11 Anm 5).

12 Konsequenzen der Bezugnahme auf den Erbfallszeitpunkt. Da das Gesetz die StEntstehung mit dem Erbfall verbindet, sind auch die Anteile von Miterben so zu ermitteln, wie sie sich bei einer gedachten Auseinandersetzung zum Zeitpunkt des Erbfalls ergeben hätten. Die Verschiebung der Nachlassquoten, zu der das Eingreifen von Ausgleichungsregeln unter gesetzlichen Miterben bei der späteren Auseinandersetzung führt (§§ 2050 ff BGB), ist daher schon zum Erbfall zu berücksichtigen (§ 3 Anm 21). Auch der zwischen (möglichen) Miterben nachträglich abgeschlossene Vergleich ist auf den Erbfall zurückzubeziehen (BFH BStBl III 61, 133; FG München EFG 88, 32).

13 Das **Vermächtnis** begründet für den Erwerber eine Forderung (§ 2174 BGB), die mit dem Tod des Erblassers entsteht (§ 2176 BGB) und im Zweifel sofort fällig ist (§ 271 I BGB). § 3 I Nr 1 sieht schon diesen Forderungserwerb als stpfl Vorgang an. Daher ist es nur konsequent, dass die StPfl für das Vermächtnis mit dem Tod des Erblassers entsteht. Mit dem Erwerb der Forderung ist allerdings noch nicht gesichert, dass der Vermächtnisnehmer auch die Leistung, auf die der Vermächtnisanspruch abzielt, in der vom Erblasser vorgesehenen Weise erhält. Das führt zu Problemen, wenn der Vermächtnisnehmer den Vermächtnisgegenstand im Ergebnis gar nicht erhält oder wenn der Vermächtnisgegenstand in der Zeit zwischen Erbfall und Vermächtnisleistung deutlich an Wert verliert. Diese Probleme haben *Kirchhof* (Bundessteuergesetzbuch, 2011, 657) veranlasst, zum künftigen Recht für den Zeitpunkt der Auslieferung des Vermächtnisgegenstandes an den Vermächtnisnehmer als Besteuerungszeitpunkt zu plädieren. Im geltenden Recht dagegen entsteht die St schon mit dem Erbfall, und zwar auch dann, wenn der Erbe sich zunächst weigert, das Vermächtnis freizugeben (BFH/NV 91, 243) oder wenn der Vermächtnisnehmer im Ergebnis leer ausgeht, weil der Vermächtnisgegenstand nach dem Erbfall noch in der Hand des Erben ohne Verschulden eines der Beteiligten untergeht, so dass der Vermächtnisanspruch (§ 275 I BGB), nicht aber die StSchuld erlischt. Wird in derartigen Fällen zur Entlastung des Vermächtnisnehmers die Billigkeitsregelung des § 163 AO herangezogen, so dass der Vermächtnisnehmer nichts zu zahlen braucht, sollte dem Erben der Abzug der Vermächtnisverbindlichkeit dennoch unverändert erhalten bleiben. Denn ihm kann der Billigkeitserlass nicht zum Nachteil gereichen. Der Erbfall gilt als Entstehungsdatum dann nicht, wenn ein unwirksames Vermächtnis ausgeführt wird. Denn erst mit der Ausführung des Vermächtnisses wird in diesem Fall unter Berücksichtigung des § 41 I AO der Steuertatbestand erfüllt (BFH BStBl II 07, 461; oben § 3 Anm 29). Im Übrigen bleibt der Erbfall aber als Stichtag auch dann entscheidend, wenn der Gläubiger im Fall eines Rentenvermächtnisses die Entrichtung der St nach dem Jahreswert wählt (§ 23 I 1; BFH BStBl III 51, 142; II 79, 562) oder wenn der Schuldner nachträglich von besonderen, das Vermächtnis betreffenden Kürzungsmöglichkeiten Gebrauch macht (§§ 1990 ff, 2187 f, 2318, 2322 ff BGB, 325 f InsO). Denn diese Kürzungsbefugnisse haben ihre Grundlage in den Verhältnissen zum Zeitpunkt des Erbfalls, so dass sie bei der StBerechnung beachtet werden können, auch wenn sich der Vermächtnisschuldner erst nach dem Erbfall auf sie beruft. Verliert die Vermächtnisforderung dagegen aus Gründen an Wert, die erst nach dem Erbfall eintreten, so müssen diese Umstände bei der StBerechnung unberücksichtigt bleiben (RFH RStBl 38, 857).

Schenkung auf den Todesfall. Wenn das Gesetz die unter der Überlebensbedingung stehende Schenkung des § 2301 BGB (§ 3 I Nr 2) *erst* mit dem Tod des Schenkers besteuert, so geht es davon aus, dass die Überlebensbedingung im Zweifel als aufschiebende Bedingung ausgestaltet sein wird, so dass die Besteuerung des Erwerbs nach dem Rechtsgedanken des Abs 1 Nr 1 a von dem Eintritt der Bedingung abhängt. Wenn das Versprechen auf den Todesfall *schon* mit dem Tod des Schenkers, das Schenkungsversprechen unter Lebenden aber *erst* mit der Ausführung der versprochenen Zuwendung besteuert wird, so hängt dies damit zusammen, dass das Gesetz im Schenkungsversprechen nur das Versprechen einer Zuwendung, nicht aber schon die Zuwendung selbst erblickt. Es sieht daher den aus dem Versprechensvertrag folgenden Anspruch auch bei formwirksamer Begründung nicht als freigebig zugewendet an (oben § 7 Anm 47). Für die erst gegen die Erben des Schenkers wirksam entstehende Forderung aus dem Versprechen auf den Todesfall soll dies nicht gelten. Die Forderung wird vielmehr schon mit dem Erbfall als Gegenstand einer freigebigen Zuwendung gewertet. Allerdings müsste in Fortführung dieses Gedankens auch das formwirksam begründete Schenkungsversprechen unter Lebenden zumindest mit dem Tod des Schenkers zum Gegenstand einer freigebigen Zuwendung werden. Insofern bleibt ein Bruch in der gesetzlichen Konzeption.

15   Auch für die **Vermögensvorteile,** die nach § 3 I Nr 4 stpfl sind, entsteht die St mit dem Erbfall. Da die Rspr als Vorteil iS des § 3 I Nr 4 auch die Rechtsstellung ansieht, die aus der schon vor dem Tod unwiderruflich eingeräumten Bezugsberechtigung hinsichtlich eines Lebensversicherungsvertrages folgt oder die durch Abtretung der Rechte aus einem Lebensversicherungsvertrag schon vor dem Erbfall erworben ist, sofern nur der Abtretende die weitere Prämienzahlung bis zu seinem Tode übernommen hat (§ 3 Anm 74), wird in diesen Fällen der Zeitpunkt der StEntstehung relativ weit hinausgeschoben.

16.–29. Bedingter Erwerb (Abs 1 Nr 1 a)

16   **Sonderregelung für bedingte, betagte oder befristete Erwerbe.** Entgegen der Grundregel des Abs 1 Nr 1 entsteht die St bei Erwerben von Todes wegen erst nach dem Erbfall, wenn der Erwerber nur eingeschränkt bedacht ist oder soweit zu seinem Erwerb unter Einschränkungen stehende Ansprüche gehören. Als beachtliche Einschränkungen nennt das Gesetz die aufschiebende Bedingung, die Betagung und die Befristung. Diese Bestimmung ist aus zwei Gründen eingeführt worden (vgl RTDrs 3/798, 15). Zum einen soll sie dokumentieren, dass nicht schon die rechtliche, sondern erst die wirtschaftliche Bereicherung zum Entstehen der St führt. Zum anderen ist die Vorschrift im Zusammenhang mit den §§ 4, 8 BewG zu sehen und soll nicht zuletzt die StVerwaltung erleichtern. Nach den §§ 4, 8 BewG wird nämlich der aufschiebend bedingte oder befristete Erwerb bewertungsrechtlich erst mit

dem Eintritt des Ereignisses erfasst, von dem die Bedingung oder Befristung abhängt. Würde nun die St auch für diese Erwerbe schon mit dem Erbfall entstehen, so könnte sie doch erst beim späteren Eintritt des Ereignisses berechnet werden, wäre dann aber noch auf die Verhältnisse und die Gesetzeslage beim Erbfall zurückzubeziehen. Als das ErbStG im Lauf der zwanziger Jahre in kurzer Zeit mehrfach geändert worden war, erschien es zweckmäßig, der FinVerw die Befugnis einzuräumen, die Besteuerung des aufschiebend bedingten oder befristeten Erwerbs ohne Rücksicht auf veraltete Gesetze nach den Verhältnissen beim Eintritt des Ereignisses vorzunehmen. So wurde das Datum der StEntstehung für aufschiebend bedingte oder befristete Erwerbe mit dem ErbStG 1925 auf den Zeitpunkt der Bedingung oder des Ereignisses verlegt.

Bedingte Posten eines unbedingten Erwerbs. Die bis 1974 geltende Gesetzesfassung hatte ihrem Wortlaut nach nur den Fall erfasst, dass der Erwerb des Erben, Vermächtnisnehmers usw unter einer vom Erblasser gesetzten Bedingung oder Befristung stand (BFH BStBl II 76, 17). Sie hatte nicht auch den Fall einbezogen, dass der Erbe, Vermächtnisnehmer usw unbedingt oder unbefristet zum Zuge kam, dass aber zu seinem unbedingten Erwerb auch solche Posten gehören, die dem Erblasser selbst nur bedingt oder befristet zugestanden hatten. Nach den §§ 4, 8 BewG ist die Bewertung aber auch für solche Wirtschaftsgüter erst zum Eintritt der Bedingung oder des Ereignisses vorzunehmen, die schon dem Erblasser nur bedingt oder befristet zustanden und mit dieser Einschränkung auf den Erwerber übergegangen sind. Um auch in diesen Fällen die St für den bedingten oder befristeten Erwerb erst mit dem Zeitpunkt der Bedingung oder des Ereignisses entstehen zu lassen, wurde mit dem ErbStG 1974 im Anschluss an zwei Entscheidungen des RFH (RStBl 35, 1304; 36, 1218) der Geltungsbereich der Nr 1 a auf die zu einem unbedingten Erwerb gehörenden aufschiebend bedingten, betagten oder befristeten Ansprüche erstreckt. Der BFH (BStBl II 08, 626) legt mit Blick auf § 14 Gewicht darauf, dass das Gesetz beim Erwerb eines aufschiebend bedingten Anspruchs nicht den Erwerbszeitpunkt, sondern lediglich den Zeitpunkt der StEntstehung verschiebt.

Rechtfertigung. Über die innere Berechtigung der in den §§ 4, 8 BewG getroffenen Regelung und der Verknüpfung dieser Bestimmungen mit dem Entstehen der StPfl lässt sich streiten. Denn wenn hiernach „der Erwerb von aufschiebend bedingtem oder befristetem Vermögen erst im Augenblick des Eintritts der Bedingung oder des Ereignisses berücksichtigt wird, weil der Erwerber erst in diesem Augenblick ein Recht erhält, das Rechtswirkungen äußert und damit auch wirtschaftliche Vorteile abwirft" (RFH RStBl 31, 895), so ist damit kaum ausreichend anerkannt, dass die vor Bedingungseintritt erworbene Anwartschaft schon einen Vermögenswert darstellt und verwertbar ist. Das Gesetz hat denn auch für Sonderfälle der Verwertung dieser zunächst unversteuert erworbenen Anwartschaft den späten StEntstehungstermin in den Nrn 1 g und 1 i wieder vorverlegt. Kein Streit kann aber über den engen Zusammenhang zwischen den §§ 4, 8 BewG und § 9 I Nr 1 a bestehen. Dieser Zusammenhang ist für die Auslegung des § 9 I Nr 1 a nicht ohne Bedeutung.

19 **Aufschiebende Bedingung.** Mit der Einfügung einer Bedingung wird der Erwerb von dem Eintritt eines zukünftigen ungewissen Ereignisses, ggf auch von der freien Entscheidung eines Beteiligten (RFH RStBl 31, 972), abhängig gemacht (§ 158 BGB). Die Bedingung hat aufschiebende Wirkung, wenn der Erwerb erst mit dem Eintritt des Ereignisses wirksam werden soll. Im ZivilR ist streitig, ob es zum Begriff der Bedingung gehört, dass sich der Erwerb mit Eintritt des Ereignisses ohne (dingliche) Rückwirkung vollzieht. So gehen die Meinungen darüber auseinander, ob die Ersatzerbeinsetzung (§ 2096 BGB), die ggf mit Rückwirkung zum Erbfall wirksam wird, als aufschiebend bedingte Erbeinsetzung angesprochen werden kann. § 4 BewG setzt jedoch Bedingungen ohne Rückwirkung voraus. § 9 I Nr 1 a passt daher auf die Ersatzerbeinsetzung nicht (vgl RFH RStBl 39, 729).

20 **Befristung.** Der Unterschied der Befristung zur Bedingung besteht darin, dass bei der Bedingung der Eintritt des Ereignisses ungewiss, bei der Befristung dagegen gewiss ist (§ 163 BGB). Die Befristung kann wie die Bedingung auch als auflösende vereinbart werden, bei der der zunächst wirksame Erwerb mit dem Eintritt des Ereignisses seine Wirksamkeit verliert. Doch wird dieser letztere Fall von § 4 BewG nicht erfasst. Daher empfiehlt sich eine den § 9 I Nr 1 a einschränkende Interpretation. Unter Befristung ist nur die aufschiebende Befristung zu verstehen.

21 **Bedingter oder befristeter Anspruch.** Unter dem Begriff „Anspruch" wird üblicherweise nur das Recht, eine Leistung zu fordern, verstanden (§ 194 I BGB). Ausweislich der Gesetzesmaterialien (BTDrs 6/3418, 66) sollte jedoch im Anschluss an § 4 BewG eine Regelung für aufschiebend bedingte Vermögensgegenstände jeder Art getroffen werden, also auch für absolute Rechte wie das Eigentum, das daher dem Gesetzeszweck entsprechend auch zu den „Ansprüchen" iS des § 9 I Nr 1 a gerechnet werden mag. Wird ein noch vom Erblasser abgeschlossener, aber bis zur Erteilung einer behördlichen Genehmigung zunächst noch schwebend unwirksamer Kaufvertrag über ein dem Erblasser gehörendes Grundstück nach dem Tod des Erblassers genehmigt, so äußert die Genehmigung nicht als aufschiebende Bedingung Rechtswirkungen erst für die Zukunft. Vielmehr wirkt die Genehmigung mangels anderer Vereinbarungen der Vertragspartner entsprechend § 184 I BGB auf den Zeitpunkt des Kaufvertragsschlusses zurück, so dass im Zeitpunkt des Todes des Erblassers ein wirksamer, wenn auch noch nicht erfüllter Kaufvertrag bestand.

Betagung. Sie wird als dritte Einschränkung neben der Bedingung **22** und Befristung genannt. Unter einer betagten Schuld versteht § 813 II BGB die bereits entstandene, aber – zB wegen einer Stundung – noch nicht fällige Forderung. Das Fälligkeitsdatum (Ende der Stundung) kann zum Erbfall feststehen oder noch unbestimmt sein. Der RFH (RStBl 31, 895) hatte für beide Fallgestaltungen angenommen, dass der Forderungserwerb schon zum Erbfall zu besteuern sei, weil nicht angenommen werden könne, dass der Gesetzgeber den Besteuerungszeitpunkt für bereits entstandene Ansprüche vom Erbfall auf das Fälligkeitsdatum habe verschieben wollen. Der RFH hatte daher einen besonderen erbschaftsteuerlichen Begriff der Betagung entwickelt, der die bereits entstandene, aber noch nicht fällige Forderung im Gegensatz zum ZivilR nicht umfasste (zustimmend FinVerw DB 98, 1841).

Die neue Rechtsprechungslinie. Die Auslegung des Begriffs „Be- **23** tagung" durch den RFH und die FinVerw konnte nicht überzeugen, weil sie darauf hinaus lief, die Sonderregelung für betagte Ansprüche aus dem Tatbestand des § 9 I Nr 1 a ganz zu entfernen. Der BFH (BStBl II 03, 921; ZEV 04, 35 mit Anm *Meincke;* so jetzt auch Hess FG EFG 07, 1791) hat sich daher nunmehr einer mittleren Linie angeschlossen. Betagte Ansprüche iS des § 9 I Nr 1 a sollen nur noch dann vorliegen, wenn das Ereignis, das die Fälligkeit herbeiführt, zum Erbfall zeitlich noch nicht klar fixiert werden kann, wenn der Zeitpunkt des Eintritts des zur Fälligkeit führenden Ereignisses zum Erbfall unbestimmt ist. Zur Begründung kann man auf das Wort „Ereignis" verweisen, von dem die StEntstehung abhängig sein soll. Denn es lässt sich die Auffassung vertreten, dass bei einem von vornherein festliegenden Fälligkeitsdatum die Fälligkeit nicht von einem „Ereignis" abhängig gemacht ist (vgl schon *Kipp* § 14 Anm 5). Im Übrigen wird nach § 8 BewG auch bei der Befristung zwischen Zeiträumen mit bestimmten und mit unbestimmtem Endtermin unterschieden (vgl unten § 12 Anm 16).

Bedingte Erbeinsetzung. Obwohl die Vorschrift des Abs 1 Nr 1 a **24** ihrem Wortlaut nach jeden aufschiebend bedingten, betagten oder befristeten Erwerb von Todes wegen erfasst, kommt sie bei inländischen Erbeinsetzungen nicht zum Zuge. Denn der Erbschaftserwerb ist nicht Forderungsbegründung, sondern Rechtsnachfolge und kann daher nicht unter einer Betagung stehen. Und in der aufschiebend bedingten oder befristeten Erbeinsetzung liegt nach § 2100 BGB die Anordnung einer Vor- und Nacherbfolge, die das Gesetz in Nr 1 h gesondert aufführt. Nach ausländischem Recht kann eine Erbeinsetzung jedoch aufschiebend bedingt oder befristet vorgenommen sein, ohne dass für die Zeit des Schwebezustandes ein Vorerbe eintritt (BFH BStBl II 86, 615, 617 f), so dass der aufschiebend bedingt oder befristet eingesetzte Erbe auch nicht die Position eines (dem Vorerben nachfolgenden) Nacherben erhält. Bei Auslandserwerben kann Nr 1 a daher auch für den Erwerb durch Erbanfall eine Rolle spielen, wobei diese Bestimmung noch dadurch zusätzliches Gewicht erhält, dass nach einer vom BFH fortgeführten Rspr des RFH bei Auslandserwerben nicht eine strikt dem ZivilR folgende Beurteilung, sondern eine den wirtschaftlichen Gegebenheiten entsprechende Betrachtungsweise unter Berücksichtigung des Grundsatzes der Gleichmäßigkeit der Besteuerung darüber entscheiden soll, ob ein aufschiebend bedingter oder befristeter Erwerb anzunehmen ist (RFH RStBl 35, 1366; BFH BStBl III 61, 312).

25 **Ausländischer Erwerb.** Bei wirtschaftlicher Betrachtung hat nach der Rspr des RFH der Erwerb aus einem bei einer New Yorker Bank **hinterlegten Vermögen,** das bis zum Tod der Wirtschafterin des Erblassers weder der Nutzung noch der Verfügungsmacht der Erben unterlag, als aufschiebend befristet (betagt) zu gelten (RFH StuW 29 Nr 996). Einen aufschiebend bedingten Erwerb hat der RFH auch dann angenommen, wenn das von einem US-Amerikaner hinterlassene Vermögen zunächst einem **trust** zufiel, aus dem die Witwe und nach ihrem Tod der Sohn des Erblassers Zinsen erhielten, während das in dem trust gebundene Vermögen erst nach dem Tod des Sohnes aufzulösen und an die dann vorhandenen gesetzlichen Erben zu verteilen war (RFH RStBl 35, 1366). Der BFH hat später allgemeiner ausgesprochen: Die Erbeinsetzung mit Zwischenschaltung eines trustee nach amerikanischem Recht ist aufschiebend bedingt (BStBl III 61, 312; im Ergebnis übereinstimmend: BFH BStBl III 72, 462; 79, 438; 86, 615, 617; BFH/NV 90, 235), und: Hat der trustee eines englischen Nachlasses erst 21 Jahre nach dem Tode des Erblassers innerhalb eines abgegrenzten Personenkreises die Nachlassbegünstigten und ihre Anteile zu bestimmen und ihnen die Substanz des Nachlasses zu übertragen, so liegt der Fall einer aufschiebenden Bedingung vor (BFH BStBl III 58, 79). Mit der Annahme eines bedingten Erwerbs war zugleich eine Lücke in der Besteuerung verbunden. Denn in dem Zeitraum zwischen Erbfall und Eintritt der Bedingung blieb der Nachlass unversteuert, da das trust-Recht einen dem deutschen Vorerben vergleichbaren vorläufigen Rechtsträger nicht kennt. Um diese Lücke zu schließen, wurde inzwischen die Neuregelung des § 3 II Nr 1 S 2 eingefügt. Aus ihr (iVm den Bestimmungen § 7 I Nr 9 S 2 und § 20 I 2) ergibt sich, dass nunmehr schon der **Anfall an den trust** als (unbedingter) Erwerb von Todes wegen gilt und dass die Weiterleitung des Vermögens aus dem trust an die endgültigen Erben diesen nach der neueren Gesetzeslage nicht mehr einen aufschiebend bedingten Erwerb von Todes wegen, sondern einen unbedingten Erwerb unter Lebenden verschafft. Die Rspr hat im Übrigen schon immer einen unbedingten (unbefristeten) Erwerb im Fall des nach amerikanischem Recht bestellten **executors** oder **administrators** (RFH RStBl 31, 122; 38, 717; BFH BStBl III 57, 211; II 77, 425; II 88, 808; FG München UVR 96, 22) angenommen; dies soll mit Rücksicht auf § 2207 S 1 BGB auch dann gelten, wenn dem executor durch Testament erweiterte Befugnisse eingeräumt sind (BFH BStBl II 88, 808 gegen FG Bad-Württ EFG 83, 260 und unter Aufgabe von BFH BStBl III 64, 408; zust FinVerw Berlin StEK § 9 Nr 4). Der Erbschaftserwerb nach **schwedischem Recht** ist nicht deshalb aufschiebend bedingt, weil auf Antrag Nachlassverwaltung nach schwedischem Recht angeordnet worden ist (Nds FG EFG 92, 144).

Bedeutung des Eigentumsübergangs. In der Rspr zum Erbschaftserwerb nach ausländischem Recht ist bisher noch keine klare Linie zu der Frage zu finden, welche Bedeutung dem Eigentumserwerb des Erben für die Entstehung der St zukommen soll. Während der RFH zunächst betont hatte, dass die StPfl des Erben jedenfalls nicht eintritt, solange er nicht Eigentümer des Nachlasses geworden ist (RStBl 35, 1366), wurde dieser Standpunkt später verlassen (RFH RStBl 38, 717; BFH BStBl III 57, 211). Der BFH hat anschließend diesen Satz jedoch erneut in Erinnerung gebracht (BStBl III 61, 312), um wenige Jahre darauf wieder zu betonen, dass der Zeitpunkt der Verschaffung des Eigentums an den Nachlassgegenständen für die Entstehung der StSchuld unerheblich ist (BFH BStBl III 64, 408). In der Entscheidung BStBl II 77, 425 hat es der BFH für entscheidend angesehen, dass der Nachlass nach dem Recht von Louisiana durch Gesamtrechtsnachfolge auf die Erben übergegangen war, auch wenn eine administration bestand und die Erben durch Gerichtsbeschluss in den Besitz des Nachlasses eingewiesen werden mussten. In der Entscheidung BFH BStBl II 88, 808 hat das Gericht schließlich eine „materielle Berechtigung" als Voraussetzung für den unbedingten (unbefristeten) Erwerb benannt. Soll danach doch wieder der durch die Gesamtrechtsnachfolge vermittelte Eigentumserwerb ausschlaggebend sein?

Bedingter Vermächtniserwerb. Ein aufschiebend bedingter (befristeter) Erwerb durch Vermächtnis kann mit einem auflösend bedingten oder unbedingten Erwerb zusammentreffen, wenn der Erblasser mehreren Bedachten zu gleichen Teilen den Nießbrauch eingeräumt und angeordnet hat, dass im Fall des Todes eines Bedachten sein Nießbrauchsanteil dem überlebenden Bedachten zufallen soll (RFH RStBl

31, 540), wenn dem Vermächtnisnehmer zunächst Zahlungen aus einem Kapital, mit dem Eintritt des Ereignisses aber das Kapital selbst zugewandt ist (RFH RStBl 41, 438) oder wenn dem StPfl zunächst der Nießbrauch am halben Nachlass und für den Fall des Eintritts der Bedingung die Auskehrung des halben Nachlasswertes unter Wegfall des Nießbrauchs vermacht ist (BFH BStBl III 66, 593). Es sind dann jeweils zwei verschiedene Erwerbe vorhanden, von denen der eine mit dem Erbfall, der andere beim Eintritt der Bedingung stpfl wird, wobei eine Zusammenrechnung nach § 14 zu erfolgen hat.

28 **Einzelfälle.** Ein aufschiebend bedingtes Vorausvermächtnis (§ 2150 BGB) ist in der Anordnung gesehen worden, dass einem Miterben nach Vollendung seines 25. Lebensjahres ein zum Nachlass gehörendes Rittergut zufallen soll (RFH RStBl 33, 582). Als aufschiebend bedingtes gesetzliches Vermächtnis wird der Anspruch der durch den Zugewinnausgleich benachteiligten Stiefabkömmlinge gem § 1371 IV BGB gedeutet. Hat der Erblasser dagegen angeordnet, dass ein Teil des Nachlasses zur Sicherung von Rentenvermächtnissen in einem Bankdepot verbleiben und dem Erben erst beim Tod der Vermächtnisnehmer zur freien Verfügung stehen soll, dann ist dem Erben damit kein aufschiebend bedingtes Vermächtnis zugewandt, weil er die zunächst gebundenen Vermögenswerte schon mit dem Erbfall als Erbe erwirbt (RFH RStBl 31, 621). Einen Fall des aufschiebend bedingten oder befristeten Untervermächtnisses stellt an sich auch das Nachvermächtnis (§ 2191 BGB) dar, das § 6 IV jedoch zusammen mit dem beim Tod des Beschwerten fälligen Vermächtnis der Nacherbschaft gleichstellt, so dass insoweit Abs 1 Nr 1 h zur Anwendung gelangt. Zu den mit einem unbedingten Erbschaftserwerb verbundenen aufschiebend bedingten Ansprüchen rechnet das FG Hbg (EFG 91, 544) die Ansprüche des Erben auf Gewinnausschüttungen einer GmbH vor Feststellung des Jahresabschlusses.

29 Ein bedingter Erwerb durch **Schenkung auf den Todesfall** wird für den Fall angenommen, dass der Anteil des Gesellschafters einer GmbH nach einer Bestimmung des Gesellschaftsvertrages bei seinem Tod gegen eine unter dem StWert des Anteils liegende Abfindung auf die Gesellschaft (oder die anderen Gesellschafter) übergehen soll (§ 3 I Nr 2 S 2). Da das Kapitalgesellschaftsrecht einen Übergang des Anteils ohne förmlichen Übertragungsakt außerhalb der Gesamtrechtsnachfolge nicht kennt, erwirbt die Gesellschaft mit dem Tod zunächst nur einen Anspruch gegen die Erben, auf Grund dessen sie die Übertragung des Anteils verlangen kann. Dies kann als ein (durch die Geltendmachung des Anspruchs) aufschiebend bedingter Erwerb gedeutet werden (*Schild*, ErbSt u ErbStPolitik, 1980, 82).

30.–33 a. Pflichtteil (Abs 1 Nr 1 b)

Grundgedanke. Abs 1 Nr 1 trifft Regelungen für den Pflichtteil. **30**
Der Pflichtteilsanspruch wird erst mit dem Geltendmachen zu einem
stpfl Erwerb (§ 3 I Nr 1). Daher kann das Gesetz, wenn auch missverständlich, von dem stpfl Erwerb eines geltend gemachten Pflichtteilsanspruchs sprechen. Das Gesetz sieht einen stpfl Erwerb erst in dem
geltend gemachten Anspruch, weil es die Gründe respektiert, die den
Gläubiger im Interesse des Erben und aus Pietät gegenüber dem Erblasserwillen veranlassen können, von dem Einfordern des Anspruchs
abzusehen. Wenn der Gläubiger daher auf die Durchsetzung seines
Rechts verzichtet, soll nicht trotz dieses Verzichts ErbSt und zusätzlich
noch wegen dieses Verzichts SchSt entstehen (vgl dazu früher RGZ 77,
238; RFH StuW 22 Sp 477). Das Entstehen der St wird mit dem
Geltendmachen durch den Gläubiger verknüpft, weil der Anspruch im
Zweifel nur auf Verlangen des Gläubigers erfüllt werden wird. Doch
kann die Initiative zur Erfüllung des Anspruchs auch vom Schuldner
ausgehen. Dann kommt es mit der Leistung des Schuldners auch ohne
besonderes Verlangen des Gläubigers zu einem stpfl (und damit für den
Pflichtteilsschuldner abzugsfähigen: § 10 V Nr 2) Erwerb (RFH RStBl
36, 1131; BFH BStBl III 58, 134).

Geltendmachen. Wenn das Gesetz das Entstehen der StPfl mit dem **31**
Geltendmachen des Anspruchs verbindet, verlangt es dem Gläubiger
eine Entscheidung darüber ab, ob er die ihm geschuldete Leistung in
Anspruch nehmen will. Solange der Gläubiger noch unentschieden ist,
sich nicht festlegen will, nur das Verzichtleisten auf den Anspruch
verweigert, entsteht die St noch nicht (RFHE 25, 121 gegen RFH
StuW 22 Nr 749). Die Entscheidung, mit der der Gläubiger den
Anspruch geltend macht, entspricht der Aufforderung, mit der der
Gläubiger eines sog „verhaltenen" Anspruchs (Beispiel: § 546 II BGB)
diesen erst zum Entstehen bringt (RGZ 156, 150, 153). Sie muss unmittelbar auf die Verwirklichung seines Rechts abzielen. Es braucht sich zwar
nicht schon um die Einleitung gerichtlicher Schritte zu handeln, wie sie
für die Herstellung der Pfändbarkeit des Pflichtteils (§ 852 I ZPO) oder
für die Hemmung der Verjährung durch Rechtsverfolgung erforderlich
sind (§ 204 BGB). Doch geht es um eine ihrem Inhalt nach weitergehende Entscheidung, als sie der Vermächtnisgläubiger mit der Annahme
des Vermächtnisses trifft (§ 2180 BGB). Denn mit der Annahme des
Vermächtnisses verlangt der Vermächtnisnehmer noch nicht die Erfüllung seines Anspruchs, sondern erklärt nur, die ihm zugefallene Forderung behalten und nicht ausschlagen zu wollen. Im Insolvenzverfahren
des Bedachten trifft denn auch die Entscheidung über die Annahme
oder Ausschlagung noch der Bedachte (§ 83 InsO), während das Gel-

32 Geltendmachen eines Teilanspruchs. Der Pflichtteilsberechtigte kann das Geltendmachen auf einen Teil seines Anspruchs beschränken. Die St entsteht dann „begrenzt durch die Höhe, in der dieser (Anspruch) geltend gemacht worden ist" (BFH BStBl II 73, 798, 800; s auch FG Hbg EFG 78, 555). Zwar hat der RFH (RStBl 40, 3) früher abweichend entschieden. Die Entscheidung beruhte jedoch auf einer Fassung des heutigen § 13 I Nr 11, die noch den Verzicht auf den geltend gemachten Pflichtteil stfrei ließ (*Stölzle* § 2 Anm 24), während das Gesetz seit 1974 nur noch den Verzicht auf den nicht geltend gemachten Anspruch von der StPfl freistellt. Heute würde daher die Entscheidung des RFH dazu führen, dass bei einer Teilinanspruchnahme für den Teil, auf dessen Einfordern verzichtet wird, zugleich ErbSt und SchSt entsteht, ein Ergebnis, das nach dem Gesetzeszweck gerade vermieden werden soll. Die Rspr zum Geltendmachen eines Teilanspruchs lässt den Rückschluss zu, dass erst dann ein Geltendmachen angenommen werden kann, wenn erkennbar ist, in welcher Höhe der Anspruch eingefordert wird. Im Fall der **Stufenklage** (§ 254 ZPO) wird erst bei Bezifferung des Leistungsantrages über die Höhe des eingeforderten Betrages entschieden. In der Erhebung der Stufenklage mit zunächst noch unbeziffertem Leistungsantrag wird daher noch kein Geltendmachen des Pflichtteils zu sehen sein (*Meincke*, ZErb 04, 1; aM FG Rh-Pf DStRE 02, 459). Die Bezifferung des Anspruchs spielt allerdings dann für die Besteuerung keine Rolle, wenn der Gläubiger den Anspruchsumfang, den er geltend macht, bereits auf andere Weise verdeutlicht, zB dadurch, dass er uneingeschränkt den vollen Pflichtteil verlangt (FG Köln EFG 05, 1137; BFH BStBl II 06, 718).

33 Merkmale des Geltendmachens. Zum Geltendmachen ist es erforderlich, dass der Gläubiger für den Schuldner erkennbar ernstlich auf der Erfüllung seines Anspruchs besteht (RFH RStBl 29, 515; Hess FG EFG 90, 587; FG München EFG 03, 248). Ernstlich ist das Verlangen nicht schon dann, wenn die Diskussion über die Auszahlung des Pflichtteils im Familienkreis gerade erst beginnt, so entschieden die Forderungen bei dieser Diskussion auch vertreten werden mögen. Denn das Geltendmachen hat unwiderrufliche Konsequenzen. Es begründet die StPfl und führt dazu, dass ein späterer Verzicht auf das Einfordern des Anspruchs unter dem Gesichtspunkt der freigebigen Zuwendung eine weitere StPfl auslöst. Daher ist das Merkmal des Geltendmachens restriktiv auszulegen (FG Rh-Pf DStRE 02, 459, 460) und kann ein Geltendmachen nur angenommen werden, wenn die Entscheidung für das Einfordern des Pflichtteils nicht nur vorläufig erwogen, sondern endgültig gefallen ist. Tritt der Gläubiger nach **Ablauf der Verjäh-**

rungsfrist (§ 2332 I BGB: 3 Jahre nach Kenntnis von Erbfall und beeinträchtigender Verfügung) mit dem Verlangen der Pflichtteilszahlung an den Schuldner heran, ist zu unterscheiden. Beruft sich der Schuldner auf die Einrede der Verjährung (§ 222 BGB), so ist der Anspruch entweder nicht wirksam geltend gemacht oder als geltend gemachter Anspruch wertlos; ein stpfl Erwerb ist so und so zu verneinen. Verzichtet der Schuldner dagegen auf die Erhebung der Einrede der Verjährung, stehen dem Geltendmachen keine Hindernisse entgegen. Der Schuldner kann den Pflichtteil dann noch nachträglich in seine StBerechnung als Abzugsposten einführen und ggf eine Steuererstattung beantragen (*Moench*, DStR 87, 139, 144 mwN). Verlangt der Gläubiger die Auszahlung des Pflichtteils und erlangt der Schuldner gegen den Willen des Gläubigers eine **Stundung** des Anspruchs durch das Nachlassgericht gem § 2331 a BGB, dann hat der Gläubiger mit dem Geltendmachen nur einen betagten Anspruch erworben, so dass es naheliegt, unter Hinweis auf § 9 I Nr 1 a das Datum der StEntstehung auf den Ablauf der Stundungsfrist zu verschieben. Gewährt dagegen der Gläubiger selbst die Stundung des geltend gemachten Anspruchs, ist die Stpfl mit dem Geltendmachen entstanden. In der Stundungsvereinbarung selbst muss noch kein Geltendmachen liegen (BFH BStBl II 10, 806, 808). *Moench* (DStR 87, 139, 143) empfiehlt aus der Sicht der FinVerw für das Geltendmachen klare Verhältnisse: „Denn das Finanzamt wird die gewünschten steuerlichen Folgerungen nur dann ziehen, wenn ihm nachgewiesen oder zumindest glaubhaft gemacht wird, dass der Pflichtteil – ganz oder zum Teil – geltend gemacht worden ist. Die größte Sicherheit bringt dabei der Weg zum Notar, der den Pflichtteilsanspruch in einer Urkunde vollstreckbar machen und ihn dinglich absichern kann. Notwendig ist dieser mit Kosten verbundene Weg allerdings nicht; in jedem Fall sollten die Beteiligten eine schriftliche Vereinbarung treffen". Ein **Geltendmachen liegt im Übrigen** dann vor, wenn der Gläubiger die ihm geschuldete Zahlung ohne weitere Aufforderung erhält und akzeptiert (RFH RStBl 36, 1131; BFH BStBl III 58, 134), sowie in der Abrede, statt des geschuldeten Geldbetrages eine anderweitige Leistung an Erfüllungs Statt anzunehmen (vgl dazu BFH BStBl II 82, 350). Ein Geltendmachen liegt dagegen nicht in der Absprache, eine Abfindung für den Verzicht auf den entstandenen Pflichtteil (§ 3 II Nr 4) entgegen zu nehmen (BFH BStBl II 73, 798). Es sollte auch noch nicht in der **Abtretung** des Pflichtteilsanspruchs gesehen werden (*Kipp* § 2 Anm 58; anders jedoch *Troll/Gebel* § 3 Anm 230, nach dem die Abtretung nur „ausnahmsweise noch nicht als Geltendmachung zu werten" ist), auch wenn der Gläubiger mit der Abtretung schon zu erkennen gibt, dass er in der Zukunft „die Geltendmachung wolle oder jedenfalls mit der Geltendmachung einverstanden sei" (Protokolle zum BGB V, 526) und auch wenn schon in der Abtretung ein Vorgang gesehen wird, der den Pflichtteilsanspruch pfändbar macht (§ 852 I ZPO). Der Anspruch ist vielmehr erst geltend gemacht, wenn der neue Gläubiger vom Schuldner die Zahlung verlangt, wobei dann allerdings die StPfl noch den ursprünglichen Anspruchsinhaber trifft (§ 3 Anm 11; Hess FG EFG 90, 587). Ob ein Kind den Pflichtteil nach dem Vater noch dann geltend machen kann, wenn es nach dem Tod der Mutter **schon selbst Alleininhaber** des vom Vater auf die Mutter vererbten Vermögens geworden ist, muss auch angesichts des § 10 III als zweifelhaft gelten (*Moench*, DStR 87, 139, 144 unter Hinweis auf die Entscheidung FG Düsseldorf DStZ/B 54, 422). Nach Auffassung des FG München (EFG 91, 199; UVR 92, 216; 93, 55; ablehnend *Muscheler*, ZEV 01, 377, 383 f) kann der Pflichtteil nicht mehr geltend gemacht werden, wenn der Pflichtteilsgläubiger Erbe des Pflichtteilsschuldners geworden ist. Doch bleibt auch in diesem Zusammenhang § 10 III zu beachten (unten § 10 Anm 28).

33a   Der BFH hatte früher (BStBl II 01, 605) im Fall des **Kaufrechtsvermächtnisses** den Erwerb eines Gestaltungsrechts angenommen, das in Anlehnung an die Regelung des Abs 1 Nr 1b erst dann stpfl werden sollte, wenn es vom Vermächtnisnehmer geltend gemacht war. Inzwischen hat das Gericht anerkannt, dass es sich um den Erwerb eines bedingten Vermächtnisanspruchs handelt, der stpfl wird, wenn die Bedingung eintritt, weil der Vermächtnisnehmer das vorgesehene Entgelt zahlt oder sich zur Zahlung des vorgesehenen Entgelts bereit erklärt (BFH BStBl II 08, 892; oben § 3 Anm 44). Das Entstehen der StPfl ist beim Kaufrechtsvermächtnis daher nicht mehr nach Abs 1 Nr 1b, sondern nach Abs 1 Nr 1a zu beurteilen.

34.–39. Sonstige Erwerbe von Todes wegen (Abs 1 Nr 1c–1j)

34   Abs 1 Nr 1c. Der **Übergang von Vermögen auf eine vom Erblasser von Todes wegen angeordnete Stiftung** (§ 3 II Nr 1) erfolgt im Zweifel durch Erbeinsetzung oder durch Vermächtnis. Um die für diese Verfügungen erforderliche Voraussetzung zu schaffen, dass der Bedachte zZ des Erbfalls lebt (§ 1923 II BGB), stattet das BGB das Stiftungsgeschäft von Todes wegen mit Rückwirkung aus: Wird die Stiftung nach dem Tod des Stifters als rechtsfähig anerkannt, so gilt sie für die Zuwendungen des Stifters als schon vor dessen Tod entstanden (§ 84 BGB). Damit könnte auch die St schon zum Erbfall entstehen. Doch berücksichtigt das Gesetz hier (anders als in anderen Fällen der Rückwirkung: vgl Anm 11), dass die Rückwirkung als rechtlicher Kunstgriff nicht auch die wirtschaftliche Bereicherung zurückverlegt (vgl OFD Koblenz DStR 89, 581). Daher soll die StPfl erst mit dem Zeitpunkt der Anerkennung der Stiftung eintreten (vgl RFH RStBl 38,

403). Die unterschiedliche Behandlung des rückwirkenden Erwerbs durch eine Stiftung und durch eine natürliche Person führt allerdings dann zu einem schwer auflösbaren Wertungswiderspruch, wenn über die Anerkennung der Stiftung erst neun Jahre nach dem Erbfall entschieden wird. Denn eine zustimmende Entscheidung lässt dann die St für die Stiftung mit der Anerkennung entstehen, während bei einer ablehnenden Entscheidung die St für den Ersatzerben über neun Jahre rückwirkend auf den Erbfall bezogen wird (vgl RFH RStBl 39, 729). Dem Fall der Anerkennung der Stiftung wird in dem mit StEntlG 1999/2000/2002 (BGBl I 99, 402) neu geschaffenen zweiten Halbsatz der **Zeitpunkt der Bildung oder Ausstattung einer Vermögensmasse** ausländischen Rechts hinzugefügt, doch ist nicht ganz klar, inwieweit mit dieser Regelung wirklich ein vom Zeitpunkt des Todes abweichender Steuerentstehungszeitpunkt beschrieben werden soll.

Abs 1 Nr 1 d. Der Erblasser kann eine **Zuwendung mit der Bedingung** versehen, dass die Zuwendung nur wirksam werden soll, wenn der Bedachte eine Leistung an einen Dritten erbringt. Durch eine solche Anordnung wird der Bedachte zur Leistung an den Dritten nicht verpflichtet, doch wird ein Druck auf ihn ausgeübt, da er das ihm Zugewendete nur erhält, wenn er die Bedingung erfüllt. Der Erblasser kann statt der Bedingung auch eine Auflage anordnen, die den Bedachten zur Leistung an den Dritten verpflichtet, ohne seinen Erwerb von der Erfüllung der Auflage abhängig zu machen. Die Rechtswirkungen beider Anordnungen für den Bedachten sind verschieden. Gemeinsam ist jedoch beiden Fällen, dass der Dritte aus der Bedingung oder Auflage ein Recht auf die Leistung gegen den Bedachten nicht erhält. Mit dem Tod des Erblassers fällt ihm vielmehr nur eine Erwerbschance zu, aus der sich erst durch die Vollziehung der Auflage oder durch die Erfüllung der Bedingung eine Bereicherung ergibt, die das Entstehen der St rechtfertigen kann (BFH HFR 62, 83). 35

Abs 1 Nr 1 e. Erwerb bei Genehmigung einer Zuwendung des Erblassers. Die Vorschrift knüpft an den bisher praktisch bedeutungslos gebliebenen Fall an, dass Zuwendungen des Erblassers auf Grund von Genehmigungsvorbehalten einzelner Bundesländer zu ihrer Wirksamkeit einer behördlichen Genehmigung bedürfen (§ 3 Anm 97). Für denkbar wird hier weiterhin gehalten, dass diese Genehmigung davon abhängig gemacht werden darf, dass der Empfänger der Zuwendung Leistungen an Dritte erbringt. Die in Bezug genommene Vorschrift des § 3 II Nr 3 befasst sich nur mit der Besteuerung des Dritten und bestimmt, dass der Erwerb des Dritten als Erwerb vom Erblasser behandelt werden soll. Abs 1 Nr 1 e fügt hinzu, dass die St für den Erwerb des Dritten mit der Genehmigung entsteht. Dabei muss gleichgültig bleiben, ob der Genehmigung Rückwirkung zukommt 36 oder nicht, weil sich die Rückwirkung auf den Erwerb des Dritten in keinem Fall auswirken kann. Wird die Leistung an den Dritten im Hinblick auf die Erteilung der Genehmigung schon vor der behördlichen Entscheidung ausgeführt, soll die StPfl dennoch erst mit der Erteilung der Genehmigung entstehen, weil die Leistung nämlich, wenn die Genehmigung nicht erteilt würde, wegen Zweckverfehlung kondiziert werden kann. Die St entsteht mit dem Zeitpunkt der Bekanntgabe (vgl BFH BStBl III 52, 157) der Genehmigung, wenn dem StPfl spätestens mit diesem Datum ein Anspruch auf die Leistung zufällt. Wird ein solcher Anspruch dagegen mit der Genehmigung noch nicht begründet, kann der Erwerb unter Berücksichtigung des Abs 1 Nr 1 d erst mit der Vollziehung der Leistung stpfl sein, weil für den Erwerber vorher noch keine wirtschaftliche Bereicherung begründet ist (*Kipp* § 14 Anm 21).

37 **Abs 1 Nr 1 f und g.** Das Gesetz geht in Nr 1 f von der Vorstellung aus (RFH RStBl 34, 444), dass der **Verzicht** oder die **Ausschlagung** auf einer vorweg getroffenen Abfindungsabrede beruhen. Die St für den Abfindungserwerb soll dann mit dem Verzicht oder der Ausschlagung entstehen. Zu diesem Zeitpunkt ist die Vereinbarung jedoch im Zweifel noch nicht ausgeführt, der Ausschlagende oder Verzichtende hat die Abfindung, deren Erwerb besteuert werden soll, noch nicht erhalten. Wie kann es dann zu diesem Zeitpunkt schon zu einer StEntstehung kommen? Die Regelung wäre verständlich, wenn man im Anschluss an RFH RStBl 38, 857 als Gegenstand des Erwerbs den aus der Vereinbarung herrührenden Anspruch auf die Abfindung ansehen wollte. Denn dieser Anspruch ist zur Zeit der Ausschlagung oder des Verzichts im Zweifel bereits erworben. Für den Anspruchserwerb kann die St daher schon zur Zeit des Verzichts oder der Abfindung entstehen. Als früherer Kommentator des § 9 im Kommentar von *G/S* (Stand August 2008) hat *Daragan* (§ 9 Rz 48) jedoch zu Recht darauf aufmerksam gemacht, dass § 9 I Nr 1 f und g an § 3 II Nr 4 und 5 anknüpfen und eine Regelung für den dortigen Erwerb vorsehen. Und dort wird nicht der Anspruch auf die Abfindung, sondern die Abfindung selbst der StPfl unterworfen. Stpfl ist nach diesen Bestimmungen, was „als Abfindung ... gewährt wird". Und gewährt wird als Abfindung ein Anspruch nur dann, wenn gerade der Anspruchserwerb selbst die Abfindung bilden soll (vgl auch oben § 3 Anm 98). *Daragan* (aaO) tritt dafür ein, den StEntstehungstatbestand „dahin zu reduzieren, dass die St erst entsteht, wenn die Abfindung gewährt wurde, also dem Verzichtenden oder dem Ausschlagenden zugeflossen ist". Diese Interpretation würde einen in sich konsistenten Lösungsansatz bieten. Doch ist sie mit dem Gesetzestext nur schwer vereinbar, der die StEntstehung mit dem Verzicht oder der Ausschlagung und eben nicht mit dem

Erwerb durch Schenkung

Abs 1 Nr 1 h, i und j. Nacherben werden unter den Voraussetzungen des § 6 II 1, III 1 als Erben des Vorerben oder als aufschiebend bedingt eingesetzte Erben des Erblassers behandelt. Die in Nr 1 h angeordnete Rechtsfolge würde sich daher schon aus Nr 1 oder aus Nr 1 a ergeben, wenn sie nicht in Nr 1 h noch gesondert aufgeführt würde. Im Fall der entgeltlichen Übertragung der Nacherbenanwartschaft vor Eintritt des Nacherbfalls soll das Entgelt oder die Forderung auf das Entgelt nach Nr 1 i schon mit der **Anwartschaftsübertragung** die StPfl auslösen, weil das Entgelt dem Veräußerer schon jetzt eine uneingeschränkte Bereicherung vermittelt, auch wenn die als Gegenleistung hingegebene Anwartschaft erst später stpfl wird. Im Fall des Eintritts der Nacherbfolge trifft dann anstelle des Veräußerers den Anwartschaftserwerber die St auf den Erwerb aus Erbanfall. Mit dem StÄndG 1992 ist Abs 1 Nr 1 j eingeführt worden. Die Bestimmung stellt klar, dass die Neuregelung des § 3 II Nr 7 schon den Anspruchserwerb und nicht erst die Anspruchserfüllung besteuert, dass der Anspruchserwerb aber erst dann als stpfl Vorgang eingestuft werden soll, wenn der Anspruch geltend gemacht ist. Zum Zeitpunkt des Geltendmachens vgl oben Anm 31 ff zum Pflichtteilsrecht. 38

Abs 1 Nr 1 a bis j. Die **Bestimmungen sind nebeneinander anwendbar.** So entsteht die St für den Vermögenserwerb einer von Todes wegen errichteten Stiftung gem Nr 1 c mit der Anerkennung der Stiftung als rechtsfähig. Ist die Vermögensausstattung jedoch durch Nacherbeinsetzung vorgenommen, dann muss gem Nr 1 h der Zeitpunkt des Eintritts der Nacherbfolge abgewartet werden (*Kipp* § 14 Anm 18). Die StPfl des Auflagebegünstigten entsteht gem Nr 1 d mit der Vollziehung der Auflage. Ist jedoch Inhalt der durch die Auflage bestimmten Leistung, dass der Beschwerte dem Begünstigten einen aufschiebend bedingten, befristeten oder betagten Anspruch verschaffen soll, so entsteht die St nach Nr 1 a erst mit dem Eintritt des Ereignisses oder der Bedingung (vgl demgegenüber BFH HFR 62, 83). Ähnliches gilt bei bedingten oder befristeten Abfindungsleistungen für den Verzicht auf den Pflichtteil (vgl *Kipp* § 14 Anm 22), für die Vermächtnisausschlagung (RFH RStBl 36, 1218) oder für den Verzicht auf die Forderung aus einem bereits angenommenen bedingten oder befristeten Vermächtniserwerb. 39

40.–54. Erwerb durch Schenkung (Abs 1 Nr 2)

Die in § 7 näher umschriebene **Schenkung unter Lebenden** wird stpfl mit der Ausführung der Zuwendung. Eine Zuwendung ist aus- 40 geführt, wenn der Bedachte das erhalten hat, was ihm im Schenkwege verschafft werden soll (BFH BStBl II 05, 892; 06, 786). Was dem Bedachten verschafft werden soll und was damit als Gegenstand der Zuwendung anzusehen ist, richtet sich nach dem Parteiwillen (§ 7 Anm 14). Wird zB Geld zum Grundstückserwerb hingegeben, so ist auf die Ausführung der Zuwendung des Geldes zu achten, wenn eine Geldschenkung infrage steht. Dagegen kommt es auf die Ausführung der Zuwendung des Grundstücks an, wenn eine Grundstücksschenkung verwirklicht werden soll (BFH BStBl II 06, 786). Lässt der Schenker dem Beschenkten **laufende Zahlungen** zukommen, so kann sich die Schenkung auf die einzelnen Zahlungen beziehen. Mit jeder einzelnen Zahlung ist dann eine auf diesen Betrag beschränkte schenkweise Zuwendung ausgeführt (RFH RStBl 41, 766). Es kann jedoch auch ein Stammrecht auf die Zahlungen den Gegenstand der schenkweisen Zuwendung bilden. Dann entsteht die St schon mit der Einräumung dieses Stammrechts (RFH RStBl 21, 157; 22, 312; BFH BStBl II 68, 239). In vergleichbarer Weise ist zu unterscheiden, wenn der Schenker dem Beschenkten eine durch **Widerrufsvorbehalt** eingeschränkte Rechtsstellung verschafft. Soll der Beschenkte nach dem Inhalt der Schenkungsabrede eine endgültig gesicherte Rechtsposition hinsichtlich seines Erwerbs erhalten, dann ist die Zuwendung wegen des vorläufig vorbehaltenen Widerrufs noch nicht ausgeführt. Ist dagegen die Einräumung der widerruflichen Stellung selbst Gegenstand der Zuwendung, hat der Beschenkte bereits erhalten, was ihm verschafft werden soll. Damit ist die Zuwendung ausgeführt (vgl BGH NJW 75, 1360). Der BFH (BStBl II 89, 1034) hat sich der hier vertretenen Linie angeschlossen (vgl § 7 Anm 53 ff). Nach einer von der FinVerw früher vertretenen Auffassung konnte von der Ausführung einer Schenkung solange nicht die Rede sein, als sich der Schenker den Nießbrauch an dem verschenkten Gegenstand und zugleich den jederzeitigen Widerruf der Schenkung vorbehielt. Der BFH hatte demgegenüber ausgesprochen, dass der Vorbehalt des Nießbrauchs auch dann kein Argument gegen die Ausführung einer Grundstücksschenkung durch Eigentumsübertragung darstellt, wenn der Nießbraucher im EStRecht als wirtschaftlicher Eigentümer des Grundstücks gilt (BFH BStBl II 83, 179). Mit der Rspr des BFH zum Widerrufsvorbehalt (BFH BStBl II 89, 1034) ist der früheren Auffassung der FinVerw sodann endgültig der Boden entzogen worden (ebenso *Moench/Weinmann* § 9 Rz 34).

41 **Versprechen der Zuwendung.** Wenn § 9 I Nr 2 die StPfl mit der Ausführung der Zuwendung verbindet, so soll damit zum Ausdruck gebracht werden, dass das Versprechen der Zuwendung noch nicht als stpfl Vorgang gilt (§ 7 Anm 47). Die Forderungsbegründung durch formwirksames Schenkungsversprechen (§ 518 I BGB) gilt in diesem

Zusammenhang nicht als Ausführung der Zuwendung einer Forderungsschenkung (Schenkung eines Versprechens), sondern als (noch unausgeführtes) Versprechen, die in der Forderung bezeichnete Leistung schenkweise zu erbringen (Versprechen einer Schenkung). Der Abschluss des Schenkungsversprechensvertrages führt daher noch nicht zum Entstehen einer StPfl (RFH RStBl 21, 157 = RFHE 4, 243; BFH BStBl II 68, 239, 371; 72, 43). Dies lässt sich aber nicht dahin verallgemeinern, dass jede schenkweise Begründung einer Forderung gegen den Schenker für den Beginn der StPfl unbeachtet bleiben muss. Die Forderungsbegründung kann vielmehr nur dann vernachlässigt werden, wenn „die Anschauungen des Verkehrs das Verhältnis zwischen dem Gläubiger und dem Schuldner noch als von den Vorschriften über die Schenkung beherrscht ansehen und deshalb eine Einziehung wider den Willen des Schuldners und eine Abtretung missbilligen" (RFHE 9, 276, 278). Wird daher dem Beschenkten schenkweise eine wirksame Darlehnsforderung gegen den Schenker eingeräumt (RFH RStBl 29, 497 = RFHE 25, 250), wird eine Schenkung dadurch vorgenommen, dass der Schenker eine Kaufpreisforderung des Beschenkten, die sich gegen den Schenker richtet, ohne rechtliche Notwendigkeit erhöht (BFH DVR 86, 6), oder wird dem Beschenkten schenkweise die Einlage eines stillen Gesellschafters (RFH RStBl 23, 401) oder eine Unterbeteiligung zugewandt (RFH RStBl 23, 130; BFH BStBl III 62, 502), dann wird der Beschenkte schon durch den zwischen den Parteien abgeschlossenen Vertrag bereichert, auch wenn der Beschenkte aus dem Vertrag zunächst nicht viel mehr als eine Forderung gegen den Schenker gewinnt, sofern nur diese Forderung nicht mehr besonderen aus der Schenkung folgenden Rücksichten unterliegt (vgl aber auch BFH BStBl II 93, 289). Als vollzogene Schenkung behandelt der BFH auch den schenkweisen Forderungserwerb, der sich für den Auflagebegünstigten aus einer Schenkung unter Auflage ergibt (BFH BStBl II 03, 162; oben § 7 Anm 95). Eine vollzogene schenkweise Einräumung einer Darlehnsforderung dürfte auch in dem Vertrag liegen, mit dem der Schenker dem Beschenkten einen Geldbetrag zuweist, den er sich gleich anschließend wieder **als Darlehen zurückgewähren** lässt (OLG Hamm OLGZ 78, 422; vgl auch oben § 7 Anm 49). Zwar hat der BFH (BStBl II 92, 468) für den Fall, dass eine Abhängigkeit von Geldzuwendung und Darlehenshingabe besteht, unter Hinweis auf die Entscheidung BFH BStBl II 84, 705 von einer Gestaltung gesprochen, die dem rechtlichen und wirtschaftlichen Gehalt nach als Schenkungsversprechen anzusehen ist. Und die FinVerw (BStBl I 92, 729, 730) geht davon aus, dass unter den genannten Voraussetzungen „der Vollzug der Schenkung bis zur Rückzahlung des sog Darlehens aufgeschoben ... ist". Aber warum soll der Empfänger bei dieser Gestaltung von der SchStPfl zunächst entlastet sein? Aus der Rspr zum EStRecht lässt sich solange kein begründeter Schluss auf die Behandlung im SchStRecht ziehen, wie die Rspr keine Anstalten macht, die StFolgen im SchSt-Recht in ihren Entscheidungen mitzubedenken. Im SchStRecht ist in diesen Fällen denn auch von einer vollzogenen Schenkung auszugehen (BFH BStBl II 96, 11). Forderungsschenkung und nicht nur das Versprechen einer Schenkung liegt ferner dann vor, wenn ein Vater seinem Kind unentgeltlich eine Darlehnsforderung gegen die Personengesellschaft zuweist, an der er als Gesellschafter beteiligt ist (BFH BStBl II 82, 351). Als Zuwendung iS des Abs 1 Nr 2 sollte dagegen nicht die Verpflichtung des Schenkers zur Übernahme der SchStSchuld angesehen werden (vgl FG Münster EFG 78, 602), weil die Stellung des § 10 II unter den Wertermittlungsvorschriften ergibt, dass das Gesetz die Übernahme der SchStSchuld nicht als einen zusätzlichen stpfl Vorgang, sondern als werterhöhenden Umstand einstuft (BFH BStBl II 78, 220, 223), dessen Voraussetzungen mit der Ausführung der zugrundeliegenden Zuwendung ohne Weiteres verwirklicht sind.

42   Die **Zuwendung ist ausgeführt,** wenn der Beschenkte erhalten hat, was ihm nach der Schenkungsabrede verschafft werden soll (BFH BStBl II 85, 382, 383). Dazu müssen die Schenkungsabrede und das Zuwendungsgeschäft wirksam sein oder von den Parteien als wirksam behandelt werden (§ 41 AO; RFH RStBl 31, 541). Ist die Wirksamkeit der Schenkungsabrede wegen einer aufschiebenden Bedingung noch in der Schwebe, oder ist die Zuwendung von einer **aufschiebenden Bedingung** abhängig gemacht, so sind noch nicht alle Voraussetzungen der StPfl erfüllt. Der RFH hat denn auch angenommen, dass die Zuwendung eines Grundstücks auf der Grundlage einer aufschiebend bedingten Schenkung nicht vor dem Eintritt der Bedingung ausgeführt ist (RStBl 30, 555), dass die Werte, die Eltern ihrem Kind als Aussteuer überschreiben, erst mit der Eheschließung zugewandt sind (RStBl 37, 357) und dass eine schenkweise Zuwendung unter künftigen Ehegatten kurz vor dem Heiratstermin erst mit der Eheschließung und dem durch sie bewirkten Wechsel des Beschenkten in StKlasse I wirksam wird (RFH RStBl 40, 615). Dem hat sich der BFH (BStBl II 09, 606) angeschlossen. Hierher gehört auch die Schenkung einer **Forderung mit Besserungsabrede,** gleich ob sie als Schenkung einer bedingten Forderung (FG Saarl EFG 08, 393) oder als Schenkung einer mit einem ungewissen Enddatum gestundeten Forderung (vgl BFH BStBl II 09, 606) verstanden wird. Ist die Wirksamkeit der Schenkungsabrede oder des Zuwendungsgeschäfts dagegen von einer **Genehmigung** abhängig, der das Gesetz Rückwirkung beilegt, und war die Erteilung der Genehmigung von den Vertragspartnern nicht zum Inhalt einer Wirksamkeitsbedingung gemacht worden, so sollte die Steuer nach einer früheren Auffassung der FinVerw (ErbStR 1998 R 23 III) rückwirkend entstehen. Nunmehr heißt es jedoch in den ErbStR R E 9.1 III: „Bei einer Grundstücksschenkung, die von einer behördlichen oder privatrechtlichen Genehmigung abhängig ist, tritt die zivilrechtliche Wirksamkeit des Vertrags und der Auflassung erst mit der Erteilung der Genehmigung ein. Die Genehmigung wirkt zwar zivilrechtlich auf den Tag des Vertragsschlusses zurück (§ 184 BGB). Die zivilrechtliche Rückwirkung einer Genehmigung ist jedoch steuerrechtlich unbeachtlich". In diesem Sinn hat sich auch die Rspr ausgesprochen (BFH/NV 06, 551; Nds FG EFG 07, 1258). Stellt der Ehemann **Geldmittel zum Bau eines Hauses** auf einem Grundstück der Schwiegereltern zur Verfügung und soll das Grundstück nach Fertigstellung des Gebäudes auf die Ehefrau übertragen werden, dann ist die Schenkung mit Fertigstellung des Gebäudes und Übertragung des Grundstücks ausgeführt (BFH BStBl II 85, 382, 383 f). Wird ein noch zu sanierendes und zu renovierendes Hausgrundstück geschenkt, ist die Schenkung erst ausgeführt, wenn die Sanierung und Renovierung beendet ist (FG Düsseldorf EFG 01, 150). Wird ein Grundstück mit einem noch zu errichtenden oder fertigzustellenden Gebäude geschenkt, ist die Zuwendung erst mit der Bezugsfertigkeit des Gebäudes ausgeführt (BFH BStBl II 03, 273).

Merkmale der Ausführung. Um von einer Ausführung der Zuwendung zu reden, muss der Beschenkte erhalten haben, was ihm nach der Schenkungsabrede gebührt. Bei einer Sachschenkung muss daher der Beschenkte das Eigentum, bei der Schenkung eines beschränkt dinglichen Rechts (zB Nießbrauch) die Berechtigung, bei einer Forderungsschenkung die Gläubigerstellung (BFH BStBl II 81, 78), bei der unentgeltlichen Kapitalüberlassung das Kapital (BFH BStBl II 79, 631, 740) und bei der Schenkung des Erlöses aus einem Verkauf die Erlösgutschrift auf seinem Bankkonto (Hess FG EFG 60, 64) erlangt haben. Daraus folgt weiterhin, dass die Schenkung eines Grundstücksübereignungsanspruchs bereits mit der Anspruchsabtretung und nicht erst mit der Erfüllung des Anspruchs durch Übereignung des Grundstücks ausgeführt worden ist (BFH DStRE 01, 986) – sofern man in der schenkweise zugesagten Anspruchsübertragung nicht statt der Anspruchsschenkung eine Grundstücksschenkung sieht. Wird die Schenkungsabrede nicht deckungsgleich vollzogen, ist entscheidend, was der Bedachte endgültig erhält (BFH BStBl II 95, 83). Maßgebend ist, wie sich die Vermögensmehrung im Zeitpunkt der Zuwendung beim Bedachten darstellt (BFH BStBl II 91, 310).

Noch nicht ausreichend geklärt ist die Rechtslage, die sich ergibt, wenn die **Ausführung in Teilschritten** erfolgt. Geht es um eine **teilbare Leistung** (zB Geldzahlung), ist die Lösung unproblematisch. Das einheitliche Geschäft wird zum Zweck der Besteuerung in **Teilschenkungen** aufgespalten. Hinsichtlich jeder einzelnen Teilleistung entsteht eine gesonderte St mit der Ausführung. Anders dagegen bei **unteilbaren Leistungen.** Wird dem Beschenkten zunächst eine vorläufige Rechtsstellung, zB ein **Anwartschaftsrecht** eingeräumt, so hat der Beschenkte zwar schon einen wirtschaftlichen Wert in der Hand, der besteuert werden könnte. Doch wächst ihm erst mit dem Vollrecht die Rechtsposition zu, die den Gegenstand der Schenkung bildet. Immerhin könnte auch hier an eine Aufspaltung der Schenkung gedacht werden, wonach zunächst der Erwerb der vorläufigen Rechtsstellung und später der zusätzliche Erwerb durch Erlangen des Vollrechts besteuert wird. In § 9 I Nr 1 a und 1 h hat sich das Gesetz jedoch für den Fall der aufschiebenden Bedingung, Betagung oder Befristung beim Erwerb von Todes wegen für ein „Alles-oder-nichts-Prinzip" entschieden. Solange das Ergebnis noch nicht eingetreten ist, das Vollrecht noch nicht verschafft wurde, soll auch die Anwartschaft unversteuert bleiben. Ähnlich liegt es beim Schenkungsversprechen, das vor der Ausführung noch keinerlei StPfl auslöst, und bei der unwiderruflichen Begünstigung aus einem Lebensversicherungsvertrag, die erst mit Eintritt des Versicherungsfalles zum stpfl Erwerb gerechnet wird (BFH BStBl III 52, 240; BStBl II 99, 742).

45   **Grundstücksschenkung.** Auch bei der Grundstücksschenkung ist nach dem natürlichen Wortsinn eine Ausführung der Zuwendung dann anzunehmen, wenn der Leistungserfolg eingetreten und der Beschenkte Eigentümer des geschenkten Grundstücks geworden ist (BFH BStBl II 83, 19, 20). Dies muss auch bei der mittelbaren Grundstücksschenkung gelten, bei der der Bedachte zunächst Geld zum Grundstückserwerb erhält, für deren Ausführung jedoch ebenfalls der Grundstückserwerb bedeutsam ist. Nur bei der mittelbaren Schenkung von Grundstücksteilen, bei der Hingabe von Geld zur Errichtung eines Gebäudes oder zur Durchführung von Um-, Aus- oder Anbauten an einem Gebäude, kann der Zeitpunkt des sukzessiven Eigentumserwerbs an den eingebauten Gebäudeteilen von vornherein für die Besteuerung nicht maßgeblich sein. Hier muss vielmehr das Datum der Bezugsfertigkeit der fertiggestellten Räume entscheiden (R E 9.1 II ErbStR). Im Übrigen müsste jedoch an sich der Zeitpunkt der Ausführung der Grundstücksschenkung mit dem Zeitpunkt des Eigentumserwerbs zusammenfallen (vgl FG Rh-Pf ZEV 98, 279; unten Anm 48). Weil bei der Übertragung von Grundstückseigentum der Eintritt des Leistungserfolges wegen der Eintragungsbedürftigkeit des Eigentumswechsels im Grundbuch der Mitwirkung des Grundbuchamtes bedarf und die Parteien nur einen begrenzten Einfluss auf den Fortgang der Tätigkeit des Grundbuchamtes haben, hat die Rspr jedoch im Gegensatz zu der durch den natürlichen Wortsinn gebotenen Auslegung seit jeher die Auffassung vertreten, dass die Ausführung der Zuwendung bei der Grundstücks-

Erwerb durch Schenkung

schenkung schon **vor dem Eigentumswechsel** zum Abschluss gelangt. In der Entscheidung BFH BStBl II 83, 19 (ferner: BFH BStBl II 88, 741; II 90, 504; II 02, 781) werden zwei Kriterien genannt: **(1)** Es muss eine Auflassung (= formgerecht erklärte Einigung über den Eigentumsübergang: § 925 BGB) vorliegen; die Erteilung von Vollmachten zur Vornahme der Auflassung reicht noch nicht aus. **(2)** Die Vertragspartner müssen die für die Eintragung der Rechtsänderung im Grundbuch erforderlichen Erklärungen in gehöriger Form abgegeben haben, so dass der Beschenkte auf Grund dieser Erklärungen in der Lage ist, beim Grundbuchamt die Eintragung der Rechtsänderung zu beantragen. Ob zusätzlich noch zu fordern ist, dass der Beschenkte durch Stellung des Eintragungsantrages die schützenden Wirkungen des § 17 GBO (Vorrang dieses Antrages vor später eingehenden Anträgen) erlangt hat, so dass ihm ein Anwartschaftsrecht auf den Eigentumserwerb zugebilligt werden kann, hatte der BFH zunächst offen gelassen. Dann hat das Gericht jedoch entschieden, dass es dieses weiteren Merkmals nicht bedarf. Die beiden oben genannten Kriterien seien ausreichend (BFH BStBl II 91, 320). Haben sich die Vertragspartner allerdings übereinstimmend auf ein späteres Datum geeinigt (BFH/NV 00, 1095) oder hat sich der Beschenkte verpflichtet, von einer vorliegenden Eintragungsbewilligung vorerst noch keinen Gebrauch zu machen, dann ist die Zuwendung noch nicht ausgeführt (Nds FG EFG 00, 386). Die **FinVerw** ist der Linie der Rspr gefolgt (R E 9.1 I ErbStR). Sie verlangt die Abgabe der für die Eintragung der Rechtsänderung in das Grundbuch erforderlichen Erklärungen in gehöriger Form (Auflassung und Eintragungsbewilligung). Die Erteilung einer Auflassungsvollmacht genügt noch nicht. Die Herbeiführung der schützenden Wirkungen des § 17 GBO ist nicht erforderlich. Haben beide Vertragspartner einen Dritten bevollmächtigt, die zur Rechtsänderung erforderlichen Erklärungen abzugeben und entgegenzunehmen, wird zusätzlich zu der Erklärung der Auflassung auch noch die Besitzverschaffung des Grundstücks sowie der Übergang der Nutzungen und Lasten auf den Beschenkten verlangt. Für eine ähnliche Vorverlagerung des Zeitpunkts der Ausführung der Zuwendung hat sich das FG Nürnberg (EFG 08, 395) auch bei der schenkweisen Abtretung zukünftiger **GmbH-Geschäftsanteile** ausgesprochen.

Ältere Begründungen. Zur Begründung der vom natürlichen Wortsinn des Begriffs „Ausführung der Zuwendung" abweichenden Rspr hatte der RFH ursprünglich auf § 80 I RAO verwiesen, wo es hieß: „Wer einen Gegenstand als ihm gehörend besitzt, wird iS des StGesetzes wie ein Eigentümer behandelt" (RFH RStBl 28, 138). Doch musste es auch schon damals als zweifelhaft erscheinen, ob einer Regelung über die Stellung des sog wirtschaftlichen Eigentümers eine

Aussage über den Zeitpunkt der Ausführung einer freigebigen Zuwendung entnommen werden kann. Der BFH hatte im Übrigen vorübergehend auch die Wortfassung des (jetzigen) § 9 I Nr 2 zum Beleg dafür herangezogen, dass der Gesetzgeber mit der Wahl des Ausdrucks „Ausführung der Zuwendung" die auf der wirtschaftlichen Betrachtungsweise basierende Rspr des RFH zur Grundstücksschenkung bestätigt habe (BFH BStBl III 62, 204). In den Gesetzesmaterialien lässt sich aber kein deutlicher Nachweis für diese These finden.

47 **Die Parallele zu § 518 II BGB.** In zwei weiteren einschlägigen Entscheidungen hat der BFH Gewicht darauf gelegt, dass die von ihm vertretene Rechtsauffassung zur Ausführung der Grundstücksschenkung im Einklang steht mit der Rspr des BGH zu der Frage, wann eine versprochene Schenkung iS des § 518 II BGB bewirkt worden ist (BFH BStBl II 79, 642; 80, 307). Doch muss man schon zweifeln, ob der BFH in diesem Zusammenhang die ZivilRspr zu § 518 II BGB zutreffend erfasst. Denn die in Bezug genommenen Urteile BGHZ 26, 274 und 59, 210 sind gar nicht zu § 518 II BGB ergangen, und das formlos erteilte Grundstücksschenkungsversprechen kann schon nach § 311b BGB nicht vor der Eintragung des Eigentumsübergangs im Grundbuch wirksam sein. Hinzu kommt, dass sich die Anknüpfung an § 518 II BGB aus dem Zweck des § 9 I Nr 2 nicht ausreichend legitimieren lässt. Denn § 518 II BGB regelt den Zeitpunkt, zu dem ein zunächst formunwirksames Schenkungsversprechen wirksam wird. Im Zusammenhang des § 9 I Nr 2 spielt jedoch die Formwirksamkeit oder -unwirksamkeit des Schenkungsversprechens gar keine Rolle.

48 **Die Bedeutung der Parteihandlungen.** Weit größere Bedeutung kommt demgegenüber der weiteren Überlegung der Rspr zu, dass man nämlich bei der Ausführung der Zuwendung durch Grundstücksübereignung zwischen den zur Übereignung erforderlichen Handlungen der Vertragspartner und dem Tätigwerden des Grundbuchamtes unterscheiden müsse. Haben die Vertragspartner die für die Eintragung der Rechtsänderung in das Grundbuch erforderlichen Erklärungen in gehöriger Form abgegeben (BFH BStBl II 83, 19) und ist der Eintragungsantrag beim Grundbuchamt gestellt, dann haben sie alles getan, was zur Ausführung der Zuwendung aus ihrer Sicht nötig und möglich erschien. In der Logik dieser Argumentation würde es liegen, auch noch den Eintragungsantrag beim Grundbuchamt durch den Grundstückserwerber zu verlangen. Denn erst mit diesem Antrag sind alle den Vertragspartnern zukommenden Ausführungshandlungen beendet. Die Rspr (BFH BStBl II 91, 320; 05, 892) hat sich jedoch inzwischen dafür entschieden, den **Eintragungsantrag für bedeutungslos** zu halten. Damit wird das Ausführungsdatum der Schenkung im Ablauf der Eigentumsübertragung noch weiter nach vorn verlegt. Die ganze Linie

Erwerb durch Schenkung

der Rspr ist auf dem Hintergrund von Entscheidungen zu verstehen, die sich mit vor dem Eigentumswechsel wirksam gewordenen Besteuerungsverschärfungen beschäftigen und die dem StPfl durch Vorverlegung des Steuerentstehungsdatums den Vorteil der bisher günstigeren Besteuerung erhalten wollen. Dabei wird die Zweischneidigkeit jeder Gesetzesinterpretation nicht ausreichend bedacht, die auch zu gravierenden Benachteiligungen von StPfl führen kann, wenn zB der Schenkungsvertrag noch vor dem Eigentumswechsel wieder aufgehoben wird, was aber dann die bereits entstandene Steuer nicht wieder ohne Weiteres entfallen lassen kann. Der ganzen Linie der bisherigen Rspr steht denn auch eine neuere Entscheidung des FG Rh-Pf (ZEV 98, 279) mit beachtlichen Gründen skeptisch gegenüber. Der BFH (BStBl II 02, 781 = ZEV 02, 518 mit Anm *Kollhosser*) hat dieser Skepsis dadurch Rechnung zu tragen versucht, dass er die schenkungsteuerlichen Wirkungen wieder entfallen lässt, wenn es zu dem geplanten Eigentumswechsel tatsächlich nicht kommt. Diese Rspr (fortgeführt in BFH BStBl II 05, 892) wirft allerdings ihrerseits erhebliche Probleme auf (vgl *Hartmann,* UVR 03, 98)

Ausführung und Parteiwille. Die Parteien haben es in der Hand, die Zuwendung so auszugestalten, dass ihre Ausführung früher oder später liegt. Sie können zB die Schenkung eines Hausgrundstücks so vereinbaren, dass das Grundstück nicht in dem Zustand, den es gegenwärtig hat, sondern in saniertem und renoviertem Zusatand geschenkt sein soll. Dann ist die Schenkung noch nicht mit der Übertragung des Eigentums, sondern erst mit der anschließenden Sanierung und Renovierung ausgeführt (FG Düsseldorf EFG 01, 150). Auch mit der Einfügung anderer Modalitäten, die mit der Schenkung oder mit der Ausführungshandlung verbunden werden, lässt sich ein sehr später Ausführungszeitpunkt erreichen. So ist eine Grundstücksschenkung noch nicht ausgeführt, wenn der Beschenkte von der Eintragungsbewilligung erst zu einem späteren Zeitpunkt Gebrauch machen darf (BFH BStBl II 05, 312). Umgekehrt kann das Ausführungsdatum auch vorverlegt werden, wenn man zB nicht die Sache selbst, sondern den Anspruch auf Lieferung der Sache zum Schenkungsgegenstand erklärt, was allerdings bisher bewertungsrechtlich ungünstige Folgen haben konnte (BFH DStRE 01, 986). Die Parteien können damit den Beginn der StPfl nach ihren Interessen festlegen. Ist die Schenkung jedoch einmal ausgeführt, so sind die Parteien an dieses Datum gebunden. Die vom tatsächlichen Vollzug abweichende vertragliche Vor- oder Rückdatierung des Ausführungszeitpunktes ist für das Entstehen der St bedeutungslos (RFH RStBl 34, 955; vgl auch BFH BStBl III 62, 323). Auch wird die entstandene St nicht davon berührt, dass nach der Ausführung der Schenkung das verschenkte Grundstück rückaufgelassen wird (RFH

RStBl 28, 270). Besondere Anforderungen an das Kenntlichmachen der Ausführungshandlung kennt das SchStRecht nicht. Für eine besondere „steuerliche Anerkennung" von Schenkungen (BFH BStBl II 79, 768) ist im SchStRecht kein Raum. Die für das EStRecht bedeutsamen Erwägungen über klare Verhältnisse, die insbesondere unter Angehörigen geschaffen werden müssen (BFH BStBl II 75, 141), finden im SchStRecht keine Stütze. Immerhin kann der „Druck der ertragsteuerlichen Rspr" (*Ebeling,* BB 76, 1073) die Beteiligten zu besonderer Sorgfalt veranlassen. Auch wird man dem StPfl, dem wegen einer bevorstehenden Gesetzesänderung oder im Hinblick auf die erneute Ausnutzung des Freibetrages nach 10 Jahren (§ 14 I 1) an einem frühen StEntstehungstermin liegt, im eigenen Interesse empfehlen, für eine ausreichende Verdeutlichung der Ausführungshandlung zu sorgen (vgl BFH BStBl III 52, 262; 54, 319). Der Vermerk in den Geschäftsbüchern eines Kaufmanns, verbunden mit der Mitteilung an den Beschenkten, kann zur Kenntlichmachung genügen (RFH RStBl 25, 202; 26, 126; 33, 796). Wird dagegen in den Privatbüchern lediglich die Erteilung eines Schenkungsversprechens vermerkt, so fehlt es noch an der Ausführung des Versprechens, so dass auch die Eintragung nicht weiterhilft (RFH RStBl 29, 497 = RFHE 25, 250).

50 **Sonderregelungen.** Während das Gesetz in den Nrn 1 a–1 j für Erwerbe von Todes wegen zahlreiche Ausnahmeregelungen vorsieht, die den Beginn der StPfl vom Erbfall auf ein späteres Datum verlegen, kennt es für die **Schenkung unter Lebenden** keinen vergleichbaren Katalog, der die Bestimmung der Nr 2 ergänzen würde. Die unterschiedliche Regelungstechnik erklärt sich aus der Sicht des StPfl, wenn man unterstellt, dass ihm im Zweifel an einem späten Entstehungstermin gelegen sein wird. Mit der Ausführung der Zuwendung hat das Gesetz nämlich bereits das spätestmögliche Datum gewählt, das keine weitere Hinausschiebung verträgt. Die Praxis zeigt allerdings, dass das Interesse des StPfl auch darauf gerichtet sein kann, den Beginn der StPfl früh anzusetzen, weil zB ein neues Gesetz mit verschärften Bestimmungen die Erwerbe nicht erfasst, für die die St bei Inkrafttreten des Gesetzes bereits entstanden war (§ 37). Daher hätte an Ausnahmeregelungen gedacht werden können, die das Entstehen der St vom Ausführungszeitpunkt vorverlegen, insbesondere klären, unter welchen Voraussetzungen schon der Forderungserwerb als Ausführung der Zuwendung gewertet werden kann. Auch hätte der Ausführungszeitpunkt für die einzelnen Erwerbe des § 7 näher umschrieben werden können. Diese nähere Bestimmung ist nun unter Berücksichtigung der Textfassung des § 7 durch Auslegung zu ermitteln.

51 **Schenkung unter Auflage (§ 7 I Nr 2).** Fällt dem Auflagebegünstigten kein frei verfügbarer (sondern zB nur ein aufschiebend bedingter)

Leistungsanspruch zu, erwirbt er erst das, was infolge der Vollziehung der Auflage oder infolge der Erfüllung der Bedingung an ihn gelangt. Die SPfl tritt dann erst mit dem Vollzug der Auflage oder der Erfüllung der Bedingung ein (BFH BStBl II 93, 523; 05, 408, 410). Wird von dem Auflagebegünstigten dagegen gleich mit dem Vertragsschluss zwischen Schenker und dem Auflagebeschwerten ein frei verfügbarer Anspruch gegen den Beschwerten erworben, dann will der BFH, indem er die Schenkung durch berechtigenden Vertrag zugunsten Dritter als Schenkung einer Forderung gegen den Auflagebeschwerten interpretiert (BFH BStBl II 81, 78), die StEntstehung auf den Zeitpunkt der Forderungsbegründung vorverlegen. Bei einer schenkweisen Forderungsbegründung durch Vertrag zu Gunsten Dritter sieht der BFH die **Forderungsbegründung** bereits **als Ausführung der Zuwendung** an (BFH BStBl II 05, 408). Diese Neuinterpretation kann sich darauf berufen, dass schon die Forderungsbegründung eine Bereicherung für den Begünstigten mit sich bringt. Dem klaren Gesetzeswortlaut des § 7 I Nr 2 (= § 3 I Nr 3 ErbStG aF) wird diese Änderung der Rspr allerdings schwerlich gerecht. Auch erscheint erstaunlich, dass der BFH an dieser Stelle den Gegenstand der Zuwendung ganz ohne Rückgriff auf den Willen des Zuwendenden bestimmt. Soll die StPfl für den Auflagebegünstigten schon mit dem Anspruchserwerb beginnen, bedarf es keiner dinglichen Sicherung des Anspruchs, um den Voraussetzungen des Abs 1 Nr 2 zu genügen. Soll dagegen erst die Erfüllung des Anspruchs die StPfl auslösen, kann die dingliche Anspruchssicherung nicht ausreichen, um von einer Vollziehung der Auflage zu sprechen (aM RFH RStBl 29, 145 = RFHE 24, 356).

Die Fälle des § 7 I Nr 3 und 4. Der **Erwerb anlässlich der Genehmigung einer Schenkung (§ 7 I Nr 3)** ist nicht schon mit der Genehmigung, sondern erst mit der Ausführung der Zuwendung erlangt (abw Abs 1 Nr 1 e; *Petzoldt* § 7 Rz 113). Die einem Ehegatten oder Lebenspartner **bei der Vereinbarung der Gütergemeinschaft zufallende Bereicherung (§ 7 I Nr 4)** verwirklicht sich mit dem Entstehen des Gesamtgutes im Wege der Universalsukzession (*MK-Kanzleiter* § 1416 BGB Rz 17). Das Gesamtgut entsteht mit dem Abschluss des Ehevertrages (§ 1408 I BGB); beim Abschluss unter Verlobten mit der Eheschließung, bei aufschiebend bedingtem oder befristetem Abschluss mit dem Eintritt der Bedingung oder des Ereignisses. Besonderer Handlungen zur Ausführung der Zuwendung bedarf es nicht.

Die Fälle des § 7 I Nr 5 bis 10. Die St auf die **Abfindung für einen Erbverzicht (§ 7 I Nr 5)** oder **für aufschiebend bedingt, betagt oder befristet erworbene Ansprüche (§ 7 I Nr 10)** setzt das Gewähren der Abfindung voraus. Der RFH (RStBl 34, 444, 445) hat in diesem Zusammenhang ausgesprochen, dass „unter den Begriff der Gewährung einer Leistung, namentlich bei Renten und wiederkehrenden Leistungen anderer Art, auch die rechtswirksame Begründung einer Leistungspflicht fallen" dürfte. Die Einräumung eines Stammrechts auf wiederkehrende Bezüge kann daher schon als Ausführung der Zuwendung iS des Abs 1 Nr 2 bei der Abfindungsleistung gelten. Die Zuwendung, die darin liegt, dass der Vorerbe dem Nacherben mit Rücksicht auf die angeordnete **Nacherbfolge vor ihrem Eintritt** etwas herausgibt (**§ 7 I Nr 7**), wird dagegen erst mit der Herausgabe, dh mit Rechtsverschaffung, stpfl. Auch der **Vermögensübergang bei Gründung einer Stiftung (§ 7 I Nr 8)** ist erst mit der Übertragung des zugesagten Vermögens auf die Stiftung (*Kipp* § 3 Anm 185), die **Zuwendung des Vermögens bei Aufhebung der Stiftung (§ 7 I Nr 9)** erst mit der Übertragung des Vermögens auf den Begünstigten ausgeführt.

54 **Die Fälle des § 7 VI und VII.** Die selbstständige Schenkung, die in der Ausstattung eines Gesellschaftsanteils mit einer **überhöhten Gewinnbeteiligung** liegt (**§ 7 VI**), lässt die St schon mit der Übertragung des privilegierten Gesellschaftsanteils entstehen. Die jährliche Beschlussfassung über die Gewinnverteilung oder die Verwirklichung der Gewinnbeteiligung durch Geldzahlung wird also nicht vorausgesetzt, sofern man den Gegenstand der Schenkung dem Gesetzeswortlaut folgend in der einmaligen Einräumung des Gewinnübermaßes und nicht in jährlichen Zuwendungen überhöhter Gewinnanteile sieht (§ 7 Anm 139). Dagegen ist die Zuwendung, die in dem **Übergang des Gesellschaftsanteils** unter den in § 7 VII genannten Voraussetzungen liegt, erst mit dem Übergang, dh der Anwachsung oder Übertragung des Anteils, verwirklicht. Die im Kapitalgesellschaftsrecht bedeutsame Begründung eines Anspruchs auf die Anteilsübertragung reicht für die Begründung der StPfl noch nicht aus.

55., 56. Zweckzuwendung, ErsatzErbSt (Abs 1 Nr 3 und 4)

55 **Abs 1 Nr 3.** Die St auf **Zweckzuwendungen** soll den stpfl Betrag nicht nach der Ausführung der Zuwendung bei einem (gedachten) Erwerber, sondern vor der Ausführung beim Beschwerten erfassen. Der Beschwerte wird aber zur Ausführung der Zuwendung im Zweifel nicht eher verpflichtet sein, als bis ihm die Mittel zur Ausführung zur Verfügung stehen. Daher verknüpft das Gesetz den Beginn der StPfl mit dem Eintritt der Verpflichtung. Soweit die Zweckzuwendung keine Verpflichtung des Beschwerten kennt, muss allerdings der Zeitpunkt der Ausführung der Zweckzuwendung entscheiden (*Kipp* § 14 Anm 28).

Abs 1 Nr 4. ErsatzErbSt. Familienstiftungen und Familienvereine 56 unterliegen mit ihrem Vermögen im Turnus von 30 Jahren der 1974 neu eingeführten und seit 1984 erhobenen ErsatzErbSt nach § 1 I Nr 4. Die St entsteht erstmals zum 1. 1. 1984 oder zu dem späteren Datum, das 30 Jahre nach dem ersten Übergang von Vermögen auf die Stiftung oder den Verein liegt. Der hier genannte Zeitpunkt des ersten Übergangs von Vermögen entspricht dem Datum, das seinerzeit nach den §§ 3 II Nr 1, 7 I Nr 8 iVm § 9 I Nr 1c und 2 bei der Stiftung oder beim Verein eine ErbSt oder SchSt ausgelöst hat. Die ErsatzErbSt entsteht jedoch nicht nur für den damals zugeflossenen Erwerb, sondern erfasst das ganze Vermögen der Stiftung oder des Vereins. Eine StErmäßigung für erst kurz vor dem Stichtag erworbene und versteuerte Vermögensteile kennt das Gesetz nicht. Besteuert wird das Vermögen in der Zusammensetzung, die es am Stichtag hat. Das wurde unter Geltung der bisherigen Bewertungsvorschriften in der Praxis gelegentlich für stgünstige Gestaltungen ausgenutzt. Denn weil das Datum der StEntstehung langfristig vorher bekannt ist, konnte die Stiftung ihr Vermögen zum maßgeblichen Zeitpunkt umschichten, Geldbeträge abgeben und dafür vorübergehend günstig bewerteten Grundbesitz (zB das Rathaus einer bekannten Großstadt) eintauschen, anschließend dann das Grundstück zurück übertragen und den so erwirtschafteten StVorteil mit dem bisherigen und künftigen Grundstückseigentümer teilen. Die Stiftung oder der Verein kann verlangen, dass die St in bis zu 30 gleiche jährliche Teilbeträge (Jahresbeträge) aufgeteilt wird (§ 24). Die StSchuld für alle Teilbeträge ist dann schon mit dem in § 9 I Nr 4 genannten Datum entstanden. Über die Fälligkeit der StSchuld sagt § 9 nichts aus. Daher kann auch nicht aus § 9 I Nr 4 entnommen werden, ob der erste Jahresbetrag der in Teilbeträge aufgeteilten St schon zu dem in § 9 I Nr 4 genannten Datum (vorschüssige Zahlungsweise) oder erst ein Jahr später zu zahlen ist.

57., 58. Aussetzung der Versteuerung (Abs 2)

Unter den Voraussetzungen des § 25 I idF bis 1980 konnte der 57 Erwerber eines mit fremden Nutzungsrechten oder mit Ansprüchen auf wiederkehrende Leistungen belasteten Vermögens nach seiner Wahl die Versteuerung sofort durchführen oder bis zum Erlöschen der Belastung aussetzen lassen. Im Fall der Aussetzung der Versteuerung wurde das belastete Vermögen so behandelt, als sei es erst mit dem Erlöschen der Belastung dem Erwerber zugefallen. Die St sollte daher auch erst mit dem Erlöschen der Belastung entstehen.

Neuregelung 1980. Diese in der Erstfassung des § 25 I getroffene 58 Regelung führte aus der Sicht der FinVerw wegen der uU jahrzehntelangen Überwachung von Einzelfällen zu einem nicht vertretbaren Arbeitsaufwand (BTDrs 8/3688, 23). Mit Gesetz vom 18. 8. 1980 (BGBl I 80, 1537) wurde daher das Recht zur Wahl der Aussetzung der Versteuerung durch eine Neufassung des § 25 abgeschafft. Inzwischen hat das ErbStRG 2009 auch diese Neufassung aufgehoben. Für ältere Erwerber bleibt jedoch die bis 1980 geltende Regelung zur Aussetzung der Versteuerung mit der aus § 9 II abzuleitenden Folge der Verschiebung des StEntstehungstermins nach § 37 II 1 erhalten.

59.–61. Verjährung der StSchuld

Schrifttum: *Jung*, Bestimmung der Festsetzungsverjährung in Schenkungsfällen, UVR 93, 234; *Stegmaier*, Zur Festsetzungsverjährung im Erb- und SchStR, DStZ 96, 83; *Jung*, Verjährungsprobleme im Zusammenhang mit der ErbSt-Festsetzung, UVR 98, 143; *Theml*, Unterschiedlicher Beginn der Festsetzungsfrist, DStR 98, 1118; *Hartmann*, § 30 Abs. 3 ErbStG eine problematische Rechtsvorschrift insb hinsichtlich der Festsetzungsverjährung, UVR 00, 169.

59 Das in § 9 geregelte Datum der StEntstehung ist für die Ermittlung der Verjährungsfrist bedeutsam, nach deren Ablauf die St nicht mehr festgesetzt werden darf (§ 169 II Nr 2 AO: **Festsetzungsverjährung**). Die Frist beträgt **vier Jahre,** im Fall der leichtfertigen Steuerverkürzung fünf, im Fall der StHinterziehung zehn Jahre (§ 169 AO). Für den Fristbeginn ist das Datum der StEntstehung bedeutsam. Denn die Verjährungsfrist beginnt mit dem Ablauf des Kalenderjahrs, in dem die StErklärung (§ 31) eingereicht wird, spätestens jedoch mit Ablauf des dritten Kalenderjahres, das auf das Kalenderjahr folgt, in dem die St entstanden ist (§ 170 II 1 AO; BFH BStBl II 93, 580; unten § 31 Anm 2). Ergänzend heißt es hierzu in § 170 V AO: Für die ErbSt (SchSt) beginnt die Festsetzungsfrist: (1) bei einem Erwerb von Todes wegen nicht vor Ablauf des Kalenderjahrs, in dem der Erwerber Kenntnis von dem Erwerb erlangt hat, (2) bei einer Schenkung nicht vor Ablauf des Kalenderjahrs, in dem der Schenker gestorben ist oder die Finanzbehörde von der vollzogenen Schenkung Kenntnis erlangt hat, (3) bei einer Zweckzuwendung unter Lebenden nicht vor Ablauf des Kalenderjahrs, in dem die Verpflichtung erfüllt worden ist. Damit wird für die Zwecke der ErbSt und SchSt eine besondere **Anlaufhemmung** vorgesehen. Die Anlaufhemmung bewirkt, dass die Verjährungsfrist, solange die Hemmung besteht, noch nicht zu laufen beginnt. Im Fall der Schenkung beginnt die Festsetzungsfrist erst zu laufen, wenn der Schenker gestorben ist (weil es dann dem FA im Zweifel möglich sein wird, auf Grund der ErbSt-Erklärung Schenkungen an dritte Personen aufzudecken) oder wenn das FA schon vorher von dem Schenkungsfall Kenntnis erlangt hat. Auf die Kenntniserlangung des FA nach dem Tod des Schenkers kommt es nicht mehr an (FG Köln EFG 98, 1171).

Soweit es hiernach auf die **Kenntnis des Erwerbers** von seinem 60 Erwerb ankommt, hat das Nds FG (EFG 86, 27; ferner FG Hamburg EFG 87, 572) „wegen der grundsätzlichen Maßgeblichkeit des Erbrechts des BGB für das ErbStG" angenommen, dass der Kenntnisbegriff der gleiche ist wie der von der ZivilRspr für die im Erbrecht bedeutsamen Ausschlagungsfristen entwickelte Kenntnisbegriff. Danach setzt Kenntnis ein zuverlässiges Erfahren der in Betracht kommenden Umstände voraus, auf Grund dessen ein Handeln von dem Betroffenen erwartet werden kann. Ernstliche Zweifel an dem Bestand der letztwilligen Verfügung oder an dem Bestand des Erbfalls dürfen nicht vorliegen (BFH BStBl II 88, 818). Weil immer noch möglich bleibt, dass der Erblasser in letzter Minute testiert oder ein Testament geändert oder widerrufen hat, erlangt der Erbe idR erst mit der förmlichen Eröffnung durch das Nachlassgericht Kenntnis von seiner Erbeinsetzung (Nds FG EFG 86, 27 unter Hinweis auf BFH BStBl II 82, 276). Im Einzelfall kann Kenntnis erst bei Erteilung des Erbscheins vorliegen (BFH/NV 90, 444). Wird zur Vermeidung von Streitigkeiten ein Erbvergleich geschlossen, ist der Anspruch zwar mit dem Erbfall entstanden (vgl oben Anm 12); die Verjährung soll nach Auffassung des FG München (EFG 88, 32) jedoch frühestens mit dem Abschluss des Erbvergleichs beginnen. Im Hinblick auf die bei einer Schenkung bedeutsame **Kenntnis der Finanzbehörde** hat der BFH (BStBl II 03, 502) entschieden, dass maßgeblich die für die Festsetzung der SchSt organisatorisch zuständige Stelle in dem für die Verwaltung der SchSt zuständigen FA ist. Dort muss die Kenntnis vorliegen (vgl auch BFH BStBl II 98, 647).

Neben der Anlaufhemmung, die den Fristbeginn über den normalen 61 Anfangstermin hinaus verschiebt (oben Anm 59), kennt die AO auch eine **Ablaufhemmung,** die das Fristende auf einen späteren Zeitpunkt verlagert und damit ebenfalls zu einer Verlängerung des Fristenlaufes führt. So endet nach § 171 XII AO die Festsetzungsfrist nicht vor dem Ablauf von sechs Monaten nach dem Zeitpunkt, in dem die Erbschaft von den Erben angenommen oder das Insolvenzverfahren über den Nachlass eröffnet wird oder von dem an die St gegen einen Vertreter festgesetzt werden kann, wenn sich die St gegen einen Nachlass richtet. Das ist für die St der am Erbfall Beteiligten bis zur Auseinandersetzung des Nachlasses der Fall (§ 20 III).

Abschnitt 2. Wertermittlung

§ 10 Steuerpflichtiger Erwerb

(1) ¹Als steuerpflichtiger Erwerb gilt die Bereicherung des Erwerbers, soweit sie nicht steuerfrei ist (§§ 5, 13, 13 a, 13 c, 16, 17 und 18). ²In den Fällen des § 3 gilt unbeschadet Absatz 10 als Bereicherung der Betrag, der sich ergibt, wenn von dem nach § 12 zu ermittelnden Wert des gesamten Vermögensanfalls, soweit er der Besteuerung nach diesem Gesetz unterliegt, die nach den Absätzen 3 bis 9 abzugsfähigen Nachlassverbindlichkeiten mit ihrem nach § 12 zu ermittelnden Wert abgezogen werden. ³Steuererstattungsansprüche des Erblassers sind zu berücksichtigen, wenn sie rechtlich entstanden sind (§ 37 Abs. 2 der Abgabenordnung). ⁴Der unmittelbare oder mittelbare Erwerb einer Beteiligung an einer Personengesellschaft oder einer anderen Gesamthandsgemeinschaft, die nicht unter § 97 Abs. 1 Satz 1 Nr. 5 des Bewertungsgesetzes fällt, gilt als Erwerb der anteiligen Wirtschaftsgüter; die dabei übergehenden Schulden und Lasten der Gesellschaft sind bei der Ermittlung der Bereicherung des Erwerbers wie eine Gegenleistung zu behandeln. ⁵Bei der Zweckzuwendung tritt an die Stelle des Vermögensanfalls die Verpflichtung des Beschwerten. ⁶Der steuerpflichtige Erwerb wird auf volle 100 Euro nach unten abgerundet. ⁷In den Fällen des § 1 Abs. 1 Nr. 4 tritt an die Stelle des Vermögensanfalls das Vermögen der Stiftung oder des Vereins.

(2) Hat der Erblasser die Entrichtung der von dem Erwerber geschuldeten Steuer einem anderen auferlegt oder hat der Schenker die Entrichtung der vom Beschenkten geschuldeten Steuer selbst übernommen oder einem anderen auferlegt, gilt als Erwerb der Betrag, der sich bei einer Zusammenrechnung des Erwerbs nach Absatz 1 mit der aus ihm errechneten Steuer ergibt.

(3) Die infolge des Anfalls durch Vereinigung von Recht und Verbindlichkeit oder von Recht und Belastung erloschenen Rechtsverhältnisse gelten als nicht erloschen.

(4) Die Anwartschaft eines Nacherben gehört nicht zu seinem Nachlaß.

(5) Von dem Erwerb sind, soweit sich nicht aus den Absätzen 6 bis 9 etwas anderes ergibt, als Nachlaßverbindlichkeiten abzugsfähig

1. die vom Erblasser herrührenden Schulden, soweit sie nicht mit einem zum Erwerb gehörenden Gewerbebetrieb, Anteil an einem Gewerbebetrieb, Betrieb der Land- und Forstwirtschaft oder Anteil an einem Betrieb der Land- und Forstwirtschaft in wirtschaftlichem Zusammenhang stehen und bereits bei der Bewertung der wirtschaftlichen Einheit berücksichtigt worden sind;

Steuerpflichtiger Erwerb § 10

2. Verbindlichkeiten aus Vermächtnissen, Auflagen und geltend gemachten Pflichtteilen und Erbersatzansprüchen;
3. die Kosten der Bestattung des Erblassers, die Kosten für ein angemessenes Grabdenkmal, die Kosten für die übliche Grabpflege mit ihrem Kapitalwert für eine unbestimmte Dauer sowie die Kosten, die dem Erwerber unmittelbar im Zusammenhang mit der Abwicklung, Regelung oder Verteilung des Nachlasses oder mit der Erlangung des Erwerbs entstehen. ²Für diese Kosten wird insgesamt ein Betrag von 10 300 Euro ohne Nachweis abgezogen. ³Kosten für die Verwaltung des Nachlasses sind nicht abzugsfähig.

(6) ¹Nicht abzugsfähig sind Schulden und Lasten, soweit sie in wirtschaftlichem Zusammenhang mit Vermögensgegenständen stehen, die nicht der Besteuerung nach diesem Gesetz unterliegen. ²Beschränkt sich die Besteuerung auf einzelne Vermögensgegenstände (§ 2 Abs. 1 Nr. 3, § 19 Abs. 2), sind nur die damit in wirtschaftlichem Zusammenhang stehenden Schulden und Lasten abzugsfähig. ³Schulden und Lasten, die mit teilweise befreiten Vermögensgegenständen in wirtschaftlichem Zusammenhang stehen, sind nur mit dem Betrag abzugsfähig, der dem steuerpflichtigen Teil entspricht. ⁴Schulden und Lasten, die mit nach § 13 a befreitem Vermögen in wirtschaftlichem Zusammenhang stehen, sind nur mit dem Betrag abzugsfähig, der dem Verhältnis des nach Anwendung des § 13 a anzusetzenden Werts dieses Vermögens zu dem Wert vor Anwendung des § 13 a entspricht. ⁵Schulden und Lasten, die mit nach § 13 c befreitem Vermögen in wirtschaftlichem Zusammenhang stehen, sind nur mit dem Betrag abzugsfähig, der dem Verhältnis des nach Anwendung des § 13 c anzusetzenden Werts dieses Vermögens zu dem Wert vor Anwendung des § 13 c entspricht. ⁶Haben sich Nutzungsrechte als Grundstücksbelastungen bei der Ermittlung des gemeinen Werts einer wirtschaftlichen Einheit des Grundbesitzes ausgewirkt, ist deren Abzug bei der Erbschaftsteuer ausgeschlossen.

(7) In den Fällen des § 1 Abs. 1 Nr. 4 sind Leistungen an die nach der Stiftungsurkunde oder nach der Vereinssatzung Berechtigten nicht abzugsfähig.

(8) Die von dem Erwerber zu entrichtende eigene Erbschaftsteuer ist nicht abzugsfähig.

(9) Auflagen, die dem Beschwerten selbst zugute kommen, sind nicht abzugsfähig.

(10) ¹Überträgt ein Erbe ein auf ihn von Todes wegen übergegangenes Mitgliedschaftsrecht an einer Personengesellschaft unverzüglich nach dessen Erwerb auf Grund einer im Zeitpunkt des Todes des Erblassers bestehenden Regelung im Gesellschaftsvertrag an die Mitgesellschafter und ist der Wert, der sich für seinen Anteil zur Zeit des Todes des Erblassers nach § 12 ergibt, höher als der gesellschafts-

vertraglich festgelegte Abfindungsanspruch, so gehört nur der Abfindungsanspruch zum Vermögensanfall im Sinne des Absatzes 1 Satz 2. ²Überträgt ein Erbe einen auf ihn von Todes wegen übergegangenen Geschäftsanteil an einer Gesellschaft mit beschränkter Haftung unverzüglich nach dessen Erwerb auf Grund einer im Zeitpunkt des Todes des Erblassers bestehenden Regelung im Gesellschaftsvertrag an die Mitgesellschafter oder wird der Geschäftsanteil auf Grund einer im Zeitpunkt des Todes des Erblassers bestehenden Regelung im Gesellschaftsvertrag von der Gesellschaft eingezogen und ist der Wert, der sich für seinen Anteil zur Zeit des Todes des Erblassers nach § 12 ergibt, höher als der gesellschaftsvertraglich festgelegte Abfindungsanspruch, so gehört nur der Abfindungsanspruch zum Vermögensanfall im Sinne des Absatzes 1 Satz 2.

Erbschaftsteuer-Richtlinien: R E 10.1–10.13/H E 10.1–10.13.

Übersicht

1.–4.	Allgemeines
5.–10.	Steuerpflichtiger Erwerb (Abs 1 S 1)
11.–17.	Erwerb von Todes wegen (Abs 1 S 2)
18.–20 a.	Erwerb durch Schenkung unter Lebenden
21.–23.	Sonderfragen der Bereicherung (Abs 1 S 3 bis 7)
24.–26.	Zuwendung des Steuerbetrages (Abs 2)
27., 28.	Konfusion, Konsolidation (Abs 3)
29., 30.	Anwartschaft eines Nacherben (Abs 4)
31.–50.	Nachlassverbindlichkeiten (Abs 5)
51.–60.	Abzugsverbote (Abs 5 bis 9)
61.	Abfindung statt Beteiligung (Abs 10)

Schrifttum: *Kien-Hümbert,* Erwerbsnebenkosten bei der gemischten Grundstücksschenkung, DStR 89, 734; *Buciek,* Gestaltungsüberlegungen zu § 10 II ErbStG, DStR 90, 228; *Moench,* Trost aus Schulden, DStR 92; 1185; *Jülicher,* Kaskadeneffekt bei Schenkung unter Übernahme der SchSt, IStR 98, 599; *Piltz,* Schuldenabzug bei internationalen Erbfällen, ZEV 98, 461; *Gebel,* StMinderung durch StSchulden, BB 99, 135; *Müller,* Die Kosten der Bestattung im Zivil- und Steuerrecht, DStZ 00, 329; *Meincke,* Die steuerlichen Rahmenbedingungen für Verwandtenunterhalt und Pflichtteil, Verh 64. DJT, 2002, Bd II/1, L 89; *Stempel,* Übernahme der Steuer nach § 10 II ErbStG, UVR 02, 313; *G. Hofmann,* Berücksichtigung der Last aus einem Kaufrechtsvermächtnis als Nachlassverbindlichkeit, DStR 02, 1519; *Meincke,* Urteilsanmerkung, ZEV 04, 124; *Koblenzer/Groß,* Latente Steuern im Erbschaftsteuerrecht, ErbStB 04, 344; *Meincke,* Zur Abzugsfähigkeit von Pflichtteilsschulden, ZEV 06, 199; *Billig,* Erst mit dem Tod des Erblassers fällig gewordene Schulden nicht als Nachlassverbindlichkeiten abzugsfähig?, UVR 07, 346; *Groß,* Gesellschaftsvertragliche Abfindungsklauseln im Licht der Erbschaftsteuerreform, ErbStB 09, 154; *Riedel,* Zur erbschaftsteuerrechtlichen Behandlung von Einziehungs- und Zwangsabtretungsklauseln bei Kapitalgesellschaften, ZErb 09, 113; *Hübner/Maurer,* Erbschaft- und schenkungsteuerliche Folgen gesellschaftsvertraglicher Abfindungsbeschränkungen für die verbleibenden Gesellschafter, ZEV 09, 361, 428; *Wälzholz,* Die Optimierung des Schuldenabzugs und Schuldenzusammenhangs nach der Erbschaftsteuerreform, ZEV 09, 435; *Wangler,* Einfluss des neuen Bewertungs- und Erbschaftsteuerrechts auf

Allgemeines 1–3 **§ 10**

Abfindungsregelungen in Gesellschaftsverträgen, DStR 09, 1501; *Götz*, Abzug von Nachlassverbindlichkeiten gemäß § 10 V Nr 3 ErbStG, ZEV 10, 561.

1.–4. Allgemeines

Steuerpflichtiger Erwerb. Mit § 10 beginnt der zweite Abschnitt 1 des Gesetzes. Er umfasst die §§ 10 bis 13 c. Die vorangehenden Bestimmungen des ersten Abschnitts (§§ 1 bis 9) haben den Gegenstand der Besteuerung hervorgehoben und im Zusammenhang damit die Merkmale der in § 1 aufgezählten stpfl Vorgänge näher umschrieben. Mit den stpfl Vorgängen wurde auch bereits der aus diesen Vorgängen an den Erwerber gelangte Bruttovermögenszuwachs, der Vermögensanfall (§ 10 I 2), von außerhalb der StPfl liegenden Erwerben abgegrenzt. Im zweiten Abschnitt geht es nun darum, ausgehend von diesem Vermögensanfall die **Bemessungsgrundlage** der St, den stpfl Erwerb, zu bestimmen. Als stpfl Erwerb bezeichnet das Gesetz den aus dem stpfl Vorgang stammenden, in Geld umgerechneten, um Erwerbsschmälerungen und Freibeträge gekürzten Betrag, um den der StPfl bereichert ist, auf den der StSatz zur Anwendung kommt und der für die Höhe der St durch Festlegung der StStufe (vgl dazu § 19 I) maßgeblich ist.

Wertermittlung. Zur Ermittlung des stpfl Erwerbs wird der aus 2 dem stpfl Vorgang stammende Vermögensanfall näher eingegrenzt und bewertet. Außerdem werden die vom Gesetz anerkannten Erwerbsschmälerungen erfasst, bewertet und mit dem Vermögensanfall zur Verrechnung gebracht. Auf diese Weise wird aus dem Bruttovermögensanfall ein erster Nettobetrag, der Nettobetrag I oder die Bereicherung (§ 10 I 1), ermittelt. Die Bereicherung gilt nach § 10 I 1 jedoch nur in dem Umfang als stpfl Erwerb, soweit sie nicht stfrei ist. Der Nettobetrag I muss daher noch um steuerfreie Beträge gekürzt werden. Als Ergebnis dieser Kürzung liegt dann ein zweiter Nettobetrag vor (Nettobetrag II), der als stpfl Erwerb die Bemessungsgrundlage für die tarifliche St abgibt. Die Rechnungsschritte, die ausgehend von dem Vermögensanfall zur Bestimmung des stpfl Erwerbs führen, nennt das Gesetz in einer der Komplexität des Vorgangs nicht voll gerecht werdenden Terminologie Wertermittlung. Da sich der zweite Abschnitt des Gesetzes mit den einzelnen Stufen dieses Rechnungsverfahrens näher befasst, ist er mit der Bezeichnung „Wertermittlung" überschrieben.

Überblick. Im Rahmen des zweiten Gesetzesabschnitts verfolgt § 10 3 drei Regelungsziele. Zunächst gibt § 10 I die Grundsätze an, nach denen der stpfl. Erwerb ermittelt werden soll. Dazu wird in § 10 I 1 auf den Nettobetrag II verwiesen, der sich nach Abzug der Freibeträge ergibt. Die Freibeträge werden jedoch im weiteren Text des § 10 nicht mehr berührt. Aus Gründen der Sachnähe zu anderen dort geregelten

Themen sind der Zugewinnausgleichs-Freibetrag (§ 5 I) und die persönlichen Freibeträge (§§ 16, 17) sogar außerhalb des zweiten Abschnitts in den Gesetzeszusammenhang eingestellt. § 10 kommt dafür ausführlicher auf die Bereicherung des StPfl, den Nettobetrag I, zu sprechen. Dabei behandelt Abs 1 mit Ergänzungen in den Abs 2, 3, 4 und 10 Sonderfragen der Eingrenzung und Bewertung des Vermögensanfalls, der in der Übersicht über das erworbene Vermögen für die Zwecke der ErbSt zum Ansatz gebracht werden muss, während sich die Abs 5 bis 9 mit den vom Gesetz anerkannten Abzugsposten befassen.

4 **Entstehungsgeschichte.** § 10 entspricht in den Grundzügen noch weitgehend der Fassung des Gesetzes vom 17. 4. 1974. Doch wurden Details mehrfach geändert. So wurde Abs 1 um die Sätze 3 und 4 erweitert, in Abs 5 wurde der Pauschbetrag für die mit dem Erbfall zusammenhängenden Kosten zweimal aufgestockt, in Abs 6 wurde ein Hinweis zunächst auf § 13 II a aF, dann auf § 13 a aF, jetzt auf § 13 a und 13 c nF eingefügt. Das ErbStRG 2009 hat schließlich noch den Abs 10 hinzugesetzt.

5.–10. Steuerpflichtiger Erwerb (Abs 1 Satz 1)

5 **Nettorechnung.** Die ErbSt wird erhoben, weil und soweit der aus dem stpfl Vorgang stammende Vermögensanfall dem Erwerber einen Zuwachs an wirtschaftlicher Leistungsfähigkeit vermittelt (§ 1 Anm 9). Von einem Zuwachs an wirtschaftlicher Leistungsfähigkeit kann nur dann die Rede sein, wenn der Vermögensanfall sich für den Empfänger wirtschaftlich günstig auswirkt, ihm einen in Geld quantifizierbaren Vermögensvorteil (vgl § 14 I 1) verschafft. Um die günstigen Auswirkungen zu ermitteln, bedarf es einer Saldierung aller aus dem Vermögensanfall stammenden Vor- und Nachteile auf der Empfängerebene. Wie im EStRecht gilt auch im ErbStRecht ein **objektives Nettoprinzip,** nach dem nur der von dem Vermögensanfall ausgelöste Nettovermögenszuwachs als Bemessungsgrundlage der St herangezogen werden darf.

6 **Bereicherung.** Den Gedanken der Nettorechnung verwirklicht § 10 I 1, wenn diese Bestimmung die Bereicherung des Erwerbers zur Ausgangsgröße für die Ermittlung der Bemessungsgrundlage erklärt. Die Bereicherung des Erwerbers wird damit in den Rang eines **Zentralbegriffs des ErbStRechts** gehoben. Im Hinblick auf § 10 I 1 wird von einem Bereicherungsprinzip des ErbStRechts gesprochen (BFH BStBl II 81, 411, 412; II 83, 179, 180). Die SchSt wird als eine BereicherungsSt bezeichnet (BFH BStBl II 84, 27, 28). Der Gedanke der Nettorechnung, der die Anknüpfung der St an die Bereicherung des

Erwerbers beherrscht, wird zu den grundlegenden Ordnungsprinzipien des ErbStRechts gezählt.

Arten der Bereicherung. Die Bereicherung, die § 10 anspricht, bezeichnet den nach den Grundsätzen des § 10 ermittelten **Nettovermögenszuwachs beim Erwerber**. Sie ist klar zu trennen von der Bereicherung, die § 7 I Nr 1 zur Voraussetzung der freigebigen Zuwendung zählt. Geht es um die Besteuerung einer freigebigen Zuwendung, so sind zunächst die Merkmale des § 7 I Nr 1 zu überprüfen. In diesem Zusammenhang ist zu fragen, ob der Bedachte durch die Zuwendung iS von § 7 I Nr 1 „bereichert" ist. Die Frage ist unter Heranziehung bürgerlich-rechtlicher Bewertungsgrundsätze zu klären (RFHE 29, 137, 155). Auch die Frage der berücksichtigungsfähigen Abzugsposten ist nach bürgerlich-rechtlichen Gesichtspunkten zu entscheiden. Ist nach dieser Prüfung eine Bereicherung iS von § 7 I Nr 1 zu bejahen und liegen auch die weiteren Merkmale der freigebigen Zuwendung vor, dann ist in einem zweiten, von dem ersten strikt zu trennenden Schritt nunmehr die Bereicherung iS von § 10 I 1 zu ermitteln. Dazu sind die Vor- und Nachteile, die mit der Zuwendung für den Empfänger verbunden waren, wiederum gesondert aufzulisten und nunmehr nach den steuerlichen Bewertungsgrundsätzen des § 12 zu bewerten. Auch die Addition berücksichtigungspflichtiger Hinzurechnungsposten und die Subtraktion berücksichtigungsfähiger Abzugsposten zu dem Rechnungsergebnis ist allein nach steuerlichen Gesichtspunkten vorzunehmen. Wegen der besonderen Berechnungsgrundsätze des § 10 kann es ohne weiteres dazu kommen, dass zwar angenommen werden muss, dass der Bedachte durch die Zuwendung iS von § 7 I Nr 1 bereichert worden ist, dass es aber dennoch an einer Bereicherung iS von § 10 I 1 fehlt, so dass ein aus der Schenkung stammender stpfl. Erwerb nicht vorhanden ist (zum Verhältnis von § 7 und § 10 vgl auch § 7 Anm 4 ff).

Positiver Erwerb. Während zu den Gewinnen des EStRechts auch Verluste zählen und der Begriff der Einkünfte iS des EStG auch negative Einkünfte umfasst, wird als Bereicherung iS des § 10 I 1 nur der für den Erwerber positive Zuflusssaldo verstanden. Überwiegen die Abzugsbeträge den Wert des Vermögensanfalls, so ist ein stpfl Erwerb nicht vorhanden. Die früher gegebene Möglichkeit, negative Erwerbe zu fixieren, um sie als Verrechnungspotential für spätere Erwerbe festzuhalten, wird seit der Einfügung des heutigen § 14 I 5 im Jahr 1974 nicht mehr anerkannt. Das geltende Recht berücksichtigt zwar noch negative Teile eines einheitlichen Vermögensanfalls. Sie kürzen die Bemessungsgrundlage und können sie bis auf den Betrag von null € zurückführen. Eine negative Bemessungsgrundlage, ein negativer stpfl Erwerb ist dem Gesetz dagegen in der geltenden Fassung unbekannt.

9   Abzug der StBefreiungen. § 10 I 1 unterscheidet zwischen der Bereicherung des Erwerbers (dem „Nettobetrag I"; vgl oben Anm 2) und dem um die stfreien Beträge gekürzten stpfl Erwerb („Nettobetrag II"). Die Formulierung des § 10 I 2 macht deutlich, dass zwischen zwei Arten von StBefreiungen unterschieden werden muss. Die einen kürzen bereits den „gesamten Vermögensanfall", weil dieser nach Abs 1 S 2 nur in dem Umfang berücksichtigt werden soll, „soweit er der Besteuerung nach diesem Gesetz unterliegt". Die Befreiungen, die dazu führen, dass der Vermögensanfall der Besteuerung nicht unterliegt, sind daher schon bei der Ermittlung des Nettobetrages I und damit vor dem Abzug der Nachlassverbindlichkeiten zu beachten. Die FinVerw (R E 10.1 ErbStR) rechnet die Befreiungen nach den §§ 13, 13 a und 13 c hierher und zählt – trotz des insoweit irreführenden Wortlauts in Abs 1 S 1 – nur die Befreiungen nach den §§ 5 I, 16 und 17 zu den Posten, die nach dem Abzug der Nachlassverbindlichkeiten und damit bei der Ermittlung des Nettobetrages II zum Abzug zu bringen sind.

10   Einheitlicher Erwerb. Jede aus einem stpfl Vorgang stammende Bereicherung bildet einen stpfl Erwerb. Jeder stpfl Erwerb bildet einen „einzelnen Steuerfall" (§ 22). Der stpfl Erwerb fasst alle aus demselben stpfl Vorgang stammenden, an denselben Erwerber gelangenden Erwerbe in sich zusammen. Ist ein Hinterbliebener zugleich Erbe, Vermächtnisnehmer und Begünstigter aus einem Vertrag zugunsten Dritter auf den Todesfall, so macht der Erwerber mit dem Empfang dieser Vorteile einen stpfl Erwerb. Fallen ihm diese Erwerbe dagegen nicht zeitgleich zu, weil der Vermächtnisanspruch zB unter einer aufschiebenden Bedingung zugewandt ist, so dass die St für ihn erst bei Eintritt der Bedingung entsteht (§ 9 I Nr 1 a), liegen zwei stpfl Erwerbe vor. Der BFH (BStBl II 08, 626) vertritt mit Blick auf § 14 die Auffassung, dass auch Vermögenstransfers, die den Erwerber zu unterschiedlichen Zeitpunkten erreichen, so dass die St für sie zu unterschiedlichen Zeitpunkten entsteht, dennoch einen einheitlichen Erwerb bilden können. Das Gericht unterscheidet an dieser Stelle zwischen bedingten (noch nicht zugefallenen) und betagten (bereits zugefallenen, aber noch nicht fälligen) Erwerben. Aufschiebend bedingte Erwerbe führen bei Eintritt der Bedingung zu einem selbstständigen Erwerb. Betagte Erwerbe, die zu einem unbestimmten Zeitpunkt fällig werden, so dass die StEntstehung bis zum Eintritt der Fälligkeit herausgeschoben ist, bilden dagegen zusammen mit dem zum Erbfall zu besteuernden Vermögen einen einheitlichen Erwerb. Bei betagten Erwerben mit bestimmtem Fälligkeitsdatum, die schon zum Erbfall zu besteuern sind, stellt sich die Frage eines selbstständigen Erwerbs von vornherein nicht. Der Umstand, dass verschiedene Erwerbe in einem StBescheid zusammengefasst werden, beseitigt die Selbstständigkeit der einzelnen Erwerbe nicht

Erwerb von Todes wegen 11, 12 § 10

(BFH/NV 93, 298). Mehrere stpfl Erwerbe sind auch dann anzunehmen, wenn die Vermögensvorteile zwar zeitgleich, aber von verschiedenen Erblassern/Schenkern an den Erwerber gelangen oder wenn zeitgleich zwei Vermögensvorteile vom selben Erblasser/Schenker beim Erwerber eintreffen, von denen jedoch der eine zum Erwerb von Todes wegen und der andere zum Erwerb durch Schenkung unter Lebenden gehört. Die Unterscheidung zwischen einem und mehreren stpfl Erwerben im Verhältnis zwischen demselben Erblasser/Schenker und demselben Erwerber ist wegen der Anordnung der Zusammenrechnung gemäß § 14 I 1 für den Regelfall ohne steuerliche Konsequenz. Bedeutsam wird die Unterscheidung dagegen dann, wenn die Ermittlung der Bereicherung iS von § 10 I 1 zu einem negativen Ergebnis führt. Handelt es sich um zwei Teile eines einheitlichen Erwerbs, kann das negative Ergebnis des einen mit dem positiven Ergebnis des anderen verrechnet werden. Liegen dagegen zwei selbstständige stpfl Erwerbe vor, ist die Zusammenrechnung nach § 14 I 5 ausgeschlossen, so dass das Verrechnungspotential der Zuwendung mit negativem Wert dem StPfl verloren geht. Im Einzelfall kann daher die Zusammenführung verschiedener stpfl Zuwendungen zu einem einzigen stpfl Erwerb für den StPfl vorteilhaft sein. Zu den hier bedeutsamen Gestaltungsüberlegungen vgl oben § 7 Anm 65 f. Zur Bedeutung der Einheitlichkeit des Erwerbs für die Feststellung der Mindestbeteiligung an Kapitalgesellschaftsanteilen vgl unten § 13 b Anm 7.

11.–17. Erwerb von Todes wegen (Abs 1 Satz 2)

Überblick. „In den Fällen des § 3", dh beim Erwerb von Todes **11** wegen, wird die Bereicherung nach den Grundsätzen ermittelt, die § 10 I 2 festlegt. § 10 I 2 sieht ein **Berechnungsschema** vor, das **fünf Rechenschritte** umfasst. **(1)** Der aus dem stpfl Vorgang stammende gesamte (aktive) Vermögensanfall wird erfasst und von gleichzeitig zufallenden, aber nicht stpfl Vermögenszugängen abgegrenzt. **(2)** Unter Berücksichtigung der Bewertungsgrundsätze, die § 12 aufstellt, wird der Wert des gesamten Vermögensanfalls ermittelt. **(3)** Dem Vermögensanfall werden die Passiva, die abzugsfähigen Nachlassverbindlichkeiten als Erwerbslasten gegenübergestellt. **(4)** Auch die Nachlassverbindlichkeiten werden unter Berücksichtigung der Grundsätze des § 12 bewertet. **(5)** Der durch die Bewertung gewonnene Geldbetrag des Vermögensanfalls wird mit dem Geldbetrag der Nachlassverbindlichkeiten verrechnet, wobei sich als Saldobetrag die Bereicherung ergibt.

Gesamter Vermögensanfall. Zu dem gesamten Vermögensanfall, **12** von dem die Berechnung auszugehen hat, gehören alle mit dem stpfl Vorgang zusammenhängenden Vermögensvorteile, die dem Erwerber als Teil seines einheitlichen Erwerbs (vgl oben Anm 10) zufallen. Beim Erwerb des Alleinerben gehört dazu der gesamte Nachlass unabhängig von den Absprachen, die der Erblasser mit dem Erben über die Verwendung der Nachlassposten im Interesse des Erben getroffen hatte (BFH BStBl II 91, 310). Es gehört dazu der beim Tod eines Handelsvertreters dem Erben zustehende Ausgleichsanspruch (BFH BStBl III 62, 335) sowie die Todesfallentschädigung aus einer zugunsten des Erblassers eingreifenden KFZ-Insassenunfallversicherung (Nds FG EFG 92, 540; BFH BStBl II 94, 36), auch wenn die Entschädigung aus einer Luftunfallversicherung von der Rspr des BFH (BStBl II 79, 115; oben § 3 Anm 6) für stfrei gehalten wird. Zum Erbschaftserwerb gehören auch „Und"- oder **„Oder"-Konten** des Erblassers, die dem Ehepartner Mitverfügungsbefugnisse einräumen, wenn das Kontoguthaben aus dem Vermögensbereich des Erblassers stammt (Hess FG EFG 92, 142) und wenn der überlebende Ehepartner bei Inanspruchnahme des Kontos vor dem Erbfall dem Erblasser ausgleichspflichtig gewesen wäre. Die Bankpraxis sieht in der Begründung von „Oder"-Konten im Zweifel nicht nur die Begründung einer Mitverfügungsberechtigung, sondern die Einräumung der vollen Position eines Gesamtgläubigers (Werkmüller, ZEV 00, 440). Wird diese Einschätzung übernommen, dann liegt in der Einräumung der Mitberechtigung am Oder-Konto bereits eine freigebige Zuwendung (Hess FG EFG 02, 34; FG Nürnberg DStRE 11, 690) mit der Folge, dass der ohne Ausgleichspflicht mitberechtigte Ehegatte schon bei der Einzahlung auf das Oder-Konto steuerpflichtig wird, dass ihm aber anschließend die Kontoforderung zur Hälfte gehört, so dass er auch nur die Hälfte der Forderung beim Tod seines Partners erwirbt (FG Rh-Pf EFG 95, 125; FG Düsseldorf EFG 96, 242). Die Entscheidung BFH BStBl II 08, 28 mahnt jedoch zur Vorsicht. Wird dem Ehepartner die Mitberechtigung nur zu dem Zweck eingeräumt, dass er von dem Konto die Lasten des gemeinschaftlichen täglichen Lebens bestreiten kann, bleibt er im Zweifel bei anderen Inanspruchnahmen ausgleichspflichtig. Das zeigt, dass ihm das Kontoguthaben noch nicht zur freien Verfügung zustehen sollte, so dass es an der uneingeschränkten Mitberechtigung des von der Einzahlung begünstigten Ehepartners im Innenverhältnis fehlt. Unter diesen Umständen fällt ihm das Kontoguthaben vollen Umfangs erst im Erbfall zu (vgl § 7 Anm 56 a).

12a **Bestandteile des Vermögensanfalls.** Zum Vermögensanfall gehören auch Ansprüche auf Rückübertragung oder auf Entschädigung nach dem Vermögensgesetz (BGBl I 05, 205; dazu ausführlich R E 10.2 ErbStR). Nicht zum Erbschaftserwerb gehören dagegen Posten, die zwar einen Bestandteil des Nachlasses bilden, deren Vermögenswert aber unabhängig vom Erbfall dem Erben gebührt, wie es zB für Bauten

Erwerb von Todes wegen **13 § 10**

zutreffen kann, die der Erbe in Erwartung des Erbfalls auf dem Grundstück des Erblassers für sich errichtet hat (BFH BStBl II 08, 876). Nicht zum Erbschaftserwerb gehört auch das Guthaben auf einem Sparkonto, das der Erblasser auf den Namen eines Dritten mit Kündigungsfrist von 12 Monaten eingerichtet hat, wenn auf dem Kontoantrag vermerkt ist, dass der Dritte Gläubiger der Sparforderung sein soll, auch wenn der Erblasser das Sparbuch bis zu seinem Tod in den Händen hatte (Nds FG EFG 92, 143). Nicht zum Erbschaftserwerb gehören ferner vom Erblasser verschenkte Vermögensposten, für die bereits vor dem Erbfall zu Lasten des Erben SchSt entstanden war, die aber zivilrechtlich noch zum Erblasservermögen gehörten. Denn es ist nicht denkbar, dass der Beschenkte als Erbe für den Erwerb desselben Postens vom Erblasser nacheinander erst SchSt und dann ErbSt zu zahlen hat (oben § 3 Anm 8). Der Erwerb des Miterben richtet sich nach seinem Nachlassanteil, nicht danach, was er bei der Auseinandersetzung endgültig bekommt (§ 3 Anm 20). Einschränkungen des Erbschaftserwerbs unter dem Gesichtspunkt der Miterbenausgleichung (§ 3 Anm 21) sind regelmäßig beachtlich, Teilungsanordnungen des Erblassers sind regelmäßig unbeachtlich (§ 3 Anm 23 ff). Beim Erwerb von Erben und Miterben bleiben die Forderungen und Verbindlichkeiten aus einem noch vom Erblasser geschlossenen, bisher von keiner Seite erfüllten Kaufvertrag, soweit sie sich bei einer Bewertung zum gemeinen Wert decken, unberücksichtigt (vgl BFH BStBl II 90, 434; 504). Beim Erwerb auf Grund eines Erbvergleichs richtet sich der Vermögensanfall nach dem Inhalt der Vereinbarung, nicht nach der von dem einzelnen Erbprätendenten geltend gemachten, strittigen Rechtsposition. Wird daher im Erbvergleich ein Erbprätendent durch die Übertragung eines Grundstücks abgefunden, so bildet dieses Grundstück seinen steuerlich erheblichen Vermögenserwerb, auch wenn derselbe Beteiligte nach der von ihm behaupteten Rechtsposition als Miterbe einen Anteil am gesamten Nachlass hätte versteuern müssen (FG München EFG 89, 642).

Bereinigung des Vermögensanfalls um StBefreiungen. Soweit **13** StBefreiungstatbestände gegenständlich bezeichnete Vermögensvorteile von der StPfl ausgrenzen, werden diese schon bei der Zusammenstellung des gesamten Vermögensanfalls nicht erfasst. Denn nach § 10 I 2 ist der Vermögensanfall nur in dem Umfang zu ermitteln, „soweit er der Besteuerung nach diesem Gesetz unterliegt". Daher sind die gegenständlich befreiten Posten schon bei der Auflistung des gesamten Vermögensanfalls – also in der ersten Stufe des Rechnungsschemas (oben Anm 9) – aus den zum Erwerb zählenden Posten auszuscheiden. Dies gilt für die Befreiungen nach § 13, § 13 a und § 13 c. Vom gesamten Vermögensanfall sind auch die Vermögensposten auszunehmen, die durch die Freistellungsregelung eines DBA (dazu § 2 Anm 14 ff) nicht dem inländischen Besteuerungsrecht unterfallen. Bei Ermittlung des gesamten Vermögensanfalls sind schließlich noch die Freistellungen zu beachten, die durch Sonderregeln für Diplomaten und Konsularbeamte geschaffen sind (§ 13 Anm 71). Führt die Berücksichtigung der Freistellungsregelungen dazu, dass kein steuerlich beachtlicher Vermögenserwerb verbleibt, weil zB der gesamte einer Gebietskörperschaft oder politischen Partei zufließende Vermögensanfall durch die Freistellung von der Besteuerung ausgenommen wird, so endet die Ermittlung des stpfl Erwerbs an dieser Stelle. Die Gebietskörperschaft oder die politische Partei hat zwar durch einen stpfl Vorgang erworben. Der aus diesem Vorgang stammende Vermögenserwerb ist jedoch stlich irrelevant, so dass sich kein stpfl Erwerb iS von § 10 I 1 ergibt. Wird dagegen nicht der ganze Erwerb freigestellt, so ist nunmehr der um die StBefreiungen bereinigte Vermögensanfall zu bewerten.

14 Die **Bewertung des Vermögensanfalls** erfolgt nach den Grundsätzen, die § 12 zusammenstellt. Neben § 12 ist auch § 11 für die Bewertung heranzuziehen. Stehen Nutzungsrechte zur Bewertung, kann zusätzlich § 23 für die Bewertung Bedeutung gewinnen. Die zentrale Bewertungsvorschrift enthält § 9 BewG. Auf sie wird in § 12 I verwiesen. Danach ist der Verkehrswert des Vermögensanfalls zu ermitteln. Gemeint ist der Verkaufswert, der im StRecht traditionell als gemeiner Wert bezeichnet wird. Das BVerfG (BStBl II 07, 192) sieht im gemeinen Wert das maßgebliche Bewertungsziel. Ziel der Bewertung ist es jedoch, den dem Vermögensanfall entsprechenden Geldbetrag zu ermitteln. Dabei hat der gemeine Wert eine zentrale Bedeutung, sofern er den dem Vermögensanfall entsprechenden Geldbetrag zutreffend bezeichnet. Das ist jedoch nicht durchgehend der Fall. Daher sind auch andere Werte, zB der Nennwert von Geldforderungen, zu beachten. Außerdem sind die unterschiedlichen Bewertungsverfahren zu berücksichtigen, die im Ergebnis auf die Ermittlung des gemeinen Werts abzielen. Auf sie wird in den Abs 2 bis 7 des § 12 verwiesen. Ist der Vermögensanfall nach diesen Vorschriften bewertet, liegt der Geldbetrag vor, der das Ergebnis des zweiten Rechenschrittes (oben Anm 11) bildet.

14 a **Die rechtliche Struktur** der zum Vermögensanfall gehörenden Posten ist für die Bewertung, aber auch für Verschonungsregelungen wie die §§ 13, 13 a von entscheidender Bedeutung. Die ErbStR betonen: „Die grundsätzliche Anknüpfung am das Zivilrecht gilt nicht nur hinsichtlich des Erbrechts selbst, sondern auch hinsichtlich der Frage, was zum stpfl Erwerb von Todes wegen gehört" (R E 12.2 II). So mag dem Treugeber nach § 39 II Nr 1 AO das wirtschaftliche Eigentum am Treugut zuzusprechen sein. Das ErbStG folgt jedoch nicht dieser wirtschaftlichen Betrachtungsweise (BFH BStBl II 07, 319). Aus seiner

Sicht ist der Treugeber nicht Eigentümer, sondern Gläubiger eines Herausgabeanspruchs. Ist ein Grundstück treuhänderisch überlassen, ist daher beim Tod des Treugebers ein Sachleistungsanspruch und nicht ein Grundstück zu bewerten. Aus denselben Gründen erwirbt der Erbe des Treugebers, der seinen Betrieb einem Treuhänder überlassen hat, beim Tod des Treugebers nicht Betriebsvermögen. Er kann daher von der Begünstigung des § 13a nicht profitieren (FinMin Bayern DStR 08, 508; *Moench/Weinmann*, § 13b Anm 8). Eine Sonderregelung bietet allerdings die Rspr zur Ausführung einer Grundstücksschenkung. Sie weicht von den Merkmalen ab, die im ZivilR die Ausführung der Schenkung charakterisieren. Das kann sich auch bei Erwerben von Todes wegen auswirken. Stirbt der Schenker nach Ausführung der Zuwendung, aber vor dem Eigentumswechsel am Grundstück, kann seinen Erben das – steuerlich bereits wirksam verschenkte – Grundstück wohl kaum noch zugerechnet werden. Ob die Erben des Beschenkten, der nach der Ausführung der Schenkung, aber vor dem Eigentumswechsel verstorben ist, das Grundstück oder einen Sachleistungsanspruch zu versteuern haben, ist noch nicht ausreichend geklärt.

Nachlassverbindlichkeiten. Dem Vermögensanfall stehen die Nachlassverbindlichkeiten gegenüber. Nachlassverbindlichkeit nennt das Gesetz die Erwerbslasten, die den mit dem Erwerb verbundenen Vermögensvorteilen korrespondieren und die den Erwerb aus der Sicht des StPfl schmälern. Der Ausdruck „Nachlassverbindlichkeit" ist nicht glücklich gewählt, weil es sich bei den zum Abzug zugelassenen Erwerbsschmälerungen nicht nur um Verbindlichkeiten handelt (§ 10 VI 1 spricht selbst von „Schulden und Lasten"). Ferner werden unter dem Ausdruck „Nachlassverbindlichkeiten" nach alter bürgerlichrechtlicher Tradition nur Schulden des Erben verstanden, die eine Vollstreckung in den Nachlass erlauben, während § 10 auch Schulden zu den Nachlassverbindlichkeiten zählt, die sich nicht gegen den Erben – sondern zB gegen den Vermächtnisnehmer (vgl BFH BStBl II 93, 161, 163) – richten oder aus denen der Gläubiger im Fall der Haftungsbeschränkung auf den Nachlass nur in das Privatvermögen, aber nicht in den Nachlass vollstrecken kann. Schließlich sind unter Berücksichtigung des § 1 II auch Verpflichtungslagen, die mit Schenkungen zusammenhängen, zu den „Nachlassverbindlichkeiten" zu zählen (BFH BStBl II 04, 234 unter Hinweis auf BFH BStBl II 01, 454). Das Gesetz zählt die zum Abzug zugelassenen Nachlassverbindlichkeiten in § 10 V auf. Die Absätze 6 bis 9 enthalten Abzugsverbote, die den Anwendungsbereich des § 10 V begrenzen. Die Absätze 3 und 4 enthalten Regelungen, aus denen ebenfalls Aussagen über Nachlassverbindlichkeiten abgeleitet werden können. So bestimmt § 10 I 2, dass die nach den Absätzen 3 bis 9 abzugsfähigen Nachlassverbindlichkeiten zu berücksichtigen sind. Die Anordnung ist allerdings unvollständig. Denn auch aus sonstigen Vorschriften können sich Anordnungen über die Berücksichtigungsfähigkeit oder Nichtberücksichtigungsfähigkeit von Nachlassverbindlichkeiten ergeben. So enthält § 12 I iVm § 6 BewG ein Abzugsverbot für aufschiebend bedingte Lasten. Auch regelt § 21 ein weiteres Abzugsverbot. Denn wenn hier die Anrechnung der AuslandsSt gewählt wird, ist damit zugleich ausgeschlossen, dass die zur Anrechnung kommende St zusätzlich auch noch unter den Erwerbskosten nach § 10 V Nr 3 abgezogen werden kann, was sich nicht schon ohne Weiteres aus § 10 VIII ergibt (unten Anm 59).

16 **Bewertung der Nachlassverbindlichkeiten.** Ist der Kreis der berücksichtigungsfähigen Nachlassverbindlichkeiten abgesteckt, hat auch hier eine Bewertung nach den Grundsätzen des § 12 zu erfolgen. Regelmäßig werden allerdings die Verbindlichkeiten schon auf Geldbeträge lauten. Dann kann der Geldbetrag als Nennwert übernommen werden. Bei unverzinslichen, langfristig gestundeten Verbindlichkeiten hat jedoch eine Abzinsung zu erfolgen. Lauten die Verbindlichkeiten nicht auf einen Geldbetrag, ist ihr Wert zu ermitteln. Die Einzelheiten werden in den Erläuterungen zu § 12 aufgeführt. Als Ergebnis der Bewertung wird die Summe der Erwerbslasten in einem einheitlichen Geldbetrag festgestellt.

17 **Feststellung des Bereicherungssaldos.** Durch Abzug des Geldwerts der Verbindlichkeiten vom Wert des gesamten Vermögensanfalls ergibt sich die Bereicherung des Erwerbers (Nettobetrag I), aus der nach Abzug der persönlichen und sachlichen Freibeträge sowie des Zugewinnausgleichsfreibetrages dann als Nettobetrag II der stpfl Erwerb ermittelt wird.

18.–20 a. Erwerb durch Schenkung unter Lebenden

18 **Regelungslücke.** Während § 10 I 2 die Ermittlung der Bereicherung „in den Fällen des § 3" regelt (gemeint sind die Fälle des § 1 I Nr 1), fehlt eine Vorschrift, die angibt, wie die Bereicherung in den Fällen des § 1 I Nr 2, also beim Erwerb durch Schenkung unter Lebenden, ermittelt werden soll. Ungeregelt ist zum einen die **Bemessungsgrundlage, die für den Schenker** gilt. Der Schenker macht keinen Erwerb, ihm fällt keine Bereicherung zu. Seine StPfl, die ihren Grund in der schenkweisen Fortgabe des Vermögens hat, könnte sich nach der bei ihm eintretenden Entreicherung bemessen. Man würde dann in Anlehnung an die Regelung des Abs 1 S 4 seine „Bereicherung" nach dem Umfang der ihn treffenden Belastung bestimmen. Näher liegt es jedoch, die Besteuerung des Schenkers an der Besteuerung des Beschenkten auszurichten und den Schenker also nicht wegen seiner eigenen Entreicherung oder Belastung, sondern wegen der für ihn fremden Bereicherung des Beschenkten zur StPfl heranzuziehen. Daraus folgt dann, dass der Schenker gegenüber seiner StPfl zB alle Erwerbskosten des Beschenkten zum Abzug bringen kann (vgl auch § 20 Anm 6). Es fehlt aber nicht nur eine Regelung, die die Bemessungsgrundlage für den Schenker fixiert, sondern auch über die Ermittlung der **Bemessungsgrundlage des Beschenkten** wird in § 10 I nichts ausdrücklich ausgesagt. Eine solche Regelung erschien dem Gesetzgeber deswegen entbehrlich, weil § 1 II die Vorschriften über die Erwerbe von Todes wegen auch für Erwerbe durch Schenkung unter Lebenden gelten lässt. Danach muss § 10 I 2 ohne Weiteres auch auf Schenkungen unter Lebenden anwendbar sein. Dem ist allerdings der BFH (BStBl II 82, 83, 85) für den Bereich der gemischten Schenkungen entgegengetreten. Aus der Sicht des Gerichts ist § 10 I 2 auf gemischte Schenkungen unter Lebenden nicht anwendbar. Denn bei den freigebigen Zuwendungen werde die Bereicherung des Empfängers schon als ein Merkmal des stpfl Vorgangs genannt. Daher sei „eine weitere Vorschrift des Inhalts, was als Bereicherung iS von § 7 I Nr 1 ErbStG 1974 gelte ... nicht erforderlich und nicht geboten". In dieser Argumentation tritt jedoch nicht deutlich genug hervor, dass es bei der Bereicherung iS von § 10 I 1 nicht um die „Bereicherung iS von § 7 I Nr 1 ErbStG 1974" geht, sondern dass zwei verschiedene Nettobeträge einander gegenüberstehen, die nach unterschiedlichen Maßstäben ermittelt werden und denen nur der Ausdruck „Bereicherung" gemeinsam ist (zu den Unterschieden vgl Anm 7).

Übernahme der Bereicherung aus § 7 I Nr 1? Bei unbefangener 19 Lektüre der Entscheidung BFH BStBl II 82, 83 könnte man es für möglich halten, dass das Gericht die Bereicherung iS von § 10 I 1 mit der Bereicherung iS von § 7 I Nr 1 für identisch erklären will. Das ist jedoch aus den oben Anm 7 genannten Gründen sicher nicht gemeint. Auch für den Bereich der Schenkungen unter Lebenden ist daher – auf der Grundlage der Regelung des § 10 I 2 – ein besonderer **steuerlicher Bereicherungsbegriff** zu entwickeln. In ihm muss zB berücksichtigt werden, dass die Bereicherung durch eine freigebige Zuwendung, die bei der Prüfung des § 7 I 1 festgestellt wird, der SchSt nur insoweit unterliegt, soweit die anzuwendenden Bewertungsvorschriften (§ 12 ErbStG) eine **steuerlich quantifizierbare Bereicherung** ergeben.

Ermittlung der Bereicherung gemäß § 10 I 2. Der steuerliche 20 Bereicherungsbegriff für den Fall der Schenkung muss im Wesentlichen nach den Grundsätzen ermittelt werden, die § 10 I 2 für den Erwerb von Todes wegen nennt. Denn auch im Fall der Schenkung ist der Wert des durch die Schenkung vermittelten Vermögensanfalls von anderen Vermögenszugängen abzugrenzen, nach Ausscheiden der vollständig befreiten Vermögenserwerbe unter Berücksichtigung des § 12 zu bewerten und das Bewertungsergebnis anschließend um steuerbefreite Geldbeträge zu korrigieren. Auch bei der Schenkung sind Erwerbslasten als Abzugsposten berücksichtigungsfähig. Die Erwerbsschmälerungen sind, auch wenn es um die Besteuerung von Schenkungen geht, nach § 12 zu bewerten, wobei sich dann aus der Gegenüberstellung von Vermögensanfall und Abzugsposten die steuerliche Bereicherung ergibt. Der BFH (BStBl II 01, 454, 456) spricht denn auch neuerdings wieder davon, dass bei freigebigen Zuwendungen „Erwerbsaufwand gemäß § 10 Abs 5 Nr 3 ErbStG 1974" zum Abzug zu bringen ist und dass Zahlungen des Beschenkten „gemäß § 10 Abs 5 Nr 2 iVm § 1 Abs 2 ErbStG bei der Besteuerung der Schenkung erwerbsmindernd berücksichtigt werden" (BFH BStBl II 04, 234 = ZEV 04, 124, 125 mit Anm *Meincke*), womit er die Regeln über den Abzug von Nachlassverbindlichkeiten jetzt wieder uneingeschränkt für den Erwerb durch Schenkung unter Lebenden gelten lässt. Das Berechnungsschema folgt also auch im Fall der Schenkung ganz der durch § 10 I 2 vorgezeichneten Linie.

20a   Besonderheiten bei der gemischten Schenkung. Allerdings gilt nach der Rspr des BFH bisher eine Besonderheit, die bei der Anwendung des § 10 I 2 auf Schenkungserwerbe beachtet werden muss. Bei gemischten Schenkungen und bei Schenkungen unter einer Leistungsauflage wird nach Auffassung des BFH das Zuwendungsobjekt in einer durch § 10 I 2 nicht mehr korrigierbaren Weise eingegrenzt. Das zugrunde liegende Rechtsgeschäft wird aufgespalten. Der entgeltliche oder durch eine Leistungsauflage in die Nähe der Entgeltlichkeit gerückte Geschäftsteil wird aus dem steuerlichen Kontext herausgelöst. Er bleibt im Rahmen des § 7 und auch im Rahmen des § 10 außerhalb der Betrachtung. Damit wird zugleich auch das Entgelt und die Leistungsauflage von der steuerlichen Berücksichtigung ausgeschieden. § 7 I Nr 1 wird insoweit eine Sperrwirkung im Hinblick auf § 10 I 2 zugeschrieben. Eine solche Sperrwirkung kennt § 10 I 2 für Erwerbe von Todes wegen nicht. Im Hinblick auf die Feststellung des gesamten Vermögensanfalls wird bei Erwerben von Todes wegen eine **Bruttomethode** angewandt. Vermögensanfall ist hier der Wert der aktiven Wirtschaftsgüter vor Abzug der Verbindlichkeiten und Lasten. Bei Erwerben aus gemischten Schenkungen oder Schenkungen unter Leistungsauflage wird dagegen vom BFH bisher eine **Nettomethode** zugrunde gelegt. Vermögensanfall ist hier der um Verbindlichkeiten und Lasten bereits gekürzte Wert der Aktivposten. Bei der Bruttomethode liegt der Wert des Vermögensanfalls höher. Die Begünstigung des Vermögensanfalls durch vorteilhafte Bewertungsregelungen wirkt sich auf diese Weise stärker aus. Im Fall der Nettomethode ist der (um die

Verbindlichkeiten bereits gekürzte) Vermögensanfall geringer. Günstige Bewertungsregelungen haben daher hier tendenziell geringeres Gewicht. Die Rspr des BFH zur gemischten Schenkung und zur Schenkung unter Leistungsauflage (BFH BStBl II 82, 83; II 89, 524) zielt auf eine Änderung des Ergebnisses der Wertermittlung (Verringerung der Bewertungsvorteile) ab, bewirkt diese Änderung jedoch nicht durch eine Korrektur der Wertermittlung, sondern durch eine Neuinterpretation des steuerpflichtigen Vorgangs, nach der im Fall der gemischten Schenkung und der Auflagenschenkung nur noch der Nettoerwerb freigebig zugewandt sein soll. Obwohl diese Rspr (gelegentlich auch vom BFH selbst: BFH BStBl 02, 25, 26) als eine Rspr zur Wertermittlung verstanden wird (zB *Moench/Weinmann* § 7 Rz 65), betrifft sie doch in ihrem Kern die Abgrenzung des stpfl Vorgangs, nicht die Wertermittlung, die sie lediglich präjudiziert. Die Rspr und die von ihr neuerdings abweichende Linie der FinVerw sind daher an anderer Stelle (§ 7 Anm 27 ff) näher zu betrachten.

21.–23. Sonderfragen der Bereicherung (Abs 1 Satz 3 bis 7)

Steuererstattungsansprüche (Abs 1 Satz 3). Das für den Erwerb durch Erbanfall maßgebliche, in § 1922 I BGB statuierte Prinzip der Gesamtrechtsnachfolge beschränkt sich nicht auf den Bereich des ZivilR. Es erstreckt sich vielmehr auch auf den Bereich des StRechts, für das denn auch § 45 I 1 AO bestimmt, dass die Forderungen aus dem StSchuldverhältnis mit dem Erbfall auf den Rechtsnachfolger übergehen. (Private) StErstattungsansprüche des Erblassers sind daher Bestandteil seines Nachlasses und des Erwerbs durch Erbanfall, soweit sie zum Besteuerungszeitpunkt entstanden sind. Auf die Durchsetzbarkeit zu diesem Zeitpunkt kommt es nicht an. Auch wenn eine entgegenstehende StFestsetzung zum Erbfallzeitpunkt noch verhindert, dass der Erstattungsanspruch unmittelbar geltend gemacht werden kann, hat er dennoch schon Vermögenswert und ist daher zum Vermögensanfall zu zählen. Dies hatte der BFH (BStBl II 97, 696) im Hinblick auf die VermögenSt früher anders gesehen. Und während der Vorbereitungen zum Gesetzentwurf der BReg zum ErbStRG 2009 war eine sehr sorgfältig begründete Entscheidung des FG Hbg (EFG 06, 1076 mit zustimmender Anm von *Fumi*) bekannt geworden, die gegen die Linie der FinVerw die Rechtsauffassung des BFH aus dem Jahr 1997 auch für das ErbStRecht in Anspruch nahm. Offenbar hat diese Entscheidung die Entwurfsverfasser veranlasst, den neuen Abs 1 S 3 in den Gesetzentwurf einzufügen, um so der abweichenden Rechtsmeinung der FinVerw zum Erfolg zu verhelfen. Die Einfügung war jedoch überflüssig, da der BFH (BStBl II 08, 626) noch während der Gesetzesberatungen der Entscheidung des FG Hbg entgegen getreten war und sich der Auffassung der FinVerw angeschlossen hatte. Es lag also bereits eine höchstrichterliche Entscheidung iS des neuen Abs 1 S 3 vor, als das ErbStRG 2009 verabschiedet wurde. Dennoch hat der Gesetzgeber auf die Einfügung der neuen Bestimmung nicht verzichtet. Die Entscheidung des BFH verweist im Übrigen darauf, dass ESt-Erstattungsansprüche für das Todesjahr erst am Jahresende entstehen und daher regelmäßig nicht zum Erbschafterwerb gehören (so schon FG Münster EFG 07, 1457; vgl auch R E 10.3 ErbStR).

21a **Erwerb eines Personengesellschaftsanteils (Abs 1 Satz 4).** Auch die Zielsetzung des neugefassten S 4 (bisher S 3) war schon zur Zeit der Verabschiedung des Gesetzes überholt. Mit der Anordnung, dass die mit dem Personengesellschaftsanteil oder mit der Beteiligung an einer Gesamthandsgemeinschaft auf den Erwerber übergehenden Schulden und Lasten wie eine Gegenleistung zu behandeln sind (und nicht als negative Elemente des einheitlich gedachten Anteils ungekürzt in die Bewertung der Beteiligung einfließen), sollte klargestellt werden, dass die vom BFH entwickelten Grundsätze zur gemischten Schenkung auf diese Schulden und Lasten Anwendung finden. Die Rspr zur gemischten Schenkung (oben Anm 20 und § 7 Anm 27 ff) wollte die unterschiedlichen Wertansätze für Sachgüter und Verbindlichkeiten, die zu unproportionalen Verrechnungsmöglichkeiten führten, dadurch in ihren Auswirkungen begrenzen, dass sie Gegenleistungen „nicht vollen Umfangs, sondern nur entsprechend ihrem Anteil am Verkehrswert der Leistung" (BFH BStBl II 02, 25, 26) zum Abzug zuließ. Das mit dem ErbStRG 2009 in Kraft gesetzte neue Bewertungsrecht führt aber gerade dazu, dass die vom BFH beanstandeten Bewertungsunterschiede von Sachgütern und Verbindlichkeiten und mit ihnen die bisher bestehenden unproportionalen Verrechnungsmöglichkeiten entfallen, so dass in Konsequenz der Neuregelung auch die Rspr zur gemischten Schenkung früher oder später aufgegeben werden wird (oben § 7 Anm 32). Es ist schwer zu verstehen, dass der Gesetzgeber und die ihn maßgeblich bestimmende FinVerw (R E 10.4 ErbStR) dennoch, um den Anwendungsbereich dieser Rspr entgegen einer Linie des BFH (BStBl II 96, 546) zu sichern und auszubauen, auf die Fortführung und Ergänzung des S 4 Gewicht gelegt hat.

21b **Zweckzuwendung (Abs 1 Satz 5).** Nach § 10 I 1 wird die St auf der Basis der Bereicherung des Erwerbers ermittelt. Diese Aussage passt für die Besteuerung der Zweckzuwendung nicht unmittelbar. Denn in Höhe des der Zweckerfüllung gewidmeten Geldbetrages, der hier besteuert werden soll, fehlt es gerade an der Bereicherung eines Erwerbers (vgl dazu oben § 1 Anm 11 f, § 8 Anm 1 ff). Daher tritt bei der Zweckzuwendung an die Stelle des Vermögensanfalls die Verpflichtung des Beschwerten. Die St soll also nach dem Geldbetrag ermittelt werden,

den der Erblasser/Schenker zur Zweckerfüllung bestimmt und der bei dem Erwerber nur deswegen nicht zu einer Bereicherung führt, weil ihn die Verpflichtung zur Zweckerfüllung trifft. Mit dem Hinweis auf den Vermögensanfall nimmt Abs 1 S 5 im Übrigen auf das Berechnungsschema für die Bereicherung nach Abs 1 S 2 Bezug. Die St ist also nicht unmittelbar aus dem Verpflichtungsumfang (abzüglich des Freibetrages nach StKlasse III: § 15 I) abzuleiten. Vielmehr ist der Verpflichtungsumfang zunächst um die sachlichen StBefreiungen zu kürzen (§ 13 I Nr 17!). Dann sind auch hier Erwerbsschmälerungen zu beachten, wie sie zB in Aufwendungen liegen können, die zur Zweckerfüllung unumgänglich sind. Bei einer Zweckzuwendung von Todes wegen, die den gesamten Nachlass umfasst, so dass der Beschwerte die Bestattungskosten zu tragen hat, kann zur Abgeltung dieser Kosten der hierfür geltende Pauschbetrag von 10 300 € in Anspruch genommen werden. Erst nach Bewertung des zur Zweckerfüllung einzusetzenden Vermögenserwerbs und nach Bewertung der berücksichtigungsfähigen Erwerbsschmälerungen ergibt sich der Reinwert der Zweckzuwendung, der der Bereicherung iS des § 10 I 1 entspricht.

Die **ErsatzErbSt,** die nach § 1 I Nr 4 die Familienstiftungen und 22 Familienvereine in Zeitabständen von 30 Jahren trifft, wird nach dem Vermögen der Stiftung oder des Vereins ermittelt. Nach **Abs 1 S 7** tritt daher bei der Berechnung der ErsatzErbSt an die Stelle des Vermögensanfalls das Vermögen der Stiftung oder des Vereins. Im Übrigen wird jedoch die ErsatzErbSt wie eine ErbSt behandelt. Daher ist auch das Berechnungsschema für die Berechnung der ErbSt auf die ErsatzErbSt anwendbar. Das Vermögen der Stiftung oder des Vereins ist daher um sachlich steuerbefreite Posten zu kürzen (zB § 13 I Nr 2!). Auch § 13 a wird zur Anwendung gebracht (§ 13 a VII). Da das Gesetz einen Vermögensübergang auf zwei Personen fingiert (§ 15 II 3), ist der persönliche Freibetrag zweimal zu gewähren. Auch bei der ErsatzErbSt sind (fiktive) Erwerbsschmälerungen absetzbar. So soll sogar für fiktive Bestattungskosten der Pauschbetrag von 10 300 € gewährt werden können (*Michel,* 8. Aufl dieses Kommentars § 10 Anm 15). Leistungen an die nach der Stiftungsurkunde oder nach der Vereinssatzung Berechtigten werden dagegen in § 10 VII für nicht abziehbar erklärt.

Abrundung (Abs 1 Satz 6). Um die StBerechnung zu vereinfachen, ist der stpfl Erwerb nach Abs 1 S 6 auf volle 100 € nach unten abzurunden. Nach *Viskorf/Schuck* (§ 10 Rz 33) greift die Abrundung schon gegenüber der Bereicherung vor Abzug von Freibeträgen ein, so dass Erwerbe, die höher sind als die Freibeträge, dann stfrei bleiben, wenn der Mehrwert des Erwerbs gegenüber dem Freibetrag 100 € nicht erreicht. Die Abrundungsregelung gilt trotz der Voranstellung im Gesetz auch für die erst anschließend angesprochene ErsatzErbSt, hier allerdings mit einer bemerkenswerten Modifikation. Da das Gesetz nämlich bei der ErsatzErbSt zwei Erwerbe unterstellt (vgl § 15 II 3, oben Anm 22), ist auch die Abrundung hier zweimal vorzunehmen. Beträgt also das Stiftungsvermögen 800 990 €, so sind zwei Erwerbe von je 400 400 € (= zusammengefasst 800 800 €) zugrunde zu legen.

24.–26. Zuwendung des Steuerbetrages (Abs 2)

24 **Erwerb durch Schenkung.** Im Fall der Schenkung wird in erster Linie der Beschenkte zur StZahlung herangezogen. Ihn trifft nicht nur im Außenverhältnis zur FinVerw, sondern auch im Innenverhältnis zum Schenker die StLast. Zwar sind der Schenker und der Beschenkte aus der Sicht des StRechts Gesamtschuldner. Dennoch kann der Beschenkte die StLast nicht, auch nicht anteilig, auf den Schenker verlagern, weil im Schenkungsvertrag im Zweifel „ein anderes bestimmt ist" (§ 426 I 1 BGB). Dem Beschenkten verbleibt daher nach der StZahlung regelmäßig nur ein Teilbetrag dessen, was ihm zugewandt ist. Der Bruttobetrag der Zuwendung (vor StZahlung) und der Nettobetrag (nach StZahlung) differieren. Übernimmt der Schenker die StZahlung, dann entlastet er den Beschenkten. Der Beschenkte kann den Erwerb ungekürzt behalten. Der Bruttobetrag (vor StZahlung) und der Nettobetrag (nach StZahlung) stimmen für den Beschenkten überein. Dadurch erhöht sich der Wert seines Erwerbs. Von dieser Vorstellung geht § 10 II aus und bestimmt, dass bei der Besteuerung des Schenkers die StErsparnis des Beschenkten dem Wert des Geschenks hinzugerechnet werden muss. Sind 100 zugewendet, auf deren Erwerb ein Steuerbetrag von 24 entfällt, dann soll der Empfänger so behandelt werden, als hätte er 124 erworben. Dieser Gedankengang erscheint auf den ersten Blick einleuchtend. Macht man sich jedoch klar, dass das Gesetz die Steuer normalerweise gerade nicht als Erwerbsschmälerung akzeptiert und die Steuer, wenn sie vom Beschenkten **gezahlt** wird, für nicht abzugsfähig erklärt (Abs 8), dann ist schwer verständlich, warum die Steuer, wenn sie vom Beschenkten **nicht gezahlt** wird, einen Hinzurechnungsposten zu seinem Erwerb rechtfertigen kann.

24 a **Der Hinzurechnungsbetrag.** § 10 II verlangt nur die Hinzurechnung der Steuer, die auf den Erwerb entfällt. Die Entlastung, die die Steuerübernahme dem Beschenkten bringt, ist jedoch im Grunde höher, als es die Hinzurechnung dieses Betrages erkennen lässt. Stellt nämlich der Schenker den Beschenkten von allen ihn treffenden steuerlichen Verpflichtungen frei, dann entlastet er ihn damit nicht nur von der Steuer, die auf den Erwerb entfällt, sondern auch von der erhöhten Steuer, die erst durch die Entlastung ausgelöst wird. Und wird der Beschenkte auch von dieser erhöhten Steuer ohne entsprechende Gegenleistung freigestellt, dann liegt in dieser Freistellung eine weitergehende Begünstigung, die konsequenterweise zu einer erneuten Steuererhöhung führen müsste, von der der Erwerber dann ebenfalls wieder freizustellen wäre, was eine weitere Steuererhöhung zur Folge hätte usw. Zusammen mit der Entlastung des Erwerbs umfasst also die Freistellung noch weitere Entlastungen, die die Freistellung von der zum Erwerb hinzutretenden Steuer betreffen und die – folgt man dem Grundgedanken des Gesetzes – zusätzliche Mehrsteuern auslösen müssten. Diese zusätzlichen Entlastungen und die in ihnen liegenden Begünstigungen sollen nach § 10 II jedoch unberücksichtigt bleiben. Nur die Steuer die auf den ursprünglichen Erwerb entfällt, wird hinzugerechnet. Die Vorschrift erhöht daher den auf den Erwerb entfallenden Steuerbetrag und begrenzt die Erhöhung zugleich. Im Ergebnis ist es für den Schenker regelmäßig günstiger, die Steuer zu übernehmen, als dem Beschenkten das Geschenk und die darauf entfallende Steuer zuzuleiten.

Beispiel:
Will A dem B 10 Mio frei von Steuern zukommen lassen, muss A dem B bei einem Steuersatz von 50% 20 Mio zuweisen, damit B nach Abzug der Steuer 10 Mio zurückbehält. Will A seinerseits die Steuerzahlung übernehmen, soll die Ersparnis des B nicht 50% von 20 Mio, sondern nur 50% von 10 Mio betragen. Denn nur 10 Mio beträgt der „Erwerb nach Abs 1", der bei der Besteuerung des Schenkers nach Abs 2 berücksichtigt werden muss. Die St des Schenkers ist daher aus 10 plus 5 = 15 Mio abzuleiten und beträgt bei einem StSatz von 50% 7,5 Mio. Weil also der Schenker dem Beschenkten nicht den Bruttobetrag zukommen lässt, der es dem Beschenkten erlaubt, die St ohne Schmälerung des für ihn bestimmten Erwerbs selbst zu zahlen, sondern weil er dem Beschenkten den Nettobetrag zuwendet und die St selbst übernimmt, spart der Schenker (ohne Berücksichtigung der Freibeträge) im Ergebnis 2,5 Mio.

Anforderungen an die Steuerübernahme. Der Schenker übernimmt die Entrichtung der vom Beschenkten geschuldeten St, wenn er sich dem Beschenkten und der FinVerw gegenüber ernsthaft (vgl demgegenüber FG Düsseldorf EFG 08, 961; Einzelheiten bei *Meincke*, FS Lang, 2010, 825) zur StZahlung bereit erklärt. Der Schenker kann auch auf seine eigene StSchuld zahlen. Unter diesen Umständen greift § 10 II nicht ein. Doch kann dann in dem Verzicht auf den Gesamtschuldnerausgleich eine zusätzliche freigebige Zuwendung liegen. In der Erklärung des Schenkers, die St des Beschenkten zu übernehmen, liegt zivilrechtlich die Erklärung der Kostenübernahme durch den Schenker. Es handelt sich dabei nicht um ein selbstständiges Schenkungsversprechen, sondern um eine vom Normaltyp abweichende Gestaltung des Schenkungsvertrages, dessen Ausführung mit der Zuwendung der schenkweise versprochenen Leistung an den Beschenkten erfolgt. Die Schenkung ist daher bereits ausgeführt und die SchSt entstanden, wenn der Beschenkte die Zuwendung erhalten hat. Eine besondere Form für die StÜbernahmeerklärung wird nicht verlangt. Die FinVerw wird sich

im Fall der StÜbernahme an den Schenker halten. Zahlt er nicht, kann auch der Beschenkte in Anspruch genommen werden. Doch kann er dann nicht für den vollen, aus § 10 II folgenden Betrag in Anspruch genommen werden, weil ihm der Vorteil der StÜbernahme nicht zugute kommt. Daher muss es bei der Regelbesteuerung verbleiben.
§ 10 II kommt auch dann zum Zuge, wenn nicht der Schenker selbst, sondern ein Dritter sich zur Übernahme der Steuer bereit erklärt. Denn auch in diesem Fall wird der Beschenkte von der Steuer entlastet. Doch wird der Dritte durch das Bereiterklären nicht zum StSchuldner. StSchuldner bleibt vielmehr der Beschenkte, der seinerseits den Betrag aus § 10 II aufbringen muss, wenn ihm der Dritte den StBetrag zur Verfügung stellt. Solange der Dritte nicht zahlt, ist die erhöhte StPfl aus § 10 II für den Beschenkten noch nicht entstanden. Denn das Bereiterklären des Dritten muss als ein Schenkungsversprechen gedeutet werden, das steuerlich erst dann beachtet werden kann, wenn es ausgeführt ist. Gehört der Dritte selbst zum Kreis der Beschenkten, so hat die Anordnung der StÜbernahme für ihn den Charakter einer Leistungsauflage, die seinen Erwerb begrenzt.

26 Erwerb von Todes wegen. Die Zusammenrechnung des Erwerbs mit der aus ihm errechneten St soll nach Abs 2 auch beim Erwerb von Todes wegen erfolgen, wenn ein anderer als der Erwerber die StLast zu tragen hat. Demgegenüber hatte der bis 1974 geltende § 12 ErbStG 1959 die Zusammenrechnung bei Erwerben von Todes wegen ausgeschlossen. Die Besonderheit bei Erwerben von Todes wegen liegt darin, dass derjenige, der die St für den Erwerber übernimmt, damit nicht zum StSchuldner an Stelle des Erwerbers wird. Die Anordnung der StÜbernahme kann sich daher zunächst nur im Innenverhältnis zwischen dem Übernehmer und dem Erwerber auswirken. Allerdings führt auch beim Erwerb von Todes wegen die StÜbernahme zu einer Entlastung des Erwerbers. Daher kann man an die Übertragung der Regelung des Abs 2 auf Erwerbe von Todes wegen denken. Doch gibt es eine zweite Besonderheit, die bei Erwerben von Todes wegen zu beachten ist, der Umstand nämlich, dass die Erwerbe in ihrer Berechnung im Zweifel voneinander abhängig sind. Hat zB der Erbe die StSchuld des Vermächtnisnehmers zu tragen, so erhöht diese Anordnung den Vermächtniswert. Zugleich erhöht sie jedoch auch den Betrag, den der Erbe als Vermächtnisschuldner von seinem Erwerb durch Erbanfall als Nachlassverbindlichkeit abziehen kann. Dem Staat entgeht daher kein wesentlicher StBetrag, wenn er die Verteilung der St unter den Hinterbliebenen vernachlässigt. Diese Argumentation gilt auch für Schenkungen, wenn der Schenker die StLast unter verschiedenen Beschenkten unterschiedlich verteilt. Sie gilt jedoch nicht, wenn der Schenker selbst die St übernimmt, weil die Übernahme der St durch den Schenker bei ihm keinen eigenen stpfl Erwerb kürzt. Diese Besonderheiten der StÜbernahme durch den Schenker hat der Gesetzgeber 1974 verkannt, als er die Regelung für die StÜbernahme durch den Schenker auch auf die StÜbernahme durch andere Beschenkte oder durch Erwerber von Todes wegen mit dem Argument erstreckte, die neue Gesetzesfassung habe die unterschiedliche Behandlung grundsätzlich gleicher Fälle aufgegeben. Die nun gleich behandelten Fälle waren und sind eben gerade nicht gleich. Die Neuregelung setzt voraus, dass die Anordnung der StÜbernahme durch den Erblasser wirksam ist. Unwirksam wäre eine solche Anordnung zB, wenn sie mit dem (weithin zwingenden) Pflichtteilsrecht kollidiert. So könnte der Erblasser weder dem Pflichtteilsgläubiger die StLast für den Erben auferlegen, noch könnte er einem Erben die StLast für einen anderen übertragen, wenn er nicht riskieren will, dass der belastete Erbe den Erbteil ausschlägt, um seinen Pflichtteil zu sichern (§ 2306 I BGB).

27., 28. Konfusion, Konsolidation (Abs 3)

Zielsetzung. Abs 3 verbindet zwei Aussagen miteinander. Zum einen will die Vorschrift darauf aufmerksam machen, dass das Erlöschen von Forderungen und Verbindlichkeiten im Erbgang durch das Zusammentreffen der Gläubiger- und Schuldnerstellung in einer Person **(Konfusion)** oder durch das Erlöschen von Recht und Belastung durch die Vereinigung von beschränktem dinglichen Recht mit dem Eigentum in einer Hand **(Konsolidation)** bei der Ermittlung des stpfl Erwerbs nicht unberücksichtigt bleiben darf. Das wäre jedoch auch schon ohne besondere Anordnung selbstverständlich. Denn der Schuldner, der im Erbgang von seiner Verbindlichkeit befreit wird, weil er Erbe des Gläubigers geworden ist, muss diese Befreiung seinem Erwerb hinzuzählen, weil sie ihm durch den Erwerb durch Erbanfall vermittelt ist. Abs 3 belässt es denn auch nicht bei dem Hinweis auf die Folgen des Erlöschens, sondern ordnet an, dass die von der Konfusion oder Konsolidation betroffenen Rechtsverhältnisse „als nicht erloschen" gelten. Der Sinn dieser Anordnung erschließt sich nicht leicht. **Drei Zielsetzungen** sind denkbar. Zum einen nimmt das Gesetz hier möglicherweise auf den Umstand Rücksicht, dass § 10 V die abzugsfähigen Erwerbsschmälerungen als Nachlassverbindlichkeiten charakterisiert, so dass für einen berücksichtigungsfähigen Abzugsposten immer eine Verbindlichkeit gesucht werden muss. Wird der Gläubiger Erbe seines Schuldners, dann entzieht ihm der Erbgang seine Forderung, so dass der Forderungsverlust seinen Erwerb schmälert. Der Forderungsverlust ist aber keine Verbindlichkeit, so dass seine Berücksichtigung im Rahmen des § 10 V zweifelhaft sein könnte. Diesen Zweifeln begegnet § 10 III mit der Anordnung, dass die Forderung des Erben gegen den Erblasser als nicht erloschen gilt und daher ohne Bedenken als Nachlassverbindlichkeit behandelt werden kann. Auf eine zweite Überlegung macht *Kipp* (§ 23 Anm 37) aufmerksam. Beerbt der mittellose B den mittellosen A, dem B 100 000 € schuldet, dann läge es nahe, die Befreiung des B mit 100 000 € zu bewerten, obwohl B im Ergebnis nichts bekommt. Wird B dagegen nach Abs 3 als Forderungsgläubiger in Nachfolge des A eingestuft, dann ist klar, dass die Forderung als wertloser Posten ihm keinen steuerlich beachtlichen Erwerb verschafft. Einen dritten Gesichtspunkt hat schließlich noch der BFH (BStBl II 99, 25) genannt: Wird ein zinsloses Darlehen auf bestimmte Zeit gewährt und wird der Darlehensgeber während der Laufzeit des Darlehens von dem Darlehensnehmer beerbt, soll der Zinsvorteil wegen § 10 III ungeschmälert erhalten bleiben. Mit dieser Feststellung wird allerdings doch wohl der Aussagegehalt des § 10 III überdehnt.

28 **Anwendungsbereich.** § 10 III ist auch dann **anwendbar,** wenn ein Miterbe vom Erlöschen einer Darlehensforderung des Erblassers profitiert (BFH BStBl III 52, 80) oder wenn es zum Wegfall eines Rechts durch Beerbung des Verpflichteten kommt (RFH RStBl 30, 383). Erwirbt der Nießbrauchsberechtigte im Erbgang das belastete Eigentum, so kann er die Nießbrauchslast mit ihrem Kapitalwert gemäß seinem Lebensalter im Zeitpunkt des Vermögensanfalls von seinem Erwerb abziehen. § 10 III ist **nicht anwendbar,** wenn es zu einem Erlöschen des Rechts oder der Verbindlichkeit nicht gerade durch die Vereinigung, sondern aus anderen Gründen kommt. So ist § 10 III nicht anzuwenden, soweit eine Leibrente oder ein Nutzungsrecht des Erblassers mit dessen Tod erlischt (vgl RFH RStBl 30, 383). § 10 III bleibt ferner ohne Auswirkungen, wenn der Schuldner den Bürgen beerbt. Denn die Bürgschaftsverpflichtung hat neben seiner Schuldnerverpflichtung keinen selbstständigen Wert, und der Rückgriffsanspruch des Bürgen gegen den Schuldner kann nach dem Erbfall auch keine Bedeutung mehr gewinnen, weil er nur nach einer Leistung auf die Bürgschaftsschuld entsteht, es zu einer solchen Leistung nach dem Erbgang aber nicht mehr kommen kann (vgl RFH RStBl 36, 199). Nach Auffassung des FG München (EFG 91, 199) soll § 10 III schließlich auch auf Pflichtteilsschulden des Erblassers nicht anwendbar sein, die vor dem Erbfall noch nicht geltend gemacht waren. Doch bietet der Gesetzeswortlaut nur wenig Anhaltspunkte für diese Interpretation (eingehend dazu *Muscheler,* ZEV 01, 377, 383 f; vgl auch § 3 Anm 52, § 9 Anm 33).

29., 30. Anwartschaft eines Nacherben (Abs 4)

29 **Unmittelbarer Anwendungsbereich.** Im Fall der Vor- und Nacherbfolge (§§ 2100 ff BGB) teilen sich zwei (oder mehrere) Erben in der Weise in den Nachlass, dass sie nicht gleichzeitig, sondern nacheinander

Erbe werden. Mit dem Erbfall geht das Erblasservermögen zunächst auf den Vorerben über (§ 1922 I BGB). Mit dem Nacherbfall hört der Vorerbe jedoch auf, Erbe zu sein, und fällt die Erbschaft dem Nacherben an (§ 2139 BGB). § 10 IV fasst den Fall ins Auge, dass der Nacherbe in der Zeit zwischen dem Erbfall und dem Nacherbfall stirbt. Stirbt der Nacherbe vor dem Nacherbfall, erlischt in bestimmten Fällen seine Rechtsposition (§§ 2108 II, 2074 BGB). Dann steht von vornherein fest, dass er im Hinblick auf die Nacherbfolge nichts vererbt und dass auch nichts im Hinblick auf die Nacherbfolge zu seinem Nachlass gehört. Hat der Erblasser zB die Ehefrau als Vorerbin unter einer Wiederverheiratungsklausel und das Kind als Nacherben bestimmt und stirbt das Kind vor seiner Mutter, so geht die Nacherbenposition beim Tod des Kindes unter, die Rechtsstellung der Mutter erweitert sich zur Vollerbschaft, ohne dass diese Erweiterung der Rechtsstellung einen selbstständigen stpfl Vorgang bewirkte (§ 6 Anm 7), und die Anordnung des § 10 IV geht für diesen Fall ins Leere. Hat der Erblasser dagegen die Vorerbschaft nicht unter eine auflösende Bedingung gestellt, so erwirbt der Nacherbe mit dem Erbfall ein Anwartschaftsrecht auf den späteren Erwerb, das vererblich ist. Weil die Besteuerung des Nacherben aber erst mit dem Nacherbfall erfolgt, bildet der Erwerb des Anwartschaftsrechts durch den Nacherben noch keinen StFall. Dasselbe soll nach Abs 4 für den Erwerb des Erben des Nacherben gelten.

§ 10 IV als allgemeiner Rechtsgrundsatz? § 10 IV gilt nicht nur für den dort unmittelbar angesprochenen Fall. Vielmehr ist diese Regelung unter Berücksichtigung des § 1 II auch auf den Fall der Schenkung des Anwartschaftsrechts anzuwenden (BFH BStBl II 93, 158). Fraglich ist, ob der Grundgedanke, der § 10 IV zugrunde liegt, dass nämlich die unentgeltliche Weiterleitung zunächst noch unversteuert erworbener Posten für den Zweiterwerber keinen stpfl Erwerb darstellt, ob dieser Grundgedanke auch in anderen Fällen zur Anwendung gebracht werden kann. Eine Ausprägung dieses Gedankens hatte sich früher auch in § 25 II aF (bis 1980) gefunden, wenn dort die Vererbung von Vermögen, für dessen Erwerb durch den Erblasser die Besteuerung ausgesetzt worden war, aus der Besteuerung herausgenommen wurde. Nicht geregelt ist bisher der Fall, dass der Gläubiger seine Forderung aus einem Schenkungsversprechensvertrag vererbt oder verschenkt. Soll dann der Erbe oder Beschenkte einer doppelten StPfl unterliegen, falls es zur Erfüllung des Versprechens kommt, nämlich einmal wegen der Ausführung der Schenkung und zum zweiten wegen der unentgeltlichen Weitergabe der Beschenktenposition? Oder kann der Rechtsgedanke des § 10 IV herangezogen werden? In ihrer Kölner Dissertation zum Thema: Das Schenkungsversprechen im Erbschaftsteuer und Schenkungsteuerrecht, 2011, 136 ff setzt sich *Chr. Wiegand* mit dieser

Fragestellung auseinander, verneint aber im Ergebnis die entsprechende Anwendung des § 10 IV und plädiert dafür, die Forderung zwar im Erbfall als Nachlassbestandteil uneingeschränkt anzuerkennen, dann aber die St, die mit der späteren Erfüllung der Versprechensforderung entsteht, noch nachträglich als Nachlassverbindlichkeit anzurechnen. Damit werden zwei stpfl Erwerbe, der Erwerb der Forderung im Erbfall und der Erwerb des Schenkungsgegenstandes bei der Erfüllung der Forderung, als zwei selbstständige Erwerbe nebeneinander anerkannt, wenn es auch zu einer Verrechnung der St für den Zweiterwerb kommen soll. Näher liegt es dagegen anzunehmen, dass die Versprechensforderung keinen zusätzlichen Erwerb zu dem Erwerb des Schenkungsgegenstandes bilden kann. Wer erst eine Forderung über 200 und dann in Erfüllung der Forderung den versprochenen Geldbetrag von 200 bekommt, erwirbt nicht 400, sondern eben nur 200. Denn die Forderung fällt weg, wenn der Schenkungsgegenstand geleistet wird. Daher empfiehlt es sich, den Forderungserwerb im Erbfall wie einen auflösend bedingten Erwerb anzusehen und die Forderung im Fall ihrer Erfüllung nachträglich wieder aus dem Nachlass zu eliminieren. Eine solche Behandlung läuft dann aber doch auf die Anwendung des in § 10 IV zum Ausdruck kommenden Gedankens hinaus, dass nämlich die Erwerbsaussicht und der anschließend verwirklichte Erwerb nicht als zwei Erwerbe zusammen gerechnet werden können, sondern dass die Erwerbsaussicht als selbstständiger Erwerb ausscheiden muss. Ähnliche Erwägungen liegen im Übrigen nahe, wenn der Bezugsberechtigte aus einem Lebensversicherungsvertrag seine Bezugsberechtigung vor Eintritt des Versicherungsfalls unentgeltlich weitergibt oder wenn zu einem Erwerb von Todes wegen ein aufschiebend bedingter Posten gehört, der auch noch als aufschiebend bedingter Posten auf den Erbeserben übergeht. Tritt anschließend die Bedingung ein, so dürfte sich auch in diesem Fall die Beschränkung auf nur eine Besteuerung empfehlen (vgl § 12 Anm 12).

31.–50. Nachlassverbindlichkeiten (Abs 5)

31   Grundgedanke. Nach dem Nettoprinzip, das der Besteuerung des Erwerbs zugrunde liegt (oben Anm 5 ff), ist nur der Saldo zwischen dem Wert des Vermögensanfalls und dem Wert der mit dem Erwerb verbundenen Erwerbsschmälerungen als Bereicherung des Erwerbers anzusehen (§ 10 I 2). Abs 5 knüpft an diese Gegenüberstellung von Vermögensanfall und Nachlassverbindlichkeiten in Abs 1 S 2 an und erläutert, was unter den dort genannten Nachlassverbindlichkeiten zu verstehen ist (vgl auch schon oben Anm 15). Immer muss es sich um mit dem Erwerb verbundene Schulden oder Lasten handeln. Diese Verbindung fehlt nach der Rspr (BFH BStBl II 82, 83; 89, 524) bei den

Gegenleistungspflichten des Beschenkten im Fall der gemischten Schenkung. Die Gegenleistungspflichten des Beschenkten werden vielmehr einem entgeltlichen Geschäftsteil zugeordnet und damit von der Schenkung gelöst (oben Anm 20 a, § 7 Anm 27 ff). Sie sind wegen dieser fehlenden Verbindung zur Schenkung keine Nachlassverbindlichkeiten. Aber auch unter den mit dem Erwerb in Verbindung stehenden Schulden und Lasten ist noch zu unterscheiden. Sie können unselbstständige negative Bestandteile des Vermögensanfalls oder selbstständig berücksichtigungsfähige Abzugsposten sein. Nur für die Letzteren gilt Abs 5 und gelten die Abzugsverbote der Absätze 6 bis 9. Unselbstständige negative Bestandteile des Vermögensanfalls und damit keine Nachlassverbindlichkeiten iS von Abs 5 sind zB die Betriebsschulden, die ein Betriebsvermögen kürzen, oder die Nießbrauchslasten, die den gemeinen Wert eines Grundstücks vermindern, sofern es nach dem Gesetzeszusammenhang möglich erscheint, sie schon zur Bestimmung des gemeinen Grundstückswerts heranzuziehen (Abs 6 S 6).

Erwerbsschmälerungen. Nachlassverbindlichkeiten werden zum Abzug zugelassen, weil sie den Erwerb und die aus ihm folgende Bereicherung schmälern. § 10 V zählt die berücksichtigungsfähigen Erwerbsschmälerungen auf. Die Aufzählung hat jedoch keinen abschließenden Charakter (aM FG Bbg EFG 97, 688), da die Durchsetzung des Nettoprinzips den Abzug aller mit dem Erwerb in Verbindung stehenden entreichernden Posten unabhängig von ihrer Anerkennung in § 10 V verlangt. Zu den Nachlassverbindlichkeiten können auch **Naturalobligationen** gehören, die zwar rechtlich verbindliche Schulden darstellen, deren Durchsetzung vom Gläubiger aber gegen den Widerstand des Schuldners nicht erzwungen werden kann. Auch verjährte Schulden können als Nachlassverbindlichkeiten abzugsfähig sein, wenn sich der Schuldner ihrer Erfüllung nicht entziehen kann. Dasselbe gilt für **sittliche Verpflichtungen,** deren Erfüllung sich der Schuldner nicht entziehen kann (BFH HFR 64, 83; FinVerw DB 87, 1069). So kann sich möglicherweise der Begünstigte aus einem Lebensversicherungsvertrag der Verpflichtung nicht entziehen, den Bürgen des hochverschuldeten Erblassers aus seiner Haftung auszulösen (FG Bad-Württ EFG 99, 80). Ähnliches gilt für den Erben eines vermögenden Erblassers, der Unterstützungsleistungen für ein in Not geratenes Kind des Erblassers übernimmt, das im Rechtssinne nicht als Kind des Erblassers gilt und daher auch nicht erbberechtigt ist. Abs 5 regelt die Nachlassverbindlichkeiten, die **abzugsfähig** sind, dh deren Abzug steuerlich anerkannt werden kann. Ein Abzugsgebot für diese Nachlassverbindlichkeiten besteht nicht, dh es bleibt dem StPfl überlassen, ob er die Nachlassverbindlichkeiten zum Abzug bringen will oder nicht. Im Anschluss an Abs 5 regeln die Absätze 6 bis 9 Verbindlichkeiten, die **nicht abzugsfähig** sind, dh deren Abzug steuerlich nicht anerkannt werden kann. Man spricht in diesem Zusammenhang auch von **Abzugsverboten,** die den Anwendungsbereich des § 10 V begrenzen. Auch die Regelung der Abzugsverbote ist nicht als vollständig anzusehen. Sie wird zB durch weitere, aus dem Gesetzeszusammenhang zu erschließende Abzugsverbote ergänzt (vgl etwa § 21 Anm 18 zum Abzugsverbot im Fall der Anrechnung ausländischer St). Erwerbsschmälerungen sind nicht nur beim Erwerb von Todes wegen, sondern auch im Fall des **Erwerbs durch Schenkung unter Lebenden** zu beachten (BFH BStBl II 04, 234, 236; oben Anm 20). Zu berücksichtigen sind hier zB die Erwerbsnebenkosten, die der Beschenkte aufzubringen hat (*Kien-Hümbert,* DStR 89, 734). Ob man die Abzugsfähigkeit dieser Kosten aus § 10 V iVm § 1 II oder unmittelbar aus § 10 I 1 ableiten will, bleibt sich im Grunde gleich. Bringt man § 10 V zur Anwendung, so zeigt sich auch aus dieser Perspektive, dass der Ausdruck „Nachlassverbindlichkeiten" für die Erwerbsschmälerungen nicht als glücklich bezeichnet werden kann.

31b **Wirtschaftliche Last.** Die Rspr geht davon aus, dass eine zivilrechtlich bestehende Verpflichtung als Nachlassverbindlichkeit nur dann abgezogen werden kann, wenn sie eine wirtschaftliche Last für den Schuldner darstellt (RFH RStBl 36, 543; 37, 603; 38, 620; 39, 496; BFH BStBl III 58, 134; DStRE 99, 717; BStBl II 07, 651; 10, 806). Das rechtfertigt sich aus einer wirtschaftlichen Betrachtungsweise, die in diesem Punkt allerdings vom Zivilrecht abweicht (BFH BStBl II 07, 651) und für die bisher eine klare gesetzliche Grundlage fehlt. Keine wirtschaftliche Last in diesem Sinn bilden Verbindlichkeiten, mit deren Durchsetzung nicht gerechnet werden muss (RFH RStBl 29, 266; 34, 94; 36, 543). Doch gilt es zu unterscheiden, Nachlassverbindlichkeiten, mit deren Durchsetzung nur vorläufig oder nur zu Lebzeiten des Schuldners nicht gerechnet werden muss (BFH BStBl II 10, 806), bilden trotzdem einen negativen Vermögensbestandteil und sollten daher abzugsfähig sein. Sie wären in einem Vermögensstatus des Schuldners abgezinst oder zu einem Schätzwert zu berücksichtigen und würden auch die Kreditfähigkeit des Schuldners beeinträchtigen. Verbindlichkeiten dagegen, wie Schadenseratzansprüche unter engen Familienangehörigen, die pro forma bestehen mögen, mit deren Durchsetzung aber zu keiner Zeit zu rechnen ist, die auch der Gläubiger zu keiner Zeit zu seinem Vermögen rechnen wird, können nicht zum Abzug gebracht werden. Dasselbe soll nach Auffassung des BFH (DStRE 99, 717) für StSchulden gelten, mit deren Erfassung zu Lebzeiten des Erblassers nicht zu rechnen war.

32 **Erblasserschulden (Abs 5 Nr 1)** können nur die Erben zum Abzug bringen, weil nur die Erben mit dem Erbfall in die Verpflichtungen des Erblassers eintreten (§ 1967 BGB). Erblasserschulden sind:

Nachlassverbindlichkeiten 32 § 10

a) Schulden, die **schon zu Lebzeiten des Erblassers entstanden** waren. Dazu gehören die StSchulden, die nach § 45 AO auf den Erben übergehen, auch dann, wenn die StFestsetzung erst nach dem Erbfall erfolgt (FG Hbg EFG 91, 130). Aus der Sicht des FG Münster (EFG 03, 1182 unter Hinweis auf BFH/NV 90, 643) ist zweifelhaft, ob eine noch aus der Sphäre des Erblassers stammende, aber erst von Erben realisierte ESt-Last zu den Erblasserschulden gerechnet werden kann. In diesem Zusammenhang ist insb die Behandlung der **ESt für das Todesjahr des Erblassers** umstritten. Das FG Nds (EFG 22, 1342) verneint die Abzugsfähigkeit, weil die St erst zum Ende des Kalenderjahrs entsteht (kritisch dazu *Zimmermann*, EFG 11, 1343). Die FinVerw (R E 10.6 ErbStR) rechnet ESt-Schulden aus Veranlagungszeiträumen vor dem Todeszeitpunkt des Erblassers zu den Nachlassverbindlichkeiten, verneint aber die Abzugsfähigkeit der ESt des Todesjahrs, „da der Abzug einer vom Erblasser herrührenden Schuld deren rechtliches Bestehen im Todeszeitpunkt des Erblassers voraussetzt". Doch lässt sich diese These leichter behaupten als beweisen (vgl unten Anm 32 c). Hatte der Erblasser St hinterzogen, und werden nach dem Erbfall Hinterziehungszinsen festgesetzt (BFH BStBl II 92, 9; FG München EFG 06, 1922), rechnet auch die Zinsschuld hierher. Die hinterzogene StSchuld selbst soll nach Auffassung des BFH (DStRE 99, 717) nicht abzugsfähig sein, wenn sie zu Lebzeiten des Erblassers keine wirtschaftliche Last darstellte, weil der Erblasser alles getan hatte, um sie vor der FinVerw zu verheimlichen. War die vor dem Erbfall entstandene St nach § 25 aF (bis 2008) zinslos gestundet, ist die St beim Erben mit ihrem Barwert abzugsfähig. Schulden aus schwebenden, noch von keiner Seite erfüllten Kaufverträgen bleiben regelmäßig außer Betracht. Mietzinsschulden sind, soweit sie auf die Zeit nach dem Erbfall entfallen, nur bis zum ersten Kündigungstermin abzugsfähig. Schulden, die tatsächlich und wirtschaftlich keine Belastung darstellen, weil ihre Erfüllung nicht verlangt werden kann oder verlangt werden wird oder weil sich die aus ihnen (Krankheitskosten) herrührende Belastung auf andere (Beihilfeträger) verlagern lässt (vgl FG Düsseldorf EFG 93, 391), sind ebenfalls unberücksichtigt zu lassen (RFH RStBl 36, 543; 37, 603; 39, 496). Bei der Prüfung von Darlehensschulden des Erblassers gegenüber Angehörigen sind die estlichen Grundsätze des sog Fremdvergleichs nicht anwendbar (BFH BStBl II 96, 11). Doch hat die Rspr (FG München UVR 98, 26) Bedenken, Darlehensschulden für abzugsfähig zu erklären, deren Erfüllung in das Belieben des Schuldners gestellt war und die nur beim Vorversterben des Schuldners voll wirksam werden sollten.

b) Schulden, die erst **mit dem Erbfall entstehen,** in ihrer Grundlage aber noch vom Erblasser herrühren. Dies gilt für die Zugewinnausgleichsforderung des überlebenden Ehegatten, die nach § 1371 II BGB entsteht, wenn der überlebende Ehegatte weder Erbe noch Vermächtnisnehmer seines Partners wird und ihm gegenüber ein Zugewinndefizit zu verzeichnen hat, sofern damit zu rechnen ist, dass die Forderung geltend gemacht werden wird (nach *Moench,* DStR 92, 1185, 1186 darf nur der bereits geltend gemachte Anspruch abgezogen werden, was aber nicht leicht zu begründen ist). Die Ausgleichsforderung wird als Erblasserschuld berücksichtigt, obwohl sie zu Lebzeiten des Erblassers noch nicht entstanden war. Doch rührt sie aus einem Dauerschuldverhältnis her, in dem der Erblasser zu seinen Lebzeiten stand und von dem man sagen kann, dass es sich im Zeitpunkt seines Todes zur Ausgleichsforderung verdichtet hat (BFH BStBl II 93, 368; 08, 874). Auch die auf den Erben übergehende Unterhaltsverpflichtung gegenüber dem geschiedenen Ehepartner (§ 1586 b BGB) sowie der Ausgleichsanspruch, der einem nichtehelichen Lebenspartner auf Grund einer Innengesellschaft zustehen kann (FG Münster EFG 08, 1646), gehören hierher. Der RFH (RStBl 32, 951) hatte zeitweise gestattet, dass eine Ehefrau, die ohne Lohn im Betrieb des Erblassers mitgearbeitet hatte, einen der Arbeit und der Dienstzeit angemessenen Betrag als Nachlassverbindlichkeit zum Abzug bringen kann. Das Gericht ist von dieser Auffassung jedoch schon bald wieder abgerückt (RStBl 35, 887). Dafür hat der BFH (BStBl II 95, 62) ausgesprochen, dass das Versprechen des Erblassers, jemanden als Entgelt für Dienstleistungen durch eine letztwillige Verfügung zu bedenken, Erlasserschulden zur Folge hat und nach Abs 5 Nr 1 vom Erwerb abgezogen werden kann, wenn der Erwerb bürgerlich-rechtlich als Dienstleistungsvergütung zu beurteilen ist.

c) Schulden, die **nach dem Erbfall entstehen,** für die aber schon zu Lebzeiten des Erblassers der Grund gelegt war. Ein Beispiel bilden die Schadensersatzansprüche, die aus einer Vertragsverletzung oder aus einem Delikt des Erblassers herrühren, wenn die Vertragsverletzung oder das Delikt erst nach dem Erbfall zu einem Schaden geführt hat. ZZt des Erbfalls liegt dann bereits eine latente Schadensersatzpflicht vor, die als Erblasserschuld zu berücksichtigen ist. Zu diesem Kreis von Erblasserschulden müsste an sich auch die **latente Ertragsteuerbelastung** zählen, die noch aus der Sphäre des Erblassers stammt, aber erst nach dem Tod des Erblassers realisiert wird, so wenn es zB beim Einzug der offenen Honorarforderung eines Anwalts zur Belastung des eingezogenen Betrages mit ESt kommt. Der BFH (BStBl II 10, 641) steht allerdings auf dem Standpunkt, dass kein Abzug der auf geerbten Forderungen ruhenden latenten ESt-Last des Erben als Nachlassverbindlichkeit möglich ist. Das Gericht nennt dafür drei Gründe. Zum einen verweist es auf die Art der Berechnung der ESt, die sich nicht nach Merkmalen des Erblassers, sondern nach Merkmalen des Erben richtet. Die Art der Berechnung der ESt hat jedoch mit der Frage ihrer Abzugsfähigkeit beim Erwerb durch Erbanfall nicht unmittelbar etwas zu tun. Zum zweiten vertritt das Gericht die These, dass nur die beim Erbfall bereits entstandenen Verbindlichkeiten abzugsfähig sein können. Das soll aus dem Stichtagsprinzip folgen (so schon FG München DStR 10, 479). Dieses Prinzip besagt jedoch nur, dass der Bestand und Wert des Nachlasses zum Besteuerungszeitpunkt ermittelt werden muss. Ob in der Entwicklung befindliche Posten den Bestand und Wert des Nachlasses zum Besteuerungszeitpunkt bereits beeinflussen, darüber sagt das Stichtagsprinzip nichts aus. Das erkennt auch die FinVerw an, wenn sie Rückstellungen bei der Ermittlung des Substanzwertes von Unternehmen zum Abzug zulässt (R B 11.3 III ErbStR) oder den Abzug zum Stichtag ungewisser Verbindlichkeiten bei nicht bilanzierenden Gewerbetreibenden für möglich hält (R B 103.2 III ErbStR). Im Zivilrecht gilt bei der Zugewinnausgleichs- (BGH DStR 11, 581; 1683) und Pflichtteilsberechnung (BGH NJW 72, 1269) die Berücksichtigung in der Entwicklung befindlicher Posten – außerhalb der Sonderregelung des § 2313 BGB – als unproblematisch. Und der BFH selbst hat mit Blick auf das Pflichtteilsrecht die Beachtung einer „potentiellen Verpflichtungslage" für mit dem Stichtagsprinzip vereinbar erklärt (BStBl II 04, 234, 236). Der BFH macht im Übrigen drittens darauf aufmerksam, dass der Gesetzgeber selbst durch Einfügung des § 35 b EStG sich gegen eine Berücksichtigung latenter ESt-Lasten bei der ErbSt ausgesprochen habe. Der Gesetzgeber hat sich an dieser Stelle jedoch nur über die Berechnung der ESt ausgesprochen. Ob aus dieser Vorschrift wirklich ein zwingender Schluss auf die auf einen früheren Stichtag bezogene ErbSt-Berechnung gezogen werden kann, erscheint durchaus zweifelhaft.

d) Schuldähnliche Posten, die vom Erblasser herrühren. So kann der Erbe den Teilbetrag vom Erblasser vorweg eingezogener Mietzinsen, der auf die Zeit nach dem Erbfall fällt, als Nachlassverbindlichkeit (Quasi-Darlehen des Mieters) abziehen (BFH BStBl II 77, 732). Nicht berücksichtigungsfähig ist dagegen ein zZt des Erblassers aufgestauter Gebäudereparaturaufwand (BFH/NV 91, 97) sowie die Erwartung, dass mit künftigen Kanalisationsanschlusskosten gerechnet werden muss (FG München EFG 89, 188). Auch für den nachträglichen Ansatz von Miet- und Kostschulden des Erblassers dürfte regelmäßig die zivilrechtliche Basis fehlen (vgl FG München, UVR 91, 337; 96, 155). Demgegenüber wird von der FinVerw (R E 10.6 ErbStR) bei **unter Denkmalschutz** stehenden Schlössern, Burgen und Herrenhäusern ein Abzug des Kapitalwerts der durch zusätzliche Instandhaltungskosten gebildeten wirtschaftlichen Überlast als Nachlassverbindlichkeit anerkannt. Auch für Patrizierhäuser, Bürgerhäuser, Wohn- und Geschäftsgebäude wird bei Einzelnachweis eine entsprechende Überlast als Abzugsposten anerkannt.

Erblasserschulden sind auch die Verbindlichkeiten, die aus **Schuldanerkenntnissen** folgen, wenn das Anerkenntnis wirksam abgegeben war. Unwirksam ist das Anerkenntnis zB dann, wenn es schenkweise auf den Todesfall erteilt worden ist, jedoch nicht den Formerfordernissen einer Verfügung von Todes wegen genügt (§ 2301 I 2 BGB; vgl auch FG München EFG 90, 69). Ein vom Erblasser wirksam erteiltes Schuldanerkenntnis ist im Rahmen des § 10 V Nr 1 zu beachten. Dabei ist jedoch zugleich zu bedenken: War das Anerkenntnis rechtsgrundlos eingeräumt, wird es wirtschaftlich durch den Bereicherungseinwand (§ 821 BGB) entwertet. Hatte der Erblasser das Anerkenntnis schenkweise abgegeben, liegt in der Erfüllung des Anerkenntnisses durch den Erben die Ausführung der Schenkung, die stpfl ist. Wird das Anerkenntnis nicht realisiert, liegt in dem Verzicht auf die Auszahlung des anerkannten Betrags eine Schenkung, die von dem Erben des Anerkennenden versteuert werden muss.

34 **Nicht berücksichtigungsfähig** sind die Erblasserschulden, die mit einem zum Erwerb gehörenden gewerblichen Betrieb oder mit dem Anteil an einem solchen Betrieb in wirtschaftlichem Zusammenhang stehen und die als unselbstständige negative Bestandteile des Vermögensanfalls (oben Anm 31) bereits nach § 12 V und VI berücksichtigt worden sind, um so die doppelte Berücksichtigung derselben Verbindlichkeit zu vermeiden. Dasselbe muss gelten, wenn einer von mehreren Miterben stirbt und wenn der dem Erbeserben anfallende Anteil am Nachlass bereits unter Berücksichtigung der den Erblasser treffenden Nachlassverbindlichkeiten bewertet worden ist. Die Nachlassverbindlichkeiten, für die bereits der Erblasser Schuldner war, können dann nicht noch einmal gesondert vom Erben geltend gemacht werden. Zum Grundstücksnießbrauch als negativer Bestandteil des gemeinen Grundstückswerts vgl oben Anm 31 und nunmehr Abs 6 S 6.

35 **Im Fall einer Schenkung** sind den Erblasserschulden die Verbindlichkeiten vergleichbar, die den Schenker treffen, aber wegen des Erwerbs auch gegen den Beschenkten geltend gemacht werden können. Ein Beispiel bietet die StSchuld des Schenkers, die nach § 20 V vom Beschenkten beigetrieben werden kann. Allerdings kann der Beschenkte im Innenverhältnis die Schuld auf den Schenker verlagern und so die wirtschaftliche Belastung aus seiner Schuld neutralisieren. Ist der Rückgriff jedoch aus tatsächlichen Gründen ausgeschlossen, bleibt die Belastung an dem Beschenkten hängen, so dass sie zum Abzug vom Wert des schenkweise zugewandten Erwerbs zugelassen werden muss.

36 Zu den **Erbfallschulden (Abs 5 Nr 2)** gehören neben den Vermächtnissen und Auflagen die **Pflichtteilsansprüche.** Alle Schulden sind nur abziehbar, wenn sie für den Schuldner oder seine Rechtsnachfolger eine wirtschaftliche Belastung bilden, weil mit ihrer Geltendmachung gerechnet werden muss. Bei Pflichtteilen lässt das Gesetz den

Abzug weitergehend nur dann zu, wenn die Ansprüche tatsächlich geltend gemacht worden sind (weil auch erst dann der Anspruch beim Berechtigten besteuert werden kann). Das soll nicht nur für die in § 10 V Nr 2 ausdrücklich genannten Pflichtteilsschulden gelten, die den zur Besteuerung stehenden Erwerb durch Erbanfall belasten, sondern auch für Pflichtteilsschulden, die sich bereits gegen den Erblasser gerichtet hatten und nun als Erblasserschulden nach § 10 V Nr 1 zu beurteilen sind (BFH BStBl III 58, 134), obwohl für diese Schulden eine entsprechende gesetzliche Klarstellung fehlt. Auch ein verjährter Pflichtteilsanspruch kann noch geltend gemacht werden. Nach Auffassung des FG München (EFG 91, 199; UVR 92, 216; 93, 55) ist das Geltendmachen des Pflichtteils jedoch ausgeschlossen, sobald der Pflichtteilsgläubiger Erbe des Pflichtteilsschuldners geworden ist, weil dann das Geltendmachen keine wirtschaftliche Belastung des Pflichtteilsschuldners mehr auslösen kann (zweifelhaft; vgl auch oben § 9 Anm 33, § 10 Anm 28). Der Pflichtteil begründet für den Erben Geldleistungsschulden und ist daher im Regelfall mit dem Nennbetrag zu bewerten. Beim Pflichtteilsanspruch ließ es die Rspr zeitweise zu, dass statt der Geldleistung ein anderer Leistungsinhalt (insbesondere eine Grundstücksübertragung) an Erfüllungs statt vereinbart wird, der dann den Wert des Anspruchs und der ihm korrespondierenden Verpflichtung bestimmte (BFH BStBl II 82, 350). Von dieser RsprLinie ist das Gericht jedoch in der Zwischenzeit wieder abgerückt (BFH BStBl II 99, 23). Es bleibt daher bei der Bewertung der Verbindlichkeit mit dem Nennbetrag. Doch wird nicht immer der volle Nennbetrag der Pflichtteilsschuld zum Abzug zugelassen, weil die FinVerw (R E 10.10 II ErbStR) wegen der im Nachlass befindlichen befreiten Posten ein Abzugsverbot annimmt (unten Anm 55). Der 64. DJT (Verh II/1, 2002, L 118) hat empfohlen: „Der Pflichtteilsanspruch sollte beim Berechtigten nur in der Höhe erfasst werden, in der er als Verbindlichkeit beim Erben abgezogen werden kann". Verzichtet der Pflichtteilsberechtigte gegen Abfindung auf den entstandenen, aber noch nicht geltend gemachten Pflichtteil, so kann der Erbe die Abfindungsleistung wie den Pflichtteil als Erbfallschuld abziehen (BFH BStBl II 81, 473), auch wenn ein Dritter die Abfindungsleistung aufgebracht hat (vgl § 3 Anm 101).

Zu den Erbfallschulden gehört auch der **Vermächtnisanspruch**, 37 der nicht nur den Erben, sondern auch einen Vermächtnisnehmer belasten kann; der Vermächtnisnehmer als Vermächtnisschuldner kann dann seinen Erwerb um die ihn treffende Vermächtnisschuld (Untervermächtnis) kürzen. Schlägt der Vermächtnisnehmer das Vermächtnis gegen Abfindung aus, kann der Erbe den Abfindungsbetrag wie ein Vermächtnis abziehen. Der Vermächtnisanspruch besteht im Zweifel in dem Umfang, in dem ihn der Erblasser schriftlich wirksam angeordnet hat. Erfüllt der Erbe ein mündlich unwirksam angeordnetes Vermächtnis, wird dies ebenfalls zum Abzug zugelassen (FG München UVR 92, 126). Unter den Voraussetzungen des § 2318 BGB kann der Erbe das Vermächtnis kürzen; nimmt der Erbe diese Kürzungsmöglichkeit wahr, ist auch die Abzugsfähigkeit nach § 10 V Nr 2 entsprechend begrenzt. Erhöht der Erbe ein Vermächtnis zu Lasten einer vom Erblasser angeordneten Auflage, so ist auch der Erhöhungsbetrag in dem Umfang abziehbar, in dem der Betrag der abzugsfähigen Auflageverbindlichkeit herabgesetzt wird (FG München EFG 91, 547). Im Übrigen hat die Vermächtnisschuld den Umfang, der mit dem Erbfall begründet worden ist. Entfällt die Vermächtnisschuld später, weil der Vermächtnisgegenstand unverschuldet untergeht (§ 275 I BGB), bleibt die Abzugsmöglichkeit für den Erben dennoch erhalten.

38 **Kaufrechtsvermächtnis.** Inhalt eines Vermächtnisanspruchs kann sein, dass der Vermächtnisnehmer einen Anspruch gegen den Erben auf Leistung eines Nachlassgegenstandes gegen Entgelt gewinnt (§ 3 Anm 44). Mit dem Kaufrechtsvermächtnis wird dem Vermächtnisnehmer ein bedingter Sachleistungsanspruch zugewandt (BFH BStBl II 08, 892), der dem Vermächtnisnehmer nach Auffassung des BFH eine Bereicherung in Höhe des Vermächtnisgegenstandes abzüglich der Gegenleistung verschafft. Bezogen auf die Vermächtnisverbindlichkeit des Erben bedeutet dies, dass der Erbe, dem der Vermächtnisgegenstand als Teil seines Vermögensanfalls zufällt, diesem Erwerb eine der Bereicherung des Vermächtnisnehmers entsprechende Verbindlichkeit gegenüberstellen kann. Das Entgelt, das der Vermächtnisnehmer aufbringt, ist danach nicht Teil des Erwerbs des Erben. Aber es kürzt die Verbindlichkeit, die der Erbe nach § 10 V Nr 2 zum Abzug bringen kann. Die Rspr des BFH, die sich beim normalen Vermächtnis am StWert, beim Kaufrechtsvermächtnis dagegen am Verkehrswert des Vermächtnisgegenstandes orientierte, konnte bis Ende 2008 zu bedenklichen Ergebnissen führen. Das ErbStRG 2009 hat diese Problematik durch Angleichung der StWerte an die Verkehrswerte jedoch weitgehend entschärft.

39 Zu den Erbfallschulden nach § 10 V Nr 2 gehören auch die Verpflichtungen aus **Auflagen,** die der Erblasser angeordnet hat. Eine Auflage kann zB die Grabpflege betreffen und den Umfang der Grabpflege in der vom Erblasser gewünschten Weise regeln. Der Erbe kann die Grabpflegekosten dann in voller Höhe des durch die Auflage umschriebenen Verpflichtungsumfangs abziehen und ist nicht auf den Abzug der Kosten einer üblichen Grabpflege iS von § 10 V Nr 3 beschränkt. Macht der Erbe allerdings den höheren Verpflichtungsumfang geltend, kann er nicht daneben auch noch den Pauschbetrag des Abs 5 Nr 3 S 2 in Anspruch nehmen (dazu unten Anm 42). Die Entscheidung BFH BStBl II 87, 861 sieht in dieser Auflage keine

Zweckzuwendung, so dass eine zusätzliche Besteuerung des Erben wegen des der Grabpflege gewidmeten Betrages nicht eingreift (vgl auch § 8 Anm 6 und BFH BStBl II 93, 161).

Nicht zu den Erbfallschulden iS von § 10 V Nr 2 gehören die 40 Verpflichtungen der Erben, die sich für sie aus einer **Teilungsanordnung** (§ 2048 BGB) des Erblassers ergeben, obwohl die Teilungsanordnung dem Vorausvermächtnis an einzelne Erben (§ 2150 BGB) nahesteht, dessen Abzug nach § 10 V Nr 2 unproblematisch ist. Mit der Entscheidung BFH BStBl II 77, 640 war das Gericht kurzfristig von der bisherigen Rspr (BFH BStBl III 60, 348) abgewichen und hatte Teilungsanordnungen bei der Besteuerung der Miterben für beachtlich erklärt. Schon die Entscheidung BFH BStBl II 83, 329 hat diese Abweichung jedoch zurückgenommen und ist damit zu der alten Rspr-Linie zurückgekehrt (Kritik dazu bei *Flume,* DB 83, 227; Näheres § 3 Anm 23 ff). Nicht zu den Erbfallschulden gehört auch die in §§ 2050 ff BGB geregelte **Ausgleichungspflicht,** die in Wahrheit keinen Pflichtcharakter hat und damit nicht wie Teilungsanordnungen und Vorausvermächtnisse schuldrechtlich auf die Auseinandersetzung unter den Miterben einwirkt, sondern nur die Berechnung der bei der Auseinandersetzung maßgeblichen Teilungsquote verschiebt (vgl § 3 Anm 21 f).

Wird ein **Beschenkter** nach § 2329 BGB als Pflichtteilsschuldner in 41 Anspruch genommen oder wird von dem Beschenkten nach § 2287 BGB die Herausgabe des Geschenks an den Vertragserben verlangt, dann ist § 29 anwendbar, wenn das Geschenk tatsächlich herausgegeben wird. Wird dagegen im Fall des § 2329 BGB eine Geldleistung an den Pflichtteilsgläubiger zur Abwendung der Vollstreckung in das Geschenk in Höhe eines Teilbetrages des Geschenks erbracht, dann hat nunmehr der BFH (BStBl II 04, 234, ZEV 04, 124 mit Anm *Meincke*) geklärt, dass § 29 nicht eingreift, sondern dass der Beschenkte die Berichtigung der ursprünglichen StFestsetzung wegen einer abzugsfähigen Verbindlichkeit entsprechend § 10 V Nr 2 verlangen kann.

Zu den **sonstigen Nachlassverbindlichkeiten (Abs 5 Nr 3)** ge- 42 hören die **Kosten für die Bestattung des Erblassers** (einschließlich der Kosten für ein angemessenes Grabdenkmal und für die übliche Grabpflege). Bezogen auf diese Kosten wird ein **Pauschbetrag von 10 300 €** gewährt (Nr 3 S 2). Das bedeutet: Der Erbe, der die Bestattungskosten trägt (§ 1968 BGB), oder derjenige, der an seiner Stelle zur Kostenübernahme rechtlich oder sittlich verpflichtet ist (R E 10.9 II ErbStR), kann Kosten in Höhe von 10 300 € ohne Nachweis zum Abzug bringen. Will er höhere Kosten geltend machen, muss er entsprechende Belege vorbringen. Der Pauschbetrag wird für jeden Erbfall einmal gewährt (BFH BStBl II 10. 491). Er wird ungekürzt anerkannt, auch wenn zum Nachlass nicht der Besteuerung unterliegendes Vermögen gehört. Miterben steht der Pauschbetrag anteilig zu (FG Bad-Württ EFG 08, 1906). Der Anteil bemisst sich – unabhängig davon, wer welche Kosten trägt – nach den Erbquoten. Zwei Miterben, die zu gleichen Teilen berufen sind, können daher jeder (nur) einen Pauschbetrag von 5150 € geltend machen. Der anteilige Pauschbetrag kann auch von dem Miterben geltend gemacht werden, dem keine Kosten entstanden sind. Hat ein Miterbe jedoch schon nach der Höhe seines persönlichen Freibetrages keine Steuerlast zu tragen, so dass der Ansatz des Pauschbetrages für ihn bedeutungslos sein muss, sollte man ihm gestatten, auf seinen Betragsanteil zu verzichten, so dass der Pauschbetrag beim anderen Erben uneingeschränkt zum Ansatz kommen kann. Verunglückt ein Ehepaar tödlich, so stehen dem einzigen Kind als Erben zwei Pauschbeträge zu, weil es um zwei Erbfälle geht, auch wenn es zu einer gemeinsamen Bestattung kommt. Im Fall der Vor- und Nacherbfolge wird der Pauschbetrag nur dem Vorerben zugestanden (*Moench/Weinmann* § 10 Rz 90). Neben dem Pauschbetrag können keine Bestattungskosten geltend gemacht werden. Auch ein Abzug der Grabpflegekosten wegen einer entsprechenden Auflage des Erblassers nach § 10 V Nr 2 (oben Anm 39) kommt neben dem Abzug des Pauschbetrages nicht in Betracht. Sind Bestattungskosten von mehr als 10 300 € angefallen, werden solche höheren Kosten nicht zusätzlich zu dem Pauschbetrag in Abzug gebracht. Vielmehr tritt in diesem Fall die Einzelabrechnung an die Stelle der pauschalen Kostenabgeltung. Der Pauschbetrag kann aber selbst dann in Anspruch genommen werden, wenn Bestattungskosten gar nicht in Frage stehen, weil der tödlich verunglückte Erblasser nicht aufgefunden werden kann oder weil der Erblasser als Verschollener für tot erklärt worden ist. Der Pauschbetrag gilt seinem Zweck entsprechend nur für Erbfälle und kann im Fall von Schenkungen nicht entsprechend herangezogen werden (FG Nürnberg EFG 93, 729).

43 Beim **Abzug der Bestattungskosten durch Einzelnachweis** sind neben den Kosten der Beerdigung oder Feuerbestattung insbesondere folgende Kosten berücksichtigungsfähig: Todesanzeigen, Fahrtkosten für Verwandte, die auf Kosten des Erben zur Beerdigung anreisen, Trauerkleidung, Überführungskosten, kirchliche oder weltliche Trauerfeier, Danksagungen, Herrichtung der Grabstelle, Grabdenkmal, Grabpflege. **Steuerlich am günstigsten** ist es, wenn der Erblasser die Grabpflege noch zu Lebzeiten vertraglich mit einer Gärtnerei abspricht und das entsprechende Entgelt noch selbst bezahlt. Diese Leistung brauchen sich die Erben auf den Pauschbetrag (Anm 42) nicht anrechnen zu lassen, da sie zur Grabpflege nicht gesetzlich verpflichtet sind. Die Bestattungskosten haben sie dagegen kraft Gesetzes zu tragen (§ 1968 BGB). Hat

Nachlassverbindlichkeiten **44 § 10**

der Erblasser daher auch schon seine Bestattung zu Lebzeiten geregelt und bezahlt, erwächst den Erben ein Leistungsanspruch gegen den Bestattungsunternehmer, der nicht zu ihrem Erwerb durch Erbanfall gerechnet wird und den Pauschbetrag für die Bestattungskosten unberührt lässt (*Moench/Weinmann* § 10 Rz 73). Hat der Erblasser seine Bestattung bereits zu Lebzeiten verbindlich geregelt, aber noch nicht bezahlt, dann ist die Vergütungsforderung des Beerdigungsunternehmens Nachlassverbindlichkeit nach Abs 5 Nr 1. Beerdigungskosten iS des Abs 5 Nr 3 fallen nicht an. Nr 3 S 2 bleibt unberührt (FinVerw HE 33 ErbStH). Beim Einzelnachweis werden die **Kosten der üblichen Grabpflege** als Abzugsposten anerkannt, auch wenn sie nicht zu den Beerdigungskosten iS des § 1968 BGB gehören und keine rechtliche Verpflichtung zur Grabpflege besteht. Doch sind drei Anforderungen einzuhalten. Die Kosten müssen nur tatsächlich entstanden sein und künftig entstehen. Es kann nur der Kapitalwert für eine unbestimmte Dauer der Belastung abgezogen werden, dh das 9,3fache des Jahreskosten (§ 12 I ErbStG iVm § 13 II BewG), auch wenn die tatsächliche Pflegezeit deutlich länger ist (BFH BStBl II 82, 2). Und es können nur die üblichen Kosten erstattet werden. Zu den Anforderungen an die Üblichkeit von Grabpflegekosten hat sich das FG Thüringen (EFG 10, 1332) ausführlich geäußert. Eine **Übersicht über die Behandlung von Grabpflegekosten** bieten die ErbStH (H E 10.7).

Zu den sonstigen Nachlassverbindlichkeiten iSd Abs 5 Nr 3 gehören **44** auch die **Nachlassabwicklungskosten;** das sind die Kosten, die dem Erwerber unmittelbar im Zusammenhang mit der Abwicklung, Regelung oder Verteilung des Nachlasses entstehen. Auch für diese Kosten gilt die **Pauschbetragsregelung** des Abs 5 Nr 3 S 2. Sie können also nur dann gesondert abgezogen werden, wenn der Pauschbetrag nicht in Anspruch genommen wird. Der Begriff der Nachlassabwicklungskosten wird weit ausgelegt. Er umfasst die Kosten einer Todeserklärung, der Eröffnung des Testaments, des Erbscheins, der tatsächlichen und rechtlichen Feststellung des Nachlasses und seiner Bewertung, die Kosten, die aufgewendet werden müssen, um die Erben in den Besitz der Nachlassgegenstände zu setzen oder die Umschreibung im Grundbuch zu erreichen (BFH BStBl III 61, 102), die Kosten der Erbauseinandersetzung (FG München UVR 96, 248) einschließlich der St, die aus Anlass der Veräußerung von Nachlassposten zum Zweck der Teilung aufgebracht werden muss, die Kosten, die dem Erben im Zusammenhang mit der Erfüllung eines vom Erblasser angeordneten Vermächtnisses entstehen (BFH BStBl II 95, 786), die Kosten des Nachlassinventars (§§ 1993 ff BGB) sowie angemessene Kosten (vgl dazu Hess FG EFG 91, 332) für den Testamentsvollstrecker, der die Nachlassabwicklung vornimmt (RFH RStBl 38, 517; *Noll*, DStR 93, 1437). Auch Kosten der Wertermittlung von Nachlassposten (Verkehrswertgutachten für Grundbesitz) sind abzugsfähig, wenn sie zu den Kosten der **Erbauseinandersetzung** gehören (BFH BStBl II 10, 489). Nicht abzugsfähig sind dagegen Verluste, die bei der Versilberung von Nachlassgegenständen hingenommen werden müssen, und zwar auch dann, wenn die Versilberung erforderlich ist, um vom Erblasser angeordnete Geldvermächtnisse zu erfüllen (RFH RStBl 37, 459; FG Rh-Pf BB 93, 1725).

45 Umstritten war lange Zeit die Abzugsfähigkeit der **Kosten für die ErbStErklärung,** insbesondere der **StBeratungskosten.** Die FinVerw lehnte die Berücksichtigung ab, während es im Schrifttum gewichtige Stimmen gab, die für die Abzugsfähigkeit plädierten (*Petzoldt* § 10 Rz 67; *Felix,* KÖSDI 87, 6783). Zu entscheiden war, ob die Kosten eher in die Nähe der Erwerbsschmälerungen gehören, die § 10 V für abzugsfähig erklärt, oder ob sie eher dem Bereich der ErbStZahlung zuzuordnen sind, der nach § 10 VIII vom Abzug ausgeschlossen ist. Nunmehr hat die FinVerw unter Hinweis auf eine unveröffentlichte Entscheidung des FG Münster ihren Standpunkt geändert. Waren schon bisher die StBeratungskosten für die Anfertigung der ErbStErklärung dann für abzugsfähig gehalten worden, wenn der Erwerber im Ausland wohnt und ein inländischer Bevollmächtigter im engen Zusammenhang mit der Nachlassregulierung die ErbStErklärung anfertigt (BFH BStBl III 61, 102) oder wenn ein Testamentsvollstrecker einen StBerater mit der Erstellung der Erklärung beauftragt hat (FG München EFG 83, 243), werden nun allgemein die StBeratungskosten für die Erstellung der ErbStErklärung als Nachlassregulierungskosten iS des § 10 V Nr 3 anerkannt. Die Kosten, die im Zuge eines sich an die Steuerfestsetzung oder Wertfeststellung anschließenden Rechtsbehelfsverfahrens oder eines finanzgerichtlichen Verfahrens für den Erwerber anfallen, werden von der FinVerw dagegen nicht zum Abzug zugelassen (H E 10.7 ErbStH).

46 Den Nachlassabwicklungskosten entspricht **im Fall der Schenkung** der Kostenbetrag, der bei einer Schenkung an mehrere Erwerber zur Aufteilung und Weiterleitung des Erwerbs aufgebracht werden muss. Die StBeratungskosten sind auch im Fall der Schenkung für abzugsfähig zu halten, wenn man ihre Abzugsfähigkeit im Bereich der Erwerbe von Todes wegen bejaht (oben Anm 45; FinVerw DStR 94, 975).

47 Als sonstige, nach § 10 V Nr 3 abziehbare Nachlassverbindlichkeiten hebt das Gesetz schließlich die **Erwerbskosten** hervor, das sind die Kosten, die dem Erwerber unmittelbar im Zusammenhang mit dem Erwerb entstehen. Der Wortlaut des § 10 V Nr 3 S 2 spricht dafür, den Pauschbetrag auch auf diese Kosten zu beziehen. Die FinVerw (R E 10.9 IV ErbStR) lässt jedoch den Abzug der Erwerbskosten **neben**

Nachlassverbindlichkeiten 48, 49 § 10

dem Pauschbetrag zu. Abzugsfähig sind die Erwerbskosten nur, wenn ein unmittelbarer Zusammenhang gerade mit dem in Frage stehenden Erwerb bejaht werden kann. Aufwendungen, die ein Erbe macht, um zunächst die Erbeinsetzung und um dann erst später auf der Grundlage dieser Erbeinsetzung den Erwerb durch Erbanfall zu erreichen, sind nach Auffassung des RFH (RStBl 35, 154) nicht abzugsfähig. Verpflichtet der Schenker den Beschenkten im Zusammenhang mit dem Ersterwerb, einen Zweiterwerb mit der Schwester zu teilen, dann steht diese Verpflichtung nach Auffassung des FG Münster (EFG 87, 309) nicht in unmittelbarem Zusammenhang mit dem Zweiterwerb und kann daher bei diesem nicht abgezogen werden.

Zu den Erwerbskosten gehören **Erbenermittlungskosten** (FinVerw DB 93, 1011), **Prozesskosten,** um den Erwerb an sich zu ziehen und zu sichern (vgl aber FG Nürnberg EFG 99, 661), **Beratungskosten** im Hinblick auf die Erlangung und Sicherung des Erwerbs einschließlich der StBeratungskosten, soweit sie nicht schon zu den Nachlassabwicklungskosten gehören (oben Anm 45) sowie **Abfindungsleistungen,** die der Erwerber aufwenden muss, um in die Position des Erwerbers einzurücken, so die Abfindung, die der Ersatzerbe an den Erben zahlt, um diesen zur Ausschlagung der Erbschaft zugunsten des Ersatzerben zu veranlassen, die Abfindung für einen entsprechenden Erbverzicht usw (§ 3 Anm 98, § 7 Anm 107). Auch das **Entgelt,** das der Erwerber einer **Nacherbenanwartschaft** an den Nacherben zahlt (vgl § 3 II Nr 6 und dort Anm 103), oder die **Abfindung,** die ein Sohn seinem Bruder für einen mit ihm abgesprochenen **Erbverzicht** zahlt (BFH BStBl II 01, 456, 458), gehört zu den Kosten, die ihm unmittelbar im Zusammenhang mit dem späteren Erbschaftserwerb entstehen (BFH BStBl II 93, 158, 160). Auch Zuwendungen, die der Erbe zu Lebzeiten des Erblassers an diesen als Gegenleistung für eine vertraglich vereinbarte Erbeinsetzung erbracht hat, sind als Erwerbskosten anzuerkennen (BFH BStBl II 84, 37). Dagegen werden die Kosten, die ein Vorerbe aufwendet, um die Nacherbschaft abzulösen, vom BFH nicht zum Abzug zugelassen (BFH BStBl II 96, 137; vgl dazu auch *Meincke,* ZEV 00, 214, 216). 48

Von besonderem Interesse ist die Frage, ob **Pflegeleistungen,** die der Vertragserbe als Gegenleistung für die Erbeinsetzung an den Erblasser erbracht hat, zu den Erwerbskosten gehören. Die Rspr hatte früher Gegenleistungen, die der Erbe dem Erblasser für die Erbeinsetzung zu dessen Lebzeiten zugewandt hatte, für nicht abzugsfähig erklärt (RFH RStBl 35, 154; 37, 1302; Nds FG EFG 80, 190). Eine Neuorientierung brachte dann die Entscheidung BFH BStBl II 84, 37, die Zuwendungen, die der Erbe zu Lebzeiten des Erblassers an diesen als Gegenleistung für eine vertraglich vereinbarte Erbeinsetzung erbracht hat, als 49

Erwerbskosten behandelte und zum Abzug zuließ. Nunmehr sind im Hinblick auf Pflegeleistungen **drei Fragen** zu unterscheiden: **1.** ist zu fragen, ob die Freibetragsbegrenzung nach § 13 I Nr 9 auf 20 000 € dem Abzug eines höheren Betrages im Rahmen des § 10 Abs 5 entgegensteht. Diese Frage wird allseits verneint (vgl zB *Moench*, DStR 92, 1185, 1189); **2.** geht es um das Problem, unter welchen Voraussetzungen eine Vergütung für Pflegeleistungen des Erben als Erblasserschuld nach § 10 V Nr 1 abgezogen werden kann. Der BFH (BStBl II 85, 137, 139; 88, 1006; vgl auch BFH/NV 92, 40) hat die Grenzen eng gezogen und den Nachweis eines ernsthaft vereinbarten und durchgeführten entgeltlichen Vertrages verlangt, der einen eindeutigen vertraglichen Bindungswillen erkennen lässt (BFH BStBl II 95, 62), ein Nachweis, der von den Hinterbliebenen häufig nicht geführt werden kann; **3.** bleibt dann die Frage, ob im Hinblick auf die Pflegeleistungen ein Erwerbskostenabzug nach Abs 5 Nr 3 möglich ist. Die Rspr billigt diese Abzugsmöglichkeit bisher nur dem Vertragserben zu, wenn er die Pflegeleistungen nach Abschluss des Erbvertrags (FG München EFG 95, 752) als Gegenleistung für die ihm fest eingeräumte Erbeinsetzung erbracht hat (BFH BStBl II 84, 37), soweit nicht sogar jede Abzugsmöglichkeit verneint wird, weil es sich bei Dienstleistungen, die als Eigenleistungen erbracht werden, nicht um „Kosten" handele (FG Nürnberg EFG 95, 127). Auf jeden Fall wird die Abzugsmöglichkeit nur dem Erbvertragserben zuerkannt (FG München UVR 95, 116). Dem Testamentserben soll dagegen eine entsprechende Abzugsmöglichkeit nicht zuzuerkennen sein, weil hinsichtlich seiner Leistungen der unmittelbare Zusammenhang mit der Erlangung des Erwerbs fehlt, da der Erblasser an seine Einsetzung nicht gebunden ist. Die Begründung erscheint noch nicht voll überzeugend.

50 **Erwerbskosten** sind auch im Fall der **Schenkung** berücksichtigungsfähig (FG München EFG 91, 546; FG Nürnberg EFG 93, 729; FinVerw DStR 94, 975; *Moench*, DStR 94, 967; jetzt auch BFH BStBl II 01, 454), so die Kosten für die Beurkundung des Vertrages, für das Grundbuch und das Handelsregister (R E 7.4 IV ErbStR). Dagegen werden Steuerberatungskosten und Rechtsberatungskosten im Vorfeld einer Schenkung von der FinVerw als abzugsfähig nicht mehr anerkannt (R E 7.4 IV ErbStR; anders noch DStR 94, 975). Kosten eines Zivilprozesses können im Schenkungsfall zu berücksichtigen sein, wenn es um die Durchsetzung des Erwerbs gegen den Erben des Schenkers oder um die Sicherung des Erwerbs gegen außenstehende Prätendenten geht. Selbst Kosten zur Abwendung der Ausübung eines Rückforderungsrechts können zu den Erwerbskosten gehören. Der BFH hat die Einlageverpflichtung von Neugesellschaftern einer GmbH, denen von den Altgesellschaftern höherwertige Geschäftsanteile zugewandt werden (BStBl II 01, 454) als

Abzugsverbote 51 **§ 10**

Erwerbskosten qualifiziert. Der Pauschbetrag nach Abs 5 Nr 3 S 2 steht dem Beschenkten nicht zu (FG Nürnberg EFG 93, 729; oben Anm 42). Wird der Schenker als StSchuldner in Anspruch genommen, so kann er nur die Erwerbskosten des Beschenkten, nicht aber seine eigenen „Veräußerungskosten" zum Abzug bringen, da es im Schenkungsfall nur eine einheitliche Bemessungsgrundlage für den Schenker und den Beschenkten gibt (oben Anm 18).

51.–60. Abzugsverbote (Absätze 5 bis 9)

Allgemeines. Abzugsverbote (vgl dazu auch schon oben Anm 15, 31) bilden das Gegenstück zu den gegenständlichen StBefreiungen. Wie diese nehmen sie Vermögensposten von der Besteuerung aus, nur dass die StBefreiungen als Ausnahmen vom Ansatzgebot wirken und Aktivposten aus der Feststellung des Erwerbs ausklammern, während Abzugsverbote sich auf Passivposten beziehen und Schulden und Lasten bei der Ermittlung der Bereicherung unberücksichtigt lassen. Abzugsverboten kann durch Unterlassen des Abzugs, aber auch durch Hinzurechnung eines dem Passivposten entsprechenden Geldbetrages Rechnung getragen werden. Die Abzugsverbote lassen sich daher auch als Hinzurechnungsgebote deuten. Das ErbStG kennt nur Abzugsverbote, die den gegenständlichen StBefreiungen entsprechen. Auch Abzugsverbote, die der teilweisen Befreiung von Vermögensposten gleichkommen, sind bekannt (§ 10 VI 3–5). Hinzurechnungsgebote, die iS eines negativen persönlichen Freibetrags nach der StKlasse gestaffelte Beträge dem Erwerb hinzuaddieren, kennt das ErbStG dagegen nicht. Abzugsverbote lassen sich wie StBefreiungen nicht ohne Weiteres aus einem einheitlichen Gesichtspunkt heraus begründen. Schon unter den StBefreiungen gibt es jedoch Posten, bei denen die Anordnung der StBefreiung eher der Klarstellung dessen gilt, was sich auch ohne gesetzliche Anordnung ohne Weiteres aus allgemeinen Prinzipien ableiten ließe. So haben auch die Abzugsverbote der Abs 5 bis 9 eher **klarstellenden Charakter.** Sie wollen nicht Erwerbsaufwendungen von der Berücksichtigung ausschließen. Das wäre mit dem Nettoprinzip, das das ErbStRecht beherrscht, nicht gut vereinbar. Sie weisen vielmehr darauf hin, dass der Abzug der in den Abs 5 bis 9 genannten Posten durch das Nettoprinzip nicht gefordert wird, weil diese Posten nicht schon den Erwerb, sondern erst die weitere Verwendung des Erwerbs mindern, oder weil sie mit steuerbefreiten Vermögensposten in Verbindung stehen und mit den steuerbefreiten Posten von der Besteuerung ausgenommen sind. Der **BFH** hat mit seiner bisherigen **Rspr zur gemischten Schenkung** (oben § 7 Anm 27 ff, 30) eine Linie eingeschlagen, die in ihren Auswirkungen die Abzugsverbote und Abzugsbeschränkungen bei Steuerbefreiungen durch Abzugsbeschränkungen bei Bewertungsvergüns-

51

tigungen ergänzt. Er hat im Übrigen die Geltung der Abzugsverbote bei Erwerben durch Schenkung unter Lebenden zunächst ungewollt dadurch in Frage gestellt, dass er die Anwendbarkeit des § 10 I 2 auf Schenkungen unter Lebenden verneinte (BStBl II 82, 83, 85), obwohl diese Bestimmung mit der Verweisung auf die Abs 3 bis 9 den Obersatz enthält, der den Abzugsverboten erst ihre Bedeutung gibt. Inzwischen hat der BFH anerkannt, dass der Abzug von Nachlassverbindlichkeiten auch bei (nicht gemischten) Schenkungen gilt (BStBl II 04, 234, ZEV 04, 124 mit Anm *Meincke*). Damit ist auch der Weg zu den Abzugsverboten wieder offen. Soweit das Gesetz Verbindlichkeiten durch Abzugsverbote von der steuerlichen Berücksichtigung ausnimmt, sollte der Wegfall der Verbindlichkeiten nicht erwerbserhöhend wirken, der Verzicht auf die Forderung keine steuerlich bedeutsame Bereicherung im Rahmen einer freigebigen Zuwendung bewirken (vgl jetzt aber BFH BStBl II 04, 429; dazu § 25 Anm 14 f).

52 Nachlassverwaltungskosten (Abs 5 Nr 3 Satz 3). Wie im ESt-Recht, so kann man auch im Bereich der ErbSt zwischen der Erwerbserlangung und der Erwerbsverwendung unterscheiden. Abzugsfähig sind nur die Schulden und die den Erwerb schmälernden Posten, die schon mit der Erlangung des Erwerbs in Verbindung stehen, die den Betrag dessen mindern, was dem Erwerber mit dem Erwerb an Vermögensvorteilen zufällt. Nicht abzugsfähig sind dagegen die Posten, die mit dem weiteren Schicksal des Erwerbs in der Hand des Erwerbers zusammenhängen, die sich aus der **Verwendung des Erwerbs** als nachteilige Entwicklungen für den Erwerber ergeben. So wird der Erwerb des Erben mit dem Erbfall, der Erwerb des Schenkers mit der Ausführung der Schenkung stpfl. Das weitere Schicksal, das den Erwerb nach diesem Zeitpunkt trifft, die Wertänderungen im Bestand des übernommenen Vermögens, die Aufwendungen, die zur Erhaltung und Fortentwicklung des Erwerbs in der Hand des Erwerbers erforderlich werden oder die bei der Verwertung der Nachlassposten anfallen (Nds FG EFG 92, 141), interessieren nur dann, wenn sie sich auf den Erwerbszeitpunkt und auf den Erwerbsvorgang zurückbeziehen lassen. Andernfalls müssen sie unberücksichtigt bleiben. Das Letztere gilt für die Nachlassverwaltungskosten, die nicht mehr den Erwerb berühren, sondern die Verwendung des Erwerbs in der Hand des Erben betreffen. Verwaltungskosten sind zB die Kosten für die Anlage des ererbten Vermögens, die Reparatur und den Ausbau eines ererbten Hauses, die laufenden Gebühren, die für Nachlassgegenstände zu zahlen sind, die Kosten einer Dauertestamentsvollstreckung und die Kosten der Nachlassauflösung (FG Leipzig EFG 93, 591). Das Abzugsverbot aus Abs 5 Nr 3 S 3 ist sinngemäß auch auf die Kosten der Verwaltung des schenkweise zugewandten Vermögens zu erstrecken.

Abzugsverbote   53, 54 § 10

"Steuerfreie" Schulden und Lasten (Abs 6). Das Abzugsverbot 53
des § 10 VI entspricht dem Abzugsverbot, das § 3 c I EStG für den
Bereich des EStRechts vorsieht. Soweit Vermögensposten bei der Ermittlung des Erwerbs unberücksichtigt bleiben, können auch die mit
ihnen zusammenhängenden Schulden und Lasten nicht berücksichtigt
werden. Von der StFreiheit (= steuerlichen Unbeachtlichkeit) der Vermögensvorteile werden auch die mit ihnen zusammenhängenden Vermögensnachteile erfasst. Die Anordnung des § 10 VI gilt selbst dann,
wenn die Nachteile die Vorteile überwiegen, die Verbindlichkeiten den
Wert des mit ihnen verbundenen Erwerbs übersteigen (BFH
BStBl II 69, 717; II 70, 397; RFH RStBl 43, 567), so dass dem Erwerber wegen der „StFreiheit" der Schulden und Lasten ein Verrechnungspotential entgeht, mit dem er den positiven Wert anderer Erwerbsteile
hätte mindern können. Dies wurde insb im Zusammenhang mit der
StBefreiung für Kulturgüter nach § 13 I Nr 2 und für öffentlich zugänglich gemachten Grundbesitz nach § 13 I Nr 3 als misslich empfunden und hat den Gesetzgeber dazu gebracht, mWv 1. 1. 1986 einen
Verzicht auf die genannten StBefreiungen vorzusehen (§ 13 III S 2).
Mit dem Verzicht kann nunmehr die ungünstige Wirkung des Abzugsverbots vermieden werden.

Voraussetzungen des Abzugsverbots (Abs 6 Satz 1). Die Schul- 54
den und Lasten müssen zum Kreis der grundsätzlich abzugsfähigen Posten gehören. andernfalls hätte die Verbotsanordnung keinen Sinn. Die
mit einer gemischten Schenkung verbundenen Schulden belasten nach
der Rspr des BFH nicht den unentgeltlichen, sondern nur den entgeltlichen Teil des Geschäfts und sind daher gegenüber der freigebigen Zuwendung nicht abzugsfähig. § 10 VI gilt für sie, folgt man der Linie der
Rspr, nicht. Die Schulden und Lasten müssen mit Vermögensgegenständen in wirtschaftlichem Zusammenhang stehen, die **nicht der Besteuerung nach diesem Gesetz unterliegen,** also entweder von vornherein nicht zum stbaren Erwerb gehören oder durch eine sachliche
StBefreiung aus der Besteuerung herausgenommen worden sind. Nicht
zum stbaren Erwerb gehören zB die Schulden und Lasten, die die vererbte, gemäß § 10 IV aus der Besteuerung herausgenommene Nacherbenanwartschaft betreffen. Auch Lasten, die mit einem aufschiebend
bedingten Erwerb zusammenhängen, sind hier zu nennen (vgl § 12
Anm 13). Gegenständlich steuerbefreit sind zB die Erwerbe von Kulturgütern nach § 13 I Nr 2, von öffentlich zugänglich gemachtem Grundbesitz nach § 13 I Nr 3, aber auch von Vermögensgegenständen, die an
Eltern nach § 13 I Nr 10 zurückfallen. Für diesen letzteren Fall sieht
§ 13 III 2 keinen Verzicht auf die StBefreiung vor, auch wenn das Kind
zu seinen Lebzeiten die Vermögensgegenstände über ihren Wert hinaus
belastet hatte, so dass die StBefreiung für die Eltern im Ergebnis nach-

teilig ist. § 13 III 2 sollte daher allgemeiner gefasst werden. Weder aus dem steuerbaren Erwerb ausgenommen noch gegenständlich steuerbefreit sind solche Posten, im Hinblick auf die das Gesetz einen Freibetrag gewährt. So bewirkt die Anordnung des § 5 I 1 entgegen dem Wortlaut dieser Bestimmung nicht die Herauslösung eines Betrages aus dem steuerbaren Erwerb, sondern stellt lediglich einen Freibetrag zur Verfügung. Als iS des Abs 6 unschädliche Freibetragsregelung gilt auch die Anordnung der StFreiheit für Hausrat, Kunstgegenstände, Sammlungen und andere bewegliche Posten nach § 13 I Nr 1 (R E 10.10 III ErbStR), so dass die Kosten, die dem Erben zur Auflösung des Haushalts des Erblassers entstehen, durch Abs 6 S 1 nicht von der Berücksichtigung ausgeschlossen sind.

55 Der nach Abs 6 S 1 vorausgesetzte **wirtschaftliche Zusammenhang** der Schulden und Lasten mit den nicht der Besteuerung unterliegenden Vermögensgegenständen wird dann angenommen, wenn die Entstehung der Schuld ursächlich und unmittelbar auf Vorgängen beruht, die diesen Vermögensgegenstand betreffen. Durch die Verpfändung des Vermögensgegenstandes allein wird noch kein wirtschaftlicher Zusammenhang der Schuld mit dem für die Schuld verpfändeten Gegenstand geschaffen (RFH RStBl 35, 1465; BFH BStBl III 66, 483). Vielmehr muss, wie es heißt, die Schuld den betreffenden Vermögensgegenstand tatsächlich belasten (BFH BStBl III 67, 596; *Michel*, DVR 62, 49). Die zur Interpretation angegebenen Formeln sind, wie sich zeigt, wenig ergiebig. Der wirtschaftliche Zusammenhang kann bejaht werden zwischen dem Vermögensgegenstand und der Restkaufpreisforderung des Veräußerers, den Prozesskosten, die den Vermögensgegenstand betreffen, den Reisekosten und Transportaufwendungen, um sich in den Besitz dieses Gegenstandes zu setzen, den rückständigen Reparaturkosten, die vom Erblasser zur Sicherung und Erhaltung des Objekts aufgewandt waren. Der wirtschaftliche Zusammenhang muss bereits am Bewertungsstichtag bestanden haben. Nach Auffassung des RFH (RStBl 41, 731, vgl auch BFH BStBl III 62, 535) darf er nicht erst durch den Erbfall oder durch die Schenkung herbeigeführt worden sein. Aber diese Interpretation überzeugt nicht. Hat der Erbe steuerfrei ein Grundstück erworben, das er an einen Vermächtnisnehmer weiterleiten muss, so erscheint es ausgeschlossen, dass der Erbe die Vermächtnisverbindlichkeit von seinem Erwerb abziehen kann, auch wenn die Vermächtnisverbindlichkeit erst durch den Erbfall begründet ist. Vielmehr muss die StFreiheit des Grundstückserwerbs auch auf die Vermächtnisverbindlichkeit durchschlagen und die Vermächtnisschuld wie den Vermächtnisgegenstand beim Erben von der steuerlichen Berücksichtigung ausschließen. Hat der Erbe dagegen ein Geldvermächtnis zu erfüllen, dann muss die Vermächtnisverbindlichkeit abzugsfähig bleiben, auch

wenn es sich um ein Quotenvermächtnis handelt, dessen Umfang unter Einschluss des steuerfreien Erwerbs zu ermitteln ist. Denn der bloße Berechnungsmodus schafft noch nicht den wirtschaftlichen Zusammenhang, der in Abs 6 S 1 vorausgesetzt wird. Eine andere Auffassung vertritt allerdings die FinVerw (R E 10.10 II ErbStR; ihr folgend FG Rh-Pf EFG 04, 1467; *Stempel,* UVR 01, 136) für den Abzug von **Pflichtteilsschulden.** Soweit der Betrag des Pflichtteils aus steuerfreien Vermögensgegenständen ermittelt ist, soll die Pflichtteilsschuld nicht abzugsfähig sein. Diese Auffassung überzeugt nicht (ausführlicher *Meincke,* ZEV 06, 199). Der Pflichtteilsanspruch ist nicht gegenständlich konkretisiert in Bezug auf den Nachlass oder auf einzelne Wirtschaftsgüter des Nachlasses (BFHE 170, 566, 571). Falsch ist auch die Auffassung, dass der volle Abzug des Pflichtteils dem Erben einen doppelten StVorteil verschaffe. Denn der Abzug von Nachlassverbindlichkeiten ist kein StVorteil. Das Wesen der ErbSt als einer BereicherungsSt wird in diesen Äußerungen verkannt. Falsch ist ferner die Annahme, dass die StFreiheit von Nachlassgegenständen dem Erben notwendig zugute gekommen sein muss. Denn wie soeben für das Vermächtnis gezeigt, kann die StFreiheit des (in die Pflichtteilsberechnung eingehenden) Vermächtnisgegenstandes durch ein Abzugsverbot neutralisiert worden sein, so dass kein Anlass besteht, dem Erben nicht nur den Abzug der Vermächtnisschuld, sondern auch noch den anteiligen Abzug der aus dem Vermächtnisgegenstand errechneten Pflichtteilsverbindlichkeit zu versagen. Die Rspr des BFH (BStBl II 73, 3) hat sich bisher auf die Aussage beschränkt, dass der Pflichtteilsanspruch bei beschränkter StPfl in wirtschaftlichem Zusammenhang mit dem Inlandsvermögen steht, aus dem er errechnet worden ist. Diese Aussage ist nicht zu Abs 6 S 1, sondern zu dem anders gelagerten Abs 6 S 2 ergangen und bedarf auch im dortigen Zusammenhang der Überprüfung, der sich die FinVerw aber beharrlich entzieht.

Abzugsverbot bei beschränkter StPfl (Abs 6 Satz 2). Im Fall **56** der beschränkten StPfl von Ausländern (§ 2 I Nr 3) und in den Fällen, in denen die unbeschränkte StPfl durch ein **DBA** eingeschränkt ist (§ 19 II), sind nur diejenigen Schulden und Lasten zum Abzug zugelassen, die mit den der inländischen Besteuerung tatsächlich unterliegenden Vermögensgegenständen in wirtschaftlichem Zusammenhang stehen. Das Abzugsverbot gilt nur für Erwerber, die der beschränkten StPfl unterliegen. Haben unbeschränkt stpfl Erwerber Leistungen zu erbringen, die bei den Empfängern dieser Leistungen nicht der deutschen Besteuerung unterliegen, greift keine Einschränkung der Abzugsfähigkeit ein. Die zur Alleinerbin bestimmte unbeschränkt stpfl Tochter eines im Ausland lebenden Erblassers, die ihrem ebenfalls im Ausland lebenden enterbten Bruder den Pflichtteil auszahlen muss, kann diese Schuld also voll absetzen, obwohl der Bruder mit seinem Anspruch unbesteuert bleibt (§ 2 Anm 11 a). Das erscheint wenig konsequent. Satz 2 unterscheidet sich von der Regelung des Satz 1 in charakteristischer Weise. Während Satz 1 bestimmte Schulden vom Abzug ausschließt, werden in Satz 2 umgekehrt nur bestimmte Schulden und Lasten zum Abzug anerkannt. Alle zu demselben Erwerb gehörenden Schulden und Lasten, die sich nicht gerade dem Inlandsvermögen zuordnen lassen, scheiden für die steuerliche Berücksichtigung aus. Die Vereinbarkeit dieser Regelung mit den Grundfreiheiten des EU-Vertrags wird bezweifelt (*Schnitger*, FR 04, 185, 195). § 10 VI 2 beschränkt die Abzugsmöglichkeit auf bestimmte Verbindlichkeiten, sagt aber nicht, dass diese Verbindlichkeiten in jedem Fall tatsächlich abgezogen werden können. Voraussetzung der Abzugsmöglichkeit ist nämlich, dass die Schulden und Lasten den Charakter von Erwerbsschmälerungen haben und aus diesem Grund zu den „Nachlassverbindlichkeiten" des Abs 5 gehören. Im Übrigen sind neben § 10 VI 2 andere Abzugsverbote zu beachten, insbesondere § 10 VI 1. Stehen die Verbindlichkeiten also zwar mit Inlandsvermögen oder dem durch DBA für die inländische Besteuerung freigegebenen Vermögen in wirtschaftlichem Zusammenhang, handelt es sich aber bei dem in wirtschaftlichem Zusammenhang stehenden Vermögen um zB nach § 13 I Nr 2 oder 3 steuerbefreite Posten, so können die Verbindlichkeiten gemäß § 10 VI 1 nur dann zum Abzug gelangen, wenn der Erwerber den Verzicht auf die StBefreiung erklärt (§ 13 III 2). Soweit ein DBA den Schuldenabzug abweichend von § 10 VI 2 regelt, gehen dessen Regelungen dem ErbStG vor.

57 Zu den **teilweise befreiten Vermögensgegenständen** iS des **Abs 6 Satz 3** gehören die nach § 13 I Nr 2 Buchst a in Höhe von 60% ihres Werts befreiten Posten. Schulden und Lasten, die mit diesen Gegenständen in Verbindung stehen, werden weder voll zum Abzug zugelassen noch voll von der Berücksichtigung ausgeschlossen. Vielmehr sind die Schulden und Lasten, sofern der Erwerber nicht auf die StBefreiung verzichtet, mit 60% vom Abzug ausgeschlossen und daher nur mit 40% berücksichtigungsfähig. **Der Teilbefreiung** von Vermögensgegenständen **steht es gleich,** wenn Schulden und Lasten mit verschiedenen Vermögensgegenständen in wirtschaftlichem Zusammenhang stehen, von denen die einen von der StPfl ausgenommen sind, während die anderen der StPfl unterliegen. Auch in diesem Fall ist eine Aufteilung des Schuldbetrages vorzunehmen, um den vom Abzug ausgeschlossenen Teilbetrag der Schulden oder Lasten zu ermitteln. Zu den in diesem Sinn aufteilungsbedürftigen Passivposten werden nach **Abs 6 Satz 4** auch die Schulden und Lasten gerechnet, die mit nach § 13 a befreitem Vermögen in wirtschaftlichem Zusammenhang stehen. Sie sind nur mit dem Teilbetrag abzugsfähig, der dem Verhältnis des nach Anwendung des § 13 a anzusetzenden Werts dieses Vermögens zu dem Wert vor Anwendung des § 13 a entspricht. Bei Anwendung des § 13 a kommt es daher zu einer **entlastungsabhängigen Kürzung des Schuldenabzugs,** so dass eine Freistellung des Vermögens im Umfang von 85% bewirkt, dass auch die Schulden zu 85% unberücksichtigt bleiben müssen und nur zu 15% abgezogen werden können. Zu beachten bleibt allerdings, dass die Kürzungsregelung hier nur für die Schulden gelten kann, die Nachlassverbindlichkeiten bilden und daher an sich voll abgezogen werden können. Betriebsschulden, die zu einem Gewerbe- oder luf Betrieb oder zu einem Anteil an einem Gewerbe- oder luf Betrieb gehören, stehen zwar sogar in besonders engem wirtschaftlichen Zusammenhang mit dem begünstigen Vermögen. Sie werden jedoch bereits bei der Bewertung der wirtschaftlichen Einheit erfasst (Abs 5 Nr 1) und werden daher im Umfang der Begünstigung des Vermögens unmittelbar gekürzt. Für beide Schuldarten gilt im Übrigen, dass sie mit dem Wegfall der Begünstigung nach § 13 a V wieder voll berücksichtigungsfähig werden. Was in S 4 für Verbindlichkeiten gesagt wird, die mit nach § 13 a begünstigtem Vermögen in Zusammenhang stehen, gilt nach **Abs 6 Satz 5** auch für Schulden und Lasten, die mit den nach § 13 c begünstigten, zu Wohnzwecken vermieteten Grundstücken zusammenhängen. Auch hier soll aus der teilweisen Freistellung des Vermögensanfalls folgen, dass die mit dem Vermögensanfall zusammenhängenden Verbindlichkeiten nur teilweise berücksichtigt werden können. **Abs 6 Satz 6** macht schließlich darauf aufmerksam, dass Nutzungsrechte (wie Betriebsschulden) nicht zweimal berücksichtigt werden dürfen. Haben sie sich bereits bei der Bewertung des Vermögensanfalls ausgewirkt, können sie nicht noch einmal als Nachlassverbindlichkeiten abgezogen werden. Diese Aussage ist eine Selbstverständlichkeit, die nur deswegen in das Gesetz aufgenommen worden ist, weil Nutzungsrechte zwar bei der Bewertung des Grundvermögens nach § 179 und §§ 182 bis 197 BewG unberücksichtigt bleiben, bei der Bewertung nach den Grundsätzen des Baugesetzbuchs und der ImmobilienwertermittlungsVO jedoch zu beachten sind. Auch der niedrigere gemeine Werts nach § 198 BewG wird im Zweifel, wie die ErbStR (R E 10.10 VI) hervorheben, unter Einrechnung der auf dem Objekt lastenden Nutzungsrechte ermittelt. Haben die Nutzungsrechte sich bereits bei der Bewertung des belasteten Objekts ausgewirkt, scheidet ihre Berücksichtigung als Nachlassverbindlichkeit aus. Damit läuft auch das Abzugsverbot des Abs 6 ins Leere.

Das **Abzugsverbot nach Abs 7** bezieht sich auf die Anordnung des Abs 1 S 5, nach der Familienstiftungen und Familienvereine mit dem Reinwert ihres Vermögens der ErbSt unterliegen. Leistungen an die nach der Stiftungsurkunde oder nach der Vereinssatzung Berechtigten werden zum Abzug nicht zugelassen, weil sie als Vermögensverwendungen einzustufen sind (vgl auch Abs 9). Bei den Berechtigten stellen die Erwerbe keinen unter das ErbStG fallenden Erwerb dar (§ 7 Anm 90).

59 Die **eigene ErbSt,** für die **Abs 8** ein Abzugsverbot vorsieht, ist weder eine Nachlassverbindlichkeit im bürgerlich-rechtlichen Sinn (vgl dazu § 20 Anm 12), so dass sie ohne das Abzugsverbot ohne Weiteres als Abzugsposten berücksichtigt werden müsste (aM *Michel,* 8. Aufl dieses Kommentars § 10 Anm 72), noch wäre der Abzug der St unsinnig, weil die St sich nach der Höhe des stpfl Erwerbs bemisst und kein Posten bei der Ermittlung dieses Erwerbs sein kann. Das mehr technische Problem des Rechenverfahrens lässt sich, wie das Beispiel der GewSt gezeigt hat, ohne größere Schwierigkeiten lösen. Und inhaltlich wäre es gar nicht verfehlt, wenn die Anwendung der StSätze auf einen schon nach Abzug der St berechneten Erwerb deutlich machte, wie hoch der Staatsanteil tatsächlich ist, dass also der Erwerber in StKlasse III, dem nach Abzug der St 30 Mio € verbleiben, knapp 100% dieses Nettoerwerbs an den Staat als St abzuführen hat. Die StTechnik, die in Abs 8 zum Ausdruck kommt, ist nicht selbstverständlich. Der StPfl wird wegen eines Erwerbs besteuert, der ihm gar nicht verbleibt, ihm wird eine Steigerung der Leistungsfähigkeit unterstellt, die er nach Abzug der St für sich gar nicht realisieren kann. Der Staat zwingt den StPfl zum Teilen eines Erwerbs, der ihm bei der Besteuerung noch voll und ungeteilt als eigener zugerechnet wird. Die Anordnung des Abs 8 beruht auf der Unterscheidung von Erwerb und Erwerbsverwendung und rechnet die StZahlung (einschließlich der Rechtsverfolgungskosten: BFH BStBl II 07, 722) dem Bereich der Erwerbsverwendung zu. Abs 8 will den Abzug nur gerade der St von der Bemessungsgrundlage ausschließen, die die Grundlage für die StBerechnung abgibt. Abs 8 gilt daher für den Abzug ausländischer St nur insoweit, als es um die Ermittlung der Bemessungsgrundlage der ausländischen St geht. Soweit dagegen die Bemessungsgrundlage der inländischen St in Frage steht, kann ein Abzugsverbot für die ausländische St nicht aus Abs 8 abgeleitet werden kann (zustimmend *Viskorf/Schuck* § 10 Rn 155; aM aber die FinVerw H E 10.11 ErbStH). Vielmehr ist insoweit der Sinnzusammenhang des Anrechnungsverfahrens maßgeblich, der den Abzug aber nur bei Vorliegen der Voraussetzungen der Anrechnung und bei Wahl der Anrechnungsmethode ausschließt (unten § 21 Anm 2; offen gelassen von FG München ZEV 06, 130; BFH BStBl II 08, 623, 625, wobei das Gericht unter Hinweis auf die für das Gericht von *Troll/Gebel* repräsentierte, „überwiegende" Meinung einen abweichenden Standpunkt anzudeuten scheint, dem aber die FinVerw Fall gerade nicht gefolgt war). Abs 8 gilt nur für die eigene ErbSt und SchSt (§ 1 II). Soweit auf den Erben ErbStSchulden des Erblassers übergehen oder soweit er die StSchulden anderer Betei-

ligter zu tragen hat oder soweit der Beschenkte in StSchulden des Schenkers eintritt (§ 20 V), greift das Abzugsverbot nicht ein. Die St des Schenkers gilt in diesem Zusammenhang als eigene St, obwohl sie aus der St des Beschenkten abgeleitet ist (§ 15 Anm 4, § 20 Anm. 6). Für die kanadische capital gains tax gilt das Abzugsverbot des Abs 8 nicht (BFH BStBl II 95, 540).

Das **Abzugsverbot für Auflagen (Abs 9),** die dem Beschwerten 60 selbst zugute kommen, trägt dem Umstand Rechnung, dass durch solche Auflagen zwar die Dispositionsmöglichkeiten des Erwerbers im Hinblick auf seinen Erwerb eingeschränkt werden, dass die wirtschaftliche Bereicherung aber durch solche Auflagen regelmäßig nicht beeinflusst wird. Dies gilt zB, wenn der Erblasser dem Erben die Renovierung des vererbten Hauses zur Auflage macht (BFH BStBl II 95, 786) oder wenn sonst der Erbe zur Instandhaltung von Nachlassgegenständen verpflichtet wird (RFH RStBl 40, 1052). Auch die dem Erwerber auferlegte Verpflichtung, den erworbenen Gegenstand in eine Personengesellschaft einzubringen, an der er beteiligt ist und wo der Gegenstand seinem Darlehenskonto gutgeschrieben wird (BFH BStBl II 10, 504), sowie die dem Erben gemachte Auflage, Nachlassgegenstände in eine von den Erben gemeinsam betriebene Kapitalgesellschaft einzubringen, kann als Auflage in eigenem Interesse der Erwerber verstanden werden. Das hätte zur Konsequenz, dass die Auflage nicht abzugsfähig wäre, dass dann aber auch der Erwerb der Kapitalgesellschaft nicht als Erwerb vom Erblasser stpfl sein könnte. Die Einzelheiten hierzu sind noch nicht ausreichend geklärt. Ausnahmsweise kann jedoch eine andere Beurteilung geboten sein, die dann auch die Anwendbarkeit des Abs 9 in Frage stellt. Hat der Erblasser dem Erben zB Geld mit der Auflage hinterlassen, es in ein riskantes Unternehmen zu investieren, so wird man nach wirtschaftlichen Erwägungen abschätzen müssen, ob diese Auflage wirklich dem Erwerber zugute kommt. Ist dies wegen des hohen Risikos zu verneinen, wird man einen Abzug vom Erwerb zulassen müssen. Ähnlich liegt es, wenn die Auflage den Erwerber dazu zwingt, den Erwerb zur Instandsetzung eines dem Erwerber gehörenden Kulturguts zu verwenden, ohne dass das Kulturgut durch die Instandsetzung an Wert gewinnt. Generell lässt sich wohl formulieren, dass jede Anordnung, die dem Erwerber eine Verwendung seines Erwerbs auferlegt, die den Erwerb aufzehrt, ohne ihm damit zugleich wertentsprechende Vorteile zukommen zu lassen, ihm nicht iS des Abs 9 zugute kommt und damit auch abzugsfähig sein muss (vorsichtig zustimmend FG München UVR 97, 23, 24). Sind juristische Personen als Erwerber vorgesehen, so liegen Auflagen, den Erwerb zu satzungsmäßigen Zwecken zu verwenden, im eigenen Interesse des Erwerbers, so dass das Abzugsverbot des Abs 9 eingreift (RFH RStBl 31, 539). Soll der Erwerb zu satzungswidrigen Zwecken verwendet werden (einem Amateurfußballklub werden Gelder zur Bezahlung seiner Spieler zugewandt), liegen die Voraussetzungen des Abs 9 nicht vor, das Abzugsverbot kommt nicht zum Zuge (BFH BStBl II 02, 303, 304).

61. Abfindung statt Beteiligung (Abs 10)

61 Mit der vom ErbStRG 2009 eingeführten Regelung des Abs 10 kehrt das Gesetz noch einmal zur Bestimmung des Vermögensanfalls zurück (so schon Abs 1 bis 4). Bei Familienunternehmen sehen die zugrunde liegenden Gesellschaftsverträge nicht selten vor, dass nur bestimmte Familienmitglieder zu den Gesellschaftern gehören dürfen. Geht eine Beteiligung auf Erben über, die nicht zu den gesellschaftsvertraglich benannten Personen gehören, sind die Erben verpflichtet, die Beteiligung gegen Abfindung an Mitgesellschafter zu übertragen oder im Fall von Kapitalgesellschaften die Einziehung gegen Abfindung hinzunehmen. Liegt der Abfindungsbetrag unter dem Wert der Beteiligung, dann soll es im Interesse des Erben so angesehen werden, als hätte der Erbe von vornherein nur die Abfindung und nicht die Gesellschaftsbeteiligung erworben. Betrachtet man die Situation genauer, so hat der Erbe im Erbfall eine Beteiligung erworben, die mit einer Weiterübertragungsverpflichtung verbunden ist und die ihm im Fall der Weiterübertragung einen Abfindungserwerb zuweist. Der Erbe ist in derselben Lage, in der sich der Erbe befindet, den die Verpflichtung zur Erfüllung eines Kaufrechtsvermächtnisses trifft. Noch niemand hat bisher die These vertreten, dass der Erbe im Fall des Kaufrechtsvermächtnisses das Entgelt von Todes wegen erwirbt. Vielmehr erwirbt der Erbe den Vermächtnisgegenstand, dem jedoch die Weiterleitungsverpflichtung als Abzugsposten gegenüber steht. Das Entgelt, das der Vermächtnisnehmer aufzubringen hat, ist nicht Teil des Erwerbs des Erben, aber es kürzt die Weiterleitungsverpflichtung, die nicht uneingeschränkt, sondern nur unter Abzug des Entgelts dem Erwerb gegenüber gestellt werden kann. Das Entgelt ist also nicht auf der Aktivseite, sondern auf der Passivseite der Vermögensübersicht des Erben zu erfassen. Es bildet keinen Erwerb, sondern kürzt eine Erwerbsschmälerung (oben Anm 38). So wäre auch im Fall des Abs 10 zu verfahren gewesen, wenn sich der Gesetzgeber nicht, ohne dies weiter zu begründen, für die nun eingeführte Neuregelung entschieden hätte. Auf den Abfindungsanspruch, der nach Abs 10 zum Vermögensanfall gehört, sind die §§ 13a und 19a nicht anwendbar. Die Bereicherung der Mitgesellschafter, deren Gesellschafterstellung durch die Übertragung des Mitgliedschaftsrechts gegen geringerwertige Abfindung verstärkt wird, unterliegt nach § 7 VII der Besteuerung. Die Mitgesellschafter können ihrerseits für ihren Erwerb die Verschonungsregelungen der §§ 13a, 19a in Anspruch nehmen.

§ 11 Bewertungsstichtag

Für die Wertermittlung ist, soweit in diesem Gesetz nichts anderes bestimmt ist, der Zeitpunkt der Entstehung der Steuer maßgebend.

Erbschaftsteuer-Richtlinien: R E 11/H E 11.

Übersicht

1. Wertermittlung
1 a. Zivilrechtliche Bewertung
2. Funktion des Bewertungsstichtags
3. Kenntnisstand
4. Zeitpunkt der StEntstehung
5., 6. Härtefälle
7. Abweichende Bestimmungen
8. Zwingende Regelung

Schrifttum: *Wendt,* Die Bewertung nichtnotierter Anteile an Kapitalgesellschaften und das Stichtagsprinzip im ErbStRecht, StuW 87, 18; *Michel,* § 11 ErbStG zwischen Rechtssicherheit und Einzelfallgerechtigkeit, UVR 00, 49; *Schuhmann,* Nochmals: Zum Stichtagsprinzip bei der ErbSt, UVR 00, 450; *Schwarz,* Der Zeitaspekt bei der Schenkung von Unternehmensvermögen, ZEV 01, 57; *Naujok,* Stichtagsbewertung und Billigkeitserlass im Erbschaftsteuerrecht, ZEV 03, 94; *Meincke,* Erlass der ErbSt aus Billigkeitsgründen, DStR 04, 573; *Geck,* Das Stichtagsprinzip des Erbschaftsteuerrechts, FR 07, 631.

§ 11 regelt mit dem Bewertungsstichtag den Zeitpunkt, der für die **Wertermittlung** maßgebend ist. Unter Wertermittlung wird hier – wie auch sonst im zweiten Abschnitt des Gesetzes – das ganze Programm der Rechenschritte verstanden, die nach § 10 I zur Ermittlung der StBemessungsgrundlage führen. Zur Wertermittlung gehört also die Feststellung des Vermögensanfalls unter Berücksichtigung stbefreiter Vermögensposten, die Ermittlung des StWerts des Vermögensanfalls, die Feststellung der Nachlassverbindlichkeiten unter Berücksichtigung von Abzugsverboten, die Ermittlung des StWerts der Verbindlichkeiten und die Bemessung der Freibeträge, die die Bereicherung des Erwerbers kürzen. Dass § 11 sich auch auf die Bemessung der persönlichen Freibeträge bezieht, zeigt § 17 II 4, wo ausdrücklich § 11 in Bezug genommen wird.

Von der steuerrechtlichen Wertermittlung ist die **zivilrechtliche Bewertung** zu unterscheiden. Der zivilrechtliche Umfang des Pflichtteilsanspruchs richtet sich nach den Verhältnissen zum Erbfall (§ 2311 I BGB). Die steuerliche Wertermittlung nimmt dagegen auf die Verhältnisse beim Geltendmachen des Pflichtteils Bezug (§ 11 iVm § 9 I Nr 1 b). Die beiden Zeitpunkte können Jahre auseinanderliegen. Hat sich der Nachlasswert (= die Bemessungsgrundlage des Pflichtteilsanspruchs im Zivilrecht), in dieser Zeit verändert, so beeinflusst das den Pflichtteilsumfang und damit die Bemessungsgrundlage

§ 11 2   Bewertungsstichtag

des StAnspruchs nicht. Die Besteuerung richtet sich nach der Höhe des Pflichtteilsanspruchs, und die Höhe des Pflichtteilsanspruchs wird durch nachträgliche Veränderungen des Nachlasswertes nicht modifiziert. Die Besteuerung passt sich daher Veränderungen der Bemessungsgrundlage des Pflichtteilsanspruchs im Zivilrecht nicht an. Hat dagegen der in ursprünglicher Höhe festgestellte Anspruch in der Zeit zwischen Erbfall und Geltendmachen des Pflichtteils zB wegen Zahlungsschwierigkeiten des Erben an Wert verloren, so beeinflusst das den Umfang des Pflichtteilsanspruchs im ZivilR nicht, denn der richtet sich unverändert nach den Verhältnissen des Nachlasses zum Erbfall. Dagegen ist die auf den Pflichtteil entfallende StLast nach den Verhältnissen beim Geltendmachen des Anspruchs zu beurteilen. Daher ist der Wertverlust des Pflichtteilsanspruchs in der Zeit zwischen Erbfall und Geltendmachen für die steuerliche Beurteilung von Gewicht.

2   Der **Bewertungsstichtag** hat die Funktion, die für die Wertermittlung maßgebenden, für sich genommen aber einer dauernden Veränderung unterliegenden Verhältnisse zeitlich zu fixieren. Der Bewertungsstichtag entscheidet über das persönliche Verhältnis zwischen Erblasser/Schenker und Erwerber, das die StKlasseneinteilung (§ 15 I) und damit die Höhe der Freibeträge präjudiziert. Anhand des Bewertungsstichtages werden die Wertfaktoren, die sich im Kräftespiel von Angebot und Nachfrage immer wieder neu bilden (wie zB die Börsenkurse), in bestimmter Höhe festgestellt. Bezogen auf den Bewertungsstichtag sind die tatsächlichen Zustände, die rechtlichen Beziehungen und die wirtschaftlich erheblichen Eigenschaften des jeweiligen Objekts zu würdigen. Aus der Sicht des Bewertungsstichtages werden die für die Bewertung typischen Prognoseentscheidungen getroffen. Der Bewertungsstichtag ist von dem **Bewertungstag** zu unterscheiden, an dem die Bewertung tatsächlich erfolgt und der regelmäßig erheblich später liegt. Wegen der Zeitdifferenz zwischen dem Bewertungsstichtag und dem Bewertungstag ist derjenige, der die Bewertung vornimmt, häufig gezwungen, sich für die Zwecke der Bewertung in frühere Verhältnisse zurückzuversetzen, ehemalige Börsenkurse zu studieren, zwischenzeitliche Veränderungen des Objekts gedanklich wieder zurückzunehmen, die frühere Rechtslage in Betracht zu ziehen, Realisierungschancen für die Bewertungsobjekte aus der Sicht der damaligen Erkenntnisse und Erwartungen zu würdigen usw. Diesen Anforderungen wird die Entscheidung des BFH (BStBl II 01, 606) nicht gerecht, wenn sie für einen Ende 1989 angefallenen Erwerb in Mark der DDR einen Umtauschkurs in DM zur Anwendung bringt, der sich zur Zeit des Erbfalls schwerlich erzielen ließ und der erst Monate später amtlich festgesetzt worden ist.

Kenntnisstand 3, 4 § 11

Problematisch ist, inwieweit bei der Bewertung der spätere **Kennt-** 3
nisstand zur Zeit des Bewertungstages auf die Verhältnisse am
Bewertungsstichtag zurückbezogen werden kann, inwieweit zB bei der
Beurteilung damaliger Risiken die Erkenntnis verwertet werden darf,
dass die Risiken sich verwirklicht haben oder nicht eingetreten sind.
Das Problem wird im EStRecht unter dem Stichwort der **wertaufhellenden Umstände** diskutiert. Für den Bereich des EStRechts hat der
BFH die wertaufhellenden Umstände als Tatsachen beschrieben, die die
Verhältnisse am Stichtag nachträglich so zeigen, wie sie sich am Stichtag
tatsächlich (objektiv) dargestellt haben (BFH BStBl II 73, 485). Ist zB
ein Grundstück, das bei der Pflichtteilsberechnung mit seinem Verkehrswert zum Erbfallzeitpunkt anzusetzen war, nach dem Erbfall verkauft worden, so weist der Kaufpreis im Zweifel auf den Verkehrswert
(gemeinen Wert) zum Stichtag hin (BGH WM 91, 1352). Konnten
zweifelhafte Forderungen nach dem Stichtag in vollem Umfang realisiert werden, so deutet dies darauf hin, dass die Forderungen schon zum
Stichtag uneingeschränkt werthaltig waren. So hat der BFH (DStRE
97, 587) die Auffassung des FG Hbg (EFG 94, 737) zurückgewiesen,
dass ein Rechtsstreit über den Pflichtteil unter dem Nennwert
liegende Bewertung des Pflichtteilsanspruchs rechtfertigen kann. Vielmehr ist nach Meinung des BFH der Pflichtteil unter Berücksichtigung
des späteren Ergebnisses des Rechtsstreits zu bewerten. Andererseits ist
aber auch denkbar, dass es sich bei den nachträglich bekannt werdenden
Faktoren um nachträgliche **wertbeeinflussende** (= wertändernde)
Umstände handelt, um Umstände also, die den Forderungen erst nach
dem Stichtag zu ihrem vollen Wert verholfen haben, wenn der Schuldner zB durch einen Lottogewinn nachträglich zu Geld gekommen ist.
Als nachträglicher wertändernder Umstand gilt es auch, wenn ein von
der FinVerw nicht anerkannter StErstattungsanspruch erst nach dem
Todestag des Erblassers durch Änderung der Rspr Durchsetzungschancen erhält (BFH BStBl II 00, 588). Die Berücksichtigung solcher nachträglicher wertbeeinflussender Faktoren erlaubt das Stichtagsprinzip
nicht.

§ 11 ordnet an, dass als Bewertungsstichtag der **Zeitpunkt der Ent-** 4
stehung der St zu gelten hat. Dieser Zeitpunkt wird auch der Besteuerungszeitpunkt genannt (§ 138 I 1 BewG). Mit ihm wird auf § 9
verwiesen. Die St entsteht bei Erwerben von Todes wegen regelmäßig
mit dem Erbfall, bei Schenkungen unter Lebenden mit der Ausführung
der Zuwendung. Ausnahmsweise entsteht die St bei Erwerben von
Todes wegen erst nach dem Erbfall. Dann kann auch noch ein erst nach
dem Erbfall eingetretener Vermögenszuwachs zum Erwerb von Todes
wegen gehören, wie es der BFH (BStBl II 96, 99) bei Errichtung und
Erbeinsetzung einer Stiftung von Todes wegen für den Zeitraum zwi-

schen Erbfall und Genehmigung der Stiftung annimmt. Maßgeblich ist das Datum der StEntstehung für den ganzen Erwerb. Werden einzelne zum Erwerb gehörende Posten erst später in den Erwerb einbezogen – wie die Pflichtteilsverbindlichkeit, die erst dann als Abzugsposten berücksichtigt werden kann, wenn der Pflichtteil geltend gemacht worden ist –, so ist die Bewertung der Pflichtteilsschuld doch auf den Erbfall als Entstehungszeitpunkt für den ganzen Erwerb zurückzubeziehen. Denn während der Pflichtteilserwerb für den Gläubiger einen selbstständigen stpfl Vorgang bildet, der nach den §§ 9, 11 auf den Zeitpunkt der Geltendmachung des Anspruchs zu bewerten ist, bildet der Anspruch für den Pflichtteilsschuldner einen unselbstständigen Abzugsposten im Rahmen seines Erwerbs durch Erbanfall und ist mit diesem Erwerb durch Erbanfall auf den Erbfallszeitpunkt zu bewerten. § 11 zeigt im Übrigen, dass der Entstehungszeitpunkt die StSchuld nicht nur dem Grunde, sondern auch schon der Höhe nach fixiert, so dass sämtliche für die StBerechnung bedeutsamen Merkmale aus der Sicht dieses Zeitpunktes beurteilt werden müssen, sofern nicht das Gesetz ausnahmsweise nachträglich getroffenen Entscheidungen des StPfl Einfluss auf die StBerechnung zumisst (wie es zB im Rahmen des § 6 II und des § 23 I der Fall ist). Selbstverständlich ist diese Konzeption des Gesetzes nicht. Man könnte an sich die StSchuld auch zunächst nur dem Grunde nach entstehen lassen und die Höhe der St nach den Verhältnissen eines späteren Stichtages bestimmen. Die §§ 9, 11 gehen jedoch von einer anderen Betrachtungsweise aus. Sie kann zu Härten führen.

5 **Härten** des in § 11 fixierten Stichtagsprinzips ergeben sich aus zweierlei Richtung. **Zum einen** ist das StEntstehungsdatum mit dem Erbfall sehr weit vorverlegt. Der Erwerber wird regelmäßig zu diesem Zeitpunkt noch keine tatsächlichen Verfügungsmöglichkeiten über das Objekt haben, nicht selten ist aber auch seine rechtliche Eingriffsmöglichkeit noch begrenzt. Steht zB der Kurswert von Aktien zum Erbfallszeitpunkt bei 940 TDM und bekommt sie der Vermächtnisnehmer erst in die Hand, wenn der Kurswert auf 500 TDM gefallen ist, dann erscheint es unangemessen, den Vermächtnisnehmer mit einer St zu überziehen, die nach Verhältnissen berechnet ist, auf die er keinen Einfluss nehmen konnte. Musste der Vermächtnisnehmer zB in der damaligen StKlasse IV 48% oder 440 TDM auf seinen Erwerb von jetzt 500 TDM zahlen, wird damit fast der gesamte ihm jemals effektiv zugekommene Erwerb weggesteuert. Das kann schwerlich richtig sein. Das BVerfG (BStBl II 95, 671) hat denn auch in einem solchen Fall einen **Billigkeitserlass** nahegelegt. Doch ist das FG Köln (EFG 98, 1603) diesem Hinweis nicht gefolgt. Im Zuge des daraufhin betriebenen Revisionsverfahrens haben sich die Parteien außergerichtlich geeinigt (*Schuhmann*, UVR 00, 450), so dass die Überprüfung dieser Ent-

scheidung durch den BFH unterblieben ist. Doch hat der BFH alsbald in einer anderen Sache einen ebenfalls sehr rigiden Standpunkt eingenommen und betont, dass der Senat an der „strikten Beachtung des Stichtagsprinzips" auch für den Fall festhält, dass der Stichtag beim Erwerb eines Wertpapierdepots von Todes wegen elf Monate vor der Freigabe des Depots liegt (BFH/NV 00, 320). In Fällen wie dem vom FG Köln entschiedenen wäre der Billigkeitserlass sicher dann unsachgerecht, wenn doch schon ab dem Erbfall ausreichende Einwirkungsmöglichkeiten für den Vermächtnisnehmer bestanden, um Nachteile aus der ungünstigen Kursentwicklung zu vermeiden. Er wäre auch dann unsachgerecht, wenn der Vermächtnisnehmer wegen der Nachteile aus der verzögerten Erfüllung des Vermächtnisanspruchs einen Schadensausgleich vom Erben verlangen könnte. Das FG Köln hat im Übrigen auch den Umstand, dass nahezu der gesamte Erwerb von der Besteuerung aufgezehrt wurde, dass der StPfl durch seine Verfassungsbeschwerde den Anlass für die Neuordnung des ErbStRechts gegeben hatte und dass das Verfassungsgericht seine Inanspruchnahme in voller Höhe ausdrücklich als verfassungswidrig ansah, nicht als ausreichend angesehen, um einen Billigkeitserlass zu akzeptieren, was verwundern muss, zumal es durchaus eine „Verfassungspflicht zum Billigkeitserlass" (BVerfG BStBl II 99, 194) geben kann. Eine ausführliche Auseinandersetzung mit der Entscheidung hat *Michel* (UVR 00, 49) vorgelegt. Das FG Köln hält inzwischen in Fortführung seiner Linie an einer strikten Interpretation des Stichtages fest (EFG 01, 769; ähnlich strikt FG München EFG 01, 303; FG Hbg EFG 02, 418).

Wertschwankungen nach dem Erbfall bilden also nach der Rspr 6 selbst dann keinen Anlass für Billigkeitsmaßnahmen, wenn es zu erheblichen Wertänderungen gekommen ist. So werden Kurs- und Währungsgewinne nach dem Erbfall bei der Steuerberechnung unberücksichtigt gelassen (BFH BStBl II 77, 425; BFH/NV 90, 643; BFH/NV 00, 320) und auch Wertverluste werden regelmäßig nicht beachtet (vgl FG Köln EFG 89, 236; FG Berlin EFG 90, 323; FinVerw DB 72, 1413). Nach den einleuchtenden Überlegungen von *Moench/Weinmann* (§ 11 Rz 12) dürfte allerdings eine Billigkeitsmaßnahme nahe liegen, wenn die nach dem Stichtagswert berechnete Steuer, bezogen auf das ausgekehrte Vermögen, eine Besteuerungsquote ergibt, die den Höchststeuersatz der anzuwendenden StKlasse oder den StSatz der nächsthöheren StKlasse übersteigt. Das FG Köln (EFG 98, 1603) hat ebenfalls eine bemerkenswerte Linie für Billigkeitsüberlegungen entwickelt. Ist das erworbene Vermögen kurz nach dem Erwerb ohne Eingriffsmöglichkeiten des Erwerbers erheblich geschmälert worden, dann kommen aus der Sicht des Gerichts Billigkeitsmaßnahmen in Frage, wenn das nach dem Verlust verbleibende Vermögen weniger als die Hälfte des

Vermögens beträgt, das der Gesetzgeber dem Erwerber nach Abzug der Steuer bezogen auf den Erbfallszeitpunkt belassen wollte. Eine besondere Härte kann im Übrigen **zweitens** auch dann vorliegen, wenn der Erwerber nur gerade aus Gründen der StZahlung gezwungen wird, Nachlassposten zu versilbern und damit die – zunächst nur als Buchverluste verzeichneten – Kursrückgänge zu realisieren. Zumindest dort, wo der Staat die Ablösung der St durch Hingabe von Kunstwerken erlaubt (§ 224a AO), sollte überlegt werden, ob der Stpfl nicht dem Staat die Wertermittlung zumuten kann, die er sich selbst zumuten lassen muss, so dass die Kunstwerke auch bei nachträglichem Wertverfall mit dem Wert nach § 11 anzusetzen sind.

7 Der Zeitpunkt der StEntstehung soll nach § 11 nur insoweit als Bewertungsstichtag gelten, **soweit in diesem Gesetz nichts anderes bestimmt ist.** Eine **Sonderregelung** zu § 11 findet sich in § 14 I 1, wenn hier der für die StErmittlung im Hinblick auf den letzten Erwerb maßgebende Zusammenrechnungsbetrag aus der Hinzurechnung der früheren Erwerbe mit ihrem früheren Wert ermittelt wird. Eine nicht ausdrücklich ausgesprochene Abweichung von dem Grundsatz des § 11 ergibt sich auch dann, wenn eine Schenkung nach dem Tod des Schenkers von dessen Erben ausgeführt wird oder wenn ein Erwerb von Todes wegen nicht mit dem Erbfall, sondern nach dem Tod des Erblassers erfolgt. Immer wird dann das persönliche Verhältnis des Erwerbers zum Erblasser/Schenker iS von § 15 I nicht nach den Verhältnissen beim Erwerb (da bestand dieses Verhältnis nicht mehr), sondern nach den Gegebenheiten beim Tod des Erblassers/Schenkers beurteilt. Abgesehen von solchen Sonderregeln sind **nach dem Zeitpunkt der Steuerentstehung liegende Vorgänge** für die Wertermittlung regelmäßig bedeutungslos. Das gilt auch für die nach dem Zeitpunkt der Steuerentstehung beschlossene **Umwandlung von Gesellschaften.** Auch wenn § 2 I UmwStG der Umwandlung für die Zwecke des ErtragStRechts eine Rückwirkung über den für das ErbStRecht bedeutsamen StEntstehungszeitpunkt hinaus beimisst, bleibt es doch für die Beurteilung der ErbSt oder SchSt bei der nach den tatsächlichen Verhältnissen zum Zeitpunkt der StEntstehung maßgeblichen Lage (R E 11. ErbStR).

8 Die Regelung des § 11 ist **zwingend.** Die an einem stpfl Vorgang Beteiligten können sich nicht über die Regelung des § 11 hinwegsetzen. Die Partner eines Schenkungsvertrages haben es allerdings in der Hand, das Datum der Ausführung der Zuwendung nach ihren Vorstellungen festzulegen und damit das Datum der StEntstehung und den Bewertungsstichtag in ihrem Sinne zu beeinflussen. Man muss jedoch zwischen dem Vorgang der Ausführung der Zuwendung und der Qualifikation dieses Vorgangs als Zuwendungsausführung unterscheiden.

Bewertung **§ 12**

Ob die Parteien zur Ausführung einer Zuwendung Geld transferieren oder das Geld zunächst noch zurückhalten, liegt in ihrer Hand. Ob der Transfer des Geldes die Ausführung der Zuwendung (und damit das Entstehen der St) bewirkt, das ist nach steuerlichen Kriterien – möglicherweise abweichend vom Willen der Parteien – zu entscheiden. Nach **steuerlichen** Kriterien entscheidet sich insbesondere auch, **wann** eine Zuwendung ausgeführt worden ist. Die Parteien können daher nicht durch vereinbarte **Rückdatierung** ihres Vertrages das Datum der StEntstehung und mit ihm den Bewertungsstichtag beliebig zurückverlegen (RFH RStBl 34, 955). Das gilt auch für gesellschaftsvertragliche Absprachen, die eine freigebige Zuwendung enthalten (BFH BStBl III 63, 443). Im Zusammenhang mit § 11 ist im Übrigen gern von **strikter Anwendung** der Gesetzesvorschrift die Rede. Das aus § 11 entnommene Stichtagsprinzip ist nach Auffassung von Rspr (BFH BStBl II 92, 298) und FinVerw (OFD Hannover, UVR 03, 248) strikt anzuwenden. Das soll aus dem klaren Wortlaut des § 11 folgen (*Fischer/Pahlke* § 11 Rz 20). Der Wortlaut ist aber an dieser Stelle nicht klarer als in anderen Bereichen des Gesetzes. Der Normtext verlangt daher für die Beachtung dieser Bestimmung auch nicht mehr Stringenz als für die Beachtung anderer Vorschriften. Der Hinweis auf die Notwendigkeit strikter Anwendung erlaubt es nicht, Gesichtspunkte, die im Einzelfall für eine großzügigere Handhabung des Bewertungszeitpunktes sprechen könnten, ohne inhaltliche Begründung abzuweisen. Insgesamt kann man der gern gebrauchten Formel von der Notwendigkeit strikter Anwendung nur mit Skepsis begegnen.

§ 12 Bewertung

(1) **Die Bewertung richtet sich, soweit nicht in den Absätzen 2 bis 7 etwas anderes bestimmt ist, nach den Vorschriften des Ersten Teils des Bewertungsgesetzes (Allgemeine Bewertungsvorschriften) in der Fassung der Bekanntmachung vom 1. Februar 1991 (BGBl. I S. 230), zuletzt geändert durch Artikel 2 des Gesetzes vom 24. Dezember 2008 (BGBl. I S. 3018), in der jeweils geltenden Fassung.**

(2) **Anteile an Kapitalgesellschaften, für die ein Wert nach § 151 Abs. 1 Satz 1 Nr. 3 des Bewertungsgesetzes festzustellen ist, sind mit dem auf den Bewertungsstichtag (§ 11) festgestellten Wert anzusetzen.**

(3) **Grundbesitz (§ 19 Abs. 1 des Bewertungsgesetzes) ist mit dem nach § 151 Abs. 1 Satz 1 Nr. 1 des Bewertungsgesetzes auf den Bewertungsstichtag (§ 11) festgestellten Wert anzusetzen.**

(4) **Bodenschätze, die nicht zum Betriebsvermögen gehören, werden angesetzt, wenn für sie Absetzungen für Substanzverringerung**

§ 12 Bewertung

bei der Einkunftsermittlung vorzunehmen sind; sie werden mit ihren ertragsteuerlichen Werten angesetzt.

(5) **Inländisches Betriebsvermögen, für das ein Wert nach § 151 Abs. 1 Satz 1 Nr. 2 des Bewertungsgesetzes festzustellen ist, ist mit dem auf den Bewertungsstichtag (§ 11) festgestellten Wert anzusetzen.**

(6) **Gehört zum Erwerb ein Anteil an Wirtschaftsgütern und Schulden, für die ein Wert nach § 151 Abs. 1 Satz 1 Nr. 4 des Bewertungsgesetzes festzustellen ist, ist der darauf entfallende Teilbetrag des auf den Bewertungsstichtag (§ 11) festgestellten Werts anzusetzen.**

(7) **Ausländischer Grundbesitz und ausländisches Betriebsvermögen werden nach § 31 des Bewertungsgesetzes bewertet.**

Erbschaftsteuer-Richtlinien: R E 12.1–12.3/H E 12.1–12.3, R B 4–203

Übersicht

1.– 7.	Allgemeines
8.– 16.	Die Bewertung nach den einleitenden Vorschriften des BewG (Abs 1 iVm §§ 1 bis 8 BewG)
17.– 27.	Die Bewertung zum gemeinen Wert, Teilwert, Kurswert (Abs 1 iVm §§ 9 bis 11 Abs 1 BewG)
28.– 37.	Die Bewertung zum Nennwert oder Kapitalwert (Abs 1 iVm §§ 12 bis 16 BewG)
38.– 48.	Die Bewertung nicht notierter Anteile an Kapitalgesellschaften (Abs 2 iVm § 11 Abs 2 BewG)
49.– 69.	Die Bewertung des Grundbesitzes (Abs 3 iVm §§ 157 bis 198 BewG)
70.	Die Bewertung der Bodenschätze (Abs 4)
71.– 93.	Die Bewertung des inländischen Betriebsvermögens (Abs 5 iVm §§ 11 II, 157 V, 199 bis 203 BewG)
94.– 97.	Die Bewertung von Anteilen an Wirtschaftsgütern und Schulden (Abs 6 iVm §§ 3, 151 I 1 Nr 4 BewG)
98.–101.	Die Bewertung von ausländischem Grundbesitz und ausländischem Betriebsvermögen (Abs 7 iVm § 31 BewG)

Schrifttum: *Drosdzol,* Die Bewertung und Besteuerung des Erwerbs von Grundvermögen, ZEV 09, 7; *Hannes/Onderka,* Die Übertragung von Betriebsvermögen nach dem neuen ErbStG, ZEV 09, 10; *Hutmacher,* Die Bewertung und Besteuerung des Erwerbs von LuF-Vermögen, ZEV 09, 22; *Halaczinsky,* Bewertung des Betriebsvermögens für erb- und schenkungsteuerliche Zwecke, ErbStB 09, 29; *Hannes/Onderka,* Bewertung und Verschonung des Betriebsvermögens, ZEV 09, 421; *Hecht/von Cölln,* Auswirkungen des Erbschaftsteuerreformgesetzes auf die Bewertung von ausländischem Grundbesitz, BB 09, 1212; *Riedel,* Bewertung von Kapitalgesellschaftsanteilen für Zwecke der Erbschaft- und Schenkungsteuer, GmbHR 09, 743; *Piltz,* Erbschaftsteuer-Bewertungserlass, DStR 09, 1829; *Neufang,* Bewertung des Betriebsvermögens und von Anteilen an Kapitalgesellschaften, BB 09, 2004; *Götz,* Die Bedeutung des § 14 Abs. 2 BewG bei Zuwendungen unter Nießbrauchsvorbehalt, DStR 09, 2233; *Tremel,* Die neue Erlasslage zur Bewertung des Grundvermögens, ZEV 09, 445; *Kohl,* Überblick zum und Würdigung des vereinfachten Ertragswertverfahrens nach dem neuen Bewer-

Allgemeines 1, 2 **§ 12**

tungsrecht, ZEV 09, 554; *H-U Viskorf,* Das Rechtsstaatsprinzip und der Wettstreit um den „richtigen" gemeinen Wert beim Betriebsvermögen, ZEV 09, 591; *Mannek,* Vereinfachtes Ertragswertverfahren zur Bewertung betrieblichen Vermögens, ErbStB 09, 312; *Gerber/König,* Vereinfachtes Ertragswertverfahren: Die Konsequenzen des vom BMF festgelegten Basiszinssatzes, BB 10, 348; *Wassermann,* Mittelständische Unternehmensbewertung im neuen Erbschaftsteuerrecht, DStR 10, 183; *Möllmann,* Erbschaft- und schenkungsteuerliche Unternehmensbewertung anhand von Börsenkursen und stichtagsnahen Veräußerungsfällen, BB 10, 407.

1.–7. Allgemeines

Bewertung. Das ErbStG unterscheidet zwischen Wertermittlung 1 und Bewertung. Unter dem Begriff Wertermittlung, der dem zweiten Gesetzesabschnitt als Überschrift dient und auch in § 11 angesprochen wird, ist die Gesamtheit der Rechenschritte zu verstehen, die von der Feststellung des Vermögensanfalls zur Ermittlung des stpfl Erwerbs führen. Sie werden in § 10 I 1 und 2 im Einzelnen aufgezählt (vgl § 10 Anm 2, § 11 Anm 1). Der Begriff der Bewertung, den § 12 verwendet, bezeichnet demgegenüber die beiden Teilschritte aus diesem umfassenderen Programm, die auf die Feststellung des Werts des gesamten Vermögensanfalls und des Werts der abzugsfähigen Nachlassverbindlichkeiten abzielen. Da für die Feststellung des Werts unterschiedliche Regelungen je nach der Qualifikation der verschiedenen Vermögensposten zB als Betriebsvermögen, als unbebaute oder bebaute Grundstücke usw heranzuziehen sind, umfasst der Vorgang der Bewertung auch die für die Bewertung bedeutsame Wirtschaftsgutsqualifikation einschließlich der Abgrenzung der zu bewertenden wirtschaftlichen Einheiten (R E 12.1 ErbStR). Im Übrigen ist Bewertung in diesem engeren Sinn das Verfahren, um Aktiv- und Passivposten in Geld zu quantifizieren und so den Ausgangspunkt für die Verrechnung dieser Posten und für die Ermittlung des Saldobetrages als Basis für die StBemessungsgrundlage zu gewinnen. Wenn das ErbStG daher von dem „Wert nach § 12" spricht (§ 3 I Nr 2 S 2, § 7 VII, § 10 I 2) oder den „nach den steuerlichen Bewertungsgrundsätzen maßgebenden Wert" erwähnt (§ 5 I 5), dann ist damit der Wert *vor* Abzug von Freibeträgen und Wertabschlägen und *nicht nach* Abzug dieser Posten gemeint.

Feststellung des Werts. Um zu brauchbaren Ergebnissen zu führen, 2 muss die Umrechnung von Vermögensposten in Geld anhand eines sachgerechten Maßstabs erfolgen. Der Maßstab, an dem sich die Umrechnung orientiert, ist der **Wert** der Aktiv- und Passivposten. Als Maßstab der Bewertung ist der Wert (ohne Zusatz oder in Wortverbindungen wie: gemeiner Wert, Teilwert, Einheitswert, Kapitalwert, Jahreswert, Kurswert usw) der Bewertung, wie es § 9 I BewG ausdrückt, „zu Grunde zu legen". Im Unterschied zu diesem Sprachgebrauch bezeichnet das ErbStG, wenn es von Wert (mit oder ohne besonderen Zusatz) in einer Art abgekürzten Diktion spricht, nicht den Bewertungsmaßstab, sondern das Ergebnis der Bewertung, also den Geldbetrag, der mit Hilfe des Bewertungsmaßstabes für die Aktiv- oder Passivposten ermittelt worden ist. So kann denn auch in § 31 II im Hinblick auf die Bewertung von einer Feststellung des Werts (= Feststellung des Geldbetrages, der den Gütern nach ihrem Wert zuzuordnen ist) die Rede sein. In dem Ausdruck **Feststellung** des Werts kommt noch ein weiteres wichtiges Moment der Bewertungskonzeption des ErbStG zum Tragen. Aus der Sicht des ErbStG ist die Bewertung ein Feststellungsverfahren, nicht ein Entscheidungsprozess. Bei der Bewertung iS des § 12 geht es in der Zielsetzung um ein Ergebnis, das mit richtig oder falsch bezeichnet werden kann. Nicht selten traf man früher auf die Vorstellung, dass sich der Wert des stpfl Vermögens „ziemlich genau ermitteln" lässt (*Troll*, ErbStG, 2. Aufl 1975, S 26). Heute herrscht dagegen die Vorstellung vor, dass sich zumindest für den gemeinen Wert nicht mehr als ein „Korridor vertretbarer Verkehrswerte" (BVerfG BStBl II 07, 192, 207) erwarten lässt, also eine Bandbreite innerhalb derer jeder Geldbetrag den gemeinen Wert des Gutes repräsentiert. Daher können verschiedene Bewertungsverfahren, die zu unterschiedlichen Ergebnissen führen, dennoch übereinstimmend auf den gemeinen Wert von Unternehmen und Beteiligungen abzielen, sofern nur eines der Verfahren nach den Umständen nicht zu „offensichtlich unzutreffenden Ergebnissen führt" (§ 199 II BewG).

3 **Steuerliche Bewertungsgrundsätze.** § 12 regelt die steuerlichen Bewertungsgrundsätze, von denen § 14 I 4 spricht. Ihnen stehen die bürgerlich-rechtlichen Bewertungsgrundsätze gegenüber, deren Bedeutung für das ErbStRecht der RFH hervorgehoben hat (RFHE 29, 137, 155). Die bürgerlich-rechtlichen Bewertungsgrundsätze sind für den zivilrechtlichen Erwerb bedeutsam, an den das ErbStRecht seine Rechtsfolgen anknüpft. So bemisst sich der Pflichtteil nach den bürgerlich-rechtlichen Grundsätzen über die Nachlassbewertung (dazu *Meincke*, Das Recht der Nachlassbewertung im BGB, 1973; *Piltz*, Die Unternehmensbewertung in der Rspr, 3. Aufl 1994). Auch als Maßstab, anhand dessen die Bereicherung iS von § 7 I Nr 1 zu ermitteln ist, haben die bürgerlich-rechtlichen Bewertungsgrundsätze zu gelten (RFH aaO). Sie führen zu den „objektiven Wertverhältnissen", die bei der Prüfung der Merkmale des § 7 I Nr 1 allein maßgeblich sind (BFH BStBl II 87, 80, 81). Nach den bürgerlich-rechtlichen Bewertungsgrundsätzen sind die Güter im Zweifel mit ihrem Verkehrswert vom Ansatz zu bringen. Bis zur ErbStReform 2009 wichen die steuerlichen Bewertungsgrundsätze aus Praktikabilitätsgründen, aber auch in dem Wunsch, steuerliche Vergünstigungen schon durch Bewertungsregelun-

Allgemeines **4, 5 § 12**

gen zu realisieren, von den zivilrechtlichen Grundsätzen zum Teil sehr weitgehend ab. Inzwischen hat das BVerfG (BStBl II 07, 192) den Gesetzgeber auf den gemeinen Wert (Verkehrswert) als zentralen Umrechnungsmaßstab verpflichtet. Es hat damit die steuerlichen Bewertungsgrundsätze eng an die zivilrechtliche Praxis herangeführt (*Meincke*, NJW 07, 586). Dem ist der Gesetzgeber mit der Neuordnung des Bewertungsrechts gefolgt.

Ein **selbstständiger Regelungsgehalt des § 12** scheint auf den 4 ersten Blick zu fehlen. Die Abs 1 bis 3, 5 und 6 verweisen auf Bestimmungen, die ihrerseits das ErbStG in Bezug nehmen, die daher für die Bewertung auch dann heranzuziehen wären, wenn es die Verweisung in § 12 nicht gäbe. Dasselbe gilt für Abs 7, wenn man erkennt, dass die dort genannte Vorschrift des § 31 BewG eine Weiterverweisung auf § 9 BewG enthält und § 9 BewG schon durch § 1 I BewG mit dem ErbStG verknüpft wird. Nur die wenig bedeutsame Vorschrift des § 12 IV hat konstitutiven Charakter. Der entscheidende Aussagegehalt des § 12 liegt aber nicht in den in Abs 1 bis 7 getroffenen überwiegend inhaltsleeren Anordnungen, sondern in dem für das Verständnis des ErbStRechts zentralen Hinweis, dass die Vorschriften zur Bewertung aus dem ErbStG herausverlagert und in das BewG eingestellt worden sind. Obwohl die sachgerechte Bewertung des Erwerbs das Zentralproblem des ErbStRechts darstellt, spricht sich das ErbStG selbst zu Fragen der Bewertung praktisch nicht aus. Das ist so wenig selbstverständlich, dass es in § 12 ausdrücklich hervorgehoben werden musste.

Die Verantwortlichkeit für die Bewertung. Das ErbStG geht im 5 Grundsatz davon aus, dass es der StPfl selbst ist, der den stpfl Vorgang identifizieren muss, der den aus dem Vorgang resultierenden Vermögensanfall und die mit ihm verbundenen Nachlassverbindlichkeiten auflisten soll und der diese Auflistung dann auch mit den erforderlichen Wertangaben zu versehen hat. Der StPfl soll den Wert des Erwerbs sogar schon in der Anzeige benennen, mit der er die FinVerw erstmals von dem stpfl Vorgang informiert (§ 30 IV Nr 3). Notare, die Schenkungen beurkunden, haben die Beteiligten über den Wert der Zuwendung zu befragen (§ 8 I 3 ErbStDV). Auch damit wird die Wertfeststellung im Ergebnis als Aufgabe der StPfl definiert. Kosten, die dem StPfl durch die Wertermittlung entstehen, sollen nicht abzugsfähig sein (FG Nürnberg DStRE 03, 677; *Troll/Gebel*, § 10 Rz 220), weil die Wertermittlung zu den Aufgaben des StPfl selbst gehört, so dass er deren Kosten zusammen mit der ErbStBelastung (§ 10 VIII) als Kosten der von ihm allein zu finanzierenden Nachlassverwaltung hinnehmen muss. Schon die Bestimmung über die StErklärung drückt sich jedoch vorsichtiger aus. Danach werden von dem StPfl nicht die Wertzahlen als solche, sondern nur die für die Feststellung des Werts des Erwerbs erforderlichen Angaben verlangt (§ 31 II). Diese Einschränkung ist erforderlich, weil die Wertfeststellung in den praktisch wichtigsten Fällen eben doch nicht vom StPfl erwartet wird, sondern dem FA zugewiesen ist. So sind die Grundbesitzwerte, die Werte des Betriebsvermögens oder von Anteilen am Betriebsvermögen sowie die Werte von Kapitalgesellschaftsanteilen und von Vermögensposten, die mehreren Personen zustehen, von der FinVerw festzustellen. Die FinVerw wird zu eigenständigen Erhebungen über die Bewertungsgrundlagen ermächtigt (§§ 157 I 2, 29 II BewG). Für die Feststellung wird ein besonderes Verfahren vorgesehen, das mit einem Feststellungsbescheid endet und den Wert damit für die Beteiligten verbindlich festlegt (§§ 179 ff AO, 151 ff BewG). Die FinVerw hat die Bemessungsgrundlage der ErbSt als steuerbegründende Tatsache nachzuweisen. Sie trägt daher auch die Feststellungslast für den StWert (*Kirchhof*, Bundessteuergesetzbuch, 2011, 681). Die damit vorgeschriebene amtliche Wertfeststellung muss jedoch nicht das letzte Wort bleiben. Dem StPfl wird vielmehr in einzelnen Bestimmungen die Möglichkeit eingeräumt, die Wertfeststellung des FA durch eine eigene Wertfeststellung zu korrigieren (§§ 165 III, 198 BewG). Die Nachweislast für den niedrigeren gemeinen Wert ist in diesen Fällen dem StPfl zugewiesen. Zu einer Prüfung des niedrigeren gemeinen Werts von Amts wegen kommt es nicht. Das wird für verfassungsrechtlich unbedenklich gehalten (FG Bad-Württ DStRE 10, 417). Die Gutachterkosten für die von ihm selbst zu treffenden Feststellungen wird der StPfl dann auch selbst zu tragen haben.

6   Das **Ziel der Bewertung** ist ein doppeltes. Zum einen soll durch die Bewertung das Gelderwerbspotential, das in den einzelnen, zur Bewertung stehenden Gütern steckt, aufgedeckt werden. Die Bewertung soll den Gütern Geldbeträge zuordnen, die sich bei einem gedachten Einsatz im Wirtschaftsverkehr realisieren lassen. Unter diesem Gesichtspunkt wird jeder selbständig bewertungsfähige Teil des Erwerbs für sich betrachtet und mit einem möglichst realistischen Geldbetrag versehen. Die Bewertung soll aber nicht nur das in den Gütern steckende Gelderwerbspotential in Zahlen wiedergeben und damit das Verhältnis von Gut zu Geld deutlich machen, sondern sie soll auch die verschiedenen Güter gleichmäßig behandeln und damit das Verhältnis von Gut zu Gut in vergleichbaren Zahlen zum Ausdruck bringen. Die Bewertung soll nicht nur die Einzelposten des Erwerbs jeden für sich adäquat erfassen, sondern sie soll die zum Erwerb gehörenden Güter auch in ihrer Relation zueinander realitätsgerecht abbilden (BVerfG BStBl II 07, 192, 203). Weil das BVerfG diesem zuletzt genannten Gedanken besondere Bedeutung beimisst, legt es auf einen einheitlichen Wertmaßstab Gewicht und erklärt den gemeinen Wert (Verkaufswert, Verkehrswert) zum „maßgeblichen Bewertungsziel". Damit schießt das Gericht jedoch

Einleitende Vorschriften des BewG 7, 8 § 12

über das Ziel hinaus. Denn in Einzelfällen vermag der Verkaufswert das in den Gütern steckende Gelderwerbspotential nicht ausreichend plausibel zu machen. Und wo das der Verkaufswert nicht leisten kann, eignet er sich auch nicht, um die Relation der Güter zueinander sachgerecht zu beschreiben. Ein Beispiel bilden Kapitalforderungen, die sich durch Einziehung realisieren lassen. Kapitalforderungen lassen sich bei einem Verkauf im Zweifel nur mit einem Abschlag in Geld umsetzen. Diesen Abschlag einzurechnen, wäre jedoch verfehlt. § 12 I 1 BewG bestimmt daher zu Recht, dass Kapitalforderungen, wenn nicht besondere Umstände einen höheren oder niedrigeren Wert begründen, unabhängig von ihrem Verkaufswert mit dem Nennwert anzusetzen sind. Abtretungsverbote, die ein Verkaufshindernis bilden würden, können daher unbeachtet bleiben. Eine Bewertung mit dem gemeinen Wert scheidet für Kapitalforderungen aus (RFH RStBl 34, 647; BFH BStBl II 68, 768, 769). Damit werden die Anforderungen des BVerfG nicht unterlaufen.

Überblick. § 12 verweist in Abs 1 auf die Allgemeinen Bewertungs- 7 vorschriften des Ersten Teils des BewG. Nach diesen Vorschriften werden alle Teile des Erwerbs bewertet, für die nicht in den nachfolgenden Absätzen Sonderregelungen genannt werden. Die Sonderregeln gelten für nichtnotierte Anteile an Kapitalgesellschaften (Abs 2), für Grundbesitz (Abs 3), für Bodenschätze (Abs 4), für inländisches Betriebsvermögen einschließlich der Anteile an diesem Betriebsvermögen (Abs 5), für Anteile an Wirtschaftsgütern und Schulden, die mehreren gemeinsam zustehen (Abs 6), sowie für ausländischen Grundbesitz und ausländisches Betriebsvermögen (Abs 7). Die Kommentierung folgt diesem Gesetzesaufbau.

8.–16. Die Bewertung nach den einleitenden Vorschriften des Bewertungsgesetzes (Abs 1 iVm §§ 1 bis 8 BewG)

Die Allgemeinen Bewertungsvorschriften. § 12 I bestimmt, dass 8 sich die Bewertung für erbschaftsteuerliche Zwecke nach den Allgemeinen Bewertungsvorschriften des Ersten Teils des BewG (§§ 1–16 BewG) richten soll, soweit nicht in den anschließenden Absätzen des § 12 etwas anderes bestimmt ist. Die Allgemeinen Bewertungsvorschriften des BewG lassen sich in drei Gruppen von Vorschriften gliedern. Die einleitenden Bestimmungen (§§ 1–8 BewG) beginnen mit Vorschriften geringerer Bedeutung, die sich ua zur Behandlung schwebender Posten vor Bedingungseintritt äußern. Im Mittelpunkt stehen sodann die Vorschriften der §§ 9, 11 BewG, die den gemeinen Wert (Verkehrswert, Verkaufswert) als den maßgeblichen Wertmaßstab bestimmen und Regelungen für die Ermittlung des gemeinen Werts von

Kapitalgesellschaftsanteilen bereithalten. Eine dritte Gruppe von Vorschriften (§§ 12–16 BewG) stellt schließlich Bestimmungen für die Bewertung von Kapitalforderungen und Schulden sowie für die Bewertung wiederkehrender Nutzungen und Leistungen zur Verfügung. Die an zweiter Stelle genannte Vorschriftengruppe umfasst die Bestimmung des § 11 BewG, die vorsieht, dass der gemeine Wert auch für Anteile an Kapitalgesellschaften gelten soll, wobei der gemeine Wert von an der Börse notierten Anteilen aus dem Kurswert abgelesen werden soll (§ 11 I BewG). Der gemeine Wert von nichtnotierten Anteilen ist dagegen aus zeitnahen Verkäufen unter fremden Dritten abzuleiten oder zu schätzen. Die Einzelheiten dieser Schätzung, die gemäß §§ 157 V, 199 II BewG auch für die Bewertung des Betriebsvermögens und der Anteile am Betriebsvermögen bedeutsam sind, werden im Zusammenhang mit den Bestimmungen des § 12 II und des § 12 V (unten Anm 38 ff, 71 ff) dargestellt.

9 **Die Bedeutung der §§ 1, 2 BewG.** Die Verweisung, die § 12 I auf § 1 I BewG vorsieht, ist ohne praktische Bedeutung, weil § 1 BewG sich darauf beschränkt, den Geltungsbereich der §§ 1 ff BewG aus der Sicht des Bewertungsrechts festzulegen, eine Festlegung, die für den Bereich des ErbStRechts § 12 I selbst vornimmt. Der Vorbehalt des § 1 II BewG muss gegenwärtig aus der Sicht des ErbStRechts zumindest als missverständlich bezeichnet werden. Die Allgemeinen Vorschriften, heißt es dort, sollen gegenüber besonderen Bewertungsvorschriften zurücktreten. Nachdem das BVerfG (BStBl II 07, 192) jedoch der Regelung des § 9 BewG für den Bereich der ErbSt praktisch Verfassungsrang zugesprochen hat, kann zumindest diese Bestimmung einfachem Gesetz nicht mehr weichen. Die besonderen Vorschriften, die § 1 II BewG nennt, haben daher aus der Sicht des ErbStRechts vornehmlich ergänzende, nicht ersetzende Funktionen. Bedeutsam bleibt aber zB, dass die Regeln über die Betriebsvermögensbewertung den Regeln über die Bewertung zum Nennwert und Kapitalwert (§§ 12 bis 16 BewG) vorgehen und dass daher Ansprüche auf lebenslängliche Leistungen, die als Sonderbetriebsvermögen eines Gesellschafters zu gelten haben, beim Erbschaftserwerb der Witwe nicht nach § 14 BewG, sondern nach den Grundsätzen der Betriebsvermögensbewertung zu bewerten sind (BFH BStBl II 10, 923, unter Hinweis auf BMF BStBl I 08, 317). Auch die Verweisung auf § 2 BewG spielt im Rahmen des § 12 I keine größere Rolle. Nach § 2 I 1 BewG ist jede wirtschaftliche Einheit für sich zu bewerten. Es sind also die Vermögensgegenstände, die eine selbstständige wirtschaftliche Einheit bilden, für die Zwecke der Bewertung zu einem einheitlichen Objekt zusammenzufassen. Ihr Wert ist, unabhängig davon, aus wie vielen Einzelgegenständen sich die wirtschaftliche Einheit zusammensetzt, im

Ganzen festzustellen (§ 2 I 2 BewG). Der Nachlass als solcher bildet keine wirtschaftliche Einheit in diesem Sinn. Eine Einheit kann jedoch bei einer Sammlung von Kunstgegenständen oder einem Aktienpaket vorliegen. Bedeutung kommt § 2 BewG in erster Linie für die wirtschaftlichen Einheiten des Grundbesitzes und für das Betriebsvermögen zu, also für diejenigen Vermögensgegenstände, für die das ErbStG in § 12 Abs 3–5 einen bereits festgestellten Wert übernimmt oder eine besondere Wertermittlung vorschreibt. Für die durch die Verweisung in § 12 I unmittelbar angesprochenen Fälle bleibt die Bedeutung von § 2 BewG dagegen gering.

Bewertung bei mehreren Beteiligten (§ 3 BewG). Die Bewertung erfasst Wirtschaftsgüter oder Vermögensgegenstände, nicht aber Gegenstände der Außenwelt oder Rechtsobjekte. Denn Gegenstände der Außenwelt oder Rechtsobjekte haben als solche keinen Wert. Sie sind für sich genommen wirtschaftlich ohne Interesse. Dagegen interessieren die rechtlichen oder tatsächlichen Einwirkungs-, Nutzungs- oder Verfügungsmöglichkeiten, die im Hinblick auf diese Objekte bestehen und die sie erst mit dem Vermögen in Verbindung bringen. Nur diese rechtlichen oder tatsächlichen Einwirkungs-, Nutzungs- oder Verfügungsmöglichkeiten konstituieren den Begriff des Wirtschaftsguts. Nur sie haben einen Wert. Nur im Hinblick auf sie kann bei ihrem Erwerb von einem Leistungsfähigkeitszuwachs die Rede sein, der den Grund für die Besteuerung abgibt. Wenn das Bewertungsrecht daher von bestimmten Objekten (zB Grundstücken) spricht, so sind doch nicht die Objekte selbst gemeint, sondern es sind die im Hinblick auf diese Objekte bestehenden Einwirkungs-, Nutzungs- oder Verfügungsmöglichkeiten Gegenstand der Bewertung. Dabei geht das Bewertungsrecht von der Rechtsstellung des Alleinberechtigten aus. Der Grundstückswert ist der Wert, den die Alleinberechtigung an diesem Objekt für den Berechtigten hat. Denkbar ist jedoch auch, dass nicht die Alleinberechtigung, sondern die Mitberechtigung eines von mehreren Bruchteils- oder Gesamthandsberechtigten an dem Objekt zur Bewertung steht. Mit diesem Fall beschäftigt sich § 3 BewG. Einzelheiten dazu werden unten bei § 12 VI (Anm 94 ff) dargestellt.

Bewertung bedingter und befristeter Erwerbe (§§ 4 bis 8 BewG). Mit der Einfügung einer Bedingung in den Erwerbstatbestand wird der Erwerb von dem Eintritt eines zukünftigen ungewissen Ereignisses abhängig gemacht (§ 158 BGB). Die Bedingung hat aufschiebende Wirkung, wenn der Erwerb erst mit dem Eintritt des Ereignisses wirksam werden soll. Wirtschaftsgüter, deren Erwerb vom Eintritt einer aufschiebenden Bedingung abhängt, können im ErbStRecht in zweierlei Zusammenhang vorkommen. Zum einen kann der Erwerb von Todes wegen oder durch Schenkung unter Lebenden unter einer aufschiebenden Bedingung stehen. Denkbar ist aber auch zweitens, dass der Erwerb von Todes wegen oder durch Schenkung unter Lebenden unbedingt erfolgt, dass aber zu dem unbedingten Erwerb Vermögensposten gehören, die dem Erblasser/Schenker selbst aufschiebend bedingt zustanden. **§ 4 BewG setzt die Bewertung** in beiden Fällen für die unter der aufschiebenden Bedingung stehenden Posten bis zum Eintritt der Bedingung **aus**. Dem folgt § 9 Abs 1 Nr 1a und lässt auch die St bei aufschiebend bedingten Erwerben von Todes wegen erst mit dem Eintritt der Bedingung entstehen. Bei Schenkungen unter Lebenden gilt die Schenkung nicht vor dem Eintritt der Bedingung als ausgeführt, so dass auch hier die St nicht vor dem Eintritt der Bedingung entsteht (RFH RStBl 30, 555). Tritt die Bedingung später ein, so kommt es dann zu einem Erwerb, der nunmehr nach normalen Bewertungsgrundsätzen bewertet wird und für den die St dann mit dem Eintritt der Bedingung entsteht. Gehört ein aufschiebend bedingter Posten zu einem im Übrigen unbedingt zugefallenen Erwerb von Todes wegen, so wird der Erwerb mit Blick auf die StEntstehung aufgeteilt, und zwar wird der aufschiebend bedingte Posten zunächst unberücksichtigt gelassen. Beim Eintritt der Bedingung bildet er einen unselbstständigen Teil des einheitlichen Erwerbs von Todes wegen, keinen selbstständigen Erwerb (BFH BStBl II 08, 626), was für die Anwendung des § 14 I 5 von Bedeutung sein kann.

12   **Problemfelder des aufschiebend bedingten Erwerbs.** § 4 BewG sieht die Aussetzung der Bewertung für die aufschiebend bedingt erworbenen Posten ohne Einschränkung vor. Es muss bezweifelt werden, dass diese Regelung mit der Forderung des BVerfG vereinbart werden kann, alle Posten mit Verkehrswerten anzusetzen. Denn auch aufschiebend bedingte Posten können schon einen Verkehrswert haben. Das zeigt § 1986 II 2 BGB für den Bereich des Erbrechts. Hier wird nur solchen unter einer Bedingung stehenden Forderungen ein gegenwärtiger Wert abgesprochen, bei denen die Möglichkeit des Eintritts der Bedingung fernliegt. Auch im Recht des Zugewinnausgleichs wird nicht generell jeder Wert von bedingten Rechten verneint. Vielmehr ist der Stichtagswert zu schätzen (BGH FamRZ 83, 882, 884; 92, 1155, 1157). Der BGH lehnt es unter Zustimmung des Schrifttums (*Meincke,* Das Recht der Nachlassbewertung im BGB, 1973, 230; *D. Schwab,* Familienrecht, 16. Aufl 2008, 129) ab, die Sonderregelung des § 2313 BGB, die als Vorbild für § 4 BewG gedient haben mag, auf andere Bereiche des Zivilrechts zu übertragen. Denn sie durchbricht das Stichtagsprinzip, das den jeweiligen Bewertungen zugrunde liegt. Sie ist auch mit der modernen Theorie des Anwartschaftsrechts nicht vereinbar. Nach dieser Theorie geht nämlich mit dem aufschiebend bedingten Vollrechtserwerb ein auflösend bedingter Anwartschaftsrechtserwerb

Hand in Hand. Diese Anwartschaft soll nach den §§ 2313 BGB, 4 BewG zunächst ignoriert werden. Das ist auf der Grundlage einer Verkehrswertermittlung nicht akzeptabel. Richtig ist allerdings, dass das ErbStRecht bisher durchgehend von einer anderen Konzeption ausgeht. Das zeigt die Regelung des § 6, die dem Nacherben vor dem Nacherbfall noch keinen Erwerb zuspricht. Eine Überprüfung der §§ 4 ff BewG anhand der BVerfG-Entscheidung müsste daher das ErbStRecht einer grundlegenden Revision unterziehen. Das ist im Augenblick kein Ziel gesetzgeberischer Aktivitäten. Ist im Übrigen ein aufschiebend bedingter Erwerb vom Erblasser auf den Erben und vom Erben auf den Erbeserben übergegangen und ist erst dann die Bedingung eingetreten, dann fragt sich, ob der Erbeserbe den Erwerb nun einmal oder zweimal versteuern muss. Wäre die Bedingung vor dem zweiten Erbfall eingetreten, hätte der erste Erbe den Erwerb versteuern müssen, beim Übergang auf den zweiten Erben wäre dann eine erneute Versteuerung zum Zuge gekommen. Nun ist die Bedingung aber erst nach dem zweiten Erbfall eingetreten. Manches spricht dafür, in Anlehnung an die Regelung des § 10 IV es in diesem Fall bei *einer* Versteuerung zu belassen (vgl auch § 10 Anm 30).

Für aufschiebend bedingte Lasten sieht § 6 BewG ein Abzugsverbot vor. Als aufschiebend bedingte Last hat das FG Hbg (EFG 10, 23) auch die unbedingte Verpflichtung aus einer Schuldübernahme im Zusammenhang mit einer Grundstücksschenkung unter Nießbrauchsvorbehalt angesehen, aus der der Beschenkte nach den Umständen des Falles erst beim Tod des Nießbrauchers zu dem dann noch offenen Betrag in Anspruch genommen werden wird. Das Abzugsverbot entspricht dem Gebot der Aussetzung der Bewertung (und der Versteuerung) bei aufschiebend bedingten Erwerben. Seine Berechtigung ist dennoch umstritten (vgl *Moench,* DStR 81, 58). Dem Abzugsverbot des § 6 BewG dürfte ein **Abzugsverbot für unbedingte Lasten** an die Seite zu stellen sein, das dann gelten muss, wenn unbedingte Lasten mit einem aufschiebend bedingten Erwerb in unmittelbarem wirtschaftlichen Zusammenhang stehen. Denn der aufschiebend bedingte Erwerb unterliegt iS des § 10 VI 1 während der Schwebezeit nicht der Besteuerung, so dass sich das Abzugsverbot für korrespondierende Lasten aus § 10 VI 1 herleiten lässt (vgl § 10 Anm 54). 13

Eintritt der aufschiebenden Bedingung. Tritt im Fall eines aufschiebend bedingten Erwerbs die Bedingung nachträglich ein, kommt es nun zum Erwerb und zu seiner Bewertung und Besteuerung, so als wenn sich jetzt ein selbstständiger Erwerb vollendet hätte. Fällt die Bedingung aus, dann ist damit eine Erwerbsvoraussetzung vereitelt, zu einem Erwerb, zu einer Bewertung und zu einer Besteuerung kommt es hinsichtlich des bisher bedingten Postens nicht. Tritt 14 im Fall der aufschiebend bedingten Last die Bedingung ein, so entfällt damit die Abzugssperre, die § 6 I BewG vorgesehen hatte. Die Last wird also abzugsfähig (sofern nicht ein Abzugsverbot unter anderem Gesichtspunkt – vgl § 10 VI bis IX – zu berücksichtigen ist). Ist die Besteuerung des Erwerbs bereits durchgeführt, so stellt sich mit dem Wegfall der Abzugssperre für die aufschiebend bedingte Last nunmehr heraus, dass der Erwerb zu hoch besteuert wurde, weil die nunmehr unbedingt gewordene Last nicht berücksichtigt ist. Der StPfl kann nach § 6 II iVm § 5 II BewG binnen eines Jahres den Antrag stellen, dass die StFestsetzung unter Berücksichtigung der Last berichtigt wird.

15 **Auflösend bedingte Erwerbe und Lasten.** Die Einfügung einer auflösenden Bedingung in den Erwerbstatbestand hindert den Erwerb nicht. Mit dem Eintritt der auflösenden Bedingung endet jedoch die Wirkung des Erwerbs und es tritt der frühere Rechtszustand vor dem Erwerb wieder ein (§ 158 II BGB). Dieser zivilrechtlichen Beurteilung folgt das StRecht, wenn es die auflösende Bedingung bei der Bewertung zunächst ignoriert. Auflösend bedingte Erwerbe sind wie unbedingte Erwerbe (§ 5 I BewG), auflösend bedingte Lasten wie unbedingte Lasten zu bewerten (§ 7 I BewG). Tritt die Bedingung ein, dann zeigt sich, dass der unter der Bedingung stehende Erwerb dem Erwerber in Wahrheit nur für eine begrenzte Zeit (nämlich bis zum Eintritt der Bedingung) und nicht unbegrenzt zur Verfügung stand. Seine Bereicherung war in Wahrheit geringer als angenommen. Die zwischenzeitlich etwa schon erfolgte StFestsetzung ist daher entsprechend zu korrigieren (§ 5 II BewG). Im Fall des Bedingungseintritts auflösend bedingter Lasten zeigt sich, dass die Last den Erwerber nur für eine begrenzte Zeit beschwerte. Ihr Wert war geringer als angenommen. Es kann eine Berichtigung der Besteuerung von Amts wegen erfolgen (§ 7 II BewG).

16 Der Fall der **Befristung** (§ 8 BewG) unterscheidet sich von dem Fall der Bedingung nur in einem Merkmal: im Fall der Befristung ist der Eintritt des Ereignisses gewiss, im Fall der Bedingung ungewiss (auf den Grad der Wahrscheinlichkeit des Eintritts des Ereignisses kommt es dabei nicht an: R B 4 II ErbStR). Die Befristung kann wie die Bedingung als aufschiebende oder als auflösende vorkommen. Im Übrigen lässt sich noch eine weitere Unterscheidung vornehmen, an die § 8 BewG anknüpft. Das Ereignis (der Termin), mit dem die Befristung verbunden ist, kann nämlich in seinem Zeitpunkt bestimmt oder unbestimmt sein. Immer muss der Eintritt des Termins gewiss sein, sonst liegt gar keine Befristung, sondern eine Bedingung vor. Auch bei einem Termin, dessen Eintritt gewiss ist (Tod eines Menschen), kann jedoch der genaue Zeitpunkt des Eintritts dieses Termins unbestimmt sein. Nur für diese Fälle der Befristung **mit unbestimmtem Termin** sieht § 8 BewG die

Gleichbehandlung der Befristung mit der Bedingung vor. Ist der Zeitpunkt der Befristung dagegen von vornherein bestimmt, kann die Bewertung darauf Rücksicht nehmen, ohne dass es des Einsatzes der Regelungen der §§ 4 ff BewG bedarf.

17.–27. Die Bewertung zum gemeinen Wert, Teilwert, Kurswert (Abs 1 iVm §§ 9 bis 11 Abs 1 BewG)

Allgemeines. Mit der Verweisung des § 12 I auf die Allgemeinen Bewertungsvorschriften des Bewertungsgesetzes wird auch § 9 BewG in Bezug genommen. § 9 BewG schreibt die Bewertung mit dem gemeinen Wert vor und bestimmt, dass mit dem Ansatz des gemeinen Werts der Betrag herangezogen werden soll, der bei einer Veräußerung im gewöhnlichen Geschäftsverkehr für das Gut zu erzielen wäre. Diese Bestimmung galt bisher nur, „soweit nichts anderes vorgeschrieben ist". Die damit getroffene Einschränkung kann jedoch nicht mehr gelten. Denn das BVerfG (BStBl II 07, 192) hat den gemeinen Wert zum zentralen, durch Verfassungsrecht gesicherten Wertansatz im ErbStRecht erklärt. Dieser Wertansatz muss daher durchgehend beachtet werden und kann durch einfaches Gesetz nicht mehr beiseite geschoben werden. Dennoch hat es der Gesetzgeber nicht bei der Bestimmung des § 9 BewG belassen und einfach nur den Vorbehalt anderweitiger Regelung herausgestrichen. Er hat vielmehr zahlreiche weitere Vorschriften des BewG bestehen gelassen oder neu hinzugefügt. Diese Vorschriften können nun im Kern nicht mehr als Abweichungen, sondern nur noch als Ausprägungen des § 9 BewG verstanden werden. Sie ergänzen § 9 BewG durch Detailregelungen darüber, wie sich der Gesetzgeber die Ermittlung des gemeinen Werts im Einzelfall denkt, oder regeln mit dem Teilwert oder Kurswert Modalitäten, die bei der Ermittlung des gemeinen Werts aus der Sicht des Gesetzgebers beachtet werden sollen. Trotz dieser Bestimmungen bleibt es jedoch dabei, dass der gemeine Wert im Mittelpunkt aller Bewertungsüberlegungen steht. Dort, wo die vom Gesetzgeber benannten besonderen Ausprägungen des gemeinen Werts vom Verkaufswert iS des § 9 BewG abweichen, muss es dem StPfl daher freistehen, auf den verfassungsrechtlich allein maßgeblichen Wert des § 9 BewG zurückzugreifen. 17

Unmittelbarer Anwendungsbereich des § 9 BewG. Zu den Vermögensgegenständen, die unmittelbar auf Grund des § 9 BewG mit dem gemeinen Wert anzusetzen sind, gehören insb **Schmuck**, Hausrat, Wäsche, Kleidung, **Kunstgegenstände, Sammlungen,** Münzen, Edelmetalle, Edelsteine, Perlen und alle sonstigen beweglichen körperlichen Gegenstände, sofern sich eine Bewertung dieser Gegenstände nicht im Hinblick auf deren Befreiung erübrigt (s § 13 I Nr. 1 u 2). Mit 18 dem gemeinen Wert anzusetzen sind des Weiteren **Urheberrechte** und **Patente,** sofern sie nicht zu einem Betriebsvermögen gehören und dort zu erfassen sind.

19 Begriff. Als gemeiner Wert gilt der Preis, der im gewöhnlichen Geschäftsverkehr nach der Beschaffenheit des Wirtschaftsguts bei einer Veräußerung zu erzielen wäre. Dabei sind alle Umstände, die den Preis beeinflussen, zu berücksichtigen. Ungewöhnliche oder persönliche Verhältnisse sind nicht zu berücksichtigen. Als Preis muss alles angesehen werden, was der Verkäufer aus dem Verkauf erlangen könnte. Soweit der Verkäufer Verkaufskosten zu tragen hätte, müssen diese eingerechnet werden. Preise erzielt der Verkäufer. Der gemeine Wert ist daher der **Verkaufs- oder Verkehrswert,** dh der Wert des Objekts, den der Erwerber, wenn man sich ihn als (Weiter-)Verkäufer denkt, bei einer Weiterveräußerung erzielen kann. Es ist nicht der Wert, den das Objekt für den StPfl ohne Veräußerung haben kann oder der sich für ihn bei einer Weiterveräußerung zusammen mit seinem sonstigen Vermögen, das er unabhängig vom Erbfall hat, erzielen lässt. Ist der Erwerber Eigentümer einer Sammlung, zu der ihm seltene Stücke fehlen, die nun durch Erbfall an ihn gelangen, so kann sich der Wert seiner Sammlung durch diese Stücke wesentlich erhöhen. Der Wertzuwachs der Sammlung tritt jedoch in dem Vermögen ein, das er unabhängig vom Erbfall hatte und bleibt daher unberücksichtigt (im Ergebnis ähnlich: R B 11.6 VII ErbStR). Auch der besondere Wert, den gerade die erworbenen Stücke für den StPfl deshalb haben, weil er bereits über andere Stücke der Sammlung verfügt, kann steuerlich nicht erfasst werden, weil die Bewertung nur auf den Einzelverkaufspreis der jetzt hinzu erworbenen Stücke abzielt, also unterstellt, dass der StPfl die Stücke nicht behält, sondern – getrennt von seinem sonstigen Vermögen – weitergibt (vgl auch unten Anm 27). Bei der Ermittlung des Verkaufswertes wird im Übrigen unmittelbar auf die Verkäuferseite abgehoben. § 11 II 2 BewG schreibt demgegenüber die Anwendung einer Methode vor, die ein Erwerber der Bemessung des Kaufpreises zugrunde legen würde, geht also von der Käuferseite aus. Die unterschiedliche Akzentuierung erscheint auf den ersten Blick wenig bedeutungsvoll. Denn der Verkäufer kann nur den Preis erzielen, den der Käufer zu zahlen bereit ist. Und der Käufer kann seine Aufwendungen nur auf den Betrag beschränken, zu dem der Verkäufer bereit ist, ihm das Gut zu übertragen. Beide müssen sich einigen. Der Verkaufspreis ist daher aus der Sicht beider Beteiligter zu bestimmen. Dennoch bleibt die Betonung der Verkäuferseite bedeutsam. Nur das, was der Verkäufer bekommt, kann als Preis gelten. Was der Käufer seinerseits aufwenden muss, um das Gut zu erhalten, ist für den Verkäufer nicht Preisbestandteil und erhöht den gemeinen Wert aus seiner Sicht nicht.

Die Bezugsebene des gemeinen Werts. Der gemeine Wert ist auf 20 den Zeitpunkt des Erwerbs vor dem Beginn der Nutzung des Objekts durch den als Verkäufer gedachten Erwerber zu ermitteln. Maßgeblich ist nicht der Preis, den der Erblasser/Schenker bei der Veräußerung an einen Dritten hätte erzielen können, sondern der Preis, den jedermann in der Position des Erwerbers bei einer Veräußerung erwirtschaften kann. Der Wertesprung, der sich aus dem Wechsel der Handelsstufe bei Auslieferung des Schenkungsobjekts an den Erwerber ergibt, ist daher nicht unberücksichtigt zu lassen. Der Erwerber wird als Verkäufer gedacht. Zu ermitteln ist der Wert der Verkaufschance, die ihm mit dem Erwerb des Gutes zugefallen ist. Der Wert ist auf den Zeitpunkt zu beziehen, zu dem der Erwerber die Verkaufschance erstmals realisieren kann. Das ist zum Besteuerungszeitpunkt regelmäßig noch nicht der Fall. Trotzdem kann typisierend der Wert zum Besteuerungszeitpunkt herangezogen werden, weil unterstellt werden darf, dass die zur Beurteilung stehenden Verkaufsaussichten in kurzen Zeiträumen regelmäßig nur geringfügigen Schwankungen unterliegen. Daher kann der Wert auch aus **Verkaufspreisen** abgeleitet werden, die vor dem Besteuerungszeitpunkt erzielt wurden, sofern es sich um zeitnahe Verkäufe handelt (vgl auch RFH RStBl 38, 716; 1106; BFH BStBl II 69, 226; 70, 610). Eine Ableitung des gemeinen Wertes aus dem Ladenpreis des Gegenstandes ist grundsätzlich nicht sachgerecht, wenn der Ladenpreis Preisbestandteile enthält, die sich vom Erwerber bei einer Weiterveräußerung nicht erzielen lassen. Das gilt insb auch für **Schmuckgegenstände,** deren gemeiner Wert sich somit ausschließlich nach dem Verkaufspreis bestimmt, den jedermann bei der Veräußerung im gewöhnlichen Geschäftsverkehr erzielen kann (s RFH RStBl 29, 496). Sofern keine Verkaufspreise vorliegen, die eine Wertableitung ermöglichen, muss der **gemeine Wert frei geschätzt** werden.

Kunstgegenstände. Bei wertvolleren Kunstwerken wird eine Schät- 21 zung durch Sachverständige regelmäßig erforderlich sein (BFH DStRE 02, 460; dazu: *Wachter,* ZEV 02, 333; *Heuer,* DStR 02, 840; *Viskorf,* DStZ 02, 881; *Scherer/Lehmann,* ZErb 03, 69). Die FinVerw (R B 9.3 ErbStR) akzeptiert in diesem Zusammenhang ein **Vorsichtsprinzip,** nach dem der Wert von Kunstgegenständen und Sammlungen unter Berücksichtigung der schwierigen Verwertungsaussichten vorsichtig zu ermitteln ist. Aus den Anschaffungskosten lässt sich nicht ohne Weiteres der gemeine Wert des Kunstwerks ableiten. Doch mögen zeitnahe Anschaffungskosten im Einzelfall eine sachgerechte Ausgangsgröße für die Wertermittlung bilden. Der BFH (DStRE 02, 460) betont im Übrigen, dass zur Ermittlung des gemeinen Werts ein Verkauf zu einem bestimmten Stichtag zu fingieren ist. Gehört daher zum Nachlass eines Künstlers ein größerer Bestand selbstgeschaffener Werke, die, vorsichtig auf den Markt gebracht, Stück für Stück für 10 000 € verkauft werden könnten, die aber zusammengefasst veräußert nur je 2000 € erbringen würden, dann ist dieser niedrigere Wert zu Grunde zu legen, weil der Erwerber im Zweifel nur diesen Geldbetrag zum Stichtag als Verkaufspreis realisieren kann.

22 Urheber- und Patentrechte. Die Ermittlung des gemeinen Werts eines **Urheberrechts** kann nicht wie eine wiederkehrende Nutzung (s Anm 88 ff) erfolgen; jedoch kann der kapitalisierte Reinertrag als Anhalt für die Bewertung dienen (s BFH BStBl III 66, 348; s auch RFH RStBl 33, 125). Ein noch nicht ausgenutztes Patent hat nur bei sicheren Verwertungsaussichten am Bewertungsstichtag einen ansetzbaren Wert (RFH RStBl 34, 578). IdR wird der gemeine Wert eines Urheberrechts/Patentrechts in der Weise ermittelt, dass der Anspruch auf die in wiederkehrenden Zahlungen bestehende Gegenleistung, die für die Ausnutzung des Rechts aufgebracht werden muss, unter Berücksichtigung des marktüblichen Zinssatzes kapitalisiert wird. Dabei ist von einer Laufzeit der Zahlungen von acht Jahren auszugehen (R B 9.2 ErbStR).

23 Der gemeine Wert **einseitiger Sachleistungsansprüche**, wie der Vermächtnisforderung (§ 3 Anm 39 f), richtet sich, sofern nicht besondere Risiken hinsichtlich der Einforderung bestehen, nach dem gemeinen Wert des Gegenstandes, der geleistet werden soll. Bis einschließlich 2008 war umstritten, ob der Vermächtnisanspruch nicht in sachgerechter Weise mit dem niedrigeren StWert des Vermächtnisgegenstandes angesetzt werden muss, weil kaum denkbar ist, dass der Anspruch auf Leistung eines Gegenstandes höher bewertet werden kann als der zu leistende Gegenstand selbst. (Überblick über die kontroverse Diskussion in der 14. Aufl Anm 23). Die FinVerw (R B 9.1 II ErbStR) spricht sich unverändert für den niedrigeren Ansatz aus und bestimmt: „Sachvermächtnisse sind mit dem Steuerwert des Vermächtnisgegenstandes anzusetzen". Die FinVerw folgt in dieser Frage der Rspr des BFH (BStBl II 97, 820; ZEV 06, 373), doch hatte das Gericht in der letzten Zeit wiederholt Zweifel geäußert, ob an dieser Linie auch künftig festgehalten werden kann (BFH BStBl II 04, 1039; 07, 461). Für Verschaffungs- und Kaufrechtsvermächtnisse hatte es die frühere Linie bereits verlassen (BFH BStBl II 07, 461; 08, 982). Schließlich hatte das Gericht die Fortführung seiner bisherigen Rspr nur noch bis zum Ende 2008 bestätigen wollen (BFH/NV 08, 1379). Mit dem ErbStRG 2009 und der Abschaffung der niedrigen StWerte hat diese Kontroverse jedoch nunmehr ihre frühere Brisanz verloren. Der Vermächtnisgegenstand und die Vermächtnisforderung sind mit dem gemeinen Wert des Gegenstandes zu bewerten. Nur eine Besonderheit wird vermutlich bleiben. Gehört der Vermächtnisgegenstand zum Nachlass, wird die Vermächtnisforderung mit dem Wert bewertet werden müssen, der nach den Abs 2, 3, 5 und 6 gesondert festgestellt worden ist. Gehört der Vermächtnisgegenstand dagegen wie im Fall des Verschaffungsvermächtnisses nicht zum Nachlass, wird es an einem gesondert festgestellten Wert fehlen, so dass der gemeine Wert der Vermächtnisforderung freihändig bestimmt werden muss. Dabei sollte die Erkenntnis berücksichtigt werden, die der RFH (RStBl 29, 562; vgl auch RStBl 40, 363) von *Enno Becker* übernommen hat: „Das Recht, einen Gegenstand zu erwerben, kann grundsätzlich keinen höheren Wert haben als der Gegenstand selbst. Wenn die Steuergesetze eine bestimmte Bewertung für den Gegenstand vorschreiben, so ist diese Bewertung auch maßgebend für das Recht, den Gegenstand zu erwerben" (so im Ergebnis auch R B 103.2 V ErbStR im Hinblick auf einseitige Sachleistungsansprüche).

Den gemeinen Wert von **Sachleistungsansprüchen und -verpflichtungen im Gegenseitigkeitsverhältnis** hatte die Rspr des BFH (BFH BStBl II 91, 620; 749; 97, 820) schon früher nach dem Wert der Gegenleistung und damit nach dem gemeinen Wert des Anspruchsgegenstandes bestimmt. Die Rspr ging dabei davon aus, dass die beiderseitigen Ansprüche aus einem noch von keiner Seite erfüllten Kaufvertrag sich wertmäßig decken, was nicht der Fall wäre, wenn dem Nennwert des Geldleistungsanspruchs der von dem niedrigen StWert des Sachleistungsgegenstandes berechnete Sachleistungsanspruch gegenübergestellt würde (vgl BFH BStBl II 92, 248 zu Forderungen und Schulden aus einem Mähdrescherkauf im Bereich der LuF). Wenn der Wert des Sachleistungsanspruchs aus dem Wert der Gegenleistung abgeleitet wird, gleichen sich Forderung und Verbindlichkeit regelmäßig aus. Zwar wird der Begriff des schwebenden Geschäfts als Bezeichnung für ein einheitliches Wirtschaftsgut (BFH BStBl II 91, 620) außerhalb des betrieblichen Bereichs bisher nicht anerkannt (BFH BStBl II 92, 248, 249). Doch führt die Gegenüberstellung und Verrechnung der Kaufpreisforderung und der Sachleistungsverpflichtung im Fall des Kaufs dazu, dass sich beide Posten gegenseitig neutralisieren, so dass sie wie im Fall der Anerkennung eines schwebenden Geschäfts im Ergebnis nicht berücksichtigt werden müssen. Diese Linie hat die Rspr auch auf Sachleistungsansprüche ausgedehnt, die aus einer einseitig bereits erfüllten Gegenseitigkeitsbeziehung stammen (BFH BStBl II 91, 620; 97, 820; FG München UVR 00, 68).

Bei der Ermittlung des gemeinen Werts sind nach § 9 II 3 BewG **ungewöhnliche oder persönliche Verhältnisse** (einschließlich Verfügungsbeschränkungen) unberücksichtigt zu lassen. Bei Verfügungsbeschränkungen gilt dies sowohl für solche auf gesetzlicher als auch für solche auf rechtsgeschäftlicher Grundlage, sofern sie in der Person des StPfl oder seines Rechtsvorgängers begründet sind. Außer den in

§ 9 III besonders angeführten testamentarischen Verfügungsbeschränkungen sind in diesem Zusammenhang inbesondere zu nennen: gesellschaftsvertragliche Verfügungsbeschränkungen (BFH BStBl III 59, 155), persönliche Verkaufsbeschränkungen bei Aktien und GmbH-Anteilen (RFH RStBl 40, 953; BFH BStBl II 72, 313), Pfandrechte (RFH RStBl 39, 404; 40, 642), Verfügungsbeschränkungen wegen Geschäftsunfähigkeit, Eröffnung des Insolvenzverfahrens, Anordnung der Nachlassverwaltung, Ernennung eines Testamentsvollstreckers, Einsetzung eines Nacherben, Beschlagnahme auf Grund des Zwangsversteigerungsgesetzes. Zu berücksichtigen sind dagegen **nachbarrechtliche Verfügungsbeschränkungen** (§§ 906 ff BGB), denn sie haben keinen persönlichen Charakter. Das Lebensalter des Erwerbers ist zwar ein persönliches Verhältnis, kann aber bei der Bewertung von Leibrenten dennoch beachtet werden.

26 **Teilwert.** Der Teilwert stellt eine besondere Ausprägung des gemeinen Werts dar. Auch der Teilwert ist ein Verkaufswert. Er gilt für Wirtschaftsgüter des Betriebsvermögens und unterstellt, dass der StPfl, der das ganze Unternehmen, zu dem das zu bewertende Wirtschaftsgut gehört, von Todes wegen oder durch Schenkung unter Lebenden erworben hat, es nach dem Erwerb verkauft. Bei dem im Bewertungsverfahren unterstellten Verkauf soll beachtet werden, dass sich für das einzelne Wirtschaftsgut wegen seiner Zugehörigkeit zum Unternehmen ein höherer Preis erzielen lässt, als wenn es isoliert verkauft würde. Dieser Mehrwert soll im Teilwert berücksichtigt werden. Obwohl es um einen Verkaufspreis geht, soll der Teilwert sich doch an dem Betrag orientieren, den der Käufer (nicht der Verkäufer!) des Unternehmens für das Wirtschaftsgut ansetzen würde. Das stimmt mit der Konzeption des § 9 BewG nicht voll überein. § 10 BewG sah früher vor, dass Wirtschaftsgüter, die einem Unternehmen dienen, „in der Regel" mit dem Teilwert anzusetzen sind. Der Teilwert hatte damit für das Betriebsvermögen den Charakter eines tragenden Bewertungsprinzips. Seit dem StReformG 1992 sollte der Teilwert für die Wirtschaftsgüter des Betriebsvermögens jedoch nur noch dann herangezogen werden, wenn und „soweit nichts anderes vorgeschrieben ist". Da zugleich § 109 BewG die Steuerbilanzwerte oder die ertragsteuerlichen Werte für maßgeblich erklärte, die regelmäßig aus den Kostenwerten abgeleitet sind, und in diesem Sinne etwas anderes vorgeschrieben hatte, kam der Teilwert seit 1992 nur noch ausnahmsweise zum Zuge. Nach den erneuten Reformschritten durch das ErbStRG 2009 steht nunmehr die Gesamtbewertung des Unternehmens nach Ertragswertgesichtspunkten im Vordergrund. Der Wert der einzelnen Wirtschaftsgüter des Betriebs ist regelmäßig gar nicht mehr zu erfassen. Nur im Rahmen des § 11 II 3 BewG, nämlich dann, wenn der Substanzwert des Betriebs-

vermögens als Untergrenze der Bewertung aufgesucht werden soll, kommt es auf den Wert der Einzelwirtschaftsgüter an. Für diese Bewertung schreibt § 11 II 3 BewG aber nunmehr den Ansatz des gemeinen Werts und nicht des Teilwerts vor. Damit hat die Vorschrift, soweit ersichtlich, ihren Anwendungsbereich weitgehend verloren.

Kurswert. Börsennotierte Wertpapiere, insbesondere **Aktien,** sowie Schuldbuchforderungen sind nach § 11 I BewG mit dem Kurswert anzusetzen. Als Kurswert gilt der jeweils niedrigste am Stichtag im regulierten Markt notierte Kurs. Entsprechendes gilt für den Freiverkehr. Fraglich ist, unter welchen Umständen vom Börsenkurs am Stichtag abgewichen werden kann. Nach § 11 III BewG wird für **Aktienpakete** der Ansatz des höheren gemeinen Werts vorgeschrieben. Damit wird der Weg zu einem **(Paket-)Zuschlag** eröffnet. In der Praxis wird im Allgemeinen bei Beteiligungen zwischen 25 und 50% des Nennkapitals ein Zuschlag von 5 bis 10%, bei Beteiligungen zwischen 50 und 75% ein Zuschlag von 10 bis 20% und bei Beteiligungen über 75% ein Zuschlag von 25% vorgenommen. Welcher Zuschlag im Einzelfall angemessen ist, richtet sich nach den Umständen dieses Falles (Einzelheiten zum Paketzuschlag in R B 11.6 ErbStR; Kritik unten Anm 47). Ein Paketzuschlag kann nur berücksichtigt werden, wenn der StPfl das Aktienpaket durch den stpfl Vorgang selbst erworben hatte. Sind ihm Aktien zugefallen, die sich erst in seiner Hand zu einem Aktienpaket verdichten, so werden zwar durch den Erwerb seine Aktien, die er schon vor dem Erwerb hatte, werthaltiger. Dieser Wertzuwachs ist jedoch nicht Teil seines Erwerbs durch Erbanfall oder durch Schenkung und muss daher steuerlich unberücksichtigt bleiben. Auch der besondere Wert, den die hinzu erworbenen Aktien dadurch haben, dass sie in der Hand des StPfl Teil eines Aktienpakets werden, wird in der Bewertung nicht erfasst (vgl oben Anm 19 und R B 11.6 VII ErbStR). Der Ansatz eines niedrigeren gemeinen Werts und damit eines **(Paket)-Abschlages** ist nicht vorgesehen, obwohl sich schon mehrfach gezeigt hat, dass die Börsenkurse beim gebündelten Angebot eines größeren Aktienbestandes (zB Angebot von Telekom-Aktien durch die Deutsche Bank) sogleich nachhaltig nachgeben. Der unabhängig von einem solchen Angebot errechnete Börsenkurs auf den Bewertungsstichtag wäre daher in Wahrheit nicht zu erzielen gewesen. Der BFH (ZEV 02, 331, 332) betont, dass „zur Ermittlung des gemeinen Werts ... ein Verkauf auf einen bestimmten Stichtag zu fingieren" ist, und zwar der gleichzeitige Verkauf aller zum Erwerb gehörenden, mit dem Verkaufswert zu bewertenden Posten. Es fragt sich daher, ob die im gemeinen Wert unterstellte Verkaufssituation nicht auch bei der Ermittlung der Kurswerte mitbedacht werden muss (vgl *Meincke,* FS Wiedemann, 2002, 105; vgl ferner für den Verkaufswert von Kunstwerken oben Anm 21).

Nach der Rspr konnte im Übrigen ursprünglich von solchen Kursen abgewichen werden, die durch außergewöhnliche Umstände so beeinflusst waren, dass sie unter Berücksichtigung der jeweiligen Börsensituation und aller speziell für die Aktien der Gesellschaft geltenden Gesichtspunkte irreal und ohne jede Beziehung zum inneren Wert der Aktien waren (RFH RStBl 35, 1485; 37, 625; BFH BStBl III 65, 732). Diese grundsätzliche Linie ist durch die Entscheidung des BFH BStBl II 77, 427 eingeschränkt worden. Danach soll ein Abweichen vom Börsenkurs nur noch in Frage kommen, wenn die vorgenannten Gründe so schwerwiegend waren, dass sie die Voraussetzungen für eine Streichung des Börsenkurses erfüllten (s auch BFH BStBl II 74, 656). Nunmehr muss diese RsprLinie erneut überprüft werden. Denn der Börsenkurs kann als Bewertungsmaßstab nach der Entscheidung des BVerfG (BStBl II 07, 192) nur noch dann akzeptiert werden, wenn er sich als Ausprägung des gemeinen Werts darstellt. Der gemeine Wert ist ein Verkaufswert. Der Erwerber wird als Verkäufer gedacht. Es geht um den Kaufpreis, den er unter den gegebenen Bedingungen erzielen kann. Ein Erwerber kann die Wertpapiere regelmäßig nicht schon zum Besteuerungszeitpunkt verkaufen. Denn er muss die Verkaufssituation nach dem Erwerb erst herstellen, die Bank von seinen Verkaufsabsichten unterrichten usw. Der Erwerber kann daher den Kurswert zum Besteuerungszeitpunkt regelmäßig nicht erzielen. Wenn der Kurswert zum Besteuerungszeitpunkt trotzdem als Ausdruck des gemeinen Werts herangezogen werden darf, denn deshalb, weil im Zweifel eine relativ gleichmäßige Kursentwicklung unterstellt werden kann, so dass der Kurswert zum Besteuerungszeitpunkt auch den Wert der Verkaufschance widerspiegelt, die dem StPfl mit dem Wertpapiererwerb zugefallen ist. Bei stark schwankenden Kursen passt diese Annahme jedoch nicht. Hier muss deshalb bei Berücksichtigung der verfassungsrechtlichen Vorgaben entgegen der bisher vorherrschenden Auffassung auf den Kurswert abgestellt werden, den der StPfl nach seinem Erwerb selbst hätte realisieren können. Anteilscheine, die von Kapitalanlagegesellschaften ausgegeben worden sind, und ausländische Investmentanteile sind im Übrigen nach § 11 IV BewG mit dem Rücknahmepreis anzusetzen (R B 11.1 V ErbStR; unten Anm 48).

28.–37. Die Bewertung zum Nennwert oder Kapitalwert (Abs 1 iVm §§ 12 bis 16 BewG)

28 **Kapitalforderungen** (§ 12 BewG) sind Geldzahlungsansprüche, die auf einmalige Leistung oder auf Ratenzahlung als Teilleistung für einen bestimmten, von vornherein feststehenden Geldbetrag gerichtet sind. Sie sind zu unterscheiden von den **Sachleistungsansprüchen,** die nicht auf Geldzahlung, sondern auf die Übereignung anderer, beweg-

licher oder unbeweglicher Objekte gerichtet sind und deren Wert sich nach dem Wert des Anspruchsgegenstandes richtet (oben Anm 23). Kapitalforderungen sind auch von den **Rentenforderungen** zu unterscheiden, für die die Bewertung in den §§ 13 ff BewG geregelt ist. Rentenforderungen sind wie Kapitalforderungen auf Geldzahlung gerichtet. Im Vordergrund steht aber das Rentenstammrecht, aus dem die wiederkehrenden Bezüge folgen, und nicht der insgesamt zu zahlende, möglicherweise in Teilleistungen (Raten) aufzubringende Geldbetrag. Ratenkapitalforderungen und in der Laufzeit sehr beschränkte Zeitrenten stehen sich allerdings in der Praxis sehr nahe. Zu den Kapitalforderungen iS des § 12 BewG werden auch typische **stille Beteiligungen** und **Unterbeteiligungen** gerechnet. **Schulden** iS des § 12 BewG sind die den Kapitalforderungen entsprechenden, auf einmalige Leistung oder auf Ratenzahlung gerichteten Geldleistungspflichten.

Bewertung zum Nennwert. Kapitalforderungen und Schulden sind nach § 12 I BewG mit dem Nennwert anzusetzen. Nennwert ist der Einlösungsbetrag, dessen Zahlung der Gläubiger bei Fälligkeit der Forderung ohne Berücksichtigung ausstehender Zinsen verlangen kann. Auch langfristig gebundene Forderungen, deren Einlösung also erst zu einem wesentlich späteren Zeitpunkt verlangt werden kann, sind zum Nennwert zu berücksichtigen (BFH BStBl III 59, 262), sofern der Nachteil der langfristigen Bindung durch entsprechende Zinszahlungen ausgeglichen wird. Denn beim Nennwertansatz wird eine übliche Verzinsung unterstellt. Als üblich gilt bei längeren Laufzeiten eine Verzinsung zwischen 3 und 9%. Erst wenn diese Marken unter- oder überschritten werden, kommt ein Abweichen vom Nennwert in Betracht. Zum Nennwert wird auch der Betrag gerechnet, den der Schuldner, statt ihn an den Gläubiger auszuzahlen, im Fall des Quellenabzugs der St an das FA zu zahlen hat. Weil der StBetrag als Teil des Nennwerts gilt, kommt es bei der Bewertung von Kapitalforderungen mit dem Nennwert in Fällen des Quellenabzugs zu einer St auf die St, was, soweit diese Doppelbesteuerung nicht durch § 35 b EStG verhindert wird, aus steuersystematischen Gründen nur widerstrebend akzeptiert werden kann. An die Stelle des Nennwerts tritt bei noch nicht fälligen **Ansprüchen aus Lebens-, Kapital- oder Rentenversicherungen** nach § 12 IV 1 BewG der **Rückkaufswert**, der dem Rücknahmepreis für Anteile an Kapitalanlagegesellschaften entspricht (oben Anm 27) und den auch der BGH (ZEV 10, 305) bei der Berechnung des Pflichtteilsergänzungsanspruchs nach § 2325 BGB als Ausdruck des Verkehrswerts der noch beim Erblasser erfassten und daher noch nicht fälligen Lebensversicherung ansieht.

Eine **Bewertung über dem Nennwert** ist bei Forderungen oder Schulden geboten, deren Zinssatz über 9% hinausgeht, wenn die Zinsleistung noch für mindestens vier Jahre verlangt werden kann und wenn der Forderung keine wirtschaftlichen Nachteile gegenüber stehen (R B 12.1 II ErbStR). In einem solchen Fall ist dem Nennwert der Kapitalwert der über 9% hinausgehenden Jahreszinsen hinzuzurechnen. Eine **Bewertung unter dem Nennwert** kommt bei Forderungen und Schulden in Betracht, die für mindestens vier Jahre unkündbar sind und für die keine oder weniger als 3% Zinsen gezahlt werden. Eine Bewertung unter dem Nennwert ist auch dann gerechtfertigt, wenn die Durchsetzbarkeit der Forderung – wie im Fall der Verjährung – zweifelhaft ist. Verjährte Forderungen, mit deren Begleichung gleichwohl zu rechnen ist, sind zum Nennwert anzusetzen, verjährte Schulden, die vom Erben beglichen werden, sind uneingeschränkt abzugsfähig. Uneinbringliche Forderungen bleiben ganz außer Ansatz (§ 12 II BewG). Das kann aber für Forderungen nicht gelten, mit deren Erfüllung nicht gerechnet werden kann, die aber unverändert die Basis für Zinszahlungen bieten und von daher doch einen Geldwert verkörpern. Unverzinsliche Forderungen und Schulden werden abgezinst, weil man mit dem Anspruch, später einen bestimmten Geldbetrag zu erhalten, weniger anfangen kann, als wenn man dem Nennwert der Forderung jetzt zur Verfügung hätte. Forderungen und Schulden werden mit einem Zinssatz von 5,5% unter Berücksichtigung von Zinseszinsen abgezinst (§ 12 III 2 BewG; BFH BStBl II 92, 990). Dabei ist der Kapitalwert der jährlichen Zinsersparnis vom Nennwert abzuziehen. Die Abzinsung führt zu einem Gegenwartswert, der bei langfristig unverzinslichen Forderungen weit unter dem Nennwert liegen kann, schon bei einer Laufzeit von 13 Jahren weniger als die Hälfte des Nennwertes umfasst und zB bei einer Laufzeit von 44 Jahren unter ein Zehntel des Nennwertes zusammenschmilzt.

31 **Wiederkehrende Nutzungen oder Leistungen** sind nach den §§ 13 bis 16 BewG mit dem **Kapitalwert** zu bewerten. Unter Kapitalwert wird der Gegenwartswert der zukünftigen Nutzungen oder Leistungen zum Bewertungsstichtag verstanden. Als Nutzungen oder Leistungen werden Rechte benannt, die den Charakter eines Stammrechts haben, aus dem für den Rechtsinhaber die Befugnis fließt, den Gegenstand eines anderen zu nutzen oder von dem anderen wiederkehrende Leistungen, insbesondere Geldzahlungen, zu verlangen. Das Stammrecht kann dinglichen oder schuldrechtlichen Charakter haben. Zur Ermittlung des Kapitalwerts dieser Stammrechte unterscheidet § 13 BewG Nutzungen oder Leistungen, die auf bestimmte Zeit beschränkt eingeräumt wurden, deren Enddatum damit sicher und bestimmt ist (Abs 1), von Nutzungen oder Leistungen von unbestimmter Dauer, deren Enddatum sicher, aber unbestimmt ist (Abs 2). Einen Sonderfall der Nutzungen oder Leistungen von unbestimmter Dauer bilden die

Bewertung zum Nennwert oder Kapitalwert **§ 12**

auf die Lebenszeit des Berechtigten oder Verpflichteten gestellten Nutzungen oder Leistungen (§ 14 BewG). Ihnen stehen die immerwährenden Nutzungen oder Leistungen gegenüber, deren Enddatum (jedenfalls für absehbare Zeit) ungewiss und unsicher ist (BFH BStBl II 70, 591). Der Kapitalwert des Stammrechts wird mit einem Vielfachen des Jahreswerts der Nutzungen oder Leistungen festgestellt. Der Ausgangswert für die Ermittlung des Kapitalwerts ist daher der Jahreswert, zu dessen Ermittlung § 15 BewG Regelungen vorbringt. Die Berechnung des Kapitalwerts eines zu Nutzungen berechtigenden Stammrechts nach dem Vielfachen des Jahreswerts könnte dazu führen, dass der Wert des Nutzungsrechts in ein unangemessenes Verhältnis zum Wert des genutzten Objekts gerät, wenn für das genutzte Objekt ein besonders niedriger Wertansatz vorgesehen ist. Um dies zu verhindern, sieht § 16 BewG eine Begrenzung des Jahreswerts von Nutzungen vor, der eine Rendite des genutzten Objekts von ca 5,5% nicht übersteigen soll. Nach der vom Verfassungsrecht vorgeschriebenen einheitlichen Orientierung der Bewertung am gemeinen Wert muss die Rechtfertigung dieser Begrenzung neu durchdacht werden (dazu unten Anm 37).

Der Kapitalwert wird aus dem **Jahreswert** des Stammrechts (§ 15 BewG) abgeleitet. Man unterscheidet den aus Geldbeträgen zu summierenden Jahreswert (gebildet zB aus der Summe der Rentenleistungen eines Jahres) von dem durch Bewertung zu ermittelnden Jahreswert und dem durch die Höchstwertberechnung des § 16 BewG gesetzlich eingeschränkten Jahreswert. Der zuerst genannte Jahreswert wird aus dem Reinwert der dem Berechtigten zufließenden Zahlungen ermittelt. Dabei sind Steuern, die in der Person des Berechtigten entstehen, bei der Ermittlung des Jahreswerts nicht abzugsfähig (BFH BStBl II 87, 175; FG Münster EFG 02, 627). Das gilt auch für einbehaltene Steuern mit Quellenabzug (BFH BStBl II 68, 338, 340; 79, 562; 84, 539). Als Jahreswert eines Nießbrauchs gilt der erzielbare Reinertrag (RFH RStBl 30, 591, 764) nach Abzug der vom Nießbraucher zu tragenden Kosten (RFH RStBl 30, 448). Diese Kosten können ganz erheblich sein und dürfen daher keinesfalls vernachlässigt werden. Denn der Nießbraucher hat für die Erhaltung des Gegenstandes in seinem Bestand zu sorgen, er hat die gewöhnlichen Unterhaltungskosten zu übernehmen, den zur Nutzung überlassenen Gegenstand zu versichern und die auf ihm ruhenden gewöhnlichen Lasten (einschließlich des Kapitaldienstes!) zu tragen (§§ 1041, 1045, 1047 BGB). Der Jahreswert eines Nießbrauchs am Gesellschaftsanteil ist regelmäßig auf der Basis der Betriebsergebnisse der drei Vorjahre zu ermitteln und dem entnahmefähigen Teil des Gewinns abzuleiten. Sind in den Vorjahren Gewinnausschüttungen unterlassen worden, ist darauf abzustellen, welche Erträge bei ordnungsmäßiger Verwaltung der Geschäftsanteile in den kommenden drei Jahren voraussichtlich erwirtschaftet werden können (FG Düsseldorf EFG 07, 1968). Der Jahreswert eines Rechts auf nicht in Geld bestehende Nutzungen oder Leistungen ist durch Bewertung zu ermitteln. Beispiele bilden ein Wohnrecht oder ein Altenteil. Sie sind nach § 15 II BewG mit den üblichen Mittelpreisen des Verbrauchsorts anzusetzen. Bei einem Altenteil bedeutet dies, dass der Betrag aufzufinden ist, den der Verpflichtete nach den örtlichen Marktverhältnissen aufbringen muss, um seine Leistungspflicht zu erfüllen. Als Jahreswert einer Nutzung oder Leistung, die in ihrem Umfang ungewiss ist oder Schwankungen unterliegt, ist der Betrag anzusetzen, der aus der Sicht des Stichtages im Durchschnitt voraussichtlich wird erzielt werden können. Bei der Prognose dieses Durschnittswerts können aus der Sicht der FinVerw (R B 13 ErbStR) ausnahmsweise auch Ereignisse berücksichtigt werden, die in nicht allzu langer Zeit nach dem Bewertungsstichtag eingetreten sind.

33   Der Kapitalwert eines Rechts auf wiederkehrende, **zeitlich begrenzte Nutzungen oder Leistungen** ist mit einem nach der Laufzeit des Rechts gestaffelten Vielfachen des Jahreswerts anzusetzen. Als Laufzeit des Rechts ist der mit dem Besteuerungsstichtag einsetzende Zeitraum der noch laufenden Bezugsberechtigung gemeint. Eine Tabelle der Vervielfacher enthält die Anlage 9a zum BewG, auf die § 13 I 1 BewG verweist. Zu Einzelfragen nimmt die FinVerw in gleichlautenden Ländererlassen Stellung (BStBl I 10, 810). § 13 I 2 BewG nennt als Unterfall des Rechts auf zeitlich begrenzte Nutzungen oder Leistungen auch ein Recht, das zugleich zeitlich begrenzt und vom Leben einer oder mehrerer Personen abhängig gemacht ist. Bei ihrer Bewertung darf der Kapitalwert von Leibrenten nach § 14 BewG nicht überschritten werden. Man unterscheidet in diesem Zusammenhang Höchst- und Mindestzeitrenten. Die **Höchstzeitrente** (abgekürzte Leibrente) wird bis zum Tod des Berechtigten, höchstens aber bis zum Ablauf der bestimmten Frist gewährt. Mit dem Tod des Berechtigten erlöscht die Rente in jedem Fall. Der frühzeitige Tod des Berechtigten kann die Laufzeit der Rente abkürzen. Die **Mindestzeitrente** (verlängerte Leibrente) wird ebenfalls bis zum Tod des Berechtigten gewährt. Der frühzeitige Tod des Berechtigten führt jedoch nicht zur Abkürzung der vertraglich bestimmten Laufzeit. Ggf ist daher die Rente auch über den Tod des Berechtigten hinaus an seine Hinterbliebenen zu gewähren. Im Fall der Höchstzeitrente wird der nach § 13 I BewG ermittelte Kapitalwert durch den Kapitalwert nach § 14 BewG begrenzt. Dies gilt auch für den Fall, dass eine Rente, die für eine bestimmte Zeit vereinbart ist, beim Tod des letzten Mitglieds einer Familie erlöschen soll. Die Rente ist dann mit dem sich nach § 13 I 1 BewG ergebenden Kapitalwert, höchstens jedoch mit dem Wert anzusetzen, der sich für das Lebensalter

Bewertung zum Nennwert oder Kapitalwert 34–36 § 12

des betreffenden Familienmitglieds nach § 14 BewG ergibt (BFH BStBl II 72, 665). Im Fall der Mindestzeitrente ist der jeweils höhere Vervielfältiger der Tabelle zu § 13 I BewG (Anlage 9a zum BewG) oder der vom BMF zu § 14 I BewG im BStBl I (für Bewertungsstichtage im Jahre 2012 BMF BStBl I 11, 834) veröffentlichten Tabelle anzuwenden (vgl BFH BStBl II 82, 11).

Der Kapitalwert eines Rechts auf wiederkehrende, **zeitlich nicht** **34** **begrenzte Nutzungen oder Leistungen,** deren Ende zwar absehbar ist, aber zeitlich nicht klar fixiert werden kann, ist nach § 13 II BewG mit dem 9,3fachen des Jahreswerts zu bewerten. Damit wird eine Laufzeit des Rechts von ungefähr 13 Jahren zugrunde gelegt. Für das Recht auf **immerwährende Nutzungen oder Leistungen,** deren Ende nicht abgesehen werden kann, wird das 18,6fache des Jahreswerts vorgesehen. Dem Stammrecht wird damit ein Wert zugeschrieben, für den der Jahreswert eine Verzinsung von ca 5,5% zum Ausdruck bringt.

Der Kapitalwert eines Rechts auf **lebenslängliche Nutzungen** **35** **oder Leistungen** ist nach § 14 BewG durch Vervielfältigung des Jahreswerts unter Berücksichtigung des Lebensalters der Person (des Gläubigers oder des Schuldners) zu ermitteln, von dessen Leben die Dauer der Nutzung oder Leistung abhängen soll. Der maßgebliche Vervielfältiger wird vom BMF im BStBl I (oben Anm 33) veröffentlicht. § 14 I 3 BewG schreibt zusätzlich vor, dass der Kapitalwert unter Berücksichtigung von Zwischenzinsen und Zinseszinsen mit einem Zinssatz von 5,5% als Mittelwert zwischen dem Kapitalwert für jährlich vorschüssige und jährlich nachschüssige Zahlungsweise zu berechnen ist.

Sonderregeln. Das Recht auf lebenslängliche Nutzungen oder Leis- **36** tungen wird mit einem hohen Wert angesetzt, wenn derjenige, von dessen Lebenszeit die Dauer des Rechts abhängt, zum Stichtag jung ist. Ihm wird eine lange Lebenszeit und damit ein großer Umfang der ihm zufließenden Nutzungen oder Leistungen zugerechnet. Stirbt er weit vor dem prognostizierten Termin, so zeigt sich, dass das Recht zu hoch bewertet worden war. § 14 II BewG sieht für diese Fälle eine nach dem Alter abgestufte Korrekturmöglichkeit vor. Dieselbe Korrekturmöglichkeit gibt es bei Nutzungen oder Leistungen, deren Dauer von einem anderen Ereignis als der Lebenszeit eines Beteiligten abhängt, nicht. Ist eine lange Dauer aus der Sicht des Stichtages geschätzt worden und trifft diese Prognose nicht zu, dann wird der Gedanke des § 14 II BewG nicht entsprechend herangezogen. Doch erlauben § 13 III und § 14 IV BewG den Rückgriff auf den niedrigeren gemeinen Wert aus anderen Gründen, zB wenn der Rentenschuldner in Insolvenz gerät. Dieser Rückgriff gilt gegenüber dem Kapitalwert des Rentenrechts. Ob er auch dann zum Zuge kommen kann, wenn der StPfl statt der Versteuerung nach dem Kapitalwert die Versteuerung nach dem Jahreswert gewählt hat (§ 23 ErbStG), wird bezweifelt (FG Münster EFG 08, 1813).

37 Begrenzung des Jahreswerts von Nutzungen (§ 16 BewG). Der Wert des Rechts, Nutzungen aus einem Gegenstand zu ziehen, soll stets in einem angemessenen Verhältnis zu dem Wert des Gegenstandes selbst stehen. Um dieses Verhältnis zu wahren, wird der Jahreswert von Nutzungen begrenzt. Er darf nicht mehr als 5,5% des Werts des Gegenstandes ausmachen. Eine entsprechende Begrenzung des Werts von Leistungen gibt es nicht, weil bei den Leistungen die Beziehung zu dem Wert eines Gegenstandes fehlt. 5,5% ergeben sich, wenn man den Wert des Gegenstandes mit 100% ansetzt und diesen Wert durch 18,6 teilt. So kommt die Regelung des § 16 BewG zustande. § 16 BewG war nach früherer Auffassung bei der Ermittlung des Verkehrswerts von Nutzungen nicht anzuwenden, weil sich § 16 BewG auf den StWert des genutzten Wirtschaftsguts bezieht, sich damit vom Verkehrswert entfernte und aus diesem Grund als eine bewertungsrechtliche Sonderregelung verstanden werden musste (BFH BStBl II 11, 363; R 17 V 3 ErbStR 2003). Das BVerfG (BStBl II 07, 192, 203) verlangt jedoch für den Bereich des geltenden Rechts, dass sich die Bewertung am gemeinen Wert und damit am Verkehrswert orientiert. Das gilt auch für die Bewertung von Nutzungen. Wenn also Begrenzung des Jahreswerts unter Anwendung des § 16 BewG auf einen dem Verkehrswert angeglichenen gemeinen Wert der Nutzungen nicht passt, dann fragt sich, ob diese Regelung auch nach der Entscheidung des Verfassungsgerichts unverändert beibehalten werden kann. Fraglich ist auch, ob der Grundgedanke der Vorschrift, dass nämlich das Nutzungsrecht an einem Wirtschaftsgut stets weniger wert sein muss als das Eigentum daran, ausnahmslos zutrifft. Dem Nutzungsberechtigten fehlt das Verwertungsrecht. Dafür treffen ihn aber ggf Lasten nicht, die der Eigentümer zu tragen hat. Im Einzelfall kann das Nutzungsrecht daher gegenüber dem Eigentum durchaus Vorteile aufweisen. Auch deswegen ist die generelle Norm des § 16 BewG nicht unbedenklich.

38.–48. Die Bewertung nicht notierter Anteile an Kapitalgesellschaften (Abs 2 iVm § 11 Abs 2 BewG)

38 Nicht notierte Anteile an Kapitalgesellschaften. § 12 II bringt eine Regelung für Anteile an Kapitalgesellschaften, für die ein Wert nach § 151 I 1 Nr 3 BewG festzustellen ist. § 151 I 1 Nr 3 BewG verweist weiter auf § 11 II BewG. § 11 BewG unterscheidet zwischen Anteilen an Kapitalgesellschaften, die in Wertpapieren verbrieft und an einer deutschen Börse zum Handel zugelassen sind (Abs 1 S 1), von solchen Anteilen, die nicht unter Abs 1 fallen (Abs 2 S 1). Die unter § 11 I BewG fallenden börsengängigen Anteile sind mit dem Kurswert anzusetzen. Die unter § 11 II BewG fallenden, nicht notierten Anteile, auf die die Verweisung in § 12 II sich im Ergebnis bezieht, werden mit dem gemeinen Wert angesetzt. Der Prototyp für die Wertpapiere, die unter § 11 I BewG fallen, sind die Aktien. Als Prototyp der von § 12 II angesprochenen Anteile nach § 11 II BewG werden im Folgenden die GmbH-Anteile behandelt. Nur von ihnen ist in den nachstehenden Anmerkungen die Rede.

GmbH-Anteile sind nach § 11 II 1 BewG mit dem **gemeinen Wert** 39 anzusetzen. Das ist nach der BVerfG-Entscheidung (BStBl II 07, 192), die nur noch den gemeinen Wert zur Bewertung akzeptiert, im Grunde selbstverständlich und brauchte auch angesichts des § 9 BewG nicht ausdrücklich ausgesprochen zu werden. Der Hinweis ist dennoch bedeutsam. Denn er zeigt den Rahmen auf, in den sich die anschließend aufgeführten Wertermittlungsmethoden einfügen müssen. Wird der gemeine Wert durch sie verfehlt, sind Korrekturen angebracht. Der Einwand, dass der gemeine Wert mit den vorgesehenen Methoden im Einzelfall nicht erreicht werden kann, ist in jedem Fall zu beachten.

Der Wert erworbener GmbH-Anteile wird im Ergebnis nicht durch 40 den StPfl, sondern **durch die FinVerw festgestellt.** Das bestimmt § 151 I 1 Nr 3 BewG. Dem StPfl kann daher in der Anzeige seines Erwerbs entgegen § 30 IV Nr 3 keine abschließende Wertangabe hinsichtlich des ihm zugefallenen Anteils zugemutet werden. Für die Bewertung bedeutsame Feststellungserklärungen dürfen nicht vom StPfl, sondern nur von der GmbH verlangt werden (§ 153 III BewG). Die maßgebliche Bewertungsentscheidung trifft die FinVerw. Die Bewertungsentscheidung gilt für den jeweiligen Einzelfall, kann aber einer innerhalb einer Jahresfrist folgenden Wertfeststellung für denselben Anteil unverändert zugrunde gelegt werden, wenn sich die für die erste Bewertung maßgeblichen Stichtagsverhältnisse nicht wesentlich geändert haben (§ 151 III 1 BewG). Die Wertfeststellung wird unabhängig vom StBescheid getroffen und ist mit Rechtsbehelfen selbstständig angreifbar (§ 155 BewG). Weil es die FinVerw ist, die die Bewertungsentscheidung endgültig trifft, richten sich die Vorschriften § 11 II BewG über die Methoden der Bewertung vornehmlich an sie.

§ 11 II BewG nennt **vier Methoden** zur Ermittlung des gemeinen 41 Werts der Anteile. Der Wert kann zum einen aus zeitnahen Verkäufen unter fremden Dritten abgeleitet werden. Er kann zum zweiten unter Berücksichtigung der Ertragsaussichten der Gesellschaft festgestellt werden. Daneben werden drittens andere, im gewöhnlichen Geschäftsverkehr für nichtsteuerliche Zwecke übliche Methoden anerkannt. Schließlich wird auch noch auf die Wertermittlungsmethode verwiesen, die die Summe der Werte der zum Betriebsvermögen gehörenden Wirtschaftsgüter und aktiven Ansätze ermittelt und diese Summe um die Summe der zum Betriebsvermögen gehörenden Schulden und sonstige Abzüge kürzt. Während die zunächst genannten Methoden auf die Ermittlung eines Ertragswerts abzielen, wird mit der zuletzt genannten Methode ein Substanzwert erfasst. Der Substanzwert wird allerdings nicht gleichrangig herangezogen. Er soll vielmehr nur die Untergrenze bilden, unter den die Bewertung nicht herabsinken darf.

42 **Wertableitung aus Verkäufen.** Nur vom Bewertungsstichtag aus gesehen zeitnahe Verkäufe erlauben die Wertableitung. Als zeitnah sind nur solche Verkäufe anzusehen, die weniger als ein Jahr zurückliegen (§ 11 II 2 BewG). Maßgebend ist dabei der Zeitpunkt der Einigung über den Kaufpreis (BFH BStBl II 76, 280). Immer müssen die zur Wertableitung herangezogenen Verkäufe **vor dem Bewertungsstichtag** liegen (FG Rh-Pf EFG 97, 49). Vor dem Tag der Bewertung, aber nach dem Stichtag liegende Verkäufe werden nicht als aussagekräftig anerkannt. Das ist schwer einsichtig und bedarf der Überprüfung. Zumindest in Sonderfällen sollten auch nach dem Stichtag vollzogene Kaufabschlüsse berücksichtigt werden können (FG Nürnberg DStRE 09, 91). Immer muss es sich bei den zur Wertableitung herangezogenen Verkäufen um Geschäfte handeln, die Anteile derselben Gesellschaft zum Gegenstand haben. Der Wert des Anteils an einer GmbH kann nicht aus dem Wert des Anteils einer anderen GmbH abgeleitet werden, selbst wenn die andere GmbH ähnlich strukturiert und in derselben Branche tätig ist (BFH BStBl III 67, 82). Die Veräußerungserlöse müssen im gewöhnlichen Geschäftsverkehr erzielt worden sein. Es muss sich bei ihnen also um echte Marktpreise handeln (BFH BStBl II 77, 626; 79, 618). Soweit hiernach eine Wertableitung aus Verkäufen in Frage kommt, kann bei unveränderter Marktlage der Verkaufspreis unmittelbar als gemeiner Wert angesprochen werden; bei seither veränderter Marktlage ist der Verkaufspreis entsprechend zu korrigieren. § 11 II 2 BewG spricht von Verkäufen. Es genügt jedoch ein Verkauf, sofern dieser nicht nur einen Zwerganteil zum Gegenstand hat (BFH BStBl II 86, 591). Die Ausgabe neuer Geschäftsanteile an einer GmbH im Rahmen einer Kapitalerhöhung zur Aufnahme eines neuen Gesellschafters kann aus der Sicht der FinVerw (R B 11.2 I ErbStR) als Verkauf iS des § 11 II 2 BewG zur Ableitung des gemeinen Werts der GmbH-Anteile herangezogen werden.

43 **Wertableitung aus dem Unternehmenswert.** Lässt sich der Anteilswert nicht aus zeitnahen Verkäufen ableiten, ist er nach § 11 II 2 BewG unter Berücksichtigung der Ertragsaussichten der Kapitalgesell-

Bewertung nicht notierter Anteile an Kapitalgesellschaften **44, 45** **§ 12**

schaft zu ermitteln. Bei dieser Ermittlung – bis zur Neufassung des § 11 II BewG durch das ErbStRG 2009 war in diesem Zusammenhang stets von Schätzung die Rede – kann nach § 11 II 4 und § 199 I BewG das vereinfachte Ertragswertverfahren herangezogen werden. Das vereinfachte Ertragswertverfahren wird zur Unternehmensbewertung eingesetzt. Die Verweisung auf dieses Verfahren zeigt, dass der Anteilswert aus dem Unternehmenswert abgeleitet werden soll. In dieselbe Richtung weist § 97 Ib BewG, wenn dort festgelegt wird, dass der gemeine Wert eines Kapitalgesellschaftanteils nach dem Verhältnis des Anteils am Nennkapital der Gesellschaft zum gemeinen Wert des Betriebsvermögens zu ermitteln ist. Auch damit wird deutlich gemacht, dass die vom Gesetz vorgesehenen Methoden zur Bestimmung des Anteilswerts den Unternehmenswert oder den Wert des Betriebsvermögens der Gesellschaft zum Ausgangspunkt nehmen. Während die Summe der Anteilswerte börsengängiger Unternehmen den Betriebsvermögenswert des Unternehmens über- oder unterschreiten kann, werden für nicht börsengängige Unternehmen Anteilswerte angestrebt, die in ihrer Summe den Unternehmenswert widerspiegeln.

Unternehmenswert vor Anteilswert. Wenn der Anteilswert aus dem Unternehmenswert abgeleitet werden soll, dann muss die Feststellung des Unternehmenswerts vor der Feststellung des Anteilswerts liegen. Die Vorschriften über die Unternehmensbewertung haben gegenüber den Vorschriften über die Anteilsbewertung Priorität. Das ErbStG geht jedoch den umgekehrten Weg und stellt die Vorschriften über die Ermittlung des Anteilswerts (§ 12 II) vor die Regelungen, die die Ermittlung des Unternehmenswerts betreffen (§ 12 V). Auch das BewG rückt nicht, wie man erwarten sollte, die Unternehmensbewertung in den Mittelpunkt, sondern dreht das Verhältnis von Anteilsbewertung und Unternehmensbewertung um und verweist für die Unternehmensbewertung auf die Vorschriften zur Anteilsbewertung (§ 109 I 2 BewG). Das macht das Gesetz unübersichtlich und vermag auch gedanklich nicht zu überzeugen. Dem Kommentar bleibt nichts übrig, als an dieser Stelle auf die Erläuterungen zu § 12 V (unten Anm 71 ff) zu verweisen. **44**

Anwendung anderer Methoden. Die Ableitung des Anteilswerts aus einem Unternehmenswert, der unter Berücksichtigung der Ertragsaussichten der Gesellschaft ermittelt ist, legt für die Bestimmung des Unternehmenswerts die Ertragswertmethode zugrunde. Die Ertragswertmethode, so heißt es in der Gesetzesbegründung (BTDrs 16/7918, 38), geht von der Frage aus, welches Kapital ein gedachter Investor einsetzen würde, um aus seinem Investment eine angemessene Rendite zu erzielen. Als Unternehmenswert hat danach der Betrag zu gelten, im Verhältnis zu dem der durchschnittliche Jahresertrag eine angemessene Rendite abgibt. Die Gesetzesbegründung anerkennt, dass die Ertrags- **45**

wertmethode nicht für die Bewertung jedes Unternehmens geeignet ist und lässt daher den Rückgriff auf andere gebräuchliche Bewertungsmethoden zu. Als alternative Methoden werden ohne weitere Erläuterung vergleichswertorientierte Methoden und Multiplikatorenmethoden genannt. Die Einzelheiten werden in den Kommentaren zum BewG erläutert. Wichtig ist an dieser Stelle vor allem anderen, dass die Ertragswertmethode im Rahmen der Anteilsbewertung nicht notwendig zur Anwendung gelangen muss, sondern durch andere anerkannte und im gewöhnlichen Geschäftsverkehr für nichtsteuerliche Zwecke in der Praxis übliche Methoden ersetzt werden kann. Die Gesetzesbegründung will die Feststellungslast, ob eine derartige Methode anstelle der Ertragswertmethode zur Anwendung kommen soll, dem sich jeweils darauf Berufenden zuweisen, wobei sie vermutlich in erster Linie an den StPfl als den sich Berufenden denkt. Die FinVerw wird jedoch die Ertragswertmethode in den Fällen, in denen sie nicht geeignet ist, von vornherein nicht zur Anwendung bringen dürfen, so dass es einer besonderen Berufung auf andere Methoden in diesen Fällen überhaupt nicht bedarf. In jedem Fall soll der Substanzwert als Wertuntergrenze gelten (§ 11 II 3 BewG; unten Anm 93).

46 **Bewertung aus der Sicht des Erwerbers.** Nach § 11 II 3 BewG ist die Bewertungsmethode anzuwenden, die ein Erwerber der Bemessung des Kaufpreises zugrunde legen würde. Die Ausdrucksweise ist missverständlich, weil sowohl der am gedachten Verkauf beteiligte Verkäufer als auch der Käufer als Erwerber bezeichnet werden kann. Der Verkäufer ist Erwerber, weil er den zu bewertenden Gegenstand durch einen stpfl Transfer erworben hat. Der Käufer ist Erwerber, weil ihm das Bewertungsobjekt im Zuge des gedachten Verkaufs übertragen worden ist. Die Gesetzesbegründung (BTDrs 16/7918, 38), die statt vom Erwerber vom Käufer spricht, macht deutlich, wen das Gesetz an dieser Stelle als Erwerber bezeichnen will. Die in § 11 II 3 BewG zugrunde gelegte, vom Käufer ausgehende Sichtweise entspricht der bei der Bewertung bevorzugten Ertragswertmethode, die sich auch sonst auf den Standpunkt des Käufers stellt, wenn sie fragt, wie der Kaufpreis für ein Objekt zu bemessen ist, dessen Durchschnittsertrag als angemessene Rendite für den Käufer angesehen werden kann. Die Sichtweise einseitig vom Käufer her entspricht an sich nicht der Konzeption eines Verkaufspreises, der gemeinsam von beiden Vertragspartnern festgelegt werden muss, berücksichtigt aber den Umstand, dass es zwischen Verkäufer und Käufer im Zweifel unterschiedliche Vorstellungen über den angemessenen Kaufpreis gibt, dass die Vorstellungen beider Seiten übereinstimmend noch in den „Wertkorridor" des gemeinen Werts fallen können, dass der Käufer im Zweifel von niedrigeren Zahlen ausgehen dürfte und dass die Anwendung dieser niedrigeren Zahlen dem als

Verkäufer gedachten StPfl zugute kommen wird. Eine solche dem StPfl günstige Betrachtungsweise wird sicher manche Streitfrage entschärfen.

Paketzuschlag. § 11 III BewG geht von der Vorstellung aus, dass 47 ein Erwerber im Zuge des stpfl Transfers mehrere Anteile an derselben Gesellschaft übernimmt. Würde jeder Anteil einzeln bewertet, käme die Besonderheit nicht zum Ausdruck, die darin liegt, dass die Anteile zusammengefasst besondere Einflussmöglichkeiten in der Gesellschaft repräsentieren. Während jeder einzelne Anteil nur geringe Einwirkungsmöglichkeiten auf die Geschicke der Gesellschaft erlaubt, können die Anteile in ihrer Gesamtheit zur Beherrschung der Gesellschaft führen. Diese Überlegung rechtfertigt nach § 11 III BewG einen Paketzuschlag, und zwar auch dann, wenn das Anteilspaket nicht an einen Erwerber gelangt, sondern auf eine Erbengemeinschaft übergeht, die das Paket im Zuge der Nachlassauseinandersetzung alsbald wieder auflösen wird, so dass jeder einzelne Erwerber die Vorteile des Einflusses auf die Geschäftsführung für sich nicht realisieren kann. Denn die Bewertung stellt auf einen Zeitpunkt vor der Auseinandersetzung ab und will den Wert erfassen, den die Erwerbermehrheit bei einer Veräußerung erzielen könnte. Daher kann nur der Gesamtwert des Anteilserwerbs berücksichtigt werden (BFH BStBl II 91, 725). Die Überlegungen, die § 11 III BewG zugrunde liegen, sind für Anteile, die zum Kurswert bewertet werden, plausibel, sind es aber im Fall der Anwendung auf nichtnotierte Anteile nicht. Denn die §§ 11 II, 97 Ib BewG verstehen den Anteilswert als Bruchteil des Unternehmenswerts. Diese Betrachtungsweise erlaubt es nicht, den beherrschenden Einfluss als zusätzlichen Wertfaktor bei der Anteilsbewertung einzubringen. Die Summe der Anteile müsste dann nämlich unter Hinzurechnung eines Paketzuschlages entweder den Unternehmenswert übersteigen oder es müsste für die anderen Anteile ein Wertabschlag vorgesehen sein, was beides im Gesetz nicht deutlich genug vorgesehen ist. Die Hinzurechnung eines Paketzuschlages, die für börsennotierte Anteile mit unabhängig vom Unternehmenswert ermittelten Werten sinnvoll ist, erweist sich daher für aus dem Unternehmenswert abgeleitete Anteile als nicht angebracht. Jedenfalls für solche Anteile müsste gelten, was der RFH 1932 seinerzeit für den Erwerb von Aktien festgehalten hatte (RStBl 32, 1147): „Aktienpakete können für die Erbschaftsteuer nicht abweichend von der Summe der Werte der einzelnen Aktien bewertet werden". *Piltz* (DStR 09, 1829, 1832) will dennoch § 11 III BewG auch bei nicht börsennotierten Anteilen zur Anwendung bringen und dabei die Regelungen der §§ 11 II, 97 Ib BewG zurücktreten lassen. Er hat dabei den Wortlaut des § 11 III BewG auf seiner Seite. Mit ihm hält auch die FinVerw (R B 11.6 ErbStR) an dem Paketzuschlag für nichtnotierte Anteile fest.

48 **Anteilsscheine von Kapitalanlagegesellschaften** oder sonstigen Fonds sind nach § 11 IV BewG mit dem Rücknahmepreis anzusetzen, dh mit dem Betrag, den die Gesellschaft nach den Vertragsbedingungen gegen Rückgabe des Anteils zu zahlen hat. Der Rückgabepreis ist kein Wert, der sich zum Stichtag durch Angebot und Nachfrage am Markt frei bildet, ist daher mit dem Verkaufswert nicht ohne Weiteres vergleichbar. Die Regelung geht vermutlich davon aus, dass der Anteilserwerber über den Rücknahmepreis hinaus kein Geld durch Verwertung des Anteils erzielen kann, so dass dieser Preis zur Bewertung herangezogen werden darf.

49.–69. Die Bewertung des Grundbesitzes (Abs 3 iVm §§ 157 bis 198 BewG)

49 Die Bezeichnung **Grundbesitz** iS des § 19 I BewG umfasst das luf Vermögen, die Betriebsgrundstücke und das Grundvermögen. Die Betriebsgrundstücke werden nach den Regeln für das luf Vermögen bewertet, soweit sie, losgelöst von ihrer Zugehörigkeit zu dem Gewerbebetrieb, einen Betrieb der LuF bilden würden (§§ 157 II, 99 I Nr 2 BewG). Sie werden nach den Regeln für das Grundvermögen bewertet, soweit sie, losgelöst von ihrer Zugehörigkeit zu dem Gewerbebetrieb dem Grundvermögen zugerechnet werden müssten (§ 157 III 1, 99 I Nr 1 BewG). Die zentrale Unterscheidung verläuft daher zwischen dem luf Grundbesitz und dem Grundbesitz, der zum Grundvermögen gehört.

50 **Land- und forstwirtschaftlicher Grundbesitz (§§ 158–175 BewG).** Maßgeblich für die Zurechnung von Grundbesitz zur LuF ist die Nutzung der Flächen und Gebäude. Es kommt darauf an, dass die Grundstücke und Gebäude einem Betrieb der LuF dauernd zu dienen bestimmt sind. Ist anzunehmen, dass die Flächen in absehbarer Zeit anderen Zwecken, insbesondere als Bauland, Industrieland oder Land für Verkehrszwecke, dienen werden oder sind sie bereits in einem Bebauungsplan als Bauland festgesetzt, sind sie dem Grundvermögen zuzurechnen (§ 159 I, III BewG).

51 **Der Ansatz des Wirtschaftswerts.** Das luf Vermögen umfasst den Wirtschaftsteil, die Betriebswohnungen und den Wohnteil (§ 160 I BewG). Der Grundbesitzwert eines Betriebes der LuF besteht dementsprechend aus dem Wert des Wirtschaftsteils, dem Reinwert der Betriebswohnungen und dem Reinwert des Wohnteils (jeweils nach Abzug von Verbindlichkeiten: § 168 I BewG). Die **Bewertung der Betriebswohnungen und des Wohnteils** richtet sich nach den Vorschriften über die Bewertung von Wohngrundstücken im Grundvermögen (§ 167 I BewG). Besondere Aufmerksamkeit verdient dage-

Bewertung des Grundbesitzes 52, 53 § 12

gen die Bewertung des **Wirtschaftsteils.** Nach den verfassungsrechtlichen Vorgaben (BStBl II 07, 192) ist der Wirtschaftsteil wie jeder andere erworbene Posten mit dem **gemeinen Wert** in Geld umzurechnen. Diese Verpflichtung nimmt der Gesetzestext auf (§ 162 I 1 BewG) und setzt sie bei der Regelung des Wirtschaftswerts um (§ 163 BewG). Der gemeine Wert wird auch hier als Verkaufswert verstanden, aber aus der Sicht eines Käufers interpretiert, der den Betrieb nicht zerschlagen, sondern fortführen will (§ 162 I 2 BewG) und der daher den Kaufpreis nach der Ertragsfähigkeit des zum Verkauf stehenden Vermögens bemisst. Die Wertermittlung läuft somit auf die Ermittlung eines Ertragswerts hinaus.

Um den Wirtschaftswert als **Ertragswert** zu ermitteln, wird die 52 nachhaltige Ertragsfähigkeit des Betriebes als Ausgangspunkt gewählt, die aus dem Durchschnittsertrag der letzten fünf Jahre abgeleitet werden soll (§ 163 II 3 BewG). Dabei wird zwischen der luf Nutzung, den Nebenbetrieben, dem Abbau-, dem Geringst- und dem Unland unterschieden (§ 162 I 3 BewG). Kleinbetriebe mit einer europäischen Größeneinheit (EGE) unter 40, Mittelbetriebe mit einer Größeneinheit unter 100 und Großbetriebe werden einander gegenüber gestellt (§ 163 III 4 BewG). Zur Abgrenzung dieser Betriebsgrößen werden unterschiedliche Standarddeckungsbeiträge herangezogen, die sich nach Umsatzreinerlösen je Flächen- oder Tiereinheit bestimmen. 38 Regionen mit unterschiedlicher Agrarstruktur werden unterschieden. Nach der Betriebsform werden Betriebe mit dem Schwergewicht auf planzlicher Erzeugung (Ackerbau), Betriebe der Viehhaltung und gemischte Betriebe von einander getrennt. Für die verschiedenen Nutzungen dieser Betriebsarten werden in dem Gesetz angefügten Tabellen Reingewinnübersichten festgehalten. Es wird davon ausgegangen, dass ein Käufer eine Verzinsung des Kaufpreises von 5,5% anstreben wird. Daher ist der Reingewinn mit dem Kapitalisierungsfaktor 18,6 zu vervielfältigen (§ 163 XI BewG). Die Einzelheiten dieser Bewertung sind in den Kommentaren zum BewG ausführlicher zu erläutern. Die Einzelheiten sind nicht nur nach dem Urteil landwirtschaftlicher Laien, sondern auch nach dem Urteil sachverständiger Beobachter schwer verständlich geregelt, von Verbandsinteressen beeinflusst und im Ergebnis schwerlich geeignet, einen realistischen Ertragswert zu präsentieren (*Moench/Albrecht,* ErbSt, 2. Aufl 2009, Rz 750 f).

Mindestbewertung. Weil das von § 163 BewG vorgeschriebene 53 Bewertungsverfahren unter vielfältigen Einwirkungen auf den Gesetzgeber so konzipiert worden ist, dass es notwendig zu sehr niedrigen Zahlen führen muss, hat der Gesetzgeber in § 164 BewG mit der Regelung einer Mindestbewertung eine Untergrenze eingezogen, unter die die Bewertung nicht herabgehen darf. Diese Mindestbewertung wird voraussichtlich in der großen Zahl der Bewertungsfälle berücksichtigt werden müssen und so den Maßstab für die praxisrelevante Bewertung abgeben. Auch die Mindestbewertung knüpft nicht an den Wert an, der den zu bewertenden Objekten bei einer Einzelveräußerung zuzuweisen wäre. Vielmehr wird der Wert herangezogen, der sich mit Blick auf die Ertragsfähigkeit der Posten im Rahmen der Betriebszugehörigkeit ergibt. Auch bei dieser Mindestbewertung wird kein Liquidationswert herangezogen, sondern es wird die Fortführung des Betriebes unterstellt (§ 164 IV 2 BewG). Im Rahmen der Mindestbewertung soll es dann aber nicht auf die Ertragsfähigkeit des ganzen Betriebes, sondern auf die Ertragsfähigkeit der einzelnen zum Betrieb gehörenden Wirtschaftsgüter ankommen. Dabei wird der Wert von Grund und Boden nach Pachtpreisen berechnet, die in Anlagen zum BewG aufgelistet sind (§ 164 II BewG). Der Wert für die übrigen Wirtschaftsgüter, die § 164 IV 1 BewG zusammenfassend das **Besatzkapital** nennt und zu dem die Wirtschaftsgebäude und die Betriebsmittel gehören, ist ebenfalls nach Ertragsgesichtspunkten zu ermitteln. Auch bei der Mindestbewertung wird zur Kapitalisierung aller Wirtschaftsgüter ein Faktor von 18,6 benannt (§ 164 V BewG). Von dem kapitalisierten Wert für den Grund und Boden und dem kapitalisierten Wert für die übrigen Wirtschaftsgüter sind dann noch die damit in wirtschaftlichem Zusammenhang stehenden Verbindlichkeiten zum Abzug zu bringen (§ 164 VI 1 BewG). Es ist bezeichnend für die Erwartungen, die der Gesetzgeber in die durch die Mindestbewertung ermittelten Zahlen setzt, dass er sich veranlasst sieht, ausdrücklich darauf hinzuweisen, dass ein so ermittelter Mindestwert nicht weniger als 0 € betragen darf (§ 164 VI 2 BewG).

54 Grundvermögen (§§ 176–198 BewG) Neben den luf Grundbesitzwerten bilden die Grundstückswerte für das Grundvermögen und für Betriebsgrundstücke (§ 99 I Nr 1 BewG) die zweite große Gruppe von Grundbesitzwerten, die bei der ErbSt zu beachten sind. Ihr Transfer ist – im Unterschied zum luf Vermögen, das zum ErbSt-Aufkommen nur in verschwindend geringem Umfang beiträgt – von größter Bedeutung für die ErbSt. In einer verwaltungsinternen Statistik, aus der *Moench/Albrecht* (ErbSt, 2. Aufl 2009, Rz 607) zitieren, werden mehr als 27 Mio Grundstücke in Deutschland genannt, von denen knapp 1 Mio jährlich verschenkt oder vererbt werden dürften. Man rechnet damit, dass der Anteil des ErbSt-Aufkommens, der auf den Transfer von Grundstücken entfällt, etwa 30% ausmacht. Der Anteil am SchSt-Aufkommen wird sogar auf etwa 40% geschätzt. Zum Grundvermögen rechnen gemäß § 176 BewG der Grund und Boden, die Gebäude sowie die sonstigen Bestandteile und das Zubehör des Grundstücks, ferner das Erbbaurecht sowie das Wohnungseigentum, das Teileigentum, das Wohnungserbbaurecht und das Teilerbbaurecht nach dem Wohnungseigentumsgesetz, soweit es sich nicht um luf Vermögen handelt. Betriebsgrundstücke, die, losgelöst von ihrer Zugehörigkeit zu dem Gewerbebetrieb, zum Grundvermögen gehören würden, werden bewertungsrechtlich wie Grundvermögen behandelt (§§ 175 III 1, 99 I Nr 1 BewG). Bei der Bewertung des Grundvermögens wird danach unterschieden, ob es sich um unbebaute Grundstücke (§§ 178, 179 BewG), um bebaute Grundstücke (§§ 180–191 BewG) oder um Sonderfälle handelt (§§ 192–197 BewG). Zu den Sonderfällen werden insbesondere die Erbbaugrundstücke und die Grundstücke im Zustand der Bebauung gezählt.

Unbebaute Grundstücke (§§ 178, 179 BewG). Als unbebaut 55 gelten nicht nur leerstehende Flächen. Zu den unbebauten Grundstücken rechnen vielmehr auch Grundstücke mit aufstehenden Gebäuden, wenn die Gebäude nicht mehr benutzbar sind oder wenn in den Gebäuden wegen Zerstörung oder Verfalls auf Dauer kein benutzbarer Raum mehr vorhanden ist (§ 178 I, II BewG). Grundstücke mit Gebäuden, die nur einer unbedeutenden Nutzung zugeführt werden können, galten bisher ebenfalls als unbebaut (§ 145 II 1 BewG), werden aber jetzt gemäß § 146 I BewG wohl eher den bebauten Grundstücken zugeordnet. Zu den bebauten Grundstücken gehören auch solche Grundstücke, deren Gebäude wegen baulicher Mängel vorübergehend keine Nutzung zulassen. Die Gleichstellung von leeren Grundflächen und von Flächen mit nicht mehr benutzbaren Gebäuden ist im Übrigen wenig glücklich. Es kann schon sprachlich nicht überzeugen, ein bebautes Grundstück nur deswegen, weil der Bau nicht benutzbar ist, als unbebaut zu bezeichnen. Und die Juristensprache sollte sich, wenn möglich, von der Alltagssprache nicht allzu weit entfernen. Außerdem sind unbenutzbare Bauten oder Bauteile wertmindernde Posten, die irgendwann kostenträchtig entfernt werden müssen. Sie dürfen bei der Bewertung nicht unberücksichtigt bleiben. Im Rahmen der Bewertung müssen die Grundstücke mit nicht nutzbaren Gebäuden daher doch gesondert erfasst und den Grundstücken ohne Gebäude gegenübergestellt werden. Wichtig ist im Übrigen, zwischen den nicht (mehr) und den noch nicht benutzbaren Gebäuden zu unterscheiden. Grundstücke mit nicht mehr benutzbaren Gebäuden gelten als unbebaut, Grundstücke mit noch nicht benutzbaren Gebäuden werden dagegen als Grundstücke im Zustand der Bebauung angesprochen und als (teil-)bebaute Grundstücke in einer Sonderregelung erfasst (§ 196 BewG). Die FinVerw (R B 178 III, 196.2 II ErbStR) rechnet mit Rücksicht auf § 178 I 1 BewG die Grundstücke im Zustand der Bebauung dann, wenn sich auf dem Grundstück kein schon bezugsfertiges Gebäude befindet, zu den unbebauten Grundstücken, obwohl nach § 196 II BewG bei der Wertermittlung die noch unfertigen Gebäude als Wertfaktor zu berücksichtigen und dem Grundstückswert hinzuzufügen sind, so dass in dieser Bestimmung doch von einem Grundstück mit einer für die Bewertung bedeutsamen (Teil-)Bebauung ausgegangen wird.

56 Die **Bewertung unbebauter Grundstücke** war lange Zeit besonders günstig ausgestaltet. Vor 1996 lag ihr Ansatz im Schnitt deutlich unter 10% des Verkehrswertes. Die Neuregelung 1996 hat dann eine Anhebung des Wertniveaus auf ca 70% der Verkehrswerte mit sich gebracht. Nunmehr soll der volle Verkehrswert angestrebt werden. Daher wurde der bisherige 20%ige Abschlag von den Bodenrichtwerten (§ 145 III 1 BewG) gestrichen. Das wird kritisiert, weil auch die um 20% ermäßigten Werte noch innerhalb des Wertkorridors gemeiner Wert gelegen hätten und nur den Unwägbarkeiten beim Zustandekommen der Bodenrichtwerte Rechnung tragen sollten (*Hübner*, ErbStReform 2009, 518). Zur Streitvermeidung dürfte die Neuregelung jedenfalls nicht beitragen. Die Bewertung knüpft an die von den Gutachterausschüssen nach § 196 des Baugesetzbuchs (BauGB) festgestellten Bodenrichtwerte an. Die Richtwerte sind aus tatsächlich vorgekommenen Verkäufen abgeleitete Orientierungshilfen. Art 4 des ErbStRG 2009 hat die Vorschriften des BauGB entsprechend den neuen steuerlichen Bedürfnissen angepasst. Für den Fall, dass sich von den Gutachterausschüssen kein Bodenrichtwert ermitteln lässt, sieht § 179 S 4 BewG die Ableitung des Bodenwerts aus dem Wert vergleichbarer Flächen vor. Wenn die Gutachterausschüsse mangels entsprechender Verkaufsfälle keinen Bodenrichtwert feststellen können, dürfte sich aber auch der Wert vergleichbarer Flächen nur schwer ermitteln lassen.

57 **Öffnungsklausel.** § 179 S 2 BewG bestimmt, dass die Bodenrichtwerte von den Gutachterausschüssen zu ermitteln und den Finanzämtern (nicht: den Steuerpflichtigen!) mitzuteilen sind. Das zeigt erneut (vgl schon oben Anm 5), dass der Gesetzgeber die Bewertung der Grundstücke in erster Linie nicht als Aufgabe der Eigentümer, sondern als Aufgabe der Finanzämter ansieht. Dem StPfl wird jedoch nach § 198 BewG der Nachweis eines niedrigeren gemeinen Werts zugestanden. Der Nachweis wird im Zweifel durch das Gutachten eines Bausachverständigen erbracht, kann aber auch unter Hinweis auf einen Verkaufsfall geführt werden, der bei gleich bleibenden Verhältnissen sogar noch mehrere Jahre nach dem stpfl Transfer aussagekräftig sein kann (BFH BStBl II 04, 703). Ist der Nachweis geführt, so ist der niedrigere Wert für die FinVerw verbindlich (§ 198 S 1 BewG).

58 Als **bebaute Grundstücke (§§ 180–191 BewG)** werden Grundflächen bezeichnet, auf denen ein benutzbares Gebäude steht. Ist ein Gebäude nicht wesentlicher Bestandteil der Grundfläche oder ist es als wesentlicher Bestandteil dennoch nicht dem Eigentümer der Grundfläche zuzurechnen, so stellt das Gebäude für sich genommen bewertungsrechtlich ein bebautes Grundstück dar (§ 180 II BewG). Damit ein Grundstück als bebautes Grundstück gelten kann, muss das aufstehende Gebäude benutzbar sein. Die Benutzbarkeit beginnt mit dem Zeitpunkt der Bezugsfertigkeit (§ 178 I 2 BewG). Bezugsfertig ist ein Gebäude, wenn den Nutzern die Benutzung zugemutet werden kann, wobei die Anforderungen an die Zumutbarkeit je nach Gebäudeart und je nach den Ansprüchen der vorgesehenen Nutzer unterschiedlich ausfallen können. Ein teilfertiges Gebäude kann in den Bauteilen, in denen der Bauvorgang bereits abgeschlossen wurde, bezugsfertig sein (§ 180 I 2 BewG).

§ 182 BewG unterscheidet für die Zwecke der Bewertung **drei** 59 **Grundstücksarten:** Vergleichswertgrundstücke, Ertragswertgrundstücke und Sachwertgrundstücke. Zu den **Vergleichswertgrundstücken** gehören die Grundstücke, für die sich typischerweise andere Grundstücke mit hinreichend vergleichbaren Merkmalen auffinden lassen. Das sind die mit Ein- oder Zweifamilienhäusern bebauten oder die in Wohnungseigentum oder Teileigentum aufgeteilten Grundstücke (§ 182 II BewG). Denn insbesondere die Eigentumswohnungen in größeren Wohnlagen sind ähnlich geschnitten und lassen sich gut miteinander vergleichen. Zu den **Ertragswertgrundstücken** werden die Grundstücke gezählt, die typischerweise zur Ertragserzielung dienen, wie Mietwohngrundstücke und Geschäftsgrundstücke (§ 182 III BewG). Die dritte Gruppe bilden die **Sachwertgrundstücke,** für deren Wertermittlung weder ein Vergleichswert noch ein Ertragswert herangezogen werden kann, weil sich kein Vergleichswert findet oder weil der Ansatz eines Ertragswerts die Werthaltigkeit des Grundstücks nicht angemessen widerspiegeln würde (§ 182 IV BewG). Wie bei unbebauten Grundstücken (oben Anm 57) lässt § 198 BewG auch bei bebauten Grundstücken den **Nachweis des niedrigeren gemeinen Werts** zu. Nach Auffassung der FinVerw wird durch § 198 BewG dem StPfl nicht eine bloße Darlegungslast zugemutet. Vielmehr muss er den vollen Nachweis für den niedrigeren gemeinen Wert führen. Er muss ein entsprechendes Gutachten vorlegen, das dann der Würdigung durch die FinVerw unterliegt. Auch die Vorlage eines Kaufvertrages über das Grundstück wird als Wertnachweis zugelassen. Bei allem wird die FinVerw zu beachten haben, dass die Berücksichtigung des gemeinen Werts durch das Verfassungsgericht vorgeschrieben ist. Wenn ernsthafte Zweifel bestehen, ob ein Wert getroffen wurde, der noch den Anforderungen des gemeinen Werts entspricht, wird sich die FinVerw nicht unter Hinweis auf die Nachweispflicht des StPfl bei dem zweifelhaften Ergebnis beruhigen dürfen.

60 Zur Bewertung der **Vergleichswertgrundstücke** werden Kaufpreise herangezogen, die für den Erwerb von Vergleichsgrundstücken vereinbart und bezahlt worden sind (§ 183 I 1 BewG). Diese **Vergleichspreise** müssen hinsichtlich der ihren Wert beeinflussenden Merkmale mit dem zu bewertenden Grundstück hinreichend übereinstimmen. Die Anforderungen an die Übereinstimmung dürfen nicht überspannt werden. Sicher gibt es auch in der Kategorie Einfamilienhaus gleichgeschnittene, nahe beieinander liegende Bodenflächen die mit Fertighäusern derselben Art bebaut sind. Doch dürfte ein Einfamilienhaus nur selten in allen wesentlichen Merkmalen einem anderen gleichen. Wenn Einfamilienhäuser dennoch mit Vergleichspreisen bewertet werden sollen, dann zeigt sich, dass aus der Sicht des Gesetzgebers schon eine Reihe bedeutsamer Merkmale hinreichen, um die Vergleichbarkeit zu erlauben, selbst wenn in anderen Merkmalen Unterschiede bestehen. Statt der Vergleichspreise können auch **Vergleichsfaktoren** zur Bewertung herangezogen werden (§ 183 II BewG). Vergleichsfaktoren können zB die Durchschnittspreise für Wohnflächen dieses Baujahrs in dieser Lage angeben, die dann im Zuge der Bewertung auf das zu bewertende Grundstück übertragen werden. Wenn die Vergleichsfaktoren sich nur auf das Gebäude beziehen, ist für den Grund und Boden ein zusätzlicher Wertansatz erforderlich. Dieser Wertansatz kann allerdings nicht einfach, wie der Gesetzeswortlaut (§ 183 II 2 BewG) suggeriert, der Wertansatz für ein unbebautes Grundstück sein. Denn die Bodenfläche ist ja bebaut und kann daher nicht den Wert einer freien, unbebauten Fläche repräsentieren. Die Vergleichsfaktoren können von den Gutachterausschüssen abgefragt werden. Bisher haben die Gutachterausschüsse nur selten Vergleichsfaktoren benannt. Das Bewertungsverfahren unter Berücksichtigung von Vergleichsfaktoren wird sich daher erst noch einspielen müssen. *Moench/Albrecht* (ErbSt, 2. Aufl 2009, Rz 678) prognostizieren, dass die Bewertung nach Vergleichsfaktoren künftig dominieren wird, während *Fliedner/Halaczinsky,* ErbStB 09, 59, 62, befürchten, dass die Praxis von diesem Verfahren nur wenig Gebrauch machen dürfte.

61 Die **Bewertung der Ertragswertgrundstücke** ist in den §§ 184 bis 188 BewG geregelt. Bei diesem Bewertungsverfahren werden Bodenwert und Gebäudewert getrennt erfasst (§ 184 I BewG). Das ist neu. Bisher wurde ein einheitlicher Ertragswert für Grund und Boden und Gebäude zusammengefasst ermittelt. Als Bodenwert wird der Wert für unbebaute Grundstücke herangezogen (§ 179 BewG), was nicht unbedenklich ist, weil es sich bei dem bebauten Grundstück ja eben gerade nicht um eine unbebaute Bodenfläche handelt. Dem Bodenwert wird der Gebäudewert hinzugezählt. Zur Festlegung des Gebäudewerts ist zunächst der Reinertrag des Grundstücks zu ermitteln, den das Gesetz als Saldo zwischen dem Grundstücksrohertrag (§ 186 BewG) und den Bewirtschaftungskosten (§ 187 BewG) versteht. Der Grundstücksrohertrag wird maßgeblich durch den Mietzins bestimmt, der nach den vertraglichen Vereinbarungen für den Jahreszeitraum zu zahlen ist. Für ungenutzte oder eigengenutzte Grundstücke ist anstelle der Jahresmiete eine übliche Miete heranzuziehen. Die Anlage 23 zum BewG enthält Prozentsätze der Jahresmiete oder üblichen Miete, die aus Vereinfachungsgründen neben den Betriebskosten als Bewirtschaftungskosten pauschal abgesetzt werden können, um so aus dem Rohertrag den Reinertrag des Grundstücks zu gewinnen. In einem zweiten Schritt ist dann aus dem Reinertrag des Grundstücks der Gebäudereinertrag zu entwickeln. Als Reinertrag des Gebäudes wird nur der Betrag verstanden, der eine angemessene Verzinsung des in den Grund und Boden investierten Kapitals übersteigt. Also muss der Grundstücksreinertrag um den Betrag vermindert werden, der als angemessene Bodenverzinsung zu gelten hat. Der Zinssatz, der zu einer angemessenen Bodenverzinsung führt, wird als Liegenschaftszinssatz bezeichnet. § 188 BewG benennt Zinssätze, die bei unterschiedlicher Nutzung des Bodens den Liegenschaftszinssatz bilden. Der Liegenschaftszinssatz und die Restnutzungsdauer des Gebäudes sind maßgeblich für den Vervielfältiger (§ 185 III BewG), mit dem der Gebäudereinertrag zu multiplizieren ist und der sich aus Anlage 21 zum BewG ergibt. Die Errechnung des Gebäudeertragswerts kann im Einzelfall zu einem negativen Ergebnis führen, wenn die Jahresmiete gering ausfällt, die Bewirtschaftungskosten dagegen erheblich sind und der Grundstücksreinertrag die angemessene Verzinsung des Bodenwerts nicht erreicht. In diesem Fall darf der Gebäudeertragswert den Bodenwert nicht kürzen. Vielmehr ist dann für das bebaute Grundstück mindestens der Bodenwert anzusetzen (§ 184 III 2 BewG).

Zur **Bewertung der Sachwertgrundstücke** nehmen die §§ 189–191 BewG Stellung. Zu den Sachwertgrundstücken werden die Grundstücke gerechnet, für die an sich das Vergleichswertverfahren vorgesehen ist, für die aber kein Vergleichswert vorliegt. Als Sachwertgrundstücke gelten ferner Geschäftsgrundstücke und gemischt genutzte Grundstücke, für die sich eine ortsübliche Miete nicht ermitteln lässt, sowie alle sonstigen bebauten Grundstücke. Wie beim Ertragswertverfahren ist auch beim Sachwertverfahren der Gebäudewert getrennt vom Bodenwert zu ermitteln (§ 190 I 1 BewG). Auch hier wird als Bodenwert der Wert des unbebauten Grundstücks eingesetzt (§ 190 II BewG). Der Gebäudewert wird aber hier nicht nach Ertragsgesichtspunkten, sondern nach den gewöhnlichen Herstellungskosten ermittelt. Diese gewöhnlichen oder Regel-Herstellungskosten, für die die Anlage 24 zum BewG Quadratmeterpreise nennt, werden mit der Bruttogrundfläche des Gebäudes multipliziert. Das Ergebnis ist dann noch um eine Alterswertminderung zu kürzen (§ 190 II 1 BewG), deren Abzug allerdings nicht über

40% des Gebäude-Regel-Herstellungswerts hinausgehen darf (§ 190 II 4 BewG). Durch Zusammenfassung von Bodenwert und Gebäudesachwert wird zunächst nur ein vorläufiger Grundstückssachwert erreicht (§ 189 III BewG). Dieser vorläufige Wert wird dann noch durch Multiplikation mit einer Wertzahl, die zwischen 0,3 und 1,4 liegen kann und für die sich in der Anlage 25 zum BewG entsprechende Zahlen finden, an den gemeinen Wert angeglichen (§ 191 BewG).

63 Zu den **Sonderfällen der Bewertung (§§ 192–197 BewG)** gehören die Bewertung von Erbbaurechten und Erbbaurechtsgrundstücken (§§ 192–194 BewG), die Bewertung von Gebäuden auf fremdem Grund und Boden (§ 195 BewG), die Bewertung von Grundstücken im Zustand der Bebauung (§ 196 BewG) und die Bewertung von Gebäuden und Gebäudeteilen für den Zivilschutz (§ 197 BewG).

64 Das **Erbbaurecht** hat im Zivilrecht eine Doppelfunktion. Es ist zum einen ein Nutzungsrecht, das das Grundstück belastet und dem Berechtigten die Befugnis gibt, auf dem Grundstück zu bauen oder ein Gebäude zu haben, die Grundfläche also mit einem Gebäude zu bedecken. Zum anderen wird das Erbbaurecht im Zivilrecht wie eine Folie behandelt, die über dem Grundstück liegt, auf der das Gebäude steht und deren Teil das Gebäude wird. Weil das Gebäude als ein Teil des Erbbaurechts angesehen wird, gehört es demjenigen, dem das Erbbaurecht gehört. Das Erbbaurecht vermittelt also ein Nutzungsrecht an dem belasteten Grundstück und das Eigentum an dem auf dem Grundstück stehenden Gebäude. Das Eigentum am Grundstück und das Eigentum an dem Gebäude werden mit dem Erbbaurecht voneinander getrennt. Das Erbbaurecht hebt die wirtschaftliche Einheit „bebautes Grundstück" auf. Das Erbbaurecht (mit dem in ihm enthaltenen Gebäudeeigentum) und das belastete Grundstück bilden je eine selbständige wirtschaftliche Einheit (§ 192 BewG).

65 Der **Wert des Erbbaurechts** wird nach den Vorschriften über bebaute Grundstücke, und zwar nach den Vorschriften über Vergleichswertgrundstücke (§ 183 BewG) ermittelt. Liegen keine Vergleichspreise oder aus Kaufpreisen abgeleitete Vergleichsfaktoren vor, wird der Wert des Erbbaurechts aus einem Bodenwertanteil und und einem Gebäudewertanteil berechnet. Da dem Erbbauberechtigten das Grundstück nicht gehört, kann der Bodenwertanteil nur den Wert des Nutzungsrechts am Boden widerspiegeln. Der Wert des Nutzungsrechts entspricht nach § 193 III BewG dem Betrag der Zinsen des Kapitals, das man für den Erwerb des Grundstücks einsetzen müsste (Liegenschaftszins), abzüglich der Zinsen, die der Erbbauberechtigte an den Grundstückseigentümer für die Belastung des Grundstücks jährlich zu zahlen hat (Erbbauzins). Der Unterschiedsbetrag zwischen Liegenschaftszins und Erbbauzins wird für die Restlaufzeit des Erbbaurechts unter Einsatz eines Vervielfältigers, der sich aus Anlage 21 zum BewG ergibt, kapitalisiert. Damit ist dann der Bodenwertanteil des Erbbaurechts erreicht. Er muss um den Gebäudewertanteil ergänzt werden. Denn zum Erbbaurecht gehört ja auch das Gebäudeeigentum. Der Gebäudewertanteil ist aus dem Gebäudeertragswert oder aus dem Gebäudesachwert nach den §§ 185, 190 BewG zu ermitteln. Das Erbbaurecht besteht im Zweifel nur zeitlich begrenzt. Mit dem Erlöschen des Erbbaurechts endet das Nutzungsrecht, und das Eigentum am Gebäude fällt dem Grundstückseigentümer zu. Der Erbbauberechtigte hat daher im Zweifel nur ein Eigentum auf Zeit an dem Gebäude. Diese zeitliche Begrenzung seines Eigentums muss bei der Berechnung des Gebäudesachwerts berücksichtigt werden. Sie kann unberücksichtigt bleiben, wenn beim Erlöschen des Erbbaurechts ein wertgleicher Entschädigungsanspruch an die Stelle des Eigentums tritt. Sonst ist der Gebäudewertanteil im Hinblick auf den Zeitablauf entsprechend zu mindern (§ 193 V 2 BewG).

Das **Erbbaugrundstück** umfasst das Eigentum am Grund und Boden verbunden mit dem Recht, Zinszahlungen für die Belastung des Grundstücks mit dem Erbbaurecht von dem Erbbauberechtigten zu verlangen (Erbbauzins). Zum Erbbaugrundstück gehört nicht das Gebäude, wohl aber die Aussicht, das Gebäudeeigentum beim Erlöschen des Erbbaurechts mit oder ohne Entschädigung zu erwerben. Der Wert des Erbbaugrundstücks soll nach § 194 I BewG wie der Wert des Erbbaurechts vorrangig im Vergleichswertverfahren ermittelt werden. Doch wird es nicht leicht sein, Vergleichswerte zu finden. Daher dürfte das von § 194 BewG an zweiter Stelle genannte Bewertungsverfahren größere Bedeutung erlangen. Es geht vom Bodenwert aus und rechnet einen Gebäudewertanteil hinzu. Der Gebäudewertanteil repräsentiert die Aussicht, später das Gebäude zu erwerben. Als Zukunftswert muss er abgezinst und um die beim Gebäudeerwerb fälligen Entschädigungsleistungen gekürzt werden (§ 194 IV BewG). Da der Grund und Boden vom Eigentümer während des Bestehens des Erbbaurechts nicht genutzt werden kann, gilt er auch als Zukunftswert und ist auf die Restlaufzeit des Erbbaurechts abzuzinsen. An die Stelle der Bodennutzung tritt für den Eigentümer der Erbbauzins, der denn auch über die Laufzeit des Erbbaurechts zu kapitalisieren und dem abgezinsten Bodenwert hinzuzurechnen ist (§ 194 III BewG).

Gebäude auf fremdem Grund und Boden werden nach § 195 BewG ähnlich wie Erbbaurechte behandelt. Auch hier sind zwei wirtschaftliche Einheiten, die Einheit des Gebäudes und die Einheit des belasteten Grundstücks, zu unterscheiden. Das Gebäude ist mit dem Gebäudeertragswert oder mit dem Gebäudesachwert zu bewerten. Ist das Recht zur Gebäudenutzung zeitlich begrenzt, ist die Begrenzung bei der Feststellung des Gebäudewerts zu beachten. Der Grundstückswert wird wie beim Erbbaurechtsgrundstück aus dem abgezinsten Bodenwert und dem Kapitalwert des vom Nutzer zu zahlenden Entgelts zusammengesetzt.

68 **Grundstücke im Zustand der Bebauung (§ 196 BewG).** Im Zustand der (weiteren) Bebauung können sich bisher unbebaute und bebaute Grundstücke befinden. Grundstücke im Zustand der Bebauung verkörpern einen dem Grad der Fertigstellung des Gebäudes entsprechenden zusätzlichen Wertanteil, der dem Wert des bisher unbebauten oder bebauten Grundstücks hinzugefügt werden muss. Der Zeitraum der Bebauung wird von dem Beginn der Abgrabungsarbeiten (Ausschachten der Baugrube) an oder von dem Einbringen von Baustoffen an bis zur Bezugsfertigkeit des neu errichteten Gebäudes oder Gebäudeteils hin gerechnet. Der zusätzliche Wertanteil der unfertigen Bauten wird durch die bis zum Bewertungsstichtag aufgewandten Herstellungskosten repräsentiert (§ 196 II BewG).

69 **Gebäude oder Gebäudeteile für den Zivilschutz** bleiben nach § 197 BewG bei der Ermittlung des Grundbesitzwerts außer Ansatz. Die Regelung wird als eine Steuerbefreiung eingestuft (R B 197 I 5 ErbStR), die dem Erwerber eine Vergünstigung verschafft. Dass die Gebäude oder Gebäudeteile den Grundstückswert kürzen, also als Negativposten durchaus in Betracht gezogen werden müssen, weil sie die Grundfläche bedecken und damit für eine andersartige Bebauung unbenutzbar machen, ist als Möglichkeit einzuräumen. Als Negativposten können sie entgegen dem Wortlaut des § 197 BewG dennoch berücksichtigt werden.

70. Die Bewertung der Bodenschätze (Abs 4)

70 Bis 1992 wurde für das Recht zur Gewinnung von Bodenschätzen (Mineralgewinnungsrecht) ein besonderer Einheitswert festgestellt. Dieser Wertansatz wurde zum 1. 1. 1993 verlassen. An die Stelle der Mineralgewinnungsrechte wurden die Bodenschätze selbst gesetzt. Bodenschätze gehören regelmäßig zum Bereich eines Betriebsvermögens und werden dann bei der Bewertung des Betriebsvermögens miterfasst. Abs 4 behandelt nur den Ausnahmefall, dass die Bodenschätze außerhalb eines Betriebsvermögens stehen. Eine solche Einordnung kann zB bei verpachteten Lehm-, Sand- oder Kiesvorkommen sachgerecht sein. Die Bewertung nach Abs 4 setzt voraus, dass bei der Einkunftsermittlung Absetzungen für Substanzverringerung nach § 7 VI EStG „vorzunehmen sind". § 7 VI EStG erklärt Absetzungen für Substanzverringerung unter den dort genannten Voraussetzungen für zulässig, nicht für verpflichtend. Die Formulierung in Abs 4 erscheint daher nicht ganz glücklich. Absetzungen für Substanzverringerung kommen nur bei einem abschreibungsfähigen Wirtschaftsgut in Betracht. Daher sind Bodenschätze erst dann zu berücksichtigen, wenn sie hinreichend verselbstständigt sind und nicht mehr untrennbar mit dem Boden zusammenhängen. Die Verselbstständigung kann schon angenommen werden, wenn die gedachte Ausbeute ausreichend konkretisiert wurde und eine Abbaugenehmigung erreicht worden ist. Ertragsteuerlich werden die Bodenschätze mit den Anschaffungskosten angesetzt. Wie dieser Ansatz sich für das ErbStRecht mit der Forderung des Verfassungsgerichts nach Ansatz des Verkaufswertes vereinbaren lässt, muss als das Geheimnis des Gesetzgebers betrachtet werden.

71.–93. Die Bewertung des inländischen Betriebsvermögens (Abs 5 iVm §§ 11 II, 157 V, 199 bis 203 BewG)

Allgemeines. Die Bewertung des Betriebsvermögens ist durch das ErbStRG 2009 zum wiederholten Male umgestellt worden. Bis 1992 galten im Bewertungsrecht und mit ihm im ErbStRecht für die Bewertung des Betriebsvermögens besondere, von der bilanzsteuerrechtlichen Bewertung der Wirtschaftsgüter im Betriebsvermögensvergleich (§ 6 EStG) abweichende Grundsätze. Und zwar wurde sowohl der Kreis der bei der Bewertung berücksichtigungsfähigen Posten (Frage der Bilanzierung) als auch die Höhe der diesen Posten zuzuordnenden Geldbeträge (Frage der Bewertung) im Bewertungsrecht unabhängig vom Bilanzsteuerrecht geregelt. Das führte dazu, dass von den StPfl zwei Rechenwerke nach unterschiedlichen Grundsätzen zu erstellen waren: die Bilanz für die Zwecke der Einkommen-, Körperschaft- und Gewerbeertragsteuer und die Vermögensaufstellung für die Zwecke der Gewerbekapital-, Vermögen- und Erbschaftsteuer. Die Ertragskraft der Unternehmen spielte bei diesen Rechenwerken kaum eine Rolle. Aber auch der Substanzwert des Betriebsvermögens wurde nicht ausreichend erfasst (umfangreiche Nachweise in der intensiv geschriebenen Dissertation von *Spitzbart,* Das Betriebsvermögen im ErbStRecht, 2000). 71

Die Umstellung der Bewertung im Jahr 1992. Die mit dem StÄndG 1992 verwirklichte nahezu vollständige Übernahme der Steuerbilanzwerte in die für die ErbSt bedeutsame Vermögensaufstellung (= Gegenüberstellung der Aktiva und Passiva des stpfl Erwerbs) sollte nach dem Bericht der Gesetzesmaterialien (BTDrs 12/1108, 72) eine eigenständige Wertermittlung im Rahmen der Vermögensaufstellung entbehrlich machen und damit zu einer deutlichen Vereinfachung des Steuerrechts beitragen. Mit dieser Vereinfachung sollte die Arbeit der Unternehmer, ihrer Berater, aber auch der FinVerw erleichtert werden. 72

Neben der Vereinfachung des Steuerrechts wurde mit der Reform zugleich eine Entlastung des Betriebsvermögens von ertragsunabhängigen Steuern angestrebt. Das Ziel der Neuregelung lag daher auch in einer Herabsetzung der Bemessungsgrundlage für die ErbSt, soweit sie den Erwerb von Betriebsvermögen erfasste. Mit dieser Zielsetzung kam der Gesetzgeber Forderungen nach einer unterschiedlichen Behandlung von Betriebsvermögen und anderem Vermögen bei der ErbSt entgegen, die von der mittelständischen Wirtschaft propagiert und vom BVerfG 1995 für bedeutsam erklärt worden waren (BVerfG BStBl II 95, 671). Die Umsetzung der Neuregelung wurde 1992 im Wesentlichen durch die Neufassung der §§ 95 und 109 des BewG erreicht, also praktisch ohne Eingriff in das ErbStG verwirklicht. Dass es möglich ist, das ErbStRecht grundlegend zu reformieren, ohne den Wortlaut des ErbStG insofern zu verändern, ist auch bei der neuesten Bewertungsumstellung 2009 wieder deutlich geworden.

73 Zur Kritik an der Neuregelung 1992. Die Erleichterungen, die die Bewertungsumstellung 1992 mit sich gebracht hatten, wurden vielfach begrüßt. Doch wurde zugleich kritisch vermerkt, dass die Neuregelungen verschiedenen Betriebsvermögenserwerbern in ganz unterschiedlichem Umfang Vorteile brachten (*Spitzbart,* oben Anm 71, 256). Diese Kritik hat der BFH in seinem Vorlagebeschluss an das BVerfG vom Mai 2002 (BStBl II 02, 598, 607) aufgegriffen und vertieft. Die Steuerbilanzwerte dienten nur dazu, die Ergebnisse verschiedener Rechnungsperioden voneinander abzugrenzen und seien daher zur Ermittlung stichtagsbezogener Substanzwerte ungeeignet. Die Übernahme der Steuerbilanzwerte führe zu keiner zielgerichteten und gleichmäßig wirkenden Steuerentlastung, sondern zu einem von Zufallsmomenten abhängigen, nicht kontrollierbaren und damit willkürlich eintretenden Begünstigungseffekt. Die Übernahme der Steuerbilanzwerte sei keine vereinfachte Bewertung, sondern stelle bei näherem Betrachten den Verzicht auf eine Bewertung an sich dar. Das BVerfG ist in seinem Beschluss vom 7. 11. 2006 (BStBl II 07, 192, 204 ff) dieser Einschätzung des BFH im Wesentlichen gefolgt. Aus der Sicht des BVerfG muss sich die erbschaftsteuerliche Bewertung durchgehend am gemeinen Wert orientieren. Die Übernahme der Steuerbilanzwerte verhindere jedoch strukturell eine Annäherung an den gemeinen Wert. Den Steuerbilanzwerten liege der Grundsatz der Einzelbewertung zugrunde, während der gemeine Wert des Betriebsvermögens in der Praxis üblicherweise auf der Grundlage einer Gesamtbewertung ermittelt werde. Weil das Steuerbilanzrecht ein Aktivierungsverbot für nicht entgeltlich erworbene immaterielle Wirtschaftsgüter enthalte, würden die Gewinnaussichten der Unternehmen in der Bewertung nicht erfasst. Das führe dazu, dass der Steuerwert von ertragstarken Unternehmen weit hinter dem gemeinen Wert zurückbleibe. Durch den Ansatz der Steuerbilanzwerte werde im Übrigen die erbschaftsteuerliche Bemessungsgrundlage davon abhängig gemacht, ob und in welchem Umfang der Erblasser oder Schenker bilanzpolitische Maßnahmen ergriffen hat. Tendenziell werde durch die Übernahme der Steuerbilanzwerte der Übergang gerade von solchen Unternehmen gefördert, die der Entlastung am wenigsten bedürfen. Weil ein Nachversteuerungsvorbehalt fehle, könnten auch Erwerber in den Genuss der günstigen Bewertung kommen, die eine Fortführung des Unternehmens von vornherein gar nicht beabsichtigten.

Die erneute Bewertungsumstellung 2009. Auf die BVerfG-Entscheidung vom 7. 11. 2006 (oben Anm 73) hat der Gesetzgeber reagiert. Mit dem ErbStRG 2009 hat er das BewG erneut geändert und damit zugleich erneut eine tiefgreifende Änderung des ErbStRechts bewirkt. Die Neuregelung schlägt sich insbesondere in den §§ 11 II, 109, und 157 V BewG nieder. Aus § 157 V 2 BewG folgt, dass der Betriebsvermögenswert unter Anwendung der §§ 109 und 11 II BewG ermittelt werden soll. § 109 BewG bestimmt, dass das Betriebsvermögen mit dem gemeinen Wert anzusetzen ist. Und der für Kapitalgesellschaftsanteile konzipierte, aber durch § 157 V 2 BewG auch für die Betriebsvermögensbewertung anwendbar gemachte § 11 II BewG fügt hinzu, dass der Wert des Betriebsvermögens unter Berücksichtigung der Ertragsaussichten ermittelt werden soll und dass die Summe der gemeinen Werte der einzelnen Wirtschaftsgüter abzüglich der Schulden als Mindestwert beachtet werden muss. Damit sind die **vier wichtigsten Weichenstellungen** des neuen Bewertungsrechts bezeichnet. **(1)** An die Stelle der Steuerbilanzwerte tritt der **gemeine Wert.** **(2)** Dieser gemeine Wert ist nicht mehr aus der Summe der einzelnen Wirtschaftsgüter abzüglich der Schulden und damit aus einer Einzelbewertung abzuleiten. Vielmehr soll der Wert durch eine **Gesamtbewertung** des Vermögens entwickelt werden. **(3)** Bei der Gesamtbewertung soll es nicht um die Ermittlung des Substanzwertes, sondern um den **Ertragswert** des Unternehmens gehen. **(4)** Der Wert des Betriebsvermögens von Einzelunternehmen und Personengesellschaften wird nach den Regeln über den Wert des Vermögens von (nicht an der Börse notierten) Kapitalgesellschaften behandelt, so dass der Wert des Betriebsvermögens und der Anteile daran, sieht man von den börsennotierten Anteilen ab, im Ergebnis **rechtsformneutral** ermittelt wird. 74

Die Ausgliederung der Bewertung aus dem ErbStG. Das ErbStG selbst enthält keinerlei Hinweise, die Einzelheiten der Bewertung des Betriebsvermögens erläutern. Das Gesetz beschränkt sich auf die Verweisung in § 12 V, die bei genauerer Betrachtung aber auch nur einen deklaratorischen Charakter aufweist. Denn dass das Betriebsver- 75 mögen für die Zwecke der ErbSt nach den Vorschriften des BewG zu bewerten ist, sagt schon das BewG selbst. Die Neuerungen zur Bewertung des Betriebsvermögens sind denn auch nicht Neuerungen des ErbStRechts, sondern Neuerungen des Bewertungsrechts. Diese Neuerungen im Einzelnen zu kommentieren, muss den bewertungsrechtlichen Kommentaren überlassen bleiben. Hier kann nur eine Übersicht erfolgen. Sie beschränkt sich im Folgenden auf die Darstellung der Bewertungsregelungen für inländisches Betriebsvermögen und deren Anteile. Denn das ausländische Betriebsvermögen wird erst in den Erläuterungen zu Abs 6 (unten Anm 100 f) angesprochen. Zum Wert von börsennotierten Anteilen wurde bereits oben (Anm 38 ff) Stellung genommen.

76 Begriff und Umfang des Betriebsvermögens. Die Regelung des § 12 V gilt für den Bestand und die Bewertung von Betriebsvermögen als Sachgesamtheit, kann aber auch zur Bewertung einzelner Wirtschaftsgüter des Betriebsvermögens herangezogen werden (FG Münster EFG 10, 246). Betriebsvermögen ist das einem Gewerbebetrieb gewidmete Vermögen (§ 95 I BewG). Es umfasst alle Teile eines Gewerbebetriebs, die bei der steuerlichen Gewinnermittlung nach § 15 I und II EStG zum Betriebsvermögen gehören. Bei bilanzierenden Gewerbetreibenden sind es die Posten, die in der Steuerbilanz aufzuführen sind. Man kann daher von einer Gleichförmigkeit der Erfassung der zugehörigen Posten in der Steuerbilanz und bei der Abgrenzung des bewertungsrechtlichen Betriebsvermögens sprechen. Dagegen ist es missverständlich, von einer Identität zwischen der Steuerbilanz und dem bewertungsrechtlichen Betriebsvermögen auszugehen (so aber R B 95 II ErbStR), da die Bewertungsgrundsätze ganz unterschiedlich sind. Außerdem wird die Gleichförmigkeit der Zuordnung der Posten zum Betriebsvermögen auch in mehreren Fällen, insbesondere bei Rücklagen und Rückstellungen, durchbrochen. Die Einzelheiten werden in R B 95 II ErbStR aufgeführt. Zum Betriebsvermögen gehört auch das bei der Ausübung eines freien Berufes eingesetzte Vermögen (§ 96 BewG) sowie das Vermögen, das juristischen Personen des Privatrechts gehört (§ 97 BewG). Das zur Land- und Forstwirtschaft bestimmte Vermögen gehört nicht hierher (§ 95 II BewG), es sei denn, dass es zugleich das Vermögen einer Kapitalgesellschaft darstellt (§ 97 BewG). Zum Betriebsvermögen gehören auch Schulden und sonstige Abzüge, wenn sie mit der Gesamtheit oder einzelnen Teilen des Betriebsvermögens in wirtschaftlichem Zusammenhang stehen (§ 103 I BewG). Dieser Zusammenhang ist zu bejahen, wenn die Entstehung der Schuld ursächlich und unmittelbar auf Vorgängen beruht, die das Betriebsvermögen betreffen. Die Schuld muss noch nicht fällig sein, aber doch eine wirtschaftliche Belastung bilden, weil damit gerechnet werden muss, dass der Gläubiger Erfüllung verlangt. An einer wirtschaftlichen Belastung kann es bei Schulden gegenüber nahen Verwandten fehlen. Umsatzsteuerschulden und Grundsteuerschulden können abzugsfähig sein. Einkommensteuerschulden sind dagegen nicht abzugsfähig, weil sie den Betrieb nicht belasten.

Die Regelung des § 12 V wird auch für **Anteile am Betriebsvermögen** herangezogen, auch wenn § 12 V diese Anteile nicht ausdrücklich nennt. Denn während das Zivilrecht die Personengesellschaften nach der neueren Rspr des BGH (BGHZ 146, 341) in die Nähe der Kapitalgesellschaften gerückt hat, mit der Folge, dass sich zwischen die Gesellschafter und das Gesellschaftsvermögen die Ebene der Gesellschaft schiebt, die nun als Träger des Vermögens verstanden werden soll, während die Gesellschafter auf die Innehabung von Gesellschaftsanteilen beschränkt werden, hält das EStRecht und das in dieser Frage an das EStRecht anknüpfende ErbStRecht (BFH BStBl II 95, 81; JZ 95, 1074 mit Anm *Meincke*; BStBl II 98, 630; § 1 Anm 7) bisher noch an der überkommenen Vorstellung fest, dass die Gesellschafter in ihrer gesamthänderischen Verbundenheit selbst Träger des Gesellschaftsvermögens sind. Das Gesellschaftsvermögen ist das Betriebsvermögen der Gesellschafter. Ihnen werden die zum Betriebsvermögen gehörenden Wirtschaftsgüter unmittelbar zugerechnet (§ 39 II 2 AO). Ihnen gebührt daher anteilig auch der Ertragswert des Betriebsvermögens. Daraus folgt, dass sich der Wert der Anteile unmittelbar aus der Betriebsvermögensbewertung ergibt und nichts anderes sein kann als ein Bruchteil des gemeinschaftlich innegehabten Vermögenswerts. Für die Bestimmung des dem jeweiligen Gesellschafter zukommenden Teils des Betriebsvermögenswerts sieht § 97 I a BewG eine Regelung vor. Danach werden den Gesellschaftern zunächst die Kapitalkonten aus der Gesamthandsbilanz zugerechnet. Der verbleibende Wert ist dann nach dem Gewinnverteilungsschlüssel auf die Gesellschafter aufzuteilen. Der so ermittelte Anteil am Gesamthandsvermögen wird schließlich noch durch den gesondert zugerechneten Wert des dem jeweiligen Gesellschafter zustehenden Sonderbetriebsvermögens aufgestockt.

Für die Feststellung des **Werts des Betriebsvermögens** sieht § 11 II 2 insgesamt **sechs Bewertungsverfahren** vor. Der Wert kann **(1.)** aus zeitnahen Verkäufen abgeleitet werden. Möglich ist es sodann **(2.)**, den Wert im normalen Ertragswertverfahren zu ermitteln. Zu dem normalen Ertragswertverfahren tritt **(3.)** das vereinfachte Ertragswertverfahren hinzu. Das Gesetz verweist weiterhin **(4.)** auf andere für nichtsteuerliche Zwecke übliche Methoden. Als Mindestwert sieht es **(5.)** den Substanzwert vor, der unter Gegenüberstellung der aktiven und passiven Wirtschaftgüter ermittelt werden soll. Und schließlich verweist die Gesetzesbegründung zu § 11 II (BTDrs 16/7918, 38) auch noch **(6.)** auf den Liquidationswert als Untergrenze der Bewertung für den Fall, dass das Unternehmen nicht weiter betrieben werden soll. Diese Einschränkung zeigt zugleich, dass in allen anderen Fällen von einer Fortführung des Unternehmens ausgegangen werden soll, ein Gedanke, der bei der Bewertung des Wirtschaftsteils im Bereich der Land- und Forstwirtschaft ausdrücklich hervorgehoben wird (§ 162 I 2 BewG), dessen Hervorhebung jedoch im Zusammenhang mit der Betriebsvermögensbewertung fehlt. Alle Bewertungsmethoden zielen übereinstimmend darauf ab, den gemeinen Wert des Betriebsvermögens anzugeben (§§ 11 II 1, 109 I 1, II BewG). Gegenüber jeder der Bewertungsmethoden kann daher geltend gemacht werden, dass sie unter den gegebenen Umständen den gemeinen Wert nicht erreicht, ihn über- oder unterschreitet, und deshalb korrigiert werden muss. Es **muss für den Unternehmer immer eine Escape-Klausel** in dem Sinne **geben,** dass er die Möglichkeit zum Nachweis eines niedrigeren gemeinen Werts erhält, wenn die vom Gesetz vorgesehenen Bewertungsmethoden den gemeinen Wert unter den gegebenen Umständen verfehlen. Denn der Ansatz des Betriebsvermögens mit dem gemeinen Wert hat Verfassungsrang (oben Anm 9). Vorschriften der einfachen Gesetzgebung wie § 11 II BewG können daran nichts ändern. Geht es dagegen nur darum darzutun, dass nicht nur der mit den gesetzlich vorgeschriebenen Methoden ermittelte Wert in den Bereich des gemeinen Werts fällt, sondern dass auch noch ein niedrigerer Wert dem Spektrum des gemeinen Werts zugeordnet werden könnte, dann wird der Unternehmer mit dieser Begründung nicht gehört. Insofern haben dann die gesetzlich vorgeschriebenen Methoden den Vorrang.

79 Geht es um die Bewertung des Betriebsvermögens, so ist der Wert in erster Linie aus **zeitnahen Verkäufen** abzuleiten (Einzelheiten dazu schon oben Anm 42). Diese Bewertungsmethode hat Vorrang vor dem erst in zweiter Linie genannten Ertragswertverfahren. Geht es um die Ermittlung des Kaufpreises aus zeitnahen Verkäufen, so dürfen nach § 11 II 2 BewG nur Verkäufe berücksichtigt werden, die vor dem Stichtag vorgekommen sind und die **zum Stichtag weniger als ein Jahr zurückliegen.** Trotz dieser gesetzlichen Vorgaben erscheint es an sich nicht undenkbar, auch einem Verkauf nach dem Bewertungsstichtag Bedeutung für die Ermittlung des gemeinen Werts beizumessen (unten Anm 81). Verkauft jedoch der Erbe oder Beschenkte, dann fehlt es an dem Merkmal des Verkaufs unter fremden Dritten. Daher wird ein nach dem Stichtag liegender Verkauf ausnahmsweise nur dann berücksichtigt werden können, wenn das Betriebsvermögen kurz nach dem Erbfall durch mehrere Hände gegangen ist. Bedenkt man das Merkmal des Verkaufs unter fremden Dritten, dann ist auch zweifelhaft, ob ein Unternehmen, das der Erblasser neun Monate vor seinem Tod käuflich erworben hatte, bei der Bewertung des Erwerbs durch Erbanfall zum damaligen Kaufpreis angesetzt werden kann. Denn, so könnte man argumentieren, der Erblasser ist für den Erben kein fremder Dritter. Doch kann man die Dinge auch anders sehen. Es geht ja um den Verkaufswert des Erbschaftserwerbs, also um eine Bewertung, bei der der Erbe als Verkäufer gedacht wird, der sich gegen entsprechendes Entgelt zur Übertragung seines Erwerbs verpflichtet. Sieht man in den beiden an diesem gedachten Verkauf Beteiligten den Ersten und Zweiten, dann ist jeder, der nicht zu den Verkaufsparteien gehört, ein Dritter. Und er ist zugleich ein fremder Dritter, wenn er Konditionen ohne Rücksicht auf den in der Bewertung unterstellten Verkauf vereinbart hat. Legt man diese Interpretation zugrunde, dann ist der Erblasser, der neun Monate vor dem Erbfall und ohne Blick auf das Ergebnis der späteren Bewertung einen Kaufpreis für das Unternehmen festgelegt hat, ein fremder Dritter. Der von ihm vereinbarte Kaufpreis kann unter dieser Perspektive bei der Bewertung herangezogen werden.

Ursprünglich war für Großbetriebe mit einem Umsatz von mehr als 32 Mio € nur das **normale Ertragswertverfahren** vorgesehen (Entwurf einer Anteils- und BetriebsvermögensVO, Stand 26. 5. 2008). Diese Einschränkung wurde jedoch fallengelassen. Damit steht nun das vom Gesetzgeber besonders geregelte **vereinfachte Ertragswertverfahren** für die Unternehmensbewertung ganz im Mittelpunkt. Für beide Verfahren gilt übereinstimmend, dass sie den Ertragswert ermitteln wollen, den Wert, der sich „unter Berücksichtigung der Ertragsaussichten" der Gesellschaft ergibt. Beide Methoden zielen deswegen auf den Ertragswert des Unternehmens ab, weil sie den Kaufpreis für das Unternehmen in den Mittelpunkt stellen und die Überlegungen heranziehen wollen, die ein Käufer, der beabsichtigt, das Unternehmen unverändert fortzuführen, zur Bemessung des Kaufpreises vorbringen würde. Ein Käufer, dies ist die Vorstellung des Gesetzgebers, würde vornehmlich an eine angemessene Rendite für seine Investition denken. Er würde für das Unternehmen den Preis zahlen, der ihm mit dem Jahresertrag des Unternehmens diese angemessene Rendite verschafft. Daher ist für ihn der nachhaltig erzielbare Ertrag der bestimmende Faktor für die Kaufpreisbemessung. Dass ein Käufer vornehmlich oder auch nur neben anderem ein Interesse daran haben könnte, die Substanz des Unternehmens in seine Hände zu bringen, bleibt dabei unberücksichtigt (kritisch *Kirchhof*, Bundessteuergeetzbuch, 2011, 675).

Nach § 199 I BewG darf das vereinfachte Ertragswertverfahren dann nicht angewendet werden, wenn es zu **offensichtlich unzutreffenden Ergebnissen** führt. Diese Einschränkung wird nur für das vereinfachte Ertragswertverfahren genannt, hat aber für alle Bewertungsverfahren zu gelten. Können sie unter den gegebenen Umständen den gemeinen

Wert offensichtlich nicht erreichen, scheidet ihre Anwendung aus. Man könnte diesem Passus den weitergehenden Sinn geben, dass unzutreffende Bewertungsergebnisse hingenommen werden müssen, sofern sie nicht offensichtlich unzutreffend sind. Diese Interpretation dürfte dann aber nur für das vereinfachte Ertragswertverfahren gelten. Problematisch ist im Übrigen, wie das „offensichtlich unzutreffende Ergebnis" festgestellt werden kann. Am nächsten liegt es, auf Wertansätze zu verweisen, die nach dem Bewertungsstichtag im Rahmen der Erbauseinandersetzung oder von zeitnahen Verkäufen gewonnen wurden (R B 199.1 V ErbStR). Eine solche Interpretation verdeutlicht zugleich, dass auch Erkenntnisse, die nach dem Stichtag erworben wurden, für die Bewertung bedeutsam sein können (so schon oben Anm 79). Doch bleiben in jedem Einzelfall Zweifel, ob die neuen Erkenntnisse wirklich das Ergebnis der Bewertung in Frage stellen oder ob sie vielmehr nachträgliche Wertentwicklungen dokumentieren.

82   Die einschlägigen Gesetzesvorschriften (§§ 200 ff BewG) konzentrieren sich im Übrigen auf **vier Punkte.** Zunächst werden **(1.)** die „betriebsneutralen" Wirtschaftsgüter (und die mit ihnen im Zusammenhang stehenden Passivposten) aus dem Betriebsvermögen ausgegliedert. Sodann wird **(2.)** der zukünftig nachhaltig zu erzielende Jahresertrag des um die neutralen Wirtschaftsgüter bereinigten Betriebsvermögens ermittelt. Anschließend wird in einem weiteren Schritt **(3.)** ein Kapitalisierungsfaktor herangezogen, um durch Anwendung dieses Faktors auf den nachhaltig zu erzielenden Jahresertrag den Ertragswert des bereinigten Betriebsvermögens zu gewinnen. Diesem Ertragswert wird schließlich **(4.)** der gemeine Wert der im ersten Schritt ausgesonderten Wirtschaftsgüter hinzugerechnet. Damit ist dann der vereinfachte Ertragswert erreicht.

83   **Ausschluss des nichtbetriebsnotwendigen Vermögens.** Es ist bei der Ertragswertermittlung aus dem Betriebsvermögen herauszulösen (§ 200 II–IV BewG). Dabei handelt es sich nach § 200 II BewG um die aktiven und passiven Vermögensteile, um die das Betriebsvermögen vermindert werden kann, ohne die eigentliche Unternehmenstätigkeit zu beeinträchtigen, also um das nichtbetriebsnotwendige Vermögen. Was die „eigentliche Unternehmenstätigkeit" ist und was für sie als notwendig gelten muss, bestimmt das Unternehmensziel. Dieses Unternehmensziel steht nicht ein für alle Mal fest. Mit dem Unternehmensziel kann auch die Auffassung darüber, was betriebsnotwendig ist und als eigentliche Unternehmenstätigkeit gedacht werden muss, sich wandeln. Auch hierfür ist der Bewertungsstichtag von Bedeutung. So ist die eigentliche Unternehmenstätigkeit aus der Sicht des Erbfalls zu bestimmen. Auch wenn der Erbe als Betriebsnachfolger andere Akzente setzen möchte, muss doch das Unternehmensziel noch aus der Sicht des Erblassers betrachtet werden. Branchenfremde Beteiligungen, Vorratsflächen für die noch keine betriebsbezogenen Nutzungspläne entwickelt wurden, Mietwohngrundstücke im Gelände von Produktionsunternehmen, überdimensionierte PKW, überschüssige liquide Mittel, Kunstwerke können zum nichtbetriebsnotwendigen Vermögen gehören.

Zusätzlich zum nichtbetriebsnotwendigen Vermögen sind noch weitere Posten aus der Ertragsberechnung herauszunehmen. Das gilt nach § 200 III BewG für alle anderen im Betriebsvermögen gehaltenen **Gesellschaftsbeteiligungen.** Sie sollen bei der Errechnung des Unternehmensertrages nicht berücksichtigt werden. Diese Regelung ist insbesondere im Hinblick auf Beteiligungen an Kapitalgesellschaften vorgesehen. Denn diese Gesellschaften können ihre Gewinne thesaurieren. Ihre Berücksichtigung könnte damit nach Auffassung des Gesetzgebers den Durchschnittsertrag für die Ertragswertberechnung verzerren. Schließlich wurde im Zuge der Gesetzesformulierung auch noch bedacht, dass in den letzten zwei Jahren vor dem Stichtag in das Betriebsvermögen eingelegte Wirtschaftsgüter einen hohen gemeinen Wert bei relativ geringer Rendite haben können und – mitberücksichtigt – den Ertragswert verzerren würden. Um Missbräuche zu verhindern, sollen daher solche **Zwei-Jahres-Objekte** (Wirtschaftsgüter und die mit ihnen in Zusammenhang stehenden Schulden, die in den letzten zwei Jahren vor dem Stichtag eingelegt worden sind), aus der Ertragswertberechnung herausfallen (§ 200 IV BewG). Nur für eingelegte, nicht für angeschaffte oder hergestellte Objekte ist dies vorgeschrieben. Es genügt daher nicht, dass die Wirtschaftsgüter dem Betrieb zum Stichtag weniger als zwei Jahre zuzurechnen waren. Die Wirtschaftsgüter müssen vielmehr Gegenstand einer Einlage gewesen, also dem Betrieb vom StPfl im Laufe des Wirtschaftsjahrs zugeführt worden sein (§ 4 I 7 EStG). Nur dann sollen sie aus der Ertragsberechnung herausfallen.

Der **nachhaltig zu erzielende Jahresertrag,** der die Grundlage für die Bewertung bildet, ist nach den Vorgaben der §§ 201 f BewG zu ermitteln. Ausgangspunkt sind die Betriebsergebnisse der letzten drei vor dem Bewertungsstichtag liegenden Wirtschaftsjahre. Aus ihnen wird ein Durchschnittsertrag errechnet, der dann die Beurteilungsgrundlage für den nachhaltig zu erzielenden Jahresertrag bietet. Dabei geht das Gesetz von der Annahme aus, dass der Ertrag, der in den vergangenen Jahren zu erzielen war, auch in den künftigen Jahren erreicht werden wird. Statt der Zukunftsprognose steht die Vergangenheitsanalyse im Mittelpunkt. Ein linearer Verlauf der Ertragserzielung wird unterstellt. Es gibt jedoch Unternehmen mit stark schwankenden Erträgen. Kurzfristige Schwankungen werden durch den Drei-Jahres-Durchschnittsbetrag aufgefangen. Längerfristigen, tiefgreifenden Schwankungen wird jedoch durch einen Drei-Jahres-Durchschnittswert nicht immer ausrei-

§ 12 86, 87 Bewertung

chend Rechnung getragen. Außerdem kann sich nicht nur das Unternehmen und die Akzeptanz seiner Leistungen verändern, sondern auch das Umfeld, in dem das Unternehmen tätig ist, kann sich vollständig wandeln. Eine Krise der Automobilindustrie stürzt auch die Zuliefererfirmen in Schwierigkeiten. Die Ableitung der zukünftigen Ertragserwartungen aus den Erträgen der vergangenen drei Jahre ist daher mit vielfältigen Unsicherheitsfaktoren belastet.

86   Das Gesetz berücksichtigt die **Unsicherheit der Ertragsentwicklung** unter drei Aspekten. Es erlaubt, anstelle des drittletzten abgelaufenen Wirtschaftsjahrs das Betriebsergebnis des am Bewertungsstichtag noch nicht abgelaufenen Wirtschaftsjahrs zu berücksichtigen, wenn dies aussagekräftiger ist (§ 201 II 2 BewG). Es erlaubt ferner, für die Ermittlung des Durchschnittsertrags einen verkürzten Ermittlungszeitraum zugrunde zu legen, wenn sich im Dreijahreszeitraum der Charakter des Unternehmens nachhaltig verändert hat oder wenn das Unternehmen in diesem Zeitraum neu entstanden ist (§ 201 III 1 BewG). Es erlaubt schließlich, bei Unternehmen, deren Rechtsform geändert wurde und bei denen zur Ermittlung des Durchschnittsertrages von den früheren Betriebsergebnissen auszugehen ist, die früheren Betriebsergebnisse entsprechend zu korrigieren, soweit sich die Änderung der Rechtsform auf den Jahresertrag ausgewirkt hat (§ 201 III 3 BewG). Das Gesetz reagiert damit auf Rechtsänderungen, die die Ermittlung des Jahresertrags beeinflusst haben können. Änderungen in der Personalausstattung und der Akzeptanz der Leistungen des Unternehmens, die durch neue Erfindungen, durch Verlagerung von Produktionen ins Ausland oder durch eine Krise am Absatzmarkt herbeigeführt sein können und womöglich zum Bewertungsstichtag nur noch deutlich herabgesetzte Ertragserwartungen zu rechtfertigen vermögen, nennt das Gesetz an dieser Stelle nicht. Ihnen muss durch Zurückhaltung bei der Berechnung der Betriebsergebnisse und des aus ihnen folgenden Durchschnittsertrages Rechnung getragen werden. In allen einschlägigen Fällen bleibt im Übrigen noch zu überlegen, ob die veränderten Umstände Zweifel an dem zutreffenden Ergebnis des vereinfachten Ertragswertverfahrens erlauben, so dass mit der Möglichkeit eines offensichtlich unzutreffenden Ergebnisses gerechnet werden muss, was dann eine Voraussetzung dieses Verfahrens überhaupt entfallen lässt (vgl dazu R B 199.1 VI ErbStR).

87   Der zu erzielende Jahresertrag wird auf der Basis der **Betriebsergebnisse** der letzten drei Jahre bestimmt. Ausgangspunkt für die Ermittlung des jeweiligen Betriebsergebnisses ist nach § 202 I 1 BewG die ESt-Bilanz des § 4 I 1 EStG. Bei Personengesellschaften bleiben Sonderbilanzen und Ergänzungsbilanzen unberücksichtigt. Der Steuerbilanz-

gewinn wird durch Hinzurechnungen und Abrechnungen verändert, um Zahlen zu gewinnen, die für die Ertragskraft des Unternehmens aussagekräftig sind. Nicht aussagekräfte Vermögensminderungen oder -erhöhungen sind daher aus dem Jahresgewinn zu eliminieren (§ 202 I Nr 3 BewG). Im Einzelnen sind nach § 202 I Nr 1 BewG hinzuzurechnen Beträge, die im Bilanzgewinn nicht erscheinen, obwohl sie als Ausdruck der Ertragskraft des Unternehmens angesprochen werden müssen, wie durch Sonderabschreibungen, erhöhte Absetzungen oder Absetzungen auf den Geschäfts- oder Firmenwert aufgezehrte Beträge, Erträge, die durch Bewertungsabschläge, durch Zuführung zu steuerfreien Rücklagen oder durch Teilwertabschreibungen für den Jahresgewinn neutralisiert worden sind, oder Gewinne, denen einmalige Veräußerungsverluste und außerordentliche Aufwendungen oder denen Aufwendungen im Zusammenhang mit betriebsneutralem Vermögen die Erfolgswirksamkeit genommen haben. Aus dem Bilanzgewinn herauszulösen sind dagegen nach § 202 I Nr 2 BewG die Posten, die nicht eine normale Ertragsfähigkeit repräsentieren, wie die gewinnerhöhende Auflösung von Rücklagen, wie Teilwertzuschreibungen, einmalige Veräußerungsgewinne, außerordentliche Erträge und Erträge, die im Zusammenhang stehen mit nicht in die Ertragsberechnung eingeführten Posten. Auch Erträge, die bei wirtschaftlicher Betrachtungsweise neutralisiert werden müssten, weil sie das Äquivalent für einen angemessenen Unternehmerlohn oder für einen angemessenen Lohn unentgeltlich tätiger Familienangehöriger bilden, sind aus dem Bilanzgewinn auszugliedern.

Was die **Ertragsteuern des Unternehmens** (KSt, Zuschlagsteuern und GewSt) angeht, so sollen diese nicht mit den tatsächlich angefallenen Beträgen, sondern mit einem Pauschsatz berücksichtigt werden. Der Ertragsteueraufwand wird daher hinzugerechnet, die Erträge aus der Erstattung von Ertragsteuern werden aus dem Bilanzgewinn herausgelöst. Zur Abgeltung des Ertragsteueraufwands wird dann das Betriebsergebnis insgesamt um 30% gemindert (§ 202 III BewG). Die ESt des oder der Vermögensträger gehört nicht zum Betriebsergebnis und wird daher an dieser Stelle überhaupt nicht erfasst.

Der aus den Betriebsergebnissen der letzten drei Jahre vor dem Bewertungsstichtag errechnete durchschnittliche Jahresertrag wird in einem dritten Schritt der Ertragswertberechnung kapitalisiert. Zu diesem Zweck bestimmt § 203 BewG einen **Kapitalisierungsfaktor,** mit dem der Durchschnittsertrag multipliziert werden soll, um den Ertragswert des Unternehmens zu gewinnen. Das Gesetz nennt den Kapitalisierungsfaktor den Kehrwert des Kapitalisierungszinssatzes (§ 203 III BewG). Damit ist Folgendes gemeint: Das Bewertungsverfahren geht vom Jahresertrag aus und überlegt, welchem Zinssatz dieser Jahresertrag entsprechen muss, um die Investitionsentscheidung des gedachten Käufers zu rechtfertigen. Würde ein gedachter Käufer eine Verzinsung des Kaufpreises von 8% erwarten und ist ein durchschnittlicher Jahresertrag von 100 000 festgestellt, dann ist von einem Unternehmenswert von 1 250 000 auszugehen, weil der jährliche Ertrag von 100 000 eine achtprozentige Verzinsung von 1 250 000 ergibt. Der Kapitalisierungszinsatz beträgt in diesem Beispiel 8%, der Kapitalisierungsfaktor 12,5. Der Kapitalisierungsfaktor ist also die Zahl, mit der der Jahresertrag multipliziert werden muss, um einen Unternehmenswert zu gewinnen, für den der Jahresertrag eine angemessene Verzinsung darstellt.

90 Die für einen Unternehmenskäufer maßgebliche, aus der Sicht der Bewertungsbestimmungen **angemessene Verzinsung** wird nicht frei aus den Marktbedingungen entwickelt, sondern durch gesetzliche Vorgaben festgelegt. Und zwar sieht § 203 BewG vor, dass sich der für die Kapitalisierung bedeutsame Zinssatz aus einem Basiszins und einem Risikozuschlag von 4,5% zusammensetzt. Der Basiszins, der die langfristig erzielbare Rendite öffentlicher Anleihen widerspiegelt, wird amtlich festgestellt und Jahr für Jahr im Bundessteuerblatt veröffentlicht. Er war im Gesetzgebungsverfahren ebenfalls mit etwa 4,5% veranschlagt worden, beträgt aber für die Bewertungen im Jahr 2012 nur 2,42% (BMF BStBl I 12, 13). Der aus dem Basiszins und dem Risikozuschlag zusammengesetzte Kapitalisierungszinssatz beläuft sich damit für 2012 auf insgesamt 6,92%. Dieser Zinssatz wird von Teilen der Wirtschaft als zu niedrig eingestuft. Er führt zu dem relativ hohen Kapitalisierungsfaktor von 14,45 und damit auch zu einem relativ hohen Unternehmenswert, der noch dazu branchenübergreifend für alle Unternehmen gleichmäßig gelten soll. Die alle Unterschiede übergreifende Festlegung eines einheitlichen Kapitalisierungsfaktors hatte sich schon bei der bisherigen Grundstücksbewertung (§ 146 II BewG) nicht bewährt. Das BVerfG (BStBl II 07, 192, 209) hatte ablehnend von der durch den Einheitsvervielfältiger erzeugten gravierenden Streubreite der Bewertungsergebnisse gesprochen. Der Gesetzgeber wird überlegen müssen, ob es genügt, darauf zu verweisen, dass der für die Betriebsvermögensbewertung vorgesehene Kapitalisierungs-faktor nur für das vereinfachte Ertragswertverfahren gilt und dass niemand gezwungen wird, dieses vereinfachte Verfahren zu wählen, oder ob hier doch noch Korrekturbedarf anzuerkennen ist.

91 Nach der Anwendung des Kapitalisierungsfaktors auf den durchschnittlichen Jahresertrag werden dem so gewonnenen Rechnungsergebnis noch die **Werte der aus der Ertragsberechnung ausgeschiedenen Wirtschaftsgüter** (oben Anm 83 f) hinzugesetzt. Die Wirtschaftsgüter sind mit dem gemeinen Wert zu erfassen. Mit dieser Hinzurechnung wird dann das Endergebnis des Ertragswertverfahrens erreicht.

Bewertung des inländischen Betriebsvermögens **92, 93 § 12**

Neben dem normalen und dem vereinfachten Ertragswertverfahren **92** verweist § 11 II BewG noch auf andere anerkannte, auch im gewöhnlichen Geschäftsverkehr für nichtsteuerliche Zwecke übliche Bewertungsmethoden. Auch diese branchenspezifischen **nichtsteuerlichen Methoden** wollen die Vorteile erfassen, die für die Kaufpreisbemessung bestimmend sind, knüpfen dazu jedoch nicht unmittelbar an den Jahresertrag an, sondern orientieren sich – zB bei der Bewertung von Steuerberaterpraxen – an der Umsatzerwartung, wobei sie unterstellen, dass der Ertrag typischerweise in einem Prozentsatz des Umsatzes liegt. Andere Methoden verbinden eine Ertrags- und Substanzwertausrichtung miteinander, wie sie zB das früher gebräuchliche Stuttgarter Verfahren der Unternehmensbewertung vorgesehen hatte (Einzelheiten dazu in § 12 Anm 42 ff der 14. Aufl). Die Gesetzesbegründung (BTDrs 16/7918, 38) nennt in diesem Zusammenhang weiter vergleichsorientierte Methoden und Multiplikatorenmethoden.

Als Mindestwert wird in § 11 II 3 BewG schließich der **Substanz-** **93** **wert** genannt, der unter Berücksichtigung der §§ 99 und 101 BewG ermittelt werden soll und sich aus der Zusammenrechnung der Werte der zum Betriebsvermögen gehörenden Wirtschaftsgüter und sonstigen aktiven Ansätze unter Abzug der Schulden und schuldgleichen Posten ergibt. Dieser Substanzwert ähnelt weitgehend dem Wert, der bis Ende 2008 für das Betriebsvermögen anzusetzen war und der in der 14. Aufl (§ 12 Anm 134 ff) ausführlich beschrieben worden ist. Eine ins Gewicht fallende Neuerung liegt allerdings nun darin, dass nicht die Steuerbilanzwerte, sondern die gemeinen Werte zusammengerechnet werden sollen. Der Substanzwert bekommt damit eine Tageswertorientierung. Das die Steuerbilanzwerte beherrschende Vorsichtsprinzip wird verlassen. Die Stichtagsabhängigkeit des Wertes bekommt noch größeres Gewicht. Das kann bei stark schwankenden Tageswerten zu erheblichen Problemen führen. Ein hoher Substanzwert zum Erbfall darf nicht unterschritten werden, auch wenn der Unternehmenswert schon wenige Tage später deutlich gefallen ist. Weil der Substanzwert nicht an die Steuerbilanzwerte anknüpft, sind auch Wirtschaftsgüter zu berücksichtigen, für die ein steuerliches Aktivierungs- oder Passivierungsverbot besteht. In den Substanzwert sind auch selbst geschaffene immaterielle Wirtschaftsgüter einzurechnen. Das gilt aber nicht für den Firmen- oder Geschäftswert. Nach Auffassung der FinVerw können Wirtschaftsgüter des beweglichen abnutzbaren Anlagevermögens aus Vereinfachungsgründen mit einem Prozentsatz der Anschaffungs- oder Herstellungskosten angesetzt werden, der nicht unter 30% liegen sollte. Von dem in § 11 II 3 BewG genannten Substanzwert, der eine Fortführung des Unternehmens voraussetzt, ist der **Liquidationswert** zu unterscheiden, der nach der Gesetzesbegründung (BTDrs 16/7918, 38) als besondere Ausprägung des Substanzwertes dann als Untergrenze der Bewertung angesetzt werden soll, wenn das Unternehmen nicht weiter betrieben werden soll.

94.–97. Die Bewertung von Anteilen an Wirtschaftsgütern und Schulden (Abs 6 iVm §§ 3, 151 I 1 Nr 4 BewG)

94 **Bruchteilsberechtigung.** Ein Objekt kann mehreren Personen in Bruchteils- oder Gesamthandsberechtigung zustehen. Im Fall der Bruchteilsberechtigung gilt jedes einzelne Objekt als ideell geteilt. Die Höhe der Anteile (der Bruchteilsberechtigung) steht fest. Nach § 3 iVm § 151 I 1 Nr 4 BewG ist dann zunächst der Wert der Alleinberechtigung gesondert festzustellen. Anschließend ist der so gefundene Geldbetrag entsprechend der Quote der Bruchteilsberechtigung aufzuteilen. Um Bruchteilsberechtigungen geht es zB im Fall des Miteigentums, das § 13 I 1 Nr 4a S 1 erwähnt, also dann, wenn der Schenker zusammen mit seinem Ehepartner Eigentümer des Familienhauses war und seinen Anteil auf den Ehepartner überträgt. Bruchteilseigentum wird im Zweifel dann begründet, wenn mehrere, nicht durch ein gesellschaftsrechtliches Band miteinander verbundene Personen gemeinsam Eigentum erwerben.

95 Von der Bruchteilsberechtigung ist die **Gesamthandsberechtigung** zu unterscheiden, wie sie den Mitgliedern einer Gesamthand zusteht. Gesamthandsgemeinschaften sind die Gütergemeinschaft (§ 1416 BGB), die fortgesetzte Gütergemeinschaft (§§ 1483, 1485 BGB), die Erbengemeinschaft (§§ 2032 ff BGB), die Gesellschaft bürgerlichen Rechts (§§ 705 ff BGB), die OHG (§§ 105 ff HGB), die KG (§§ 161 ff HGB) und die Partnerschaftsgesellschaft (§§ 1 ff PartGG). Bei der Gesamthandsgemeinschaft ist die Frage, ob die Berechtigung hinsichtlich der einzelnen Objekte als geteilt gilt, ob also bei ihr Anteile an Wirtschaftsgütern und Schulden bestehen, im Zivilrecht umstritten. Jedenfalls gibt es keine festen Anteile hinsichtlich der einzelnen Objekte. Dafür gibt es aber einen Anteil an dem ganzen, der Gesamthandsbindung unterliegenden Vermögen.

96 **Anteilige Zurechnung der Vermögensposten.** Zur Behandlung des Gesamthandsvermögens bestimmt § 39 II Nr 2 AO: „Wirtschaftsgüter, die mehreren zur gesamten Hand zustehen, werden den Beteiligten anteilig zugerechnet, soweit eine getrennte Zurechnung für die Besteuerung erforderlich ist". Die FinVerw versteht diese Aussage so, dass der Erwerb eines Anteils an einer Gesamthandsgemeinschaft als „Erwerb der anteiligen Wirtschaftsgüter" gilt (§ 10 I 4 ErbStG). Das bedeutet: Der Erwerber übernimmt nicht einen Anteil am Vermögen, das sich als Reinwert nach Saldierung von Aktiv- und Passivposten darstellt, sondern er übernimmt Anteile an den Aktiv- und Passivposten vor ihrer Saldierung zum Reinvermögen, er übernimmt daher anteilig neben Eigentumsrechten und Forderungen auch Schulden, so dass eine Abzugsbeschränkung oder ein Abzugsverbot zum Nachteil des Erwerbers wirksam werden kann. Stellt das Gesamthandsvermögen dagegen Betriebsvermögen dar, werden die Schulden „bereits bei der Bewertung der wirtschaftlichen Einheit berücksichtigt" (§ 10 V Nr 1). Der Erwerber übernimmt in diesem Fall nicht die anteiligen Wirtschaftsgüter und Schulden (vor Saldierung), sondern einen einheitlichen Vermögensanteil (nach Saldierung). Das hat zur Folge, dass seinem Erwerb (nach Saldierung) keine Schulden mehr gegenüberstehen, so dass Abzugsbeschränkungen oder den Abzugsbeschränkungen nahe kommende Interpretationen, wie sie die Rspr zur gemischten Schenkung entwickelt hat (oben § 7 Anm 30), zu seinen Lasten nicht wirksam werden können (oben § 10 Anm 21 a). Maßgeblich für die Bewertung des Anteils eines Gesamthänders ist in beiden Fällen der aus der Alleinberechtigung am Gesamthandsvermögen abgeleitete Bruchteils- oder **Quotenwert.** Ein von diesem Quotenwert abweichender selbstständiger Wert des Anteils **(Anteilswert),** wie er bei Anteilen an einer Kapitalgesellschaft nach § 11 I BewG als Kurswert zu ermitteln ist, wird im Bereich der Gesamthandsgemeinschaften nicht anerkannt.

Die **Aufteilung des Gesamthandsvermögens.** Der Quotenwert einer Gesamthandsberechtigung wird durch Aufteilung des Werts des gemeinschaftlichen Vermögens für die einzelnen Gesamthänder ermittelt. Zur Aufteilung des Vermögens von Personengesellschaften sieht § 97 I a ein dreistufiges Vorgehen vor (vgl auch schon oben Anm 77). In einem ersten Schritt ist dem jeweiligen Gesellschafter sein Kapitalkonto aus der Gesamthandsbilanz zuzurechnen. Sodann ist dem Gesellschafter in einem zweiten Schritt sein Anteil an dem verbleibenden Wert des Gesamthandvermögens nach dem für die Gesellschaft maßgeblichen Gewinnverteilungsschlüssel zuzuweisen. Schließlich wird noch der so errechnete Anteil des Gesellschafters am Gesamthandsvermögen um den gemeinen Wert der Wirtschaftsgüter und Schulden seines Sonderbetriebsvermögens aufgestockt. Die Summe aus anteiligem Gesamthandsvermögen und Sonderbetriebsvermögen ergibt dann den ihm zustehenden Anteilswert.

98.–101. Die Bewertung von ausländischem Grundbesitz und ausländischem Betriebsvermögen (Abs 7 iVm § 31 BewG)

Ausländischer Grundbesitz. Wenn § 151 I 1 Nr 1 BewG die gesonderte Feststellung von Grundbesitzwerten vorschreibt und wenn die §§ 157 ff BewG besondere Vorschriften für die Bewertung von Grundbesitz für die ErbSt vorsehen, dann ist damit jeweils nur der inländische Grundbesitz gemeint. Die Bewertung von ausländischem Grundbesitz richtet sich dagegen nach den §§ 31 und 9 BewG. Die unterschiedlichen Vorschriftengruppen führten früher zu deutlichen Bewertungsabweichungen. Der inländische Grundbesitz wurde bevorzugt. Das war mit dem EU-Recht nicht vereinbar (EuGH vom 17. 1. 08, DStRE 08, 174). Die FinVerw (DStR 08, 1537) wandte daher § 31 BewG auf Auslandsgrundstücke nicht mehr an, sondern bewertete die Auslandsgrundstücke nach einem dem Inlandsvermögen vergleichbaren Wert. Diese Praxis hat mit dem ErbStRG 2009 ihre Bedeutung verloren. Denn nun wird auch für den inländischen Grundbesitz der gemeine Wert für maßgeblich erklärt (§§ 162 I 1, 177 BewG). Die verbleibenden Unterschiede sind im Wesentlichen Unterschiede des Verfahrens. Der gemeine Wert von Auslandsgrundstücken kann freier geschätzt werden. Seine Ermittlung ist nicht an die Einhaltung der §§ 151 ff, 158 ff BewG gebunden. Damit wird eine Begünstigung des inländischen Grundbesitzes nicht mehr bewirkt. Seit Anfang 2009 bestehen daher keine Bedenken mehr dagegen, § 31 BewG wieder wie früher auf den ausländischen Grundbesitz zur Anwendung zu bringen.

99 Ausländischer Grundbesitz ist **im Ausland belegener Grundbesitz.** Nicht entscheidend ist, wem der Grundbesitz gehört oder wer ihn bewirtschaftet. Weil keine Werte für den Grundbesitz gesondert festgestellt werden, ist nicht das Lagefinanzamt für die Wertermittlung zuständig, sondern der Wert für den ausländischen Grundbesitz wird von dem nach § 35 zuständigen Finanzamt miterfasst. Auch wenn keine Bindung an die §§ 158 ff BewG besteht, so werden die dortigen Vorschriften doch, soweit möglich, berücksichtigt werden können. Bodenrichtwerte wird man im Ausland nicht antreffen. Doch wird man durch die Orientierung an tatsächlich vorgekommenen Verkäufen für Vergleichsgrundstücke in die Nähe der Bodenrichtwerte für unbebaute Grundstücke kommen. Für ausländische Ein- und Zweifamilienhäuser wird genau wie für entsprechende inländische Grundstücke ein Vergleichswert gesucht werden. Für Mietwohngrundstücke im Ausland wird der Ertragswert, für Geschäftsgrundstücke der Sachwert eine große Rolle spielen. Ein wesentlicher Unterschied der Bewertung dürfte allerdings darin liegen, dass die Bewertung des inländischen Grundbesitzes in der Hand des Finanzamts liegt, während die Mitwirkungspflichten des StPfl bei ausländischem Grundbesitz wesentlich höher liegen dürften. Im Zweifel wird er das Wertgutachten eines einheimischen Grundstückssachverständigen heranziehen müssen. Die hier genannten Wertangaben werden vom Inland aus wesentlich schwerer als die Wertangaben für vergleichbaren inländischen Grundbesitz überprüft werden können. Die Kosten eines Wertgutachtens fallen im Zweifel dem StPfl zur Last (vgl auch schon oben Anm 5).

Steuerbefreiungen **§ 13**

Auch für **ausländisches Betriebsvermögen** wird unter Berücksichtigung der §§ 31 und 9 BewG der Ansatz zum gemeinen Wert vorgeschrieben. Da nunmehr auch für inländisches Betriebsvermögen nach § 109 I 1 BewG der gemeine Wert zum Zuge kommen soll, ist auch dieser Regelungsunterschied nur noch von begrenzter Bedeutung. Als ausländisches Betriebsvermögen hat jedes Betriebsvermögen zu gelten, das nicht die Kriterien des inländischen Betriebsvermögens nach § 121 Nr 3 BewG erfüllt. Die Kriterien des § 121 Nr 3 BewG stellen darauf ab, wo das Gewerbe betrieben wird. Ein ausländisches Unternehmen, das im Inland tätig wird, hat für sein inländisches Wirken eine inländische Betriebsstätte, so dass Inlandsvermögen eingesetzt wird. Ein inländisches Unternehmen, das im Ausland tätig wird, verwendet für die Auslandstätigkeit ausländisches Betriebsvermögen. Auch ein ausländisches Unternehmen, das im Ausland inländische Grundstücke verpachtet, setzt für seinen Geschäftsbetrieb ausländisches Betriebsvermögen ein. 100

Ausländisches Betriebsvermögen wird im Zweifel wie inländisches Betriebsvermögen mit dem **Ertragswert** bewertet werden. Denn es geht bei der Ermittlung des gemeinen Werts, der für das ausländische Betriebsvermögen gelten soll, um den gedachten Kaufpreis, der nicht ohne Berücksichtigung der Renditeerwartungen des gedachten Käufers ermittelt werden kann. Aber auch die Ermittlung aus zeitnahen Verkaufspreisen, aus dem Substanzwert oder aus dem unter Ertragserwartungen korrigierten Substanzwert ist nicht ausgeschlossen. Ein gesonderter Wert wird vom Finanzamt nicht festgestellt. Wie beim ausländischen Grundbesitz werden den Erwerber ausländischen Betriebsvermögens größere Mitwirkungspflichten treffen als den Erwerber inländischen Betriebsvermögens. Mangels eigener Erkenntnisse wird das ErbSt-Finanzamt den Erwerber verstärkt um Auskünfte bitten. Die Erfassung der Werte ist schwieriger, daher wird der „Wertkorridor" des gemeinen Werts (= der Bereich, in dem unterschiedliche Zahlen noch mit derselben Überzeugungskraft als gemeiner Wert angesprochen werden können) größer anzusetzen sein als bei inländischem Betriebsvermögen. 101

§ 13 Steuerbefreiungen

(1) **Steuerfrei bleiben**
1. a) **Hausrat einschließlich Wäsche und Kleidungsstücke beim Erwerb durch Personen der Steuerklasse I, soweit der Wert insgesamt 41 000 Euro nicht übersteigt,**
   b) **andere bewegliche körperliche Gegenstände, die nicht nach Nummer 2 befreit sind, beim Erwerb durch Personen der**

Steuerklasse I, soweit der Wert insgesamt 12 000 Euro nicht übersteigt,
c) Hausrat einschließlich Wäsche und Kleidungsstücke und andere bewegliche körperliche Gegenstände, die nicht nach Nummer 2 befreit sind, beim Erwerb durch Personen der Steuerklassen II und III, soweit der Wert insgesamt 12 000 Euro nicht übersteigt.

¹Die Befreiung gilt nicht für Gegenstände, die zum land- und forstwirtschaftlichen Vermögen, zum Grundvermögen oder zum Betriebsvermögen gehören, für Zahlungsmittel, Wertpapiere, Münzen, Edelmetalle, Edelsteine und Perlen;

2. Grundbesitz oder Teile von Grundbesitz, Kunstgegenstände, Kunstsammlungen, wissenschaftliche Sammlungen, Bibliotheken und Archive
  a) mit 60 Prozent ihres Werts, jedoch Grundbesitz und Teile von Grundbesitz mit 85 Prozent ihres Werts, wenn die Erhaltung dieser Gegenstände wegen ihrer Bedeutung für Kunst, Geschichte oder Wissenschaft im öffentlichen Interesse liegt, die jährlichen Kosten in der Regel die erzielten Einnahmen übersteigen und die Gegenstände in einem den Verhältnissen entsprechenden Umfang den Zwecken der Forschung oder der Volksbildung nutzbar gemacht sind oder werden,
  b) in vollem Umfang, wenn die Voraussetzungen des Buchstabens a erfüllt sind und ferner
    aa) der Steuerpflichtige bereit ist, die Gegenstände den geltenden Bestimmungen der Denkmalspflege zu unterstellen,
    bb) die Gegenstände sich seit mindestens 20 Jahren im Besitz der Familie befinden oder in dem Verzeichnis national wertvollen Kulturguts oder national wertvoller Archive nach dem Gesetz zum Schutz deutschen Kulturgutes gegen Abwanderung in der Fassung der Bekanntmachung vom 8. Juli 1999 (BGBl. I S. 1754), zuletzt geändert durch Artikel 2 des Gesetzes vom 18. Mai 2007 (BGBl. I S. 757, 2547), in der jeweils geltenden Fassung eingetragen sind.

²Die Steuerbefreiung fällt mit Wirkung für die Vergangenheit weg, wenn die Gegenstände innerhalb von zehn Jahren nach dem Erwerb veräußert werden oder die Voraussetzungen für die Steuerbefreiung innerhalb dieses Zeitraums entfallen;

3. Grundbesitz oder Teile von Grundbesitz, der für Zwecke der Volkswohlfahrt der Allgemeinheit ohne gesetzliche Verpflichtung zur Benutzung zugänglich gemacht ist und dessen Erhaltung im öffentlichen Interesse liegt, wenn die jährlichen Kosten in der Regel die erzielten Einnahmen übersteigen. ²Die Steu-

Steuerbefreiungen § 13

erbefreiung fällt mit Wirkung für die Vergangenheit weg, wenn der Grundbesitz oder Teile des Grundbesitzes innerhalb von zehn Jahren nach dem Erwerb veräußert werden oder die Voraussetzungen für die Steuerbefreiung innerhalb dieses Zeitraums entfallen;
4. ein Erwerb nach § 1969 des Bürgerlichen Gesetzbuchs;
4 a. Zuwendungen unter Lebenden, mit denen ein Ehegatte dem anderen Ehegatten Eigentum oder Miteigentum an einem im Inland oder in einem Mitgliedstaat der Europäischen Union oder einem Staat des Europäischen Wirtschaftsraums belegenen bebauten Grundstück im Sinne des § 181 Abs. 1 Nr. 1 bis 5 des Bewertungsgesetzes verschafft, soweit darin eine Wohnung zu eigenen Wohnzwecken genutzt wird (Familienheim), oder den anderen Ehegatten von eingegangenen Verpflichtungen im Zusammenhang mit der Anschaffung oder der Herstellung des Familienheims freistellt. ²Entsprechendes gilt, wenn ein Ehegatte nachträglichen Herstellungs- oder Erhaltungsaufwand für ein Familienheim trägt, das im gemeinsamen Eigentum der Ehegatten oder im Eigentum des anderen Ehegatten steht. ³Die Sätze 1 und 2 gelten für Zuwendungen zwischen Lebenspartnern entsprechend;
4 b. der Erwerb von Todes wegen des Eigentums oder Miteigentums an einem im Inland oder in einem Mitgliedstaat der Europäischen Union oder einem Staat des Europäischen Wirtschaftsraums belegenen bebauten Grundstück im Sinne des § 181 Abs. 1 Nr. 1 bis 5 des Bewertungsgesetzes durch den überlebenden Ehegatten oder den überlebenden Lebenspartner, soweit der Erblasser darin bis zum Erbfall eine Wohnung zu eigenen Wohnzwecken genutzt hat oder bei der er aus zwingenden Gründen an einer Selbstnutzung zu eigenen Wohnzwecken gehindert war und die beim Erwerber unverzüglich zur Selbstnutzung zu eigenen Wohnzwecken bestimmt ist (Familienheim). ²Ein Erwerber kann die Steuerbefreiung nicht in Anspruch nehmen, soweit er das begünstigte Vermögen auf Grund einer letztwilligen Verfügung des Erblassers oder einer rechtsgeschäftlichen Verfügung des Erblassers auf einen Dritten übertragen muss. ³Gleiches gilt, wenn ein Erbe im Rahmen der Teilung des Nachlasses begünstigtes Vermögen auf einen Miterben überträgt. ⁴Überträgt ein Erbe erworbenes begünstigtes Vermögen im Rahmen der Teilung des Nachlasses auf einen Dritten und gibt der Dritte dabei diesem Erwerber nicht begünstigtes Vermögen hin, das er vom Erblasser erworben hat, erhöht sich insoweit der Wert des begünstigten Vermögens des Dritten um den Wert des hingegebenen Vermögens, höchstens jedoch um den Wert des übertragenen Vermögens. ⁵Die Steuerbefreiung fällt mit Wirkung für die

§ 13 Steuerbefreiungen

Vergangenheit weg, wenn der Erwerber das Familienheim innerhalb von zehn Jahren nach dem Erwerb nicht mehr zu Wohnzwecken selbst nutzt, es sei denn, er ist aus zwingenden Gründen an einer Selbstnutzung zu eigenen Wohnzwecken gehindert;

4 c. der Erwerb von Todes wegen des Eigentums oder Miteigentums an einem im Inland oder in einem Mitgliedstaat der Europäischen Union oder einem Staat des Europäischen Wirtschaftsraums belegenen bebauten Grundstück im Sinne des § 181 Abs. 1 Nr. 1 bis 5 des Bewertungsgesetzes durch Kinder im Sinne der Steuerklasse I Nr. 2 und der Kinder verstorbener Kinder im Sinne der Steuerklasse I Nr. 2, soweit der Erblasser darin bis zum Erbfall eine Wohnung zu eigenen Wohnzwecken genutzt hat oder bei der er aus zwingenden Gründen an einer Selbstnutzung zu eigenen Wohnzwecken gehindert war, die beim Erwerber unverzüglich zur Selbstnutzung zu eigenen Wohnzwecken bestimmt ist (Familienheim) und soweit die Wohnfläche der Wohnung 200 Quadratmeter nicht übersteigt. ²Ein Erwerber kann die Steuerbefreiung nicht in Anspruch nehmen, soweit er das begünstigte Vermögen auf Grund einer letztwilligen Verfügung des Erblassers oder einer rechtsgeschäftlichen Verfügung des Erblassers auf einen Dritten übertragen muss. ³Gleiches gilt, wenn ein Erbe im Rahmen der Teilung des Nachlasses begünstigtes Vermögen auf einen Miterben überträgt. ⁴Überträgt ein Erbe erworbenes begünstigtes Vermögen im Rahmen der Teilung des Nachlasses auf einen Dritten und gibt der Dritte dabei diesem Erwerber nicht begünstigtes Vermögen hin, das er vom Erblasser erworben hat, erhöht sich insoweit der Wert des begünstigten Vermögens des Dritten um den Wert des hingegebenen Vermögens, höchstens jedoch um den Wert des übertragenen Vermögens. ⁵Die Steuerbefreiung fällt mit Wirkung für die Vergangenheit weg, wenn der Erwerber das Familienheim innerhalb von zehn Jahren nach dem Erwerb nicht mehr zu Wohnzwecken selbst nutzt, es sei denn, er ist aus zwingenden Gründen an einer Selbstnutzung zu eigenen Wohnzwecken gehindert.

5. die Befreiung von einer Schuld gegenüber dem Erblasser, sofern die Schuld durch Gewährung von Mitteln zum Zweck des angemessenen Unterhalts oder zur Ausbildung des Bedachten begründet worden ist oder der Erblasser die Befreiung mit Rücksicht auf die Notlage des Schuldners angeordnet hat und diese auch durch die Zuwendung nicht beseitigt wird. ²Die Steuerbefreiung entfällt, soweit die Steuer aus der Hälfte einer neben der erlassenen Schuld dem Bedachten anfallenden Zuwendung gedeckt werden kann;

6. ein Erwerb, der Eltern, Adoptiveltern, Stiefeltern oder Großeltern des Erblassers anfällt, sofern der Erwerb zusammen mit

Steuerbefreiungen § 13

dem übrigen Vermögen des Erwerbers 41 000 Euro nicht übersteigt und der Erwerber infolge körperlicher oder geistiger Gebrechen und unter Berücksichtigung seiner bisherigen Lebensstellung als erwerbsunfähig anzusehen ist oder durch die Führung eines gemeinsamen Hausstands mit erwerbsunfähigen oder in der Ausbildung befindlichen Abkömmlingen an der Ausübung einer Erwerbstätigkeit gehindert ist. ²Übersteigt der Wert des Erwerbs zusammen mit dem übrigen Vermögen des Erwerbers den Betrag von 41 000 Euro, wird die Steuer nur insoweit erhoben, als sie aus der Hälfte des die Wertgrenze übersteigenden Betrags gedeckt werden kann;

7. Ansprüche nach den folgenden Gesetzen in der jeweils geltenden Fassung:
   a) Lastenausgleichsgesetz,
   b) Flüchtlingshilfegesetz in der Fassung der Bekanntmachung vom 15. Mai 1971 (BGBl. I S. 681), zuletzt geändert durch Artikel 6a des Gesetzes vom 21. Juli 2004 (BGBl. I S. 1742),
   c) Allgemeines Kriegsfolgengesetz in der im Bundesgesetzblatt Teil III, Gliederungsnummer 653-1, veröffentlichten bereinigten Fassung, zuletzt geändert durch Artikel 127 der Verordnung vom 31. Oktober 2006 (BGBl. I S. 2407),
   d) Gesetz zur Regelung der Verbindlichkeiten nationalsozialistischer Einrichtungen und der Rechtsverhältnisse an deren Vermögen vom 17. März 1965 (BGBl. I S. 79), zuletzt geändert durch Artikel 2 Abs. 17 des Gesetzes vom 12. August 2005 (BGBl. I S. 2354),
   e) Häftlingshilfegesetz, Strafrechtliches Rehabilitierungsgesetz sowie Bundesvertriebenengesetz,
   f) Vertriebenenzuwendungsgesetz vom 27. September 1994 (BGBl. I S. 2624, 2635), zuletzt geändert durch Artikel 4 Abs. 43 des Gesetzes vom 22. September 2005 (BGBl. I S. 2809),
   g) Verwaltungsrechtliches Rehabilitierungsgesetz in der Fassung der Bekanntmachung vom 1. Juli 1997 (BGBl.I S. 1620), zuletzt geändert durch Artikel 2 des Gesetzes vom 21. August 2007 (BGBl. I S. 2118), und
   h) Berufliches Rehabilitierungsgesetz in der Fassung der Bekanntmachung vom 1. Juli 1997 (BGBl. I S. 1625), zuletzt geändert durch Artikel 3 des Gesetzes vom 21. August 2007 (BGBl I S. 2118);

8. Ansprüche auf Entschädigungsleistungen nach den folgenden Gesetzen in der jeweils geltenden Fassung:
   a) Bundesentschädigungsgesetz in der im Bundesgesetzblatt Teil III, Gliederungsnummer 251-1, veröffentlichten bereinigten Fassung, zuletzt geändert durch Artikel 7 Abs. 4 des Gesetzes vom 26. März 2007 (BGBl. I S. 358), sowie

b) Gesetz über Entschädigungen für Opfer des Nationalsozialismus im Beitrittsgebiet vom 22. April 1992 (BGBl. I S. 906);
9. ein steuerpflichtiger Erwerb bis zu 20 000 Euro, der Personen anfällt, die dem Erblasser unentgeltlich oder gegen unzureichendes Entgelt Pflege oder Unterhalt gewährt haben, soweit das Zugewendete als angemessenes Entgelt anzusehen ist;
9 a. Geldzuwendungen unter Lebenden, die eine Pflegeperson für Leistungen zur Grundpflege oder hauswirtschaftlichen Versorgung vom Pflegebedürftigen erhält, bis zur Höhe des nach § 37 des Elften Buches Sozialgesetzbuch gewährten Pflegegeldes oder eines entsprechenden Pflegegeldes aus privaten Versicherungsverträgen nach den Vorgaben des Elften Buches Sozialgesetzbuch (private Pflegepflichtversicherung) oder einer Pauschalbeihilfe nach den Beihilfevorschriften für häusliche Pflege;
10. Vermögensgegenstände, die Eltern oder Voreltern ihren Abkömmlingen durch Schenkung oder Übergabevertrag zugewandt hatten und die an diese Personen von Todes wegen zurückfallen;
11. der Verzicht auf die Geltendmachung des Pflichtteilsanspruchs oder des Erbersatzanspruchs;
12. Zuwendungen unter Lebenden zum Zwecke des angemessenen Unterhalts oder zur Ausbildung des Bedachten;
13. Zuwendungen an Pensions- und Unterstützungskassen im Sinne des § 5 Abs. 1 Nr. 3 des Körperschaftsteuergesetzes, wenn sie die für eine Befreiung von der Körperschaftsteuer erforderlichen Voraussetzungen erfüllen. ²Ist eine Kasse nach § 6 des Körperschaftsteuergesetzes teilweise steuerpflichtig, ist auch die Zuwendung im gleichen Verhältnis steuerpflichtig. ³Die Befreiung fällt mit Wirkung für die Vergangenheit weg, wenn die Voraussetzungen des § 5 Abs. 1 Nr. 3 des Körperschaftsteuergesetzes innerhalb von zehn Jahren nach der Zuwendung entfallen;
14. die üblichen Gelegenheitsgeschenke;
15. Anfälle an den Bund, ein Land oder eine inländische Gemeinde (Gemeindeverband) sowie solche Anfälle, die ausschließlich Zwecken des Bundes, eines Landes oder einer inländischen Gemeinde (Gemeindeverband) dienen;
16. Zuwendungen
   a) an inländische Religionsgesellschaften des öffentlichen Rechts oder an inländische jüdische Kultusgemeinden,
   b) an inländische Körperschaften, Personenvereinigungen und Vermögensmassen, die nach der Satzung, dem Stiftungsgeschäft oder der sonstigen Verfassung und nach ihrer tatsächlichen Geschäftsführung ausschließlich und unmittel-

Steuerbefreiungen § 13

bar kirchlichen, gemeinnützigen oder mildtätigen Zwecken dienen. ²Die Befreiung fällt mit Wirkung für die Vergangenheit weg, wenn die Voraussetzungen für die Anerkennung der Körperschaft, Personenvereinigung oder Vermögensmasse als kirchliche, gemeinnützige oder mildtätige Institution innerhalb von zehn Jahren nach der Zuwendung entfallen und das Vermögen nicht begünstigten Zwecken zugeführt wird,
c) an ausländische Religionsgesellschaften, Körperschaften, Personenvereinigungen und Vermögensmassen der in den Buchstaben a und b bezeichneten Art unter der Voraussetzung, daß der ausländische Staat für Zuwendungen an deutsche Rechtsträger der in den Buchstaben a und b bezeichneten Art eine entsprechende Steuerbefreiung gewährt und das Bundesministerium der Finanzen dies durch förmlichen Austausch entsprechender Erklärungen mit dem ausländischen Staat feststellt;
17. Zuwendungen, die ausschließlich kirchlichen, gemeinnützigen oder mildtätigen Zwecken gewidmet sind, sofern die Verwendung zu dem bestimmten Zweck gesichert ist;
18. Zuwendungen an
a) politische Parteien im Sinne des § 2 des Parteiengesetzes,
b) Vereine ohne Parteicharakter, wenn
aa) der Zweck des Vereins ausschließlich darauf gerichtet ist, durch Teilnahme mit eigenen Wahlvorschlägen an Wahlen auf Bundes-, Landes- oder Kommunalebene bei der politischen Willensbildung mitzuwirken und
bb) der Verein auf Bundes-, Landes- oder Kommunalebene bei der jeweils letzten Wahl wenigstens ein Mandat errungen oder der zuständigen Wahlbehörde oder dem zuständigen Wahlorgan angezeigt hat, dass er mit eigenen Wahlvorschlägen auf Bundes-, Landes- oder Kommunalebene an der jeweils nächsten Wahl teilnehmen will.
²Die Steuerbefreiung fällt mit Wirkung für die Vergangenheit weg, wenn der Verein an der jeweils nächsten Wahl nach der Zuwendung nicht teilnimmt, es sei denn, dass der Verein sich ernsthaft um eine Teilnahme bemüht hat.

(2) ¹Angemessen im Sinne des Absatzes 1 Nr. 5 und 12 ist eine Zuwendung, die den Vermögensverhältnissen und der Lebensstellung des Bedachten entspricht. ²Eine dieses Maß übersteigende Zuwendung ist in vollem Umfang steuerpflichtig.

(3) ¹Jede Befreiungsvorschrift ist für sich anzuwenden. ²In den Fällen des Absatzes 1 Nr. 2 und 3 kann der Erwerber der Finanzbehörde bis zur Unanfechtbarkeit der Steuerfestsetzung erklären, daß er auf die Steuerbefreiung verzichtet.

§ 13 1 Steuerbefreiungen

Erbschaftsteuer-Richtlinien: R E 13.1–13.11/H E 13.2–13.10.

Übersicht

1. Allgemeines
2.–7. Hausrat und andere Gegenstände (Abs 1 Nr 1)
8.–14. Kulturgüter (Abs 1 Nr 2)
15. Grundbesitz, der Erholungszwecken dient (Abs 1 Nr 3)
16. Recht des „Dreißigsten" (Abs 1 Nr 4)
17.–23. Der Familienheimerwerb unter Lebenden (Abs 1 Nr 4 a)
24.–31. Der Familienheimerwerb von Todes wegen (Abs 1 Nr 4 b und 4 c)
32.–35. Schuldbefreiung (Abs 1 Nr 5)
36. Erwerb erwerbsunfähiger Eltern/Großeltern (Abs 1 Nr 6)
37., 38. Ansprüche nach dem LAG, dem BEG und sonstigen Entschädigungsgesetzen (Abs 1 Nr 7 und 8)
39.–41. Erwerbe mit Bezug auf Pflege und Unterhaltsgewährung (Abs 1 Nr 9 und 9 a)
42.–46. Vermögensrückfall an Eltern und Voreltern (Abs 1 Nr 10)
47. Verzicht auf den Pflichtteil (Abs 1 Nr 11)
48.–51. Unterhalts- oder/und Ausbildungszuwendungen (Abs 1 Nr 12)
52., 53. Zuwendungen an Pensions- und Unterstützungskassen (Abs 1 Nr 13)
54.–56. Übliche Gelegenheitsgeschenke (Abs 1 Nr 14)
57. Zuwendungen an den Bund/ein Land/eine inländische Gemeinde oder zu deren Zwecken (Abs 1 Nr 15)
58.–64. Zuwendungen an Kirchen und gemeinnützige, mildtätige oder kirchliche Institutionen (Abs 1 Nr 16)
65.–67. Zuwendungen zu gemeinnützigen, mildtätigen oder kirchlichen Zwecken (Abs 1 Nr 17)
68. Zuwendungen an politische Parteien und Vereine (Abs 1 Nr 18)
69. Angemessene Zuwendungen iS des Abs 1 Nr 5 und 12 (Abs 2)
70. Verzicht auf die StFreiheit nach Abs 1 Nr 2 und 3 (Abs 3)
71. Sonstige Befreiungen

Schrifttum: *Leisner,* Die steuerfreie Übertragung von Kunstgegenständen, ZEV 03, 436; *Hardt,* Ungelöste Probleme bei der Zuwendung des Familienwohnheims; ZEV 04, 408; *Schlünder/Geißler,* Übertragung des Familienwohnheims, DStR 06, 262; *Steiner,* Der Sponsor in der Schenkungsteuerfalle?, ErbStB 07, 204; *Wenhardt,* Steuerfreier Rückerwerb von Vermögensgegenständen, ErbStB 07, 25; *Eggers,* Schenkungsteuer bei Zuwendungen an Vereine, DStR 07, 1752; *Hartmann,* Schenkungsteuerbare Zuwendungen durch Forderungsverzicht, ErbStB 08, 9; *Schumann,* ErbSt-Befreiung für Familienheime, DStR 09, 197; *Steiner,* Begünstigung des Familienheims, ErbStB 09, 123; *Jülicher,* Neue Gestaltungen rund um das eigengenutzte Familienheim, ZErb 09, 222; *Mayer,* Neuregelung der Steuerbefreiung für das Familienheim durch die ErbSt-Reform, ZEV 09, 439; *Halaczinsky,* Das Familienheim, UVR 09, 339, 371; *Tiedtke/Schmitt,* Die Zuwendung eines Familienheims, NJW 09, 2632; *Halaczinsky,* Erbschaftsteuer und Spenden, UVR 10, 85; *Reimann,* 15 Ratschläge zum Umgang mit dem Familienheim, ZEV 10, 174; *Hoheisel/Graf Nesselrode,* Kunst im Betriebsvermögen und ErbSt, DStR 11, 441.

1   Allgemeines. § 13 sieht für bestimmte Vermögensanfälle eine Befreiung, Teilbefreiung oder betragsmäßige Freistellung aus in der Sache des Erwerbs liegenden Gründen vor. Die Befreiungen sind, sofern sie nicht von vornherein zu einer völligen Freistellung des Erwerbs führen (wie die des Abs 1 Nr 4a–4c, 11–18), bei der Ermittlung des steuerbar bleibenden Erwerbs als Abzugsposten zu berücksichtigen (§ 10 I 1). Dabei ist jede Befreiungsvorschrift für sich anzuwenden (Abs 3). Die Befreiungen sind ohne Antrag des StPfl von Amts wegen zu beachten und kommen auch bei beschränkter StPfl in Betracht. Sie beziehen sich auf stpfl Vorgänge iS von § 1, also auf Erwerbe (oder auf die den Erwerben korrespondierenden Zuwendungen) sowie auf das Halten von Vermögen durch Stiftungen und Vereine (§ 1 I Nr 4). Die Bezugnahme auf die jeweiligen stpfl Vorgänge, insb auf Erwerbe, gilt auch dann, wenn das Gesetz in abgekürzter Diktion von der Freistellung von Gegenständen, zB von Grundbesitz (§ 13 I Nr 3) oder von Ansprüchen (§ 13 I Nr 7, 8), ohne Bezugnahme auf einen bestimmten Erwerbsvorgang spricht. Die Befreiungen sind im Zweifel bei stpfl Vorgängen jeder Art zu beachten, sofern nicht der Gesetzeswortlaut eine klare Einschränkung (zB auf Erwerbe von Todes wegen: § 13 I Nr 10) bringt. Die Befreiungsregelungen wirken sich nicht nur auf den Ansatz des Erwerbs, sondern auch auf den Abzug der mit dem Erwerb verbundenen Nachlassverbindlichkeiten aus, weil die mit § 13 korrespondierende Regelung des § 10 VI Abzugsverbote für Verbindlichkeiten vorsieht. Die Befreiungsregelung hat daher für den StPfl nicht nur günstige, sondern auch ungünstige Folgen. Die ungünstigen Folgen können im Einzelfall überwiegen. Daher sieht § 13 III 2 unter bestimmten Voraussetzungen einen Verzicht auf die Befreiung vor.

2.–7. Hausrat und andere Gegenstände (Abs 1 Nr 1)

Die StBefreiung nach Abs 1 Nr 1 ist eine **Freibetragsregelung**. Sie erlaubt es Personen der StKlasse I, Hausrat und andere bewegliche körperliche Gegenstände im Gesamtwert von 53 000 € stfrei zu übernehmen. Personen der StKlasse II und III werden noch bis zum Wert von 12 000 € begünstigt. Die Freibeträge beziehen sich auf den einzelnen Erwerb. Sie stehen daher jedem einzelnen Erwerber, dem ein entsprechender Wert an Hausrat und anderen beweglichen körperlichen Gegenständen zufällt, in voller Höhe zu (*Moench/Kien-Hümbert* § 13 Rz 5). Die Freistellung der genannten Gegenstände ist aus diesem Grund umso höher, auf je mehr Personen die Gegenstände übergehen. Wird ein Erblasser von seiner Frau und vier Kindern beerbt, dann können für Hausrat und andere bewegliche Gegenstände von den Hinterbliebenen vorab insgesamt 265 000 € stfrei geltend gemacht werden. Hätte der Erblasser zwei seiner Kinder vor dem Erbfall gegen Erbverzicht abgefunden, dann könnten die verbleibenden drei Erben nur Hausrat und andere bewegliche Gegenstände im Wert von 159 000 € stfrei übernehmen. Die StFreiheit für Hausrat und andere bewegliche Gegenstände steht nicht nur dem Erben, sondern auch dem Vermächtnisnehmer zu (*Viskorf* § 13 Rz 17). Das ist nicht selbstverständlich, weil der Vermächtnisnehmer mit dem Erbfall nicht den Vermächtnisgegenstand selbst, sondern nur einen Anspruch auf Übertragung des Vermächtnisgegenstandes erwirbt und weil der BFH in anderen Zusammenhängen großes Gewicht darauf legt, dass Vergünstigungen, die das Gesetz für den Erwerb des Eigentums vorsieht, nicht auch für den Erwerb des Anspruchs auf Eigentumsübertragung gelten (BFH BStBl II 02, 598; DStRE 07, 1382). Auch die Zuordnung des Eigentums zum Inlandsvermögen soll nicht für den Vermächtnisanspruch auf Eigentumsübertragung herangezogen werden dürfen (BFH BStBl III 59, 22). Doch wird diese Linie bei Betrachtung der StBefreiungen nicht durchgehalten. Steht nur einem der Erben der Hausrat als Vermächtnis zu (§ 1932 BGB) oder ist der Hausrat einem Außenstehenden als Vermächtnis zugedacht, dann kommt im Ergebnis nur ihm die Befreiungsregelung zugute, weil sich die StFreiheit beim Erwerb durch Erbanfall wegen der Vermächtnisverbindlichkeit, die nur im Umfang des Erwerbs zum Abzug zugelassen wird (§ 10 VI 1), nicht auswirken kann (FG München EFG 87, 410).

3 **Hausrat** wird zugunsten der Erwerber in StKlasse I durch Abs 1 Nr 1 a, zugunsten der Erwerber in StKlasse II und III durch Abs 1 Nr 1 c in Höhe der dort genannten Beträge stfrei gestellt. Hausrat (vgl zu dem Begriff auch die frühere HausratsVO vom 21. 10. 44, BGBl III 404-3) bezeichnet die Summe der Haushaltsgegenstände (§ 1361a BGB, § 206 FamFG), unter denen die **Gegenstände des privaten Wohnumfelds** verstanden werden, wie die Wohnungseinrichtung einschließlich der Reinigungs- und Pflegegeräte für Wohnung und Garten, Gegenstände der Unterhaltung und Bildung wie Fernseh- und Videoapparat, Computer, Spiele, Bilder, Bücher, Musikinstrumente. Auch Tiere und der nicht vorwiegend beruflich genutzte PKW (zustimmend *Troll/Jülicher* § 13 Rz 8; *Viskorf* § 13 Rz 13; zurückhaltend: *Kapp/Ebeling* § 13 Rz 4). *Moench/Kien-Hümbert* (§ 13 Rz 9a) will den PKW dagegen den anderen beweglichen körperlichen Gegenständen iS von Nr 1 b zurechnen, was wegen der unterschiedlichen Freibetragshöhe für Erwerber der StKlasse I nachteilig sein kann.

4 Fraglich ist, ob § 13 Nr 1 mit dem Begriff des Hausrats nur solche Gegenstände bezeichnen will, die schon vor dem Erwerb als Hausrat genutzt wurden, ob unter die Befreiungsregelung auch neu angeschaffte Gegenstände fallen, die erst in der Hand des Erwerbers zu Hausrat werden, oder **ob die bloße Eignung der Gegenstände als Hausrat** – unabhängig von ihrer bisherigen oder zukünftigen Nutzung – für die Begünstigung **genügt.** Die Freistellung des Hausrats war ursprünglich auf den Erbfall gemünzt (§ 11 Nr 4 ErbStG 1906), hatte sich auf Gegenstände aus dem Nachlass bezogen (§§ 7, 37 Nr 1 ErbStG 1919), sollte diese schwer verwertbaren Gegenstände der Familie erhalten und hatte mit dieser Zielrichtung im Wesentlichen nur bereits gebrauchte, als Hausrat genutzte Gegenstände umfasst (so noch *Megow/Michel*, ErbStG, 6. Aufl 1974, § 13 Anm 2). Später wurde jedoch diese Interpretation fallen gelassen. Es sollte jetzt nur noch die „Art des Erwerbsgegenstandes" und nicht „sein Gebrauchszustand" entscheiden (*Petzoldt*, ErbStG, 1978, § 13 Rz 11). Diese Überlegungen hat in letzter Zeit besonders pointiert *Viskorf* (*Viskorf* § 13 Rz 9) fortgeführt, wenn nach ihm die objektive Eignung von Gegenständen zur privaten Haushalts- und Lebensführung genügt, um sie als Hausrat zu bezeichnen. „Diese objektive Sicht schließt es aus, der konkreten Zweckbestimmung und Verwendung eines Gegenstandes durch den Erblasser/Schenker oder beim Erwerber Bedeutung zukommen zu lassen" (*Viskorf* aaO). Nach dieser neuen Sicht hat Abs 1 Nr 1 nicht einen bestimmten Hausrat (den des Erblassers oder Schenkers; so aber noch *Finger* § 18 Anm 4) vor Augen, will auch kein Gewicht auf eine bestimmte Nutzung durch den Erwerber legen, sondern will einfach nur den Transfer von möglichen Gegenständen des privaten Wohnumfelds erleichtern. Diese objektive Deutung des Merkmals Hausrat ist wenig befriedigend, weil sie den Grund der Befreiung nicht deutlich macht, erlaubt aber eine einfache Handhabung der Bestimmung und stimmt auch gut mit der Regelung des Abs 1 Nr 1 b überein, die ihrerseits keinen Bezug zur Nutzung der anderen beweglichen körperlichen Gegenstände durch den Erblasser/Schenker oder durch den Erwerber erkennen lässt. Folgt man dieser neueren Interpretation, dann ist damit nunmehr jeder Gegenstand, der als Hausrat genutzt werden könnte, von der Befreiungsregelung umfasst. Auf den Lebenszuschnitt des Zuwenders oder darauf, dass die Gegenstände konkret in der Wohnung des Erblassers oder Schenkers genutzt worden sind, kommt es dann im Rahmen des Abs 1 Nr 1 nicht mehr an.

Kunstgegenstände und Sammlungen wurden bis 1997 in **Abs 1 Nr 1 a** neben dem Hausrat ausdrücklich genannt. Diese besondere Hervorhebung wurde durch das JStG 1997 gestrichen. Soweit die Kunstgegenstände und Sammlungen sich jedoch als Gegenstände des privaten Wohnumfeldes deuten lassen, können sie trotz der Streichung der auf sie bezogenen Worte unverändert durch Abs 1 Nr 1 a – nunmehr als Hausrat – begünstigt sein. Werke von ernsthaftem künstlerischen Gewicht schließen es allerdings aus, sie als Hausrat in die Nähe einfacher Gebrauchsgegenstände zu rücken. Sie können daher nur nach Abs 1 Nr 1 b oder nach Abs 1 Nr 2 begünstigt sein. Die beiden zuletzt genannten Befreiungsvorschriften kommen ggf auch nebeneinander zum Zuge. Denn soweit Abs 1 Nr 2 nur eine Teilbefreiung vorsieht, 5 kann diese Teilbefreiung durch eine weitere Teilbefreiung nach Abs 1 Nr 1 b bis zur Grenze der Vollbefreiung hin verstärkt werden. Dass Abs 1 Nr 1 b seinen Anwendungsbereich auf Gegenstände beschränkt, die „nicht nach Nummer 2 befreit sind", soll nur besagen, dass die Befreiung nach Nummer 2 zunächst zu prüfen ist und dass es einer Befreiung nach Nummer 1 b nicht bedarf, wenn die Befreiung schon nach Nummer 2 eintritt. Bleibt jedoch im Fall einer Teilbefreiung nach Nummer 2 ein nicht befreiter Betrag übrig, kann diesen Abs 1 Nr 1 b freistellen, weil nach Abs 3 S 1 **jede Befreiungsvorschrift für sich** anzuwenden ist.

6 **Andere bewegliche körperliche Gegenstände** sind nach **Abs 1 Nr 1 b** für Personen der StKlasse I bis zum Wert von 12 000 € stfrei. Von Personen der StKlasse II und III kann nach **Abs 1 Nr 1 c** ein Freibetrag von ebenfalls 12 000 € zusammengefasst für Hausrat und für andere bewegliche körperliche Gegenstände in Anspruch genommen werden. Der Grund für diese Befreiungsregelung liegt nicht auf der Hand. Hinsichtlich der Art und dem Zuschnitt der begünstigten Gegenstände macht das Gesetz zunächst keine Einschränkung. Eine bestimmte Nutzung durch den Erblasser/Schenker oder durch den Erwerber wird jedenfalls nicht vorausgesetzt. Jeder Erwerb eines beweglichen körperlichen Gegenstandes, sei es als Einzelposten, sei es zusammen mit anderen Gegenständen, sei es als Teil des gemeinschaftlichen Nachlasses genügt. Eine **gewichtige Einschränkung** bringt dann allerdings doch Abs 1 Nr 1 S 2. Gegenstände, die zum luf Vermögen, zum Grundvermögen oder zum Betriebsvermögen gehören, sind von der Befreiung ausgenommen. Dasselbe gilt für Zahlungsmittel, Wertpapiere, Münzen, Edelmetalle, Edelsteine und Perlen. In diesem Zusammenhang ist jedoch auch eine bedeutsame Gegenausnahme zu beachten. Die Hingabe von Zahlungsmitteln kann nämlich dann begünstigt sein, wenn mit ihrer Hilfe Gegenstände des Hausrats oder andere bewegliche körperliche Gegenstände erworben werden sollen. Jedenfalls werden die **Rechtsprechungsgrundsätze zur mittelbaren Schenkung** (§ 7 Anm 17 ff) auch im Rahmen des § 13 Abs I Nr 1 zur Anwendung gebracht (*Moench/Kien-Hümbert* § 13 Rz 4; *Troll/Jülicher* § 13 Rz 16; aM noch RFH RStBl 29, 601). Ob auch der Vermächtnisanspruch auf Erwerb von Haushaltsgegenständen begünstigt werden kann, die der Erbe im Nachlass nicht vorfindet, sondern dem Vermächtnisnehmer mit Mitteln des Nachlasses verschaffen soll, ist noch nicht ausreichend geklärt (vgl dazu *Troll/Jülicher* § 13 Rz 17).

7 **Nießbrauch an Hausrat usw.** Die Befreiung nach Abs 1 Nr 1 gilt nach dem Gesetzeswortlaut nur für den Eigentumserwerb solcher Gegenstände oder für den Eigentumserwerb vorbereitenden Forderungserwerb, so dass ein vermachter **Nießbrauch** oder ein **anderes Nut-**

Kulturgüter **8 § 13**

zungsrecht an solchen Gegenständen grundsätzlich stpfl wäre (s auch BFH BStBl III 57, 242). Im Hinblick auf den Sinn und Zweck der Vorschrift (s *Henckel* DStZ/A 51, 333 u den dort angef RdF-Erl v 2. 2. 1921) erscheint es geboten, den Nießbrauch oder ein sonstiges Nutzungsrecht an den Gegenständen ebenso steuerfrei zu lassen wie den Erwerb der Gegenstände (so auch *Kapp/Ebeling* § 13 Rz 7; *Troll/Jülicher* § 13 Rz 18). Im Übrigen würde eine Besteuerung (zB bei einem Wohnungsrecht, das mit dem Nießbrauch an der Wohnungseinrichtung gekoppelt ist) auch an den praktischen Schwierigkeiten scheitern müssen, die sich bei der Wertermittlung zur Anwendung der Höchstwertregelung des § 16 BewG ergeben.

8.–14. Kulturgüter (Abs 1 Nr 2)

Die **Voll- oder Teilbefreiung des Erwerbs von Kulturgütern** 8 geht auf die vor 1974 geltenden §§ 18 I Nr 2 und 3 sowie 23 VII ErbStG zurück. In § 18 I Nr 2 ErbStG aF war der Erwerb von Kunstgegenständen und Sammlungen nur dann von der Steuer befreit, wenn sie nicht zu einem Betriebsvermögen gehören. Dieser Vorbehalt wurde 1974 in den Text der Neufassung des ErbStG nicht übernommen. Auch ist die Einschränkung, die sich noch in Abs 1 Nr 1 S 2 findet, dass nämlich die Befreiung nicht für Gegenstände gilt, die zum luf Vermögen, zum Grundvermögen oder zum Betriebsvermögen gehören, in Abs 1 Nr 2 nicht enthalten. Daher wird angenommen, dass die Befreiung der Nr 2 auch für Kulturgüter gilt, die zu einem Betriebsvermögen gehören (*Viskorf* § 13 Rz 22). Der Erwerb eines Betriebsvermögens gilt jedoch – anders als der Erwerb eines Gesellschaftsanteils: § 10 I 4 – nicht als Erwerb der zu ihm gehörenden Wirtschaftsgüter, sondern als Erwerb der wirtschaftlichen Einheit selbst (vgl § 10 I V Nr 1). Beim Erwerb von Betriebsvermögen kommt es daher – abgesehen von dem Ausnahmefall der Substanzbewertung nach § 11 II 3 BewG – nicht zu dem selbstständigen Erwerb und zu der selbstständigen Bewertung der Güter, die in § 13 von der Besteuerung freigestellt werden sollen. Die Anwendung der Vorschrift auf Posten, die unselbstständige Bestandteile des Wirtschaftsguts Betriebsvermögen bilden, muss daher überraschen. Dennoch dürfte diese Anwendung im Gesetzesplan liegen. Denn die Vorschrift erwähnt auch Teile von Grundbesitz. Und als Teile von Grundbesitz werden nicht nur die zum Grundbesitz gehörenden wirtschaftlichen Einheiten, sondern auch die unselbstständigen Teile solcher Einheiten verstanden, wie zB das Schloss oder die Burg, die zu einem landwirtschaftlichen Betrieb gehören (R E 13.2 I ErbStR). Unter diesen Umständen sollte die Befreiungsregelung auch auf Wirtschaftsgüter des Betriebsvermögens anwendbar sein. Nach Auffassung der FinVerw (R E 13.2 I ErbStR) kommt die Befreiung nur für Gegenstände in Betracht, die sich im **Inland,** in einem Mitgliedstaat der EU oder in einem Staat des Europäischen Wirtschaftsraums befinden und für mindestens zehn Jahre dort verbleiben. Diese Einschränkung hängt mit der Vorstellung zusammen, dass es Ziel der Vorschrift sei, zu verhindern, dass Gegenstände wegen der ErbSt-Belastung ins Auland verkauft werden müssen (*Moench/Kien-Hümbert* § 13 Rz 12). Diese Intention des Gesetzgebers, wenn sie bestand, hat jedoch keinen Ausdruck im Gesetzestext gefunden. Der Text der Vorschrift legt es denn auch näher, nicht auf den Standort der Gegenstände, sondern auf das Interesse an der Erhaltung der Gegenstände zu blicken. Es wird ein **öffentliches Interesse** vorausgesetzt, und dieses Interesse ist aus der Sicht der deutschen Öffentlichkeit zu definieren. Sofern es daher im deutschen öffentlichen Interesse liegt, dass im Ausland – und zwar auch außerhalb der EU oder des EWR, zB in der Schweiz – befindliche Gegenstände erhalten bleiben (Nachlass Thomas Manns!), sollte der Anwendung der Befreiungsregelung nichts entgegenstehen. Im Inland befindliche Gegenstände, für deren Erhaltung ein öffentliches Interesse nur in Korea festgestellt werden kann, dürften dagegen dem Schutzbereich des § 13 I Nr 2 nicht unterliegen. Die Teilbefreiung des begünstigten Vermögens nach Abs 1 Nr 2 a ist im Übrigen von einer angemessenen Nutzbarmachung der Gegenstände für Forschungs- oder Volksbildungszwecke (s Anm 10), die Vollbefreiung ua ausnahmslos von einer 20 Jahre langen Besitzdauer oder einer Eintragung im Kulturgüterverzeichnis abhängig. Die 20-jährige Besitzdauer muss nach dem Gesetzeswortlaut bei dem einzelnen Gegenstand erfüllt sein; offen war bisher, ob bei einer Sammlung genügt, dass diese seit mindestens 20 Jahren besteht (s BFH BStBl II 81, 251). Das FG Münster (EFG 98, 680) tritt dafür ein, dass der übertragene Kunstgegenstand selbst, nicht nur die Sammlung, zu der er gehört, die Anforderungen der 20-jährigen Besitzdauer erfüllt. Dem hat sich der BFH (DStRE 02, 460) nunmehr angeschlossen. *Wachter* (ZEV 02, 333) meint, bei moderner Kunst müsse es genügen, dass das Kunstwerk seit seiner Erschaffung im Familienbesitz ist.

9 Zu den nach Abs 1 Nr 2 befreiten oder teilbefreiten Gegenständen von geschichtlichem, kunstgeschichtlichem oder wissenschaftlichem Wert dürften auch **Objekte geschichtlicher oder kunstgeschichtlicher Erinnerung** einschl der Kulturgeschichte und Geschichte sonstiger Wissensdisziplinen gehören. Jedoch sind Gegenstände, die lediglich eine familiengeschichtliche Bedeutung haben, nicht stbefreit, es sei denn, dass die Familie Gegenstand eines besonderen geschichtlichen Interesses ist.

10 Ein Gegenstand ist „in einem den Verhältnissen entsprechenden Umfang den Zwecken der Forschung oder der Volksbildung **nutzbar**

gemacht", wenn er für wissenschaftliche Untersuchungen oder für Besichtigungen usw zur Verfügung gestellt wird. Der Gegenstand braucht also nicht etwa in einem Museum untergebracht zu werden. Bei Schlössern, Burgen, Herrenhäusern, Parkanlagen (soweit Letztere nicht unter Abs 1 Nr 3 fallen) wird es für die Teilbefreiung genügen, dass sie der Bevölkerung zu gewissen Zeiten zur Besichtigung freigegeben werden. Bei der Vollbefreiung kommt als weiteres Erfordernis hinzu, dass der Erwerber bereit sein muss, den Gegenstand (die Gegenstände) den geltenden Bestimmungen der Denkmalspflege zu unterstellen.

Der **Nachweis** darüber, dass die Erhaltung bestimmter Grundstücke und beweglicher Gegenstände wegen ihrer Bedeutung für Kunst, Geschichte oder Wissenschaft im öffentlichen Interesse liegt und dass diese Grundstücke und beweglichen Gegenstände in einem den Verhältnissen entsprechenden Umfang den Zwecken der Forschung oder Volksbildung nutzbar gemacht werden, ist in Zweifelsfällen durch ein Gutachten der mit der Denkmalspflege betrauten Landesbehörde zu erbringen. Bei Grundstücken kann es zweckmäßig sein, dass sich das FA mit der Gemeinde in Verbindung setzt, da diese ein Gutachten meist schon für Zwecke des Grundsteuererlasses nach § 32 GrStG eingeholt haben wird. Bei Denkmälern, die in die Denkmalliste oder ein entsprechendes Verzeichnis eingetragen sind, gilt der Nachweis, dass die Erhaltung im öffentlichen Interesse liegt, als erbracht (R E 13.2 III ErbStR).

Die sowohl für die Voll- wie für die Teilbefreiung erforderliche Voraussetzung, dass die jährlichen Kosten „in der Regel" die erzielten Einnahmen übersteigen müssen, bedeutet, dass die **Unrentabilität** grundsätzlich im **Dauerzustand** sein muss. Bei der Prüfung der Rentabilität wird der Mietwert der eigenen Wohnung als Einnahme, werden die jährlichen Absetzungen für Abnutzung als Kosten gewertet. Kalkulatorische Eigenkapitalzinsen bilden keinen in diesem Zusammenhang bedeutsamen Kostenfaktor (R E 13.2 V ErbStR). Ob die Voraussetzung der Unrentabilität von Grundbesitz gegeben ist, wird im Übrigen regelmäßig ohne Schwierigkeiten nachgewiesen werden können, weil unter den gleichen Voraussetzungen für den privilegierten Grundbesitz bereits alljährlich Grundsteuererlass gemäß § 32 GrStG gewährt worden sein müsste.

Man wird erwägen, auf die **Befreiung zu verzichten** (s Abs 3 S 2), wenn der privilegierte Vermögensgegenstand mit Schulden belastet ist, die den StWert desselben übersteigen; denn nach § 10 VI sind mit den vollbefreiten Vermögensgegenständen in wirtschaftlichem Zusammenhang stehende Schulden und Lasten nicht und die mit teilbefreiten Gegenständen in wirtschaftlichem Zusammenhang stehenden Schulden

§ 13 14, 15   Steuerbefreiungen

und Lasten nur mit dem entsprechenden Anteil abzugsfähig. Praktische Bedeutung kann diese Frage beim Grundbesitz erlangen.

14 Rechtsgrundlage für die Nacherhebung der ErbSt/SchSt beim rückwirkenden **Wegfall der Befreiung** wegen Veräußerung oder wegen Wegfall der Befreiungsvoraussetzungen (Abs 1 Nr 2 S 2) ist § 175 I Nr 2 AO. Wegfall der Voll- bzw Teilbefreiung „mit Wirkung für die Vergangenheit" bedeutet, dass die St nach dem seinerzeitigen Wert nachzuentrichten ist. Zinszahlungen werden nicht verlangt. Der Vorteil einer StStundung verbleibt dem Erwerber daher erhalten. Die Nachentrichtungspflicht dürfte nur den Erwerber treffen, weil nur er auf die Veräußerung Einfluss hat, also nicht den Schenker der befreiten Gegenstände (§ 20 Anm 6). Bei der nachträglichen StFestsetzung bleiben die eventuellen Wertsteigerungen, die bei dem befreiten oder teilbefreiten Vermögensgegenstand nach dem Zeitpunkt des Todes des Erblassers bzw dem Zeitpunkt der Ausführung der Schenkung eingetreten sind, unberücksichtigt. Das StGleiche gilt allerdings umgekehrt auch für Wertminderungen. Die StBefreiung nach Abs 1 Nr 2 fällt auch dann mit Wirkung für die Vergangenheit weg, wenn der Erbeserbe den Gegenstand innerhalb von 10 Jahren nach dem begünstigten Erbfall veräußert. Unter Veräußerung ist die entgeltliche Weiterübertragung zu verstehen. Der Eigentumsübergang durch Erbfall, auf Grund einer Schenkung oder zur Erbauseinandersetzung oder Vermächtniserfüllung ist keine Veräußerung in diesem Sinn. Der Grund der Veräußerung soll keine Rolle spielen. Der Wegfall der Befreiung gilt auch bei einem Zwangsverkauf. Der Nachversteuerung steht es daher ebenfalls nicht entgegen, dass der StPfl durch eine drohende Enteignung zur Veräußerung bestimmt wurde (BFH BStBl III 66, 314). Veräußert der Erbeserbe den befreiten/teilbefreiten Gegenstand innerhalb der für den Vorerwerber noch nicht abgelaufenen 10-Jahresfrist oder bringt er die Voraussetzungen für die Befreiung/Teilbefreiung innerhalb dieser Frist zum Wegfall, so hat er nicht nur – als Gesamtrechtsnachfolger – dessen St nachzuentrichten; es fällt auch bei ihm selbst der Befreiungs-/Teilbefreiungsgrund weg (weil der Wegfallgrund ja auch innerhalb seiner 10-Jahresfrist eingetreten ist). Zugleich mindert sich jedoch sein Erwerb durch Erbanfall, weil der erhöhte StBetrag, der nach dem Wegfall der Befreiung auf den Erblasser entfällt, den stpfl Erwerb des Erben kürzt. Nach § 224a AO kann der StPfl, der ErbSt schuldet, die St statt durch Geldzahlung durch Hingabe von Kunstgegenständen an Zahlungs statt tilgen. § 224a I 2 AO legt hierbei fest, dass die Übertragung des Eigentums zum Zweck der StTilgung nicht als Veräußerung iS von § 13 I Nr 2 S 2 zu gelten hat.

15 **Grundbesitz, der Erholungszwecken dient (Abs 1 Nr 3).** Die Beschränkung der Befreiung für Grundbesitz, der „ohne gesetzliche

Verpflichtung" der Allgemeinheit zur Benutzung zugänglich gemacht worden ist, hat den Sinn, keine Befreiung für Grundbesitz zu gewähren, der auf Grund gesetzlicher Regelung ohnehin der Öffentlichkeit zugänglich ist, wie dies beim sog Erholungswald iS des § 13 Bundeswaldgesetz und den entsprechenden Landesgesetzen zutrifft. Es ist nach Abs 1 Nr 3 somit nur Grundbesitz befreit, der freiwillig der Öffentlichkeit zugänglich gemacht ist oder wird, sofern seine Erhaltung im öffentlichen Interesse liegt und die jährlichen Kosten in der Regel die erzielten Einnahmen übersteigen (s Anm 12). Begünstigt sind insb Park- und Gartenanlagen sowie die nach § 32 I Nr 2 GrStG privilegierten öffentlichen Grünanlagen, Spiel- und Sportplätze. Park- und Gartenanlagen von geschichtlichem Wert können sowohl unter Abs 1 Nr 3 als auch unter Abs 1 Nr 2 (s Anm 8) fallen. Von praktischer Bedeutung ist die Einordnung dann, wenn es dabei um die Frage der Voll- oder Teilbefreiung geht. So sind Park- und Gartenanlagen iS des Abs 1 Nr 2 a nur mit 85% ihres Wertes befreit, während sie in vollem Umfang stfrei sind, wenn sie unter Abs 1 Nr 3 fallen. Man wird davon auszugehen haben, dass eine Vollbefreiung nach Abs 1 Nr 3 in Betracht kommt, wenn der Park (die Gartenanlage) der Allgemeinheit vorbehaltlos zur Benutzung zugänglich gemacht ist, wobei eine nächtliche Sperrung unschädlich ist. Wird der Park (die Gartenanlage) nur an bestimmten Tagen oder zwar täglich, aber nur zu bestimmten Stunden der Öffentlichkeit zugänglich gemacht, so wird nur eine Teilbefreiung nach Abs 1 Nr 2 a in Betracht kommen können. – Wegen der StNacherhebung bei vorzeitigem Wegfall der Befreiung (Abs 1 Nr 3 S 2) s Anm 14.

Recht des „Dreißigsten" (§ 1969 BGB). Nach **Abs 1 Nr 4** ist der Anspruch von zum Erblasser-Haushalt gehörenden Familienangehörigen aus § 1969 BGB auf Weitergewährung von Unterhalt durch den Erben und Benutzung der Erblasser-Wohnung für die ersten 30 Tage nach dem Tode des Erblassers steuerfrei. Der Erbe kann eine entsprechende Vermächtnislast von seinem Erwerb abziehen. Der Anspruch aus § 1969 BGB steht nur Familienangehörigen des Erblassers, nicht auch anderen Haushaltsangehörigen zu. Der eingetragene Lebenspartner des Erblassers gilt als sein Familienangehöriger (§ 11 I LPartG). Der Umfang des zu gewährenden Unterhalts usw muss der gleiche sein, wie er vom Erblasser gewährt wurde, jedoch braucht nicht dieselbe Form gewählt zu werden. Beim Berechtigten steuerfrei und beim Erben abzugsfähig ist also auch eine Geldzahlung des Erben zur Abgeltung des Anspruchs. Ein Anspruch nach § 1969 BGB besteht nicht, wenn der Erblasser ihn testamentarisch ausgeschlossen hat. Hat der Erblasser den Anspruch testamentarisch erweitert, so handelt es sich um ein normales Vermächtnis iS des § 2147 BGB, für das die Befreiung nach Abs 1 Nr 4 nicht gilt.

17.–23. Der Familienheimerwerb unter Lebenden (Abs 1 Nr 4 a)

17 Grundlagen. Die Befreiungsregelung des § 13 Abs 1 Nr 4 a, die als direkte Steuerbefreiung nicht nur einen Freibetrag gewährt, sondern den Zuwendungsgegenstand selbst aus der Besteuerung des Erwerbs ausnimmt, wurde durch das JStG 1996 (BGBl I 96, 1250) mit Rückwirkung zum 30. 5. 1994 (§ 37 XII aF) in das Gesetz eingefügt. Sie sollte nach der Änderung der Rspr des BFH zu den sog unbenannten Zuwendungen unter Ehegatten (BFH BStBl II 94, 366) die Freistellung von Familienheimzuwendungen unter Ehegatten in dem Umfang fortführen, in dem die Steuerfreiheit dieser Zuwendungen bis 1994 von der FinVerw anerkannt worden war (BStBl I 88, 513). Der BFH hatte in seiner älteren Rspr Zuwendungen unter Ehegatten, die dem Ziel dienten, das gemeinsam Erarbeitete angemessen unter den Eheleuten zu verteilen, nicht als steuerpflichtig angesehen (BFH BStBl II 85, 159). Der entschiedene Fall betraf eine Zuwendung zum Erwerb des Familienwohnheims. In der Absicht, die Auswirkungen der Rspr des BFH so weit wie möglich zu begrenzen, hatte die FinVerw die Steuerfreiheit der Ausgleichszuwendungen unter Ehegatten gerade nur für den Fall der Familienheimzuwendung anerkannt. Als der BFH sodann seine Rspr änderte und die Ausgleichszuwendungen nunmehr wieder als voll stpfl Zuwendungen ansah, hätte es an sich nahegelegen, nunmehr auch die Steuerbefreiung für den Erwerb des Familienwohnheims aufzugeben. Die FinVerw hielt jedoch an der einmal eingeschlagenen Linie fest und ihr gelang es wenig später, der bisher nur durch Erlass anerkannten Befreiungsregelung in Abs 1 Nr 4 a eine gesetzliche Grundlage zu geben. Das ErbStRG 2009 hat die Bestimmung mWv 2009 im Wesentlichen unangetastet gelassen. Doch wurde das Familienwohnheim in Familienheim umgetauft. Die bisher vorgesehene Beschränkung auf inländische Familienheime wurde fallen gelassen. Mit einer Neuformulierung des begünstigten Familienheims unter Anknüpfung an die in § 181 BewG genannten Grundstücksarten wurde verdeutlicht, dass auch Immobilien, die nur teilweise zu eigenen Wohnzwecken genutzt werden, unter die StFreistellung fallen. Und die Vergünstigung wurde auch für Zuwendungen unter eingetragenen Lebenspartnern anwendbar gemacht.

18 Kritik. Dass Ausgleichszuwendungen, mit denen die Eheleute das gemeinsam Erarbeitete angemessen unter sich verteilen, nicht der SchSt unterliegen, ließ sich gut begründen. Denn es fehlt derartigen Zuwendungen, die nicht nur in die Form eines familienrechtlichen Vertrages eingekleidet sind (so aber BFH BStBl II 94, 366, 370), sondern die auch ihrem Inhalt nach einen familienrechtlichen Vertrag eigener Art darstellen (BGHZ 84, 361, 364; 116, 167, 170), das Merkmal der Freigebigkeit, das trotz aller Verobjektivierungstendenzen in der Rspr ein essentielles Merkmal der freigebigen Zuwendung bleiben muss (oben § 7 Anm 84 ff). Außerdem hat das BVerfG nachdrücklich betont, dass der erbschaftsteuerliche Zugriff so zu beschränken ist, dass der Vermögenstransfer noch Ergebnis der ehelichen Erwerbsgemeinschaft bleibt (BVerfG BStBl II 95, 671, 674). Es hätte daher nahegelegen, an der Steuerfreiheit von Ausgleichszuwendungen festzuhalten. Nachdem der BFH sich aber nun einmal gegen die Steuerfreiheit entschieden hat, erscheint es wenig überzeugend, die Steuerfreiheit nur für einen bestimmten Bereich, den Bereich des Familienheimtransfers, aufrechtzuerhalten, im Übrigen aber aufzugeben. Damit wird einer Bevölkerungsgruppe, den Hauseigentümern, der Vorteil eines steuerfreien Vermögenstransfers gewährt, der anderen vorenthalten bleibt. Außerdem wird der Vorteil auch auf Transfervorgänge, wie die Zuwendung von Anfangsvermögen, bezogen, die zweifelsfrei Schenkungen sind. Bei der Neufassung der Bestimmung im ErbStRG 2009 hat der Gesetzgeber erkennbar keinen Gedanken auf die Rechtfertigung der Bestimmung gewandt. Er konnte darauf verweisen, dass auch sonst in der Literatur kaum irgendeine Kritik der Befreiungsregelung bekannt geworden ist.

Zuwendungen unter Lebenden. Begünstigt wird in Abs 1 Nr 4 a **19** der Vermögenstransfer durch Zuwendung unter Lebenden. Es muss sich um eine stpfl Zuwendung handeln, weil andernfalls die Zubilligung einer Steuerbefreiung ohne Sinn wäre. Es kommen also freigebige Zuwendungen und andere Zuwendungsvorgänge iS von § 7 in Betracht. Immer muss es sich um eine Zuwendung unter den Ehegatten oder unter den im Folgenden stets mitgemeinten eingetragenen Lebenspartnern handeln. Die Ehe muss zum Zeitpunkt der Ausführung der Zuwendung (noch) bestehen. Hat der Vater dem Ehemann das Familienwohnheim geschenkt mit der Bestimmung, dass der Ehemann einen Miteigentumsanteil an dem Haus an die Ehefrau weiterleiten soll, dann kommt es darauf an, ob eine Schenkung mit Auflage vorliegt. In diesem Fall würde die Ehefrau vom Schwiegervater ohne Begünstigung erwerben. Es könnte jedoch auch eine Schenkung mit Weiterschenkklausel gegeben sein. Dann würde es an einer begünstigten Zuwendung unter den Eheleuten nicht fehlen (zu den hier maßgeblichen Unterscheidungen vgl oben § 7 Anm 67 ff). Zu den begünstigten Zuwendungen zählt auch die Abfindungsleistung gegen einen Erb- oder Pflichtteilsverzicht (§ 7 I Nr 5) sowie die Übertragung des Familienheims, das zum Nachlass des Schwiegervaters gehört, vom Sohn des Erblassers als Vorerben auf die Schwiegertochter als Nacherben (§ 7 I Nr 7) – und zwar unabhängig davon, ob die Nacherbin wegen anderer, ihr vom Vorerben zugewandter Gegenstände die Versteuerung nach dem Verhältnis zum Erblasser wählt. Ob der Übergang des Gesamthandseigentums am Familienwohnheim bei Vereinbarung der Gütergemeinschaft als begünstigt gelten kann (*Moench/Kien-Hümbert* § 13 Rz 30), hängt damit zusammen, ob man unter „Miteigentum" iS der Nr 4 a auch das Gesamthandseigentum mitverstehen kann.

20 Als **Familienheim** wurde bis 2008 das zu eigenen Wohnzwecken genutzte Haus oder die zu eigenen Wohnzwecken genutzte Eigentumswohnung bezeichnet. Das ErbStRG 2009 hat diese Umschreibung mWv 2009 präzisiert. Familienheim ist nunmehr das bebaute Grundstück, das ein Ein- oder Zweifamilienhaus, ein Mietwohngrundstück, ein Wohnungs- oder Teileigentum, ein Geschäftsgrundstück oder ein gemischt genutztes Grundstück sein kann und in dem eine Wohnung zu eigenen Wohnzwecken genutzt wird. Es überrascht, dass auch bei einem Geschäftsgrundstück oder bei einem Teileigentum von einem Familienheim die Rede sein kann. Denn wie soll in Räumen, die nicht Wohnzwecken dienen (§ 1 III WEG), ein Familienheim gedacht werden? Die neue Begriffsbestimmung des Familienheims zeigt jedoch klar, dass es genügt, dass in einem bebauten Grundstück, das nicht gerade zu den „sonstigen bebauten Grundstücken" (§ 181 I Nr 6 BewG) gehört, eine Wohnung zu eigenen Wohnzwecken genutzt wird. Es ist also nicht erforderlich, dass das Haus, in dem sich die Wohnung befindet, ganz oder auch nur überwiegend Wohnzwecken dient. Doch soll mit der Steuerbefreiung der Eigentumserwerb am familiären Lebensraum begünstigt werden. In der Wohnung muss sich daher der Mittelpunkt des familiären Lebens befinden (R E 13.3 II ErbStR). Aus diesem Grund dürften Ferien- oder Wochenendhäuser die Merkmale des Familienheims nicht erfüllen.

20 a **Fälle des Getrenntlebens.** Die Vorschrift geht von dem Fall aus, dass die Eheleute zusammenleben und auf dem bebauten Grundstück allein oder zusammen mit ihren Kindern wohnen. Das ergibt sich aus dem Ausdruck „Familienheim". Die Vorschrift dürfte jedoch auch dann eingreifen, wenn der Ehemann zB von Frau und Kindern getrennt lebt, weil auch dann noch von dem Haus, in dem die Ehefrau mit den Kindern wohnt, als von einem Familienheim gesprochen werden kann. Kann auch die nach der Trennung allein lebende Ehefrau oder der nach der Trennung allein lebende Ehemann (oder eingetragene Lebenspartner) noch ein Familienheim bewohnen? Zweifelsfrei nutzt er oder sie die Wohnung zu eigenen Wohnzwecken. Aber kann bei der von einem Ehepartner allein bewohnten Wohnung noch von einem Familienheim die Rede sein? Die Frage kann man bejahen, wenn man es für den Familienbezug genügen lässt, dass die Eheleute die Wohnung vor ihrer Trennung gemeinsam bewohnt haben. Denn auch Abs 1 Nr 4 b anerkennt ein Familienheim schon dann, wenn der bisherige Eigentümer die Wohnung, die nun seinem Ehegatten oder Partner zugefallen ist, früher zu eigenen Wohnzwecken genutzt hat. Kann das, was für getrennt lebende Partner gesagt wurde, auch noch für den Fall der Scheidung gelten? Die früheren Partner sind dann keine Eheleute (eingetragene Lebenspartner) mehr. Daher wird man, um die Steuerfreiheit der Zuwendung ausnutzen zu können, die Zuwendung vor der Rechtskraft des Scheidungsausspruchs vornehmen müssen.

Sonderfälle des Familienheims. Die Zuwendung eines Familienheims nimmt das Gesetz auch dann an, wenn ein Ehepartner dem anderen nicht das Alleineigentum, sondern nur Miteigentum verschafft, indem er ihm einen Teil seines Eigentums überträgt, das Miteigentum, das er hatte, weitergibt oder Geld zur Anschaffung eines Miteigentumsanteils verschafft. Als Zuwendung des Familienheims gilt es ferner, wenn ein Ehegatte dem anderen die Alleinberechtigung oder die Mitberechtigung an der von den Eheleuten zu eigenen Wohnzwecken genutzten Eigentumswohnung vermittelt. Als Zuwendung des Familienheims wird es anerkannt, wenn ein Ehegatte die Anschaffung oder Herstellung des Familienheims durch seinen Partner finanziert und damit eine mittelbare Grundstückszuwendung bewirkt. Schließlich genügt es auch, dass ein Ehegatte den anderen von Verpflichtungen im Zusammenhang mit der Anschaffung oder Herstellung des Familienheims freistellt. Wenn das Gesetz hier von Anschaffung oder Herstellung spricht, dann wird kein Gegensatz konstruiert. Es werden vielmehr auch Anschaffung und Herstellung begünstigt. Hat daher ein Ehepartner den Grund und Boden gekauft und das Haus auf dem Grundstück errichtet und hat der andere Partner den Bodenkauf und die Bauerrichtung finanziert, ohne einen Ausgleich für die Finanzierungsleistungen zu verlangen, dann hat er eine Zuwendung bewirkt, die begünstigt ist. Begünstigt ist auch die Übernahme von nachträglichem Herstellungs- oder Erhaltungsaufwand, also von An- und Umbaukosten sowie von Reparaturaufwand, der von einem der Ehegatten getragen wird und dem anderen Ehepartner als Eigentümer oder Miteigentümer zugute kommt.

Die Nutzung zu eigenen Wohnzwecken (dazu BFH BStBl II 09, 480) muss im Augenblick der Zuwendung mit Fortführungsabsicht bestehen, kann aber dann später auf Grund eines nachträglich gefassten Entschlusses ohne Nachteil im Rahmen der Besteuerung aufgegeben werden. Ob auch eine geplante Nutzung zu eigenen Wohnzwecken ausreicht, kann dann fraglich sein, wenn der eine Partner dem anderen zunächst ein unbebautes Grundstück verschafft, auf dem später das Familienheim errichtet werden soll. Sicherer ist es wohl, zunächst einen Kaufvertrag abzuschließen und die Kaufpreisschuld erst später im Zusammenhang mit der Errichtung des Gebäudes und dem Beginn der Nutzung als Familienheim zu erlassen. Zu eigenen Wohnzwecken kann wohl auch noch eine Zweitwohnung genutzt werden. Eine Zuwendung kann jedoch nicht begünstigt werden, die dazu führt, dass der Erwerber gleichzeitig Eigentümer oder Miteigentümer mehrerer Familienheime wird. Gefördert wird nunmehr unter den Voraussetzungen der unbeschränkten Steuerpflicht auch das Familienheim, das im europäischen Ausland liegt. Diese Erstreckung der Begünstigung über das Inland hinaus soll der Rspr des EuGH Rechnung tragen, die die Kapitalverkehrsfreiheit des EU-Vertrages beeinträchtigt sieht, wenn ein nationaler Gesetzgeber Objekte im Inland stärker fördert als Objekte im sonstigen Gemeinschaftsgebiet. Die Zuwendung des Familienheims ist jedoch ein Vorgang des innerfamiliären Vermögensausgleichs, keine unter rein wirtschaftlichen Gesichtspunkten getroffene Investition. Es fällt daher schwer, für diese Zuwendung den Gesichtspunkt der Kapitalverkehrsfreiheit ins Feld zu führen und sie damit zu den unter rein wirtschaftlichen Gesichtspunkten getroffenen Dispositionen zu zählen.

23 **Wirkung der Steuerbefreiung.** Die Zuwendung unter den Eheleuten bleibt steuerfrei. Sie wird auch nicht in die Zusammenrechnung nach § 14 einbezogen. Kommt es daher zu wiederholten Zuwendungen, die durch Nr 4 a begünstigt sind, weil der Ehemann zB zunächst einen Miteigentumsanteil, dann einen weiteren Miteigentumsanteil auf seine Frau überträgt und anschließend auch noch Herstellungs- und Erhaltungsaufwand für das nunmehr seiner Frau gehörende Haus übernimmt, dann sind alle diese Zuwendungen steuerfrei. Dasselbe gilt, wenn eine Ehefrau ihrem Mann zunächst das bisher gemeinsam bewohnte Haus überträgt, dann ein neues Haus finanziert und nach dem Umzug das neue Familienheim wiederum dem Ehemann überschreibt. Das Gesetz kennt keine Betragsgrenze hinsichtlich der durch Nr 4 a ausgesprochenen Begünstigung. Es gibt auch keinen der Eigenheimförderung vergleichbaren „Objektverbrauch". Selbst Luxushäuser können mit Hilfe dieser Begünstigung steuerfrei übertragen werden. Eine Pflicht, die Nutzung als Familienheim über den Erwerbszeitpunkt hinaus beizubehalten, besteht aus der Sicht der FinVerw (R E 13.3 V ErbStR) nicht. Doch betont das FG Rh-Pf (EFG 99, 619), dass der Begriff des Familienheims eine Zweckbestimmung voraussetzt, die vom Erwerber übernommen werden muss, „was aber bei Objekten, die bereits kurze Zeit nach der Zuwendung anderen Nutzungen zugeführt werden, idR nicht der Fall sein wird".

24.–31. Der Familienheimerwerb von Todes wegen (Abs 1 Nr 4 b und 4 c)

24 Der Erwerb des Familienheims von Todes wegen durch den **Ehegatten oder Lebenspartner** wird nach **Abs 1 Nr 4 b** gefördert. Diese durch das ErbStRG 2009 nach langen Diskussionen eingeführte Vorschrift ist nach dem Vorbild des Abs 1 Nr 4a ausgestaltet worden und soll dazu dienen, den gemeinsamen familiären Lebensraum zu schützen und das Familiengebrauchsvermögen krisenfest zu erhalten. Der hier herangezogene Begriff des Gebrauchsvermögens ist durch das BVerfG in seinem Vermögensteuerbeschluss (BVerfG BStBl II 95, 655, 662) eingeführt worden. Das Gericht versteht in diesem Beschluss, auf der zeitgleich erlassene Erbschaftsteuerbeschluss (BVerfG BStBl II 95, 671, 674) verweist, unter dem Gebrauchsvermögen die Wirtschaftsgüter, die der persönlichen Lebensführung des StPfl und seiner Familie dienen, die ihm einen Freiheitsraum für die eigenverantwortliche Gestaltung seines persönlichen Lebensbereichs und damit die Grundlage persönlicher Lebensführung verschaffen, die für ihn zusammengefasst die ökonomische Basis individueller Freiheit bilden. Dieses Gebrauchsvermögen, so heißt es in der Entscheidung des BVerfG, genießt einen besonderen Schutz. Jeder StPfl hat einen verfassungsrechtlichen Anspruch auf steuerliche Freistellung des der persönlichen Lebensgestaltung dienenden Vermögens. Will der Gesetzgeber den Umfang dieses Vermögens bemessen, so „liegt es nahe, dass er sich ... an den Werten durchschnittlicher Einfamilienhäuser orientiert. Er muss freilich Grundeigentümer und Inhaber anderer Vermögenswerte in einem gleichen Individualbedarf steuerlich freistellen" (BStBl II 95, 662). An diese Ausführungen hat der Gesetzgeber angeknüpft, als er zum Schutz des familiären Gebrauchsvermögens den Familienheimtransfer von Todes wegen zugunsten des überlebenden Ehegatten oder Lebenspartners für steuerfrei erklärte. Er hat dabei allerdings den wörtlich wiedergegebenen Satz übersehen, nach dem sich die Freistellung an dem Wert durchschnittlicher Einfamilienhäuser zu orientieren hat. Denn in Abs 1 Nr 4b ist keine auf den Durchschnitt bezogene Wertgrenze eingebaut. Außerdem hat es der Gesetzgeber versäumt, die Grundeigentümer und die Inhaber anderer Vermögenswerte in einem gleichen Individualbedarf steuerlich freizustellen. Das muss als ein ins Gewicht fallender Einwand gegen die neue Steuerfreiheit hervorgehoben werden.

Erwerb von Todes wegen. Begünstigt wird der Erwerb von Todes wegen des Eigentums oder Miteigentums des Familienheims durch den überlebenden Ehegatten oder Lebenspartner (im Folgenden: Partner). Ein solcher Erwerb liegt nach **Satz 1** dann vor, wenn der Verstorbene Eigentümer oder Miteigentümer des Familienheims war und wenn der überlebende Partner Alleinerbe oder Mitglied einer Erbengemeinschaft nach dem Verstorbenen geworden ist. Im Fall der Erbengemeinschaft kommt der Vorteil der Freistellung zunächst allen Miterben zugute. Fraglich ist, wie sich die **Übertragung des Familienheims** durch die Erben nach dem Erbfall auswirkt, ob die Begünstigung den abgebenden Erben verloren geht und ob sie dem Empfänger zugute kommt. Dazu äußern sich die Sätze 2 bis 4. **Satz 2** fasst den Fall ins Auge, dass der Erbe das Familienheim auf Grund einer letztwilligen oder rechtsgeschäftlichen Verfügung des Erblassers übertragen muss, gilt also, wenn das Familienheim dem Partner als Vermächtnisnehmer zugewiesen ist. Dann geht den abgebenden Erben die Begünstigung mit der Übertragung des Heims an den Vermächtnisnehmer verloren. Das bringt ihnen aber keinen Nachteil, weil sie das, was sie auf der Verschonungsebene verlieren, auf der Bewertungsebene durch Abzug der Vermächtnisschuld als Nachlassverbindlichkeit ausgleichen können. Der durch Vermächtnis bedachte Partner wird die Steuerfreiheit an Stelle der Erben ausnutzen können (R E 13.4 V ErbStR), auch wenn das Gesetz dies nicht ausdrücklich sagt. **Satz 3** regelt den Fall, dass dem überlebenden Partner das Familienheim im Zuge der Miterbenauseinandersetzung übertragen wird. In diesem Fall soll „das Gleiche" wie im Fall der Vermächtnisanordnung gelten. Die abgebenden Miterben sollen also die Begünstigung verlieren. Ob sie diesen Verlust wie im Fall der Vermächtnisleistung durch Abzug der Auseinandersetzungsverbindlichkeit von ihrem Erwerb ausgleichen können, wird nicht gesagt. Doch deuten die Worte „das Gleiche" darauf hin. Ob dem erwerbenden Partner die Begünstigung nun vollen Umfangs zuzusprechen ist, wie die FinVerw meint (R E 13.4 V ErbStR), oder ob der erwerbende Partner auf seinen Anteil an der Steuerfreiheit beschränkt bleibt, aber davon profitiert, dass das von ihm in der Auseinandersetzung hingegebene Vermögen nach der Regelung von **Satz 4** den Wert der ihm verbliebenen Begünstigung erhöht, wie der Gesetzestext nahelegt, ist noch nicht abschließend geklärt.

25   Der **Begriff des Familienheims** in Abs 1 Nr 4 b entspricht im Wesentlichen den Anforderungen, die schon Abs 1 Nr 4 a nennt. Es muss sich um ein bebautes Grundstück nach den Grundstücksarten des § 181 I Nr 1 bis 5 BewG im Inland oder im EU/EWR-Ausland handeln, in dem eine Wohnung zu eigenen Wohnzwecken genutzt wird und das der Überlebende von seinem verstorbenen Ehegatten oder Lebenspartner erwirbt (für Einbeziehung von Immobilien in Drittstaaten: *Hey*, DStR 11, 1149, 1155). Während für die Familienheimzuwendung nach Abs 1 Nr 4 a nach der hier vertretenen Auffassung (oben Anm 20 a) nicht verlangt werden kann, dass es der bisherige Eigentümer ist, der das Heim zur Zeit des Transfers zu eigenen Wohnzwecken nutzt, dass es vielmehr genügen sollte, wenn der Erwerber mit oder ohne gemeinsame Kinder in der ihm als Familienheim zugewandten Wohnung lebt, verlangt Abs 1 Nr 4 b ausdrücklich, dass die Wohnung bis zum Erbfall von dem bisherigen Eigentümer und nunmehrigen Erblasser bewohnt worden ist. Vom Erwerber wird dagegen in Abs 1 Nr 4 b S 1 nur gesagt, dass die Wohnung bei ihm unverzüglich zu eigenen

Wohnzwecken bestimmt sein muss. Von ihm wird also nicht erwartet, dass er schon vor dem Transfer in der Wohnung gelebt hat. Er muss sie nur nach dem Transfer „unverzüglich" zur Selbstnutzung zu eigenen Wohnzwecken bestimmen. In Sonderfällen kann allerdings auch eine vor dem Erbfall leerstehende oder vorübergehend an Dritte vermietete Wohnung die Anforderungen eines Familienheims erfüllen. Und zwar gilt das dann, wenn der Erblasser aus zwingenden Gründen an einer Selbstnutzung zu eigenen Wohnzwecken gehindert war, weil er zB in einer Seniorenresidenz oder in einem Pflegeheim untergebracht werden musste (R E 13.4 II ErbStR). Der Charakter des Familienheims, der bis zum Auszug des Erblassers bestand, soll dann bis zum Erbfall transferiert werden – eine sehr weitgehende Erstreckung der Begünstigung!

Der Wegfall der Steuerbefreiung. Der Erwerber muss das Familienheim während der ersten zehn Jahre nach dem Erwerb zu eigenen Wohnzwecken selbst nutzen, damit ihm die Steuerbefreiung erhalten bleibt **(Satz 5).** Eine Ausnahme von dem Erfordernis der Selbstnutzung gilt allerdings dann, wenn der Erwerber aus zwingenden Gründen an einer Selbstnutzung zu eigenen Wohnzwecken gehindert ist. Wie beim Erlasser, so wird man auch hier in erster Linie an die Fallgestaltung denken, dass der Erwerber hilfsbedürftig wird, in einer Seniorenresidenz oder in einem Pflegeheim untergebracht werden muss und die bisher innegehabte Wohnung daher nicht mehr weiter bewohnen kann. Zwingende Gründe können sich aber auch aus finanziellen Gesichtspunkten ergeben. Hat der Erwerber ein Haus übernommen, dessen Unterhaltung seine Kräfte übersteigt, muss er sich von der Wohnung trennen. Nach dem Wortlaut des Abs 1 Nr 4 b S 2 sollte ihm die Steuerbefreiung des Erwerbs dennoch verbleiben. Im Übrigen bildet auch der Tod des Erwerbers einen zwingenden Grund, der eine weitere Selbstnutzung ausschließt. Nimmt man die Bestimmung des Abs 1 Nr 4 b S 2 beim Wort, so sollte daher auch der Tod des Erwerbers innerhalb der Zehnjahresfrist keinen Anlass geben, die Steuerbefreiung zu stornieren (so auch R E 13.4 VI ErbStR).

Beim **Erwerb des Familienheims durch Kinder (Abs 1 Nr 4 c)** sind drei Fallgestaltungen zu unterscheiden. Im Fall 1 tritt eines der Kinder als Alleinerbe an die Stelle des Erblassers, ohne dass der Erblasser weitere Verfügungen hinsichtlich seines Nachlasses getroffen hat. Im Fall 2 geht das Familienheim auf mehrere Kinder als Erben über. Weitere Verfügungen von Todes wegen sind nicht vorhanden. Im Fall 3 hat der Erblasser einem oder mehreren seiner Kinder das Familienheim als Vermächtnis zugewandt.

Wird ein Kind **Alleinerbe des Familienheims,** ohne dass der Erblasser die Weitergabe des Familienheims durch Vermächtnis angeordnet hat, dann kann das Kind die Vergünstigung des Abs 1 Nr 4 c unter zwei Voraussetzungen in Anspruch nehmen. Zum einen muss das Familienheim „beim Erwerber unverzüglich zur Selbstnutzung zu eigenen Wohnzwecken bestimmt" sein. Es genügt in diesem Zusammenhang nicht, dass der Erblasser eine Bestimmung über die Nutzung des Heims durch den Erwerber getroffen hat. Denn das Gesetz denkt an den Erwerber als an denjenigen, der die Bestimmung trifft. Die Bestimmung soll nämlich unverzüglich erfolgen. Unverzüglich kann nur unverzüglich nach dem Erbfall bedeuten. Und zu diesem Zeitpunkt kann der Erblasser nichts mehr bestimmen. Also muss das Gesetz den Erben als den Bestimmenden im Auge haben. Der Erbe muss bestimmen, dh er muss sich entschließen und den Entschluss auch in die Tat umsetzen, das Familienheim zu bewohnen. Er muss es nicht schon vor dem Erbfall bewohnt haben. Dass der Erwerber zuvor mit dem Verstorbenen in Hausgemeinschaft gelebt hat, wird nicht verlangt. Unverzüglich nach dem Erbfall muss die Bestimmung erfolgen. Das bedeutet: „ohne schuldhaftes Zögern" (§ 121 I BGB). Der Erbe kann also zögern. Er kann zunächst die Ausschlagungsfrist (§ 1946 BGB) abwarten. Es bleibt ihm aber auch noch die Zeit, die er braucht, um seinen eigenen Hausstand aufzulösen und in das Familienheim umzuziehen. Wenn er allerdings mehr als ein halbes Jahr nach dem Erbfall noch keine Anstalten zum Umzug trifft, wird er eine besondere Begründung vorbringen müssen, um in den Genuss der Vergünstigung zu gelangen. Denn ohne eine solche Begründung wird man an ein schuldhaftes Zögern denken. Die zweite Voraussetzung für den Alleinerben besteht darin, dass er nicht mehr als 200 qm der Wohnfläche für sich in Anspruch nehmen darf. Denn „soweit" die Wohnfläche 200 qm übersteigt, greift die Vergünstigung nicht ein. Diese Einschränkung bedeutet nicht, dass die Vergünstigung für ein Einfamilienhaus mit einer Wohnfläche von 300 qm von vornherein ausscheidet. Doch wird der Erbe, der eine über 200 qm reichende Wohnfläche in Anspruch nimmt, die Vergünstigung nur anteilig, dh hier zu zwei Dritteln des Grundstückswertes, ausnutzen können. Im Übrigen wird der Erbe wohl kaum gehindert werden können, das Grundstück so umzugestalten, dass die eigengenutzte Wohnfläche nicht mehr als 200 qm umfasst. Es wird ihm daher überlassen bleiben, den 200 qm übersteigenden Wohnraum abzuteilen, die abgeteilte Fläche als Wohnraum an andere zu vermieten oder sie in Geschäfts- oder Lagerraum umzuwandeln.

29 Werden **mehrere Kinder Miterben des Familienheims,** so können sie das Heim gemeinsam bewohnen. Auch bei mehreren Miterben bleibt es bei der Begünstigung nur von 200 qm Wohnfläche. An der in der Vorauflage vertretenen abweichenden Auffassung, die die Wohnflächenbegrenzung personal und nicht objektbezogen verstehen wollte, wird nicht festgehalten. Die Miterben können das Heim im Rahmen der Nachlassteilung auf einen von ihnen übertragen, der das Heim zu eigenen Wohnzwecken nutzt. Die abgebenden Miterben können in diesem Fall von der Befreiung nicht profitieren. Sie können aber möglicherweise den Wegfall der Verschonung auf der Bewertungsebene durch Ansatz einer gleichhohen Nachlassverbindlichkeit neutralisieren (vgl oben Anm 24 a). Dem erwerbenden Miterben kommt die Verschonung uneingeschränkt zugute. Ob dies unmittelbar so gelten soll oder ob dem empfangenden Miterben die Verschonung nur mittelbar dadurch zugute kommt, dass sich sein begünstigtes Vermögen um den Wert des zum Ausgleich an die Miterben geleiteten nichtbegünstigten Vermögens erhöht, wird durch die Gesetzesfassung nicht zweifelsfrei klargestellt.

30 Hat der Erblasser ein Kind zum Alleinerben und ein anderes Kind zum **Vermächtnisnehmer** für das Familienheim bestimmt, dann entfällt für den Erben auch unter diesen Voraussetzungen die von Abs 1 Nr 4 c vorgesehene Begünstigung, sobald der Erbe das Vermächtnis erfüllt und das Familienheim an den Vermächtnisnehmer überträgt. Auch hier wirkt sich der Wegfall der Steuerbefreiung für den Erben, der das Familienheim abgeben muss, jedoch im Ergebnis nicht aus, weil er den Wert seines Erwerbs durch den Abzug der Vermächtnisverpflichtung neutralisieren kann. Dafür kommt dem Vermächtnisnehmer die Vergünstigung zugute.

31 **Die Steuerbefreiung fällt mit Wirkung für die Vergangenheit weg,** wenn der Erwerber die Eigennutzung vor dem Ablauf von zehn Jahren aufgibt (sofern er nicht aus zwingenden Gründen an der weiteren Nutzung gehindert ist). Bei mehreren Bewohnern dürfte sich das Ausscheiden eines oder mehrerer Erben aus der gemeinsamen Nutzung nicht nachteilig auswirken. Denn es genügt, dass eines der Kinder die Wohnung als Familienheim weiterhin nutzt, um die Begünstigung unverändert für alle Erben zu erhalten. Zieht jedoch auch der letzte Bewohner vor Ablauf der Zehnjahresfrist aus, dann verlieren alle Erben den Vorteil der Steuerfreiheit, auch die, die die Wohnung selbst gar nicht genutzt haben.

32.–35. Schuldbefreiung (Abs 1 Nr 5)

32 Nach **Abs 1 Nr 5** sind **zwei Arten von Schuldbefreiung** steuerfrei, und zwar

1. der Erlass einer Schuld, die dadurch begründet worden ist, dass der Erblasser dem Schuldner darlehensweise Geldbeträge zum Zweck des angemessenen (vgl Abs 2) Unterhalts und/oder zur Ausbildung

gegeben hat oder dass er den Unterhalt und/oder die Ausbildung unmittelbar aus eigenen Mitteln darlehensweise für den Schuldner bestritten hat. Sind die Zahlungen ohne Begründung eines Darlehensverhältnisses geleistet worden, so ergibt sich ihre StFreiheit aus Abs 1 Nr 12;

2. der Erlass einer aus anderen Gründen zustande gekommenen Schuld, sofern der Schulderlass mit Rücksicht auf die Notlage des Schuldners erfolgt und diese auch durch die Befreiung von der Schuld nicht beseitigt wird.

In welche StKlasse der Schuldner (Erwerber) fällt, ist ohne Bedeutung. Abs 1 Nr 5 gilt gem § 1 II auch für Schulderlasse unter Lebenden.

33 Wendet der Erblasser (Schenker) dem Schuldner außer dem Schulderlass noch weiteres Vermögen zu, so **entfällt die Befreiung,** soweit die St aus der Hälfte der neben der erlassenen Schuld gemachten Zuwendung gedeckt werden kann (Abs 1 Nr 5 S 2). Dass die Befreiung „entfällt", soll heißen, dass eine betragsmäßige Begrenzung der Befreiung bei Zuwendung weiteren Vermögens Bedeutung gewinnt. Die betragsmäßige Begrenzung der Befreiung wird nur dann bedeutsam, wenn es zu einer neben der erlassenen Schuld dem Bedachten anfallenden Zuwendung gekommen ist. „Neben" der erlassenen Schuld fällt dem Schuldner eine Zuwendung an, wenn der Schulderlass und die weitere Zuwendung zusammen einen einheitlichen Erwerb iS des § 10 I 1 bilden. Dazu muss der Schulderlass und die Zuwendung gleichzeitig erfolgen. Wird erst die Schuld erlassen und später eine zusätzliche Zuwendung gemacht, bleibt es bei der einmal eingetretenen Befreiung, die nicht etwa nachträglich entfällt, wie es der Wortlaut anzudeuten scheint (vgl *Kipp* § 18 Anm 50).

34 Der Erlass eines **Darlehens für Ausbildungszwecke** ist unabhängig davon befreit, ob die Ausbildung angemessen war. Es fallen also auch unangemessen hohe Ausbildungsschulden unter die Befreiung. Auch ist gleichgültig, wodurch die Schuld im Einzelnen entstanden ist, ob durch Hergabe von Barmitteln oder durch entgeltliche Übernahme von Ausbildungskosten.

35 Ein Schulderlass mit Rücksicht auf die **Notlage des Schuldners** liegt vor, wenn deren Minderung das Motiv für den Schulderlass war. Eine Notlage setzt einen nicht nur auf vorübergehender Geldverlegenheit beruhenden wirtschaftlichen Notstand voraus, der nicht notwendigerweise mit dem völligen Mangel an Kredit- und Zahlungsmitteln zusammenzufallen braucht, der aber den Schuldner in eine finanziell und wirtschaftlich bedrängte Zwangslage versetzt, von der er sich bei seinen Einkommens- und Vermögensverhältnissen ohne Inanspruchnahme fremder Hilfe nicht befreien kann (RFH RStBl 38, 749). Keine

Notlage idS wäre somit bei einer Überschuldung gegeben, aus der der Schuldner sich auf Grund seiner Einkommensverhältnisse selbst befreien kann. Da ein Schulderlass nur bei Fortbestehen der Notlage befreit ist, gilt die Befreiung im praktischen Ergebnis nur für den Erlass einer im Zeitpunkt des Schulderlasses aus der Sicht des Gläubigers ohnehin **wertlosen Forderung** (s RFH aaO sowie für den Verzicht auf ein Rückgriffsrecht aus einer Bürgschaftsschuld RFH RStBl 31, 677). Beim Schuldner führt der Verzicht dennoch zu einer Bereicherung. Die Befreiung nach Abs 1 Nr 5 gilt auch für juristische Personen. Befreit nach Abs 1 Nr 5 ist nur der Erlass einer Schuld durch den Gläubiger, nicht auch eine Zuwendung zur Beseitigung einer Überschuldung. Soweit daher zB einem gewerblichen Betrieb im Rahmen einer Sanierung nicht nur Schulden erlassen, sondern weitere Zuwendungen zur Wiederherstellung seiner Wirtschaftlichkeit gemacht werden, sind diese nur steuerfrei, soweit sie keine freigebige Zuwendung iS des § 7 I Nr 1 darstellen (s RFH RStBl 28, 101; 42, 803). Dies dürfte unter Fremden im Regelfall zutreffen. Dagegen stellen sie eine freigebige Zuwendung iS des § 7 I Nr 1 dar, wenn verwandtschaftliche Beziehungen das Motiv für den Sanierungsbeitrag waren und der Empfänger objektiv auf Kosten des Gebers bereichert wird.

Erwerbe erwerbsunfähiger Eltern/Großeltern (Abs 1 Nr 6). 36
Die Befreiung ist für Erwerbe von Todes wegen, die den leiblichen Eltern/Voreltern oder den Adoptiveltern/Voreltern anfallen, gegenstandslos, da diesen Erwerbern bereits ein Freibetrag von 100 000 € zusteht. Die Vorschrift hat nur noch für Erwerbe von Todes wegen von Stiefeltern und für **Schenkungen unter Lebenden**, für die sie ebenfalls gilt (s § 1 II), praktische Bedeutung. Hier jedoch dürfte es sich, wenn der Unterhalt der Eltern/Großeltern sichergestellt werden soll, regelmäßig empfehlen, dies über laufende Zuwendungen zu tun, die nach Abs 1 Nr 12 steuerfrei sind. Bei Schenkungen von **Einmalbeträgen** dürfte es sich empfehlen, sie nur im Rahmen der für jeden Elternteil (Großelternteil) geltenden Freigrenze von 41 000 € auszuführen, da bei höheren Schenkungen Stpfl eintritt.

Als „Vermögen" des Erwerbers wird nur sein steuerbares Vermögen iS des bisherigen VStRechts anzusehen sein. „Erwerbsunfähigkeit" ist auch bei Gebrechlichkeit wegen Alters gegeben.

37., 38. Ansprüche nach dem LAG, dem BEG und sonstigen Entschädigungsgesetzen (Abs 1 Nr 7 und 8)

Abs 1 Nr 7 ist durch das ErbStRG 2009 neugefasst worden. Dabei 37
wurden einige (warum nicht alle?) Hinweise auf die jeweils geltende Gesetzesfassung gestrichen. Ansprüche nach dem Währungsausgleichs-

gesetz, dem Altsparergesetz und nach dem Reparationsschädengesetz werden in Abs 1 Nr 7 nun nicht mehr genannt. Dafür sind jetzt zusätzlich Ansprüche nach dem Beruflichen Rehabilitierungsgesetz aufgeführt. Abs 1 Nr 7 wird von der Rspr traditionell sehr eng interpretiert. Die StFreiheit wird jeweils nur auf den Anspruchsübergang durch Erwerb von Todes wegen oder auf Grund einer Schenkung unter Lebenden bezogen. Sie soll nur für den Anspruchsübergang selbst, nicht für den Übergang des Vermögens gelten, das mit der Realisierung des Anspruchs erworben worden ist (BFH BStBl II 83, 118). Begünstigt ist danach nur der Übergang des verfahrensrechtlichen Anspruchs, den der Berechtigte auf Grund der genannten Gesetze erworben hat. Auch wenn der Berechtigte zur Erfüllung seines Anspruchs auf Hauptentschädigung Schuldverschreibungen des Ausgleichsfonds entgegengenommen hat, ist der Übergang dieser Schuldverschreibungen nach Auffassung der Rspr dennoch nicht von der Steuerbefreiung umfasst (BFH BStBl II 83, 226).

38 Auch **Abs 1 Nr 8** wurde durch das ErbStRG 2009 neugefasst, wenn auch nur in der Anordnung des Textes, nicht in seinem Inhalt. Auch zu dieser Vorschrift hat sich der BFH restriktiv geäußert. Nachdem das Gericht die Befreiungsregelung früher (BStBl III 64, 246; II 68, 495) auch auf Entschädigungsleistungen bezogen hatte, soweit solche im Nachlass des Berechtigten noch vorhanden waren, hat der BFH später (BStBl II 96, 456; vgl *Meincke*, ZEV 96, 316) diese Rspr ausdrücklich aufgegeben und entschieden, dass die Steuerbefreiung nur Ansprüche auf Entschädigungsleistungen nach dem BEG, nicht jedoch aus Erfüllung dieser Ansprüche herrührendes Kapitalvermögen erfasst (ähnlich: BFH/NV 96, 288).

39.–41. Erwerbe mit Bezug auf Pflege oder Unterhaltsgewährung (Abs 1 Nr 9 und 9 a)

39 Vor dem 1. 1. 1974 waren Erwerbe nach Abs 1 Nr 9 bei „Angemessenheit" in vollem Umfang steuerfrei. Durch das ErbStG 1974 war die Befreiung zunächst auf **stpfl Erwerbe** (s § 10 Anm 1) „bis zu 2000 DM" beschränkt worden. Durch das JStG 1997 wurde der Betrag auf 10 000 DM, ab 1. 1. 2002 5200 €, und durch das ErbStRG 2009 auf **20 000 €** erhöht. Die mit Abs 1 Nr 9 nach wie vor verbundene betragsmäßige Beschränkung ist verfassungsgemäß (BVerfG HFR 84, 436). Mit ihr hat der Gesetzgeber die Möglichkeit einer missbräuchlichen Ausnutzung der Vorschrift durch Beantragung hoher Beträge für die idR nur bedingt nachprüfbaren Pflegedienste oder Unterhaltsleistungen auf ein vernünftiges Maß einschränken wollen (s BTDrs 7/1333). Für die Begrenzung wird im Übrigen geltend gemacht, dass die

ErbSt für diese Erwerbe einen angemessenen Ersatz für die hier nicht anfallende, bei einem entsprechenden Pflege-/Dienstvertrag aber gegebene LStPflicht darstellt. Stpfl Erwerb iS des Abs 1 Nr 9 ist der vor Anwendung der Vorschrift sich ergebende stpfl Erwerb iS des § 10 I. Befreiung „bis zu 20 000 €" kann nach dem Sinn und Zweck des Abs 1 Nr 9 nicht bedeuten, dass nur stpfl Erwerbe unterhalb dieses Betrages steuerfrei bleiben, darüber hinausgehende stpfl Erwerbe aber in vollem Umfang stpfl sind. Eine solche Auslegung würde infolge der unterschiedlich hohen Freibeträge nach § 16 zu sinnwidrigen Ergebnissen führen. Bei einer zweckentsprechenden Auslegung kann Abs 1 Nr 9 nur als echte **Freibetragsregelung** anzusehen sein, so dass bei einer tatsächlichen Pflege/Unterhaltsgewährung von mehr als 20 000 € stets dieser Betrag, bei geringerer Pflege/Unterhaltsgewährung der der tatsächlichen Leistung angemessene (niedrigere) Betrag vom Erwerb abzuziehen ist.

Der Freibetrag nach Abs 1 Nr 9 gilt gem § 1 II auch für Zuwendungen unter Lebenden (RFH RStBl 35, 1000). Er kann auch von juristischen Personen und auch dann in Anspruch genommen werden, wenn die Verpflegung des Erblassers durch Erbvertrag gesichert war. Er steht auch einem nur beschränkt stpfl Erwerber zu (BFH BStBl III 57, 427). Der Freibetrag kann nicht für Pflege und Unterhalt in Anspruch genommen werden, die auf Grund gesetzlicher Verpflichtung (§§ 1353, 1601 ff BGB) geleistet werden (RFH RStBl 31, 675). Das gilt auch bei beschränkter Stpfl (BFH BStBl III 57, 427). Der Freibetrag ist nur für unentgeltliche oder teilunentgeltliche Pflegeleistungen gedacht (R E 13.5 I ErbStR). Er kommt daher bei entgeltlichen Pflegeleistungen nicht in Betracht. Steht das Entgelt noch aus, so ist ein Abzug des Entgelts als Nachlassverbindlichkeit nach § 10 I Nr 5 vorzunehmen. Die Prüfung des § 10 I Nr 5 ist daher vorrangig gegenüber der Prüfung des § 13 I Nr 9 (BFH BStBl II 95, 62). Sollte das Entgelt mit dem Erwerb von Todes wegen geleistet werden, so anerkennt die FinVerw die Neutralisierung des Erwerbs von Todes wegen durch Abzug einer Nachlassverbindlichkeit nur dann, wenn ein wirksames Dienstleistungsverhältnis (§ 611 BGB) nachgewiesen wird (R E 13.5 II ErbStR). Misslingt der Nachweis, müsste dann aber § 13 I Nr 9 anwendbar sein.
„Pflege gewähren" bedeutet, einem infolge Krankheit, Behinderung, Alter oder aus einem sonstigen Grunde hilfsbedürftigen Menschen die erforderliche Fürsorge für sein körperliches und seelisches Wohlbefinden zuzuwenden (RFH Bd 6, 252). Diese Voraussetzungen sind idR nur erfüllt, wenn der Erwerber solche Dienstleistungen mit einer gewissen **Regelmäßigkeit** und über eine **längere Dauer** erbracht hat. Unterhalt ist die Leistung von Mitteln für Beköstigung einschließlich Unterkunft, Kleidung usw. Die Unterhaltsgewährung kann in natura

oder durch Hergabe entsprechender Geldbeträge erfolgen. Wird mit einer freigebigen **Zuwendung unter Lebenden** ua auch das Entgelt für Unterhalts- und Pflegeleistungen abgegolten, dann ist die Zuwendung nach den Grundsätzen, die für eine gemischte Schenkung gelten, in einen unentgeltlichen und einen entgeltlichen Teil aufzuspalten. Da die Leistungen des Bedachten durch den entgeltlichen Teil der Zuwendung abgegolten werden, kommt die Anwendung der Freibetragsregelung gegenüber dem unentgeltlichen Teil der Zuwendung nicht in Betracht.

41 **Pflegebezogene Erwerbe unter Lebenden (Nr 9 a).** Gedacht ist bei der durch JStG 1996 vom 11. 10. 1995 (BGBl I 95, 1250) eingefügten Bestimmung an Angehörige, die als Pflegepersonen in der häuslichen Umgebung des Pflegebedürftigen unentgeltlich zeitlich ins Gewicht fallende Pflege- oder Versorgungsleistungen erbracht haben oder erbringen und an die zum Ausgleich dafür unentgeltliche Geldzuwendungen des Pflegebedürftigen erfolgen. Stellt die Zuwendung ein Entgelt dar, ist die Steuerfreiheit von vornherein unproblematisch, weil in der Entgeltleistung kein steuerpflichtiger Vorgang (§§ 1, 7) liegt. Die Steuerfreiheit wird nur für Zuwendungen unter Lebenden gewährt. Wer die zur Zuwendung bestimmten Beträge aufspart, um sie im Todesfall durch Erbfolge oder Vermächtnis weiterzugeben, verschenkt den Vorteil der Nr 9 a. Nr 9 a zieht betragsmäßige Grenzen der Steuerfreiheit, die je nach dem Grad der Pflegebedürftigkeit variieren und die ab 2010: 225, 430 oder 685 €; ab 2012: 235, 440 oder 700 € monatlich (§ 37 SGB XI) betragen können. Ist eine private Pflegepflichtversicherung abgeschlossen, bestimmt sich die Höhe der Steuerfreiheit nach der Höhe der vertraglich vereinbarten Pflegegelder. Werden an den Pflegebedürftigen Beihilfeleistungen nach beamtenrechtlichen Grundsätzen erbracht, können Zuwendungen in Höhe der für Pflegeleistungen gedachten Pauschalbeihilfe von Pflegebedürftigen steuerfrei erbracht werden. Auch wenn sich die in Nr 9 a genannten Betragsgrenzen an Monatsbeträgen orientieren, werden doch auch aus mehreren Monatsbeträgen zusammengefasste Geldzuwendungen begünstigt (*Troll/Jülicher* § 13 Rz 112). Die Zuwendungen können auch Vorauszahlungen für künftige oder Nachzahlungen für frühere Pflegeleistungen sein.

42.–46. Vermögensrückfall an Eltern und Voreltern (Abs 1 Nr 10)

42 Mit dem ErbStG 1974 ist die ehemals auch für Rückschenkungen geltende Befreiung des Abs 1 Nr 10 (s RFH RStBl 27, 102) auf Vermögensrückfälle **„von Todes wegen"** beschränkt worden; außerdem ist der frühere Begriff „Vermögen" durch den Begriff „Vermögens-

gegenstände" ersetzt worden. Der Ausschluss der Rückschenkungen von der Befreiung wurde damit begründet, dass es nicht gerechtfertigt sei, eine Korrektur der im Wege der Schenkung vorweggenommenen Erbfolge unter Geschwistern und Geschwisterkindern steuerlich zu begünstigen, wenn sie über eine Rückschenkung des empfangenen Vermögens an die Eltern (Großeltern) erfolgt. Eine Befreiung der Rückschenkungen sei insb deshalb nicht zu vertreten, „weil Korrekturen der Erbfolge, die Geschwister oder/und Geschwisterkinder im Rahmen der Erbauseinandersetzung vornehmen, auch nicht im Wege unmittelbarer Zuwendungen mit entsprechender SchStPfl vorgenommen werden können" (BTDrs VI/3418, 68). Man könnte demgegenüber durchaus die These vertreten, dass im Fall der Rückgabe des geschenkten Vermögens unter Lebenden sogar die ursprüngliche StPfl korrigiert werden muss (vgl *Sosnitza,* UVR 92, 342, 348 unter Hinweis auf § 16 GrEStG; unten § 29 Anm 6), auf jeden Fall aber eine Doppelbesteuerung des geschenkten Vermögens aus Anlass der Hin- und Rückgabe zu vermeiden ist. Unter diesem Gesichtspunkt hätte der Gesetzgeber die Regelung des Abs 1 Nr 10 ausdehnen und nicht einschränken sollen. Der Gesetzgeber hat sich jedoch anders entschieden und durch die Wahl des Wortlauts deutlich gemacht, dass die Vorschrift nicht über § 1 II auf Rückschenkungen angewendet werden kann (s BFH BStBl II 86, 622; R E 13.6 I ErbStR). Nicht betroffen von der Vorschrift ist der Rückfall einer Schenkung wegen Eintritts einer auflösenden Bedingung oder auf Grund eines Rückforderungsrechts, der beim Beschenkten einen Anspruch auf StErstattung begründet (s § 29 sowie FG Rh-Pf EFG 86, 456). Denn die Rückgabe des Geschenks ist in diesem Fall kein steuerbarer Vorgang, so dass es auch einer Befreiungsregelung nicht bedarf. Man kann daher die Begrenzung der Freistellung in § 13 I Nr 10 jederzeit dadurch vermeiden, dass man mit der Schenkung oder mit dem Übergabevertrag eine auflösende Bedingung oder eine Widerrufsklausel verbindet.

Vermögensgegenstände, Begriff. Mit der Ersetzung des Begriffs „Vermögen" durch „Vermögensgegenstände" ist die Befreiung lediglich der Rspr angepasst worden, die den Begriff idS ausgelegt hat (s RFH RStBl 31, 297; BFH BStBl III 66, 356). Ein befreiter Rückfall ursprünglich zugewendeter Gegenstände wurde lange Zeit auch dann angenommen, wenn zwar nicht diese Gegenstände in natura zurückfallen, sondern ersatzweise angeschaffte Gegenstände **(Surrogate),** die bei wirtschaftlicher Betrachtungsweise noch als dieselben Vermögensgegenstände anzusehen sind. Nunmehr hat der BFH (BStBl II 94, 656, ZEV 94, 320 mit Anm *Meincke*) entschieden, dass Identität des zugewandten mit dem zurückfallenden Gegenstand vorausgesetzt wird. Objekte, die im Austausch der zugewandten Gegenstände in das Vermögen des Beschenkten gelangt waren, werden nicht begünstigt. Das soll auch für die Enteignungsentschädigung gelten, die sich anstelle des enteigneten Objekts im Vermögen des Erblassers befand. Auch wird die Begünstigung nicht auf die Früchte des zugewandten Gegenstandes bezogen (BFH BStBl II 94, 759). Die FinVerw (R E 13.6 II ErbStR) hebt mit Blick auf die Entscheidung BFH BStBl II 94, 656 hervor, dass eine Identität zwischen den zugewandten und zurückfallenden Gegenständen dann nicht verlangt werden muss, wenn zwischen den Gegenständen bei objektiver Betrachtung **Art- und Funktionsgleichheit** besteht.

44 **Wertsteigerungen des geschenkten Vermögens** stehen der StFreiheit des ganzen Rückfalls nicht entgegen, wenn sie ausschließlich auf der wirtschaftlichen Entwicklung beruhen. Hat der Bedachte aber den Wert des Vermögens durch eigene Aufwendungen von Geld oder Arbeit oder durch Stehenlassen von Gewinnen (vgl dazu *Wolf*, DStR 88, 563) vermehrt, so unterliegt dieser Mehrwert der ErbSt (RFH RStBl 40, 614; FG Münster EFG 1990, 332). Der StPfl unterliegen ferner die aus dem zugewendeten Vermögensgegenstand gezogenen **Früchte** (Erzeugnisse sowie Erträge, die mit Hilfe des Gegenstandes erwirtschaftet worden sind: § 99 BGB) sowie die im Austausch gegen solche Früchte erworbenen Gegenstände, wenn sie an den Geber zurückfallen (BFH BStBl II 94, 759; R E 13.6 II ErbStR).

45 **Befreit ist nur Rückfall an den Schenker.** Ein Vermögensrückfall iS des Abs 1 Nr 10 liegt nur vor, wenn und soweit demjenigen Vermögen anfällt, der es ursprünglich durch Schenkung oder Übergabevertrag zugewandt hatte. Mit dieser Aussage werden zwei für § 13 I Nr 10 bedeutsame Merkmale angesprochen. Zum einen muss es in zwei Stufen zunächst zu einer Zuwendung und dann zu einem Rückfall des Vermögens gekommen sein. Daran fehlt es, wenn die Zuwendung unwirksam war und das Vermögen folglich unverändert in der Zuständigkeit des Veräußerers geblieben ist. Einen zweifelhaften Fall behandelt das Hess FG (EFG 89, 518). Hier hatte ein Sohn Lebensversicherungsverträge auf den Erlebens- und Todesfall abgeschlossen und für den Todesfall seine Eltern als Bezugsberechtigte benannt. Die Versicherungsprämien hatten die Eltern bezahlt, denen dann auch beim Tod des Sohnes die Versicherungssumme zufiel. Man könnte meinen, dass die Eltern in diesem Fall nichts anderes als eine selbstfinanzierte, stets zum Bereich ihres Vermögens gehörende Versicherungsleistung vereinnahmt haben. Weil der Sohn die Versicherungsverträge abgeschlossen hatte und zu seinen Lebzeiten in der Lage gewesen war, den Versicherungswert durch Kündigung zu realisieren, sah das Hess FG dagegen die Versicherungen als Teil des Sohnesvermögens an und meinte, dass es zu einer Zuwendung der Eltern an den Sohn und zu einem Rückfall des Ver-

Vermögensrückfall an Eltern 46, 47 § 13

mögens an die Eltern gekommen sei. Wenn dies richtig war, blieb als zweites Merkmal zu prüfen, ob das zugewandte Vermögen wirklich von beiden Elternteilen stammte und nun an beide Elternteile gleichmäßig zurückgefallen ist. Denn das Vermögen, das Eltern als gesetzlichen Erben ihres Kindes zu gleichen Teilen anfällt, ist nur dann bei jedem Elternteil steuerfreier Vermögensrückfall, wenn und soweit es sich um solches handelt, das den Eltern gemeinsam gehört hat und somit von ihnen gemeinsam dem Kind durch Schenkung zugewandt worden ist, wie das zB bei einer gemeinsamen Schenkung der Eltern aus dem Gesamtgut ihres gütergemeinschaftlichen Vermögens zutrifft. Stammt das Vermögen nur aus der Schenkung eines Elternteils, so ist der Vermögensanfall des anderen Elternteils stpfl (RFH StuW 27 Nr 602). Stammt das Vermögen aus dem Gesamtgut der Eltern, dann ist es von jedem Elternteil zur Hälfte aufgebracht. Ist beim Erbfall nur noch ein Elternteil am Leben und fällt das Vermögen an ihn ungeteilt zurück, so ist der Rückfall nur zur Hälfte stbefreit (FG München EFG 07, 54).

Ein steuerfreier Vermögensrückfall setzt **keinen unmittelbaren** 46 **Rückfall** vom Beschenkten an den Schenker voraus. Steuerfrei ist vielmehr auch der Rückfall von Vermögen, das beim vorzeitigen Tode des Kindes (Enkels) zunächst auf einen anderen als Erbe oder Vorerbe übergegangen ist und bei dessen Tode auf Grund eines Testaments des Kindes oder seines Erben an die Eltern (Großeltern) zurückfällt.

Beispiel: Der eine Schenkung der Eltern enthaltende Nachlass des verstorbenen Kindes geht zunächst auf dessen Ehegatten als Vorerbe und bei dessen Wiederverheiratung (s § 6 III) auf die Eltern als Nacherben über.

Verzicht auf den Pflichtteil (Abs 1 Nr 11). Der Anspruch auf 47 den Pflichtteil entsteht mit dem Tode des Erblassers (§§ 2317 BGB). Für den Anspruch entsteht nach § 3 I Nr 1 iVm § 9 I Nr 1 b erst dann eine ErbStPflicht, wenn er **geltend gemacht** worden ist (s § 3 Anm 52 und § 9 Anm 30). Demzufolge können die Erben Verbindlichkeiten aus Pflichtteilen nach § 10 V Nr 2 auch erst dann als Nachlassverbindlichkeit abziehen (s § 10 Anm 36). Entsprechend dieser Regelung stellt das ErbStG den Verzicht auf die Geltendmachung dieses bürgerl-rechtl bereits entstandenen Anspruchs von der SchSt frei. Dem Verzicht auf das Geltendmachen steht der Erlass des noch nicht geltend gemachten Anspruchs gleich. In dem bloßen Nichtgeltendmachen des Anspruchs durch Untätigkeit ist noch keine freigebige Zuwendung zu sehen (oben § 7 Anm 9). Daher bedarf es für diesen Fall einer Befreiungsregelung nicht. Die Vorschrift erwähnt noch den Erbersatzanspruch, der früher von Vätern und Kindern geltend gemacht werden konnte, die durch nichteheliche Abstammung miteinander verbunden waren, und der mit Gesetz vom 16. 12. 1997 abgeschafft worden ist (oben § 3 Anm 38). – Wegen der Stpfl von Abfindungen, die für den

Verzicht gezahlt werden, und deren Abzug als Nachlassverbindlichkeit s § 3 Anm 100 f.

48.–51. Unterhalts- oder/und Ausbildungszuwendungen (Abs 1 Nr 12)

48 Bei der Befreiung nach Abs 1 Nr 12 handelt es sich um eine **Billigkeitsregelung** für Unterhalts- oder/und Ausbildungskosten, die ohne rechtliche Verpflichtung, also freiwillig übernommen werden, wenn sie eine freigebige Zuwendung iS des § 7 darstellen. Sofern der Unterhalt oder/und die Ausbildung auf Grund gesetzlicher Unterhaltspflicht gewährt werden (s §§ 1360 ff, 1601 ff und 1371 IV BGB), bedarf es keiner besonderen Befreiung, da insoweit überhaupt kein unter das ErbStG fallender Tatbestand vorliegt (RFH RStBl 33, 796). Das gilt auch, sofern die Unterhaltsverpflichtung durch Zuwendung eines ihr entsprechenden Kapitalbetrages abgegolten wird (RFH DVR 32, 13) und der Zweck der Zuwendung außer Zweifel steht (FG Bad-Württ EFG 88, 240). Gem ihrem eindeutigen Wortlaut findet die Vorschrift des Abs 1 Nr 12 **nur auf Zuwendungen unter Lebenden,** nicht auch auf entsprechende Zuwendungen von Todes wegen (wie Rentenvermächtnisse zur Sicherstellung des Lebensunterhaltes des Bedachten) Anwendung (RFH RStBl 38, 571). Schenkungen auf den Todesfall fallen als Erwerbe von Todes wegen nicht unter den Befreiungstatbestand. Das soll auch für andere Schenkungen gelten, die erst mit dem Tod des Schenkers wirksam werden und damit den Charakter von Zuwendungen auf den Todesfall haben (FG Nürnberg EFG 90, 65). Dieser Linie entspricht es, dass auch eine Schenkung unter Lebenden dann keine steuerfreie Unterhalts- oder/und Ausbildungszuwendung mehr ist, wenn ihr eigentlicher Zweck in der völligen oder teilweisen **Vorwegnahme der Erbfolge** besteht. Solche Schenkungen sind – wie Zuwendungen von Todes wegen – stpfl (RFH RStBl 35, 904; BFH DVR 63, 165). Die Zuwendung eines größeren Kapitals zu Ausbildungszwecken an ein Kind ist regelmäßig als eine Vorwegnahme der Erbschaft anzusehen (RFH StuW Nr 45, Bespr in StuW 32 Sp 230). Das Gleiche gilt für Zuwendungen zum Zwecke der Anschaffung von Einrichtungsgegenständen (RHF RStBl 29, 601).

49 Eine Befreiung nach Abs 1 Nr 12 kann nur in Betracht kommen, wenn ein **Anlass** zur Leistung des angemessenen Unterhalts oder/und der Ausbildung des Bedachten vorgelegen hat. Sie ist also nur zu gewähren, wenn der Bedachte der Zuwendung zum Zwecke des angemessenen Unterhalts **bedarf** (RFH RStBl 30, 819; 31, 141). Demzufolge kann keine Befreiung in Betracht kommen, wenn der Bedachte aus seinem eigenen Vermögen seinen Lebensbedarf bestreiten kann (RFH RStBl 33, 796). Eine Heranziehung des Vermögensstamms zur Bestreitung des Lebensunterhalts wird jedoch nur dann gefordert werden können, wenn sie dem Unterstützten nach billigem Ermessen zugemutet werden kann. Das wird nicht der Fall sein, wenn das Vermögen nicht erheblich ist und die einzige Einkommensquelle des Unterstützten bildet, so dass ihm ein Verzehr des Vermögens jede wirtschaftliche Selbständigkeit nehmen und seine wirtschaftliche Lage nur noch mehr verschlechtern würde. Für laufende Unterhaltszuwendungen an die verheiratete Tochter ist kein ihre StBefreiung rechtfertigender Anlass anzuerkennen, wenn deren Unterhalt durch ihren Unterhaltsanspruch gegenüber ihrem Ehegatten angemessen gesichert ist (RFH RStBl 31, 897; 34, 1440).

Nach Abs 1 Nr 12 sind grundsätzlich **nur laufende Zahlungen** zur Bestreitung des Unterhalts bzw. der Ausbildung des Bedachten steuerfrei (RFH RStBl 30, 819; BFH BStBl II 85, 333). Dies ergibt sich notwendigerweise aus der zeitlichen Beschränkung der Befreiung auf die Dauer, während der ein Anlass zu einer entsprechenden Leistung vorliegt. Dennoch kann ausnahmsweise auch die Zusage (Zuwendung) einer lebenslänglichen Rente dann nach Abs 1 Nr 12 befreit sein, wenn von vornherein feststeht, dass der Zuwendungsempfänger wegen seines hohen Alters, seiner Betreuungsbedürftigkeit oder seiner Vermögenslosigkeit keine Aussicht mehr hat, Einkommen zu beziehen und aus eigenen Mitteln seinen Lebensunterhalt bestreiten zu können, und auch kein Anhalt dafür besteht, dass sich seine wirtschaftlichen Verhältnisse in Zukunft wesentlich verbessern werden oder können (BFH BStBl III 54, 282; FG München UVR 94, 21). Die Steuerfreiheit einer Zuwendung zum Zweck des Unterhalts ist nur dann anzuerkennen, wenn sie den Vermögensverhältnissen und der Lebensstellung des Bedachten entspricht und damit „angemessen" (Abs 2) ist.

Ausbildungszuwendungen sind unabhängig davon steuerfrei, ob sie angemessen erscheinen. Eine steuerfreie Ausbildungszuwendung liegt vor, wenn der Bedachte sich in der Ausbildung befindet und der Zuwendung bedarf. Das ist der Fall, wenn und soweit der Bedachte selbst und die zu seinem Unterhalt verpflichteten Personen nicht in der Lage sind, die Ausbildungskosten zu tragen. Der Begriff „Ausbildung" umfasst jede weitere Ausbildung, also auch eine besondere Fachausbildung (RFH RStBl 33, 1089). Nach diesem Urteil ist bei einer Ausbildungs- und Unterhaltszuwendung der Ausbildungsanteil (= tatsächliche Ausbildungskosten) unabhängig von seiner Angemessenheit, der darüber hinausgehende Teil (= Unterhaltszuwendung) nur bei Angemessenheit steuerfrei. Eine Zuwendung, die nur teilweise für die Bestreitung von Ausbildungskosten bestimmt ist, deren Verwendung im Übrigen im freien Ermessen des Bedachten steht, ist in vollem Umfang stpfl (RFH RStBl 29, 601). Die volle Stpfl ist ein Gebot der Gleichbehandlung mit Unterhaltszuwendungen, die gem Abs 2 bei Überschreiten der Angemessenheit in vollem Umfang stpfl sind. Eine steuerfreie Unterhalts- oder/und Ausbildungszuwendung kann nicht mit späteren anderen Zuwendungen nach § 14 zusammengerechnet werden.

52., 53. Zuwendungen an Pensions- und Unterstützungskassen (Abs 1 Nr 13)

52 Die Befreiung von Zuwendungen an eine nach § 5 KStG von der KSt befreite **Pensions- und Unterstützungskasse** hat nur für solche Zuwendungen praktische Bedeutung, die der Kasse vom Unternehmer von Todes wegen oder die ihr von Dritten unter Lebenden oder von Todes wegen gemacht werden. Die bei der Ermittlung des steuerlichen Gewinns als Betriebsausgaben abzugsfähigen Zuwendungen des Trägerunternehmens an die Kasse stellen von vornherein keine freigebige Zuwendung iS des § 7 dar und bedürfen daher keiner besonderen Befreiung.

53 **Ruhegehalte und ähnliche Zuwendungen.** Vor dem 1. 1. 1974 waren außer den Zuwendungen an Pensions- und Unterstützungskassen auch Ruhegehalte und ähnliche Zuwendungen befreit, die ohne rechtl Verpflichtung gezahlt wurden. Das ErbStG 1974 hat diese Befreiung nicht mehr beibehalten. Für Ruhegehalte, die ein Arbeitgeber zu Lebzeiten ohne rechtl Verpflichtung zahlt, ergibt sich nach wie vor keine SchStPflicht, da als Arbeitslohn und keine unter das ErbStG fallende freigebige Zuwendung sind (RFH RStBl 44, 205). Jedoch unterliegen Ruhegehalte und ähnliche Zuwendungen, die auf einem Testament beruhen und als **echtes Vermächtnis** und nicht lediglich als Bestätigung einer Ruhegehaltsverpflichtung anzusehen sind, seither der ErbSt. Im Gegensatz zu den Zahlungen zu Lebzeiten stellen sie keinen Arbeitslohn dar und unterliegen mithin nicht der LSt (s im Übrigen BTDrs VI/3418, 68). – Wegen der Hinterbliebenenbezüge auf Grund eines Anstellungsvertrages des Erblassers s § 3 Anm 84 ff.

54.–56. Übliche Gelegenheitsgeschenke (Abs 1 Nr 14)

54 Die Frage, ob ein **übliches Gelegenheitsgeschenk** vorliegt, hat der RFH früher nach dem allg Volksempfinden beurteilt (RFH RStBl 30, 765; bespr StuW 30 Sp 1068). Heute wird man die Verkehrsauffassung oder die Anschauungen weiterer Bevölkerungskreise entscheiden lassen. Für die Frage der üblichen Höhe ist nicht der reine Geldwert des Geschenks entscheidend, sondern das Gesamtbild des Falles, insb auch das

Verhältnis des Geldwertes zur Leistungsfähigkeit des Schenkers. Die **relative Betrachtungsweise,** die die Leistungsfähigkeit des Schenkers in die Beurteilung einbezieht, kann indessen nicht dazu führen, dass bei guten Einkommens- und Vermögensverhältnissen des Schenkers auch ungewöhnlich hohe Geschenke noch als „üblich" anzusehen wären (RFH RStBl 26, 206; 29, 497). Trotz dieser Einschränkung erscheint es fraglich, ob die relative Betrachtungsweise noch mit dem Grundsatz der Gleichmäßigkeit der Besteuerung zu vereinbaren ist. Nach ihr würde ein Geschenk, das in begüterten Kreisen noch als üblich gilt, steuerfrei bleiben, während das gleiche Geschenk stpfl wäre, wenn es von einem Schenker stammt, in dessen Kreisen solche Geschenke nicht üblich, also eine Ausnahme sind. Im Hinblick auf die Freibeträge des Abs 1 Nr 1 kommt der Befreiung nach Abs 1 Nr 14 allerdings nur geringe praktische Bedeutung zu. Das gilt umso mehr, als die Jubiläumsgeschenke im Arbeitnehmerbereich (s § 4 LStDV) grundsätzlich keine unter das ErbStG fallende freigebige Zuwendung darstellen (Anm 56). Gleichwohl wäre, wie Einzelfälle zeigen (s FG Hbg EFG 67, 131), eine betragsmäßige Begrenzung der Befreiung („Gelegenheitsgeschenke bis zum Betrag von ... €") zweckmäßig. Solange eine betragsmäßige Begrenzung fehlt, sollte sich die Auslegung an dem Sinn des Geschenks im Verhältnis der Beteiligten zueinander und dem Hintergrund üblicher Anschauungen orientieren. Übliche Gelegenheitsgeschenke werden als Aufmerksamkeit bei besonderen Gelegenheiten hingegeben. Sie sind schenkungsteuerbefreit, weil sie nicht eine über das gewöhnliche Verhalten hinausgehende Freigebigkeit in sich tragen, weil sie nicht auf eine ins Gewicht fallende Bereicherung des Empfängers abzielen und weil sich der Schenker zu ihnen nach der Anschauung der Bevölkerungskreise, in denen er sich bewegt, verpflichtet fühlen muss. Als übliche Gelegenheitsgeschenke sind deshalb solche Zuwendungen nicht anzuerkennen, die außerhalb dessen liegen, was von dem Schenker üblicherweise erwartet werden konnte, zu denen es nach den Umständen keinen nahe liegenden Anlass gab, oder mit denen der Schenker besondere Ziele verfolgte, wie zB das Ziel, eine Änderung der Vermögensverhältnisse im Verhältnis zwischen Schenker und Beschenktem zu erreichen oder den Unterhalt des Beschenkten nachhaltig zu sichern. Auch wenn die frühzeitige Übertragung von Vermögen durch wertvolle Geschenke (Schmuck, Geld, Wertpapiere, Autos etc) in manchen Kreisen zur Gepflogenheit geworden sein mag, können Geschenke solcher Art doch regelmäßig nicht als Gelegenheitsgeschenke iS des § 13 I Nr 14 anerkannt werden.

Gelegenheitsgeschenke, die **nicht mehr dem Anlass angemessen** sind, deren Wert also das übliche Maß überschreitet, sind in vollem Umfang stpfl (RFH RStBl 29, 497). Das Herauslösen eines noch als üblich anzusehenden Teilbetrags erlaubt der Gesetzeswortlaut nicht (FG

Köln EFG 01, 1154). Ein Richtsatz für die „Angemessenheit" eines Gelegenheitsgeschenks besteht (lediglich) für die beim Stapellauf eines Schiffes üblichen „Patengeschenke". Diese werden – unabhängig vom Kaufpreis des gelieferten Schiffes – als übliches Gelegenheitsgeschenk angesehen, wenn ihr Wert 1500 € nicht übersteigt (inhaltlich gleich lautende Erl der Küstenländer Schl-H, Nds, Hbg und Bre). Die Betragsgrenze kann auch als Anhaltspunkt für angemessene Patengeschenke beim Stapellauf von Binnenschiffen angesehen werden. Die Frage, ob ein Gelegenheitsgeschenk „üblich" ist, kann sich ausnahmsweise auch bei einem **Staatsgeschenk** stellen, wenn nämlich der Amtsinhaber als der Beschenkte anzusehen ist, wie dies im Einzelfall zutreffen kann (s OLG Köln NJW 84, 2299). Soweit ein Staatsgeschenk bestimmungsgemäß in den Besitz des Bundes/des Landes übergeht, ist der Bund/das Land objektiv bereichert und subjektiv beschenkt. Das Geschenk ist dann nach Abs 1 Nr 15 steuerfrei.

56 Bei **Jubiläumsgeschenken an Arbeitnehmer** handelt es sich regelmäßig um **Arbeitslohn**. Da Arbeitslohn und freigebige Zuwendungen sich gegenseitig ausschließen, ist insoweit kein unter das ErbStG fallender Tatbestand und somit von vornherein keine SchStPflicht gegeben (RFH RStBl 29, 412; 30, 382; 31, 656; 31, 986; 32, 442; 33, 1196; 34, 568; BFH BStBl III 62, 281 u BFH BStBl II 85, 641; s auch *Richter*, BB 86, 171). Für ein Gelegenheitsgeschenk, das ein Arbeitgeber einem Arbeitnehmer aus privaten Gründen macht, gelten die allg Grundsätze (Anm 54, 55).

57 **Zuwendungen an den Bund/ein Land/eine inländische Gemeinde oder zu deren Zwecken (Abs 1 Nr 15).** Die Befreiungsregelung setzt voraus, dass auch Erwerbe von Körperschaften des öffentlichen Rechts der ErbSt/SchSt unterliegen, soweit nicht die Befreiungsvorschrift eingreift. Für Zuwendungen an Berufsorganisationen des Handwerks ist keine Befreiungsregelung vorgesehen; sie unterliegen daher der SchSt (FG S-Anh EFG 00, 24). Befreit sind außer den unmittelbaren Zuwendungen, bei denen die Verwendung derselben im Ermessen des Empfängers liegt, auch Zuwendungen, die einer natürlichen oder juristischen Person mit der ausdrücklichen Auflage gemacht worden sind, sie allgemein für Zwecke des Bundes, eines Landes oder einer inländischen Gemeinde oder für bestimmte Zwecke des Bundes usw zu verwenden.

Beispiel: A hat dem Bürgermeister seiner Heimatstadt einen Betrag von 100 000 € mit der Auflage vermacht, damit ein bestimmtes Jugendheim der Stadt zu renovieren und neu einzurichten. Es handelt sich bei dieser Zuwendung um ein Vermächtnis, das nach Abs 1 Nr 15 steuerfrei ist.

Zuwendungen an eine Gemeinde, die mit einer Grabpflegeauflage beschwert sind, sind wie entsprechende Zuwendungen an die Kirche usw ggf aufzuteilen (s Anm 49). *Felix* (DVR 86, 18) gibt zu überlegen, ob in Wahlkampfspenden an Bundestagsabgeordnete eine Zuwendung an den Bund gesehen werden kann. Diese Ansicht hat jedoch keine Zustimmung gefunden (*Manke,* FR 86, 223), da die Wahlkampfspenden den Wettstreit unter den Parteien beeinflussen sollen und diese Einflussnahme nicht im Rahmen einer Bundesaufgabe liegt.

58.–64. Zuwendungen an Kirchen und gemeinnützige, mildtätige oder kirchliche Institutionen (Abs 1 Nr 16)

Befreit sind nach **Absatz 1 Nr 16 Buchstabe a** Zuwendungen an inländische Religionsgesellschaften des öffentlichen Rechts und an inländische jüdische Kultusgemeinden, ohne dass es einer weiteren Prüfung der von diesen Gesellschaften und Gemeinden verfolgten Zwecke bedarf. Zuwendungen an andere Körperschaften, Personenvereinigungen und Vermögensmassen iS von **Absatz 1 Nr 16 Buchstabe b** sind dagegen von der Steuer nur dann befreit, wenn sie im Besteuerungszeitpunkt gemeinnützigen Zwecken dienen. Unter den Voraussetzungen des **Absatz 1 Nr 16 Buchstabe c** werden auch Zuwendungen an ausländische Institutionen von der Steuer freigestellt. Erfolgt die Zuwendung an einen der genannten Rechtsträger unter der Auflage, sie zu einem bestimmten Zweck zu verwenden, kann, wie *Moench/Kien-Hümbert* (§ 13 Rz 87) betont, eine Zweckzuwendung vorliegen, die zwar steuerpflichtig sein kann, aber im Zweifel nach Abs 1 Nr 17 ebenfalls befreit sein wird. **58**

Inländische Religionsgemeinschaften und Kultusgemeinden (Absatz 1 Nr 16 Buchstabe a). Als Körperschaften des öffentlichen Rechts sind im Inland folgende Religionsgesellschaften anerkannt: **59**

1. die Evangelische Kirche in Deutschland, die Vereinigte Evangelisch-Lutherische Kirche Deutschlands, die Evangelische Kirche der Union, die evangelischen Landeskirchen mit ihren Gemeinden, Gemeindeverbänden und Kirchenkreisen (Dekanaten, Probsteien usw) sowie einzelne evangelische Gemeinden mit besonderer bekenntnismäßiger Ausprägung, soweit sie der Evangelischen Kirche in Deutschland angeschlossen sind, und
2. die römisch-katholischen Kirchengemeinden, Kirchengemeindeverbände und Diözesanverbände, die Bischöflichen Stühle, Bistümer und Domkapitel.

Für die übrigen Religionsgemeinschaften wird der Nachweis der Eigenschaft als Körperschaft des öffentlichen Rechts durch Vorlage der Verleihungsurkunde zu führen sein. Bei **inländischen jüdischen Kultusgemeinden** wird der Status einer Körperschaft des öffentlichen Rechts nicht vorausgesetzt. Die persönliche Begünstigung der Religionsgemeinschaften erstreckt sich auf alle Organe und Einrichtungen,

§ 13 60, 61   Steuerbefreiungen

die notwendige Bestandteile der Religionsgesellschaften und zugleich selbstständige Träger des den Zwecken der Religionsgesellschaften dienenden Vermögens sind (s auch BFH BStBl III 51, 73 u 80). Nicht Bestandteile der Kirchen und Religionsgesellschaften und daher von ihnen zu unterscheiden sind geistliche Gesellschaften (Orden, Kongregationen, Bruderschaften, Klöster, Stifte), die sich besonderen Religionsausübungen widmen; diesen Anstalten wird jedoch regelmäßig Befreiung nach Abs 1 Nr 16 Buchst b zustehen (s Anm 60). Eine Religionsgesellschaft des Privatrechts verfolgt mit ihren eigenen religiösen Zwecken keine kirchlichen Zwecke und genießt keine StFreiheit (BFH BStBl III 51, 148).

60   **Gemeinnützige, mildtätige oder kirchliche Institutionen (Abs 1 Nr 16 Buchstabe b).** Nach dieser Vorschrift werden Zuwendungen an inländische Institutionen begünstigt, wenn sie im Besteuerungszeitpunkt steuerbegünstigten Zwecken dienen. Die Voraussetzungen der StFreiheit werden nach den §§ 51 ff AO beurteilt. Entscheidungen über die KStFreiheit sind auch hier zu beachten. Begünstigt werden Zuwendungen an Institutionen, die **kirchliche Zwecke** verfolgen, dh die Gesellschaften und Gemeinden nach Buchst a unterstützen. Begünstigt werden ferner Zuwendungen an Institutionen, die **gemeinnützigen Zwecken** dienen, sich insb der Förderung von Kunst und Kultur, Forschung und Wissenschaft, Bildung und Weiterbildung, Umwelt-, Landschafts- und Denkmalschutz verschrieben haben. Begünstigt werden schließlich auch Zuwendungen an Institutionen, die **mildtätige Zwecke** verfolgen, also insb körperlich, geistig oder seelisch unterstützungsbedürftige Personen fördern.

61   Die genannten Institutionen müssen nach ihrer Satzung, Verfassung, nach dem Stiftungsgeschäft **und** nach ihrer tatsächlichen Geschäftsführung den begünstigten Zwecken **ausschließlich und unmittelbar** dienen. Fraglich ist, welche Bedeutung es hat, wenn die Institution sich nicht auf die ausschließliche und unmittelbare Förderung der begünstigten Zwecke beschränkt, sondern zusätzlich einen **wirtschaftlichen Geschäftsbetrieb** (§ 14 AO) oder Zweckbetrieb (§ 65 AO) unterhält. Denkbar wäre, dass damit die StBefreiung gänzlich entfällt (so BFH BStBl II 92, 41 zu § 7 I Nr 1 KVStG 1972). Die FinVerw ist dieser Entscheidung jedoch nicht gefolgt (vgl FinVerw NW DB 92, 1378). Nunmehr sieht R E 13.8 II ErbStR folgende Regelung vor: Die StBefreiung wird nicht dadurch ausgeschlossen, dass die begünstigte Institution einen Zweckbetrieb unterhält. Das gilt auch für Zuwendungen, die zur Verwendung in einem Zweckbetrieb bestimmt sind. Unterhält die Institution einen stpfl wirtschaftlichen Geschäftsbetrieb, ist dies ebenfalls unschädlich, solange nicht die Institution in erster Linie eigenwirtschaftliche Zwecke verfolgt. Zuwendungen, die dem stpfl

wirtschaftlichen Geschäftsbetrieb der Institution zugute kommen, werden allerdings von der Befreiungsregelung ausgenommen. Ist der wirtschaftliche Geschäftsbetrieb selbst der Gegenstand der Zuwendung, bleiben die Voraussetzungen für die StBefreiung für diese und weitere Zuwendungen an die Institution grundsätzlich erhalten. Führt die gemeinnützige Institution den wirtschaftlichen Geschäftsbetrieb fort, ist Voraussetzung für die Begünstigung weiterer Zuwendungen, dass die erwirtschafteten Überschüsse des Geschäftsbetriebs an den ideellen Bereich gelangen.

Bei Zuwendungen im Rahmen eines **Stiftungsgeschäfts unter Lebenden** werden hinsichtlich der StBefreiung regelmäßig keine Schwierigkeiten auftreten, da der Stifter die Satzung mit dem zuständigen FA abstimmen kann, so dass die Anerkennung der Stiftung als gemeinnützig, mildtätig oder kirchlich gesichert ist, und er die Übertragung des Vermögens erst nach der Anerkennung vorzunehmen braucht, um jegliches Risiko auszuschließen. Bei einer vom **Erblasser angeordneten Stiftung** ist Voraussetzung für die StBefreiung, dass der Erblasser keine Anordnungen getroffen hat, die der Anerkennung der Stiftung als gemeinnützig, mildtätig oder kirchlich entgegenstehen. Der Erblasser kann ein Risiko hinsichtlich der StBefreiung dadurch ausschließen, dass er zwar die Zwecke, die die Stiftung verfolgen soll, festlegt, jedoch einen Testamentsvollstrecker ernennt, den er ermächtigt, die Satzung der Stiftung so zu gestalten, dass sie den Erfordernissen für eine Anerkennung als gemeinnützig, mildtätig oder kirchlich erfüllt, und dabei notfalls auch den Stiftungszweck entsprechend zu ändern.

StNachentrichtung bei Wegfall der Befreiungs-Voraussetzungen (Abs 1 Nr 16 Buchstabe b S 2). Rechtsgrundlage für die Nacherhebung der ErbSt/SchSt beim rückwirkenden Wegfall der Befreiung nach Abs 1 Nr 16 Buchst b ist § 175 I 1 Nr 2 AO. Wegfall mit „Wirkung für die Vergangenheit" bedeutet, dass die St nach dem Wert im Zeitpunkt des Übergangs des zugewendeten Vermögens auf die begünstigte Körperschaft usw nachzuentrichten ist. Nach Abs 1 Nr 16 Buchst b S 2 verbleibt es bei der ursprünglichen Befreiung, wenn bei Auflösung oder Aufhebung einer begünstigten Körperschaft usw innerhalb von 10 Jahren das Vermögen auf eine andere begünstigte Körperschaft übergeht oder für begünstigte Zwecke verwendet wird. Dies dürfte die Regel sein (s § 55 I Nr 4 AO). Bei der StFreiheit verbleibt es auch, soweit das Vermögen im Rahmen des nach § 55 I Nr 2 AO Zulässigen an den Schenker oder an die Erben des Schenkers/Erblassers zurückfällt. Der Wegfall der Befreiung ist damit auf den unwahrscheinlichen Fall beschränkt, dass eine begünstigte Körperschaft usw durch Satzungsänderung die Verfolgung der begünstigten Zwecke innerhalb von 10 Jahren aufgibt und ihr das Vermögen verbleibt. Soweit das

Vermögen an den Schenker oder die Erben des Schenkers/Erblassers zurückfällt, kann es sich nur um einen Rückfall infolge einer entsprechenden **Rückfallklausel** bei der ursprünglichen Vermögensübertragung und somit um einen Fall des § 5 BewG handeln, der die ursprüngliche StFreiheit unberührt lässt. Der Vermögensrückfall an den Schenker wurde nach der früheren RsprLinie als Rückfall an sich selbst behandelt und damit von der Steuer ausgenommen (BFH BStBl III 54, 178). Nunmehr ist jedoch die zum Recht der Familienstiftungen ergangene Entscheidung BFH BStBl II 93, 238 zu beachten, die zu einer abweichenden Einordnung kommt. Soweit das Vermögen an die Erben des Schenkers/Erblassers fällt, liegt bei ihnen ein Erwerb infolge Eintritts einer aufschiebenden Bedingung iS des § 4 BewG vor (= Wirksamwerden der Rückfallklausel). Die Erwerbe der Erben unterliegen gem § 9 I Nr 1 Buchst a bzw Nr 2 iVm § 4 BewG als Vermögensanfälle von Seiten des Stifters (Erblasser/Schenker) der ErbSt/SchSt. Das gilt auch dann, wenn die 10-Jahresfrist des Abs 1 Nr 16 Buchst b S 2 bereits abgelaufen ist; denn insoweit liegen normale Erwerbe iS des § 4 BewG vor.

64 Ausländische Kirchen und gemeinnützige Körperschaften (Abs 1 Nr 16 Buchstabe c). Bis 1992 galt: Zuwendungen an sie waren grundsätzlich nur im Rahmen des Abs 1 Nr 17, also bei einer entsprechenden **Zweckbestimmung** durch den Erblasser/Schenker steuerfrei (s Anm 65). Soweit ein DBA ein allg steuerliches Diskriminierungsverbot enthielt, konnte daraus keine Gleichstellung der ausländischen kirchlichen, gemeinnützigen und mildtätigen Institutionen mit den inländischen Institutionen und somit keine Anwendung des Abs 1 Nr 16 auf sie hergeleitet werden. Es blieb jedoch zu prüfen, ob der Erblasser-/Schenkerwille – ggf in Ergänzung des Testamentswortlauts – nicht eine Befreiung nach Abs 1 Nr 17 zulässt (s BFH BStBl II 84, 9). Es galt die These: Soweit bei testamentarischen Zuwendungen das Testament keine ausdrückliche Zweckbestimmung enthält, wird man grundsätzlich unterstellen können, dass die satzungsmäßige Verwendung der Zuwendung dem Willen des Erblassers entspricht; andernfalls hätte er die Zuwendung unterlassen. Hiervon ausgehend, hatten die Bundesrepublik Deutschland und einzelne Schweizer Kantone in besonderen Gegenseitigkeitserklärungen die wechselseitige Befreiung von Zuwendungen an ihre gemeinnützigen Institutionen usw vereinbart (s BStBl I 2000, 464, 485). Ähnliche Gegenseitigkeitserklärungen zur Befreiung von Zuwendungen an kirchliche, gemeinnützige oder mildtätige Einrichtungen bestanden mit den Niederlanden und mit Dänemark (s DVR 64, 140). – Dann hat jedoch das StÄndG 1992 (BGBl I 92, 297) die Regelung des **§ 13 Abs 1 Nr 16 Buchstabe c** eingeführt, die, sofern der ausländische Staat Gegenseitigkeit gewährt, die vollständige Freistellung der Zuwendungen auch an ausländische Kirchen und gemeinnützige Vermögensträger bewirkt. Nach der Neufassung der Nr 16 Buchst c durch das JStG 1997 wird die Steuerfreiheit jetzt von dem förmlichen Austausch bestimmter Erklärungen abhängig gemacht (vgl dazu R E 13.9 ErbStR). Liegen diese Erklärungen nicht vor, ist die Befreiung nach § 13 I Nr 17 zu prüfen.

65.–67. Zuwendungen zu gemeinnützigen, mildtätigen oder kirchlichen Zwecken (Abs 1 Nr 17)

Ebenso wie unmittelbare Zuwendungen an gemeinnützige Körperschaften usw (Anm 58) sind auch **Zweckzuwendungen iSd § 8,** die die Voraussetzungen des Abs 1 Nr 17 erfüllen, steuerfrei. Der Anwendungsbereich des Abs 1 Nr 17 ist allerdings nicht auf Zweckzuwendungen beschränkt (BFH DStRE 97, 207).

Beispiel: Der Erblasser wendet dem Ortsgeistlichen 30 000 € mit der Auflage zu, diesen Betrag (oder die Zinsen des Betrages) für kranke und in Not geratene Mitglieder der Kirchengemeinde zu verwenden. Es liegt eine Zweckzuwendung vor, die steuerfrei bleibt, wenn die Voraussetzungen des Abs 1 Nr 17 erfüllt sind.

Die Befreiung ist nicht davon abhängig, dass die Zuwendung im Inland zu dem begünstigten Zweck zu verwenden ist (R E 13.10 I ErbStR). Voraussetzung für die Befreiung ist nur, dass es sich bei den Zwecken um solche iS des **deutschen StRechts** handelt und dass der Erblasser oder Schenker die Zweckbestimmung selbst ausdrücklich angeordnet hat (R E 13.10 I ErbStR). Demzufolge kann über Abs 1 Nr 17 auch für eine Zuwendung an eine ausländische Kirche oder gemeinnützige Institution, die nach Abs 1 Nr 16 mangels Gegenseitigkeit ausnahmsweise nicht befreit ist, StFreiheit erreicht werden, indem die Zuwendung unter der ausdrücklichen Auflage gemacht wird, sie für kirchliche, gemeinnützige oder mildtätige Zwecke zu verwenden. Beim Fehlen einer solchen Auflage wird im Verhältnis zu verschiedenen Kantonen der Schweiz, zu den Niederlanden und zu Dänemark ein entsprechender Wille des Erblassers unterstellt (s Anm 64). In anderen Fällen ist – wie bei einem mündlichen Testament (s BFH BStBl II 70, 119) – eine nach Abs 1 Nr 17 steuerfreie Zuwendung anzunehmen, wenn ein entsprechender Erblasser-Wille nach den Gesamtumständen des Falls nicht zweifelhaft sein kann (s BFH BStBl II 84, 9 in Ergänzung/Änderung von BFH BStBl II 77, 213; ferner: BFH DStRE 97, 207). Das FG München (EFG 98, 492) hat die Anordnung, einen bestimmten Geldbetrag „dem Staate Israel zu spenden", noch nicht als ausreichende Zweckwidmung angesehen. Weil aber dort jetzt alle Nachlässe, die den Staat zufallen, karitativen Zwecken zugeführt werden, ist die Rechtslage nunmehr anders zu sehen (FG München EFG

02, 852). Eine Zuwendung zur Instandsetzung eines dem Beschenkten gehörenden Kulturgutes ist keine steuerfreie Zweckzuwendung zu gemeinnützigen Zwecken; insoweit liegt vielmehr eine nach § 10 IX nicht abzugsfähige Auflage vor, sofern der Bedachte durch die Instandsetzung des Kulturguts bereichert wird (s § 10 Anm 60).

66 Die **Verwendung** einer Zuwendung zu kirchlichen, gemeinnützigen oder mildtätigen Zwecken wird als **gesichert angesehen** werden können, wenn sie erfolgt oder beaufsichtigt wird durch eine öffentliche Behörde oder einen öffentlichen Beamten in amtlicher Eigenschaft, eine Religionsgesellschaft oder einen Geistlichen kraft seiner kirchlichen Stellung. Die Verwendung ist dagegen nicht ohne Weiteres als gesichert anzusehen, wenn sie einem Erben, Testamentsvollstrecker oder einer anderen Privatperson oder einem nicht rechtsfähigen Verein aufgetragen ist, der nach seiner Organisation keine Gewähr für die dauernde Zweckerfüllung bietet und diesen Mangel nicht beseitigt. Um die zweckgerechte Verwendung zu sichern, verlangt die FinVerw die Bildung eines **selbstständigen Zweckvermögens** und betont, dass es auch bei einer auf die Verfolgung steuerbegünstigter Zwecke angelegten ausländischen Körperschaft nicht genügt, dass das zugewendete Vermögen zweckfreies Eigenvermögen wird, weil sich sonst die zweckgerichtete Verwendung der zugewendeten Mittel nicht kontrollieren lässt (R E 13.10 II ErbStR).

67 Was **gemeinnützige, mildtätige oder kirchliche Zwecke** iS des deutschen StRechts sind, ist in den §§ 52–54 AO geregelt. Danach sind
– **gemeinnützige Zwecke** insb die Förderung von Wissenschaft und Forschung, der Religion, des öffentlichen Gesundheitswesens, der Jugend- und Altenhilfe, von Kunst und Kultur, des Denkmalschutzes, der Erziehung, Volks- und Berufsbildung, des Naturschutzes, des Wohlfahrtswesens, der Hilfe für Verfolgte, Flüchtlinge usw., der Rettung aus Lebensgefahr, des Katastrophenschutzes, der Völkerverständigung, des Tierschutzes, der Entwicklungszusammenarbeit, von Verbraucherberatung, der Fürsorge für Strafgefangene, der Gleichberechtigung von Frauen und Männern, des Schutzes von Ehe und Familie, der Kriminalprävention, des Sports, der Heimatpflege, der Tier- und Pflanzenzucht, der Kleingärtnerei, des traditionellen Brauchtums (Karneval), der Soldaten- und Reservistenbetreuung, des Amateurfunkens, des Modellflugs und des Hundesports, des inländischen demokratischen Staatswesens, des bürgerschaftlichen Engagements zugunsten gemeinnütziger, mildtätiger und kirchlicher Zwecke (§ 52 II AO);
– **mildtätige Zwecke** insb die Unterstützung von Personen, die infolge ihres körperlichen, geistigen oder seelischen Zustandes auf die Hilfe anderer angewiesen sind (§ 53 AO);

– **kirchliche Zwecke** insb die Errichtung, Ausschmückung und Unterhaltung von Gotteshäusern und kirchlichen Gemeindehäusern, die Abhaltung von Gottesdiensten, die Ausbildung von Geistlichen, die Beerdigung und die Pflege des Andenkens der Toten u a mehr (§ 54 II AO), soweit damit eine öffentlich-rechtliche Religionsgemeinschaft (= Kirche) gefördert wird oder die verfolgten Zwecke zumindest solche sind, denen sich auch die Kirche annimmt (Toten-Andenken).

Werden alle Erträge eines Vermögens auf Dauer für begünstigte Zwecke eingesetzt, wird das Vermögen selbst begünstigt verwendet (BFH BStBl II 02, 303).

Zuwendungen an politische Parteien und Vereine (Abs 1 Nr 18). Die Vorschrift wurde durch das ErbStRG 2009 neugefasst. Die Neufassung geht auf eine Entscheidung des BVerfG zurück (BVerfG DStRE 08, 1206). In dieser auf Vorlage des Hess FG (EFG 05, 797) ergangenen Entscheidung hatte das BVerfG festgestellt, dass Abs 1 Nr 18 in der bis 2008 geltenden Fassung, die eine Steuerbefreiung nur für Zuwendungen an politische Parteien vorsah, das aus Art 3 I GG folgende Recht auf Chancengleichheit im Verhältnis zwischen politischen Parteien und kommunalen Wählervereinigungen und deren Dachverbänden verletzt. Die StFreiheit nach Abs 1 Nr 18 aF sollte bis zu einer Neuregelung auch für kommunale Wählervereinigungen und ihre Dachverbände gelten, soweit sie unter § 34 g S 1 Nr 2 EStG fallen. Im Übrigen sei die Befreiungsnorm längstens bis zum 30. 6. 2009 anwendbar. Der Gesetzgeber hat den in dieser Entscheidung liegenden Gesetzgebungsauftrag aufgegriffen und die Steuerfreiheit des Abs 1 Nr 18 im Zuge des ErbStRG 2009 mWv 1. 1. 2009 auf Vereine erstreckt, die ihre Tätigkeit auf die Mitwirkung bei der politischen Willensbildung konzentrieren, sich an Wahlen auf Bundes-, Landes- oder Kommunalebene mit Erfolg beteiligen oder sich ernsthaft um eine Beteiligung bemühen. Für den Umfang der Befreiung hatte die FinVerw (FinMin NW DB 86, 621) folgende Grundsätze genannt:

a) Es sind alle Zuwendungen an die Parteien und ihre Gebietsverbände steuerfrei, die nicht auf Grund einer ausdrücklichen Auflage des Zuwendenden deren freier Verwendungsmöglichkeit entzogen sind. Bloße Verwendungswünsche des Zuwendenden beeinträchtigen die StFreiheit nicht. Zuwendungen unter der Auflage, sie an eine bestimmte Person (zB einen Abgeordneten) weiterzuleiten, gelten als Zuwendungen an den Abgeordneten. Zuwendungen an einen Abgeordneten mit der Auflage, sie an seine Partei weiterzuleiten, gelten als Zuwendungen an die Partei.

b) Zuwendungen an Abgeordnete oder an Kandidaten, die Abgeordnete werden wollen, unterliegen der SchSt auch dann, wenn sie mit der Verpflichtung verbunden sind, das Zugewendete für den Wahlkampf zu verwenden. Die Verpflichtung bedeutet eine dem Abgeordneten selbst zugute kommende Auflage, die nach § 10 IX nicht abzugsfähig ist (FG Berlin EFG 89, 415). Auch soweit – durch welche Auflagengestaltung auch immer – Zweckzuwendungen für parteipolitische Zwecke vorliegen, fallen diese nicht unter die Befreiungsvorschrift des Abs 1 Nr 18.

Für Zuwendungen an Abgeordnete oder Kandidaten und für Zweckzuwendungen tritt StPfl ein, soweit der Freibetrag des § 16 überschritten wird.

69 **Angemessene Zuwendungen iS des Abs 1 Nr 5 und 12 (Abs 2).** Der Erlass einer Unterhaltsschuld (Anm 32) und die unmittelbare Unterhaltszuwendung (Anm 48) sind nur bei „Angemessenheit" des gewährten Unterhalts steuerfrei. Nach Abs 2 trifft dies zu, wenn die Unterhaltsgewährung den Vermögensverhältnissen und der **Lebensstellung des Bedachten** (nicht des Schenkers/Erblassers) entsprochen hat bzw. entspricht. Den Maßstab hierfür bildet das, was im Lebenskreise des Bedachten „üblich" ist, sofern es den Rahmen der allg Sitte nicht überschreitet. Ist diese Grenze innegehalten, so ist eine weitere Prüfung, ob das tatsächlich Übliche auch angemessen sei, nicht zulässig (RFH RStBl 32, 1147). Ist diese Grenze überschritten, so ist die Zuwendung in vollem Umfang stpfl (Abs 2 S 2). Die Angemessenheit einer Zuwendung an einen Bedachten, der seine frühere Lebensstellung hat aufgeben müssen, ohne sich eine neue schaffen zu können, wird nach dieser früheren Lebensstellung beurteilt werden können. Wenn bei einer freigebigen Vereinbarung laufenden Unterhalts an die geschiedene Ehefrau kein Rentenstammrecht begründet worden ist, als Gegenstand der Schenkung also die einzelnen Rentenbeträge (= laufende Unterhaltszahlungen iS des Abs 1 Nr 12) gelten, so ist für jede einzelne Rate gesondert zu prüfen, ob sie als Zuwendung zum Zweck des angemessenen Unterhalts von der St befreit ist. Zugunsten einer geschiedenen Frau ist ihre Lebensstellung während des Bestehens der Ehe zugrunde zu legen. Das Maß des angemessenen Unterhalts wird nicht allein deshalb überschritten, weil die Bedachte auch einmalige Zuwendungen anderer Zweckbestimmung erhalten hat (BFH BStBl II 68, 239).

70 **Verzicht auf die StFreiheit nach Abs 1 Nr 2 und 3 (Abs 3).** Die Verzichtsmöglichkeit ist zur Vermeidung von Besteuerungsnachteilen beim Erwerb von Grundbesitz, dessen Erhaltung im öffentlichen Interesse liegt, geschaffen worden (s Anm 13). Zweifelhaft ist nach dem Wortlaut des Abs 3, ob der Erwerber auch teilweise (also beschränkt auf den überschuldeten befreiten/teilbefreiten Grundbesitz) auf die Befreiung/Teilbefreiung verzichten kann oder ob nur ein Gesamtverzicht auf Anwendung der Vorschrift des Abs 1 Nr 2 oder/und Nr 3 möglich ist.

Nach dem Sinn und Zweck der Verzichtsmöglichkeit muss ein auf bestimmte Gegenstände des Erwerbs, also insb ein auf den Grundbesitz beschränkter Verzicht auf die Befreiung/Teilbefreiung zulässig sein (so jetzt auch R E 13.11 ErbStR). Antragsberechtigt ist nach dem Wortlaut des Abs 3 S 2 jeder Erwerber für die Gegenstände seines Erwerbs bzw für seinen Anteil an gemeinsam erworbenen Gegenständen. Bei mehreren Erben genügt ein gemeinsamer Verzicht im Rahmen einer gemeinsamen ErbSt-Erklärung (§ 31).

Sonstige Befreiungen. Zunächst sind §§ 13 a und 13 c zu beachten. **71** Sodann sieht § 3 Abs 4 des Gesetzes zur Errichtung der Stiftung „Erinnerung, Verantwortung und Zukunft" (BGBl I 00, 1263) die StFreiheit von Zuwendungen vor (Näheres dazu bei *Moench/Kien-Hümbert* § 13 Rz 107). Im Übrigen gewährt die FinVerw aus Billigkeitsgründen StFreiheit für Literatur-, Film- und ähnliche Preise, die von einer öffentlich-rechtlichen Körperschaft unmittelbar aus öffentlichen Mitteln verliehen werden, um die Erziehung, Ausbildung, Wissenschaft oder Kunst zu fördern oder Personen wegen ihrer Verdienste auf diesen Gebieten (zB für ihre Gesamtleistung als Schriftsteller, Schauspieler usw) auszuzeichnen. Der StBefreiung bedarf es nur, wenn ernstlich erwogen werden könnte, die Preise in den Kreis der stpfl Zuwendungen nach § 7 I Nr 1 einzubeziehen, was regelmäßig wegen der öffentlichen Zweckwidmung der Preise nicht der Fall sein wird. Bei Preisen von Vereinen, Verbänden und sonstigen privaten Einrichtungen entscheidet die FinVerw von Fall zu Fall darüber, ob ihre Befreiung von der SchSt gem § 163 AO (= § 131 RAO) gerechtfertigt ist (DVR 61, 124). Wegen der StFreiheit für Preise der vorgenannten Art, die von einer Stiftung verliehen werden, s § 7 Anm 88, 112. Für Subventionen aus öffentlichen Mitteln bedarf es keiner besonderen Befreiung. Sie stellen keine freigebige Zuwendung iS des § 7 I Nr 1 dar, weil die öffentl Hand insoweit nicht freigebig, sondern in Erfüllung ihr obliegender Aufgaben handelt (s auch *Müller*, DStR 65, 584).

Weitere Befreiungen von der ErbSt/SchSt ergeben sich, soweit die persönl Stpfl nach § 2 für bestimmte Personen durch ein internationales Abkommen oder einen bilateralen Vertrag aufgehoben oder eingeschränkt ist, wie für Nachlässe/Schenkungen und Erwerbe von Diplomaten nach Art 39 IV iVm Art 34, 37 WÜD (BGBl II 64, 957), von Konsularbeamten nach Art 51 WÜK (BGBl II 69, 1585) usw. Die Abkommen/Verträge erstrecken sich grundsätzlich auch auf die zum Haushalt des Diplomaten usw gehörenden Angehörigen. Sie finden keine Anwendung, soweit anderen Personen Vermögen des Diplomaten usw anfällt und nach § 2 I Nr 1 stpfl ist. Ebenso ist die beschränkte Stpfl nach § 2 I Nr 3 durch die Abkommen/Verträge nicht eingeschränkt.

§ 13 a Steuerbefreiung für Betriebsvermögen, Betriebe der Land- und Forstwirtschaft und Anteile an Kapitalgesellschaften

(1) ¹Der Wert von Betriebsvermögen, land- und forstwirtschaftlichem Vermögen und Anteilen an Kapitalgesellschaften im Sinne des § 13 b Abs. 4 bleibt insgesamt außer Ansatz (Verschonungsabschlag). ²Voraussetzung ist, dass die Summe der maßgebenden jährlichen Lohnsummen (Absatz 4) des Betriebs, bei Beteiligungen an einer Personengesellschaft oder Anteilen an einer Kapitalgesellschaft des Betriebs der jeweiligen Gesellschaft, innerhalb von fünf Jahren nach dem Erwerb (Lohnsummenfrist) insgesamt 400 Prozent der Ausgangslohnsumme nicht unterschreitet (Mindestlohnsumme). ³Ausgangslohnsumme ist die durchschnittliche Lohnsumme der letzten fünf vor dem Zeitpunkt der Entstehung der Steuer endenden Wirtschaftsjahre. ⁴Satz 2 ist nicht anzuwenden, wenn die Ausgangslohnsumme 0 Euro beträgt oder der Betrieb nicht mehr als zwanzig Beschäftigte hat. ⁵Unterschreitet die Summe der maßgebenden jährlichen Lohnsummen die Mindestlohnsumme, vermindert sich der nach Satz 1 zu gewährende Verschonungsabschlag mit Wirkung für die Vergangenheit in demselben prozentualen Umfang, wie die Mindestlohnsumme unterschritten wird.

(1 a) ¹Das für die Bewertung der wirtschaftlichen Einheit örtlich zuständige Finanzamt im Sinne des § 152 Nummer 1 bis 3 des Bewertungsgesetzes stellt die Ausgangslohnsumme, die Anzahl der Beschäftigten und die Summe der maßgebenden jährlichen Lohnsummen gesondert fest, wenn diese Angaben für die Erbschaftsteuer oder eine andere Feststellung im Sinne dieser Vorschrift von Bedeutung sind. ²Die Entscheidung über die Bedeutung trifft das Finanzamt, das für die Festsetzung der Erbschaftsteuer oder die Feststellung nach § 151 Absatz 1 Satz 1 Nummer 1 bis 3 des Bewertungsgesetzes zuständig ist. ³§ 151 Absatz 3 und die §§ 152 bis 156 des Bewertungsgesetzes sind auf die Sätze 1 und 2 entsprechend anzuwenden.

(2) ¹Der nicht unter § 13 b Abs. 4 fallende Teil des Vermögens im Sinne des § 13 b Abs. 1 bleibt vorbehaltlich des Satzes 3 außer Ansatz, soweit der Wert dieses Vermögens insgesamt 150 000 Euro nicht übersteigt (Abzugsbetrag). ²Der Abzugsbetrag von 150 000 Euro verringert sich, wenn der Wert dieses Vermögens insgesamt die Wertgrenze von 150 000 Euro übersteigt, um 50 Prozent des diese Wertgrenze übersteigenden Betrags. ³Der Abzugsbetrag kann innerhalb von zehn Jahren für von derselben Person anfallende Erwerbe nur einmal berücksichtigt werden.

(3) ¹Ein Erwerber kann den Verschonungsabschlag (Absatz 1) und den Abzugsbetrag (Absatz 2) nicht in Anspruch nehmen, soweit er Vermögen im Sinne des § 13 b Abs. 1 auf Grund einer letztwilligen

Steuerbefreiung für Betriebsvermögen § 13 a

Verfügung des Erblassers oder einer rechtsgeschäftlichen Verfügung des Erblassers oder Schenkers auf einen Dritten übertragen muss. ²Gleiches gilt, wenn ein Erbe im Rahmen der Teilung des Nachlasses Vermögen im Sinne des § 13 b Abs. 1 auf einen Miterben überträgt.

(4) ¹Die Lohnsumme umfasst alle Vergütungen (Löhne und Gehälter und andere Bezüge und Vorteile), die im maßgebenden Wirtschaftsjahr an die auf den Lohn- und Gehaltslisten erfassten Beschäftigten gezahlt werden; außer Ansatz bleiben Vergütungen an solche Arbeitnehmer, die nicht ausschließlich oder überwiegend in dem Betrieb tätig sind. ²Zu den Vergütungen zählen alle Geld- oder Sachleistungen für die von den Beschäftigten erbrachte Arbeit, unabhängig davon, wie diese Leistungen bezeichnet werden und ob es sich um regelmäßige oder unregelmäßige Zahlungen handelt. ³Zu den Löhnen und Gehältern gehören auch alle von den Beschäftigten zu entrichtenden Sozialbeiträge, Einkommensteuern und Zuschlagsteuern auch dann, wenn sie vom Arbeitgeber einbehalten und von ihm im Namen des Beschäftigten direkt an den Sozialversicherungsträger und die Steuerbehörde abgeführt werden. ⁴Zu den Löhnen und Gehältern zählen alle vom Beschäftigten empfangenen Sondervergütungen, Prämien, Gratifikationen, Abfindungen, Zuschüsse zu Lebenshaltungskosten, Familienzulagen, Provisionen, Teilnehmergebühren und vergleichbare Vergütungen. ⁵Gehören zum Betriebsvermögen des Betriebs, bei Beteiligungen an einer Personengesellschaft und Anteilen an einer Kapitalgesellschaft des Betriebs der jeweiligen Gesellschaft, unmittelbar oder mittelbar Beteiligungen an Personengesellschaften, die ihren Sitz oder ihre Geschäftsleitung im Inland, einem Mitgliedstaat der Europäischen Union oder in einem Staat des Europäischen Wirtschaftsraums haben, oder Anteile an Kapitalgesellschaften, die ihren Sitz oder ihre Geschäftsleitung im Inland, einem Mitgliedstaat der Europäischen Union oder in einem Staat des Europäischen Wirtschaftsraums haben, wenn die unmittelbare oder mittelbare Beteiligung mehr als 25 Prozent beträgt, sind die Lohnsummen dieser Gesellschaften einzubeziehen zu dem Anteil, zu dem die unmittelbare und mittelbare Beteiligung besteht.

(5) ¹Der Verschonungsabschlag (Absatz 1) und der Abzugsbetrag (Absatz 2) fallen nach Maßgabe des Satzes 2 mit Wirkung für die Vergangenheit weg, soweit der Erwerber innerhalb von fünf Jahren (Behaltensfrist)

1. einen Gewerbebetrieb oder einen Teilbetrieb, einen Anteil an einer Gesellschaft im Sinne des § 15 Abs. 1 Satz 1 Nr. 2 und Abs. 3 oder § 18 Abs. 4 des Einkommensteuergesetzes, einen Anteil eines persönlich haftenden Gesellschafters einer Kommanditgesellschaft auf Aktien oder einen Anteil daran veräußert; als Veräußerung gilt auch die Aufgabe des Gewerbebetriebs. ²Glei-

§ 13 a Steuerbefreiung für Betriebsvermögen

ches gilt, wenn wesentliche Betriebsgrundlagen eines Gewerbebetriebs veräußert oder in das Privatvermögen überführt oder anderen betriebsfremden Zwecken zugeführt werden oder wenn Anteile an einer Kapitalgesellschaft veräußert werden, die der Veräußerer durch eine Sacheinlage (§ 20 Abs. 1 des Umwandlungssteuergesetzes vom 7. Dezember 2006 (BGBl. I S. 2782, 2791), geändert durch Artikel 5 des Gesetzes vom 14. August 2007 (BGBl. I S. 1912), in der jeweils geltenden Fassung) aus dem Betriebsvermögen im Sinne des § 13 b erworben hat oder ein Anteil an einer Gesellschaft im Sinne des § 15 Abs. 1 Satz 1 Nr. 2 und Abs. 3 oder § 18 Abs. 4 des Einkommensteuergesetzes oder ein Anteil daran veräußert wird, den der Veräußerer durch eine Einbringung des Betriebsvermögens im Sinne des § 13 b in eine Personengesellschaft (§ 24 Abs. 1 des Umwandlungssteuergesetzes) erworben hat;
2. das land- und forstwirtschaftliche Vermögen im Sinne des § 168 Abs. 1 Nr. 1 des Bewertungsgesetzes und selbst bewirtschaftete Grundstücke im Sinne des § 159 des Bewertungsgesetzes veräußert. ²Gleiches gilt, wenn das land- und forstwirtschaftliche Vermögen dem Betrieb der Land- und Forstwirtschaft nicht mehr dauernd zu dienen bestimmt ist oder wenn der bisherige Betrieb innerhalb der Behaltensfrist als Stückländerei zu qualifizieren wäre oder Grundstücke im Sinne des § 159 des Bewertungsgesetzes nicht mehr selbst bewirtschaftet werden;
3. als Inhaber eines Gewerbebetriebs, Gesellschafter einer Gesellschaft im Sinne des § 15 Abs. 1 Nr. 2 und Abs. 3 oder § 18 Abs. 4 des Einkommensteuergesetzes oder persönlich haftender Gesellschafter einer Kommanditgesellschaft auf Aktien bis zum Ende des letzten in die Fünfjahresfrist fallenden Wirtschaftsjahres Entnahmen tätigt, die die Summe seiner Einlagen und der ihm zuzurechnenden Gewinne oder Gewinnanteile seit dem Erwerb um mehr als 150 000 Euro übersteigen; Verluste bleiben unberücksichtigt. ²Gleiches gilt für Inhaber eines begünstigten Betriebs der Land- und Forstwirtschaft oder eines Teilbetriebs oder eines Anteils an einem Betrieb der Land- und Forstwirtschaft. ³Bei Ausschüttungen an Gesellschafter einer Kapitalgesellschaft ist sinngemäß zu verfahren;
4. Anteile an Kapitalgesellschaften im Sinne des § 13 b ganz oder teilweise veräußert; eine verdeckte Einlage der Anteile in eine Kapitalgesellschaft steht der Veräußerung der Anteile gleich. ²Gleiches gilt, wenn die Kapitalgesellschaft innerhalb der Frist aufgelöst oder ihr Nennkapital herabgesetzt wird, wenn diese wesentliche Betriebsgrundlagen veräußert und das Vermögen an die Gesellschafter verteilt wird; Satz 1 Nr. 1 Satz 2 gilt entsprechend;
5. im Fall des § 13 b Abs. 1 Nr. 3 Satz 2 die Verfügungsbeschränkung oder die Stimmrechtsbündelung aufgehoben wird.

Steuerbefreiung für Betriebsvermögen § 13a

²Der Wegfall des Verschonungsabschlags beschränkt sich in den Fällen des Satzes 1 Nr. 1, 2, 4 und 5 auf den Teil, der dem Verhältnis der im Zeitpunkt der schädlichen Verfügung verbleibenden Behaltensfrist einschließlich des Jahres, in dem die Verfügung erfolgt, zur gesamten Behaltensfrist ergibt. ³In den Fällen des Satzes 1 Nr. 1, 2 und 4 ist von einer Nachversteuerung abzusehen, wenn der Veräußerungserlös innerhalb der nach § 13b Abs. 1 begünstigten Vermögensart verbleibt. ⁴Hiervon ist auszugehen, wenn der Veräußerungserlös innerhalb von sechs Monaten in entsprechendes Vermögen investiert wird, das nicht zum Verwaltungsvermögen im Sinne des § 13b Abs. 2 gehört.

(6) ¹Der Erwerber ist verpflichtet, dem für die Erbschaftsteuer zuständigen Finanzamt innerhalb einer Frist von sechs Monaten nach Ablauf der Lohnsummenfrist das Unterschreiten der Lohnsummengrenze im Sinne des Absatzes 1 Satz 2 anzuzeigen. ²In den Fällen des Absatzes 5 ist der Erwerber verpflichtet, dem für die Erbschaftsteuer zuständigen Finanzamt den entsprechenden Sachverhalt innerhalb einer Frist von einem Monat, nach dem der jeweilige Tatbestand verwirklicht wurde, anzuzeigen. ³Die Festsetzungsfrist für die Steuer endet nicht vor dem Ablauf des vierten Jahres, nachdem die Finanzbehörde von dem Unterschreiten der Lohnsummengrenze (Absatz 1 Satz 2) oder dem Verstoß gegen die Behaltensregelungen (Absatz 5) Kenntnis erlangt. ⁴Die Anzeige ist eine Steuererklärung im Sinne der Abgabenordnung. ⁵Sie ist schriftlich abzugeben. ⁶Die Anzeige hat auch dann zu erfolgen, wenn der Vorgang zu keiner Besteuerung führt.

(7) Soweit nicht inländisches Vermögen zum begünstigten Vermögen im Sinne des § 13b gehört, hat der Steuerpflichtige nachzuweisen, dass die Voraussetzungen für die Begünstigung im Zeitpunkt der Entstehung der Steuer und während der gesamten in den Absätzen 2 und 5 genannten Zeiträume bestehen.

(8) Der Erwerber kann unwiderruflich erklären, dass die Steuerbefreiung nach den Absätzen 1 bis 7 in Verbindung mit § 13b nach folgender Maßgabe gewährt wird:

1. In Absatz 1 Satz 2 tritt an die Stelle der Lohnsummenfrist von fünf Jahren eine Lohnsummenfrist von sieben Jahren und an die Stelle der maßgebenden Lohnsumme von 400 Prozent eine maßgebende Lohnsumme von 700 Prozent;
2. in Absatz 5 tritt an die Stelle der Behaltensfrist von fünf Jahren eine Behaltensfrist von sieben Jahren;
3. in § 13b Abs. 2 Satz 1 tritt an die Stelle des Prozentsatzes für das Verwaltungsvermögen von 50 Prozent ein Prozentsatz von 10 Prozent;
4. in § 13b Abs. 4 tritt an die Stelle des Prozentsatzes für die Begünstigung von 85 Prozent ein Prozentsatz von 100 Prozent.

§ 13 a Steuerbefreiung für Betriebsvermögen

(9) **Die Absätze 1 bis 8 gelten in den Fällen des § 1 Abs. 1 Nr. 4 entsprechend.**

Erbschaftsteuer-Richtlinien: R E 13 a.1–13 a.14/H E 13 a.1–13 a.13.

Übersicht

1.–6. Allgemeines
7.–11. Der Verschonungsabschlag (Abs 1)
12.–14. Der Abzugsbetrag (Abs 2)
15.–18. Die Übertragung begünstigten Vermögens (Abs 3)
19.–22. Die Mindestlohnsumme (Abs 1 iVm Abs 1 a und 4)
23.–35. Die Nachsteuer (Abs 5)
36., 37. Anzeigepflichten (Abs 6 und 7)
38.–41. Das Optionsmodell (Abs 8)
42. Anwendung auf die ErsatzErbSt (Abs 9)

Schrifttum: *Seer,* Die Erbschaft- und Schenkungsteuer im System der Besteuerung nach wirtschaftlicher Leistungsfähigkeit, GmbHR 09, 602; *Landsittel,* Auswirkungen des ErbStReformgesetzes auf die Unternehmensnachfolge, ZErb 09, 11; *Lahme/Zikesch,* Erbschaftsteuerliche Begünstigung von Kapitalgesellschaften mittels Poolvereinbarungen, DB 09, 527; *Pauli,* Ausnahmen zum Verwaltungsvermögen, DB 09, 641; *Siegmund/Zipfel,* Die Nachversteuerung nach dem neuen ErbStG, BB 09, 641; *Schulze zur Wiesche,* Sonderbetriebsvermögen und Verwaltungsvermögenstest nach § 13 a und § 13 b ErbStG, DStR 09, 732; *Schiffers,* Verwaltungsvermögenstest bei der Übertragung von Unternehmensvermögen, DStZ 09, 610; *Langenfeld,* Gestaltungen zur Vermeidung des Entfallens einer Poolvereinbarung nach § 13 b Abs 1 ErbStG, ZEV 09, 596; *Müller/Fröhlich,* Erbschaftsteuerliche Nachfolgeplanung für Immobilienunternehmen, ErbStB 10, 14; *Lang,* Gleichheitswidrigkeit und gleichheitsrechtliche Ausgestaltung der erbschaftsteuerlichen Verschonung, FR 10, 49; *Langenfeld,* Der Pool – ein Vertragstyp der Vergemeinschaftung, ZEV 10, 17; *Stahl,* Die Poolvereinbarung im neuen ErbStRecht, KÖSDI 10, 16 820; *Kalbfleisch,* Poolvereinbarungen – notwendiger und hinreichender Inhalt aus der Sicht der Praxis, UVR 10, 343; *Piltz,* Wird das ErbStG 2009 verfassungsmäßig Bestand haben?, DStR 10, 1913; *Felten,* Neue „Poolerlasse", ZEV 10, 627; *Siegmund/Zipfel,* Die Durchführung der Nachsteuerung nach den Erlassen der Finanzverwaltung, BB 2010, 1695; *Geck,* Die vermögensverwaltende Personengesellschaft im Ertrag- und ErbStRecht, KÖSDI 10, 16 842; *Gottschalk,* Internationale Unternehmensnachfolge: Ausgewählte Probleme der Steuerbefreiung des Produktivvermögens bei Auslandsberührung, ZEV 10, 493; *Korezkij,* Betriebsvermögensnachfolge: Neues aus der Finanzverwaltung, DStR 10, 2616; *Kramer,* Erb- und gesellschaftsrechtliche Aspekte bei der Gestaltung von Poolverträgen, GmbHR 10, 1023; *Weber/Schwind,* Die neuen Erlasse der Länder zur Poolvereinbarung über Anteile an Kapitalgesellschaften, DStR 11, 13; *Koblenzer,* Begünstigungstransfer, ErbStB 11, 227; *Sauerland,* Wohnungsunternehmen als begünstigtes Unternehmen nach § 13 b ErbStG, DStR 11, 845; *Birnbaum,* Umfang und Bedeutung des Verwaltungsvermögens bei der Begünstigung unternehmerischen Vermögens im Rahmen der ErbSt, StB 2011, 197; *Kroschewski/Bockhoff,* Gestaltungen durch alternative Vergütungsstrukturen bei der Lohnsummenregelung, DB 11, 1291; *Korezkij,* Entwurf der ErbStR 2011, DStR 11, 1733; *Hannes,* Entwurf der ErbStR 2011, NZG 11, 1245.

Allgemeines 1, 2 § 13a

1.–6. Allgemeines

Grundlagen. § 13a wurde durch das ErbStRG 2009 mWv 2009 1
neu gefasst und im Zuge des Wachstumsbeschleunigungsgesetzes
(BGBl I 2009, 3950) durch Verkürzung der Lohnsummen- und Behaltensfrist (Abs 1 Satz 2, Einleitungssatz zu Abs 5), durch Erweiterung des
Kreises der Betriebe, die eine Mindestlohnsumme nicht einhalten müssen (Abs 1 Satz 4) und durch Verminderung der Anforderungen an eine
Vollbefreiung (Abs 8 Nr 1 und 2) im Interesse der Steuerpflichtigen
verändert. Zur Erleichterung der Handhabung der Vorschriften über
die Mindestlohnsumme hat schließlich das StVereinfachungsG 2011
(BGBl I 2011, 2131) noch die gesonderte Feststellung bestimmter Begünstigungsvoraussetzungen vorgeschrieben (Abs 1a). Die Neufassung
durch das ErbStRG 2009 hat wesentliche Änderungen gegenüber der
bis 2008 geltenden Fassung mit sich gebracht. Doch ist die drei Regelungsschwerpunkte umfassende Grundstruktur der Vorschrift gleich
geblieben. § 13a (iVm dem aus § 13a ausgegliederten neuen § 13b)
begünstigt den Erwerb von Betriebsvermögen, von luf Vermögen und
Kapitalgesellschaftsanteilen. Zur Regelung dieser Begünstigung wird
das begünstigte Vermögen näher eingegrenzt. Die Instrumente, die die
Begünstigung bewirken, werden aufgeführt. Und es werden die Voraussetzungen benannt, unter denen die Begünstigung wegfällt und eine
Nachsteuer eintritt. Weil diese dreiteilige Grundstruktur der Vorschrift
trotz vieler Detailänderungen gleich geblieben ist, können zur Interpretation der neuen Vorschrift unbedenklich auch Äußerungen aus der
Praxis von Rspr und der FinVerw herangezogen werden, die noch dem
früheren § 13a aF galten.

Steuerbefreiung als Regelungsziel. Das BVerfG (BStBl II 07, 192) 2
unterscheidet zwischen Bewertungsvergünstigungen und StBefreiungen. Bewertungsvergünstigungen beeinflussen den StWert des Erwerbs und begrenzen so die Bereicherung, die der Erwerb dem StPfl
verschafft. Weil sich die Bewertung bei der Ermittlung der erbschaftsteuerlichen Bemessungsgrundlage aus der Sicht des Gerichts einheitlich
am gemeinen Wert des anfallenden Vermögens auszurichten hat, steht
das BVerfG Bewertungsvergünstigungen grundsätzlich ablehnend gegenüber. StBefreiungen lassen dagegen den Wert des Erwerbs unberührt, kürzen die durch Saldierung der Werte ermittelte Bereicherung
des Erwerbers nicht, bauen vielmehr auf ihr auf und werden erst nach
Abschluss der Bewertung „in einem zweiten Schritt" (BVerfG BStBl II
07, 192, 215) zum Abzug gebracht. StBefreiungen kann der Gesetzgeber in der Form zielgenauer und normenklarer Verschonungsregelungen bei Vorliegen ausreichender Gemeinwohlgründe nach Auffassung des Gerichts jederzeit vorsehen, sofern der Kreis der Begüns-

§ 13 a   3   Steuerbefreiung für Betriebsvermögen

tigten sachgerecht abgegrenzt wird und die Lenkungszwecke von gesetzgeberischen Entscheidungen getragen sowie gleichheitsgerecht ausgestaltet sind. Die Bestimmungen des § 13a stehen zweifellos einer Bewertungsvergünstigung nahe. Bezeichnend ist, dass in § 10 VI 4 und § 19a III von einem Wert „nach Anwendung des § 13a" gesprochen wird. Da StBefreiungen die Bewertung nicht beeinflussen, kann es genau genommen einen Wert nach Anwendung einer StBefreiungsvorschrift – also einen von der Befreiungsregelung beeinflussten Wert – nicht geben. Doch dürfte es sich hier nur um einen unpräzisen Sprachgebrauch handeln. Denn der Gesetzgeber wollte mit der Neufassung des § 13a den Anforderungen des BVerfG genügen. Er wollte nicht eine Bewertungsvergünstigung, sondern eine StBefreiung vorsehen. Das zeigt der Standort der Bestimmung im ErbStG statt im BewG, wo Bewertungsvergünstigungen zu regeln gewesen wären. Das zeigt auch der Anschluss des § 13a an die Vorschrift des § 13, die StBefreiungen vorsieht. Das verdeutlicht ferner die Überschrift zu § 13a. Und diese Einordnung wird auch durch die Regelung des § 10 I 1 bestätigt, die § 13a ausdrücklich zu den StBefreiungen zählt. Ist daher in gesetzlichen Bestimmungen von dem „nach den steuerlichen Bewertungsgrundsätzen maßgebenden Wert" (§ 5 I 5), von dem „Wert ... nach § 12" (§ 3 I Nr 2, § 7 VII, § 10 I 2, § 10 X 1 und 2) oder davon die Rede, dass sich „nach den steuerlichen Bewertungsgrundsätzen kein positiver Wert ergeben hat" (§ 14 I 5), dann ist jeweils der Wert vor Anwendung des § 13a, nicht nach Anwendung des § 13a gemeint.

3   **Gemeinwohlgründe.** StBefreiungen darf der Gesetzgeber „bei Vorliegen ausreichender Gemeinwohlgründe" (BVerfG BStBl II 07, 192, 215) vorsehen. Die Gesetzesbegründung (BTDrs 16/7918, 33) nennt als Ziel des § 13a, die Klein- und mittelständischen Betriebe im Interesse offener Märkte und hoher Wettbewerbsintensität zu fördern und so Monopole und oligopolartige Strukturen und damit verbundene Überrenditen zu vermeiden. Um den Erhalt von Arbeitsplätzen nicht zu gefährden, müssten Betriebe vor kurzfristig hohen Belastungen geschützt werden. Gerade Zeiten des Betriebsübergangs brauchten stabile Rahmenbedingungen, weil sie oft Umstrukturierungen und Neuinvestitionen erforderlich machten. Deshalb werde mit der Regelung des § 13a allen Betrieben eine Verschonung angeboten, die ihre Liquidität schützt, Investitionen nicht verhindert und Arbeitsplätze sichert, indem sie die ErbSt-Belastung planbar und verkraftbar macht. Bei diesen Überlegungen fehlt die Auseinandersetzung mit dem Gesichtspunkt der Belastungsgerechtigkeit der StPfl untereinander. Jede Verschonung einzelner Erwerber müssen – eine feste Aufkommensgröße vorausgesetzt – die nichtverschonten Erwerber mitbezahlen. Es hätte nahegelegen, alle Erwerber gleichmäßig durch eine breite Be-

Allgemeines 4, 5 § 13 a

messungsgrundlage und niedrige Steuersätze zu fördern. Stattdessen hat der Gesetzgeber den Weg gewählt, den Betriebsvermögenserwerbern eine Art Sonderstatus einzuräumen und hohe Steuersätze mit weitreichenden Verschonungsregelungen zu kombinieren. Betriebe, die die Verschonungsvoraussetzungen nicht erreichen, werden mit einem ruinösen Steuersatz von bis zu 50% konfrontiert. Es fehlt in der Gesetz gewordenen Fassung die noch in der Gesetzesbegründung genannte Beschränkung auf Klein- und mittelständische Betriebe. Schließlich tritt nicht deutlich genug hervor, warum es zur Sicherung der Betriebsfortführung und zur Erhaltung der Arbeitsplätze erforderlich ist, dass gerade der steuerpflichtige Erwerber sich die Fortführung des Betriebs zur Aufgabe macht. Für die vollständige Freistellung vererbter Betriebe unter den Voraussetzungen des § 13 a VIII lassen sich überhaupt keine auch für Nichtbetroffene überzeugungskräftige Gründe finden. Man kann daher zweifeln, ob die in § 13 a verwirklichte Verschonungsregelung den Anforderungen einer am Gemeinwohl orientierten Lösung ausreichend entspricht.

Der Kontext des § 13 a. § 13 a steht nicht isoliert im Gesetz. Die 4
Vorschrift wird durch § 13 b ergänzt. Eine weitere, unmittelbar an § 13 a anknüpfende Bestimmung findet sich in § 19 a. Nach dieser Vorschrift wird der Erwerb von begünstigtem, aber durch § 13 a nicht in vollem Umfang von der Besteuerung ausgenommenen Betriebsvermögen dadurch zusätzlich gefördert, dass der Steuersatz für Erwerber der StKlasseN II oder III dem Steuersatz der StKlasse I angeglichen wird. Zu nennen ist schließlich § 28 I, der eine Steuerstundung beim Erwerb von Betriebsvermögen einräumt, wenn die Stundung zur Erhaltung des Betriebs erforderlich ist. Auch auf die Übergangsvorschrift des § 37 III ist zu verweisen.

Verschonungsabschlag und Abzugsbetrag. § 13 a aF kannte zwei 5
unterschiedlich ausgestaltete Begünstigungen mit unterschiedlichen Voraussetzungen und unterschiedlichen Rechtsfolgen. In Abs 1 wurde ein Freibetrag gewährt, in Abs 2 ein verminderter Wertansatz eingeräumt. In der öffentlichen Diskussion stand zumeist der Freibetrag im Vordergrund, der schon mWv 1994 eingeführt worden war. Die größere Begünstigungswirkung konnte jedoch zweifellos der verminderte Wertansatz entfalten, der rückwirkend ab 1996 galt. Auch die durch das ErbStRG 2009 eingeführte Neufassung des § 13 a kennt in ihrem Grundmodell (Abs 1 bis 7) zwei Begünstigungen. Dabei entspricht der Verschonungsabschlag in seinen Wirkungen noch am ehesten dem früheren verminderten Wertansatz. Doch wird die Begünstigung nicht durch einen Wertabschlag auf das ganze zu verschonende Vermögen, sondern durch eine Begrenzung der Verschonung auf einen Teil des transferierten Vermögens erreicht. Außerdem hat der Gesetzgeber die

§ 13 a 6–8 Steuerbefreiung für Betriebsvermögen

Wirkung des Verschonungsabschlags gegenüber dem bisherigen Wertabschlag erhöht und den Verschonungsabschlag auch dadurch hervorgehoben, dass er ihn optisch an die erste Stelle der in § 13 a geregelten Instrumente gerückt hat. Der Abzugsbetrag ist im Vergleich zum früheren Freibetrag gekürzt, wird bei größeren Erwerben abgeschmolzen und kommt damit im Ergebnis nur beim Erwerb kleinerer Betriebe zum Tragen.

6 **Grundmodell und Optionsmodell.** § 13 a stellt zwei Verschonungsmodelle zur Wahl. Das Grundmodell **(Abs 1 bis 7)**, das immer dann eingreift, wenn das Optionsmodell nicht zum Zuge kommt, sieht eine Befreiung von 85% des begünstigten Erwerbs bei fünfjährigen Fortführungsfristen vor. Das Optionsmodell **(Abs 8)** ermöglicht eine Befreiung von 100% des begünstigten Erwerbs. Doch werden die Anforderungen an den begünstigten Erwerb und an die Fortführungsfristen in diesem Fall verschärft. Macht der Erwerber von der Option Gebrauch und erfüllt er die erhöhten Anforderungen des Optionsmodells an die Begünstigung des Erwerbs nicht, dann bleibt nach dem Gesetzestext offen, ob ihm die Begünstigung ganz verloren geht oder ob er einfach auf das Grundmodell zurücksinkt (unten Anm 40).

7.–11. Der Verschonungsabschlag (Abs 1)

7 **Abs 1 Satz 1** gewährt einen **Verschonungsabschlag.** Damit wird das Recht bezeichnet, den Wert eines begünstigten Vermögenserwerbs bei der Ermittlung der Bemessungsgrundlage der Steuer ganz oder teilweise unberücksichtigt zu lassen oder durch einen Gegenposten zu neutralisieren und so im Ergebnis „außer Ansatz" zu lassen. Der Verschonungsabschlag wird von Amts wegen berücksichtigt und braucht nicht besonders beantragt zu werden. Er bezieht sich nur auf das in Abs 1 S 1 benannte begünstigte Vermögen. Was im Einzelnen zum begünstigten Vermögen gehört, wird in § 13 b I–III ausgeführt. § 13 b IV bestimmt, dass die Freistellung 85% des begünstigten Vermögens umfasst. Wenn also Abs 1 davon spricht, dass das begünstigte Vermögen „insgesamt" außer Ansatz bleibt, zugleich aber auf die Vorschrift des § 13 b IV verweist, die eine 85%-Grenze zieht, soll damit gemeint sein, dass es 85% des begünstigten Vermögens sind, die insgesamt außer Ansatz bleiben. Nur bei Wahl des Optionsmodells (Abs 8) wird das begünstigte Vermögen wirklich insgesamt befreit. Die Wortwahl in dieser einleitenden Vorschrift kann wohl „insgesamt" nicht als besonders glücklich bezeichnet werden!

8 Der Verschonungsabschlag wird ohne Einschränkung, dh also gegenüber **jedem steuerpflichtigen Erwerb** gewährt. Vorausgesetzt wird nur, dass der Transfer dem Erwerber begünstigtes Vermögen verschafft.

Verschonungsabschlag   9 § 13 a

Begünstigt werden der Erwerb von Todes wegen und der Erwerb durch Schenkung unter Lebenden. Zum **Erwerb von Todes wegen** gehören die in § 3 aufgeführten Erwerbsvorgänge, und zwar nicht nur solche, die dem Erwerber das begünstigte Vermögen unmittelbar zuweisen, wie der Erwerb durch Erbanfall, sondern auch Vorgänge, die nur einen Anspruch gegen den Erben auf Weiterleitung des begünstigten Vermögens begründen, wie der Vermächtniserwerb (BFH BStBl II 08, 982, 985) oder der Abfindungserwerb. Denn durch den Verschonungsabschlag soll „derjenige, der die Unternehmensfortführung tatsächlich gewährleistet und nicht derjenige, der auf Grund zivilrechtlicher Universalsukzession zunächst (Mit-)Eigentümer geworden war, entlastet werden" (BTDrs 16/7918, 34). Hinzu tritt der in § 3 nicht ausdrücklich genannte Erwerb auf Grund eines über die Erbfolge geschlossenen Vergleichs, der Erwerb auf Grund einer unwirksamen, aber von den Hinterbliebenen respektierten Anordnung des Erblassers sowie der Erwerb, der einem Erben auf Grund einer Eintrittsklausel im Personengesellschaftsrecht zufällt (R E 13 b.1 II ErbStR). Der Verschonungsabschlag gilt dagegen nicht für die privaten Geldansprüche, wie den Pflichtteil oder das Geldvermächtnis, auch wenn diese Ansprüche aus dem Wert des begünstigten Vermögens abgeleitet sind. Der Verschonungsabschlag gilt auch nicht für Geldabfindungsansprüche wie den Anspruch, der einem Gesellschaftererben beim Ausscheiden des Gesellschafters mit dem Tod gegen die anderen Gesellschafter zufällt (§ 738 BGB) oder wie die Ansprüche nach § 3 II Nr 4 und 5, soweit sie auf Geldzahlung lauten. Auch der Geldabfindungsanspruch, der nach § 10 X an die Stelle eines Anteils am Betriebsvermögen tritt, rechtfertigt den Verschonungsabschlag nicht.

Die FinVerw (ErbStR 2003 55 IV 3, 4) hatte zu § 13 a aF eine **9** **einschränkende Interpretation** vertreten. Sie wollte das Verschaffungsvermächtnis sowie die Abfindungsansprüche nach § 3 II Nr 4 selbst dann aus der Begünstigung ausnehmen, wenn sie auf Übertragung begünstigten Vermögens gerichtet sind. Die FinVerw ging bei der Interpretation des § 13 a aF davon aus, dass der Erwerb von Todes wegen nur dann begünstigt ist, wenn er vom Erblasser selbst stammendes begünstigtes Vermögen überträgt oder wenn der Erblasser selbst das begünstigte Vermögen dem Erwerber zugewiesen hat. Diese Merkmale wurden beim Verschaffungsvermächtnis und bei Abfindungsleistungen des Erben verneint (zustimmend für eine Abfindungsleistung gegen Pflichtteilsverzicht: FG Nürnberg, ErbStB 07, 227). Nunmehr ist die FinVerw (R E 13 b. 1 I Nr 7 ErbStR) jedoch bereit, auch Abfindungsleistungen nach § 3 II Nr 4 zu den begünstigungsfähigen Erwerben von Todes wegen zu zählen, wenn sie vom Erblasser stammendes Vermögen übertragen. Die Zuweisung von

Vermögen durch Verschaffungsvermächtnis soll dagegen unverändert nicht begünstigungsfähig sein, weil das erworbene Vermögen nicht vom Erblasser stammt (R E 13 b.1 IV ErbStR). Dass das erworbene Vermögen gerade vom Erblasser stammen muss (so auch BFH BStBl II 07, 443, 444) und dass es nicht genügt, dass ein begünstigungsfähiger Betrieb, von wem er auch immer stammt, von Todes wegen an den Vermächtnisnehmer oder Abfindungsberechtigten gelangt, hängt damit zusammen, dass der Betrieb beim Erben begünstigungsfähig gewesen sein muss, um die Begünstigung auch beim Erwerber zu erlangen. Das zeigt Abs 3, der den Verlust der Begünstigung beim Erben vorsieht, wenn der Vermächtnisgegenstand auf den Vermächtnisnehmer übertragen wird. Der Gegenstand eines Verschaffungsvermächtnisses ist beim Erben jedoch nicht begünstigungsfähig gewesen, da ihn der Erbe nicht von Todes wegen erworben hat. Ähnliches hat für einen von außen hinzuerworbenen Abfindungsgegenstand zu gelten. Beim Erwerb durch **Schenkung unter Lebenden** legt die FinVerw ebenfalls Gewicht darauf, dass begünstigtes Vermögen vom Schenker auf den Erwerber übergeht, was nicht der Fall ist, wenn im Fall der mittelbaren Schenkung schenkweise die Beteiligung am Vermögen eines Dritten erfolgen soll (R E 13 b.2 II ErbStR).

10   Der Verschonungsabschlag wird **jedem Erwerber** gewährt. Natürliche und juristische Personen, Ausländer und Inländer können ihn in Anspruch nehmen. Er kommt bei unbeschränkter und bei beschränkter Steuerpflicht in Betracht. Nicht nur der Erwerber, sondern auch der Schenker kann sich auf den Verschonungsabschlag berufen, wenn er anstelle des Beschenkten zur StZahlung herangezogen wird. Auch im Fall der Steuerübernahme übernimmt der Schenker die „vom Beschenkten geschuldete Steuer". Für seine Besteuerung ist der Erwerb „nach (§ 10) Abs 1" heranzuziehen. Und in diesem Erwerb ist der Verschonungsabschlag zum Abzug gebracht (§ 10 I 1).

11   Zur Voraussetzung des Verschonungsabschlags wird in **Abs 1 Sätze 2 bis 5** eine dort kurz bezeichnete und in Abs 4 näher erläuterte **Lohnsummenstabilität** erklärt. Doch ist diese Aussage missverständlich. Denn das Einhalten dieser Stabilität ist nicht Voraussetzung dafür, dass der Verschonungsabschlag gewährt werden kann. Vielmehr wird der Verschonungsabschlag ohne Rücksicht auf die Einhaltung des Lohnsummenerfordernisses eingeräumt. Sollte sich nach drei, vier Jahren zeigen, dass das Erfordernis nicht erfüllt werden kann, bleibt der Verschonungsabschlag dennoch erhalten. Erst nach Ablauf der Lohnsummenfrist, also nach fünf (Abs 1) oder sieben Jahren (Abs 8), wird geprüft, ob die Mindestlohnsumme erreicht wurde oder unterschritten ist. Wurde die Mindestlohnsumme unterschritten, vermindert sich der dem

StPfl schon gewährte Verschonungsabschlag nachträglich mit Wirkung für die Vergangenheit (Abs 1 Satz 5). Wenn sich der Verschonungsabschlag vermindert, bedeutet dies, dass nun ein größerer Teil des Erwerbs der Besteuerung unterliegt. Die bisher gewährte Freistellung wird (teilweise) wieder zurückgenommen. Nicht die Freistellung, sondern die Zurücknahme der Freistellung hängt also von der Lohnsummenstabilität ab. Das Erreichen der Mindestlohnsumme ist nicht Voraussetzung des Verschonungsabschlags, sondern das Nichterreichen ist Voraussetzung für die Kürzung oder den Wegfall dieser Vergünstigung. Ähnliches gilt für das Verhältnis von Verschonungsabschlag und **Behaltensfrist** (Abs 5). Auch das Einhalten der Behaltensfrist ist regelmäßig nicht Voraussetzung für die Regelverschonung, die vielmehr beansprucht werden kann, auch wenn keineswegs sicher ist, dass die Behaltensfrist gewahrt werden wird. Nur wenn bei Erlass des StBescheides bereits feststeht, dass die Behaltensfrist nicht eingehalten werden wird, ist die Verschonung in dem von Abs 5 umschriebenen Umfang zu versagen. Im Übrigen bleibt auch bei Kürzung oder Wegfall des Verschonungsabschlags die mit dem Verschonungsabschlag einhergehende StStundung erhalten. Sie wird mit dem Entzug des Verschonungsabschlags nicht wieder rückgängig gemacht.

12.–14. Der Abzugsbetrag (Abs 2)

Grundlagen (Abs 2 Satz 1). Neben den Verschonungsabschlag tritt der Abzugsbetrag. Auch der Abzugsbetrag wird von Amts wegen gewährt und setzt keinen besonderen Antrag voraus. Der Verschonungsabschlag erfasst im Grundmodell des § 13a (Abs 1) nur 85% des begünstigten Vermögens. 15% bleiben vom Verschonungsabschlag unangetastet. Auf diese restlichen 15% ist der Abzugsbetrag bezogen. Das ist der „nicht unter § 13b Abs 4 fallende Teil" des begünstigten Vermögens, den § 13a II 1 erwähnt. Im Rahmen des Optionsmodells (Abs 8) greift der Abzugsbetrag nicht ein, weil 13b Abs 4 in diesem Fall das ganze begünstigte Vermögen umfasst, so dass kein „nicht unter § 13b Abs 4" fallender Teil des Vermögens übrig bleibt. Umfasst der Wert des Betriebsvermögens bei einem Kleinbetrieb nicht mehr als 150 000 €, dann könnte der Abzugsbetrag schon für sich genommen den Wert des Betriebsvermögens für die Besteuerung neutralisieren. Auf die Einhaltung der Mindestlohnsumme und auf deren Anforderungen, die nur beim Verschonungsabschlag eine Rolle spielen, brauchte dann nicht mehr geachtet zu werden. Eine Entlastung des ganzen Betriebsvermögens durch den Abzugsbetrag sieht Abs 2 S 1 jedoch nicht vor. Der Abzugsbetrag bleibt immer nur auf den nicht verschonten Vermögensrest bezogen und kann daher nicht an die Stelle des Verschonungsabschlags treten.

13 Der Abzugsbetrag vermittelt eine **Steuerfreistellung in unterschiedlicher Höhe (Abs 2 Satz 2).** Die Steuerfreistellung soll eine Wertermittlung und aufwendige Überwachung von Klein- und Kleinstbetrieben unterhalb des Grenzwerts ersparen. Bei größeren Betrieben tritt dieser Vereinfachungseffekt zurück. Daher wird der Abzugsbetrag abgeschmolzen. Das **Abschmelzen** bedeutet, dass sich der Abzugsbetrag bei höherem Wert des Betriebsvermögens vermindert. Als Ausgangswert legt das Gesetz einen Wert des begünstigten Vermögens von 1 Mio € zugrunde. 85% des Wertes oder 850 000 € werden in diesem Fall durch den Verschonungsabschlag von der Steuer befreit. Die verbleibenden 150 000 € werden dann durch den Abzugsbetrag in voller Höhe für die Besteuerung neutralisiert. Beträgt der Wert des begünstigten Vermögens 2 Mio €, werden 300 000 € nicht vom Verschonungsabschlag erfasst. Der Wert des nicht verschonten Vermögens übersteigt die Wertgrenze von 150 000 € um 150 000 €. Der Abzugsbetrag wird in diesem Fall um die Hälfte von 150 000 €, also um 75 000 € gekürzt. Folglich kann der Abzugsbetrag bei einem begünstigten Vermögen von 2 Mio € nur in Höhe von 75 000 € geltend gemacht werden. Beträgt der Wert des begünstigten Vermögens 2,5 Mio €, sinkt die Höhe des Abzugsbetrages auf 37 500 € herab. Und ab einem Wert des begünstigten Erwerbs von 3 Mio €, einem durch den Verschonungsabschlag abgedeckten Vermögensanteil von 2 550 000 € und einem nicht verschonten Vermögensanteil von 450 000 € ist der Abzugsbetrag auf 0 € abgeschmolzen. Das begünstigte Vermögen muss also mindestens einen Wert von 3 Mio € haben, damit der Abzugsbetrag entfällt. Die in der Gesetzesbegründung zu lesende Fomulierung: „Ab einem gemeinen Wert des Betriebsvermögens von 450 000 Euro beträgt der Abzugsbetrag 0 Euro" (BTDrs 16/7918, 34) trifft daher nicht zu. Dem Abschmelzen steht übrigens auch ein **„Aufschmelzen"** gegenüber, dh ein Ansteigen des Abzugsbetrages mit der Höhe des Erwerbs. Denn der Abzugsbetrag kann nur in der Höhe von 15% des begünstigten Vermögens zum Zuge kommen. Bei einem begünstigten Erwerb von 300 000 ist der Abzugsbetrag also auf 45 000 begrenzt. Bei einem Erwerb von 400 000 kann der Abzugsbetrag jedoch bereits 60 000 für die Besteuerung neutralisieren. Und jede weitere Steigerung des Erwerbs um 100 000 erhöht den Abzugsbetrag um 15 000, bis der Wert des begünstigten Erwerbs 1 Mio € erreicht, so dass der maximale Abzugsbetrag von 150 000 € zur Anwendung kommen kann.

14 **Sperrwirkung für zehn Jahre (Abs 2 Satz 3).** Nach Abs 2 S 3 kann der Abzugsbetrag innerhalb von zehn Jahren für von derselben Person anfallende Erwerbe nur einmal berücksichtigt werden. Dadurch soll verhindert werden, so heißt es in der Gesetzesbegründung (BTDrs 16/7918, 34), dass durch ein Aufspalten einer größeren Zuwendung in mehrere Zuwendungen unterhalb des Abzugsbetrags ein nicht gerechtfertigter

Steuervorteil erwachsen kann. Die Gefahr eines ungerechtfertigten Steuervorteils durch Aufspalten einer Zuwendung ist jedoch nicht groß. Jedenfalls dürfte der relativ geringe Vorteil einer Kürzung der Bemessungsgrundlage um maximal 150 000 € angesichts des Wertes von Betriebsübertragungen sowie der bei einer Aufspaltung anfallenden zusätzlichen Transaktionskosten nicht gerade zu Aufteilungen verleiten. Die Vorschrift verfolgt daher wenig einleuchtende Ziele. Die Sperrwirkung des Abzugsbetrages wirkt sich nur bei Transaktionen zwischen denselben Personen aus. Dabei muss der Erwerb jeweils von derselben Person anfallen. Wird daher (steuerlich ungünstig) Vermögen hin und her übertragen, kommt der Abzugsbetrag sowohl bei der Hingabe als auch bei der Rückgabe zum Zuge. Überträgt ein Unternehmer sein Betriebsvermögen an seine Tochter und sein Aktienpaket an seine Frau, die es dann auf Grund eines eigenen Entschlusses an die Tochter weitergibt, dann kann die Tochter den Abzugsbetrag bei beiden Erwerben in Anspruch nehmen, weil die Erwerbe ihr nicht von derselben Person anfallen. Dasselbe gilt, wenn die Tochter einen Teil des Vermögens ihres Vaters als Erbin und einen anderen Teil als Nacherbin nach ihrer Mutter erwirbt, weil der Erwerb als Nacherbin dann, wenn der Tod der Mutter den Nacherbfall gebildet hat, als Erwerb von der Mutter gilt (§ 6 II 1). Der Abzugsbetrag kann, wie es in Abs 2 S 3 heißt, innerhalb von zehn Jahren nur einmal berücksichtigt werden. Der hier genannte Zehnjahreszeitraum kann frühestens am 1. 1. 2009 mit dem Inkrafttreten des ErbStRG 2009 beginnen. Denn vorher gab es den Abzugsbetrag noch nicht. Dass der Abzugsbetrag dem früheren Freibetrag nach § 13 a I aF ähnelt, rechtfertigt es nicht, die vom Freibetragsverbrauch her laufende Frist auf den Abzugsbetrag zu erstrecken. Der Abzugsbetrag wird iS der gesetzlichen Formulierung berücksichtigt, wenn er sich bei der Besteuerung des Erwerbers auswirkt. Eine Auswirkung wird schon dann zu bejahen sein, wenn nur ein Teil des in Abs 2 S 1 genannten Betrages berücksichtigt werden kann, weil der Wert des Erwerbs niedriger als 1 Mio € lag und für einen Erwerb von zB 100 000 € nur einen Abzugsbetrag von 15 000 € erlaubte. Auch wenn ein Teil des Abzugsbetrages nachträglich weggefallen war (Abs 5 S 2), ist ein anderer Teil doch übrig geblieben, so dass unverändert von einer Berücksichtigung des Abzugsbetrages gesprochen werden kann. Ist der Abzugsbetrag jedoch nachträglich vollen Umfangs weggefallen, ist damit auch jede Auswirkung dieses Betrages entfallen, so dass der Abzugsbetrag nunmehr sogleich wieder ausgenutzt werden kann.

15.–18. Die Übertragung begünstigten Vermögens (Abs 3)

Begünstigtes Vermögen und Vermächtniserwerb (Abs 3 Satz 1). Muss ein Erbe, der mit dem Erbfall begünstigtes Vermögen erworben hat, dieses Vermögen auf Grund einer Vermächtnisanordnung 15 auf einen Vermächtnisnehmer übertragen, dann treten zwei Fragen auf. Es geht zum einen um die Frage, ob der Erbe den Verschonungsabschlag und den Abzugsbetrag trotz der Weiterleitung des Erwerbs für sich in Anspruch nehmen kann. Die zweite Frage ist, ob der Vermächtnisnehmer seinerseits eine Berücksichtigung des Verschonungsabschlags und des Abzugsbetrags bei seinem Erwerb verlangen kann. Die erste Frage ist, wie die Gesetzesbegründung selbst einräumt, bedeutungslos. Abs 3 S 1 hebt zwar ausdrücklich hervor, dass der Erbe den Verschonungsabschlag und den Abzugsbetrag dann, wenn er das begünstigte Vermögen an einen Vermächtnisnehmer weiterleiten muss, nicht in Anspruch nehmen kann. Die Gesetzesbegründung (BTDrs 16/7918, 34) weist aber zutreffend darauf hin, dass dem Erben durch den Wegfall der Begünstigung kein Nachteil entsteht. Denn der Vermächtnisgegenstand ist für den Erben ein durchlaufender Posten, der seine Besteuerung unbeeinflusst lässt. Wird der Vermächtnisgegenstand beim Erben steuerlich verschont, kann die Vermächtnisschuld nicht abgezogen werden (§ 10 VI 1, 4). Entfällt die Verschonung, steht der Schuldabzug dem Erben zur Verfügung. Der Erbe kann daher den Erwerb entweder durch Inanspruchnahme der Verschonung oder durch Abzug der Vermächtnisverbindlichkeit für die Besteuerung neutralisieren. Für den Erben spielt es aus diesem Grund im Ergebnis keine Rolle, ob ihm die Begünstigung verbleibt oder nicht. Der Vermächtnisnehmer erwirbt von Todes wegen vom Erblasser, auch wenn ihm der Vermächtnisgegenstand erst vom Erben übertragen werden muss. Er erwirbt an sich nur einen Anspruch (§ 2174 BGB), der als solcher nicht begünstigt wäre. Doch wird durch die Gesetzesbegründung (BTDrs 16/7918, 36), die Rspr (BFH BStBl II 08, 982, 985) und die FinVErw (R E 13a.3 I ErbStR) ausreichend bestätigt, dass die von § 13a vorgesehene Begünstigung auch für den Vermächtniserwerb gelten soll.

16 Einzelheiten zum Verlust der Begünstigung. Die Begünstigung geht verloren, „soweit" der Erwerber das begünstigte Vermögen übertragen muss. Muss der Erwerber nicht das ganze begünstigte Vermögen, sondern nur die Hälfte übertragen, wird er so gestellt, als hätte er nur die ihm verbleibende Vermögenshälfte erworben. Für diese Hälfte kann er den Verschonungsabschlag uneingeschränkt in Anspuch nehmen. Der auf die andere Hälfte entfallende Verschonungsabschlag geht ihm dagegen verloren. Unrichtig wäre es allerdings, wenn man Abs 3 S 1 so verstehen wollte, dass dieselbe Rechtsfolge uneingeschränkt auch für den Abzugsbetrag gilt. Beim Abzugsbetrag kann die Teilweiterleitung des Erwerbs sogar im Gegenteil dazu führen, dass der Abzugsbetrag wegen der Abschmelzungsregelung im Erben nicht verloren geht, sondern erstmals entsteht. Hat der Erbe 4 Mio € begünstigtes Vermögen erworben, konnte er ohne Vermächtnisverpflichtung keinen

Abzugsbetrag geltend machen (oben Anm 13). Muss er dagegen die Hälfte des erworbenen Vermögens an einen Vermächtnisnehmer übertragen, dann verbleiben ihm 2 Mio €, worauf ein Abzugsbetrag von 75 000 € entfällt. Der Verlust der Begünstigung soll nach Abs 3 S 1 nur eintreten, soweit der Erbe das begünstigte Vermögen auf den Vermächtnisnehmer übertragen „muss". Diese Formulierung könnte so verstanden werden, als wollte sie eine zivilrechtlich wirksame Übertragungspflicht zur Voraussetzung nehmen. Es gibt aber keinen Grund, warum zivilrechtlich unwirksame, aber ausgeführte Vermächtnisse, die einen steuerpflichtigen Vorgang bilden, nicht auch im Rahmen des Abs 3 S 1 beachtet werden sollen. Schief ist im Übrigen die Gegenüberstellung von letztwilligen und rechtsgeschäftlichen Verfügungen, weil auch die letztwilligen Verfügungen rechtsgeschäftlichen Charakter haben.

Mögliche Übertragungsfälle. Abs 3 beschäftigt sich nicht nur mit dem Fall der Übertragung des begünstigten Vermögens auf einen Vermächtnisnehmer. Die Regelung passt auch auf Übertragungspflichten aus einer Schenkung auf den Todesfall und auf Grund einer qualifizierten Nachfolgeklausel im Gesellschaftsrecht oder einer landwirtschaftlichen Sondererbfolgeregelung (BTDrs 16/7918, 34). Nur die Übertragung auf einen Erwerber, dessen Erwerb grundsätzlich begünstigungsfähig ist, kann die Rechtsfolge des Abs 3 auslösen. Der Gesetzestext und die Gesetzesbegründung könnten so verstanden werden, als wollten sie Abs 3 auch bei einer Schenkung unter Leistungsauflage zur Anwendung bringen. Nach der gegenwärtig noch aktuellen Rspr des BFH (BStBl II 89, 524) ist die Schenkung unter Leistungsauflage jedoch in einen entgeltlichen und einen unentgeltlichen Geschäftsteil aufzuspalten. Der entgeltliche Geschäftsteil kommt für das ErbStRecht von vornherein nicht in Betracht. Und der unentgeltliche Geschäftsteil ist mit keiner Verpflichtung verbunden, so dass die Merkmale des Abs 3 S 1 bei einer Schenkung unter Leistungsauflage nach der Rspr des BFH gar nicht vorliegen können.

Nachlassteilung unter Miterben (Abs 3 Satz 2). Über die bisherige Regelung hinausgehend erwähnt das Gesetz zusätzlich den Fall, dass ein Erbe im Rahmen der Teilung des Nachlasses begünstigtes Vermögen auf einen Miterben überträgt, dh dem Miterben das Alleineigentum an dem bisher gesamthänderisch innegehabten Vermögen verschafft. In diesem Fall soll Gleiches wie im Fall der Vermächtnisanordnung gelten, dh der abgebende Erbe soll die Begünstigung verlieren. Die Gesetzesbegründung ließ dies nur für den Fall gelten, dass der Erblasser eine entsprechende Teilungsanordnung vorgesehen hatte. Doch ist davon im Gesetz gewordenen Text nicht mehr die Rede. Satz 2 erwähnt vielmehr ohne Einschränkung jede Vermögensübertragung, die im Rahmen der Teilung des Nachlasses vorgenommen wird. Für sie soll „Gleiches" gelten wie für die

Übertragung an einen Vermächtnisnehmer. Ob diesem Satz auch die Anordnung entnommen werden kann, dass die auf einer Teilungsanordnung oder dem Auseinandersetzungsvertrag beruhende Pflicht zur Übertragung des begünstigten Vermögens wie eine Vermächtnispflicht behandelt werden kann und als solche den Wegfall der Begünstigung für den abgebenden Erben neutralisiert, ist noch nicht ausreichend geklärt. Das Gesetz lässt an dieser Stelle auch offen, ob der übernehmende Erbe mit dem ihm übertragenen Vermögen auch die Begünstigung für das übertragene Vermögen übernimmt. Dies ist die Interpretation, die die FinVerw dem § 13 a III 2 zugrunde legt (R E 13 a.3 I ErbStR). Denn die FinVerw betont, dass der übernehmende Erbe nach der Übertragung die für das übertragene Vermögen geltende Lohnsummen- und Behaltensregelung einhalten muss. Man kann jedoch auch auf § 13 b III verweisen. Danach erhöht der Wert des übertragenen Vermögens (nur) den Wert des beim übernehmenden Erben begünstigten Vermögens. Das spricht gegen die Annahme, dass zugleich auch noch die Begünstigung selbst auf den übernehmenden Erben übergehen soll. Denn es ist schwer vorstellbar, dass das übertragene Vermögen eine doppelte Begünstigung auslösen kann, dass es beim Erwerber selbst begünstigt ist und auch noch den Wert des beim Erwerber schon vorhandenen begünstigten Vermögens erhöht. Leider ist der Gesetzestext so undeutlich gefasst, dass sich aus ihm nur schwer eine klare Lösung für dieses Interpretationsproblem ableiten lässt.

19.–22. Die Mindestlohnsumme (Abs 1 iVm Abs 1 a und Abs 4)

19 **Grundlagen.** Abs 1 S 2 bis 5 umschreiben Begriff und Bedeutung der Mindestlohnsumme. Sie spielt nur bei Betrieben eine Rolle, die zum Besteuerungszeitpunkt (Auszubildende abgerechnet, Teilzeitkräfte allenfalls anteilig zugerechnet) mehr als zwanzig Beschäftigte haben (Abs 1 S 4; sog **Kleinbetriebsklausel**) und wird aus der Ausgangslohnsumme abgeleitet. Ausgangslohnsumme ist die durchschnittliche Lohnsumme der wirtschaftlichen Einheiten der letzten fünf Wirtschaftsjahre vor dem Erwerb (Abs 1 S 3). Das Jahr des Erwerbs zählt nicht mit. Unter dem Begriff Mindestlohnsumme versteht das Gesetz 400% der Ausgangslohnsumme, aufgebracht in den ersten fünf Wirtschaftsjahren nach dem Erwerb (Abs 1 S 2). Das Jahr des Erwerbs zählt bei dieser Berechnung mit. Im Fall des Optionsmodells werden 700% als Mindestlohnsumme genannt (Abs 8 Nr 1). Die Summen der nach dem Erwerb im jeweiligen Betrieb aufgebrachten jährlichen Lohnsummen dürfen im Grundmodell nach Ablauf von fünf, im Optionsmodell nach Ablauf von sieben Jahren die Mindestlohnsumme nicht unterschreiten. Andernfalls wird der Verschonungsabschlag anteilig gekürzt (Abs 1 S 5). Dass innerhalb der ersten fünf Jahre nach dem Erwerb zusammengefasst 400% der Ausgangslohnsumme erreicht werden müssen, bedeutet, dass die Ausgangslohnsumme im Schnitt nur um gut 20% pro Jahr unterschritten werden darf. Es kommt jedoch auf die einzelnen Jahresergebnisse nicht an. Wichtig ist nur, dass die Summe der Jahresergebnisse 400% erreicht. Denkbar wäre daher durchaus, dass die Lohnsumme zunächst deutlich zurückfallen kann, aber dann mit Blick auf den Ablauf der fünf Jahre anschließend wieder angehoben wird.

Bestandteile der Lohnsumme (Abs 4). Die Erhaltung der Ausgangslohnsumme über fünf Jahre gilt als Indikator für die Fortführung des begünstigten Betriebs und für die Erhaltung der Arbeitsplätze. Was Lohn iS der Lohnsummenregelung ist, muss sich an dieser Zielsetzung messen lassen. Die jährliche Lohnsumme wird zunächst durch die jährlichen Bezüge der in den Lohn- und Gehaltslisten erfassten Mitarbeiter (einschließlich der Gesellschafter-Geschäftsführer einer GmbH) des jeweiligen Betriebs gebildet. Es sind die Bruttobeträge zu berücksichtigen, also nicht nur das, was der Betrieb an seine Mitarbeiter zahlt, sondern auch das, was er an Steuern und Sozialbeiträgen für sie einbehält. Die gesamten Personalkosten des Betriebs sind zu erfassen, also auch die zum normalen Gehalt hinzutretenden Zusatzleistungen, die für Mitarbeiter aufgewandt worden sind. Lediglich kalkulatorische Posten werden nicht berücksichtigt. Daher bleibt auch der angemessene Unternehmerlohn außer Betracht. Nicht eingerechnet werden die Vergütungen, die an den Arbeitgeber von Leiharbeitnehmern für ihre Tätigkeit im Betrieb zu zahlen sind. Auch Löhne und Gehälter für Saisonarbeitnehmer sollen nicht erfasst werden (BTDrs 16/7918, 24). Neben den eigenen Mitarbeitern des Betriebs sind Mitarbeiter von europäischen Tochtergesellschaften zu berücksichtigen, wenn die Muttergesellschaft an der Tochter unmittelbar oder mittelbar zu mehr als 25% beteiligt ist. Die Lohnsumme der Tochtergesellschaft wird dann der Muttergesellschaft im Umfang ihrer Beteiligung zugerechnet. Ob dabei vorausgesetzt werden muss, dass das Vermögen der Tochtergesellschaft zum begünstigten Vermögen der Mutter gehört oder ob auch Arbeitsplätze in der Mindestlohnsumme der Mutter miterfasst werden sollen, die zu einer bei ihr nicht begünstigten Tochtergesellschaft gehören (§ 13b II Nr 3), ist noch nicht ausreichend geklärt.

Teilzeitkräfte. Nicht berücksichtigt werden nach Abs 4 S 1 Vergütungen an solche Arbeitnehmer, die nicht ausschließlich oder überwiegend in dem Betrieb tätig sind. Damit sollen Leiharbeitsverhältnisse oder Saisonarbeitsverhältnisse außer Ansatz bleiben (BTDrs 16/7918, 34). Fraglich ist, inwieweit diese Regelung auch für Teilzeitkräfte gilt. Die Frage tritt in drei Zusammenhängen auf. Sie spielt zunächst eine Rolle bei der Feststellung der Mindestzahl der Beschäftigten, die Abs 1 Satz 4 zur Voraussetzung der Lohnsummenregelung nimmt. Über die Berücksichtigung von Teilzeitkräften ist sodann bei der Ermittlung der Ausgangslohnsumme zu entscheiden. Wenn bei der Feststellung der Mindestzahl der Beschäftigten und bei der Ermittlung der Ausgangslohnsumme die Teilzeitkräfte nicht berücksichtigt werden, ist das für den Steuerpflichtigen günstig, weil dann die Voraussetzungen der Lohnsummenregelung eher entfallen und weil jede Verminderung der Ausgangslohnsumme es dem StPfl leichter macht, die Mindestlohnsumme zu erreichen und damit die Verschonung für sich uneingeschränkt in Anspruch zu nehmen. Die Frage wird aber auch bei der Berechnung der Mindestlohnsumme relevant. Und hier liegt das eigentliche Problem. Wenn hier Teilzeitkräfte ausscheiden, ist die Mindestlohnsumme und mit ihr die Vergünstigung, die § 13 a vorsieht, schwerer zu erreichen. Ein Erwerber, der die Mindestlohnsumme nicht unterschreiten will, dürfte in den ersten fünf Jahren nach dem Erwerb keine Teilzeitkräfte neu einstellen und keine Vollarbeitsverhältnisse in Teilzeitbeschäftigungen umwandeln, weil die Vergütungen für Teilzeitkräfte bei der Berechnung der Mindestlohnsumme nicht mitzählen. Eine solche Konsequenz erscheint angesichts der gegenwärtigen Arbeitsplatzsituation ganz unbefriedigend. Es gilt im Gegenteil, Teilzeitarbeit zu fördern, um die Familienbetreuung zu verbessern und möglichst vielen Arbeitnehmern die Chance zu Berufsarbeit zu geben. Der Ausschluss von Teilzeitkräften aus der Berechnung der Mindestlohnsumme wäre auch aus dem Sinnzusammenhang des Abs 4 S 1 nicht leicht zu verstehen. Denn es geht dem Gesetzgeber um die Erhaltung der Arbeitsplätze des erworbenen Betriebs. Und warum sollen das nicht auch Teilzeitarbeitsplätze sein? Außerdem würde die Regelung des Abs 4 S 1, auf Teilzeitkräfte angewandt, zu ganz unangemessenen Ergebnissen führen. Man müsste zu ermitteln suchen, ob die Teilzeitkräfte neben ihrer Tätigkeit im Betrieb noch weitere Tätigkeiten ausüben. Diese anderen Tätigkeiten dürften nicht überwiegend sein. Wer will solche Ausforschungen begrüßen? Und warum sollte eine steuerrechtliche Regelung wie Abs 4 S 1 die Betriebe zu solchen Ausforschungen zwingen? Es empfiehlt sich daher, die Vorschrift restriktiv zu interpretieren und Teilzeitkräfte von der Berechnung der Mindestlohnsumme nicht ausnehmen. Beachtung verdient allerdings auch der Vorschlag von *Kapp/Ebeling/Geck* (§ 13 a Rz 40), Teilzeitkräfte zwar zu berücksichtigen, sie aber je nach ihrem Beschäftigungsumfang bei nicht mehr als 20 Stunden nur mit 0,5 und bei nicht mehr als 30 Stunden Beschäftigung im Betrieb nur mit 0,75 anzusetzen.

21a **Gesonderte Feststellungen (Abs 1 a).** Die durch das StVereinfachungsG 2011 (BGBl I 2011, 2131) eingeführte Vorschrift will die Handhabung der Bestimmungen über die Mindestlohnsumme dadurch erleichtern, dass mit Hilfe einer zeitnah zum Besteuerungszeitpunkt getroffenen gesonderten Feststellung der für die Einhaltung der Mindestlohnsumme maßgebenden drei Größen, der Ausgangslohnsumme, der Anzahl der Beschäftigten und der Summe der maßgebenden jährlichen Lohnsummen, die Voraussetzungen für die Begünstigung schon zu einem frühen Zeitpunkt ermittelt und für alle Beteiligten überprüfbar in einem gesonderten Verwaltungsakt festgehalten werden.

Nichterreichen der Mindestlohnsumme. Das Einhalten der Mindestlohnsumme spielt bei der Gewährung des Verschonungsabschlags regelmäßig noch keine Rolle. Denn der Verschonungsabschlag wird zu einem Zeitpunkt gewährt, zu dem sich das Einhalten der Mindestlohnsumme im Zweifel noch gar nicht übersehen lässt. Es geht daher bei der Kontrolle der Mindestlohnsumme auch nicht um die Gewährung, sondern um den Erhalt des Verschonungsabschlags. Stellt sich am Ende der Lohnsummenfrist heraus, dass die Mindestlohnsumme unterschritten wurde, wird der Verschonungsabschlag mit Wirkung für die Vergangenheit im selben prozentualen Umfang, in dem die Mindestlohnsumme unterschritten wurde, gekürzt (§ 13 a I 5; unten Anm 26). Der Abzugsbetrag wird durch das Nichterreichen der Mindestlohnsumme nicht berührt. 21b

Änderungen im Berechnungszeitraum für die Ausgangslohnsumme. Es kann zu Problemen führen, wenn in dem Fünfjahreszeitraum, dessen Durchschnittswert die Ausgangslohnsumme bestimmt (Abs 1 S 3), ein ins Gewicht fallender Arbeitsplatzabbau stattgefunden hat. Es mag ein Betriebsteil stillgelegt oder eine Tochtergesellschaft veräußert worden sein. Die so verlorenen Arbeitsplätze werden im Fünfjahresdurchschnitt dennoch anteilig miterfasst. Die Ausgangslohnsumme ist in solchen Fällen deutlich höher als es dem Stand des Unternehmens beim Inhaberwechsel entspricht. Unter diesen Voraussetzungen mag es für den Erwerber nicht selten fast unmöglich sein, die aus der Ausgangslohnsumme berechnete Mindestlohnsumme zu erreichen. Der Gesetzgeber nimmt jedoch diese Konsequenz in Kauf. Er fürchtet Missbrauchsfälle und will ihnen begegnen. Würde die Ausgangslohnsumme nicht vom Durchschnitt der letzten fünf Jahre, sondern vom Stand des Betriebs beim Transfer bestimmt, wären Manipulationen denkbar, die die Lohnsumme mit Blick auf den geplanten Betriebsübergang gezielt verändern. Um dieses auszuschließen, wird an den Fünfjahreszeitraum angeknüpft. Das kann im Einzelfall zu ganz unbefriedigenden Ergebnissen führen. Eine Abhilfemöglichkeit ist jedoch zurzeit nicht sichtbar. 22

23.–35. Die Nachsteuer (Abs 5)

Grundlagen. Sowohl der Verschonungsabschlag als auch der Abzugsbetrag werden zunächst nur vorläufig und unter Vorbehalt eingeräumt. Beide Vergünstigungen können nachträglich entfallen, wenn die 23

Betriebsfortführung durch den Erwerber, die der Gesetzgeber mit den entlastenden Maßnahmen unterstützen will, unterbleibt, weil der begünstigte Erwerber das erworbene Vermögen innerhalb von fünf Jahren nach dem Erwerb nicht behält, sondern weitergibt. Mit der Begünstigung entfallen dann allerdings auch die mit ihr verbundenen nachteiligen Konsequenzen. Waren also Schulden und Lasten wegen der Anwendung der Begünstigungsvorschriften nur eingeschränkt abzugsfähig (§ 10 VI 4), werden sie nun wieder uneingeschränkt zum Abzug gebracht. Der Wegfall der Begünstigung löst eine Nachversteuerung des bisher begünstigten Vermögens aus. Die Nachsteuer ist nicht eine eigenständige Steuer, sondern sie ist nichts anderes als die Steuer, die schon gleich beim Erwerb des Vermögens aufzubringen gewesen wäre, wenn der Erwerb schon damals nicht hätte begünstigt werden können. Zum Einfordern der Nachsteuer wird der ursprüngliche Steuerbescheid unter Hinweis auf § 175 I 1 Nr 2 AO geändert. Schuldner der Nachsteuer ist der Erwerber. Das FG Münster (EFG 08, 1649) zieht auch den Schenker als StSchuldner heran, begründet dies aber damit, dass es die Inanspruchnahme durch die FinVerw nur auf Ermessensfehler überprüfen kann und dass ein Ermessensfehler für das Gericht nicht ersichtlich ist. Doch ist zu erwarten, dass die FinVerw ihr Ermessen in dieser Frage künftig anders ausüben wird (R E 13 a.1 III ErbStR). Das Gesetz spricht im Zusammenhang mit der Nachsteuer von einer „Behaltensfrist" (Abs 5 S 1) und nimmt einen „Verstoß gegen die Behaltensregelungen" (Abs 6 S 3) an, wenn die Merkmale der Nachversteuerung erfüllt sind. Die FinVerw (R E 13 a.3 I ErbStR) spricht von einer „Pflicht zur Einhaltung der Lohnsummen- und Behaltensregelung" und auch in der Kommentarliteratur (*Moench/Weinmann* § 13 a Rz 94) ist von einer „Behaltenspflicht" die Rede. Doch muss man sich klar machen: Das Gesetz verlangt vom Erwerber nicht, dass er den Betrieb fortführt. Wer die Begünstigung in Anspruch nimmt, kann dennoch den Betrieb jederzeit veräußern oder einstellen. Eine Behaltenspflicht, gegen die er verstoßen könnte, gibt es nicht. Wer die Merkmale des Abs 5 erfüllt, verstößt nicht gegen gesetzliche Pflichten, handelt nicht gegen ein gesetzliches Verbot, sondern erfüllt nur die Voraussetzungen eines Nachsteuertatbestandes. Das Erfüllen des Nachsteuertatbestandes ist ganz wertneutral. Es gibt keine Verpflichtung, die ErbSt, und es gibt auch keine Verpflichtung, die Nachsteuer zu vermeiden. Der Sprachgebrauch des Gesetzes ist daher dem Inhalt der gesetzlichen Regelung nicht adäquat.

24 **Die Fünfjahresfrist (Abs 5 Satz 1).** Sie beginnt mit dem Entstehen der Steuer, bei Erwerben von Todes wegen also regelmäßig mit dem Erbfall. Das bedeutet, dass beim Erlass des StBescheides stets schon ein Teil der Frist abgelaufen ist. Die Frist endet auf den Tag genau fünf

Jahre später, auch wenn der Tag auf einen Samstag oder Sonntag fällt. Die Frist endet nach Abs 5 schon vorher, wenn die Begünstigung wegfällt, weil es zur Veräußerung des erworbenen Vermögens oder zu einem der in Abs 5 der Veräußerung gleichgestellten Fälle kommt. Im Zusammenhang mit Abs 5 S 3 ist allerdings zu beachten, dass die Veräußerung in den dort genannten Fällen die Frist noch nicht unmittelbar beendet. Vielmehr ist ein Sechsmonatszeitraum abzuwarten, innerhalb dessen eine Reinvestition möglich ist. Erst wenn dieser Zeitraum ohne Reinvestition verstrichen ist, läuft die Fünfjahresfrist dann aus. Fraglich ist, ob die Frist auch schon dann endet, wenn der Erwerber vor Fristablauf stirbt. Wie der Vermögensübergang durch Schenkung, so gilt auch der Vermögensübergang beim Tod nicht als Nachsteuerfall. Dennoch ist fraglich, ob der Fristenlauf den Tod des Erwerbers überdauern kann. Läuft die Frist über den Tod des Erwerbers hinaus weiter, dann ist sein Nachlass offenbar mit einer potentiellen Steuerpflicht, der möglichen Nachsteuer, belastet. Es könnte zu einer Kumulierung von Nachsteuern kommen, wenn der Erbe des Erwerbers den übernommenen Betrieb veräußert und damit für sich selbst, aber auch noch für seinen Erblasser Nachsteuer auslöst. Stirbt auch dieser Erbe kurzfristig, könnten sogar drei Behaltensfristen sich überlagern. Das FG Berlin (EFG 02, 1466) hatte die Behaltensfrist des früheren § 13 a im Fall der Weitergabe des erworbenen Vermögens durch Schenkung weiterlaufen lassen und die Veräußerung des erworbenen Vermögens durch die Beschenkten dem Schenker als Nachsteuertatbestand zugerechnet. Denn, so war die Argumentation des Gerichts, wollte man anders entscheiden, könnte die Behaltensfrist jederzeit durch schenkweise Übertragung und anschließende Veräußerung des Vermögens durch den Beschenkten unterlaufen werden. Diese Begründung passt jedoch für den mit dem Tod des Erwerbers ungeplant eintretenden Erwerb durch Erbfolge nicht. Der Entwurf eines Gesetzes zur Sicherung der Unternehmensnachfolge vom 30. 5. 2005 (BTDrs 15/5555), der die Begünstigung noch als Stundungsregelung gefasst und in § 28 untergebracht hatte, hatte in § 28 II 3 des Entwurfs vorgesehen: „Die gestundete Steuer erlischt in voller Höhe für einen vorausgegangenen Erwerb, wenn das begünstigte Vermögen durch einen Erwerb von Todes wegen übergeht". Dieser Regelung würde eine Beendigung der Fünfjahresfrist mit dem Tod des Erwerbers entsprechen. Es spricht viel dafür, ein solches Fristende schon nach geltendem Recht anzunehmen.

Umfang der Nachsteuer. Nur ausnahmsweise wird es zu einer vollständigen Nachversteuerung kommen. Die Nachversteuerung greift nämlich nach Abs 5 S 1 nur ein, **soweit** der Erwerber eine schädliche Veräußerung vornimmt. Betrifft die Veräußerung nur einen Teil des begünstigten Vermögens, dann fällt auch nur der auf diesen Vermögensteil bezogene Verschonungsabschlag und Abzugsbetrag weg. Der Nachsteuertatbestand wird entsprechend dem Veräußerungsumfang **gegenständlich begrenzt**. Das Wertverhältnis von veräußertem und nichtveräußertem Vermögen wird dabei nach den Gegebenheiten beim Vermögenserwerb bestimmt. Neben der gegenständlichen Begrenzung sieht Abs 5 S 2, hier bezogen nur auf den Verschonungsabschlag, auch eine **zeitanteilige Begrenzung** vor. Veräußert der Erwerber das begünstigte Vermögen (oder erfüllt er einen anderen der in Abs 5 S 1 Nr 1, 2, 4 und 5 genannten Nachsteuertatbestände) während des Laufes der Fünfjahresfrist, dann wird die Nachsteuer nur für den noch offen stehenden Zeitraum erhoben. Veräußert der Erwerber den begünstigten Betrieb im Jahr 03, dann hat er den Betrieb zwei Jahre fortgeführt und braucht für diese zwei Jahre keine Nachsteuer zu entrichten. Die Nachsteuer wird daher unter Berücksichtigung des Zeitablaufs auf $^3/_5$ des Verschonungsabschlags begrenzt. Nach der **Reinvestitionsklausel** des Abs 5 S 3 und 4 iVm S 1 Nr 1, 2 und 4 entfällt die Nachsteuer ganz, wenn der Erwerber den bei der Veräußerung des begünstigten Vermögens erzielten Veräußerungserlös binnen sechs Monaten in begünstigungsfähiges Vermögen derselben Vermögensart reinvestiert, was ggf nicht nur durch Neuerwerb von Anlagegütern, sondern auch durch Tilgung von Betriebsschulden oder durch Erhöhung einer nicht zum Verwaltungsvermögen gehörenden Liquiditätsreserve erfolgen kann. Wenn die Nachsteuer wegen einer Reinvestition entfällt, läuft die Fünfjahresfrist ungehindert weiter, so dass es auf Grund anderer Veräußerungsvorgänge doch noch zu einem Entfallen oder einer Einschränkung des Verschonungsabschlags kommen kann.

26 Nachsteuer (Abs 5) und Abschlagsminderung (Abs 1 Satz 5). Die Nachsteuer nimmt die Begünstigung durch den Verschonungsabschlag und den Abzugsbetrag zurück. Sie sanktioniert den Umstand, dass der Erwerber das begünstigte Vermögen nicht fortgeführt, sondern auf die eine oder andere Art versilbert hat. Sind mehrere Erwerber vorhanden und hat einer von ihnen das bei ihm begünstigte Vermögen veräußert, geht das nur zu Lasten der von ihm in Anspruch genommenen Verschonung (R E 13 a.12 IV ErbStR). Von der Nachsteuer ist die Abschlagsminderung zu unterscheiden, zu der es kommt, wenn sich nach Ablauf der Lohnsummenfrist zeigt, dass die Mindestlohnsumme nicht eingehalten ist. Während sich die Nachsteuer auf den Verschonungsabschlag und den Abzugsbetrag bezieht, wird durch die Abschlagsminderung nur der Verschonungsabschlag gekürzt. Und während die Nachsteuer schon gleich mit der schädlichen Veräußerung (oder 6 Monate später: Abs 5 S 3) entsteht, kann über die Abschlagsminderung erst nach Ablauf der fünfjährigen Lohnsummenfrist entschieden werden. Das Verhältnis der beiden Regelungsbereiche zueinander ist durch den Gesetzgeber nicht zweifelsfrei geklärt. Eine mögliche Lösung könnte sich am Wortlaut des Abs 1 S 5 orientieren. Danach kürzt die Abschlagsminderung den „nach Abs 1 zu gewährende(n) Verschonungsabschlag". Ist der Verschonungsabschlag auf Grund einer Überentnahme oder einer Veräußerung des begünstigten Vermögens gleich zu Beginn der Fünfjahresfrist ganz entfallen, fehlt es in dem für die Abschlagsminderung maßgeblichen Zeitpunkt an einem nach Abs 1 zu gewährenden Verschonungsabschlag und die Abschlagsminderung geht ins Leere. Ist die Veräußerung dagegen im dritten Jahr nach dem Erwerb vorgekommen, dann ist der Verschonungsabschlag nur zeitanteilig, nämlich für die Jahre drei bis fünf, entfallen. Dem muss dann eine zeitanteilige Abschlagsminderung entsprechen. Für die Jahre drei bis fünf kommt eine Abschlagsminderung nicht in Betracht, weil für diese Jahre kein Verschonungsabschlag gewährt worden ist. Die Abschlagsminderung ist jedoch noch nachträglich auf den Verschonungsabschlag für die Jahre 1 und 2 anzuwenden. Der Verschonungsabschlag für diese beiden Jahre ist dann im Verhältnis der Summe der jährlichen Lohnsummen zur Mindestlohnsumme herabzusetzen.

Veräußerungsfälle (Abs 5 Nr 1 Satz 1). Zur Nachversteuerung 27 kommt es, wenn der erworbene Betrieb oder der Anteil an einer Personengesellschaft (BGB-Gesellschaft, OHG, KG) oder der Anteil des persönlich haftenden Gesellschafters einer KGaA oder ein Anteil daran innerhalb der Fünfjahresfrist vom Erwerber veräußert wird **(Nr 1 Satz 1)**. Für die Rspr des BFH gilt als (Teil-)Veräußerung die gemischte Schenkung, die auch im Fall der Vermögensübertragung gegen Versorgungsleistungen anzunehmen ist (BFH BStBl II 05, 532) und die eine anteilige Nachsteuer entstehen lässt. Auch die FinVerw (R E 13 a.5 II ErbStR) will die Übertragung des Vermögens auf Grund einer gemischten Schenkung im Zusammenhang des § 13 a Abs 5 als teilentgeltliches Rechtsgeschäft verstehen, das hinsichtlich des entgeltlichen Teils der Zuwendung zur Nachsteuer führt. Es ist jedoch sehr fraglich, ob sich diese Verwaltungsmeinung mit der neuen Linie der FinVerw zur Behandlung der gemischten Schenkung im Rahmen der §§ 7, 10 (§ 7 Anm 37 ff) vereinbaren lässt. Als Veräußerung wird schon der Abschluss eines Kaufgeschäfts unabhängig von der Übereignung angesehen (FG Düsseldorf EFG 06, 991). Auch die Übertragung begünstigten Vermögens als Abfindung nach § 3 II Nr 4 soll als Veräußerung iS von Nr 1 S 1 gelten (R E 13 a.5 III ErbStR). Die Weitergabe des Vermögens von Todes wegen oder durch (ungemischte) Schenkung stellt dagegen keine Veräußerung iS von Nr 1 S 1 dar.

Betriebsaufgabe. Als Veräußerung gilt nach ausdrücklicher gesetz- 28 licher Anordnung auch die Betriebsaufgabe, die ggf schon in der Betriebsverpachtung gesehen werden kann. Auch die erzwungene

Betriebsveräußerung oder -aufgabe bei Insolvenz löst die Nachsteuer aus (BFH BStBl II 05, 571; 10, 663). Diese Linie der Rspr wird immer wieder besonders heftig kritisiert, weil es im Insolvenzfall nicht zu einem Leistungsfähigkeitszuwachs beim Erwerber kommt, der die Erhebung der Nachsteuer rechtfertigen kann. Die Nachsteuer ist jedoch nicht eine zusätzliche Steuer, deren Erhebung durch einen Leistungsfähigkeitszuwachs bei der Betriebsveräußerung oder -aufgabe gerechtfertigt werden muss. Es ist vielmehr die ursprüngliche Steuer, die wegen des Erwerbs von Todes wegen oder durch Schenkung unter Lebenden gerechtfertigt war, deren Erhebung wegen der Betriebsfortführung aber zunächst zurückgestellt worden ist und die nun, nach der Veräußerung oder Aufgabe des Betriebs, fällig wird. Für die Nachsteuer kommt es daher nicht auf den Leistungsfähigkeitszuwachs bei der Veräußerung oder Aufgabe, sondern auf den Zuwachs beim Erwerb von Todes wegen oder beim Schenkungserwerb an. Im Einzelfall kann dieser Zuwachs beim Vermögenserwerb nachträglich durchaus in Frage gestellt werden, so wenn die Insolvenz des Betriebes schon fünf Monate nach dem Erbschaftserwerb eintritt und ihren Grund nicht zuletzt in dem Ausfall des Erblassers hat (vgl den Fall BFH BStBl II 04, 747). Bezogen auf die Nachsteuer ist jedoch allein entscheidend, dass der Betrieb von dem Erwerber nicht fortgeführt wird. Denn die Nachsteuer tritt unabhängig davon in Kraft, aus welchen Gründen der Betrieb aufgegeben worden ist (BFH BStBl II 05, 571). Dies gilt selbst dann, wenn er auf Grund gesetzlicher Vorschriften aufgegeben werden musste (BFH BStBl II 10, 749). Im Fall der insolvenzbedingten Betriebsveräußerung ist nach Auffassung des BFH (BStBl II 10, 663) ohne Berücksichtigung von Besonderheiten des Einzelfalls auch ein sachlicher Grund für einen Billigkeitserlass gemäß § 227 AO nicht zu erkennen.

29 Neben der Veräußerung des ganzen Betriebes führt auch die **Veräußerung eines Teilbetriebes** zur Nachsteuer. Dies gilt unabhängig davon, ob der Erwerber seinerseits nur einen Teilbetrieb übernommen hatte oder ob ihm ein ganzer Betrieb zugewiesen war. Die **Aufnahme eines Teilhabers** kann als Veräußerung eines Personengesellschaftsanteils eingestuft werden und führt unter diesem Gesichtspunkt ebenfalls zur Nachsteuer. Doch kollidiert diese Interpretation mit dem Grundgedanken der Nachversteuerung, die nur das Ausnützen der Vergünstigung ohne eigenen Fortführungseinsatz für das Unternehmen verhindern will. Denn die Aufnahme eines Teilhabers zur Verstärkung der Unternehmenssubstanz sagt nichts über den eigenen Fortführungseinsatz aus. Anders liegt es, wenn von vornherein nur ein Anteil am Gesellschaftsvermögen übernommen war und wenn dieser Anteil dann innerhalb der Fünfjahresfrist weiterübertragen wird. War der Erwerber bereits vor dem Erwerb eines Gesellschaftsanteils an der Gesellschaft beteiligt und veräußert er dann einen Teil seiner Beteiligung in einem Umfang, der der früher innegehabten Beteiligung entspricht, dann kann man davon ausgehen, dass er die neu erworbene Beteiligung behalten hat, so dass eine Nachsteuer ausscheidet (*Troll/Jülicher* § 13 a Tz 281).

Gleichgestellte Fälle (Nr 1 Satz 2). Der Veräußerung des Betriebs, 30 Teilbetriebs oder Gesellschaftsanteils wird die Veräußerung von **wesentlichen Betriebsgrundlagen** „eines" − gemeint ist sicher: des übernommenen − Gewerbebetriebs gleichgestellt, wobei die Wesentlichkeit auf den Zeitpunkt des Erwerbs oder der Weiterveräußerung bezogen werden kann. Im Zweifel ist anzunehmen, dass die Wesentlichkeit zu beiden Zeitpunkten bestehen muss, so dass nach dem Erwerb hinzuerworbene, neu geschaffene oder wesentlich gewordene Betriebsgrundlagen ohne Steuerfolgen übertragen werden können. Es soll nicht nur auf die Veräußerung aller wesentlichen Betriebsgrundlagen ankommen, sondern es soll ausreichen, wenn einzelne oder aber auch nur eine wesentliche Betriebsgrundlage veräußert wird (FG Düsseldorf EFG 05, 1138). Die Veräußerung wesentlicher Betriebsgrundlagen gilt nur dann als Steuerfall, wenn sie auf eine Einschränkung des Betriebs abzielt und der Veräußerungserlös nicht gleich wieder in begünstigungsfähiges Vermögen reinvestiert wird (Abs 1 S 3, 4). Ob auch die Veräußerung von wesentlichen Betriebsgrundlagen, die zum jungen Verwaltungsvermögen iS von § 13 b II 3 gehören, die Nachsteuer auslöst, lässt der Gesetzestext nicht deutlich erkennen. Die FinVerw (R E 13 a.6 II ErbStR) spricht sich für diesen Fall gegen das Auslösen einer Nachsteuer aus. Wie eine Veräußerung an den Inhaber selbst wird auch die **Entnahme** wesentlicher Betriebsgrundlagen behandelt.

Keine Veräußerung soll dagegen in der Begründung eines **Nutzungsrechts** liegen, die man zwar als eine Art qualitative Teilveräußerung ansehen kann, die aber die Vermögenssubstanz beim Erwerber lässt und daher keine Nachsteuer auslösen soll. Ohne Nachsteuerfolgen bleibt auch die **Sacheinlage** von begünstigtem Betriebsvermögen in eine Kapitalgesellschaft gegen Gewährung von Anteilen (§ 20 I UmwStG) oder die Einbringung von begünstigtem Betriebsvermögen nach § 24 I UmwStG in eine Personengesellschaft. Erst die spätere Veräußerung der Anteile, die mit Hilfe der Sacheinlage oder im Weg der Einbringung erworben worden sind, löst die Nachsteuer aus.

Land- und Forstwirtschaft (Abs 5 Nr 2). Die Veräußerungsfälle 32 des Abs 1 Nr 1 werden auch auf die Land- und Forstwirtschaft und das in ihrem Bereich erworbene begünstigte Vermögen erstreckt. Auch hier

§ 13 a 33, 34 Steuerbefreiung für Betriebsvermögen

wird die Veräußerung wesentlicher Betriebsgrundlagen zur Abfindung weichender Erben oder die Übertragung einzelner Flächen, um Miterben zu befriedigen, gleichgestellt werden müssen und daher eine anteilige Nachsteuer auslösen, sofern die Regelung des Abs 3 nicht entgegensteht. Zur Nachsteuer kommt es im Übrigen auch in den durch Nr 2 S 2 hervorgehobenen Fällen.

33 Entnahmefälle (Abs 5 Nr 3). Wer wesentliche Betriebsgrundlagen innerhalb der Fünfjahresfrist aus dem begünstigten Betrieb entnimmt, wird schon nach Abs 5 Nr 1 und 2 zur Nachsteuer herangezogen. Abs 5 Nr 3 meint andere Entnahmefälle. Die Vorschrift wurde mit kleinen Änderungen aus dem bisherigen § 13 a übernommen und dient der Sicherung des Zwecks, der mit dem Verschonungsabschlag erreicht werden soll. Zweckgerecht sollte sich die Begünstigung nur auf notwendiges Betriebsvermögen beziehen. Doch erschien eine Beschränkung der Begünstigung auf notwendiges Betriebsvermögen nicht praktikabel. Daher hat der Gesetzgeber die Beschränkung auf einem Umweg, nämlich über eine **Entnahmebegrenzung,** angestrebt. Der Erwerber darf steuerunschädlich Entnahmen von Geld oder beliebigen anderen Wirtschaftsgütern nur im Umfang der ihm zuzurechnenden Gewinne oder der Summe seiner Einlagen machen. Das soll auch gelten, wenn die Überentnahme allein zur Zahlung der ErbSt bestimmt war (BFH BStBl II 10, 305). Entscheidend ist die Fünfjahresfrist. Niemand wird daher den Erwerber davon abhalten können, zunächst hohe Entnahmen zu tätigen, um dann vor Ablauf der Fünfjahresfrist durch Einlagen die abgezogenen Beträge wieder aufzufüllen. In dem Ausgleich hoher Entnahmen durch Einlagen vor Ablauf der Fünfjahresfrist wird grundsätzlich auch kein Gestaltungsmissbrauch zu sehen sein. Die FinVerw behält sich allerdings vor, den Eigenkapitalcharakter der Einlagen sorgfältig zu prüfen (R E 13 a.8 IV ErbStR). Geht es um Entnahmen eines Personengesellschafters, und war dieser Gesellschafter schon vor dem Erwerb des begünstigten Anteils an der Gesellschaft beteiligt, dann kann die Entnahmebegrenzung nur für den erworbenen Anteil gelten, so dass die Entnahme auf den bereits innegehabten und den neu erworbenen Anteil aufgeteilt werden muss. Um Streitfragen über die genaue Höhe der Gewinne und Einlagen zu begrenzen, wurde dem Erwerber bisher ein Betrag von zusätzlichen 52 000 € eingeräumt, innerhalb dessen die Entnahme steuerunschädlich ist. Dieser Betrag wurde nunmehr **auf 150 000 € erhöht.** Außerdem wurde in Nr 3 S 3 hinzugefügt, dass die Entnahmebegrenzung bei Ausschüttungen an Gesellschafter einer Kapitalgesellschaft sinngemäß zur Anwendung zu bringen ist.

34 Anteile an Kapitalgesellschaften (Abs 5 Nr 4). Die Regelung ergänzt die bestehenden Vorschriften mit Blick auf Kapitalgesellschaftsanteile, die nicht zum Betriebsvermögen gehören und daher nicht schon von Abs 5 Nr 1 erfasst werden. Auch hier löst die Veräußerung die Nachsteuer aus. Dabei wird nicht nur die Veräußerung des ganzen übernommenen Vermögens oder wesentlicher Grundlagen des Vermögens zum Anlass für die Nachversteuerung genommen. Vielmehr löst schon jede Teilveräußerung des übernommenen Anteilsbestandes die Nachsteuer aus. Wer 30% der Anteile erwirbt und anschließend 5% veräußert, um die ErbSt auf das erworbene Vermögen zu bezahlen, muss auf einen Teil des Verschonungsabschlags verzichten (mit der Folge, dass die ErbStBelastung höher wird und er einen noch größeren Teil seines Erwerbs veräußern muss). Zugunsten eines Erwerbers, der schon vor dem Erwerb über Anteile an der Kapitalgesellschaft verfügte, kann angenommen werden, dass eine Veräußerung zunächst die ihm unabhängig von dem begünstigen Erwerb zustehenden Anteile betrifft und daher steuerunschädlich ist (R E 13 a.9 I ErbStR). Der Veräußerung der Anteile steht die verdeckte Einlage der Anteile in eine Kapitalgesellschaft gleich. In Nr 4 S 2 wird noch die Auflösung der Gesellschaft, die Kapitalherabsetzung oder die Veräußerung von wesentlichen Betriebsgrundlagen durch die Kapitalgesellschaft genannt, wenn diese Vorgänge zur Verteilung von Vermögen an die Gesellschafter führen. Auf Nr 1 S 2 wird in Nr 4 S ausdrücklich verwiesen.

Wegfall der Mindestbeteiligung (Abs 5 Nr 5). Der Verschonungsabschlag und der Abzugsbetrag werden beim Erwerb von Kapitalgesellschaftsanteilen nur dann gewährt, wenn der Erblasser oder Schenker über eine Mindestbeteiligung an der Kapitalgesellschaft verfügte. Und zwar muss der Erblasser oder Schenker nach § 13 b I Nr 3 S 1 zum Zeitpunkt der Transaktion zu mehr als 25% an der Kapitalgesellschaft unmittelbar beteiligt gewesen sein. Diese Regelung der Mindestbeteiligung wird durch § 13 b I Nr 3 S 2 ergänzt. Danach genügt es zur Wahrung der Mindestbeteiligung, wenn der Erblasser oder Schenker zwar nur zu weniger als 25% beteiligt war, aber mit anderen Gesellschaftern wechselseitige Verpflichtungen zu einheitlicher Verfügung über die Anteile oder zu einheitlicher Stimmrechtsausübung übernommen hatte. Abs 5 Nr 5 knüpft an diese ergänzende Regelung an und bestimmt, dass die Nachsteuer entstehen soll, wenn die Verfügungsbeschränkung oder die Stimmrechtsbündelung innerhalb der Fünfjahresfrist aufgehoben wird. Diese Regelung ist schon sprachlich verunglückt, weil dem Gesetzgeber hier die Verbindung mit dem einleitenden Satz des Abs 5 nicht gelungen ist. So soll die Nachsteuer entstehen, „soweit der Erwerber ... die Stimmrechtsbündelung aufgehoben wird(!)". Aber auch inhaltlich ist die Regelung schwer zu verstehen. Denn auch wenn die Verfügungsbeschränkung und die Stimmrechtsbündelung nach dem Erwerb aufgehoben werden, bleibt es doch dabei, dass sie beim Erwerb auf der Seite des Erblassers oder Schenkers bestanden. Und allein dies sollte doch für die Wahrung der Mindestbeteiligung, die eine Mindestbeteiligung des Erblassers oder Schenkers, aber nicht eine Mindestbeteiligung des Erwerbers verlangt, notwendig sein. Die FinVerw (R E 13 a.10 II ErbStR) geht im Übrigen über den Wortlaut der Bestimmung hinaus, wenn sie die Nachsteuer nicht nur für den Fall eintreten lässt, dass die Verfügungsbeschränkung oder die Stimmrechtsbindung aufgehoben wird, sondern auch dann, wenn die Beteiligung der Poolgesellschafter zB infolge einer Kapitalerhöhung auf 25% oder weniger sinkt. Davon ist im Gesetzestext nicht die Rede!

36., 37. Anzeige- und Nachweispflichten (Abs 6 und 7)

36 **Anzeigepflichten (Abs 6).** Der Erwerber ist hinsichtlich des Entstehens der Nachsteuer anzeigepflichtig. Das ergibt sich noch nicht aus § 30, weil die dort genannte Anzeige die FinVerw nur über den Erwerb aufklären soll, der dem FA unter den Voraussetzungen der Nachsteuer aber bereits seit langem bekannt ist. In Abs 6 geht es vielmehr um den Wegfall der für den Erwerb gewährten Begünstigung, der zum Entstehen der Nachsteuer führt. Regelmäßig wird der Erwerber die entsprechenden Kenntnisse haben, die die Anzeige voraussetzt. Hatte der Erwerber aber das begünstigte Vermögen verschenkt, dann kommt es darauf an, ob der Beschenkte das Vermögen während der fortlaufenden Fünfjahresfrist veräußert hat. Das ist dem anzeigepflichtigen Erwerber nicht ohne Weiteres bekannt. Der Erwerber soll dem FA bis spätestens fünfeinhalb Jahre nach dem Erwerb eine Anzeige zugehen lassen, wenn die Mindestlohnsumme unterschritten wurde (Abs 6 S 1). Die Anzeige stellt eine Steuerklärung dar (Abs 6 S 4) und ist schriftlich abzugeben (Abs 6 S 5). Die Meinungen über die Berechnung der Mindestlohnsumme können zwischen Erwerber und FA auseinandergehen. Nach dem Wortlaut des Gesetzes soll der Erwerber nur das Unterschreiten der Mindestlohnsumme anzeigen. Zugleich legt Abs 6 S 6 aber fest, dass die Anzeige auch dann zu erfolgen hat, wenn der Vorgang zu keiner Besteuerung führt. Ist es denkbar, dass das Unterschreiten der Mindestlohnsumme zu keiner Besteuerung führt? Manches spricht dafür, dass das Gesetz eine Anzeige schon dann verlangen will, wenn ein Unterschreiten der Mindestlohnsummer nur im Bereich des Möglichen liegt. Auch nach den in Abs 5 genannten Vorgängen hat im Übrigen eine Anzeige zu erfolgen (Abs 6 S 2). Sie ist auf einen Monat befristet und soll die Mitteilung des entsprechenden Sachverhalts enthalten. Hatte der Erwerber das begünstigte Vermögen verschenkt, kommt es für das Entstehen der Nachsteuer auf das Verhalten des Beschenkten an. Der Erwerber wird den Beschenkten auf die steuerlichen Pflichten aufmerksam machen müssen, die ihn als Erwerber treffen, um die Einhaltung der Anzeigefrist zu gewährleisten. Auch unter den Voraussetzungen des Abs 5 kann es im Übrigen durchaus zu Meinungsverschiedenheiten über die Ausdeutung des Sachverhalts kommen, wenn zB gefragt wird, ob bestimmte Posten, die veräußert wurden, wesentliche Betriebsgrundlagen betreffen. Auch hier wird man unter dem Blickwinkel des Abs 6 S 6 daher vorsichtshalber zu einer vorsorglichen Anzeige des Vorgangs raten.

Nachweise bei nichtinländischem Vermögen (Abs 7). In der Rs 37 *Jäger* (DStRE 08, 174) hatte der EuGH ausgesprochen, dass Bewertungsregelungen und Befreiungstatbestände, die inländisches vor ausländischem Vermögen im Bereich der EU begünstigen, mit dem Gemeinschaftsrecht unvereinbar sind. Das ErbStRG 2009 hat darauf reagiert und die Begünstigung für Betriebsvermögen mit der Neufassung des § 13 a auch auf Betriebsvermögen im EU/EWR-Ausland erstreckt. Von dieser Ausgangslage ausgehend verlangt Abs 7 den Nachweis des Erwerbers, dass die Voraussetzungen für die Begünstigung zum Zeitpunkt des Entstehens der Steuer, während der zehnjährigen Sperrfrist für den Abzugsbetrag (Abs 2) und während der fünfjährigen Behaltensfrist, deren Einhaltung die Abzugsteuer vermeidet (Abs 5), bestehen. Die Vorschrift ist nicht deutlich genug gefasst. Nachweise dafür, dass die Voraussetzungen für die Begünstigung bis zum Ende der genannten Zeiträume bestehen, können nämlich bei solchen Merkmalen nicht verlangt werden, die nur zum Besteuerungszeitpunkt vorliegen müssen. So bestimmt § 13 b I Nr 3 für die Übertragung von Kapitalgesellschaftsanteilen, dass die Mindestbeteiligung des Erblassers/Schenkers „zur Zeit der Entstehung der Steuer" mehr als 25% betragen muss. Eine Fortdauer der Mindestbeteiligung über den Zeitpunkt des Transfers hinaus wird verlangt, wenn die Beteiligungsquote nur auf der Grundlage von Poolvereinbarungen erreicht werden konnte (§ 13 a V Nr 5). In anderen Fällen wird ein Fortbestehen der Mindestkapitalquote dagegen nicht vorausgesetzt. Also können entsprechende Nachweise auch nicht beansprucht werden. Ähnliches gilt für die Verwaltungsvermögensquote, die nur auf den Besteuerungszeitpunkt zu beziehen ist und keine Behaltensfrist kennt (R E 13 b.8 II ErbStR).

38.–41. Das Optionsmodell (Abs 8)

Grundlagen. Von den Vertretern der mittelständischen Wirtschaft 38 wurde im Vorfeld der Gesetzesberatungen immer wieder die Forderung vorgebracht, dass es möglich sein müsse, die Besteuerung von Betriebsvermögen im Erbgang ganz zu vermeiden. Die Koalitionsfraktionen wollten dagegen lange Zeit nur eine Teilbefreiung zugestehen. Schließlich ist es zu einem Kompromiss gekommen. Es wird ein Grundmodell und ein Optionsmodell nebeneinander gestellt. Das Grundmodell

(Abs 1 bis 7) sieht eine Teilbefreiung vor. Es wird ohne jeden Antrag dem Erwerber von Amts wegen zugestanden. Daneben tritt ein Optionsmodell (Abs 8). Es sieht eine vollständige Befreiung, aber unter deutlich verschärften Anforderungen vor. Es heißt Optionsmodell, weil es eine Option, eine Wahl des Erwerbers, verlangt. Es geht um die Wahl des Optionsmodells, nicht um die Abwahl des Grundmodells. Mit der Ausübung der Option ist daher durchaus vereinbar, dass trotz der Option das Grundmodell gelten soll, wenn sich die Voraussetzungen des Optionsmodells nicht erfüllen lassen. Um die Option auszuüben muss der Erwerber dem FA gegenüber eine Erklärung über die Wahl des Optionsmodells abgeben, und diese Erklärung, so heißt es im Eingangssatz des Abs 8, ist unwiderruflich. Unwiderruflich bedeutet, dass kein freier Widerruf der Erklärung möglich ist. Ob dies auch bedeuten soll, dass die einmal abgegebene Erklärung unter keinen Umständen aus der Welt geschafft werden kann, wird noch zu untersuchen sein. Im Zivilrecht können auch unwiderrufliche Erklärungen, zB wegen Irrtums, angefochten und damit im Ergebnis aufgehoben werden. Ähnliches könnte unter engen Voraussetzungen auch für die hier genannte Erklärung gelten. Abs 8 sieht übrigens keinen Zeitraum für die Abgabe der Optionserklärung vor. Sie wird bis zur Bestandskraft des Steuerbescheides abgegeben werden können. Man kann daher die Erklärung unter Hinweis auf die Schwierigkeiten der Entscheidungsfindung wohl eine zeitlang hinausschieben und so erst einmal abwarten, wie sich der übernommene Betrieb in der Hand des Erwerbers entwickelt und welche Perspektiven sich für die Lohnsummenentwicklung ergeben. Die Wahl des Optionsmodells kann nur einheitlich für den gesamten begünstigungsfähigen Erwerb erfolgen. Eine Beschränkung auf Teile des Erwerbs wird nicht für möglich gehalten (R E 13 a.13 I ErbStR).

39 Besonderheiten gegenüber dem Grundmodell (Nr 1 bis 3). Es werden drei Besonderheiten genannt. Zum einen wird die Lohnsummenregelung verschärft (Nr 1). Die Frist, innerhalb derer die Lohnsumme stabil gehalten werden muss, wird von fünf auf sieben Jahre heraufgesetzt. Zugleich werden die Anforderungen an die Stabilität der Lohnsumme erhöht. Die Mindestlohnsumme soll über sieben Jahre hinweg gerechnet pro Jahr nicht 80%, sondern 100 Prozent der Ausgangslohnsumme betragen. Die Lohnsumme soll damit über sieben Jahre hinweg im Ergebnis unverändert bleiben. Zum zweiten werden die Voraussetzungen für die Verwirklichung der Nachsteuer herabgesetzt. Eine Veräußerung des begünstigten Vermögens oder ein sonstiger Nachsteuertatbestand, der erst sechs Jahre nach dem Erwerb eintritt, bliebe im Grundmodell der Verschonungsregelung ohne steuerliche Konsequenzen. Denn die Behaltensfrist ist auf fünf Jahre begrenzt.

Nach Ablauf der Behaltensfrist ist der Erwerber in seinen Entscheidungen wieder ganz frei. Im Optionsmodell wird die Behaltensfrist jedoch von fünf auf sieben Jahre heraufgesetzt (Nr. 2). Daher muss unter den Voraussetzungen dieses Modells auch noch eine Veräußerung im sechsten Jahr nach dem Erwerb die Nachsteuer auslösen. Vermindert wird schließlich drittens auch der Prozentsatz des Verwaltungsvermögens, der die Begünstigung hindert (§ 13 b II 1). Im Grundmodell schließt nur ein Verwaltungsvermögensanteil von mehr als 50% die Begünstigung aus. Im Optionsmodell genügen aber schon mehr als 10%, um die Begünstigung entfallen zu lassen.

Chancen und Risiken der Option. Die Option hat eine Begünstigung von 100% zur Folge (Abs 8 Nr 4). Das ist die große Chance, die dieses Modell bietet. Mit ihr sind aber auch Risiken verbunden. Ein Risiko dürfte zunächst bei der Quote des Verwaltungsvermögens liegen. 10% sind schnell übersprungen. Man wird daher diese Voraussetzung des Optionsmodells sehr sorgfältig prüfen müssen. Dabei kommt dem StPfl die Neuregelung in § 13 b Abs 2 a zugute, die eine gesonderte Feststellung des Umfangs des Verwaltungsvermögens vorieht. Wenn sich mit Hilfe dieser Feststellung die Quote des Verwaltungsvermögens zuverlässig ermitteln lässt, hat der Erwerber eine klare Entscheidungsgrundlage für seine Wahl. Im Übrigen ist die FinVerw (R E 13 a.13 III ErbStR) bereit, der These zuzustimmen, dass die Option im Fall einer Quote des Verwaltungsvermögens aller übertragenen wirtschaftlichen Einheiten von mehr als 10% nicht möglich ist, daher als gegenstandslos angesehen werden muss und folglich ignoriert werden kann. Ist die Option zu ignorieren, kommt ohne Weiteres das Grundmodell zum Zuge. Durch die Wahl des Optionsmodells wird also regelmäßig nichts verspielt. Nur dann, wenn mehrere wirtschaftliche Einheiten in einem Akt übertragen werden, von denen einzelne über weniger und andere über mehr als 10% Verwaltungsvermögensanteil verfügen, will die FinVerw (R E 13 a.13 III ErbStR) für die Einheiten, deren Verwaltungsvermögensanteil über 10% liegt, eine Verschonung weder nach dem Optionsmodell noch nach dem Grundmodell anerkennen.

Risiken aus der Verlängerung der Behaltensfrist. Auch das Risiko aus der Verlängerung der Behaltensfrist erscheint überschaubar. Im Grundmodell unterliegen 15% des begünstigten Vermögens der Besteuerung. Wird unter den Voraussetzungen des Optionsmodells im sechsten Jahr nach dem Erwerb eine Veräußerung vorgenommen, dann wird zwar – anders als im Grundmodell – auch jetzt noch eine Nachsteuer ausgelöst. Von dieser Besteuerung werden aber als Folge der zeitanteiligen Beschränkung der Nachsteuer (Abs 5 S 2) nur noch knapp 15% des begünstigten Vermögens erfasst. Das ist kein schwerwiegender Nachteil gegenüber dem Grundmodell. Außerdem wird dieser

§ 13 b Begünstigtes Vermögen

Nachteil noch auf andere Weise entschärft. Denn im Optionsmodell wird mit einer 100prozentigen Entlastung gerechnet. Daher geht mit der Wahl des Optionsmodells zugleich eine 100-Prozent-Stundung der Steuer einher. Die Wirkung dieser Stundung dürfte den Nachteil der Verlängerung der Behaltensfrist deutlich abschwächen. Das Risiko der erhöhten Behaltensfrist bleibt also überschaubar.

42 **Anwendung auf die Ersatzerbschaftsteuer (Abs 9).** Gemäß § 1 I Nr 4 wird das Vermögen von Familienstiftungen und Familienvereinen in Zeitabständen von 30 Jahren der ErsatzErbSt unterworfen. Das Gesetz fingiert insoweit eine Art Erbfall, wobei das Vermögen der Stiftung oder des Vereins auf zwei Hinterbliebene der StKlasse I übergeht. Schon für § 13a aF war anerkannt, dass die Vergünstigung auch bei der ErsatzErbSt zu berücksichtigen ist. Diese Klarstellung wurde nun auch in die Neufassung des § 13a übernommen.

§ 13 b Begünstigtes Vermögen

(1) Zum begünstigten Vermögen gehören vorbehaltlich Absatz 2
1. der **inländische Wirtschaftsteil des land- und forstwirtschaftlichen Vermögens (§ 168 Abs. 1 Nr. 1 des Bewertungsgesetzes) mit Ausnahme der Stückländereien (§ 168 Abs. 2 des Bewertungsgesetzes) und selbst bewirtschaftete Grundstücke im Sinne des § 159 des Bewertungsgesetzes sowie entsprechendes land- und forstwirtschaftliches Vermögen, das einer Betriebsstätte in einem Mitgliedstaat der Europäischen Union oder in einem Staat des Europäischen Wirtschaftsraums dient;**
2. **inländisches Betriebsvermögen (§§ 95 bis 97 des Bewertungsgesetzes) beim Erwerb eines ganzen Gewerbebetriebs, eines Teilbetriebs, eines Anteils an einer Gesellschaft im Sinne des § 15 Abs. 1 Satz 1 Nr. 2 und Abs. 3 oder § 18 Abs. 4 des Einkommensteuergesetzes, eines Anteils eines persönlich haftenden Gesellschafters einer Kommanditgesellschaft auf Aktien oder eines Anteils daran und entsprechendes Betriebsvermögen, das einer Betriebsstätte in einem Mitgliedstaat der Europäischen Union oder in einem Staat des Europäischen Wirtschaftsraums dient;**
3. **Anteile an Kapitalgesellschaften, wenn die Kapitalgesellschaft zur Zeit der Entstehung der Steuer Sitz oder Geschäftsleitung im Inland oder in einem Mitgliedstaat der Europäischen Union oder in einem Staat des Europäischen Wirtschaftsraums hat und der Erblasser oder Schenker am Nennkapital dieser Gesellschaft zu mehr als 25 Prozent unmittelbar beteiligt war (Mindestbeteiligung).** [2]**Ob der Erblasser oder Schenker die Mindestbeteiligung erfüllt, ist nach der Summe der dem Erblasser oder Schenker unmittelbar zuzurechnenden Anteile und der Anteile weiterer**

Begünstigtes Vermögen § 13 b

Gesellschafter zu bestimmen, wenn der Erblasser oder Schenker und die weiteren Gesellschafter untereinander verpflichtet sind, über die Anteile nur einheitlich zu verfügen oder ausschließlich auf andere derselben Verpflichtung unterliegende Anteilseigner zu übertragen und das Stimmrecht gegenüber nichtgebundenen Gesellschaftern einheitlich auszuüben.

(2) ¹Ausgenommen bleibt Vermögen im Sinne des Absatzes 1, wenn das land- und forstwirtschaftliche Vermögen oder das Betriebsvermögen der Betriebe oder der Gesellschaften zu mehr als 50 Prozent aus Verwaltungsvermögen besteht. ²Zum Verwaltungsvermögen gehören

1. Dritten zur Nutzung überlassene Grundstücke, Grundstücksteile, grundstücksgleiche Rechte und Bauten. ²Eine Nutzungsüberlassung an Dritte ist nicht anzunehmen, wenn
   a) der Erblasser oder Schenker sowohl im überlassenden Betrieb als auch im nutzenden Betrieb allein oder zusammen mit anderen Gesellschaftern einen einheitlichen geschäftlichen Betätigungswillen durchsetzen konnte oder als Gesellschafter einer Gesellschaft im Sinne des § 15 Abs. 1 Satz 1 Nr. 2 und Abs. 3 oder § 18 Abs. 4 des Einkommensteuergesetzes den Vermögensgegenstand der Gesellschaft zur Nutzung überlassen hatte, und diese Rechtsstellung auf den Erwerber übergegangen ist, soweit keine Nutzungsüberlassung an einen weiteren Dritten erfolgt;
   b) die Nutzungsüberlassung im Rahmen der Verpachtung eines ganzen Betriebs erfolgt, welche beim Verpächter zu Einkünften nach § 2 Abs. 1 Nr. 2 bis 3 des Einkommensteuergesetzes führt und
      aa) der Verpächter des Betriebs im Zusammenhang mit einer unbefristeten Verpachtung den Pächter durch eine letztwillige Verfügung oder eine rechtsgeschäftliche Verfügung als Erben eingesetzt hat oder
      bb) die Verpachtung an einen Dritten erfolgt, weil der Beschenkte im Zeitpunkt der Steuerentstehung den Betrieb noch nicht führen kann, und die Verpachtung auf höchstens zehn Jahre befristet ist; hat der Beschenkte das 18. Lebensjahr noch nicht vollendet, beginnt die Frist mit der Vollendung des 18. Lebensjahres.
   ²Dies gilt nicht für verpachtete Betriebe, die vor ihrer Verpachtung die Voraussetzungen als begünstigtes Vermögen nach Absatz 1 und Satz 1 nicht erfüllt haben und für verpachtete Betriebe, deren Hauptzweck in der Überlassung von Grundstücken, Grundstücksteilen, grundstücksgleichen Rechten und Bauten an Dritte zur Nutzung besteht, die nicht unter Buchstabe d fallen;

529

§ 13 b Begünstigtes Vermögen

c) sowohl der überlassende Betrieb als auch der nutzende Betrieb zu einem Konzern im Sinne des § 4 h des Einkommensteuergesetzes gehören, soweit keine Nutzungsüberlassung an einen weiteren Dritten erfolgt;
d) die überlassenen Grundstücke, Grundstücksteile, grundstücksgleiche Rechte und Bauten zum Betriebsvermögen, zum gesamthänderisch gebundenen Betriebsvermögen einer Personengesellschaft oder zum Vermögen einer Kapitalgesellschaft gehören und der Hauptzweck des Betriebs in der Vermietung von Wohnungen im Sinne des § 181 Abs. 9 des Bewertungsgesetzes besteht, dessen Erfüllung einen wirtschaftlichen Geschäftsbetrieb (§ 14 der Abgabenordnung) erfordert;
e) Grundstücke, Grundstücksteile, grundstücksgleiche Rechte und Bauten an Dritte zur land- und forstwirtschaftlichen Nutzung überlassen werden;
2. Anteile an Kapitalgesellschaften, wenn die unmittelbare Beteiligung am Nennkapital dieser Gesellschaften 25 Prozent oder weniger beträgt und sie nicht dem Hauptzweck des Gewerbebetriebs eines Kreditinstitutes oder eines Finanzdienstleistungsinstitutes im Sinne des § 1 Abs. 1 und 1 a des Kreditwesengesetzes in der Fassung der Bekanntmachung vom 9. September 1998 (BGBl. I S. 2776), das zuletzt durch Artikel 24 des Gesetzes vom 23. Oktober 2008 (BGBl. I S. 2026) geändert worden ist, oder eines Versicherungsunternehmens, das der Aufsicht nach § 1 Abs. 1 Nr. 1 des Versicherungsaufsichtsgesetzes in der Fassung der Bekanntmachung vom 17. Dezember 1992 (BGBl. 1993 I S. 2), das zuletzt durch Artikel 6 Abs. 2 des Gesetzes vom 17. Oktober 2008 (BGBl. I S. 1982) geändert worden ist, unterliegt, zuzurechnen sind. ²Ob diese Grenze unterschritten ist, ist nach der Summe der dem Betrieb unmittelbar zuzurechnenden Anteile und der Anteile weiterer Gesellschafter zu bestimmen, wenn die Gesellschafter untereinander verpflichtet sind, über die Anteile nur einheitlich zu verfügen oder sie ausschließlich auf andere derselben Verpflichtung unterliegende Anteilseigner zu übertragen und das Stimmrecht gegenüber nichtgebundenen Gesellschaftern nur einheitlich auszuüben;
3. Beteiligungen an Gesellschaften im Sinne des § 15 Abs. 1 Satz 1 Nr. 2 und Abs. 3 oder § 18 Abs. 4 des Einkommensteuergesetzes und an entsprechenden Gesellschaften im Ausland sowie Anteile an Kapitalgesellschaften, die nicht unter Nummer 2 fallen, wenn bei diesen Gesellschaften das Verwaltungsvermögen mehr als 50 Prozent beträgt;
4. Wertpapiere sowie vergleichbare Forderungen, wenn sie nicht dem Hauptzweck des Gewerbebetriebs eines Kreditinstitutes oder eines Finanzdienstleistungsinstitutes im Sinne des § 1 Abs. 1 und 1 a des Kreditwesengesetzes in der Fassung der Bekannt-

Begünstigtes Vermögen § 13 b

machung vom 9. September 1998 (BGBl. I S. 2776), das zuletzt durch Artikel 24 des Gesetzes vom 23. Oktober 2008 (BGBl. I S. 2026) geändert worden ist, oder eines Versicherungsunternehmens, das der Aufsicht nach § 1 Abs. 1 Nr. 1 des Versicherungsaufsichtsgesetzes in der Fassung der Bekanntmachung vom 17. Dezember 1992 (BGBl. 1993 I S. 2), das zuletzt durch Artikel 6 Abs. 2 des Gesetzes vom 17. Oktober 2008 (BGBl. I S. 1982) geändert worden ist, unterliegt, zuzurechnen sind;

5. Kunstgegenstände, Kunstsammlungen, wissenschaftliche Sammlungen, Bibliotheken und Archive, Münzen, Edelmetalle und Edelsteine, wenn der Handel mit diesen Gegenständen oder deren Verarbeitung nicht der Hauptzweck des Gewerbebetriebs ist.

³Kommt Satz 1 nicht zur Anwendung, gehört solches Verwaltungsvermögen im Sinne des Satzes 2 Nr. 1 bis 5 nicht zum begünstigten Vermögen im Sinne des Absatzes 1, welches dem Betrieb im Besteuerungszeitpunkt weniger als zwei Jahre zuzurechnen war (junges Verwaltungsvermögen). ⁴Der Anteil des Verwaltungsvermögens am gemeinen Wert des Betriebs bestimmt sich nach dem Verhältnis der Summe der gemeinen Werte der Einzelwirtschaftsgüter des Verwaltungsvermögens zum gemeinen Wert des Betriebs; für Grundstücksteile des Verwaltungsvermögens ist der ihnen entsprechende Anteil am gemeinen Wert des Grundstücks anzusetzen. ⁵Bei Betrieben der Land- und Forstwirtschaft ist als Vergleichsmaßstab der Wert des Wirtschaftsteils (§ 168 Abs. 1 Nr. 1 des Bewertungsgesetzes) anzuwenden. ⁶Der Anteil des Verwaltungsvermögens am gemeinen Wert des Betriebs einer Kapitalgesellschaft bestimmt sich nach dem Verhältnis der Summe der gemeinen Werte der Einzelwirtschaftsgüter des Verwaltungsvermögens zum gemeinen Wert des Betriebs; für Grundstücksteile des Verwaltungsvermögens ist der ihnen entsprechende Anteil am gemeinen Wert des Grundstücks anzusetzen. ⁷Soweit zum Vermögen der Kapitalgesellschaft Wirtschaftsgüter gehören, die nach Satz 3 nicht in das begünstige Vermögen einzubeziehen sind, ist der Teil des Anteilswerts nicht begünstigt, der dem Verhältnis der Summe der Werte dieser Wirtschaftsgüter zum gemeinen Wert des Betriebs der Kapitalgesellschaft entspricht.

(2 a) ¹Das für die Bewertung der wirtschaftlichen Einheit örtlich zuständige Finanzamt im Sinne des § 152 Nummer 1 bis 3 des Bewertungsgesetzes stellt die Summen der gemeinen Werte der Wirtschaftsgüter des Verwaltungsvermögens im Sinne des Absatzes 2 Satz 2 Nummer 1 bis 5 und des jungen Verwaltungsvermögens im Sinne des Absatzes 2 Satz 3 gesondert fest, wenn diese Werte für die Erbschaftsteuer oder eine andere Feststellung im Sinne dieser Vorschrift von Bedeutung sind. ²Dies gilt entsprechend, wenn nur ein Anteil am Betriebsvermögen im Sinne des Absatzes 1 Nummer 2 übertragen wird. ³Die Entscheidung, ob die Werte von Bedeutung sind, trifft das für die Festsetzung der Erbschaftsteuer oder für die

§ 13 b

Feststellung nach § 151 Absatz 1 Satz 1 Nummer 1 bis 3 des Bewertungsgesetzes zuständige Finanzamt. ⁴§ 151 Absatz 3 und die §§ 152 bis 156 des Bewertungsgesetzes sind auf die Sätze 1 bis 3 entsprechend anzuwenden.

(3) Überträgt ein Erbe erworbenes begünstigtes Vermögen im Rahmen der Teilung des Nachlasses auf einen Dritten und gibt der Dritte dabei diesem Erwerber nicht begünstigtes Vermögen hin, das er vom Erblasser erworben hat, erhöht sich insoweit der Wert des begünstigten Vermögens des Dritten um den Wert des hingegebenen Vermögens, höchstens jedoch um den Wert des übertragenen Vermögens.

(4) Begünstigt sind 85 Prozent des in Absatz 1 genannten Vermögens.

Erbschaftsteuer-Richtlinien: R E 13 b.1–13 b.20/H E 13 b.1–13 b.20.

Übersicht

1. Überblick
2.–9. Das begünstigte Vermögen (Abs 1)
10.–24 a. Das Verwaltungsvermögen (Abs 2)
25., 26. Erweiterung der Begünstigung bei Nachlassteilung (Abs 3)
27. Umfang der Begünstigung im Grundmodell (Abs 4)

Schrifttum: Siehe zu § 13 a.

1 Überblick. § 13 b ist durch das ErbStRG 2009 eingefügt und anschließend durch das JStG 2010 (BGBl I 2010, 1768) in den Absätzen 2 und 3 leicht verändert worden. Das StVereinfachungsG 2011 (BGBl I 2011, 2131) hat den Abs 2 a hinzugefügt. § 13 b hat nicht die Bedeutung einer selbständigen Befreiungsvorschrift, sondern ergänzt nur die Regelung des § 13 a durch nähere Erläuterung des im Rahmen des § 13 a begünstigungsfähigen Vermögens. In Abs 1 werden die Wirtschaftsgüter benannt, auf deren Erwerb der Verschonungsabschlag (§ 13 a I) und der Abzugsbetrag (§ 13 a II) zur Anwendung kommen können. Dieses im Grundsatz begünstigungsfähige Vermögen wird nach Abs 2 jedoch nur dann begünstigt, wenn es nicht eine hohe Quote unproduktiven Vermögens umfasst und damit aus dem Kreis des begünstigten Vermögens ausgeschlossen werden muss. Abs 3 erweitert die Bemessungsgrundlage der Begünstigung um den Wert von Posten, die nicht begünstigt erworben, sondern im Gegenzug gegen den Erwerb von begünstigtem Vermögen fortgegeben wurden. Schließlich bestimmt Abs 4, dass die Begünstigung durch den Verschonungsabschlag und den Abzugsbetrag sich im Grundmodell des § 13 a (§ 13 a I bis VII) nicht auf das ganze begünstigungsfähige Vermögen, sondern nur auf 85% dieses Vermögens erstrecken soll.

2.–9. Das begünstigte Vermögen (Abs 1)

Grundlagen. Begünstigt ist das in Abs 1 aufgeführte Vermögen nur 2 „vorbehaltlich Abs 2". Bei Anwendung des Abs 1 sind daher immer auch die Ausnahmeregelungen des Abs 2 zu beachten. Die Regelung des begünstigungsfähigen Vermögens in Abs 1 folgt der Linie, die der frühere § 13a IV aF vorgezeichnet hatte. Rspr und Literatur zu § 13a IV aF können daher weitgehend unverändert herangezogen werden. Die Regelung des von der Begünstigung ausgenommenen Vermögens in Abs 2 ist ohne Vorbild und neu. Im Hinblick auf diese Vorschrift müssen daher zZ unverändert noch manche Fragen offen bleiben. Abs 1 unterscheidet Vermögensposten, die zum luf Vermögen gehören, die Betriebsvermögen oder Anteile am Betriebsvermögen sind oder die Kapitalgesellschaftsanteile darstellen. Die Feststellung, zu welcher dieser Vermögensarten die Gegenstände gehören, wird im Rahmen der Bewertung getroffen. Dem Gesetzgeber geht es bei der Begünstigung des § 13a vornehmlich um die Förderung des Betriebsvermögens. Daher hatte § 13a IV aF das Betriebsvermögen an der ersten Stelle genannt. Nunmehr wird jedoch in Abs 1 aus welchen Gründen auch immer das luf Vermögen vorweg behandelt.

Land- und forstwirtschaftliches Vermögen (Abs 1 Nr 1). Die 3 Begünstigung will erreichen, dass die wirtschaftliche Einheit des Vermögens in der Hand des Erwerbers erhalten bleibt und so trotz des Transfers unverändert die Basis für Wertschöpfung und Beschäftigung bieten kann. Daher werden nur die Teile des luf Vermögens zu den begünstigten Posten gezählt, die unmittelbar der Wertschöpfung und dem Erhalt von Arbeitsplätzen dienen. Dies gilt für den Wirtschaftsteil iS des § 168 I Nr 1BewG, zu dem die in § 158 III BewG genannten Wirtschaftsgüter gehören, mit Ausnahme der Wohngebäude und dem dazu gehörenden Grund und Boden. Wirtschaftsgüter iS des § 158 III BewG sind die landwirtschaftlich genutzten Flächen, die Wirtschaftsgebäude, die stehenden Betriebsmittel, der normale Bestand an umlaufenden Betriebsmitteln und die dazu gehörenden immateriellen Wirtschaftsgüter. Neben dem Wirtschaftsteil werden die vom Erblasser oder Schenker selbst bewirtschafteten Grundstücke iS des § 159 BewG in den Kreis des nach Abs 1 Nr 1 geförderten Vermögens eingefügt, wenn sie vom Erwerber unverändert weiter bewirtschaftet werden. Nicht einbezogen in die Begünstigung werden die Betriebswohnungen und der Wohnteil einschließlich der Altenwohnungen, weil sie nicht unmittelbar der landwirtschaftlichen Wertschöpfung dienen. Auch Stückländereien, das sind langfristig verpachtete Flächen, oder Mietwohngrundstücke werden nicht gefördert. Immer wird vorausgesetzt, dass nicht einzelne Wirtschaftsgüter isoliert auf den Erwerber übergehen, sondern

§ 13 b 4 Begünstigtes Vermögen

dass der Erwerber die begünstigungsfähigen Posten in Verbindung mit dem ganzen Betrieb oder mit dem Anteil an einer die Land- und Forstwirtschaft betreibenden Personengesellschaft übernimmt. Neu ist, dass nicht nur inländisches Vermögen sondern auch luf Vermögen in den EU-Mitgliedstaaten und in Staaten des EWR (Island, Liechtenstein, Norwegen) gefördert wird.

4 **Betriebsvermögen (Abs 1 Nr 2).** Begünstigt wird inländisches Betriebsvermögen und Betriebsvermögen, das einer Betriebsstätte im EU/EWR-Ausland dient. Um abzugrenzen, was zum Betriebsvermögen gehört, verweist Abs 1 Nr 2 auf die §§ 95 bis 97 BewG. Diese Bestimmungen verweisen weiter auf das EStRecht und die dort geregelte steuerliche Gewinnermittlung. Was bei der steuerlichen Gewinnermittlung zum Betriebsvermögen gehört, soll auch durch Abs 1 Nr 2 gefördert sein. Diese Erkenntnis hätte man auch auf anderem Wege gewinnen können. Denn es liegt nahe, dass als Betriebsvermögen nur das gefördert werden kann, was auch bei der der Verschonung vorangehenden erbschaftsteuerlichen Bewertung als Betriebsvermögen behandelt worden ist. Also hätte man eigentlich eine Verweisung auf § 12 V erwartet. Auch der Hinweis auf § 12 V hätte allerdings auf verschlungenen Wegen (§§ 151 I Nr 2, 157 V iVm §§ 95–97 BewG) wieder zur estlichen Gewinnermittlung zurückgeführt. Danach gehört zum Betriebsvermögen das einem Gewerbebetrieb oder der Ausübung eines freien Berufs dienende Vermögen. Auch gewillkürtes Vermögen ist begünstigt. Doch werden dem Steuerpflichtigen für die Zugehörigkeit von gewillkürtem Vermögen zum Betriebsvermögen von der FinVerw weitgehende Nachweispflichten auferlegt (vgl *Moench/Weinmann*, § 13 b Rz 22). Auch die Wirtschaftsgüter einer gewerblich tätigen oder gewerblich geprägten Personengesellschaft sind beim Transfer eines Gesellschaftsanteils begünstigt. Im Fall einer Personengesellschaft umfasst das Betriebsvermögen im Übrigen nicht nur das gemeinschaftliche Vermögen der Gesellschafter (einschließlich der Beteiligung an anderen Personengesellschaften), sondern auch die Wirtschaftsgüter, die im Eigentum eines Gesellschafters, mehrerer oder aller Gesellschafter stehen, sowie die Schulden eines Gesellschafters, mehrerer oder aller Gesellschafter, soweit diese Posten bei der Gewinnermittlung zum Betriebsvermögen gerechnet werden (§ 97 I Nr 5 BewG). Auch die atypische Unterbeteiligung und die atypische stille Beteiligung werden im Fall ihrer Übertragung begünstigt (FinVerw DStR 09, 908). Der Nießbrauch am Betriebsvermögen verschafft dem Rechtsinhaber keinen Anteil an dem belasteten Vermögen. Der Erwerb des Nießbrauchs ist daher nicht begünstigungsfähig. Wird Betriebsvermögen unter Nießbrauchsvorbehalt übertragen, ist der Vermögenserwerb im Grundsatz begünstigungsfähig. Verzichtet der Nießbraucher auf sein Recht, ver-

Betriebsvermögen 5, 5a § 13 b

stärkt sich die Stellung des Vermögensinhabers, der nun auch die Vermögenserträge für sich beanspruchen kann. Doch wird diese Verstärkung der Stellung des Vermögensinhabers nicht als Erwerb von Betriebsvermögen eingestuft, so dass eine Begünstigung ausscheiden muss.

Voraussetzungen der Begünstigung. Das Betriebsvermögen wird 5 nur begünstigt, wenn es zZt des Transfers beim Erblasser/Schenker (oder bei dem sonst am begünstigten Transfer Beteiligten: § 13 a Anm 9) Betriebsvermögen war und auch in der Hand des Erwerbers unverändert Betriebsvermögen bleibt (vgl BFH BStBl II 07, 443; 09, 312). Diese Voraussetzung kann auch dann erfüllt sein, wenn der freiberufliche Betrieb eines selbstständig tätigen Künstlers bei dessen Tod auf die Erben übergeht, die ihrerseits die freiberufliche Tätigkeit des Erblassers nicht fortsetzen (BFH BStBl II 09, 852). Sie ist nicht erfüllt, wenn der steuerpflichtige Transfer eine Betriebsaufspaltung beendet, weil mit ihm die Beherrschungsidentität verloren geht. Dann treten die Folgen einer Betriebsaufgabe ein, die das bisherige Betriebsvermögen beim Erwerber als Privatvermögen ankommen lässt. Das Betriebsvermögen muss außerdem im Rahmen eines ganzen Gewerbebetriebes, eines Teilbetriebes oder eines Personengesellschaftsanteils erworben sein. Unter einem Teilbetrieb wird eine in sich organisatorisch geschlossene Betriebseinheit verstanden, die schon für sich genommen den Anforderungen eines Betriebs entspricht und auch für sich selbständig lebensfähig ist, wobei die Beurteilung aus der Sicht des Erwerbers erfolgen sollte. Die Übertragung einzelner Wirtschaftsgüter außerhalb eines Betriebs, Teilbetriebs oder Personengesellschaftsanteils ist nicht begünstigungsfähig (FG Münster EFG 07, 1259), selbst wenn die Wirtschaftsgüter wesentliche Betriebsgrundlagen darstellen, so dass ihre Veräußerung für die Nachsteuer relevant wäre (§ 13 a V Nr 1 S 2). Wird allerdings ein Gewerbebetrieb durch gemischte Schenkung übertragen, soll nach der Rspr des BFH, solange sie noch bestehen bleibt, nur ein unselbstständiger Betriebsteil im Umfang des Verhältnisses von Unternehmenswert und Gegenleistung der Besteuerung unterliegen (oben § 7 Anm 29). Dann muss auch dieser unselbständige Betriebsteil begünstigungsfähig sein. Man kann in diesem Fall nicht den ganzen Betrieb zum begünstigten Vermögen zählen. Denn begünstigt wird durch die §§ 13 a, 13 b nur Vermögen, das durch einen steuerpflichtigen Vorgang erworben ist. Und im Fall des Betriebserwerbs durch gemischte Schenkung ist nach der BFH-Rspr nur ein Betriebsteil steuerpflichtig erworben. Auf den entgeltlich erworbenen weiteren Betriebsteil bezieht sich die Begünstigung nicht.

Beim **schenkweisen Erwerb eines Personengesellschaftsanteils** 5a wird verlangt, dass der Anteilserwerber nicht nur die Gesellschafterstellung erlangt, sondern mit der Übertragung zugleich auch in die Mitunternehmerstellung einrückt (BFH BStBl II 09, 312). Dabei muss die Mitunternehmerstellung durch den erworbenen Gesellschaftsanteil vermittelt sein. Dass sich die bisherige Mitunternehmerschaft des Erwerbers wegen der Unteilbarkeit der Mitgliedschaft nach dem Erwerb auf den hinzuerworbenen Anteil erstreckt, reicht nach Auffassung des BFH (BStBl II 10, 555) nicht aus. Überträgt der Schenker einen Personengesellschaftsanteil unter Nießbrauchsvorbehalt, dann hindert das für sich genommen die Anwendung des Abs 1 Nr 2 noch nicht. Soll der Schenker jedoch als Nießbraucher die Gesellschafterrechte weiterhin wahrnehmen und lässt er sich dazu vorsorglich von dem Beschenkten Stimmrechtsvollmacht erteilen, dann geht die Mitunternehmerinitiative nicht auf den Erwerber über. Daher ist dieser Transfer nicht begünstigt (BFH BStBl II 09, 312). Die Frage tritt allerdings auf, was geschieht, wenn der Schenker anschließend auf die Stimmrechtsausübung verzichtet, so dass der Erwerber nunmehr die ihm bisher noch vorenthaltene Mitunternehmerstellung erlangt. Kann nun noch nachträglich eine Begünstigung gewährt werden oder ist die Begünstigung ein für alle Mal verloren? Und was soll gelten, wenn der Schenker stirbt und damit der vorbehaltene Nießbrauch erlischt? Das FG Münster (EFG 05, 290) hat eine nachträgliche Berücksichtigung der Begünstigung abgelehnt, was sich zwar begründen lässt, aber doch nur wenig befriedigend erscheint. Der Erwerb eines Personengesellschaftsanteils ohne Mitunternehmerstellung ist also nicht begünstigt. Der Erwerb einer Mitunternehmerstellung ohne Gesellschaftsanteil, wie er beim Erwerb des Nießbrauchs an einem Kommanditanteil denkbar sein kann, wird ebenfalls nicht als begünstigungsfähig angesehen (FG Düsseldorf EFG 10, 157). Generell kann aber auch der Nießbraucher am Gesellschaftsanteil als Mitunternehmer in Frage kommen (*Daragan*, DStR 11, 1347; vgl auch den Fall BFH BStBl II 09, 312). An der für die Begünstigung notwendigen Übertragung der Mitunternehmerstellung kann es im Übrigen auch dann fehlen, wenn der Anteilsübertragung ein freier Widerrufsvorbehalt hinzugefügt wird. Nach Auffasusng der Rspr (FG Münster EFG 07, 1705) muss nicht nur der Erwerber mit dem Transfer Mitunternehmer werden, sondern es muss auch der Erblasser/Schenker zur Zeit des Transfers Mitunternehmer gewesen sein. Hatte der Erblasser daher bereits zu Lebzeiten die von ihm gehaltenen Gesellschaftsanteile in einer Weise übertragen, dass ihm selbst die Mitunternehmerstellung verloren ging, dann ist der spätere Erwerb durch Erbanfall aus der Sicht des Gerichts nicht mehr begünstigt. Was das Sonderbetriebsvermögen angeht, so soll es für einen begünstigten Anteilserwerb genügen, dass die Beteiligung am Gesellschaftsvermögen übertragen wird. Der Schenker kann daher sein Sonderbetriebsvermögen zurückhalten oder es nicht in der vollen Quote des Anteils auf den Erwerber übertragen, ohne dass deswegen die Begünstigung entfällt.

Anteile an Kapitalgesellschaften (Abs 1 Nr 3). Das Vermögen 6
von Kapitalgesellschaften ist zwar auch Betriebsvermögen (§ 97 I Nr 1
iVm § 95 I BewG). Es wird von der Begünstigung in Abs 1 Nr 2
dennoch nicht unmittelbar erfasst. Denn die Verselbständigung des
Vermögens in der Kapitalgesellschaft führt zu einer Trennung des Vermögens von den Gesellschaftern, denen das Vermögen bei wirtschaftlicher Betrachtung gehört. Beim Tod des Gesellschafters wechselt der
Rechtsträger des in der Kapitalgesellschaft gebundenen Vermögens
nicht. Nur die Anteile an der Gesellschaft gelangen in den Erbgang und
werden der ErbSt unterworfen. Nur auf den Erwerb der Anteile, nicht
auf den unmittelbaren Erwerb des Betriebsvermögens der Kapitalgesellschaft, kann sich daher auch die Begünstigung beziehen. Die Anteile
können ihrerseits Teil eines Betriebsvermögens sein. Dann werden sie
zusammen mit dem Betrieb, Teilbetrieb oder Personengesellschaftsanteil
erworben und nach Abs 1 Nr 2 begünstigt, allerdings auch in der
Quote des Verwaltungsvermögens erfasst (Abs 2 Nr 2). Die besonderen
Begünstigungsmerkmale des Abs 1 Nr 3 gelten in diesem Fall nicht.
Werden die Anteile jedoch im Pivatvermögen gehalten oder werden sie
außerhalb eines Betriebs, Teilbetriebs oder Personengesellschaftsanteils
übertragen, dann kommt Abs 1 Nr 3 zum Zuge.

Das Merkmal der Mindestbeteiligung (Nr 3 Satz 2). Kapitalge- 7
sellschaftsanteile, die nicht schon als Teil eines begünstigungsfähigen
Betriebsvermögens an den Erwerber gelangen, werden begünstigt,
wenn die Gesellschaft zur Zeit der Entstehung der Steuer ihren Sitz
oder ihre Geschäftsleitung im Inland oder im europäischen Ausland
(Raum der EU plus Island, Liechtenstein, Norwegen) hat und der
Erblasser/Schenker zum Zeitpunkt der Transaktion am Nennkapital der
Gesellschaft zu mehr als einem Viertel unmittelbar beteiligt war. Das
zuletzt genannte Merkmal spricht die sog Mindestbeteiligung an. Sie
wird auf der Seite des Erblassers/Schenkers, nicht auf der Seite des
Erwerbers verlangt. Die Übertragung eines Anteils, der 1% des Nennkapitals der Gesellschaft repräsentiert, ist begünstigt, wenn der Erblasser/Schenker zur Zeit der Transaktion zu 26% beteiligt war. Die Übertragung eines Anteils von 24% des Nennkapitals ist nicht begünstigt,
wenn der Erblasser/Schenker damit seinen gesamten Anteil übertragen
hat. Denn der gesamte Anteilsbestand entsprach in diesem Fall nicht
den Anforderungen der Mindestbeteiligung. Die Mindestbeteiligung
gilt dem Gesetzgeber als Indiz dafür, dass der Erblasser/Schenker unternehmerisch in die Gesellschaft eingebunden war und nicht nur als
Kapitalanleger aufgetreten ist. Auch bei der Übertragung von Personengesellschaftsanteilen wird verlangt, dass der Erblasser/Schenker selbst

unternehmerisch tätig war. Zugleich muss aber auch der Erwerber die Mitunternehmerstellung erlangen. Bei Kapitalgesellschaftsanteilen ist es dagegen anders. Hier soll es nur auf die unternehmerische Stellung des Erblassers/Schenkers ankommen. Die vom Gesetz verlangte Mindestbeteiligung wird auf das Nennkapital bezogen, dh auf den Nennbetrag des Stamm- oder Grundkapitals. Eigene Anteile der Gesellschaft werden bei dieser Berechnung wie Fremdanteile behandelt. Dem Gesellschafter wird nicht ein seiner eigenen Beteiligungsquote entsprechender Teil der eigenen Anteile hinzugerechnet (Hess FG EFG 06, 1185). Die Mindestbeteiligung wird auf den Besteuerungszeitpunkt bezogen. Daher ist Vorsicht geboten. Verfügt der Schenker über eine Beteiligungsquote von 28% und will er dem Beschenkten seinen Anteil uneingeschränkt zuwenden, so ist seine Transaktion begünstigt, wenn er sie in einem Akt vollzieht. Schenkt er jedoch nacheinander jeweils die Hälfte seines Anteils, dann ist die zweite Transaktion nicht mehr begünstigt, weil der Anteil des Schenkers bei ihr nur noch 14% beträgt. Verschenkt oder vererbt der Anteilseigner seine 28%-Beteiligung an zwei Kinder, dann ist es fraglich, ob der Transfer an beide Kinder begünstigt ist. Zumindest im Fall der Schenkung muss einer der beiden Empfänger mit dem Einwand rechnen, dass die Schenkung an ihn einen selbstständigen Charakter hat, der Schenkung an den anderen Empfänger nachgefolgt ist und daher von einem Schenker stammt, der nur noch mit 14% beteiligt war, sofern man es nicht für möglich hält, die Schenkung an verschiedene Empfänger – zB durch eine einheitliche notarielle Urkunde – zu einer „Gesamtzuwendung" zu verbinden (vgl oben § 7 Anm 66). Wird die Mindestbeteiligung auch nur knapp verfehlt, entfällt die Begünstigung ganz. Die Mindestbeteiligung ist daher ein charakteristischer Anwendungsfall für die Kritik von *Moench/Albrecht* (ErbSt, 2. Aufl. 2009, Rz 840), die bemängeln, dass der Gesetzgeber im Rahmen der Begünstigungsvorschriften nur „den krassen Gegensatz von Begünstigung und Nichtbegünstigung" gelten lässt.

8   Poolvereinbarungen. Die Mindestbeteiligungsquote wird nach Nr 3 S 1 durch die vom Erblasser/Schenker selbst unmittelbar gehaltenen Anteile bestimmt. S 2 fügt jedoch hinzu, dass unter bestimmten Umständen den vom Erblasser/Schenker selbst unmittelbar gehaltenen Anteilen die Anteile anderer Gesellschafter hinzugerechnet werden können. Diese Hinzurechnung ist möglich, wenn bestimmte Verhaltenspflichten zwischen den Gesellschaftern vereinbart sind, die die Anteile zum Zeitpunkt der Transaktion zu einem Pool verbinden. Als Inhalt der Vereinbarung nennt der Gesetzestext zum einen **die Verpflichtung, über die Anteile nur einheitlich zu verfügen** oder sie ausschließlich auf andere derselben Verpflichtung unterliegende Anteilseigner (Poolmitglieder) zu übertragen. Es genügt, wenn der Erwerber

Anteile an Kapitalgesellschaften 9 **§ 13 b**

zeitgleich mit der Übertragung der Poolvereinbarung beitritt und damit zum Poolmitglied wird. Als Verfügung wird die Übertragung der Berechtigung verstanden. Dass die Verfügung einheitlich erfolgen soll, besagt nicht, dass die Poolgesellschafter zeitgleich oder in einem Akt verfügen müssen, sondern soll nur bedeuten, dass die Poolgesellschafter sich verpflichten, ihre Verfügungen nach denselben Grundsätzen oder Verfügungsregeln vorzunehmen. Zur Erläuterung wird in der Gesetzesbegründung auf Familienkapitalgesellschaften verwiesen, in denen durch schuldrechtlich übernommene Verfügungsbeschränkungen der bestimmende Einfluss der Familie erhalten werden soll. Solche Grundsätze, so heißt es in der Gesetzesbegründung, bilden ein deutliches Gegengewicht zu Publikumsgesellschaften und erzielen weit mehr Beschäftigungswirkung. Daher erscheint es angebracht, solche Anteile in die Verschonungsregelung einzubeziehen (BTDrs 16/7918, 35).

Die Bündelung der Stimmrechte. Als zweites Merkmal der Poolbildung, die die Hinzurechnung der Anteile anderer Gesellschafter erlaubt, erwähnt das Gesetz die Vereinbarung, das Stimmrecht gegenüber nichtgebundenen Gesellschaftern einheitlich auszuüben. Denn eine solche Abstimmung unter den Gesellschaftern zielt auf eine Stimmrechtsbündelung ab, die eine unternehmerische Einflussnahme in der Gesellschaft wie bei einer über 25% hinausreichenden unmittelbaren Beteiligung möglich macht. Im Regelfall wird die Poolbildung durch freie Vereinbarung der Poolmitglieder erfolgen. Die Poolbildung kann jedoch auch schon im Gesellschaftsvertrag vorgesehen oder dort zur Verpflichtung gemacht sein. Eine Schadensersatzpflicht für den Fall, dass ein Poolmitglied die steuerlichen Wirkungen des Zusammenschlusses vereitelt, muss nicht zwingend Bestandteil der Poolvereinbarung sein (FinVerw DStR 11, 2254). Wichtig ist dagegen die Vorsorge für eine einheitliche Ausübung des Stimmrechts. Unterwerfen sich alle Gesellschafter der Poolvereinbarung, ist zwar kein nichtgebundener Gesellschafter mehr da. Dennoch wird die Begünstigung anzuerkennen sein. Dasselbe gilt, wenn zwar keine Verpflichtung zur einheitlichen Stimmrechtsausübung vereinbart war, aber auf andere Weise Vorsorge für eine einheitliche Stimmrechtsausübung getroffen worden ist. So soll es nach der Gesetzesbegründung (BTDrs 16/7918, 35) genügen, dass ein Sprecher oder ein Aufsichts- oder Leitungsgremium mit dem Ziel bestimmt wurde, die Einheitlichkeit der Stimmabgabe zu sichern. Auch dadurch, dass einzelne Anteilseigner auf ihr Stimmrecht verzichten, kann die Einheitlichkeit der Stimmabgabe verbindlich gemacht werden (R E 13 b.6 V ErbStR). Der Verzicht auf die Stimmrechtsausübung soll also, wenn es um die Einheitlichkeit der Stimmabgabe geht, beachtlich sein. Dagegen dürfen nach Auffassung der FinVerw (R E 13 b.6 V ErbStR) stimmrechtslose Anteile nicht in die

Poolvereinbarung einbezogen werden. Das stößt auf Kritik (*Hannes*, NZG 11, 1245). Mit der Verpflichtung, über die Stimmrechte nur einheitlich zu verfügen und mit der Vereinbarung einheitlicher Stimmrechtsausübung sind dann die in Nr 3 S 2 genannten Voraussetzungen erfüllt.

10.–24 a. Das Verwaltungsvermögen (Abs 2)

10 Grundlagen (Abs 2 Satz 1). Abs 1 umschreibt das begünstigungsfähige Vermögen. Abs 2 benennt in S 2 Nr 1 bis 5 das sog Verwaltungsvermögens und bestimmt, dass die Quote dieses Vermögens im Rahmen der nach Abs 1 begünstigten Vermögensbereiche (luf Vermögen, Betriebsvermögen, Kapitalgesellschaftsanteile) nicht mehr als 50% betragen darf, damit der jeweilige Vermögensbereich auch tatsächlich begünstigt ist. Im Fall des sog. Optionsmodells darf die Quote des Verwaltungsvermögens nicht mehr als 10% betragen (§ 13 a VIII Nr 4). Die Ermittlung des Verwaltungsvermögens dient damit einer Grenzziehung, dem sog **Verwaltungsvermögenstest**, mit dessen Hilfe bestimmte Vermögensbereiche, die nach Abs 1 an sich begünstigungsfähig wären, von der Begünstigung ausgeschlossen werden. Der Ausdruck „Verwaltungsvermögen" ist neu. Er wird zur Bezeichnung des Vermögens verwandt, das in Vorentwürfen (zB BTDrs 15/5555, 7) als nichtproduktives Vermögen bezeichnet worden war. Gemeint ist Vermögen, das in erster Linie der weitgehend risikolosen Renditeerzielung im Rahmen einer Vermögensverwaltung dient und das idR weder die Schaffung von Arbeitsplätzen noch zusätzliche volkswirtschaftliche Leistungen bewirkt (BTDrs 16/7918, 35 f). Auch solches Vermögen kann – insb im Rahmen des sog gewillkürten Betriebsvermögens – zu Vermögen iS des Abs 1 gemacht werden, soll aber dennoch die Begünstigungsfähigkeit des Vermögens beeinträchtigen. Es läge nahe, das Verwaltungsvermögen von der Begünstigung ganz auszuschließen und nur das Vermögen, das nicht Verwaltungsvermögen ist, in die Begünstigung einzubeziehen. Diesen Weg ist das Gesetz nicht gegangen, auch wenn es in der Gesetzesbegründung missverständlich heißt, dass das Verwaltungsvermögen „nach der Zielrichtung dieses Gesetzentwurfs nicht begünstigt" ist (BTDrs 16/7918, 35 f). Es ist begünstigt, sofern seine Quote am insgesamt begünstigten Vermögen nicht 50% übersteigt. Es kommt also auf die richtige Mischung des begünstigten Vermögens an, das nur eine auf 50% begrenzte Verwaltungsvermögenskomponente umfassen darf. Eine Besonderheit gilt für Kapitalgesellschaftsanteile. Sie umfassen als solche an sich überhaupt kein Verwaltungsvermögen. Dennoch soll auch bei ihnen ein Verwaltungsvermögenstest erfolgen. Dazu wird der Test auf das Betriebsvermögen der Kapitalgesellschaften bezogen (Abs 2 S 1 und 6), obwohl dieses Vermögen ja selbst gar nicht

Verwaltungsvermögen 11, 12 **§ 13 b**

transferiert wird, als solches nicht begünstigungsfähig ist und daher auch nicht in den Katalog des begünstigten Vermögens nach Abs 1 hineingehört. Für junges Verwaltungsvermögen (Abs 2 S 3) gelten im Übrigen im Vergleich zur sonst vom Gesetz eingeschlagenen Linie weitere Besonderheiten (unten Anm 22).

Die maßgebliche Vermögensquote wird nach den Verhältnissen 11 beim Vermögenserwerb bestimmt. Nachträgliche Veränderungen bleiben bedeutungslos. Eine Nachsteuer (§ 13 a Abs 5) wird durch sie nicht ausgelöst. Weil sich der Verwaltungsvermögenstest nicht auf das transferierte Vermögen im Ganzen, sondern auf die zu ihm gehörenden wirtschaftlichen Einheiten, auf das land- und forstwirtschaftliche Vermögen, das Betriebsvermögen und die Kapitalgesellschaftsanteile, bezieht und weil der Test auch Auswirkungen nur für die einzelnen jeweils betroffenen wirtschaftlichen Einheiten hat, ist die Quote des Verwaltungsvermögens für jede wirtschaftliche Einheit gesondert zu ermitteln. Bei der Quotenberechnung wirkt sich nachteilig aus, dass das Gesetz das Verwaltungsvermögen als Summe der gemeinen Werte der aufgezählten Einzelwirtschaftsgüter, also als Aktivvermögen, versteht (Abs 2 Sätze 4 und 6), von dem die damit zusammenhängenden Schulden und Lasten nur dann abgezogen werden können, wenn sie schon die Einzelwirtschaftsgüter selbst kürzen (Abs 2 S 2 Nr 3). Die begünstigungsfähigen wirtschaftlichen Einheiten werden dagegen als Reinvermögen verstanden, bei deren Bewertung die Schulden und Lasten berücksichtigt sind. Durch diese Berechnungsweise, die mit der Schwierigkeit der Zuordnung einzelner Schulden zum Verwaltungsvermögen begründet wird, kann es kommen, dass die Quote des Verwaltungsvermögens erheblich unter 50% liegen würde, wenn man das Verwaltungsvermögen nach denselben Grundsätzen wie die begünstigungsfähigen wirtschaftlichen Einheiten bewerten wollte, während nach der vom Gesetz vorgeschriebenen Berechnungsweise die 50%-Grenze bereits deutlich überschritten ist (Näheres unter Anm 23 f).

Überlassung von Grundstücken (Abs 2 Satz 2 Nr 1). Abs 2 S 2 12 zählt in den Nrn 1 bis 5 die Wirtschaftsgüter auf, die aus der Sicht des Gesetzes zum Verwaltungsvermögen gehören. Die Aufzählung ist abschließend. Dort nicht genannte Posten werden nicht zum Verwaltungsvermögen gerechnet. Die Aufzählung ist sehr unübersichtlich ausgefallen, weil die Kennzeichnung der Gegenstände des Verwaltungsvermögens zu weit geraten ist und durch zahlreiche Ausnahmen wieder eingeschränkt werden muss. Das wird insbesondere im Fall der Grundstücksüberlassung deutlich. Grundsätzlich behandelt das Gesetz Grundstücke, Grundstücksteile und grundstücksgleiche Rechte und Bauten, die Dritten zur Nutzung überlassen wurden, als Verwaltungsvermögen, geht also davon aus, dass diese an Dritte überlassenen Objekte im

Verband eines Betriebes weder die Schaffung von Arbeitsplätzen noch zusätzliche volkswirtschaftliche Leistungen bewirken, sondern der weitgehend risikolosen Renditeerzielung dienen. Die Renditeerzielung zur Absicherung risikoreicher Aktivitäten wird nicht als förderungswürdig angesehen. Das passt allerdings nicht recht, wenn die Grundstücksüberlassung mit anderen gewerblichen Leistungen verbunden ist und sich damit als Teil einer einheitlichen gewerblichen Leistung darstellen lässt. In solchen Fällen ist daher kein Verwaltungsvermögen anzunehmen (FinVerw DStR 10, 2084). Aber auch unabhängig von derartigen Einschränkungen geht die grundsätzliche Linie der Nr 1 zu weit. Daher hat der Gesetzgeber fünf Ausnahmetatbestände eingefügt.

13 **Grundstücksüberlassung bei Betriebsaufspaltung und bei Sonderbetriebsvermögen (Nr 1 a).** Wenn der Erblasser oder Schenker sowohl in dem das Grundstück überlassenden als auch in dem das Grundstück selbst nutzenden Betrieb einen einheitlichen geschäftlichen Betätigungswillen durchsetzen konnte, war das Grundstück plus Nutzung bei wirtschaftlicher Betrachtung doch noch in einer Hand. Daher ist in diesem Fall eine Nutzungsüberlassung an Dritte nicht anzunehmen. Das gilt nach dem Gesetzeswortlaut allerdings nur dann, wenn die Rechtsstellung des Erblassers/Schenkers so, wie sie zZ der Transaktion bestand, auf den Erwerber übergegangen ist. Die Betriebsaufspaltung muss schon im Zeitpunkt der Transaktion in der Person des Erblassers/Schenkers vorgelegen haben. Wird sie erst bei der Übertragung des Betriebs in der Person des Erwerbers begründet, reicht dies zur Anwendung der Ausnahmeregelung nicht aus. Eine Ausnahme von der grundsätzlichen Linie, dass überlassene Grundstücke zum Verwaltungsvermögen gehören, gilt nach Nr 1 a im Übrigen auch dann, wenn ein der Gesellschaft überlassenes Grundstück zum Sonderbetriebsvermögen des Gesellschafters gehört und wenn die Rechtsstellung des Erblassers/Schenkers mit der Transaktion auf den Erwerber übergeht.

14 **Grundstücksüberlassung bei Betriebsverpachtung (Nr 1 b).** Im Rahmen einer Betriebsverpachtung im Ganzen werden zwar Grundstücke zur Nutzung an Dritte überlassen. Dennoch soll es nicht zu Verwaltungsvermögen kommen, wenn der Pächter nicht als außenstehender Dritter angesehen werden kann, weil der Verpächter ihn im Zusammenhang mit einer unbefristeten Verpachtung zum Erben eingesetzt hat oder wenn der Verpächter die Verpachtung nur für eine Übergangszeit von höchstens zehn Jahren vorgenommen hat, weil der mit dem Betrieb Beschenkte die Qualifikation zum Führen des Betriebs noch nicht erworben hat. War der Beschenkte bei der Transaktion noch minderjährig, beginnt die Zehnjahresfrist erst mit der Vollendung des 18. Lebensjahrs. Um zu vermeiden, dass zunächst nicht begünstigtes Vermögen in begünstigtes Vermögen umgewandelt werden kann, sollen

Verwaltungsvermögen 15–17 § 13 b

zur Nutzung überlassene Grundstücke immer dann zum Verwaltungsvermögen gehören, wenn der verpachtete Betrieb vor seiner Verpachtung von der Begünstigung ausgenommen war, oder wenn der Hauptzweck des Pachtbetriebes in der Nutzungsüberlassung von Grundstücken bestand (Nr 1 b S 2).

Grundstücksüberlassung im Konzern (Nr 1 c). Auch die Grundstücksüberlassung innerhalb eines Konzerns führt nicht zu Verwaltungsvermögen, weil die Konzerngesellschaften im Verhältnis zueinander nicht Dritte sind und weil „die überlassenen Wirtschaftsgüter auch bei dieser Sachverhaltskonstellation produktiv genutzt werden können und nicht der reinen Kapitalanlage dienen" (BTDrs 16/11 107, 14). Vorausgesetzt ist dabei, dass keine Nutzungsüberlassung an einen weiteren Dritten erfolgt. Der hier zugrunde gelegte Konzernbegriff wird in § 4 h III 5 und 6 EStG erläutert. 15

Grundstücksüberlassung durch ein Wohnungsunternehmen (Nr 1 d). Bei diesen Unternehmen erfolgt die Grundstücksüberlassung nicht außerhalb des eigentlichen Unternehmenszwecks. Vielmehr besteht der Hauptzweck des Unternehmens gerade in der Vermietung von Wohnraum. Von Hauptzweck kann gesprochen werden, wenn der überwiegende Teil der Tätigkeit des Unternehmens der Vermietung von Wohnraum dient. Ist die Wohnraumvermietung als Hauptzweck des Unternehmens anerkannt, werden auch solche Grundstücke nicht zum Verwaltungsvermögen gerechnet, die zur gewerblichen Nutzung überlassen werden. Die Ausnahmeregelung gilt nur dann, wenn die Erfüllung des Hauptzwecks des Unternehmens einen wirtschaftlichen Geschäftsbetrieb erfordert, es sich also um ein Unternehmen handelt, das in einer nicht ganz geringen Größenordnung im Geschäftsverkehr tätig ist. 16

Grundstücksüberlassung zur land- und forstwirtschaftlichen Nutzung (Nr 1 e). Eine Nutzungsüberlassung an Dritte ist nicht anzunehmen, wenn Grundstücke zur luf Nutzung überlassen werden. Es ist dies eine der vielen Sonderregeln zugunsten der Land- und Forstwirtschaft, für die sich eine Begründung nicht leicht auffinden lässt. Die Gesetzesbegründung verweist auf die Besonderheiten des Bewertungsverfahrens (§ 160 VII BewG). Danach gehören zum Betrieb der Land- und Forstwirtschaft auch Stückländereien, die am Bewertungsstichtag für mindestens 15 Jahre einem anderen Betrieb der Land- und Forstwirtschaft zu dienen bestimmt sind. Die hier genannten Merkmale werden jedoch in Nr 1 e nicht wiederholt. Außerdem bedürfen die Besonderheiten des Bewertungsverfahrens, die § 160 VII erwähnt, ihrerseits der Begründung. Man kann daher die Gesetzesbestimmung nur unkommentiert zur Kenntnis nehmen. 17

§ 13 b 18–20 Begünstigtes Vermögen

18 Anteile an Kapitalgesellschafter unterhalb der Mindestbeteiligungsgrenze (Satz 2 Nr 2). Der Erwerb von Anteilen an einer Kapitalgesellschaft, die zum Betriebsvermögen gehören, ist unabhängig von einer Mindestbeteiligung des Erblassers/Schenkers begünstigt (oben Anm 5). Allerdings erhöhen diese Anteile die Quote des Verwaltungsvermögens, wenn der Erblasser oder Schenker als Träger des Betriebsvermögens nur mit 25% oder weniger am Nennkapital der Gesellschaft unmittelbar beteiligt war. Denn mit der Beteiligung in dieser Größenordnung wurden, so unterstellt der Gesetzgeber, keine unternehmerischen Ziele verfolgt. Bei der Berechnung des Umfangs der Beteiligung wird die Poolregelung, die Abs 1 Nr 3 S 2 für nicht zum Betriebsvermögen gehörende Anteile vorsieht, entsprechend herangezogen (Nr 2 S 2). Eine Ausnahme von dieser Zuordnung zum Verwaltungsvermögen gilt für Anteile an Kapitalgesellschaften, die dem Hauptzweck des Gewerbebetriebs eines Kreditinstituts, eines Finanzdienstleistungsinstituts oder eines Versicherungsunternehmens zuzurechnen sind. Denn von diesen Anteilen kann man nicht sagen, dass sie außerhalb des unternehmerischen Zwecks zur weitgehend risikolosen Renditeerzielung dienen, keine Arbeitsplätze sichern und keine volkswirtschaftlich bedeutsamen Leistungen erbringen.

19 Beteiligungen oberhalb der Mindestbeteiligungsgrenze (Satz 2 Nr 3). Abs 1 Nr 3 S 1 sieht eine Mindestbeteiligungsgrenze für den Erwerb von Anteilen an Kapitalgesellschaften vor. Ihr Erwerb wird außerhalb eines Betriebsvermögens nur begünstigt, wenn der Erblasser oder Schenker zu mehr als 25% beteiligt war (oben Anm 6). Liegt die Beteiligung des Erblassers oder Schenkers niedriger, so gehört der Erwerb der Kapitalgesellschaftsanteile zum nichtbegünstigten Vermögen. Im Rahmen des Betriebsvermögens erhöht er die Verwaltungsvermögensquote (oben Anm 18). Diese Erhöhung der Verwaltungsvermögensquote soll auch dann gelten, wenn die Beteiligung des Erblassers/Schenkers zwar über der Mindestbeteiligungsgrenze liegt, wenn das Verwaltungsvermögen bei der Gesellschaft, an der die Beteiligung besteht, aber über 50% liegt. Diese Regelung soll auch für Beteiligungen an Personengesellschaften gelten. Die Beteiligung gehört zum Verwaltungsvermögen, wenn das Betriebsvermögen der Gesellschaft, an der die Beteiligung besteht, überwiegend Verwaltungsvermögen enthält.

20 Wertpapiere und vergleichbare Forderungen (Satz 2 Nr 4). Wertpapiere sind Urkunden, in denen ein privates Recht derart verbrieft ist, dass die Innehabung der Urkunde zur Ausübung des Rechts erforderlich ist. Man unterscheidet Inhaberpapiere, Orderpapiere und Rektapapiere. Die in Wertpapieren verbrieften Geldforderungen sollen zum Verwaltungsvermögen gehören, sofern sie nicht zum Hauptzweck

Verwaltungsvermögen 21, 22 § 13 b

eines Kredit- oder Finanzdienstleistungsinstituts oder eines Versicherungsunternehmens zu rechnen sind. Auch Gesellschafterrechte können in Wertpapieren verbrieft sein, doch gehen die Regelungen über Kapitalgesellschaftsanteile der Regelung über die Wertpapiere vor. Fraglich ist, was der Gesetzgeber unter den Wertpapieren vergleichbaren Forderungen versteht. Pfandbriefe, Schuldbuchforderungen und Geldmarktfonds werden genannt. Dagegen sollte Giralgeld, sollten Spareinlagen, Sichteinlagen, Festgeldkonten, Forderungen aus Lieferungen und Leistungen sowie Forderungen an verbundene Unternehmen nicht hierher gehören.

Kunstgegenstände und weitere nicht primär betrieblich ge- 21
nutzte Objekte (Satz 2 Nr 5). Zum Verwaltungsvermögen werden auch zum Betriebsvermögen gehörende Kunstgegenstände, Kunstsammlungen, wissenschaftliche Sammlungen, Bibliotheken und Archive, Münzen, Edelmetalle und Edelsteine gerechnet, weil sie typischerweise nicht mit dem Hauptzweck des Wirtschaftsbetriebes in Verbindung stehen. Allerdings kann es auch anders liegen, wenn Unternehmen den Handel mit diesen Gegenständen oder ihre Verarbeitung zum Hauptzweck ihres Gewerbebetriebes gemacht haben. Dann werden die Gegenstände nicht zum Verwaltungsvermögen gezählt.

Junges Verwaltungsvermögen (Abs 2 Satz 3). Als junges Verwal- 22
tungsvermögen wird das Vermögen bezeichnet, das dem Betrieb zum Besteuerungszeitpunkt weniger als zwei Jahre zugehört. Für dieses junge Verwaltungsvermögen trifft Abs 2 S 3 eine Sonderregelung. Die Bestimmung geht von dem Fall aus, dass die Quote des Verwaltungsvermögens am begünstigten Vermögen unter 50% bleibt, so dass Abs 2 Satz 1 nicht zur Anwendung kommt und das begünstigungsfähige Vermögen ungehindert durch Abs 2 auch tatsächlich begünstigt wird. Für diesen Fall bestimmt Satz 3, dass das junge Verwaltungsvermögen „nicht zum begünstigten Vermögen im Sinne des Absatzes 1" gehört. Das bedeutet, dass die Summe der gemeinen Werte der Einzelwirtschaftsgüter des jungen Verwaltungsvermögens ohne Berücksichtigung der damit zusammenhängenden Schulden und Lasten vom gemeinen Wert des begünstigten Vermögens zum Abzug zu bringen ist (R E 13 b.19 III ErbStR). Das junge Verwaltungsvermögens wird nach allem in zweifacher Hinsicht bedeutsam. Zum einen ist es Teil des Verwaltungsvermögens und geht als solches in den „Verwaltungsvermögenstest" (oben Anm 10) ein, der darüber entscheidet, ob das Betriebsvermögen überhaupt begünstigt werden kann oder ob es von der Verschonung ausgenommen werden muss. Zum anderen kürzt der Wert des jungen Verwaltungsvermögens das begünstigte Vermögen, wird aber in dieser Funktion nur berücksichtigt, „wenn Satz 1 nicht zur Anwendung kommt", wenn also der Verwaltungsvermögenstest bereits vorgenom-

§ 13 b 23, 24   Begünstigtes Vermögen

men wurde und zum Ergebnis gehabt hat, dass das begünstigte Vermögen nicht zu mehr als 50% aus Verwaltungsvermögen besteht. Die Kürzung des begünstigten Vermögens durch den Wert des jungen Verwaltungsvermögens ist also gegenüber dem Verwaltungsvermögenstest nachrangig und kann nicht dazu führen, dass die Verwaltungsvermögensquote – bezogen auf das begünstigte Vermögen nach Abzug des jungen Verwaltungsvermögens – über 50% liegt.

23   **Die Ermittlung der Verwaltungsvermögensquote (Abs 2 Sätze 4 und 5).** Die Quote des Verwaltungsvermögens am begünstigten Vermögen darf 50% nicht übersteigen. Schon ein leichtes Überwiegen des Verwaltungsvermögens über das sonstige begünstigte Vermögen führt dazu, dass die Begünstigung entfällt (Abs 2 S 1). Das zeigt die Brisanz der Verhältnisrechnung, die hier anzustellen ist. Zur Ermittlung der Vermögensquote ist das Verwaltungsvermögen dem gesamten Betriebsvermögen gegenüberzustellen. Dazu ist der Wert des Verwaltungsvermögens mit dem Wert des gesamten Betriebsvermögens zu vergleichen. Zur Ermittlung dieser Werte sollen nach **Satz 4** unterschiedliche Bewertungsverfahren angewendet werden. Während das Betriebsvermögen durch eine Gesamtbewertung mit dem Ertragswert festzustellen ist (§ 12 Anm 74 ff), soll der Wert des Verwaltungsvermögens als Summe der gemeinen Werte der Einzelwirtschaftsgüter ermittelt werden. Für das Verwaltungsvermögen werden also Substanzwerte herangezogen. Die Ertragsaussichten dieser Güter bleiben unberücksichtigt. Außerdem wird nur der Wert der Aktivposten ermittelt und summiert. Bei ertragreichen, mit wenig Fremdkapital arbeitenden Unternehmen kann diese Form der Gegenüberstellung günstig sein. In anderen Fällen wird sie sich ungünstig auswirken. *Troll/Jülicher* (§ 13 b Rz 338) macht darauf aufmerksam, dass es in Grenzfällen günstig sein kann, den Wert des Betriebs hoch einzuschätzen, um so die Verwaltungsvermögensquote unter 50% zu halten. **Satz 5** bringt eine Sonderregelung für Betriebe der Land- und Forstwirtschaft. Hier soll der Wert des Verwaltungsvermögens nicht dem Wert des Gesamtbetriebs, sondern nur dem Wert des Wirtschaftsteils des Betriebs gegenübergestellt werden. Der Wert des Wohnteils soll dagegen unberücksichtigt bleiben, weil er zwar nicht als Verwaltungsvermögen angesehen werden soll, aber auch nicht als produktiver Teil des Betriebs angesprochen werden kann.

24   **Neuregelungen zur Verwaltungsvermögensquote bei Kapitalgesellschaften (Abs 2 Sätze 6 und 7).** Die beiden Sätze sind durch das JStG 2010 (BGBl I, 1768) eingeführt worden. **Satz 6** soll klarstellen, dass sich die in Satz 4 genannte Gegenüberstellung nicht nur für Betriebe natürlicher Personen, sondern auch für Betriebe von Kapitalgesellschaften gilt. **Satz 7** greift die Kritik auf, die an dem bisherigen **Abs 3 Satz 2** geübt worden ist (Voraufl § 13 b Anm 25), ohne aller-

dings Einzelheiten der Kritik zu erwähnen (BTDrs 318/10, 152). Es war bemängelt worden, dass Abs 3 Satz 2 aF mit Abs 3 Satz 1 nicht korrespondierte und dass die dort vorgesehene Verweisung fehlerhaft ausgefallen war. Um dieser Kritik abzuhelfen, ist der Abs 3 Satz 2 in Abs 2 Satz 7 übernommen worden. Zugleich hat der Gesetzgeber die bisherige unrichtige Verweisung berichtigt.

Gesonderte Feststellungen zum Verwaltungsvermögen (Abs 2a). Um die Begünstigungsvoraussetzungen für die FinVerw und den StPfl durchsichtiger zu gestalten und die Verschonungsregelungen damit einfacher handhabbar zu machen, sieht der durch das StVereinfachungsG 2011 (BGBl I 2011, 2131) eingeführte Abs 2a vor, dass die Werte des Verwaltungsvermögens und des jungen Verwaltungsvermögens durch gesonderten Verwaltungsakt festgestellt werden, wenn auch der gemeine Wert des Betriebs der Land- und Forstwirtschaft, des Betriebsvermögens, des Anteils am Betriebsvermögen oder von Anteilen an Kapitalgesellschaften nach § 151 I 1 Nr 1bis 3 BewG festgestellt wird. Die Werte des Verwaltungsvermögens und des jungen Verwaltungsvermögens sind werden dabei für jede wirtschaftliche Einheit gesondert festgehalten. Daher ist im Gesetzestext von den Summen (Plural!) der gemeinen Werte die Rede.

25., 26. Erweiterung der Begünstigung bei Nachlassteilung (Abs 3)

Begünstigung im Zuge der Nachlassteilung. Hinterlässt ein Erblasser mehrere Erben, so wird der Nachlass gemeinschaftliches Vermögen der Erben. Jeder Erbe erwirbt einen Anteil am Nachlass (§§ 2032 f BGB). Steuerlich wird das so angesehen, dass jeder Miterbe einen Anteil an den zum Nachlass gehörenden Wirtschaftsgütern erwirbt (§ 39 II Nr 2 AO). Gehört begünstigtes Vermögen zum Nachlass, so erwirbt jeder Miterbe einen Anteil daran. Kommt es zur Auseinandersetzung der Erbengemeinschaft und zur Teilung des Nachlasses, so werden die einzelnen Nachlassgegenstände den Erben zu Alleineigentum übertragen. Sie erwerben eine zusätzliche Berechtigung an den ihnen zugewiesenen Nachlassposten, die sie nun zu Alleinberechtigten macht. Im Gegenzug geben sie ihre Berechtigung an den anderen Miterben zugewiesenen Nachlassposten zugunsten dieser anderen Miterben auf. An diesen Vorgang der Nachlassteilung knüpft Abs 3 an. Die Vorschrift spricht davon, dass ein Erbe erworbenes begünstigtes Vermögen auf einen Dritten überträgt. Gemeint ist, dass ein Erbe den Anteil, den er an erworbenem begünstigten Vermögen hat, auf einen Miterben überträgt. Ob man den Miterben als Dritten bezeichnen kann (wer ist der Zweite?), lässt sich bezweifeln. Aber der Sinn ist klar, der

Miterbe soll der Empfänger des Vermögens sein. Der Umfang seiner Berechtigung an begünstigtem Vermögen wird durch die Übertragung erhöht. Die Erhöhung kann auf zwei Wegen erfolgen. Entweder dadurch, dass das übertragene Vermögen nun beim Empfänger begünstigt wird, oder dadurch, dass das beim Erwerber bereits vorhandene Vermögen nun eine erhöhte Begünstigung erhält. Die FinVerw scheint der Vorstellung zuzuneigen, dass die Übertragung von begünstigtem Vermögen im Rahmen der Nachlassteilung die Vergünstigung auf den empfangenden Miterben transferiert. Denn sie betont, dass der übernehmende Erbe nach der Übertragung die für das übertragene Vermögen geltende Lohnsummen- und Behaltensregelung einhalten muss (R E 13 a.3 I ErbStR; § 13 a Anm 18). Der Wortlaut des Abs 3 deutet jedoch in eine andere Richtung. Danach fällt das übertragene Vermögen mit der Übertragung aus der Begünstigung ganz heraus. Es wird beim veräußernden Erben nicht mehr begünstigt, weil er es im Rahmen der Nachlassteilung an den Miterben übertragen hat (§ 13 a III 2). Und es wird beim erwerbenden Miterben nicht begünstigt, weil es ihm nicht durch Erwerb von Todes wegen beim Erbfall zugefallen ist. An Stelle des übertragenen Vermögens wird dafür das vom Miterben im Austausch hingegebene Vermögen, soweit es vom Erblasser stammt und bisher nicht begünstigt war oder wegen der Hingabe im Zuge der Auseinandersetzung nicht mehr begünstigt ist (§ 13 a Anm 18), nunmehr als Rechnungsposten relevant. Sein Wert wird dem Wert des beim empfangenden Erben begünstigten Vermögens hinzugerechnet. Der Wert des übertragenen Vermögens behält im Übrigen als Höchstgrenze für die Begünstigung des Erwerbers eine gewisse Bedeutung.

26 **Anwendung auf den Vermächtniserwerb.** Der Regelung des Abs 3 knüpft an § 13 a III an und ist auch für den Vermächtniserwerb gedacht (BTDrs 16/7918, 36). Doch liegen die Dinge hier etwas anders. Denn der Vermächtniserwerb ist als stpfl Erwerb unmittelbar begünstigt. Der Vermächtnisnehmer wird nur im Ausnahmefall (Kaufrechtsvermächtnis) Vermögen an den Erben übertragen. Auch wird dem Vermächtnisnehmer nur im Ausnahmefall (Vorausvermächtnis) vom Erblasser stammendes Vermögen zum Ausgleich zur Verfügung stehen. Beim Vermächtnisnehmer ist daher das ihm übertragene Vermögen und nicht das zum Ausgleich für die Übertragung etwa hingegebene Vermögen als begünstigt anzusehen. Die Regelung des Abs. 3 passt daher auf den Vermächtnisnehmer nicht.

27 **Umfang der Begünstigung beim Grundmodell des § 13 a (Abs 4).** § 13 a unterscheidet zwei Modelle der Begünstigung, das Grundmodell, bei dem 85% des begünstigungsfähigen Vermögens begünstigt werden (§ 13 a I bis VII) und das Optionsmodell (§ 13 a VIII). § 13 b IV nennt die Begünstigungsquote, die beim Grundmodell gilt und auf die § 13a I 1 verweist. § 13a VIII Nr 4 sieht dann für das Optionsmodell vor, dass an die Stelle des in § 13b IV genannten Prozentsatzes von 85% ein Prozentsatz von 100% tritt.

§ 13 c Steuerbefreiung für zu Wohnzwecken vermietete Grundstücke

(1) Grundstücke im Sinne des Absatzes 3 sind mit 90 Prozent ihres Werts anzusetzen.

(2) ¹Ein Erwerber kann den verminderten Wertansatz nicht in Anspruch nehmen, soweit er erworbene Grundstücke auf Grund einer letztwilligen Verfügung des Erblassers oder einer rechtsgeschäftlichen Verfügung des Erblassers oder Schenkers auf einen Dritten übertragen muss. ²Gleiches gilt, wenn ein Erbe im Rahmen der Teilung des Nachlasses Vermögen im Sinne des Absatzes 3 auf einen Miterben überträgt. ³Überträgt ein Erbe erworbenes begünstigtes Vermögen im Rahmen der Teilung des Nachlasses auf einen Dritten und gibt der Dritte dabei diesem Erwerber nicht begünstigtes Vermögen hin, das er vom Erblasser erworben hat, erhöht sich insoweit der Wert des begünstigten Vermögens des Dritten um den Wert des hingegebenen Vermögens, höchstens jedoch um den Wert des übertragenen Vermögens.

(3) Der verminderte Wertansatz gilt für bebaute Grundstücke oder Grundstücksteile, die

1. zu Wohnzwecken vermietet werden,
2. im Inland, in einem Mitgliedstaat der Europäischen Union oder in einem Staat des Europäischen Wirtschaftsraums belegen sind,
3. nicht zum begünstigten Betriebsvermögen oder begünstigten Vermögen eines Betriebs der Land- und Forstwirtschaft im Sinne des § 13a gehören.

(4) Die Absätze 1 bis 3 gelten in den Fällen des § 1 Abs. 1 Nr. 4 entsprechend.

Erbschaftsteuer-Richtlinien: R E 13 c/H E 13 c.

Übersicht

1. Grundlagen
2. Gemeinwohlgründe
3. Begünstigte Objekte (Abs 1 und 3)
4. Übertragung des Erwerbs (Abs 2)

Schrifttum: *Halaczinsky,* Immobilien verschenken oder vererben nach Inkrafttreten der ErbStReform, ZErb 09, 21; *Wachter,* Die Immobilie im neuen Erbschaft- und Schenkungsteuerrecht, FS Spiegelberger 2009, 524.

§ 13 c 1, 2 — Zu Wohnzwecken vermietete Grundstücke

1 Grundlagen. Der Erwerb von zu Wohnzwecken vermieteten Grundstücken soll nach dem Plan des Gesetzgebers gefördert werden. Zu diesem Zweck sieht § 13 c eine Teilbefreiung des Erwerbs vor. § 13 c III spricht zwar von einem verminderten Wertansatz. Doch zeigt die Überschrift zu § 13 c und die Stellung dieser Vorschrift im ErbStG und nicht im BewG, dass der Gesetzgeber mit § 13 c nicht eine vom Verkehrswert abweichende, angesichts der BVerfG-Entscheidung (BStBl II 07, 192) problematische Bewertungsregelung einführen wollte, sondern dass er an eine StBefreiung gedacht hat. Die FinVerw (R E 13 c III ErbStR) bevorzugt den Ausdruck „Befreiungsabschlag". § 13 c wird in § 28 III durch eine Vorschrift ergänzt, die eine Stundungsmöglichkeit für die Steuer gewährt, die auf den nichtbefreiten Teil des Erwerbs entfällt. Die Stundung soll den Erwerber davor bewahren, dass er, um die ErbSt aufzubringen, seinen Erwerb veräußern muss. Die Teilbefreiung des § 13 c will ihm dagegen die Steuerzahlung auch in anderen Fällen erleichtern. Die Stundung wird nur auf Antrag gewährt. Die Teilbefreiung tritt im Unterschied dazu ohne Weiteres ein. Die Stundung kann auch für selbstgenutztes Eigentum in Anspruch genommen werden. Die Teilbefreiung ist auf vermietete Grundstücke beschränkt. Die Stundung wird nur auf höchstens zehn Jahre eingeräumt. Die Teilbefreiung kennt eine solche zeitliche Begrenzung nicht. Damit sind einige Unterschiede zwischen den beiden Förderungsinstrumenten benannt. Es gibt aber auch eine wichtige Gemeinsamkeit. Denn auch in der Stundung liegt eine Teilbefreiung, und zwar eine Befreiung, deren Umfang über den Befreiungsumfang nach § 13 c deutlich hinausgeht. Denn die Stundung ist bei Erwerben von Todes wegen zinslos zu gewähren (§ 28 III 5 iVm § 28 I 2). Und eine zinslose Stundung über zehn Jahre dürfte abgezinst nur einen sich der Hälfte nähernden Teilbetrag der Steuer übrig lassen.

2 Gemeinwohlgründe. Der Gesetzgeber, der den Erwerb von Wohnimmobilien gezielt fördern will, muss sich dafür am Gemeinwohl orientieren. Denn andere als Gemeinwohlgründe können den Verstoß gegen die Belastungsgleichheit, der in jeder gezielten Förderung einzelner Erwerbe liegt, nicht legitimieren. Die Gesetzesbegründung (BTDrs 16/7918, 36) nennt fünf Aspekte, unter denen aus der Sicht des Gesetzgebers eine Förderung des Erwerbs vermieteter Wohnimmobilien gerechtfertigt werden kann. Zunächst wird die volkswirtschaftliche Bedeutung der privaten Vermieterleistungen hervorgehoben. Die Vermietung von Wohnimmobilien erlaube breiten Bevölkerungsschichten eine wünschenswerte Beteiligung am Produktionskapital und sichere eine angemessene Wohnraumversorgung der Bevölkerung auch in Zukunft. Zum zweiten wird die Situation am Markt als Argument genannt. Die Vererbung von Wohnimmobilien führe dazu, ein Marktungleichgewicht durch Marktkonzentration bei institutionellen Anbietern zu ver-

Zu Wohnzwecken vermietete Grundstücke 3 § 13 c

hindern. Zum dritten wird speziell die Wettbewerbssituation zwischen den privaten Anbietern und der institutionellen Konkurrenz angesprochen. Private Anbieter müssten einen Wettbewerbsnachteil im Vergleich zu ihrer institutionellen Konkurrenz hinnehmen, die ihr Vermögen in der Trägerschaft juristischer Personen verwalte, die nicht sterben und daher auch keine ErbStBelastung auslösen. Dieser Wettbewerbsnachteil werde durch gezielte Förderung verringert. Schließlich liegt es nach Auffassung des Gesetzgebers viertens im Allgemeininteresse, die Investitionsfähigkeit der privaten Eigentümer von Wohnimmobilien zu erhöhen und zu verhindern, dass sie aufgrund der ErbSt-Belastung in einem langfristig orientierten Markt kurzfristig Entscheidungen treffen müssen. Am einleuchtendsten ist aber wohl der fünfte Gedanke, dass die Eigentümer privat vermieteter Wohnimmobilien nämlich so eine Art „kleiner Unternehmer" seien, so dass ihr Eigentum beim Transfer eine an das Betriebsvermögen angenäherte Förderung erlauben müsse. Damit wird allerdings zugleich die sonst eingehaltene Linie des Gesetzgebers, der die private Vermietungstätigkeit durchweg als nichtunternehmerische Vermögensverwaltung einstuft (§ 13 b II Nr 1!), ein Stück weit verlassen.

Begünstigte Objekte (Abs 1 und 3). Gefördert werden zu Wohn- 3 zwecken vermietete bebaute Grundstücke und Grundstücksteile, die im Inland oder im Ausland (EU/EWR-Bereich zzgl Island, Liechtenstein und Norwegen) belegen sind und nicht zu einem schon durch § 13 a begünstigten Betriebsvermögen gehören. Ist das Betriebsvermögen (zB wegen eines zu hohen Verwaltungsvermögensanteils) nicht begünstigt, kann die Förderung durch § 13 c eingreifen. Gehören die Wohnimmobilien zum Bestand einer Kapitalgesellschaft und werden sie nicht als solche transferiert, sondern im Rahmen einer Anteilsübertragung miterfasst, greift die Begünstigung nicht ein. Mit den Grundstücken und Grundstücksteilen werden die verschiedenen Grundstücksarten des § 181 BewG angesprochen. Es kann also der Erwerb von Ein- oder Zweifamilienhäusern, von Mehrfamilienhäusern oder von Wohnungseigentum gefördert werden. Die Förderung gilt für Grundstücke oder Grundstücksteile, die vermietet „werden", nicht: die vermietet „sind". Behaltensfristen gibt es nicht. Immer kommt es auf die Verhältnisse zum Zeitpunkt des Erwerbes an. Aber es ist nicht entscheidend, dass das Grundstück zu diesem Zeitpunkt tatsächlich vermietet ist. Es kommt vielmehr darauf an, dass es zu diesem Zeitpunkt als Grundstück angesprochen werden kann, dass vermietet wird, das also zur Vermietung bestimmt ist, auch wenn gerade zum Erwerbszeitpunkt eine Leerstandsphase durchlaufen werden muss (R E 13 c III ErbStR). Umfasst das bebaute Grundstück Bereiche, die zu Wohnzwecken vermietet werden, und andere Bereiche, die zur geschäftlichen Nutzung oder zur Eigennutzung bestimmt sind, dann wird der Erwerb des Grundstücks anteilig bezogen auf den zur Vermietung bestimmten Wohnraum gefördert. Werden die zu Wohnzwecken vermieteten Räume nicht nur als Wohnung, sondern auch anderweitig genutzt, kommt es darauf an, dass die Nutzung zu Wohnzwecken überwiegt.

4 Übertragung des Erwerbs (Abs 2). Die Vorschrift korrespondiert mit § 13 I Nr 4b Sätze 2 bis 4, § 13a Abs 3 und § !3b Abs 3 (vgl dazu § 13 Anm 24a, § 13a Anm 15ff, § 13b Anm 25f). Ist der Erwerber vom Erblasser (zB durch Anordnung eines Sachvermächtnisses) zur Weitergabe des begünstigten Grundstücks verpflichtet worden, dann kann er den Grundstückserwerb auf der Bewertungsebene dadurch neutralisieren, dass er dem Erwerb die Weitergabeverpflichtung gegenüberstellt. Die Begünstigung kann bei ihm daher ohne Nachteil entfallen. Zugleich kommt die Begünstigung nun dem Erwerber zugute, der ja als Vermächtnisnehmer selbst vom Erblasser von Todes wegen erwirbt und der daher selbstständig von der Vergünstigung des § 13c profitiert Wenn Abs 2 Satz 1 hier auch den Fall erwähnt, dass der Beschenkte aufgrund einer der Schenkung hinzugefügten Bestimmung den Schenkungsgegenstand weiter übertragen muss, dann passt das für eine freigebige Zuwendung unter der bisherigen Rspr des BFH zur Schenkung unter Leistungsauflage nicht. Denn nach dieser Rspr kann die Weitergabeverpflichtung nicht mit einer freigebigen Zuwendung verbunden werden, weil die freigebige Zuwendung immer nur den verpflichtungsfreien Geschäftsteil umfasst (vgl § 7 Anm 33ff, § 10 Anm 20a). Wird im Rahmen der Nachlassteilung das begünstigungsfähige Objekt auf einen der Miterben gegen Hingabe vom Erblasser stammenden nicht begünstigten Vermögens übertragen, dann verliert der übertragende Erbe die Begünstigung für das von ihm an den Miterben transferierte Vermögen. Ob er diesen Nachteil dadurch ausgleichen kann, dass er die vom Erblasser für die Erbauseinandersetzung angeordnete Übertragungspflicht wie eine Vermächtnispflicht von seinem Erwerb zum Abzug bringen kann, ist noch nicht ausreichend geklärt. Das übertragene Vermögen, für das der Geber nun keine Vergünstigung mehr in Anspruch nehmen kann, wird auch beim Empfänger nicht begünstigt. Beim Empfänger ist nur das Vermögen begünstigt, das er schon vor der Übertragung gleich mit dem Erbfall als Nachlassanteil erhalten hatte. Doch kommt es zu einer Veränderung der Bemessungsgrundlage für die Berechnung der dem Empfänger zustehenden Vergünstigung. Denn der Wert des vom Empfänger im Austausch fortgegebenen nicht begünstigten Vermögens soll nun der Vergünstigung für die ihm mit dem Erbfall unmittelbar zugefallenen begünstigten Objekte hinzugerechnet werden. Weder das vom Miterben empfangene, noch das an den Miterben fortgegebene Vermögen wird also im Rahmen des Vermögenstausches in die Begünstigung einbezogen. Es kommt bei der Nachlassteilung zu keinem Begünstigungstransfer. Doch wird der Fortfall der Begünstigung beim Geber dadurch ausgeglichen, dass sich das Maß der Begünstigung beim Empfänger für andere als die transferierten Posten erhöht. Der Umfang der Verschonung beim Empfänger erhöht sich nach der Gesetzesfassung nur im Fall der Fortgabe nicht begünstigten Vermögens. Doch wird zum nicht begünstigten Vermögen auch das nicht mehr begünstigte Vermögen zu rechnen sein, das eine Rolle spielt, wenn Miterben im Zuge der Auseinandersetzung begünstigtes Vermögen untereinander austauschen (§ 13a Anm 18).

Abschnitt 3. Berechnung der Steuer

§ 14 Berücksichtigung früherer Erwerbe

(1) ¹Mehrere innerhalb von zehn Jahren von derselben Person anfallende Vermögensvorteile werden in der Weise zusammengerechnet, daß dem letzten Erwerb die früheren Erwerbe nach ihrem früheren Wert zugerechnet werden. ²Von der Steuer für den Gesamtbetrag wird die Steuer abgezogen, die für die früheren Erwerbe nach den persönlichen Verhältnissen des Erwerbers und auf der Grundlage der geltenden Vorschriften zur Zeit des letzten Erwerbs zu erheben gewesen wäre. ³Anstelle der Steuer nach Satz 2 ist die tatsächlich für die in die Zusammenrechnung einbezogenen früheren Erwerbe zu entrichtende Steuer abzuziehen, wenn diese höher ist. ⁴Die Steuer, die sich für den letzten Erwerb ohne Zusammenrechnung mit früheren Erwerben ergibt, darf durch den Abzug der Steuer nach Satz 2 oder Satz 3 nicht unterschritten werden. ⁵Erwerbe, für die sich nach den steuerlichen Bewertungsgrundsätzen kein positiver Wert ergeben hat, bleiben unberücksichtigt.

(2) ¹Führt der Eintritt eines Ereignisses mit Wirkung für die Vergangenheit zu einer Veränderung des Werts eines früheren, in die Zusammenrechnung einzubeziehenden Erwerbs, endet die Festsetzungsfrist für die Änderung des Bescheids über die Steuerfestsetzung für den späteren Erwerb nach § 175 Abs. 1 Satz 1 Nr. 2 der Abgabenordnung nicht vor dem Ende der für eine Änderung des Bescheids für den früheren Erwerb maßgebenden Festsetzungsfrist. ²Dasselbe gilt für den Eintritt eines Ereignisses mit Wirkung für die Vergangenheit, soweit es lediglich zu einer Änderung der anrechenbaren Steuer führt.

(3) Die durch jeden weiteren Erwerb veranlaßte Steuer darf nicht mehr betragen als 50 Prozent dieses Erwerbs.

Erbschaftsteuer-Richtlinien: R E 14.1–14.3/H E 14.1–14.3.

Übersicht

1.– 4. Allgemeines
5.– 8. Die Voraussetzungen der Zusammenrechnung
9.–15. Die Methode der Zusammenrechnung
16.–18. Zuwendungen außerhalb des Zehnjahreszeitraums
19., 20. Geänderte persönliche Verhältnisse
21.–24. Einzelfragen
25.–27. Sonderregeln (Abs 1 S 5, Abs 2, 3)

Schrifttum: *Jülicher,* Zusammenrechnung mehrerer Erwerbe nach § 14 ErbStG, 1993 (mit Literaturübersicht S 169–173); *Weinmann,* Zusammenrechnung mehrerer Erwerbe, ZEV 97, 185; *Jülicher,* Ungelöste Problem im Labyrinth des § 14 ErbStG, ZEV 97, 275; *Rose,* Vorteilhafte Zusammenrechnung mehrerer

Allgemeines **1 § 14**

Erwerbe im neuen ErbStRecht, DB 97, 1485; *Pilz*, § 14 ErbStG – ein Steuergeschenk?, DStZ 98, 2; *Korezkij*, Wie groß ist das Steuergeschenk des § 14 Abs 1 Satz 3 ErbStG?, ZEV 98, 291; *Götz*, Besonderheiten bei der Zusammenrechnung mehrerer Schenkungen nach § 14 ErbStG, ZEV 01, 9; *Gebel*, Zusammenfassung mehrerer Zuwendungen bei der StBerechnung und der StFestsetzung, ZEV 01, 213; *Stempel*, Entlastungsbetrag nach § 19 a ErbStG bei eingezogenen Vorerwerben, UVR 02, 11; *Götz/Jorde*, Rückwirkende Begünstigung von Betriebsvermögen, ZEV 02, 429; *Meincke*, Zusammenrechnung mehrerer Erwerbe im Erbschaft- und Schenkungsteuerrecht, DStR 07, 273; *Moench/Stempel*, Vermögensübertragungen vor und nach der ErbStReform – Zusammenrechnung mehrerer Erwerbe, DStR 08, 170; *Fliedner*, Die Berechnung der Steuer bei mehreren Erwerben nach § 14 ErbStG idF des ErbStRG, UVR 09, 304; *Meincke*, Zur Berechnung der Abzugsteuer nach § 14 Abs 1 Sätze 2 bis 4 ErbStG, ZEV 09, 604; *Werz/Sager*, Die Zusammenrechnung nach § 14 ErbStG bei Auslandssachverhalten, ErbStB 10, 304.

1.–4. Allgemeines

Standort. Mit § 14 beginnt der 3. Abschnitt des Gesetzes unter der 1 Überschrift „Berechnung der St". Gemeint ist hier: Berechnung der tariflichen Steuer (vgl § 19 a I) und damit eines StBetrages, der durch Anrechnungs- und Ermäßigungsvorschriften (§§ 21, 27) noch verändert werden kann. Die tarifliche St ergibt sich unter Anwendung des StSatzes auf die Bemessungsgrundlage. Da bereits der 2. Abschnitt die wichtigsten Rechnungsschritte zur Bestimmung der Bemessungsgrundlage geregelt hat, steht im 3. Abschnitt die Ermittlung des StSatzes im Vordergrund. Es geht hier um **Tarifvorschriften** (R E 14.1 III ErbStR). Als Zentralvorschrift des 3. Abschnitts kann daher die Vorschrift des § 19 angesprochen werden, die die StSätze festlegt. § 19 wird ergänzt durch die Regelung des § 15, die die für die Ermittlung des StSatzes bedeutsame Gruppierung der Erwerber nach StKlassen vornimmt. Weitere Ergänzungen bringen § 14, dessen Regelung für die dort genannten Zusammenrechnungsfälle auf die Anordnung einer Verbreiterung der Bemessungsgrundlage und damit verbunden ggf auch auf die Anordnung eines erhöhten StSatzes für den jeweils letzten Erwerb hinausläuft, sowie § 19 a, der eine Korrektur der tariflichen St durch Abzug eines Entlastungsbetrags bezweckt. Die Freibetragsregelungen der §§ 16 bis 18 gehörten demgegenüber eigentlich nicht in den 3., sondern schon in den 2. Abschnitt des Gesetzes, weil die Freibeträge die Bemessungsgrundlage kürzen und daher auch schon im Anschluss an § 10 I 1 zu berücksichtigen sind. Wenn die Einzelregelungen zum Recht der Freibeträge dennoch erst im 3. Abschnitt erfolgen, so hängt das mit der Gesetzestechnik der §§ 16 und 17 zusammen, die auf die StKlasseneinteilung nach § 15 Bezug nimmt und die aus diesem Grunde an die Regelung des § 15 angeschlossen wird. Da § 14 nicht nur den StSatz für den jeweils letzten Erwerb verändern kann, sondern auch auf die Freibetragsberechnung von Einfluss ist, steht § 14 sowohl mit den §§ 19 und 19a als auch mit den §§ 16 und 17 in enger Verbindung.

2 **Regelungszweck.** Die Freibeträge (§ 16) und die StSätze (§ 19) sind mit dem jeweils einzelnen Erwerb verbunden. Für jeden Erwerb wird ein Freibetrag gewährt. Die StStufe im progressiven Tarif wird nach der Höhe des jeweils einzelnen Erwerbs bestimmt. Dieses Regelungskonzept würde nicht funktionieren, wenn es in der Hand des StPfl läge, die Zahl der Erwerbe mit den genannten StFolgen willkürlich zu bestimmen. Ein zugedachter größerer Erwerb könnte dann in Teilerwerbe zerlegt werden, um so mehrere Freibeträge zu gewinnen und die StStufe des Erwerbs herabzudrücken. Um hier für Gleichmäßigkeit zu sorgen, verwirklicht § 14 ein Regelungskonzept, nach dem alle Erwerbe, die derselbe Empfänger innerhalb von zehn Jahren von demselben Geber erhält, im Ergebnis so besteuert werden, als seien sie als Teil eines einheitlich zu besteuernden Gesamterwerbs an den Empfänger gelangt. Die Folge dieser Betrachtungsweise ist dann, dass für alle Erwerbe innerhalb des Zehnjahreszeitraums zusammengenommen nur *ein* Freibetrag zur Verfügung steht und dass auch der StSatz so bemessen wird, dass er auf den Gesamterwerb bezogen ist.

3 **Regelungstechnik.** Um diesem Regelungszweck (Anm 2) zu genügen, nimmt § 14 den Einzelerwerben nicht den Charakter von selbstständigen stpfl Vorgängen, rollt bereits bestandskräftig gewordene Veranlagungen nicht wieder auf. § 14 fasst die in den Zehnjahreszeitraum fallenden Erwerbe nicht zu einem einheitlichen Erwerb zusammen (BFH BStBl II 05, 728; 06, 785). Dem Vorerwerb durch Schenkung wird durch den nachfolgenden Erwerb von Todes wegen im Rahmen der Zusammenrechnung nicht der Charakter des Schenkungserwerbs genommen, so dass eine nur für den Schenkungserwerb geltende Befreiungsregelung nunmehr entfiele. Vielmehr wird nur die Berechnung der St für den jeweils letzten Erwerb gegenüber den aus den §§ 16, 19, 19a folgenden allgemeinen Grundsätzen abgeändert. Für die Besteuerung des jeweils ersten Erwerbs gelten keine Besonderheiten. Fallen zB in einen Zehnjahreszeitraum drei Erwerbe, so wird der erste Erwerb unter uneingeschränkter Anwendung der §§ 16, 19, 19a und ohne Rücksicht auf Besonderheiten des § 14 besteuert. Bei der Besteuerung des zweiten Erwerbs wird jedoch darauf Bedacht genommen, dass der Freibetrag (oder ein Teil desselben) bei der Besteuerung des ersten Erwerbs schon „verbraucht" (vgl § 6 II 4) worden ist und innerhalb des Zehnjahreszeitraums nicht noch ein zweites Mal gewährt werden kann. Außerdem wird die StStufe nunmehr nach dem Betrag ermittelt, der sich aus der Zusammenfassung der beiden Erwerbe ergibt. § 14 hat dabei die Wirkung eines zweiseitig wirkenden Progressionsvorbehalts

Geschützte Interessen   **4 § 14**

(*Troll/Jülicher* § 14 Rz 3 ff), der den Zweiterwerb wegen seines Zusammenhanges mit dem Ersterwerb auf die StStufe des Gesamterwerbs hebt und zugleich auch einen Zuschlag zum Ersterwerb enthält, um ihn so auf das Niveau des Gesamterwerbs zu bringen. Im Ergebnis wird damit der zweite Erwerb höher besteuert, als es ohne Berücksichtigung des Ersterwerbs angebracht wäre. Dieses Verfahren setzt sich beim dritten Erwerb entsprechend fort. Die Anordnung des § 14 läuft also darauf hinaus, jeweils den letzten Erwerb wegen des vorangehenden Erwerbs mit einer höheren St zu belegen, als sie ohne Rücksicht auf diesen vorangehenden Erwerb verwirklicht wäre (so auch BFH BStBl II 89, 733; 91, 522; BVerfG HFR 93, 329).

Geschützte Interessen. Die Zielsetzung des § 14, zu „verhindern, 4 dass bei Teilung einer Zuwendung in mehrere innerhalb eines Zehnjahreszeitraums liegende Zuwendungen die Progression des StTarifs ... vermieden wird und für jede dieser Zuwendungen ein persönlicher Freibetrag ... zur Auswirkung kommen kann" (BFH BStBl II 78, 220, 221), „dass mehrere Teilerwerbe gegenüber einem einheitlichen Erwerb steuerlich begünstigt werden" (BFH BStBl II 99, 25), liegt im Interesse des StGläubigers, der eine Umgehung der StPfl ausschließen will. Fraglich ist, ob die Zusammenrechnung nach § 14 auch Ziele im Interesse des StSchuldners verfolgt. Die FinVerw hielt es lange Zeit für möglich, § 14 mit der Zielsetzung zur Anwendung zu bringen, die sehr hohe Besteuerung eines Ersterwerbs im Wege der Zusammenrechnung durch eine entsprechend niedrige Besteuerung des Zweiterwerbs herabzudrücken. So hatte sie im Anwendungserlass zu § 37a ein Rechnungsbeispiel vorgelegt, in dem wegen der hohen Besteuerung des Ersterwerbs auf den Zweiterwerb überhaupt keine Steuer mehr entfallen sollte (BStBl I 91, 142, 143). Auch in der Rspr des BFH (BStBl II 79, 740) fand sich die These, es sei Zweck des § 14 „sicherzustellen, dass mehrere einzelne Erwerbe (annähernd) gleich, keinesfalls aber höher besteuert werden als ein einziger Erwerb im Gesamtwert". Damit war der *jetzige* Gesamtwert gemeint. Die im Vergleich zur jetzigen Situation ungünstigere Besteuerung des Ersterwerbs sollte dem StPfl gleichsam ein StGuthaben verschaffen, das er dann bei der Besteuerung des Zweiterwerbs zur Verrechnung bringen konnte. Für diese Betrachtungsweise fehlte jedoch jede aus dem Gesetzeszusammenhang abgeleitete Begründung. Die vom BFH in der Entscheidung BStBl II 79, 740 aus seiner These gezogene Schlussfolgerung für die Behandlung des dort vorliegenden Falls vermochte nicht zu überzeugen, der BFH (BStBl II 99, 25) hat sie inzwischen auch wieder aufgegeben (vgl unten Anm 21). Wäre es das Ziel des § 14, die StLast für mehrere Einzelerwerbe auf dem Weg über § 14 herabzudrücken, hätte § 14 I 5 negative Erwerbe von der Berücksichtigung nicht ausgeschlossen (vgl dazu BFH BStBl II

77, 50). Auch wäre dann eine Erstattungspflicht angebracht gewesen, während § 14 gerade **keine Erstattungspflicht** kennt (BFH BStBl II 02, 52). Weil die Steuer für den Letzterwerb aus der Steuer für den Gesamterwerb abgeleitet wird und weil die Steuer für den Gesamterwerb nach den Verhältnissen zur Zeit des Letzterwerbs zu berechnen ist, können für den StPfl günstige Veränderungen (der Freibeträge oder StSätze) dazu führen, dass die Steuer auf den Gesamterwerb durch die Steuer für den Ersterwerb völlig aufgezehrt wird. Das bedeutet dann, dass der Letzterwerb entgegen dem Sinnzusammenhang des § 14 überhaupt nicht besteuert wird. Diese dem StPfl günstige, lange Zeit von der FinVerw befürwortete, aber sinnwidrige Interpretation, die ohne innere Rechtfertigung stfreie Zuwendungen (im Rahmen eines Letzterwerbs) erlaubt, ließ sich bisher nur verhindern, wenn man sich zu einer **einschränkenden Interpretation** entschloss, nach der die St für den Letzterwerb den Betrag nicht unterschreiten darf, der ohne Berücksichtigung des § 14 auf den Letzterwerb entfällt. Diesen, schon zum bisherigen Recht vorgebrachten, in die richtige Richtung zielenden, aber wegen der zu leichten Umgehungsmöglichkeiten (unten Anm 20) doch nicht voll überzeugenden Interpretationsvorschlag (14. Aufl § 14 Anm 4) hat der Gesetzgeber nun mit der Einfügung des § 14 I 4 aufgegriffen.

5.–8. Die Voraussetzungen der Zusammenrechnung

5   **Mehrere Erwerbe.** Die Zusammenrechnung betrifft mehrere Vermögensvorteile, die in selbstständigen Erwerben angefallen sind. Es muss also *ein* stpfl Erwerb (dazu § 10 Anm 10) vorgekommen sein und diesem stpfl Erwerb muss mindestens *ein weiterer* stpfl Erwerb vorangehen. Für diesen vorangehenden, früheren Erwerb muss eine StPfl entstanden oder nur deswegen nicht entstanden sein, weil ein persönlicher Freibetrag die StPfl unter die Kleinbetragsgrenze (§ 22) herabgedrückt hat. War der Ersterwerb gar nicht stpfl, war die ursprünglich gegebene StPfl durch Rückgabe des Geschenks gemäß § 29 nachträglich erloschen, ging es um dasselbe Objekt, das nach Schenkung und Rückgabe an den Schenker nun von Todes wegen erneut an den Erwerber gelangt (BFH BStBl II 78, 217) oder war die StPfl des Ersterwerbs durch eine sog **qualitative StBefreiung** ausgeschlossen (RFH RStBl 34, 348; 35, 474; 39, 798; BFH BStBl III 52, 14; III 53, 145), greift die Zusammenrechnung nicht ein. Qualitative StBefreiungsvorschriften sind solche, die den Erwerb wegen seiner besonderen Art oder wegen seines besonderen Objekts unabhängig vom Wert dieses Objekts stfrei lassen. Unter dem Gesichtspunkt der qualitativen StBefreiung scheiden neben den Befreiungen nach § 13 a und § 13 c die StBefreiungen nach den § 13 I Nr 4 a, 4 b, 4 c und 5, die Unterhalts- oder Ausbildungszuwendungen nach

Voraussetzungen der Zusammenrechnung 6, 7 § 14

§ 13 I Nr 12 und die üblichen Gelegenheitsgeschenke nach § 13 I Nr 14 für eine Zusammenrechnung mit späteren Vermögensanfällen aus (vgl RFH RStBl 34, 348). Auch wertneutrale Erwerbe oder Erwerbe mit einem steuerlich negativen Wert bleiben bei der Zusammenrechnung unberücksichtigt (Abs 1 S 5; unten Anm 25). Dagegen werden Erwerbe, deren Wert nur durch eine **quantitative StBefreiung** für die Besteuerung neutralisiert wurde, in die Zusammenrechnung einbezogen (BFH BStBl III 59, 332). Als quantitative, auf einen bestimmten Geldbetrag begrenzte StBefreiungen gelten die persönlichen Freibeträge nach den §§ 16, 17 und die Freibeträge und Freigrenzen nach § 13 I Nr 1 (einschränkend *Troll/Jülicher* § 14 Rz 9, 10).

Zusammenrechnungsfähige Erwerbe. Wechselt ein Ausländer ins 6 Inland oder ein Inländer ins Ausland und **wechselt** damit zugleich **die persönliche StPfl,** so können die von ihm vor dem Wechsel und nach dem Wechsel erworbenen Vermögensvorteile nicht uneingeschränkt zusammengerechnet werden. Vielmehr hat der BFH (BStBl II 77, 662) für den Wechsel von der unbeschränkten zur beschränkten StPfl entschieden, dass in diesem Fall mit dem beschränkt stpfl Erwerb nur die Vermögensvorteile aus den Vorschenkungen zusammengerechnet werden können, die Inlandsvermögen iS des § 121 BewG waren und daher auch dann der Besteuerung unterlegen hätten, wenn schon seinerzeit beschränkte StPfl bestanden hätte. In dieser Entscheidung ist der BFH davon ausgegangen, dass auch im umgekehrten Fall, also beim Wechsel von der beschränkten zur unbeschränkten StPfl, nur solche Vorerwerbe in die Zusammenrechnung einbezogen werden können, für die im Zeitpunkt ihres Anfalls eine beschränkte StPfl gegeben war. Entsprechendes muss gelten, wenn der Begriff des Inlandsvermögens in der Zwischenzeit erweitert worden ist (*Michel,* Inf 84, 361). In der Entscheidung des BFH wird weiter ausgesprochen, dass eine Zusammenrechnung dann nicht stattfinden kann, wenn durch zwischenzeitliche Gesetzesänderungen der frühere Erwerb, der damals nicht steuerbar war, beim späteren Erwerb der Steuer unterliegt, oder wenn der frühere Erwerb, der damals steuerbar war, beim späteren Erwerb nicht mehr stpfl ist. Denn der früher nicht steuerbare Erwerb kann nicht nachträglich durch Zusammenrechnung zu einem steuerbaren Erwerb gemacht werden. Und der früher steuerbare Erwerb hat mit dem Entfallen der StPfl seinen Charakter als zusammenrechnungsfähiger Erwerb nachträglich verloren.

Identität der beteiligten Personen. Die Vermögensvorteile müs- 7 sen demselben Erwerber von demselben Erblasser oder Schenker zufallen. Diese Beschränkung der Zusammenrechnung auf Zuwendungen von derselben Person an dieselbe Person entspricht dem System der deutschen ErbSt, deren Erhebung ausschließlich auf den Übergang des

§ 14 8 Berücksichtigung früherer Erwerbe

Vermögens von einer Person auf eine andere Person abgestellt ist. Das gilt auch für Zuwendungen von Eltern an Kinder. Zuwendungen vom Vater können somit nicht mit Zuwendungen von der Mutter zusammengerechnet werden und umgekehrt. Im Fall der Nacherbfolge beim Tod des Vorerben hat der Nacherbe den Erwerb, der zivilrechtlich als Erwerb vom Erblasser angesprochen wird, nach § 6 II 1 als Erwerb vom Vorerben zu versteuern. Der Erwerb ist daher mit einer früheren Zuwendung des Vorerben zusammenzurechnen, nicht mit Zuwendungen, die der Nacherbe früher vom Erblasser erhalten hat. Daran ändert sich nichts, wenn der Nacherbe den Antrag nach § 6 II 2 stellt. Als Folge dieses Antrags wird der Erwerb des Nacherben vom Vorerben hinsichtlich des StSatzes und der Höhe des Freibetrages so behandelt, als sei er dem Nacherben vom Erblasser angefallen. Im Übrigen bleibt es jedoch dabei, dass das Gesetz den Erwerb des Nacherben auf den Vorerben und nicht auf den Erblasser zurückführt (RFH RStBl 37, 974; BFH BStBl II 11, 123; oben § 6 Anm 13; aM FG Düsseldorf EFG 10, 156). Wenn der BFH (BFHE 119, 492) dem früher für das ErbStG 1959 entgegengehalten hatte, die Zusammenrechnung des Nacherbschaftserwerbs mit Erwerben vom Vorerben sei sinnwidrig, weil der Nacherbschaftserwerb nicht auf dem Willen des Vorerben beruhe, so ist darauf zu verweisen, dass Zuwendungen des Vorerben an den Nacherben durchaus mit dem Nacherbschaftserwerb in Verbindung stehen können – so wenn der Vorerbe zB Teile des Vorerbschaftsvermögens schon vor dem Nacherbfall an den Nacherben gelangen lässt. Es liegt viel näher, derartige Zuwendungen mit dem Erwerb der Nacherbschaft als mit sonstigen Zuwendungen des Erblassers in eine Zusammenrechnung zu bringen.

8 **Der Zehnjahreszeitraum.** Die Vermögensvorteile müssen in einem Zehnjahreszeitraum angefallen sein. Die Zehnjahresfrist ist vom letzten Erwerb aus zurückzurechnen, da § 14 eine besondere Besteuerung des letzten Erwerbs vorschreibt (oben Anm 3) und daher auch in den dort genannten einzelnen Merkmalen an den letzten Erwerb anknüpft. Für die Fristberechnung sind die §§ 187 ff BGB, die eine vorlaufende, nicht eine rücklaufende Frist zum Regelungsgegenstand haben, nicht unmittelbar anwendbar (aM FG Hamburg EFG 76, 509). Die Frist geht vom Datum der StEntstehung des letzen Erwerbs aus. Sie reicht sicher bis zum Vortag des Tages, der in seiner Benennung im Kalender dem Tag der StEntstehung für den letzten Erwerb entspricht. Die Rückrechnung vom 1. April 2009 reicht also sicher bis zum 2. April 1999. Fraglich ist, ob sie auch noch die Erwerbe vom 1. April 1999 umfasst. Die Ausdehnung auf den 1. April bejaht *Ebeling/Kapp/Geck* (§ 14 Rz 59) und verneinen *Troll/Jülicher* (§ 14 Rz 7) und *Moench/Weinmann* (§ 14 Rz 6). *Troll,* der die Aufmerksamkeit auf diese Frage gelenkt hatte (ErbStG,

Methode der Zusammenrechnung 9 **§ 14**

2. Aufl 1975, § 14 Rz 8), brachte dazu als Beispiel, dass ein Vater seinem Kind jedes Jahr zum Geburtstag (am 1. April) ein Geschenk im Wert eines Zehntels des Kinderfreibetrages macht. Nach *Troll* kommt es hier zu keinem stpfl Erwerb, weil die Zusammenrechnung nie mehr als den steuerfrei gestellten Betrag ergeben kann (wobei zwischenzeitliche Veränderungen der Freibetragshöhe hier unbeachtet bleiben sollen). Die Berechnungsweise, die die Zusammenrechnungsfrist bis zum 1. April 1999 zurückreichen lässt, würde jedoch zu elf in den Zusammenrechnungszeitraum fallenden Erwerben und damit zu einer StPfl führen. Bei unbefangener Betrachtung scheint die Berechnungsweise von *Troll* näher zu liegen. Ihr stimmt jetzt auch das Nds FG (ErbStB 11, 338) zu.

9.–15. Die Methode der Zusammenrechnung

Der Gesamtbetrag der Erwerbe. Die Zusammenrechnung soll – 9 wie es in der Überschrift zu § 14 heißt – die früheren Erwerbe bei der Besteuerung des Letzterwerbs berücksichtigen. Zu diesem Zweck werden die früheren Erwerbe mit dem letzten Erwerb bei der Berechnung der St für den letzten Erwerb in einem Gesamtbetrag der Erwerbe zusammengefasst. Die früheren Erwerbe werden dem letzten Erwerb hinzugerechnet. Dabei werden zwei grundsätzliche Weichenstellungen vorgenommen:

a) Zum Ersten werden die früheren Erwerbe mit ihrem **Bruttobetrag vor Abzug des persönlichen Freibetrages** dem späteren Erwerb hinzugesetzt. Denn von dem Gesamtbetrag der Erwerbe soll im Ergebnis nur *ein* persönlicher Freibetrag zum Abzug gelangen. Dieses Ziel würde nicht erreicht, wenn bereits bei jedem der hinzuzurechnenden Erwerbe der Freibetrag abgezogen wäre. Für jeden der früheren Erwerbe wird daher der Bruttobetrag hinzugesetzt. Erst dann wird von dem Gesamtbetrag der Erwerbe der Freibetrag zum Abzug gebracht.

b) Zum Zweiten werden die früheren Erwerbe nicht mit ihrem jetzigen, sondern **mit ihrem früheren Wert** dem Letzterwerb hinzugerechnet. Wertänderungen aus der Zwischenzeit bleiben unberücksichtigt. Das gilt für Wertsteigerungen. Denn sie sind nicht stpfl Erwerbe aus fremdem Vermögen, sondern stfreie Erwerbe aus eigenem Vermögen. Sie dürfen daher die St für den Letzterwerb nicht erhöhen. Unbeachtet bleiben aber auch Wertverluste. Selbst wenn der Vorerwerb in der Zwischenzeit ganz verloren gegangen ist, soll er die St für den Letzterwerb dennoch erhöhen. Das ist hart, wird aber, soweit ersichtlich, allseits akzeptiert. Die Selbstständigkeit der beiden Erwerbe wird bei allem nicht beseitigt. Die Bestandskraft des Ersterwerbs wird nicht angetastet. Der Ersterwerb wird nach den damaligen Wertverhältnissen erfasst. War seinerzeit die Bewertung unterblieben, muss sie jetzt auf den ggf weit zurückliegenden Besteuerungszeitpunkt nachgeholt werden. Nach Auffassung der FinVerw sind die damaligen Wertverhältnisse nach den damaligen Bewertungsvorschriften zu ermitteln. Das ist keineswegs selbstverständlich (aM *Kipp* § 13 Anm 7). So können jetzt bei der Zusammenrechnung noch die Bewertungsgrundsätze zum Zuge kommen, die das BVerfG (BStBl II 07, 192) gerade als mit der Verfassung unvereinbar verworfen hat. Dabei bleibt allerdings auch für die Ermittlung des früheren Werts der Standpunkt des letzten Erwerbs in gewisser Hinsicht von Bedeutung. Wenn der frühere Erwerb deswegen besonders günstig bewertet worden ist, weil er noch nicht mit dem späteren Erwerb verbunden worden war, dann wird diese günstige Bewertung nicht fortgeführt. Hat der Schenker zB einen Anteilsbesitz mit Einfluss auf die Geschäftsführung der Gesellschaft in Raten übertragen, die für sich genommen jeweils keinen Einfluss auf die Geschäftsführung erlaubten, dann kann dennoch bei der Zusammenrechnung ein Paketzuschlag (§ 11 III BewG; oben § 12 Anm 27) erfolgen. Der Standpunkt des letzten Erwerbs bleibt auch insoweit von Bedeutung, als der Wert, der bei der StFestsetzung für den früheren Erwerb seinerzeit tatsächlich zugrunde gelegt worden ist, für die Zusammenrechnung keine Verbindlichkeit hat (BFH BStBl II 91, 522). Vielmehr sind die früheren Erwerbe bei der Zusammenrechnung mit den ihnen damals zukommenden Werten anzusetzen, wie sie sich zZ des Letzterwerbs aus der Rückschau als richtig erweisen. Bewertungsfehler bei einer bestandskräftigen Erstschenkung lassen sich daher ggf im Zuge einer Zweitschenkung korrigieren!

10   Ermittlung der St für den Gesamtbetrag. Aus der Zurechnung der früheren Erwerbe zum letzten Erwerb wird der Gesamtbetrag der Erwerbe gebildet. Der Gesamtbetrag interessiert im Rahmen der Zusammenrechnung, weil aus ihm unter Abzug der Freibeträge (§ 10 I 1) die Bemessungsgrundlage entwickelt wird, aus der sich unter Anwendung des maßgeblichen StSatzes die „St für den Gesamtbetrag" ergibt. Zur Ermittlung der St für den Gesamtbetrag ist die Sicht vom Zeitpunkt des Letzterwerbs entscheidend, weil es um die Besteuerung des Letzterwerbs geht, die aus der Besteuerung des Gesamterwerbs entwickelt werden soll. Die StKlasse und mit ihr die Höhe des persönlichen Freibetrages, der den Gesamtbetrag kürzt, wird daher nach den Verhältnissen bei der StEntstehung für den Letzterwerb bestimmt. Maßgeblich ist der StSatz, der beim Letzterwerb zur Anwendung zu bringen wäre, wenn der Gesamtbetrag jetzt dem Erwerber zufiele. Nur hinsichtlich der Bewertung ist zu beachten, dass bei der Ermittlung des Gesamterwerbs dem letzten Erwerb mit seinem jetzigen Wert die früheren Erwerbe mit ihrem früheren Wert hinzugerechnet werden.

Methode der Zusammenrechnung 11, 12 § 14

Abzug der St für die früheren Erwerbe. Aus der St für den Gesamtbetrag wird die St für den Letzterwerb abgeleitet, um deren Berechnung es bei der Zusammenrechnung nach § 14 im Ergebnis allein geht. Um die St für den Letzterwerb zu gewinnen, wird von der St für den Gesamtbetrag die St abgezogen, die auf die früheren Erwerbe entfällt. Da die St für den Gesamtbetrag der Erwerbe nach den Besteuerungsfaktoren zZ des letzten Erwerbs ermittelt wird (Anm 10), erschien es dem Gesetzgeber folgerichtig, dass für die in dem Gesamtbetrag enthaltenen Vorerwerbe auch nur die St abgezogen werden darf, welche für die früheren Erwerbe zZ des letzten zu erheben gewesen wäre. Diese Steuer wird gern als „fiktive" Steuer bezeichnet (FinVerw R E 14.3 I ErbStR; *Moench/Weinmann* § 14 Rz 15). Aber zu Unrecht. Sie hat keinen fiktiven Charakter. Mit ihr wird zwar nicht die damals effektiv gezahlte, aber die jetzt in der Gesamtbetragsteuer effektiv enthaltene St zur Anrechnung gebracht. Obwohl die anrechenbare Steuer die früheren Erwerbe betrifft, wird sie zu Recht **aus der Sicht des Letzterwerbs** und nach den dann geltenden Besteuerungsfaktoren festgelegt. Denn mit ihr soll ein Teil der Gesamtbetragsteuer zum Abzug gebracht werden. Daher muss sich die anrechenbare St nach den Merkmalen der Gesamtbetragsteuer richten. Die Neufassung des **Abs 1 Satz 3** durch das JStG 1997 hat an dieser Stelle jedoch eine nach dem Gesetzeszusammenhang inadäquate Neuerung eingefügt. Ist der seinerzeit zu entrichtende St höher, soll sie zum Abzug gelangen. Das Anrechnungsvolumen, das sich der StPfl mit der Steuerzahlung auf den Ersterwerb – vergleichbar einer Vorauszahlung auf den Gesamterwerb – erworben hatte, soll ihm nicht wieder verloren gehen. Der Abzug konnte allerdings schon bisher höchstens bis zu dem Betrag der für den Gesamterwerb errechneten St stattfinden. War die für den Vorerwerb zu entrichtende St höher als die auf den Gesamterwerb entfallende St, war die St für den Letzterwerb mit 0 € anzusetzen. Nunmehr bestimmt der neu eingefügte **Abs 1 Satz 4,** dass der Abzug den Betrag unangetastet lassen muss, der sich für den Letzterwerb ohne Zusammenrechnung ergibt. Das erscheint nach dem Sinnzusammenhang des § 14 selbstverständlich, ist jedoch immer noch nicht befriedigend, weil sich diese Regelung bei freigebigen Zuwendungen leicht umgehen lässt (unten Anm 20) und weil damit im Ergebnis unter den Voraussetzungen des Satzes 4 jede Erhöhung der Letztbetragssteuer unterbleibt, obwohl eine solche Erhöhung durch die Zusammenrechnung doch gerade bewirkt werden soll (oben Anm 3). 11

Bemessungsgrundlage der AbzugsSt. Zur Ermittlung der zum Abzug zugelassenen St werden die früheren Erwerbe **mit ihrem früheren Wert** angesetzt. Die Bewertung der früheren Erwerbe führt zur Ermittlung eines Bruttobetrags, der anschließend **um den vollen Frei-** 12

betrag zu kürzen ist. Die AbzugsSt ist als St für die früheren Erwerbe ein Teil der St für den Gesamterwerb. Dennoch kann die AbzugsSt den Freibetrag nicht nur anteilig berücksichtigen. Denn die AbzugsSt hat im System der Zusammenrechnung die Funktion, die auf die früheren Erwerbe entfallende St aus dem Rechnungszusammenhang herauszulösen. Soweit daher bei der Besteuerung der früheren Erwerbe ein voller Freibetrag berücksichtigt worden ist, muss der volle Freibetrag auch die Bemessungsgrundlage der AbzugsSt kürzen. Der Freibetrag wird **nach den Verhältnissen zur Zeit des Letzterwerbs** berechnet (oben Anm 11). Die Kürzung der Bemessungsgrundlage der AbzugsSt um den vollen Freibetrag führt zu einer Verringerung des Anrechnungsvolumens und zu einer Erhöhung des auf den Letzterwerb entfallenden StBetrags. Die Einfügung des Freibetrags in die Berechnung der AbzugsSt wirkt sich damit für den StPfl im Ergebnis nachteilig aus. Der Vorteil des Abzugs des Freibetrages kommt dem StPfl bei der Bemessung der St auf den Letzterwerb nicht zugute. Der Freibetrag wird bei der Besteuerung der letzten Zuwendung im Ergebnis aus dem Rechnungszusammenhang „eliminiert" (BFH BStBl II 78, 220, 222), weil er schon bei der Besteuerung des Vorerwerbs berücksichtigt worden ist und daher als verbraucht gilt und weil als Grundsatz festgehalten werden kann, dass der Freibetrag, soweit er bei einem früheren Erwerb verbraucht worden ist, einen späteren Erwerb nicht kürzen kann. War der Freibetrag allerdings beim Vorerwerb nicht oder nicht vollen Umfangs verbraucht worden, darf er auch nicht oder nicht vollen Umfangs den Vorerwerb kürzen. Der BFH, der dieses Ergebnis früher mit der Einfügung eines Gegenpostens zum Freibetrag unter der Bezeichnung eines „wiederauflebenden Freibetrages" (BFH BStBl II 78, 220) begründet hatte, hat seine Argumentation inzwischen geändert. Das Gericht (BStBl II 05, 728) hebt nun hervor, dass der Freibetrag bei der Bemessung der AbzugsSt nur insoweit berücksichtigt werden kann, als er bei dem Vorerwerb auch tatsächlich verbraucht worden ist. Diese Auffassung leuchtet unmittelbar ein.

13 **Probleme der StBerechnung bei Gesetzesänderung.** Die St, die für die früheren Erwerbe jetzt zu erheben gewesen wäre, deckt sich bei gleich bleibenden persönlichen Verhältnissen mit der St, die seinerzeit erhoben u gezahlt worden ist, wenn das Gesetz in der Zwischenzeit keine Änderung erfahren hat. Haben sich dagegen die persönlichen Verhältnisse in der Zwischenzeit verändert (zB durch Heirat, Adoption; dazu unten Anm 19, 20) oder wurde das Gesetz in bedeutsamen Punkten neu gefasst, wie es insb beim Übergang vom ErbStG 1959 auf das ErbStG 1974 und beim Übergang vom ErbStG 1974 auf das ErbStG 1996 der Fall gewesen ist, stimmen die seinerzeit gezahlte u die jetzt anzurechnende St nicht überein. Dabei ergibt sich die eigentümliche

Konsequenz, dass Rechtsänderungen, die den StPfl begünstigen, sich im Rahmen des Anrechnungsverfahrens für ihn gerade ungünstig auszuwirken scheinen. Hatte der StPfl zB nach den damaligen Verhältnissen für die früheren Erwerbe hohe StBeträge gezahlt, dann konnte er bei gleich bleibenden Verhältnissen diese hohen StBeträge zur Anrechnung bringen. Wurde jedoch die StLast inzwischen gemildert, musste damit auch sein – nach den jetzigen Verhältnissen berechnetes – Anrechnungspotential sinken. So konnte der Eindruck entstehen, dass dem StPfl durch Erhöhung der Freibeträge, Milderung der StSätze u durch eine sonst günstige Neueinteilung der StKlassen ein Teil seines Anrechnungsvolumens verlorenging. Das erschien bedenklich.

Abzug der früher zu entrichtenden Steuer. Auf zwei Wegen hat die Rspr – unterstützt von der Gesetzgebung – versucht, der Problematik Herr zu werden. Um dem StPfl bei Gesetzesänderungen, die günstigere StSätze zur Folge haben, die Anrechnung der auf den Vorerwerb gezahlten St zu erhalten, entwickelte der BFH (BStBl II 87, 717) die These, dass „von dem Gesamtbetrag" (gemeint ist die GesamtbetragSt) „die für den früheren Erwerb damals festgesetzte Steuer abzuziehen ist, wenn diese wegen einer zwischenzeitlichen Gesetzesänderung höher war als die nach der jetzigen gesetzlichen Regelung festzusetzende Steuer" (zustimmend: BFH BStBl II 89, 733, 736). Oder in einer etwas anderen Formulierung: „Der Steuerpflichtige soll ... für den Letzterwerb insoweit keine Steuer zahlen, als er für den Vorerwerb bereits Steuer in (mindestens) dieser Höhe zu entrichten hatte" (BFH BStBl II 05, 728, 729). Diese auf den ersten Blick plausible Rspr-Linie kann jedoch bei näherem Betrachten nicht überzeugen. In ihr wird nämlich nicht ausreichend gewürdigt, dass Gesetzesänderungen, die zu günstigeren StSätzen führen, nicht nur das Anrechnungsvolumen vermindern, sondern auch den Ausgangsbetrag der Anrechnung, die GesamtbetragSt, kürzen. Wäre die Einführung günstigerer StSätze unterblieben, hätte zwar ein höheres Anrechnungsvolumen zur Verfügung gestanden, aber mangels Entlastung wäre auch die GesamtbetragSt höher gewesen. Durch die Kürzung des Abzugsbetrages infolge niedrigerer Steuersätze wird der StPfl daher entgegen dem ersten Anschein nicht belastet. Die Gesetzgebung hat trotzdem auf die Rspr reagiert und in § 14 I 3 den Satz eingefügt, dass die tatsächlich für den Vorerwerb zu entrichtende St abgezogen werden soll, wenn sie höher ist als der nach Satz 2 berechnete Abzugsbetrag. Damit wird aus der GesamtbetragSt ein höherer StBetrag für den Vorerwerb herausgelöst, als er in ihr enthalten ist. Mit dieser Regelung, die *Weinmann* (Moench/Weinmann § 14 Rz 21) zu Recht als ein StGeschenk bezeichnet hat, wurde einzelnen StPfl eine Vergünstigung zugewandt, für die eine Rechtfertigung nicht ersichtlich ist. Mit der Einfügung des neuen Abs 1 S 4 ist diese unbefriedigende Rechtsfolge nunmehr allerdings zum Glück entschärft worden.

15 Sicherung des Freibetrags für den Letzterwerb. Auch Gesetzesänderungen, die höhere Freibeträge zur Folge haben, führten früher zu Problemen. Denn bei der Ermittlung der St für den Letzterwerb wird der Freibetrag in dem jetzt maßgeblichen Umfang dem Vorerwerb zugewiesen, wo seine Berücksichtigung die AbzugsSt kürzt. Ein höherer Freibetrag vermindert damit das Abzugsvolumen und erhöht den StBetrag, der auf den Letzterwerb entfällt. Das ist in der Gesetzgebung, die zur Anhebung des Freibetrages führt, im Zweifel nicht intendiert. Zur Lösung des Problems hat der BFH (BStBl II 05, 728) die These aufgestellt, dass der Freibetrag bei der Berechnung der AbzugsSt nur in dem Umfang berücksichtigt werden darf, in dem er beim Vorerwerb verbraucht worden ist. Betrug der Freibetrag beim Vorerwerb 20 000 € und wurde er zwischenzeitlich auf 50 000 € angehoben, dann können beim Vorerwerb doch nur 20 000 € abgezogen werden, weil der Freibetrag nur in dieser Höhe verbraucht worden ist (vgl den Fall in BFH BStBl II 77, 664). Der BFH (BStBl II 05, 728) formuliert dies so: „§ 14 Abs 1 ErbStG hat ... nicht ... den Zweck, die steuermindernde Wirkung des dem Steuerpflichtigen zur Zeit des letzten Erwerbs nach § 16 ErbStG zustehenden Freibetrags auszuschließen, soweit der Freibetrag nicht für den Anfall von Vermögensvorteilen von derselben Person innerhalb von zehn Jahren vor diesem Erwerb verbraucht worden ist". Das leuchtet ein.

16.–18. Zuwendungen außerhalb des Zehnjahreszeitraums

16 Das Problem sich überschneidender Zehnjahreszeiträume. Zuwendungen, die außerhalb des Zehnjahreszeitraums liegen, bleiben bei der Besteuerung des Letzterwerbs grundsätzlich unbeachtet. Ausnahmsweise werden sie jedoch in die Betrachtung einbezogen, wenn sie mit einem Erwerb zusammenzurechnen waren, der in den Zehnjahreszeitraum fällt. Auf das Problem sich überschneidender Zehnjahreszeiträume hat vornehmlich die Entscheidung BFH BStBl II 78, 220 (mit Anm *Meincke* in StRK-Anm 215) aufmerksam gemacht. Der BFH geht hier von der Anwendung des ErbStG 1959 aus, bringt als Beispiel drei in einem Sechsjahresabstand aufeinander folgende Schenkungen an ein Kind im Wert von 50 000 DM, 200 000 DM und wieder 50 000 DM und stellt fest: Unter Berücksichtigung der StKlasse I, des nach dem ErbStG 1959 geltenden Freibetrages von 30 000 DM und der in § 11 ErbStG 1959 niedergelegten StSätze würde sich dann im Fall der Zusammenrechnung eine StPfl für alle drei Erwerbe von insgesamt 17 050 DM (= 8717 €) ergeben, während die Zuwendungen nur eine StPfl von insgesamt 16 200 DM (= 8283 €) ausgelöst hätten, wenn sie innerhalb eines Zehnjahreszeitraums, also etwa in einem Dreijahresabstand erfolgt wären. Das Beispiel, das trotz der zwischenzeitlichen Gesetzesänderungen unveränderte Bedeutung hat, führt den BFH zu der These: Die Besteuerung des Letzterwerbs darf nicht deswegen höher ausfallen, weil der Vorerwerb seinerseits mit einem früheren Erwerb zusammengerechnet worden ist, der außerhalb des Zehnjahreszeitraums steht. Diese These ist unbestritten. Fraglich ist nur, auf welchem Wege das beanstandete Ergebnis vermieden werden kann.

Beseitigung der „Überprogression" im Freibetragsbereich. 17
Das vom BFH beanstandete Ergebnis hängt mit dem Umstand zusammen, dass bei drei aufeinander folgenden Zuwendungen aus den Jahren 01, 07 und 13 die zweite Zuwendung aus dem Jahre 07 zweimal zur Zusammenrechnung herangezogen wird. Sie beeinflusst die Besteuerung der Zuwendung aus dem Jahre 13, ist aber ihrerseits auch schon mit der Zuwendung aus dem Jahre 01 zusammengerechnet worden. Das hat die vom BFH gerügte „Überprogression" zur Folge. Sie besagt, dass die Anhebung der St auf den Letzterwerb, die die Zusammenrechnung bewirkt, bei Vorliegen von Zuwendungen außerhalb des Zehnjahreszeitraums ohne eine entsprechende Rechnungskorrektur über das von § 14 intendierte Maß hinausgehen kann. So soll in der Zusammenrechnung der Erwerbe aus den Jahren 07 und 13 der Freibetrag bei dem Erwerb aus dem Jahr 07 abgezogen werden und damit dem Erwerb aus dem Jahre 13 nicht zugute kommen, weil der Freibetrag vom Erwerb aus dem Jahr 07 verbraucht wurde. Ist der Freibetrag beim Erwerb aus dem Jahr 07 aber nur deswegen verbraucht worden, weil der Erwerb aus dem Jahr 07 mit dem aus der Perspektive des Jahres 13 außerhalb des Zehnjahreszeitraums stehenden Erwerb 01 zusammengerechnet worden ist (während der Erwerb 07 für sich allein genommen wegen seines geringen Werts nur einen Teilverbrauch des Freibetrages gerechtfertigt hätte), dann muss man es so ansehen, dass der Freibetragsverbrauch im Jahre 07 nicht nur dem damals angefallenen Erwerb, sondern auch dem Erwerb aus dem Jahre 01 geschuldet war. Der Freibetragsverbrauch beim Erwerb 01 darf aber im Jahr 13 nicht mehr berücksichtigt werden. So kommt der BFH zu der These, dass der Erwerb 07 nur um den Teil des Freibetrages gekürzt werden darf, der dem Erwerb 07 auch tatsächlich zuzurechnen ist. Der BFH hatte früher vorgeschlagen, dennoch den vollen Freibetrag in die Rechnung einzustellen, den nicht auf den Erwerb im Jahr 07 entfallenden Freibetragsteil aber durch einen Gegenposten „wiederauflebender Freibetrag" zu neutralisieren (BFH BStBl II 78, 220). Von dieser Konzeption ist das Gericht inzwischen abgerückt. Es will jetzt von vornherein nur noch den Freibetragsteil zum Abzug bringen, der dem Erwerb des Jahres 07 zugerechnet werden kann (BStBl II 05, 728).

18 Korrekturschritte bei der Steuersatzberechnung. Korrekturschritte sieht der BFH (BStBl II 02, 316; 09, 538) nicht nur bei der Freibetragsberechnung, sondern auch bei der Ermittlung des maßgeblichen StSatzes vor. Als Beispiel mögen wieder die drei Erwerbe aus den Jahren 01, 07 und 13 dienen. Gesetzt der Vorerwerb aus dem Jahr 07 rechtfertigt für sich genommen die Belastung mit einem StSatz von 11%. Tatsächlich ist der Erwerb aber mit einem StSatz von 15% besteuert worden, weil er als Teil des Gesamtbetrages aus den Zuwendungen 01 und 07 erfasst worden ist. Soll nun die AbzugsSt, die für den Erwerb aus dem Jahr 07 bei der Errechnung der St für den Letzterwerb abgesetzt werden soll, anhand eines StSatzes von 11 oder 15% ermittelt werden? Die FinVerw hatte sich in dem vom BFH entschiedenen Fall für einen StSatz von 11 % ausgesprochen, weil dies der richtige StSatz für den – isoliert gedachten – Vorerwerb aus dem Jahr 07 war. Der BFH hat sich dagegen für den höheren StSatz ausgesprochen, um die StStufe zur Geltung zu bringen, die für den Vorerwerb als Teil des Gesamtbetrags aus den Zuwendungen 01 und 07 seinerzeit tatsächlich maßgeblich gewesen ist. Und das Gericht betont, dass in diesem Zusammenhang die für den früheren Erwerb nach Abs 1 S 3 tatsächlich zu entrichtende Steuer abgezogen werden muss (BStBl II 09, 538). Doch fehlt dieser These eine auf den Grundgedanken des § 14 bezogene überzeugende Begründung. In Wahrheit wird die Rspr des BFH an dieser Stelle nicht von dem Gedanken geleitet, dass einem außerhalb des Zehnjahreszeitraums stehenden Erwerb kein Einfluss auf die Berechnung der Letzterwerbsteuer zugemessen werden darf. In Wahrheit geht es dem Gericht an dieser Stelle allein darum, den vollen Abzug der beim Vorerwerb geleisteten Steuerzahlung sicherzustellen. Dieser Gedanke ist aber dem Berechnungsschema des § 14 nicht adäquat (oben Anm 11). Die Linie der Rspr stimmt zurzeit noch mit dem unglücklichen Gesetzeswortlaut des Abs 1 Satz 3 überein. Abs 1 Satz 3 bedarf jedoch dringend der Korrektur. Mit Blick darauf kann die Rspr des BFH daher nicht überzeugen. Nur wenn für den Erwerb 07 der Steuersatz zugrunde gelegt wird, der für diesen Erwerb maßgeblich sein musste, wenn er isoliert gedacht und nicht mit dem Erwerb 01 zusammengerechnet wird, ist ein Einfluss des Erwerbs 01 auf die Steuer für den Erwerb 13 vermieden. Und diesen Einfluss zu vermeiden hat die Rspr des BFH doch gerade zum Ziel. Die Rspr handelt ihrer eigenen Zielsetzung entgegen. Korrekturschritte bei der Steuersatzberechnung sollten daher unterbleiben (Näheres dazu bei *Meincke*, DStR 07, 273; ZEV 09, 604).

19., 20. Geänderte persönliche Verhältnisse

19 Zuwendungen nach Heirat oder Scheidung. Zuwendung an den Ehepartner (StKl I) sind ungeachtet der hohen Besteuerungsunter-

Einzelfragen

schiede mit Zuwendungen vor der Eheschließung (StKl III), Zuwendungen an den geschiedenen Partner (StKl II) sind mit Zuwendungen während der Ehe zusammenzurechnen (BFH BStBl II 68, 239). Ähnliches gilt für Zuwendungen **vor und nach der Adoption.** Die Problematik mag ein Beispiel erläutern. War für eine Zuwendung vor der Eheschließung eine hohe StBelastung angefallen, kann die St auf den Gesamtbetrag aus Erstzuwendung vor und Zweitzuwendung nach der Eheschließung niediger sein, als der Betrag der AbzugsSt, um den die St auf den Gesamtbetrag nach § 14 I 3 vermindert werden darf. Hatte der Schenker seinem Partner zB vor und nach der Eheschließung je 1 Mio € zugewandt, betrug die für den Vorerwerb zu entrichtende St bei einem Freibetrag von 20 000 € und einem StSatz von 30% 294 000 €. Nach der Eheschließung entfielen dagegen auf den Gesamtbetrag der Erwerbe von (2 × 1 Mio =) 2 Mio € bei einem Freibetrag von 500 000 € und einem StSatz von 19% nur noch 285 000 €. Nach Abs 1 S 4 darf die St, die sich für den Zweiterwerb ohne Berücksichtigung des Vorerwerbs ergibt, nicht unterschritten werden. Ohne Berücksichtigung des Vorerwerbs hätte sich für den Ehegatten für den Zweiterwerb in Höhe von 1 Mio € bei einem Freibetrag von 500 000 € und einem StSatz von 15% eine St von 75 000 € ergeben. Von der GesamtbetragSt von 285 000 € dürfen daher bei der Zusammenrechnung als St für den Vorerwerb nicht mehr nach Abs 1 S 3 die damals zu entrichtenden 294 000 €, sondern nach Abs 1 S 4 nur noch 210 000 € abgezogen werden, damit nach Abzug der St für den Vorerwerb eine St in Höhe von 75 000 € für den Letzterwerb übrig bleibt.

Begrenzte Wirkung des Abs 1 Satz 4. Man muss allerdings einräumen, dass sich die durch Abs 1 S 4 in das Gesetz eingefügte sinnvolle Begrenzung des Abzugs bei im Umfang beliebig dosierbaren freigebigen Zuwendungen angesichts des gegenwärtigen Gesetzeswortlauts nicht zufriedenstellend durchsetzen lässt. Denn hätte der Schenker, statt in der Ehe eine Zuwendung von 1 Mio € vorzunehmen, der Vorzuwendung nach der Eheschließung zwei Zuwendungen von je 500 000 € folgen lassen, dann wäre für diese beiden Zuwendungen isoliert betrachtet keine StBelastung angefallen. Die St, die auf diese Erwerbe entfiel, konnte daher durch den Abzug der St nach S 3 nicht unterschritten werden. Also bleibt dieser Abzug in derartigen Fällen gegenwärtig unangetastet, was dem Gesetzessinn zweifellos nicht entspricht.

21.–24. Einzelfragen

Zusammenrechnung von Nutzung und Substanz. Wird dem Erwerber zunächst das Nutzungsrecht an Vermögensgegenständen und dann die Vermögenssubstanz zugewandt, dann sollte nach der Entscheidung BFH BStBl II 79, 740 der Besteuerung insgesamt kein höherer Betrag zugrunde gelegt werden können, als wenn sogleich die Substanz zugewandt worden wäre. In dem der Entscheidung zugrunde liegenden Fall hatte ein Onkel seiner Nichte ein auf sieben Jahre befristetes unverzinsliches Darlehen gewährt und die Rückzahlung des Darlehens drei Jahre später erlassen. Fraglich war, ob sich bei der Zusammenrechnung des Zinsvorteils, der mit der Einräumung des Darlehens zugewandt war, mit der in dem Rückzahlungserlass liegenden Zuwendung ein Gesamtsteuerbetrag ergeben konnte, der die St überstieg, die bei sofortiger Schenkung des Geldes angefallen wäre. Der BFH ging von der aus der Sicht dieses Kommentars unzutreffenden These aus (vgl Anm 4), es sei Sinn und Zweck des § 14 sicherzustellen, dass mehrere einzelne Erwerbe (annähernd) gleich, keinesfalls aber höher besteuert werden als ein einziger Erwerb im Gesamtwert. Diese These führte ihn zu dem unbefriedigenden Ergebnis, dass bei einem gestreckten Erwerb von Nutzung und Substanz nur die Substanzschenkung besteuert werden kann. Dabei wurde übersehen, dass, wenn gleich die Substanz geschenkt wäre, auch gleich die St für den Substanzerwerb entstanden wäre, dass der Erwerber, der zunächst nur die Nutzung erhält, einen Zinsvorteil hinsichtlich der St bekommt, der bei der Zusammenrechnung berücksichtigt werden muss. Inzwischen hat das Gericht seine Rspr-Linie korrigiert (BFH BStBl II 99, 25). Danach sind nunmehr die Erwerbe bei der Zusammenrechnung mit den ihnen jeweils zukommenden Werten auch dann anzusetzen, wenn die Summe der Werte höher ist als der Wert der Substanz (zustimmend *Moench/Weinmann* § 14 Rz 38; kritisch *Troll/Jülicher* § 14 Rz 27).

22 **Zusammenrechnung bei mehrfachem Erwerb desselben Vermögens (§ 27).** Sind Erwerbe zusammenzurechnen, deren St jeweils gem § 27 in unterschiedlicher Höhe zu ermäßigen ist, so ist im Rahmen der Zusammenrechnung jede Ermäßigung für sich zu gewähren. Dabei ist der Freibetrag den einzelnen Erwerben anteilig zuzurechnen. Ist die St für alle Erwerbe erstmals in einem gemeinsamen Bescheid festgesetzt worden, so sind die auf die Einzelerwerbe entfallenden anteiligen StBeträge gem dem jeweiligen Prozentsatz des § 27 zu ermäßigen (BFH BStBl II 80, 414). Sind getrennte Bescheide ergangen, so ist dasselbe Ergebnis bei der StFestsetzung für den letzten Erwerb im Rahmen der Zusammenrechnung herbeizuführen.

23 **Zusammenrechnung mit Vermögen, für das eine Begünstigung nach den §§ 13 a, 19 a besteht.** In die Zusammenrechnung werden stets die Bruttobeträge vor Abzug der persönlichen Freibeträge (§§ 16, 17) einbezogen (oben Anm 9). Andere sog qualitative Befreiungen werden dagegen vorweg zum Abzug gebracht (oben Anm 5). Das gilt auch für die Begünstigung nach § 13 a. Nur der die Begüns-

Sonderregeln 24, 25 § 14

tigung übersteigende Betrag wird zur Zusammenrechnung herangezogen. Die FinVerw (R E 14.2.II, III ErbStR) legt Gewicht darauf, dass die Zusammenrechnung nicht zu einer durch § 13a nicht gedeckten Ausweitung der Begünstigung führen darf. Auch wenn ein Abzugsbetrag im Rahmen eines Erwerbs nicht in voller Höhe ausgenutzt werden konnte, ist er dennoch mit Wirkung für die nächsten zehn Jahre verbraucht (§ 13a Anm 14) und kann im Rahmen der Zusammenrechnung nicht für später erworbenes Vermögen reaktiviert werden. Eine Auswirkung der Tarifbegrenzung nach § 19a wird von der FinVerw (aaO) im Fall der Zusammenrechnung nur anerkannt, soweit zum Letzterwerb tarifbegünstigtes Vermögen gehört.

Zusammenrechnung bei DBA. Wird durch ein DBA die Doppel- 24
besteuerung nach der StAnrechnungsmethode beseitigt (wie in den DBA-Schweiz, -USA, -Dänemark und -Schweden), so ist die deutsche St wie in den Regelfällen der unbeschränkten oder beschränkten Stpfl zu ermitteln, also wie in den Fällen des § 21. Dabei ist die Vorschrift des § 14 wie im Regelfall anzuwenden. Wird die Doppelbesteuerung nach der Freistellungsmethode, also durch Aufteilung der Besteuerungsrechte beseitigt (wie in Sonderfällen nach DBA-Schweiz), so dass ein Teil des im Übrigen unbeschränkt stpfl Erwerbs der inländischen Besteuerung entzogen ist, so ist die für den hier stpfl Erwerb sich ergebende St gem § 19 II nach dem StSatz zu erheben, der für den ganzen Erwerb gelten würde. Bei einer Zusammenrechnung mit Vorschenkungen ist wie folgt zu verfahren:

a) Für die Bestimmung des StSatzes ist der Gesamterwerb einschl der Vorschenkung maßgebend.

b) Der so ermittelte StSatz ist auf den der inländischen Besteuerung unterliegenden Teil des Erwerbs von Todes wegen unter Einbeziehung der Vorschenkung anzuwenden.

c) Von der so errechneten St ist gem § 14 I die St abzuziehen, die sich für die Vorschenkung zZ des Erwerbs von Todes wegen für ihren früheren Wert ergibt.

d) Der danach für den Erwerb von Todes wegen verbleibende StBetrag kann gem § 14 III nur erhoben werden, soweit er 50% des der inländischen Besteuerung unterliegenden Teils des Erwerbs von Todes wegen nicht übersteigt.

25.–27. Sonderregeln (Abs 1 Satz 5, Abs 2, 3)

Negative Erwerbe (Abs 1 S 5). Zu wertneutralen Erwerben oder zu 25
Erwerben, die den Erwerber bei einer Saldierung der mit dem Erwerb verbundenen Vor- und Nachteile mehr belasten, als dass sie ihm Vorteil bringen (= negative Erwerbe), kann es kommen, wenn der Erwerber mit

dem Erwerb Belastungen übernehmen muss, die den Wert des Erwerbs ausgleichen oder übersteigen. Der BFH hat sich bisher dazu entschieden, mit Belastungen verbundene Schenkungen in einen unbelasteten und einen belasteten Teil aufzuspalten, die Belastungen einem für die SchSt unbeachtlichen entgeltlichen Geschäft zuzuweisen und nur den unbelasteten Teil in die Besteuerung einzubeziehen (oben § 7 Anm 7 f, 27 ff, § 10 Anm 20 a). Damit wird der Bereich möglicher negativer Vorzuwendungen deutlich eingeschränkt. Insbesondere Grundstückszuwendungen mit negativem steuerlichen Wert werden damit für den Bereich der SchSt ausgeschlossen. Am ehesten wird es Erwerbe mit negativem Wert noch bei der schenkweisen Übertragung von Personengesellschaftsanteilen geben (*Moench/Weinmann* § 14 Rz 32), weil das den Anteilswert bestimmende Betriebsvermögen als negative Größe festgestellt werden kann. Außerdem sind zu den wertneutralen oder negativen Erwerben auch die zu zählen, deren Wert durch eine qualitative StBefreiung ausgeglichen wird (oben Anm 5). Die Vorschrift des Abs 1 S 5, dass negative Vorerwerbe bei der Zusammenrechnung unberücksichtigt bleiben, den nachfolgenden positiven Erwerb also nicht mindern, ist mWv 1. 1. 1974 eingeführt worden. Satz 5 gilt nur für zeitlich getrennt ausgeführte Zuwendungen. Werden Vermögensgegenstände mit negativem StWert und solche mit positivem StWert durch einheitlichen Schenkungsvertrag zugewendet (= *ein* StFall), so sind die Werte auszugleichen (BFH BStBl II 81, 532; II 82, 351; kritisch zu diesen Entscheidungen *Gebel*, ZEV 01, 213, 215; vgl auch FG Hbg EFG 10, 341). Satz 5 stellt gegenüber der früheren Rechtslage (= Berücksichtigung negativer Vorschenkungen, s BFH BStBl II 76, 785; 77, 50) statt bloßer „Klarstellung" derselben (s BTDrs VI/3418, 69) eine materielle Gesetzesänderung dar.

26 **Ablauf der Festsetzungsfrist (Abs 2).** Abs 2 ist durch das ErbStRG 2009 mWv 2009 eingeführt worden. Geregelt wird der Ablauf der Festsetzungsfrist für einen Nacherwerb. Diese Frist wird hier für einen Sonderfall mit dem Ablauf der Festsetzungsfrist für den Vorerwerb abgestimmt. Der Sonderfall, den Abs 2 im Auge hat, ist der Fall, dass ein vergangenheitswirksames Ereignis eine Wertänderung des Vorerwerbs bewirkt. In diesem Fall ist der zum Vorerwerb ergangene StBescheid nach § 175 I 1 Nr 2 AO zu ändern. Für diese Änderung gibt es eine eigene Festsetzungsfrist. Nach Abs 2 soll sich nun die Festsetzungsfrist für den Nacherwerb dieser Frist für den Vorerwerb anpassen und nicht eher enden als die Frist für den Vorerwerb. Mit der Einfügung des neuen Abs 2 wurde der bisherigen Abs 2 in Abs 3 umbenannt. Abs 3 bringt eine dem § 19 III vergleichbare Höchstbetragsbegrenzung.

27 **Höchstbetrag der Steuer (Abs 3).** Während der neue Abs 1 S 4 einen Mindestbetrag der Steuer festlegt, der bei der Zusammenrechnung nicht unterschritten werden darf, regelt Abs 3 umgekehrt einen Höchstbetrag. Mehr als 50% des Letzterwerbs darf die LetzterwerbSt trotz Zusammenrechnung mit Vorerwerben nicht betragen. Ist also der Letzterwerb schon für sich genommen mit 50% zu besteuern, dann kann die Zusammenrechnung entfallen.

§ 15 Steuerklassen

(1) **Nach dem persönlichen Verhältnis des Erwerbers zum Erblasser oder Schenker werden die folgenden drei Steuerklassen unterschieden:**
Steuerklasse I:
1. **der Ehegatte und der Lebenspartner,**
2. **die Kinder und Stiefkinder,**
3. **die Abkömmlinge der in Nummer 2 genannten Kinder und Stiefkinder,**
4. **die Eltern und Voreltern bei Erwerben von Todes wegen;**
Steuerklasse II:
1. **die Eltern und Voreltern, soweit sie nicht zur Steuerklasse I gehören,**
2. **die Geschwister,**
3. **die Abkömmlinge ersten Grades von Geschwistern,**
4. **die Stiefeltern,**
5. **die Schwiegerkinder,**
6. **die Schwiegereltern,**
7. **der geschiedene Ehegatte und der Lebenspartner einer aufgehobenen Lebenspartnerschaft;**
Steuerklasse III:
alle übrigen Erwerber und die Zweckzuwendungen.

(1 a) **Die Steuerklassen I und II Nr. 1 bis 3 gelten auch dann, wenn die Verwandtschaft durch Annahme als Kind bürgerlich-rechtlich erloschen ist.**

(2) ¹**In den Fällen des § 3 Abs. 2 Nr. 1 und des § 7 Abs. 1 Nr. 8 ist der Besteuerung das Verwandtschaftsverhältnis des nach der Stiftungsurkunde entferntest Berechtigten zu dem Erblasser oder Schenker zugrunde zu legen, sofern die Stiftung wesentlich im Interesse einer Familie oder bestimmter Familien im Inland errichtet ist.** ²**In den Fällen des § 7 Abs. 1 Nr. 9 Satz 1 gilt als Schenker der Stifter oder derjenige, der das Vermögen auf den Verein übertragen hat, und in den Fällen des § 7 Abs. 1 Nr. 9 Satz 2 derjenige, der die Vermögensmasse im Sinne des § 3 Abs. 2 Nr. 1 Satz 2 oder § 7 Abs. 1 Nr. 8 Satz 2 gebildet oder ausgestattet hat.** ³**In den Fällen des § 1 Abs. 1 Nr. 4 wird der doppelte Freibetrag nach § 16 Abs. 1 Nr. 2 gewährt; die Steuer ist nach dem Prozentsatz der Steuerklasse I zu berechnen, der für die Hälfte des steuerpflichtigen Vermögens gelten würde.**

§ 15 1   Steuerklassen

(3) ¹Im Falle des § 2269 des Bürgerlichen Gesetzbuchs und soweit der überlebende Ehegatte oder der überlebende Lebenspartner an die Verfügung gebunden ist, ist auf Antrag der Versteuerung das Verhältnis des Schlusserben oder Vermächtnisnehmers zum zuerst verstorbenen Ehegatten oder dem zuerst verstorbenen Lebenspartner zugrunde zu legen, soweit sein Vermögen beim Tod des überlebenden Ehegatten oder des überlebenden Lebenspartners noch vorhanden ist. ²§ 6 Abs. 2 Satz 3 bis 5 gilt entsprechend.

(4) ¹Bei einer Schenkung durch eine Kapitalgesellschaft oder Genossenschaft ist der Besteuerung das persönliche Verhältnis des Erwerbers zu derjenigen unmittelbar oder mittelbar beteiligten natürlichen Person oder Stiftung zugrunde zu legen, durch die sie veranlasst ist. ²In diesem Fall gilt die Schenkung bei der Zusammenrechnung früherer Erwerbe (§ 14) als Vermögensvorteil, der dem Bedachten von dieser Person anfällt.

Erbschaftsteuer-Richtlinien: R E 15.2–15.3/H E 15.1–15.3.

Übersicht

1.–4. Allgemeines
5.–12. Steuerklasse I
13., 14. Steuerklasse II
15., 16. Steuerklasse III
17., 18. Durch Adoption erloschene Verwandtschaftsverhältnisse (Abs 1 a)
19.–23. Familienstiftung, Familienverein (Abs 2 S 1)
24., 25. Aufhebung einer Familienstiftung; Auflösung eines Familienvereins (Abs 2 S 2)
26., 27. Die Behandlung der ErsatzErbSt (Abs 2 S 3)
28.–32. Das gemeinschaftliche Ehegattentestament (Abs 3)

Schrifttum: *Michel,* Änderungen bei den StKlassen der ErbSt/SchSt, DStR 81, 218; *Piltz,* Stichwort: Berliner Testament, DStR 91, 43; *Binz/Sorg,* Aktuelle ErbStProbleme der Familienstiftung, DStR 94, 229; *Thömmes/Stockmann,* Familienstiftung und Gemeinschaftsrecht IStR 99, 261; *Meincke,* Stiefkindschaft und Schwägerschaft, Gedächtnisschrift Lüderitz, 2000, 515; *Halaczinsky,* Die Stieffamilie im ErbStRecht, ZErb 04, 149; *Kessler/Thouet,* Berliner Testament und Rettung erbschaftsteuerlicher Freibeträge, NJW 08, 125; *Everts,* Berliner Testament und die Rettung erbschaftsteuerlicher Freibeträge, NJW 08, 557; *Steiner,* Die Erwachsenenadoption im Lichte der ErbSt-Reform, ErbStB 08,83; *Becker,* Die Erwachsenenadoption als Instrument der Nachlassplanung, ZEV 09, 25; *Billig,* Steuerrechtliche Behandlung von eingetragenen Lebenspartnern nach dem ErbStRecht, UVR 09, 183; *Wenzel,* Die eingetragene Lebenspartnerschaft im Steuerrecht, DStR 09, 2403.

1.–4. Allgemeines

1   **Regelungszweck.** § 15 unterscheidet drei StKlassen. In den StKlassen – der Ausdruck erscheint veraltet; die Empfehlung liegt nahe, ihn gelegentlich durch einen geläufigeren Begriff zu ersetzen! – werden

Allgemeines   2 **§ 15**

Gruppen von StPfl zusammengefasst, die bei der Besteuerung unterschiedlich behandelt werden. Die Unterschiede in der Behandlung waren bisher drastisch. Zwischen den Personen der StKl I und den Personen, die zur StKl II und III gehören, werden auch immer noch große Unterschiede gemacht. Dagegen hatte der Gesetzgeber mit dem ErbStRG 2009 die Unterschiede zwischen den Personen der StKl II und III weitgehend eingeebnet. Sie wurden nunmehr in den beiden zentralen Fragen, nämlich hinsichtlich der Freibeträge und der StSätze, gleich behandelt, so dass die beiden Steuerklassen hätten zu einer zusammengelegt werden können. Inzwischen hat das WachstumsbeschleunigungsG (BGBl I 09, 3950) die StSätze in der StKl II neu geordnet und dort wieder einen Unterschied zur StKl III hergestellt. Allerdings sind trotz dieser Neuordnung die StSätze in der wichtigen Erwerbsgruppe zwischen 600 000 und 6 000 000 gleich geblieben. Auch sind die Freibeträge für beide Personengruppen unverändert dieselben. Der Gesetzgeber hatte mit dem ErbStRG 09 die Unterschiede, die innerhalb der StKl I bisher schon bestanden, in nicht unbedenklicher Weise noch verstärkt. Daran ist in der Zwischenzeit nichts geändert worden. Neu ist, dass dem eingetragenen gleichgeschlechtlichen Lebenspartner, der in der Gesetzesterminologie abgekürzt einfach Lebenspartner heißt, nunmehr in vollem Umfang die Stellung eines Ehegatten eingeräumt wird. Das JStG 2010 hat den Gesetzestext zur StKl I Nr 1 und zur StKl II Nr 7 entsprechend angepasst. Auf das Beitreibungsrichtlinie-UmsetzungsG (BGBl I 11, 2592) geht der neue Abs 4 zurück.

Zur **Rechtfertigung der StKlassen.** In den StKlassen werden Gruppen von Erwerbern nach dem Kriterium der Nähe zum Erblasser oder Schenker zusammengefasst. Dass die unterschiedliche Nähe zum Erblasser oder Schenker unterschiedliche Rechtsfolgen für die Erwerber rechtfertigen kann, ist ein Gesichtspunkt, der für die ErbSt als charakteristisch gilt. Mit der Berücksichtigung des persönlichen Verhältnisses des Erwerbers zum Erblasser oder Schenker wird insbesondere im Hinblick auf Personen der StKl I dem Familienprinzip Rechnung getragen, das eine verfassungsrechtliche Grenze für das Maß der StBelastung bildet (BVerfG BStBl II 95, 671, 673). Das BVerfG hat dazu bemerkt: „Der erbschaftsteuerliche Zugriff bei Familienangehörigen der Steuerklasse I ist derart zu mäßigen, dass jedem dieser Steuerpflichtigen der jeweils auf ihn überkommene Nachlass – je nach dessen Größe – zumindest zum deutlich überwiegenden Teil oder, bei kleineren Vermögen, völlig steuerfrei zugute kommt" (BStBl II 95, 671, 674). Die StKlasseneinteilung trägt darüber hinaus Unterschieden im sozialen Gehalt von Vermögenstransaktionen Rechnung. So lässt sich zur Begründung der Hervorhebung von Ehegatten anführen, dass der Erwerb aus dem Vermögen seines

Partners dem Ehegatten nicht in demselben Umfang wie einem Außenstehenden Leistungsfähigkeit verschafft. Denn der Ehepartner wird mit dem auf ihn übergehenden Vermögen im Zweifel schon vor dem Erwerb in engem Kontakt gewesen sein. Er erwirbt mit dem Vermögen des Partners nicht etwas für ihn völlig Neues, nichts, was ihm nicht auch schon bisher (wenn auch oft nur eingeschränkt) zur Verfügung stand. Dieser Gesichtspunkt passt allerdings auf getrennt lebende Eheleute nicht. In der Begünstigung der Kinder und Enkelkinder kommt der alte Gedanke der Familienerbfolge zum Ausdruck, der die Weitergabe des Vermögens in der Familie für die im Regelfall allein angemessene Rechtsfolge im Todesfall erklärt, weil die Kinder schon zu Lebzeiten der Eltern „in gewisser Weise Eigentümer des Famlienvermögens sind" (Institutionen Iustinians 2, 19, 2) und der damit „eine im Erbrecht angelegte Mitberechtigung der Kinder am Familiengut" (BVerfG BStBl II 95, 671, 674) anerkennt. Wurde Vermögen in der Familie gebildet, so war das nicht selten mit einem Verlust an gegenwärtigem Konsum und Lebensqualität für die unmittelbar Betroffenen verbunden. Dem trägt die Besserstellung beim Erwerb des Familienvermögens Rechnung. Schwieriger, als die Unterschiede zu rechtfertigen, die mit der StKlasseneinteilung getroffen werden, ist es heute, die Gleichbehandlung von Erwerbern zu begründen, die in ganz ungleicher Nähe zum Erblasser oder Schenker stehen, deren persönliches Verhältnis zum Erblasser oder Schenker daher auch ganz unterschiedlich ist, wie es im Hinblick auf wichtige StSätze und den Freibetragsumfang für Eltern (bei Zuwendungen unter Lebenden) und Geschwister einerseits, für außenstehende Dritte andererseits gilt. Man kann dies sich nur so verständlich zu machen versuchen, dass den Beamten der Finanzverwaltung, die die Gesetzesvorlagen vorbereiten, und den Politikern, die sie beschließen, der Sinn für die persönliche Nähe und den engen Zusammenhalt in der Herkunftsfamilie nicht mehr ausreichend vor Augen steht. Sie beschränken die Familienbindungen auf die Kleinfamilie, zu der die Eltern und Geschwister des Erblassers nicht mehr gehören. Das erscheint unbefriedigend..

3   Maßgeblicher Zeitpunkt. § 15 geht davon aus, dass sich das die StKlasse bestimmende persönliche Verhältnis des Erwerbers zum Erblasser/Schenker für jeden Erwerb eindeutig bestimmen lässt. Diese Vorstellung passt jedoch nicht ohne Weiteres bei gestreckten Erwerben, die einen längeren Zeitraum umfassen, in dem sich das Verhältnis des Erwerbers zum Erblasser/Schenker geändert haben kann. Diese Problematik spielt bei der Zusammenrechnung mehrerer Erwerbe nach § 14 eine Rolle, ist jedoch nicht auf den Fall der Zusammenrechnung beschränkt. Wird zB ein Schenkungsversprechen an den Ehegatten erst nach der Scheidung erfüllt, so fragt sich, ob die Besteuerung des Schenkungserwerbs nach StKl I oder II vorzunehmen ist. Der RFH

Allgemeines **4 § 15**

(RStBl 1940, 615) hat das Datum der StEntstehung mit Vollendung des Erwerbs für maßgeblich gehalten. Man könnte aber auch darauf abstellen, zu welchem Zeitpunkt der Rechtsgrund des Erwerbs begründet wurde. Im letzteren Fall wäre der Ehegattenerwerb nach StKl I zu beurteilen. Im Fall einer bedingten Zuwendung wird der Zeitpunkt des Bedingungseintritts zu Grunde gelegt (vgl oben § 9 Anm 42). Wird das persönliche Verhältnis rückwirkend nachteilig geändert, zB die Abstammung des Kindes vom Ehemann der Mutter durch rechtskräftige Ehelichkeitsanfechtung nachträglich aufgehoben, so dürfte sich eine StNachforderung aus diesem Anlass verbieten.

Erblasser/Schenker/Erwerber. § 15 geht von der Besteuerung **4** des Erwerbers aus und bestimmt die StKlasse des Erwerbers aus dessen Verhältnis zum Erblasser oder Schenker. Im Einzelfall kann zweifelhaft sein, wer als Erwerber, Schenker oder Erblasser iS von § 15 zu gelten hat. So ist bei Eintritt des Nacherbfalls nach Übertragung der Nacherbenanwartschaft an einen Dritten dieser Dritte und nicht der Nacherbe Erwerber iS von § 15 (BFH BStBl II 93, 158). Ob diese Linie auch bei Übertragung eines bedingten Vermächtnisanspruchs oder bei Abtretung eines noch nicht geltend gemachten Pflichtteilsanspruchs gilt, ist höchstrichterlich noch nicht geklärt (vgl oben § 3 Anm 11). Bei Abtretung eines Vermächtnisanspruchs nach Bedingungseintritt oder eines Pflichtteilsanspruchs nach Geltendmachen dieses Rechts bleibt der ursprüngliche Gläubiger Erwerber iS von § 15, weil er die bereits entstandene StPfl nicht durch Abtretung des Anspruchs von sich abwenden kann. Im Fall der Auflagenschenkung ist für die Besteuerung des Auflagebegünstigten dessen Verhältnis zum ursprünglichen Schenker, der die Auflage angeordnet hat, und nicht zu demjenigen, der die Auflage ausgeführt hat, entscheidend (BFH BStBl II 93, 523). Wird ein Schenkungsversprechen erst nach dem Tod des Schenkers von dessen Erben erfüllt, richtet sich die StKlasse doch nach dem Verhältnis des Beschenkten zum Verstorbenen und nicht nach dem Verhältnis zu dessen Erben (BFH BStBl II 83, 19). Bei Auflösung einer Stiftung ist Schenker des Stiftungsvermögens die Stiftung, nicht der Stifter. Doch sieht § 15 II 2 ausnahmsweise vor, dass für die Besteuerung des Anfallberechtigten nicht das Verhältnis zur Stiftung, sondern zum Stifter maßgeblich sein soll (BFH BStBl II 93, 238; 10, 237). Erblasser ist im Fall der Vor- und Nacherbfolge derjenige, der die Vor- und Nacherbfolge angeordnet hat. Doch ist nach § 6 II 1 im Fall der Nacherbfolge beim Tod des Vorerben das Verhältnis des Nacherben zum Vorerben und nicht das zum Erblasser zugrunde zu legen, sofern der Nacherbe nicht den Antrag nach § 6 II 2 gestellt hat. § 15 I knüpft die StKlasse an das Verhältnis des Erwerbers zum Schenker und geht damit von der StPfl des Erwerbers aus. An die StPfl des Schenkers (§ 20 I) ist dabei nicht unmittelbar gedacht. Regelungen wie § 15 I zeigen, dass das ErbStG die Besteuerung des Schenkers als eine aus der StPfl des Beschenkten abgeleitete Besteuerung versteht. Der Schenker fällt daher in die StKlasse, die die Besteuerung des Beschenkten bestimmt. Obwohl dem Gesetzeswortlaut nach in die StKl III neben den zur Ausführung der Zweckauflage Verpflichteten nur die „übrigen Erwerber" fallen, ist folglich auch der Schenker selbst zur StKl III zu zählen, wenn seine Besteuerung bei Geschenken an außenstehende Erwerber in Frage steht.

5.–12. Steuerklasse I

5 Der **Ehegatte** fällt so lange in **StKl I Nr 1,** wie die Ehe rechtlich besteht. Die Zugehörigkeit zur StKl I geht also durch ein dauerndes Getrenntleben der Ehegatten nicht verloren. Ist die Ehe rechtskräftig geschieden, so fällt der geschiedene Ehegatte in StKl II. Auch die Partner einer nichtigen oder aufhebbaren Ehe sind Ehegatten iS der StKl I. Erst die Partner der rechtskräftig für nichtig erklärten Ehe fallen entsprechend der Regelung für geschiedene Ehegatten in StKl II (BFH BStBl II 87, 174). Schenkungen und Erwerbe von Todes wegen unter Verlobten sind nicht begünstigt. Das gilt nach Auffassung des BFH (BStBl II 98, 396) auch dann, wenn der zur Beurteilung stehende Erwerb erst nach der Bestellung des Aufgebots eingetreten ist Dass die Verlobten nach § 15 I Nr 1 AO als Angehörige gelten, führt aus der Sicht des Gerichts zu keiner anderen Beurteilung. Der Erwerb von Verlobten ist jedoch dann als Erwerb nach StKl I einzustufen, wenn sie unter der aufschiebenden Bedingung der Eheschließung gemacht werden und somit erst mit diesem Zeitpunkt als ausgeführt gelten (s § 9 Anm 42). Die Partner einer nichtehelichen Lebensgemeinschaft fallen nach geltendem Recht in StKl III (BFH BStBl II 83, 114). Ihre Nichteinstufung in StKl I verstößt nicht gegen das GG (BVerfG HFR 83, 379; BStBl II 90, 103; 764; FG Düsseldorf EFG 92, 346). **Eingetragene Lebenspartner** iS des LPartG wurden bisher in StKlasse III geführt, sind aber jetzt in die StKlasse I aufgenommen. Ihnen wird damit dieselbe Stellung wie Ehepartnern zuerkannt.

6 Zu den **Kindern** iS der **StKl I Nr 2** rechnen (ggf iVm Abs 1 a):
a) die früher sog **ehelichen** Kinder. Ein während der Ehe oder bis zu 9 Monaten nach der Auflösung der Ehe geborenes Kind gehört zum Kreis dieser in der Ehe geborenen Kinder, es sei denn, dass der Mann, der zur Zeit der Geburt des Kindes mit der Mutter verheiratet war, nach rechtskräftiger Feststellung des Gerichts nicht der Vater ist;
b) die früher sog **nichtehelichen Kinder,** deren Mutter zur Zeit der Geburt nicht verheiratet war. Sie haben die Stellung als Kind zur Mutter – das ist die Frau, die das Kind geboren hat (§ 1591 BGB) –

Steuerklasse I 7 § 15

stets, im Verhältnis zum Vater erst dann, wenn die Vaterschaft anerkannt oder festgestellt worden ist (§ 1592 BGB; FG München EFG 87, 255). Das gilt auch für die vor Juli 1949 geborenen Kinder, die für Erbfälle bis Ende Mai 2009 (§ 3 Anm 36) trotz Anerkennung oder gerichtlicher Feststellung von Gesetzes wegen kein Erbrecht gegenüber ihrem Vater haben, jedoch steuerlich uneingeschränkt als dessen Kinder behandelt werden;

c) die **Adoptivkinder,** und zwar unabhängig davon, ob die Adoption nach altem (vor 1977 geltendem) Recht oder nach dem neuen Adoptionsrecht erfolgt ist. Das neue Adoptionsrecht verstärkt die Stellung des Kindes in der neuen Familie und löst die Beziehungen des Kindes zu seiner natürlichen Verwandtschaft; die Auflösung der Verwandtschaft zu den natürlichen Eltern wird jedoch im StRecht (§ 15 I a) aus Gründen, die vornehmlich die Beziehungen der Großeltern zu ihrem nach dem Tod des Kindes zur Adoption fortgegebenen Enkelkind schützen, nicht anerkannt. Wird das Kind von einem Ehepaar angenommen, erhält es im Verhältnis zu den Eheleuten die Stellung eines gemeinschaftlichen Kindes. Ist es nur von einem der Ehepartner angenommen worden, ist zum anderen ein Stiefkind-Verhältnis begründet. War die Verwandtschaft vor dem Erwerb durch Aufhebung des Annahmeverhältnisses wieder erloschen, kommt die StKl I Nr 2 nicht zum Zuge (BFH BStBl II 10, 554).

Kinder iS der StKl I Nr 2 sind nur die Abkömmlinge ersten Grades. Auf das Alter des Kindes kommt es nicht an. Stirbt der 95jährige Vater, erbt seine 70jährige Tochter als Kind. Zu den Kindern gehören auch die Abkömmlinge, die jede Beziehung zu ihren Eltern abgebrochen hatten oder die von ihren Eltern verstoßen waren, wenn nur dennoch ein Erwerb von Todes wegen (zB ein Pflichtteilsanspruch) an sie gefallen ist. Anders als durch Fortgabe zur Adoption kann ein Eltern-Kind-Verhältnis zivilrechtlich nicht aufgehoben werden; und selbst dieser Aufhebungsgrund wird im StRecht nicht anerkannt (Abs 1 a).

Stiefkinder iSd StKlassenregelung sind die Kinder des anderen Ehe- 7 partners, und zwar ohne Rücksicht darauf, ob es sich um in der Ehe oder außerhalb der Ehe geborene Kinder, Adoptivkinder oder sonstige Personen handelt, denen die rechtliche Stellung ehelicher Kinder zukommt (BFH BStBl II 73, 453 u 454). Das nur von einem Ehegatten adoptierte Kind ist daher im Verhältnis zum anderen Ehegatten Stiefkind iS der StKl I Nr 2 (BFH BStBl II 73, 453). Das Gleiche gilt für das außerhalb der Ehe geborene Kind des Ehemannes im Verhältnis zu dessen Ehefrau (BFH BStBl II 73, 453). Auch das Kind eines der Partner einer eingetragenen gleichgeschlechtlichen Partnerschaft hat als Stiefkind des anderen Partners zu gelten. Die Stiefkinder sind wegen der zugrunde liegenden Schwägerschaft (§ 1590 BGB) begünstigt. Die

Schwägerschaft setzt kein nahes häusliches Zusammenleben voraus. Sie gilt unabhängig vom Alter der Beteiligten. Wird die Ehe erst in hohem Alter geschlossen, so rechnen zu den Stiefkindern auch die bereits erwachsenen Kinder des anderen Partners, die bereits eine eigene Familie haben und seit langem verselbstständigt sind. Da die Schwägerschaft nach § 1590 II BGB zivilrechtlich gesehen auch dann fortdauert, wenn die Ehe, auf der sie beruht, aufgelöst worden ist, bleibt dem Stiefkind auch mit der Ehescheidung der Mutter oder des Vaters die Position als Stiefkind gegenüber dem früheren Partner der Mutter oder des Vaters erhalten. Diese Begünstigung von Abkömmlingen des anderen Partners nach Scheidung der Ehe erscheint unangebracht, zumal die zugrunde liegende Beziehung der Eheleute zueinander durch die Ehescheidung ihrerseits mit steuerlicher Wirkung verändert wird. Es ist schwerlich einzusehen, dass das Kind des anderen Partners nach der Scheidung im Verhältnis zu dem Stiefelternteil besser dastehen sollte als der andere Partner selbst. Es gibt auch keinen vernünftigen Grund, der es rechtfertigen könnte, dass das Kind einer mehrfach verheirateten Frau auf Dauer in vom ErbStRecht begünstigten Stiefkindbeziehungen zu mehreren Männern gleichzeitig stehen soll (Näheres dazu bei *Meincke,* Gedächtnisschrift Lüderitz, 515 ff). In der Begünstigung des Stiefkindes wird die enge Beziehung der Eheleute zueinander honoriert. Mit der Auflösung der Ehe fällt der Grund für die Begünstigung weg. Es ist auch nicht recht einzusehen, warum der zweite Ehemann zu den Kindern seiner geschiedenen Frau aus deren erster Ehe eine andere Beziehung haben soll als zu den Kindern seiner Frau aus deren dritter Ehe. Denn nach der Scheidung kann eine neue Stiefkindbeziehung nicht mehr begründet werden. Das ein Jahr nach der Scheidung geborene Kind ist daher kein Stiefkind des früheren Ehemannes. Begünstigt werden nur die Stiefkinder des Erblassers/Schenkers, nicht die Stiefkinder seines Ehegatten. Stiefkinder der Kinder des Erblassers/Schenkers werden in StKl I Nr 3 erfasst.

8 **Pflegekinder** gehören nicht zu den Kindern iSd StKl I Nr 2. Insoweit weicht die ErbSt/SchSt von der ESt ab, deren Vergünstigungen für Kinder jeweils auch für Pflegekinder gelten (§ 32 I Nr 2 EStG). Die Abweichung wird damit begründet, dass die Vergünstigung bei der ErbSt/SchSt nicht – wie bei der ESt – auf bestehende Pflegekindschaftsverhältnisse beschränkt werden könnte, sondern aus Gründen der Gleichmäßigkeit der Besteuerung auch ehemalige Pflegekindschaftsverhältnisse einbeziehen müsste. Einer solchen Regelung würden jedoch Beweisschwierigkeiten entgegenstehen. Diese Begründung erscheint wenig überzeugend.

9 **Abkömmlinge der in Nr 2 genannten Kinder und Stiefkinder (StKl I Nr 3).** Soweit von Todes wegen oder durch Schenkung Ver-

Steuerklasse I

mögen auf das Kind eines verstorbenen Kindes oder Stiefkindes übergeht, unterlag der Erwerb schon bisher der Besteuerung nach StKl I (statt nach der sonst anzuwendenden früheren StKl II). Die durch das ErbStRG 1974 eingeführte Regelung begünstigte Kinder „verstorbener" Kinder oder Stiefkinder. Kinder, die nach Ausschlagung des Erbschaftserwerbs oder wegen Erbunwürdigkeitserklärung zivilrechtlich so behandelt werden, als hätten sie zur Zeit des Erbfalls nicht gelebt (§§ 1953 II, 2344 II BGB), rechneten nicht hierher (FG Berlin EFG 93, 45). Ihrem Wortlaut nach begünstigte die gesetzliche Regelung nur die „Kinder" von Kindern oder Stiefkindern. Das konnte so verstanden werden, als wenn die Stiefkinder von Kindern oder Stiefkindern nicht begünstigt werden sollten. Die Entstehungsgeschichte der Norm zeigte jedoch, dass eine solche Eingrenzung nicht beabsichtigt war. Der Ausdruck „Kinder" war daher in einem weiteren, auch die Stiefkinder umfassenden Sinn zu deuten (BFH BStBl II 89, 898). Dagegen wurden zu den „Kindern" nicht die entfernteren Abkömmlinge des Erblassers/Schenkers gezählt.

Verfassungsrechtliche Bedenken. Im Hinblick auf die Besserstellung von Kindern verstorbener Kinder gegenüber Kindern noch lebender Kinder hatte *Michel* in der 8. Aufl dieses Kommentars (§ 15 Anm 8) verfassungsrechtliche Bedenken vorgebracht und sie wie folgt begründet: „Die Tatsache, dass einem Enkelkind das Vermögen an Stelle eines verstorbenen Elternteils anfällt, ist kein überzeugender Grund für die bevorzugte Besteuerung. Nicht selten werden aus familiären Erwägungen an Stelle der noch lebenden Kinder unmittelbar die Enkelkinder zu Erben eingesetzt. In beiden Fällen wird die ErbSt für einen Erbgang gespart. Die unterschiedliche Besteuerung stellt einen verfassungsrechtlich bedenklichen Verstoß gegen den Grundsatz der Gleichmäßigkeit der Besteuerung dar. Sie führt dazu, dass zwei gleichhohe Erwerbe von Halbwaisen je nachdem, welcher Elternteil verstorben ist, unterschiedlich hoch besteuert werden. Weitere Bedenken ergeben sich im Hinblick auf § 27, der für einen vergleichbaren Sachverhalt nur eine Ermäßigung der ErbSt vorsieht. So hängt zB die Höhe der ErbSt bei einem Autounfall, bei dem Großvater und Vater ums Leben kommen, davon ab, wer von beiden zuerst verstorben ist. Erbt der Enkel unmittelbar vom Großvater (weil sein Vater zuerst verstorben ist), so hat er nur ErbSt nach StKl I zu entrichten. Ist der Enkel Erbeserbe (weil zuerst der Großvater verstorben ist und somit sein Vater noch geerbt hat), so fällt für dasselbe Vermögen *zweimal* ErbSt nach StKl I an. Die St des Enkels erfährt nach § 27 nur eine Ermäßigung um 50%. Diese wenigen Hinweise zeigen, dass die Gleichmäßigkeit der Besteuerung nur gewahrt ist, wenn die Erwerbe von Enkeln entweder sämtlich nach StKl I oder sämtlich nach StKl II besteuert werden. Es bleibt abzuwarten, ob die Gerichte die Schlechterstellung der in StKl II fallenden Enkelkinder billigen werden". Diese Ausführungen hat der Gesetzgeber inzwischen berücksichtigt. Er hat die Eingruppierung der Enkelkinder in verschiedene Steuerklassen mit der Neufassung des ErbStG durch das JStG 1997 aufgegeben und die Enkelkinder wieder einheitlich in StKl I eingestuft. Die Abstufung bei der Zuordnung von Freibeträgen ist jedoch geblieben (§ 16 I Nr 2). Das hat gute Gründe für sich (unten § 16 Anm 10).

11 **Abkömmlinge der in StKl I Nr 2 genannten Kinder** sind die Enkel, Urenkel und Ur-Urenkel des Erblassers/Schenkers, und zwar unabhängig davon, ob eine natürliche Verwandtschaft besteht oder ob die Verwandtschaft auf Adoption beruht. Nimmt allerdings zu Lebzeiten des Urgroßvaters der Großvater eine erwachsene Person als Kind an, so wird zwischen dem Urgroßvater und dem Angenommenen und seinen Abkömmlingen kein Verwandtschaftsverhältnis begründet, so dass auch die maßgeblich von der Verwandtschaft oder Schwägerschaft bestimmte StKl I Nr 3 nicht zur Anwendung kommen kann. Die **Stiefkinder** werden in der Regelung zu StKl I Nr 3 nicht ausdrücklich erwähnt. Zwei Fragen waren in diesem Zusammenhang bisher zu unterscheiden. Zum einen war fraglich, ob zu den „Abkömmlingen" auch Stiefkinder der Kinder gerechnet werden sollen. Zum Zweiten fragte sich, ob in den Kreis der Abkömmlinge der „Kinder" auch Abkömmlinge der Stiefkinder fallen. Die zweite Frage ist jetzt durch Neufassung des Gesetzeswortlauts bejahend geklärt. Die erste Frage ist im Anschluss an die bisherige Interpretation der Regelung zu StKl I Nr 3 (oben Anm 9) ebenfalls zu bejahen.

12 **Eltern und Voreltern (StKl I Nr 4).** Eltern und Voreltern fallen bei **Erwerben von Todes wegen** in die StKl I Nr 4. Wie sich aus dem Zusatz bei StKl II Nr 1 ergibt, ist StKl I eine Besteuerungsalternative zu StKl II Nr 1. Dies bedeutet, dass *nur* die leiblichen Eltern/Voreltern und die Adoptiveltern/Voreltern bei Erwerben von Todes wegen in StKl I Nr 4 fallen, nicht auch die Stiefeltern (StKl II Nr 4) und die Schwiegereltern (StKl II Nr 6). Diese Interpretation legt der Gesetzeswortlaut nahe. Sie überzeugt inhaltlich jedoch deswegen nicht, weil § 15 Gewicht darauf legt, Kinder und Stiefkinder gleich zu behandeln. Dem müsste eigentlich eine Gleichbehandlung von Eltern und Stiefeltern entsprechen. Mit der Beschränkung der StKl I Nr 4 auf Erwerbe von Todes wegen sollte ausgeschlossen werden, dass Schenkungen unter Geschwistern (StKl II Nr 2) durch Zwischenschaltung der Eltern im Rahmen des höheren Freibetrags der StKl I schenkungsteuerfrei ausgeführt werden können. Die für Schenkungen an Eltern weiterhin geltende StKl II bedeutet aus der Sicht von *Michel* (8. Aufl dieses Kommentars, § 15 Anm 10), der damit die Motive des Gesetzgeber resümieren dürfte, keine Unbilligkeit: „Soweit Kinder (Enkel) den angemessenen Unterhalt ihrer Eltern (Großeltern) durch laufende Zuwendungen sicherstellen, sind diese Schenkungen nach § 13 I Nr 12 steuerfrei. Für darüber hinausgehende Schenkungen besteht – anders als bei der zwangsläufigen eintretenden StBelastung für Erwerbe von Todes wegen – kein größeres Schutzbedürfnis als für die übrigen Erwerbe innerhalb der StKl III" (jetzt StKl II). Diese Argumentation ist jedoch zu einer Zeit erfolgt, als die heutige Gleichstellung der schenkweisen Erwerbe von Eltern im Freibetragsbereich mit den Erwerben außenstehender Dritter noch außerhalb der Vorstellungswelt von *Michel* lag. Außerdem bedarf sie einer noch sorgfältigeren Abstimmung mit dem Zivilrecht, das den Eltern beim Tod eines kinderlosen Kindes nicht nur einen Pflichtteilsanspruch zuspricht, sondern ihnen mit dem Pflichtteilsergänzungsanspruch auch eine Teilhabe an dem bei Lebzeiten durch Schenkung fortgegebenen Vermögen einräumt, also eine besondere Schutzwürdigkeit im Hinblick auf Schenkungen des Kindes durchaus anerkennt.

13., 14. Steuerklasse II

Bedeutungsverlust. Zur StKl II gehörten bisher Erwerber, die nicht die volle Förderung der StKl I genießen sollten, aber auch nicht wie die „übrigen Personen" in StKl III zu behandeln waren. Die Mitglieder der StKl II sollten vor den „übrigen Personen" einen gewissen Vorzug genießen. Diese Linie hat der Gesetzgeber in der Zwischenzeit ein Stück weit verlassen. Zwar hat er eine Abstufung der Steuersätze wieder eingeführt. Im Hinblick auf die Freibeträge ist jedoch kein Vorzug mehr erkennbar. Vielmehr werden die Erwerber, die zur Steuerklasse II gehören, nun hinsichtlich der Freibeträge wie die „übrigen Personen" behandelt. Die Erwerber, die zur Steuerklasse II gehören, werden daher im Folgenden auch nur in einem kurzen Überblick ins Gedächtnis gerufen. Zu den **Eltern (StKl II Nr 1)** gehören die leiblichen Eltern (einschließlich des sog nichtehelichen Vaters) und die Adoptiveltern, zu den Voreltern jeweils deren Eltern, Großeltern usw. Zu den **Geschwistern (StKl II Nr 2)** gehören die voll- und halbbürtigen Geschwister. Bei vollbürtigen Geschwistern haben die Geschwister und der Erblasser das selbe Elternpaar, halbbürtige Geschwister haben nur einen gleichen Elternteil gemeinsam. Zu den **Abkömmlingen „ersten Grades" von Geschwistern (StKl II Nr 3)** gehören, da sich der Grad der Verwandtschaft nach der Zahl der sie vermittelnden Geburten bestimmt (§ 1589 BGB), nur die Kinder der Voll- und Halbgeschwister (Geschwisterkinder) einschließlich der Stiefkinder (BFH BStBl II 89, 898), deren Abkömmlinge dagegen nicht mehr. Die StKl II Nr 1–3 gelten auch bei einer durch Adoption begründeten oder erloschenen Verwandtschaft (s Anm 14). **Stiefeltern (StKl II Nr 4)** sind der Ehemann der Mutter und die Ehefrau des Vaters im Verhältnis zu deren leiblichen Kindern aus einer früheren Ehe sowie auch im Verhältnis zu deren nichtehelichen Kindern und deren Adoptivkindern. **Schwiegerkinder (StKl II Nr 5)** sind der Mann im Verhältnis zu den Eltern seiner Frau und die Frau im Verhältnis zu den Eltern ihres Mannes. Auch der Ehegatte eines Stiefkindes wird als Schwiegerkind eingestuft (BFH BStBl II 89, 898). **Schwiegereltern (StKl II Nr 6)** sind jeweils die leiblichen Eltern oder Adoptiveltern eines Ehegatten im Verhältnis zum anderen Ehegatten. Da eine Schwägerschaft auch nach Auflösung der sie begründenden Ehe fortdauert (§ 1590 BGB), gilt für Zuwendungen zwischen Schwiegereltern und Schwiegerkindern auch nach Auflösung der die Schwägerschaft begründenden Ehe weiterhin StKl II (s RFH RStBl 26, 115). Das erscheint wenig befriedigend. Der **geschiedene Ehegatte (StKl II Nr 7)** ist auch dann nach StKl II und nicht nach StKl I zu besteuern, wenn er nach der Scheidung in den gemeinsamen Haushalt zurückgekehrt ist und mit dem früheren Ehegatten ohne erneute Heirat wieder zusammenlebt (FG Münster EFG 91, 199). Während Schwiegereltern und Schwiegerkinder begünstigt werden, ist eine Begünstigung für Schwiegergeschwister (Geschwister des Schwiegerkindes) nicht vorgesehen. Dem geschiedenen Ehegatten (StKl II Nr 7) wird neuerdings der Lebenspartner gleichgestellt, an den nach Aufhebung der Lebenspartnerschaft ein Erwerb vom früheren Partner zufällt.

14   Durch Adoption begründete Verwandtschaftsverhältnisse. Nach Abs 1 a (s Anm 17) gelten die Vorschriften zu StKl I und II Nr 1–3 „auch dann", wenn die Verwandtschaft durch Adoption erloschen ist. Die Regelung unterstellt, dass eine durch Adoption begründete Verwandtschaft ohne Weiteres die Zugehörigkeit des Adoptierten zu der dem jeweiligen neuen Verwandtschaftsverhältnis entsprechenden StKlasse zur Folge hat. Das mit vollen verwandtschaftlichen Wirkungen adoptierte Kind gehört somit

– im Verhältnis zu den leiblichen Kindern und/oder weiteren Adoptivkindern der Adoptiveltern zu den Geschwistern (bei Adoption durch nur einen Elternteil zu den Halbgeschwistern) und

– im Verhältnis zu den Geschwistern der Adoptiveltern zu den Geschwisterkindern.

Das gilt auch für Adoptivkinder nach altem Recht, soweit sie gem Art 12 § 2 des Adoptionsgesetzes die Rechtsstellung eines mit vollen verwandtschaftlichen Wirkungen adoptierten Kindes erlangt haben. Aber auch soweit durch die Adoption kein Verwandtschaftsverhältnis zu den Verwandten der Adoptiveltern bzw des Annehmenden begründet worden ist (s Anm 18), gehört das Adoptivkind auf Grund seiner

Rechtsstellung als Kind der Adoptiveltern bzw des Annehmenden (§§ 1767 II, 1754 BGB) im Verhältnis zu den Geschwistern der Adoptiveltern/des Annehmenden zu den „Abkömmlingen ersten Grades von Geschwistern" iS der StKl II Nr 3 (s BFH BStBl II 86, 613). Das Adoptivkind müsste dann folgerichtig als Kind der Adoptiveltern/des Annehmenden im Verhältnis zu den anderen Kindern der Adoptiveltern/des Annehmenden – trotz fehlender Verwandtschaft mit diesen – zu den Geschwistern iS der StKl II Nr 2 gehören.

15., 16. Steuerklasse III

Natürliche und juristische Personen. In diese StKlasse fallen außer den natürlichen Personen, die nicht die Voraussetzungen für die günstigeren StKl I–II erfüllen, auch die juristischen Personen wie Verein, Stiftung, AG, GmbH, soweit sie zu den Erwerbern gehören. Sonderregeln gelten nach Abs 2 für den Erwerb bei Errichtung und Aufhebung einer Familienstiftung, bei der Auflösung eines Familienvereins und bei der Periodenbesteuerung der Familienstiftungen und -vereine (unten Anm 19 ff). Wegen der StKlasse bei Errichtung und Aufhebung einer Familienstiftung, bei der Auflösung eines entsprechenden Vereins und bei der Periodenbesteuerung der Familienstiftungen und -vereine s Anm 19 ff; wegen der StKlasse beim Erwerb auf Grund eines Ehegattentestaments iS des § 2269 BGB (Berliner Testament) s Anm 28 ff. 15

Die Gesamthand als Erwerber. Nach einer neueren Rspr des BFH (BStBl II 89, 237) konnte eine OHG oder KG uneingeschränkt von Todes wegen oder durch Schenkung unter Lebenden erwerben, eine BGB-Gesellschaft konnte zumindest Erwerber durch Schenkung unter Lebenden und durch Vermächtnis sein (Näheres dazu oben § 1 Anm 6 ff). Diese Rspr, die besondere Probleme hinsichtlich der StKlassenzuordnung aufwarf, hat der BFH in der Zwischenzeit wieder aufgegeben (BFH BStBl II 95, 81; JZ 95, 1074 mit Anm *Meincke*). Die Probleme sind daher nicht aktuell, solange an dieser Rspr festgehalten wird. 16

17., 18. Durch Adoption erloschene Verwandtschaftsverhältnisse (Abs 1 a)

Abweichung vom Zivilrecht. Die Vorschrift des Abs 1 a gehört zu den Maßnahmen zur Anpassung der StKlassenregelung an das seit 1977 geltende Adoptionsrecht (s Anm 6, c). Soweit bei der Adoption die bisherigen Verwandtschaftsverhältnisse erlöschen und neue Verwandtschaftsverhältnisse begründet werden, hat dies für die neuen Verwandt- 17 schaftsverhältnisse ohne weiteres die Zugehörigkeit des Adoptivkindes zu der ihm entsprechenden StKlasse zur Folge (s Anm 14). Im Verhältnis zu seinen bisherigen Verwandten würde das Adoptivkind dagegen in StKl III fallen. Der Gesetzgeber hat diese weitreichenden steuerlichen Folgen bei den erloschenen Verwandtschaftsverhältnissen aus Billigkeitserwägungen, mit denen er allerdings von der auf absolute Trennung ausgerichteten zivilrechtlichen Konzeption abweicht, nicht eintreten lassen. Entsprechend der Regelung in § 15 II Nr 2 AO, nach der die bisherigen Verwandten des Adoptivkindes weiterhin zu den „Angehörigen" iS des StRechts gehören, bestimmt daher Abs 1 a für die ErbSt/SchSt das Gleiche für die weitere Zugehörigkeit zu den StKl I und II gemäß dem bisherigen durch die Adoption erloschenen Verwandtschaftsverhältnis. Die Personen der StKl II Nr 4–7 werden in diesem Zusammenhang nicht genannt, weil sie nicht als Verwandte, sondern als sonstige nichtverwandte Angehörige aufgeführt werden. Daher kann im Verhältnis zu ihnen das Erlöschen der Verwandtschaft unmittelbar keine Rolle spielen. Doch kommt eine mittelbare Wirkung in Betracht, die der Gesetzgeber möglicherweise nicht ausreichend bedacht hat. Zu denken ist zB an den Fall, dass die natürliche Mutter nach Aufdecken der natürlichen Verwandtschaftsbeziehung dem Ehepartner des zur Adoption fortgegebenen, inzwischen erwachsenen Kindes eine Zuwendung macht. Da eine Zuwendung an das Kind nach Abs 1 a privilegiert wäre, spricht manches dafür, auch auf den Ehepartner des Kindes die StKl II Nr 5 in Verbindung mit Abs 1 a zur Anwendung zu bringen.

18 **Wirkungen der Adoption.** Nach dem Adoptionsrecht treten durch eine Adoption folgende Wirkungen ein:

a) Bei **Adoption eines Minderjährigen** erlöschen sein Verwandtschaftsverhältnis und das seiner Abkömmlinge zu den bisherigen Verwandten im Regelfall ganz (Fälle des § 1755 BGB), ggf auch eingeschränkt (Fälle des § 1756 BGB). Das angenommene Kind erlangt mit der Adoption die rechtliche Stellung eines gemeinschaftlichen Kindes (Fälle des § 1754 I BGB) oder eines Kindes des Annehmenden (Fälle des § 1754 II BGB) mit allen daraus sich ergebenden verwandtschaftlichen und erbrechtlichen Folgen.

b) Bei **Annahme eines Volljährigen** treten die Wirkungen zu a) nur unter bestimmten Voraussetzungen mit Zustimmung des Vormundschaftsgerichts ein (Fälle des § 1772 BGB). Im Regelfall erstrecken sich die Wirkungen der Adoption *nicht* auf die Verwandten des Annehmenden (§ 1770 I BGB). Umgekehrt werden auch die Rechte und Pflichten aus dem Verwandtschaftsverhältnis des Angenommenen und seiner Abkömmlinge zu ihren Verwandten durch die Adoption nicht berührt, soweit das Gesetz nichts anderes vorschreibt (§ 1770 II BGB).

19.–23. Familienstiftung, Familienverein (Abs 2 S 1)

Stiftungen können durch Verfügung von Todes wegen angeordnet 19 oder begründet sein (Fall des § 3 II Nr 1) oder durch Stiftungsgeschäft unter Lebenden (Fall des § 7 I Nr 8) errichtet werden. Der Übergang des Vermögens auf die Stiftung unterliegt grundsätzlich der Besteuerung nach StKl III (s Anm 15). Für den Übergang des Vermögens auf eine **inländische Familienstiftung** ist statt dessen die StKlasse maßgebend, die sich für das **Verwandtschaftsverhältnis des** nach der Stiftungsurkunde **entferntest Berechtigten** zu dem Erblasser (Schenker) ergibt. Das Gesetz privilegiert an dieser Stelle wie auch in § 15 II 2 die Familienstiftungen durch Zubilligung eines günstigeren StSatzes, um dann, statt auf diese Begünstigung zu verzichten, die Stiftung zum Ausgleich für die ihr eingeräumten Vorteile mit einer zusätzlichen St, der ErsatzErbSt (§ 1 I Nr 4), zu überziehen. Das Gesetz spricht von „Berechtigten", weil es unterstellt, dass bei einer Familienstiftung Angehörige des Stifters nach dem Inhalt des Stiftungsgeschäfts hinsichtlich der laufenden Erträge der Stiftung und hinsichtlich des Vermögens bei Auflösung der Stiftung berechtigt sind. Unter „Verwandtschaftsverhältnis" ist das persönliche Verhältnis des entferntest Berechtigten zu dem Erblasser oder Schenker zu verstehen (RFH RStBl 30, 556), das auch auf Schwägerschaft beruhen kann. Der Übergang des Vermögens auf eine Familienstiftung, nach deren Satzung nur der überlebende Ehegatte, die Kinder und die Abkömmlinge der Kinder bezugsberechtigt sind (= Stiftung, die mit dem Tode des letzten Abkömmlings aufgehoben werden soll), ist nach StKl I zu versteuern. Sind außer den vorgenannten Personen auch andere Personen bezugsberechtigt, so ist der Übergang des Vermögens in vollem Umfang nach deren StKlasse zum Erblasser/Schenker zu versteuern (zB nach StKl II, wenn auch die Schwiegerkinder bezugsberechtigt sind, oder nach StKl III, wenn auch die Ehegatten der weiteren Abkömmlinge bezugsberechtigt sind). Die FinVerw (R E 15.2 I ErbStR) hat sich neuerdings auf die Interpretation festgelegt, dass bei der Auslegung des § 15 II 1 die Bezugsberechtigung auch des entferntest Berechtigten beachtet werden muss, der zZt der Errichtung der Stiftung und ihrer Ausstattung mit Kapital noch gar nicht lebt, von dem noch nicht einmal feststeht, dass er je leben – und damit in den Status des „Berechtigten" eintreten – wird. Nicht die aktuelle Berechtigung jetziger, sondern die potentielle Berechtigung künftiger Generationen soll entscheidend sein. Alle Personen, die nach der Satzung „Vermögensvorteile aus der Stiftung erlangen" können sollen als „entferntest Berechtigte" zu berücksichtigen sein, selbst wenn feststeht, dass sie nie einen klagbaren Anspruch haben werden und daher im Wortsinn nie zu den „Berechtigten" zählen können (R E 15.2 I ErbStR). Weil Familienstiftungen neben den Kindern nicht selten auch deren Ehepartner begünstigen sollen, führt die Auffassung der FinVerw dazu, dass die Ausstattung der Stiftung mit Vermögen in diesen Fällen nicht nach StKl I, sondern nach StKl II oder III beurteilt werden muss.

20 Bei der **Feststellung**, wer die nach der Stiftungsurkunde entferntest Berechtigten sind, kommt es nicht auf das Vorhandensein klagbarer Ansprüche an; vielmehr sind alle Personen zu berücksichtigen, die nach der Satzung **Vermögensvorteile**, wozu auch die Erlangung von Darlehen gehört, erhalten können (RFH RStBl 27, 101). Auch der Grund für die Bezugsberechtigung (zB Mildtätigkeit) ist ohne Bedeutung (RFH RStBl 30, 115). Die **Wirkungen der Vergünstigung** des § 15 II 1 liegen darin, dass auf den Vermögenserwerb der Stiftung statt der StKl III die StKlasse anzuwenden ist, die sich nach § 15 I auf Grund des persönlichen Verhältnisses des Berechtigten zu dem Stifter ergibt (BFH BStBl II 93, 238, 239).

21 Zuwendungen, welche der Stifter einer rechtsfähigen Familienstiftung nachträglich über das Stiftungskapital hinaus macht (sog **Zustiftungen**), gelten nicht als auf Grund eines Stiftungsgeschäfts gemacht, sondern sind gewöhnliche Schenkungen iS des § 7 I Nr 1 (RFH RStBl 31, 539). Sie unterliegen der Besteuerung nach StKl III und alsdann – als Bestandteil des Stiftungsvermögens – auch der ErsatzErbSt zu dem turnusmäßigen Besteuerungszeitpunkt (s Anm 28). Zustiftungen sind daher steuerlich nicht begünstigt (R E 15.2 III ErbStR). Das Gleiche gilt für Zuwendungen von dritter Seite. Keine Zustiftung wird angenommen, wenn spätere Zuwendungen des Stifters von vornherein verbindlich angekündigt oder in die Stiftungserrichtung einbezogen sind (*Moench/Weinmann* § 15 Rz 43).

22 **Begriff der Familienstiftung iSd § 15 II 1.** Unter einer Stiftung, die *„wesentlich"* im Interesse einer Familie oder bestimmter Familien errichtet ist, wurde ursprünglich die Familienstiftung gem Art 1 § 1 PreußAG zum BGB verstanden, bei der lediglich das Erfordernis der Ausschließlichkeit *nicht* erfüllt sein musste (s RFH RStBl 34, 75). Im Streitfall ging es um die Frage, ob eine zugunsten nur eines Familienmitgliedes errichtete Stiftung eine Familienstiftung ist. Der RFH hat dies verneint, gleichwohl aber die StVergünstigung des § 15 II 1 gewährt. Die gegenteilige Frage, inwieweit andere Personen als Familienmitglieder zu den Bezugsberechtigten gehören dürften, erlangt bei Errichtung einer Stiftung keine praktische Bedeutung, weil bei solchen Bezugsberechtigungen unabhängig von ihrem Umfang ohnehin nicht mehr die günstige StKl für Familienmitglieder, sondern statt dessen die für Nichtverwandte maßgebende StKl III anzuwenden ist (s Anm 19). Von erheblicher Bedeutung ist die Frage jedoch für die **Periodenbesteuerung** der Familienstiftung nach § 1 I Nr 4. Geht man von dem oa RFH-Urteil aus, so unterscheidet sich die Familienstiftung iS des § 15 II 1 von der Familienstiftung iS des Art 1 § 1 PreußAG zum BGB und demzufolge ggf auch von den Familienstiftungen iS der Stiftungsgesetze der Länder dadurch, dass sie nur „wesentlich" im Interesse einer Familie oder bestimmter Familien errichtet sein muss. Als „Familie" wird man die bei Errichtung der Stiftung lebenden Mitglieder der Familie(n) anzusehen haben, in deren Interesse die Stiftung errichtet worden ist, die Abkömmlinge dieser Personen, die Abkömmlinge bereits verstorbener Familienmitglieder und jeweils die Ehegatten der Abkömmlinge.

Größere Auslegungsschwierigkeiten ergeben sich hinsichtlich der Frage, wann eine Stiftung **„wesentlich"** im Interesse der betreffenden Familie(n) errichtet worden ist (oben § 1 Anm 17). Dass einkommensteuerlich eine Beteiligung an einer Kapitalgesellschaft besteuert wird, wenn der Stpfl zu mehr als 1% an deren Grund- bzw Stammkapital beteiligt ist (s § 17 I EStG), dürfte keine entsprechende Auslegung des Begriffs „Familienstiftung" iS des § 15 II 1 rechtfertigen. Die in den vorgenannten Fällen maßgebende 1%-Grenze gilt nur in Bezug auf die *Beteiligung*. Lediglich diese ist bei Überschreiten der Grenze „wesentlich". Die Gesellschaft selbst, an der sie besteht, wird dadurch nicht „wesentlich" zu einer Gesellschaft des betreffenden Stpfl. Die Gesellschaft kann im Gegenteil eindeutig eine solche sein, die „wesentlich" im Interesse eines anderen Stpfl betrieben wird, wenn nämlich ein anderer Stpfl eine Mehrheitsbeteiligung hat. Bezogen auf das Ganze wird somit eine Stiftung nur dann im eigentlichen Wortsinn als „wesentlich" im Interesse einer Familie (bestimmter Familien) errichtet angesehen werden können, wenn deren Interesse im Vordergrund steht. Die Stiftung muss – gem dem eigentlichen Wortsinn – ihrem „Wesen", ihrer Eigenart nach als eine Stiftung dieser Familie(n) anzusehen sein. **Aus der Sicht des BFH** (BStBl II 98, 114, 116) dient die Stiftung Familieninteressen dann wesentlich, wenn nach der Satzung und ggf dem Stiftungsgeschäft ihr Wesen darin besteht, es den Familienangehörigen zu ermöglichen, das Stiftungsvermögen zu nutzen und die Stiftungserträge an sich zu ziehen. Hinsichtlich der Erträge genügt es, wenn ohne Satzungsverstoß 85% (so der dort entschiedene Fall) der Erträge an Familienangehörige ausgeschüttet werden können. Umfasst der Stiftungskatalog unterschiedliche Zwecke, so ist ihre tatsächliche Bedeutung für die Stiftung im Rückblick auf die letzten bis zu 30 Jahre vor dem Steuerentstehungsdatum zu würdigen. Dabei ist insbesondere dem Einfluss der Familie auf die Geschäftsführung der Stiftung Bedeutung beizumessen (vgl auch § 1 Anm 17, 18).

Gründung eines Familienvereins. Die Vergünstigung des § 15 II 1 **23** gilt *nur* für die Errichtung einer Familienstiftung, nicht auch für die Gründung eines Familienvereins, obwohl dieser wie die Familienstiftung der Periodenbesteuerung nach § 1 I Nr 4 unterliegt. Grund für die unterschiedliche Behandlung ist, dass die Gründung solcher Vereine aus der Sicht des Gesetzgebers unerwünscht ist. Der Übergang von Vermögen auf einen Familienverein unterliegt somit der Besteuerung nach StKl III (s Anm 15). Lediglich die Auflösung eines Familienvereins und die Aufhebung einer Familienstiftung sind gleichgestellt (s Anm 24). Da § 15 II 1 insofern keine Einschränkung vorsieht, wird die Einbringung von Vermögen in einen trust nach ausländischem Recht (§ 3 II Nr 1 S 2, § 7 I Nr 8 S 2) ab 5. 3. 1999 auch von § 15 II 1 erfasst.

24., 25. Aufhebung einer Familienstiftung; Auflösung eines Familienvereins (Abs 2 S 2)

24 Nach § 7 I Nr 9 S 1 gilt als Erwerb durch Schenkung auch das, was jemand bei **Aufhebung einer Familienstiftung oder bei Auflösung eines Familienvereins** erwirbt. Ohne eine Sonderregelung würde der Erwerber den Vermögensanfall nach StKl III zu versteuern haben. § 15 II 2 bestimmt, dass die Erwerber ihren Vermögensanfall so zu versteuern haben, als fiele ihnen das Vermögen vom Stifter oder Vereinsgründer an.

Kein stpfl Tatbestand war nach der bisherigen Interpretation des § 15 II 2 dann gegeben, wenn die Familienstiftung (der Familienverein) noch zu Lebzeiten des Stifters (Vereinsgründers) aufgehoben (aufgelöst) wird und das Vermögen an den Stifter (Vereinsgründer) zurückfällt. Dieser **Vermögensrückfall** galt auf Grund der Regelung des § 15 II 2 als steuerfrei; denn in diesem Fall wurden der Schenker (= Stifter, Vereinsgründer) und der Beschenkte (= Stifter, Vereinsgründer) als identisch angesehen. Nunmehr hat der BFH (BStBl II 93, 238; 10, 237) jedoch entschieden, dass sich die Regelung des § 15 II 2 in der Bestimmung der maßgeblichen StKlasse erschöpft und – entgegen ihrem Wortlaut! – keine Aussage über die Person des Zuwendenden (= Schenker) trifft. Daraus schließt der BFH in Abweichung von der früheren Rspr-Linie (BFH BStBl III 54, 178), dass auch der Vermögensrückfall an den Stifter die Merkmale einer Schenkung unter Lebenden erfüllt und nach StKl III zu besteuern ist. Diese Rspr vermag nur schwer zu überzeugen (vgl schon § 7 Anm 113). Ob sie dem Sinn der gesetzlichen Regelung entspricht, bleibt undeutlich, weil sich der BFH zwar mit dem Wortlaut und der systematischen Stellung des § 15 II 2 auseinandersetzt, aber die Entstehungsgeschichte der Norm unberücksichtigt lässt (kritisch auch *Binz/Sorg*, DStR 94, 229).

25 **Vermögensanfall bei Beendigung eines trust.** Um angenommene Besteuerungslücken zu schließen, ist die Bildung oder Ausstattung eines nach ausländischem Recht errichteten trusts in § 3 II Nr 1 S 2 und § 7 I

Nr 8 S 2 zum steuerpflichtigen Vorgang erhoben worden. Das trust-Vermögen wird nun nicht mehr direkt von demjenigen, der den trust gebildet oder ausgestattet hat, auf den Begünstigten übertragen. Vielmehr wird ein stpfl Zwischenerwerb des trust angenommen (§ 20 I 2). Der Begünstigte, den das Gesetz für die Zeit des Bestehens des trust als „Zwischenberechtigten" bezeichnet (§ 7 I Nr 9 S 2), erwirbt damit jetzt vom trust, nicht von dem, der den trust gebildet oder ausgestattet hat. Gleiches gilt für diejenigen, die beim Erlöschen des trust einen als Schenkung eingestuften Erwerb machen. Die StKlasse soll sich jedoch nach dem Verhältnis zum Erblasser/Schenker richten.

26., 27. Die Behandlung der ErsatzErbSt (Abs 2 Satz 3)

Periodenbesteuerung der Familienstiftungen und -vereine. 26
Während der Zeit des Bestehens einer Stiftung geht das Stiftungsvermögen nicht durch Erbfall oder Schenkung auf einen anderen über. Auch stellt der Wechsel in der Bezugsberechtigung durch den Tod eines Bezugsberechtigten oder aus anderen Gründen beim neuen Bezugsberechtigten keinen Erwerb durch Erbfall oder Schenkung dar, weil er sich satzungsgemäß vollzieht. Entsprechendes gilt für Familienvereine. Damit die so gebundenen Familienvermögen nicht über Generationen der ErbSt entzogen bleiben, unterliegen die **inländischen** Familienstiftungen und Familienvereine gem § 1 I Nr 4 iVm § 2 I Nr 2 einer **ErsatzErbSt,** die alle 30 Jahre, gerechnet vom Zeitpunkt der Errichtung der Stiftung bzw Gründung des Vereins, zu entrichten ist, jedoch nach § 9 I Nr 4 erstmals zum 1. 1. 1984 und dann danach alle 30 Jahre. Die so geregelte ErsatzErbStPflicht wird oben § 1 Anm 13 ff näher dargestellt. Die Besteuerung erfolgt so, als ginge das Vermögen auf zwei Personen der StKl I über. Wegen der Ermittlung der beiden stpfl Erwerbe s § 10 Anm 22. Wegen des Begriffs „Familienstiftung" s Anm 22; die Ausführungen gelten für Familienvereine entsprechend. Voraussetzung für die StPfl nach § 1 I Nr 4 ist, dass es sich bei der Stiftung (dem Verein) am maßgebenden Besteuerungsstichtag um eine Familienstiftung (einen Familienverein) handelt. Die Umwandlung einer Familienstiftung bzw eines Familienvereins in eine gemeinnützige Institution, die den Wegfall der ErsatzErbStPflicht zur Folge hat, kann gem § 13 I Nr 16 b steuerfrei vorgenommen werden.

StKlasse, Freibetrag, StSatz. § 15 beschränkt die hier geregelten 27 Anordnungen an sich auf die Bestimmung der StKlasse. Daraus folgen dann im Rahmen der §§ 16, 19 Konsequenzen für die Höhe des Freibetrages und für den StSatz. Für den Bereich der ErsatzErbSt geht die Regelung des § 15 II 3 jedoch weiter. Da § 16 keinen Freibetrag für den Fall der ErsatzErbSt vorsieht, wird die Freibetragsregelung hier

§ 15 28, 29   Steuerklassen

gleich selbst getroffen. Und zwar werden zwei Freibeträge der StKl I Nr 2 eingeräumt, weil die Besteuerung von der Fiktion ausgeht, dass das Stiftungs- oder Vereinvermögen im Abstand von 30 Jahren an zwei Personen der StKl I Nr 2 anfällt. Weil es bei einem Anfall an zwei Personen zum Ansatz von zwei Freibeträgen käme, werden zwei Freibeträge zugestanden. Aus demselben Grund wird auch der StSatz so gewählt, als würde das Vermögen in zwei selbstständig zu besteuernde Vermögensteile zerfallen. Die St ist daher nach dem Prozentsatz der StKl I zu berechnen, der auf die Hälfte des stpfl Vermögens entfällt.

28.–32. Das gemeinschaftliche Ehegattentestament (Abs 3)

Schrifttum: *Borgfeld*, Zweckmäßige Verfügungen in einem Ehegattentestament nach § 2269 BGB, Diss. Münster 1992, 143 ff; *Flick/Schauhoff*, Das falsche Berliner Testament, DStR 92, 1794; *Jülicher*, Strenge Bindung des längstlebenden Ehegatten beim Berliner Testament, ZEV 96, 18; *Mayer*, Berliner Testament ade?, ZEV 98, 50; *Schuhmann*, Berliner Testament, Jastrowsche Klausel und die ErbStRichtlinien, UVR 00, 137; *Wien*, Das unglückselige Berliner Testament, DStZ 01, 29.

28   **Neufassung durch das ErbStRG 2009.** Abs 3 wurde durch das ErbStRG mWv 2009 in dreierlei Richtung neu gefasst. Zum einen wurde die Bestimmung an das Zivilrecht angepasst. Das Zivilrecht hatte das Ehegattentestament auch für eingetragene Lebenspartner zugänglich gemacht (§ 10 IV 2 LPartG). Dem wurde nun auch im Rahmen dieser Bestimmung Rechnung getragen. Zum Zweiten hat das ErbStRG 2009 die Regelung des Abs 3 dem § 6 II durch Einfügung eines Antragserfordernisses angeglichen. Schließlich ist der Sprachgebrauch verbessert worden. Die Regelung knüpft an die Rechtslage an, die sich ergibt, wenn beide Eheleute verstorben sind. Dennoch war in der bisherigen Fassung des Abs 3 von dem verstorbenen und dem überlebenden Ehegatten die Rede, so als wenn sich das Gesetz auf einen Zeitpunkt vor dem Tod des zweitversterbenden Partners beziehen wollte. Auch in der Neufassung wird der zuletzt verstorbene Ehegatte noch als der überlebende Ehegatte bezeichnet (gemeint ist der längstlebende Ehegatte). Immerhin steht ihm aber nun nicht mehr der verstorbene, sondern der zuerst verstorbene Ehegatte (oder Lebenspartner) gegenüber. Das muss schon als ein Fortschritt gelten.

29   Erwerbe auf Grund eines gemeinschaftlichen Testaments iS von § 2269 BGB sind **in ihrer Struktur der Vor- und Nacherbfolge vergleichbar,** allerdings mit dem Unterschied, dass der längstlebende Ehegatte Vollerbe des erstverstorbenen Partners wird (nicht dessen Vorerbe) und dass das Vermögen des längstlebenden Ehegatten bei dessen Tod, auch soweit es vom Partner stammt, als sein Vermögen und nicht

als Vermögen des erstverstorbenen Ehegatten auf den Schlusserben übergeht. Die Schlusserbfolge beruht auf der Anordnung des längstlebenden Ehegatten, nicht auf der Anordnung seines erstverstorbenen Partners. Der Schlusserbe erwirbt daher alles, was ihm beim Tod des längstlebenden Ehegatten zufällt, von diesem längstlebenden Partner. Folglich hat er seinen Erwerb, wie es § 6 II 1 – dort allerdings unter Abweichung vom Zivilrecht – für den Fall der Nacherbfolge beim Tod des Vorerben bestimmt, als vom bisherigen Vermögensinhaber stammend zu versteuern. Abs 3 braucht das aber nicht besonders zu betonen, weil es sich unter den Voraussetzungen der Schlusserbfolge von selbst versteht. Abs 3 räumt nun dem Schlusserben wie im Fall der Nacherbfolge die Möglichkeit ein, für die Versteuerung seines Erwerbs, soweit er aus dem Vermögen des erstverstorbenen Ehegatten stammt, sein Verhältnis zum erstverstorbenen Ehepartner zugrunde zu legen. In dieser Anordnung entspricht Abs 3 genau dem, was § 6 II 2 für den Fall der Nacherbfolge zum Ausdruck bringt. Es ist daher nur konsequent, dass Abs 3 auch die an § 6 II 2 anschließenden Sätze 3 bis 5 für anwendbar erklärt. Was fehlt, ist allerdings eine dem § 7 I Nr 7 iVm § 7 II entsprechende Regelung für den Fall der lebzeitigen Weitergabe von Vermögen vor dem Schlusserbfall (FG Hbg EFG 95, 369).

Das in Abs 3 angesprochene Testament des § 2269 BGB (dem der in § 2280 BGB gleichgestellte Erbvertrag entspricht: BFH BStBl II 09, 47), wird auch das **Berliner Testament** genannt und als Instrument zur Regelung der Erbfolge viel kritisiert. Insbesondere *Flick* (zB DStR 93, 929, 931; Kritik auch bei *Troll/Jülicher* § 15 Rz 171) wird nicht müde, auf die nachteiligen steuerlichen Folgen dieses Testaments hinzuweisen. Doch gilt es zu unterscheiden. Das Berliner Testament sieht vor, dass das Vermögen des Erstversterbenden (Vater) zunächst auf den überlebenden Ehegatten (Mutter) übergeht und dann beim Tod des Überlebenden an die Kinder gelangt. Da die Mutter den Vater im Regelfall nur für wenige Jahre überleben wird, führt diese Anordnung dazu, dass das Vermögen des Vaters in relativ kurzem zeitlichen Abstand zweimal der ErbSt unterliegt, was – im Vergleich mit einer direkten Überleitung des Vermögens vom Vater auf die Kinder – zweifellos steuernachteilig ist. Haben sich die Eheleute im Interesse des überlebenden Ehegatten aber einmal gegen eine direkte Vererbung des Vermögens an die Kinder und für eine Einschaltung des überlebenden Ehegatten in die Erbfolge entschlossen, dann ist das Berliner Testament ein durchaus geeigneter und steuerlich durch die Regelung des § 15 III sogar noch begünstigter Weg, die Ziele der Eheleute umzusetzen und doch auch zugleich, soweit es geht, die Interessen der Kinder als Schlusserben zu wahren. Die Vor- und Nachteile des Berliner Testaments sind daher wesentlich sorgfältiger gegeneinander abzuwägen. Die dem Besteuerungstatbestand des § 15 III zugrunde liegenden §§ 2269, 2270 BGB bestimmen Folgendes:

§ 2269 BGB Gegenseitige Einsetzung [Berliner Testament]

(1) **Haben die Ehegatten in einem gemeinschaftlichen Testament, durch das sie sich gegenseitig als Erben einsetzen, bestimmt, dass nach dem Tode des Überlebenden der beiderseitige Nachlass an einen Dritten fallen soll, so ist im Zweifel anzunehmen, dass der Dritte für den gesamten Nachlass als Erbe des zuletzt versterbenden Ehegatten eingesetzt ist.**

(2) Haben die Ehegatten in einem solchen Testament ein Vermächtnis angeordnet, das nach dem Tode des Überlebenden erfüllt werden soll, so ist im Zweifel anzunehmen, dass das Vermächtnis dem Bedachten erst mit dem Tode des Überlebenden anfallen soll.

§ 2270 BGB Wechselbezügliche Verfügungen

(1) Haben die Ehegatten in einem gemeinschaftlichen Testament Verfügungen getroffen, von denen anzunehmen ist, dass die Verfügung des einen nicht ohne die Verfügung des anderen getroffen sein würde, so hat die Nichtigkeit oder der Widerruf der einen Verfügung die Unwirksamkeit der anderen zur Folge.

(2) Ein solches Verhältnis der Verfügungen zueinander ist im Zweifel anzunehmen, wenn sich die Ehegatten gegenseitig bedenken oder wenn dem einen Ehegatten von dem anderen eine Zuwendung gemacht und für den Fall des Überlebens des Bedachten eine Verfügung zugunsten einer Person getroffen wird, die mit dem anderen Ehegatten verwandt ist oder ihm sonst nahe steht.

(3) **Auf andere Verfügungen als Erbeinsetzungen, Vermächtnisse oder Auflagen findet die Vorschrift des Absatzes 1 keine Anwendung.**

31 **Die Voraussetzung des Abs 3,** dass der überlebende Ehegatte an seine im gemeinschaftlichen Testament getroffene Verfügung gebunden ist, liegt nach § 2271 II 1 BGB dann vor, wenn das Recht zum Widerruf der eigenen wechselbezüglichen Verfügung für den überlebenden Ehegatten mit dem Tod seines Partners und mit der Annahme des ihm Zugewendeten erloschen ist. Die Bindung braucht nicht vorbehaltlos zu bestehen. So wird § 15 III seinem Sinn und Zweck nach auch dann für anwendbar gehalten, wenn die Schlusserbenbestimmung durch den überlebenden Ehegatten nur unter dem Vorbehalt der anderweitigen Verfügung nach dem Tod des Erstversterbenden getroffen worden ist. Dann bleibt entgegen der Regelung des § 2271 I 1 BGB das Recht zum Widerruf der eigenen Verfügung dem überlebenden Ehegatten erhalten. Dennoch soll auch in diesem Fall § 15 III anwendbar sein, wenn der überlebende Ehegatte von seinem Recht, anderweitig zu testieren, keinen Gebrauch gemacht hat (BFH BStBl II 83, 44). Als entscheidend wird es angesehen, ob der überlebende Ehegatte die Erbquoten der Schlusserben unverändert lässt. Dann ist für den Erbschaftserwerb § 15 III 1 anwendbar. Macht der überlebende Ehegatte von der ihm eingeräumten Änderungsbefugnis allerdings dadurch Gebrauch, dass er einem der Schlusserben ein Vorausvermächtnis aussetzt, dann ist § 15 III für diesen Vermächtniserwerb nicht anwendbar (BFH BStBl II 99, 789). Den vorgenannten BFH-Urteilen entspricht es, dass Abs 3 auch dann anwendbar ist, wenn der überlebende Ehegatte zwar ein eigenes Testament errichtet, darin aber die Schlusserbenbestimmung des gemeinschaftlichen Testaments unverändert übernommen hat (FG Nürnberg EFG 86, 571; aM Hess FG EFG 95, 370). Dagegen soll nach Auffassung des BFH (BStBl II 90, 1067) die Vergünstigung des § 15 III dann entfallen, wenn der überlebende Ehegatte testamentarisch berechtigt war, über den Nachlass frei zu verfügen und wenn er durch eine letztwillige Verfügung die Erbfolge tatsächlich teilweise neu geregelt hat. Dies soll auch dann gelten, wenn der überlebende Ehegatte von seiner Testierfreiheit nur geringfügig und in Bezug auf andere Erben als den StPfl Gebrauch gemacht hat. Diese Rspr leuchtet für den Fall nicht ein, dass die Einsetzung des StPfl als Schlusserben, im Hinblick auf die die relative Bindung des überlebenden Ehegatten bestand, bei der nachfolgenden testamentarischen Anordnung inhaltlich unverändert geblieben ist. Dann müsste vielmehr aus den Gründen, die die Entscheidung des FG Nürnberg (EFG 86, 571) tragen, Abs 3 weiterhin anwendbar sein. Die Anwendbarkeit der BFH-Entscheidung wird auch dann verneint, wenn der überlebenden Ehefrau zwar die Änderung der Schlusserbenbestimmung frei stand, wenn sie sich dabei jedoch in dem durch das Testament vorgezeichneten Rahmen halten musste, der nur Familienangehörige des vorverstorbenen Ehemanns als Schlusserben zuließ (FG Köln EFG 97, 21).

Die Rechtsfolge des § 15 III besteht darin, dass dem Schlusserben eine Antragsbefugnis zugewiesen wird. Mit dieser Antragsbefugnis kann er wählen, ob er den Erwerb einheitlich als Erwerb vom längstlebenden Ehegatten (Lebenspartner) versteuern will oder ob der Versteuerung sein Verhältnis zum erstverstorbenen Ehegatten (Lebenspartner) zugrunde gelegt werden soll. Die Versteuerung nach dem Verhältnis zum erstverstorbenen Ehegatten ist allerdings nur möglich, „soweit ... Vermögen ... (des erstverstorbenen Ehegatten beim Tod des längstlebenden Ehegatten) noch vorhanden ist". Man war sich einig darüber, dass es zur Beantwortung der Frage, ob beim Schlusserbfall noch Vermögen des Erstverstorbenen vorhanden ist, nicht auf die einzelnen vom Erstverstorbenen hinterlassenen Gegenstände ankommen kann, sondern dass lediglich auf den Gesamtwert des Vermögens abzustellen ist, wie er sich nach Surrogationsgrundsätzen ergibt. Die zwischen Erbfall und Schlusserbfall erwirtschafteten und beim Schlusserbfall noch vorhandenen Vermögenserträge können jedoch nicht dem erstverstorbenen Ehegatten zugeordnet werden. (R E 15.3 ErbStR). Unbeachtet war bisher eine andere Fragestellung geblieben, die das FG Köln in einer Entscheidung aus dem Jahre 2006 (EFG 06, 830) aufgedeckt hat. Der Fall stellte sich vereinfacht so dar: Der Schlusserbe hatte die längstlebende Ehefrau zur Hälfte ihres Nachlasses beerbt. Ihr Nachlass bestand zur Hälfte aus Vermögen, das vom erstverstorbenen Ehegatten stammte. Konnte der Schlusserbe die Versteuerung nach dem erstverstorbenen Ehegatten in diesem Fall für seinen ganzen Erwerb oder nur für die Hälfte seines Erwerbs in Anspruch nehmen? Das FG Köln hat die Parallele zur Vor- und Nacherbfolge herangezogen und gemeint, dass § 15 III den Schlusserben wie einen Nacherben stellen wollte. Wäre der Schlusserbe Nacherbe gewesen, hätte er die Versteuerung nach dem Erstverstorbenen für seinen ganzen Erwerb wählen können, weil ihm dann das ganze noch vorhandene Vermögen des Erstverstorbenen zugefallen wäre, und dieses ganze Vermögen des Erstverstorbenen hätte dann gerade die ihm gebührende Hälfte des Nachlasses der längstlebenden Ehefrau ausgemacht. Die FinVerw hatte dagegen gemeint, dass der Erwerb des Schlusserben aus dem zur Hälfte aus eigenem und zur Hälfte aus ererbtem Vermögen zusammengesetzten Nachlass der längstlebenden Ehefrau bestanden habe, so dass der Antrag nur für die Hälfte des Erwerbs gelten könne. Der BFH (BStBl II 09, 47) hat jedoch die Auffassung des FG Köln bestätigt und dem Schlusserben das Wahlrecht für den ganzen von ihm ererbten Nachlassanteil zuerkannt.

33., 34. Schenkungserwerbe von einer Kapitalgesellschaft (Absatz 4)

33 **Maßgeblichkeit des Verhältnisses zum Schenkungsveranlasser.** Kapitalgesellschaften werden aus eigenem betrieblichen Interesse heraus so leicht keine Schenkungen machen. Es muss vielmehr jeweils einen besonderen Anlass für stpfl Schenkungen der Gesellschaft geben. Denkbar ist in diesem Zusammenhang, dass eine an der Kapitalgesellschaft unmittelbar oder mittelbar beteiligte natürliche Person oder Stiftung Einfluss auf die Entscheidsfindung in der Gesellschaft genommen und auf die Schenkung hingewirkt hat. Eine derartige Einflussnahme wird regelmäßig dann anzunehmen sein, wenn die durch die Schenkung begünstigte Person einem Mitglied der Gesellschaft nahe steht. In einem solchen Fall könnte man auch gleich an eine Schenkung des veranlassenden Gesellschafters an den Begünstigten denken. Der BFH (BStBl II 08, 258; § 7 Anm 74 c) hat sich jedoch für die Kapitalgesellschaft als Schenker ausgesprochen (kritisch *Daragan*, DStR 11, 2079). Und die FinVerw (BStBl I 2010, 1207) ist dieser Rechtsauffassung gefolgt. § 15 IV mildert nunmehr die Konsequenzen dieser Rspr-Linie im Interesse des Bedachten ab. Danach soll bei Schenkungserwerben von einer Kapitalgesellschaft nicht die StKl III zum Zuge kommen, obwohl es keine die StKl I oder II rechtfertigenden persönlichen

Freibeträge **§ 16**

Beziehungen des Erwerbers zu der Kapitalgesellschaft als Schenker gibt. Um den Beschenkten zu entlasten, soll in diesem Fall statt des Verhältnisses des Beschenkten zum Schenker das Verhältnis des Beschenkten zu der die Schenkung veranlassenden natürlichen Person oder Stiftung für die Besteuerung maßgeblich sein. Veranlasst also ein Ehemann die Schenkung eines Grundstücks durch die Kapitalgesellschaft an seine Frau, so kann die Beschenkte den Freibetrag von 500 000 Euro in Anspruch nehmen. Der verbleibende stpfl Erwerb wird mit dem günstigen Tarif der StKl I besteuert. Stirbt die Erwerberin kurze Zeit später und vererbt sie das Grundstück auf ihre Tochter, kann sich diese auf die StErmäßigung nach § 27 berufen.

Die Schenkung der Kapitalgesellschaft in der Zusammenrechnung. Die Besteuerung des Erwerbers nach dem persönlichen Verhältnis zum Veranlasser der Schenkung soll sich auch bei der Zusammenrechnung mehrerer Erwerbe nach § 14 auswirken. Nach § 14 sind nur Schenkungen desselben Schenkers an denselben Beschenkten in die Zusammenrechnung einzubeziehen. Da der Schenkungsveranlasser nicht Schenker ist, dürfen Schenkungen der Kapitalgesellschaft an sich nicht mit Schenkungen des veranlassenden Gesellschafters zusammengerechnet werden. Dem tritt § 15 IV entgegen. Weil die Besteuerung der Schenkung durch das persönliche Verhältnis des Beschenkten zum Schenkungsveranlasser bestimmt wird, soll die von der Kapitalgesellschaft stammende Schenkung mit Schenkungen oder Erwerben von Todes wegen von Seiten des Schenkungsveranlassers zusammengerechnet werden. Macht die Kapitalgesellschaft allerdings mehrere Schenkungen an denselben Beschenkten auf Veranlassung verschiedener Personen, muss die Zusammenrechnung damit unterbleiben. 34

§ 16 Freibeträge

(1) **Steuerfrei bleibt in den Fällen der unbeschränkten Steuerpflicht (§ 2 Absatz 1 Nummer 1 und Absatz 3) der Erwerb**

1. **des Ehegatten und des Lebenspartners in Höhe von**
   500 000 Euro;
2. **der Kinder im Sinne der Steuerklasse I Nr. 2 und der Kinder verstorbener Kinder im Sinne der Steuerklasse I Nr. 2 in Höhe von**
   400 000 Euro;
3. **der Kinder der Kinder im Sinne der Steuerklasse I Nr. 2 in Höhe von**
   200 000 Euro;
4. **der übrigen Personen der Steuerklasse I in Höhe von**
   100 000 Euro;
5. **der Personen der Steuerklasse II in Höhe von**
   20 000 Euro;

§ 16 1 Freibeträge

6. *(aufgehoben)*
7. der übrigen Personen der Steuerklasse III in Höhe von 20 000 Euro.

(2) An die Stelle des Freibetrags nach Absatz 1 tritt in den Fällen der beschränkten Steuerpflicht (§ 2 Absatz 1 Nummer 3) ein Freibetrag von 2000 Euro.

Übersicht

1.–3. Allgemeines
4.–7 a. Die Wirkungsweise der Freibeträge
8.–12. Die einzelnen Freibeträge

Schrifttum: *Moench*, Die Jahres-ErbSt beim Erwerb von Renten und Nießbrauchsrechten, DStR 85, 259; *Moench*, ErbSt-Belastung und ErbSt-Ersparnis in der „Otto-Normal-Familie", DStR 87, 139; *Vogt*, Der maximale ErbStFreibetrag, DStR 94, 17; 97, 1879; 01, 1148; *Meincke*, Freibeträge und Steuersätze im neuen ErbStRecht, ZEV 97, 52; *Schaumburg*, Problemfelder im internationalen ErbStRecht, RiW 01, 161; *Meincke*, Die steuerlichen Rahmenbedingungen von Verwandtenunterhalt und Pflichtteil, Verh zum 64. DJT, Bd II/1, 202; L 89; *Wachter*, Erbschaftsteuerfreibeträge und Europarecht, ErbStB 05, 357; *Jebens*, Die Ausnutzung der schenkungsteuerlichen Freibeträge unter Einsatz der Zugewinngemeinschaft, DStR 09, 519; *Corsten/Führich*, Europarechtliche Aspekte der Erbschaftsteuerreform, ZEV 09, 481.

1.–3. Allgemeines

1 **Persönliche Freibeträge.** Während § 13 sachliche StBefreiungen vorsieht, die wegen des besonderen Gegenstandes oder Zwecks der Zuwendung gewährt werden, regelt § 16 persönliche Freibeträge, die jedem Erwerber ohne Rücksicht auf den Gegenstand oder Zweck seines Erwerbs zustehen und die die Bemessungsgrundlage der St (§ 10 I 1) um den Betrag des Freibetrages kürzen. Dem überlebenden Ehegatten hatte das ErbStG in seinen verschiedenen Fassungen schon immer hohe Freibeträge (bis zur gänzlichen Freistellung seines Erwerbs) eingeräumt. Dem hat das JStG 2010 (BGBl I 2010, 1768) jetzt den (eingetragenen gleichgeschlechtlichen) Lebenspartner gleichgestellt. Die Gewährung von nach dem Angehörigkeitsverhältnis zum Geber abgestuften Freibeträgen auch an alle anderen Erwerber ist erst nach dem 2. Weltkrieg eingeführt worden, kann aber heute wohl zusammen mit der Staffelung unterschiedlicher Tarife für Personen unterschiedlicher Nähe zum Erblasser/Schenker (§ 19) zu den ins Auge fallenden typischen Besonderheiten der ErbSt (insb im Vergleich mit der ESt) gerechnet werden. Die Anerkennung der persönlichen Freibeträge ist in ihrer grundsätzlichen Berechtigung, besonders aber in ihrer Einzelausgestaltung nicht unumstritten. Aus der Sicht der FinVerw sollen die Freibeträge in erster Linie die Verwaltung entlasten und die Zahl der

Allgemeines 2 § 16

StFestsetzungen entsprechend reduzieren (*Moench/Weinmann* § 16 Rz 4). Unter dem Gesichtspunkt der Besteuerung nach der durch den Erwerb erhöhten Leistungsfähigkeit lässt sich für die Freibeträge ins Feld führen, dass die Leistungskraft nahe stehender Personen (insb des überlebenden Ehegatten) durch einen Erwerb nicht in dem gleichen Umfang erhöht wird, wie es für ferner stehende Personen gilt. Denn der nahe stehende Erwerber wird schon vor seinem Erwerb den Zugang zu den übertragenen Vermögenswerten gehabt haben, so dass er von der Überführung des Erwerbs in die eigene Verfügungsmacht nicht in gleicher Weise wie ein Fernstehender profitiert. Jeder würde es als merkwürdig empfinden, wenn ein Ehegatte den Erwerb beim Tod seines Partners als „Bereicherung" einstufen wollte. Das BVerfG (DStR 10, 1721) hat dennoch eine gewisse Skepsis diesem Begründungsversuch gegenüber nicht unterdrückt („Selbst wenn es zuträfe, dass ....": aaO Rz 95). Bedeutsamer ist aus seiner Sicht, dass die Ausgestaltung der Freibeträge das Familienprinzip berücksichtigt, aus dem folgt, dass der steuerliche Zugriff bei Familienangehörigen, insb bei Ehegatten und Kindern derart zu mäßigen ist, dass diesen der jeweils überkommene Nachlass zumindest zum deutlich überwiegenden Teil oder, bei kleineren Vermögen, völlig stfrei zugute kommt (BVerfG BStBl II 95, 671, 674). Die familiäre Nähe nach Maßgabe von Geburt, Heirat und eingetragener Lebenspartnerschaft sind danach die entscheidenden Kriterien für die Staffelung der Freibeträge, die das Gericht in einem Kernbereich für verfassungsrechtlich unveränderbar erklärt. Den Gedanken dagegen, dass die Ehe den Ausgangspunkt einer Generationenfolge bilden kann und als solche im Vergleich zu einer gleichgeschlechtlichen Partnerschaft eine besonders günstige Behandlung verdient, hat der Gesetzgeber im geltenden Recht aus der Sicht des Verfassungsgerichts nicht deutlich genug umgesetzt, so dass dieser Gedanke auch nicht als Grundlage einer unterschiedlichen Behandlung von Ehegatten und Lebenspartnern herangezogen werden kann (BVerfG DStR 10, 1721 Rz 107).

Anknüpfung an § 2. § 16 verknüpft die Staffelung der Freibeträge 2 mit den Fällen der unbeschränkten StPfl nach § 2 I Nr 1 und III und mit der beschränkten StPfl nach § 2 I Nr 3. § 16 II will den Freibetrag auch nächsten Angehörigen nur in Höhe von 2000 € einräumen, wenn es um einen Fall der beschränkten StPfl geht, wenn also an dem Erwerb lediglich StAusländer beteiligt sind. Diese Schlechterstellung von StAusländern (die ja ohne Weiteres auch deutsche Staatsangehörige sein können!) hängt mit der Überlegung zusammen, dass die StAusländer wegen des Inlandserwerbs auch im Ausland einer Besteuerung unterliegen, wobei die deutsche Steuer dann auf die im Ausland fällige Steuer angerechnet werden kann. Ein hoher Freibetrag hier würde die deutsche StSchuld kürzen, aber dem StPfl im Ergebnis doch nichts nützen. Denn

§ 16 3, 4   Freibeträge

eine niedrige deutsche Steuer würde nur das Anrechnungsvolumen im Ausland vermindern und damit dem ausländischen Staat auf Kosten des hiesigen StAufkommens zugute kommen. Da es jedoch zunehmend Staaten gibt, die keine oder nur eine geringfügige Steuer erheben, bei denen das Anrechnungsargument daher nicht greift, geht auch die Überzeugungskraft dieses Begründungsversuchs zurück. Der BFH hat sich in der Entscheidung BStBl II 05, 875 mit dem Vorwurf auseinandergesetzt, dass § 16 gegen Verfassungsrecht verstoße. Das Gericht hat eine Kollision mit Art 3 I GG unter Hinweis darauf verneint, dass bei beschränkter StPfl nur das Inlandsvermögen der Besteuerung unterliege, bei unbeschränkter StPfl aber der gesamte Vermögensanfall. Dieser Unterschied rechtfertige die in § 16 II getroffene Differenzierung. Zu einer möglichen Kollision mit dem EU-Gemeinschaftsrecht haben sich wiederholt Finanzgerichte geäußert. So haben das FG Düsseldorf (EFG 96, 1166), das FG Berlin (EFG 04, 215), das FG München (EFG 04, 410) und das FG Bad-Württ (EFG 09, 139) die Vereinbarkeit der Regelung mit dem Gemeinschaftsrecht bejaht. Das FG Düsseldorf (EFG 09, 205) hat dagegen einem Vorlagebeschluss an den EuGH seine Bedenken gegen die in § 16 getroffene Differenzierung zum Ausdruck gebracht. Und der EuGH (DStR 10, 861, Rs Mattner) ist dieser Linie gefolgt. Um den Bedenken des EuGH Rechnung zu tragen, ist § 2 verändert worden. Nunmehr gibt § 2 III dem StPfl bei beschränkt stpfl Erwerben die Möglichkeit, die unbeschränkte StPfl zu wählen. Unter diesen Umständen konnte die Regelung des § 16 II unverändert bleiben.

3   **Ergänzende Regelungen.** § 16 ist insofern unvollständig, als dort eine Freibetragsregelung für den Fall der Zweckzuwendung und für den Fall der ErsatzErbSt nach § 1 I Nr 4 fehlt. Diese letztere Regelung wird in § 15 II 3 getroffen; zum besseren Verständnis hätte in § 16 ein Hinweis auf § 15 II 3 eingefügt werden können. § 16 wird ergänzt durch die Bestimmungen des § 13 Nr 15, 16 a und 18, soweit die dort genannten Erwerber für die ihnen zufließenden Zuwendungen ohne Rücksicht auf den Gegenstand und Zweck des Erwerbs freigestellt werden. Damit wird im Grunde eine persönliche StBefreiung in unbegrenzter Höhe vorgesehen, die in den Zusammenhang des § 16 gehört. Neben § 16 tritt im Übrigen unter den dort genannten Voraussetzungen der persönliche Freibetrag nach § 17, der, weil er zusätzlich zu dem allgemeinen persönlichen Freibetrag des § 16 zum Zuge kommt, als ein „besonderer" Freibetrag gekennzeichnet wird.

4.–7 a. Die Wirkungsweise der Freibeträge

4   **Abzugsbeträge.** § 16 lässt den Erwerb in bestimmter Höhe „steuerfrei". Damit wird der Erwerb nicht ganz oder zum Teil aus der Besteue-

Wirkungsweise   **5 § 16**

rung herausgenommen. Es wird nur der Einfluss des Erwerbs auf die Bemessungsgrundlage in der angegebenen Höhe durch einen Abzugsposten, den persönlichen Freibetrag, neutralisiert. Das StRecht unterscheidet Freibeträge und Freigrenzen. Im Fall von Freigrenzen bleiben die Beträge, die die Freigrenze nicht erreichen, vollen Umfangs unberücksichtigt, während die die Freigrenze übersteigenden Beträge vollen Umfangs (also auch in ihrem bis zur Freigrenze reichenden Betrag) berücksichtigt werden. Eine Haftungsfreigrenze findet sich zB in § 20 VII. Eine Steuerfreigrenze bietet zB § 22. Liegt der StBetrag unter 50 €, wird von einer Festsetzung der St abgesehen. Liegt der StBetrag über 50 €, wird der volle – und nicht nur der € 50 übersteigende – Betrag festgesetzt. Im Unterschied dazu stehen Freibeträge wie die in § 16 genannten. Sie sind echte Abzugsbeträge, die sich in jedem Fall der Besteuerung durchsetzen. Die Freibeträge des § 16 kürzen den jeweiligen stpfl Erwerb (§ 10 I 1) und vermindern auf diese Weise die Bemessungsgrundlage, auf die der StSatz zur Anwendung kommt (vgl § 19 I). Durch den Einsatz als Abzugsposten werden die Freibeträge iS der gesetzlichen Terminologie für diesen Erwerb „verbraucht" (§ 6 II 4). Im Rahmen der Zusammenrechnung des § 14 wirkt sich der Verbrauch des Freibetrages für einen früheren Erwerb auch auf spätere Erwerbe aus. Um diese Auswirkung im Hinblick auf den Zehnjahreszeitraum des § 14 zu begrenzen, hatte der BFH (BStBl II 78, 220, 222) zeitweise neben dem Verbrauch auch ein „Wiederaufleben" des verbrauchten Freibetrages anerkannt. Von dieser Rspr ist das Gericht jedoch inzwischen wieder abgerückt (BFH BStBl II 05, 728; § 14 Anm 17).

Anknüpfung an den einzelnen Erwerb. Die Freibeträge des § 16   **5** sind auf den einzelnen Erwerb bezogen. Die Erwerbe werden durch die Zeit, durch den Gegenstand und durch die am Erwerb beteiligten Personen voneinander abgegrenzt (§ 10 Anm 10). Für jeden einzelnen Erwerb kann ein Freibetrag nach § 16 in Anspruch genommen werden. Nur ausnahmsweise werden für einen Erwerb zwei (wenn auch miteinander verknüpfte) Freibeträge zugebilligt, wie es der BFH (BStBl II 99, 235) bei Interpretation des § 6 II 4 annimmt (vgl § 6 Anm 16). Sieht das Gesetz die Zusammenrechnung mehrerer Erwerbe vor (§ 14), so gehen damit Freibeträge verloren. Ähnliches galt, wenn die Rspr vorübergehend einen Vorgang, der in der bisherigen Deutung zu mehreren (Teil-)Erwerben von mehreren Gesellschaftern geführt hatte, dann als einheitlichen Erwerb einer Gesellschaft ansah (BFH BStBl II 89, 237). Von dieser Rspr hat sich der BFH inzwischen wieder abgewandt (BStBl II 95, 81). Wer zeitgleich von mehreren Personen erwirbt, macht mehrere Erwerbe und kann daher auch mehrere Freibeträge zum Abzug bringen. Wer ein Geschenk von seinen Eltern erhält, macht zwei

Erwerbe. Denn der Erwerb wird in Teilerwerbe nach den Personen der Schenker aufgespalten, soweit die Zuwendung wirklich von beiden Elternteilen stammt. Beim Erwerb von den Eltern kann das Kind daher zwei Freibeträge in Anspruch nehmen.

6 Zeitgrenze. Trotz der Anknüpfung an die einzelnen Erwerbe kann jeder Erwerber den Freibetrag nach § 16 gegenüber demselben Erblasser/Schenker innerhalb eines Zeitraums von zehn Jahren nur einmal in Anspruch nehmen. Das folgt nicht aus § 16 selbst, folgt aber aus § 14. Dort wird nämlich vorgesehen, dass die Erwerbe, die von demselben Erblasser/Schenker an denselben Erwerber gelangen, in einem Zeitraum von zehn Jahren zu einem Erwerb zusammenzurechnen sind. Wenn alle in den Zehnjahreszeitraum fallenden Erwerbe zusammengefasst werden, dann kann auch der Freibetrag nur einmal anwendbar sein.

7 StPlanung. Wenn für jeden einzelnen Erwerb ein eigener Freibetrag eingeräumt wird, so ist es nicht nur aus Gründen der StProgression, sondern auch wegen der Freibetragsregelung aus der Sicht des Erblassers/Schenkers günstiger, denselben Betrag auf verschiedene Erwerber zu verteilen, um so mehrere Freibeträge wirksam werden zu lassen. Eine Großmutter, die ihrem Enkel unter Ausnutzung der Freibeträge Vermögen zuweisen will, kann daher den Erwerb durch Zuweisung an die Tochter und ihren Ehemann zunächst aufspalten, um so zwei Freibeträge zu gewinnen. Wenn dann die zunächst Bedachten später aus eigenem Antrieb ihren Erwerb an den Enkelsohn weitergeben, dann kann er bei dieser Konstellation wiederum zwei Freibeträge geltend machen (vgl auch FG Hbg EFG 90, 639; BFH BStBl 93, 523).

7a Überblick. § 16 unterscheidet sechs Freibetragsstufen, die mit den Beträgen von 500, 400, 200, 100, 20 und 2 Tausend € verbunden sind. Den höchsten Freibetrag erhalten der überlebende Ehegatte und Lebenspartner. Hinter dem Ehegatten und dem Lebenspartner folgen die Kinder und die Enkel bereits verstorbener Kinder. An dritter Stelle stehen die Enkel nach noch lebenden Kindern. An vierter Stelle schließen sich die Eltern und Großeltern bei Erwerben von Todes wegen an. An fünfter Stelle rangieren alle übrigen Erwerber. Und an sechster Stelle müssen sich die StAusländer bei beschränkter StPfl, soweit sie nicht für die unbeschränkte StPfl optiert haben (§ 2 III) mit dem kleinsten Freibetrag begnügen (oben Anm 2). Neu ist seit 2009 die Einebnung der Freibeträge zwischen den StKl II und III. Dass Geschwister und Eltern bei der Zuerkennung von Freibeträgen wie Außenstehende behandelt werden sollen (Eltern nur soweit es nicht um Erwerbe von Todes wegen geht), weist daraufhin, dass das Verständnis für die Bedeutung enger Bindungen in der Herkunftsfamilie im Bereich der Gesetzgebung zunehmend verloren geht.

8.–12. Die einzelnen Freibeträge

Der Ehegattenfreibetrag von 500 000 € kommt jedem Ehegatten 8
zugute, der zur Zeit des Erwerbs schon oder noch mit dem Schenker/
Erblasser verheiratet ist, mögen die Eheleute auch seit langem getrennt
leben. Wird im Zusammenhang mit der Hochzeit geschenkt, kann
angenommen werden, dass die Zuwendung erst mit der Eheschließung
und dem durch sie bewirkten Wechsel des Beschenkten in die stgünstige Position in StKl I wirksam wird (RFH RStBl 40, 615). Der Freibetrag steht dem Ehegatten noch bis zur Rechtskraft des Scheidungsurteils zu; die Sonderregeln, die die §§ 1933, 2077 BGB kennen und
mit denen Wirkungen des Scheidungsausspruchs im Hinblick auf das
Erbrecht vorverlagert werden, gelten für die Freibetragsregelung des
§ 16 nicht. Ehegatte iS des § 16 ist auch, wer in einer nichtigen oder
aufhebbaren Ehe lebt, nicht aber der nichteheliche Partner, auch wenn
die Partnerschaft über viele Jahrzehnte hinweg bestanden hat (BVerfG
BStBl I 90, 103; II 90, 764), auch nicht der geschiedene Partner, der
ohne erneute Heirat zu seinem früheren Ehegatten zurückgekehrt ist
und mit ihm wieder einen gemeinsamen Haushalt führt (FG Münster
EFG 91, 199). Dem eingetragenen gleichgeschlechtlichen Lebenspartner wird seit dem ErbStRG 09 der volle für Ehepartner vorgesehene
Freibetrag eingeräumt.

Der Kinderfreibetrag. Die Kinder und Stiefkinder des Erblassers/ 9
Schenkers fallen in die zweithöchste Freibetragsstufe. Mit dem Freibetrag von 400 000 € wird „eine im Erbrecht angelegte Mitberechtigung der Kinder am Familiengut" anerkannt (vgl BVerfG BStBl II 95,
671, 674). Mit ihrem Freibetrag von 400 000 € werden die Kinder
allerdings doch deutlich ungünstiger als der Ehegatte des Erblassers/
Schenkers behandelt. Diese Ungleichmäßigkeit verstärkt sich, wenn
man auch noch die ebenfalls deutlich gestaffelten Versorgungsfreibeträge nach § 17 in die Betrachtung einbezieht. Das BVerfG (HFR 89, 566
= UVR 89, 58) hat dennoch keinen Verfassungsverstoß anerkannt. In
dem Kammerbeschluss heißt es wörtlich: „Art 3 Abs 1 GG (gebietet es)
nicht, die BFin hinsichtlich der Freibetragsregelungen im ErbStG einer
Ehefrau gleichzustellen. Zwischen den Vergleichsgruppen ,Kinder' und
,Ehegatten' besteht ein gewichtiger Unterschied, so dass die ungleiche
gesetzliche Behandlung gerechtfertigt ist". Das BVerfG hat es in dieser
Entscheidung ebenfalls als unbedenklich angesehen, dass die Freibetragsregelung an die formale familienrechtliche Stellung des Erben
zum Erblasser anknüpft und nicht die Leistungen des Erben für den
Erblasser oder die altersbedingte Bedürftigkeit des Erben in die Betrachtung einbezieht.

10 Enkel werden in § 16 unterschiedlich behandelt je nachdem, ob der Elternteil, der die Verwandtschaft zum Erblasser begründet, zum Erbfallszeitpunkt noch lebt oder schon verstorben ist. Bis 1996 gab es für die beiden Gruppen von Enkeln auch unterschiedliche StSätze. Geblieben ist die unterschiedliche Freibetragsregelung. Sie sichert den Enkeln den Freibetrag des verstorbenen Elternteils und begünstigt damit die Stammeserbfolge. Die Urenkel hat der Gesetzgeber unerwähnt gelassen. Das könnte dafür sprechen, sie unterschiedslos zu den übrigen Personen der StKl I zu rechnen und ihnen nur einen Freibetrag in Höhe von 100 000 zuzubilligen. Richtiger erscheint es jedoch, ihnen die Rechtsstellung von Enkeln einzuräumen. Denn für die Urenkel, deren Eltern und Großeltern bereits verstorben sind, erscheint nur der Freibetrag nach Abs 1 Nr 2 sachgerecht.

11 Eltern und Großeltern. Wie die Enkel so werden auch die Eltern und Großeltern mit unterschiedlichen Freibeträgen bedacht. Als Unterscheidungskriterium ist hier jedoch die Art des Erwerbs gewählt. Bei Erwerben von Todes wegen wird ihnen ein Freibetrag von 100 000 € zugestanden, bei Erwerben durch Schenkung unter Lebenden soll ihnen dagegen nur ein Freibetrag von 20 000 € gewährt werden. Es muss als sehr zweifelhaft gelten, ob der unterschiedliche Charakter der beiden Erwerbe die Differenzierung rechtfertigen kann. § 1 II zeigt, dass das ErbStG beide Arten des Erwerbs grundsätzlich gleichbehandeln will. Die Vorschrift spricht daher gegen die vom Gesetz gewählte Differenzierung. Wenn der SchSt, wie häufig gesagt wird (zB BVerfG BStBl II 83, 779, 783), nur die Funktion zukommt, eine Umgehung der ErbSt durch Vermögensübertragungen unter Lebenden zu vermeiden, ist nicht verständlich, warum zur Verwirklichung dieser Abschirmungsfunktion eine verstärkte Belastung der Schenkungserwerbe erforderlich sein soll. Hinzu kommt, dass das Kriterium der unterschiedlichen Erwerbsart nur gerade für Eltern und Voreltern eingeführt ist und dass die Gleichstellung der Eltern und Voreltern mit außenstehenden Dritten beim Erwerb durch Schenkung unter Lebenden das Verhältnis zum Schenker nicht angemessen widerspiegeln kann. Schenkungserwerbe sind zB die Abfindungserwerbe, die der Erblasser seinen Eltern zukommen lässt, um sie zu einem Erb- oder Pflichtteilsverzicht zugunsten seines Ehepartners zu bewegen. Besteuert wird hier die Abfindung als Surrogat des Erwerbs von Todes wegen. Der unterschiedliche Freibetragsumfang kann im Hinblick auf derartige Erwerbe schwerlich überzeugen.

12 Beschränkte Steuerpflicht (Abs 2). Die Abstufung dieses Freibetrages beruht auf den oben Anm 2 gekennzeichneten Überlegungen. Der EuGH hat diese Abstufung auf Vorlage des FG Düsseldorf (EFG 09, 205) in der Rs *Mattner* (DStR 10, 861) aus der Sicht des Europa-

Besonderer Versorgungsfreibetrag § 17

rechts beanstandet. Diesen Bedenken wird nun durch die Optionslösung des § 2 III Rechnung getragen.

§ 17 Besonderer Versorgungsfreibetrag

(1) ¹Neben dem Freibetrag nach § 16 Abs. 1 Nr. 1 wird dem überlebenden Ehegatten und dem überlebenden Lebenspartner ein besonderer Versorgungsfreibetrag von 256 000 Euro gewährt. ²Der Freibetrag wird bei Ehegatten oder bei Lebenspartnern, denen aus Anlass des Todes des Erblassers nicht der Erbschaftsteuer unterliegende Versorgungsbezüge zustehen, um den nach § 14 des Bewertungsgesetzes zu ermittelnden Kapitalwert dieser Versorgungsbezüge gekürzt.

(2) ¹Neben dem Freibetrag nach § 16 Abs. 1 Nr. 2 wird Kindern im Sinne der Steuerklasse I Nr. 2 (§ 15 Abs. 1) für Erwerbe von Todes wegen ein besonderer Versorgungsfreibetrag in folgender Höhe gewährt:
1. bei einem Alter bis zu 5 Jahren in Höhe von 52 000 Euro;
2. bei einem Alter von mehr als 5 bis zu 10 Jahren in Höhe von 41 000 Euro;
3. bei einem Alter von mehr als 10 bis zu 15 Jahren in Höhe von 30 700 Euro;
4. bei einem Alter von mehr als 15 bis zu 20 Jahren in Höhe von 20 500 Euro;
5. bei einem Alter von mehr als 20 Jahren bis zur Vollendung des 27. Lebensjahres in Höhe von 10 300 Euro.

²Stehen dem Kind aus Anlass des Todes des Erblassers nicht der Erbschaftsteuer unterliegende Versorgungsbezüge zu, wird der Freibetrag um den nach § 13 Abs. 1 des Bewertungsgesetzes zu ermittelnden Kapitalwert dieser Versorgungsbezüge gekürzt. ³Bei der Berechnung des Kapitalwerts ist von der nach den Verhältnissen am Stichtag (§ 11) voraussichtlichen Dauer der Bezüge auszugehen.

Erbschaftsteuer-Richtlinien: R E 17/H E 17.

Übersicht

1.– 3. Allgemeines
4.– 9. Der Ehegattenfreibetrag (Abs 1)
10.–12. Der Kinderfreibetrag (Abs 2)
13., 14. Verfassungsfragen

Schrifttum: *Weinmann,* Der besondere Versorgungsfreibetrag gemäß § 17 Abs 1 ErbStG nach Neuordnung der Hinterbliebenenrenten aus der gesetzlichen Rentenversicherung, UVR 90, 47.

§ 17 1, 2 Besonderer Versorgungsfreibetrag

1.–3. Allgemeines

1 **Begriff.** § 17 gewährt einen zu dem Freibetrag des § 16 hinzutretenden „besonderen" Freibetrag, der vornehmlich dem überlebenden Ehegatten oder Lebenspartner bei seinem Erwerb von Todes wegen zugute kommt (Abs 1), aber sich auch bei dem Erwerb durch Kinder des Erblassers auswirken kann (Abs 2). Wie der Hinweis auf § 16 I Nr 1 ergibt, wird der Freibetrag bisher – europarechtlich angreifbar – nur im Fall der unbeschränkten StPfl gewährt. Die Bezeichnung „Versorgungsfreibetrag" ist insofern nichts glücklich gewählt, weil sie den Eindruck vermittelt, der Versorgungsfreibetrag sei ein Freibetrag für Versorgungswerte oder für Versorgungszwecke, so wie der Hausratsfreibetrag (§ 13 I Nr 1 Buchst a) nur für den Erwerb von Hausrat gilt, oder wie der Zugewinnausgleichsfreibetrag (§ 5 I), den das Gesetz dem überlebenden Ehegatten nur im Hinblick auf den ihm gebührenden Zugewinnausgleich einräumt. Der Versorgungsfreibetrag ist demgegenüber – jedenfalls soweit er dem Ehegatten zugute kommt (Abs 1) – zunächst nichts anderes als ein ganz normaler Freibetrag, der Erwerbe jeder Art von der St freistellt und der unabhängig davon zum Zuge kommt, ob der stpfl Erwerb irgendwelche Versorgungswerte umfasst oder dem überlebenden Ehegatten zu Versorgungszwecken zugewandt worden ist. Die Besonderheit des Freibetrages für den überlebenden Ehegatten liegt erst in der **Anrechnungsanordnung,** die § 17 I mit dem Freibetrag verknüpft und die die Brücke zu der Versorgung des überlebenden Ehegatten schafft. Denn dieser Freibetrag wird um bestimmte Versorgungswerte des überlebenden Ehegatten gekürzt. Nicht zur Freistellung von Versorgungswerten wird der Freibetrag gewährt, sondern er wird gewährt, weil er dem Erwerber ein Anrechnungsvolumen für stfreie Versorgungswerte verschaffen will, die den Freibetrag kürzen. Bei dem Ehegattenfreibetrag nach Abs 1 handelt es sich daher im Grunde nicht um einen Versorgungsfreibetrag, vielmehr wird in § 17 I in Wahrheit ein Freibetrag für den Fall der nicht ausreichenden Versorgung mit stfreien Bezügen, also ein Nichtversorgungsfreibetrag, zur Verfügung gestellt.

2 **Regelungszweck.** Der Ehegatten- oder Lebenspartnerfreibetrag nach § 17 I ist im Zusammenhang mit der Problematik der Besteuerung von vertraglich begründeten Renten nach § 3 I Nr 4 zu sehen (Näheres dazu § 3 Anm 84 ff). Der Gesetzgeber des ErbStG 1974 wollte die Diskrepanz, dass vertraglich begründete Versorgungsrenten unter die Besteuerung nach § 3 I Nr 4 fallen, gesetzlich begründete Versorgungsrenten dagegen stfrei bezogen werden können, weder durch Freistellung der vertraglichen noch durch Besteuerung der gesetzlichen Versorgungsrenten aufheben. So hat er sich zu einer indirekten Besteuerung der gesetzlich begründeten Renten entschieden. Die Renten werden zwar weiterhin stfrei erworben, kürzen aber den Freibetrag nach § 17 I, was auf eine indirekte Besteuerung hinausläuft. Diese indirekte Besteuerung durch Kürzung des Freibetrages ist dennoch mit einer direkten Besteuerung nicht vollen Umfangs vergleichbar, so dass das Ziel der Gleichbehandlung von vertraglich und gesetzlich begründeten Versorgungsrenten auf diesem Wege von vornherein nicht uneingeschränkt erreichbar war. Ein Unterschied ist besonders charakteristisch: Der Freibetrag ist in seiner Höhe begrenzt. Die Anrechnung kann den Freibetrag allenfalls auf Null reduzieren, aber nicht über den Umfang des Freibetrags hinausreichen. Durch § 17 I werden daher nur gesetzliche Renten im Wert bis zu 256 000 € einer indirekten Besteuerung unterworfen; für den über 256 000 € hinausgehenden Kapitalwert der Rente wird der Vorteil des stfreien Erwerbs durch § 17 I nicht eingeschränkt.

Auch für die **Kinderfreibeträge** des § 17 II gilt, dass auf sie bestimmte Versorgungsbezüge angerechnet werden müssen, so dass sie richtiger als Nichtversorgungsfreibeträge bezeichnet würden. Im Übrigen tritt bei den Kinderfreibeträgen noch eine weitere Abstufung hinzu. Und zwar wird der Freibetrag in seiner Höhe nach dem Alter des Kindes zum Zeitpunkt des Erwerbs gestaffelt. Diese Staffelung fehlt bei Erwerben des überlebenden Ehegatten, obwohl der Wert des Erwerbs von Versorgungsbezügen mit höherem Alter sinkt, so dass der gleichbleibende Freibetrag bei Erwerbern verschiedener Altersstufen unterschiedliche Auswirkungen hat (kritisch daher *Troll/Jülicher* § 17 Rz 10).

4.–9. Der Ehegattenfreibetrag (Abs 1)

Erwerb aus Anlass des Todes. Der Freibetrag wird in § 17 I 1 dem überlebenden Ehegatten oder Lebenspartner gewährt. In dem Hinweis auf das Überleben kommt zum Ausdruck, dass § 17 I an Erwerbe aus Anlass des Todes des erstversterbenden Partners denkt. Dies folgt ferner aus dem Zweck des § 17 I, die steuerliche Position des hinterbliebenen Partners zu verbessern, und lässt sich nicht zuletzt aus der Verknüpfung des Freibetrages mit der Anrechnung steuerfreier Versorgungsbezüge ableiten, die dem Ehegatten oder Lebenspartner, wie es ausdrücklich heißt, aus Anlass des Todes des Erblassers zustehen (Abs 1 S 2). Auf Erwerbe, die noch zu Lebzeiten der Ehegatten oder Lebenspartner zur Ausführung gelangen, wird § 17 I daher zu Recht nicht angewandt. Andererseits ist der Freibetrag nach § 17 I für Schenkungen auf den Todesfall, die § 3 I Nr 2 selbst zu den Erwerben von Todes wegen zählt, zu gewähren. Zweifelhaft ist, wie bei Schenkungen verfahren werden soll, die zwar nach der Systematik des § 7 zu den

Schenkungen unter Lebenden gehören, aber doch erst nach dem Tod des erstversterbenden Ehegatten oder Lebenspartners vollzogen werden. Nach Auffassung des BFH (BStBl II 83, 19) ist § 17 I auf solche Schenkungen nicht anwendbar. Demgegenüber hat sich das FG Nürnberg (EFG 90, 65) für die Anwendbarkeit des § 17 I ausgesprochen, wenn eine Leibrente dem überlebenden Ehegatten so zugewandt ist, dass sie eine Schenkung auf den Todesfall darstellen würde, wenn sie nicht als Abfindung für einen Pflichtteilsverzicht (§ 7 I Nr 5) ausgestaltet wäre. Entgegen dem Eindruck, den die Entscheidung vermittelt, kommt es allerdings in diesem Zusammenhang auf den Versorgungszweck der Leibrente nicht an. Denn der Freibetrag des § 17 I soll nicht Versorgungsrenten begünstigen, sondern wird unabhängig von jedem Versorgungszweck des stpfl Erwerbs gewährt (oben Anm 1).

5 Erwerb des Partners. Der Freibetrag des § 17 I steht nur dem Ehegatten oder dem Lebenspartner des Verstorbenen zu. Entscheidend ist, dass der überlebende Ehegatte im Augenblick des Todes schon oder noch mit dem Verstorbenen verheiratet war. Ob ein gesetzliches (§ 1933 BGB) oder testamentarisches (§ 2077 I BGB) Erbrecht des überlebenden Ehegatten zur Zeit des Todes noch bestand, ist gleichgültig, wenn es nur überhaupt zu einem Erwerb des überlebenden Ehegatten aus Anlass des Todes seines Partners gekommen ist. Der nichteheliche Partner des Verstorbenen kann sich, folgt man der Rspr, auf § 17 I nicht berufen. Zwar hatte sich das FG Hbg (EFG 82, 253) dafür ausgesprochen, im Rahmen des § 17 I auch den langjährigen nichtehelichen Partner des Erblassers zu begünstigen. Es hat damit jedoch keine Gefolgschaft gefunden (Hess FG EFG 83, 125; BFH BStBl II 83, 114; BVerfG BStBl II 84, 172; II 90, 103; II 90, 764). Sobald sich allerdings in der gesetzlichen Rentenversicherung oder bei der Beamtenversorgung Tendenzen durchsetzen sollten, dem nichtehelichen Partner stfreie Versorgungsbezüge zu gewähren, werden diese Entscheidungen im Interesse der Gleichbehandlung von nichtehelichen Partnern mit oder ohne stfreie Bezüge zu überdenken sein.

6 Anrechnung nichtsteuerbarer Versorgungsbezüge. Nach Abs 1 S 2 wird der Freibetrag um nicht der ErbSt unterliegende Versorgungsbezüge gekürzt, die dem überlebenden Ehegatten aus Anlass des Todes des Erblassers zustehen. Gemeint sind in erster Linie Versorgungsbezüge, die als Rentenleistungen gewährt werden. Denn die Kürzung soll in Höhe des Kapitalwerts der Versorgungsbezüge nach § 14 BewG erfolgen. Der Kapitalwert nach § 14 BewG ist aber nur für lebenslängliche Nutzungen und Leistungen gedacht (FG Rh-Pf EFG 95, 128). Der BFH (BStBl II 97, 623) will jedoch trotz des Wortlauts der Vorschrift eine Begrenzung nur auf Versorgungsleistungen in Rentenform nicht akzeptieren und schließt sich der Auffassung der FinVerw (jetzt:

Ehegattenfreibetrag **7 § 17**

R E 17. II EbStR) an, nach der nichtsteuerbare Versorgungsleistungen aller Art zu berücksichtigen sind, unabhängig davon, ob diese in lebenslänglichen Leistungen, in Leistungen auf eine bestimmte Zeit oder in einem einzigen Betrag bestehen. Auch auflösend bedingt bis zur Wiederheirat zugewandte Versorgungsleistungen sind zu berücksichtigen (*Troll/Jülicher* § 17 Rz 21). Nicht der ErbSt unterliegen Versorgungsbezüge in dem von § 17 I gemeinten Sinn, wenn sie nicht durch einen stpfl Vorgang iS des § 1 I, insbesondere nicht auf Grund eines vom Erblasser geschlossenen Vertrages nach § 3 I Nr 4, erworben werden, dennoch aber in ihrer grundsätzlichen Struktur stpfl Versorgungsrenten vergleichbar sind. Vergleichbar sind insbesondere die Hinterbliebenenbezüge der Beamten, Richter und Abgeordneten, der in der gesetzlichen Renten- und Knappschaftsversicherung versicherten Angestellten und Arbeiter (einschließlich der Fälle der freiwilligen Weiter- und Höherversicherung) und der Freiberufler aus einer berufsständischen Pflichtversicherung. Diese Bezüge sind daher anzurechnen. Nicht anzurechnen sind dagegen durch besonderes Entgelt erworbene Versorgungsbezüge oder Versorgungsbezüge, für die der überlebende Ehegatte selbst die Versicherungsprämien aufgebracht hat. Denn sie würden auch als vertraglich gewährte Bezüge nicht unter § 3 I Nr 4 fallen (§ 3 Anm 84 ff). Nicht anzurechnen sind ferner solche Bezüge, die an sich unter § 3 I Nr 4 fallen, aber durch eine Befreiungsvorschrift ganz oder teilweise von der St freigestellt werden. Sonst würde die Wirkung der Befreiung durch die Anrechnung nach § 17 wieder rückgängig gemacht. Dagegen soll die auf einem Arbeitsverhältnis beruhende Hinterbliebenenrente des Arbeitnehmer-Ehegatten nach der Entscheidung BFH BStBl II 82, 27 (BStBl II 81, 715) den Freibetrag kürzen, obwohl sich der BFH in dieser Entscheidung nicht wirklich festlegt, ob die Arbeitnehmerwitwenrenten nicht steuerbar sind oder – in Fortführung der Rspr zum ErbStG 1959 (BStBl II 75, 539) – durch eine (derzeit ungeschriebene) Freibetragsregelung freigestellt werden. Für die Kürzung des Freibetrages durch Hinterbliebenenbezüge auf Grund eines zwischen dem Erblasser und seinem Arbeitgeber geschlossenen Einzelvertrages spricht sich auch die FinVerw aus (R E 17. I ErbStR).

Ermittlung des Kapitalwerts. Der Kapitalwert der lebenslänglichen Bezüge des überlebenden Ehegatten ist nach § 14 BewG (dazu *Moench,* DStR 93, 898), der Kapitalwert der einem Kind auf bestimmte Zeit zustehenden Versorgungsbezüge nach § 13 I BewG zu ermitteln. Nach der Auffassung der FinVerw (R E 17. III ErbStR) ist der Kapitalwert auf der Grundlage der **jährlichen Bruttobezüge** zu ermitteln, die dem überlebenden Ehegatten bzw dem Kind unmittelbar nach dem Tode des Erblassers gezahlt werden. Die darauf entfallende LSt und ESt 7

§ 17 8, 9 — Besonderer Versorgungsfreibetrag

wird nicht zum Abzug zugelassen. Spätere Änderungen in der Höhe der Bezüge sind danach nur zu berücksichtigen, wenn sie schon zZ des Todes des Erblassers mit Sicherheit vorauszusehen waren. Die FinVerw (aaO) geht weiterhin davon aus, dass zu den jährlichen Bruttobezügen auch **zusätzliche Leistungen** gehören (zB 13. Monatsgehalt) sowie auch Einmalbeträge (zB Sterbegelder, soweit sie nicht Erstattung für Beerdigungskosten sind), Kapitalabfindungen sowie Leistungen nach dem SGB VI wie Abfindungen bei Wiederheirat oder Beitragserstattungen bei nicht erfüllter Wartezeit.

8 Nachweis der Versorgungsbezüge. Die Hinterbliebenen haben die Höhe der ihnen zustehenden nicht erbschaftsteuerbaren Versorgungsbezüge auf Verlangen des FA durch Vorlage der Unterlagen über die Festsetzung bzw Gewährung der Witwen- und Waisenbezüge nachzuweisen (§ 97 I AO). Die Höhe der Witwen- und Waisenbezüge der Hinterbliebenen von Beamten wird durch besonderen Bescheid festgestellt. In einem gemeinsamen Bescheid über die Witwen- und Waisenbezüge werden das Witwengeld und die Waisengelder gesondert ausgewiesen. Entsprechend wird hinsichtlich der Hinterbliebenenbezüge nach den §§ 37 ff SGB VI und nach den §§ 64 ff SGB VI verfahren. Für die anderen nicht erbschaftsteuerbaren Hinterbliebenenbezüge dürften ähnliche Festsetzungs- oder Gewährungsmitteilungen mit Angaben über die Höhe der Bezüge und die Person des Zahlungsempfängers erteilt werden, so dass die Ermittlung der Kürzungsbeträge nach § 17 insoweit grundsätzlich keine Schwierigkeiten bereiten dürfte.

9 Vorzeitiger Wegfall der Versorgungsbezüge; Sonderfälle. § 17 sagt nichts darüber aus, wie zu verfahren ist, wenn der überlebende Ehegatte innerhalb der Berichtigungsfrist des § 14 II BewG verstirbt oder seine Versorgungsbezüge aus einem anderen Grund (zB wegen Wiederverheiratung, Wohnsitzverlegung in das Ausland) wegfallen oder ruhen.

Obwohl § 17 I nicht ausdrücklich bestimmt, dass auf Antrag eine **Berichtigung** der StFestsetzung nach § 14 II BewG zu erfolgen hat, wenn die Versorgungsbezüge innerhalb des Berichtigungszeitraumes dieser Vorschrift wegfallen, dürfte sich dieses von selbst verstehen; denn der nach § 14 BewG zu ermittelnde Kapitalwert ist der Wert, der seine Herabsetzung bei vorzeitigem Wegfall einschließt. Verstirbt somit der überlebende Ehegatte innerhalb der Berichtigungsfrist des § 14 II BewG, so können die Erben eine Berichtigung der StFestsetzung beantragen, weil in diesem Fall der Versorgungsfreibetrag um einen zu hohen Kapitalwert gekürzt worden ist. Er ist bei der Berichtigungsfestsetzung nur noch um den Betrag zu kürzen, der sich für die Zeit des *tatsächlichen* Bezugs durch den überlebenden Ehegatten ergibt. Die von dem überlebenden Ehegatten zu viel gezahlte St ist den Erben zu erstatten.

Entsprechend ist in den anderen Fällen einer nachträglichen Änderung des Versorgungsanspruchs (s oben) zu verfahren, wobei der bisherige Versorgungsanspruch insoweit, als er sich mindert, auflösend bedingt war (§ 5 BewG), während eine Abfindung dem verbleibenden Kapitalwert der Bezüge als aufschiebend bedingt gewesener Einmalbetrag hinzuzusetzen ist (§ 4 BewG). Wiederauflebende Bezüge sind ebenfalls wie aufschiebend bedingte Ansprüche zu behandeln.

10.–12. Der Kinderfreibetrag (Abs 2)

Voraussetzungen (Abs 2 S 1). Kinder iS der StKl I Nr 2 sind die Abkömmlinge des Erblassers ersten Grades, also nicht die Enkelkinder, die in StKl I Nr 3 gehören. Ob die Stiefkinder des Erblassers dazu zählen, ist zweifelhaft. Denn einerseits werden die Stiefkinder ebenfalls in StKl I Nr 2 aufgeführt, und diese Plazierung lässt erkennen, dass es dem StGesetzgeber auf eine Gleichstellung der Stiefkinder mit den natürlichen Kindern ankommt. Andererseits werden die Stiefkinder bei der StKl I Nr 2 gesondert aufgeführt und damit den in § 17 II allein genannten Kindern ausdrücklich gegenübergestellt. Zu den Kindern rechnen auch die durch Adoption angenommenen und die zur Adoption fortgegebenen Kinder. Zwar ist gegenüber den letzteren das Verwandtschaftsverhältnis zum Erblasser erloschen (§ 1755 BGB). Dennoch rechnet § 15 I a die Kinder weiterhin zur StKl I Nr 2, wenn es um Erwerbe von ihren natürlichen Eltern geht. Die Abstufung nach dem Alter der Kinder ist aus der Sicht des Zeitpunkts der StEntstehung vorzunehmen (§ 9).

Anrechnung (Abs 2 S 2). Angerechnet werden nur Versorgungsbezüge, die dem Kind selbst zustehen, nicht solche, die dem überlebenden Ehegatten zukommen, auch wenn diese mit Rücksicht auf das Vorhandensein des Kindes in der jeweiligen Höhe berechnet sind. Während Abs 1 bei der Kürzung des Ehegattenfreibetrages in erster Linie an lebenslängliche Versorgungsleistungen denkt, wie der Hinweis auf § 14 BewG deutlich macht, sind bei Kindern zeitlich begrenzte Leistungen zur Anrechnung zu bringen. Daher wird hier auf § 13 BewG Bezug genommen.

Berechnung des Kapitalwerts (Abs 2 S 3). Abs 2 S 3 geht davon aus, dass die nichtsteuerbaren Versorgungsbezüge, die auf den Freibetrag anzurechnen sind, dem Kind einerseits nicht auf Lebenszeit zustehen, sondern dass es Höchstzeiten der Ausnutzung dieser Bezüge gibt, so dass die Renten iS des § 13 I BewG auf bestimmte Zeit beschränkt sind. Andererseits ist aber auch nicht schon von vornherein sicher anzusehen, wann die Laufzeit endet, weil zB Ausbildungszeiten zu berücksichtigen sind, deren Dauer noch nicht feststeht. Die bestimmte zeitliche Beschränkung, von der § 13 I BewG spricht, bildet daher bei genauerer Betrachtung nur einen Rahmen, innerhalb dessen unterschiedliche Laufzeiten vorkommen können, so dass im Hinblick auf diese unterschiedlichen Laufzeiten zunächst auch von einer unbestimmten Dauer der Rentenlaufzeit gesprochen werden kann. Solche Renten unbestimmter Dauer sind nach § 13 II BewG mit dem 9,3fachen des Jahreswerts zu bewerten. § 17 II 3 ändert diese Anordnung dahin ab, dass statt der schematischen Berechnung nach § 13 II BewG eine Abschätzung des Rentenwerts nach der am Bewertungsstichtag voraussichtlichen Dauer der Bezüge stattzufinden hat.

13., 14. Verfassungsfragen

13 **Allgemeines.** § 17 gehört zu den Bestimmungen, deren Vereinbarkeit mit der Verfassung ernsthaft angezweifelt wird. Bedenken gegen § 17 werden aus der Sicht des Gleichbehandlungsgrundsatzes nach Art 3 I GG vorgebracht. § 17 steht dabei unter zwei Zielrichtungen auf dem Prüfstand. Zum einen wird die Gleichbehandlung der Bezieher steuerbarer und nichtsteuerbarer Versorgungsrenten in Frage gestellt, zum zweiten wird die Ungleichbehandlung von Ehegatten und nichtehelichen Partnern gerügt. Angriffe wegen der Ungleichbehandlung von Ehegatten und nichtehelichen Partnern hat das BVerfG schon mehrfach zurückgewiesen (oben Anm 5). Zur Frage der unterschiedlichen Behandlung von steuerbaren und nichtsteuerbaren Versorgungsbezügen im Zusammenspiel von § 3 I Nr 4 und § 17 hat das BVerfG dagegen noch nicht Stellung genommen.

14 **Stellungnahmen des BFH.** Im Hinblick auf den Ehegattenfreibetrag (Abs 1) hat der BFH (BStBl II 83, 19) die Verfassungsmäßigkeit bejaht. Die Bedenken wegen der Bevorzugung der Beamten-, Angestellten- und Arbeiterwitwen, die nichtsteuerbare und wegen der Begrenzung des Versorgungsfreibetrages auf 256 000 € häufig nur zu einem Teilbetrag anrechnungspflichtige Versorgungsbezüge beziehen, gegenüber den Witwen von Freiberuflern und Unternehmern, die ihre Hinterbliebenenbezüge voll versteuern müssen, hat das Gericht nach den damaligen Verhältnissen noch nicht als durchschlagend angesehen. Zu Abs 2 hat der BFH dagegen frühzeitig (BStBl II 79, 244) Zweifel daran geäußert, „ob es im Rahmen des § 17 ErbStG dem Gesetzgeber gelungen ist, die unterschiedliche erbschaftsteuerliche Behandlung der auf Gesetz beruhenden Waisengelder einerseits und der auf einem privatrechtlichen Anstellungsvertrag beruhenden Waisengelder andererseits im Grundsatz zu beseitigen und gleichzeitig auch denjenigen Hinter-

bliebenen einen angemessenen Ausgleich zu gewähren, denen aus Anlass des Todes des Erblassers keine oder nur geringe Versorgungsbezüge zustehen". Diese Frage ist bis heute noch nicht ausreichend geklärt.

§ 18 Mitgliederbeiträge

¹ **Beiträge an Personenvereinigungen, die nicht lediglich die Förderung ihrer Mitglieder zum Zweck haben, sind steuerfrei, soweit die von einem Mitglied im Kalenderjahr der Vereinigung geleisteten Beiträge 300 Euro nicht übersteigen.** ² **§ 13 Abs. 1 Nr. 16 und 18 bleibt unberührt.**

Allgemeines. § 18 befreit Beiträge an solche Personenvereinigungen, die nicht unter die Befreiungsvorschrift des § 13 I Nr 16 und 18 fallen, bis zum Jahresbeitrag von 300 € je Mitglied. Vorausgesetzt wird dabei, dass sich die Beitragsleistung überhaupt als ein stpfl Vorgang darstellt. Der RFH (RStBl 23, 400) hatte entschieden, dass Beiträge an Vereine, die ausschließlich ihre Mitglieder fördern, mit denen sich die Mitglieder daher im Ergebnis selbst begünstigen, nicht den Charakter von freigebigen Zuwendungen haben und daher nicht stpfl sind. Der Gesetzgeber hat daraus offenbar den Schluss gezogen, dass Beiträge an andere Vereine als stpfl Zuwendungen einzuordnen sind. § 18 ist jedoch erkennbar nicht als StTatbestand, sondern als Befreiungstatbestand gefasst. Aus § 18 kann daher die StPfl nicht folgen, wenn sie sich nicht schon aus den § 1 I Nr. 2 iVm § 7 ergibt (aM offenbar BFH BStBl II 07, 472, 478). Und das ist regelmäßig nicht der Fall. Denn Mitgliedsbeiträge werden in aller Regel nicht freigebig erbracht. Sie sind vielmehr Gegenleistungen für die von der Vereinigung zugewandten Vorteile (*Kirchhof*, Bundessteuergesetzbuch, 2011, 750). Selbst die von einem privaten Berufsverband erhobenen Beiträge, die zur Förderung politischer Parteien bestimmt sind, erfüllen nach Auffassung der FG Köln (EFG 00, 1260) nicht die Merkmale einer freigebigen Zuwendung und bedürfen daher einer Freistellung nicht. Nur dort, wo bei näherem Betrachten die Einkleidung einer Schenkung in das Gewand eines Beitrages vorliegt (vgl § 7 IV), ist die StPfl dem Grunde nach zu bejahen, so dass nur in diesen Fällen § 18 Bedeutung gewinnt. 1

Als **Verein iS des § 18** sollen sowohl die rechtsfähigen wie die nichtrechtsfähigen Vereine gelten (*Michel*, 8. Aufl dieses Kommentars, Anm 2). Bei nichtrechtsfähigen Vereinen gehört das Vereinsvermögen jedoch den Mitgliedern selbst. Leisten daher alle Mitglieder denselben Beitrag in das Vereinsvermögen, stellt sich der Beitrag für jedes Mitglied nur als eine Vermögensumschichtung dar, die den Anforderungen an eine freigebige Zuwendung nicht genügt. 2

§ 19 Steuersätze

(1) Die Erbschaftsteuer wird nach folgenden Prozentsätzen erhoben:

Wert des steuerpflichtigen Erwerbs (§ 10) bis einschließlich ... Euro	Prozentsatz in der Steuerklasse		
	I	II	III
75 000	7	15	30
300 000	11	20	2
600 000	15	25	30
6 000 000	19	30	30
13 000 000	23	35	50
26 000 000	27	40	50
über 26 000 000	30	43	50

(2) Ist im Fall des § 2 Absatz 1 Nummer 1 und Absatz 3 ein Teil des Vermögens der inländischen Besteuerung auf Grund eines Abkommens zur Vermeidung der Doppelbesteuerung entzogen, ist die Steuer nach dem Steuersatz zu erheben, der für den ganzen Erwerb gelten würde.

(3) Der Unterschied zwischen der Steuer, die sich bei Anwendung des Absatzes 1 ergibt, und der Steuer, die sich berechnen würde, wenn der Erwerb die letztvorhergehende Wertgrenze nicht überstiegen hätte, wird nur insoweit erhoben, als er

a) bei einem Steuersatz bis zu 30 Prozent aus der Hälfte,
b) bei einem Steuersatz über 30 Prozent aus drei Vierteln,

des die Wertgrenze übersteigenden Betrages gedeckt werden kann.

Erbschaftsteuer-Richtlinien: H E 19.

Übersicht

1.–6. Der Steuertarif (Abs 1)
7., 8. Progressionsvorbehalt (Abs 2)
9., 10. Härteausgleich (Abs 3)

Schrifttum: *Felix,* Steuersätze der ErbSt und Gleichheitsgebot, DStR 96, 899; *Felix,* Neues Erbschaft-(Kompromiss-)Steuerrecht und aktuelle ErbSt-Planung, KÖSDI 97, 10 961, 10 963; *Carstens,* ErbStTarif 1996 mit kuriosen Überraschungen, Stbg 97, 57; *Meine,* Ist die Rückwirkung des ErbStTarifs ... verfassungswidrig?, ZEV 99, 210; *Kirschstein,* Anwendung der Härteregelung (§ 19 Abs. 3 ErbStG) im Rahmen der Vor- und Nacherbschaft, ZEV 01, 347.

Steuertarif 1, 2 § 19

1.–6. Der Steuertarif (Abs 1)

Die drei Tarife. § 19 I fasst die dort geregelten StSätze zu mehreren 1
Steuertarifen (= geordneten Folgen von StSätzen) zusammen. Alle drei
Tarife beziehen sich ohne Unterschied auf Erwerbe von Todes wegen
und durch Schenkung unter Lebenden und lassen die StSätze für den
gesamten Erwerb einheitlich wirksam werden. § 19 kennt keine unterschiedlichen StSätze für unterschiedliche Teile des Erwerbs. Eine Sonderregelung bietet insoweit nur § 19a mit herabgestuften StSätzen für
den Erwerb von Betriebsvermögen. Alle drei Tarife gelten unterschiedslos für Fälle der unbeschränkten und der beschränkten Steuerpflicht.
Während § 16 bisher noch die nach StKlassen abgestuften Freibeträge
nur bei unbeschränkter Steuerpflicht zum Zuge kommen lässt, werden
die nach StKlassen abgestuften StSätze auch im Fall der beschränkten
Steuerpflicht zur Anwendung gebracht. Weil die begünstigten Tarife an
persönliche Merkmale der Erwerber anknüpfen und damit die Gleichmäßigkeit der Besteuerung aller Erwerber in Frage stellen, bedürfen sie
besonderer Begründung. Bemerkenswert ist dabei insbesondere, dass
das Gesetz nur das Angehörigkeitsverhältnis der Erwerber zum Geber
berücksichtigt, der wirtschaftlichen Situation der Erwerber dagegen
keinen Einfluss auf die Ausgestaltung des Tarifs beimisst. Das ErbStRG
2009 hatte die Tarife zwei und drei vereinheitlicht. Diese Entscheidung
hat das WachstumsbeschleunigungsG (BGBl I 09, 3950) wieder zurückgenommen, wenn auch in dem wichtigen Erwerbskorridor von
600 000 bis zu 6 000 000 € die Vereinheitlichung aufrecht erhalten
geblieben ist.

Der Normaltarif. Der Normaltarif, der für alle Erwerber gilt, die 2
nicht in einem besonderen Angehörigkeitsverhältnis zum Erblasser/
Schenker stehen, ist der Tarif III. Der Tarif knüpft – wie das auch für
die beiden anderen Tarife gilt – an den stpfl Erwerb als Bemessungsgrundlage an, also an den Nettobetrag, der nach Abzug der StBefreiungen von dem Erwerb des StPfl übrig bleibt (§ 10 I). Die in dem Tarif
zusammengefassten StSätze geben jeweils den Bruchteil der Bemessungsgrundlage an, der als „tarifliche ErbSt" (§ 19a I) die Ausgangsgröße für die Entwicklung der „festzusetzenden St" (vgl § 20 Anm 1)
bildet. Der Tarif III war lange Zeit als Progressionstarif ausgestaltet mit
nach der Höhe des Erwerbs ansteigenden StSätzen, die in Abständen
von jeweils sechs Punkten bis zur vorletzten StStufe ansteigen und dann
mit einem Abstand von drei Punkten die letzte StStufe erreichen. Die
StSätze reichten von 17 bis 50%. Erwerbe mit einem Umfang von über
25,565 Mio € wurden unabhängig von ihrer Höhe gleichmäßig mit
50% belastet. Das ErbStRG 2009 hat die bisher sieben StStufen auf zwei
zurückgeführt und lässt nun nur noch StSätze von 30% (bis zu einer

Wertgrenze von 6 Mio €) und 50% (ab einer Wertgrenze von 6 Mio €) zu. Bei Einführung dieses neuen Tarifverlaufs ist die StBelastung durchweg angehoben worden. Doch sah § 19 in dem Wertkorridor von 512 000 € bis zu 5 113 000 € bisher einen StSatz von 35% und in dem Bereich zwischen 5 113 000 bis 6 000 000 € einen StSatz von 41% vor. Für beide Bereiche gilt nun der StSatz von 30%, so dass es an dieser Stelle zu einer Herabsetzung der Belastung gekommen ist.

3 **Der Tarif für Steuerklasse II.** Neben dem Normaltarif nach StKl III kennt § 19 I noch zwei weitere Tarife, die für die Personen der StKl I und II gelten. Der Tarif für die StKl II unterschied sich nach der Neuregelung durch das ErbStRG 2009 nicht mehr von dem Normaltarif nach StKl III. Auch im Tarif II wurden nur noch zwei StSätze von 30 und 50% anerkannt. Diese Gleichförmigkeit ist zu Recht auf Kritik gestoßen und durch das Wachstumsbeschleunigungsgesetz (BGBl I 09, 3950) mit Wirkung ab 2010 teilweise zurückgenommen worden. Dabei wurde der EingangsStSatz (Erwerbsbereich bis 75 000 Euro) von 30 auf 15% abgesenkt. Auch in dem Erwerbsbereich zwischen 75 000 und 300 000 € ist der Tarif II mit 20 statt 30% noch deutlich günstiger als der Tarif III gehalten. In der nächsten Wertstufe zwischen 300 000 und 600 000 € sind es dagegen nur noch 5 Punkte (25 statt 30%), die den Tarif II von dem Tarif III unterscheiden. Und in der wichtigen vierten Wertstufe (zwischen 600 000 und 6 000 000 €) ist gar kein Unterschied zwischen den beiden Tarifen erhalten (30 zu 30%). Das ist schwer verständlich, wenn man bedenkt, dass es bei den Erwerbern einerseits um nahe Angehörige und andererseits um Außenstehende geht. Erst anschließend kommt es wieder zu einer Differenzierung, weil der StSatz im Tarif III für Erwerbe über 6 000 000 € unmittelbar von 30 auf 50% steigt, während sich der Tarif II mit wesentlich geringerer Steigung über 35% (Erwerbe zwischen 6 000 000 und 13 000 000 €) und 40% (Erwerbe zwischen 13 000 000 und 26 000 000 €) nur bis zu 43% (Erwerbe über 26 000 000 €) bewegt. Der Tarif II basiert auf einer Fünferreihe (15–20–25–30–35–40) und fügt nur in der letzten Wertstufe eine Steigerung von 3% (40–43) hinzu.

4 **Der Tarif für Steuerklasse I.** Während § 16 innerhalb der Personengruppe der StKl I differenziert und für den Ehepartner/Lebenspartner, die Kinder, die Enkel nach noch lebenden Kindern und für die Eltern bei Erwerben von Todes wegen unterschiedliche Freibeträge vorsieht, sind die StSätze für alle Personen der StKl I gleich. Der Tarif sieht genau wie die Tarife II und III sieben StStufen vor, die im Vergleich zu dem bis 2009 geltenden Recht geglättet und leicht angehoben sind. Während der Tarif II auf einer Fünferreihe basiert, wechselt der Tarif I von StStufe zu StStufe um vier Punkte (7–11–15–19–23–27)

Progressionsvorbehalt

Nur in der letzten Stufe werden – wie in dem Tarif II – drei Punkte angeschlossen (27–30). Die Abstufungen zum Tarif II sind deutlich und aus der Sicht der nächsten Angehörigen begrüßenswert. Wenig überzeugend bleibt allerdings auch hier die Unterscheidung, die das Gesetz zwischen Erwerben der Eltern von Todes wegen und unter Lebenden macht. Erwirbt eine Mutter beim Unfalltod ihres Sohnes 150 000 €, muss sie für diesen Erwerb (unter Berücksichtigung des Freibetrages nach § 16 I Nr 4) 3500 € zahlen. Übergibt der Sohn ihr auf dem Totenbett denselben Betrag als Abfindung für einen Pflichtteilsverzicht, dann beträgt ihre StLast (150 000 – 20 000 = 130 000 × 0,2 =) 26 000 €, also mehr als das Siebenfache. Es fällt nicht leicht, einen Grund für diese unterschiedliche Besteuerung zu erkennen!

Stufentarif. Die Tarife des Abs 1 sind Stufentarife. Sie geben jeweils 5 einen einheitlichen StSatz für den gesamten Erwerb an. Der stpfl Erwerb unterliegt dabei stets in vollem Umfang der Besteuerung mit dem StSatz, der für die Wertstufe gilt, in die er auf Grund seiner Höhe fällt. Ein stpfl Erwerb von 0,5 Mio € wird daher nicht in drei Teile aufgeteilt, in einen Erwerb bis 75 000 €, der mit 7% besteuert wird, in einen zweiten Teil von 225 000 €, der einer Besteuerung von 11% unterliegt, und in einen dritten Teil, der die letzten 200 000 € abdeckt und einen StSatz von 15% zur Anwendung bringt. Vielmehr wird der ganze Erwerb von 0,5 Mio € mit einem StSatz von 15% erfasst.

Tarif und Bemessungsgrundlage. In einem Stufentarif hat die 6 Bemessungsgrundlage der St (§ 10 I 1) zwei Funktionen. Sie bezeichnet zum einen den Betrag, auf den der StSatz zur Anwendung kommt. Zum zweiten charakterisiert sie die StStufe, die wiederum den maßgeblichen StSatz bestimmt. Änderungen der Bemessungsgrundlage wirken sich regelmäßig auf beide Funktionen aus. Doch gibt es auch Änderungen der Bemessungsgrundlage, die nur den Ausgangsbetrag für die Anwendung des StSatzes kürzen, die StStufe aber unverändert lassen. Das sind die Fälle des Progressionsvorbehalts, wie er in § 6 II 5 (§ 6 Anm 17) und in § 19 II (unten Anm 7, 8) angesprochen wird.

7., 8. Progressionsvorbehalt (Abs 2)

DBA mit Freistellungsmethode. Doppelbesteuerungsabkommen 7 (DBA; Näheres dazu oben § 2 Anm 14 ff) versuchen, die Doppelbelastung des StPfl, dessen Erwerb im Heimatstaat und im davon unterschiedenen Belegenheitsstaat aus Anlass desselben StFalls zweimal erfasst wird, durch Freistellung oder durch StAnrechnung aufzuheben. § 19 II denkt an DBA, die der Freistellungsmethode folgen und mit ihrer Hilfe einen Teil des der unbeschränkten inländischen Besteuerung unterliegenden Vermögens der inländischen Besteuerung entziehen. Diese

Freistellung soll die freigestellten Vermögensgegenstände von der auf sie entfallenden deutschen St entlasten, soll jedoch nicht zugleich die anderen, nicht freigestellten Teile des Erwerbs dadurch begünstigen, dass der Gesamterwerb wegen der partiellen Freistellung in eine günstigere StStufe gelangt. Der stpfl Resterwerb (ohne das freigestellte Vermögen) ist daher nach § 19 II nach dem StSatz zu besteuern, der für den ganzen Erwerb (einschließlich des freigestellten Vermögens) gelten würde.

8 **Einzelfragen.** Für die Anwendung des § 19 II ist es ohne Bedeutung, ob sich die unbeschränkte StPfl, die § 19 II voraussetzt, aus der Inländereigenschaft des Erblassers/Schenkers oder aus der des Erwerbers ergibt. Der Progressionsvorbehalt würde dann nicht greifen, wenn ein DBA ihn ausdrücklich ausschlösse. Das ist jedoch bei keinem der in Kraft befindlichen DBA der Fall. Die Anwendung des Progressionsvorbehalts verstößt nicht gegen den Gleichheitssatz des Art 3 I GG (BFH BStBl II 76, 662). Der Progressionsvorbehalt ist ohne Bedeutung, wenn ein DBA das Doppelbesteuerungsproblem ausschließlich durch gegenseitige Anrechnung löst.

9., 10. Härteausgleich (Abs 3)

9 **Grundkonzeption.** Beim Übergang von einer zur nächsten StStufe wird der ganze Erwerb von dem höheren StSatz der nächsten Stufe erfasst. Wer zB 75 000 € in StKl I erwirbt, wird mit (75 000 × 0,07 =) 5250 € belastet. Wer 76 000 € erwirbt, müsste auf diesen Erwerb (76 000 × 0,11 =) 8360 € zahlen. Wegen des Mehrerwerbs von 1000 € müsste er 3110 € an Steuern mehr aufbringen. Das kann nicht richtig sein. § 19 III begrenzt daher die Belastung, die auf den Mehrerwerb nach Überschreiten der letzten StStufe fällt. Zu diesem Zweck wird die Steuer auf den zur Beurteilung stehenden Erwerb (hier: 76 000 €) zum einen nach dem Prozentsatz der StStufe berechnet, die Abs 1 vorsieht (hier: 8360 €) und zum anderen nach dem Prozentsatz der letztvorhergehenden StStufe (hier: 76 000 × 0,07 = 5320 €). Der Unterschiedsbetrag zwischen den beiden Steuerbeträgen beläuft sich auf (8360 − 5320 =) 3040 €. Dieser Unterschiedsbetrag wird nach § 19 II Buchst a im vorliegenden Fall nur erhoben, soweit er aus der Hälfte des die Wertgrenze übersteigenden Betrags gedeckt werden kann. Die Wertgrenze von 75 000 € wird um 1000 € überstiegen. Die Hälfte dieses übersteigenden Betrags ist 500 €. Die Rechnung nach § 19 III Buchst a ergibt daher, dass der Erwerb von 76 000 € (beim Vergleich der Steuer aus der für ihn passenden Steuerstufe mit der Steuer aus der vorangehenden StStufe) nicht zusätzliche 3040 €, sondern nur zusätzliche 500 € an Steuern mehr auslöst, dass der Erwerber für den Erwerb

Tarifbegrenzung § 19 a

von 76 000 € nicht 8360 €, sondern nur (5320 + 500 =) 5820 € aufbringen muss. Immerhin: die zusätzlichen 1000 € Erwerb werden mit zusätzlichen 600 €, also mit 60% Steuern belastet. Bei Erwerben von über 6 Mio € in der StKl III beträgt die Begrenzung nur 25%, so dass hier eine Belastung des Mehrerwerbs mit über 75% eintreten kann.

Grenzwerte. Der Härteausgleich wirkt nur, wenn der Erwerb in der 10 Nähe des Betrages liegt, der zum Wechsel der StStufe führt. Ein entfernterer Betrag wird nicht mehr begünstigt. Umfasst der Erwerb in der StKl I zB nicht 76 000 € sondern 82 000 €, geht der Härteausgleich ins Leere. Denn in diesem Fall würde der Unterschiedsbetrag zwischen der St, die nach § 19 I zu zahlen ist (82 000 × 0,11 = 9020 €) und der Steuer, die sich nach der StStufe 1 ergeben würde (82 000 × 0,07 = 5740 €) insgesamt 3280 € betragen. Dieser Unterschiedsbetrag darf dann insoweit erhoben werden, als er aus der Hälfte des die Wertgrenze von Stufe 1 zu Stufe 2 übersteigenden Betrags gedeckt werden kann. 82 000 € übersteigt die Wertgrenze von 75 000 € um 7000 €. Die Hälfte des übersteigenden Betrags sind 3500 €. Aus dem Betrag von 3500 € kann die zusätzliche Steuer von 3280 € ohne Weiteres gedeckt werden. Der Härteausgleich kommt daher in Fällen wie dem hier genannten nicht mehr zum Zuge.

§ 19 a Tarifbegrenzung beim Erwerb von Betriebsvermögen, von Betrieben der Land- und Forstwirtschaft und von Anteilen an Kapitalgesellschaften

(1) Sind in dem steuerpflichtigen Erwerb einer natürlichen Person der Steuerklasse II oder III Betriebsvermögen, land- und forstwirtschaftliches Vermögen oder Anteile an Kapitalgesellschaften im Sinne des Absatzes 2 enthalten, ist von der tariflichen Erbschaftsteuer ein Entlastungsbetrag nach Absatz 4 abzuziehen.

(2) ¹Der Entlastungsbetrag gilt für den nicht unter § 13 b Abs. 4 fallenden Teil des Vermögens im Sinne des § 13 b Abs. 1. ²Ein Erwerber kann den Entlastungsbetrag nicht in Anspruch nehmen, soweit er Vermögen im Sinne des Satzes 1 auf Grund einer letztwilligen Verfügung des Erblassers oder einer rechtsgeschäftlichen Verfügung des Erblassers oder Schenkers auf einen Dritten übertragen muss. ³Gleiches gilt, wenn ein Erbe im Rahmen der Teilung des Nachlasses Vermögen im Sinne des Satzes 1 auf einen Miterben überträgt.

(3) Der auf das Vermögen im Sinne des Absatzes 2 entfallende Anteil an der tariflichen Erbschaftsteuer bemisst sich nach dem Verhältnis des Werts dieses Vermögens nach Anwendung des § 13 a und nach Abzug der mit diesem Vermögen in wirtschaftlichem Zusammenhang stehenden abzugsfähigen Schulden und Lasten § 10

Abs. 5 und 6) zum Wert des gesamten Vermögensanfalls im Sinne des § 10 Absatz 1 Satz 1 und 2 nach Abzug der mit diesem Vermögen in wirtschaftlichem Zusammenhang stehenden abzugsfähigen Schulden (§ 10 Absatz 5 und 6).

(4) ¹Zur Ermittlung des Entlastungsbetrags ist für den steuerpflichtigen Erwerb zunächst die Steuer nach der tatsächlichen Steuerklasse des Erwerbers zu berechnen und nach Maßgabe des Absatzes 3 aufzuteilen. ²Für den steuerpflichtigen Erwerb ist dann die Steuer nach Steuerklasse I zu berechnen und nach Maßgabe des Absatzes 3 aufzuteilen. ³Der Entlastungsbetrag ergibt sich als Unterschiedsbetrag zwischen der auf Vermögen im Sinne des Absatzes 2 entfallenden Steuer nach den Sätzen 1 und 2.

(5) ¹Der Entlastungsbetrag fällt mit Wirkung für die Vergangenheit weg, soweit der Erwerber innerhalb von fünf Jahren gegen die Behaltensregelungen des § 13a verstößt. ²In den Fällen des § 13a Abs. 8 tritt an die Stelle der Frist nach Satz 1 eine Frist von sieben Jahren. ³Die Festsetzungsfrist für die Steuer endet nicht vor dem Ablauf des vierten Jahres, nachdem die Finanzbehörde von dem Verstoß gegen die Behaltensregelungen Kenntnis erlangt. ⁴§ 13a Abs. 6 Satz 4 bis 6 gilt entsprechend.

Erbschaftsteuer-Richtlinien: R E 19a.1–19a.3/H E 19a.2, 19a.3.

Übersicht

1.– 3. Die Wirkungsweise der Tarifbegrenzung (Abs 1)
4.– 6. Der begünstigte Erwerb (Abs 2)
7.– 9. Die Ermittlung des Entlastungsbetrages (Abs 3, 4)
10. Nachversteuerung (Abs 5)

1.–3. Die Wirkungsweise der Tarifbegrenzung (Abs 1)

1 Grundlagen. Die in § 19a geregelte „Tarifbegrenzung" stellt eine Belastungsbegrenzung dar, mit deren Hilfe die Belastung eines Erwerbs in StKl II oder III für einen begünstigten Vermögensteil durch Einsatz eines Entlastungsbetrages (Abs 4) unter die aus § 19 folgende tarifliche St herabgedrückt werden kann. Die Einführung der Tarifbegrenzung durch das JStG 1997 geht auf Ausführungen des **BVerfG** zurück, das in seinem Beschluss zur ErbSt vom 22. 6. 1995 (BStBl II 95, 671, 674) bemerkt hatte, die Leistungsfähigkeit des Erwerbers von Betriebsvermögen werde durch seinen Erwerb nicht in demselben Umfang wie bei einem Erwerber von Nichtbetriebsvermögen verstärkt. Der Gleichheitssatz des Art 3 I GG erfordere, „diese verminderte Leistungsfähigkeit bei den Erben zu berücksichtigen, die einen solchen Betrieb weiterführen, also den Betrieb weder veräußern noch aufgeben, ihn vielmehr in seiner Sozialgebundenheit aufrechterhalten, ohne dass Ver-

Wirkungsweise der Tarifbegrenzung 2, 3 § 19a

mögen und Ertragskraft des Betriebes durch den Erbfall vermehrt würden. Die ErbStLast muss hier so bemessen werden, dass die Fortführung des Betriebes steuerlich nicht gefährdet wird. Diese Verpflichtung, eine verminderte finanzielle Leistungsfähigkeit erbschaftsteuerrechtlich zu berücksichtigen, ist unabhängig von der verwandtschaftlichen Nähe zwischen Erblasser und Erben". Damit wird die Abstufung der StBelastung zwischen den Erwerbern verschiedener StKlassen nach der Nähe zwischen Erblasser/Schenker und Erwerbern für den Erwerb von Betriebsvermögen nicht (oder nur in engen Grenzen) gebilligt. Diesem Votum ist der Gesetzgeber mit der Einführung der Tarifbegrenzung des § 19a gefolgt. Das ErbStRG 2009 hat den Vorschrifttext deutlich gestrafft, an die neuen §§ 13a und 13b angepasst und hat den zwischenzeitlich abgesenkten Entlastungsbetrag wieder auf die volle Höhe der ursprünglichen Fassung zurückgebracht. Mit Gesetz vom 22. 12. 2009 (BGBl I 09, 3950) ist die Verhältnisrechnung des Abs 3 verdeutlicht worden. Außerdem wurden die Behaltefristen in Abs 5 an die geänderten Fristen in § 13a V und VIII angepasst.

Der Regelungsmechanismus. Die Tarifbegrenzung hat das Ziel, 2 den Erwerb von Betriebsvermögen in dem von § 13b I näher umschriebenen Sinn dem StTarif I zu unterwerfen. Dieses Ziel wird unabhängig von § 19a ohne Weiteres erreicht, wenn der Erwerber schon nach seinem Angehörigkeitsverhältnis zum Erblasser/Schenker in den Kreis der Erwerber nach StKl I gehört. Kein größerer Aufwand ist auch dann zu treiben, wenn der Erwerber in die StKl II oder III einzustufen ist, sein ganzer Erwerb aber aus entlastungsfähigem Vermögen besteht. Er kann dann für seinen Erwerb ohne Weiteres nach StKl I erfasst werden. Regelungsbedürftig ist dagegen der Fall, dass der Erwerber zu den Personen der StKl II oder III gehört und neben begünstigtem Vermögen auch nichtbegünstigtes Vermögen erworben hat. Dann muss sein Erwerb aufgeteilt werden. Für die beiden Erwerbsteile werden verschiedene StTarife zur Anwendung gebracht. Dabei gilt es, den Progressionsvorbehalt zu wahren. Trotz der Zerlegung des Mischerwerbs in zwei Teile darf die StStufe, die für den Gesamterwerb gilt, nicht unberücksichtigt bleiben. Jeder Erwerbsteil ist daher so zu erfassen, dass er als Teilbetrag eines Gesamterwerbs besteuert wird. Um dieses Ziel zu erreichen, hat das Gesetz den Entlastungsbetrag eingeführt, mit dessen Hilfe der nach dem Angehörigkeitsverhältnis des Erwerbers zum Erblasser/Schenker zunächst steuerlich höher erfasste begünstigte Erwerb auf die Belastung nach dem Tarif I zurückgeführt werden kann.

Voraussetzungen. Es muss sich um den Erwerb einer Person der 3 StKl II oder III handeln, weil nur bei diesen Personen ein Anlass zur Heraufstufung des Erwerbs nach dem StTarif I besteht. Nur der Erwerb

§ 19 a 4, 5

von natürlichen Personen wird begünstigt, eine gesetzgeberische Entscheidung, die nicht ganz leicht zu begründen ist. Im Erwerb der natürlichen Person ist begünstigtes Vermögen enthalten. Das heißt regelmäßig: Es geht um einen Mischerwerb, der sowohl begünstigtes als auch nichtbegünstigtes Vermögen umfasst. Wird nur begünstigtes Vermögen übertragen, kann die Tarifentlastung einfach dadurch verwirklicht werden, dass der gesamte Erwerb nach StKl I besteuert wird. Im Übrigen ist die tarifliche St zu ermitteln, dh die St, die aus der Anwendung des ohne Berücksichtigung des § 19 a ermittelten StSatzes auf die Bemessungsgrundlage entfällt. Von dieser tariflichen St ist dann der Entlastungsbetrag nach Abs 4 abzuziehen.

4.–6. Der begünstigte Erwerb (Abs 2)

4   **Die Verweisung auf § 13 b Abs 4 (Abs 2 Satz 1).** Es geht um den Erwerb von Betriebsvermögen, luf Vermögen oder von Anteilen an Kapitalgesellschaften. Nur für den nicht unter § 13 b Abs 4 fallenden Teil dieses Vermögens soll der Entlastungsbetrag gelten. Versucht man diese Verweisung aufzulösen, so zeigt sich: Unter § 13 b IV fallen 85% des nach § 13 b Abs 1 begünstigungsfähigen Vermögens. Der Entlastungsbetrag soll also nur für die restlichen 15% in Frage kommen. Denn dies ist der Teil des Vermögens, der nicht unter § 13 b IV fällt. Die Beschränkung des Entlastungsbetrages auf die nach § 13 b IV verbleibenden 15% leuchtet ein. Denn der Entlastungsbetrag hat das Ziel, die Steuer für das begünstigte Vermögen herabzusetzen. Soweit überhaupt keine Steuer auf das begünstigte Vermögen entfällt, kommt eine Herabsetzung der Steuer nicht in Betracht. Die Herabsetzung kann vielmehr nur für den Teilbetrag des Vermögens gelten, der trotz aller Begünstigungsvorschriften noch einer Besteuerung unterliegt. Das sind im Grundmodell der Begünstigung unter Berücksichtigung des Abzugsbetrages höchstens 15%. Damit zeigt sich zugleich, dass der Entlastungsbetrag dann, wenn es zu einer 100%igen StFreistellung kommt, keinen Anwendungsbereich hat. Es gibt dann keinen „nicht unter § 13 b Abs 4 fallenden Teil des Vermögens". Unter den Voraussetzungen des Optionsmodells der Begünstigung nach § 13 a VIII kann es folglich keinen Entlastungsbetrag geben. Dennoch hat der Gesetzgeber in Abs 5 Satz 2 eine Verweisung auf § 13 a VIII aufgenommen und im Zuge der Anpassung an geänderte Fristen durch das WachstumsbeschleunigungsG noch einmal bestätigt. Das lässt sich nicht leicht verständlich machen.

5   **Die Verweisung auf § 13 b Abs 1.** Der Entlastungsbetrag gilt nur für Vermögen iS des § 13 b I. Mit dieser Verweisung wird zweierlei ausgesagt. Zum einen soll der Entlastungsbetrag sich nach den Merkmalen richten, die in § 13 b I für die Begünstigungsfähigkeit von luf

Ermittlung des Entlastungsbetrages 6, 7 § 19 a

Vermögen, von Betriebsvermögen und von Kapitalgesellschaftsanteilen aufgestellt worden sind (§ 13 b Anm 2 ff). Wenn der Erwerb von Kapitalgesellschaftsanteilen nur im Fall einer bestimmten Mindestbeteiligung des Erblassers oder Schenkers begünstigungsfähig ist, soll dies auch für den Entlastungsbetrag gelten. Zum Zweiten wird mit der Verweisung auf § 13 b I auch der Vorbehalt in Bezug genommen, den § 13 b I in Bezug auf das Verwaltungsvermögen enthält. Danach wird das an sich begünstigungsfähige Vermögen nur begünstigt, wenn die in ihm enthaltene Verwaltungsvermögensquote 50% nicht übersteigt (§ 13 b Anm 10 ff). Außerdem wird das sog junge Verwaltungsvermögen aus der Begünstigung herausgelöst (oben § 13 b Anm 22).

Weiterübertragung des Erwerbs (Abs 2 Satz 2 und 3). Der 6 Entlastungsbetrag wird dem Erwerber nicht gewährt, der das begünstigte Vermögen auf Grund einer letztwilligen Verfügung des Erblassers oder einer rechtsgeschäftlichen Verfügung des Erblassers oder Schenkers weiterübertragen muss. Diese Bestimmung korrespondiert mit § 13 a III 1. Sie ist im Grunde inhaltsleer. Denn der Erwerber, der seinen Erwerb auf Grund einer Anordnung des Erblassers oder Schenkers weiterübertragen muss, kann seinen Erwerb durch Abzug der Weiterübertragungsverpflichtung schon auf der Bewertungsebene für die Besteuerung neutralisieren. Für eine Verschonung des Erwerbs einschließlich der Gewährung eines Entlastungsbetrags fehlt dann der Raum. Bedeutsam ist dagegen die neu hinzugefügte Bestimmung des Satzes 3. Denn hier wird die Begünstigung auch dem Erwerber abgesprochen, der das Vermögen im Rahmen der Nachlassteilung auf einen Miterben überträgt. Für diesen Fall soll Gleiches gelten, als es in Satz 1 für den Fall festgestellt wurde, dass der Erbe Vermögen zB auf einen Vermächtnisnehmer übertragen muss. Das kann bedeuten, dass die Verpflichtung zur Vermögensübertragung im Rahmen der Nachlassteilung, die im Zweifel aus dem Auseinandersetzungsvertrag herrührt, wie eine Vermächtnisverpflichtung behandelt werden soll, so dass der Erbe auf den Entlastungsbetrag verzichten kann, weil sein Erwerb schon auf der Bewertungsebene durch die vermächtnisgleiche Verpflichtung neutralisiert wird. Was die Sätze 2 und 3 nicht ausdrücklich ansprechen, ist die Rechtsfolge, die der „Begünstigungstransfer" vom Erben auf den Vermächtnisnehmer oder Miterben haben muss. Die Begünstigung kommt nach dem Transfer dem Vermächtnisnehmer und mittelbar auch den Miterben zugute (§ 13 b Anm 25 f).

7.–9. Die Ermittlung des Entlastungsbetrages (Abs 3, 4)

Die anteilige tarifliche Steuer. § 19 a stellt einen Mischerwerb in 7 den Vordergrund, der sowohl begünstigtes wie nichtbegünstigtes Ver-

§ 19 a 8 Tarifbegrenzung

mögen umfasst. Für diesen Gesamterwerb ist zunächst die St nach der „tatsächlichen" StKlasse des Erwerbers zu berechnen, dh es ist der Tarif zur Anwendung zu bringen, der gelten würde, wenn das Vermögen nur aus nichtbegünstigtem Vermögen bestünde. Anschließend ist der Teil der tariflichen St, der auf das begünstigte Vermögen entfällt, auf den StTarif I umzurechnen. Der Differenzbetrag zwischen der St auf das begünstigte Vermögen, der nach der tatsächlichen StKlasse des Erwerbers berechnet ist und dem entsprechenden StBetrag, der sich bei Anwendung der StKl I ergibt, ist dem Erwerber gutzubringen. Also geht es darum, zunächst die St auf den Gesamtbetrag des Erwerbs nach der im Einzelfall einschlägigen StKl II oder III zu berechnen. Dann ist der Teil dieses StBetrages zu ermitteln, der auf das begünstigte Vermögen entfällt.

8 **Die maßgebliche Verhältnisrechnung.** Um den Teilbetrag der durch den Gesamterwerb ausgelösten St zu ermitteln, der auf das begünstigte Vermögen entfällt, ist das Verhältnis des begünstigten zum nichtbegünstigten Vermögen am Gesamterwerb zu bestimmen. Dazu ist das begünstigte Vermögen dem Gesamterwerb gegenüberzustellen. In diesem Zusammenhang bestimmt **Absatz 3** Einzelheiten darüber, wie die Verhältnisrechnung aufzumachen ist und trifft **zwei Anordnungen.** Zum einen schreibt Abs 3 zwar unverändert vor, dass das Verhältnis des begünstigten Vermögens zum Wert des „gesamten Vermögensanfalls" ermittelt werden soll. Unter dem gesamten Vermögensanfall versteht Abs 3 aber nach der Neufassung durch das WachstumsbeschleunigungsG nicht mehr den Bruttoerwerb vor Abzug der Nachlassverbindlichkeiten – in diesem Sinn wird der Begriff in § 10 I 2 gebraucht –, sondern den Erwerb „nach Abzug der mit diesem Vermögen in wirtschaftlichem Zusammenhang stehenden Schulden und Lasten". Diesem um die Verbindlichkeiten gekürzten Vermögensanfall soll also das begünstigte Vermögen gegenüber gestellt werden. Dabei ist auch das begünstigte Vermögen um die ihm zugehörigen Schulden und Lasten zu kürzen. Es sind also zwei Nettobeträge miteinander zu vergleichen. Besonders bedeutsam ist aber sodann, dass das begünstigte Vermögen „nach Anwendung des § 13 a" herangezogen werden soll. Mit dieser Anordnung wird der Anteil des begünstigten Vermögens am gesamten Vermögensanfall wegen des hohen Abzuges, den § 13 a erlaubt, wesentlich niedriger eingestuft, als wenn das Verhältnis des begünstigten Vermögens am gesamten Vermögensanfall vor Anwendung der Befreiungsregelung des § 13 a ermittelt würde. Die FinVerw (R E 19 a.2 I ErbStR) interpretiert die Regelung des Abs 3 dahin, dass der Wert des begünstigten Vermögens nicht nur „nach Anwendung des § 13 a", sondern auch nach Anwendung des § 13, also gekürzt um die sachlichen StBefreiungen, in die Verhältnisrechnung eingehen soll. Das steht jedenfalls so nicht im Gesetz!

Nachversteuerung   **9, 10 § 19a**

Der Entlastungsbetrag. Steht das Verhältnis des begünstigten Vermögens zum gesamten Vermögensanfall fest – zB 25 zu 100 –, dann folgt daraus ohne Weiteres, wie das Verhältnis des begünstigten zum nichtbegünstigten Vermögen – nämlich im Beispiel 25 zu 75 oder 1 zu 3 – einzustufen ist. In diesem Verhältnis ist dann nach **Abs 4 Satz 1** der StBetrag aufzuteilen, der sich nach der tatsächlichen StKlasse des Erwerbers für den Gesamterwerb ergeben hat. Anschließend ist die St auf den Gesamterwerb zu ermitteln, die sich ergeben würde, wenn der Gesamterwerb in StKl I einzustufen wäre. Auch von dieser gedachten St nach StKl I ist dann nach der oben genannten Verhältnisrechnung der Teilbetrag zu bestimmen, der auf das begünstigte Vermögen entfällt. Damit stehen zwei Geldgrößen fest, die miteinander verglichen werden können: die anteiligen StBeträge für das begünstigte Vermögen nach der tatsächlichen StKl (II oder III) und nach der StKl I. Der Differenzbetrag zwischen diesen beiden Beträgen wird dem StPfl als Entlastungsbetrag bei der StBerechnung gutgebracht (Abs 1). 9

Nachversteuerung (Abs 5). Wie die Begünstigung nach § 13a so ist auch die Tarifbegrenzung nach § 19a mit einer Fristenregelung verbunden, um der Gefahr entgegenzuwirken, dass der Erwerber den begünstigten Betrieb nicht fortführt und dennoch die Vergünstigungen in Anspruch nimmt. Eine Behaltensregelung für den Veräußerer ist hier wie dort nicht vorgesehen. Der Schenker kann also das ihm verbleibende Vermögen (zB die ihm verbleibende Beteiligung an der Kapitalgesellschaft) nach der Schenkung alsbald veräußern, ohne die Begünstigung des Erwerbers damit zu gefährden. Ob auch den Schenker als StSchuldner die Nachsteuer trifft, wenn der Erwerber das übernommene Vermögen veräußert, ist höchstrichterlich noch nicht geklärt (§ 13a Anm 23, § 20 Anm 6). Es ist jedoch anzunehmen, dass die Verwaltung ihr Auswahlermessen nur ausnahmsweise in dieser Richtung ausüben wird. Abs 5 S 1 sieht vor, dass die Begünstigung durch den Entlastungsbetrag wegfällt, soweit der Erwerber innerhalb von sieben Jahren das begünstigte Vermögen veräußert oder sonstige begünstigungsschädliche Maßnahmen vornimmt. Und Satz 2 fügt hinzu, dass in den Fällen des § 13a VIII an die Stelle der Fünfjahresfrist eine Frist von sieben Jahren treten soll. Unter den Voraussetzungen des § 13a VIII kommt die Regelung des § 19a jedoch überhaupt nicht zum Zuge (oben Anm 4). Es ist daher bisher auch nicht zu erkennen, welchen Sinn der Hinweis auf die Siebenjahresfrist haben kann. 10

Abschnitt 4. Steuerfestsetzung und Erhebung

§ 20 Steuerschuldner

(1) ¹Steuerschuldner ist der Erwerber, bei einer Schenkung auch der Schenker, bei einer Zweckzuwendung der mit der Ausführung der Zuwendung Beschwerte und in den Fällen des § 1 Abs. 1 Nr. 4 die Stiftung oder der Verein. ²In den Fällen des § 3 Abs. 2 Nr. 1 Satz 2 und § 7 Abs. 1 Nr. 8 Satz 2 ist die Vermögensmasse Erwerber und Steuerschuldner, in den Fällen des § 7 Abs. 1 Nr. 8 Satz 2 ist Steuerschuldner auch derjenige, der die Vermögensmasse gebildet oder ausgestattet hat.

(2) Im Falle des § 4 sind die Abkömmlinge im Verhältnis der auf sie entfallenden Anteile, der überlebende Ehegatte oder der überlebende Lebenspartner für den gesamten Steuerbetrag Steuerschuldner.

(3) Der Nachlaß haftet bis zur Auseinandersetzung (§ 2042 des Bürgerlichen Gesetzbuchs) für die Steuer der am Erbfall Beteiligten.

(4) Der Vorerbe hat die durch die Vorerbschaft veranlaßte Steuer aus den Mitteln der Vorerbschaft zu entrichten.

(5) Hat der Steuerschuldner den Erwerb oder Teile desselben vor Entrichtung der Erbschaftsteuer einem anderen unentgeltlich zugewendet, haftet der andere in Höhe des Werts der Zuwendung persönlich für die Steuer.

(6) ¹Versicherungsunternehmen, die vor Entrichtung oder Sicherstellung der Steuer die von ihnen zu zahlende Versicherungssumme oder Leibrente in ein Gebiet außerhalb des Geltungsbereichs dieses Gesetzes zahlen oder außerhalb des Geltungsbereichs dieses Gesetzes wohnhaften Berechtigten zur Verfügung stellen, haften in Höhe des ausgezahlten Betrags für die Steuer. ²Das gleiche gilt für Personen, in deren Gewahrsam sich Vermögen des Erblassers befindet, soweit sie das Vermögen vorsätzlich oder fahrlässig vor Entrichtung oder Sicherstellung der Steuer in ein Gebiet außerhalb des Geltungsbereichs dieses Gesetzes bringen oder außerhalb des Geltungsbereichs dieses Gesetzes wohnhaften Berechtigten zur Verfügung stellen.

(7) Die Haftung nach Absatz 6 ist nicht geltend zu machen, wenn der in einem Steuerfall in ein Gebiet außerhalb des Geltungsbereichs dieses Gesetzes gezahlte oder außerhalb des Geltungsbereichs dieses Gesetzes wohnhaften Berechtigten zur Verfügung gestellte Betrag 600 Euro nicht übersteigt.

Übersicht

1., 2. Allgemeines
3.–10. Steuerschuldner (Abs 1, 2)

Allgemeines **1 § 20**

11.–13. Haftung des Nachlasses (Abs 3)
14.–15. Der Vorerbe als StSchuldner (Abs 4)
16.–18. StHaftung des Beschenkten (Abs 5)
19.–22. Sonstige Haftungstatbestände (Abs 6, 7)

Schrifttum: *Mösbauer,* Zur Nachlasshaftung im ErbStRecht, UVR 98, 340; *Daragan,* Personengesellschaften als Steuersubjekte im ErbSt- und SchStRecht, ZEV 98, 367; *Werkmüller,* Der Nachlass mit Auslandsbezug, ZEV 01, 480; *Meincke,* Die steuerlichen Rahmenbedingungen von Verwandtenunterhalt und Pflichtteil, 64. DJT 2002, Bd. II/1, L 89; *Schmidt,* Die ErbStHaftung der Kreditinstitute für ausländische Erben, ZEV 03, 129; *Halaczinsky,* Haftung in Erbschaftsteuerangelegenheiten, ErbStB 07, 208.

1., 2. Allgemeines

Standort. Mit § 20 beginnt der vierte Abschnitt des Gesetzes mit 1 der Überschrift: Steuerfestsetzung und Erhebung. Dieser Abschnitt fasst Regelungen durchaus unterschiedlichen Inhalts zusammen. Mit dem Stichwort „Steuerfestsetzung" ist nicht das Verfahren der Festsetzung gemeint. Zu ihm enthält die AO die maßgeblichen Vorschriften (§§ 155 ff AO). Vielmehr sollen hier Merkmale angesprochen werden, die die „festzusetzende" St von der in den §§ 14 ff angesprochenen „tariflichen" St (vgl § 19 a III) unterscheiden. Die festzusetzende St – das Gesetz spricht bedeutungsgleich von der St, die „festzusetzen" (§ 22), „zu erheben" (§ 14 I 2) oder „zu entrichten" (§ 14 I 3) ist – wird unter Berücksichtigung von Anrechnungs-, Ermäßigungs- und Kürzungsbeträgen aus der tariflichen St entwickelt. Die §§ 20 bis 29 betreffen die StFestsetzung, die §§ 30 bis 35 die StErhebung. Am Beginn steht mit der Vorschrift über den StSchuldner eine Bestimmung, die Fragen betrifft, die der StFestsetzung und Erhebung genau genommen vorgelagert sind. Das ErbStG 1959 hatte für diese Fragen denn auch noch einen eigenen Abschnitt mit dem Titel StSchuld und StSchuldner vorgesehen (§§ 14, 15 ErbStG 1959). Im Zuge der Vereinfachung des Gesetzesaufbaus mit Einführung des ErbStG 1974 wurde dieser Abschnitt jedoch aufgehoben. Die dort aufgenommene Vorschrift über die StEntstehung wurde in den ersten Abschnitt über die StPfl eingestellt (§ 9). In diesen Abschnitt hätte eigentlich auch die Vorschrift über den StSchuldner gehört, weil sie mit den dort behandelten stpfl Vorgängen in unmittelbarem Zusammenhang steht; sie wurde jedoch dem vierten Abschnitt zugewiesen (§ 20). Die früher ebenfalls in diesem Zusammenhang geregelten Bestimmungen über die Haftung bei gebundenem Vermögen (§ 16 ErbStG 1925) und über die Verjährung (§ 17 ErbStG 1925) sind inzwischen entfallen (vgl aber nunmehr zur Festsetzungsverjährung die §§ 169, 170 AO und dazu oben § 9 Anm 59 ff).

2 Regelungsinhalt. § 20 regelt die Frage, wen die schuldrechtliche Verpflichtung zur Entrichtung der St trifft (Abs 1, 2). Eine Regelung dieser Frage ist deswegen bedeutsam, weil das Gesetz die Verpflichtung auf Personen wie den Schenker erstreckt, die man nach der Grundkonzeption der St als St auf den Vermögenserwerb ohne besondere gesetzliche Anordnung nicht zum Kreis der StSchuldner rechnen würde. Vorgesehen wird in § 20 weiter, welches von zwei Vermögen, über das ein StSchuldner wie der Vorerbe verfügt, durch die StSchuld belastet werden soll, aus welchem Vermögen der Vorerbe als StSchuldner daher den für die StZahlung erforderlichen Betrag zu entnehmen hat (Abs 4). Sodann wird eine StHaftung von Personen festgelegt, die nicht StSchuldner sind (Abs 5, 6). Schließlich wird eine Nachlasshaftung angeordnet und damit bestimmt, dass wegen der StSchuld auch in Vermögen, das nicht allein dem StSchuldner zusteht, vollstreckt werden kann (Abs 3).

3.–10. Steuerschuldner (Abs 1, 2)

3 StSchuldner ist der Erwerber. In dieser Regelung spiegelt sich die Konzeption der deutschen ErbSt wieder, die nicht den Nachlass als solchen erfasst, die auch nicht die Fortgabe des Vermögens durch Erbfall oder Schenkung belasten soll, sondern die den Erwerb von Vermögen als stpfl Vorgang beschreibt (§ 1 I Nr 1, 2) und die Bemessungsgrundlage nach dem stpfl Erwerb bestimmt (§ 10 I 1). Solange es keinen Erwerber gibt, kommt eine StSchuld nach § 1 I Nr 1 und 2 nicht in Betracht. Solange der Erwerber nicht bekannt ist, kann ErbSt nicht festgesetzt werden. Ein ErbSt-Bescheid gegen die „noch unbekannten Erben" darf nicht erlassen werden (*Sosnitza*, UVR 92, 342, 348). Erwerber ist derjenige, der beim Erwerb von Todes wegen mit dem Erbfall in die Position als Erbe, Vermächtnisnehmer, Pflichtteilsgläubiger usw unmittelbar einrückt, nicht derjenige, der als Außenstehender durch Rechtsgeschäft unter Lebenden späterhin die Stellung des Erben, Vermächtnisnehmers, Pflichtteilsgläubigers usw übernimmt. Der Erbe wird daher durch die Übertragung seines Erbanteils, der Pflichtteilsgläubiger durch die Abtretung seines Anspruchs aus seiner Position als StSchuldner nicht herausgelöst, während der Erbteilskäufer oder der Erwerber des Pflichtteilsanspruchs nicht in die Rolle des Erwerbers von Todes wegen verbunden mit der aus § 20 I folgenden StPfl eintritt. Eine Sonderregelung dazu bietet allerdings § 3 II Nr 6, weil nach der Konzeption dieser Vorschrift (§ 3 Anm 11, 103) die StPfl beim Nacherbfall den Erwerber der Nacherbenanwartschaft und nicht den ursprünglichen Nacherben trifft. Im Fall der Schenkung unter Lebenden ist Erwerber derjenige, dem das verschenkte Vermögen nach den zugrunde liegenden Absprachen zwischen den Parteien zugedacht

Begriff Steuerschuldner **4 § 20**

ist, nicht derjenige, an den das Vermögen im Ergebnis tatsächlich gelangt. Überlässt der Beschenkte daher den Gegenstand der Schenkung einem Dritten, bleibt der Beschenkte doch selbst der Erwerber iS von § 20 I. In Einzelfällen kann die Frage, wer Erwerber ist, durchaus zweifelhaft sein. Wird zB ein GmbH-Gesellschaftsanteil beim Ausscheiden des Gesellschafters durch Einziehung aufgehoben, so war bisher umstritten, ob als Erwerber des mit der entschädigungslosen Einziehung verbundenen Vorteils die Gesellschaft anzusehen ist oder ob die verbleibenden Gesellschafter den Vorteil erwerben. Die Frage ist inzwischen durch Gesetzesänderung iS der verbleibenden Gesellschafter geklärt (§ 7 Anm 150).

Die Gesamthand als Erwerber. Als Erwerber kommt jede natürliche oder juristische Person in Betracht, die an dem Erwerbsvorgang beteiligt ist. Auch der Bund, die Länder und die Gemeinden wären als Erwerber stpfl, wenn das Gesetz ihre Freistellung nicht ausdrücklich angeordnet hätte. Sogar gegenüber ausländischen Staaten, die durch Schenkung oder von Todes wegen erwerben, wird ein Besteuerungsrecht in Anspruch genommen (BFH BStBl II 77, 213). Dagegen sollte nach der früheren Rspr des BFH eine **OHG oder KG** nicht stpfl werden können, auch wenn sie schenkweise ein Grundstück erwirbt, das auf ihren Namen als Teil des Gesellschaftsvermögens im Grundbuch eingetragen wird. Eine Schenkung an die Gesellschaft wurde als Zuwendung an die Gesellschafter interpretiert; die OHG und KG wurden aus dem Kreis der möglichen Erwerber iS des § 20 I ausgegrenzt (RFH RStBl 28, 270; BFH BStBl III 60, 358). Gegen die diesen Standpunkt tragenden Argumente wurden in Vorauflagen dieses Kommentars Einwände vorgebracht (7. u 8. Aufl § 1 Anm 3). In der Folgezeit hatte sich der BFH der hier vertretenen Linie angeschlossen (BFH BStBl II 89, 237). Danach konnten die OHG und KG Erwerber sowohl von Todes wegen als auch durch Schenkung unter Lebenden sein, so dass die StPfl unmittelbar die Gesellschaften traf und die StSchuld aus dem Vermögen der Gesellschaften beigetrieben werden konnte, wenn die Auslegung der zugrundeliegenden privatrechtlichen Akte ergab, dass tatsächlich die Gesellschaft selbst der Erwerber sein sollte. Zweifelhaft blieb allerdings, ob dies auch für die **BGB-Gesellschaften** gelten sollte, die der BFH beiläufig ebenfalls in den Kreis der möglichen Erwerber einbezogen hatte. Denkbar war hier allenfalls, dass man die BGB-Gesellschaften als Beschenkte (vgl FG Düsseldorf EFG 91, 333) oder als begünstigte Dritte beim Vertrag zugunsten Dritter (FG Rh-Pf EFG 93, 390) oder als Vermächtnisnehmer ansah. Inzwischen hat der BFH (BStBl II 95, 81; JZ 95, 1074 mit Anm *Meincke*) seine Rspr jedoch erneut geändert und ist zu der alten Interpretation von vor 1989 zurückgekehrt. Danach kann eine Gesamthand weder Schenker sein (dazu jetzt BFH BStBl II

98, 630) noch zu den Erwerbern gehören. Vielmehr sind jeweils die Gesellschafter einzeln und anteilig als Erwerber anzusehen (Näheres dazu oben § 1 Anm 7). Der unter Hinweis auf die Zivilrechtslage aufgestellte Satz: **Eine Gesamthand kann wegen ihrer nicht ausreichenden Verselbstständigung weder Schenker noch Erwerber sein**, wirkt besonders eigentümlich, nachdem die ZivilRspr (BGHZ 146, 341 = DStR 01, 310) die Selbstständigkeit sogar der BGB-Gesellschaft betont, § 14 BGB die „Rechtsfähigkeit" von Personengesellschaften hervorhebt und auch § 20 I 2 ErbStG neuerdings ausdrücklich eine nichtrechtsfähige Vermögensmasse als Erwerber und StSchuldner anspricht. Der nichtrechtsfähige Verein wird dagegen als Erwerber anerkannt (FG Münster EFG 07, 1037).

5   **Zivilrechtliche Absprachen** heben die StPfl des Erwerbers nicht auf. Die StPfl des Erwerbers wird insbesondere nicht dadurch gegenstandslos, dass auf Grund einer StZahlungsklausel in einem Schenkungsvertrag, Testament oder Erbvertrag ein anderer die St zu übernehmen oder der Schenker für die StZahlung einzustehen hat. Derartige Absprachen entlasten den Erwerber gegenüber dem FA nicht, sie vergrößern sogar noch seine StSchuld, da die StKlausel dem Erwerber zusätzlich zu seinem Erwerb auch noch einen Anspruch auf Entlastung von der StSchuld verschafft und damit aus der Sicht des Gesetzgebers eine Erhöhung der Bereicherung des Erwerbers zur Folge hat (§ 10 II). Im Übrigen schuldet unabhängig von den zwischen den Parteien maßgeblichen zivilrechtlichen Absprachen jeder Erwerber gemäß § 20 I seine St. Der durch privatrechtliche Absprachen von der St „befreite" Erwerber hat lediglich einen Rückgriffsanspruch demjenigen gegenüber, der zur Zahlung der St intern verpflichtet ist. Soweit allerdings der Schenker die St selbst übernommen hat, wird das FA die St regelmäßig direkt von ihm anfordern, da er zugleich auch StSchuldner ist.

6   **Der Schenker als StSchuldner.** „Bei einer Schenkung", dh in den in § 7 aufgelisteten Schenkungsfällen, ist StSchuldner auch der Schenker. Nicht immer ist deutlich, wer im Einzelfall als Schenker anzusprechen ist. Für einen Zweifelsfall bestimmt § 15 II 2, dass bei Auflösung einer Familienstiftung der Stifter als Schenker gilt. Fällt das Stiftungsvermögen an den Stifter zurück, so soll auch dieser Vorgang nach Auffassung des BFH (BStBl II 93, 238; § 15 Anm 24) als Schenkung unter Lebenden zu interpretieren sein. Der Stifter wird dann offenbar zugleich als Schenker und als Beschenkter gedacht. Das kann wenig überzeugen. Ob § 20 I mit dem Ausdruck Schenkung auch die Schenkung auf den Todesfall anspricht, ist zweifelhaft. Nach § 20 I ist StSchuldner **auch** der Schenker. Das soll heißen: Auch im Fall der Schenkung ist als StSchuldner zunächst der Erwerber heranzuziehen (BFH BStBl III 62, 323; FG Köln EFG 01, 1154; FG Düsseldorf EFG

08, 961; FG Münster EFG 08, 1649). Daneben trifft jedoch auch den Schenker die StSchuld. Damit wird – sinnwidrig (vgl *Tipke,* Die StROrdnung II, 2. Aufl 2003, 878) – der Schenker in die Verantwortung für die StEntrichtung einbezogen. Er muss darauf hinwirken, dass der Beschenkte die St zahlt, um die eigene Inanspruchnahme zu vermeiden. In Zweifelsfällen muss er einen Teil der Schenkung zurückhalten, um eine Deckung für die StSchuld zu haben. Der Schenker haftet neben dem Beschenkten als Gesamtschuldner (§ 44 AO), doch muss sich das FA zunächst an den Beschenkten halten, den als Erwerber in erster Linie die StPfl trifft (BFH BStBl III 62, 323). Die **Inanspruchnahme** des Schenkers ist **nur in zweiter Linie** möglich, insbesondere dann, wenn der Schenker dies selbst beantragt, wenn er dem Beschenkten gegenüber die St übernommen hat (§ 10 II) oder wenn die Einziehung der St vom Beschenkten unmöglich oder aus triftigem Grund unzweckmäßig ist. Die FinVerw hält die Inanspruchnahmemöglichkeit des Schenkers für unumgänglich, weil sonst Schenkungen, die dem Beschenkten keine Mittel zur StZahlung verschaffen, wie es beim schenkweisen Erlass von Schulden der Fall sein kann, keine Besteuerungsmöglichkeit eröffnen würden. Damit ist jedoch nur das fiskalische Interesse daran bezeichnet, noch andere Personen als nur den Beschenkten zur StZahlung heranziehen zu können. Der innere Grund, der den Zugriff gerade auf den Schenker erlaubt, wird damit noch nicht überzeugend beschrieben. Bemerkenswert bleibt immerhin, dass die Besteuerung des Schenkers für den BFH inzwischen so selbstverständlich ist, dass das Gericht in seiner bisher ausführlichsten Entscheidung zur StSchuldnerschaft des Schenkers (BStBl II 07, 472–480!) kein Wort über die Inanspruchnahmevoraussetzungen des Schenkers verloren hat.

Die Rechtsstellung des Schenkers. Soweit der Schenker als **6a** StSchuldner herangezogen wird, muss er auch ohne Übernahme der St des Erwerbers und damit ohne Erhöhung seiner eigenen StLast auf die eigene StSchuld zahlen können (vgl *Meincke,* FS Lang, 2010, 825) und er muss auch im Hinblick auf die eigene StSchuld die dem Erwerber eingeräumten Rechte haben, zB das Recht, einen gegenüber dem Beschenkten ergangenen Bedarfswertbescheid anzufechten (BFH DStR 11, 1809) oder zB das Wahlrecht nach § 23 I 1 (§ 23 Anm 6). Ob der Schenker dann, wenn der Erwerber vorgeschriebene Behaltefristen nicht einhält, auch für die dann fällige NachSt als StSchuldner herangezogen werden kann, ist höchstrichterlich noch nicht geklärt. Das FG Münster (EFG 08, 1649) hat allerdings im Fall der Betriebsaufgabe wegen Insolvenz, die zu einer NachSt nach § 13 a aF geführt hat, keine Bedenken gegen die Inanspruchnahme des Schenkers erkennen können. Doch kündigt die FinVerw jetzt an, dass sie ihr Ermessen in dieser Frage künftig anders ausüben wird (R E 13 a.1 III ErbStR). Dem Schenker steht im Übrigen ein Abzugsrecht wohl nicht wegen seiner eigenen Vertragskosten, dafür aber wegen der Erwerbskosten des Beschenkten zu (§ 10 Anm 50). Der als StSchuldner herangezogene Schenker kann den StBetrag nach der für eine Schenkung typischen Risiko- und Kostenverteilung intern auf den Beschenkten verlagern (vgl § 426 I 1 BGB). Der Beschenkte ist im Zweifel verpflichtet, den Schenker von der Inanspruchnahme durch das FA freizustellen und schuldet daher gegebenenfalls sogar Schadensersatz, wenn dem Schenker aus der Inanspruchnahme durch das FA ein über den StBetrag hinausgehender Schaden entsteht. Weil der als StSchuldner in Anspruch genommene Schenker im Zweifel beim Beschenkten Rückgriff nehmen kann, liegt in der Inanspruchnahme des Schenkers keine Übernahme der StSchuld durch ihn. Der Schenker kann daher nur auf den StBetrag in Anspruch genommen werden, der sich für den Beschenkten aus der Bemessungsgrundlage nach § 10 I 1 ergibt. Fehlt eine besondere Übernahmeerklärung des Schenkers und liegt auch kein Verzicht auf den internen Rückgriff gegen den Beschenkten vor, kommt eine Inanspruchnahme des Schenkers aus der Bemessungsgrundlage des § 10 II nicht in Betracht. Unterlässt der Schenker den Rückgriff gegen den Beschenkten, kann allerdings eine weitere freigebige Zuwendung zu prüfen sein. Doch gilt der Grundsatz, dass eine bloße Untätigkeit noch keine freigebige Zuwendung enthält (§ 7 Anm 9).

6b **Die Inanspruchnahme des Schenkers.** Aus einem StBescheid gegen den Beschenkten kann das FA nicht gegen den Schenker vorgehen. Es kann aber, nachdem es zunächst einen StBescheid gegen den Beschenkten erlassen hat, sich dann anschließend noch gegen den Schenker wenden. Durch Einspruch gegen den ihm gegenüber erlassenen StBescheid kann der Schenker dann auch noch all die Einwände vorbringen, die wegen Bestandskraft des StBescheides gegen den Beschenkten vom Beschenkten nicht mehr vorgebracht werden konnten (BFH BStBl II 88, 188). Der Schenker kann sich auch auf eine nur ihm gegenüber eingetretene Festsetzungsverjährung berufen (Hess FG EFG 05, 799). Andererseits soll das FA nach der zitierten Entscheidung des BFH in der Lage sein, Fehler der StBerechnung, die gegenüber dem Beschenkten nicht mehr korrigiert werden können, im Bescheid gegen den Schenker zu vermeiden. Allein um diese Korrekturmöglichkeiten zu gewinnen, dürfte die Inanspruchnahme des Schenkers aber nicht zulässig sein. Hat der Schenker die St übernommen, kann das FA sich trotzdem in Ausnahmefällen noch an den Beschenkten halten. Es muss diese Ermessensentscheidung jedoch sorgfältig begründen (BFH BStBl II 08, 897). Ob das FA auch dann, wenn es zunächst den Schenker vergeblich in Anspruch genommen hatte, auch dann noch gegen den Beschenkten vorgehen kann, ist noch nicht ausreichend geklärt. Hat das FA den Schenker eines Nutzungsrechts zur StZahlung herangezogen, muss ihm das Recht

Begriff Steuerschuldner   **7, 8 § 20**

zustehen, die Jahresversteuerung zu wählen. Hat er diese Wahl getroffen, kann das FA nicht später auf den Beschenkten wechseln und die JahresSt nun von ihm einfordern (§ 23 Anm 6). Der Schenker ist zunächst nur in zweiter Linie und damit „potentiell" StSchuldner. Ob diese potentielle StLast im Erbfall als Nachlassverbindlichkeit behandelt werden kann, hängt von der Wahrscheinlichkeit der Inanspruchnahme ab.

Der Beschenkte als StSchuldner. Hat der Schenker die StZahlung 7 übernommen oder hat der Schenker die St einem Dritten auferlegt, so bleibt der Beschenkte als Erwerber stpfl; er schuldet nunmehr wegen dieser StKlauseln an sich sogar einen höheren StBetrag (oben Anm 5). Kommt es zur Inanspruchnahme des Beschenkten, weil der Schenker seine StPfl nicht erfüllt oder weil der Dritte der Verpflichtung zur Ablösung der St gemäß der StKlausel nicht entspricht, wird aber berücksichtigt werden müssen, dass der Beschenkte die Bereicherung, die ihm wegen der StKlausel zusätzlich zu seinem Erwerb zugerechnet wird, zunächst tatsächlich noch nicht erhalten hat. Die StÜbernahme ist nicht ausgeführt, so dass ihn die erhöhte St nicht trifft. Erst wenn es dem Erwerber später gelingt, die StZahlung entsprechend der StKlausel auf den Schenker oder auf den Dritten zu überwälzen, wird dem Beschenkten die Bereicherung in der vollen von § 10 II vorgezeichneten Höhe zugewandt.

Im Fall einer **Zweckzuwendung** (§ 1 I Nr 3, § 8) gibt es keinen 8 Erwerber, dem die Zweckauflage unmittelbar zugute kommt. Daher muss die StPfl hier an anderer Stelle ansetzen. Die Zweckzuwendung hat bekanntlich eine **zweistufige Struktur:** Eine Zuwendung von A an B wird mit der Auflage verbunden, dass B einen Teil seines Erwerbs einem außerhalb seines eigenen Bereichs liegenden Zweck (zB zur Versorgung von Tieren) zuführen soll. Nach § 20 I soll StSchuldner für die auf die Zweckzuwendung entfallende St der B sein. Dies gilt nicht deswegen, weil B zur Ausführung der Zweckauflage verpflichtet ist, sondern weil B auf Grund der an ihn gelangten Zuwendung die Mittel zur Ausführung der Zweckauflage in Händen hat. Aus diesen Mitteln soll B die St erfüllen, er soll damit einen Teil der für die Zweckauflage vorgesehenen Mittel abzweigen, sie nicht dem gedachten Zweck, sondern der StZahlung zuführen. Das Gesetz geht dabei von der Vorstellung aus, dass der Zuwendungsempfänger B durch die StZahlung im Umfang des zur StZahlung verwendeten Betrags von der Erfüllung der Zweckauflage entlastet wird, was nicht selbstverständlich ist, aber wohl im Regelfall durch entsprechende Interpretation des Schenkungsvertrages begründet werden kann. Nur der mit der Ausführung Beschwerte wird zum StSchuldner erklärt, nicht derjenige, von dem die Zuwendung stammt. Bei der Zweckzuwendung unter Lebenden kann der

§ 20 9–10 Steuerschuldner

Schenker daher für den mit der Auflage belasteten Teil der Zuwendung nicht in Anspruch genommen werden.

9 **Schuldner der ErsatzErbSt** nach § 1 I Nr 4 ist die Familienstiftung oder der Familienverein. Wird die St nach § 24 in Raten gezahlt und wird die Stiftung oder der Verein vor Ablauf der Ratenzahlungsperiode aufgehoben oder aufgelöst, so können die Destinatäre oder die Vereinsmitglieder, die das Vereinsvermögen erwerben, nach § 20 V in die StPfl einrücken. Schuldner der Steuer, die gemäß § 3 II Nr 1 S 1, § 7 I Nr 8 S 1 beim **Übergang von Vermögen auf eine Stiftung** entrichtet werden muss, ist die Stiftung als Erwerber sowie derjenige, der das Stiftungsgeschäft abschließt oder das Vermögen überträgt, als Schenker. Schuldner der St, die **beim Übergang von Vermögen auf einen nach ausländischem Recht errichteten trust** nach § 3 II Nr 1 S 2 sowie nach § 7 I Nr 8 S 2 fällig wird, ist der trust selbst, der – als Vermögensmasse – als Erwerber und Steuerschuldner behandelt wird (§ 20 I 2) sowie derjenige, der diese Vermögensmasse unter Lebenden gebildet oder ausgestattet hat und der daher als Schenker eingestuft werden muss (§ 20 I 2 aE).

9a Mit der Anordnung, dass die **Bildung oder Ausstattung eines trust** (= einer Vermögensmasse ausländischen Rechts, deren Zweck auf die Bindung von Vermögen gerichtet ist) als selbstständiger stpfl Vorgang gewertet werden soll (§ 3 II Nr 1 S 2, § 7 I Nr 8 S 2), zu dem als weiterer stpfl Vorgang dann die Ausschüttung an Begünstigte hinzutritt, die als Zwischenberechtigte während des Fortbestehens des trust oder als Endberechtigte nach Auflösung des trust erwerben (§ 7 I Nr 9 S 2), hat der Gesetzgeber einen bis dahin als einheitlich gedachten Vorgang in zwei stpfl Vorgänge aufgespalten (§ 3 Anm 95a). Er hat damit zugleich entschieden, dass der Erwerb an die Begünstigten auch im Fall des Nachlasstrust nicht als Erwerb von Todes wegen, sondern als Erwerb durch Schenkung unter Lebenden gelangt. Damit verbunden ist eine zweifache Besteuerung des trust-Vermögens, das nun zunächst beim trustee und dann beim Zwischen- oder Endberechtigten der Besteuerung unterliegt. War der Erblasser Steuerinländer, liegen die Voraussetzungen der unbeschränkten StPfl vor (§ 2 I Nr 1), auch wenn der trustee Ausländer ist, die Begünstigten keinen Bezug zum Inland haben und das trust-Vermögen nur aus Auslandsvermögen besteht. Wie in einem solchen Fall der StAnspruch gegen den trustee durchgesetzt werden soll, ist nicht leicht zu sehen.

10 **StSchuldner bei fortgesetzter Gütergemeinschaft (Abs 2).** § 4 regelt den Erwerb von Todes wegen bei fortgesetzter Gütergemeinschaft unter Eheleuten (§§ 1483 ff BGB). Das hier Gesagte gilt nunmehr auch für eingetragene Lebenspartner. § 4 unterscheidet zwei

Fälle: den Erwerb beim Tod des erstversterbenden Ehegatten (Abs 1) und den Erwerb beim Tod eines anteilsberechtigten Abkömmlings (Abs 2). Beim Tod des erstversterbenden Ehegatten erwirbt der überlebende Ehegatte im Fall der fortgesetzten Gütergemeinschaft zivilrechtlich aus dem gemeinschaftlichen Vermögen nichts. Auch steuerlich werden allein die anteilsberechtigten Abkömmlinge als Erwerber behandelt (§ 4 I). Dennoch wird der überlebende Ehegatte nach § 20 II für den gesamten StBetrag als StSchuldner herangezogen. Der Ehegatte wird ferner für den Fall des Todes eines anteilsberechtigten Abkömmlings als StSchuldner benannt, obwohl er auch in diesem Fall regelmäßig nicht als Erwerber in Frage kommt (Näheres vgl oben § 4 Anm 8 f). Mit der Berücksichtigung des Ehegatten als StSchuldner soll die Zugriffsmöglichkeit auf das Gesamtgut sichergestellt werden. Denn nach § 1488 BGB haftet das Gesamtgut für die Verbindlichkeiten des überlebenden Ehegatten. Weil der überlebende Ehegatte nach § 1487 I BGB das Gesamtgut allein verwaltet, wird er auch zur Abgabe der StErklärung herangezogen (§ 31 III). Neben dem überlebenden Ehegatten werden die Abkömmlinge im Verhältnis der auf sie entfallenden Anteile am Gesamtgut als StSchuldner behandelt. Mit der Bezugnahme auf § 4 wird nur der Anteilserwerb am Gesamtgut angesprochen. Der Erwerb aus dem nicht zum Gesamtgut gehörenden Vermögen des Erblassers wird nicht erfasst (oben § 4 Anm 10). Die StSchuldnerschaft des überlebenden Ehegatten nach § 20 II erstreckt sich daher auch nicht auf solche nicht aus dem Gesamtgut stammenden Erwerbe.

11.–13. Haftung des Nachlasses (Abs 3)

Am Erbfall beteiligt iS des § 20 III sind nur die Erben, nicht auch **11** die Vermächtnisnehmer, Pflichtteilsgläubiger (anders die Terminologie in §§ 31, 35 II 2) oder gar alle Erwerber von Todes wegen, weil sie alle im Zusammenhang mit dem Erbfall (= Tod einer Person: § 1922 I BGB) erwerben. Unter den am Erbfall Beteiligten iS von § 20 III sind nur die am Erwerb durch Erbanfall Beteiligten (= Erben) zu verstehen. Denn es gibt keinen Grund, warum die Erben für die St der Vermächtnisnehmer oder der Pflichtteilsgläubiger für die St der Erben haften sollten (anders dagegen *Troll/Gebel* § 20 Rz 52, *Moench/Kien-Hümbert* § 20 Rz 14; wie hier aber *Mösbauer,* UVR 98, 340, 341 f). Das kommt in den Materialien zu § 20 III (BRDrs 140/72) deutlich genug zum Ausdruck, in denen es heißt, dass die Nachlasshaftung auf den ungeteilten Nachlass beschränkt worden sei, weil die bisherige Regelung, „nach der die Erben auch nach der Auseinandersetzung noch für die **gegenseitigen StBeträge** haften, unbillig" sei. Die bis dahin geltende „persönliche Haftung der Erben für ihre **gegenseitigen StBeträge**" sei daher aufgegeben worden. Von einer Haftung für die St der Vermächtnisnehmer etc ist nicht die Rede. Es würde auch die Nachlassauseinandersetzung übermäßig komplizieren, wenn vor der Nachlassteilung jederzeit noch damit gerechnet werden müsste, dass der Nachlass für die StSchulden von Vermächtnisnehmern etc in Anspruch genommen werden wird. Die Vermächtnisse dürften nicht mehr vollen Umfangs ausgezahlt werden (§ 32 Anm 11). Nachdem nunmehr StSchulden der Vermächtnisnehmer in Nachversteuerungsfällen noch Jahre nach dem Erbfall neu entstehen können, würde die Fortführung der ungeteilten Erbengemeinschaft nach Auskehrung der Vermächtnisse mit unzumutbaren Haftungsrisiken belastet. Der 64. DJT, 2002, hat im Hinblick auf das Pflichtteilsrecht eine gesetzliche Klarstellung empfohlen, „dass eine Nachlasshaftung allenfalls bis zur Auszahlung des Pflichtteils anerkannt werden kann" (Verh 64. DJT, 2002, Bd II/1 L 110). Der RFH (RStBl 28, 336) hat die Nachlasshaftung für Erwerbe nach § 3 I Nr 4 ausdrücklich ausgeschlossen (vgl BFH BStBl II 09, 783, 785).

11a Die Nachlasshaftung gilt für die **Steuer der am Erbfall Beteiligten.** Gemeint ist nur die ErbSt, nicht die ESt, die im Zuge der Realisierung von Nachlassposten bei der Erbauseinandersetzung anfallen kann. Ob der Nachlass auch für die erhöhte ErbSt einstehen muss, die sich für einzelne Erben aus der Zusammenrechnung mit Vorerwerben nach § 14 ergibt, ist noch nicht ausreichend geklärt.

12 Die **Anordnung der Nachlasshaftung** hat deswegen einen Sinn, weil die ErbStSchulden der Erben zivilrechtlich regelmäßig nicht zu den Nachlassverbindlichkeiten gehören und daher den ungeteilten Nachlass an sich nicht belasten. Die Meinungen zu dieser Frage sind allerdings geteilt. Die steuerrechtliche Rspr (BFH BStBl II 86, 704, 706; 92, 781, 783; II 98, 705, 708) und Literatur (*Troll/Gebel* § 20 Rz 50) neigt zu der Einordnung der ErbStSchuld als Nachlassverbindlichkeit im zivilrechtlichen Sinn. Soweit sich Stimmen im zivilrechtlichen Schrifttum (zB *Erman/Schlüter,* BGB, 12. Aufl 2008, § 1967 BGB Rz 6; aM *Staudinger/Marotzke,* BGB, 2002, § 1967 BGB Rz 33) für die Einordnung als zivilrechtliche Nachlassverbindlichkeit aussprechen, knüpfen sie meist unkritisch an die StRspr an. Die zivilrechtliche Rspr (RG RStBl 44, 131; OLG Hamm OLGZ 90, 393 = MDR 90, 1014; anders neuerdings ohne überzeugende Begründung OLG Naumburg ZEV 07, 381) lehnt die Charakterisierung der ErbStSchuld als zivilrechtliche Nachlassverbindlichkeit ab, weil sie nicht unabhängig von der Inanspruchnahme des Nachlasses durch Verwaltungsakt (dazu *Moench/Kien-Hümbert* § 20 Rz 14) aus dem Nachlass zu bewirken ist. Vielmehr handele es sich um eine St der Erben oder der sonstigen Erwerber von Todes wegen, für die der jeweilige Erwerber persönlich der eigentliche StSchuldner sei und die

Haftung des Nachlasses　　　　　　　　　　　　　　　**12a, 13　§ 20**

er daher aus seinem Vermögen unabhängig vom Nachlass aufzubringen habe. Nur ausnahmsweise kann die Verpflichtung, die ErbSt eines Beteiligten zu tragen, den Charakter einer Nachlassverbindlichkeit annehmen. Dies gilt zum Beispiel dann, wenn der Erblasser die Begleichung der auf ein Vermächtnis entfallenden St dem Nachlass auferlegt hat (§ 10 II).

Bei der Nachlasshaftung, die § 20 III vorsieht, handelt es sich um **12a** eine „Sicherungsmaßnahme zugunsten des StFiskus" (RG RStBl 44, 131). Sie soll sicherstellen, dass auch das noch im ungeteilten Nachlass gebundene gemeinsame Vermögen der Miterben als Haftungsgrundlage für die ErbSt zur Verfügung steht. Weil die ErbSt zivilrechtlich nicht zu den Nachlassverbindlichkeiten gehört (aM *Troll/Gebel* § 20 Rz 50), sondern eine Eigenschuld des Erben darstellt, kann der Erbe seine Haftung wegen der ErbSt nicht auf den Nachlass beschränken (*Kipp* § 15 Anm 14; aM *Troll/Gebel* aaO). Auch kein anderer Erwerber von Todes wegen oder unter Lebenden kann seine Haftung für die ErbSt/SchSt auf das erworbene Vermögen beschränken, was im Fall von Wertverlusten zwischen dem Zeitpunkt der StEntstehung und der Verfügbarkeit des Erwerbs und wegen einer etwa zu der ErbSt zusätzlich hinzutretenden ESt-Schuld durchaus praktisch bedeutsam werden kann. Es gibt keinen Grund, den Erben in dieser Frage gegenüber anderen Erwerbern von Todes wegen oder unter Lebenden zu privilegieren. Für alle Erwerber kann jedoch bei Wegfall der Vermögenssubstanz, aus der die ErbSt/SchSt errechnet worden ist, ein Billigkeitserlass in Frage kommen. Wird die St aus dem ungeteilten Nachlass gezahlt, können nicht nur die Miterben, sondern auch die Nachlassgläubiger, denen auf diese Weise Haftungsmasse entgeht, von dem StSchuldner Erstattung der St zum Nachlass verlangen.

Teilauseinandersetzung. Wird im Wege der **sachlichen Teilaus- 13 einandersetzung** ein Teil des Nachlasses aus der Gemeinschaftsbindung fortgegeben, ein anderer Teil im gemeinschaftlichen Vermögen zurückgehalten, dann dürfte die Nachlasshaftung bis zur endgültigen Teilung fortbestehen, wobei als Nachlass in diesem Fall nur die noch ungeteilte Masse anzusehen ist. Wird ein Erbe im Wege der **persönlichen Teilauseinandersetzung** hinsichtlich seines Anteils mit Nachlassmitteln abgefunden, so dass er aus der Erbengemeinschaft ausscheidet, dürfte die Nachlasshaftung für die ErbSt dieses Erben entfallen, weil der abgefundene Erbe nun frei über das ihm zugewiesene Vermögen verfügen kann. Verbraucht er dieses Vermögen, bevor er die ErbSt entrichtet hat, wäre es unsachgerecht, dieses Risiko des StGläubigers auf seine Miterben nur deshalb zu verlagern, weil sie unter sich noch ungeteilten Nachlass fortführen.

14.–15. Der Vorerbe als StSchuldner (Abs 4)

14 **Der Vorerbe als Erwerber.** Nach § 6 I gilt der Vorerbe als Erbe. Er ist somit Erwerber durch Erbanfall, und als Erwerber ist er StSchuldner nach § 20 I. Diese Aussage ergänzt § 20 IV durch den Hinweis, dass der Vorerbe die ErbSt, die er als StSchuldner zu entrichten hat, zu Lasten des Nacherben aus den Mitteln der Vorerbschaft entnehmen kann (RFH RStBl 35, 1509). Die persönliche St des Vorerben gehört aus zivilrechtlicher Sicht an sich nicht zu den Nachlassverbindlichkeiten. Man könnte auch zweifeln, ob die ErbSt des Vorerben zu den außerordentlichen, auf den Stammwert der Nachlassgegenstände gelegten Lasten zu rechnen ist, die der Vorerbe nach § 2126 BGB auf den Nacherben verlagern kann. Wegen dieser Unsicherheit der zivilrechtlichen Rechtslage stellt § 20 IV ausdrücklich klar, dass aus steuerlicher Sicht die ErbSt des Vorerben (einschließlich der St, die der Vorerbe nach § 20 III aufbringen muss?, einschließlich des Mehrbetrages, den der Vorerbe wegen früherer Zuwendungen des Erlassers nach § 14 schuldet?) den Nachlass (und damit den künftigen Erwerb des Nacherben) belasten soll, so dass im wirtschaftlichen Ergebnis nicht den Vorerben, sondern den Nacherben die durch den Vorerbfall ausgelöste St trifft. Vom Vorerbfall ausgelöst ist auch der StBetrag, um den sich die St für das freie Vermögen dadurch erhöht hat, dass es mit dem StSatz für den gesamten Erwerb belegt wurde (§ 6 II 5). Aus den Mitteln der Vorerbschaft kann der Vorerbe daher nur den Betrag nicht entnehmen, der auf das freie Vermögen entfallen würde, wenn es allein zur Besteuerung käme (RFH RStBl 35, 1509). § 20 IV gilt gleichermaßen für die Fälle des § 6 II und § 6 III und bewirkt eine gegenständliche Haftungsbeschränkung (*Kipp* § 15 Anm 15). Der Vorerbe kann den StZugriff auf sein Privatvermögen abwehren. Sinkt der Wert der Vorerbschaft unter den StBetrag, so geht das zu Lasten des Fiskus, der den Ausfall nicht aus dem Privatvermögen des Vorerben beitreiben kann.

14a § 20 IV wählt die Formulierung, dass der Vorerbe die St aus den Mitteln der Vorerbschaft zu entnehmen „hat". An sich, so könnte man meinen, sollte es dem Fiskus gleichgültig sein, wie der Vorerbe verfährt, wenn ihm nur das Recht, die Vorerbschaft zu belasten, eingeräumt wird, so dass § 20 IV „im Grunde nur für das Verhältnis des Vorerben zum Nacherben, nicht aber für das StRechtsverhältnis von Bedeutung ist" (*Troll/Gebel* § 20 Rz 7). Offenbar will § 20 IV jedoch noch mehr besagen und zum Ausdruck bringen, wie aus der Sicht des Gesetzgebers richtigerweise zu verfahren ist. Aus dieser Aussage ließe sich möglicherweise ableiten, dass der Vorerbe, der die St nicht aus den Mitteln der Vorerbschaft aufbringt, damit dem Nacherben einen Vorteil verschafft, der unter dem Gesichtspunkt der freigebigen Zuwendung seinerseits wieder stpfl sein kann, soweit es nicht im Nacherbfall zu einer Erstattung der St durch den Nacherben kommt (vgl BFH BStBl II 72, 462). Der Anspruch des Vorerben auf Erstattung der von ihm verauslagten St richtet sich nach § 2124 II BGB, ist ab dem Nacherbfall zu verzinsen (§ 256 BGB) und stellt für den Nacherben eine Nachlassverbindlichkeit dar, für die er seine Haftung auf den Nachlass beschränken kann (§ 2144 III BGB). § 20 IV dürfte im Übrigen auch für den Vorerben gelten, der als Schenker nach § 7 I Nr 7 für die St in Anspruch genommen wird.

Entsprechende Anwendung des § 20 IV? Stehen sich nicht der **15** Vorerbe und der Nacherbe, sondern der Erbe und der Erbschaftsnießbraucher gegenüber, so fragt sich, ob der Erbe in entsprechender Anwendung des § 20 IV seine ErbSt aus den Nachlassmitteln entnehmen und damit das Vermögen, aus dem der Nießbraucher seine Erträge zieht, schmälern kann. Die Frage ist zu verneinen. Die persönliche St des Erben ist keine Nachlassschuld (oben Anm 12) und kürzt daher den Nachlass nicht. Würde die Kürzung zugelassen, müsste der Nießbraucher neben seiner eigenen StSchuld mittelbar auch noch die StSchuld des Erben mittragen (RG RStBl 44, 131). Das Verhältnis vom Vorerben zum Nacherben ist nicht mit dem Verhältnis vom Erben zum Nießbraucher vergleichbar. Wollte man dem Erben gestatten, die Ertragsbasis des Nießbrauchers zu kürzen, so würde das eher dem Fall entsprechen, dass der Nacherbe seine St auf den Vorerben verlagert, was durch § 20 IV nicht zugelassen wird.

16.–18. Steuerhaftung des Beschenkten (Abs 5)

StSchuld und StHaftung. Von der Frage, wen als StSchuldner eine **16** eigene StPfl trifft, ist die Frage zu unterscheiden, wer für eine fremde StSchuld einstehen muss. Das Einstehenmüssen für eine fremde StSchuld bezeichnen die §§ 69 ff AO als Haftung. Diese Terminologie wird auch in § 20 V zugrunde gelegt, wenn hier auch in einer eher missverständlichen Ausdrucksweise – und im Unterschied zu Abs 6 – von einer „persönlichen" Haftung des Beschenkten gesprochen wird. Der Haftende – auch der persönlich Haftende iS von § 20 V – ist nicht zur StZahlung verpflichtet. Unterbleibt die StZahlung jedoch, kann der StGläubiger zum Zweck seiner Befriedigung gegen den Haftenden vorgehen und in dessen Vermögen vollstrecken, so als ob er StSchuldner wäre. Die Realisierung der StHaftung setzt allerdings voraus, dass die StZahlung von dem StSchuldner nicht beigetrieben werden kann, weil dieser zB unerreichbar oder mittellos geworden ist (§ 219 S 1 AO).

Der Beschenkte als Haftungsschuldner. Zum Verständnis des **17** § 20 V muss man zwei Vorgänge unterscheiden: den Ersterwerb durch den späteren Schenker und den Zweiterwerb durch den späteren Beschenkten. § 20 V befasst sich nur mit der StHaftung für die durch den Ersterwerb ausgelöste St. Vorausgesetzt wird, dass der Ersterwerb durch Schenkung an den Zweiterwerber weitergeleitet worden ist. Zwar könnte auch die Weitergabe im Erbfall als unentgeltliche Zuwendung iS des § 20 V gedeutet werden. Doch geht § 20 V davon aus, dass die StHaftung des Zweiterwerbers neben die fortbestehende StSchuld des Ersterwerbers tritt, während der Zweiterwerber im Fall der Erbfolge in die StSchuld des Ersterwerbers eintritt, so dass für eine zusätzliche StHaftung des Zweiterwerbers kein Raum bleibt. Unter den genannten Voraussetzungen ordnet § 20 V die StHaftung des Zweiterwerbers an. War der Ersterwerb eine Schenkung, so tritt die StHaftung des Zweiterwerbers neben die StPfl des Ersterwerbers und die StPfl des Schenkers aus dem Ersterwerb. Der Zweiterwerber kann daher aus der Haftung nur dann in Anspruch genommen werden, wenn die beiden am Ersterwerb beteiligten Personen, der Beschenkte und der Schenker, unerreichbar oder mittellos geworden sind.

18 Beschenkter und Schenker als StSchuldner. Der Zweiterwerber haftet für die durch den Ersterwerb ausgelöste St. Und als Beschenkter ist er auch wegen des ihm zugewandten Zweiterwerbs StSchuldner. Unter den Voraussetzungen des § 20 V muss also der Beschenkte als Zweiterwerber die St für den Ersterwerb und für den Zweiterwerb tragen. Da er den Zweiterwerb nur als Folge des Ersterwerbs machen konnte, kann man sagen, dass die ihn treffenden Kosten des Ersterwerbs Erwerbskosten für den Zweiterwerb sind und so den Zweiterwerb in Anlehnung an § 10 V Nr 3 mindern. Der Ersterwerber schuldet die St für den Ersterwerb und als Schenker des Zweiterwerbs muss er auch die St für den Zweiterwerb tragen. So wie den Zweiterwerber, so trifft also auch den Ersterwerber die St für beide Erwerbe, wobei der Ersterwerber die durch den Zweiterwerb ausgelöste St von seinem Ersterwerb nicht zum Abzug bringen, wohl aber die St für den Zweiterwerb im selben Umfang wie der Zweiterwerber um Erwerbskosten kürzen kann (vgl § 10 Anm 50).

19.–22. Sonstige Haftungstatbestände (Abs 6, 7)

19 Versicherungsunternehmen (Abs 6 S 1) können durch Haftungsbescheid vom StGläubiger in Anspruch genommen werden, wenn sie eine stpfl Versicherungssumme oder Leibrente ins Ausland zahlen oder einem im Ausland wohnhaften Berechtigten zur Verfügung stellen, bevor die St entrichtet oder sichergestellt ist. Die Zahlung an einen im Ausland wohnhaften Berechtigten wird schon dann angenommen, wenn die Versicherungsleistung auf Grund einer Anweisung des ausländischen Berechtigten auf eine inländische Bank überwiesen wird (RFH RStBl 34, 925; *Troll/Gebel* § 20 Rz 61), löst aber die StHaftung nur aus, wenn der Berechtigte im Inland über keinen gewöhnlichen Aufenthaltsort verfügt (vgl FG München EFG 89, 465). Dass der Berechtigte außerhalb des Geltungsbereichs dieses Gesetzes einen Zweitwohnsitz hat, reicht also keinesfalls aus. Ob den Versicherungsunternehmen ein Verschulden zur Last fällt oder ob ihnen die Ausländereigenschaft des Berechtigten bekannt war, ist unerheblich (BFH BStBl II 81, 471). Die Versicherungsunternehmen haften für die Steuer. Darunter wird die gesamte von den Erben aus Anlass des Erbfalls geschuldete St verstanden (FG Köln EFG 08, 475). Mit dem Merkmal „die Steuer" ist nur die Hauptforderung des StGläubigers gemeint. Die Haftung erstreckt sich nicht auf Säumniszuschläge oder sonstige steuerliche Nebenleistungen (FG Münster EFG 91, 547). Die Versicherungsunternehmen haften in Höhe des ausgezahlten Betrages für die St. Das kann bedeuten, dass sie für die St haften, die auf den ausgezahlten Betrag entfällt. Die Formulierung kann aber auch zum Ausdruck bringen, dass sie vom StGläubiger in voller Höhe des ausgezahlten Betrages in Anspruch genommen werden können, wenn die StSchuld des Erwerbers in Höhe dieses Betrages offensteht. Der RFH (RStBl 28, 336) hat sich für die zuletzt genannte weitergehende Deutung ausgesprochen (zust *Troll/Gebel* § 20 Rz 63). Der Erlass des Haftungsbescheides (§ 191 AO) stellt eine Ermessensentscheidung des FA dar. Der Bescheid ist nur dann fehlerfrei, wenn das FA von seinem Ermessen in einer dem Zweck der Ermächtigung entsprechenden Weise Gebrauch gemacht hat (BFH BStBl II 81, 471).

Kreditinstitute (Abs 6 S 2) haften wie die Versicherungsunternehmen, wenn sich in ihrem Gewahrsam Vermögen des Erblassers befindet und wenn sie dieses Vermögen vor Entrichtung oder Sicherstellung der St ins Ausland bringen oder einem im Ausland wohnhaften Berechtigten zur Verfügung stellen. Die Kreditinstitute sollten eine Unbedenklichkeitsbescheinigung vom FA einholen, ehe sie Vermögen ins Ausland transferieren. Auch wenn eine solche Bescheinigung nützt den Instituten allerdings nichts, wenn sie dem FA unvollständige Angaben über das verbleibende Vermögen machen, insbesondere nicht deutlich werden lassen, dass ein Teil des verbleibenden Bankguthabens als Rentenzahlung für den Erblasser persönlich bestimmt war und daher nach dem Erbfall zurückgezahlt werden muss (BFH BStBl II 07, 788). Vorausgesetzt wird in Abs 6 S 2, dass es sich bei den zur Haftung herangezogenen Unternehmen um inländische Einrichtungen handelt und dass das in Frage stehende Vermögen zZt des Erbfalls im Inland lag. Denn nur dann kann es nachträglich ins Ausland gebracht oder (mit Nachteilen für die inländische Besteuerung) einem im Ausland wohnhaften

Berechtigten zur Verfügung gestellt worden sein. Zwei Besonderheiten sind jedoch zu vermerken. Zum einen haften die Kreditinstitute (und sonstige Vermögensverwahrer) kraft ausdrücklicher gesetzlicher Anordnung nur, wenn ihnen Vorsatz oder Fahrlässigkeit zum Vorwurf zu machen ist (§ 20 VI 2; leichte Fahrlässigkeit genügt: BFH BStBl III 64, 647; sehr weitgehend in den Anforderungen an die Bankinstitute BFH BStBl II 07, 788). Zum anderen sieht § 20 VI 2 die Haftung nur in Erbfällen vor, weil die Vorschrift nur von Vermögen des Erblassers spricht und die FinVerw die Haftung nicht unter Hinweis auf § 1 II auch auf Schenkungsfälle erstreckt (FinMin Nds BB 65, 445; OFD Hannover v 30. 7. 80 StEK § 20 Nr 1). Die Haftung der Geldinstitute besteht daher nur, wenn **Nachlassvermögen** transferiert wird, nicht auch wenn Guthaben ins Ausland übertragen werden, die vom Erben im Wege der vorweggenommenen Erbfolge erworben sind. Der BFH tritt im Übrigen für eine weiterzige Auslegung des § 20 VI 2 ein und lässt die Kreditinstitute nicht nur für die auf den Erbschaftserwerb entfallende St haften, sondern bezieht auch die St mit ein, die der Erbe für einen Erwerb nach § 3 I Nr 4 zu entrichten hat (BStBl II 09, 763). Die FinVerw steht auf dem Standpunkt, dass die Haftung der Kreditinstitute nach § 20 VI 2 auch dann eingreift, wenn sie dem Berechtigten den Inhalt des bei ihnen geführten Schließfaches zur Verfügung stellen, obwohl ein Gewahrsam der Bank an dem Inhalt des Schließfachs nicht besteht (OFD München DStR 91, 153). Den Kreditinstituten wird geraten, zur erstmaligen Öffnung der Schließfächer nach dem Tod des Berechtigten einen vom zuständigen FA beauftragten Beamten hinzuzuziehen. Die Haftung aus § 20 VI 2 trifft nur das Kreditinstitut, bei dem sich das Vermögen beim Tod des Erblassers befand (vgl aber BFH BStBl III 64, 647; II 94, 116). Durch die Weiterleitung von Geldern nach dem Tod des Erblassers an andere Kreditinstitute geht die Haftung nicht auf diese über (FG München EFG 89, 464). Auszahlungen auf Weisung eines Testamentsvollstreckers begründen keine Haftung der Kreditinstitute, auch wenn sie ins Ausland erfolgen (OFD Hannover ZEV 03, 161). Ob als Vermögen des Erblassers, auf das sich die Haftung bezieht, auch Vermögenssurrogate angesprochen werden können, die nach dem Erbfall an die Stelle von Erblasservermögen treten, ist offen. Der Kaufpreis für die Veräußerung eines Miterbenanteils gehört jedenfalls nicht hierher (BFH BStBl II 92, 348). Auch Anderkonten des Erblassers sind nicht betroffen (*Schmidt* ZEV 03, 129, 134).

21 **Haftung anderer Personen.** Neben den Versicherungsunternehmen und Kreditinstituten haften auch andere Personen, in deren Gewahrsam sich Erblasservermögen zum Erbfallszeitpunkt befindet, nach § 20 VI. Dies können Anwälte oder Notare, StBerater oder Treuhänder sein. Doch darf man nicht „die Anzahl der nach § 20 Abs 6 ErbStG Haftenden in einem vom Gesetz nicht gewollten Umfang erweitern" (FG Berlin EFG 90, 28, 29). Es ist also eher eine restriktive Auslegung angebracht (so auch FG Münster EFG 91, 547). Diese Auslegung hat darauf zu achten, dass die Vermögenswerte schon zum Erbfallszeitpunkt im Gewahrsam des Dritten gestanden haben und nicht erst nach dem Erbfall auf Weisung des Erben vom Dritten auf einem Konto zusammengezogen worden sind. Auch wenn man es für möglich hält, dass sich die haftungsbegründende Stellung auf Erblasserguthaben erstreckt, die erst nach dem Erbfall durch Einzahlungen Dritter begründet oder aufgestockt worden sind (offengelassen in BFH BStBl II 94, 116, unter Hinweis auf BFH BStBl III 64, 647), bleibt zu beachten, dass die Haftung endet, wenn das Geld dem Erben zur Verfügung gestellt worden ist (BFH BStBl II 94, 116). Nach Vorschriften der AO (§§ 34, 35 AO) kann im Übrigen eine Haftung insb Testamentsvollstrecker, Nachlassverwalter und Nachlasspfleger treffen, wenn sie den Nachlass vor Entrichtung oder Sicherstellung der St an die Berechtigten aushändigen. Die Haftungsinanspruchnahme ist ermessensfehlerhaft, wenn die Aushändigung zur Tilgung von StSchulden des Erblassers oder zur Zahlung unaufschiebbarer Erbfallverbindlichkeiten erfolgt (FG München UVR 95, 153). Dieser Gedanke dürfte es auch ausschließen, dass Erben selbst wegen der Auszahlung von Vermächtnissen ins Ausland als Haftungsschuldner in Anspruch genommen werden.

Haftungsfreigrenze (Abs 7). Eine dem Grunde nach gegebene Haftung ist gemäß Abs 7 nicht geltend zu machen, wenn der ausgezahlte oder zur Verfügung gestellte Betrag 600 € je „StFall" nicht übersteigt. Bei diesem Betrag handelt es sich um eine Freigrenze, nicht um einen Freibetrag. Sofern daher ein höherer Betrag als 600 € ausgezahlt oder zur Verfügung gestellt wird, greift die Haftung vollen Umfangs ein. Die Freigrenze gilt nicht für die Haftung nach den §§ 34, 35 iVm § 69 AO. Sie gilt für jeden StFall, dh für jeden einzelnen Erwerb, für den ein selbstständiger StBescheid zu erteilen ist (OFD Erfurt DB 93, 1060).

§ 21 Anrechnung ausländischer Erbschaftsteuer

(1) ¹**Bei Erwerbern, die in einem ausländischen Staat mit ihrem Auslandsvermögen zu einer der deutschen Erbschaftsteuer entsprechenden Steuer – ausländische Steuer – herangezogen werden, ist in den Fällen des § 2 Absatz 1 Nummer 1 und Absatz 3, sofern nicht die Vorschriften eines Abkommens zur Vermeidung der Doppelbesteuerung anzuwenden sind, auf Antrag die festgesetzte, auf den Erwerber entfallende, gezahlte und keinem Ermäßigungsanspruch unterliegende ausländische Steuer insoweit auf die deut-**

§ 21 Anrechnung ausländischer Erbschaftsteuer

sche Erbschaftsteuer anzurechnen, als das Auslandsvermögen auch der deutschen Erbschaftsteuer unterliegt. ²Besteht der Erwerb nur zum Teil aus Auslandsvermögen, ist der darauf entfallende Teilbetrag der deutschen Erbschaftsteuer in der Weise zu ermitteln, daß die für das steuerpflichtige Gesamtvermögen einschließlich des steuerpflichtigen Auslandsvermögens sich ergebende Erbschaftsteuer im Verhältnis des steuerpflichtigen Auslandsvermögens zum steuerpflichtigen Gesamtvermögen aufgeteilt wird. ³Ist das Auslandsvermögen in verschiedenen ausländischen Staaten belegen, ist dieser Teil für jeden einzelnen ausländischen Staat gesondert zu berechnen. ⁴Die ausländische Steuer ist nur anrechenbar, wenn die deutsche Erbschaftsteuer für das Auslandsvermögen innerhalb von fünf Jahren seit dem Zeitpunkt der Entstehung der ausländischen Erbschaftsteuer entstanden ist.

(2) Als Auslandsvermögen im Sinne des Absatzes 1 gelten,

1. wenn der Erblasser zur Zeit seines Todes Inländer war: alle Vermögensgegenstände der in § 121 des Bewertungsgesetzes genannten Art, die auf einen ausländischen Staat entfallen, sowie alle Nutzungsrechte an diesen Vermögensgegenständen;
2. wenn der Erblasser zur Zeit seines Todes kein Inländer war: alle Vermögensgegenstände mit Ausnahme des Inlandsvermögens im Sinne des § 121 des Bewertungsgesetzes sowie alle Nutzungsrechte an diesen Vermögensgegenständen.

(3) ¹Der Erwerber hat den Nachweis über die Höhe des Auslandsvermögens und über die Festsetzung und Zahlung der ausländischen Steuer durch Vorlage entsprechender Urkunden zu führen. ²Sind diese Urkunden in einer fremden Sprache abgefaßt, kann eine beglaubigte Übersetzung in die deutsche Sprache verlangt werden.

(4) Ist nach einem Abkommen zur Vermeidung der Doppelbesteuerung die in einem ausländischen Staat erhobene Steuer auf die Erbschaftsteuer anzurechnen, sind die Absätze 1 bis 3 entsprechend anzuwenden.

Erbschaftsteuer-Richtlinien: R E 21/H E 21.

Übersicht

1.–6. Allgemeines
7.–19. Rein ausländischer Erwerb (Abs 1 S 1)
20.–22. Mischerwerb (Abs 1 S 2)
23., 24. Auslandsvermögen in mehreren Staaten (Abs 1 S 3)
25., 26. Fünfjahreszeitraum (Abs 1 S 4)
27.–32. Begriff des Auslandsvermögens (Abs 2)
33., 34. Nachweise (Abs 3)
35.–37. Anrechnung und DBA (Abs 4)

Allgemeines 1, 2 § 21

Schrifttum: Vgl. die Schrifttumshinweise zu § 2. Ferner insbesondere: *Schaumburg,* Internationales Steuerrecht, 2. Aufl 1998; *Höninger,* Doppelbesteuerung im Erbschaft- und Schenkungsteuerrecht, 2003; *Hamdan,* Die Beseitigung internationaler Doppelbesteuerung durch § 21 ErbStG, 2007; *Schaumburg,* Problemfelder im internationalen ErbStRecht, RIW 01, 161; *Gebel,* Erbschaftsteuer bei deutsch-spanischen Nachlässen, IStR 01, 71; *Moench/Morsch,* Das ErbStDBA zwischen Saarland und Frankreich, ZEV 02, 273; *Kamps,* Erb- und Schenkungsfälle mit Auslandsberührung, ErbStB 03, 29; *Hamdan,* Verfassungs- und europarechtliche Probleme der Anrechnungsmethode des § 21 ErbStG, ZEV 07, 401; *Hellwege,* Nichtanrechnung spanischer ErbSt in Deutschland gemeinschaftskonform, ErbStB 09, 252; *Strunk/Kaminski,* Internationale Aspekte des ErbStRechts, Stbg 09, 158.

1.–6. Allgemeines

Erwerb von Auslandsvermögen. Unter den Voraussetzungen der 1 unbeschränkten StPfl (§ 2 I Nr 1) kann es dazu kommen, dass der Erwerb von Auslandsvermögen durch einen deutschen oder einen ausländischen Erwerber der deutschen ErbSt unterliegt. Wird dieser Erwerb dann nicht nur von der deutschen, sondern auch noch von einer vergleichbaren ausländischen St erfasst, so kommt es zu einer Doppelbesteuerung desselben Erwerbs durch eine gleichartige ausländische und deutsche St. § 21 schließt diese Doppelbesteuerung nicht aus, erlaubt es aber, die aus der Doppelbesteuerung folgende zweifache Belastung des StPfl zum Nachteil des deutschen StFiskus auf eine einfache Belastung zurückzuführen. § 21 ist nicht nur auf die ErbSt, sondern gemäß § 1 II auch auf die SchSt anwendbar.

Anrechnung. Als Verfahren zur Vermeidung der Doppelbelastung 2 wird in § 21 die Anrechnung der ausländischen St auf die deutsche ErbSt genannt. Mit Hilfe dieser Anrechnung wird die auf den Auslandserwerb entfallende deutsche St um den anrechnungsfähigen Betrag der ausländischen St gekürzt **(Anrechnungsmethode).** Wenn § 21 zur Vermeidung der aus der Doppelbesteuerung folgenden Doppelbelastung das Anrechnungsverfahren zur Verfügung stellt, so kann dies bedeuten, dass die Doppelbelastung nur auf dem Weg der Anrechnung beseitigt (oder gemildert) werden soll (*Gebel,* ZEV 06, 131; *Hamdan,* ZEV 07, 405). Möglich ist jedoch auch die Interpretation, dass dem StPfl ein **Wahlrecht** zustehen soll, mit dem er sich zwischen der Kürzung der StSchuld durch Anrechnung und dem Abzug der ausländischen St von der Bemessungsgrundlage nach § 10 V **(Abzugsmethode)** entscheiden kann. Bisher wird durchweg die Auffassung vertreten, dass § 21 den StPfl ausschließlich auf die Anrechnung verweist (FG Nürnberg EFG 63, 311; jetzt für Sonderfälle offen gelassen in FG München EFG 05, 1551; 06, 59; BFH BStBl II 08, 623). Der Abzug von der Bemessungsgrundlage soll nach § 10 VIII ausgeschlossen

§ 21 3 Anrechnung ausländischer Erbschaftsteuer

sein. § 10 VIII sieht jedoch nur vor, dass die ausländische St nicht von der Bemessungsgrundlage für die Berechnung der ausländischen St, die inländische St nicht von der Bemessungsgrundlage zur Berechnung der inländischen St abgezogen werden kann. Über die hier interessierende Frage, ob die ausländische St die Bemessungsgrundlage für die Berechnung der inländischen St kürzen kann, sagt § 10 VIII nichts aus (oben § 10 Anm 59). Regelmäßig ist die Anrechnung auf die StSchuld, die § 21 erlaubt, für den StPfl günstiger, weil sie unmittelbar die StSchuld kürzt und nicht nur mittelbar über die Kürzung der Bemessungsgrundlage auf die StSchuld von Einfluss ist. Gelegentlich kann jedoch auch die Abzugsmethode günstiger sein, weil für sie die in § 21 geregelten Begrenzungen der Anrechnung (vgl unten Anm 18, 20, 30) nicht gelten und weil der Abzug von der Bemessungsgrundlage nicht nur den StBetrag, sondern auch die StStufe verändert, während die Anrechnung die StStufe unverändert lässt. Auch kann die Anrechnung wegen des engen Begriffs des Auslandsvermögens (unten Anm 28 ff) scheitern, während der Abzug dann eine Auffanglösung bietet (anerkannt von der FinVerw im Fall FG München EFG 06, 59; BFH BStBl II 08, 623). Die §§ 10 und 21 schließen die Abzugsmethode nicht deutlich genug aus, deuten vielmehr mit dem Antragserfordernis (unten Anm 7) eher auf ein Wahlrecht hin. § 34c EStG räumt seit 1980 dem StSchuldner ausdrücklich die Wahl zwischen der Anrechnung und dem Abzug ein. Ein entsprechendes Wahlrecht sollte auch für die ErbSt gelten (so früher auch *Troll* § 21 Rz 8; anders dagegen jetzt *Troll/Jülicher* § 21 Rz 6; offen gelassen von *Moench* § 21 Rz 5; dagegen wie hier *Kapp/Ebeling/Geck* § 21 Rz 3).

3 **Erwerb von Inlandsvermögen.** § 21 setzt den Erwerb von Auslandsvermögen voraus und greift nicht ein, wenn nur Inlandsvermögen oder nur Vermögen, das kein Inlandsvermögen ist, aber nach Abs 2 auch nicht als Auslandsvermögen gilt (neutrales Vermögen) erworben wird. Der ganze Problembereich wird nur mit dem Erwerb von Auslandsvermögen in Verbindung gebracht. Zur Abwendung von Nachteilen wird die Umwidmung von Auslandsvermögen in Inlandsvermögen empfohlen (*Kowallik*, DStR 99, 1129). Zu einer aus der Doppelbesteuerung folgenden Doppelbelastung kann es jedoch nicht nur beim Erwerb von Auslandsvermögen, sondern auch dann kommen, wenn der Erwerb von Inlandsvermögen durch die deutsche und zugleich auch noch durch eine ausländische ErbSt erfasst wird. Inlandsvermögen unterliegt der ausländischen ErbSt, wenn der Erwerber, der im Inland beschränkt stpfl ist, im Ausland in den Kreis der unbeschränkt StPfl fällt. Der Erwerb von Inlandsvermögen wird ferner dann im Inland und im Ausland besteuert, wenn für den Erwerb im Inland wie im Ausland die unbeschränkte StPfl gilt. Zum Erwerb doppelt belas-

Allgemeines 4 **§ 21**

teten neutralen Vermögens kann es zB kommen, wenn ein in Deutschland lebender Erblasser spanische Bankguthaben hinterlässt (BFH BStBl II 08, 623). Für Fälle der Doppelbelastung von Inlandsvermögen oder von neutralem Vermögen sieht § 21 keine Abhilfe vor. Denn es gilt als nicht sachgerecht, dass der deutsche StFiskus im Hinblick auf die Besteuerung des Erwerbs von Inlandsvermögen hinter andere Staaten zurücktritt und das eigene StAufkommen unter Berücksichtigung der StZahlung an andere Staaten auf dem Wege der Anrechnung der ausländischen St auf die inländische StSchuld kürzt. Die Doppelbelastung von inländischem Vermögenserwerb kann jedoch durch ausländische gesetzliche Regelungen oder durch DBA vermieden werden. Sieht weder eine ausländische gesetzliche Bestimmung noch ein DBA die Anrechnung der deutschen auf die ausländische St vor, bleibt ferner zu überlegen, ob die Zahlung der ausländischen St bei der Berechnung der deutschen St zumindest insoweit berücksichtigt werden kann, als die ausländische St unter dem Gesichtspunkt der Erwerbskosten zur Kürzung der Bemessungsgrundlage zugelassen wird (§ 10 V Nr 3). Dieser Weg eröffnet sich jedoch nur dann, wenn die ausländische St mit der hier (§ 10 Anm 59) vertretenen Auffassung bei der Bewertung des der inländischen St unterliegenden Vermögens nicht zu der nach § 10 VIII nichtabzugsfähigen eigenen ErbSt des Erwerbers zu rechnen ist. Die FinVerw ist bereit, diesen Weg dann zu gehen, wenn die ausländische St auf ein Vermögen entfällt, das § 21 II nicht als Auslandsvermögen anerkennt, so dass eine Anrechnung nicht in Frage kommt (FG München EFG 06, 59; BFH BStBl II 08, 623).

Eingreifen von DBA. § 21 I 1 beseitigt die aus der Doppelbesteuerung herrührende Doppelbelastung **unilateral** und beschränkt die Anrechnung daher auf solche Fälle des Erwerbs von Auslandsvermögen, die nicht unter die Vorschriften eines Abkommens zur Vermeidung der Doppelbesteuerung (Doppelbesteuerungsabkommen, DBA; Näheres dazu § 2 Anm 14 ff) fallen. Für die Fälle, in denen DBA eingreifen, die zur Anrechnung der ausländischen auf die deutsche ErbSt führen und damit die Doppelbelastung auf Grund **bilateraler** Maßnahmen ausschließen, wird in Abs 4 die entsprechende Anwendung der Abs 1 bis 3 vorgeschrieben. Dieses auf den ersten Blick überraschende Hin und Her wird verständlich, wenn man sich vor Augen führt, dass § 21 **zwei Funktionen** erfüllt. Zum einen regelt § 21 die **Zulassung der Anrechnung** und bestimmt damit, dass die deutsche St durch Anrechnung um den Betrag der ausländischen St gekürzt werden darf. Eine solche Regelung ist für die durch DBA erfassten Fälle nicht erforderlich, weil die DBA entweder der Freistellungsmethode folgen und die Anrechnung gerade nicht kennen oder zwar die Anrechnung vorsehen, dann aber die Grundnorm über die Zulassung der Anrechnung selbst enthalten. Neben der Zulassung regelt § 21 zum zweiten aber auch noch das **Verfahren der Anrechnung,** über das sich die DBA gegebenenfalls nicht näher aussprechen. Wegen der Einzelheiten des Verfahrens der Anrechnung wird § 21 daher nach seinem Absatz 4 auch in den durch DBA erfassten Fällen herangezogen.

5 Überblick über die Anrechnungsvoraussetzungen. Die Anrechnung, die nur auf Antrag eines unbeschränkt StPfl beansprucht werden kann, setzt die Ermittlung einer inländischen St voraus, deren Ausgangsbetrag im Wege der Anrechnung auf einen zu zahlenden Restbetrag herabgesetzt werden soll. Zur Anrechnung zugelassen wird nur eine ausländische St und diese AuslandsSt auch nur dann, wenn sie die folgenden sechs Merkmale erfüllt. Sie muss (1) der deutschen ErbSt entsprechen, sie darf (2) nicht früher als fünf Jahre vor der inländischen St, auf die sie angerechnet werden soll, entstanden sein und sie muss (3) vor der Anrechnung festgesetzt und bezahlt worden sein. Erforderlich ist ferner (4), dass die ausländische St auf Auslandsvermögen iS von Abs 2 entfällt, dessen Erwerb (5) auch der inländischen Besteuerung unterliegt, wobei (6) die ausländische St höchstens bis zu dem Betrag angerechnet werden kann, bis zu dem das Auslandsvermögen im Inland besteuert wird.

6 Überblick über den Gesetzesaufbau. Abs 1 S 1 geht von dem Grundfall eines vollständig aus ausländischem Vermögen bestehenden Erwerbs aus, bei dem das Auslandsvermögen nur mit einem einzigen ausländischen Staat verbunden ist, und regelt unter diesen Voraussetzungen die Anrechnung der ausländischen St. Satz 2 fügt dem den Fall des Mischerwerbs von ausländischem und inländischem Vermögen, Satz 3 den Fall eines mit verschiedenen ausländischen Staaten verbundenen Erwerbs hinzu. Satz 4 sieht eine Anrechnungssperre für den Fall vor, dass die inländische St mehr als fünf Jahre nach der ausländischen St entstanden ist. In Abs 2 wird das Auslandsvermögen näher bestimmt, im Hinblick auf dessen Besteuerung die Anrechnung beansprucht werden kann. Abs 3 zählt die Nachweise auf, die beigebracht werden müssen, um die Anrechnung der AuslandsSt zu erreichen. Abs 4 schließt die Anrechnungsvorschrift mit einer Bestimmung ab, die die entsprechende Anwendung der Anrechnungsregeln bei Geltung von DBA vorsieht.

7.–19. Rein ausländischer Erwerb (Abs 1 Satz 1)

7 Antrag. Die Anrechnung setzt einen Antrag voraus, ein Umstand, der signalisiert, dass die Anrechnung Ausdruck einer Wahlrechts-Ausübung ist, die den Abzug der AuslandsSt als sinnvolle andere Alternative zur Voraussetzung hat (oben Anm 2). Antragsberechtigt ist jeder

Rein ausländischer Erwerb   8, 9   § 21

StSchuldner, auch der Schenker, der zur StZahlung herangezogen wird, auch der Testamentsvollstrecker, Nachlassverwalter oder Nachlasspfleger, der nach § 31 V oder VI die StErklärung abzugeben hat. Für den Antrag gibt es keine besondere Form oder Frist. Der Antrag kann schon vor Abgabe der StErklärung, zusammen mit der Erklärung oder nachträglich bis zur Bestandskraft des StBescheides gestellt werden. Der Antrag ist an das nach § 35 örtlich zuständige Finanzamt zu richten. Wird der Antrag nach Erlass des StBescheides gestellt, ist er mit einem Einspruch gegen den StBescheid zu verbinden. Die Anrechnung erfolgt im Festsetzungsverfahren. Wird die ausländische St, die zur Anrechnung kommen soll, erst nach Bestandskraft des StBescheides entrichtet, ist der StBescheid zu ändern. Die Zahlung der ausländischen St bildet dann ein rückwirkendes Ereignis, das nach § 175 I 1 Nr 2 AO beachtet werden kann (BFH BStBl II 11, 247; R E 21.III ErbStR).

Unbeschränkte Steuerpflicht. Die Anrechnung kann nur „in den Fällen des § 2 Abs 1 Nr 1" verlangt werden, also dann, wenn der Erblasser zur Zeit seines Todes, der Schenker zur Zeit der Ausführung der Schenkung oder der Erwerber zur Zeit der Entstehung der St Inländer ist. Zu den Inländern rechnen dabei alle diejenigen, die das Gesetz in § 2 I Nr 1 S 2 Buchstaben a bis d in den Kreis der Inländer einbezieht. Mit der Verweisung auf § 2 I Nr 1 wird klargestellt, dass § 21 nur zum Zuge kommen soll, wenn der Erwerb der deutschen unbeschränkten StPfl unterliegt. Dieser ausdrücklichen Regelung hätte es nicht bedurft. Denn § 21 setzt voraus, dass inländische St auf den Erwerb von Auslandsvermögen entfällt. Diese Voraussetzung wird nur im Fall der unbeschränkten StPfl erfüllt. In den Fällen der beschränkten StPfl nach § 2 I Nr 3 einschließlich der erweiterten beschränkten StPfl nach § 4 AStG wird die Steuer demgegenüber nur auf den Erwerb von (unterschiedlich weit definiertem) Inlandsvermögen bezogen. Eine Anrechnung ausländischer St auf inländische St für Auslandsvermögen kommt daher in den Fällen der beschränkten StPfl von vornherein nicht in Betracht. 8

Kein Anrechnungsanspruch bei DBA. Nach § 21 I 1 „ist" die ausländische Steuer anzurechnen. Das Gesetz räumt damit dem StSchuldner, der den Anrechnungsantrag stellt (oben Anm 7), einen Anspruch auf Anrechnung ein. Dieser Anspruch besteht nur, „sofern nicht die Vorschriften eines Abkommens zur Vermeidung der Doppelbesteuerung anzuwenden sind". Das Wort „sofern" ist im Sinne von „wenn und soweit" zu interpretieren. DBA, die nur die ErbSt betreffen, lassen daher Raum für die Anwendung des § 21 im SchStBereich (zustimmend *Moench* § 21 Rz 11). Im Verhältnis zu Griechenland findet § 21 außerdem auch auf das unbewegliche Nachlassvermögen Anwendung, da das DBA nur für bewegliches Nachlassvermögen gilt (§ 2 9

Anm 15). Wegen der entsprechenden Anwendung des § 21 im Bereich von DBA vgl im Übrigen Abs 4 (unten Anm 35 ff).

10 **Ausländische Steuer.** Anrechenbar ist die auf Auslandsvermögen (unten Anm 27 ff) entfallende ausländische St. Als ausländische St gilt die St, zu der der Erwerber „in einem ausländischen Staat" herangezogen wird. Wie der Wortlaut zeigt, muss es sich bei der St nicht notwendig um eine St des ausländischen Staates handeln, sondern es genügt, dass die St in dem Staat von Untergliederungen des Staates (Ländern, Provinzen, Kantonen, Gemeinden) erhoben wird. Auch wird nicht vorausgesetzt, dass die anzurechnende St in dem gesamten Staatsgebiet des ausländischen Staates gilt. Auch St, die nur in einzelnen Provinzen, Kantonen etc erhoben werden, sind daher nach § 21 anrechenbar (BFH BStBl III 64, 408).

11 **Entsprechungsklausel.** Zur Anrechnung wird nur eine der deutschen ErbSt entsprechende St zugelassen. Der deutschen ErbSt entspricht nicht nur eine ausländische ErbanfallSt, sondern auch eine NachlassSt, die beim Erbfall von dem Nachlasswert erhoben wird (BFH BStBl II 90, 786 mwN). Der deutschen SchSt ist auch eine Steuer gleichzusetzen, die aus Anlass einer Schenkung verwirklicht wird, aber nicht an die Bereicherung des Erwerbers, sondern an die Entreicherung des Schenkers anknüpft. Fraglich ist, ob auch eine ESt dann den Voraussetzungen der Entsprechungsklausel genügt, wenn sie den Erbfall als Gewinnrealisierungsvorgang bestimmt, soweit sie die mit dem Erbfall realisierten Gewinne erfasst. Die Frage ist für die kanadische capital gains tax diskutiert worden. Während zunächst die Entsprechung verneint wurde (Erl Hessen vom 17. 1. 1979, StEK Nr 2 zu § 21 ErbStG 1974), mehrten sich sodann die Stimmen, die für eine Anrechenbarkeit im Rahmen des § 21 eintraten (vgl *Helmer,* DStR 89, 488). Das FG Münster (EFG 92, 540) hatte sich unter Hinweis auf die in der Entscheidung BFH BStBl II 90, 786 aufgestellten Kriterien für eine Anrechenbarkeit der kanadischen St ausgesprochen. Der BFH BStBl II 95, 540 hat die Anrechenbarkeit jedoch dann verneint. Dafür wird zumindest für diese St ein Abzug von der Bemessungsgrundlage als Nachlassverbindlichkeit zugelassen (*Moench* § 21 Rz 14).

11a **Auf denselben Erwerb entfallende Steuer.** Nur die ausländische St ist anrechenbar, die denselben stpfl Erwerb (zB denselben Erwerb durch Erbanfall) betrifft. Diese Frage spielt bei Einschaltung eines Nachlasstrust eine Rolle. Nach englischem und amerikanischem Recht wird hier der Übergang des Vermögens auf den trust, nach deutschem Recht wurde bisher der Übergang des Vermögens auf den Enderwerber besteuert. Es wurden damit zwar unterschiedliche Abschnitte des Vermögenstransfers erfasst. Doch waren die St einheitlich als St auf den

Rein ausländischer Erwerb 12, 13 **§ 21**

Übergang des Vermögens vom Erblasser auf den Erben gedacht. Daher konnten die angelsächsischen St, die den Übergang des Vermögens auf den trust belasteten, auf die deutsche St beim Erwerb des Endberechtigten angerechnet werden. Nachdem das deutsche Recht aber nun eine doppelte Besteuerung vorschreibt und den Übergang des Vermögens auf den trust schon selbst als stpfl Vorgang ansieht (§ 3 II Nr 1 S 2, § 7 I Nr 8 S 2), kann die ausländische St auch nur noch auf diesen Erwerb angerechnet werden. Ausnahmsweise dann, wenn der Übergang von Vermögen auf den trust die Merkmale eines in Deutschland stpfl Erwerbs (§ 2) nicht erfüllt, kann weiterhin an die Anrechnung auf den Erwerb des Endberechtigten (§ 7 I Nr 9 S 2) gedacht werden.

Auf den Erwerber entfallende Steuer. Nur die St ist anrechenbar, 12 die auf den Erwerber entfällt. Erwerben mehrere, ist die St anteilig anrechenbar (BFH BStBl II 90, 786). Auf den Erwerber entfällt die St, die er vom wirtschaftlichen Ergebnis her gesehen zu tragen hat. Der Erwerber trägt im Ergebnis die St nicht, für die er zwar StSchuldner ist, die er aber zB im Gesamtschuldnerausgleich auf andere verlagern kann. Umgekehrt entfällt auf den Erwerber auch der StBetrag, für den er zwar nicht Schuldner ist, der ihn aber im wirtschaftlichen Ergebnis trifft. Die StZahlung aus dem Nachlass, die zB aus Anlass einer ausländischen NachlassSt aufzubringen ist, die den eigenen Erwerb anteilig kürzt, entfällt daher auf den Erwerber, auch wenn er nicht StSchuldner ist (vgl BFH BStBl II 82, 597). Eine StSubjektidentität im ausländischen und inländischen Recht wird nicht verlangt (R E 21. I ErbStR).

„Steuerfreier" Vermächtniserwerb. Fraglich ist, inwieweit ein 13 StBetrag auf den Vermächtnisnehmer entfällt, wenn ihm das Vermächtnis nach einer Anordnung des Erblassers „steuerfrei" auszuzahlen oder auszuhändigen ist. Die FinVerw (FinMin NW DB 77, 566; zustimmend *Petzoldt* § 21 Rn 9) hatte bisher eine auf den Erwerb entfallende AuslandsSt nicht anerkannt. Demgegenüber hatte *Michel* (8. Aufl dieses Kommentars, § 21 Anm 6) für eine Anerkennung plädiert. Aus seiner Sicht ist nach § 10 I 1 (der den Besteuerungsgrundsatz des § 10 II einschließt) als stpfl Erwerb aus Vermächtnis der Erwerb anzusehen, der dem Betrag des ausgesetzten Vermächtnisses zuzüglich der vom Erben zu entrichtenden St auf das Vermächtnis entspricht. Die auf diesen Bruttoerwerb entfallende AuslandsSt sei dann auf die deutsche St anrechenbar, weil der Erwerber bei dieser Sachbehandlung wirtschaftlich wie im Fall der eigenen StZahlung mit der AuslandsSt belastet ist. Nunmehr ist der BFH (BStBl II 90, 786) dieser Auffassung gefolgt. Das Gericht lässt eine Anrechnung von AuslandsSt durch den Vermächtnisnehmer zu, wenn die AuslandsSt dem Vermächtniserwerb bei der Ermittlung der deutschen St hinzugerechnet wird. Die FinVerw (R E

21 I ErbStR) hat ihre frühere Weisung aufgehoben und sich der neuen Rspr-Linie angeschlossen.

14 „**Steuerfreier" Pflichtteilserwerb.** Auch hinsichtlich des Pflichtteilserwerbs kann es vorkommen, dass der Erblasser den Erben auferlegt, die StLast des Pflichtteilsberechtigten zu übernehmen. Wenn man dann als Pflichtteilserwerb den aus Pflichtteilzahlung und StÜbernahme zusammengesetzten Bruttobetrag versteht, kann man wie beim Vermächtniserwerb sagen, dass auf den Pflichtteilsberechtigten die vom Erben übernommene St im Ergebnis entfällt. Fraglich ist, ob dies auch dann gilt, wenn den Pflichtteilsberechtigten kraft Gesetzes keine StPfl trifft, wenn das Gesetz aber zugleich vorsieht, dass der Pflichtteil nach dem Wert des versteuerten Nachlasses berechnet werden soll. Hier greift jedoch der schon oben (Anm 12) hervorgehobene Grundsatz ein, dass die StZahlung aus dem Nachlass, die den Erwerb anteilig kürzt, auf den Erwerber entfällt, auch wenn er nicht StSchuldner ist. Im Übrigen gilt auch im Pflichtteilsrecht die von der Entscheidung BFH BStBl II 90, 786 vorgezeichnete Linie.

15 „**Steuerfreie" Schenkung.** Übernimmt der Schenker die St, kommt es auch in diesem Fall durch Zusammenrechnung des Schenkungserwerbs mit dem auf ihn entfallenden StBetrag II) zu einer Erhöhung der aus diesem Anlass verwirkten St. Doch trifft die erhöhte St im Ergebnis nicht den Beschenkten, weil sie nur wirksam wird, wenn der Schenker die St übernimmt und damit den Beschenkten von jeder StZahlung freistellt. Ob es genügt, dass der Schenker den Umfang des Geschenks mit der ihn treffenden StLast abgestimmt haben wird, um von einer Belastung des Beschenkten auszugehen, erscheint fraglich.

16 **Endgültige Steuer.** Anrechenbar ist die festgesetzte, gezahlte und keinem Ermäßigungsanspruch unterliegende ausländische St. Festgesetzt ist die St, die in ihrem Umfang amtlich fixiert und durch Bescheid fälliggestellt wurde. Gezahlt ist die St, wenn der StAnspruch durch Tilgungsleistungen erfüllt worden ist. Kann der StAnspruch auf andere Weise als durch Geldzahlung, zB durch Übereignung von Kunstgegenständen getilgt werden, gilt auch diese Tilgung als Zahlung iS des § 21 I 1. Auf die Frage, wer gezahlt hat, kommt es nicht an. Auch Drittleistungen sind Zahlungen im hier interessierenden Sinn. Keinem Ermäßigungsanspruch unterliegt die St, wenn der StSchuldner eine Herabsetzung der St und damit auch eine Rückzahlung der bereits gezahlten St nicht erreichen kann. Aus der Sicht der deutschen FinVerw ist davon auszugehen, dass eine im Ausland festgesetzte Steuer richtig berechnet ist. Die deutsche FinVerw prüft die richtige Berechnung der ausländischen St ohne besondere Anhaltspunkte nicht nach. Daher ist auch im Zweifel anzunehmen, dass die ausländische St keinem Ermäßi-

Rein ausländischer Erwerb

gungsanspruch unterliegt. Ein besonderer Nachweis über das Fehlen eines Ermäßigungsanspruchs braucht nicht erbracht zu werden (vgl Abs 3 S 1). Wird allerdings bekannt, dass der StPfl einen Rechtsstreit führt mit dem Ziel, eine Herabsetzung der ausländischen St zu erreichen, ist die Anrechnung insoweit ausgeschlossen.

Umrechnungskurs. Um die Anrechnung durchführen zu können, muss die AuslandsSt ggf in Euro umgerechnet werden. Nach allgemeiner Meinung ist die Umrechnung auf der Grundlage des amtlichen Devisenkurses durchzuführen. Fraglich ist, auf welchen Stichtag die Umrechnung bezogen werden soll. Nach einer älteren Auffassung der FinVerw (FinMin NW DB 78, 819) und verschiedener FG (Hamburg EFG 89, 184; München EFG 89, 357) war für die Umrechnung der Tag der StZahlung maßgeblich. Für eine Umrechnung nach dem Stichtag der Entstehung der deutschen St ließ sich demgegenüber anführen, dass das Auslandsvermögen, nach dem die ausländische St berechnet wird, bei der Bewertung für die Zwecke der Ermittlung der deutschen St mit seinem Wert zum Tag der StEntstehung angesetzt wird (§ 11). Aus der Sicht der deutschen St erschien es zweckmäßig, nicht nur die Bemessungsgrundlage, sondern auch den bei der StFestsetzung zu berücksichtigenden Anrechnungsbetrag nach den Gegebenheiten zum Zeitpunkt der Entstehung der deutschen St zu ermitteln. Nunmehr hat sich der BFH (BStBl II 91, 521) jedoch für die zweite Alternative entschieden und sich dafür ausgesprochen, den amtlichen, im Bundesanzeiger veröffentlichten Devisenkurs (Briefkurs) für den Tag der Umrechnung zugrunde zu legen, an dem die deutsche ErbSt für den Erwerb entstanden ist. Dem folgt unter Aufgabe ihres früheren Standpunkts jetzt auch die FinVerw (R E 21 II ErbStR).

Die durch Anrechnung zu kürzende inländische Steuer. Die berücksichtigungsfähige ausländische St ist auf die deutsche St anzurechnen. Um den Ausgangswert für die Anrechnung zu erhalten, ist die deutsche St so zu ermitteln, als würde es eine ausländische St auf den Auslanderwerb nicht geben. Die ausländische St darf die Bemessungsgrundlage der deutschen St im Anrechnungsverfahren nicht kürzen, weil es sonst zu einer doppelten Berücksichtigung der ausländischen St bei der Ermittlung der Bemessungsgrundlage der deutschen St und im Anrechnungsverfahren käme. Der Auslanderwerb ist daher als Bruttoerwerb vor Abzug der St in die Bemessungsgrundlage der inländischen St einzufügen. Gegebenenfalls muss die ausländische St dem als Reinerwerb ermittelten ausländischen Erwerb hinzugesetzt werden (BFH BStBl II 79, 438, 440). Die ausländische St darf die Bemessungsgrundlage der inländischen St im Anrechnungsverfahren auch nicht unter dem Gesichtspunkt der Erwerbsaufwendungen (§ 10 V Nr 3) vermindern. Da die Bemessungsgrundlage nicht nur den StBetrag, sondern auch den StSatz bestimmt, ist der StSatz für die inländische St im Fall der Beseitigung der Doppelbelastung durch Anrechnung im Zweifel höher, als er es im Fall des Abzugs der ausländischen St von der Bemessungsgrundlage ohne Anrechnung wäre, woraus sich ein Vorteil der Abzugsmethode gegenüber der in § 21 geregelten Anrechnungsmethode ergibt (vgl oben Anm 2). War der Pflichtteil des StPfl von dem um die ausländische NachlassSt verminderten Nachlasswert berechnet worden oder ist dem StPfl ein Vermächtnis zugefallen, das nach dem Testament des Erblassers nicht um die anteilige ausländische NachlassSt gekürzt werden dürfte, so gilt der Vorteil der Entlastung von der ausländischen St gemäß § 10 II als Teil des Erwerbs, der der Bemessungsgrundlage hinzugerechnet werden muss (BFH BStBl II 90, 786).

19 **Begrenzung der Anrechnung.** Mit der Anrechnung soll die aus einer Doppelbesteuerung folgende Doppelbelastung des Steuerpflichtigen vermieden werden. Es wird also eine Doppelbesteuerung desselben Vermögenserwerbs bei der Zulassung der Anrechnung vorausgesetzt. An dieser Doppelbesteuerung fehlt es, wenn die deutsche St Auslandsvermögen erfasst, das im Ausland nicht besteuert wird. Dann entsteht insoweit keine AuslandsSt, die anrechenbar wäre. Besondere Beschränkungen der Anrechnung erübrigen sich. Umgekehrt liegt es, wenn die AuslandsSt Auslandsvermögen erfasst, das im Inland nicht besteuert wird. Auch in diesem Fall ist eine Doppelbesteuerung nicht gegeben. Würde die AuslandsSt dennoch angerechnet, würde der Zweck der Anrechnung verfehlt. § 21 lässt daher die Anrechnung nur insoweit zu, als das Auslandsvermögen zugleich im Ausland und im Inland der Besteuerung unterliegt. Hat der StPfl also im Ausland St auf den Erwerb von Vermögen gezahlt, das im Inland zB wegen einer sachlichen StBefreiung nach § 13 nicht unter die deutsche StPfl fällt, so ist die auf diesen Teil des Erwerbs entfallende ausländische St nicht anrechnungsfähig. Für die Feststellung, dass Auslandsvermögen der inländischen St unterliegt, genügt der Umstand, dass das Vermögen als steuerbares Gut angesetzt wird. Unterschiede in der Bewertung der Vermögensposten, unterschiedliche Freibeträge, Tarife und Abzüge von der Bemessungsgrundlage bleiben in diesem Zusammenhang außer Betracht (BFH BStBl III 63, 402; BFH HFR 64, 12).

20.–22. Mischerwerb (Abs 1 Satz 2)

20 **Aufteilung der inländischen Steuer.** Nach Abs 1 S 1 ist die ausländische St nur insoweit auf die inländische St anrechenbar, als das Auslandsvermögen der inländischen St unterliegt. Für den Fall des Mischerwerbs von ausländischem und inländischem Vermögen wird daraus gefolgert, dass die für den Auslandserwerb gezahlte AuslandsSt höchstens bis zu dem Betrag anrechenbar ist, der von der InlandsSt auf das ausländische Vermögen entfällt. Denn mit der Anrechnung soll nur die Doppelbelastung hinsichtlich des Erwerbs von Auslandsvermögen beseitigt werden. Der Anrechnungszweck ist daher bereits erfüllt, wenn die ganze im Inland auf das Auslandsvermögen entfallende St durch Anrechnung aufgehoben wird. Wird das Auslandsvermögen im Ausland hoch, im Inland niedrig besteuert und würde man die hohe AuslandsSt im Inland uneingeschränkt zur Anrechnung zulassen, so würde durch die Anrechnung nicht nur die niedrige InlandsSt auf das Auslandsvermögen aufgezehrt, es würde vielmehr bei einem Mischerwerb durch die Anrechnung auch noch ein Teil der St auf das Inlandsvermögen getilgt. Zu einem Vorteil bei der Besteuerung des Inlandsvermögens will § 21 dem StPfl jedoch nicht verhelfen. Daher beschränkt § 21 die Anrechnung auf den Teil der inländischen St, der auf das Auslandsvermögen entfällt. Abs 1 S 1 regelt damit einen Anrechnungshöchstbetrag, der bei seinem Überschreiten einen nichtanrechenbaren StÜberhang zur Folge hat. Einen solchen StÜberhang würde es beim Abzug der ausländischen St von der Bemessungsgrundlage nach § 10 V nicht geben. Darin zeigt sich, dass die Anrechnung auf die StSchuld gegenüber dem Abzug von der Bemessungsgrundlage nicht notwendig vorteilhaft sein muss (vgl oben Anm 2). Bisher wird angenommen, dass der von Abs 1 S 1 vorgeschriebene Anrechnungshöchstbetrag nicht gegen EU-Recht verstößt. Doch gehen die Meinungen auseinander (FG Rh-Pf EFG 02, 1242; BFH/NV 05, 1279; FG Rh-Pf EFG 05, 1446). Um die in Abs 1 S 1 vorgesehene Beschränkung durchzuführen, muss die inländische St in einen auf das Inlandsvermögen und in einen auf das Auslandsvermögen entfallenden Teilbetrag aufgeteilt werden. Das Verfahren für diese Aufteilung der St regelt Abs 1 S 2.

Verfahren der Aufteilung. Für die Zwecke der Aufteilung ist 21 zunächst das „steuerpflichtige Gesamtvermögen" zu ermitteln. Es besteht aus dem Erwerb gehörenden Auslands- und Inlandsvermögen. Steuerfreie Vermögensposten werden in das steuerpflichtige Gesamtvermögen nicht einbezogen (BFH HFR 64, 12). Im Übrigen bezeichnet der Begriff des steuerpflichtigen Gesamtvermögens den Nettowert des Vermögensanfalls. Bei der Feststellung dieses Nettowertes bleiben aber die Freibeträge nach den §§ 16, 17 außer Betracht. Dem stpfl Gesamtvermögen ist das stpfl Auslandsvermögen gegenüberzustellen. Unter stpfl Auslandsvermögen ist der Wert zu verstehen, der sich für das Auslandsvermögen im Rahmen des Nettowertes des Vermögensanfalls als Nettobetrag ergibt. An dieser Stelle ist daher nicht nur der Vermögensanfall in inländischen und ausländischen aufzuteilen. Vielmehr sind auch die Schulden in solche, die zum Inlandsvermögen gehören und solche, die das Auslandsvermögen belasten, zu trennen.

§ 21 22, 23 Anrechnung ausländischer Erbschaftsteuer

Bei dieser Trennung ist der Zusammenhang der Schulden mit bestimmten Vermögensposten zu beachten, der auch zB im Rahmen des § 10 VI zu berücksichtigen ist. Die Verhältniszahl von Auslandsvermögen und Gesamtvermögen gibt dann den Schlüssel an, nach dem die inländische ErbSt in einen auf das Auslandsvermögen und einen auf das Inlandsvermögen entfallenden Anteil aufzuteilen ist.

22 Errechnung des Höchstbetrages. Der Höchstbetrag der Anrechnung ausländischer Steuern errechnet sich somit nach folgender Formel:

$$\text{Höchstbetrag} = \frac{\text{deutsche ErbSt} \times \text{stpfl Auslandsvermögen}}{\text{stpfl Gesamtvermögen}}$$

Beispiel: Enkelkind, StKl I; Freibetrag 200 000 €. Es betragen

a) Stpfl Gesamtvermögen (Nettowert) = 500 000 €
b) InlandsSt 17% von (500 000 ./. 200 000 €) = 51 000 €
c) Stpfl Auslandsvermögen (Nettowert) = 150 000 €
d) AuslandsSt für das Vermögen zu c) = 25 000 €

Es ergibt sich folgende Rechnung:

$$\text{Höchstbetrag} = \frac{51\,000 \times 150\,000}{500\,000} = 15\,300\ \text{€}$$

Im Beispielsfall ist die AuslandsSt in Höhe von 25 000 € also nur bis zum Höchstbetrag von 15 300 € auf die deutsche St anrechenbar. Ein Teilbetrag der AuslandsSt von 9700 € wird von der Anrechnung ausgeschlossen und geht daher dem StPfl im Anrechnungsverfahren als Abzugsposten verloren, obwohl der Betrag tatsächlich gezahlt worden ist und daher auch den StPfl belastet. Ob diese Beschränkung gegen höherrangiges Verfassungs- oder Gemeinschaftsrecht verstößt, ist umstritten (vgl FG Rh-Pf ZEV 93, 170 mit Anm *Jochum* einerseits, *Schnitger*, FR 04, 185, 194 f andererseits).

23., 24. Auslandsvermögen in mehreren Staaten (Abs 1 Satz 3)

23 Per-country-limitation. Nach Abs 1 S 2 ist die InlandsSt für die Zwecke der Anrechnung in Teilbeträge für das Inlandsvermögen und für das Auslandsvermögen zu untergliedern. Mit Hilfe dieser Aufteilung soll der Höchstbetrag ermittelt werden, bis zu dem die ausländische St auf die inländische St angerechnet werden kann. Als Höchstbetrag gilt der Teilbetrag der inländischen St, der auf das Auslandsvermögen entfällt (oben Anm 20 ff). Ohne besondere Anordnung würde der für das Auslandsvermögen anzusetzende Teilbetrag der inländischen St in einer Summe ausgewiesen. Abs 1 S 3 schreibt demgegenüber vor, dass die für das Auslandsvermögen ermittelte inländische St noch in weitere Teilbeträge untergliedert werden muss, wenn das Auslandsvermögen in verschiedenen Staaten belegen ist. Damit soll gesichert werden, dass die Höchstbetragsermittlung für jeden Staat einzeln erfolgt (sog per-country-limitation).

Kritik. Mit der per-country-limitation wird ein neuer Gesichtspunkt in die Höchstbetragsberechnung eingeführt. Während die Höchstbetragsermittlung an sich dazu dient, die inländische St auf Inlandsvermögen von der Anrechnung frei zu halten und zu verhindern, dass die hohe ausländische St auf dem Wege über die Anrechnung der St für im Inland niedrig besteuertes ausländisches Vermögen im Ergebnis auf die inländische Besteuerung von Inlandsvermögen durchschlägt, liegt der Höchstbetragsberechnung nach ausländischen Einzelstaaten das rein fiskalische Interesse zugrunde, die AuslandsSt auf Auslandsvermögen womöglich nur zu einem Teilbetrag zur Anrechnung zuzulassen. Ohne Aufteilung nach Einzelstaaten könnte, so ist die hinter der Gesetzesvorschrift stehende Überlegung, der Höchstbetrag für ein Hochsteuerland mit der nicht ausgeschöpften Anrechnungskapazität eines Niedrigsteuerlandes verrechnet werden. Durch die Aufteilung der inländischen St für Auslandsvermögen nach den Belegenheitsstaaten wird demgegenüber gesichert, dass die nicht ausgeschöpfte Anrechnungskapazität eines Niedrigsteuerlandes auch nicht im Hinblick auf anderswo belegenes Auslandsvermögen ausgenutzt werden kann. 24

Beispiel: Die Inlandssteuer für das Auslandsvermögen in den Staaten A, B und C beträgt je 20 000 €. Demgegenüber wird an Auslandssteuer gezahlt
a) im Staat A: 30 000 €
b) im Staat B: 25 000 €
c) im Staat C: 10 000 €.
Würde das Auslandsvermögen zusammengefasst berücksichtigt, wäre die Auslandssteuer von insgesamt 65 000 € bis zu einem Höchstbetrag von 60 000 € anrechenbar. Da der Höchstbetrag aber nach Einzelstaaten berechnet werden muss, ist für die Staaten A und B nur je 20 000 €, für Staat C nur 10 000 € anrechenbar. Der Höchstbetrag wird auf diese Weise von 60 000 € auf 50 000 € herabgesetzt.

Die erhebliche Komplizierung der Anrechnungsregeln durch Aufteilung der auf das Auslandsvermögen entfallenden Steuer in Unterposten, die für den jeweiligen Belegenheitsstaat gelten, wird durch das fiskalische Interesse, den Anrechnungsbetrag niedrig zu halten, nicht ausreichend gerechtfertigt.

25., 26. Fünfjahreszeitraum (Abs 1 Satz 4)

Zeitnahe Steuerentstehung. Nach Abs 1 S 4 ist die ausländische St nur anrechenbar, wenn die deutsche St zeitnah nach der ausländischen St entstanden ist. Als zeitnah gilt ein Zeitraum von fünf Jahren. Die Regelung ist im Hinblick auf Erwerbe konzipiert worden, die einem 25

Inländer bei Auflösung eines trust nach amerikanischem oder englischem Recht anfallen. Die amerikanische oder englische St wird in diesen Fällen mit dem Tod des Erblassers, also beim Übergang des Nachlassvermögens auf den trust, erhoben. Die deutsche St eines inländischen Substanzerben entstand dagegen in der Regel erst bei Beendigung der Trustverwaltung (BFH BStBl II 86, 615). Mit der Regelung, dass die beim Vermögensübergang auf den trust gezahlte AuslandsSt nur anrechenbar sein sollte, wenn sie innerhalb der 5-Jahres-Frist entstanden war, hatte der Gesetzgeber frühere Anrechnungszweifel (vgl BFH BStBl III 64, 408) beseitigt. Der Vorschrift kommt allerdings gegenwärtig kaum noch praktische Bedeutung zu, da die Besteuerung des Vermögensübergangs unter Einschaltung eines trust im deutschen Recht geändert worden ist (oben Anm 11 a) und da die Besteuerung im Verhältnis zu den USA durch ein DBA geregelt wird, das auch für diese Fragen eine Bestimmung vorsieht, so dass für die entsprechende Anwendung des Abs 1 S 4 auf Grund des § 21 IV kein Raum bleibt.

26 **Einzelheiten.** Der Wortlaut des Abs 1 S 4 ist nicht glücklich gefasst. Bei wortgetreuer Auslegung lässt Abs 1 S 4 die Anrechnung nämlich nur dann zu, wenn die deutsche St „innerhalb von fünf Jahren seit dem Zeitpunkt der Entstehung der ausländischen ErbSt entstanden ist". „Seit dem Zeitpunkt" meint „nach dem Zeitpunkt". Bei gleichzeitigem Entstehen beider St kann also genau genommen eine Anrechnung nicht stattfinden, weil die gleichzeitig entstandene deutsche St nicht „seit dem Zeitpunkt" entstanden ist. Das ist jedoch sicher nicht gemeint. Eindeutig dürfte der Wortlaut dagegen in dem Sinn sein, dass eine nach der deutschen St entstandene ausländische St nicht angerechnet werden darf. Entsteht daher nach einem ausländischen Recht die St für den Erbschaftserwerb erst mit der Annahme der Erbschaft, während das deutsche Recht die StEntstehung schon mit dem Erbfall verknüpft, dann ist die ausländische St – folgt man dem Wortlaut der Bestimmung – nicht anrechenbar, weil sie nach der deutschen entstanden ist. Ein einleuchtender Grund für diese Regelung ist allerdings nicht erkennbar. Daher plädieren *Schaumburg* (RIW 01, 161, 168) und *Troll/Jülicher* (§ 21 Rz 58) für eine analoge Anwendung des § 21 I 4 für den Fall, dass die ausländische ErbSt innerhalb von fünf Jahren nach der deutschen ErbSt entstanden ist; dem hat sich die FinVerw (DStR 12, 136) unter Hinweis auf FG Köln vom 29. 6. 2011 (DStRE 11, 1392) angeschlossen.

27.–32. Begriff des Auslandsvermögens (Abs 2)

27 **Zwei unterschiedliche Begriffe.** In Abs 1 scheint von dem Auslandsvermögen iS eines einheitlichen, feststehenden Begriffs die Rede zu sein. Abs 2 zeigt jedoch, dass im Rahmen des § 21 zwei verschiedene Begriffe des Auslandsvermögens zu unterscheiden sind. Und zwar wird danach unterschieden, ob der Erblasser/Schenker StInländer ist oder nicht. Für den Fall, dass der Erblasser/Schenker StInländer ist (auf die Inländereigenschaften des Erwerbers kommt es unter den Voraussetzungen dieser Alternative nicht an), wird ein enger Begriff des Auslandsvermögens zugrunde gelegt. Für den Fall, dass der Erblasser/ Schenker nicht zum Kreis der StInländer gehört (in diesem Fall muss der Erwerber Inländer sein, damit § 21 überhaupt zur Anwendung kommen kann; vgl oben Anm 12), gilt dagegen ein weiter Begriff des Auslandsvermögens. Diese weite Fassung des Begriffs des Auslandsvermögens begünstigt den Erwerber in zweifachem Sinn. Wird der Begriff des Auslandsvermögens weiter gefasst, dann wächst zum einen der Betrag der AuslandsSt, der anrechenbar ist, weil er auf Auslandsvermögen entfällt. Zum zweiten steigt der Teilbetrag der inländischen St, die für Auslandsvermögen erhoben wird, wenn der weitere Begriff des Auslandsvermögens zur Anwendung kommt. Auf diese Weise wird der Höchstbetrag für die Anrechnung der ausländischen St angehoben. Das Gesetz räumt also im Ergebnis dem inländischen Erwerber, der von einem ausländischen Erblasser oder Schenker erwirbt, höhere Anrechnungsmöglichkeiten ein als dem in- oder ausländischen Erwerber, der seinen Erwerb von einem inländischen Erblasser oder Schenker erhält. Als Grund für diese Unterscheidung wird der Gesichtspunkt angeführt, dass bei einem Erblasser, der kein Inländer war, der Erwerb schon voll der ausländischen St unterlegen hat und insoweit (vom inländischen Fiskus) nur noch die St erhoben werden soll, die auf Inlandsvermögen entfällt.

Der engere Begriff des Auslandsvermögens (Abs 2 Nr 1). War **28** der Erblasser zur Zeit seines Todes oder der Schenker zur Zeit der Ausführung der Schenkung Inländer, rechnen zum Auslandsvermögen nur all die Vermögensgegenstände der in § 121 BewG genannten Art, die auf einen ausländischen Staat entfallen. Nach Abs 2 Nr 1 sind ferner die Nutzungsrechte an Vermögensgegenständen iS von § 121 BewG als Bestandteile des Auslandsvermögens anzusehen, doch ist dieser Hinweis überflüssig geworden, nachdem § 121 BewG die Nutzungsrechte schon selbst aufzählt. § 121 BewG regelt das Inlandsvermögen, das bei beschränkter StPfl der Besteuerung unterliegt. Die hier getroffene Abgrenzung wird nach § 21 II Nr 1 für die Definition des Auslandsvermögens fruchtbar gemacht.

Entsprechende Anwendung des Begriffs des Inlandsvermö- 29 gens. Mit der entsprechenden Anwendung des § 121 BewG zur Bestimmung des Auslandsvermögens werden folgende Vermögensgegenstände zum Auslandsvermögen gezählt:

§ 21 Anrechnung ausländischer Erbschaftsteuer

1. das ausländische land- und forstwirtschaftliche Vermögen;
2. das ausländische Grundvermögen;
3. das ausländische Betriebsvermögen. Als solches gilt das Vermögen, das einem im Ausland betriebenen Gewerbe dient, wenn hierfür im Ausland eine Betriebsstätte unterhalten wird oder ein selbstständiger Vertreter bestellt ist;
4. Anteile an einer Kapitalgesellschaft, wenn die Gesellschaft Sitz oder Geschäftsleitung im Ausland hat und der Gesellschafter (gegebenenfalls zusammen mit ihm nahe stehenden Personen iS des § 1 II AStG) am Grund- oder Stammkapital der Gesellschaft mindestens zu einem Zehntel unmittelbar oder mittelbar beteiligt ist;
5. nicht unter Nummer 3 fallende Erfindungen, Gebrauchsmuster und Topographien, die in ein ausländisches Buch oder Register eingetragen sind;
6. Wirtschaftsgüter, die nicht unter Nr 1, 2 und 5 fallen und einem ausländischen gewerblichen Betrieb überlassen, insbesondere an diesen vermietet oder verpachtet sind;
7. Hypotheken, Grundschulden, Rentenschulden und andere Forderungen oder Rechte, wenn sie durch ausländischen Grundbesitz, durch ausländische grundstücksgleiche Rechte oder durch Schiffe, die in ein ausländisches Schiffsregister eingetragen sind, unmittelbar oder mittelbar gesichert sind. Ausgenommen sind Anleihen und Forderungen, über die Teilschuldverschreibungen ausgegeben sind;
8. Forderungen aus der Beteiligung an einem Handelsgewerbe als stiller Gesellschafter und aus partiarischen Darlehen, wenn der Schuldner Wohnsitz oder gewöhnlichen Aufenthalt, Sitz oder Geschäftsleitung im Ausland hat;
9. Nutzungsrechte an einem der in den Nr 1 bis 8 genannten Vermögensgegenstände.

30 Folgerungen. Der sich an § 121 BewG anlehnende engere Begriff des Auslandsvermögens umfasst also nicht die Gesamtheit der auf das Ausland entfallenden, im Ausland belegenen Vermögensposten, sondern nur einen Teil des Auslandsvermögens im untechnischen Sinn. Anteile an ausländischen Kapitalgesellschaften, die weniger als ein Zehntel des Grund- oder Stammkapitals umfassen, und private Forderungen im Ausland rechnen danach zB nicht zum Auslandsvermögen. Das kann insbesondere bei ausländischen Bankguthaben und Wertpapierbeständen wirtschaftlich ins Gewicht fallen. Die St auf solche nicht zum Auslandsvermögen gehörenden Posten ist nach § 21 nicht anrechenbar. Damit wird die Funktion der Aufzählung von Vermögensposten in § 121 BewG in ihr Gegenteil verkehrt. Während die Funktion der Aufzählung an sich in einer Begrenzung der StPflicht liegt und damit zu Gunsten des StPfl wirkt, wird die Enumeration in § 21 Abs 2

Nr 1 zur Begrenzung der Anrechnungsmöglichkeiten eingesetzt, was sich zum Nachteil des StPfl auswirken muss. Im Ergebnis wird die Doppelbelastung des Erwerbers bei den von § 121 BewG nicht erfassten Gegenständen nicht beseitigt. Auch hier bleibt die Anrechnungsmethode gegenüber dem uneingeschränkten Abzug ausländischer St von der Bemessungsgrundlage zurück (vgl oben Anm 2). Das befriedigt nicht. Auch der Gesichtspunkt der Kapitalverkehrsfreiheit in der EU scheint betroffen. Der EuGH (DStR 2009, 326) hat auf Vorlage des BFH (BStBl II 08, 623) jedoch entschieden, dass § 21 II Nr 1 nicht gegen Gemeinschaftsrecht verstößt (hier: Bankguthaben in Spanien).

Der weitere Begriff des Auslandsvermögens (Abs 2 Nr 2). 31
Gehörte der Erblasser zur Zeit seines Todes oder der Schenker zur Zeit der Ausführung der Schenkung nicht zum Kreis der Inländer, wie ihn § 2 Abs 1 beschreibt, ist dagegen der Erwerber zu den Inländern iS des § 2 Abs 1 zu zählen, so rechnen alle Vermögensgegenstände zum Auslandsvermögen, die nicht iS von § 121 BewG Inlandsvermögen sind. Wiederum wird also auf § 121 BewG Bezug genommen, doch hier in einer anderen Funktion. Während Abs 2 Nr 1 mit dem Verweis auf § 121 BewG umschreibt, welche einzelnen Vermögensposten zum Auslandsvermögen gehören, womit zugleich alle nicht aufgezählten Posten nicht Auslandsvermögen sind, bezeichnet Abs 2 Nr 2 mit der Verweisung auf § 121 BewG die Posten, die zum Inlandsvermögen gehören, und stellt damit fest, dass alle Posten, die von § 121 BewG nicht erfasst werden, zum Auslandsvermögen zu rechnen sind.

Folgerungen. Während die Begriffsbestimmung des Abs 2 Nr 1 im 32 Vergleich zu einem natürlichen Begriff des Auslandsvermögens zu eng gefasst erscheint, ist der Begriff des Auslandsvermögens in Abs 2 Nr 2 demgegenüber sehr weit geraten. Denn er umfasst auch Vermögensgegenstände, die mit dem Ausland nichts zu tun haben, wie inländische Beteiligungen, die nicht die Zehn-Prozent-Grenze des § 121 Nr 4 BewG erreichen, sowie nicht zu einem Betriebsvermögen gehörende Forderungen im Inland (einschließlich der in Wertpapieren verbrieften Ansprüche). Unter Zugrundelegung dieser Auslandsvermögensdefinition werden daher im Ergebnis AuslandsSt auf Vermögensposten zur Anrechnung zugelassen, die bei natürlicher Betrachtung auf das Inland entfallen. Auch das erscheint im Ergebnis nicht ausreichend durchdacht.

33., 34. Nachweise (Abs 3)

Nachweis des Auslandsvermögens. Der Erwerber, der die An- 33 rechnung beantragt, hat dem FA gegenüber einen Nachweis über die Höhe des Auslandsvermögens zu führen. Nur das Vermögen braucht nachgewiesen zu werden, auf das sich der Anrechnungsantrag stützt.

Steuerfreies Auslandsvermögen, das für die Anrechnung keine Rolle spielt, sowie Posten des Auslandsvermögens, auf deren Berücksichtigung der Antragsteller verzichtet, brauchen nicht nachgewiesen zu werden. Nachzuweisen sind das Vermögen und die Höhe des Vermögens. Demnach sind auch hinsichtlich der Bewertung des Vermögens Nachweise zu führen. Der Nachweis ist durch Urkunden zu führen. An den Nachweis sollten keine unnötigen Anforderungen gestellt werden. Soweit kraft der Regelung des Abs 2 Nr 2 auf das Inland entfallende Posten zum Auslandsvermögen gehören, sollte an den Nachweis dieser Posten kein höherer Anspruch gestellt werden, als er für den Nachweis inländischer Schulden bei Anwendung des § 10 V gilt.

34 **Nachweis der ausländischen Steuer.** Der Erwerber muss nicht nur über das Auslandsvermögen, sondern auch über die Festsetzung und Zahlung der ausländischen St dem FA gegenüber den Nachweis durch Urkunden führen. Damit wird nicht verlangt, dass in jedem Fall der StBescheid und ein Beleg über die geleistete Zahlung vorgelegt werden muss. Sofern der Erwerber den StBescheid nicht erhalten und die St nicht selbst gezahlt hat, genügt es, wenn er diejenigen Unterlagen vorlegt, die er selbst als Beleg über die Höhe seines Erwerbs und seines davon abgezogenen StAnteils erhalten hat. So wird die Endabrechnung eines ausländischen Testamentsvollstreckers, Rechtsanwalts oder Geldinstituts über die Abwicklung der Erbschaft im Allgemeinen den Anforderungen an den Urkundennachweis nach Abs 3 genügen.

35.–37. Anrechnung und DBA (Abs 4)

35 **Vorrang von DBA vor § 21.** DBA gehen dem nationalen Gesetzesrecht vor. § 21 greift daher nur dort ein, wo einschlägige DBA fehlen oder für die Anwendung der Anrechnungsregeln des § 21 Raum lassen. Auf den erstgenannten Fall nimmt Abs 1 S 1 Bezug. Die direkte Anwendung des § 21 (I–III) wird hier auf Anrechnungsfälle aus dem DBA-freien Raum beschränkt. Der zweitgenannte Fall ist in Abs 4 angesprochen. Hiernach sind die Absätze 1 bis 3 des § 21 im Geltungsbereich von DBA entsprechend anzuwenden, wenn die DBA die Anrechnung ausländischer St auf die inländische St zulassen, dabei aber das Anrechnungsverfahren nicht in den Einzelheiten regeln. § 21 I–III bestimmt in diesem Fall, wie die Anrechnung durchgeführt werden soll.

36 **Entsprechende Anwendung der Anrechnungsregeln.** Sieht ein DBA die Anrechnung ausländischer St für Auslandsvermögen auf die inländische, dasselbe Vermögen betreffende St vor, soll nach Abs 4 die Unterscheidung der verschiedenen Begriffe des Auslandsvermögens gemäß Abs 2 anwendbar sein. Es soll die Höchstbetragsgrenze des Abs 1

Renten, Nutzungen, Leistungen §§ 22, 23

S 2 in ihrer Ausprägung als per-country-limitation (Abs 1 S 3) gelten. Der Fünf-Jahres-Zeitraum des Abs 1 S 4 soll beachtet werden. Nur das in beiden Staaten besteuerte Vermögen soll bei der Anrechnung berücksichtigungsfähig sein (Abs 1 S 1).

Anwendbarkeit bei der Anrechnung inländischer Steuer? 37
Abs 4 sieht die entsprechende Anwendung des § 21 im Bereich von DBA nur für die Anrechnung ausländischer St vor. Für die Anrechnung inländischer St auf die AuslandsSt werden im Zweifel ausländische Gesetze maßgeblich sein. § 21 ist in diesem Bereich nicht anwendbar. Undeutlich bleibt, ob § 21 auch in dem Fall anwendbar sein kann, dass ein DBA die Anrechnung ausländischer St für Inlandsvermögen auf die inländische St zulässt. Abs 4 erwähnt nicht ausdrücklich, dass die Anwendung der Abs 1 bis 3 nur für die Anrechnung von AuslandsSt für Auslandsvermögen zugelassen werden soll. Doch deutet der Verweis auf die Regelungen der Abs 1 und 2 in diese Richtung.

§ 22 Kleinbetragsgrenze

Von der Festsetzung der Erbschaftsteuer ist abzusehen, wenn die Steuer, die für den einzelnen Steuerfall festzusetzen ist, den Betrag von 50 Euro nicht übersteigt.

Erbschaftsteuer-Richtlinien: H E 22.

Die Regelung dient der Verwaltungsvereinfachung. Bei der Kleinbetragsgrenze handelt es sich um einen Verzicht des StGläubigers auf StBeträge bis einschl 50 € je StFall, dh je stpfl Erwerb von Todes wegen oder durch Schenkung unter Lebenden. Der gesetzlich ausgesprochene Verzicht bedeutet gleichzeitig, dass der StSchuldner einen Rechtsanspruch darauf hat, dass ihm eine St bis einschl 50 € nicht abverlangt wird. Sollte ihm versehentlich ein solcher StBescheid zugehen, so kann er im Wege des Einspruchs dessen Zurücknahme verlangen. Die Kleinbetragsgrenze ist jedoch nur eine **Freigrenze.** Ist der StBetrag höher als 50 € – und sei er noch so geringfügig höher –, so hat der StSchuldner den vollen Betrag (also nicht etwa lediglich den StBetrag nach Abzug von 50 €) zu entrichten.

§ 23 Besteuerung von Renten, Nutzungen und Leistungen

(1) ¹Steuern, die von dem Kapitalwert von Renten oder anderen wiederkehrenden Nutzungen oder Leistungen zu entrichten sind, können nach Wahl des Erwerbers statt vom Kapitalwert jährlich im voraus von dem Jahreswert entrichtet werden. ²Die Steuer wird in diesem Fall nach dem Steuersatz erhoben, der sich nach

§ 19 für den gesamten Erwerb einschließlich des Kapitalwerts der Renten oder anderen wiederkehrenden Nutzungen oder Leistungen ergibt.

(2) ¹Der Erwerber hat das Recht, die Jahressteuer zum jeweils nächsten Fälligkeitstermin mit ihrem Kapitalwert abzulösen. ²Für die Ermittlung des Kapitalwerts im Ablösungszeitpunkt sind die Vorschriften der §§ 13 und 14 des Bewertungsgesetzes anzuwenden. ³Der Antrag auf Ablösung der Jahressteuer ist spätestens bis zum Beginn des Monats zu stellen, der dem Monat vorausgeht, in dem die nächste Jahressteuer fällig wird.

Erbschaftsteuer-Richtlinien: H E 23.

Übersicht

1.–3. Allgemeines
4.–9. Jahreswert und JahresSt (Abs 1 S 1)
10.–12. Berechnung und Festsetzung der JahresSt (Abs 1 S 2)
13., 14. Ablösung der JahresSt (Abs 2)

Schrifttum: *Stempel,* Ermittlung des maßgeblichen Steuersatzes für die Durchführung der Jahresversteuerung nach § 23 ErbStG, UVR 00, 390; *Moench,* Vorsicht bei Wahl und Abwahl der JahresErbSt, ZEV 01, 303; *Korezkij,* JahresErbSt – ein Glücksspiel mit gezinkten Karten?, ZEV 01, 305; *Moench,* Stundung von ErbSt nach § 25 ErbStG in den Fällen der Jahresbesteuerung, UVR 03, 229; *Kirnberger/Wertz,* Wahlrechte beim Erwerb von Renten, Nutzungen und Leistungen, ErbStB 04, 307; *Götz,* Die Ermittlung der JahresSt nach § 23 ErbStG bei Zusammenrechnung mit Vorerwerben, ZEV 06, 260; *Esskandari,* Die Besteuerung von Renten, Nutzungen und Leistungen nach dem ErbStRG, ZEV 08, 323; *Fuhrmann,* Doppelbelastung mit ESt und ErbSt, ErbStB 08, 244; *Geck,* Die JahresErbSt als Sonderausgabe?, DStR 10, 1977.

1.–3. Allgemeines

1 Grundgedanke. Erwirbt der StPfl ein Nutzungsrecht, ein Recht auf Rentenzahlung oder auf andere wiederkehrende Leistungen, so entsteht die St mit dem Rechtserwerb. Die Bereicherung des Erwerbers, die er mit dem Rechtserwerb erzielt, ist durch Kapitalisierung und Abzinsung der laufenden künftigen Erträge nach Maßgabe der §§ 13 ff BewG zu ermitteln. Die ErbSt erfasst damit den Kapitalwert des ihm zugefallenen Rechts. Obwohl der StPfl die Nutzungen und Rentenleistungen erst in der Zukunft sukzessive realisiert, wird die St schon vorweg beim Erwerb des Rechts auf Bezug von Renten, Nutzungen oder Leistungen und dann auch in einem Einmalbetrag erhoben. Das kann beim Erwerber zu Schwierigkeiten führen, weil er sein auf die Zukunft gerichtetes Recht notfalls beleihen muss, um die vorab als Einmalzahlung fällige St zu tilgen. Hier gibt § 23 eine Abhilfemöglichkeit. § 23 erlaubt es, die St auf die Laufzeit des Rechts zu verteilen und auf den sukzessiven

Allgemeines 2, 3 § 23

Eingang der Erträge mit einer sukzessiven StZahlung zu reagieren. Der Erwerber muss allerdings damit rechnen, dass er wegen eines in den Jahreszahlungen angeblich oder wirklich enthaltenen Zinsanteils neben der ErbSt auch noch zur ESt herangezogen wird (FG Düsseldorf EFG 08, 849; vgl auch FG Hbg EFG 06, 1080).

Umsetzung des Grundgedankens. Um dem sukzessiven Eingang 2 der Erträge bei der StZahlung Rechnung zu tragen, könnte das ErbStG verschiedene Wege einschlagen. Es könnte den StGegenstand verändern, nicht schon den Erwerb des Rechts, sondern erst den Erwerb der jährlichen Erträge (Nutzungen oder Rentenleistungen) als stpfl Vorgang behandeln, die St an den jährlichen Eingang der Nutzungen oder Rentenleistungen anknüpfen und so zu einer periodischen StEntstehung und -entrichtung gelangen. Das ErbStG könnte auch umgekehrt an der StEntstehung beim Rechtserwerb und an der Bewertung des Rechts mit dem Kapitalwert festhalten und dem StPfl nur die Tilgung der St in Raten zubilligen, wie es § 24 unter den dort gegebenen Voraussetzungen vorsieht. Beide Wege werden in § 23 nicht eingeschlagen. § 23 verändert nicht den StGegenstand. Vielmehr bleibt es dabei, dass schon der Rechtserwerb und nicht erst der Erwerb der jährlichen Nutzungen und Rentenleistungen zur StEntstehung führt. Andererseits wird in § 23 auch nicht nur eine jährliche Ratenzahlung für die St auf den Kapitalwert vorgesehen. Vielmehr bringt § 23 eine **neue Berechnungsmodalität** (FG Hbg EFG 87, 130) für die St auf den Rechtserwerb, beeinflusst damit nicht nur die **Zahlungsweise** (so aber BFH BStBl II 11, 680 im Anschluss an FG Münster EFG 03, 1029), sondern auch die Ermittlung des Umfangs der bereits entstandenen ErbSt.

JahresSt. § 23 verbindet also eine besondere Bewertungsregelung 3 mit der Anordnung, die auf der Grundlage dieser Bewertungsregelung ermittelte St nicht nur einmal, sondern Jahr für Jahr zu entrichten. Die besondere Bewertungsregelung, mit der § 23 von § 12 I und von den dort herangezogenen §§ 13 ff BewG abweicht, liegt in der Bestimmung, den Wert des Nutzungs- oder Rentenrechts, das mit einer Laufzeit von mehr als einem Jahr gedacht wird, statt mit dem auf die volle Laufzeit des Rechts bezogenen Kapitalwert nur mit dem auf eine Jahresleistung oder -nutzung bezogenen Jahreswert zu ermitteln. § 23 sieht also vor, dass das Nutzungs- oder Rentenrecht so bewertet werden soll, als wenn es dem Berechtigten nur für ein Jahr zustünde. Dabei wird jedoch der StSatz zur Anwendung gebracht, der für den gesamten Erwerb maßgeblich ist (unten Anm 10). Und der auf einen solchen Rechtserwerb entfallende StBetrag, die sog JahresSt (= vom Jahreswert des Rechts ermittelte St), soll dann aber über die ganze Laufzeit des Rechts hinweg Jahr für Jahr erhoben werden.

4.–9. Jahreswert und Jahressteuer (Abs 1 Satz 1)

4 Renten, Nutzungen, Leistungen. Abs 1 S 1 setzt voraus, dass St vom Kapitalwert von Renten oder anderen wiederkehrenden Nutzungen oder Leistungen zu entrichten sind. Mit dem neutralen Ausdruck „Steuern" wird nur die ErbSt/SchSt angesprochen. Renten sind nach der an das bürgerliche Recht (§ 759 BGB) anknüpfenden Definition auf einem Stammrecht beruhende, fortlaufend wiederkehrende, gleichmäßige, zahlen- oder wertmäßig festgelegte Leistungen in Geld oder vertretbaren Sachen, die von persönlichen Verhältnissen oder Beziehungen zwischen Gläubiger und Schuldner untereinander unabhängig sind. Nutzungen sind Früchte oder Gebrauchsvorteile einer Sache oder eines Rechts (§ 100 BGB). Sonstige wiederkehrende Leistungen sind insbesondere rentenähnliche Geldschulden, die aber zB nicht gleichmäßig, sondern in veränderlicher Höhe anfallen. In allen Fällen wird ein einheitliches Recht auf Bezug dieser Renten, Nutzungen oder Leistungen vorausgesetzt. Da zu den Nutzungen auch die Früchte eines Rechts gehören und da die einzelnen Rentenleistungen oder sonstigen Geldleistungen als Früchte des Stammrechts angesprochen werden können, passt der Begriff der Nutzungen in diesem Zusammenhang als Oberbegriff auch für die Renten und Leistungen. Das Recht auf Zahlung von Erbbaurechtszinsen wird derzeit im ErbStRecht nicht als ein neben dem Grundstückswert gesondert zu erfassendes Recht verstanden. Es fällt daher nicht unter § 23 (FG München EFG 00, 1265). Auch wenn der Erbbauzins für die Bewertung des erbbaurechtsbelasteten Grundstücks eine Rolle spielt, verkörpert das Grundstück dennoch kein Zinsstammrecht und lässt daher das Wahlrecht nach § 23 nicht zu (vgl BFH BStBl II 03, 944).

5 Steuerpflichtiger Erwerb. Das Recht auf Nutzungen (Renten, sonstige Leistungen) muss von Todes wegen oder durch Schenkung unter Lebenden erworben sein und zu einem stpfl Erwerb iS von § 10 gehören. Weiter wird vorausgesetzt, dass das Nutzungsrecht bei der Ermittlung des stpfl Erwerbs nach § 12 I iVm den §§ 13 bis 16 BewG mit seinem Kapitalwert zu bewerten ist und dass auf den so ermittelten Erwerb tatsächlich St entfallen. Verzichtet der Schenker auf den von ihm vorbehaltenen Nießbrauch an dem Schenkungsobjekt, so erwirbt der Beschenkte nicht etwa das Nutzungsrecht, das bisher noch dem Schenker zustand, sondern das Nutzungsrecht erlischt, der Beschenkte ist nunmehr als Eigentümer nutzungsbefugt, der Beschenkte erweitert seinen Rechtskreis nicht, sondern es fällt lediglich eine Belastung seines Erwerbs fort. Für den Vorteil des Beschenkten aus dem Nießbrauchsverzicht kann daher keine jährliche Versteuerung erfolgen (*Michel*, DStR 86, 462; so jetzt auch *Troll/Jülicher* § 23 Rz 5). Nach der Entscheidung des FG Hbg (EFG 78, 25) soll § 23 im Fall einer unverzinslichen in gleichmäßigen Raten zu tilgenden Kapitalforderung jeweils dann entsprechend anzuwenden sein, wenn die Resttilgungszeit beim Erbfall noch 7 Jahre beträgt und wenn die Tilgungsleistungen beim Empfänger der ESt unterliegen.

Wahlrecht. Wird ein Nutzungsrecht (Anm 4) durch stpfl Erwerb 6 (Anm 5) erworben, so besteht nach § 23 I 1 ein Wahlrecht des Erwerbers: Er kann statt der Bewertung des Rechts mit dem Kapitalwert die Bewertung mit dem Jahreswert wählen und hat dann die so ermittelte St statt durch Einmalzahlung jährlich zu entrichten. Das Wahlrecht wird mit einem **Antrag** ausgeübt, mit dem der Erwerber die Besteuerung nach dem Jahreswert verlangt. Unterbleibt dieser Antrag, wird die St nach dem Kapitalwert festgesetzt. Die Besteuerung nach dem Jahreswert kann solange gewählt werden, wie eine StFestsetzung nach dem Kapitalwert noch nicht bestandskräftig ist (vgl BFH BStBl II 68, 210; FG Hbg EFG 78, 25) oder unter dem Vorbehalt der Nachprüfung steht (FG Nürnberg ErbSt 03, 873). Später kann allenfalls auf der Grundlage der bestandskräftig festgestellten Besteuerungsgrundlagen (wie insb StSatz) die sofortige StZahlung in eine jährliche StZahlung umgewandelt werden (s RFH RStBl 38, 751). Bei einer Rente, Nutzung oder Leistung, die mehreren Personen gemeinsam zusteht, kann jeder Berechtigte für seinen Erwerb, also für seinen Anteil an der Rente usw zwischen den beiden Möglichkeiten der StEntrichtung wählen. Das **Wahlrecht steht dem Erwerber zu.** Nimmt die FinVerw jedoch im Fall der Schenkung unter Lebenden den Schenker auf StZahlung in Anspruch, muss ihm das Wahlrecht nach § 23 zustehen (FinVerw H E 23 ErbStH).

Jahreswert statt Kapitalwert. Mit dem Wahlrecht kann der Erwerber 7 die Versteuerung seines Rechts nach dem Jahreswert statt nach dem Kapitalwert wählen. Die Besteuerungsgrundlagen werden mit dieser Wahl nicht verändert. Es geht um die Besteuerung desselben Rechts, das entweder mit dem Kapitalwert (= vervielfachten Jahreswert) oder mit dem Jahreswert (= einfachen Jahreswert) anzusetzen ist. Für die Bewertung sind einheitlich die Verhältnisse zum Zeitpunkt des Erwerbs des Rechts maßgeblich (§ 11). Es wird also nicht der jeweilige Jahreswert, sondern der bei Erwerb des Stammrechts maßgebliche Jahreswert ermittelt. Bei schwankenden Jahresbeträgen wird der Jahreswert mit dem Durchschnittsbetrag vom Bewertungsstichtag zugrunde gelegt (BFH BStBl III 57, 447; II 79, 562).

Jährliche Entrichtung statt Einmalzahlung. Die St vom Jahres- 8 wert entsteht wie die St vom Kapitalwert mit dem Erwerb des Rechts (§ 9; BFH BStBl III 51, 142). Die Besonderheit der St vom Jahreswert liegt darin, dass sie vom Gesetz als JahresSt ausgestaltet ist und als solche nicht nur einmal im Anschluss an den Erwerb, sondern jährlich neu aufgebracht werden muss. Jährlich bedeutet: Jahr für Jahr über die ganze Laufzeit des Rechts. Fraglich ist, **von welchem Standpunkt aus die Laufzeit des Rechts beurteilt** werden soll. Die Rspr und mit ihr das Schrifttum verfolgen in dieser Frage keine klare Linie. Bei Berechtigungen auf Lebenszeit wird nicht die durchschnittliche, aus der Sicht des Rechtserwerbs zu erwartende, sondern die tatsächliche Lebenszeit zugrundegelegt. Lebt der Berechtigte länger, als es der durchschnittlichen Lebenserwartung entspricht, muss die JahresSt entsprechend länger entrichtet werden (so zB *Moench* § 23 Rz 23). Stirbt er vorzeitig, wird auch die StPfl vorzeitig beendet. Die St passt sich also in diesen Fällen der tatsächlichen Laufzeit des Rechts an. In anderen Fällen soll dagegen allein die Laufzeit des Rechts aus der Sicht beim Rechtserwerb entscheidend sein. Erlischt das Recht vorzeitig durch **Verzicht** (FG Nürnberg EFG 71, 490; BFH BStBl II 89, 896) oder auf andere Weise, ist die JahresSt über den Erlöschenszeitpunkt hinaus fortzuentrichten (RFH RStBl 31, 141; *Troll/Jülicher* § 23 Rz 24), sofern nicht Gründe vorliegen, die auch bei einer Besteuerung nach dem Kapitalwert zu einer Berichtigung der Besteuerung Anlass geben würden (§ 5 II, 14 II BewG). Die St passt sich also in diesen Fällen der tatsächlichen Laufzeit des Rechts nicht an. Der BFH hat zu § 23 in der soeben zitierten Entscheidung trotz der abweichenden vorinstanzlichen Entscheidung des FG Köln nur in einem einzigen Satz Stellung genommen (BFH BStBl II 89, 896). Er hat damit die Problematik nicht ausgeschöpft. Die Frage der Laufzeit der St bedarf daher noch immer einer grundsätzlichen Überprüfung. Dagegen besteht Einverständnis darüber, dass der Betrag der St auch bei schwankendem Umfang des Rechts unverändert bleibt. Der StBetrag passt sich dem jeweiligen Umfang des Rechts nicht an. Es besteht folglich kein Anspruch auf Herabsetzung der JahresSt, wenn der Jahresbetrag der Rente oder Nutzung, der der StFestsetzung zugrunde liegt, vorübergehend nicht mehr erzielt werden kann.

9   **Vor- und Nachteile der Wahl.** Die jährliche Versteuerung bedeutet zunächst einen **Zahlungsvorteil** für den Erwerber. Er braucht die St nicht im Voraus für die gesamte, erst später realisierte Bereicherung zu entrichten, sondern kann sich auf die StZahlung beschränken, die der jährlich realisierten Bereicherung entspricht. Sodann konnte die jährliche Entrichtung bisher unter dem Gesichtspunkt zu einer Ersparnis führen, dass der Berechtigte die JahresSt **bei der ESt als Sonderausgabe** abziehen kann („dauernde Last" iS des § 10 I 1 a EStG; vgl § 35 S 3 EStG aF; Nachweise aus der Rspr in der Vorauflage). Doch hat sich der BFH (BStBl II 11, 680) inzwischen den Stimmen angeschlossen, die den Abzug nach geltendem Recht ausschließen (*Schmidt/Drenseck,* EStG, 29. Aufl 2010, § 35b Rz 27; *Geck,* DStR 10, 1977 mwN). Ein **Nachteil** der jährlichen Versteuerung ergibt sich, wenn die JahresSt bei auf die Lebenszeit des Berechtigten gestellten Renten und Nutzungen nach der tatsächlichen Lebenszeit erhoben wird und wenn die tatsächliche Lebenszeit die durchschnittliche Lebenszeit aus der Sicht des Erwerbszeitpunkts, die bei der Besteuerung nach dem Kapitalwert zugrunde zu legen gewesen wäre, übersteigt (*Sosnitza,* UVR 92, 342, 347). Denn der nach dem Kapitalwert berechnete StBetrag bildet nicht die Grenze, bis zu der die Besteuerung nach dem Jahreswert erfolgen darf (RFH RStBl 29, 395). Ein weiterer Nachteil würde sich ergeben, wenn man bei vorzeitigem Wegfall einer lebenslänglichen Rente, Nutzung oder Leistung, die im Fall der Sofortversteuerung nach dem Kapitalwert eine Berichtigung der ursprünglichen StFestsetzung zulassen würde, eine Anpassung der JahresSt nicht für möglich hielte (*Michel,* 8. Aufl dieses Kommentars, § 23 Anm 4). Dieser auf die Entscheidung RFH RStBl 31, 141 zurückgehenden Meinung ist jedoch nicht zu folgen (*Troll/Jülicher* § 23 Rz 22; *Moench,* UVR 91, 196, 198f). Vielmehr sollte die St nach dem Jahreswert den Regeln über die Behandlung der St nach dem Kapitalwert folgen. Ob es allerdings richtig sein kann, dass die St nach dem Jahreswert weitergezahlt werden muss, auch wenn die die Grundlage der Besteuerung bildenden Rentenleistungen nicht mehr einbringlich sind, bleibt zu prüfen. Das FG München (UVR 00, 67) nimmt an, dass die JahresSt auch dann fortgezahlt werden muss, wenn eine RsprÄnderung klar stellt, dass der Erwerb noch nie stpfl war. Das FG Münster (EFG 08, 1813) verlangt, dass die JahresSt auch dann fortzuzahlen ist, wenn der Rentenschuldner seine Zahlungen wegen Insolvenz eingestellt hat. Bei Bestandskraft der JahresSt-Festsetzung soll auch ein Billigkeitserlass nicht möglich sein. Das kann schwerlich überzeugen.

10.–12. Berechnung und Festsetzung der Jahressteuer (Abs 1 Satz 2)

StSatz. Die JahresSt ist nach dem StSatz zu ermitteln, der für den gesamten Erwerb maßgeblich ist. Für die Ermittlung des StSatzes ist dabei die Rente, Nutzung oder wiederkehrende Leistung mit dem Kapitalwert anzusetzen. Ist dem Berechtigten kein weiteres Vermögen angefallen, gilt der StSatz, der bei einer Versteuerung nach dem Kapitalwert maßgebend wäre. Beim Anfall weiteren Vermögens ist der StSatz heranzuziehen, der sich für den Erwerb einschließlich des Kapitalwerts der Rente usw ergibt. § 23 I 2 verweist nur auf § 19. Beim Erwerb weiteren Vermögens ist jedoch ggf auch § 19a heranzuziehen (vgl

Moench § 23 Rz 32). Kommt es zu einer Zusammenrechnung mit Vorerwerben (§ 14), gilt der StSatz, der für den Gesamterwerb unter Einrechnung der Vorerwerbe zur Anwendung zu bringen ist (BFH BStBl II 79, 562).

11 Freibeträge. Die JahresSt wird nicht durch Anwendung des maßgeblichen StSatzes (Anm 10) auf den stpfl Erwerb oder auf einen dem Kapitalwert des Rechts entsprechenden Teil des stpfl Erwerbs ermittelt, sondern durch Anwendung des StSatzes auf den Jahreswert des Rechts. Sie wird nicht vom stpfl Erwerb, sondern „vom Jahreswert" des Rechts erhoben (Abs 1 S 1). Damit fehlt die Einbindung der persönlichen Freibeträge in die StBerechnung, die sonst durch Kürzung der Bemessungsgrundlage bei Ermittlung des stpfl Erwerbs erfolgt. Dennoch ist unstreitig, dass die persönlichen Freibeträge (§§ 16, 17, aber auch § 5) auch bei der Berechnung der JahresSt nicht unbeachtet bleiben dürfen. Die Freibeträge sind nach den Verhältnissen bei Erwerb des Stammrechts, also zum Zeitpunkt der StEntstehung, zu beurteilen. Nachträgliche Gesetzesänderungen bleiben unberücksichtigt. Dies gilt auch dann, wenn die Gesetzesänderung auf einer Verfassungsgerichtsentscheidung beruht (FG Münster EFG 03, 1029). Zwei Methoden zur Berücksichtigung der Freibeträge werden unterschieden: die **Aufzehrmethode** und die **Kürzungsmethode** (vgl *Moench* § 23 Rz 10 ff). Die Aufzehrmethode geht auf die Entscheidung RFH RStBl 38, 397 zurück. Danach wird dem persönlichen Freibetrag des Erwerbers bei der JahresSt in der Weise Rechnung getragen, dass die St für die ersten Bezüge so lange unerhoben bleibt, bis der Bedachte Bezüge in Höhe des Freibetrags erhalten hat. Demgegenüber hat sich *Moench* (DStR 85, 259; ihm folgend FG Hamburg EFG 87, 130) für die Kürzungsmethode eingesetzt, die den Jahreswert des Rechts um einen aus dem Verhältnis dieses Werts zum Wert des gesamten Erwerbs ermittelten Teil des Freibetrages kürzt. Die Kürzungsmethode kann, wie *Moench* nachweist, in Einzelfällen zu befriedigenderen Ergebnissen führen. Sie wird jetzt im Anschluss an eine Entscheidung des BFH (DStRE 1998, 400) auf Antrag ebenfalls zugelassen.

12 Festsetzung der St, Zusammenrechnung. Bei Wahl der St nach dem Jahreswert ergeht wie bei der Wahl der St nach dem Kapitalwert nur ein StBescheid, der sich von dem StBescheid bei Sofortzahlung nur durch das Leistungsgebot unterscheidet. Während dieses sich bei Sofortversteuerung auf den Einmalbetrag an ErbSt/SchSt bezieht, erstreckt es sich bei jährlicher Versteuerung auf die insgesamt zu entrichtenden JahresStBeträge, die im Jahresturnus fällig gestellt werden. Haben zwei Personen ein Rentenrecht in der Weise erworben, dass jedem zunächst die Hälfte der Rente zustehen soll, dass aber beim Tod des Erstversterbenden der Gesamtbetrag der Rente dem Überlebenden zufällt, dann ist beim Tod des Erstversterbenden der bis dahin aufschiebend bedingt zugewandte Teil der Rente entsprechend der Vorschrift des § 9 I Nr 1 Buchstabe a als selbstständiger Erwerb zu behandeln, für den der Berechtigte dann erneut zwischen einer Sofortversteuerung und einer jährlichen Versteuerung wählen kann. Eine Zusammenrechnung der beiden Erwerbe kommt nur in Betracht, wenn sie auch bei einer Sofortversteuerung beider Erwerbe gegeben wäre (vgl § 14).

13., 14. Ablösung der Jahressteuer (Abs 2)

Wahlrecht. Während die Wahl der Sofortversteuerung nach dem Kapitalwert endgültigen Charakter trägt, hat die Wahl der jährlichen Versteuerung einen vorläufigen Charakter. Der Erwerber kann seinen Entschluss noch jederzeit revidieren und die laufende Besteuerung durch eine Einmalzahlung ablösen. Die nachträgliche Wahl der Einmalzahlung erfolgt durch einen Antrag auf Ablösung der JahresSt. Der Antrag muss spätestens einen Monat vor dem Fälligkeitstermin des nächsten JahresStBetrages gestellt werden, um noch für dieses Jahr die Einmalzahlung an die Stelle der JahresSt zu setzen (Abs 2 S 3). Wird der Schenker von der FinVerw in Anspruch genommen, muss ihm das Antragsrecht zustehen (oben Anm 6).

Berechnung des Ablösebetrages. Die JahresSt kann **nicht** dadurch abgelöst werden, dass sich der Erwerber nachträglich doch noch für die Besteuerung nach dem **Kapitalwert seines Rechts** entscheidet. Die Besteuerung des Rechts nach dem Kapitalwert ist ihm mit der Wahl der JahresSt verschlossen, sofern die Besteuerung nach dem Kapitalwert bestandskräftig geworden ist und nicht mehr unter dem Vorbehalt der Nachprüfung steht (oben Anm 6). Er kann jedoch die Ablösung der St nach dem **Kapitalwert der St** wählen. Für die Ermittlung des Kapitalwerts der St sind die §§ 13 und 14 BewG heranzuziehen. *Moench* (ZEV 01, 303) macht zu Recht auf nicht unerhebliche Nachteile aufmerksam, die sich aus der Wahl der JahresSt iVm der späteren Wahl eines Ablösungsbetrages im Vergleich zur Sofortversteuerung ergeben können. Die Nachteile folgen aus Zinseffekten und daraus, dass sich die SofortSt wie der Ablösungsbetrag an der durchschnittlichen Lebenserwartung des StPfl orientiert. Weil die Lebenserwartung im Hinblick auf das erreichbare Endalter mit dem Älterwerden steigt, ist bei der Ermittlung des Ablösungsbetrages im Zweifel ein höheres Endalter als bei der Wahl der SofortSt zugrunde zu legen (weitere Gesichtspunkte nennt *Korezkij*, ZEV 01, 305). Vorteile der Ablösung lassen sich im Übrigen ebenfalls entwickeln (vgl *Moench*, DStR 93, 898, 900).

§ 24 Verrentung der Steuerschuld in den Fällen des § 1 Abs. 1 Nr. 4

¹In den Fällen des § 1 Abs. 1 Nr. 4 kann der Steuerpflichtige verlangen, daß die Steuer in 30 gleichen jährlichen Teilbeträgen (Jahresbeträgen) zu entrichten ist. ²Die Summe der Jahresbeträge umfaßt die Tilgung und die Verzinsung der Steuer; dabei ist von einem Zinssatz von 5,5 Prozent auszugehen.

Schrifttum: *Troll*, ErbersatzSt als dauernde Last, BB 82, 1663; *Koretzkij*, Familienstiftungen im neuen ErbSt-Recht, ZEV 99, 132.

1 § 24 betrifft die **ErsatzErbSt** für Familienstiftungen und -vereine, die aus § 1 I Nr 4 folgt und die nach § 9 I Nr 4 in Zeitabständen von je 30 Jahren seit dem Zeitpunkt des ersten Übergangs von Vermögen auf die Stiftung oder auf den Verein zu erheben ist. Durch § 24 wird eine **Verrentung** dieser St zugelassen, obwohl das ErbStG sonst eine vergleichbare Regelung nicht kennt. § 24 zeigt deutlich, dass die Ersatz-ErbSt in das normale System des ErbStRechts nicht passt, sondern wie ein **Fremdkörper** innerhalb des Gesetzes steht (vgl § 1 Anm 14). Die Verrentung, die unter Berücksichtigung eines Zinssatzes von 5,5% erfolgt, wird von der FinVerw (FinMin Nds DB 84, 75) auch in Teilbeträgen zugelassen. Neben der Verrentung kann auch eine Stundung nach § 28 in Betracht gezogen werden.

2 Nach Auffassung des BFH (BStBl II 95, 207) sind die auf die jährlichen Teilbeträge geleisteten Zahlungen weder in vollem Umfang noch mit dem hierin enthaltenen Zinsanteil bei der KSt der Stiftung abzugsfähig.

§ 25 Besteuerung bei Nutzungs- und Rentenlast

(1) *¹Der Erwerb von Vermögen, dessen Nutzungen dem Schenker oder dem Ehegatten des Erblassers (Schenkers) zustehen oder das mit einer Rentenverpflichtung oder mit der Verpflichtung zu sonstigen wiederkehrenden Leistungen zugunsten dieser Personen belastet ist, wird ohne Berücksichtigung dieser Belastungen besteuert. ²Die Steuer, die auf den Kapitalwert dieser Belastungen entfällt, ist jedoch bis zu deren Erlöschen zinslos zu stunden. ³Die gestundete Steuer kann auf Antrag des Erwerbers jederzeit mit ihrem Barwert nach § 12 Abs. 3 des Bewertungsgesetzes abgelöst werden.*

(2) *Veräußert der Erwerber das belastete Vermögen vor dem Erlöschen der Belastung ganz oder teilweise, endet insoweit die Stundung mit dem Zeitpunkt der Veräußerung.*

Erbschaftsteuer-Richtlinien: R E 25/H E 25.

Allgemeines 1–3 § 25

Übersicht

1.–6. Allgemeines
7.–11. Die Ablösung der gestundeten St (Abs 1 S 3)
12., 13. Die Veräußerung des belasteten Vermögens (Abs 2)
14.–16. Rechtsfolgen des unentgeltlichen Nießbrauchsverzichts
17.–21. Aussetzungsfälle nach § 25 aF und § 31 ErbStG 1959

Schrifttum: *Ebeling,* Ablösung zinslos gestundeter Schenkungsteuern, ZEV 04, 501; *Daragan,* Auflösend bedingter Nießbrauch statt Nießbrauchsverzicht, ZErb 04, 274; *Stempel,* Fälligkeit gestundeter ErbSt sowie Ermittlung des Ablösungsbetrages nach § 25 Abs 1 Satz 3 ErbStG im Fall der Gesamtgläubigerschaft, UVR 04, 189; *Korezkij,* Besteuerung des Erwerbs unter Nutzungsvorbehalt nach § 25 ErbStG, ZEV 05, 242; *Gebel,* Nießbrauchsrechte und Nießbrauchslasten im Erbschaft- und Schenkungsteuerrecht, ZErb 06, 122; *Geck,* Die Übertragung unter Nießbrauchsvorbehalt nach Aufhebung des § 25 ErbStG durch das ErbStRG, DStR 09, 1005; *Jebens,* Die Wirkung des Vorbehaltsnießbrauchs bei Schenkungen von Unternehmensanteilen, DStZ 09, 321; *Götz,* Die Bedeutung des § 14 Abs 2 BewG bei Zuwendungen unter Nießbrauchsvorbehalt, DStR 09, 2233.

1.–6. Allgemeines

Grundlagen. Das ErbStRG 2009 hat § 25 aufgehoben. Die in ihrer 1 Anwendung komplizierte Vorschrift sollte aus der Sicht des Gesetzgebers Belastungsverzerrungen ausgleichen, die sich aus den bisherigen niedrigen Wertansätzen für bestimmtes Vermögen ergaben. Mit dem Ansatz des gemeinen Werts für alle Vermögensgegenstände, so heißt es in der Begründung zum Regierungsentwurf des ErbStRG (BTDrs 16/7918, 37), ist die Ursache für die Einführung des § 25 entfallen. Die Aufhebung der Vorschrift wird nach der Erwartung des Gesetzgebers zu einer deutlichen Vereinfachung der Praxis führen.

Das nicht mehr anwendbare Abzugsverbot (Abs 1 Satz 1). Für 2 Erb- und Schenkungsfälle, die nach dem 1. 1. 2009 eintreten, ist § 25 nicht mehr anwendbar. Mit dieser Anordnung hat die Vorschrift des Abs 1 S 1 ihre Geltung verloren. Sie sah vor, dass bestimmte, mit dem Erwerb verbundene Belastungen, die den Charakter von Nachlassverbindlichkeiten haben und daher nach § 10 I 2 den stpfl Erwerb an sich schmälern müssten, nicht abgezogen werden dürfen (Abzugsverbot). Sofern nicht Abzugsverbote anderer Art (§ 10 VI) eingreifen, sind diese Belastungen nach Aufhebung des § 25 nunmehr wieder uneingeschränkt abziehbar.

Die nicht mehr neu einsetzende Stundungsregelung (Abs 1 3 **Satz 2).** Mit § 25 I 1 ist auch § 25 I 2 zum 1. 1. 2009 außer Kraft getreten. Die Nichtabziehbarkeit von Belastungen nach Abs 1 S 1 führte dazu, dass der Wert des Vermögenserwerbs höher ausfiel, als wenn das Abzugsverbot nicht bestanden hätte. Der durch das Abzugsverbot veranlasste Mehrerwerb hatte einen höheren StBetrag zur Folge. Dieser StMehrbetrag, der nur geschuldet wurde, weil das Abzugsverbot bestand, war nach § 25 I 2 bis zum Erlöschen der nichtabziehbaren Belastungen zinslos zu stunden. Für einen Erwerb, der mit nach Abs 1 S 1 nicht abziehbaren Belastungen verbunden war, ergaben sich daher bis zum 31. 12. 2008 jeweils zwei StBeträge, die sofort fällige St, die auf den Vermögenserwerb unter Berücksichtigung der mit ihm verbundenen Belastungen entfiel, und die gestundete St, die auf den Mehrwert entfiel, den das Vermögen ohne Berücksichtigung der Belastungen hatte. Da das Abzugsverbot seit dem 1. 1. 2009 nicht mehr gilt, kann es zu einem durch das Abzugsverbot veranlassten Mehrwert des erworbenen Vermögens seit diesem Datum nicht mehr kommen. Ohne einen solchen Mehrwert sind die Voraussetzungen für eine diesen Mehrwert erfassende St entfallen. Damit fehlt auch für die Stundung nach § 25 I 2 künftig der Raum.

4   Die fortgeltenden Bestimmungen (Abs 1 Satz 3, Abs 2). Der Regierungsentwurf zum ErbStRG 2009 hatte sich noch damit begnügt, einfach nur die Aufhebung des § 25 anzuordnen. Damit blieb aber offen, wie hinsichtlich der Erwerbe, die vor dem 1. 1. 2009 vorgekommen waren, verfahren werden sollte. Bisher räumte § 25 I 3 dem StPfl die Möglichkeit ein, die gestundete St vor Ablauf der Stundungszeit mit dem Barwert abzulösen und die St so unter Mitnahme von Abzinsungseffekten von einer gestundeten in eine sofort fällige St zu überführen. § 25 II sah ein vorzeitiges Ende der Stundungsfrist vor, wenn es zu einer vollständigen oder teilweisen Veräußerung des belasteten Vermögens kam. Beide Vorschriften wären bei einer einschränkungslosen Aufhebung des § 25 nicht mehr anwendbar gewesen. Diese Unstimmigkeit wurde aber noch rechtzeitig erkannt. Der schließlich Gesetz gewordene Text hat denn auch die Geltung der beiden zuletzt genannten Bestimmungen ausdrücklich aufrecht erhalten (§ 37 II 2).

5   Fortgeltende Bestimmungen aus der Zeit bis 1980. Die Fassung des § 25, die durch das ErbStRG 2009 aufgehoben worden ist, galt für Erwerbe, für die die St nach dem 30. 8. 1980 entstanden war. Für vor diesem Datum verwirklichte Erwerbe galt weiterhin die Fassung des Gesetzes vom 17. 4. 1974, die neben der Sofortversteuerung und der Stundung auch noch eine Aussetzung der Besteuerung bis zum Erlöschen der Belastung kannte. Es sind also nunmehr drei Arten von Erwerben zu unterscheiden: **(1)** Erwerbe aus der Zeit nach dem 1. 1. 2009. Sie sind ohne Berücksichtigung des § 25 zu besteuern. **(2)** Altfälle aus der Zeit zwischen dem 31. 8. 1980 und dem 31. 12. 2008. Für sie gelten weiterhin die Bestimmungen des § 25 I 3 und des § 25 II in der zuletzt 1997 bekannt gemachten Fassung (BGBl I 1997, 378). **(3)** Uraltfälle aus der Zeit vor dem 31. 8. 1980. Für sie ist weiterhin § 25 idF des Gesetzes vom 17. 4. 1974 (BGBl I 1974, 933) anzuwenden (§ 37 II 1).

Ablösung der gestundeten Steuer 6–8 § 25

Schwerpunkte der Kommentierung. Auch nach dem 31. 12. 6
2008 kann es noch zu Anwendungsproblemen und zur Auseinandersetzung über die Merkmale des § 25 I 1 kommen, soweit Erwerbe aus der Zeit vor dem 1. 1. 2009 zu Beurteilung stehen. Wegen der Voraussetzungen des Abzugsverbots und der Merkmale der Stundung in Altfällen wird auf die 14. Aufl verwiesen. Die gegenwärtige Auflage konzentriert sich auf die Kommentierung der seit 2009 fortgeltenden Bestimmungen. Damit sind die Vorschriften des § 25 I 3 und des 25 II angesprochen.

7.–11. Die Ablösung der gestundeten Steuer (Abs 1 Satz 3)

Die Steuerstundung. Bei Erwerben aus der Zeit vor 2009 konnte 7
es unter den Voraussetzungen des § 25 I 1 und 2 zu einer zinslosen Steuerstundung kommen. Gestundet wurde der StMehrbetrag, der anfiel, weil § 25 I 1 die dort genannten Belastungen für nicht abzugsfähig erklärte. Die Stundung sollte die Auswirkungen des in § 25 I 1 geregelten Abzugsverbots begrenzen. Durch die Stundung wurde die Fälligkeit der von ihr erfassten St bis zum Ablauf der Stundungsfrist hinausgeschoben. Die Stundung beruhte auf der gesetzlichen Anordnung in § 25 I 2. Mit der Aufhebung dieser Vorschrift wurden jedoch die noch laufenden Stundungsfristen nicht beendet. Andernfalls wäre es zur Sofortfälligkeit von StBeträgen gekommen, deren Grund durch die Aufhebung des Abzugsverbots nach § 25 I 1 gerade beseitigt worden war. Das konnte nicht die Absicht des Gesetzgebers sein. Die Aufhebung des § 25 I 2 ist daher nur in dem Sinne zu verstehen, dass die Vorschrift nun keine Basis für die Neufestlegung einer StStundung mehr bieten kann. Auf die bereits laufenden Stundungsfristen muss die Aufhebung der Vorschrift jedoch ohne Einfluss bleiben.

Das regelmäßige Auslaufen der Stundungsfrist. Die Stundung 8
soll die StFolgen des in § 25 I 1 normierten Abzugsverbots begrenzen. Das Abzugsverbot, dessen Auswirkungen begrenzt werden sollen, wirkt aber nur solange, wie die vom Abzug ausgeschlossenen Belastungen bestehen. Mit dem Erlöschen der Belastungen entfallen die Wirkungen des Abzugsverbots. Der Vermögenserwerber hat das Vermögen nun ohne die den Erwerb schmälernden Belastungen in der Hand. Für ein Verbot, die entfallenen Belastungen weiterhin zu berücksichtigen, fehlt der Raum. Damit entfällt auch der Anlass für eine weitere Stundung. Die Stundung endet daher mit dem Erlöschen der vom Abzugsverbot betroffenen Belastungen. Für das Erlöschen der Belastungen kann ein bestimmtes Datum gesetzt sein. Sind, wie häufig, die den Belastungen entsprechenden Rechte auf Lebenszeit eingeräumt, so erlöschen die Belastungen mit dem Tod des Berechtigten. Mit dem Erlöschen der

Belastungen wird der gestundete Betrag sofort fällig. Damit dem StPfl ausreichend Zeit für die StZahlung verbleibt, räumt ihm die FinVerw jedoch eine Zahlungsfrist von 1 Monat beginnend mit dem Zeitpunkt des Erlöschens der Belastung ein (ErbStR 2003 85 V 2). Die FinVerw geht in diesem Zusammenhang von einer Verpflichtung des StPfl aus, ihr den Wegfall der Belastung mitzuteilen (§ 153 II AO).

9 Die Ablösung der gestundeten Steuer. Die Stundung erfolgt im Interesse des StPfl. Der StPfl ist daher nicht gehindert, auf die Stundung zu verzichten und den ausstehenden Betrag an das FA zu entrichten. Er kann jedoch auch den üblichen und günstigeren Weg der Ablösung der St nach ihrem Barwert wählen und auf diese Weise seine StSchuld durch Zahlung eines Teilbetrages ihres Nennwerts erfüllen. Die Ablösung der gestundeten St mit ihrem Barwert setzt einen Antrag des StPfl voraus. Dieser Antrag kann jederzeit gestellt werden. *Michel* (8. Aufl dieses Kommentars § 25 Anm 11; übereinstimmend *Moench/Weinmann* § 25 Rz 22) ist für die Zulässigkeit auch einer Teilablösung verbunden mit einer Herabsetzung der weiterhin gestundeten St auf einen Teilbetrag eingetreten. Die Ablösung ist nur so lange möglich, wie die Stundung fortbesteht. Sind die Belastungen erloschen, kommt eine Ablösung der inzwischen fällig gewordenen St nicht mehr in Betracht (BFH/NV 98, 1224).

10 Der Ablösungsbetrag. Die Ablösung ist zum Barwert der St, dh zu dem unter Berücksichtigung der voraussichtlichen Stundungsdauer abgezinsten Nennbetrag der St, vorgesehen. Zur Abzinsung ist nach § 12 III BewG ein Zinssatz von 5,5% heranzuziehen. Als Stichtag für die Ermittlung des Ablösebetrages gilt das Datum der Antragstellung. Wird der Antrag schon gleich mit der Abgabe der StErklärung gestellt, kommt es nach Auffassung des Nds FG (EFG 05, 642) und des Hess FG (EFG 06, 1186) für die Ermittlung des Ablösebetrages auf die Verhältnisse im Zeitpunkt der Entstehung der StSchuld an. Bei der Berechnung des Barwertes ist zu berücksichtigen, dass der gestundete StBetrag bis zur Fälligkeit nicht zu verzinsen ist. Steht für das Erlöschen der Belastungen und damit für das Ende der Stundung ein bestimmtes Datum fest, ist der Barwert in der Weise zu ermitteln, dass der Nennbetrag der StSchuld unter Berücksichtigung der Restlaufzeit der den Belastungen entsprechenden Rechte abgezinst wird. Sind die den Belastungen entsprechenden Rechte auf Lebenszeit eingeräumt, ist die Abzinsung unter Berücksichtigung der mittleren Lebenserwartung der Berechtigten vorzunehmen. Die mittlere Lebenserwartung ist nach Auffassung der Rspr (FG Münster EFG 07, 700), der sich die FinVerw angeschlossen hat (BStBl I 08, 646), aus der Sterbetafel des Statistischen Bundesamtes abzuleiten, deren Erhebungszeitraum dem Bewertungsstichtag für den Ablösungsbetrag vorausgeht.

Veräußerung des belasteten Vermögens **11–13 § 25**

Der Ablösungsbescheid. Über die Ablösung wird ein förmlicher **11** Bescheid erteilt. Der Bescheid setzt an die Stelle der gestundeten St den geschuldeten Ablösebetrag. Der Fälligkeitszeitpunkt für den Ablösebetrag ergibt sich aus dem Ablösungsbescheid. Die FinVerw erteilt den Bescheid unter der auflösenden Bedingung, dass der Ablösungsbetrag fristgerecht bezahlt wird. Mit dem Bescheid wird ein Widerrufsvorbehalt verbunden.

12., 13. Die Veräußerung des belasteten Vermögens (Abs 2)

Vorzeitiges Ende der Stundungsfrist. Die Stundung endet vorzeitig, wenn der Erwerber das belastete Vermögen veräußert. Unter **12** Veräußerung wird hier nur die entgeltliche Vermögensübertragung verstanden. Eine stundungsschädliche Veräußerung war nach Auffassung der FinVerw auch dann gegeben, wenn nach den Absprachen der Parteien der das Vermögen belastende Nießbrauch im Fall der Veräußerung am Erlös aufrecht zu erhalten war. Dem hat der BFH (BStBl II 10, 504) widersprochen. Weil in diesem Fall lediglich der belastete Gegenstand ausgewechselt werde, der Nießbrauch aber bestehen bleibe, müsse auch die Stundung fortgelten. Nicht nur die Veräußerung des ganzen Vermögens, sondern auch die entgeltliche Fortgabe einzelner Vermögensteile soll die Stundung anteilig beenden. Doch dürfte eine solche entgeltliche Teilveräußerung nur selten zur Kenntnis der FinVerw gelangen. Selbst aus der Sicht der FinVerw (*Michel*, 8. Aufl dieses Kommentars, § 25 Anm 13) wird empfohlen, im Fall einer beabsichtigten Veräußerung zunächst die St zu ihrem Barwert abzulösen und erst dann die Veräußerung vorzunehmen.

Unentgeltlicher Vermögensübergang. Die unentgeltliche Ver- **13** mögensübertragung gilt hier wie in anderen vergleichbaren Fällen nicht als Veräußerung iS des Abs 2. Wird daher das belastete Vermögen durch Erbgang oder durch Schenkung weiter übertragen, wird dadurch die Stundung nicht vorzeitig beendet. Im Fall der Schenkung bleibt der Schenker weiterhin stpfl. Veräußert der Beschenkte anschließend das belastete Vermögen, so dürfte damit die dem Schenker eingeräumte Stundung enden. Im Fall des Erbgangs tritt der Erbe in die StPfl des bisherigen Vermögensinhabers ein. Ihn treffen nunmehr zwei Verpflichtungen, die übernommene und die eigene StPfl. Was die übernommene StPfl angeht, so kann der Erbe sich auf die dem Erblasser gewährte Stundung berufen. Er kann die St aber auch jederzeit zu ihrem Barwert ablösen. Was die eigene StPfl angeht, so bildet die dem Erblasser gestundete St einen Abzugsposten hinsichtlich seines eigenen Erwerbs. Der Umfang dieses Abzugspostens dürfte nach dem Barwert der St zu bemessen sein, auch wenn der Erbe die Ablösung zum Barwert weder beantragt hat noch beantragen will.

14.–16. Rechtsfolgen des unentgeltlichen Nießbrauchsverzichts

14 **Die Problematik.** Für Erwerbe vor 2009 galt: Hat sich der Schenker den Nießbrauch an dem verschenkten Vermögen vorbehalten und verzichtet er später gegen entsprechendes Entgelt auf den Vorbehalt, dann erlischt die Belastung und die Stundungsfrist läuft aus. Der bisher gestundete StBetrag wird fällig. Dasselbe galt im Fall des unentgeltlichen Verzichts. Im Fall des unentgeltlichen Verzichts tritt jedoch noch eine anders geartete Problematik hinzu, die Frage nämlich, ob der Beschenkte nicht nur den bisher gestundeten StBetrag zu zahlen hat, sondern ob er zusätzlich auch noch die Besteuerung wegen einer im Verzicht liegenden freigebigen Zuwendung hinnehmen muss. Die in § 7 genannten Merkmale einer freigebigen Zuwendung sind im Fall des unentgeltlichen Verzichts regelmäßig erfüllt. Und doch bestanden – bezogen auf Erwerbe vor 2009 – gegen diese Besteuerung unter dem Gesichtspunkt des Wertungswiderspruchs Bedenken. § 25 I 1 hatte nämlich für Erwerbe vor 2009 bestimmt, dass die Besteuerung des Vermögenserwerbs ohne Berücksichtigung des Nießbrauchs erfolgen sollte. Und man kann argumentieren: Wenn der Werteabfluss, der beim Vermögenserwerb durch die Bestellung des Vorbehaltsnießbrauchs eintritt, bei der Besteuerung des Vermögenserwerbs nicht beachtet werden darf, kann dann der Wertezufluss, der sich als Folge des Nießbrauchsverzichts ergibt, ohne inneren Widerspruch der Besteuerung unterworfen werden? Liegt nicht in dem Verzicht auf den Nießbrauch lediglich die Rücknahme der Nießbrauchsbestellung? Und kann die Rücknahme der Bestellung steuerlich beachtlich sein, wenn die Bestellung selbst nicht beachtet werden durfte?

15 **Die Stellungnahme des BFH.** Das Gericht hat sich in einer Entscheidung vom 17. 3. 2004 (BStBl II 04, 429) mit dieser Problematik befasst. Anders als einzelne Finanzgerichte (FG Rh-Pf ZEV 98, 405 mit Anm *Meincke;* FG München EFG 01, 147, FG Nürnberg EFG 01, 148; abweichend aber FG Hbg EFG 02, 285), die die uneingeschränkte Besteuerung des Nießbrauchsverzichts für unproblematisch hielten, weil es sich bei dem Erwerb des nießbrauchbelasteten Vermögens und bei dem späteren Nießbrauchsverzicht „um zwei unterschiedliche und eigenständige Vorgänge" handele (FG Nürnberg aaO), hat der BFH den inneren Zusammenhang zwischen der Behandlung der Nießbrauchsbestellung und des Nießbrauchsverzichts erkannt. Aus der Sicht des Gerichts gibt es jedoch keinen Weg, die Problematik bereits auf der Tatbestandsebene zu lösen und den Verzicht in Anlehnung an die

Regelung des § 25 I 1 und entsprechend dem Vorschlag aus der 14. Aufl dieses Kommentars (§ 25 Anm 15) aus der Besteuerung nach § 7 herauszunehmen. Denn im Fall der Schenkung unter Nießbrauchsvorbehalt wirke sich das Abzugsverbot des § 25 I 1 nur auf der Ebene der Wertermittlung nach § 10 aus. Nur auf der Ebene des § 10 könnten daher auch Folgerungen für die Behandlung des Rechtsverzichts gezogen werden. Das ist konsequent, muss aber doch überraschen, wenn man sich daran erinnert, dass der BFH bisher nicht selten – zB bei der Einordnung der Schenkung unter Leistungsauflage als auflagenfreie Teilschenkung – Überlegungen aus der Ebene des § 10 ganz unbedenklich in den Tatbestand des § 7 hineingetragen hat.

Folgerungen des BFH. Im Fall der uneingeschränkten Besteuerung **16** des Nießbrauchsverzichts besteht nach Auffassung des BFH für Erwerb vor 2009 die Gefahr einer Doppelbesteuerung des Erwerbs des Nutzungsrechts. Das Nutzungsrecht wird zunächst als Teil des dem Beschenkten anfallenden Erwerbs erfasst und dabei wegen des Abzugsverbots so behandelt, als sei es dem Beschenkten nicht nur zugefallen, sondern auch bei ihm verblieben. Und sodann wird angenommen, dass der Beschenkte das von ihm schon erworbene Nutzungsrecht beim Verzicht auf den Nießbrauch noch einmal erworben hat und als Folge des erneuten Erwerbs erneut versteuern muss. Eine derartige Doppelbesteuerung desselben Erwerbs widerspricht nach Auffassung des Gerichts dem Bereicherungsprinzip des § 10 I 1. Der Konflikt ist aus der Sicht des Gerichts dadurch zu lösen, dass auf die Bemessungsgrundlage für den Erwerb durch Rechtsverzicht der Betrag angerechnet wird, der wegen des Abzugsverbots bei dem Erwerb durch Vermögensübertragung unberücksichtigt geblieben ist. Der um die Freibeträge gekürzte Kapitalwert des Nießbrauchs beim Rechtsverzicht ist also um den Kapitalwert des Nießbrauchs zum Zeitpunkt der Vermögensübertragung zu kürzen. Wegen der zwischenzeitlichen Wertminderung des Nießbrauchs wird diese Kürzung in vielen Fällen dazu führen, dass im Ergebnis keine St auf den Erwerb durch Nießbrauchsverzicht zu erheben ist. Die FinVerw hat sich der Entscheidung des BFH und der dort vorgesehenen Berechnungsweise angeschlossen (BStBl I 04, 939; dazu *Weinmann* ZEV 04, 503).

17.–21. Aussetzungsfälle nach § 25 ErbStG 1974 und § 31 ErbStG 1959

Für die Abwicklung von Erwerben, die vor dem 31. 8. 1980 angefallen **17** sind, gilt nach der Übergangsbestimmung des § 37 II weiterhin § 25 ErbStG 1974, der auch auf die noch offenen Fälle nach § 31 ErbStG 1959 zur Anwendung gelangt. § 25 ErbStG 1974 hat folgenden Wortlaut:

§ 25 ErbStG 1974 Aussetzung der Versteuerung

(1) Beim Erwerb von Vermögen, dessen Nutzungen einem anderen als dem Erwerber zustehen oder das mit einer Rentenverpflichtung oder mit der Verpflichtung zu einer sonstigen Leistung belastet ist, ist die Versteuerung nach der Wahl des Erwerbers

a) bis zum Erlöschen der Belastung, höchstens jedoch zu dem Vomhundertsatz auszusetzen, zu dem der Jahresertrag des Vermögens durch die Belastung gemindert ist oder

b) nach den Verhältnissen im Zeitpunkt des Erwerbs ohne Berücksichtigung dieser Belastungen durchzuführen. ² In diesem Fall ist die Steuer bis zum Erlöschen der Belastungen insoweit zu stunden, als sie auf den Kapitalwert der Belastungen entfällt.

(2) Geht im Fall des Absatzes 1 Buchstabe a das belastete Vermögen vor dem Erlöschen der Belastung durch Erbfolge auf einen anderen über, so wird die Steuer für diesen Übergang nicht erhoben; vielmehr tritt die gleiche Behandlung ein, wie wenn derjenige, dem das Vermögen zur Zeit des Erlöschens gehört, das Vermögen unmittelbar von dem ursprünglichen Erblasser oder Schenker erworben hätte.

(3) ¹ Überträgt der Erwerber im Fall des Absatzes 1 Buchstabe a das belastete Vermögen vor dem Erlöschen der Belastung unentgeltlich, so endet für ihn insoweit die Aussetzung der Versteuerung mit dem Zeitpunkt der Ausführung der Zuwendung. ² Die Steuer für seinen Erwerb bemißt sich nach dem Wert, der sich für das übertragene Vermögen nach Abzug der Belastung nach Absatz 1 in diesem Zeitpunkt ergibt. ³ Bei der Ermittlung der Belastung nach Absatz 1 kann als Jahreswert der Nutzung höchstens der achtzehnte Teil des Wertes angesetzt werden, der sich nach den Vorschriften des Bewertungsgesetzes für das belastete Vermögen, vermindert um sonstige Belastungen, ergibt, als abzugsfähiger Jahresbetrag der Rente höchstens der Betrag, der dem Verhältnis des Jahreswertes der Rente zum Jahresertrag des belasteten Vermögens entspricht.

(4) Veräußert der Erwerber das belastete Vermögen vor dem Erlöschen der Belastung ganz oder teilweise, so endet insoweit die Aussetzung der Versteuerung oder die Stundung mit dem Zeitpunkt der Veräußerung.

18 Aussetzung der Versteuerung. Die noch heute bedeutsame Besonderheit des § 25 ErbStG 1974 (sowie des § 31 ErbStG 1959) gegenüber der von 1980 bis Ende 2008 geltenden Fassung des § 25 lag darin, dass § 25 ErbStG 1974 (ebenso wie § 31 ErbStG 1959) die Möglichkeit der Aussetzung der Versteuerung bis zum Erlöschen der Belastung zuließ. Dem Erwerber wurde ein entsprechendes Wahlrecht eingeräumt. Entschied er sich für die Aussetzungsalternative, wurde damit nicht nur die Festsetzung, sondern auch die Entstehung der St auf den Zeitpunkt des Erlöschens der Belastung verschoben (§ 9 II). Der Erwerber wurde so behandelt, als hätte er den von der Aussetzung betroffenen Erwerb erst später gemacht. Die Voraussetzungen, unter

Aussetzungsfälle nach altem Recht   **19, 20 § 25**

denen die Aussetzung der Versteuerung gewählt werden konnte, die Vor- und Nachteile der Wahl und die Probleme der Abgrenzung des Teils des Erwerbs, für den die Aussetzung der Versteuerung galt, brauchen heute nicht mehr erläutert zu werden. Denn die StFälle aus der Zeit vor September 1980 sind insoweit abgeschlossen. Weiterhin interessiert jedoch, wann es zu einer Beendigung der Aussetzung der Versteuerung kommt und was im Fall der Beendigung der Aussetzung der Versteuerung zu gelten hat.

Versteuerung bei Erlöschen der Belastung. Soweit die Ver- 19 steuerung für einen Erwerb ganz oder teilweise ausgesetzt worden ist, entsteht die St nach § 9 II mit dem Erlöschen der Belastung. Der Erwerber hat den Erwerb mit dem Wert zu versteuern, den dieser im Zeitpunkt des Erlöschens der Belastung hat (§§ 11, 12). Sofern sich der Wert des Erwerbs in der Zwischenzeit erhöht hat, unterliegt somit auch die Wertsteigerung der St, während umgekehrt eine zwischenzeitliche Wertminderung des Vermögens eine entsprechend niedrigere St zur Folge hat. In den Fällen einer nur teilweisen Aussetzung der Versteuerung bilden beide Erwerbsteile selbstständige StFälle. Für beide Fälle kann damit der volle Freibetrag gewährt werden. Die StStufe (= der jeweilige Progressionssatz) ist für beide Fälle gesondert zu ermitteln. Nur im Rahmen des § 14 können die beiden Fälle zusammengerechnet werden mit der Folge, dass ein Freibetrag entfällt und dass sich die StStufe nach der Summe der beiden Erwerbe bestimmt.

Vorzeitiges Erlöschen der Belastung. Beim Erlöschen der Belas- 20 tung wird der Erwerber unter den Voraussetzungen der Aussetzung der Versteuerung so behandelt, als hätte er den Teil des Erwerbs, für den die Versteuerung ausgesetzt war, jetzt vom ursprünglichen Erblasser/Schenker erworben. Ist die Belastung durch den unentgeltlichen Verzicht des Nutzungs- oder Rentenberechtigten auf sein Recht vorzeitig erloschen, dann hält es die FinVerw für möglich, dass in dem Verzicht zugleich eine freigebige Zuwendung des Nutzungsberechtigten an den Vermögensinhaber zu sehen ist. Das hätte zur Folge, dass eine StPfl für den Erwerb nicht nur im Verhältnis zum ursprünglichen Erblasser/Schenker, sondern auch im Verhältnis zum Nutzungsberechtigten entsteht. Da der Erwerber die Vermögenssubstanz im Ergebnis nur einmal erhält, ist es ausgeschlossen, ihn aus Anlass des vorzeitigen Erlöschens der Belastung zweimal zu besteuern. Die FinVerw hält es aber für möglich, die jeweils höhere St zum Ansatz zu bringen (FinMin NW DB 78, 866). Richtiger erscheint es demgegenüber, den Tatbestand der freigebigen Zuwendung im Verhältnis zwischen dem Nutzungsberechtigten und dem Vermögensinhaber zu verneinen. Der Nutzungsberechtigte hat sein Recht vom Erblasser/Schenker erhalten und gibt es mit dem vorzeitigen Verzicht an den Erblasser/Schenker zurück, wovon es dann an den Ver-

§ 26 Ermäßigung bei Aufhebung einer Familienstiftung

mögensinhaber gelangt. Der Vermögensinhaber wird nur durch den Erblasser/Schenker bereichert, so dass auch nur im Verhältnis zum Erblasser/Schenker eine Besteuerung erfolgen kann.

21 **Versteuerung vor Erlöschen der Belastung.** Wird das Vermögen von dem Erwerber **entgeltlich weitergegeben,** kommt es zu einem vorzeitigen Ende der Aussetzungsfrist, auch wenn die Belastung noch fortbesteht (Abs 4). Wird das Vermögen von dem Erwerber **unentgeltlich weitergeleitet,** endet die Aussetzungsfrist ebenfalls vorzeitig, wenn die Fortgabe im Wege der Schenkung erfolgt (Abs 3). Das Gesetz sieht für diesen Fall Sonderregeln der Bewertung des Vermögens vor, das nunmehr versteuert werden muss, um dem Umstand Rechnung zu tragen, dass die Belastung in diesem Fall (anders als im Fall des Endes der Aussetzungsfrist wegen Erlöschen der Belastung) noch fortbesteht und bei der Bewertung berücksichtigt werden muss. Nach *Michel* (8. Aufl dieses Kommentars, § 25 Anm 22) sind die in Abs 3 für den Fall der Schenkung vorgesehenen Bewertungsbestimmungen auch im Fall der entgeltlichen Veräußerung nach Abs 4 zur Anwendung zu bringen. Neben der St für seinen Erwerb kann der Schenker im Übrigen auch noch für den Erwerb des Beschenkten haftbar sein (§ 20 I). Davon ist in § 25 III ErbStG 1974 nicht die Rede. Auch für die Besteuerung des Beschenkten wird keine Regelung getroffen. Wird das Vermögen **im Erbwege weitergeleitet,** bleibt davon die Aussetzungsfrist unberührt. Das Vermögen, das beim Erblasser von der Versteuerung noch nicht erfasst war, geht ohne Eingreifen einer neuen Versteuerung auf den Erben über (Abs 2). Diese Regelung hat in § 10 IV eine Parallele. Der Erbe wird so behandelt, als hätte er das Vermögen unmittelbar von dem Erblasser/Schenker erhalten.

§ 26 Ermäßigung der Steuer bei Aufhebung einer Familienstiftung oder Auflösung eines Vereins

In den Fällen des § 7 Abs. 1 Nr. 9 ist auf die nach § 15 Abs. 2 Satz 2 zu ermittelnde Steuer die nach § 15 Abs. 2 Satz 3 festgesetzte Steuer anteilsmäßig anzurechnen

a) mit 50 Prozent, wenn seit der Entstehung der anrechenbaren Steuer nicht mehr als zwei Jahre,
b) mit 25 Prozent, wenn seit der Entstehung der anrechenbaren Steuer mehr als zwei Jahre, aber nicht mehr als vier Jahre vergangen sind.

Übersicht

1. Allgemeines
2. Die ermäßigungsfähige St

Durchführung **1–4 § 26**

3. Voraussetzungen der Ermäßigung
4. Durchführung der Ermäßigung
5. Steuerermäßigung bei Aufhebung eines trust

Allgemeines. Bei der in § 26 getroffenen Regelung handelt es sich um 1 eine dem § 27 verwandte Ermäßigungsvorschrift, mit der die mehrfache Belastung desselben Vermögens in kurzen Abständen in ihren Auswirkungen abgeschwächt werden soll. Die Vorschrift ist jedoch zu engherzig konzipiert, der Vergünstigungszeitraum ist zu knapp bemessen, um zu einer angemessenen Entlastung zu führen. So wird üblicherweise empfohlen, lieber den Zeitpunkt der StEntstehung nach § 7 I Nr 9 hinauszuschieben, als die Ermäßigung nach § 26 in Anspruch zu nehmen.

Die ermäßigungsfähige St. § 26 schafft die Möglichkeit der StEr- 2 mäßigung nur für einen einzelnen Fall der SchStPfl. Nur die gerade auf § 7 I Nr 9 beruhende St kann nach § 26 herabgesetzt werden. Wegen anderer Fälle der StErmäßigung sei auf § 27 verwiesen. Die in § 26 in Bezug genommene Vorschrift des § 7 I Nr 9 bezieht sich auf den Fall der Aufhebung einer Stiftung, wobei hier wegen des Zusammenhangs mit § 1 I Nr 4, der sich aus der Verweisung des § 26 auf § 15 II 3 ergibt, nur die Familienstiftung in Frage kommen kann, sowie auf die Auflösung eines Familienvereins. Im Fall der Aufhebung der Stiftung oder der Auflösung des Vereins wird das Vermögen an die in der Satzung bezeichneten Empfänger verteilt. Dieser Vorgang der Verteilung des Stiftungs- oder Vereinsvermögens an die dafür benannten Destinatäre wird von § 7 I Nr 9 als Fall der Schenkung unter Lebenden eingestuft. Die danach die Erwerber des Vermögens treffende SchStPfl wird unter den Voraussetzungen des § 26 herabgesetzt.

Voraussetzungen der Ermäßigung. § 26 geht von der Vorausset- 3 zung aus, dass das bei Aufhebung der Stiftung oder Auflösung des Vereins an die Erwerber fließende und dort der StPfl nach § 7 I Nr 9 unterliegende Vermögen kurz vor der Aufhebung der Stiftung oder Auflösung des Vereins schon einmal durch den Zugriff der ErbSt reduziert worden ist. Und zwar nimmt § 26 auf die ErsatzErbSt nach § 1 I Nr 4 Bezug, nach der das Vermögen einer Familienstiftung oder eines Familienvereins im Turnus von 30 Jahren der Besteuerung unterliegt. Die St nach § 1 I Nr 4 wird in § 15 II 3 erwähnt, und auf diese Vorschrift wiederum verweist § 26 in dem dortigen ersten Halbsatz. Wenn das Stiftungs- oder Vereinsvermögen kurz vor der Aufhebung oder Auflösung durch die ErsatzErbSt des § 1 I Nr 4 belastet worden ist, soll die anschließende Besteuerung nach § 7 I Nr 9 der Ermäßigung unterliegen.

Durchführung der Ermäßigung. Die Ermäßigung geschieht 4 durch Anrechnung der ErsatzErbSt auf die SchSt. Der Ermäßigungszeitraum beträgt 4 Jahre, nicht 10 Jahre wie es § 27 vorsieht. Maß-

§ 26 5 Ermäßigung bei Aufhebung einer Familienstiftung

geblicher Ausgangszeitpunkt ist das Datum der Entstehung der Ersatz-ErbSt, die § 26 als anrechenbare St bezeichnet. Wenn seit der Entstehung der ErsatzErbSt nicht mehr als zwei Jahre bis zur Entstehung der SchSt aus § 7 I Nr 9 vergangen sind, wird die ErsatzErbSt mit 50%, sonst mit 25% angerechnet. Liegen zwischen der Entstehung der ErsatzErbSt und der Entstehung der SchSt nach § 7 I Nr 9 mehr als vier Jahre, ist für eine Ermäßigung nach § 26 kein Raum. Im Zeitraum von zwei Jahren werden 50%, im Zeitraum von vier Jahren 25% des vollen Betrages der ErsatzErbSt angerechnet, wenn das Vermögen der Stiftung oder des Vereins auf eine einzige Person übergeht. Wird das Vermögen auf verschiedene Personen verteilt, ist die anrechenbare St den Erwerbern anteilmäßig, dh im Verhältnis ihres Erwerbes zum gesamten verteilungsfähigen Vermögensbestand, anzurechnen.

5 Steuerermäßigung bei Aufhebung eines trust. Die gegenwärtige Textfassung des § 26 ist unzureichend und an zwischenzeitlich erfolgte Gesetzesänderungen nicht ausreichend angepasst. Sie stammt aus einer Zeit, in der § 7 I Nr 9 nur einen Satz enthielt und nur einen Fall betraf, nämlich die Besteuerung des Vermögenserwerbs bei Aufhebung einer Stiftung oder bei Auflösung eines Vereins. Schon damals war die Vorschrift zu weit gefasst. Denn sie sollte nur den Vermögenserwerb bei Aufhebung gerade einer Familienstiftung oder eines Familienvereins treffen. Doch ließ sich diese Unstimmigkeit noch im Wege der Auslegung korrigieren (oben Anm 2). Inzwischen ist der Gesetzestext durch Inhaltsänderung des § 7 I Nr 9, auf den § 26 verweist, ganz unzureichend geworden. Denn § 7 I Nr 9 umfasst nunmehr zwei Sätze. Der zweite Satz, den § 26 dem Wortlaut nach nun ebenfalls heranzieht, behandelt die Steuerfolgen des Erwerbs, der bei Auflösung einer Vermögensmasse ausländischen Rechts (dh eines trust) anfällt, sowie des Erwerbs von Zwischenberechtigten während des Bestehens des trust. Auf diese Erwerbe passt § 26 von vornherein nicht. Denn § 26 sieht nur die Anrechnung von Steuern vor, die nach § 1 IV iVm § 15 II 3 als ErsatzErbSt festgesetzt worden sind. Auf die Bildung oder Ausstattung eines trust oder auf den Erwerb von Zwischenberechtigten eines trust entfällt aber keine ErsatzErbSt. Daher scheidet die Anrechnung einer ErsatzErbSt in diesen Fällen von vornherein aus. Demgegenüber hätte bedacht werden sollen, ob die nach § 3 II Nr 1 S 2 oder nach § 7 I Nr 8 S 2 festgesetzte St, die den trust bei seiner Bildung oder Ausstattung gekürzt hat, an Stelle der ErsatzErbSt angerechnet werden kann. Zu dieser Problematik findet sich jedoch in § 26 kein Wort. Die Vorschrift ist daher dringend überarbeitungsbedürftig. Dies ist bei der letzten ErbStReform 2009 bedauerlicherweise übersehen worden.

§ 27 Mehrfacher Erwerb desselben Vermögens

(1) Fällt Personen der Steuerklasse I von Todes wegen Vermögen an, das in den letzten zehn Jahren vor dem Erwerb bereits von Personen dieser Steuerklasse erworben worden ist und für das nach diesem Gesetz eine Steuer zu erheben war, ermäßigt sich der auf dieses Vermögen entfallende Steuerbetrag vorbehaltlich des Absatzes 3 wie folgt:

um ... Prozent	wenn zwischen den beiden Zeitpunkten der Entstehung der Steuer liegen
50	nicht mehr als 1 Jahr
45	mehr als 1 Jahr, aber nicht mehr als 2 Jahre
40	mehr als 2 Jahre, aber nicht mehr als 3 Jahre
35	mehr als 3 Jahre, aber nicht mehr als 4 Jahre
30	mehr als 4 Jahre, aber nicht mehr als 5 Jahre
25	mehr als 5 Jahre, aber nicht mehr als 6 Jahre
20	mehr als 6 Jahre, aber nicht mehr als 8 Jahre
10	mehr als 8 Jahre, aber nicht mehr als 10 Jahre

(2) Zur Ermittlung des Steuerbetrags, der auf das begünstigte Vermögen entfällt, ist die Steuer für den Gesamterwerb in dem Verhältnis aufzuteilen, in dem der Wert des begünstigten Vermögens zu dem Wert des steuerpflichtigen Gesamterwerbs ohne Abzug des dem Erwerber zustehenden Freibetrags steht.

(3) Die Ermäßigung nach Absatz 1 darf den Betrag nicht überschreiten, der sich bei Anwendung der in Absatz 1 genannten Prozentsätze auf die Steuer ergibt, die der Vorerwerber für den Erwerb desselben Vermögens entrichtet hat.

Erbschaftsteuer-Richtlinien: R E 27/H E 27.

Übersicht

1.– 4. Allgemeines
5.–10. Die StErmäßigung nach Abs 1
11.–13. Aufteilung der St für den Zweiterwerb (Abs 2)
14., 15. Die Ermäßigungshöchstgrenze (Abs 3)
16. Berechnung der Ermäßigung in Sonderfällen

Schrifttum: *Biergans/Sigloch,* Zur Problematik der Ermittlung der ErbSt-Ermäßigung bei mehrfachem Erwerb desselben Vermögens (§ 27 ErbStG), DB 75, 758; *Steiger,* Die erbschaftsteuerliche Behandlung mehrfachen Vermögensanfalls, DVR 84, 147, 162.

1.–4. Allgemeines

Normzweck. Fallen einem Empfänger innerhalb von 10 Jahren von demselben Erblasser oder Schenker mehrere Erwerbe zu, so führt dies

§ 27 2, 3   Mehrfacher Erwerb desselben Vermögens

nach § 14 zu einer Anhebung der St auf den letzten Erwerb. Wird nicht derselbe Erwerber durch verschiedene Erwerbe begünstigt, sondern wechselt derselbe Erwerb innerhalb von 10 Jahren durch verschiedene Hände, so gibt dies nach § 27 umgekehrt Anlass, die St auf den letzten Erwerb herabzusetzen. § 27 hängt mit der Überlegung zusammen, dass das ErbStG, wenn es beim Erbfall Liquidität abschöpft, von nur einem Inhaberwechsel hinsichtlich des der Erbfolge unterliegenden Vermögens im Abstand einer Generation ausgeht. Diese Konzeption liegt auch der ErsatzErbSt nach § 1 I Nr 4 zugrunde: Erst mit dem Ablauf von 30 Jahren wird ein Inhaberwechsel hinsichtlich des in der Stiftung gebundenen Vermögens unterstellt. Damit bleibt dem belasteten Vermögen die Zeit, sich von dem StZugriff zu erholen und Reserven für den nächsten Erbfall zu bilden. Tritt der Inhaberwechsel dagegen schneller ein, so führt die Belastung mit ErbSt zu nicht mehr aufholbaren Eingriffen in die Substanz. Dies geht so weit, dass bei mehrfacher Vererbung desselben Vermögens kurz nacheinander im Wesentlichen das ganze Vermögen durch den StZugriff aufgezehrt werden kann. Diese Rechtswirkung versucht § 27 abzumildern. Gegenüber dem Grundgedanken des § 27 werden dabei jedoch wesentliche Einschränkungen vorgenommen.

2   **10-Jahresfrist.** § 27 begünstigt nur den Inhaberwechsel, der sich innerhalb eines Zeitraums von 10 Jahren vollzieht. Obwohl das ErbStG, wie § 1 I Nr 4 zeigt, von einem „normalen" Inhaberwechsel in der Abfolge einer Generation, also von 30 Jahren, ausgeht, so dass auch schon ein Wechsel, der sich innerhalb von 15 Jahren vollzieht, außerordentlichen Charakter trägt und damit begünstigungsfähig sein könnte, beschränkt § 27 die StErmäßigung auf Erwerbe, die innerhalb von 10 Jahren anfallen. Innerhalb dieses Zeitraums wird noch weiter unterschieden. Für Erwerbe, die mehr als 5 Jahre auseinanderliegen, wird nur eine geringe Ermäßigung im Umfang von 25 bis 10% des StBetrages eingeräumt. Bei einem kurzfristigen Vermögenswechsel kann demgegenüber die Ermäßigung bis zu 50% erreichen.

3   **Erwerbe innerhalb der engeren Familie.** Obwohl die StBelastung gerade bei Erwerben Außenstehender besondere Höhen erreicht, so dass bei Erwerben von Personen, die in StKl III fallen und damit steuerlich als Außenstehende zu behandeln sind (zB die nichteheliche Partnerin: BFH BStBl II 83, 114; BVerfG BStBl II 84, 172; II 90, 103), der StZugriff das erworbene Vermögen besonders nachdrücklich reduziert, greift die StErmäßigung in diesen Fällen nicht ein, sondern wird auf den Vermögenswechsel innerhalb der engeren Familie begrenzt. Die StErmäßigung wird damit als eine Begünstigung für den Kreis der engeren Familie verstanden und nicht ausreichend mit ihrem Grundgedanken, Überbelastungen des vererbten

Allgemeines **4 § 27**

Vermögens bei außerordentlichem (= zu schnell aufeinander folgendem) Erwerb zu mildern, in Verbindung gebracht. Bemerkenswert erscheint auch, dass § 27 nicht zwischen Vererbungen innerhalb derselben Generation und Erbfolgen im Generationswechsel differenziert. Denn es ist klar: Wird das Vermögen zunächst in derselben Generation weitergegeben und zB von dem Ehemann an die Ehefrau weitervererbt, so entspricht es der Lebenserfahrung, dass der zweite Vererbungsvorgang in diesem Fall nicht 30 Jahre auf sich warten lassen wird. Wird das Vermögen dagegen sogleich an die nächste Generation transferiert und zB vom Vater an das Kind vererbt, so ist ein längerer Zeitraum der Innehabung zu erwarten, so dass ein schneller nächster Erbfall als außerordentlicher Vorgang gewertet und steuerlich privilegiert werden kann. § 27 lässt es jedoch bei der Unterscheidung von Vermögenswechseln innerhalb und außerhalb der engeren Familie genügen, ohne die Frage, in welcher Generation sich der Vermögenswechsel vollzieht, zu problematisieren. Auch insoweit bedarf die richtige Ausgestaltung der StErmäßigungsvorschrift noch weiterer Diskussion.

Letzterwerb von Todes wegen. § 27 greift nur in den Fällen ein, **4** in denen der Letzterwerb von Todes wegen erfolgt. Zwar kann man auf § 1 II verweisen, wonach die Vorschriften über Erwerbe von Todes wegen auch für Schenkungen unter Lebenden gelten (vgl *Naarmann*, Das Verhältnis der SchSt zur ErbSt, Diss Köln 1985, 161 ff mwN). Doch steht die Rspr auf dem Standpunkt, dass § 27 iS von § 1 II „etwas anderes bestimmt" und daher für Letzterwerbe durch Schenkung unter Lebenden keine Vergünstigung vorsieht (BFH BStBl II 87, 785; 97, 625). Der Grundgedanke dieser in der Vorgängervorschrift des § 21 ErbStG 1959 noch nicht enthaltenen Beschränkung dürfte darin liegen, dass der schnelle Vermögenswechsel bei Erwerben durch Schenkung unter Lebenden typischerweise freiwillig, bei Erwerben von Todes wegen typischerweise unfreiwillig erfolgt, wobei das Gesetz eine Ermäßigung nur für die Fälle des unfreiwilligen Wechsels vorsehen muss. Die Tragfähigkeit dieser Argumentation ist jedoch begrenzt. Denn der Gesetzgeber muss für eine angemessene Besteuerung auch in den Fällen sorgen, in denen der StPfl durch Unterlassen der stpfl Transaktion die Besteuerung vermeiden könnte. Der Umstand, dass der StPfl, um die beabsichtigte Transaktion durchzuführen, die Besteuerung in Kauf nimmt, rechtfertigt noch nicht eine beliebige Ausgestaltung der StLast. Der BFH (BStBl II 97, 625) hat jedoch zu Recht darauf verwiesen, dass die Beschränkung des § 27 auf Letzterwerbe von Todes wegen in der Absicht des historischen Gesetzgebers lag. Unstreitig ist in jedem Fall, dass der **Ersterwerb auch ein Erwerb durch Schenkung unter Lebenden** gewesen sein kann.

5.–10. Die Steuerermäßigung nach Abs 1

5 Mehrfacher Erwerb desselben Vermögens. § 27 I setzt in seinem ersten Merkmal voraus, dass ein Vermögen innerhalb von 10 Jahren zweimal den Inhaber gewechselt hat. Als „Vermögen" kommen hier sowohl einzelne Vermögensgegenstände als auch ein größerer Bestand von Gütern in Betracht. Wenn „das" (= dasselbe) Vermögen im Zehnjahreszeitraum mehreren Erwerbern nacheinander angefallen sein muss, so ist damit nicht gemeint, dass das Vermögen beim Zweiterwerb noch notwendig dieselbe Form wie beim Ersterwerb aufzuweisen hatte (vgl BFH BStBl II 80, 46 unter Bezugnahme auf BFH BStBl II 74, 658, wonach sogar bloßer Werterhalt genügt, um weiterhin von demselben Vermögen zu sprechen – s § 13 Anm 30). Es gelten vielmehr die Grundsätze der **Surrogation,** die das Zivilrecht für den Erhalt der Vermögensidentität im Hinblick auf Erbschaftsbesitzer (§ 2019 BGB), Miterben (§ 2041 BGB) und Vor- und Nacherben (§ 2111 BGB) aufstellt. An die Stelle eines vom ersten Erwerber verkauften Gegenstandes tritt deshalb bei der Weiterübertragung „des" Vermögens der Verkaufserlös (RFH RStBl 31, 297; BFH BStBl III 66, 356; FG Berlin EFG 92, 470). An die Stelle einer dem ersten Erwerber angefallenen Nacherbenanwartschaft tritt der bei Übertragung der Anwartschaft erzielte Verkaufserlös (BFH BStBl II 80, 46). Demzufolge sieht die FinVerw eine zwischenzeitliche Änderung der Rechtsform bei einem gewerblichen Betrieb als unschädlich an, sofern und soweit es sich bei dem Vermögen wirtschaftlich noch um dasselbe Vermögen handelt (FinMin NW DB 73, 1826).

6 Erwerb durch nahe Angehörige. Das Vermögen muss beim mehrfachen Inhaberwechsel durch die Hand von Personen der StKl I gegangen sein. Zur StKl I gehören der Ehegatte, der gleichgeschlechtliche eingetragene Lebenspartner, die Kinder und Stiefkinder (einschließlich der Abkömmlinge von Kindern und Stiefkindern) sowie die Eltern und Voreltern des Erblassers, sofern es um Erwerbe von Todes wegen geht (bei Schenkungen gehören die Eltern und Voreltern des Schenkers in die StKl II: § 15 I). Nur diese Angehörigen zählen beim Zweiterwerb zu den durch die StErmäßigung begünstigten Personen. Auch beim Ersterwerb muss das Vermögen einem dieser nahen Angehörigen zugefallen sein. Das Angehörigkeitsverhältnis ist jeweils aus der Sicht des einzelnen Erwerbsvorgangs zu bestimmen. Die StErmäßigung greift daher ein, wenn der erste Erwerber zum ursprünglichen Vermögensinhaber und wenn der zweite zum ersten Erwerber in den Kreis der nahen Angehörigen gehört, auch wenn der Zweiterwerber im Verhältnis zum ursprünglichen Vermögensinhaber nicht begünstigt ist (Beispiel: Vermögensübergang vom Vater auf die Tochter, von der Tochter

Steuerermäßigung nach Abs 1   **7, 8 § 27**

auf deren Ehemann). Umgekehrt reicht es nicht aus, dass beide Erwerber im Verhältnis zum ursprünglichen Vermögensinhaber in die StKl I gehören, wenn sie untereinander nicht in diesem Verhältnis stehen (Beispiel: Vermögensübergang vom Vater auf die Tochter und von der Tochter auf deren Bruder). Für die Bestimmung des Angehörigkeitsverhältnisses ist der Zeitpunkt des Erwerbs entscheidend, für den die Ermäßigung in Anspruch genommen wird. Hat sich das Angehörigkeitsverhältnis zwischen dem Vorerwerb und dem Letzterwerb geändert oder ist der Personenkreis, der in die StKl I fällt, zwischen dem Vorerwerb und dem Letzterwerb ausgeweitet worden (FG Berlin EFG 92, 470), so ist die Sicht des Letzterwerbs entscheidend.

Die am Erwerb beteiligten Personen. Weil es für die Anwendung   **7**
der StErmäßigung auf das Angehörigkeitsverhältnis des Erwerbers zum Veräußerer (Erblasser/Schenker) ankommt, spielt die richtige Bestimmung der am Erwerb beteiligten Personen hier eine bedeutsame Rolle. Wer in den gesetzlich normierten stpfl Vorgängen des § 1 von wem erwirbt, ergibt sich regelmäßig ohne große Schwierigkeiten aus der Einzelausgestaltung der Tatbestände in den §§ 3 und 7. In Einzelfällen bedarf es dennoch genauerer Bestimmung. So erwirbt der Drittbegünstigte bei der Schenkung unter verbindlicher Auflage vom Schenker, während er bei der Schenkung mit unverbindlicher Weiterschenkklausel vom Beschenkten erwirbt (vgl oben § 7 Anm 67, 94). Beim Erbverzicht gegen Abfindung (§ 7 I Nr 5) erwirbt der Verzichtende vom Erblasser, auch wenn die Abfindung von einem Dritten geleistet ist (oben § 7 Anm 108). Im Fall der Vor- und Nacherbfolge erwirbt der Nacherbe unter den Voraussetzungen des § 6 II 1 vom Vorerben. Stellt er jedoch den Antrag nach § 6 II 2, wird sein Erwerb nunmehr im Hinblick auf die StKlasse – und damit auch im Hinblick auf die an die StKlasse anknüpfende Vorschriften wie § 27 I – als Erwerb vom Erblasser behandelt. Ähnliches gilt nach § 15 III beim Erwerb des Schlusserben im Fall eines Berliner Testament iS von § 2269 BGB (RFH RStBl 41, 45). Hat der Erblasser dagegen die Nacherbfolge nicht mit dem Tod des Vorerben verknüpft (§ 6 III), gibt es für den Nacherben kein Wahlrecht. Die StKlasse wird ausnahmslos nach dem Verhältnis zum Erblasser bestimmt. Das Angehörigkeitsverhältnis zum Vorerben spielt beim Erwerb von Nacherbschaftsvermögen keine Rolle (vgl R E 27 III ErbStR).

Zweimaliger stpfl Erwerb. Der Übergang des Vermögens auf die   **8**
als Angehöriger begünstigte Person muss jeweils einen stpfl Vorgang iS von § 1 I gebildet haben. Für den Zweiterwerb wird nach der zZt vorherrschenden Meinung ein Erwerb von Todes wegen vorausgesetzt (oben Anm 4). Der Ersterwerb kann dagegen auch ein Erwerb durch Schenkung unter Lebenden gewesen sein. Indem Abs 1 den letzten

und den diesem letzten Erwerb vorangehenden Erwerb ins Auge faßt, geht die Vorschrift von zwei aufeinander folgenden Erwerben aus. Die StErmäßigung greift jedoch auch bei jedem weiteren innerhalb des 10-Jahres-Zeitraums liegenden Erwerb ein. § 27 I verlangt nicht, dass die stpfl Erwerbe unmittelbar aufeinander folgen. Dazwischen können auch Inhaberwechsel aus anderen Gründen liegen. Wird daher ein Betrieb zunächst von A auf B vererbt, dann von B an C veräußert und schließlich von C an D im Wege der Erbfolge weitergegeben, ist § 27 anwendbar, wenn die beiden Vererbungsvorgänge zwischen A und B sowie zwischen C und D innerhalb des 10-Jahres-Zeitraums liegen. Auch bei mehrfachem Erwerb desselben Vermögens durch dieselbe Person kann § 27 eingreifen (Beispiel: Schenkung von A an B, Rückübertragung von B an A, Vererbung von A an B).

9 StZugriff bei beiden Erwerben. Die StErmäßigung will die auf den Zweiterwerb entfallende St um einen Teilbetrag kürzen. Sie kommt daher nur in Betracht, wenn auf den Zweiterwerb tatsächlich eine St entfällt. Wird die StPfl dagegen schon durch das Eingreifen einer sachlichen StBefreiung oder durch einen persönlichen Freibetrag ausgeschlossen, ist für die StErmäßigung kein Raum. Die Ermäßigung wird gewährt, um den doppelten StZugriff beim ersten und beim zweiten Erwerb abzuschwächen. Sie setzt daher voraus, dass nicht nur der zweite Erwerb tatsächlich zu einer StErhebung führt, sondern dass auch schon der erste Erwerb einen StZugriff ausgelöst hat, dass eine St für den Ersterwerb nicht nur, wie es in Abs 1 heißt, „zu erheben war", sondern dass sie auch, wie Abs 3 voraussetzt, der StPfl tatsächlich „entrichtet hat". Wurde daher die Besteuerung des Ersterwerbs versäumt, kann eine Ermäßigung für den Zweiterwerb nicht verlangt werden. Dasselbe gilt, wenn die Besteuerung des Ersterwerbs aus Billigkeitsgründen (§§ 163, 227 AO) erlassen oder wegen der Ausübung eines Rückforderungsrechts gemäß § 29 nachträglich aufgehoben wird. Dagegen kann die Ermäßigung in Anspruch genommen werden, wenn die St für den Ersterwerb festgesetzt, aber gestundet war. Auch hinsichtlich des Zweiterwerbs ist die Stundung der St unschädlich. Ein nach dem bis Ende 2008 geltenden § 25 I 1 zu stundender Betrag war daher entsprechend zu ermäßigen (FG Bad-Württ EFG 85, 25).

10 Erwerb innerhalb von 10 Jahren. Der zweimalige Inhaberwechsel hinsichtlich des übertragenen Vermögens muss sich innerhalb von 10 Jahren vollzogen haben, um die StErmäßigung auszulösen. Mit dem 10-Jahres-Zeitraum wird eine Zeitspanne für bedeutsam erklärt, die auch sonst im Erbrecht (§ 2325 BGB) und im ErbStRecht (§ 14) eine Rolle spielt. § 27 I lässt es nicht bei dem Hinweis auf den 10-Jahres-Zeitraum bewenden, sondern trifft innerhalb des 10-Jahres-Zeitraums noch weitere zeitliche Eingrenzungen, mit denen der für die Ermäßigung bedeutsame Vomhundertsatz der St auf den Zweiterwerb nach dem Zeitraum gestaffelt wird, der zwischen den beiden Erwerben liegt. Maßgeblich für die zeitliche Einordnung der Erwerbe ist das jeweilige Datum der StEntstehung (§ 9).

11.–13. Aufteilung der Steuer für den Zweiterwerb (Abs 2)

Grundsatz. Geht in den beiden Erwerbsfällen ausschließlich dasselbe Vermögen auf den Erwerber über, ist die Ermittlung des Ermäßigungsbetrages nach einem Prozentsatz der auf das begünstigte Vermögen beim Zweiterwerb entfallenden St im Grundsatz unproblematisch (vgl aber auch unten Anm 13). Wird dagegen beim Zweiterwerb neben dem begünstigten Vermögen noch weiteres Vermögen auf den Erwerber übertragen, muss zunächst die St ermittelt werden, die auf das begünstigte Vermögen beim Zweiterwerb entfällt, damit auf sie der Prozentsatz des § 27 I zur Anwendung gebracht werden kann. Die St auf das begünstigte Vermögen ist in diesen Fällen ein Teil der St, die der Zweiterwerber für den Gesamterwerb (begünstigtes Vermögen zuzüglich sonstiger Erwerb) zu zahlen hat. Es bedarf also einer Aufteilung der St für den Gesamterwerb, wie sie auch im Rahmen des § 19 a erforderlich wird und die nach Abs 2 zunächst in dem Verhältnis zu erfolgen hat, in dem der Wert des begünstigten Vermögens zum Wert des Gesamterwerbs steht. Sind also zwei Grundstücke im StWert von je 400 000 € Gegenstand des Zweiterwerbs eines Enkelkindes, und ist eines dieser Grundstücke innerhalb der letzten zehn Jahre schon einmal in dem nach Abs 1 begünstigten Personenkreis verschenkt oder vererbt worden, dann ist zunächst die St auf den Gesamterwerb des Enkelkindes festzustellen. Der Gesamterwerb beträgt 800 000 € abzüglich des Enkelkinderfreibetrages von 200 000 € = 600 000 €. Der StSatz ist 15% (§ 19), die St auf den Gesamterwerb beträgt also 90 000 €. Dieser StBetrag ist nach Abs 2 S 1 im Verhältnis des begünstigten Erwerbs (400 000 €) zum Gesamterwerb (800 000 €), also im Verhältnis von 1 : 2 aufzuteilen, so dass nach dieser Rechnung die Hälfte des StBetrages von 90 000 € = 45 000 € auf das begünstigte Vermögen entfällt. Zur Berücksichtigung von Schulden und Lasten, die mit dem mehrfach erworbenen Vermögen in wirtschaftlichem Zusammenhang stehen, vgl R E 27 II ErbStR. 11

Die Zuweisung des Freibetrages im Rahmen der Aufteilungsrechnung. Bei der Ermittlung der Verhältniszahl, die zur Aufteilung der St auf den Gesamterwerb in einen für die StErmäßigung bedeutsamen und einen nicht bedeutsamen Teilbetrag führt, ist nach Abs 2 der Wert des begünstigten Vermögens dem Wert des Gesamterwerbs gegenüberzustellen. Dabei wird der für die StBerechnung maßgebliche Freibetrag unberücksichtigt gelassen. Der Freibetrag kann auch außer Be- 12 tracht bleiben, weil er zwar in die StBerechnung, nicht aber in die Rechnung zur Aufteilung der St auf zwei verschiedene Erwerbsteile hineingehört. Der Gesetzgeber hatte sich früher anders entschieden. Die früheren Bestimmungen, die die Steuerberechnung unnötig komplizierten, hat der Gesetzgeber jedoch mit dem JStG 1997 aus Vereinfachungsgründen aufgehoben.

13 Aufteilung der St bei identischem Erst- und Zweiterwerb?
Nach Abs 1 kann nur der auf das zweimal übertragene Vermögen entfallende StBetrag ermäßigt werden. Daher muss der ermäßigungsfähige StBetrag durch Aufteilung der St auf den Zweiterwerb ermittelt werden, wenn der Zweiterwerb neben dem zweimal transferierten Vermögen noch sonstiges Vermögen enthält. Nach Auffassung von *Michel* (8. Aufl dieses Kommentars, § 27 Anm 5) soll es zur Aufteilung der St auch dann kommen, wenn der Zweiterwerb zwar mit dem Ersterwerb identisch ist, aber in der Zwischenzeit zwischen dem Ersterwerb und dem Zweiterwerb eine Wertsteigerung erfahren hat. Für diese Auffassung fehlt ein genügender Anhaltspunkt im Gesetz. Sie würde im Übrigen die Berechnung des Ermäßigungsbetrages noch über die gesetzliche Regelung hinaus komplizieren. Das zeigt auch eine Entscheidung des FG Berlin (EFG 92, 470), die *Michel* zustimmt und zugleich einräumt, dass die Aufteilung „praktisch nicht durchführbar" ist, so dass zu einer Schätzung nach § 162 AO gegriffen werden muss. Zur Abwehr von überhöhten Ermäßigungsbeträgen im Fall von Wertsteigerungen des übertragenen Vermögens sieht schon Abs 3 eine Regelung vor. Die Regelung des Abs 2 ist demgegenüber bei identischem Erst- und Zweiterwerb nicht zur Anwendung zu bringen. Das muss erst recht dann gelten, wenn die Wertsteigerung nur darauf beruht, dass der Gesetzgeber an Stelle bisher niedrigerer Steuerwerte nunmehr den gemeinen Wert zur Anwendung bringt. Anders aber wohl R E 27 I ErbStR.

14., 15. Die Ermäßigungshöchstgrenze (Abs 3)

14 Zwischenzeitliche Wertsteigerung. Nach Abs 3 stellt die St, die der Vorerwerber für das begünstigte Vermögen gezahlt hat, den Höchstbetrag der Ermäßigungsgrundlage dar. Ist also beim Ersterwerb eine St von 150 fällig geworden, ergibt sich ein Ermäßigungshöchstbetrag von 75, der es ausschließt, dass die tarifliche St von 200 für den innerhalb eines Jahres verwirklichten, durch Ansteigen der Börsenkurse im Wert erhöhten Zweiterwerb auf 100 ermäßigt wird. Die Höchstgrenze hat das Ziel zu vermeiden, dass die Ermäßigung auch auf Wertsteigerungen desselben Vermögens, die in der Zeit zwischen dem Ersterwerb und dem Zweiterwerb eingetreten sind, bezogen werden kann. Denn diese Wertsteigerungen sind nicht doppelt besteuert worden, weil sie beim

Ersterwerb noch nicht zu berücksichtigen waren. Daher ist auch eine Ermäßigung für den auf sie entfallenden StBetrag nicht angebracht.

Ausgleich der Wertsteigerung durch höheren Freibetrag. Entfällt auf den identischen, aber zwischenzeitlich im Wert gestiegenen Zweiterwerb keine höhere St als beim Ersterwerb, weil ein höherer Freibetrag die zwischenzeitliche Wertsteigerung kompensiert, so bildet Abs 3 dem Wortlaut nach keine Schranke, die die Einbeziehung der Wertsteigerung in die Ermäßigungsgrundlage ausschließt. *Michel* wollte jedoch in der 8. Aufl dieses Kommentars (§ 27 Anm 5) nach dem Sinn und Zweck des § 27 III eine Ausgliederung der Wertsteigerung aus der Ermäßigungsgrundlage auch in diesem Fall vorsehen. Doch begegnen dieser Betrachtungsweise Bedenken. 15

16. Berechnung der Ermäßigung in Sonderfällen

Zusammentreffen mit § 14. § 27 kommt auch in Fällen zum Zuge, in denen § 14 eingreift. So kann sich schon der Ersterwerb aus Teilen zusammensetzen, die nach § 14 zusammenzurechnen sind. Für die StErmäßigung beim Zweiterwerb sind dann trotz der Zusammenrechnung die verschiedenen StEntstehungsdaten der Teilerwerbe zu beachten. Die St für den Vorerwerb iS von Abs 3 ist jedoch unter Berücksichtigung der Zusammenrechnung zu ermitteln. Denkbar ist auch, dass der Zweiterwerb zu verschiedenen Zeiten auf den StPfl übergeht, so dass auch hinsichtlich des Zweiterwerbs eine Zusammenrechnung nach § 14 stattzufinden hat. Möglich ist schließlich sogar, dass der Erst- und der Zweiterwerb im Verhältnis zueinander die Voraussetzungen der Zusammenrechnung erfüllen, wenn zB zunächst A an B Vermögen verschenkt, dann B an A das Vermögen schenkweise zurückgibt und wenn schließlich immer noch innerhalb des Zehnjahreszeitraums das Vermögen von A an B nunmehr vererbt worden ist. In diesem Fall würde bei wörtlicher Anwendung der Bestimmungen eine StSchärfung unter dem Gesichtspunkt des § 14 mit einer StErmäßigung unter dem Gesichtspunkt des § 27 zusammentreffen. Nach Auffassung des BFH (BStBl II 78, 217) ist § 14 jedoch in diesem Fall nicht anwendbar. Zum Verhältnis des § 14 zu § 27 vgl ferner BFH BStBl II 89, 414; BFHE 150, 445 sowie *Moench/Weinmann* § 14 Rz 39. 16

§ 28 Stundung

(1) ¹**Gehört zum Erwerb Betriebsvermögen oder land- und forstwirtschaftliches Vermögen, ist dem Erwerber die darauf entfallende Erbschaftsteuer auf Antrag bis zu zehn Jahren zu stunden, soweit dies zur Erhaltung des Betriebs notwendig ist.** ²**Die §§ 234 und 238**

§ 28 1   Stundung

der Abgabenordnung sind anzuwenden; bei Erwerben von Todes wegen erfolgt diese Stundung zinslos. ³ § 222 der Abgabenordnung bleibt unberührt.

(2) Absatz 1 findet in den Fällen des § 1 Abs. 1 Nr. 4 entsprechende Anwendung.

(3) ¹Gehört zum Erwerb begünstigtes Vermögen im Sinne des § 13 c Abs. 3, ist dem Erwerber die darauf entfallende Erbschaftsteuer auf Antrag bis zu zehn Jahren zu stunden, soweit er die Steuer nur durch Veräußerung dieses Vermögens aufbringen kann. ²Satz 1 gilt entsprechend, wenn zum Erwerb ein Ein- oder Zweifamilienhaus oder Wohneigentum gehört, das der Erwerber nach dem Erwerb zu eigenen Wohnzwecken nutzt, längstens für die Dauer der Selbstnutzung. ³Nach Aufgabe der Selbstnutzung ist die Stundung unter den Voraussetzungen des Satzes 1 weiter zu gewähren. ⁴Die Stundung endet in den Fällen der Sätze 1 bis 3, soweit das erworbene Vermögen Gegenstand einer Schenkung im Sinne des § 7 ist. ⁵Absatz 1 Satz 2 und 3 gilt entsprechend.

Erbschaftsteuer-Richtlinien: R E 28/H E 28.

Übersicht

1., 2. Einführung
3.–8. Stundungsvoraussetzungen
9., 10. Stundungszinsen, Erlass
11., 12. Sonstiges

1., 2. Einführung

1   **Allgemeines.** Die mit dem ErbStG 1974 eingeführte Bestimmung geht auf ältere Vorbilder (§ 63 ErbStG 1919, § 40 ErbStG 1922, § 37 ErbStG 1925) zurück und gehört zu den Vorschriften, die von der mittelständischen Wirtschaft in der Vergangenheit immer wieder angesprochen wurden, wenn es um Vorschläge zur Verbesserung der Situation mittelständischer Unternehmen im Erbfall ging (zB *v. Wartenberg,* BFuP 93, 237). Die StStundung zur Erhaltung des Betriebs, so wurde argumentiert, sei zu wenig. Die Stundung müsse mit einer Abschmelzungsregelung verbunden werden, die das Unternehmen nach Ablauf der Stundungsfrist von der St ganz freistelle. Dies sei erforderlich, um das hohe Maß an Leistungsmotivation, das in den Familienbetrieben freigesetzt werde und das als Motor der Volkswirtschaft diene, zu erhalten. Einschränkungen der Familienbetriebe oder gar ein Zwang zur Veräußerung von Unternehmensteilen durch die ErbSt, so argumentieren die zahlreich tätigen Lobbyisten, seien gemeinwohlschädlich. Dabei wurde nicht immer genügend bedacht, dass der Zwang zur Einschränkung oder Veräußerung auch Nischen für Jungunternehmer

schaffen kann, deren Interessen von den etablierten Standesvertretern gern übergangen werden. Der Wunsch, die „Firma", diesen „vergötterten Begriff" *(Thomas Mann)* über die Generationen hinweg im Familienbesitz ungeschmälert zu erhalten, hat nicht nur Leistungsmotivation freigesetzt, sondern hat auch immer wieder mit der Indienstnahme unwilliger oder ungeeigneter Angehöriger das persönliche Glück und die freie Entfaltung dieser Menschen zugunsten des überpersönlichen, von Vorfahren nach ihren Vorstellungen bestimmten Zwecks ohne ausreichende Rechtfertigung hintangesetzt. Ein Gesetzgeber mit hinreichend weitem Horizont sollte daher auch gegenüber den Repräsentanten von Familienunternehmen und ihren Forderungen einen hinreichenden Abstand wahren. Insgesamt bleibt es ein nicht unbedenklicher Schritt, dem Betriebsvermögen im Erbgang eine Sonderrolle zuzuweisen und es steuerlich vor anderen Vermögen zu privilegieren. Die Warnungen des BFH (BStBl II 02, 598, 608), der die Begünstigung für das Betriebsvermögen schon vor der letzten Reform im Jahr 2002 als „zu weitgehend" charakterisiert hatte, verdienen unverändert Beachtung. Die Stundungsmöglichkeit für die ErbSt auf Betriebsvermögen im Rahmen des § 28 hat allerdings trotz aller düsteren Schilderungen der Wirtschaftsvertreter über die zerstörerische Wirkung der ErbSt für Familienbetriebe bisher kaum praktische Bedeutung erlangt. Angesichts der neuen §§ 13a und 13b wird die Bedeutung des § 28 jedenfalls für das dort begünstigte Vermögen möglicherweise ganz entfallen.

Dafür ist aber nun durch das ErbStRG 2009 eine neue Stundungsmöglichkeit in den Kreis der durch § 28 begünstigten Objekte hinzugekommen. Sie gilt nach Abs 3 in erster Linie für zu Wohnzwecken vermietete Hausgrundstücke und soll es den Vermietererben ersparen, dass sie das Mietobjekt, nur um die ErbSt aufzubringen, veräußern müssen. Sie gilt darüber hinaus auch für anderes, nicht vermietetes, sondern vom Erwerber zu eigenen Wohnzwecken genutztes Wohneigentum. Diese neue, an eher versteckter Stelle eingeführte Begünstigung für das selbst- oder fremdgenutzte Wohneigentum stellt sich in erster Linie als Stundung dar. Soweit die Stundung aber zinslos erfolgt, kann man in ihr auch einen Teilerlass der St sehen. Denn der Barwert der auf zehn Jahre gestundeten St umfasst nur einen Teilbetrag der Summe, die als Nennbetrag ohne Stundung beim Erwerb durch Erbanfall fällig wäre.

Verhältnis zu § 222 AO. § 28 tritt selbstständig neben die Stundungsvorschrift des § 222 AO, ohne diese zu verdrängen (§ 28 I 2). § 222 AO erlaubt der FinVerw, die St ganz oder teilweise zu stunden, wenn die Einziehung bei Fälligkeit eine erhebliche Härte für den Schuldner bedeuten würde und der Anspruch durch die Stundung nicht gefährdet erscheint. § 28 betont, dass die Stundung bis zu zehn Jahre umfassen kann, erlaubt die Stundung zur Erhaltung des Betriebs, auch wenn nicht zugleich eine erhebliche Härte für den Schuldner dargetan ist, und gewährt dem Schuldner einen **Rechtsanspruch auf Stundung,** während § 222 AO die Stundung in das Ermessen der FinVerw stellt. Für die Stundung nach § 28 ist im Übrigen – im Gegensatz zu der Stundung nach § 222 AO – **keine Sicherheitsleistung** vorgesehen. Nach allem liegt die eigentliche Bedeutung des § 28 darin, dass diese Vorschrift die FinVerw stärker als § 222 AO zu einer mittelfristigen Stundung verpflichtet (vgl auch BTDrs IV/3518, 75), die Erhaltung des Betriebs als Ziel der Stundung formuliert und eine Stundung ohne Sicherheitsleistung erlaubt. Oder mit den Worten des BFH: „Aus der Zusammenschau mit § 222 AO 1977 erschließt sich Sinn und Zweck der speziellen Regelung des § 28 ErbStG 1974: sie dient der Vermeidung der Gefährdung des Betriebserhalts, die durch Abzug der erforderlichen Mittel für die Begleichung der auf das erworbene Betriebsvermögen entfallenden Steuer eintreten könnte" (BFH BStBl II 88, 730, 731).

3.–8. Stundungsvoraussetzungen

3 Es ist ein **Erwerb** von Todes wegen oder durch Schenkung unter Lebenden vorgekommen. Früher war zweifelhaft, ob § 28 auch für Schenkungen unter Lebenden gelten könne. Inzwischen hat jedoch das StReformG 1992 die Zweifelsfrage durch Textänderung des § 28 I entschieden. Denn wenn hiernach die Stundung bei Erwerben von Todes wegen zinslos erfolgen darf, ergibt sich im Gegenschluss, dass bei Erwerben unter Lebenden die Stundung ebenfalls, wenn auch in diesem Fall verzinslich, in Anspruch genommen werden kann. Liegen die Stundungsvoraussetzungen beim Beschenkten vor, sollte die Stundung auch dem Schenker im Fall seiner Inanspruchnahme zugute kommen. Denn es gibt keinen Grund, den Schenker stärker als den Beschenkten zu belasten. Das gilt auch unter den Voraussetzungen des Abs 3. Kann der Beschenkte die St nur bei Veräußerung des dort begünstigten Vermögens aufbringen, so gibt die Mithaftung des Schenkers keinen Grund, die Stundungsvoraussetzungen für ihn zu verneinen. Andererseits darf der Schenker nicht allein deswegen in Anspruch genommen werden, um die Stundung beim Beschenkten zu vermeiden. Die Stundung darf dem Schenker auch nicht deswegen versagt werden, weil die Stundungsvoraussetzungen bei ihm nicht vorliegen. Aus Gleichbehandlungsgründen muss sich der Schenker vielmehr auf die Stundung berufen können, wenn sie dem Beschenkten zu gewähren wäre. Eine grundsätzlich andere Linie vertritt die FinVerw (R E 28 IV ErbStR), die die Stundungsvoraussetzungen verneint, wenn der Schenker leistungsfähig ist und in Anspruch genommen werden kann.

Stundungsvoraussetzungen **4, 5 § 28**

Soll die Stundung unter den Voraussetzungen des **Abs 1 Satz 1** 4
gewährt werden, so muss zum Erwerb von Todes wegen oder durch
Schenkung unter Lebenden Betriebsvermögen oder luf Vermögen gehören. § 28 I 1 nimmt damit auf die Abgrenzung von Vermögensarten nach
§ 18 BewG Bezug. Betriebsvermögen sind danach die einem Betrieb
gewidmeten Vermögensposten des Einzelunternehmers sowie die Anteile an einer Personengesellschaft. Aktien und GmbH-Anteile gehören
zum Betriebsvermögen nur, wenn sie Bestandteil des betrieblich genutzten Vermögens eines Einzelunternehmers oder einer Personengesellschaft sind oder zum Sonderbetriebsvermögen des Gesellschafters einer
Personengesellschaft gehören, wie es bei den GmbH-Anteilen des Kommanditisten einer GmbH & Co KG, die sich auf die Komplementär-GmbH beziehen, regelmäßig der Fall sein dürfte. Im Übrigen gehören
die Anteilsrechte an Kapitalgesellschaften nicht zum Betriebsvermögen.
Zwar wird mit den Anteilsrechten an Kapitalgesellschaften mittelbar auch
das diesen Kapitalgesellschaften zugeordnete Betriebsvermögen anteilig
erworben. Dieser mittelbare Erwerb von Betriebsvermögen reicht jedoch
im Rahmen des § 28 nach Auffassung der FinVerw nicht aus (R E 28 I
ErbStR). Diese Auslegung erscheint bei wesentlichen Beteiligungen an
einer Kapitalgesellschaft nicht vorbehaltlos sachgerecht. Unbilligkeiten
kann jedoch begegnet werden, wenn sich die FinVerw begründeten
Stundungsanträgen nicht verschließt und an Stelle des § 28 die Regelung
des § 222 AO eingreifen lässt.

Eine Stundung ist zur **Erhaltung des Betriebs** nur dann notwendig, 5
wenn und soweit die St mangels anderer Mittel aus solchen des Betriebs
aufgebracht werden muss. Kann der Erwerber die St für den Erwerb
von Betriebsvermögen entweder aus erworbenem weiteren Vermögen
oder aus eigenem sonstigen Vermögen aufbringen, ist für die Stundung
kein Raum (BFH BStBl II 88, 730; kritisch *Troll/Jülicher* § 28 Rz 5).
§ 28 denkt unmittelbar nur an den erworbenen Betrieb und an die St,
die auf den Erwerb des Betriebsvermögens entfällt. Man sollte jedoch
in der Auslegung nicht zu engherzig sein. Wird daher zu einem ersten
Betrieb ein zweiter hinzuerworben und kann die St für den Erwerb des
zweiten Betriebs nur aus dem Vermögen des zweiten oder des ersten
Betriebs beglichen werden, so dürfte nicht nur der Erhalt des zweiten,
sondern auch der des ersten ein ausreichender Grund für die Stundung
sein. § 28 will seinem Wortlaut nach nur die Erhaltung des Betriebs,
nicht auch die Fortführung des Betriebs in der Hand des Unternehmensnachfolgers sichern, doch kann für die Erhaltung des Betriebs die
Fortführung durch einen bestimmten Betriebsinhaber im Einzelfall von
besonderer Bedeutung sein. Dann ist auch der durch die Sofortzahlung
der ErbSt ausgelöste **Zwang zur Veräußerung** im Rahmen des § 28
beachtlich.

6 Die Stundung ist zur Erhaltung des Betriebs **notwendig,** wenn die Sofortzahlung der St die Existenz des Betriebs in der gegenwärtigen Form gefährden würde, wenn es also im Fall der Sofortzahlung der St zu einer wesentlichen Betriebseinschränkung, zu einer das künftige Gesicht des Betriebs prägenden Umgründung oder zu einer Liquidation des Betriebs kommen müsste. Schon die kurzfristige Aufnahme eines Teilhabers unter Inkaufnahme der aus ihr folgenden Risiken für die Fortführung des Betriebs nach seiner bisher befolgten Linie der Geschäftsführung kann im Einzelfall als Existenzgefährdung dieses konkreten Betriebs erscheinen. Darauf, dass im Zuge der notwendigen Umgründung Arbeitsplätze konkret gefährdet werden, kommt es nicht entscheidend an, auch wenn die Gefährdung von Arbeitsplätzen die FinVerw in besonderer Weise zu Stundungsüberlegungen anregen wird. Ist die Liquidität des Betriebs im Erbfall schon wegen anderer Verpflichtungen (Vermächtnisse, Pflichtteil) angespannt, kann dies bei der Prüfung des § 28 nicht unberücksichtigt bleiben (aM R E 28 IV ErbStR), weil sich der Erwerber diesen Verpflichtungen genauso wenig wie den StPflichten entziehen kann (übereinstimmend *Troll/Jülicher* § 28 Rz 6; vgl auch *Moench/Kien-Hümbert* § 28 Rz 10). Doch sind andererseits auch die Stundungsmöglichkeiten bei diesen Verpflichtungen voll auszuschöpfen (zB § 2331 a BGB). Die FinVerw (R E 28 IV ErbStR) tritt für eine sehr restriktive Handhabung des § 28 ein und will bei der Prüfung der Gefährdung des Betriebs durch sofortige Entrichtung der St nicht nur Grundschulden, Pflichtteile oder Vermächtnisse außer Betracht lassen. Sie betont auch, dass der Erwerber die Möglichkeiten der Kreditaufnahme ausschöpfen muss, dass eine Betriebsgefährdung ausscheidet, wenn die St vom Schenker beigetrieben werden kann, und dass dem Erwerber zuzumuten ist, die St aus späteren Einnahmen kontinuierlich zu tilgen, was auf eine den zu erwartenden Erträgen angepasste Begrenzung der Stundungsfrist hinausläuft.

7 Im Fall des **Absatz 3** kann die auf den Erwerb von Wohnraum entfallende Steuer gestundet werden. **Satz 1** sieht die Stundung für den Erwerb vermieteten Wohnraums vor. **Satz 2** fügt dem eine Stundungsmöglichkeit für den Erwerb selbstgenutzten Wohnraums in einem Ein- oder Zweifamilienhaus oder im Wohneigentum hinzu. Immer kommt es auf das Handeln des Erwerbers an, also darauf, dass der Erwerber bestehende Mietverträge über den erworbenen Mietwohnraum fortführt, das Haus oder die Wohnung neu vermietet oder zu eigenen Wohnzwecken nutzt. Die Stundung kann daher nicht für eine Wohneinheit in Anspruch genommen werden, die zwar der Erblasser/Schenker vermietet oder selbst genutzt hat, die der Erwerber aber nicht vermieten, nicht als Wohnraum nutzen oder nicht behalten will. Bei einem Zweifamilienhaus wird der Alleinerbe, der eine der beiden

Wohnungen selbst nutzt, die Stundung wohl nur für die Steuer verlangen können, die gerade auf den von ihm genutzten Hausteil entfällt.

Die **Steuerstundung** ist – wie im Fall des Abs 1 – **nur auf Antrag** 8 zu gewähren. **Sie kann** für den Erwerb von Wohnraum **nur erfolgen, wenn** die Stundung erforderlich ist, um dem Erwerber eine kurzfristige Veräußerungsentscheidung zu ersparen. Soweit der Erwerber die St aus anderen Teilen des Erwerbs oder aus seinem sonstigen Vermögen aufbringen kann, wird ihm die Stundung versagt. Diese Merkmale sind für den Tag des Stundungsantrags zu prüfen. Späterer Gelderwerb schließt bei fortlaufender Vermietung oder fortlaufender Selbstnutzung das Weiterlaufen der Stundung nicht aus. Die Stundung endet nach zehn Jahren. Sie endet schon vorher, wenn der Erwerber die Vermietung oder Selbstnutzung aufgibt und im letzteren Fall nicht eine Vermietung an die Stelle der Selbstnutzung treten lässt. Sie endet nach Satz 4 ferner, wenn der Erwerber das ihm zugefallene Grundstück verschenkt. Kann der Erwerber die dann fällige St nicht zahlen, wird es nicht möglich sein, nun nachträglich noch den Schenker zur StZahlung heranzuziehen.

9., 10. Stundungszinsen, Erlass

§ 28 I 2 verweist auf die §§ 234, 238 AO. Nach diesen Vorschriften 9 werden für die Dauer einer gewährten Stundung **Stundungszinsen** erhoben. § 28 I 2 idF des StÄndG 1992 nimmt jedoch die **Erwerbe von Todes wegen** von der Zinspflicht aus. Die Höhe der Zinsen beträgt 0,5% pro Monat oder 6% im Jahr. Auf die Zinsen kann ganz oder teilweise verzichtet werden, wenn ihre Erhebung nach Lage des einzelnen Falls unbillig wäre (§ 234 II AO). Wird die St in Raten gezahlt, sind die Zinsen mit der letzten Rate in einer Summe fällig (*Moench/Kien-Hümbert* § 28 Rz 12 a).

Nicht nur die Stundungszinsen (§ 234 II AO, oben Anm 6) können 10 ganz oder teilweise erlassen werden. Es kann auch der **Erlass des StAnspruchs selbst** aus Billigkeitsgründen in Betracht kommen. Dieser Erlass ist die gegenüber der Stundung deutlich weiterreichende Maßnahme und wird nur in Ausnahmefällen möglich sein. Die gesetzliche Grundlage bieten die §§ 163, 227 AO. Zu denken ist an Fälle, in denen das übernommene Vermögen die St nicht deckt, weil zB ein Kurssturz an der Börse die Verwertbarkeit des Vermögens drastisch beeinträchtigt hat. Denkbar war auch, dass der Vorgang, der zu dem Erwerb des Vermögens geführt hat (Erbfall), mit schwerwiegenden Beeinträchtigungen des Erwerbers verbunden ist, die seine wirtschaftliche Leistungsfähigkeit so stark nachteilig beeinflussen, dass angesichts des nunmehr erhöhten Bedarfs die StZahlung in vollem Umfang unbillig erscheinen muss (Unfall mit Tod eines und schwerer Verletzung mit Dauerschäden und erhöhter Bedürftigkeit des anderen Partners). Ein weiterer drastischer Fall wird bei *Elser/Neininger,* DStR 00, 1718, genannt. Zum Erlass des StAnspruchs vgl auch *Meincke,* DStR 04, 573.

11., 12. Sonstiges

11 Der Stundung in ihren Wirkungen weitgehend vergleichbar ist die **Aussetzung der Vollziehung des StBescheides.** Hat der Erwerber gegen den StBescheid Einspruch eingelegt (§ 347 AO), so wird dadurch seine Verpflichtung zur Zahlung der festgesetzten St nicht berührt. Die FinVerw kann jedoch die Vollziehung des angefochtenen StBescheides ganz oder teilweise aussetzen und den Erwerber damit wie bei einer Stundung von der sofortigen StZahlung befreien (§ 361 AO). Die Aussetzung kann von einer Sicherheitsleistung abhängig gemacht werden. Einem Antrag des Erwerbers auf Aussetzung der Vollziehung soll entsprochen werden, wenn ernstliche Zweifel an der Rechtmäßigkeit des Bescheides bestehen oder seine Vollziehung unbillig wäre (§ 69 FGO). Bei Ablehnung des Antrages durch das FA kann das FG die Vollziehung des StBescheides ganz oder teilweise aussetzen (§ 69 III FGO).

12 **Familienstiftungen und -vereine (Abs 2).** Die entsprechende Anwendung des Abs 1 bei Familienstiftungen und -vereinen bedeutet, dass für das zu ihrem Vermögen gehörende Betriebsvermögen und land- und forstwirtschaftliche Vermögen unter den Voraussetzungen des Abs 1 ebenfalls ein **Rechtsanspruch auf Stundung** gegeben ist. Da § 24 jedoch für die Familienstiftungen und -vereine die gegenüber der Stundung zu 6% Zinsen günstigere Möglichkeit der Verrentung der St zu 5,5% Zinsen vorsieht, dürfte dem § 28 II in der Praxis nur in den Fällen Bedeutung zukommen, in denen eine Stundung nach Abs 1 Satz 2 zinslos möglich ist.

§ 29 Erlöschen der Steuer in besonderen Fällen

(1) **Die Steuer erlischt mit Wirkung für die Vergangenheit,**
1. **soweit ein Geschenk wegen eines Rückforderungsrechts herausgegeben werden mußte;**
2. **soweit die Herausgabe gemäß § 528 Abs. 1 Satz 2 des Bürgerlichen Gesetzbuchs abgewendet worden ist;**
3. **soweit in den Fällen des § 5 Abs. 2 unentgeltliche Zuwendungen auf die Ausgleichsforderung angerechnet worden sind (§ 1380 Abs. 1 des Bürgerlichen Gesetzbuchs).** [2]**Entsprechendes gilt,**

Erlöschen der Steuer in besonderen Fällen **§ 29**

wenn unentgeltliche Zuwendungen bei der Berechnung des nach § 5 Abs. 1 steuerfreien Betrags berücksichtigt werden;
4. soweit Vermögensgegenstände, die von Todes wegen (§ 3) oder durch Schenkung unter Lebenden (§ 7) erworben worden sind, innerhalb von 24 Monaten nach dem Zeitpunkt der Entstehung der Steuer (§ 9) dem Bund, einem Land, einer inländischen Gemeinde (Gemeindeverband) oder einer inländischen Stiftung zugewendet werden, die nach der Satzung, dem Stiftungsgeschäft oder der sonstigen Verfassung und nach ihrer tatsächlichen Geschäftsführung ausschließlich und unmittelbar als gemeinnützig anzuerkennenden steuerbegünstigten Zwecken im Sinne der §§ 52 bis 54 der Abgabenordnung mit Ausnahme der Zwecke, die nach § 52 Abs. 2 Nr. 23 der Abgabenordnung gemeinnützig sind, dient. ²Dies gilt nicht, wenn die Stiftung Leistungen im Sinne des § 58 Nr. 5 der Abgabenordnung an den Erwerber oder seine nächsten Angehörigen zu erbringen hat oder soweit für die Zuwendung die Vergünstigung nach § 10b des Einkommensteuergesetzes, § 9 Abs. 1 Nr. 2 des Körperschaftsteuergesetzes oder § 9 Nr. 5 des Gewerbesteuergesetzes in Anspruch genommen wird. ³Für das Jahr der Zuwendung ist bei der Einkommensteuer oder Körperschaftsteuer und bei der Gewerbesteuer unwiderruflich zu erklären, in welcher Höhe die Zuwendung als Spende zu berücksichtigen ist. ⁴Die Erklärung ist für die Festsetzung der Erbschaftsteuer oder Schenkungsteuer bindend.

(2) **Der Erwerber ist für den Zeitraum, für den ihm die Nutzungen des zugewendeten Vermögens zugestanden haben, wie ein Nießbraucher zu behandeln.**

Übersicht

1.–3. Allgemeines
4.–8. Herausgabe von Geschenken (Abs 1 Nr 1)
9., 10. Abwendung der Herausgabe und Anrechnung (Abs 1 Nr 2, 3)
11.–15. Weitergabe an öffentliche oder gemeinnützige Träger (Abs 1 Nr 4)
16.–19. Besteuerung des Nutzungsvorteils (Abs 2)

Schrifttum: *Kamps,* Steuerneutrale Rückabwicklung von Schenkungen, ZErb 02, 174, 212; *Ebeling,* Schenkungsteuerliche Rückabwicklungen auf de Grundlage des neuen Schuldrechts, DB 02, 553; *Wachter,* Störungen der Geschäftsgrundlage im SchStRecht, ZEV 02, 176; *Fuhrmann,* Rückgängigmachung von Schenkungen, ErbStB 03, 17; *Kamps,* Steuerneutrale Rückabwicklung von Schenkungen, ErbStB 03, 69; *Söffing,* Begleichung der ErbSt durch Kunstgegenstände, ErbStB 04, 392; *Carlé,* Widerrufs- und Rückfallklauseln, ErbStB 06, 72; *Kirchhain,* Das Rückabwicklungsverbot des § 29 Abs 1 Nr 4 Satz 2 ErbStG bei Stiftungsleistungen iSd § 58 Nr 5 AO, ZErb 06, 413; *Wachter,* Schenkung von Betriebsvermögen, ErbStB 06, 236, 259; *Wachter,* Das Ende für Steuerklauseln in der ErbSt?, ErbStB 06, 312; *Lüdicke,* Das Nämlichkeitsprinzip im Rahmen der Steuerbefreiung für die Überführung von Vermögensgegenständen in den gemeinnützigen Bereich, ZEV 07, 254.

§ 29 1–3   Erlöschen der Steuer in besonderen Fällen

1.–3. Allgemeines

1   **Erlöschen der St.** Die St (= der staatliche StAnspruch) erlischt durch Zahlung, durch Festsetzungs- oder Zahlungsverjährung (§§ 47, 232 AO), durch Eintritt einer auflösenden Bedingung (§ 47 AO), ferner durch Aufrechnung, durch Übereignung an Zahlungs statt (§ 224 a AO), durch Befriedigung im Vollstreckungsverfahren oder durch Erlass. In Ergänzung zu den in § 47 AO normierten allgemeinen Erlöschensgründen sieht die in ihrem Kern aus dem ErbStG 1919 stammende, später um die Regelungen in Abs 1 Nr 3 und 4 erweiterte Vorschrift des § 29 spezielle, in erster Linie für die SchSt geltende Erlöschensgründe vor. § 29 soll vornehmlich dem Umstand Rechnung tragen, dass unentgeltliche Zuwendungen im Zivilrecht eine geringere Bestandskraft haben als entgeltliche Erwerbe, so dass der unentgeltliche Erwerber die empfangene Bereicherung nicht selten wieder herausgeben muss. Steht der Erwerb zusätzlich zu dieser unsicheren Bestandskraft auch noch unter einer auflösenden Bedingung, so wird die mit dem Eintritt der Bedingung verbundene Vermögensänderung schon nach § 12 I ErbStG iVm § 5 II BewG beachtet. Die auf den bedingten Erwerb entfallende Steuer wird auf Antrag nach dem tatsächlichen Wert des Erwerbs berichtigt. Einer Heranziehung des § 29 bedarf es nicht. Wird einer Zuwendung durch nachträgliche Vereinbarung unter den Vertragspartnern und Leistung eines Entgelts der freigebige Charakter genommen, ist noch ungeklärt, ob dieser Fall auch zu einem Erlöschen der St wegen nachträglichen Wegfalls des StTatbestandes führen kann (vgl § 7 Anm 60 und BFH BStBl II 08, 260, 261).

2   Unter den Voraussetzungen des **Abs 1** erlischt die St **mit Wirkung für die Vergangenheit.** Das bedeutet, dass die bisherige StFestsetzung nach § 175 I S 1 Nr 2 AO aufzuheben oder entsprechend der Erlöschenswirkung zu ändern ist, so als ob der zunächst besteuerte Vorgang nie stpfl gewesen wäre. Die etwa noch ausstehende StZahlung wird nicht mehr geschuldet, die Anforderung von Stundungszinsen oder Säumniszuschlägen entfällt. Die bereits gezahlte St ist samt den aufgebrachten Stundungszinsen und Säumniszuschlägen dem zu erstatten, von dem die StZahlung stammt. Hatte der Schenker die StZahlung übernommen, ist er auch Gläubiger der Erstattungspflicht.

3   Unter den Voraussetzungen des **Abs 2** tritt an die Stelle der ursprünglichen, nunmehr erloschenen StPfl **eine neue, auf den Nutzungsvorteil bezogene StPfl.** So wie die St nach Abs 1 mit der Wirkung für die Vergangenheit erlischt, so wird die St nach Abs 2 mit Wirkung für die Vergangenheit begründet. Der stpfl Vorgang ist die Überlassung des Vermögens zur Nutzung, nicht die spätere Herausgabe, Anrechnung oder Weiterleitung des ursprünglichen Erwerbs. Daher ist auch der Zehnjahreszeitraum für die Zusammenrechnung der Nutzungsüberlassung mit sonstigen Erwerben nach § 14 aus der Sicht des Zeitpunkts der ursprünglichen Vermögensübertragung zu bemessen.

4.–8. Herausgabe von Geschenken (Abs 1 Nr 1)

Abs 1 Nr 1 nennt **drei Voraussetzungen,** von denen die Erlöschenswirkung abhängig ist. (1) Ein Geschenk ist besteuert worden. (2) Das Geschenk ist herausgegeben worden. (3) Die Herausgabe wurde durch ein Rückforderungsrecht erzwungen. Erste Voraussetzung ist also, dass eine Besteuerung wegen eines **Geschenks** stattgefunden hat. Geschenk iS dieser Bestimmung ist jeder stpfl Vorgang, der nach § 1 I Nr 2 iVm § 7 eine Besteuerung auslöst. Ferner dürfte auch die Schenkung auf den Todesfall nach § 3 I Nr 2 hierher gehören.

Herausgabe des Geschenks. Die St erlischt, wenn das Geschenk herausgegeben worden ist. Erst mit der Herausgabe erlischt der StAnspruch. § 29 I Nr 1 ist daher erst anwendbar, sobald die Herausgabe des Geschenks tatsächlich stattgefunden hat, nicht vorher (*Kipp* § 42 Anm 1 aE). Dies gilt auch im Fall der Nichtigkeit oder des späteren Unwirksamwerdens der Schenkung und des mit der Schenkung verbundenen Ausführungsgeschäfts, weil der Erwerber, solange er das Geschenk nicht zurückgegeben hat, sich nach § 41 AO als Erwerber einer rechtsbeständigen Schenkung behandeln lassen muss (vgl *Kipp* aaO). Vorausgesetzt wird dabei, dass es einer Herausgabe bedarf, um die Wirkungen der Ausführung der Zuwendung zurückzunehmen. Kommt eine Herausgabe (= Besitzübertragung) nach der Natur der Zuwendung nicht in Betracht, muss der Empfänger vielmehr andere Mitwirkungshandlungen vornehmen, um die Wirkungen der Zuwendung zu annullieren, erlischt die St, wenn der Erwerber diese Mitwirkungshandlungen vornimmt (zB entsprechende Erklärungen abgibt). Kann die Zuwendung ohne Mitwirkung des Erwerbers vom Schenker zurückgenommen werden, erlischt die St, wenn die Wirkung des Geschenks (zB die Verschaffung eines Bankguthabens, die Abtretung eines Rechts) durch einseitige Handlungen des Schenkers aufgehoben worden ist.

Rückforderungsrecht. Die Herausgabe hat die Erlöschenswirkung nur dann zur Folge, wenn ein Rückforderungsrecht die Herausgabe erzwungen hat, so dass das Geschenk wegen des Rückforderungsrechts herausgegeben werden musste (kritisch *Sosnitza,* UVR 92, 342, 348, der eine dem § 16 GrEStG vergleichbare Regelung für freiwillige Rückübertragungen vermisst). Eine freiwillige Rückübertragung, die

§ 29 7   Erlöschen der Steuer in besonderen Fällen

nicht durch ein Rückforderungsrecht erzwungen wurde, lässt die StPfl des Geschenks unberührt (FG Düsseldorf EFG 08, 1644; FG Bln-Bbg DStRE 08, 1339). Die Feststellungslast für die Tatsachen, die den Anspruch auf Rückgabe begründen, hat der StPfl zu tragen (*Moench* § 29 Rz 2 unter Hinweis auf BFH/NV 90, 234). Wird ein Geschenk kurz nach der Zuwendung freiwillig wieder zurückgewährt, so bleibt allerdings immer zu prüfen, ob wirklich schon eine Ausführung der Zuwendung mit der Folge des Entstehens der StPfl vorgekommen war. Dies kann im Einzelfall zu verneinen sein (vgl BFH/NV 00, 1095; vgl auch FG Bbg EFG 01, 985). § 29 I Nr 1 spricht von einem *Rückforderungsrecht*, meint jedoch auch Ansprüche, die nicht im strengen Sinne auf Rückleistung, sondern auf Herausgabe gerichtet sind, wobei es nicht darauf ankommt, dass das Geschenk an den Geber zurückgelangt, sondern dass es bei dem Empfänger nicht verbleiben kann (zustimmend BFH/NV 01, 39). § 29 I Nr 1 ist daher auch bei gesetzlichen Herausgabeansprüchen Dritter anwendbar (§§ 816 I 2, 2287, 2329 BGB). Als Rückforderungsrecht hat ferner das Anfechtungsrecht in und außerhalb des Insolvenzverfahrens zu gelten. Ferner gehört das Rückerstattungsrecht für eingebrachtes Vermögen bei Auflösung einer Gütergemeinschaft gemäß § 1478 BGB hierher (*Meincke,* DStR 77, 363, 366 f; *Moench,* DStR 89, 344). Zu den gesetzlichen Rückforderungsrechten gehören die Rückerstattungsansprüche aus den §§ 346 ff BGB (im Fall des Rücktritts) und der §§ 812 ff BGB (bei nichtigem oder nicht wirksam zustande gekommenem oder unwirksam gewordenem Rechtsgeschäft). Ferner kommen Rückforderungsrechte nach den speziell auf das Schenkungsrecht bezogenen Bestimmungen der §§ 527, 528, 530/531, 1301 und 2114 BGB in Betracht. Die Anwendung des § 29 führt auch im Fall des § 2287 BGB zu einer StErstattung (oben § 3 Anm 104; *Moench* § 29 Rz 5). Wird der Erbe als Beschenkter zur Pflichtteilsergänzung wegen des Geschenks herangezogen (§ 2325 BGB), dann kann er diese Belastung nur im Rahmen seines Erbschaftserwerbs zum Abzug bringen (BFH BStBl II 04, 234; ZEV 04, 124 mit Anm *Meincke*). Wird vom Beschenkten zur Abwendung der Zwangsvollstreckung in das Geschenk die Pflichtteilsergänzungsschuld nach § 2329 BGB in Höhe eines Teilbetrages des Geschenks gezahlt, dann dürfte es dem Wortlaut des § 29, der eine Herausgabe des Geschenks verlangt, eher entsprechen, wenn nicht § 29 zur Anwendung gebracht wird, sondern wenn die Berücksichtigung der Geldzahlung unter dem Gesichtspunkt des § 10 V Nr 2 bei der Besteuerung der Schenkung erfolgt (BFH BStBl II 04, 234 und § 10 Anm 41).

7   Nicht nur gesetzliche, sondern auch **vertragliche Rückforderungsrechte** können im Fall der Herausgabe des Geschenks zu einem

Erlöschen der StPfl führen. Doch muss das vertragliche Rückforderungsrecht seine Grundlage in dem ursprünglichen Vertragsschluss haben. Die nachträgliche Vereinbarung einer Rückforderungsmöglichkeit führt nicht zu einem Erlöschen der StPfl. Weil auch vertragliche Rückforderungsrechte die Anwendung des § 29 I Nr 1 rechtfertigen können, ist diese Bestimmung auch im Fall der Schenkung unter Widerrufsvorbehalt heranzuziehen. Früher war bei Schenkungen unter freiem Widerrufsvorbehalt vielfach schon die StPfl der Zuwendung verneint worden. Dagegen hatte dieser Kommentar die StPfl bejaht (9. Aufl § 7 Anm 28 mwN). Dem hat sich der BFH angeschlossen (BStBl II 89, 1034; 07, 669, 672). Bejaht man die StPfl, muss dann allerdings im Fall der Ausübung des Widerrufs auch § 29 I 1 anwendbar sein (zustimmend: *Moench* § 29 Rz 6).

Rückforderungsrecht wegen Wegfalls der Geschäftsgrundlage. 8
Die zivilrechtlichen Grundsätze über die Folgen des Fehlens oder des nachträglichen Wegfalls der Geschäftsgrundlage (jetzt § 313 BGB nF) gelten auch für Schenkungen (BGH NJW 72, 248; vgl auch BGH NJW-RR 90, 387) und für schenkungsteuerlich bedeutsame Übergabeverträge (BGHZ 40, 334; FG München EFG 87, 571). Aus ihnen kann ein Rückforderungsanspruch des Schenkers folgen, der im Rahmen des § 29 I Nr 1 zu beachten ist (BFH BStBl II 73, 14; II 78, 217; *Moench* § 29 Rz 8). Das gilt jedoch nicht, wenn sich die Vertragspartner auf ein riskantes Geschäft in Kenntnis des Risikos eingelassen hatten (FG München UVR 94, 330). Inwieweit der beiderseitige Irrtum über die SchStBelastung der freigebigen Zuwendung zur Anwendung der Grundsätze über das Fehlen oder den Wegfall der Geschäftsgrundlage führen kann, ist zweifelhaft (verneinend: FG Münster EFG 78, 602; bejahend: *Kapp,* FR 88, 352; ihm folgend jetzt FG Rh-Pf DStR 01, 765). Fraglich ist auch, inwieweit die Nichtanerkennung der Rechtsfolgen einer schenkweisen Vermögensübertragung im EStRecht – zB der schenkweisen Zuwendung eines Geldbetrages, der gleich anschließend als Darlehen zurückgewährt werden soll, oder der schenkweisen Übertragung eines Gesellschaftsanteils an Kinder – ein Rückforderungsrecht nach den Grundsätzen über das Fehlen oder den Wegfall der Geschäftsgrundlage gewährt. Das Kammergericht (BB 82, 944) hält den beiderseitigen Irrtum über die StFolgen des Geschäfts dann für bedeutsam, wenn die StFolgen beim Vertragsschluss ausdrücklich erörtert und damit eindeutig zur Grundlage oder zum Inhalt des Vertrages gemacht worden sind. Bloß einseitige steuerliche Erwartungen einer Partei sollen dagegen unerheblich sein. Zum Ganzen vgl auch FG München DStRE 99, 234; *Kamps,* FR 01, 717; *Wachter,* ZEV 02, 176.

9., 10. Abwendung der Herausgabe und Anrechnung (Abs 1 Nr 2, 3)

9 Der Tatbestand des **Abs 1 Nr 2** ist gegeben, wenn der Beschenkte eine Rückforderung der Schenkung wegen Verarmung des Schenkers nach § 528 I 2 BGB durch Zahlung des für den Unterhalt des Schenkers erforderlichen Betrags abgewendet hat. Die Schenkung wird in diesem Fall im Umfang der Abwendungsleistung nicht mehr als freigebige Zuwendung angesehen, so dass die StPfl in entsprechendem Umfang entfällt.

10 **Unentgeltliche Zuwendungen unter Ehegatten,** die im gesetzlichen Güterstand der Zugewinngemeinschaft leben, haben, wenn sie vom später ausgleichspflichtigen Ehepartner stammen, im Zweifel den Charakter von Vorauszahlungen auf den Zugewinnausgleichsanspruch (§ 1380 I BGB). Da die Ausgleichsforderung erst mit der Beendigung des Güterstandes entsteht (§ 1378 III BGB) und da auch erst bei Beendigung des Güterstandes ermittelt werden kann, ob der Empfänger ausgleichsberechtigt und damit Anspruchsgläubiger ist, können die Vorauszahlungen zunächst den Charakter unentgeltlicher Zuwendungen haben. Sie werden dann von der SchSt erfasst. Kommt es später zur Anrechnung der Zuwendung auf die Ausgleichsforderung, wird nunmehr der wahre Charakter der Zuwendung als Vorauszahlung auf einen gesetzlichen Anspruch aufgedeckt. Damit steht nunmehr fest, dass der Zuwendung der freigebige Charakter fehlt, so dass die StPfl erlöschen muss. Nichts anderes darf gelten, wenn die Zuwendung bei Berechnung der fiktiven Ausgleichsforderung nach § 5 I als Vorauszahlung auf den Zugewinnausgleich gewertet wird. Das stellt Abs 1 Nr 3 S 2 nunmehr ausdrücklich fest.

11.–15. Weitergabe an öffentliche oder gemeinnützige Träger (Abs 1 Nr 4)

11 Durch das **Kultur- und Stiftungsförderungsgesetz** vom 13. 12. 1990 (BGBl I 90, 2775) wurde § 29 um die Regelung des Abs 1 Nr 4 ergänzt. In der Gesetzesbegründung heißt es zu dieser Bestimmung: „Mit dieser Vorschrift sollen Erwerber, denen eine stpfl Zuwendung von Todes wegen oder unter Lebenden gemacht worden ist, ermutigt werden, die in der Vorschrift genannten Einrichtungen durch Zuwendungen zu fördern. Sie sollen deshalb nicht nur mit ihren eigenen Zuwendungen an diese Einrichtungen, sondern in gleichem Umfang auch mit ihrem eigenen Erwerb von der Belastung mit ErbSt freigestellt werden" (BTDrs 11/7833; *Troll,* DB 91, 672). Wer eine stpfl Zuwendung erhalten hat und sie in der in § 29 I Nr 4 genannten Zweijahres-

Weitergabe an öffentl. oder gemeinnützige Träger **12–13 § 29**

frist an die öffentliche oder gemeinnützige Einrichtung weitergibt, wird von der StPfl für den von ihm bezogenen und weitergeleiteten Erwerb freigestellt, so als wenn er als unselbstständige Mittelsperson gewirkt und die unmittelbare Zuwendung zwischen dem Geber und der begünstigten Einrichtung als Empfänger nur vermittelt hätte. Beruht der Erwerb auf einer Schenkung, so wird im Fall der Weitergabe des geschenkten Vermögens an die öffentliche oder gemeinnützige Einrichtung nicht nur der Beschenkte, sondern auch der Schenker von der ihn treffenden StPfl freigestellt.

Abs 1 Nr 4 richtet sich an solche Erwerber, deren Erwerb nicht **12** schon nach dem im Zuwendungsakt dokumentierten Willen des Erblassers/Schenkers unmittelbar einem gemeinnützigen Zweck zufließen soll. Dann wäre nämlich schon nach allgemeinen Grundsätzen unter Anwendung der §§ 10 I und 13 I die StFreiheit des Zwischenerwerbers sichergestellt. § 29 I Nr 4 soll vielmehr die Erwerber, die keinen entsprechenden Bindungen durch den Geber unterliegen, dazu ermuntern, **nach eigenem Entschluss** das ihnen zugefallene Vermögen den begünstigten Zwecken zukommen zu lassen. Die auf den eigenen Erwerb entfallende St wird in dem Umfang zurückgezahlt, wie diese St auf den inzwischen weitergeleiteten Erwerb entfällt. Die Spende des Erwerbers wird damit im Ergebnis einer direkten Spende des Erblassers/Schenkers gleichgestellt.

Zweijahresfrist. Der Entschluss kann nur innerhalb von 24 Mona- **12 a** ten nach dem Zeitpunkt der Entstehung der St umgesetzt werden. Nicht immer ist es dem Erben oder Vermächtnisnehmer möglich, diese Frist einzuhalten, so wenn der Erbe (als Ersatzerbe nach Ausschlagung durch in erster Linie berufene Erben; vgl § 9 Anm 11) oder der Vermächtnisnehmer (wenn die Erfüllung des Vermächtnisses verzögert wird) erst längere Zeit nach dem Erbfall die uneingeschränkte Verfügungsmacht über das ihm zugefallene Vermögen erlangt. Zur Übertragung des Vermögens an eine Stiftung wird im Zweifel ein Erbschein benötigt, der nach einer gerichtlichen Auseinandersetzung über das Erbe möglicherweise erst erreicht werden kann, wenn die Zweijahresfrist bereits verstrichen ist. In diesen Fällen sollte der FinVerw eine Verlängerungsmöglichkeit zustehen. Zumindest sollte es genügen, wenn der Erwerber von Todes wegen innerhalb der Zweijahresfrist sich für den Fall seines Erwerbs zur Übertragung des Vermögens an die Stiftung verpflichtet hat.

Diese Gleichstellung einer Spende des Empfängers mit einer direkten **13** Spende des Erblassers/Schenkers unter Einschaltung des Empfängers als bloßer Mittelsperson wird allerdings **nicht für den ganzen Anwendungsbereich des § 13 I Nrn 15 bis 18** durchgeführt. Vielmehr werden als Endbegünstigte neben dem Bund, den Ländern, Gemeinden und Gemeindeverbänden nur gemeinnützige inländische Stiftungen genannt, wobei die FinVerw (ZEV 03, 239) die Übertragung an eine nichtrechtsfähige Stiftung genügen lässt. Immer muss aber mit der Zuwendung an die Stiftung ein Rechtsträgerwechsel einhergehen. Die Widmung unverändert eigenen Vermögens zu einem begünstigten Stiftungszweck reicht nicht aus. Bisher wurden nicht alle gemeinnützigen Zwecke begünstigt. Vielmehr wurden aus dem Katalog der §§ 52 bis 54 AO nur die wissenschaftlichen und kulturellen Zwecke hervorgehoben, so dass der gesamte Bereich der kirchlichen und mildtätigen Zwecke, aber auch wichtige Bereiche der in § 52 AO definierten Gemeinnützigkeit aus dem Anwendungsbereich des § 29 I Nr 4 ausgeschlossen waren. Nunmehr hat jedoch das Gesetz zur weiteren steuerlichen Förderung von Stiftungen vom 14. 7. 2000 (BGBl I 00, 1034) diese Einschränkung mWv 1. 1. 2000 gestrichen. Damit sind jetzt alle gemeinnützigen Zwecke mit Ausnahme der in § 52 II Nr 23 AO genannten (Tier- und Pflanzenzucht, Kleingärtnerei, Brauchtum, Soldatenbetreuung, Amateurfunk, Modellflug, Hundesport) in die Begünstigung einbezogen. Allerdings wird nach wie vor besonderes Gewicht darauf gelegt, dass der Erwerber das an die Stiftung weitergeleitete Vermögen nicht mittelbar für eigene Zwecke einsetzen kann. Daher werden Stiftungen aus dem Geltungsbereich des § 29 I Nr 4 ausgenommen, die Leistungen iS des § 58 Nr 5 AO an den Erwerber oder seine nächsten Angehörigen erbringen. Die dort genannten Leistungen (Unterhaltsaufwendungen und Aufwendungen zur Grabpflege) mussten deswegen gesondert genannt werden, weil sie in § 58 Nr 5 AO ausdrücklich als steuerunschädliche Betätigungen gekennzeichnet sind.

14   Einzelheiten. § 29 I Nr 4 spricht von Vermögensgegenständen, nicht allgemein von Vermögen. Fraglich ist daher, ob das Erlöschen der St auch dann eintritt, wenn nicht die übernommenen Vermögensgegenstände selbst, sondern an die Stelle dieser Vermögensgegenstände getretene Surrogate weitergeleitet werden. Die Meinungen sind geteilt (dafür *Troll,* DB 91, 672, 673; dagegen *Kapp/Ebeling* § 29 Rz 59.4). Nach dem Zweck des § 29 I Nr 4 dürfte sich jedoch eine großzügige Auslegung empfehlen (so jetzt auch *Moench* § 29 Rz 16 im Anschluss an *Lüdicke,* ZEV 07, 254). Verstirbt der Erwerber innerhalb der Zweijahresfrist, dann kann er die Voraussetzungen des § 29 I Nr 4 auch noch durch Weitergabe des Vermögens an eine Stiftung durch Verfügung von Todes wegen erfüllen (*Moench* § 29 Rz 19). Hat der Erblasser diese Verfügung nicht mehr selbst getroffen, kann der Erbeserbe die Weiterleitung des Vermögens an die Stiftung beschließen und so die St des Erblassers (= Ersterwerbers) und die eigene St zum Erlöschen bringen. Hat der StPfl für die Weiterleitung des Erwerbs bereits einen StVorteil im EStRecht (§ 10b EStG: Sonderausgabenabzug von Spenden) oder im KStRecht (§ 9 I Nr 2 KStG) wahrgenommen, kann er nicht auch noch eine StErstattung nach § 29 I Nr 4 verlangen. Nach der Neufassung des § 29 I Nr 4 Satz 2 durch das StÄndG 1992 (erneut geringfügig angepasst durch das JStG 1996) wird nun an dieser Stelle auch noch der StVorteil nach § 9 Nr 5 GewStG genannt. Dem StPfl wird ein Wahlrecht eingeräumt, ob er die Freistellung von der ErbSt oder den Spendenabzug bei der ESt/KSt/GewSt in Anspruch nehmen will (FinMin NW DStR 91, 384). Das Wahlrecht ist in der ESt/KStErklärung auszuüben. Nach *Troll* (DB 91, 672, 673) soll die nach § 29 I Nr 4 erloschene St rückwirkend wieder aufleben und damit die StErstattung wieder zurückzuzahlen sein, wenn nach Weiterleitung des Erwerbs an die Stiftung dort die Voraussetzungen für die Anerkennung als gemeinnützig entfallen. *Troll* beruft sich auf die Regelung des § 13 I Nr 16b, die jedoch hier keine Anwendung finden kann, weil es nicht um die StBefreiung der Stiftung, sondern um die Befreiung des Schenkers geht, der an die Stiftung geleistet hat und in dessen Hand es nicht liegt, ob die Stiftung ihren gemeinnützigen Charakter behält.

Vergleich mit § 224a AO. Der StPfl kann sich nicht nur durch Weitergabe der Vermögensgegenstände nach § 29 I Nr 4 von der StPfl lösen. Er kann nunmehr auch nach französischem Vorbild Gegenstände von Kunst und Wissenschaft dem Land, dem das StAufkommen zusteht (vgl dazu § 35 Anm 1), an Zahlungs statt übereignen und so seine StPfl zum Erlöschen bringen. Im Fall des § 224a AO kann der StPfl allerdings nicht eine Stiftung fördern, sondern er muss die Gegenstände dem Land überlassen. Er kann sich auch nicht als (steuerbegünstigter) Spender fühlen, sondern er erfüllt mit der Übertragung der Gegenstände seine StPfl. § 224a AO setzt ein öffentliches Interesse am Erwerb der Gegenstände voraus. Es muss ein Vertrag geschlossen werden, zu dem es der Zustimmung der obersten Finanzbehörde des Landes bedarf. Ein Rechtsanspruch auf den Vertragsschluss dürfte nicht bestehen. Solange nicht feststeht, ob es zum Vertragsschluss kommt, ist die Besteuerung ohne Rücksicht auf das Angebot zur Eigentumsübertragung an Zahlungs statt vorzunehmen. Der StAnspruch „kann" jedoch nach § 222 AO gestundet werden. Kommt der Vertrag zustande, ist für die Dauer der Stundung auf die Erhebung von Stundungszinsen zu verzichten (§ 224a IV AO).

16.–19. Besteuerung des Nutzungsvorteils (Abs 2)

Grundgedanke. Die Besteuerung nach Abs 2 geht von der Überlegung aus, dass dem StPfl trotz der Herausgabe des Geschenks Vorteile verbleiben können, die es angemessen erscheinen lassen, die Rechtsfolge des Abs 1, das Erlöschen der StPfl für den Erwerb, durch die Rechtsfolge des Abs 2, das Entstehen einer StPfl für die Nutzung des Erwerbs, im Ergebnis zu korrigieren (vgl schon oben Anm 3).

17 **Kritik.** Die Regelung des Abs 2 ist keineswegs selbstverständlich. Denn so wie dem Beschenkten nach der Herausgabe des Geschenks ein Nutzungsvorteil verbleiben kann, so wird auch dem Staat für die Zeit zwischen StZahlung und StRückerstattung regelmäßig ein Nutzungsvorteil (Zinsvorteil) zustehen, der ihm trotz StRückerstattung verbleibt. Mit der StRückerstattung ist nämlich im System der Teilverzinsung (§ 233 AO) keine Vergütung für die zwischenzeitlich gezogenen oder entgangenen Zinsen verbunden, und das System der Vollverzinsung (§ 233a AO) gilt für den Bereich der ErbSt nicht. § 29 II führt daher zu einer Ungleichbehandlung, weil diese Vorschrift den Nutzungsvorteil beim StPfl abschöpft, dem Staat jedoch zugleich den von ihm erwirtschafteten Nutzungsvorteil belässt. Anders wäre es nur, wenn man die dem StPfl entgehenden Zinsen auf den nunmehr zu erstattenden StBetrag als bereicherungsmindernden Posten bei der Besteuerung nach Abs 2 zum Abzug bringen könnte. Doch wird eine solche Abzugsmöglichkeit bisher noch nicht anerkannt. Die Regelung des Abs 2 lässt auch dann eine Ungleichbehandlung erkennen, wenn man sie mit dem Parallelfall der Nachversteuerung eines zunächst steuerbefreiten Vorgangs vergleicht (zB § 13 I Nr 2 S 2; §§ 13a, 19a). Denn das ErbStG lässt hier nicht etwa den Nutzungsvorteil, der in die Zeit der steuerbefreiten Innehabung fällt, unversteuert, vielmehr wird die Besteuerung in vollem Umfang nachgeholt.

18 **Anwendungsbereich.** Seinem Wortlaut nach setzt Abs 2 nur voraus, dass dem Erwerber für die Zeit der Innehabung des Geschenks Nutzungen zugestanden haben. Damit wird jedoch der Anwendungsbereich des Abs 2 nicht zutreffend umschrieben. Abs 2 geht nämlich wie selbstverständlich von der Vorstellung aus, dass die Nutzungen, die dem Erwerber während des Zeitraums der Innehabung des Geschenks zugestanden haben, ihm auch nach der Herausgabe des Geschenks verbleiben, so dass es zu einer endgültigen Bereicherung hinsichtlich des Nutzungsvorteils kommt. Muss der Empfänger dagegen mit dem Geschenk auch die gezogenen Nutzungen herausgeben oder vergüten, verbleibt ihm kein Nutzungsvorteil, der nach § 29 II besteuert werden könnte. Abs 2 ist daher in diesem Fall nicht anwendbar. Nun verweisen jedoch die meisten Rückforderungsrechte auf das Bereicherungsrecht und damit auch auf die Vorschrift des § 818 I BGB, die die Herausgabepflicht auf die gezogenen Nutzungen erstreckt. **Der Anwendungsbereich des § 29 II ist daher von vornherein sehr begrenzt.**

Keine Anwendung im Fall des Abs 1 Nr 3. Der Anwendungsbereich des Abs 2 wird noch dadurch weiter eingeschränkt, dass die Vorschrift unter den Voraussetzungen des Abs 1 Nr 3, wie *Troll* (RWP SG 14.1, 127, 133) gezeigt hat, nicht zur Anwendung zu bringen ist. Die Besteuerung des Nutzungsvorteils setzt nämlich voraus, dass der Vorteil dem Erwerber nicht nur verbleibt, sondern dass er auch weiterhin als Folge des Geschenks anzusehen und damit zum Bereich des unentgeltlichen Erwerbs zu rechnen ist. Wird dagegen nach Abs 1 Nr 3 das Geschenk mit Rückwirkung (vgl den Einleitungssatz zu Abs 1) in eine Vorauszahlung auf den Zugewinnausgleich umgedeutet, dann erfasst diese Umdeutung auch die Nutzungen, die nunmehr als Nutzungen der Vorauszahlungsleistung in das Vermögen des Beschenkten gelangt sind. Als Nutzungen einer Vorauszahlungsleistung rechtfertigen sie jedoch genauso wenig wie der Vorauszahlungsbetrag selbst eine Besteuerung. Daher muss unter den Voraussetzungen des Abs 1 Nr 3 mit dem Geschenk selbst auch der von dem Geschenk ausgelöste Nutzungsvorteil aus der Besteuerung herausfallen (zustimmend *Götz*, DStR 01, 417, 420 f).

19

§ 30 Anzeige des Erwerbs

(1) **Jeder der Erbschaftsteuer unterliegende Erwerb (§ 1) ist vom Erwerber, bei einer Zweckzuwendung vom Beschwerten binnen einer Frist von drei Monaten nach erlangter Kenntnis von dem Anfall oder von dem Eintritt der Verpflichtung dem für die Verwaltung der Erbschaftsteuer zuständigen Finanzamt schriftlich anzuzeigen.**

(2) **Erfolgt der steuerpflichtige Erwerb durch ein Rechtsgeschäft unter Lebenden, ist zur Anzeige auch derjenige verpflichtet, aus dessen Vermögen der Erwerb stammt.**

(3) ¹**Einer Anzeige bedarf es nicht, wenn der Erwerb auf einer von einem deutschen Gericht, einem deutschen Notar oder einem deutschen Konsul eröffneten Verfügung von Todes wegen beruht und sich aus der Verfügung das Verhältnis des Erwerbers zum Erblasser unzweifelhaft ergibt; das gilt nicht, wenn zum Erwerb Grundbesitz, Betriebsvermögen, Anteile an Kapitalgesellschaften, die nicht der Anzeigepflicht nach § 33 unterliegen, oder Auslandsvermögen gehört.** ²**Einer Anzeige bedarf es auch nicht, wenn eine Schenkung unter Lebenden oder eine Zweckzuwendung gerichtlich oder notariell beurkundet ist.**

(4) **Die Anzeige soll folgende Angaben enthalten:**
1. **Vorname und Familienname, Beruf, Wohnung des Erblassers oder Schenkers und des Erwerbers;**
2. **Todestag und Sterbeort des Erblassers oder Zeitpunkt der Ausführung der Schenkung;**

3. **Gegenstand und Wert des Erwerbs;**
4. **Rechtsgrund des Erwerbs wie gesetzliche Erbfolge, Vermächtnis, Ausstattung;**
5. **persönliches Verhältnis des Erwerbers zum Erblasser oder zum Schenker wie Verwandtschaft, Schwägerschaft, Dienstverhältnis;**
6. **frühere Zuwendungen des Erblassers oder Schenkers an den Erwerber nach Art, Wert und Zeitpunkt der einzelnen Zuwendung.**

Erbschaftsteuer-Richtlinien: R E 30.

Übersicht

1.–6. Anzeigepflicht des Erwerbers (Abs 1)
7.–9. Sonderregeln (Abs 2 bis 4)

Schrifttum: *Ebeling,* Keine Anzeigepflicht bei der Erbersatzbesteuerung von Familienstiftungen, DStR 99, 665; *Hartmann,* § 30 Abs. 3 ErbStG – eine problematische Rechtsvorschrift, UVR 00, 169; *Jülicher,* Verfahrensrecht bei der ErbSt: Anzeigepflichten im ErbStG, ZErb 01, 6; *Bernhardt/Protzen,* (Keine) Anzeigepflicht bei „klar und eindeutig steuerfreien Erwerben", ZEV 01, 426; *Halaczinsky,* Rechte und Pflichten des Gesamtrechtsnachfolgers bei nachträglich aufgedeckten Erbschaft- und Schenkungsteuersachverhalten, DStR 06, 828; *Stahl/Durst,* Verschwiegenes Vermögen im Erbfall, ZEV 08, 467; *Mannek/Höne,* Anzeigepflichten und Anzeigefristen für Erwerber nach der ErbStReform, ZEV 09, 329.

1.–6. Anzeigepflicht des Erwerbers (Abs 1)

1 Normzweck. Mit § 30 beginnt der zweite Teil des vierten Abschnitts des Gesetzes, das sich in den §§ 30 bis 35 mit der (Steuer-)Erhebung befasst. § 30 normiert eine Anzeige- (bis 1974: Anmelde-)pflicht des Erwerbers. Diese Regelung wird durch die Anordnung von Anzeigepflichten für den Vermögensgeber (§ 30 II) sowie für andere private (§ 33) und öffentliche Stellen (§ 34) ergänzt. Die Anzeige soll den StFall zur Kenntnis des FA bringen und damit die Durchsetzung des staatlichen StAnspruchs im Interesse einer gleichmäßigen und effektiven StErhebung erleichtern. Ein weiterer Anlass zu Anzeigen ist dann gegeben, wenn die Voraussetzungen für eine StBefreiung, StErmäßigung oder sonstige StVergünstigung nachträglich entfallen. Dies wird insb in **Nachversteuerungsfällen** (§ 13 I Nr 2 S 2, § 13 I Nr 3 S 2, § 13a V, § 19a V) bedeutsam. Die Anzeigepflicht ergibt sich dann, soweit das Gesetz keine Sonderregelung vorsieht (§ 13a VI), aus § 153 II AO. Mit der Anzeigepflicht wird dem StPfl ein Handeln gegen sein eigenes Interesse zugemutet und damit eine schwierige Aufgabe gestellt. Bei Erbfällen und bei notariell beurkundeten Transaktionen ist die Anzeige weithin entbehrlich (Abs 3). Formlose Schenkungen können dagegen im Zweifel nur durch die Anzeige der Beteiligten zur Kenntnis des FA gebracht werden. Über die Höhe der Dunkelziffer nicht angezeigter StFälle liegen Schätzungen nicht vor. Doch ist mit einer nicht unerheblichen Dunkelziffer zu rechnen. Für die Anzeigewilligkeit ist das Klima der öffentlichen Meinung bedeutsam, das Nichtanzeigen zu verhindern sucht, toleriert, akzeptiert oder gar honoriert. Für die öffentliche Meinung wiederum ist bedeutsam, ob die StTatbestände so ausgestaltet sind, dass die Steuerbarkeit ohne Weiteres einleuchtet, oder ob man der Anordnung der Steuerbarkeit mit Unverständnis gegenübersteht, wie es gegenwärtig zB für Transaktionen innerhalb der Familie (Unterstützungsleistungen zwischen Geschwistern usw) vielfach der Fall sein wird. *Sosnitza* (DVR 78, 50) hat denn auch schon 1978 aus der Sicht der FinVerw resignierend festgestellt: „Die gesetzlich normierte Anzeigepflicht des Erwerbers hat ... keinen praktischen Wert".

Die **Anzeige,** die § 30 I dem Erwerber auferlegt, soll dem FA die 2 Prüfung erleichtern, ob und wen es im Einzelfall zu einer StErklärung aufzufordern hat. Die Prüfung ist deswegen bedeutsam, weil es für den Bereich der ErbSt keine allgemeine StErklärungspflicht für den Erwerber gibt, sondern eine Erklärungspflicht nur für den besteht, der hierzu vom FA aufgefordert wird (§ 31 I; Sonderregeln für den Testamentsvollstrecker und Nachlasspfleger in § 31 V, VI; vgl BFH BStBl II 97, 73, 74). Die Anzeige besteht in einem formlosen Schreiben an das FA, das zur Verwaltung der St zuständig ist. Zuständig ist nach § 35 des ErbStFA aus dem Bereich des Erblassers/Schenkers. Der Empfänger des Erwerbs muss also seine Anzeige bei dem FA des Gebers einreichen. Doch schadet es nicht, wenn der Empfänger die Anzeige bei seinem für die Verwaltung der ESt zuständigen FA macht. Ein Verzeichnis der für die Verwaltung der ErbSt/SchSt zuständigen FA wird in Anhang 3 mitgeteilt. Die Anzeige soll den in Abs 4 aufgeführten Inhalt haben. Dazu Näheres unten Anm 9. Die Abgabe einer ErbSt/SchSt-Erklärung (§ 31) gilt zugleich als Anzeige. Nach Auffassung des Nds FG (EFG 92, 112) reicht die Übersendung eines Erbauseinandersetzungsvertrages als Anzeige des Erbschaftserwerbs nicht aus (vgl unten Anm 9). Auf jeden Fall dürfte es nicht genügen, dass Vertragspartner komplizierte Verträge routinemäßig dem FA übersenden, um damit ihrer Anzeigepflicht wegen der in diesen Verträgen möglicherweise enthaltenen gemischten Schenkungen nachzukommen.

Nach § 30 I trifft die Anzeigepflicht den **Erwerber,** bei Zweck- 3 zuwendungen den Empfänger der Zuwendung und Auflageschuldner. Die Pflicht des Erwerbers gilt auch für gesetzliche Vertreter und Verfügungsberechtigte (§§ 34, 35 AO) sowie für Vermögensverwalter, soweit ihre Verwaltung reicht (§ 34 III AO). Sie gilt auch für Bevollmächtigte (§ 80 AO), wenn diese gleichzeitig Verfügungsberechtigte sind. Eine Anzeigepflicht hinsichtlich der ErsatzErbSt (§ 1 I Nr 4) wird in § 30 nicht normiert, sofern man nicht auch diese Besteuerung als

Besteuerung eines „Erwerbs" versteht (so auch *Ebeling,* DStR 99, 665; aM *Moench/Kien-Hümbert* § 30 Rz 3).

4 Die **Pflicht zur Anzeige** trifft den Erwerber im Rahmen des von § 30 geschützten Unterrichtungszwecks. § 30 verpflichtet nicht zu sinnlosen Gesten. Ist das FA bereits aus anderen Quellen unterrichtet, entfällt die Anzeigepflicht (Hess FG EFG 95, 56). Für die dort genannten Fälle sieht Abs 3 dies ausdrücklich vor. Es muss jedoch ganz allgemein gelten, dass die Anzeige dem FA bereits bekannter Umstände nicht verlangt werden kann, wobei allerdings zu beachten ist, dass die Rspr (FG München UVR 92, 154) eine Kenntnis des FA nur dann annimmt, wenn die organisatorisch für die ErbSt zuständige Stelle im FA unterrichtet ist. Die Kenntnis der ErbSt-Stelle soll dabei nicht der SchSt-Stelle im selben FA zuzurechnen sein (FG München UVR 94, 59). Bei einem Erwerb mit mehreren Beteiligten trifft die Anzeigepflicht jeden einzelnen Erwerber. Keiner kann sich darauf berufen, dass er auf die Anzeige durch einen anderen Erwerber vertraut habe. Jeder wird jedoch dadurch von seiner Anzeigepflicht entlastet, dass einer der Verpflichteten tatsächlich Anzeige gemacht hat. Das gilt auch für einen Pflichtteilsberechtigten, wenn der Erbe den geltend gemachten Pflichtteil bei seiner Anzeige berücksichtigt hat (BFH BStBl II 97, 11). Das Unterlassen der Anzeige wird nicht schon selbst als Ordnungswidrigkeit iS von § 377 AO eingestuft. Wird jedoch in Folge der unterlassenen Anzeige die St nicht oder nicht rechtzeitig oder nicht in voller Höhe festgesetzt, kann dies zu einer Sanktion wegen StHinterziehung (§ 370 AO) oder wegen StVerkürzung führen.

5 Für die Erfüllung der Pflicht nennt Abs 1 eine **Anzeigefrist** von drei Monaten. Die Frist **beginnt** mit dem Zeitpunkt, in dem der zur Anzeige Verpflichtete von dem Erbfall oder von der Schenkung Kenntnis hat (RFH RStBl 34, 89). Der Zeitpunkt der Kenntniserlangung in § 30 I stimmt mit dem für den Beginn der Festsetzungsfrist in § 170 V Nr 1 AO normierten Zeitpunkt überein (Nds FG EFG 86, 27; FG Hbg EFG 87, 572). Bei Verfügungen von Todes wegen ist eine zuverlässige Kenntnis von dem Anfall in der Regel jedenfalls noch nicht anzunehmen, solange eine letztwillige Verfügung noch nicht eröffnet worden ist und die Frist für die Ausschlagung der Erbschaft noch nicht begonnen hat (BFH BStBl II 82, 277). Auch solange die Ausschlagungsfrist (§ 1944 BGB) läuft, kann eine Anzeige nicht erwartet werden, weil während des Fristenlaufs der Erwerb noch nicht endgültig ist und die Anzeige als Annahme der Erbschaft gewertet werden könnte. Der Erwerber muss mit einer solchen Zuverlässigkeit und Gewissheit von seinem unangefochtenen Erwerb Kenntnis erlangt haben, dass von ihm erwartet werden kann, nunmehr das FA zu verständigen. Im Fall gesetzlicher Erbfolge muss er sicher wissen, dass ein Verwandter einer

Anzeigepflicht des Erwerbers 6 § 30

vorhergehenden Ordnung nicht vorhanden ist und zu welchem Anteil er am Nachlass beteiligt wird. Er muss sicher sein, dass sein Erwerb unangefochten bleibt und anerkannt wird. Bei völlig unklaren Verhältnissen kann demgegenüber im Einzelfall Kenntnis erst mit der Erteilung des Erbscheins vorliegen (BFH/NV 90, 444). Zum Tatbestand der freigebigen Zuwendung gehört nach der Rspr (§ 7 Anm 11) die Kenntnis des Erwerbers vom freigebigen Charakter der Zuwendung nicht. Im Fall der freigebigen Zuwendung kann es also vorkommen, dass der Erwerber den stpfl Charakter seines Erwerbs falsch einschätzt, zB weil er das Geschäft für entgeltlich hält, das die FinVerw auf Grund einer Wertdifferenz von Leistung und Gegenleistung als gemischte freigebige Zuwendung einstuft (§ 7 Anm 91). Von einer Kenntnis des Anfalls kann aber erst dann die Rede sein, wenn auch der Charakter der Zuwendung als stpfl Vorgang für den Empfänger offenliegt. Erst dann kommt auch eine Anzeigepflicht des Empfängers in Frage. Unklar ist, inwieweit ein noch nicht verwirklichter, nur möglicher Erwerb anzeigepflichtig sein kann. Dies gilt für Erwerbe, die unter einer **aufschiebenden Bedingung** zugewandt sind. Man könnte meinen, dass solche Erwerbe erst bei Bedingungseintritt und mit dem Entstehen der St (§ 9 I Nr 1 a) anzeigepflichtig werden. Der BFH (BStBl II 97, 73) hat jedoch ausgesprochen, dass für einen aufschiebend bedingten Erwerb, der auf einer amtlich eröffneten Verfügung von Todes wegen beruht, die Anzeigepflicht nach Maßgabe des Abs 3 entfällt und dass der spätere Bedingungseintritt keine neue Anzeigepflicht auslöst. Das Gericht hat damit die Anzeigepflicht schon auf den bedingten Erwerb bezogen, auch wenn der Erwerb zu diesem Zeitpunkt noch unsicher ist und noch keine StPfl zur Folge hat. Drei Monate nach Fristbeginn **endet** der vom Gesetz für die Anzeige vorgesehene Zeitraum. Damit kann nun ein Bußgeld verhängt oder ein Strafverfahren in Betracht gezogen werden (vgl Anm 4). Die Anzeigepflicht besteht unabhängig vom Fristablauf fort.

Anzuzeigen ist **jeder der ErbSt unterliegende Erwerb.** § 30 I 6 verweist in diesem Zusammenhang auf die Regelung der steuerbaren Erwerbe in § 1. Damit wird zweierlei ausgesagt:

a) Jeder iS von § 1 steuerbare Erwerb unterliegt der Anzeigepflicht. Ob dieser Erwerb auch einen stpfl Erwerb iS von § 10 auslöst und damit zu einer StZahlungspflicht für den Erwerber führen kann, ist unerheblich. Auch Zuwendungen, die durch einen Freibetrag für die StPflicht neutralisiert werden, sind, nimmt man § 30 I beim Wort, anzeigepflichtig. Das ist in der Bevölkerung weithin nicht bekannt. Irrtümer liegen daher nahe. Im Übrigen erscheint es ausgeschlossen, dass § 30 I in seiner Aussage wirklich ernst genommen werden kann. Es würde die Anzeige aller Spenden an gemeinnützige Organisationen und auch der (steuerbaren, wenn auch steuerbefreiten) Gelegenheitsgeschenke erzwingen und damit den Kindern auferlegen, eine Liste ihrer Weihnachtsgeschenke an das FA zu senden. § 30 I verlangt daher eine Handhabung, die über den zu weit geratenen Wortlaut den Regelungszweck der Rechtsnorm nicht aus dem Auge verliert und die Anzeigepflicht entfallen lässt, wenn einwandfrei und klar feststeht, dass der Erwerb weder gegenwärtig eine StPfl auslösen kann (BFH BStBl III 58, 339; *Moench/Kien-Hümbert* § 30 Rz 3) noch später im Zusammenhang mit der Zusammenrechnung mehrerer Erwerbe (§ 14) als Vorerwerb bedeutsam werden wird.

b) Nur der iS von § 1 steuerbare Vorgang ist anzuzeigen. Abweichend von § 34 I ist nicht jeder Vorgang anzeigepflichtig, der der ErbSt unterliegen könnte. Bestehen ernstliche Zweifel an der StPfl, kann das Risiko aus der Nichtanzeige nicht ohne Weiteres dem Erwerber aufgebürdet werden. Vgl zu dieser Problematik auch die Entscheidungen RFH RStBl 34, 32 und BFH BStBl III 58, 118, 340.

7.–9. Sonderregeln (Absätze 2 bis 4)

7 **Anzeigepflicht des Schenkers (Abs 2).** Neben dem nach Abs 1 anzeigepflichtigen Erwerber ist nach Abs 2 auch der Schenker zur Anzeige verpflichtet. Gegen diese Regelung bestehen Bedenken. Denn nach der für einen Schenkungsvertrag typischen Kosten- und Risikoverteilung hat im Verhältnis zwischen den Vertragspartnern regelmäßig der Beschenkte für die Erfüllung der StPfl zu sorgen. Der Schenker wird daher häufig gar nicht auf den Gedanken kommen, sich selbst an das FA zu wenden. Und doch droht ihm ein Verfahren wegen StHinterziehung (§ 370 AO), wenn er seine Anzeigepflicht nicht erfüllt und wenn dem Fiskus deswegen eine Nachricht über die Ausführung der Zuwendung entgeht. Das Gesetz baut hier an versteckter Stelle eine StFalle für den Schenker auf, die ihn unvermittelt in eine Straftat hineintappen lässt. Das muss unbefriedigend erscheinen. Nach Auffassung des Nds FG (EFG 03, 789) kann die Nennung des Namens des Schenkers vom Beschenkten trotz der Soll-Bestimmung durch Androhung eines Zwangsgeldes erzwungen werden. **Anzuzeigen** ist im Übrigen **der nach § 1 für steuerbar erklärte Erwerb.** Die Regelung des § 9 über die Entstehung der St bei Schenkungen wird so gedeutet, dass vor der Ausführung der Schenkung noch kein stpfl Vorgang iS von § 1 vorliegt (*Moench/Kien-Hümbert* § 30 Rz 6). Daher ist das Schenkungsversprechen noch nicht anzeigepflichtig (RFH RStBl 34, 472). Dafür muss dann aber die Ausführung der Zuwendung anzeigepflichtig sein. Wurde der Abschluss des Versprechensvertrages angezeigt, kann die Anzeige der Ausführung unterbleiben, wenn sich aus dem Vertrag das Datum der Ausführung hinreichend deutlich ergibt. Die Anzeige-

pflicht trifft neben dem Schenker auch denjenigen, aus dessen Vermögen der Erwerb stammt. Diese Bestimmung kann unter den Voraussetzungen des § 7 I Nr 5 bedeutsam werden. Wird nämlich bei einem Erbverzicht gegen Abfindung die Abfindung von einem Dritten aufgebracht, so sieht das Gesetz die Abfindungsleistung doch als Geschenk des Erblassers an den Verzichtenden an (BFH BStBl II 77, 730; § 7 Anm. 107), obwohl diese Schenkung nicht aus dem Vermögen des Schenkers stammt. § 30 II erstreckt unter diesen Voraussetzungen die Anzeigepflicht auch auf den Vermögensgeber. Zur Entscheidung darüber, welcher Erwerb iS des § 30 II als Erwerb durch Rechtsgeschäft unter Lebenden angesprochen werden muss, ist nicht nach der zivilrechtlichen, sondern nach der steuerlichen Einordnung zu fragen. Der Erwerb nach § 3 I Nr 4, der zivilrechtlich dem Bereich der Rechtsgeschäfte unter Lebenden angehört, ist steuerlich den Erwerben von Todes wegen zuzuordnen und begründet daher nicht die in Abs 2 für den Geber vorgesehene Anzeigepflicht.

Entfallen der Anzeigepflicht (Abs. 3). Die Anzeigepflicht ist kein Selbstzweck und keine sinnlose Geste. Sie soll der Unterrichtung der FinVerw dienen und kann daher entfallen, wenn dem FA der Inhalt der Anzeige bereits bekannt ist (oben Anm 4) oder wenn der Kenntniserwerb auf anderem Wege als genügend gesichert erscheint. Nach § 34 I sind inländische Gerichte, Behörden, Beamte und Notare zur Anzeige der in ihrem Bereich bekannt gewordenen, für die ErbSt bedeutsamen Umstände verpflichtet. Dadurch wird die Unterrichtung des FA gesichert. Einer Anzeige des StPfl bedarf es daher nicht, wenn der dem Erwerb zugrunde liegende Vorgang bereits von den genannten inländischen Amtspersonen zur Anzeige zu bringen ist. Durch eine Ergänzung des Abs 3 hat das ErbStRG 2009 klargestellt, dass die Kenntnis des FA bei solchen Erwerben von Todes wegen nicht gesichert ist, zu denen **Grundbesitz, Betriebsvermögen, Anteile an Kapitalgesellschaften,** die nicht der Anzeigepflicht nach § 33 unterliegen, oder **Auslandsvermögen** gehört. Bei derartigen Erwerben dürfen die Beteiligten daher auf eine **Anzeige nicht verzichten.** Wenn sich aus einem Schenkungsversprechen der Zeitpunkt der Ausführung der Schenkung nicht klar ergibt, dann wird die Ausführung selbst anzeigepflichtig sein (oben Anm 7). Diese Anzeige wird dann noch nicht durch die Anzeige des Notars von der Beurkundung des Schenkungsversprechens ersetzt. Im Übrigen bedarf es jedoch einer Anzeige nicht, wenn der bereits früher angezeigte Erwerb von Todes wegen erst viele Jahre nach dem Erbfall stpfl wird (BFH BStBl II 97, 73) oder wenn sich nach dem Erbfall unerwartet größere Werte im Nachlass finden (FG Düsseldorf EFG 99, 1239; BFH/NV 02, 917). Die Anzeigepflicht entfällt nach Abs 3 für Personen, deren Erwerb auf einer Verfügung des Erblassers „beruht". Dies gilt auch für Personen, deren gesetzliche Berechtigung ein Testament nur bestätigt. Ob auch Pflichtteilsansprüche iS von Abs 3 auf der Verfügung „beruhen", ist dagegen zweifelhaft. Um die Wirkungen des Abs 3 herbeizuführen, muss sich aus der Verfügung des „Verhältnis" des Erwerbers zum Erblasser unzweifelhaft ergeben. Nach einer Entscheidung des BFH (BStBl II 97, 73) ist damit nicht das persönliche Verhältnis des Erwerbers zum Erblasser/Schenker gemeint, sondern das Rechtsverhältnis, das den Steuertatbestand ausgelöst hat. Es ist daher ohne Bedeutung, wenn die Verwandtschaftsbeziehung zwischen Erblasser und Erwerber („Nichte") falsch bezeichnet worden ist. Nach Auffassung des FG Hbg (EFG 91, 131) kann auch die Übersendung der monatlichen Totenliste von den Standesämtern an das zuständige ErbStFA gem § 5 III Nr 2 ErbStDV (unten § 34 Anm 2) die Voraussetzungen des § 30 III erfüllen und die Anzeigepflicht des Erwerbers entfallen lassen.

9   Inhalt der Anzeige (Abs 4). Die Anzeige des Erwerbs konnte früher formlos erfolgen, ist jetzt jedoch schriftlich zu erstatten und soll die in Abs 4 aufgeführten Angaben enthalten. Die Anzeige ist von der StErklärung zu unterscheiden (§ 31). Sie „soll keinesfalls eine ErbStErklärung vorwegnehmen und deshalb die FA auch noch nicht in die Lage versetzen zu prüfen, ob und ggf. in welcher Höhe durch den angezeigten Vorgang Erbschaft- oder Schenkungsteuer unter Berücksichtigung der entsprechenden Freibeträge angefallen ist" (BFH BStBl II 97, 73, 74; zustimmend BFH BStBl II 05, 244; 09, 232). Es genügt daher im Ergebnis ein Hinweis an das FA, der den StFall zur Kenntnis bringt und der dem FA die Prüfung erlaubt, ob ein stpfl Vorgang vorliegt oder nicht (FG München UVR 92, 154). § 30 geht davon aus, dass der Erwerber die von ihm verlangten Angaben ohne Schwierigkeiten machen kann, die Einzelheiten kennt oder sich das Wissen ohne großen Aufwand verschaffen kann. Gegebenenfalls kann der Erwerber die einzelnen Punkte – wie zB Beruf oder Sterbeort des Erblassers oder auch Wert und Zeitpunkt früherer Zuwendungen – mit Nicht(mehr-)wissen beantworten. Abs 4 ist lediglich als **Soll-Vorschrift** ausgestaltet. Damit wird zum Ausdruck gebracht, dass die Anzeige nicht notwendig alle geforderten Angaben enthalten muss (BFH BStBl II 97, 73, 74; vgl auch FG Bad-Württ EFG 00, 1021). Hinsichtlich der dem FA bereits bekannten Punkte (früher bereits angezeigte Zuwendungen) kann der Erwerber das FA auch auf das dort gespeicherte Wissen verweisen. Nicht alle gesetzlich geforderten Angaben leuchten ein. So ist nicht klar, warum der Beruf des Anzeigenden, der Rechtsgrund Ausstattung oder ein bestehendes Dienstverhältnis angegeben werden soll oder warum auch außerhalb des Zehnjahreszeitraums des § 14 stehende frühere Zuwendungen des Erblassers oder Schenkers interessieren. Die Kosten der Anzeige sind nicht Teil der ErbSt. Sie unterliegen

Steuererklärung **§ 31**

daher auch nicht dem Abzugsverbot des § 10 VIII und müssten folglich als Erwerbsaufwendungen nach § 10 V Nr 3 berücksichtigungsfähig sein. Die FinVerw lehnt die Zuordnung zu den Nachlassverbindlichkeiten nach § 10 V jetzt nicht mehr ab (vgl § 10 Anm 45). Auf jeden Fall sollte der Erwerber für die Anzeige keine größeren Kosten (Wertgutachten: Abs 4 Nr 3) aufwenden und sich in Zweifelsfällen zunächst mit ungefähren Angaben begnügen. Der Anzeigepflichtige muss das angeben, was er weiß. Ob aus § 30 IV Nr 6 auch eine Pflicht, sich frühere Daten und Vorgänge zu merken und für die Anzeigeerstattung verfügbar zu halten, entnommen werden kann, erscheint zweifelhaft.

§ 31 Steuererklärung

(1) ¹Das Finanzamt kann von jedem an einem Erbfall, an einer Schenkung oder an einer Zweckzuwendung Beteiligten ohne Rücksicht darauf, ob er selbst steuerpflichtig ist, die Abgabe einer Erklärung innerhalb einer von ihm zu bestimmenden Frist verlangen. ²Die Frist muß mindestens einen Monat betragen.

(2) Die Erklärung hat ein Verzeichnis der zum Nachlaß gehörenden Gegenstände und die sonstigen für die Feststellung des Gegenstands und des Werts des Erwerbs erforderlichen Angaben zu enthalten.

(3) In den Fällen der fortgesetzten Gütergemeinschaft kann das Finanzamt die Steuererklärung allein von dem überlebenden Ehegatten oder dem überlebenden Lebenspartner verlangen.

(4) ¹Sind mehrere Erben vorhanden, sind sie berechtigt, die Steuererklärung gemeinsam abzugeben. ²In diesem Fall ist die Steuererklärung von allen Beteiligten zu unterschreiben. ³Sind an dem Erbfall außer den Erben noch weitere Personen beteiligt, können diese im Einverständnis mit den Erben in die gemeinsame Steuererklärung einbezogen werden.

(5) ¹Ist ein Testamentsvollstrecker oder Nachlaßverwalter vorhanden, ist die Steuererklärung von diesem abzugeben. ²Das Finanzamt kann verlangen, daß die Steuererklärung auch von einem oder mehreren Erben mitunterschrieben wird.

(6) Ist ein Nachlaßpfleger bestellt, ist dieser zur Abgabe der Steuererklärung verpflichtet.

(7) ¹Das Finanzamt kann verlangen, daß eine Steuererklärung auf einem Vordruck nach amtlich bestimmtem Muster abzugeben ist, in der der Steuerschuldner die Steuer selbst zu berechnen hat. ²Der Steuerschuldner hat die selbstberechnete Steuer innerhalb eines Monats nach Abgabe der Steuererklärung zu entrichten.

Erbschaftsteuer-Richtlinien: H E 31.

Übersicht

1.–5. Erklärungspflicht der Beteiligten (Abs 1)
6.–9. Inhalt der Erklärung (Abs 2)
10., 11. Sonderregeln (Abs 3, 4)
12.–14. Vollstrecker, Verwalter, Pfleger (Abs. 5, 6)
15., 16. Sonstiges (Abs 7)

Schrifttum: *Häfke*, Steuerliche Pflichten, Rechte und Haftung des Testamentvollstreckers, ZEV 97, 429; *Piltz*, Zur steuerlichen Haftung des Testamentvollstreckers, ZEV 01, 262; *Eich*, Verfahrensrechtliche Aspekte bei der ErbSt, ErbStB 06, 158; *Halaczinsky*, Rechte und Pflichten des Gesamtrechtsnachfolgers bei nachträglich aufgedeckten Erbschaft- und Schenkungsteuersachverhalten, DStR 06, 828; *Tolksdorf/Simon*, Erbschaftsteuerliche Rechte und Pflichten des Testamentsvollstreckers, ErbStB 08, 336.

1.–5. Erklärungspflicht der Beteiligten (Abs 1)

1 **Bedeutung der StErklärung.** Die StErklärung ist von der Anzeige (§ 30) zu unterscheiden. Die Anzeige soll keinesfalls eine ErbStErklärung vorwegnehmen (BFH BStBl II 97, 73, 74). Sie soll vielmehr dem FA nur eine erste Unterrichtung über den StFall bringen und ihm die Möglichkeit zur eigenen Initiative eröffnen. Mit der StErklärung wird demgegenüber die Basis für die genaue Berechnung des StBetrages und für die Festsetzung der St durch StBescheid (§ 155 I 1 AO) geschaffen. Die ErbSt/SchSt entsteht zwar regelmäßig bereits mit dem Erbfall oder mit dem Datum der Ausführung der Zuwendung (§ 9). Sie kann jedoch zu diesem Zeitpunkt noch nicht erhoben werden, ist daher auch noch nicht fällig, solange die Berechnung und Festsetzung des geschuldeten StBetrages fehlt. Die StBerechnung geschieht auf der Grundlage der Angaben des StPfl in der StErklärung, zu der § 31 (in Ergänzung der §§ 149, 150 AO) nähere Einzelheiten bringt. Die StErklärung muss wegen ihrer Bedeutung für die StBerechnung mehr Details über den StFall enthalten als die Anzeige. Während die Anzeige in einer selbst gewählten Textfassung erfolgen kann, ist die StErklärung auf einem amtlichen Vordruck abzugeben (§ 150 I 1 AO). Zur Anzeige sind die in § 30 genannten Personen ohne Weiteres verpflichtet, während die Pflicht zur Abgabe einer StErklärung für den in § 31 genannten Personenkreis der nur „potentiell Erklärungspflichtigen" (BFH BStBl II 93, 580) zwar auf gesetzlicher Anordnung beruht (BFH/NV 94, 213), aber erst dann aktuell wird, wenn das FA an den Beteiligten mit einem entsprechenden Verlangen herangetreten ist (vgl auch *Hartmann*, UVR 00, 169).

2 **Erklärungspflichtig** ist jeder an einem Erbfall, an einer Schenkung oder an einer Zweckzuwendung Beteiligte. Die Erklärungspflicht besteht jedoch nur dann, wenn das FA die Aufforderung zur Abgabe einer

Erklärungspflicht der Beteiligten 3 § 31

Erklärung an ihn gerichtet und die „potentielle" damit in eine „aktuelle" Erklärungspflicht umgewandelt hat. Für die Beteiligten an dem Vorgang, der eine ErsatzErbSt iS von § 1 I Nr. 4 auslöst, ist in § 31 I keine Erklärungspflicht bestimmt. Das FA kann die Abgabe einer StErklärung von den Beteiligten verlangen, es kann aber auch auf das Anfordern der Erklärung verzichten, wenn ihm die für den StBescheid bedeutsamen Angaben bereits aus anderen Quellen bekannt sind. Das FA kann die Anzeige des StFalls (§ 30) abwarten, es kann die Aufforderung zur StErklärung jedoch auch schon vor Eingang der Anzeige an die Beteiligten richten. Unterlässt das FA die Aufforderung zur Abgabe der StErklärung, so wird dadurch das Anlaufen der vierjährigen Festsetzungsfrist für die ErbSt gemäß § 170 II Nr 1 AO gehemmt (BFH BStBl II 93, 580; FG Düsseldorf EFG 93, 450; *Sosnitza,* UVR 90, 171; aM noch FG Hbg EFG 91, 131; zur Festsetzungsverjährung vgl auch BFH/NV 94, 213).

Beteiligte. Die StErklärung ist auf Verlangen des FA von den am 3
StFall Beteiligten abzugeben. Nach § 31 I 1 kann das FA auch solche Beteiligte zur Abgabe einer StErklärung auffordern, die selbst nicht stpfl sind. Andererseits würde das Anfordern einer StErklärung dann gegen Recht und Billigkeit verstoßen, „wenn einwandfrei und klar feststeht, dass eine StPfl nicht gegeben ist" (BFH BStBl II 58, 339). Danach dürften zu den Beteiligten iS von § 31 I 1 nur solche Personen gehören, die zumindest potentiell in den Kreis der StPfl fallen (vgl BFH BStBl II 93, 580; zustimmend *Viskorf/Schuck,* § 31 ErbStG Rn 7), nicht aber auch solche, für die eine StPfl aus dem stpfl Vorgang von vornherein nicht erwachsen kann. Im Fall der Veräußerung der Nacherbenanwartschaft dürfte daher zB der Anwartschafterwerber, der das nach § 3 II Nr 6 stpfl Entgelt aufbringt, nicht zu den Beteiligten zählen, von denen das FA eine StErklärung verlangen kann. Im Fall des § 3 II Nr 7 kann das FA eine Erklärung nicht von dem Anspruchsschuldner verlangen. Derjenige, von dem die Mittel stammen, die bei der Zweckzuwendung unter Lebenden (§ 8) dem Zweck zugute kommen sollen, ist nicht mit der Ausführung der Zuwendung beschwert (§ 20 I). Er ist daher bezogen auf diese Mittel nicht stpfl (§ 20 Anm 8) und kann daher auch zu einer StErklärung nicht herangezogen werden. Dagegen kann das FA auch solche Personen auf Abgabe einer StErklärung in Anspruch nehmen, die die St erst in zweiter Linie schulden (wie der Schenker) oder die als Erwerber nach den Wertverhältnissen des Erwerbs oder wegen entsprechender Freibeträge unter den gegebenen Umständen selbst nicht stpfl sind. Im Fall mehrerer Beteiligter sollte das FA nicht, um seine Kontrollmöglichkeiten zu erweitern, die Beteiligten gleichzeitig und unabhängig voneinander zur Abgabe der StErklärung auffordern, sondern es sollte sich zunächst an den Erwerber halten, der die St in

erster Linie schuldet und der auch am besten über den stpfl Vorgang und den aus ihm resultierenden Erwerb Auskunft geben kann. Unter mehreren Erwerbern ist jeder nur hinsichtlich seines Erwerbs erklärungspflichtig (BFH/NV 99, 1341). Ein Erbe ist nicht erklärungspflichtig, wenn an seiner Stelle den Testamentsvollstrecker die Erklärungspflicht trifft. Der Erbe kann jedoch vom FA verpflichtet werden, die Erklärung des Testamentsvollstreckers zu unterschreiben (Abs 5, unten Anm 14).

4 **Erbfall, Schenkung, Zweckzuwendung.** § 31 I setzt voraus, dass ein Erbfall, eine Schenkung oder eine Zweckzuwendung vorgekommen ist, und erlaubt dem FA dann, an die Beteiligten die Aufforderung zur Abgabe der StErklärung zu richten. Fraglich ist, wie das FA zu verfahren hat, wenn es sich erst Gewissheit darüber verschaffen will, ob ein stpfl Vorgang gegeben ist, wenn also zB aus der Sicht des FA unklar ist, ob ein Veräußerungsvorgang eine gemischte Schenkung enthält. Nach ganz hM soll das FA schon dann eine StErklärung verlangen dürfen, wenn nach seinem pflichtgemäßen Ermessen die Möglichkeit eines stpfl Vorgangs besteht (RFH RStBl 29, 515; BFH BStBl III 51, 209; *Moench/Kien-Hümbert* § 31 Rz 2). Diese Ansicht hat Gründe der Praktikabilität auf ihrer Seite, wird aber durch den Wortlaut des § 31 I nicht ohne Weiteres gedeckt.

5 **Erklärungsfrist.** § 31 I erlaubt es dem FA, dem StPfl eine Frist für die Abgabe der Erklärung zu setzen. Den Fristbeginn legt das FA fest. Er darf nicht vor dem Zugang des Erklärungsvordrucks beim Empfänger liegen. Die Frist muss mindestens einen Monat betragen. Das FA sollte die Umstände bedenken und in schwierigeren Fällen von vornherein eine über die Mindestfrist hinausgehende Frist setzen *(Moench/ Kien-Hümbert)*. Die einmal gesetzte Frist kann im Übrigen verlängert werden (§ 109 AO). In begründeten Fällen sollte das FA dem Verlängerungsantrag entsprechen. Notfalls muss der StPfl innerhalb der Frist die Erklärung hinsichtlich noch nicht genau ermittelter Werte „vorläufig" abgeben (FG München UVR 00, 431). Kommt der StPfl der Pflicht zur Abgabe der StErklärung nicht fristgerecht nach, kann ein Verspätungszuschlag erhoben werden, der zu der ErbSt/SchSt hinzutritt (§ 152 AO) und der bis zu 10% der festgesetzten St, höchstens 25 000 €, ausmachen kann. Auch bleibt die Schätzung des StBetrages möglich (§ 162 AO).

6.–9. Inhalt der Erklärung (Abs 2)

6 **Inventar.** Die StErklärung ist auf einem amtlichen Vordruck abzugeben (§ 150 I 1 AO; vgl auch Abs 7). Der Vordruck berücksichtigt die in Abs 2 genannten Punkte. Angaben, die der Vordruck nicht verlangt,

Inhalt der Erklärung 7, 8 § 31

können unterbleiben. Nach dem amtlichen Vordruck ist in der ErbSt-Erklärung eine nach Vermögensgruppen (Land- und Forstwirtschaft, Grundvermögen, Betriebsvermögen, übriges Vermögen) geordnete Übersicht über die zum Nachlass gehörenden oder außerhalb des Nachlasses angefallenen Vermögensgegenstände zu geben. Zu den Gegenständen, die hier abgefragt werden, gehören nicht nur die körperlichen Objekte, sondern auch sonstige Posten von Vermögenswert. Auch Verbindlichkeiten sind Gegenstände iS des § 31 II und sind daher in der StErklärung aufzuführen. Die Gegenstände sind einzeln zu bezeichnen. Gleichartige Posten können zu Gruppen zusammengefasst werden. Ein solches Nachlassverzeichnis kann allerdings nur Bestandteil der StErklärung eines Erben sein. Die StErklärung anderer Erwerber von Todes wegen hat, wenn sie einzeln und getrennt von der StErklärung des Erben erfolgt (vgl Abs 4), nur die Posten zu umfassen, die diesen Erwerbern zugefallen sind (BFH/NV 99, 1341). Für den Fall der Anordnung von Testamentsvollstreckung, Nachlassverwaltung oder Nachlasspflegschaft vgl die Absätze 5 und 6. Im Fall einer SchStErklärung sind die Posten aufzuführen, die Gegenstand der Zuwendung sind. Der amtliche Vordruck erwähnt weiterhin die übernommenen Verbindlichkeiten, Auflagen und Gegenleistungen, die früher als Abzugsposten zu berücksichtigen waren, nach der Rspr des BFH (§ 7 Anm 27 ff) aber zZt noch das Zuwendungsobjekt kürzen.

Wertangaben. Während § 30 für die Anzeige die Angabe des Werts 7 des Erwerbs verlangt (§ 30 IV Nr 3), sieht § 31 II vor, dass die StErklärung die für die Feststellung des Wertes des Erwerbs erforderlichen Angaben zu enthalten hat. Der Unterschied in der Formulierung kann darauf hindeuten, dass der StPfl sich in der StErklärung darauf beschränken darf, dem FA das Material für dortige Wertfeststellungen zu liefern, ohne dass er selbst zu Wertangaben angehalten wird. Der StPfl wird jedenfalls nicht gezwungen, Sachverständige zu bezahlen, um die geforderten Wertangaben liefern zu können (*Fischer/Pahlke* § 31 Rz 13). Bringt er doch entsprechende Gutachterkosten auf, handelt es sich für ihn um Kosten der Erlangung des Erwerbs, die nach § 10 V Nr 3 abzugsfähig sein müssten (aM allerdings FG Nürnberg EFG 03, 633).

Ausübung von Wahlrechten. Über den Wortlaut des § 31 II hinaus soll die StErklärung auch Angaben zur Ausübung von Wahlrechten 8 enthalten, wie sie zB nach §§ 6 II, 23, 25 von dem StPfl wahrgenommen werden können. Durch diese Angaben wandelt die StErklärung ihr Bild von einer Wissens- in eine Gestaltungserklärung. Zugleich wird damit ihr personenbezogener Charakter deutlich, da nur der jeweilige StSchuldner das entsprechende Wahlrecht ausüben kann. *Troll/Jülicher* (§ 31 Rz 13) empfiehlt, mit der Ausübung von Wahlrechten bis zur näheren Aufklärung des Sachverhalts und der Werte abzuwarten.

9 Vermutung der Richtigkeit. Die Angaben in der StErklärung sind wahrheitsgemäß und nach bestem Wissen und Gewissen abzugeben. Die Richtigkeit und Vollständigkeit seiner Erklärung hat der StPfl schriftlich zu versichern (§ 150 II AO). Auf Grund dieser Versicherung wird vermutet, dass die Angaben des StPfl in seiner StErklärung vollständig und richtig sind (BFH BStBl III 60, 291; II 69, 474). Das FA hat erst dann weitere Ermittlungen vorzunehmen, wenn Umstände vorliegen, die gegen die Richtigkeit und Vollständigkeit sprechen (BFH BStBl II 79, 57). Die bloße Möglichkeit, dass der erklärte Sachverhalt auch anders gelagert sein kann, rechtfertigt für sich genommen noch keine Zweifel an der Erklärung des StPfl.

10., 11. Sonderregeln (Abs 3, 4)

10 In den Fällen der **fortgesetzten Gütergemeinschaft (Abs 3)** kann das FA die StErklärung allein von dem überlebenden Ehegatten oder den eingetragenen Lebenspartner verlangen, obwohl auch die Abkömmlinge im Verhältnis der auf sie entfallenden Anteile StSchuldner sind (§ 20 II). Darin liegen zwei Aussagen: Zum einen kann die StErklärung von dem überlebenden Ehegatten auch insoweit verlangt werden, als sie den Erwerb der Abkömmlinge betrifft. Abs 3 weicht damit von dem Grundsatz ab (oben Anm 3), dass jeder StPfl nur hinsichtlich seines Erwerb erklärungspflichtig ist. Die Abweichung rechtfertigt sich daraus, dass der überlebende Ehegatte das Gesamtgut allein verwaltet und deswegen auch für die ErbSt der Abkömmlinge in Anspruch genommen werden kann (§ 20 II). Abs 3 trifft noch eine zweite Aussage, wenn man die Regelung so versteht, dass allein (im Sinne von: ausschließlich, nur) der überlebende Ehegatte in Anspruch genommen werden kann. Dann würde die Bestimmung besagen, dass die Abkömmlinge nicht zur Erklärung herangezogen werden dürfen. *Pahlke* (*Fischer/Pahlke* § 31 Rz 25) tritt demgegenüber für eine Interpretation ein, die das Wort „kann" als Ermessenszuweisung versteht und dem FA das Recht einräumt, die StErklärung entweder allein von dem überlebenden Ehegatten bzw Lebenspartner oder von dem Ehegatten bzw Lebenspartner und den Abkömmlingen zu verlangen. Dieser Interpretation ist der Vorzug zu geben.

11 **Mehrere Erben** können die von ihnen verlangte StErklärung je einzeln abgeben. Sie können jedoch auch nach **Abs 4** sich auf eine gemeinsame Erklärung verständigen, was schon aus Vereinfachungsgründen sinnvoll ist. In diesem Fall ist die StErklärung von allen Erben zu unterschreiben. Sonstige am Erbfall beteiligte Personen (Vermächtnisnehmer, Pflichtteilsberechtigte) können nach Abs 4 S 3 in die gemeinsame StErklärung der Erben einbezogen werden. Dies kann nicht gegen ihren Willen geschehen. Sie müssen sich daher freiwillig für die Einbeziehung entscheiden. Für die Einbeziehung müssen zudem die Erben ihr Einverständnis erklären. Es können auch von mehreren Beteiligten einzelne sich zu einer gemeinsamen Erklärung zusammenschließen, während andere eigene Erklärungen abgeben. Wird ein Pflichtteilsberechtigter mit seinem Einverständnis in die gemeinsame StErklärung einbezogen, dürfte in dem Einverständnis zur Einbeziehung das Geltendmachen des Pflichtteils liegen (vgl § 9 Anm 30 ff). Inwieweit mehrere Beschenkte von der Vereinfachungsregelung des Abs 4 Gebrauch machen können, wird durch den Gesetzestext nicht geklärt.

12.–14. Vollstrecker, Verwalter, Pfleger (Abs 5, 6)

Ein **Testamentsvollstrecker** (§§ 2197 ff BGB) wird vom Erblasser 12 eingesetzt, ein **Nachlassverwalter** wird auf Antrag der Erben oder der Nachlassgläubiger (§ 1981 BGB), ein **Nachlasspfleger** auf Antrag der Nachlassgläubiger (§ 1961 BGB) vom Nachlassgericht bestellt. Die genannten Personen führen ein privatrechtliches Amt und sind kraft ihres Amtes zur Verwaltung und Verfügung hinsichtlich des Nachlasses befugt. § 30 verpflichtet sie nicht zur Anzeige der in ihren Verwaltungsbereich fallenden Erwerbe. § 31 bestimmt jedoch, dass sie zur Abgabe der StErklärung verpflichtet sind. Dabei wird auch gegenüber diesen Amtspersonen die Pflicht zur Abgabe der StErklärung erst durch das Anfordern der StErklärung von Seiten des FA begründet (aM möglicherweise BFH BStBl II 97, 73, 74, wo von einer Ausnahmeregelung gegenüber Abs 1 gesprochen wird; die Frage wird jetzt ausdrücklich offen gelassen in BFH BStBl II 99, 529; 00, 233). Ungeklärt ist zZt auch noch, ob sich das FA an diese Amtspersonen wenden muss, um sie zur Abgabe der StErklärung zu verpflichten (so wohl *Moench/Kien-Hümbert* § 31 Rz 12) oder ob sie an Stelle des Erben zu handeln haben, wenn das FA den Erben zur Abgabe der Erklärung aufgefordert hat. Da der Testamentsvollstrecker die Lage inzwischen am besten übersieht, sollte er auch berechtigt und verpflichtet sein, an Stelle des Erben zu handeln und auf die an den Erben gerichtete Aufforderung hin seinerseits die Erklärung abzugeben. Sicher ist jedenfalls, dass der Testamentsvollstrecker dann zur Abgabe der StErklärung verpflichtet ist, wenn er selbst vom FA dazu aufgefordert worden ist (BFH BStBl II 00, 233). Wird während der Dauer der Testamentsvollstreckung Nachlassverwaltung angeordnet, wird damit dem Testamentsvollstrecker die Verwaltung des Nachlasses entzogen. In diesem Fall dürfte auch die Pflicht zur Abgabe der StErklärung allein beim Nachlassverwalter liegen. Sind mehrere Vollstrecker vorhanden, kann sich das FA an jeden von ihnen wenden (RFHE 15, 146).

13 Die in den Abs 5 und 6 genannten Amtsinhaber sind zur Abgabe der StErklärung **nur im Rahmen ihrer Amtsbefugnisse** berechtigt und verpflichtet. Die Amtsbefugnisse des Nachlassverwalters und Nachlasspflegers erstrecken sich auf die Verwaltung des ganzen Nachlasses, aber auch nicht darüber hinaus; über Erwerbe von Todes wegen, die außerhalb des Nachlasses anfallen (zB die Lebensversicherung; § 3 I Nr 4), können sie keine Auskunft geben. Der Testamentsvollstrecker ist nur im Umfang der ihm vom Erblasser gestellten Aufgaben verwaltungs- und verfügungsbefugt. Seine Erklärungspflicht aus § 31 V kann diesen Aufgabenkreis nicht überschreiten (BFH BStBl II 99, 529). Er darf insb Wahlrechte, die das ErbStG dem StPfl einräumt, nicht für den StPfl wahrnehmen.

14 **Erklärungspflicht des Erben.** Soweit die Erklärungspflicht der in den Abs 5, 6 genannten Vollstrecker, Verwalter und Pfleger reicht, sind die Erben zur selbstständigen Abgabe einer Erklärung weder berechtigt noch verpflichtet. Das FA kann jedoch nach Abs 5 S 2 die Mitunterschrift eines oder mehrerer Erben verlangen und sich auf diese Weise bestätigen lassen, dass die Unterzeichner mit der Ausübung von Wahlrechten in der StErklärung in dem geschehenen Umfang einverstanden sind. Nach Auffassung des BGH (NStZ 2008, 411, vgl Hinweis in ZEV 08, 104) muss der Erbe die ErbStErklärung des Testamentsvollstreckers berichtigen, wenn er erkennt, dass sie unrichtig ist.

15., 16. Sonstiges (Abs 7)

15 **Selbstberechnung der St.** In Abs 7 kommt im Anschluss an § 150 I 1 AO noch einmal gesondert zum Ausdruck, dass das FA dem Steuerpflichtigen die Abgabe der StErklärung auf einem amtlichen Vordruck aufgeben kann. Der StPfl kann sich bei der Ausfüllung des Vordrucks gegebenenfalls der Hilfe der Amtsstelle des FA bedienen (§ 151 AO). Abs 7 räumt darüberhinaus dem FA die Möglichkeit ein, von dem StPfl im Rahmen der StErklärung die Selbstberechnung der von ihm geschuldeten St zu verlangen. Von dieser Ermächtigung hat die FinVerw jedoch bisher noch keinen Gebrauch gemacht.

16 **Zusätzliche Auskunftspflicht** (§§ 88 ff AO). Die FÄ können auch über die StErklärung hinaus alle Angaben von dem StSchuldner verlangen, die für die Ermittlung des stpfl Erwerbs erforderlich sind (§ 90 AO). Soweit der StSchuldner den Abzug von Schulden und Lasten (zB Nießbrauchs- oder Rentenlasten) geltend macht, kann das FA verlangen, dass er die Gläubiger oder Berechtigten genau bezeichnet. Die FinVerw kann auch sonst Auskünfte jeder Art von den Beteiligten einholen, die sie nach pflichtgemäßem Ermessen zur Ermittlung des Sachverhaltes für erforderlich hält (§ 92 AO).

§ 32 Bekanntgabe des Steuerbescheids an Vertreter

(1) ¹In den Fällen des § 31 Abs. 5 ist der Steuerbescheid abweichend von § 122 Abs. 1 Satz 1 der Abgabenordnung dem Testamentsvollstrecker oder Nachlaßverwalter bekanntzugeben. ²Diese Personen haben für die Bezahlung der Erbschaftsteuer zu sorgen. ³Auf Verlangen des Finanzamts ist aus dem Nachlaß Sicherheit zu leisten.

(2) ¹In den Fällen des § 31 Abs. 6 ist der Steuerbescheid dem Nachlaßpfleger bekanntzugeben. ²Absatz 1 Satz 2 und 3 ist entsprechend anzuwenden.

Erbschaftsteuer-Richtlinien: H E 32.

Übersicht

1.–5. Bekanntgabe des StBescheids an den StSchuldner
6.–10. Bekanntgabe an die in § 32 genannten Personen
11., 12. StZahlung und StErstattung
13.–16. Rechtsbehelfe
17., 18. Änderung des StBescheides, Festsetzungsverjährung

Schrifttum: Angaben wie zu § 31; ferner: *Seidenfus/Huber,* Der Testamentsvollstrecker im StRecht, Inf 01, 385; *Nebe,* Bekanntgabe eines ErbStBescheides gegen dem Testamentsvollstrecker, Stbg 11, 317.

1.–5. Bekanntgabe des StBescheids an den StSchuldner

Bedeutung der Bekanntgabe. Durch den StBescheid wird die St 1 festgesetzt oder die volle oder teilweise Freistellung von der Steuer verbindlich festgestellt (§ 155 I AO). Mit der Bekanntgabe des Steuerbescheides wird die darin bezeichnete StSchuld sofort oder mit Ablauf der im Bescheid gesetzten Frist fällig gestellt (§ 220 II AO). Mit der Bekanntgabe beginnt die Rechtsbehelfsfrist zu laufen (§ 355 I 1 AO). Da der StPfl durch die Bekanntgabe des StBescheides unmittelbar betroffen wird, hat die Bekanntgabe regelmäßig an den StPfl selbst zu erfolgen (§ 122 I 1 AO). Der Adressat der Bekanntgabe stimmt mit dem Adressaten des StBescheides überein. Ist der Adressat des StBescheides nicht richtig bezeichnet, ist der StBescheid nicht hinreichend bestimmt und damit als nichtig anzusehen (§§ 119 I, 125 I AO; *Moench/Kien-Hümbert* § 32 Rz 2). Der StBescheid kann im Übrigen auch dann nichtig sein, wenn er mehrere StFälle ungesondert zusammenfasst (BFH/NV 05, 214), sofern nicht die Aufgliederung der St als Reaktion auf die Verletzung der Mitwirkungspflicht des StPfl ausnahmsweise entbehrlich ist (BFH BStBl II 08, 46).

Bekanntgabe bei mehreren Erwerbern. Sind mehrere StSchuld- 2 ner vorhanden, so ist der StBescheid jedem einzelnen Erwerber bekanntzugeben. Dies gilt auch dann, wenn die Erben und sonstigen Erwerber eine gemeinsame StErklärung nach § 31 IV abgegeben haben. Zwar könnte die Bekanntgabe in diesem Fall auch in Form eines „zusammengefassten" StBescheides mit Leistungsgebot für jeden Erwerber erfolgen (vgl BFH BStBl II 72, 217). Ein solches Vorgehen wird jedoch verschiedentlich (*Moench/Kien-Hümbert* § 32 Rz 9; *Troll/Jülicher* § 32 Rz 6) für unzulässig gehalten, weil die mehreren Erwerber nicht Gesamtschuldner sind. Außerdem würde es, da jeder Erwerber einen Bescheid erhalten müsste, keine Verwaltungsvereinfachung bewirken (vgl *Moench,* DStR 87, 38). Bei Schenkungen unter Lebenden ist der StBescheid zunächst dem Erwerber bekanntzugeben (BFH BStBl III 62, 323). Dem Schenker soll der StBescheid bekanntgegeben werden, wenn er es beantragt, wenn er die StErklärung auf Anfordern des FA abgegeben oder wenn er die St übernommen hat. Hat der Schenker die St übernommen, kann er nicht darauf vertrauen, dass er vom FA nicht in Anspruch genommen wird. Dies gilt selbst dann, wenn das FA zunächst dem Beschenkten einen zu niedrig berechneten Bescheid zugesandt hatte, der inzwischen bestandskräftig geworden war (BFHE 149, 514). Ist ein stpfl Erwerb mit stpfl Vorerwerben zusammenzurechnen (§ 14), deren StFestsetzung bisher noch nicht erfolgt war, so ist es zulässig, einen zusammengefassten StBescheid über die GesamtSt für die Erwerbe zu erlassen (BFH BStBl II 80, 414). Wird ein solcher Bescheid erlassen, kommt ein zusätzlicher StBescheid für weitere Vorschenkungen nicht mehr in Betracht (BFH BStBl II 06, 36).

3 **Vorläufiger Bescheid und Bescheid unter Vorbehalt.** Der StBescheid kann als endgültiger Bescheid (§§ 155, 157 AO), als Bescheid unter dem Vorbehalt der Nachprüfung (§ 164 AO) oder als vorläufiger Bescheid (§ 165 AO) ergehen. Ein Bescheid unter dem Vorbehalt der Nachprüfung, bei dem die St vorbehaltlich der Nachprüfung auf der Grundlage der StErklärung (§ 31) festgesetzt wird, ist ohne Begründung zulässig. Er kann, solange der Vorbehalt wirksam ist, jederzeit aufgehoben oder geändert werden. Auch der StPfl kann jederzeit seine Aufhebung oder Änderung beantragen. Mit der Aufhebung des Vorbehalts wird die StFestsetzung endgültig. Ohne eine formelle Aufhebung des Vorbehalts wird die StFestsetzung mit Ablauf der Festsetzungsfrist endgültig; der Vorbehalt entfällt (§ 164 IV AO).

4 Eine **vorläufige StFestsetzung** (§ 165 AO) ist zulässig, wenn und soweit ungewiss ist, ob und inwieweit die Voraussetzungen für die Entstehung der ErbSt/SchSt eingetreten sind. Das FA muss in diesen Fällen den Umfang und den Grund der Vorläufigkeit angeben. Die vorläufige StFestsetzung kann jederzeit aufgehoben oder geändert werden. Sobald die Ungewissheit beseitigt ist, derentwegen die StFestsetzung vorläufig erfolgt ist, ist ein endgültiger StBescheid zu erlassen bzw der vorläufige StBescheid für endgültig zu erklären. Abweichende Wertangaben in den Einzelsteuererklärungen der am Erbfall Beteiligten rechtfertigen für sich allein keine vorläufige StFestsetzung, mit der lediglich eine Korrekturmöglichkeit für die spätere endgültige StFestsetzung offen gehalten werden soll (s BFH BStBl II 68, 748).

Ist ein **gesetzlicher Vertreter** oder ein **Verfügungsberechtigter** 5 vorhanden (§§ 34, 35 AO), so ist der StBescheid ihnen bekanntzugeben. In diesem Fall muss aus dem StBescheid hervorgehen, wer StSchuldner und wer Vertreter/Verfügungsberechtigter ist (s BFH BStBl II 70, 826). Es genügt, wenn im Anschriftenfeld des Bescheides nur der Name des Vertreters/Verfügungsberechtigten erscheint und sich die StSchuldnerschaft aus dem sonstigen Inhalt des Bescheides zweifelsfrei ergibt (s BFH BStBl II 74, 648). Bei minderjährigen StSchuldnern ist es für eine rechtswirksame Bekanntgabe des StBescheides ausreichend, wenn dieser einem der beiden zur gesetzlichen Vertretung befugten Elternteile bekanntgegeben wird (s BFH BStBl II 76, 762).

6.–10. Bekanntgabe an die in § 32 genannten Personen

Der Testamentsvollstrecker als Adressat der Bekanntma- 6 **chung.** In den Fällen des § 31 V, also dann, wenn der Testamentsvollstrecker die StErklärung abgegeben hat, ist der StBescheid dem Testamentsvollstrecker bekanntzugeben. Gemeint ist hier der StBescheid, der sich an den Erben als StSchuldner richtet und der daher dem Erben bekanntzugeben wäre, wenn § 32 I nicht abweichend von § 122 I 1 AO die Bekanntgabe an den Testamentsvollstrecker vorsehen würde. § 32 I erwähnt also den Testamentsvollstrecker als Adressat der Bekanntmachung, nicht als Adressat des StBescheides. Wird der Testamentsvollstrecker als StSchuldner in Anspruch genommen, weil er zB selbst zu den Erben gehört und als Erwerber stpfl ist, gilt § 32 I nicht. Vielmehr ist in diesem Fall der Testamentsvollstrecker selbst Adressat des StBescheides, so dass die Bekanntgabe an ihn nicht „abweichend von § 122 I 1 AO" erfolgt. Ob der Testamentsvollstrecker als Adressat des StBescheides oder nur als Adressat der Bekanntmachung den StBescheid zugesandt erhält, ist im StBescheid deutlich hervorzuheben (BFH BStBl II 86, 524). Einer besonderen Hervorhebung der Testamentsvollstreckereigenschaft bedarf es demgegenüber nicht, wenn der Testamentsvollstrecker nach den Umständen als StSchuldner nicht in Betracht kommen kann (BFH/NV 98, 855).

7 Der Testamentsvollstrecker als Zugangsvertreter. Der Testamentsvollstrecker ist nicht Vertreter des Erblassers oder der Erben, sondern Inhaber eines privatrechtlichen Amts (BFH BStBl II 70, 826). Insofern ist die Überschrift zu § 32 missverständlich. Der Testamentsvollstrecker handelt nicht im Namen des Erben, sondern im eigenen Namen unter Hinweis auf sein Amt. Dennoch sieht ihn der BFH in seiner Rechtsstellung als Adressat der Bekanntgabe nach § 32 I als Zugangsvertreter des Erben an (BFH BStBl II 91, 52). Dem Testamentsvollstrecker wird der StBescheid nicht informationshalber neben dem Erben bekanntgegeben (so aber FG Schl-H BB 89, 764), sondern an Stelle des Erben, dem durch die Bekanntmachung an den Testamentsvollstrecker der Bescheid zugleich auch persönlich bekanntgemacht wird, so dass es unter den Voraussetzungen des § 32 I einer eigenständigen Bekanntgabe an den Erben nicht bedarf. In der Praxis wird jedoch dem Erben eine Kopie des Bescheides zur Kenntnis gebracht, damit er seine Rechtsbehelfsbefugnis wahrnehmen kann (*Sosnitza,* UVR 92, 342, 348).

8 Erbteile außerhalb der Testamentsvollstreckung. Ist die Testamentsvollstreckung nicht für den gesamten Nachlass, sondern nur für einzelne Erbteile angeordnet, entfällt hinsichtlich der anderen, nicht unter Testamentsvollstreckung stehenden Erbteile für den Testamentsvollstrecker schon die StErklärungspflicht (FinVerw WPg 93, 646, 647). Hat der Testamentsvollstrecker dennoch auch in diesem Fall die Erklärung für den gesamten Nachlass abgegeben, kommt ihm hinsichtlich der nicht unter Testamentsvollstreckung stehenden Erbteile nicht die Position eines Zugangsvertreters zu, so dass ihm der StBescheid auch nicht mit Wirkung gegenüber solchen außenstehenden Erben bekanntgegeben werden kann (BFH BStBl II 91, 52).

9 Für **Dritterwerber,** die, ohne Erben zu sein, von Todes wegen Vermögenswerte erhalten, hat die Bekanntgabe des StBescheides an den Testamentsvollstrecker entgegen dem Eindruck, den § 32 I vermittelt, keine Wirkung (BFH BStBl II 91, 49). Dies gilt für Vermächtnisnehmer und Erwerber, deren Erwerb aus einem vom Erblasser geschlossenen Vertrag zugunsten Dritter auf den Todesfall stammt. Ist allerdings der Dritterwerber zugleich auch an dem unter Testamentsvollstreckung stehenden Nachlass als Erbe beteiligt, so soll die Bekanntgabe des StBescheides an den Testamentsvollstrecker ihm gegenüber vollen Umfangs wirksam sein (BFH BStBl II 91, 52).

10 Für **Nachlassverwalter** (§ 1981 BGB) und **Nachlasspfleger** (§ 1961 BGB) gilt das für den Testamentsvollstrecker Gesagte sinngemäß. Auch diese Personen können nur im Rahmen ihres Amtes als Zugangsvertreter für den Erben agieren und die Bekanntgabe des StBescheides mit Wirkung gegen den StSchuldner entgegennehmen.

11., 12. Steuerzahlung und Steuererstattung

Die in § 32 genannten Amtsträger werden nicht nur als Adressaten der Bekanntgabe des StBescheides genannt. Ihnen wird auch die **Sorge für die Bezahlung der ErbSt**, gegebenenfalls Sicherheitsleistung auferlegt. Offen bleibt an dieser Stelle, inwieweit die „Sorge" der Amtsträger die Erben entlastet und sie von der Verpflichtung zur Bezahlung der ErbSt gegenüber dem FA freistellt. Die Regelung des § 32 beruht auf Zweckmäßigkeitsüberlegungen, da die genannten Personen die Verfügungsbefugnis über den Nachlass haben und somit in der Lage sind, den geschuldeten StBetrag aus dem Nachlass zu entnehmen. Durch die Anordnung der Sorge für die StZahlung soll ihnen zugleich die zivilrechtliche Befugnis vermittelt werden, die StZahlung mit Nachlassmitteln zu bewirken. Dabei wird jedoch zu Unrecht die ErbStSchuld der Erben als eine Nachlassverbindlichkeit eingestuft, die aus dem Nachlass zu bewirken ist. Aus dem Nachlass zu bewirken ist die St dann, wenn der Erblasser angeordnet hat, dass die St für ein Vermächtnis aus dem Nachlass entnommen werden soll (§ 10 II; *Moench/Kien-Hümbert* § 32 Rz 14). Doch wird durch eine solche Anordnung des Erblassers keine StPfl des Nachlasses begründet. Die Verpflichtung des Nachlasses hat vielmehr den Charakter einer Vermächtnisschuld, die in Höhe des StBetrages durch Leistung an den Fiskus zu erfüllen ist. Bei der ErbStSchuld handelt es sich dagegen um eine persönliche Verpflichtung des Erwerber von Todes wegen, auf die die Grundsätze, die für Nachlassverbindlichkeiten gelten (Möglichkeit der Haftungsbeschränkung auf den Nachlass), nicht zur Anwendung kommen können (*Kipp* § 15 Anm 13; *Petzoldt* § 20 Anm 2; oben § 20 Anm 12). Der Nachlassverwalter, der die StSchuld der Erben aus dem Nachlass bewirkt, muss daher im Interesse der Nachlassgläubiger Erstattung in den Nachlass von dem Erben verlangen, so dass § 32 I 2 nicht mehr als die Befugnis zur vorläufigen Verauslagung des StBetrages aus dem Nachlass verschafft. Der Testamentsvollstrecker verletzt seine Pflicht, für die Bezahlung der ErbSt zu sorgen, wenn er den Nachlass an die Erben verteilt und diese dann die St nicht aufbringen können (Hess FG EFG 96, 666). In diesem Fall kann der Testamentsvollstrecker selbst in Anspruch genommen werden (vgl §§ 69, 191 AO). Bei leichter Fahrlässigkeit des Testamentsvollstreckers scheidet seine Haftung jedoch in Einzelfällen aus (FG München UVR 00, 113). Die Sorge für die Bezahlung der ErbSt gilt nur unter den Voraussetzungen der §§ 32 I 1, 31 V, dh im Rahmen der Amtsbefugnisse des Testamentsvollstreckers. Zu ihnen gehört regelmäßig nur die Verwaltung und Auseinandersetzung des Nachlasses, nicht die Verwaltung der Vermächtnisse. Der Testamentsvollstrecker hat daher auch nur für die Bezahlung der St der Erben, nicht der Vermächtnisnehmer zu sorgen. Er darf bei der Auskehrung der Vermächtnisse keine entsprechenden StBeträge zurückhalten. Wer allerdings auf dem Standpunkt steht, der Nachlass hafte auch für die St der Vermächtnisnehmer (§ 20 Anm 11), muss wohl anders entscheiden. Doch ist dieser Standpunkt abzulehnen.

12 **Steuererstattung.** Weil § 32 I 2 dem Testamentsvollstrecker die Sorge für die StZahlung des Erben auferlegt, wird der Testamentsvollstrecker auch als legitimiert angesehen, Erstattungsleistungen des FA mit befreiender Wirkung für die FinVerw entgegenzunehmen (BFH BStBl II 86, 704, 706). Dabei spielt die Überlegung eine Rolle, dass die Erstattungsforderung Nachlassbestandteil ist und als Nachlassposten der Verwaltung und Verfügung des Testamentsvollstreckers unterliegt. Diese Erwägung passt jedoch nur für Erstattungsforderungen, die aus der Sphäre des Erblassers stammen und im Wege der Erbfolge auf den Erben übergegangen sind. Erstattungsforderungen im Hinblick auf die eigene ErbStSchuld des Erben fallen dagegen nicht in den Nachlass, unterliegen der Testamentsvollstreckung nicht. Daher erscheint die Legitimation des Testamentsvollstreckers zur Entgegennahme solcher Erstattungszahlungen zweifelhaft.

13.–16. Rechtsbehelfe

13 **Allgemeines.** Gegen einen ErbSt/SchStBescheid ist als Rechtsbehelf der Einspruch gegeben (§ 347 I Nr 1 AO). Der Einspruch kann innerhalb eines Monats beim FA eingelegt werden (§ 355 I AO). Der StBescheid enthält eine entsprechende Belehrung (§ 157 I AO). Das Einspruchsverfahren ist gebührenfrei. Gibt das FA dem Einspruch statt, erlässt es einen berichtigten StBescheid. Hält es den Einspruch für sachlich nicht begründet, muss es dem StSchuldner eine schriftliche Einspruchsentscheidung mit entsprechender Begründung und einer Belehrung über die hiergegen zulässige Klage beim FG erteilen (§§ 366, 367 AO). Durch den Einspruch wird die Vollziehung des angefochtenen StBescheides nicht gehemmt, die Erhebung der St nicht aufgehalten (§ 361 I AO). Doch kann das FA die Vollziehung des angefochtenen Bescheids ganz oder teilweise aussetzen. Ein Bescheid, der keine oder eine unrichtige Rechtsmittelbelehrung enthält, kann noch innerhalb eines Jahres seit Bekanntgabe des Bescheids angefochten werden; in Ausnahmefällen ist sogar noch nach Ablauf der Jahresfrist eine Anfechtung möglich (§ 356 II AO).

14 **Rechtsbehelfsbefugnis des Testamentsvollstreckers.** In den von § 32 I angesprochenen Fällen, in denen der Testamentsvollstrecker nur Adressat der Bekanntmachung, aber nicht zugleich Adressat des StBescheides ist (vgl oben Anm 6), steht ihm eine eigene Rechtsbehelfsbefugnis im Interesse der Erben nicht zu (BFH BStBl II 82, 262). Der

Testamentsvollstrecker kann daher nur dann wirksam für die Erben Rechtsbehelfe einlegen, wenn ihm von den Erben eine entsprechende Vollmacht erteilt worden ist. Eine postmortale (= für die Zeit nach dem Tod erteilte) Vollmacht des Erblassers dürfte zur Einlegung von Rechtsbehelfen im Hinblick auf die ErbStSchuld der Erben nicht genügen, da der Erblasser nur für den von ihm stammenden Bereich Vollmacht erteilen kann, während die ErbSt den persönlichen Bereich der Erben betrifft. Im Unterschied zum Testamentvollstrecker ist der Nachlasspfleger gesetzlicher Vertreter der noch unbekannten Erben und als solcher rechtsbehelfsbefugt (BGH BStBl II 82, 687).

Bekanntgabe an den Testamentsvollstrecker und Fristenlauf. 15
Ist die Bekanntgabe des ErbStBescheides an den Testamentsvollstrecker dem Erben gegenüber wirksam, so wird durch die Bekanntgabe mit Wirkung gegen den Erben die Rechtsbehelfsfrist in Lauf gesetzt (BFH BStBl II 91, 49; aM FG München EFG 88, 373). Der Testamentsvollstrecker ist verpflichtet, den Erben von der Bekanntgabe und von dem Inhalt des StBescheides zu unterrichten. Versäumt der Testamentsvollstrecker die Unterrichtung, kann der Erbe gegen den Fristablauf gem § 110 AO die Wiedereinsetzung in den vorherigen Stand verlangen, sofern nicht schon ein Jahr nach dem Ende der Rechtsbehelfsfrist verstrichen ist (§ 110 III AO; BFH BStBl II 91, 49).

Heilung eines fehlerhaften StBescheides. Wird der StBescheid zu 16 Unrecht dem Testamentsvollstrecker bekanntgegeben, ist der Bescheid unwirksam. Legt der StSchuldner anschließend Einspruch gegen den unwirksamen StBescheid ein, so wird mit der richtig zugestellten Einspruchsentscheidung der Fehler der falschen Bekanntmachung des StBescheides geheilt, wenn die Einspruchsentscheidung den Inhalt des StBescheides zutreffend wiedergibt, so dass dem StPfl nun auf dem Weg der Einspruchsentscheidung der Inhalt des StBescheides zur Kenntnis gelangt (BFH BStBl II 91, 49). Denn die Einspruchsentscheidung ist an den StPfl, nicht an den Testamentsvollstrecker, zu adressieren (*Moench/Kien-Hümbert* § 32 Rz 14; vgl demgegenüber FG Münster ZEV 00, 167) und wird daher auch von dem StPfl selbst zur Kenntnis genommen. In einem anschließenden Klageverfahren ist dann der ursprüngliche, unwirksame Bescheid in der Gestalt der wirksamen Entscheidung über den außergerichtlichen Rechtsbehelf auf seine Rechtmäßigkeit zu überprüfen.

17., 18. Änderung des StBescheides, Festsetzungsverjährung

Berichtigung bestandskräftiger StBescheide. Ein bestandskräfti- 17 ger ErbSt/SchStBescheid kann unter den folgenden **sechs Voraussetzungen** geändert werden:

§ 33 Anzeigepflicht der Vermögensverwahrer/-verwalter

(1) Bei Schreibfehlern, Rechenfehlern oder einer ähnlichen offenbaren Unrichtigkeit, die auch im Fall eines Vergreifens bei Anwendung der StKlasse oder der StStufe vorliegen kann (§ 129 AO).

(2) Bei Aufhebung oder Änderung eines der Besteuerung zugrundegelegten Grundbesitzwerts (§ 175 I 1 Nr 1 AO).

(3) Bei Eintritt eines Ereignisses, das steuerliche Wirkung für die Vergangenheit hat (§ 175 I 1 Nr 2 AO), wie es insbesondere in den Fällen des § 29 in Betracht kommt, aber auch dann zu gelten hat, wenn wegen Ausschlagung der Erbschaft die ErbSt entfällt (BFH/NV 05, 1310), oder wenn die Bereicherung aus einem auf unbestimmte Zeit gewährten zinslosen Darlehens infolge Darlehenskündigung geschmälert wird (BFH BStBl II 79, 631).

(4) Bei nachträglichem Bekanntwerden neuer Tatsachen oder Beweismittel (§ 173 I AO). Die Voraussetzung eines nachträglichen Bekanntwerdens neuer Tatsachen wird selbst dann bejaht, wenn die neue Tatsache zwar bereits in der FinVerw bekannt war, aber die für die Festsetzung der ErbSt/SchSt organisatorisch zuständige Stelle bisher noch keine Kenntnis hatte (Hess FG EFG 90, 217). Bei einer Berichtigung zugunsten des StPfl wird weiterhin verlangt, dass ihn kein grobes Verschulden daran trifft, dass die Tatsachen oder Beweismittel erst nachträglich bekannt geworden sind (§ 173 I Nr 2 AO; vgl dazu BFH BStBl II 05, 451; FG München EFG 07, 1454).

(5) Bei Änderung des stpfl Erwerbs durch Eintritt einer aufschiebenden oder auflösenden Bedingung (§§ 5 bis 8 BewG).

(6) Bei vorzeitigem Wegfall einer lebenslänglichen Nutzung oder Leistung (§ 14 II BewG).

18 Zur Festsetzungsverjährung vgl § 9 Anm 59.

§ 33 Anzeigepflicht der Vermögensverwahrer, Vermögensverwalter und Versicherungsunternehmen

(1) ¹**Wer sich geschäftsmäßig mit der Verwahrung oder Verwaltung fremden Vermögens befaßt, hat diejenigen in seinem Gewahrsam befindlichen Vermögensgegenstände und diejenigen gegen ihn gerichteten Forderungen, die beim Tod eines Erblassers zu dessen Vermögen gehörten oder über die dem Erblasser zur Zeit seines Todes die Verfügungsmacht zustand, dem für die Verwaltung der Erbschaftsteuer zuständigen Finanzamt schriftlich anzuzeigen.** ²**Die Anzeige ist zu erstatten:**

1. **in der Regel: innerhalb eines Monats, seitdem der Todesfall dem Verwahrer oder Verwalter bekanntgeworden ist;**
2. **wenn der Erblasser zur Zeit seines Todes Angehöriger eines ausländischen Staats war und nach einer Vereinbarung mit diesem**

Staat der Nachlaß einem konsularischen Vertreter auszuhändigen ist: spätestens bei der Aushändigung des Nachlasses.

(2) **Wer auf den Namen lautende Aktien oder Schuldverschreibungen ausgegeben hat, hat dem Finanzamt schriftlich von dem Antrag, solche Wertpapiere eines Verstorbenen auf den Namen anderer umzuschreiben, vor der Umschreibung Anzeige zu erstatten.**

(3) **Versicherungsunternehmen haben, bevor sie Versicherungssummen oder Leibrenten einem anderen als dem Versicherungsnehmer auszahlen oder zur Verfügung stellen, hiervon dem Finanzamt schriftlich Anzeige zu erstatten.**

(4) **Zuwiderhandlungen gegen diese Pflichten werden als Steuerordnungswidrigkeit mit Geldbuße geahndet.**

Erbschaftsteuer-Richtlinien: H E 33.

Übersicht

1., 2. Überblick
3.–5. Anzeigepflicht der Kreditinstitute (Abs 1)
6., 7. Anzeigepflicht von Wertpapieremittenten und Versicherungsunternehmen (Abs 2, 3)
8., 9. Verletzung der Anzeigepflicht (Abs 4)

Schrifttum: *Canaris,* Missbrauch der Norm des § 33 ErbStG durch die FinVerw, StVj 90, 283; *Kottke,* Vermiedene Anzeige der Bank an das Finanzamt bei Abräumen des Kontos vor dem Tode, BB, 92, 1694; *Carl/Klos,* Zulässigkeit des Kontrollmitteilungsverfahrens nach § 33 ErbStG im Erbfall, NWB F 10, 651 (1992); *Jülicher,* Verfahrensrecht bei der ErbSt, ZErb 01, 6.

1., 2. Überblick

Allgemeines. § 33 gehörte eine zeitlang zu den besonders nachhaltig diskutierten Vorschriften des ErbStG. In der Diskussion ging es jedoch nicht unmittelbar um die Auslegung dieser Bestimmung. § 33 verpflichtet die Banken, den Stand der bei ihnen geführten Konten des Erblassers dem ErbStFA anzugeben. Das ErbStFA gibt die dadurch erlangte Kenntnis an das EStFA des Erblassers im Wege der sog **Kontrollmitteilung** weiter und erlaubt es so, die StAkten des Erblassers im Hinblick auf die Deklaration der Zinseinkünfte zu überprüfen. Diese an § 33 ErbStG anschließende Praxis der Kontrollmitteilungen (FinVerw BStBl I 03, 392) hatte in der Literatur zu heftigen Auseinandersetzungen geführt. Dabei ging es vornehmlich um die Vereinbarkeit der Kontrollmitteilungen mit Sinn und Zweck des 1988 eingeführten § 30 a AO, der das Vertrauensverhältnis zwischen Bank und Kunde besonders schützen soll (sog Bankgeheimnis). Diese Literatur hat in der Zwischenzeit an Gewicht verloren, weil das BVerfG in seiner Entscheidung vom 27. 6. 1991 (BStBl II 91, 654) die Bedeutung der gleichmä-

§ 33 2, 3 Anzeigepflicht der Vermögensverwahrer/-verwalter

ßigen Erfassung der Zinseinkünfte unter dem Gesichtspunkt der Steuergerechtigkeit nachdrücklich betont und die Bedeutung des Schutzes des Bankgeheimnisses eingeschränkt hat. Nach dieser Entscheidung sind die Bedenken, die gegen die an § 33 anknüpfende Praxis der Kontrollmitteilungen nicht selten in sehr heftiger Form erhoben worden waren (*Canaris,* StVj 90, 283: „eklatanter Fall von Normenmissbrauch"), als überholt einzustufen. Wird doch in der Entscheidung des BVerfG ausdrücklich festgestellt, „dass steuerliche Kontrollmitteilungen und Auskunftspflichten mit den Grundrechten der Banken und Bankkunden vereinbar sind" und dass die „im Steuerrecht verankerten Auskunfts- und Anzeigepflichten sowie die Ermächtigung zur Ausschreibung von Kontrollmitteilungen (§§ 93 I, 194 III, 208 I AO) ... hinreichend bestimmt (sind) und ... dem Grundsatz der Verhältnismäßigkeit" entsprechen (BVerfG BStBl II 91, 654, 668). In diesem Sinn hat anschließend auch der BFH (BStBl II 92, 616) entschieden, dass die Praxis der FÄ, bei der Veranlagung zur ESt Mitteilungen der ErbSt-Stellen auf Grund von Anzeigen nach § 33 auszuwerten, mit dem geltenden Recht vereinbar ist.

2 Normzweck. Um das FA von dem StFall in Kenntnis zu setzen und um ihm die Möglichkeit zu geben, sich mit dem Verlangen auf Abgabe einer StErklärung an die Beteiligten zu wenden, sieht § 30 die Verpflichtung des Erwerbers (bei Schenkungen auch: des Schenkers) zur Anzeige vor. § 33 ergänzt diese Bestimmung durch die Regelung einer Anzeigepflicht insbesondere für Banken und Versicherungsunternehmen. Diese Anzeigepflicht ist unumgänglich, will man eine gleichmäßige Besteuerung im Erbfall sicherstellen. Die Anzeigepflicht der Banken und Versicherungsunternehmen wirkt auf die Anzeigepflicht des StPfl ein, der weiß, dass die Nichtanzeige von Vermögenswerten, die unter der Kontrolle von Banken oder Versicherungsunternehmen stehen, ihm nichts nützen wird. Sie erlaubt dem ErbStFA eine Kontrolle darüber, ob die ErbStErklärung des Erben oder sonstigen Erwerbers im Umfang der Anzeigepflicht vollständig und richtig ist. Sie ermöglicht außerdem eine nachträgliche Kontrolle beim Erblasser, ob er zu seinen Lebzeiten das angezeigte Vermögen und dessen Erträge bestimmungsgemäß versteuert hat (dazu schon oben Anm 1).

3.–5. Anzeigepflicht der Kreditinstitute (Abs 1)

3 Vermögensverwahrer und -verwalter, die sich geschäftsmäßig mit der Verwahrung oder Verwaltung fremden Vermögens befassen – also nicht Privatpersonen, die aus Hilfsbereitschaft oder als Angehörige, Freunde oder Bekannte für den Erblasser Vermögen in Verwahrung oder Verwaltung genommen haben –, sind zur Anzeige an das ErbStFA

(§ 35) verpflichtet. Die Anzeigepflicht gilt in erster Linie für die Kreditinstitute (einschließlich der Postbanken und Bausparkassen). Die Kreditinstitute werden als Vermögensverwahrer und -verwalter angesehen, auch soweit sie lediglich Geldkonten führen und sich dabei als Darlehensnehmer zur Rückzahlung der eingezahlten Beträge verpflichten. Es wäre zu wünschen, dass bei einer Überarbeitung des Gesetzestextes die Geschäftstätigkeit der Kreditinstitute, die sie zur Anzeige verpflichtet, klarer bezeichnet werden könnte. Die Anzeigepflicht gilt auch für Steuerberater, Rechtsanwälte, Notare und Wirtschaftsprüfer, soweit sie Vermögensgegenstände des Erblassers in ihrem Gewahrsam haben, die sie verwahren oder verwalten. Die Steuerberater, Rechtsanwälte, Notare und Wirtschaftsprüfer betreiben zwar kein Gewerbe, können aber doch iS von § 33 I geschäftsmäßig handeln. Die genannten Personen haben auch gegen sie gerichtete (Geldzahlungs-)Forderungen des Erblassers anzuzeigen, die zu dessen Vermögen gehören. Damit können aber nur unstreitige Forderungen gemeint sein. Forderungen, die von ihnen nicht anerkannt werden, können nicht anzeigepflichtig sein, sofern nicht schon eine erste gerichtliche Entscheidung gegen sie ergangen ist.

Grundstücksverwaltungs-GmbHs, die als Treuhänder die Rechte der Kommanditisten eines Immobilienfonds geschäftsmäßig verwalten, die ein Treugeberregister über alle Treugeber und die beteiligungsbezogenen Daten führen und verpflichtet sind, das treuhänderisch gehaltene Vermögen getrennt von ihrem sonstigen Vermögen zu verwalten, sind beim Tod eines Kommanditisten anzeigepflichtig (FinMin Bad-Württ ZEV 99, 25). Auch für Bestattungsunternehmen, die auf Grund sog Bestattungs-Vorsorgeverträge Guthaben verwalten, kommt eine Anzeigepflicht in Frage (FinVerw H E 33 ErbStH). Für die Betreiber von Wohn- und Altenheimen gilt die Anzeigepflicht nicht.

Inhalt der Anzeige. Die Einzelheiten der Anzeigepflicht werden in § 1 ErbStDV (unten Anhang 2) geregelt. Danach ist die Anzeige auf einem Formblatt zu erstatten. Sie hat auch die Vermögenswerte zu umfassen, an denen der Erblasser nur mitberechtigt war. Im Hinblick auf den Inhalt von Schließfächern genügt die Angabe, dass ein entsprechendes Schließfach vorhanden ist. Bei entsprechender Kenntnis ist der Versicherungswert anzugeben. Die Anzeige von Wirtschaftsgütern, die dem Erblasser nur als Treuhänder zustanden, kann unterbleiben. Die Anzeige ist ferner dann unnötig, wenn der Wert der anzuzeigenden Wirtschaftsgüter 5000 € nicht übersteigt.

Einzelheiten. Inländische Kreditinstitute haben den Kontenstand des Erblassers vom Beginn des Todestages oder vom Vortag anzugeben

(BMF DB 89, 605). Anzuzeigen sind auch Vermögensgegenstände, die von einer Zweigniederlassung im Ausland verwahrt oder verwaltet werden (BFH BStBl II 07, 49). In die Anzeige aufzunehmen sind nur die Guthaben des Erblassers, die noch bei seinem Tode bestanden, nicht solche, die mit seinem Einverständnis kurz vor seinem Tode „abgeräumt" worden sind. Anzeigepflichtig sind auch solche Vermögensposten, die dem Erblasser nur im wirtschaftlichen Sinn zustanden, weil er das rechtliche Eigentum einem Treuhänder übertragen hatte. Eine Anzeigepflicht besteht auch in den Fällen, in denen der Konto- bzw Depotinhaber durch einen Vertrag zugunsten Dritter (§§ 328, 331 BGB) mit seinem Geldinstitut vereinbart hat, dass die für ihn verwahrten Vermögensgegenstände oder dass sein Kontoguthaben mit seinem Tod auf einen Dritten übergehen soll (BMF DVR 65, 108; DVR 88, 152; vgl auch *Herter/Gottschaldt,* DVR 87, 162). Die auf das Todesjahr entfallenden Guthabenzinsen oder Stückzinsen sind dem FA bekanntzugeben (§ 1 I 3 ErbStDV). Die Anzeige ist innerhalb eines Monats nach Bekanntwerden des Todes eines Kunden zu erstatten (§ 33 I 2 Nr 1). Die Anzeige ist nicht mehr erforderlich, wenn der Todesfall mehr als fünfzehn Jahre zurückliegt (FinVerw DB 93, 2059).

6., 7. Anzeigepflicht von Wertpapieremittenten und Versicherungsunternehmen (Abs 2, 3)

6 **Wertpapieremittenten.** Abs 2 gilt nur im Fall der Emission von Namenspapieren. Die Anzeigepflicht besteht dann, wenn der Ausgeber um Umschreibung der Namenspapiere vom Verstorbenen auf den Namen eines Nachfolgers gebeten wird. Die Umschreibung darf erst nach der Anzeige erfolgen. Die Anzeige kann unterbleiben, wenn der Wert der Papiere 1200 € nicht übersteigt (vgl FinMin Nds DB 79, 1969). Weitere Einzelheiten sind in § 2 ErbStDV (unten Anhang 2) niedergelegt.

7 **Versicherungsunternehmen** sind zur Anzeige verpflichtet, bevor sie Versicherungssummen oder Leibrenten einem anderen als dem Versicherungsnehmer auszahlen oder zur Verfügung stellen. Dies gilt insbesondere bei Versicherungsverträgen auf den Todesfall (Lebensversicherung). Die Anzeigepflicht besteht auch dann, wenn der Versicherungsvertrag nach dem Tod des Versicherungsnehmers von einem Hinterbliebenen fortgeführt wird. Denn auch mit der Vertragsfortführung wird dem Hinterbliebenen im Ergebnis die Versicherungssumme zur Verfügung gestellt (FinVerw UVR 94, 32). Zu den Versicherungsunternehmen gehören auch betriebliche Pensions- und Sterbekassen, soweit sie einen Rechtsanspruch auf Leistungen gewähren; Unterstützungskassen, die ohne Rechtsanspruch Leistungen erbringen, gehören

Anzeigepflicht der Gerichte, Behörden usw **§ 34**

nicht hierher (BMF DB 77, 1438). Von einer Anzeige kann abgesehen werden, wenn der auszuzahlende Betrag bei Kapitalversicherungen insgesamt 5000 € nicht übersteigt (§ 3 III 2 ErbStDV). Die Anzeige darf ferner bei Pensionszahlungen an den überlebenden Ehegatten und an Kinder des Erblassers unterbleiben, wenn der monatlich zu zahlende Betrag 150 € nicht übersteigt (vgl FinMin NW DB 77, 566). Bei Zahlungen an den Versicherungsnehmer besteht keine Anzeigepflicht (vgl dazu auch BFH BStBl II 75, 841). Einzelheiten der Anzeigepflicht werden in § 3 ErbStDV (unten Anhang 2) angesprochen.

8., 9. Verletzung der Anzeigepflicht (Abs 4)

Nach Abs 4 werden **Zuwiderhandlungen** gegen die in den Abs 1 bis 3 geregelten Anzeigepflichten mit Geldbuße geahndet. Die Einzelheiten richten sich nach dem Ordnungswidrigkeitengesetz (vgl § 377 II AO), das nur für den Fall des vorsätzlichen Handelns eine Geldbuße vorsieht. Bei fahrlässiger Anzeigeversäumung kommt nur unter den Voraussetzungen des § 378 II AO eine Buße in Betracht, wenn der Anzeigepflichtige zugleich selbst für die StZahlung einstehen muss (§ 34 III AO: Vermögensverwahrer, die zugleich Vermögensverwalter sind). 8

Opportunitätsprinzip. Im Recht der Ordnungswidrigkeiten gilt das Opportunitätsprinzip. Danach kann die FinVerw tätig werden, sie kann aber auch von der Ahndung durch eine Geldbuße absehen. Die Formulierung des § 33 IV scheint auf eine Verpflichtung hinzudeuten, die die FinVerw zur Auferlegung einer Geldbuße hat. Doch dürfte insoweit ein Redaktionsversehen vorliegen (*App,* StVj 90, 101). 9

§ 34 Anzeigepflicht der Gerichte, Behörden, Beamten und Notare

(1) **Die Gerichte, Behörden, Beamten und Notare haben dem für die Verwaltung der Erbschaftsteuer zuständigen Finanzamt schriftlich Anzeige zu erstatten über diejenigen Beurkundungen, Zeugnisse und Anordnungen, die für die Festsetzung einer Erbschaftsteuer von Bedeutung sein können.**

(2) **Insbesondere haben anzuzeigen:**
1. **die Standesämter:**
   die Sterbefälle;
2. **die Gerichte und die Notare:**
   die Erteilung von Erbscheinen, Testamentsvollstreckerzeugnissen und Zeugnissen über die Fortsetzung der Gütergemeinschaft, die Beschlüsse über Todeserklärungen sowie die Anordnung von Nachlaßpflegschaften und Nachlaßverwaltungen;

§ 34 1, 2

3. **die Gerichte, die Notare und die deutschen Konsuln:
die eröffneten Verfügungen von Todes wegen, die abgewickelten Erbauseinandersetzungen, die beurkundeten Vereinbarungen der Gütergemeinschaft und die beurkundeten Schenkungen und Zweckzuwendungen.**

Übersicht

1. Allgemeines
2. Anzeigepflicht der Standesämter (Abs 2 Nr 1)
3. Anzeigepflicht der Gerichte bei Todeserklärungen (Abs 2 Nr 2)
4. Anzeigepflicht der Gerichte, Notare und sonstigen Urkundspersonen in Erbfällen (Abs 2 Nr 2, 3)
5. Anzeigepflicht der Gerichte, Notare und sonstigen Urkundspersonen bei Schenkungen und Zweckzuwendungen unter Lebenden (Abs 2 Nr 3)
6. Anzeigepflicht der deutschen Auslandsstellen (Abs 2 Nr 3)
7. Anzeigepflicht der Genehmigungsbehörden

Schrifttum: *Schuck,* Die Änderung der ErbStDV, ZEV 99, 99.

1 **Allgemeines.** § 34 ergänzt das System der Anzeigepflichten, mit denen sich die FinVerw Kenntnis von den stpfl Vorgängen verschafft. Während § 30 die Erwerber und potentiellen StSchuldner und § 33 die privaten Institutionen, die typischerweise in Vermögenstransaktionen eingeschaltet sind (Banken, Versicherungsunternehmen), zur Anzeige verpflichtet, sieht § 34 eine Anzeigepflicht für Gerichte, Behörden, Beamte und Notare vor, die im Rahmen ihrer Amtstätigkeit erlangte, steuerlich bedeutsame Kenntnisse an die ErbStFÄ weiterzugeben haben. § 30 verpflichtet die Erwerber zur Anzeige des Vermögensanfalls, die Anzeigepflicht nach § 33 richtet sich auf die Angabe des beim Todesfall verwahrten Erblasservermögens sowie auf die Anzeige von Umschreibungsanträgen für Wertpapiere und Auszahlungsforderungen von Drittbegünstigten im Hinblick auf das Erblasservermögen, nach § 34 sind Angaben über Beurkundungen, Zeugnisse und Anordnungen, die für die ErbSt von Bedeutung sein können, an das ErbStFA weiterzugeben. Adressat der Anzeigen ist einheitlich das örtliche zuständige ErbStFA am Wohnsitz des Erblassers/Schenkers (§ 35). Das deutsche ErbStG kann selbstverständlich nur inländische Gerichte, Behörden, Beamte und Notare zur Anzeige verpflichten.

2 **Anzeigepflicht der Standesämter (Abs 2 Nr 1).** Einzelheiten der Anzeigepflicht sind in den §§ 4, 5 ErbStDV (unten Anhang 2) geregelt. Nach diesen Vorschriften besteht eine umfassende Anzeigepflicht hinsichtlich aller Sterbefälle, die dem Standesamt zwecks Eintragung in das amtliche Sterbebuch zu melden sind, sowie auch hinsichtlich aller Sterbefälle von Personen, die außerhalb Deutschlands verstorben sind, jedoch hier ihren Wohnsitz oder gewöhnlichen Aufenthaltsort hatten oder denen Vermögen im Bezirk des Standesamtes zustand.

Anzeigepflicht der Gerichte, Behörden usw   3–5 § 34

Anzeigepflicht der Gerichte bei Todeserklärungen (Abs 2 3
Nr 2). Die Gerichte haben dem ErbStFA die Beschlüsse über Todeserklärungen anzuzeigen. Näheres regelt § 6 ErbStDV (unten Anhang 2). Danach sind die Gerichte verpflichtet, dem FA eine beglaubigte Abschrift der Beschlüsse über die Todeserklärung Verschollener oder über die Feststellung des Todes und der Todeszeit zu übersenden. Wegen der Bedeutung der Todeserklärung für die ErbStPfl vgl § 3 Anm 5.

Anzeigepflicht der Gerichte, Notare und sonstigen Urkunds- 4
personen in Erbfällen (Abs 2 Nr 2, 3). Die Einzelheiten der Anzeigepflicht sind in § 7 ErbStDV (unten Anhang 2) geregelt. Danach sind dem FA eine beglaubigte Abschrift der eröffneten Verfügungen von Todes wegen, ferner Erbscheine, Testamentsvollstreckerzeugnisse und Zeugnisse über die Fortsetzung von Gütergemeinschaften und der Beschlüsse über die Einleitung oder Aufhebung einer Nachlasspflegschaft und Nachlassverwaltung zu übersenden und die Abwicklung von Erbauseinandersetzungen anzuzeigen. Auch sind Angaben über die Zusammensetzung und die Höhe des Nachlasses zu machen. Für Notare besteht eine Anzeigepflicht in Erbfällen nur, wenn ihnen Geschäfte des Nachlassgerichts übertragen sind, in deren Rahmen sie die Abwicklung der Erbauseinandersetzung auf Grund besonderer Beauftragung als Nachlassgericht vornehmen (§ 7 V ErbStDV). Hinsichtlich der sonstigen von ihnen beurkundeten Erbauseinandersetzungsverträge besteht eine Anzeigepflicht nur dann, wenn die Auseinandersetzung zugleich eine freigebige Zuwendung zum Gegenstand hat (vgl DVR 63, 161).

Anzeigepflicht der Gerichte, Notare und sonstigen Urkunds- 5
personen bei Schenkungen und Zweckzuwendungen unter Lebenden (Abs 2 Nr 3). § 8 ErbStDV (Anhang 2) verpflichtet die Gerichte (entsprechendes gilt nach § 8 IV ErbStDV für Notare, Bezirksnotare und sonstige Urkundspersonen) zur Übersendung einer beglaubigten Abschrift der Urkunde über eine Schenkung oder Zweckzuwendung unter Lebenden, die von ihnen aufgenommen worden ist. Mitzuteilen sind auf einem Mustervordruck ferner Feststellungen über das Verwandtschaftsverhältnis zwischen Geber und Empfänger und bei Grundstückszuwendungen über den Grundbesitzwert oder den letzten Einheitswert. Schließlich ist der Wert der Zuwendung und der der Kostenberechnung zugrunde gelegte Gegenstandswert mitzuteilen. Diese Anzeigen können in Bagatellfällen (§ 8 III ErbStDV: Wert von Hausrat bis 12 000 €, Wert von sonstigem Vermögen bis 20 000 €) unterbleiben. § 8 ErbStDV verpflichtet die Gerichte, Notare und sonstigen Urkundspersonen ferner, bei der Beurkundung von Schenkungen und Zweckzuwendungen unter Lebenden die Beteiligten auf die mögliche Steuerpflicht hinzuweisen und sie über Punkte, die Inhalt der

Anzeigepflicht sind, zu befragen. Die Hinweis- und Befragungspflichten werden auch für den Fall der Beurkundung von Rechtsgeschäften vorgeschrieben, die teilweise (oder auch der Form nach voll) entgeltlich sind, wenn Anhaltspunkte für eine Schenkung oder Zweckzuwendung unter Lebenden vorliegen. Da der Verordnungsgeber auf der Grundlage des § 36 I Nr 1 Buchst e nur ermächtigt war, Anzeige-, Mitteilungs- oder Übersendungspflichten im Verhältnis zur FinVerw zu regeln, bleibt die Ermächtigungsgrundlage für manche der in die ErbStDV aufgenommenen Regelungen im Dunkeln (unten § 36 Anm 1). Zumindest die Pflicht zum Hinweis auf Steuerfolgen, die in das Beurkundungsgesetz gehörte, erscheint in § 8 ErbStDV falsch platziert. *Schuck* (ZEV 99, 99 f) betrachtet die Bestimmungen der ErbStDV, für die sich eine Ermächtigungsgrundlage nur schwer auffinden lässt, als verfassungswidrig.

6 **Anzeigepflicht der deutschen Auslandsstellen (Abs 2 Nr 3).** Die diplomatischen Vertreter und Konsuln Deutschlands haben dem Bundesfinanzministerium (nicht dem ErbStFA) anzuzeigen die ihnen bekannt gewordenen Sterbefälle von Deutschen ihres Amtsbezirks und die ihnen bekannt gewordenen Zuwendungen ausländischer Erblasser oder Schenker an Personen, die in Deutschland einen Wohnsitz oder ihren gewöhnlichen Aufenthaltsort haben (§ 9 ErbStDV, unten Anhang 2). Die zuletzt genannten Anzeigen dürften jedoch mehr zufälligen Charakter haben, da sich die Auslandsvertretungen mit der zuverlässigen Sammlung entsprechender Nachrichten über Zuwendungen an Inländer kaum befassen werden.

7 **Anzeigepflicht der Genehmigungsbehörden.** Unmittelbar aus § 34 I iVm § 10 ErbStDV (unten Anhang 2) besteht eine Anzeigepflicht für Behörden, die Stiftungen oder Zuwendungen von Todes wegen und unter Lebenden an juristische Personen oder dergl genehmigen, hinsichtlich der genehmigten Transaktionen. Die Anzeigen sind insbesondere für die StPfl nach § 3 II Nr 1, 3, nach § 7 I Nr 3, 8 und nach § 8 (jeweils iVm § 1) von (geringer) praktischer Bedeutung.

§ 35 Örtliche Zuständigkeit

(1) [1]**Örtlich zuständig für die Steuerfestsetzung ist in den Fällen, in denen der Erblasser zur Zeit seines Todes oder der Schenker zur Zeit der Ausführung der Zuwendung ein Inländer war, das Finanzamt, das sich bei sinngemäßer Anwendung des § 19 Abs. 1 und des § 20 der Abgabenordnung ergibt.** [2]**Im Fall der Steuerpflicht nach § 2 Abs.1 Nr. 1 Buchstabe b richtet sich die Zuständigkeit nach dem letzten inländischen Wohnsitz oder gewöhnlichen Aufenthalt des Erblassers oder Schenkers.**

Örtliche Zuständigkeit **1 § 35**

(2) Die örtliche Zuständigkeit bestimmt sich nach den Verhältnissen des Erwerbers, bei Zweckzuwendungen nach den Verhältnissen des Beschwerten, zur Zeit des Erwerbs, wenn
1. bei einer Schenkung unter Lebenden der Erwerber, bei einer Zweckzuwendung unter Lebenden der Beschwerte, eine Körperschaft, Personenvereinigung oder Vermögensmasse ist, oder
2. der Erblasser zur Zeit seines Todes oder der Schenker zur Zeit der Ausführung der Zuwendung kein Inländer war. ²Sind an einem Erbfall mehrere inländische Erwerber mit Wohnsitz oder gewöhnlichem Aufenthalt in verschiedenen Finanzamtsbezirken beteiligt, ist das Finanzamt örtlich zuständig, das zuerst mit der Sache befaßt wird.

(3) ¹Bei Schenkungen und Zweckzuwendungen unter Lebenden von einer Erbengemeinschaft ist das Finanzamt zuständig, das für die Bearbeitung des Erbfalls zuständig ist. ²Satz 1 gilt auch, wenn eine Erbengemeinschaft aus zwei Erben besteht und der eine Miterbe bei der Auseinandersetzung eine Schenkung an den anderen Miterben ausführt.

4) In den Fällen des § 2 Absatz 1 Nummer 3 und Absatz 3 ist das Finanzamt örtlich zuständig, das sich bei sinngemäßer Anwendung des § 19 Absatz 2 der Abgabenordnung ergibt.

Übersicht

1. Staatlicher Bereich
2. Bedeutung für den StPfl
3. Inländischer Erblasser/Schenker (Abs 1)
4. Personenvereinigung als Beschenkte (Abs 2 Nr 1)
5. Ausländischer Erblasser/Schenker (Abs 2 Nr 2)
6. Erbengemeinschaft (Abs 3)
7. Beschränkte StPfl (Abs 4)

Die Zuständigkeitsregelung im staatlichen Bereich. § 35 regelt 1 zunächst die eher technische, den Verwaltungsablauf betreffende Frage, welches unter mehreren sachlich zuständigen FÄ die Bearbeitung eines StFalls auf dem Gebiet der ErbSt/SchSt zu übernehmen hat, weil es unter örtlichen Gesichtspunkten dem Fall am nächsten steht. **§ 35 verteilt** damit **Aufgaben innerhalb der FinVerw.** Dem Wortlaut nach beschränkt sich § 35 dabei auf eine Zuständigkeitsregelung für die **Steuerfestsetzung.** Gemeint ist aber die Zuständigkeit für die gesamte Bearbeitung des StFalls von der Entgegennahme und Verwahrung von Anzeigen (§§ 30, 33, 34) bis zur StErhebung. Weil § 35 somit die örtliche Zuständigkeit für die StErhebung einschließt und sich aus der örtlichen Zuständigkeit für die StErhebung ergibt, wo die St vereinnahmt wird, beeinflusst die Zuständigkeitsregelung des § 35 auch das an die Vereinnahmung der St anknüpfende **hochpolitische Problem der**

§ 35   2–4   Örtliche Zuständigkeit

Verteilung des StAufkommens unter den Ländern (Art 107 I GG). Dabei zeigt sich ein eigentümliches Phänomen. Obwohl die St als BereicherungsSt ihrer Konzeption nach den Zufluss beim Erwerber erfasst, wird die Bearbeitung des StFalls und damit das StAufkommen nach § 35 im Zweifel dem Land zugewiesen, aus dem der Vermögensanfall stammt. Aus der Sicht des § 35 wird die ErbSt/SchSt damit als eine St auf die Fortgabe und nicht auf den Empfang des Vermögens gedeutet. Das wird sich, solange ein Wohlstandsgefälle zwischen den verschiedenen Regionen Deutschlands besteht, zum Nachteil der wirtschaftlich schwächeren Länder auswirken. Die Grundstruktur des § 35 bedarf daher gerade unter den gegenwärtigen Verhältnissen der Überprüfung.

2   **Bedeutung für den StPfl.** Die örtliche Zuständigkeit ist für den StPfl unter dem Gesichtspunkt von Interesse, bei welchem FA er seinen Erwerb anzuzeigen hat (§ 30) und von welchem FA der Steuerfall bearbeitet werden wird. Liegt das zuständige FA weit vom Wohnsitz des StPfl entfernt, kann sich aus der Sicht des StPfl eine umständliche Korrespondenz mit dem FA ergeben. Seine möglicherweise guten Kontakte zu dem WohnsitzFA kommen ihm nicht zugute. Auch aus der Sicht des StPfl erscheint die Regelung des § 35, die die örtliche Zuständigkeit mit dem Wohnsitz des Erblassers/Schenkers verbindet, wenig sachgerecht.

3   **Abs 1** bestimmt die Zuständigkeit für den Regelfall der Besteuerung, in dem der Erblasser/Schenker **StInländer** ist. Der Begriff des StInländers wird durch § 2 I Nr 1 S 2 näher festgelegt. Inländer sind danach die Personen, die ihren Wohnsitz, Sitz der Geschäftsleitung oder gewöhnlichen Aufenthalt im Inland haben. Bei Erwerben, die von StInländern stammen, soll sich die örtliche Zuständigkeit nach den §§ 19, 20 AO richten. Diese unnötig undurchsichtig formulierte Regelung besagt, dass das WohnsitzFA des Erblassers/Schenkers (genauer: das für den Wohnsitzbereich zuständige ErbStFA) die Besteuerung durchführen soll. In den Fällen des § 2 I Nr 1 S 2 Buchst b (und c), in denen Personen zum Kreis der Inländer gehören, die keinen Wohnsitz oder gewöhnlichen Aufenthaltsort im Inland haben, soll nach **Abs 1 Satz 2** der letzte inländische Wohnsitz oder gewöhnliche Aufenthaltsort des Erblassers/Schenkers über die örtliche Zuständigkeit entscheiden.

4   **Abs 2 Nr 1** bringt eine Sonderregelung gegenüber Abs 1 für bestimmte Fälle der Schenkung und der Zweckzuwendung unter Lebenden. Nach Abs 1 würde an sich der Wohnort oder gewöhnliche Aufenthaltsort des Schenkers die örtliche Zuständigkeit bestimmen. An die Stelle des FA aus dem Wohnortbereich des Schenkers soll nach Abs 2 Nr 1 das FA im Bereich des Sitzes des Beschenkten treten, wenn der Beschenkte eine **Personenvereinigung, Körperschaft oder Ver-**

Örtliche Zuständigkeit 5, 6 § 35

mögensmasse ist. Für diese Regelung waren Zweckmäßigkeitserwägungen maßgebend. Bei den Körperschaften, Personenvereinigungen und Vermögensmassen, denen eine Zuwendung gemacht wird, handelt es sich idR um eine gemeinnützige Institution. Solche Zuwendungen sind nach § 13 I Nr 16 Buchst b stfrei. Da für alle Zuwendungen, die diese Institutionen erhalten, das ErbStFA zuständig ist, in dessen Bereich sich die Geschäftsleitung der Institution befindet, sind diesem ErbStFA idR die steuerfreien Institutionen seines Bereichs auf Grund vorangehender Zuwendungen bekannt. Es kann daher aus eigener Kenntnis darüber entscheiden, ob die Voraussetzungen für die StFreiheit erfüllt sind, während das WohnsitzFA des Schenkers in vielen Fällen zunächst beim FA der Körperschaft usw Rückfrage halten müsste.

Abs 2 Nr 2 sieht eine Abs 1 ergänzende Regelung für den Fall vor, 5 dass der Erblasser/Schenker **nicht** zum Kreis der **StInländer** gehört. In diesem Fall kann die örtliche Zuständigkeit nicht an den Wohnsitz oder gewöhnlichen Aufenthaltsort des Erblassers/Schenkers im Inland anknüpfen, weil es einen solchen inländischen Wohnsitz oder Aufenthaltsort nicht gibt. Daher soll sich in diesem Fall die örtliche Zuständigkeit nach den Verhältnissen des Erwerbers richten. Das FA, das auf Grund dieser Zuständigkeitsregelung mit einem Erwerb befasst wird, hat auch die mit diesem Erwerb zusammenhängenden anderen Erwerbe zu betreuen, sofern nicht bereits vorher ein anderes FA mit einem der Erwerbe befasst worden war; im letzteren Fall ist die StFestsetzung und -erhebung an das FA abzugeben, das als erstes – und sei es auch nur bei einem ganz kleinen Erwerb – im Bereich der zusammenhängenden Erwerbe tätig geworden ist. Als Erwerbe, die mit anderen Erwerben iS dieser Zuständigkeitsregelung zusammenhängen, nennt Abs 2 Nr 2 nur die Erwerbe mehrerer an einem Erbfall beteiligter Personen. Nach § 1 II dürfte diese Regelung jedoch auch für mehrere Schenkungsbeteiligte gelten.

Abs 3 regelt für den Fall, dass „von einer **Erbengemeinschaft**" – da 6 eine Erbengemeinschaft nicht Schenker sein kann, ist gemeint: von Miterben aus dem Nachlass – eine Schenkung gemacht wird oder dass die Miterben mit einer Zweckauflage belastet sind, die Zuständigkeit aus Zweckmäßigkeitsgründen in der Weise, dass das FA, das für die Bearbeitung der mit einem Erbfall zusammenhängenden Erwerbe zuständig ist oder zuständig wäre, die Zuständigkeit auch für die Bearbeitung des Schenkungsfalls und des Falls der Zweckzuwendung mitübernehmen soll. Die FinVerw (Bad-Württ ZEV 99, 58) hatte § 35 III auch dann angewendet, wenn bei einer Zwei-Personen-Erbengemeinschaft der eine Erbe dem anderen im Zuge der Auseinandersetzung mehr überlässt, als ihm nach seiner Erbquote zusteht. Das ErbStRG 2009 hat diese Regelung nun in den Gesetzestext übernommen.

7 Örtliche Zuständigkeit bei beschränkter StPfl (Abs 4). Im Fall beschränkter StPfl soll § 19 II AO sinngemäß anwendbar sein. Damit wird das FA für örtlich zuständig erklärt, in dessen Bereich sich das für die beschränkte StPfl maßgebliche Inlandsvermögen oder der wertvollste Teil des Inlandsvermögens befindet. Nur: Welches FA ermittelt, wo der wertvollste Teil des Inlandsvermögens liegt?

Abschnitt 5. Ermächtigungs- und Schlußvorschriften

§ 36 Ermächtigungen

(1) Die Bundesregierung wird ermächtigt, mit Zustimmung des Bundesrates
1. zur Durchführung dieses Gesetzes Rechtsverordnungen zu erlassen, soweit dies zur Wahrung der Gleichmäßigkeit bei der Besteuerung, zur Beseitigung von Unbilligkeiten in Härtefällen oder zur Vereinfachung des Besteuerungsverfahrens erforderlich ist, und zwar über
    a) die Abgrenzung der Steuerpflicht,
    b) die Feststellung und die Bewertung des Erwerbs von Todes wegen, der Schenkungen unter Lebenden und der Zweckzuwendungen, auch soweit es sich um den Inhalt von Schließfächern handelt,
    c) die Steuerfestsetzung, die Anwendung der Tarifvorschriften und die Steuerentrichtung,
    d) die Anzeige- und Erklärungspflicht der Steuerpflichtigen,
    e) die Anzeige-, Mitteilungs- und Übersendungspflichten der Gerichte, Behörden, Beamten und Notare, der Versicherungsunternehmen, der Vereine und Berufsverbände, die mit einem Versicherungsunternehmen die Zahlung einer Versicherungssumme für den Fall des Todes ihrer Mitglieder vereinbart haben, der geschäftsmäßigen Verwahrer und Verwalter fremden Vermögens, auch soweit es sich um in ihrem Gewahrsam befindliche Vermögensgegenstände des Erblassers handelt, sowie derjenigen, die auf den Namen lautende Aktien oder Schuldverschreibungen ausgegeben haben;
2. Vorschriften durch Rechtsverordnung zu erlassen über die sich aus der Aufhebung oder Änderung von Vorschriften dieses Gesetzes ergebenden Rechtsfolgen, soweit dies zur Wahrung der Gleichmäßigkeit der Besteuerung oder zur Beseitigung von Unbilligkeiten in Härtefällen erforderlich ist.

(2) Das Bundesministerium der Finanzen wird ermächtigt, den Wortlaut dieses Gesetzes und der zu diesem Gesetz erlassenen Durchführungsverordnung in der jeweils geltenden Fassung satzweise numeriert mit neuem Datum und neuer Paragraphenfolge bekanntzumachen und dabei Unstimmigkeiten des Wortlauts zu beseitigen.

Abs 1 Nr 1 ermächtigt zum Erlass von Durchführungsverordnungen. 1 Auf dieser Ermächtigungsgrundlage beruht die Neufassung der ErbStDV, die am 8. 9. 1998 auf der Grundlage des § 36 Abs 1 Nr 1 Buchst e von der Bundesregierung erlassen wurde und rückwirkend zum 1. 8. 1998 in Kraft getreten und zuletzt durch das JStG 2010 vom 8. 12. 2010 (BGBl I, 1768) geändert worden ist. Die Neufassung der ErbStDV ist übersichtlicher gestaltet und in manchen Punkten deutlicher gefasst. Sie erweitert jedoch auch den Kreis der Angaben, die im Rahmen von Anzeigepflichten gegenüber der FinVerw zu machen sind. Der Hintergrund dieser Erweiterung von Mitteilungspflichten wird darin gesehen, dass die FinVerw durch den Wegfall der Vermögensteuer entstandene Informationsdefizite ausgleichen will. Insbesondere den Notaren werden bei Zuwendungen unter Lebenden zusätzliche Angaben abverlangt. Wie schon bisher werden ihnen Hinweis- und Befragungspflichten gegenüber ihren Mandanten auferlegt. Zumindest für die zuletzt genannten Anordnungen dürfte die ausreichende Ermächtigung in § 36 I Nr 1 Buchst b fehlen.

2 **Abs 2** ermächtigt das Bundesministerium der Finanzen, den Wortlaut des ErbStG und der ErbStDV in der jeweils geltenden Fassung neu bekannt zu machen und dabei auch gewisse redaktionelle Korrekturen und Umstellungen vorzunehmen. Auf der Grundlage dieser Ermächtigung ist seinerzeit eine Neufassung des ErbStG unter dem Datum des 18. Februar 1991 im BGBl I 91, 468 veröffentlicht worden. Bei dieser Publikation wurden einzelne Unstimmigkeiten des Textes bereinigt. So war § 2 III durch Gesetz vom 25. 6. 1990 (BGBl I 90, 518) aufgehoben worden, in § 2 I war jedoch versehentlich noch eine Verweisung auf Abs 3 stehengeblieben. § 12 II verwies wegen der Grundbesitzbewertung auf § 20 BewG, doch hatte schon Art 6 EGAO 1977 an die Stelle von § 20 den jetzt geltenden § 19 BewG gesetzt, so dass die Verweisung auf § 20 BewG irreführend geworden war. Diese Korrekturen waren durch § 36 II gedeckt. § 36 II ermächtigt das Finanzministerium dagegen nicht dazu, vom Abdruck geltender Bestimmungen abzusehen, weil sie aus der Sicht der FinVerw nur noch geringe praktische Bedeutung haben. Die Nichtveröffentlichung des Wortlauts der §§ 38, 39 ErbStG in dieser Bekanntmachung war daher mit der Ermächtigungsnorm des § 36 II damals nicht ausreichend abgestimmt. Inzwischen sind die §§ 38 und 39 auch förmlich aufgehoben worden. Das BMF hat, gestützt auf § 36 II, die Neufassung des ErbStG unter dem 27. 2. 1997 bekanntgemacht (BGBl I 97, 378), die zwei Jahre unverändert gelten konnte, inzwischen aber durch die weiteren, in den Erläuterungen zu § 39 aufgeführten Gesetze erneut geändert worden ist.

§ 37 Anwendung des Gesetzes

(1) **Dieses Gesetz in der Fassung des Artikels 6 des Gesetzes vom 22. Dezember 2009 (BGBl. I S. 3950) findet auf Erwerbe Anwendung, für die die Steuer nach dem 31. Dezember 2009 entsteht.**

Anwendung des Gesetzes § 37

(2) ¹In Erbfällen, die vor dem 31. August 1980 eingetreten sind, und für Schenkungen, die vor diesem Zeitpunkt ausgeführt worden sind, ist weiterhin § 25 in der Fassung des Gesetzes vom 17. April 1974 (BGBl. I S. 933) anzuwenden, auch wenn die Steuer infolge Aussetzung der Versteuerung nach § 25 Abs. 1 Buchstabe b erst nach dem 30. August 1980 entstanden ist oder entsteht. ²In Erbfällen, die vor dem 1. Januar 2009 eingetreten sind, und für Schenkungen, die vor diesem Zeitpunkt ausgeführt worden sind, ist weiterhin § 25 Abs. 1 Satz 3 und Abs. 2 in der Fassung der Bekanntmachung vom 27. Februar 1997 (BGBl. I S. 378) anzuwenden.

(3) ¹Die §§ 13 a und 19 a Absatz 5 in der Fassung des Artikels 6 des Gesetzes vom 22. Dezember 2009 (BGBl. I S. 3950) finden auf Erwerbe Anwendung, für die die Steuer nach dem 31. Dezember 2009 entsteht. ²§ 13 a in der Fassung des Artikels 6 des Gesetzes vom 22. Dezember 2009 (BGBl. I S. 3950) ist nicht anzuwenden, wenn das begünstigte Vermögen vor dem 1. Januar 2011 von Todes wegen oder durch Schenkung unter Lebenden erworben wird, bereits Gegenstand einer vor dem 1. Januar 2007 ausgeführten Schenkung desselben Schenkers an dieselbe Person war und wegen eines vertraglichen Rückforderungsrechts nach dem 11. November 2005 herausgegeben werden musste.

(4) § 13 Absatz 1 Nummer 1, § 13 b Absatz 2 Satz 6 und 7 und Absatz 3, § 15 Absatz 3, § 16 Absatz 1 und § 17 Absatz 1 Satz 1 in der Fassung des Artikels 14 des G esetzes vom 8. Dezember 2010 (BGBl. I S. 1768) sind auf Erwerbe anzuwenden, für die die Steuer nach dem 13. Dezember 2010 entsteht.

(5) Soweit Steuerbescheide für Erwerbe von Lebenspartnern noch nicht bestandskräftig sind, ist

1. § 13 Absatz 1 in der Fassung des Artikels 14 des Gesetzes vom 8. Dezember 2010 (BGBl. I S. 1768) auf Erwerbe, für die die Steuer nach dem 31. Juli 2001 entstanden ist, anzuwenden;
2. § 16 Absatz 1 Nummer 1 in der Fassung des Artikels 14 des Gesetzes vom 8. Dezember 2010 (BGBl. I S. 1768) auf Erwerbe, für die die Steuer nach dem 31. Dezember 2001 und vor dem 1. Januar 2009 entstanden ist, mit der Maßgabe anzuwenden, dass an die Stelle des Betrages von 500 000 Euro ein Betrag von 307 000 Euro tritt;
3. § 16 Absatz 1 Nummer 1 in der Fassung des Artikels 14 des Gesetzes vom 8. Dezember 2010 (BGBl. I S. 1768) auf Erwerbe, für die die Steuer nach dem 31. Juli 2001 und vor dem 1. Januar 2002 entstanden ist, mit der Maßgabe anzuwenden, dass an die Stelle des Betrages von 500 000 Euro ein Betrag von 600 000 Deutsche Mark tritt;
4. § 17 Absatz 1 in der Fassung des Artikels 14 des Gesetzes vom 8. Dezember 2010 (BGBl. I S. 1768) auf Erwerbe, für die die

§ 37 a Herstellung der Einheit Deutschlands

Steuer nach dem 31. Dezember 2001 und vor dem 1. Januar 2009 entstanden ist, anzuwenden;

5. § 17 Absatz 1 in der Fassung des Artikels 14 des Gesetzes vom 8. Dezember 2010 (BGBl. I S. 1768) auf Erwerbe, für die die Steuer nach dem 31. Juli 2001 und vor dem 1 Januar 2002 entstanden ist, mit der Maßgabe anzuwenden, dass an die Stelle des Betrages von 256 000 Euro ein Betrag von 500 000 Deutsche Mark tritt.

(6) § 13 a Absatz 1 a und § 13 b Absatz 2 und 2 a in der Fassung des Artikels 8 des Gesetzes vom 1. November 2011 (BGBl I S. 2131) sind auf Erwerbe anzuwenden, für die die Steuer nach dem 30. Juni 2011 entsteht.

(7) [1] § 2 Absatz 1 Nummer 1 und 3 und Absatz 3, § 7 Absatz 8, § 15 Absatz 4, § 16 Absatz 1 und 2, § 19 Absatz 2, § 21 Absatz 1 und § 35 Absatz 4 in der Fassung des Artikels 11 des Gesetzes vom 7. Dezember 2011 (BGBl. I S. 2592) finden auf Erwerbe Anwendung, für die die Steuer nach dem 13. Dezember 2011 entsteht. [2] § 2 Absatz 1 Nr 1 und 3 und Absatz 3, § 16 Absatz 1 und 2, § 19 Absatz 2, § 21 Absatz 1 und § 35 Absatz 4 in der Fassung des Artikels 11 des Gestzes vom 7. Dezember 2011 (BGBl. I S. 2592) finden auf Antrag auch auf Erwerbe Anwendung, für die die Steuer vor dem 14. Dezember 2011 entsteht, soweit Steuerbescheide noch nicht bestandskräftig sind.

Erbschaftsteuer-Richtlinien: H E 37.

1   Normzweck. Im Zusammenhang mit der Verabschiedung eines Bundesgesetzes unterscheidet man herkömmlich drei Zeitpunkte: das Datum des Zustandekommens des Gesetzes in den gesetzgebenden Körperschaften (Art 78 GG), das Datum der Verkündung des Gesetzes im Bundesgesetzblatt (Art 82 I GG) und das Datum des Inkrafttretens (Art 82 II GG), vgl § 38 Anm 2. § 37 fügt dem als weitere Zeitpunkte die Daten der erstmaligen und letztmaligen Anwendung des Gesetzes hinzu. Dabei geht § 37 von der Vorstellung aus, dass ein in Kraft getretenes Gesetz noch nicht oder nicht mehr anwendbar sein kann oder dass ein Gesetz seinen Anwendungszeitraum über den Zeitpunkt des Inkrafttretens oder Außerkrafttretens hinaus ausdehnen kann, so dass das Gesetz auf Vorgänge vor dem Inkrafttreten oder nach dem Außerkrafttreten anwendbar wird. Die genaue gedankliche Erfassung der dem § 37 zu Grunde liegenden Vorstellung bedarf noch weiterer Diskussion.

§ 37 a Sondervorschriften aus Anlaß der Herstellung der Einheit Deutschlands

(1) (weggefallen)

(2) [1] Für den Zeitpunkt der Entstehung der Steuerschuld ist § 9 Abs. 1 Nr. 1 auch dann maßgebend, wenn der Erblasser in dem in

Berlin-Klausel **§ 38**

Artikel 3 des Einigungsvertrages genannten Gebiet vor dem 1. Januar 1991 verstorben ist, es sei denn, daß die Steuer nach dem Erbschaftsteuergesetz der Deutschen Demokratischen Republik vor dem 1. Januar 1991 entstanden ist. ²§ 9 Abs. 2 gilt entsprechend, wenn die Versteuerung nach § 34 des Erbschaftsteuergesetzes (ErbStG) der Deutschen Demokratischen Republik in der Fassung vom 18. September 1970 (Sonderdruck Nr. 678 des Gesetzblattes) ausgesetzt wurde.

(3) (weggefallen)

(4) Als frühere Erwerbe im Sinne des § 14 gelten auch solche, die vor dem 1. Januar 1991 dem Erbschaftsteuerrecht der Deutschen Demokratischen Republik unterlegen haben.

(5) Als frühere Erwerbe desselben Vermögens im Sinne des § 27 gelten auch solche, für die eine Steuer nach dem Erbschaftsteuerrecht der Deutschen Demokratischen Republik erhoben wurde, wenn der Erwerb durch Personen im Sinne des § 15 Abs. 1 Steuerklasse I erfolgte.

(6) § 28 ist auch anzuwenden, wenn eine Steuer nach dem Erbschaftsteuerrecht der Deutschen Demokratischen Republik erhoben wird.

(7) ¹Ist in dem in Artikel 3 des Einigungsvertrages genannten Gebiet eine Steuerfestsetzung nach § 33 des Erbschaftsteuergesetzes der Deutschen Demokratischen Republik in der Weise erfolgt, daß die Steuer jährlich im voraus von dem Jahreswert von Renten, Nutzungen oder Leistungen zu entrichten ist, kann nach Wahl des Erwerbers die Jahressteuer zum jeweils nächsten Fälligkeitstermin mit ihrem Kapitalwert abgelöst werden. ²§ 23 Abs. 2 ist entsprechend anzuwenden.

(8) Wurde in Erbfällen, die vor dem 1. Januar 1991 eingetreten sind, oder für Schenkungen, die vor diesem Zeitpunkt ausgeführt worden sind, die Versteuerung nach § 34 des Erbschaftsteuergesetzes der Deutschen Demokratischen Republik ausgesetzt, ist diese Vorschrift weiterhin anzuwenden, auch wenn die Steuer infolge der Aussetzung der Versteuerung erst nach dem 31. Dezember 1990 entsteht.

Die aus Anlass der Wiedervereinigung geschaffene Vorschrift sollte als 1 Übergangsregelung für die Besteuerung in den neuen Bundesländern nach der Erweiterung des Bundesgebiets wirken. Ihre Bedeutung ist heute gering. Zur Erläuterung wird auf die Vorauflagen des Kommentars verwiesen.

§ 38 Berlin-Klausel

(weggefallen)

§ 39 2   Inkrafttreten

Bundesgesetze galten wegen der Vorbehalte der alliierten Siegermächte früher in Berlin (West) nur, wenn das Gesetz seinen Anwendungsbereich in einer Berlin-Klausel ausdrücklich auf Berlin erstreckte. Mit der Vereinigung Deutschlands und der Aufhebung des Sonderstatus von Berlin hat die Berlin-Klausel für die Zukunft ihre Bedeutung verloren. Vgl G vom 25. 9. 1990 (BGBl I 1990, 2106) zur Überleitung von Bundesrecht nach Berlin (West). Das StÄndG 1992 (BGBl I 92, 297) hat § 38 gestrichen.

§ 39 Inkrafttreten

(weggefallen)

1   § 39 enthielt ursprünglich eine Bestimmung über das Inkrafttreten des Gesetzes zum 1. Januar 1974. Diese Bestimmung wurde inzwischen für entbehrlich gehalten und aufgehoben. Eine Vorschrift über das Inkrafttreten fehlt damit gegenwärtig im Gesetz. Zu den Inkrafttretensbestimmungen der einzelnen Änderungsgesetze s dort.

2   **Inkrafttreten der Änderungen.** Das Gesetz, dessen Inkrafttreten § 39 zum 1. Januar 1974 vorsah, war das ErbStG vom 17. 4. 1974 (BGBl I 74, 933). Seit dem Erlass dieser ersten Fassung ist das ErbStG bisher siebenundzwanzigmal geändert und zweimal neugefasst (Bek vom 19. 2. 1991, BGBl I 91, 468; Bek vom 27. 2. 1997, BGBl I 97, 378) worden. Für das Inkrafttreten der Änderungsgesetze gilt folgende Übersicht:

(1) Art 16 des Gesetzes vom 14. 12. 1976 (BGBl I 76, 3341); in Kraft getreten am 1. 1. 1977.

(2) Art 7 des Gesetzes vom 18. 8. 1980 (BGBl I 80, 1537); in Kraft getreten am 29. 8. 1980.

(3) Art 3 des Gesetzes vom 22. 12. 1983 (BGBl I 83, 1583); in Kraft getreten am 29. 12. 1983.

(4) Art 18 des Gesetzes vom 19. 12. 1985 (BGBl I 85, 2436); in Kraft getreten am 1. 1. 1986.

(5) Art 13 des Gesetzes vom 25. 6. 1990 (BGBl II 90, 518); in Kraft getreten am 1. 7. 1990.

(6) Art 1 des Gesetzes vom 23. 9. 1990 in Verbindung mit Anlage I Kapitel IV Sachgebiet B Abschnitt II Nr 28 des Einigungsvertrages vom 31. 8. 1990 (BGBl II 90, 885, 985); in Kraft getreten am 29. 9. 1990.

(7) Art 5 des Gesetzes vom 13. 12. 1990 (BGBl I 90, 2775); in Kraft getreten am 22. 12. 1990; Bekanntmachung der Neufassung am 19. 2. 1991 (BGBl I 91, 468).

(8) Art 16 des Gesetzes vom 25. 2. 1992 (BGBl I 92, 297); in Kraft getreten am 29. 2. 1992.

(9) Art 6 des Gesetzes vom 9. 11. 1992 (BGBl I 92, 1853); in Kraft getreten am 13. 11. 1992.

(10) Art 13 des Gesetzes vom 13. 9. 1993 (BGBl I 93, 1569); in Kraft getreten am 18. 9. 1993.

(11) Art 18 des Gesetzes vom 21. 12. 1993 (BGBl I 93, 2310); in Kraft getreten am 30. 12. 1993.

(12) Art 5 des Gesetzes vom 27. 9. 1994 (BGBl I 94, 2624); in Kraft getreten am 1. 12. 1994.

(13) Art 24 des Gesetzes vom 11. 10. 1995 (BGBl I 95, 1250); in Kraft getreten am 21. 10. 1995.

(14) Art 2 des Gesetzes vom 20. 12. 1996 (BGBl I 96, 2049); in Kraft getreten am 28. 12. 1996; Bekanntmachung der Neufassung am 27. 2. 1997 (BGBl I 97, 378).

(15) Art 10 des Gesetzes vom 24. 3. 1999 (BGBl I 99, 402); in Kraft getreten am 1. 1. 1999.

(16) Art 6 des Gesetzes vom 14. 7. 2000 (BGBl I 00, 1034); in Kraft getreten am 15. 7. 2000.

(17) Art 19 des Gesetzes vom 19. 12. 2000 (BGBl I 00, 1790); in Kraft getreten am 1. 1. 2002.

(18) Art 16 des Gesetzes vom 20. 12. 2001 (BGBl I 01, 3794); in Kraft getreten am 21. 12. 2001.

(19) Art 2 des Gesetzes vom 15. 7. 2002 (BGBl I 02, 2634); in Kraft getreten am 1. 9. 2002.

(20) Art 27 des Gesetzes vom 21. 8. 2002 (BGBl I 02, 3322); in Kraft getreten am 22. 8. 2002.

(21) Art 13 des Gesetzes vom 29. 12. 2003 (BGBl I 03, 3076); in Kraft getreten am 1. 1. 2004.

(22) Art 8 des Gesetzes vom 10. 10. 2007 (BGBl I 07, 2332); in Kraft getreten am 1. 1. 2007.

(23) Art 1 des Gesetzes vom 24. 12. 2008 (BGBl I 08, 3018); in Kraft getreten am 1. 1. 2009.

(24) Art 6 des Gesetzes vom 30. 12. 2009 (BGBl I 09, 3950); in Kraft getreten am 1. 1. 2010.

(25) Art 14 des Gesetzes vom 8. 12. 2010 (BGBl I 10, 1768); in Kraft getreten am 9. 12. 2010.

(26) Art. 8 des Gesetzes vom 1. 11. 2011 (BGBl I 11, 2131); in Kraft getreten am 1. 1. 2012.

(27) Art. 11 des Gesetzes vom 7. 12. 2011 (BGBl I 11, 2592): in Kraft getreten am 14. 12. 2011.

Anhang 1
Bewertungsgesetz (BewG)

idF der Bekanntmachung vom 1. 2. 1991 (BGBl I 91, 230),
zuletzt geändert durch Gesetz vom 7. 12. 2011 (BGBl I 11, 2592)

– Auszug –

Erster Teil. Allgemeine Bewertungsvorschriften

§ 1 Geltungsbereich

(1) Die allgemeinen Bewertungsvorschriften (§§ 2 bis 16) gelten für alle öffentlich-rechtlichen Abgaben, die durch Bundesrecht geregelt sind, soweit sie durch Bundesfinanzbehörden oder durch Landesfinanzbehörden verwaltet werden.

(2) Die allgemeinen Bewertungsvorschriften gelten nicht, soweit im Zweiten Teil dieses Gesetzes oder in anderen Steuergesetzen besondere Bewertungsvorschriften enthalten sind.

§ 2 Wirtschaftliche Einheit

(1) [1] Jede wirtschaftliche Einheit ist für sich zu bewerten. [2] Ihr Wert ist im ganzen festzustellen. [3] Was als wirtschaftliche Einheit zu gelten hat, ist nach den Anschauungen des Verkehrs zu entscheiden. [4] Die örtliche Gewohnheit, die tatsächliche Übung, die Zweckbestimmung und die wirtschaftliche Zusammengehörigkeit der einzelnen Wirtschaftsgüter sind zu berücksichtigen.

(2) Mehrere Wirtschaftsgüter kommen als wirtschaftliche Einheit nur insoweit in Betracht, als sie demselben Eigentümer gehören.

(3) Die Vorschriften der Absätze 1 und 2 gelten nicht, soweit eine Bewertung der einzelnen Wirtschaftsgüter vorgeschrieben ist.

§ 3 Wertermittlung bei mehreren Beteiligten

[1] Steht ein Wirtschaftsgut mehreren Personen zu, so ist sein Wert im ganzen zu ermitteln. [2] Der Wert ist auf die Beteiligten nach dem Verhältnis ihrer Anteile zu verteilen, soweit nicht nach dem maßgebenden Steuergesetz die Gemeinschaft selbständig steuerpflichtig ist.

Anh 1

§ 3 a *(aufgehoben)*

§ 4 Aufschiebend bedingter Erwerb

Wirtschaftsgüter, deren Erwerb vom Eintritt einer aufschiebenden Bedingung abhängt, werden erst berücksichtigt, wenn die Bedingung eingetreten ist.

§ 5 Auflösend bedingter Erwerb

(1) ¹Wirtschaftsgüter, die unter einer auflösenden Bedingung erworben sind, werden wie unbedingt erworbene behandelt. ²Die Vorschriften über die Berechnung des Kapitalwerts der Nutzungen von unbestimmter Dauer (§ 13 Abs. 2 und 3, § 14, § 15 Abs. 3) bleiben unberührt.

(2) ¹Tritt die Bedingung ein, so ist die Festsetzung der nicht laufend veranlagten Steuern auf Antrag nach dem tatsächlichen Wert des Erwerbs zu berichtigen. ²Der Antrag ist bis zum Ablauf des Jahres zu stellen, das auf den Eintritt der Bedingung folgt.

§ 6 Aufschiebend bedingte Lasten

(1) Lasten, deren Entstehung vom Eintritt einer aufschiebenden Bedingung abhängt, werden nicht berücksichtigt.

(2) Für den Fall des Eintritts der Bedingung gilt § 5 Abs. 2 entsprechend.

§ 7 Auflösend bedingte Lasten

(1) Lasten, deren Fortdauer auflösend bedingt ist, werden, soweit nicht ihr Kapitalwert nach § 13 Abs. 2 und 3, § 14, § 15 Abs. 3 zu berechnen ist, wie unbedingte abgezogen.

(2) Tritt die Bedingung ein, so ist die Festsetzung der nicht laufend veranlagten Steuern entsprechend zu berichtigen.

§ 8 Befristung auf einen unbestimmten Zeitpunkt

Die §§ 4 bis 7 gelten auch, wenn der Erwerb des Wirtschaftsguts oder die Entstehung oder der Wegfall der Last von einem Ereignis abhängt, bei dem nur der Zeitpunkt ungewiß ist.

§ 9 Bewertungsgrundsatz, gemeiner Wert

(1) Bei Bewertungen ist, soweit nichts anderes vorgeschrieben ist, der gemeine Wert zugrunde zu legen.

(2) ¹Der gemeine Wert wird durch den Preis bestimmt, der im gewöhnlichen Geschäftsverkehr nach der Beschaffenheit des Wirt-

schaftsgutes bei einer Veräußerung zu erzielen wäre. ²Dabei sind alle Umstände, die den Preis beeinflussen, zu berücksichtigen. ³ Ungewöhnliche oder persönliche Verhältnisse sind nicht zu berücksichtigen.

(3) ¹Als persönliche Verhältnisse sind auch Verfügungsbeschränkungen anzusehen, die in der Person des Steuerpflichtigen oder eines Rechtsvorgängers begründet sind. ²Das gilt insbesondere für Verfügungsbeschränkungen, die auf letztwilligen Anordnungen beruhen.

§ 10 Begriff des Teilwerts

¹Wirtschaftsgüter, die einem Unternehmen dienen, sind, soweit nichts anderes vorgeschrieben ist, mit dem Teilwert anzusetzen. ²Teilwert ist der Betrag, den ein Erwerber des ganzen Unternehmens im Rahmen des Gesamtkaufpreises für das einzelne Wirtschaftsgut ansetzen würde. ³Dabei ist davon auszugehen, daß der Erwerber das Unternehmen fortführt.

§ 11 Wertpapiere und Anteile

(1) ¹Wertpapiere und Schuldbuchforderungen, die am Stichtag an einer deutschen Börse zum Handel im regulierten Markt zugelassen sind, werden mit dem niedrigsten am Stichtag für sie im regulierten Markt notierten Kurs angesetzt. ²Liegt am Stichtag eine Notierung nicht vor, so ist der letzte innerhalb von 30 Tagen vor dem Stichtag im regulierten Markt notierte Kurs maßgebend. ³Entsprechend sind die Wertpapiere zu bewerten, die in den Freiverkehr einbezogen sind.

(2) ¹Anteile an Kapitalgesellschaften, die nicht unter Absatz 1 fallen, sind mit dem gemeinen Wert anzusetzen. ²Lässt sich der gemeine Wert nicht aus Verkäufen unter fremden Dritten ableiten, die weniger als ein Jahr zurückliegen, so ist er unter Berücksichtigung der Ertragsaussichten der Kapitalgesellschaft oder einer anderen anerkannten, auch im gewöhnlichen Geschäftsverkehr für nichtsteuerliche Zwecke üblichen Methode zu ermitteln; dabei ist die Methode anzuwenden, die ein Erwerber der Bemessung des Kaufpreises zugrunde legen würde. ³Die Summe der gemeinen Werte der zum Betriebsvermögen gehörenden Wirtschaftsgüter und sonstigen aktiven Ansätze abzüglich der zum Betriebsvermögen gehörenden Schulden und sonstigen Abzüge (Substanzwert) der Gesellschaft darf nicht unterschritten werden; die §§ 99 und 103 sind anzuwenden. ⁴Die §§ 199 bis 203 sind zu berücksichtigen.

(2 a) *(aufgehoben)*

(3) Ist der gemeine Wert einer Anzahl von Anteilen an einer Kapitalgesellschaft, die einer Person gehören, infolge besonderer Umstände (z. B. weil die Höhe der Beteiligung die Beherrschung der Kapitalge-

Anh 1 §§ 12, 13 BewG

sellschaft ermöglicht) höher als der Wert, der sich auf Grund der Kurswerte (Absatz 1) oder der gemeinen Werte (Absatz 2) für die einzelnen Anteile insgesamt ergibt, so ist der gemeine Wert der Beteiligung maßgebend.

(4) Wertpapiere, die Rechte der Einleger (Anteilinhaber) gegen eine Kapitalanlagegesellschaft oder einen sonstigen Fonds verbriefen (Anteilscheine), sind mit dem Rücknahmepreis anzusetzen.

§ 12 Kapitalforderungen und Schulden

(1) [1]Kapitalforderungen, die nicht in § 11 bezeichnet sind, und Schulden sind mit dem Nennwert anzusetzen, wenn nicht besondere Umstände einen höheren oder geringeren Wert begründen. [2]Liegen die besonderen Umstände in einer hohen, niedrigen oder fehlenden Verzinsung, ist bei der Bewertung vom Mittelwert einer jährlich vorschüssigen und jährlich nachschüssigen Zahlungsweise auszugehen.

(2) Forderungen, die uneinbringlich sind, bleiben außer Ansatz.

(3) [1]Der Wert unverzinslicher Forderungen oder Schulden, deren Laufzeit mehr als ein Jahr beträgt und die zu einem bestimmten Zeitpunkt fällig sind, ist der Betrag, der vom Nennwert nach Abzug von Zwischenzinsen unter Berücksichtigung von Zinseszinsen verbleibt. [2]Dabei ist von einem Zinssatz von 5,5 Prozent auszugehen.

(4) [1]Noch nicht fällige Ansprüche aus Lebens-, Kapital- oder Rentenversicherungen werden mit dem Rückkaufswert bewertet. [2]Rückkaufswert ist der Betrag, den das Versicherungsunternehmen dem Versicherungsnehmer im Falle der vorzeitigen Aufhebung des Vertragsverhältnisses zu erstatten hat. [3]Die Berechnung des Werts, insbesondere die Berücksichtigung von ausgeschütteten und gutgeschriebenen Gewinnanteilen kann durch Rechtsverordnung geregelt werden.

§ 13 Kapitalwert von wiederkehrenden Nutzungen und Leistungen

(1) [1]Der Kapitalwert von Nutzungen oder Leistungen, die auf bestimmte Zeit beschränkt sind, ist mit dem aus Anlage 9a zu entnehmenden Vielfachen des Jahreswerts anzusetzen. [2]Ist die Dauer des Rechts außerdem durch das Leben einer oder mehrerer Personen bedingt, darf der nach § 14 zu berechnende Kapitalwert nicht überschritten werden.

(2) Immerwährende Nutzungen oder Leistungen sind mit dem 18,6fachen des Jahreswerts, Nutzungen oder Leistungen von unbestimmter Dauer vorbehaltlich des § 14 mit dem 9,3fachen des Jahreswerts zu bewerten.

§ 14 BewG **Anh 1**

(3) ¹Ist der gemeine Wert der gesamten Nutzungen oder Leistungen nachweislich geringer oder höher, so ist der nachgewiesene gemeine Wert zugrunde zu legen. ²Der Ansatz eines geringeren oder höheren Werts kann jedoch nicht darauf gestützt werden, daß mit einem anderen Zinssatz als 5,5 Prozent oder mit einer anderen als mittelschüssigen Zahlungsweise zu rechnen ist.

§ 14 Lebenslängliche Nutzungen und Leistungen

(1) ¹Der Kapitalwert von lebenslänglichen Nutzungen und Leistungen ist mit dem Vielfachen des Jahreswerts nach Maßgabe der Sätze 2 bis 4 anzusetzen. ²Die Vervielfältiger sind nach der Sterbetafel des Statistischen Bundesamtes zu ermitteln und ab dem 1. Januar des auf die Veröffentlichung der Sterbetafel durch das Statistische Bundesamt folgenden Kalenderjahres anzuwenden. ³Der Kapitalwert ist unter Berücksichtigung von Zwischenzinsen und Zinseszinsen mit einem Zinssatz von 5,5 Prozent als Mittelwert zwischen dem Kapitalwert für jährlich vorschüssige und jährlich nachschüssige Zahlungsweise zu berechnen. ⁴Das Bundesministerium der Finanzen stellt die Vervielfältiger für den Kapitalwert einer lebenslänglichen Nutzung oder Leistung im Jahresbetrag von einem Euro nach Lebensalter und Geschlecht der Berechtigten in einer Tabelle zusammen und veröffentlicht diese zusammen mit dem Datum der Veröffentlichung der Sterbetafel im Bundessteuerblatt.

(2) ¹Hat eine nach Absatz 1 bewertete Nutzung oder Leistung bei einem Alter

1. bis zu 30 Jahren   nicht mehr als 10 Jahre,
2. von mehr als 30 Jahren bis zu 50 Jahren   nicht mehr als 9 Jahre,
3. von mehr als 50 Jahren bis zu 60 Jahren   nicht mehr als 8 Jahre,
4. von mehr als 60 Jahren bis zu 65 Jahren   nicht mehr als 7 Jahre,
5. von mehr als 65 Jahren bis zu 70 Jahren   nicht mehr als 6 Jahre,
6. von mehr als 70 Jahren bis zu 75 Jahren   nicht mehr als 5 Jahre,
7. von mehr als 75 Jahren bis zu 80 Jahren   nicht mehr als 4 Jahre,
8. von mehr als 80 Jahren bis zu 85 Jahren   nicht mehr als 3 Jahre,
9. von mehr als 85 Jahren bis zu 90 Jahren   nicht mehr als 2 Jahre,
10. von mehr als 90 Jahren   nicht mehr als 1 Jahr

bestanden und beruht der Wegfall auf dem Tod des Berechtigten oder Verpflichteten, so ist die Festsetzung der nicht laufend veranlagten Steuern auf Antrag nach der wirklichen Dauer der Nutzung oder Leistung zu berichtigen. ²§ 5 Abs. 2 Satz 2 gilt entsprechend. ³Ist eine Last weggefallen, so bedarf die Berichtigung keines Antrags.

(3) Hängt die Dauer der Nutzung oder Leistung von der Lebenszeit mehrerer Personen ab und erlischt das Recht mit dem Tod des zuletzt Sterbenden, so ist das Lebensalter und das Geschlecht derjenigen Person

maßgebend, für die sich der höchste Vervielfältiger ergibt; erlischt das Recht mit dem Tod des zuerst Sterbenden, so ist das Lebensalter und Geschlecht derjenigen Person maßgebend, für die sich der niedrigste Vervielfältiger ergibt.

(4) ¹Ist der gemeine Wert der gesamten Nutzungen oder Leistungen nachweislich geringer oder höher als der Wert, der sich nach Absatz 1 ergibt, so ist der nachgewiesene gemeine Wert zugrunde zu legen. ²Der Ansatz eines geringeren oder höheren Werts kann jedoch nicht darauf gestützt werden, daß mit einer kürzeren oder längeren Lebensdauer, mit einem anderen Zinssatz als 5,5 Prozent oder mit einer anderen als mittelschüssigen Zahlungsweise zu rechnen ist.

§ 15 Jahreswert von Nutzungen und Leistungen

(1) Der einjährige Betrag der Nutzung einer Geldsumme ist, wenn kein anderer Wert feststeht, zu 5,5 Prozent anzunehmen.

(2) Nutzungen oder Leistungen, die nicht in Geld bestehen (Wohnung, Kost, Waren und sonstige Sachbezüge), sind mit den üblichen Mittelpreisen des Verbrauchsorts anzusetzen.

(3) Bei Nutzungen oder Leistungen, die in ihrem Betrag ungewiß sind oder schwanken, ist als Jahreswert der Betrag zugrunde zu legen, der in Zukunft im Durchschnitt der Jahre voraussichtlich erzielt werden wird.

§ 16 Begrenzung des Jahreswerts von Nutzungen

Bei der Ermittlung des Kapitalwerts der Nutzungen eines Wirtschaftsguts kann der Jahreswert dieser Nutzungen höchstens den Wert betragen, der sich ergibt, wenn der für das genutzte Wirtschaftsgut nach den Vorschriften des Bewertungsgesetzes anzusetzende Wert durch 18,6 geteilt wird.

Zweiter Teil. Besondere Bewertungsvorschriften

§ 17 Geltungsbereich

(1) Die besonderen Bewertungsvorschriften sind nach Maßgabe der jeweiligen Einzelsteuergesetze anzuwenden.

(2) Die §§ 18 bis 94, 122 und 125 bis 132 gelten für die Grundsteuer und die §§ 121 a und 133 zusätzlich für die Gewerbesteuer.

(3) ¹Soweit sich nicht aus den §§ 19 bis 150 etwas anderes ergibt, finden neben diesen auch die Vorschriften des Ersten Teils des Gesetzes (§§ 1 bis 16) Anwendung. ²§ 16 findet auf die Grunderwerbsteuer keine Anwendung.

§§ 18, 29 BewG **Anh 1**

§ 18 Vermögensarten

Das Vermögen, das nach den Vorschriften des Zweiten Teils dieses Gesetzes zu bewerten ist, umfaßt die folgenden Vermögensarten:
1. Land- und forstwirtschaftliches Vermögen (§§ 33 bis 67, § 31),
2. Grundvermögen (§§ 68 bis 94, § 31),
3. Betriebsvermögen (§§ 95 bis 109, § 31).
4. *(aufgehoben)*

Erster Abschnitt. Einheitsbewertung

A. Allgemeines

§ 29 Auskünfte, Erhebungen und Mitteilungen

(1) ¹Die Eigentümer von Grundbesitz haben der Finanzbehörde auf Anforderung alle Angaben zu machen, die sie für die Sammlung der Kauf-, Miet- und Pachtpreise braucht. ²Bei dieser Erklärung ist zu versichern, daß die Angaben nach bestem Wissen und Gewissen gemacht sind.

(2) ¹Die Finanzbehörden können zur Vorbereitung einer Hauptfeststellung und zur Durchführung von Feststellungen der Einheitswerte des Grundbesitzes örtliche Erhebungen über die Bewertungsgrundlagen anstellen. ²Das Grundrecht der Unverletzlichkeit der Wohnung (Artikel 13 des Grundgesetzes) wird insoweit eingeschränkt.

(3) ¹Die nach Bundes- oder Landesrecht zuständigen Behörden haben den Finanzbehörden die rechtlichen und tatsächlichen Umstände mitzuteilen, die ihnen im Rahmen ihrer Aufgabenerfüllung bekannt geworden sind und die für die Feststellung von Einheitswerten des Grundbesitzes, für die Feststellung von Grundbesitzwerten oder für die Grundsteuer von Bedeutung sein können; mitzuteilen sind auch diejenigen Umstände, die für die Erbschaftsteuer oder die Grunderwerbsteuer von Bedeutung sein können, sofern die Finanzbehörden dies anordnen. ²Den Behörden stehen die Stellen gleich, die für die Sicherung der Zweckbestimmung der Wohnungen zuständig sind, die auf der Grundlage des Zweiten Wohnungsbaugesetzes, des Wohnungsbaugesetzes für das Saarland oder auf der Grundlage des Wohnraumförderungsgesetzes gefördert worden sind.

(4) ¹Die Grundbuchämter teilen den für die Feststellung des Einheitswerts zuständigen Finanzbehörden für die in Absatz 3 bezeichneten Zwecke mit
1. die Eintragung eines neuen Eigentümers oder Erbbauberechtigten sowie bei einem anderen als rechtsgeschäftlichen Erwerb auch die

Anschrift des neuen Eigentümers oder Erbbauberechtigten; dies gilt nicht für die Fälle des Erwerbs nach den Vorschriften des Zuordnungsrechts,
2. die Eintragung der Begründung von Wohnungseigentum oder Teileigentum,
3. die Eintragung der Begründung eines Erbbaurechts, Wohnungserbbaurechts oder Teilerbbaurechts.

²In den Fällen der Nummern 2 und 3 ist gleichzeitig der Tag des Eingangs des Eintragungsantrags beim Grundbuchamt mitzuteilen. ³Bei einer Eintragung aufgrund Erbfolge ist das Jahr anzugeben, in dem der Erblasser verstorben ist. ⁴Die Mitteilungen können der Finanzbehörde über die für die Führung des Liegenschaftskatasters zuständige Behörde oder über eine sonstige Behörde, die das amtliche Verzeichnis der Grundstücke (§ 2 Abs. 2 der Grundbuchordnung) führt, zugeleitet werden.

(5) ¹Die mitteilungspflichtige Stelle hat die Betroffenen vom Inhalt der Mitteilung zu unterrichten. ²Eine Unterrichtung kann unterbleiben, soweit den Finanzbehörden Umstände aus dem Grundbuch, den Grundakten oder aus dem Liegenschaftskataster mitgeteilt werden.

§ 31 Bewertung von ausländischem Sachvermögen

(1) ¹Für die Bewertung des ausländischen land- und forstwirtschaftlichen Vermögens, Grundvermögens und Betriebsvermögens gelten die Vorschriften des Ersten Teils dieses Gesetzes, insbesondere § 9 (gemeiner Wert). ²Nach diesen Vorschriften sind auch die ausländischen Teile einer wirtschaftlichen Einheit zu bewerten, die sich sowohl auf das Inland als auch auf das Ausland erstreckt.

(2) ¹Bei der Bewertung von ausländischem Grundbesitz sind Bestandteile und Zubehör zu berücksichtigen. ²Zahlungsmittel, Geldforderungen, Wertpapiere und Geldschulden sind nicht einzubeziehen.

D. Betriebsvermögen

§ 95 Begriff des Betriebsvermögens

(1) Das Betriebsvermögen umfasst alle Teile eines Gewerbebetriebs im Sinne des § 15 Abs. 1 und 2 des Einkommensteuergesetzes, die bei der steuerlichen Gewinnermittlung zum Betriebsvermögen gehören.

(2) Als Gewerbebetrieb gilt unbeschadet des § 97 nicht die Land- und Forstwirtschaft, wenn sie den Hauptzweck des Unternehmens bildet.

(3) *(aufgehoben)*

§§ 96, 97 BewG **Anh 1**

§ 96 Freie Berufe

Dem Gewerbebetrieb steht die Ausübung eines freien Berufs im Sinne des § 18 Abs. 1 Nr. 1 des Einkommensteuergesetzes gleich; dies gilt auch für die Tätigkeit als Einnehmer einer staatlichen Lotterie, soweit die Tätigkeit nicht schon im Rahmen eines Gewerbebetriebs ausgeübt wird.

§ 97 Betriebsvermögen von Körperschaften, Personenvereinigungen und Vermögensmassen

(1) ¹Einen Gewerbebetrieb bilden insbesondere alle Wirtschaftsgüter, die den folgenden Körperschaften, Personenvereinigungen und Vermögensmassen gehören, wenn diese ihre Geschäftsleitung oder ihren Sitz im Inland haben:
1. Kapitalgesellschaften (Aktiengesellschaften, Kommanditgesellschaften auf Aktien, Gesellschaften mit beschränkter Haftung, Europäische Gesellschaften);
2. Erwerbs- und Wirtschaftsgenossenschaften;
3. Versicherungsvereinen auf Gegenseitigkeit;
4. Kreditanstalten des öffentlichen Rechts;
5. Gesellschaften im Sinne des § 15 Abs. 1 Nr. 2 und Abs. 3 oder § 18 Abs. 4 Satz 2 des Einkommensteuergesetzes. ²Zum Gewerbebetrieb einer solchen Gesellschaft gehören auch die Wirtschaftsgüter, die im Eigentum eines Gesellschafters, mehrerer oder aller Gesellschafter stehen, und Schulden eines Gesellschafters, mehrerer oder aller Gesellschafter, soweit die Wirtschaftsgüter und Schulden bei der steuerlichen Gewinnermittlung zum Betriebsvermögen der Gesellschaft gehören (§ 95); diese Zurechnung geht anderen Zurechnungen vor.

²§ 34 Abs. 6a und § 51a bleiben unberührt.

(1a) Der gemeine Wert eines Anteils am Betriebsvermögen einer in § 97 Abs. 1 Satz 1 Nr. 5 genannten Personengesellschaft ist wie folgt zu ermitteln und aufzuteilen:
1. Der nach § 109 Abs. 2 ermittelte gemeine Wert des der Personengesellschaft gehörenden Betriebsvermögens (Gesamthandsvermögen) ist wie folgt aufzuteilen:
   a) die Kapitalkonten aus der Gesamthandsbilanz sind dem jeweiligen Gesellschafter vorweg zuzurechnen;
   b) der verbleibende Wert ist nach dem für die Gesellschaft maßgebenden Gewinnverteilungsschlüssel auf die Gesellschafter aufzuteilen; Vorabgewinnanteile sind nicht zu berücksichtigen.

2. ¹Für die Wirtschaftsgüter und Schulden des Sonderbetriebsvermögens eines Gesellschafters ist der gemeine Wert zu ermitteln. ²Er ist dem jeweiligen Gesellschafter zuzurechnen.
3. Der Wert des Anteils eines Gesellschafters ergibt sich als Summe aus dem Anteil am Gesamthandsvermögen nach Nummer 1 und dem Wert des Sonderbetriebsvermögens nach Nummer 2.

(1 b) ¹Der gemeine Wert eines Anteils an einer in § 97 Abs. 1 Satz 1 Nr. 1 genannten Kapitalgesellschaft bestimmt sich nach dem Verhältnis des Anteils am Nennkapital (Grund- oder Stammkapital) der Gesellschaft zum gemeinen Wert des Betriebsvermögens der Kapitalgesellschaft im Bewertungsstichtag. ²Dies gilt auch, wenn das Nennkapital noch nicht vollständig eingezahlt ist. ³Richtet sich die Beteiligung am Vermögen und am Gewinn der Gesellschaft aufgrund einer ausdrücklichen Vereinbarung der Gesellschafter nach der jeweiligen Höhe des eingezahlten Nennkapitals, bezieht sich der gemeine Wert nur auf das tatsächlich eingezahlte Nennkapital.

(2) Einen Gewerbebetrieb bilden auch die Wirtschaftsgüter, die den sonstigen juristischen Personen des privaten Rechts, den nichtrechtsfähigen Vereinen, Anstalten, Stiftungen und anderen Zweckvermögen gehören, soweit sie einem wirtschaftlichen Geschäftsbetrieb (ausgenommen Land- und Forstwirtschaft) dienen.

(3) *(aufgehoben)*

§§ 98, 98 a *(aufgehoben)*

§ 99 Betriebsgrundstücke

(1) Betriebsgrundstück im Sinne dieses Gesetzes ist der zu einem Gewerbebetrieb gehörige Grundbesitz, soweit er, losgelöst von seiner Zugehörigkeit zu dem Gewerbebetrieb,
1. zum Grundvermögen gehören würde oder
2. einen Betrieb der Land- und Forstwirtschaft bilden würde.

(2) *(aufgehoben)*

(3) Betriebsgrundstücke im Sinne des Absatzes 1 Nr. 1 sind wie Grundvermögen, Betriebsgrundstücke im Sinne des Absatzes 1 Nr. 2 wie land- und forstwirtschaftliches Vermögen zu bewerten.

§§ 100 bis 102 *(aufgehoben)*

§ 103 Schulden und sonstige Abzüge

(1) Schulden und sonstige Abzüge, die nach § 95 Abs. 1 zum Betriebsvermögen gehören, werden vorbehaltlich des Absatzes 3 berück-

sichtigt, soweit sie mit der Gesamtheit oder einzelnen Teilen des Betriebsvermögens im Sinne dieses Gesetzes in wirtschaftlichem Zusammenhang stehen.

(2) Weist ein Gesellschafter in der Steuerbilanz Gewinnansprüche gegen eine von ihm beherrschte Gesellschaft aus, ist bei dieser ein Schuldposten in entsprechender Höhe abzuziehen.

(3) Rücklagen sind nur insoweit abzugsfähig, als ihr Abzug bei der Bewertung des Betriebsvermögens für Zwecke der Erbschaftsteuer durch Gesetz ausdrücklich zugelassen ist.

§§ 103 a bis 107 *(aufgehoben)*

§ 108 *(weggefallen)*

§ 109 Bewertung

(1) ¹Das Betriebsvermögen von Gewerbebetrieben im Sinne des § 95 und das Betriebsvermögen von freiberuflich Tätigen im Sinne des § 96 ist jeweils mit dem gemeinen Wert anzusetzen. ²Für die Ermittlung des gemeinen Werts gilt § 11 Abs. 2 entsprechend.

(2) ¹Der Wert eines Anteils am Betriebsvermögen einer in § 97 genannten Körperschaft, Personenvereinigung oder Vermögensmasse ist mit dem gemeinen Wert anzusetzen. ²Für die Ermittlung des gemeinen Werts gilt § 11 Abs. 2 entsprechend.

(3), (4) *(aufgehoben)*

Zweiter Abschnitt. Sondervorschriften und Ermächtigungen

§ 121 Inlandsvermögen

Zum Inlandsvermögen gehören:
1. das inländische land- und forstwirtschaftliche Vermögen;
2. das inländische Grundvermögen;
3. das inländische Betriebsvermögen. ²Als solches gilt das Vermögen, das einem im Inland betriebenen Gewerbe dient, wenn hierfür im Inland eine Betriebsstätte unterhalten wird oder ein ständiger Vertreter bestellt ist;
4. Anteile an einer Kapitalgesellschaft, wenn die Gesellschaft Sitz oder Geschäftsleitung im Inland hat und der Gesellschafter entweder allein oder zusammen mit anderen ihm nahestehenden Personen im Sinne des § 1 Abs. 2 des Außensteuergesetzes in der jeweils geltenden Fassung am Grund- oder Stammkapital der Gesellschaft mindestens zu einem Zehntel unmittelbar oder mittelbar beteiligt ist;

5. nicht unter Nummer 3 fallende Erfindungen, Gebrauchsmuster und Topographien, die in ein inländisches Buch oder Register eingetragen sind;
6. Wirtschaftsgüter, die nicht unter die Nummern 1, 2 und 5 fallen und einem inländischen Gewerbebetrieb überlassen, insbesondere an diesen vermietet oder verpachtet sind;
7. Hypotheken, Grundschulden, Rentenschulden und andere Forderungen oder Rechte, wenn sie durch inländischen Grundbesitz, durch inländische grundstücksgleiche Rechte oder durch Schiffe, die in ein inländisches Schiffsregister eingetragen sind, unmittelbar oder mittelbar gesichert sind. ²Ausgenommen sind Anleihen und Forderungen, über die Teilschuldverschreibungen ausgegeben sind;
8. Forderungen aus der Beteiligung an einem Handelsgewerbe als stiller Gesellschafter und aus partiarischen Darlehen, wenn der Schuldner Wohnsitz oder gewöhnlichen Aufenthalt, Sitz oder Geschäftsleitung im Inland hat;
9. Nutzungsrechte an einem der in den Nummern 1 bis 8 genannten Vermögensgegenstände.

Fünfter Abschnitt. Gesonderte Feststellungen

§ 151 Gesonderte Feststellungen

(1) ¹Gesondert festzustellen (§ 179 der Abgabenordnung) sind
1. Grundbesitzwerte (§§ 138, 157),
2. der Wert des Betriebsvermögens oder des Anteils am Betriebsvermögen (§§ 95, 96, 97),
3. der Wert von Anteilen an Kapitalgesellschaften im Sinne des § 11 Abs. 2,
4. der Anteil am Wert von anderen als in den Nummern 1 bis 3 genannten Vermögensgegenständen und von Schulden, die mehreren Personen zustehen,

wenn die Werte für die Erbschaftsteuer oder eine andere Feststellung im Sinne dieser Vorschrift von Bedeutung sind. ²Die Entscheidung über eine Bedeutung für die Besteuerung trifft das für die Festsetzung der Erbschaftsteuer oder die Feststellung nach Satz 1 Nr. 2 bis 4 zuständige Finanzamt.

(2) In dem Feststellungsbescheid für Grundbesitzwerte sind auch Feststellungen zu treffen
1. über die Art der wirtschaftlichen Einheit,
2. über die Zurechnung der wirtschaftlichen Einheit und bei mehreren Beteiligten über die Höhe des Anteils, der für die Besteuerung oder

§ 152 BewG

eine andere Feststellung von Bedeutung ist; beim Erwerb durch eine Erbengemeinschaft erfolgt die Zurechnung in Vertretung der Miterben auf die Erbengemeinschaft. ²Entsprechendes gilt für die Feststellungen nach Absatz 1 Satz 1 Nr. 2 bis 4.

(3) ¹Gesondert festgestellte Werte im Sinne des Absatzes 1 Satz 1 Nummer 1 bis 4 sind einer innerhalb einer Jahresfrist folgenden Feststellung für dieselbe wirtschaftliche Einheit unverändert zu Grunde zu legen, wenn sich die für die erste Bewertung maßgeblichen Stichtagsverhältnisse nicht wesentlich geändert haben. ²Der Erklärungspflichtige kann eine von diesem Wert abweichende Feststellung nach den Verhältnissen am Bewertungsstichtag durch Abgabe einer Feststellungserklärung beantragen.

(4) Ausländisches Vermögen unterliegt nicht der gesonderten Feststellung.

(5) ¹Grundbesitzwerte (Absatz 1 Satz 1 Nr. 1) sind auch festzustellen, wenn sie für die Grunderwerbsteuer von Bedeutung sind. ²Absatz 1 Satz 2 gilt entsprechend. ³Absatz 2 ist nicht anzuwenden.

§ 152 Örtliche Zuständigkeit

Für die gesonderten Feststellungen ist örtlich zuständig:
1. in den Fällen des § 151 Abs. 1 Satz 1 Nr. 1 das Finanzamt, in dessen Bezirk das Grundstück, das Betriebsgrundstück oder der Betrieb der Land- und Forstwirtschaft oder, wenn sich das Grundstück, das Betriebsgrundstück oder der Betrieb der Land- und Forstwirtschaft auf die Bezirke mehrerer Finanzämter erstreckt, der wertvollste Teil liegt;
2. in den Fällen des § 151 Abs. 1 Satz 1 Nr. 2 das Finanzamt, in dessen Bezirk sich die Geschäftsleitung des Gewerbebetriebs, bei Gewerbebetrieben ohne Geschäftsleitung im Inland das Finanzamt, in dessen Bezirk eine Betriebsstätte – bei mehreren Betriebsstätten die wirtschaftlich bedeutendste – unterhalten wird, und bei freiberuflicher Tätigkeit das Finanzamt, von dessen Bezirk aus die Berufstätigkeit vorwiegend ausgeübt wird;
3. in den Fällen des § 151 Abs. 1 Satz 1 Nr. 3 das Finanzamt, in dessen Bezirk sich die Geschäftsleitung der Kapitalgesellschaft befindet, bei Kapitalgesellschaften ohne Geschäftsleitung im Inland oder, wenn sich der Ort der Geschäftsleitung nicht feststellen lässt, das Finanzamt, in dessen Bezirk die Kapitalgesellschaft ihren Sitz hat;
4. in den Fällen des § 151 Abs. 1 Satz 1 Nr. 4 das Finanzamt, von dessen Bezirk die Verwaltung des Vermögens ausgeht, oder, wenn diese im Inland nicht feststellbar ist, das Finanzamt, in dessen Bezirk sich der wertvollste Teil des Vermögens befindet.

Anh 1 §§ 153, 154 BewG

§ 153 Erklärungspflicht, Verfahrensvorschriften für die gesonderte Feststellung, Feststellungsfrist

(1) ¹Das Finanzamt kann von jedem, für dessen Besteuerung eine gesonderte Feststellung von Bedeutung ist, die Abgabe einer Feststellungserklärung verlangen. ²Die Frist zur Abgabe der Feststellungserklärung muss mindestens einen Monat betragen.

(2) ¹Ist der Gegenstand der Feststellung mehreren Personen zuzurechnen oder ist eine Personengesellschaft oder Kapitalgesellschaft dessen Eigentümer, kann das Finanzamt auch von der Gemeinschaft oder Gesellschaft die Abgabe einer Feststellungserklärung verlangen. ²Dies gilt auch, wenn Gegenstand der Feststellung ein Anteil am Betriebsvermögen ist. ³Das Finanzamt kann in Erbbaurechtsfällen die Abgabe einer Feststellungserklärung vom Erbbauberechtigten und vom Erbbauverpflichteten verlangen. ⁴Absatz 4 Satz 2 ist nicht anzuwenden.

(3) In den Fällen des § 151 Abs. 1 Satz 1 Nr. 3 kann das Finanzamt nur von der Kapitalgesellschaft die Abgabe einer Feststellungserklärung verlangen.

(4) ¹Der Erklärungspflichtige hat die Erklärung eigenhändig zu unterschreiben. ²Hat ein Erklärungspflichtiger eine Erklärung zur gesonderten Feststellung abgegeben, sind andere Beteiligte insoweit von der Erklärungspflicht befreit.

(5) § 181 Abs. 1 und 5 der Abgabenordnung ist entsprechend anzuwenden.

§ 154 Beteiligte am Feststellungsverfahren

(1) Am Feststellungsverfahren sind beteiligt

1. diejenigen, denen der Gegenstand der Feststellung zuzurechnen ist,
2. diejenigen, die das Finanzamt zur Abgabe einer Feststellungserklärung aufgefordert hat,
3. diejenigen, die eine Steuer schulden, für deren Festsetzung die Feststellung von Bedeutung ist. ²Wird eine Steuer für eine Schenkung unter Lebenden im Sinne des § 7 des Erbschaftsteuer- und Schenkungsteuergesetzes geschuldet, ist der Erwerber Beteiligter, es sei denn, der Schenker hat die Steuer selbst übernommen (§ 10 Absatz 2 des Erbschaftsteuer- und Schenkungsteuergesetzes) oder soll als Schuldner der Steuer in Anspruch genommen werden. ³Der Schenker ist Beteiligter am Feststellungsverfahren, wenn er die Steuer übernommen hat oder als Schuldner für die Steuer in Anspruch genommen werden soll.

(2) In den Fällen des § 151 Abs. 1 Satz 1 Nr. 3 ist der Feststellungsbescheid auch der Kapitalgesellschaft bekannt zu geben.

§§ 155–157 BewG   **Anh 1**

(3) ¹Soweit der Gegenstand der Feststellung einer Erbengemeinschaft in Vertretung der Miterben zuzurechnen ist, ist § 183 der Abgabenordnung entsprechend anzuwenden. ²Bei der Bekanntgabe des Feststellungsbescheids ist darauf hinzuweisen, dass die Bekanntgabe mit Wirkung für und gegen alle Miterben erfolgt.

§ 155 Rechtsbehelfsbefugnis

¹Zur Einlegung von Rechtsbehelfen gegen den Feststellungsbescheid sind die Beteiligten im Sinne des § 154 Abs. 1 sowie diejenigen befugt, für deren Besteuerung nach dem Grunderwerbsteuergesetz der Feststellungsbescheid von Bedeutung ist. ²Soweit der Gegenstand der Feststellung einer Erbengemeinschaft in Vertretung der Miterben zuzurechnen ist, sind § 352 der Abgabenordnung und § 48 der Finanzgerichtsordnung entsprechend anzuwenden.

§ 156 Außenprüfung

Eine Außenprüfung zur Ermittlung der Besteuerungsgrundlagen ist bei jedem Beteiligten (§ 154 Abs. 1) zulässig.

Sechster Abschnitt. Vorschriften für die Bewertung von Grundbesitz, von nicht notierten Anteilen an Kapitalgesellschaften und von Betriebsvermögen für die Erbschaftsteuer ab 1. Januar 2009

A. Allgemeines

§ 157 Feststellung von Grundbesitzwerten, von Anteilswerten und von Betriebsvermögenswerten

(1) ¹Grundbesitzwerte werden unter Berücksichtigung der tatsächlichen Verhältnisse und der Wertverhältnisse zum Bewertungsstichtag festgestellt. ²§ 29 Abs. 2 und 3 gilt sinngemäß.

(2) Für die wirtschaftlichen Einheiten des land- und forstwirtschaftlichen Vermögens und für Betriebsgrundstücke im Sinne des § 99 Abs. 1 Nr. 2 sind die Grundbesitzwerte unter Anwendung der §§ 158 bis 175 zu ermitteln.

(3) ¹Für die wirtschaftlichen Einheiten des Grundvermögens und für Betriebsgrundstücke im Sinne des § 99 Abs. 1 Nr. 1 sind die Grundbesitzwerte unter Anwendung der §§ 159 und 176 bis 198 zu ermitteln. ²§ 70 gilt mit der Maßgabe, dass der Anteil des Eigentümers eines Grundstücks an anderem Grundvermögen (zum Beispiel an gemein-

schaftlichen Hofflächen oder Garagen) abweichend von Absatz 2 Satz 1 dieser Vorschrift in das Grundstück einzubeziehen ist, wenn der Anteil zusammen mit dem Grundstück genutzt wird. ³§ 20 Satz 2 ist entsprechend anzuwenden.

(4) ¹Der Wert von Anteilen an Kapitalgesellschaften im Sinne des § 11 Abs. 2 Satz 2 (Anteilswert) wird unter Berücksichtigung der tatsächlichen Verhältnisse und der Wertverhältnisse zum Bewertungsstichtag festgestellt. ²Der Anteilswert ist unter Anwendung des § 11 Abs. 2 zu ermitteln.

(5) ¹Der Wert von Betriebsvermögen oder des Anteils am Betriebsvermögen im Sinne der §§ 95, 96 und 97 (Betriebsvermögenswert) wird unter Berücksichtigung der tatsächlichen Verhältnisse und der Wertverhältnisse zum Bewertungsstichtag festgestellt. ²Der Betriebsvermögenswert ist unter Anwendung des § 109 Abs. 1 und 2 in Verbindung mit § 11 Abs. 2 zu ermitteln.

B. Land- und forstwirtschaftliches Vermögen

I. Allgemeines

§ 158 Begriff des land- und forstwirtschaftlichen Vermögens

(1) ¹Land- und Forstwirtschaft ist die planmäßige Nutzung der natürlichen Kräfte des Bodens zur Erzeugung von Pflanzen und Tieren sowie die Verwertung der dadurch selbst gewonnenen Erzeugnisse. ²Zum land- und forstwirtschaftlichen Vermögen gehören alle Wirtschaftgüter, die einem Betrieb der Land- und Forstwirtschaft zu diesem Zweck auf Dauer zu dienen bestimmt sind.

(2) ¹Die wirtschaftliche Einheit des land- und forstwirtschaftlichen Vermögens ist der Betrieb der Land- und Forstwirtschaft. ²Wird ein Betrieb der Land- und Forstwirtschaft in Form einer Personengesellschaft oder Gemeinschaft geführt, sind in die wirtschaftliche Einheit auch die Wirtschaftsgüter einzubeziehen, die einem oder mehreren Beteiligten gehören, wenn sie dem Betrieb der Land- und Forstwirtschaft auf Dauer zu dienen bestimmt sind.

(3) ¹Zu den Wirtschaftsgütern, die der wirtschaftlichen Einheit Betrieb der Land- und Forstwirtschaft zu dienen bestimmt sind, gehören insbesondere

1. der Grund und Boden,
2. die Wirtschaftsgebäude,
3. die stehenden Betriebsmittel,

§ 159 BewG

4. der normale Bestand an umlaufenden Betriebsmitteln,
5. die immateriellen Wirtschaftsgüter,
6. die Wohngebäude und der dazu gehörende Grund und Boden.

²Als normaler Bestand an umlaufenden Betriebsmitteln gilt ein solcher, der zur gesicherten Fortführung des Betriebs erforderlich ist.

(4) Zum land- und forstwirtschaftlichen Vermögen gehören nicht

1. Grund und Boden sowie Gebäude und Gebäudeteile, die nicht land- und forstwirtschaftlichen Zwecken dienen,
2. Kleingartenland und Dauerkleingartenland,
3. Geschäftsguthaben, Wertpapiere und Beteiligungen,
4. über den normalen Bestand hinausgehende Bestände an umlaufenden Betriebsmitteln,
5. Tierbestände oder Zweige des Tierbestands und die hiermit zusammenhängenden Wirtschaftsgüter (zum Beispiel Gebäude und abgrenzbare Gebäudeteile mit den dazugehörenden Flächen, Betriebsmittel), wenn die Tiere weder zur landwirtschaftlichen Nutzung noch nach § 175 zu den übrigen land- und forstwirtschaftlichen Nutzungen gehören. ²Die Zugehörigkeit der landwirtschaftlich genutzten Flächen zum land- und forstwirtschaftlichen Vermögen wird hierdurch nicht berührt,
6. Geldforderungen und Zahlungsmittel,
7. Pensionsverpflichtungen.

(5) Verbindlichkeiten gehören zum land- und forstwirtschaftlichen Vermögen, soweit sie nicht im unmittelbaren wirtschaftlichen Zusammenhang mit den in Absatz 4 genannten Wirtschaftsgütern stehen.

§ 159 Abgrenzung land- und forstwirtschaftlich genutzter Flächen zum Grundvermögen

(1) Land- und forstwirtschaftlich genutzte Flächen sind dem Grundvermögen zuzurechnen, wenn nach ihrer Lage, den am Bewertungsstichtag bestehenden Verwertungsmöglichkeiten oder den sonstigen Umständen anzunehmen ist, dass sie in absehbarer Zeit anderen als land- und forstwirtschaftlichen Zwecken, insbesondere als Bauland, Industrieland oder Land für Verkehrszwecke, dienen werden.

(2) Bildet ein Betrieb der Land- und Forstwirtschaft die Existenzgrundlage des Betriebsinhabers, so sind dem Betriebsinhaber gehörende Flächen, die von einer Stelle aus ordnungsgemäß nachhaltig bewirtschaftet werden, dem Grundvermögen nur dann zuzurechnen, wenn mit großer Wahrscheinlichkeit anzunehmen ist, dass sie spätestens nach zwei Jahren anderen als land- und forstwirtschaftlichen Zwecken dienen werden.

(3) ¹Flächen sind stets dem Grundvermögen zuzurechnen, wenn sie in einem Bebauungsplan als Bauland festgesetzt sind, ihre sofortige Bebauung möglich ist und die Bebauung innerhalb des Plangebiets in benachbarten Bereichen begonnen hat oder schon durchgeführt ist. ²Satz 1 gilt nicht für die Hofstelle und für andere Flächen in unmittelbarem räumlichen Zusammenhang mit der Hofstelle bis zu einer Größe von insgesamt 1 Hektar.

§ 160 Betrieb der Land- und Forstwirtschaft

(1) Ein Betrieb der Land- und Forstwirtschaft umfasst
1. den Wirtschaftsteil,
2. die Betriebswohnungen und
3. den Wohnteil.

(2) ¹Der Wirtschaftsteil eines Betriebs der Land- und Forstwirtschaft umfasst
1. die land- und forstwirtschaftlichen Nutzungen:
   a) die landwirtschaftliche Nutzung,
   b) die forstwirtschaftliche Nutzung,
   c) die weinbauliche Nutzung,
   d) die gärtnerische Nutzung,
   e) die übrigen land- und forstwirtschaftlichen Nutzungen,
2. die Nebenbetriebe,
3. die folgenden nicht zu einer Nutzung nach den Nummern 1 und 2 gehörenden Wirtschaftsgüter:
   a) Abbauland,
   b) Geringstland,
   c) Unland.

²Der Anbau von Hopfen, Tabak und Spargel gehört nur zu den Sondernutzungen, wenn keine landwirtschaftliche Nutzung im Sinne des Satzes 1 Nr. 1 Buchstabe a vorliegt.

(3) Nebenbetriebe sind Betriebe, die dem Hauptbetrieb zu dienen bestimmt sind und nicht einen selbständigen gewerblichen Betrieb darstellen.

(4) Zum Abbauland gehören die Betriebsflächen, die durch Abbau der Bodensubstanz überwiegend für den Betrieb der Land- und Forstwirtschaft nutzbar gemacht werden (Sand-, Kies-, Lehmgruben, Steinbrüche, Torfstiche und dergleichen).

(5) Zum Geringstland gehören die Betriebsflächen geringster Ertragsfähigkeit, für die nach dem Bodenschätzungsgesetz vom 20. Dezember 2007 (BGBl. I S. 3150, 3176) keine Wertzahlen festzustellen sind.

§§ 161, 162 BewG

(6) Zum Unland gehören die Betriebsflächen, die auch bei geordneter Wirtschaftsweise keinen Ertrag abwerfen können.

(7) ¹Einen Betrieb der Land- und Forstwirtschaft bilden auch Stückländereien, die als gesonderte wirtschaftliche Einheit zu bewerten sind. ²Stückländereien sind einzelne land- und forstwirtschaftlich genutzte Flächen, bei denen die Wirtschaftsgebäude oder die Betriebsmittel oder beide Arten von Wirtschaftsgütern nicht dem Eigentümer des Grund und Bodens gehören, sondern am Bewertungsstichtag für mindestens 15 Jahre einem anderen Betrieb der Land- und Forstwirtschaft zu dienen bestimmt sind.

(8) Betriebswohnungen sind Wohnungen, die einem Betrieb der Land- und Forstwirtschaft zu dienen bestimmt, aber nicht dem Wohnteil zuzurechnen sind.

(9) Der Wohnteil eines Betriebs der Land- und Forstwirtschaft umfasst die Gebäude und Gebäudeteile, die dem Inhaber des Betriebs, den zu seinem Haushalt gehörenden Familienangehörigen und den Altenteilern zu Wohnzwecken dienen.

§ 161 Bewertungsstichtag

(1) Für die Größe des Betriebs, für den Umfang und den Zustand der Gebäude sowie für die stehenden Betriebsmittel sind die Verhältnisse am Bewertungsstichtag maßgebend.

(2) Für die umlaufenden Betriebsmittel ist der Stand am Ende des Wirtschaftsjahres maßgebend, das dem Bewertungsstichtag vorangegangen ist.

§ 162 Bewertung des Wirtschaftsteils

(1) ¹Bei der Bewertung des Wirtschaftsteils ist der gemeine Wert zu Grunde zu legen. ²Dabei ist davon auszugehen, dass der Erwerber den Betrieb der Land- und Forstwirtschaft fortführt. ³Bei der Ermittlung des gemeinen Werts für den Wirtschaftsteil sind die land- und forstwirtschaftlichen Nutzungen, die Nebenbetriebe, das Abbau-, Geringst- und Unland jeweils gesondert mit ihrem Wirtschaftswert (§ 163) zu bewerten. ⁴Dabei darf ein Mindestwert nicht unterschritten werden (§ 164).

(2) Der Wert des Wirtschaftsteils für einen Betrieb der Land- und Forstwirtschaft im Sinne des § 160 Abs. 7 wird nach § 164 ermittelt.

(3) ¹Wird ein Betrieb der Land- und Forstwirtschaft oder ein Anteil im Sinne des § 158 Abs. 2 Satz 2 innerhalb eines Zeitraums von 15 Jahren nach dem Bewertungsstichtag veräußert, erfolgt die Bewertung der wirtschaftlichen Einheit abweichend von den §§ 163

und 164 mit dem Liquidationswert nach § 166. ²Dies gilt nicht, wenn der Veräußerungserlös innerhalb von sechs Monaten ausschließlich zum Erwerb eines anderen Betriebs der Land- und Forstwirtschaft oder eines Anteils im Sinne des § 158 Abs. 2 Satz 2 verwendet wird.

(4) ¹Sind wesentliche Wirtschaftsgüter (§ 158 Abs. 3 Satz 1 Nr. 1 bis 3 und 5) dem Betrieb der Land- und Forstwirtschaft innerhalb eines Zeitraumes von 15 Jahren nicht mehr auf Dauer zu dienen bestimmt, erfolgt die Bewertung der Wirtschaftsgüter abweichend von den §§ 163 und 164 mit dem jeweiligen Liquidationswert nach § 166. ²Dies gilt nicht, wenn der Veräußerungserlös innerhalb von sechs Monaten ausschließlich im betrieblichen Interesse verwendet wird.

§ 163 Ermittlung der Wirtschaftswerte

(1) ¹Bei der Ermittlung der jeweiligen Wirtschaftswerte ist von der nachhaltigen Ertragsfähigkeit land- und forstwirtschaftlicher Betriebe auszugehen. ²Ertragsfähigkeit ist der bei ordnungsmäßiger Bewirtschaftung gemeinhin und nachhaltig erzielbare Reingewinn. ³Dabei sind alle Umstände zu berücksichtigen, die bei einer Selbstbewirtschaftung den Wirtschaftserfolg beeinflussen.

(2) ¹Der Reingewinn umfasst das ordentliche Ergebnis abzüglich eines angemessenen Lohnansatzes für die Arbeitsleistung des Betriebsinhabers und der nicht entlohnten Arbeitskräfte. ²Die im unmittelbaren wirtschaftlichen Zusammenhang mit einem Betrieb der Land- und Forstwirtschaft stehenden Verbindlichkeiten sind durch den Ansatz der Zinsaufwendungen abgegolten. ³Zur Berücksichtigung der nachhaltigen Ertragsfähigkeit ist der Durchschnitt der letzten fünf abgelaufenen Wirtschaftsjahre vor dem Bewertungsstichtag zu Grunde zu legen.

(3) ¹Der Reingewinn für die landwirtschaftliche Nutzung bestimmt sich nach der Region, der maßgeblichen Nutzungsart (Betriebsform) und der Betriebsgröße nach der Europäischen Größeneinheit (EGE). ²Zur Ermittlung der maßgeblichen Betriebsform ist das Klassifizierungssystem nach der Entscheidung 85/377/EWG der Kommission vom 7. Juni 1985 zur Errichtung eines gemeinschaftlichen Klassifizierungssystems der landwirtschaftlichen Betriebe (ABl. EG Nr. L 220 S. 1), zuletzt geändert durch Entscheidung der Kommission vom 16. Mai 2003 (ABl. EU Nr. L 127 S. 48), in der jeweils geltenden Fassung heranzuziehen. ³Hierzu sind die Standarddeckungsbeiträge der selbst bewirtschafteten Flächen und der Tiereinheiten der landwirtschaftlichen Nutzung zu ermitteln und daraus die Betriebsform zu bestimmen. ⁴Die Summe der Standarddeckungs-

§ 163 BewG **Anh 1**

beiträge ist durch 1200 Euro zu dividieren, so dass sich die Betriebsgröße in EGE ergibt, die einer der folgenden Betriebsgrößenklassen zuzuordnen ist:
1. Kleinbetriebe von   0 bis unter 40 EGE,
2. Mittelbetriebe von   40 bis 100 EGE,
3. Großbetriebe über   100 EGE.

⁵Das Bundesministerium der Finanzen veröffentlicht die maßgeblichen Standarddeckungsbeiträge im Bundessteuerblatt. ⁶Der entsprechende Reingewinn ergibt sich aus der Spalte 4 der Anlage 14 in Euro pro Hektar landwirtschaftlich genutzter Fläche (EUR/ha LF).

(4) ¹Der Reingewinn für die forstwirtschaftliche Nutzung bestimmt sich nach den Flächen der jeweiligen Nutzungsart (Baumartengruppe) und den Ertragsklassen. ²Die jeweilige Nutzungsart umfasst:

1. Die Baumartengruppe Buche, zu der auch sonstiges Laubholz einschließlich der Roteiche gehört,
2. die Baumartengruppe Eiche, zu der auch alle übrigen Eichenarten gehören,
3. die Baumartengruppe Fichte, zu der auch alle übrigen Nadelholzarten mit Ausnahme der Kiefer und der Lärche gehören,
4. die Baumartengruppe Kiefer und Lärchen mit Ausnahme der Weymouthskiefer,
5. die übrige Fläche der forstwirtschaftlichen Nutzung,

³Die Ertragsklassen bestimmen sich für
1. die Baumartengruppe Buche nach der von Schober für mäßige Durchforstung veröffentlichten Ertragstafel,
2. die Baumartengruppe Eiche nach der von Jüttner für mäßige Durchforstung veröffentlichten Ertragstafel,
3. die Baumartengruppe Fichte nach der von Wiedemann für mäßige Durchforstung veröffentlichten Ertragstafel,
4. die Baumartengruppe Kiefer nach der von Wiedemann für mäßige Durchforstung veröffentlichten Ertragstafel.

⁴Der nach Satz 2 und 3 maßgebliche Reingewinn ergibt sich aus der Spalte 4 der Anlage 15 in Euro pro Hektar (EUR/ha).

(5) ¹Der Reingewinn für die weinbauliche Nutzung bestimmt sich nach den Flächen der jeweiligen Nutzungsart (Verwertungsform). ²Er ergibt sich aus der Spalte 3 der Anlage 16.

(6) ¹Der Reingewinn für die gärtnerische Nutzung bestimmt sich nach dem maßgeblichen Nutzungsteil, der Nutzungsart und den Flächen. ²Er ergibt sich aus der Spalte 4 der Anlage 17.

(7) Der Reingewinn für die Sondernutzungen Hopfen, Spargel, Tabak ergibt sich aus der Spalte 3 der Anlage 18.

(8) ¹Der Reingewinn für die sonstigen land- und forstwirtschaftlichen Nutzungen, für Nebenbetriebe sowie für Abbauland ist im Einzelertragswertverfahren zu ermitteln, soweit für die jeweilige Region nicht auf einen durch statistische Erhebungen ermittelten pauschalierten Reingewinn zurückgegriffen werden kann. ²Der Einzelertragswert ermittelt sich aus dem betriebsindividuellen Ergebnis und dem Kapitalisierungszinssatz nach Absatz 11.

(9) Der Reingewinn für das Geringstland wird pauschal mit 5,40 Euro pro Hektar festgelegt.

(10) Der Reingewinn für das Unland beträgt 0 Euro.

(11) ¹Der jeweilige Reingewinn ist zu kapitalisieren. ²Der Kapitalisierungszinssatz beträgt 5,5 Prozent und der Kapitalisierungsfaktor beträgt 18,6.

(12) Der kapitalisierte Reingewinn für die landwirtschaftliche, die forstwirtschaftliche, die weinbauliche, die gärtnerische Nutzung oder für deren Nutzungsteile, die Sondernutzungen und das Geringstland ist mit der jeweiligen Eigentumsfläche des Betriebs zum Bewertungsstichtag zu vervielfältigen, der dieser Nutzung zuzurechnen ist.

(13) ¹Die Hofflächen und die Flächen der Wirtschaftsgebäude sind dabei anteilig in die einzelnen Nutzungen einzubeziehen. ²Wirtschaftswege, Hecken, Gräben, Grenzraine und dergleichen sind in die Nutzung einzubeziehen, zu der sie gehören; dies gilt auch für Wasserflächen soweit sie nicht Unland sind oder zu den übrigen land- und forstwirtschaftlichen Nutzungen gehören.

(14) Das Bundesministerium der Finanzen wird ermächtigt, durch Rechtsverordnung mit Zustimmung des Bundesrates die Anlagen 14 bis 18 zu diesem Gesetz dadurch zu ändern, dass es die darin aufgeführten Reingewinne turnusmäßig an die Ergebnisse der Erhebungen nach § 2 des Landwirtschaftsgesetzes anpasst.

§ 164 Mindestwert

(1) Der Mindestwert des Wirtschaftsteils setzt sich aus dem Wert für den Grund und Boden sowie dem Wert der übrigen Wirtschaftsgüter zusammen und wird nach den Absätzen 2 bis 4 ermittelt.

(2) ¹Der für den Wert des Grund und Bodens im Sinne des § 158 Abs. 3 Satz 1 Nr. 1 zu ermittelnde Pachtpreis pro Hektar (ha) bestimmt sich nach der Nutzung, dem Nutzungsteil und der Nutzungsart des Grund und Bodens. ²Bei der landwirtschaftlichen Nutzung ist dabei die Betriebsgröße in EGE nach § 163 Abs. 3 Satz 4 Nr. 1 bis 3 zu berücksichtigen. ³Der danach maßgebliche Pachtpreis ergibt sich jeweils aus der Spalte 5 der Anlagen 14, 15 und 17 sowie aus der Spalte 4 der Anlagen 16, 18 und ist mit den Eigentumsflächen zu vervielfältigen.

§§ 165, 166 BewG

(3) Der Kapitalisierungszinssatz des regionalen Pachtpreises beträgt 5,5 Prozent und der Kapitalisierungsfaktor beträgt 18,6.

(4) ¹Der Wert für die übrigen Wirtschaftsgüter im Sinne des § 158 Abs. 3 Satz 1 Nr. 2 bis 5 (Besatzkapital) bestimmt sich nach der Nutzung, dem Nutzungsteil und der Nutzungsart des Grund und Bodens. ²Bei der landwirtschaftlichen Nutzung ist dabei die Betriebsgröße in EGE nach § 163 Abs. 3 Satz 4 Nr. 1 bis 3 zu berücksichtigen. ³Der danach maßgebliche Wert für das Besatzkapital ergibt sich jeweils aus der Spalte 6 der Anlagen 14, 15a und 17 sowie aus der Spalte 5 der Anlagen 16 und 18 und ist mit den selbst bewirtschafteten Flächen zu vervielfältigen.

(5) Der Kapitalisierungszinssatz für die übrigen Wirtschaftsgüter (§ 158 Abs. 3 Satz 1 Nr. 2 bis 5) beträgt 5,5 Prozent und der Kapitalisierungsfaktor beträgt 18,6.

(6) ¹Der kapitalisierte Wert für den Grund und Boden und der kapitalisierte Wert für die übrigen Wirtschaftsgüter sind um die damit in wirtschaftlichem Zusammenhang stehenden Verbindlichkeiten zu mindern. ²Der Mindestwert, der sich hiernach ergibt, darf nicht weniger als 0 Euro betragen.

(7) Das Bundesministerium der Finanzen wird ermächtigt, durch Rechtsverordnung mit Zustimmung des Bundesrates die Anlagen 14 bis 18 zu diesem Gesetz dadurch zu ändern, dass es die darin aufgeführten Pachtpreise und Werte für das Besatzkapital turnusmäßig an die Ergebnisse der Erhebungen nach § 2 des Landwirtschaftsgesetzes anpasst.

§ 165 Bewertung des Wirtschaftsteils mit dem Fortführungswert

(1) Der Wert des Wirtschaftsteils wird aus der Summe der nach § 163 zu ermittelnden Wirtschaftswerte gebildet.

(2) Der für einen Betrieb der Land- und Forstwirtschaft anzusetzende Wert des Wirtschaftsteils darf nicht geringer sein als der nach § 164 ermittelte Mindestwert.

(3) Weist der Steuerpflichtige nach, dass der gemeine Wert des Wirtschaftsteils niedriger ist als der nach den Absätzen 1 und 2 ermittelte Wert, ist dieser Wert anzusetzen; § 166 ist zu beachten.

§ 166 Bewertung des Wirtschaftsteils mit dem Liquidationswert

(1) Im Falle des § 162 Abs. 3 oder Abs. 4 ist der Liquidationswert nach Absatz 2 zu ermitteln und tritt mit Wirkung für die Vergangenheit an die Stelle des bisherigen Wertansatzes.

(2) Bei der Ermittlung des jeweiligen Liquidationswerts nach Absatz 1
1. ist der Grund und Boden im Sinne des § 158 Abs. 3 Satz 1 Nr. 1 mit den zuletzt vor dem Bewertungsstichtag ermittelten Bodenricht-

werten zu bewerten. ²§ 179 Satz 2 bis 4 gilt entsprechend. ³Zur Berücksichtigung der Liquidationskosten ist der ermittelte Bodenwert um 10 Prozent zu mindern;
2. sind die übrigen Wirtschaftsgüter im Sinne des § 158 Abs. 3 Satz 1 Nr. 2 bis 5 mit ihrem gemeinen Wert zu bewerten. ²Zur Berücksichtigung der Liquidationskosten sind die ermittelten Werte um 10 Prozent zu mindern.

§ 167 Bewertung der Betriebswohnungen und des Wohnteils

(1) Die Bewertung der Betriebswohnungen und des Wohnteils erfolgt nach den Vorschriften, die für die Bewertung von Wohngrundstücken im Grundvermögen (§§ 182 bis 196) gelten.

(2) Für die Abgrenzung der Betriebswohnungen und des Wohnteils vom Wirtschaftsteil ist höchstens das Fünffache der jeweils bebauten Fläche zu Grunde zu legen.

(3) Zur Berücksichtigung von Besonderheiten, die sich im Falle einer engen räumlichen Verbindung von Wohnraum mit dem Betrieb ergeben, ist der Wert des Wohnteils und der Wert der Betriebswohnungen nach den Absätzen 1 und 2 um 15 Prozent zu ermäßigen.

(4) ¹Weist der Steuerpflichtige nach, dass der gemeine Wert des Wohnteils oder der Betriebswohnungen niedriger ist als der sich nach den Absätzen 1 bis 3 ergebende Wert, ist der gemeine Wert anzusetzen. ²Für den Nachweis des niedrigeren gemeinen Werts gelten grundsätzlich die auf Grund des § 199 Abs. 1 des Baugesetzbuchs erlassenen Vorschriften.

§ 168 Grundbesitzwert des Betriebs der Land- und Forstwirtschaft

(1) Der Grundbesitzwert eines Betriebs der Land- und Forstwirtschaft besteht aus
1. dem Wert des Wirtschaftsteils (§ 160 Abs. 2),
2. dem Wert der Betriebswohnungen (§ 160 Abs. 8) abzüglich der damit im unmittelbaren wirtschaftlichen Zusammenhang stehenden Verbindlichkeiten,
3. dem Wert des Wohnteils (§ 160 Abs. 9) abzüglich der damit im unmittelbaren wirtschaftlichen Zusammenhang stehenden Verbindlichkeiten.

(2) Der Grundbesitzwert für Stückländereien als Betrieb der Land- und Forstwirtschaft (§ 160 Abs. 7) besteht nur aus dem Wert des Wirtschaftsteils.

(3) Der Grundbesitzwert für einen Anteil an einem Betrieb der Land- und Forstwirtschaft im Sinne des § 158 Abs. 2 Satz 2 ist nach Absätzen 4–6 aufzuteilen.

§ 169 BewG **Anh 1**

(4) ¹Der Wert des Wirtschafteils ist nach den beim Mindestwert (§ 164) zu Grunde gelegten Verhältnissen aufzuteilen. ²Dabei ist
1. der Wert des Grund und Bodens und der Wirtschaftsgebäude oder ein Anteil daran (§ 158 Abs. 3 Satz 1 Nr. 1 und 2) dem jeweiligen Eigentümer zuzurechnen. ²Im Falle des Gesamthandseigentums ist der Wert des Grund und Bodens nach der Höhe der gesellschaftsrechtlichen Beteiligung aufzuteilen;
2. der Wert der übrigen Wirtschaftsgüter (§ 158 Abs. 3 Satz 1 Nr. 3 bis 5) nach dem Wertverhältnis der dem Betrieb zur Verfügung gestellten Wirtschaftsgüter aufzuteilen. ²Im Falle des Gesamthandseigentums ist der Wert der übrigen Wirtschaftsgüter nach der Höhe der gesellschaftsrechtlichen Beteiligung aufzuteilen;
3. der Wert der zu berücksichtigenden Verbindlichkeiten (§ 164 Abs. 4) dem jeweiligen Schuldner zuzurechnen. ²Im Falle des Gesamthandseigentums ist der Wert der zu berücksichtigenden Verbindlichkeiten nach der Höhe der gesellschaftsrechtlichen Beteiligung aufzuteilen.

(5) ¹Der Wert für die Betriebswohnungen ist dem jeweiligen Eigentümer zuzurechnen. ²Im Falle des Gesamthandseigentums ist der Wert nach der Höhe der gesellschaftsrechtlichen Beteiligung aufzuteilen.

(6) ¹Der Wert für den Wohnteil ist dem jeweiligen Eigentümer zuzurechnen. ²Im Falle des Gesamthandseigentums ist der Wert nach der Höhe der gesellschaftsrechtlichen Beteiligung aufzuteilen.

II. Besonderer Teil

a) Landwirtschaftliche Nutzung

§ 169 Tierbestände

(1) ¹Tierbestände gehören in vollem Umfang zur landwirtschaftlichen Nutzung, wenn im Wirtschaftsjahr

für die ersten 20 Hektar	nicht mehr als	10 Vieheinheiten
für die nächsten 10 Hektar	nicht mehr als	7 Vieheinheiten
für die nächsten 20 Hektar	nicht mehr als	6 Vieheinheiten
für die nächsten 50 Hektar	nicht mehr als	3 Vieheinheiten
und für die weitere Fläche	nicht mehr als	1,5 Vieheinheiten

je Hektar der vom Inhaber des Betriebs regelmäßig landwirtschaftlich genutzten Flächen erzeugt oder gehalten werden. ²Die Tierbestände sind nach dem Futterbedarf in Vieheinheiten umzurechnen.

(2) ¹Übersteigt die Anzahl der Vieheinheiten nachhaltig die in Absatz 1 bezeichnete Grenze, so gehören nur die Zweige des Tierbestands zur landwirtschaftlichen Nutzung, deren Vieheinheiten zusammen die-

se Grenze nicht überschreiten. ²Zunächst sind mehr flächenabhängige Zweige des Tierbestands und danach weniger flächenabhängige Zweige des Tierbestands zur landwirtschaftlichen Nutzung zu rechnen. ³Innerhalb jeder dieser Gruppen sind zuerst Zweige des Tierbestands mit der geringeren Anzahl von Vieheinheiten und dann Zweige mit der größeren Anzahl von Vieheinheiten zur landwirtschaftlichen Nutzung zu rechnen. ⁴Der Tierbestand des einzelnen Zweiges wird nicht aufgeteilt.

(3) ¹Als Zweig des Tierbestands gilt bei jeder Tierart für sich
1. das Zugvieh,
2. das Zuchtvieh,
3. das Mastvieh und
4. das übrige Nutzvieh.

²Das Zuchtvieh einer Tierart gilt nur dann als besonderer Zweig des Tierbestands, wenn die erzeugten Jungtiere überwiegend zum Verkauf bestimmt sind. ³Ist das nicht der Fall, so ist das Zuchtvieh dem Zweig des Tierbestands zuzurechnen, dem es überwiegend dient.

(4) ¹Die Absätze 1 bis 3 gelten nicht für Pelztiere. ²Pelztiere gehören nur dann zur landwirtschaftlichen Nutzung, wenn die erforderlichen Futtermittel überwiegend von den vom Inhaber des Betriebs landwirtschaftlich genutzter Flächen gewonnen werden.

(5) ¹Für die Umrechnung der Tierbestände in Vieheinheiten sowie für die Gruppen der mehr flächenabhängigen oder weniger flächenabhängigen Zweige des Tierbestands sind die in Anlage 19 und 20 aufgeführten Werte maßgebend. ²Das Bundesministerium der Finanzen wird ermächtigt, durch Rechtsverordnung mit Zustimmung des Bundesrats die Anlagen 19 und 20 zu diesem Gesetz dadurch zu ändern, dass der darin aufgeführte Umrechnungsschlüssel und die Gruppen der Zweige eines Tierbestands an geänderte wirtschaftliche oder technische Entwicklungen angepasst werden können.

§ 170 Umlaufende Betriebsmittel

Bei landwirtschaftlichen Betrieben zählen die umlaufenden Betriebsmittel nur soweit zum normalen Bestand als der Durchschnitt der letzten fünf Jahre nicht überschritten wird.

b) Forstwirtschaftliche Nutzung

§ 171 Umlaufende Betriebsmittel

¹Eingeschlagenes Holz gehört zum normalen Bestand an umlaufenden Betriebsmitteln, soweit es den jährlichen Nutzungssatz nicht über-

§§ 172–175 BewG

steigt. ²Bei Betrieben, die nicht jährlich einschlagen (aussetzende Betriebe), tritt an die Stelle des jährlichen Nutzungssatzes ein den Betriebsverhältnissen entsprechender mehrjähriger Nutzungssatz.

§ 172 Abweichender Bewertungsstichtag

Bei der forstwirtschaftlichen Nutzung sind abweichend von § 161 Abs. 1 für den Umfang und den Zustand des Bestands an nicht eingeschlagenem Holz die Verhältnisse am Ende des Wirtschaftsjahres zu Grunde zu legen, das dem Bewertungsstichtag vorangegangen ist.

c) Weinbauliche Nutzung

§ 173 Umlaufende Betriebsmittel

(1) Bei ausbauenden Betrieben zählen die Vorräte an Weinen aus den Ernten der letzten fünf Jahre vor dem Bewertungsstichtag zum normalen Bestand an umlaufenden Betriebsmitteln.

(2) Abschläge für Unterbestand an Weinvorräten sind nicht zu machen.

d) Gärtnerische Nutzung

§ 174 Abweichende Bewertungsverhältnisse

(1) ¹Die durch Anbau von Baumschulgewächsen genutzte Betriebsfläche wird nach § 161 Abs. 1 bestimmt. ²Dabei sind die zum 15. September feststellbaren Bewirtschaftungsverhältnisse zu Grunde zu legen, die dem Bewertungsstichtag vorangegangen sind.

(2) ¹Die durch Anbau von Gemüse, Blumen und Zierpflanzen genutzte Betriebsfläche wird nach § 161 Abs. 1 bestimmt. ²Dabei sind die zum 30. Juni feststellbaren Bewirtschaftungsverhältnisse zu Grunde zu legen, die dem Bewertungsstichtag vorangegangen sind.

(3) Sind die Bewirtschaftungsverhältnisse nicht feststellbar, richtet sich die Einordnung der Flächen nach der vorgesehenen Nutzung.

e) Übrige land- und forstwirtschaftliche Nutzungen

§ 175 Übrige land- und forstwirtschaftliche Nutzungen

(1) Zu den übrigen land- und forstwirtschaftlichen Nutzungen gehören
1. die Sondernutzungen Hopfen, Spargel, Tabak und andere Sonderkulturen,
2. die sonstigen land- und forstwirtschaftlichen Nutzungen.

Anh 1 §§ 176, 177 BewG

(2) Zu den sonstigen land- und forstwirtschaftlichen Nutzungen gehören insbesondere

1. die Binnenfischerei,
2. die Teichwirtschaft,
3. die Fischzucht für Binnenfischerei und Teichwirtschaft,
4. die Imkerei,
5. die Wanderschäferei,
6. die Saatzucht,
7. der Pilzanbau,
8. die Produktion von Nützlingen,
9. die Weihnachtsbaumkulturen.

C. Grundvermögen

I. Allgemeines

§ 176 Grundvermögen

(1) Zum Grundvermögen gehören

1. der Grund und Boden, die Gebäude, die sonstigen Bestandteile und das Zubehör,
2. das Erbbaurecht,
3. das Wohnungseigentum, Teileigentum, Wohnungserbbaurecht und Teilerbbaurecht nach dem Wohnungseigentumsgesetz,

soweit es sich nicht um land- und forstwirtschaftliches Vermögen (§§ 158, 159) oder um Betriebsgrundstücke (§ 99) handelt.

(2) In das Grundvermögen sind nicht einzubeziehen

1. Bodenschätze,
2. die Maschinen und sonstigen Vorrichtungen aller Art, die zu einer Betriebsanlage gehören (Betriebsvorrichtungen), auch wenn sie wesentliche Bestandteile sind. ²Einzubeziehen sind jedoch die Verstärkungen von Decken und die nicht ausschließlich zu einer Betriebsanlage gehörenden Stützen und sonstigen Bauteile wie Mauervorlagen und Verstrebungen.

§ 177 Bewertung

Den Bewertungen nach den §§ 179 und 182 bis 196 ist der gemeine Wert (§ 9) zugrunde zu legen.

II. Unbebaute Grundstücke

§ 178 Begriff der unbebauten Grundstücke

(1) ¹Unbebaute Grundstücke sind Grundstücke, auf denen sich keine benutzbaren Gebäude befinden. ²Die Benutzbarkeit beginnt im Zeitpunkt der Bezugsfertigkeit. ³Gebäude sind als bezugsfertig anzusehen, wenn den zukünftigen Bewohnern oder sonstigen Benutzern zugemutet werden kann, sie zu benutzen; die Abnahme durch die Bauaufsichtsbehörde ist nicht entscheidend.

(2) ¹Befinden sich auf dem Grundstück Gebäude, die auf Dauer keiner Nutzung zugeführt werden können, gilt das Grundstück als unbebaut. ²Als unbebaut gilt auch ein Grundstück, auf dem infolge von Zerstörung oder Verfall der Gebäude auf Dauer kein benutzbarer Raum mehr vorhanden ist.

§ 179 Bewertung der unbebauten Grundstücke

¹Der Wert unbebauter Grundstücke bestimmt sich regelmäßig nach ihrer Fläche und den Bodenrichtwerten (§ 196 des Baugesetzbuchs). ²Die Bodenrichtwerte sind von den Gutachterausschüssen nach dem Baugesetzbuch zu ermitteln und den Finanzämtern mitzuteilen. ³Bei der Wertermittlung ist stets der Bodenrichtwert anzusetzen, der vom Gutachterausschuss zuletzt zu ermitteln war. ⁴Wird von den Gutachterausschüssen kein Bodenrichtwert ermittelt, ist der Bodenwert aus den Werten vergleichbarer Flächen abzuleiten.

III. Bebaute Grundstücke

§ 180 Begriff der bebauten Grundstücke

(1) ¹Bebaute Grundstücke sind Grundstücke, auf denen sich benutzbare Gebäude befinden. ²Wird ein Gebäude in Bauabschnitten errichtet, ist der fertiggestellte Teil als benutzbares Gebäude anzusehen.

(2) Als Grundstück im Sinne des Absatzes 1 gilt auch ein Gebäude, das auf fremdem Grund und Boden errichtet oder in sonstigen Fällen einem anderen als dem Eigentümer des Grund und Bodens zuzurechnen ist, selbst wenn es wesentlicher Bestandteil des Grund und Bodens geworden ist.

§ 181 Grundstücksarten

(1) Bei der Bewertung bebauter Grundstücke sind die folgenden Grundstücksarten zu unterscheiden:

Anh 1 § 181 BewG

1. Ein- und Zweifamilienhäuser,
2. Mietwohngrundstücke,
3. Wohnungs- und Teileigentum,
4. Geschäftsgrundstücke,
5. gemischt genutzte Grundstücke und
6. sonstige bebaute Grundstücke.

(2) [1] Ein- und Zweifamilienhäuser sind Wohngrundstücke, die bis zu zwei Wohnungen enthalten und kein Wohnungseigentum sind. [2] Ein Grundstück gilt auch dann als Ein- oder Zweifamilienhaus, wenn es zu weniger als 50 Prozent, berechnet nach der Wohn- oder Nutzfläche, zu anderen als Wohnzwecken mitbenutzt und dadurch die Eigenart als Ein- oder Zweifamilienhaus nicht wesentlich beeinträchtigt wird.

(3) Mietwohngrundstücke sind Grundstücke, die zu mehr als 80 Prozent, berechnet nach der Wohn- oder Nutzfläche, Wohnzwecken dienen, und nicht Ein- und Zweifamilienhäuser oder Wohnungseigentum sind.

(4) Wohnungseigentum ist das Sondereigentum an einer Wohnung in Verbindung mit dem Miteigentumsanteil an dem gemeinschaftlichen Eigentum, zu dem es gehört.

(5) Teileigentum ist das Sondereigentum an nicht zu Wohnzwecken dienenden Räumen eines Gebäudes in Verbindung mit dem Miteigentum an dem gemeinschaftlichen Eigentum, zu dem es gehört.

(6) Geschäftsgrundstücke sind Grundstücke, die zu mehr als 80 Prozent, berechnet nach der Wohn- und Nutzfläche, eigenen oder fremden betrieblichen oder öffentlichen Zwecken dienen und nicht Teileigentum sind.

(7) Gemischt genutzte Grundstücke sind Grundstücke, die teils Wohnzwecken, teils eigenen oder fremden betrieblichen oder öffentlichen Zwecken dienen und nicht Ein- und Zweifamilienhäuser, Mietwohngrundstücke, Wohnungseigentum, Teileigentum oder Geschäftsgrundstücke sind.

(8) Sonstige bebaute Grundstücke sind solche Grundstücke, die nicht unter die Absätze 2 bis 7 fallen.

(9) [1] Eine Wohnung ist die Zusammenfassung einer Mehrheit von Räumen, die in ihrer Gesamtheit so beschaffen sein müssen, dass die Führung eines selbständigen Haushalts möglich ist. [2] Die Zusammenfassung einer Mehrheit von Räumen muss eine von anderen Wohnungen oder Räumen, insbesondere Wohnräumen, baulich getrennte, in sich abgeschlossene Wohneinheit bilden und einen selbständigen Zugang haben. [3] Außerdem ist erforderlich, dass die für die Führung eines selbständigen Haushalts notwendigen Nebenräume (Küche, Bad oder Du-

§§ 182, 183 BewG **Anh 1**

sche, Toilette) vorhanden sind. ⁴Die Wohnfläche muss mindestens 23 Quadratmeter (m²) betragen.

§ 182 Bewertung der bebauten Grundstücke

(1) Der Wert der bebauten Grundstücke ist nach dem Vergleichswertverfahren (Absatz 2 und § 183), dem Ertragswertverfahren (Absatz 3 und §§ 184 bis 188) oder dem Sachwertverfahren (Absatz 4 und §§ 189 bis 191) zu ermitteln.

(2) Im Vergleichswertverfahren sind grundsätzlich zu bewerten

1. Wohnungseigentum,
2. Teileigentum,
3. Ein- und Zweifamilienhäuser.

(3) Im Ertragswertverfahren sind zu bewerten

1. Mietwohngrundstücke,
2. Geschäftsgrundstücke und gemischt genutzte Grundstücke, für die sich auf dem örtlichen Grundstücksmarkt eine übliche Miete ermitteln lässt.

(4) Im Sachwertverfahren sind zu bewerten

1. Grundstücke im Sinne des Absatzes 2, wenn kein Vergleichswert vorliegt,
2. Geschäftsgrundstücke und gemischt genutzte Grundstücke mit Ausnahme der in Absatz 3 Nr. 2 genannten Grundstücke,
3. sonstige bebaute Grundstücke.

§ 183 Bewertung im Vergleichswertverfahren

(1) ¹Bei Anwendung des Vergleichswertverfahrens sind Kaufpreise von Grundstücken heranzuziehen, die hinsichtlich der ihren Wert beeinflussenden Merkmale mit dem zu bewertenden Grundstück hinreichend übereinstimmen (Vergleichsgrundstücke). ²Grundlage sind vorrangig die von den Gutachterausschüssen im Sinne der §§ 192 ff. des Baugesetzbuchs mitgeteilten Vergleichspreise.

(2) ¹Anstelle von Preisen für Vergleichsgrundstücke können von den Gutachterausschüssen für geeignete Bezugseinheiten, insbesondere Flächeneinheiten des Gebäudes, ermittelte und mitgeteilte Vergleichsfaktoren herangezogen werden. ²Bei Verwendung von Vergleichsfaktoren, die sich nur auf das Gebäude beziehen, ist der Bodenwert nach § 179 gesondert zu berücksichtigen.

(3) Besonderheiten, insbesondere die den Wert beeinflussenden Belastungen privatrechtlicher und öffentlich-rechtlicher Art, werden im Vergleichswertverfahren nach den Absätzen 1 und 2 nicht berücksichtigt.

Anh 1 §§ 184–186 BewG

§ 184 Bewertung im Ertragswertverfahren

(1) Bei Anwendung des Ertragswertverfahrens ist der Wert der Gebäude (Gebäudeertragswert) getrennt von dem Bodenwert auf der Grundlage des Ertrags nach § 185 zu ermitteln.

(2) Der Bodenwert ist der Wert des unbebauten Grundstücks nach § 179.

(3) [1] Der Bodenwert und der Gebäudeertragswert (§ 185) ergeben den Ertragswert des Grundstücks. [2] Es ist mindestens der Bodenwert anzusetzen. [3] Sonstige bauliche Anlagen, insbesondere Außenanlagen, sind regelmäßig mit dem Ertragswert des Gebäudes abgegolten.

§ 185 Ermittlung des Gebäudeertragswerts

(1) [1] Bei der Ermittlung des Gebäudeertragswerts ist von dem Reinertrag des Grundstücks auszugehen. [2] Dieser ergibt sich aus dem Rohertrag des Grundstücks (§ 186) abzüglich der Bewirtschaftungskosten (§ 187).

(2) [1] Der Reinertrag des Grundstücks ist um den Betrag zu vermindern, der sich durch eine angemessene Verzinsung des Bodenwerts ergibt; dies ergibt den Gebäudereinertrag. [2] Der Verzinsung des Bodenwerts ist der Liegenschaftszinssatz (§ 188) zugrunde zu legen. [3] Ist das Grundstück wesentlich größer, als es einer den Gebäuden angemessenen Nutzung entspricht, und ist eine zusätzliche Nutzung oder Verwertung einer Teilfläche zulässig und möglich, ist bei der Berechnung des Verzinsungsbetrags der Bodenwert dieser Teilfläche nicht zu berücksichtigen.

(3) [1] Der Gebäudereinertrag ist mit dem sich aus der Anlage 21 ergebenden Vervielfältiger zu kapitalisieren. [2] Maßgebend für den Vervielfältiger sind der Liegenschaftszinssatz und die Restnutzungsdauer des Gebäudes. [3] Die Restnutzungsdauer wird grundsätzlich aus dem Unterschiedsbetrag zwischen der wirtschaftlichen Gesamtnutzungsdauer, die sich aus der Anlage 22 ergibt, und dem Alter des Gebäudes am Bewertungsstichtag ermittelt. [4] Sind nach Bezugsfertigkeit des Gebäudes Veränderungen eingetreten, die die wirtschaftliche Gesamtnutzungsdauer des Gebäudes verlängert oder verkürzt haben, ist von einer der Verlängerung oder Verkürzung entsprechenden Restnutzungsdauer auszugehen. [5] Die Restnutzungsdauer eines noch nutzbaren Gebäudes beträgt regelmäßig mindestens 30 Prozent der wirtschaftlichen Gesamtnutzungsdauer.

§ 186 Rohertrag des Grundstücks

(1) [1] Rohertrag ist das Entgelt, das für die Benutzung des bebauten Grundstücks nach den am Bewertungsstichtag geltenden vertraglichen

Vereinbarungen für den Zeitraum von zwölf Monaten zu zahlen ist. ²Umlagen, die zur Deckung der Betriebskosten gezahlt werden, sind nicht anzusetzen.

(2) ¹Für Grundstücke oder Grundstücksteile,
1. die eigengenutzt, ungenutzt, zu vorübergehendem Gebrauch oder unentgeltlich überlassen sind,
2. die der Eigentümer dem Mieter zu einer um mehr als 20 Prozent von der üblichen Miete abweichenden tatsächlichen Miete überlassen hat,

ist die übliche Miete anzusetzen. ²Die übliche Miete ist in Anlehnung an die Miete zu schätzen, die für Räume gleicher oder ähnlicher Art, Lage und Ausstattung regelmäßig gezahlt wird. ³Betriebskosten sind nicht einzubeziehen.

§ 187 Bewirtschaftungskosten

(1) Bewirtschaftungskosten sind die bei gewöhnlicher Bewirtschaftung nachhaltig entstehenden Verwaltungskosten, Betriebskosten, Instandhaltungskosten und das Mietausfallwagnis; durch Umlagen gedeckte Betriebskosten bleiben unberücksichtigt.

(2) ¹Die Bewirtschaftungskosten sind nach Erfahrungssätzen anzusetzen. ²Soweit von den Gutachterausschüssen im Sinne der §§ 192 ff. des Baugesetzbuchs keine geeigneten Erfahrungssätze zur Verfügung stehen, ist von den pauschalierten Bewirtschaftungskosten nach Anlage 23 auszugehen.

§ 188 Liegenschaftszinssatz

(1) Der Liegenschaftszinssatz ist der Zinssatz, mit dem der Verkehrswert von Grundstücken im Durchschnitt marktüblich verzinst wird.

(2) ¹Anzuwenden sind die von den Gutachterausschüssen im Sinne der §§ 192 ff. des Baugesetzbuchs ermittelten örtlichen Liegenschaftszinssätze. ²Soweit von den Gutachterausschüssen keine geeigneten Liegenschaftszinssätze zur Verfügung stehen, gelten die folgenden Zinssätze:
1. 5 Prozent für Mietwohngrundstücke,
2. 5,5 Prozent für gemischt genutzte Grundstücke mit einem gewerblichen Anteil von bis zu 50 Prozent, berechnet nach der Wohn- und Nutzfläche,
3. 6 Prozent für gemischt genutzte Grundstücke mit einem gewerblichen Anteil von mehr als 50 Prozent, berechnet nach der Wohn- und Nutzfläche, und
4. 6,5 Prozent für Geschäftsgrundstücke.

Anh 1

§§ 189–191 BewG

§ 189 Bewertung im Sachwertverfahren

(1) ¹Bei Anwendung des Sachwertverfahrens ist der Wert der Gebäude (Gebäudesachwert) getrennt vom Bodenwert nach § 190 zu ermitteln. ²Sonstige bauliche Anlagen, insbesondere Außenanlagen, und der Wert der sonstigen Anlagen sind regelmäßig mit dem Gebäudewert und dem Bodenwert abgegolten.

(2) Der Bodenwert ist der Wert des unbebauten Grundstücks nach § 179.

(3) ¹Der Bodenwert und der Gebäudesachwert (§ 190) ergeben den vorläufigen Sachwert des Grundstücks. ²Dieser ist zur Anpassung an den gemeinen Wert mit einer Wertzahl nach § 191 zu multiplizieren.

§ 190 Ermittlung des Gebäudesachwerts

(1) ¹Bei der Ermittlung des Gebäudesachwerts ist von den Regelherstellungskosten des Gebäudes auszugehen. ²Regelherstellungskosten sind die gewöhnlichen Herstellungskosten je Flächeneinheit. ³Der Gebäuderegelherstellungswert ergibt sich durch Multiplikation der jeweiligen Regelherstellungskosten mit der Brutto-Grundfläche des Gebäudes. ⁴Die Regelherstellungskosten sind in der Anlage 24 enthalten. ⁵Das Bundesministerium der Finanzen wird ermächtigt, durch Rechtsverordnung mit Zustimmung des Bundesrates die Anlage 24 zu diesem Gesetz dadurch zu ändern, dass es die darin aufgeführten Regelherstellungskosten nach Maßgabe marktüblicher gewöhnlicher Herstellungskosten und des vom Statistischen Bundesamt veröffentlichten Baupreisindex aktualisiert, soweit dies zur Ermittlung des gemeinen Werts erforderlich ist.

(2) ¹Vom Gebäuderegelherstellungswert ist eine Alterswertminderung abzuziehen. ²Diese wird regelmäßig nach dem Verhältnis des Alters des Gebäudes am Bewertungsstichtag zur wirtschaftlichen Gesamtnutzungsdauer nach Anlage 22 bestimmt. ³Sind nach Bezugsfertigkeit des Gebäudes Veränderungen eingetreten, die die wirtschaftliche Gesamtnutzungsdauer des Gebäudes verlängert oder verkürzt haben, ist von einem entsprechenden früheren oder späteren Baujahr auszugehen. ⁴Der nach Abzug der Alterswertminderung verbleibende Gebäudewert ist regelmäßig mit mindestens 40 Prozent des Gebäuderegelherstellungswerts anzusetzen.

§ 191 Wertzahlen

(1) Als Wertzahlen im Sinne des § 189 Abs. 3 sind die Sachwertfaktoren anzuwenden, die von den Gutachterausschüssen im Sinne der §§ 192 ff. des Baugesetzbuchs für das Sachwertverfahren bei der Verkehrswertermittlung abgeleitet wurden.

§§ 192, 193 BewG

(2) Soweit von den Gutachterausschüssen keine geeigneten Sachwertfaktoren zur Verfügung stehen, sind die in der Anlage 25 bestimmten Wertzahlen zu verwenden.

IV. Sonderfälle

§ 192 Bewertung in Erbbaurechtsfällen

¹Ist das Grundstück mit einem Erbbaurecht belastet, sind die Werte für die wirtschaftliche Einheit Erbbaurecht (§ 193) und für die wirtschaftliche Einheit des belasteten Grundstücks (§ 194) gesondert zu ermitteln. ²Mit der Bewertung des Erbbaurechts (§ 193) ist die Verpflichtung zur Zahlung des Erbbauzinses und mit der Bewertung des Erbbaurechtsgrundstücks (§ 194) ist das Recht auf den Erbbauzins abgegolten; die hiernach ermittelten Grundbesitzwerte dürfen nicht weniger als 0 Euro betragen.

§ 193 Bewertung des Erbbaurechts

(1) Der Wert des Erbbaurechts ist im Vergleichswertverfahren nach § 183 zu ermitteln, wenn für das zu bewertende Erbbaurecht Vergleichskaufpreise oder aus Kaufpreisen abgeleitete Vergleichsfaktoren vorliegen.

(2) In allen anderen Fällen setzt sich der Wert des Erbbaurechts zusammen aus einem Bodenwertanteil nach Absatz 3 und einem Gebäudewertanteil nach Absatz 5.

(3) ¹Der Bodenwertanteil ergibt sich aus der Differenz zwischen

1. dem angemessenen Verzinsungsbetrag des Bodenwerts des unbelasteten Grundstücks nach Absatz 4 und
2. dem vertraglich vereinbarten jährlichen Erbbauzins.

²Der so ermittelte Unterschiedsbetrag ist über die Restlaufzeit des Erbbaurechts mit dem sich aus Anlage 21 ergebenden Vervielfältiger zu kapitalisieren.

(4) ¹Der angemessene Verzinsungsbetrag des Bodenwerts des unbelasteten Grundstücks ergibt sich durch Anwendung des Liegenschaftszinssatzes, der von den Gutachterausschüssen im Sinne der §§ 192 ff. des Baugesetzbuchs ermittelt wurde, auf den Bodenwert nach § 179. ²Soweit von den Gutachterausschüssen keine geeigneten Liegenschaftszinssätze zur Verfügung stehen, gelten die folgenden Zinssätze:

1. 3 Prozent für Ein- und Zweifamilienhäuser und Wohnungseigentum, das wie Ein- und Zweifamilienhäuser gestaltet ist,
2. 5 Prozent für Mietwohngrundstücke und Wohnungseigentum, das nicht unter Nummer 1 fällt,

3. 5,5 Prozent für gemischt genutzte Grundstücke mit einem gewerblichen Anteil von bis zu 50 Prozent, berechnet nach der Wohn- und Nutzfläche, sowie sonstige bebaute Grundstücke,
4. 6 Prozent für gemischt genutzte Grundstücke mit einem gewerblichen Anteil von mehr als 50 Prozent, berechnet nach der Wohn- und Nutzfläche, und
5. 6,5 Prozent für Geschäftsgrundstücke und Teileigentum.

(5) [1] Der Gebäudewertanteil ist bei der Bewertung des bebauten Grundstücks im Ertragswertverfahren der Gebäudeertragswert nach § 185, bei der Bewertung im Sachwertverfahren der Gebäudesachwert nach § 190. [2] Ist der bei Ablauf des Erbbaurechts verbleibende Gebäudewert nicht oder nur teilweise zu entschädigen, ist der Gebäudewertanteil des Erbbaurechts um den Gebäudewertanteil des Erbbaugrundstücks nach § 194 Abs. 4 zu mindern.

§ 194 Bewertung des Erbbaugrundstücks

(1) Der Wert des Erbbaugrundstücks ist im Vergleichswertverfahren nach § 183 zu ermitteln, wenn für das zu bewertende Grundstück Vergleichskaufpreise oder aus Kaufpreisen abgeleitete Vergleichsfaktoren vorliegen.

(2) [1] In allen anderen Fällen bildet der Bodenwertanteil nach Absatz 3 den Wert des Erbbaugrundstücks. [2] Dieser ist um einen Gebäudewertanteil nach Absatz 4 zu erhöhen, wenn der Wert des Gebäudes vom Eigentümer des Erbbaugrundstücks nicht oder nur teilweise zu entschädigen ist.

(3) [1] Der Bodenwertanteil ist die Summe des über die Restlaufzeit des Erbbaurechts abgezinsten Bodenwerts nach § 179 und der über diesen Zeitraum kapitalisierten Erbbauzinsen. [2] Der Abzinsungsfaktor für den Bodenwert wird in Abhängigkeit vom Zinssatz nach § 193 Abs. 4 und der Restlaufzeit des Erbbaurechts ermittelt; er ist Anlage 26 zu entnehmen. [3] Als Erbbauzinsen sind die am Bewertungsstichtag vereinbarten jährlichen Erbbauzinsen anzusetzen; sie sind mit dem sich aus Anlage 21 ergebenden Vervielfältiger zu kapitalisieren.

(4) Der Gebäudewertanteil des Erbbaugrundstücks entspricht dem Gebäudewert oder dem anteiligen Gebäudewert, der dem Eigentümer des Erbbaugrundstücks bei Beendigung des Erbbaurechts durch Zeitablauf entschädigungslos zufällt; er ist nach Maßgabe der Anlage 26 auf den Bewertungsstichtag abzuzinsen.

§ 195 Gebäude auf fremdem Grund und Boden

(1) In Fällen von Gebäuden auf fremdem Grund und Boden sind die Werte für die wirtschaftliche Einheit des Gebäudes auf fremdem Grund

und Boden (Absatz 2) und die wirtschaftliche Einheit des belasteten Grundstücks (Absatz 3) gesondert zu ermitteln.

(2) ¹Das Gebäude auf fremdem Grund und Boden wird bei einer Bewertung im Ertragswertverfahren mit dem Gebäudeertragswert nach § 185, bei einer Bewertung im Sachwertverfahren mit dem Gebäudesachwert nach § 190 bewertet. ²Ist der Nutzer verpflichtet, das Gebäude bei Ablauf des Nutzungsrechts zu beseitigen, ist bei der Ermittlung des Gebäudeertragswerts der Vervielfältiger nach Anlage 21 anzuwenden, der sich für die am Bewertungsstichtag verbleibende Nutzungsdauer ergibt. ³§ 185 Abs. 3 Satz 5 ist nicht anzuwenden. ⁴Ist in diesen Fällen der Gebäudesachwert zu ermitteln, bemisst sich die Alterswertminderung im Sinne des § 190 Abs. 2 Satz 1 bis 3 nach dem Alter des Gebäudes am Bewertungsstichtag und der tatsächlichen Gesamtnutzungsdauer. ⁵§ 190 Abs. 2 Satz 4 ist nicht anzuwenden.

(3) ¹Der Wert des belasteten Grundstücks ist der auf den Bewertungsstichtag abgezinste Bodenwert nach § 179 zuzüglich des über die Restlaufzeit des Nutzungsrechts kapitalisierten Entgelts. ²Der Abzinsungsfaktor für den Bodenwert wird in Abhängigkeit vom Zinssatz nach § 193 Abs. 4 und der Restlaufzeit des Nutzungsverhältnisses ermittelt; er ist Anlage 26 zu entnehmen. ³Das über die Restlaufzeit des Nutzungsrechts kapitalisierte Entgelt ergibt sich durch Anwendung des Vervielfältigers nach Anlage 21 auf das zum Bewertungsstichtag vereinbarte jährliche Entgelt.

§ 196 Grundstücke im Zustand der Bebauung

(1) ¹Ein Grundstück im Zustand der Bebauung liegt vor, wenn mit den Bauarbeiten begonnen wurde und Gebäude und Gebäudeteile noch nicht bezugsfertig sind. ²Der Zustand der Bebauung beginnt mit den Abgrabungen oder der Einbringung von Baustoffen, die zur planmäßigen Errichtung des Gebäudes führen.

(2) Die Gebäude oder Gebäudeteile im Zustand der Bebauung sind mit den bereits am Bewertungsstichtag entstandenen Herstellungskosten dem Wert des bislang unbebauten oder bereits bebauten Grundstücks hinzuzurechnen.

§ 197 Gebäude und Gebäudeteile für den Zivilschutz

Gebäude, Teile von Gebäuden und Anlagen, die wegen der in § 1 des Zivilschutzgesetzes vom 25. März 1997 (BGBl. I S. 726), das zuletzt durch Artikel 2 des Gesetzes vom 27. April 2004 (BGBl. I S. 630) geändert worden ist, in der jeweils geltenden Fassung bezeichneten Zwecke geschaffen worden sind und im Frieden nicht oder nur gelegentlich oder geringfügig für andere Zwecke benutzt werden, bleiben bei der Ermittlung des Grundbesitzwerts außer Betracht.

V. Nachweis des niedrigeren gemeinen Werts

§ 198 Nachweis des niedrigeren gemeinen Werts

¹Weist der Steuerpflichtige nach, dass der gemeine Wert der wirtschaftlichen Einheit am Bewertungsstichtag niedriger ist als der nach den §§ 179, 182 bis 196 ermittelte Wert, so ist dieser Wert anzusetzen. ²Für den Nachweis des niedrigeren gemeinen Werts gelten grundsätzlich die auf Grund des § 199 Abs. 1 des Baugesetzbuchs erlassenen Vorschriften.

D. Nicht notierte Anteile an Kapitalgesellschaften und Betriebsvermögen

§ 199 Anwendung des vereinfachten Ertragswertverfahrens

(1) Ist der gemeine Wert von Anteilen an einer Kapitalgesellschaft nach § 11 Abs. 2 Satz 2 unter Berücksichtigung der Ertragsaussichten der Kapitalgesellschaft zu ermitteln, kann das vereinfachte Ertragswertverfahren (§ 200) angewendet werden, wenn dieses nicht zu offensichtlich unzutreffenden Ergebnissen führt.

(2) Ist der gemeine Wert des Betriebsvermögens oder eines Anteils am Betriebsvermögen nach § 109 Abs. 1 und 2 in Verbindung mit § 11 Abs. 2 Satz 2 unter Berücksichtigung der Ertragsaussichten des Gewerbebetriebs oder der Gesellschaft zu ermitteln, kann das vereinfachte Ertragswertverfahren (§ 200) angewendet werden, wenn dieses nicht zu offensichtlich unzutreffenden Ergebnissen führt.

§ 200 Vereinfachtes Ertragswertverfahren

(1) Zur Ermittlung des Ertragswerts ist vorbehaltlich der Absätze 2 bis 4 der zukünftig nachhaltig erzielbare Jahresertrag (§§ 201 und 202) mit dem Kapitalisierungsfaktor (§ 203) zu multiplizieren.

(2) Können Wirtschaftsgüter und mit diesen in wirtschaftlichem Zusammenhang stehende Schulden aus dem zu bewertenden Unternehmen im Sinne des § 199 Abs. 1 oder 2 herausgelöst werden, ohne die eigentliche Unternehmenstätigkeit zu beeinträchtigen (nicht betriebsnotwendiges Vermögen), so werden diese Wirtschaftsgüter und Schulden neben dem Ertragswert mit dem eigenständig zu ermittelnden gemeinen Wert oder Anteil am gemeinen Wert angesetzt.

(3) Hält ein zu bewertendes Unternehmen im Sinne des § 199 Abs. 1 oder 2 Beteiligungen an anderen Gesellschaften, die nicht unter

§§ 201, 202 BewG **Anh 1**

Absatz 2 fallen, so werden diese Beteiligungen neben dem Ertragswert mit dem eigenständig zu ermittelnden gemeinen Wert angesetzt.

(4) Innerhalb von zwei Jahren vor dem Bewertungsstichtag eingelegte Wirtschaftsgüter, die nicht unter die Absätze 2 und 3 fallen, und mit diesen im wirtschaftlichen Zusammenhang stehende Schulden werden neben dem Ertragswert mit dem eigenständig zu ermittelnden gemeinen Wert angesetzt.

§ 201 Ermittlung des Jahresertrags

(1) [1]Die Grundlage für die Bewertung bildet der zukünftig nachhaltig zu erzielende Jahresertrag. [2]Für die Ermittlung dieses Jahresertrags bietet der in der Vergangenheit tatsächlich erzielte Durchschnittsertrag eine Beurteilungsgrundlage.

(2) [1]Der Durchschnittsertrag ist regelmäßig aus den Betriebsergebnissen (§ 202) der letzten drei vor dem Bewertungsstichtag abgelaufenen Wirtschaftsjahre herzuleiten. [2]Das gesamte Betriebsergebnis eines am Bewertungsstichtag noch nicht abgelaufenen Wirtschaftsjahres ist anstelle des drittletzten abgelaufenen Wirtschaftsjahres einzubeziehen, wenn es für die Herleitung des künftig zu erzielenden Jahresertrags von Bedeutung ist. [3]Die Summe der Betriebsergebnisse ist durch drei zu dividieren und ergibt den Durchschnittsertrag. [4]Das Ergebnis stellt den Jahresertrag dar.

(3) [1]Hat sich im Dreijahreszeitraum der Charakter des Unternehmens nach dem Gesamtbild der Verhältnisse nachhaltig verändert oder ist das Unternehmen neu entstanden, ist von einem entsprechend verkürzten Ermittlungszeitraum auszugehen. [2]Bei Unternehmen, die durch Umwandlung, durch Einbringung von Betrieben oder Teilbetrieben oder durch Umstrukturierungen entstanden sind, ist bei der Ermittlung des Durchschnittsertrags von den früheren Betriebsergebnissen des Gewerbebetriebs oder der Gesellschaft auszugehen. [3]Soweit sich die Änderung der Rechtsform auf den Jahresertrag auswirkt, sind die früheren Betriebsergebnisse entsprechend zu korrigieren.

§ 202 Betriebsergebnis

(1) [1]Zur Ermittlung des Betriebsergebnisses ist von dem Gewinn im Sinne des § 4 Abs. 1 Satz 1 des Einkommensteuergesetzes auszugehen (Ausgangswert); dabei bleiben bei einem Anteil am Betriebsvermögen Ergebnisse aus den Sonderbilanzen und Ergänzungsbilanzen unberücksichtigt. [2]Der Ausgangswert ist noch wie folgt zu korrigieren:
1. Hinzuzurechnen sind
    a) Investitionsabzugsbeträge, Sonderabschreibungen oder erhöhte Absetzungen, Bewertungsabschläge, Zuführungen zu steuerfrei-

en Rücklagen sowie Teilwertabschreibungen. ²Es sind nur die normalen Absetzungen für Abnutzung zu berücksichtigen. ³Diese sind nach den Anschaffungs- oder Herstellungskosten bei gleichmäßiger Verteilung über die gesamte betriebsgewöhnliche Nutzungsdauer zu bemessen. ⁴Die normalen Absetzungen für Abnutzung sind auch dann anzusetzen, wenn für die Absetzungen in der Steuerbilanz vom Restwert auszugehen ist, der nach Inanspruchnahme der Sonderabschreibungen oder erhöhten Absetzungen verblieben ist;

b) Absetzungen auf den Geschäfts- oder Firmenwert oder auf firmenwertähnliche Wirtschaftsgüter;
c) einmalige Veräußerungsverluste sowie außerordentliche Aufwendungen;
d) im Gewinn nicht enthaltene Investitionszulagen, soweit in Zukunft mit weiteren zulagebegünstigten Investitionen in gleichem Umfang gerechnet werden kann;
e) der Ertragsteueraufwand (Körperschaftsteuer, Zuschlagsteuern und Gewerbesteuer);
f) Aufwendungen, die im Zusammenhang stehen mit Vermögen im Sinne des § 200 Abs. 2 und 4, und übernommene Verluste aus Beteiligungen im Sinne des § 200 Abs. 2 bis 4;

2. abzuziehen sind
a) gewinnerhöhende Auflösungsbeträge steuerfreier Rücklagen sowie Gewinne aus der Anwendung des § 6 Abs. 1 Nr. 1 Satz 4 und Nr. 2 Satz 3 des Einkommensteuergesetzes;
b) einmalige Veräußerungsgewinne sowie außerordentliche Erträge;
c) im Gewinn enthaltene Investitionszulagen, soweit in Zukunft nicht mit weiteren zulagebegünstigten Investitionen in gleichem Umfang gerechnet werden kann;
d) ein angemessener Unternehmerlohn, soweit in der bisherigen Ergebnisrechnung kein solcher berücksichtigt worden ist. ²Die Höhe des Unternehmerlohns wird nach der Vergütung bestimmt, die eine nicht beteiligte Geschäftsführung erhalten würde. ³Neben dem Unternehmerlohn kann auch fiktiver Lohnaufwand für bislang unentgeltlich tätige Familienangehörige des Eigentümers berücksichtigt werden;
e) Erträge aus der Erstattung von Ertragsteuern (Körperschaftsteuer, Zuschlagsteuern und Gewerbesteuer);
f) Erträge, die im Zusammenhang stehen mit Vermögen im Sinne des § 200 Abs. 2 bis 4;

3. hinzuzurechnen oder abzuziehen sind auch sonstige wirtschaftlich nicht begründete Vermögensminderungen oder -erhöhungen mit Einfluss auf den zukünftig nachhaltig zu erzielenden Jahresertrag und

§§ 203, 205 BewG **Anh 1**

mit gesellschaftsrechtlichem Bezug, soweit sie nicht nach den Nummern 1 und 2 berücksichtigt wurden.

(2) ¹In den Fällen des § 4 Abs. 3 des Einkommensteuergesetzes ist vom Überschuss der Betriebseinnahmen über die Betriebsausgaben auszugehen. ²Absatz 1 Satz 2 Nr. 1 bis 3 gilt entsprechend.

(3) Zur Abgeltung des Ertragsteueraufwands ist ein positives Betriebsergebnis nach Absatz 1 oder Absatz 2 um 30 Prozent zu mindern.

§ 203 Kapitalisierungsfaktor

(1) Der in diesem Verfahren anzuwendende Kapitalisierungszinssatz setzt sich zusammen aus einem Basiszins und einem Zuschlag von 4,5 Prozent.

(2) ¹Der Basiszins ist aus der langfristig erzielbaren Rendite öffentlicher Anleihen abzuleiten. ²Dabei ist auf den Zinssatz abzustellen, den die Deutsche Bundesbank anhand der Zinsstrukturdaten jeweils auf den ersten Börsentag des Jahres errechnet. ³Dieser Zinssatz ist für alle Wertermittlungen auf Bewertungsstichtage in diesem Jahr anzuwenden. ⁴Das Bundesministerium der Finanzen veröffentlicht den maßgebenden Zinssatz im Bundessteuerblatt.

(3) Der Kapitalisierungsfaktor ist der Kehrwert des Kapitalisierungszinssatzes.

§ 205 Anwendungsvorschriften

(1) Dieses Gesetz in der Fassung des Artikels 7 des Gesetzes vom 1. November 2011 (BGBl. I S. 2131) ist auf Bewertungsstichtage nach dem 30. Juni 2011 anzuwenden.

(2) Soweit die §§ 40, 41, 44, 55 und 125 Beträge in Deutscher Mark enthalten, gelten diese nach dem 31. Dezember 2001 als Berechnungsgrößen fort.

(3) § 145 Absatz 3 Satz 1 und 4, § 166 Absatz 2 Nummer 1, § 179 Satz 4 und § 192 Satz 2 in der Fassung des Artikels 10 des Gesetzes vom 7. Dezember 2011 (BGBl. I S. 2592) sind auf Bewertungsstichtage nach dem 13. Dezember 2011 anzuwenden.

(4) Anlage 1, Anlage 19 und Teil II der Anlage 24 in der Fassung des Artikels 10 des Gesetzes vom 7. Dezember 2011 (BGBl. I S. 2592) sind auf Bewertungsstichtage nach dem 31. Dezember 2011 anzuwenden.

Anhang 2
Erbschaftsteuer-Durchführungsverordnung (ErbStDV)

idF der Bekanntmachung vom 8. 9. 1998
(BGBl I, 98, 2658)

zuletzt geändert durch Gesetz vom 8. 12. 2010 (BGBl I 10, 1768)

BGBl. III/FNA 611-8-2-2-1

Zu § 33 ErbStG

§ 1 Anzeigepflicht der Vermögensverwahrer und der Vermögensverwalter

(1) ¹Wer zur Anzeige über die Verwahrung oder Verwaltung von Vermögen eines Erblassers verpflichtet ist, hat die Anzeige nach § 33 Abs. 1 des Gesetzes mit einem Vordruck nach Muster 1 zu erstatten. ²Wird die Anzeige in einem maschinellen Verfahren erstellt, kann auf eine Unterschrift verzichtet werden. ³Die Anzeigepflicht bezieht sich auch auf die für das Jahr des Todes bis zum Todestag errechneten Zinsen für Guthaben, Forderungen und Wertpapiere (Stückzinsen). ⁴Die Anzeige ist bei dem für die Verwaltung der Erbschaftsteuer zuständigen Finanzamt (§ 35 des Gesetzes) einzureichen.

(2) Die Anzeigepflicht besteht auch dann, wenn an dem in Verwahrung oder Verwaltung befindlichen Wirtschaftsgut außer dem Erblasser auch noch andere Personen beteiligt sind.

(3) Befinden sich am Todestag des Erblassers bei dem Anzeigepflichtigen Wirtschaftsgüter in Gewahrsam, die vom Erblasser verschlossen oder unter Mitverschluß gehalten wurden (z.B. in Schließfächern), genügt die Mitteilung über das Bestehen eines derartigen Gewahrsams und, soweit er dem Anzeigepflichtigen bekannt ist, die Mitteilung des Versicherungswerts.

(4) Die Anzeige darf nur unterbleiben,

1. wenn es sich um Wirtschaftsgüter handelt, über die der Erblasser nur die Verfügungsmacht hatte, insbesondere als gesetzlicher Vertre-

ter, Betreuer, Liquidator, Verwalter oder Testamentsvollstrecker, oder

2. wenn der Wert der anzuzeigenden Wirtschaftsgüter 5000 Euro nicht übersteigt.

§ 2 Anzeigepflicht derjenigen, die auf den Namen lautende Aktien oder Schuldverschreibungen ausgegeben haben

¹Wer auf den Namen lautende Aktien oder Schuldverschreibungen ausgegeben hat, hat unverzüglich nach dem Eingang eines Antrags auf Umschreibung der Aktien oder Schuldverschreibungen eines Verstorbenen dem für die Verwaltung der Erbschaftsteuer zuständigen Finanzamt (§ 35 des Gesetzes) unter Hinweis auf § 33 Abs. 2 des Gesetzes anzuzeigen:

1. die Wertpapier-Kennnummer, die Stückzahl und den Nennbetrag der Aktien oder Schuldverschreibungen,
2. die letzte Anschrift des Erblassers, auf dessen Namen die Wertpapiere lauten,
3. den Todestag des Erblassers und – wenn dem Anzeigepflichtigen bekannt – das Standesamt, bei dem der Sterbefall beurkundet worden ist,
4. den Namen, die Anschrift und, soweit dem Anzeigepflichtigen bekannt, das persönliche Verhältnis (Verwandtschaftsverhältnis, Ehegatte oder Lebenspartner) der Person, auf deren Namen die Wertpapiere umgeschrieben werden sollen.

²Die Anzeige darf nur unterbleiben, wenn der Wert der anzuzeigenden Wertpapiere 5000 Euro nicht übersteigt.

§ 3 Anzeigepflicht der Versicherungsunternehmen

(1) ¹Zu den Versicherungsunternehmen, die Anzeigen nach § 33 Abs. 3 des Gesetzes zu erstatten haben, gehören auch die Sterbekassen von Berufsverbänden, Vereinen und anderen Anstalten, soweit sie die Lebens-(Sterbegeld-) oder Leibrenten-Versicherung betreiben. ²Die Anzeigepflicht besteht auch für Vereine und Berufsverbände, die mit einem Versicherungsunternehmen die Zahlung einer Versicherungssumme (eines Sterbegeldes) für den Fall des Todes ihrer Mitglieder vereinbart haben, wenn der Versicherungsbetrag an die Hinterbliebenen der Mitglieder weitergeleitet wird. ³Ortskrankenkassen gelten nicht als Versicherungsunternehmen im Sinne der genannten Vorschrift.

Anh 2   § 4 ErbStDV

(2) ¹Dem für die Verwaltung der Erbschaftsteuer zuständigen Finanzamt (§ 35 des Gesetzes) sind mit einem Vordruck nach Muster 2 alle Versicherungssummen oder Leibrenten, die einem anderen als dem Versicherungsnehmer auszuzahlen oder zur Verfügung zu stellen sind, und, soweit demAnzeigepflichtigen bekannt, das persönliche Verhältnis (Verwandtschaftsverhältnis, Ehegatte oder Lebenspartner) der Person, an die die Auszahlung oder Zurverfügungstellung erfolgt, anzuzeigen. ²Zu den Versicherungssummen rechnen insbesondere auch Versicherungsbeträge aus Sterbegeld-, Aussteuer- und ähnlichen Versicherungen. ³Bei einem Wechsel des Versicherungsnehmers vor Eintritt des Versicherungsfalls sind der Rückkaufswert der Versicherung sowie der Name, die Anschrift und das Geburtsdatum des neuen Versicherungsnehmers anzuzeigen.

(3) ¹Die Anzeige unterbleibt bei solchen Versicherungssummen, die auf Grund eines von einem Arbeitgeber für seine Arbeitnehmer abgeschlossenen Versicherungsvertrages bereits zu Lebzeiten des Versicherten (Arbeitnehmers) fällig und an diesen ausgezahlt werden. ²Die Anzeige darf bei Kapitalversicherungen unterbleiben, wenn der auszuzahlende Betrag 5000 Euro nicht übersteigt.

Zu § 34 ErbStG

§ 4 Anzeigepflicht der Standesämter

(1) ¹Die Standesämter haben für jeden Kalendermonat die Sterbefälle jeweils durch Übersendung der Sterbeurkunde in zweifacher Ausfertigung binnen zehn Tagen nach Ablauf des Monats dem für die Verwaltung der Erbschaftsteuer zuständigen Finanzamt, in dessen Bezirk sich der Sitz des Standesamtes befindet, anzuzeigen. ²Dabei ist die Ordnungsnummer (§ 5 Abs. 2) anzugeben, die das Finanzamt dem Standesamt zugeteilt hat. ³Die in Satz 1 genannten Urkunden sind um Angaben zu den in Muster 3 genannten Fragen zu ergänzen, soweit diese Angaben bekannt sind.

(2) Sind in dem vorgeschriebenen Zeitraum Sterbefälle nicht beurkundet oder bekannt geworden, hat das Standesamt innerhalb von zehn Tagen nach Ablauf des Zeitraumes unter Angabe der Nummer der letzten Eintragung in das Sterberegister eine Fehlanzeige mit einem Vordruck nach Muster 4 zu übersenden.

§ 5 ErbStDV **Anh 2**

(3) Die Oberfinanzdirektion kann anordnen,

1. daß die Anzeigen von einzelnen Standesämtern für einen längeren oder kürzeren Zeitraum als einen Monat übermittelt werden können,
2. daß die Standesämter die Sterbefälle statt der Anzeigen nach Absatz 1 und 2 durch eine Totenliste (Absatz 4) nach Muster 3 anzeigen können,
3. daß auf die zweite Ausfertigung der Sterbeurkunde verzichtet werden kann.

(4) [1] Totenlisten nach Absatz 3 Nr. 2 sind vorbehaltlich des Absatzes 3 Nr. 1 für jeden Kalendermonat aufzustellen. [2] In die Totenlisten sind einzutragen:

1. die Sterbefälle nach der Reihenfolge der Eintragungen in das Sterberegister,
2. die dem Standesamt sonst bekanntgewordenen Sterbefälle von Personen, die im Ausland verstorben sind und bei ihrem Tod einen Wohnsitz oder ihren gewöhnlichen Aufenthalt oder Vermögen im Bezirk des Standesamtes gehabt haben.

[2] Das Standesamt hat die Totenliste binnen zehn Tagen nach dem Ablauf des Zeitraumes, für den sie aufgestellt ist, nach der in dem Muster 3 vorgeschriebenen Anleitung abzuschließen und dem für die Verwaltung der Erbschaftsteuer zuständigen Finanzamt, in dessen Bezirk sich der Sitz des Standesamtes befindet, einzusenden. [3] Dabei ist die Ordnungsnummer (§ 5 Abs. 2) anzugeben, die das Finanzamt dem Standesamt zugeteilt hat. [4] Sind in dem vorgeschriebenen Zeitraum Sterbefälle nicht beurkundet worden oder bekanntgeworden, hat das Standesamt innerhalb von zehn Tagen nach Ablauf des Zeitraumes diesem Finanzamt eine Fehlanzeige nach Muster 4 zu übersenden. [5] In der Fehlanzeige ist auch die Nummer der letzten Eintragung in das Sterberegister anzugeben.

§ 5 Verzeichnis der Standesämter

(1) [1] Die Landesregierungen oder die von ihnen bestimmten Stellen teilen den für ihr Gebiet zuständigen Oberfinanzdirektionen Änderungen des Bestandes oder der Zuständigkeit der Standesämter mit. [2] Von diesen Änderungen geben die Oberfinanzdirektionen den in Betracht kommenden Finanzämtern Kenntnis.

(2) Die Finanzämter geben jedem Standesamt ihres Bezirks eine Ordnungsnummer, die sie dem Standesamt mitteilen.

Anh 2

§§ 6, 7 ErbStDV

§ 6 Anzeigepflicht der Gerichte bei Todeserklärungen

(1) ¹Die Gerichte haben dem für die Verwaltung der Erbschaftsteuer zuständigen Finanzamt (§ 35 des Gesetzes) eine beglaubigte Abschrift der Beschlüsse über die Todeserklärung Verschollener oder über die Feststellung des Todes und der Todeszeit zu übersenden. ²Wird ein solcher Beschluß angefochten oder eine Aufhebung beantragt, hat das Gericht dies dem Finanzamt anzuzeigen.

(2) Die Übersendung der in Absatz 1 genannten Abschriften kann bei Erbfällen von Kriegsgefangenen und ihnen gleichgestellten Personen sowie bei Erbfällen von Opfern der nationalsozialistischen Verfolgung unterbleiben, wenn der Zeitpunkt des Todes vor dem 1. Januar 1946 liegt.

§ 7 Anzeigepflicht der Gerichte, Notare und sonstigen Urkundspersonen in Erbfällen

(1) ¹Die Gerichte haben dem für die Verwaltung der Erbschaftsteuer zuständigen Finanzamt (§ 35 des Gesetzes) beglaubigte Abschriften folgender Verfügungen und Schriftstücke mit einem Vordruck nach Muster 5 zu übersenden:

1. eröffnete Verfügungen von Todes wegen mit einer Mehrausfertigung der Niederschrift über die Eröffnungsverhandlung,
2. Erbscheine,
3. Testamentsvollstreckerzeugnisse,
4. Zeugnisse über die Fortsetzung von Gütergemeinschaften,
5. Beschlüsse über die Einleitung oder Aufhebung einer Nachlaßpflegschaft oder Nachlaßverwaltung,
6. beurkundete Vereinbarungen über die Abwicklung von Erbauseinandersetzungen.

²Eine elektronische Übermittlung der Anzeige ist ausgeschlossen. ³Die Anzeige hat unverzüglich nach dem auslösenden Ereignis zu erfolgen. ⁴Auf der Urschrift der Mitteilung oder Anzeige ist zu vermerken, wann und an welches Finanzamt die Abschrift übersandt worden ist.

(2) Jede Mitteilung oder Übersendung soll die folgenden Angaben enthalten:

1. den Namen, den Geburtstag, die letzte Anschrift, den Todestag und den Sterbeort des Erblassers,
2. das Standesamt, bei dem der Sterbefall beurkundet worden ist, und die Nummer des Sterberegisters.

§ 8 ErbStDV   **Anh 2**

(3) Soweit es den Gerichten bekannt ist, haben sie mitzuteilen:
1. den Beruf und den Familienstand des Erblassers,
2. den Güterstand bei verheirateten Erblassern,
3. die Anschriften der Beteiligten und das persönliche Verhältnis (Verwandtschaftsverhältnis, Ehegatte oder Lebenspartner) zum Erblasser,
4. die Höhe und die Zusammensetzung des Nachlasses in Form eines Verzeichnisses,
5. später bekanntgewordene Veränderungen in der Person der Erben oder Vermächtnisnehmer, insbesondere durch Fortfall von vorgesehenen Erben oder Vermächtnisnehmern.

(4) Die Übersendung der in Absatz 1 erwähnten Abschriften und die Erstattung der dort vorgesehenen Anzeigen dürfen unterbleiben,
1. wenn die Annahme berechtigt ist, dass außer Hausrat (einschließlich Wäsche und Kleidungsstücke) im Wert von höchstens 12000 Euro nur noch anderes Vermögen im reinen Wert von höchstens 20000 Euro vorhanden ist,
2. bei Erbfällen von Kriegsgefangenen und ihnen gleichgestellten Personen sowie bei Erbfällen von Opfern der nationalsozialistischen Verfolgung, wenn der Zeitpunkt des Todes vor dem 1. Januar 1946 liegt,
3. wenn der Erbschein lediglich zur Geltendmachung von Ansprüchen auf Grund des Lastenausgleichsgesetzes beantragt und dem Ausgleichsamt unmittelbar übersandt worden ist,
4. wenn seit dem Zeitpunkt des Todes des Erblassers mehr als zehn Jahre vergangen sind. ²Das gilt nicht für Anzeigen über die Abwicklung von Erbauseinandersetzungen.

(5) Die vorstehenden Vorschriften gelten entsprechend für Notare (Bezirksnotare) und sonstige Urkundspersonen, soweit ihnen Geschäfte des Nachlaßgerichtes übertragen sind.

§ 8 Anzeigepflicht der Gerichte, Notare und sonstigen Urkundspersonen bei Schenkungen und Zweckzuwendungen unter Lebenden

(1) ¹Die Gerichte haben dem für die Verwaltung der Erbschaftsteuer zuständigen Finanzamt (§ 35 des Gesetzes) eine beglaubigte Abschrift der Urkunde über eine Schenkung (§ 7 des Gesetzes) oder eine Zweck-

zuwendung unter Lebenden (§ 8 des Gesetzes) unter Angabe des der Kostenberechnung zugrunde gelegten Werts mit einem Vordruck nach Muster 6 zu übersenden. ²Eine elektronische Übermittlung der Anzeige ist ausgeschlossen. ³Enthält die Urkunde keine Angaben darüber, sind die Beteiligten über

1. das persönliche Verhältnis (Verwandtschaftsverhältnis, Ehegatte oder Lebenspartner) des Erwerbers zum Schenker und
2. den Wert der Zuwendung

zu befragen und die Angaben in der Anzeige mitzuteilen. ⁴Die Anzeige hat unverzüglich nach der Beurkundung zu erfolgen. ⁵Auf der Urschrift der Urkunde ist zu vermerken, wann und an welches Finanzamt die Abschrift übersandt worden ist. ⁶Die Gerichte haben bei der Beurkundung von Schenkungen und Zweckzuwendungen unter Lebenden die Beteiligten auf die mögliche Steuerpflicht hinzuweisen.

(2) Die Verpflichtungen nach Absatz 1 erstrecken sich auch auf Urkunden über Rechtsgeschäfte, die zum Teil oder der Form nach entgeltlich sind, bei denen aber Anhaltspunkte dafür vorliegen, daß eine Schenkung oder Zweckzuwendung unter Lebenden vorliegt.

(3) Die Übersendung einer beglaubigten Abschrift von Schenkungs- und Übergabeverträgen und die Mitteilung der in Absatz 1 vorgesehenen Angaben darf unterbleiben, wenn Gegenstand der Schenkung nur Hausrat (einschließlich Wäsche und Kleidungsstücke) im Wert von höchstens 12000 Euro und anderes Vermögen im reinen Wert von höchstens 20000 Euro ist.

(4) Die vorstehenden Vorschriften gelten entsprechend für Notare (Bezirksnotare) und sonstige Urkundspersonen.

§ 9 Anzeigepflicht der Auslandsstellen

¹Die diplomatischen Vertreter und Konsuln des Bundes haben dem Bundeszentralamt für Steuern anzuzeigen:

1. die ihnen bekannt gewordenen Sterbefälle von Deutschen ihres Amtsbezirks,
2. die ihnen bekannt gewordenen Zuwendungen ausländischer Erblasser oder Schenker an Personen, die im Inland einen Wohnsitz oder ihren gewöhnlichen Aufenthalt haben.

²Eine elektronische Übermittlung der Anzeige ist ausgeschlossen.

§ 10 Anzeigepflicht der Genehmigungsbehörden

¹Die Behörden, die Stiftungen anerkennen oder Zuwendungen von Todes wegen und unter Lebenden an juristische Personen und dergleichen genehmigen, haben dem für die Verwaltung der Erbschaftsteuer zuständigen Finanzamt (§ 35 des Gesetzes) über solche innerhalb eines Kalendervierteljahres erteilten Anerkennungen oder Genehmigungen unmittelbar nach Ablauf des Vierteljahres eine Nachweisung zu übersenden. ²Eine elektronische Übermittlung der Anzeige ist ausgeschlossen. ³Die Verpflichtung erstreckt sich auch auf Rechtsgeschäfte der in § 8 Abs. 2 bezeichneten Art. ⁴In der Nachweisung sind bei einem Anerkennungs- oder Genehmigungsfall anzugeben:

1. der Tag der Anerkennung oder Genehmigung,
2. die Anschriften des Erblassers (Schenkers) und des Erwerbers (bei einer Zweckzuwendung die Anschrift des mit der Durchführung der Zweckzuwendung Beschwerten),
3. die Höhe des Erwerbs (der Zweckzuwendung),
4. bei Erwerben von Todes wegen der Todestag und der Sterbeort des Erblassers,
5. bei Genehmigung einer Stiftung der Name, der Sitz (der Ort der Geschäftsleitung), der Zweck der Stiftung und der Wert des ihr gewidmeten Vermögens,
6. wenn bei der Anerkennung oder Genehmigung dem Erwerber Leistungen an andere Personen oder zu bestimmten Zwecken auferlegt oder wenn von dem Erwerber solche Leistungen zur Erlangung der Anerkennung oder Genehmigung freiwillig übernommen werden: Art und Wert der Leistungen, die begünstigten Personen oder Zwecke und das persönliche Verhältnis (Verwandtschaftsverhältnis, Ehegatte oder Lebenspartner) der begünstigten Personen zum Erblasser (Schenker).

⁵Als Nachweisung kann eine beglaubigte Abschrift der der Stiftung zugestellten Urkunde über die Anerkennung als rechtsfähig dienen, wenn aus ihr die genannten Angaben zu ersehen sind.

§ 11 Anzeigen im automatisierten Verfahren

Die oberste Finanzbehörde eines Landes kann anordnen, daß die Anzeigen den Finanzämtern ihres Zuständigkeitsbereichs in einem automatisierten Verfahren erstattet werden können, soweit die Übermitt-

Anh 2 §§ 12, 13 ErbStDV

lung der jeweils aufgeführten Angaben gewährleistet und die Richtigkeit der Datenübermittlung sichergestellt ist.

Schlußvorschriften

§ 12 Anwendung der Verordnung

Diese Verordnung in der Fassung des Artikels 5 der Verordnung vom 17. November 2010 (BGBl. I S. 1544) ist auf Erwerbe anzuwenden, für die die Steuer nach dem 31. Dezember 2010 entsteht.

§ 13 Inkrafttreten, Außerkrafttreten

[1] Diese Verordnung tritt am 1. August 1998 in Kraft. [2] Gleichzeitig tritt die Erbschaftsteuer-Durchführungsverordnung in der im Bundesgesetzblatt Teil III, Gliederungsnummer 611-8-1, veröffentlichten bereinigten Fassung, zuletzt geändert durch Artikel 3 des Gesetzes vom 20. Dezember 1996 (BGBl. I S. 2049), außer Kraft.

Muster 1 ErbStDV

Anh 2

Muster 1
(§ 1 ErbStDV)

....

Firma

Erbschaftsteuer

An das
Finanzamt ....
– Erbschaftsteuerstelle –

....

Anzeige
über die Verwahrung oder Verwaltung fremden Vermögens (§ 33 Abs. 1 ErbStG und § 1 ErbStDV)

1. **Erblasser** Name, Vorname ....
   Geburtstag ....
   Anschrift ....
   Todestag .... Sterbeort ....
   Standesamt .... Sterberegister-Nr. ....

2. **Guthaben und andere Forderungen, auch Gemeinschaftskonten**

Konto-Nr.	Nennbetrag am Todestag ohne Zinsen für das Jahr des Todes (volle EUR)	Aufgelaufene Zinsen bis zum Todestag (volle EUR)	Hat der Kontoinhaber mit dem Kreditinstitut vereinbart, daß die Guthaben oder eines derselben mit seinem Tod auf eine bestimmte Person übergehen? Wenn ja: Name und genaue Anschrift dieser Person
1	2	3	4

Von den Angaben in Spalte 1 entfallen auf unselbständige Zweigniederlassungen im Ausland:
Konto-Nr.:

3. **Wertpapiere, Anteile, Genußscheine und dergleichen, auch solche in Gemeinschaftsdepots**

Bezeichnung der Wertpapiere usw. Wertpapierkenn-Nr.	Nennbetrag am Todestag (volle EUR)	Kurswert bzw. Rücknahmepreis am Todestag (volle EUR)	Stückzinsen bis zum Todestag (volle EUR)	Bemerkungen
1	2	3	4	5

Von den Angaben in Spalte 1 entfallen auf unselbständige Zweigniederlassungen im Ausland:
Bezeichnung der Wertpapiere usw., Wertpapierkenn-Nr.:

4. **Der Verstorbene hatte kein – ein Schließfach/ … Schließfächer** Versicherungswert .... EUR

5. **Bemerkungen** (z.B. über Schulden des Erblassers beim Kreditinstitut): ....

....

Ort, Datum   Unterschrift

Anh 2

Muster 2 ErbStDV

Muster 2
(§ 3 ErbStDV)

Firma

Erbschaftsteuer

An das
Finanzamt
– Erbschaftsteuerstelle –

Anzeige
über die Auszahlung oder Zurverfügungstellung von Versicherungssummen oder Leibrenten an einen anderen als den Versicherungsnehmer (§ 33 Abs. 3 ErbStG und § 3 ErbStDV)

1. **Versicherter**	**und Versicherungsnehmer** (wenn er ein anderer ist als der Versicherte)
a) Name und Vorname	
b) Geburtsdatum	
c) Anschrift	
d) Todestag	
e) Sterbeort	
f) Standesamt und Sterberegister-Nr.	

Zeitpunkt der Auszahlung beziehungsweise Zurverfügungstellung in Fällen, in denen der Versicherungsnehmer nicht verstorben ist:

2. Versicherungsschein-Nr.

3. a) Bei Kapitalversicherung

Auszuzahlender Versicherungsbetrag (einschließlich Dividenden und dergleichen abzüglich noch geschuldeter Prämien, vor der Fälligkeit der Versicherungssumme gewährter Darlehen, Vorschüsse und dergleichen)   EUR

b) Bei Rentenversicherung

Jahresbetrag   EUR   Dauer der Rente

4. Zahlungsempfänger ist

☐ als Inhaber des Versicherungsscheins *
☐ als Bevollmächtigter, gesetzlicher Vertreter des * ....
☐ als Begünstigter *
☐ aus einem anderen Grund (Abtretung, Verpfändung, gesetzliches Erbrecht, Testament und dergleichen) und welchem? *

* Zutreffendes ist anzukreuzen

5. Nach der **Auszahlungsbestimmung des Versicherungsnehmers**, die als Bestandteil des Versicherungsvertrags anzusehen ist, ist/sind bezugsberechtigt

6. Bei **Wechsel des Versicherungsnehmers**

Neuer Versicherungsnehmer ist

Rückkaufswert   EUR

7. Bemerkungen (z.B. persönliches Verhältnis
– Verwandtschaftsverhältnis, Ehegatte oder Lebenspartner - der Beteiligten)

Ort, Datum   Unterschrift

Muster 3 ErbStDV **Anh 2**

Muster 3
(§ 4 ErbStDV)

Standesamt und Ordnungsnummer

Erbschaftsteuer
Totenliste

des Standesamtsbezirks ....

für den Zeitraum vom .... bis .... einschließlich

Sitz des Standesamts ....

Anleitung für die Aufstellung und Einsendung der Totenliste

1. Die Totenliste ist für den Zeitraum eines Monats aufzustellen, sofern nicht die Oberfinanzdirektion die Aufstellung für einen kürzeren oder längeren Zeitraum angeordnet hat. Sie ist **beim Beginn des Zeitraums** anzulegen. Die einzelnen Sterbefälle sind darin **sofort nach ihrer Beurkundung** einzutragen.

2. In die Totenliste sind aufzunehmen
   a) alle beurkundeten Sterbefälle nach der Reihenfolge der Eintragungen im Sterberegister,
   b) die dem Standesbeamten glaubhaft bekanntgewordenen Sterbefälle im Ausland, und zwar von Deutschen und Ausländern, wenn sie beim Tod einen Wohnsitz oder ihren gewöhnlichen Aufenthalt oder Vermögen im Bezirk des Standesamtes hatten.

3. Ausfüllen der Spalten:
   a) Spalte 1 muß **alle Nummern des Sterberegisters** in ununterbrochener Reihenfolge nachweisen. Die Auslassung einzelner Nummern ist in Spalte 7 zu erläutern. Auch der Sterbefall eines Unbekannten ist in der Totenliste anzugeben.
   b) In den Spalten 5 und 6 ist der Antwort stets der Buchstabe der Frage voranzusetzen, auf die sich die Antwort bezieht.
   c) Fragen, über die das Sterberegister keine Auskunft gibt, sind zu beantworten, soweit sie der Standesbeamte aus eigenem Wissen oder nach Befragen des Anmeldenden beantworten kann.
   d) Bezugnahmen auf vorhergehende Angaben durch „desgl." oder durch Strichzeichen (") usw. sind zu vermeiden.
   e) Spalte 8 ist nicht auszufüllen.

4. Einlagebogen sind in den Titelbogen einzuheften.

5. Abschluß der Liste:
   a) Die Totenliste ist hinter der letzten Eintragung mit Orts- und Zeitangabe und der Unterschrift des Standesbeamten abzuschließen.
   b) Sind Sterbefälle der unter Nummer 2 Buchstabe b bezeichneten Art nicht bekanntgeworden, ist folgende Bescheinigung zu unterschreiben:

      Im Ausland eingetretene Sterbefälle von Deutschen und Ausländern, die beim Tod einen Wohnsitz oder ihren gewöhnlichen Aufenthalt oder Vermögen im Bezirk des Standesamtes hatten, sind mir nicht bekanntgeworden.

   ....
   Ort, Datum (Standesbeamter/Standesbeamtin)

   c) Binnen **zehn Tagen** nach Ablauf des Zeitraums, für den die Liste aufzustellen ist, ist sie dem Finanzamt einzureichen. Sind in dem Zeitraum Sterbefälle **nicht** anzugeben, ist dem Finanzamt binnen zehn Tagen nach Ablauf des Zeitraums eine Fehlanzeige nach besonderem Muster zu erstatten.

An das
Finanzamt ....
– Erbschaftsteuerstelle –

Anh 2

Muster 3 ErbStDV

(Seite 2)

Nummer des Sterberegisters	a) Familienname ggf. auch Geburtsname b) Vornamen c) Beruf d) Anschrift e) Bei minderjährigen Kindern Name, Beruf und Anschrift (soweit von d) abweichend) des Vaters und der Mutter	a) Todestag b) Geburtstag c) Geburtsort	a) Familienstand b) bei Verheirateten Name, Beruf, Geburtstag, ggf. abweichende Anschrift des anderen Ehegatten c) bei Verwitweten Beruf des verstorbenen Ehegatten
		des Verstorbenen	
1	2	3	4

(Seite 3)

Lebten von dem Verstorbenen am Todestag a) Kinder? Wie viele? b) Abkömmlinge von verstorbenen Kindern? Wie viele? c) Eltern oder Geschwister? (Nur angeben, wenn a) und b) verneint wird) d) Sonstige Verwandte oder Verschwägerte? (Nur angeben, wenn a) bis c) verneint wird) e) Wer kann Auskunft geben? Zu a) bis e) bitte Name und Anschrift angeben	Worin besteht der Nachlaß und welchen Wert hat er? (kurze Angabe) a) Land- und forstw. Vermögen (bitte Lage und Größe der bewirtschafteten Fläche angeben) b) Grundvermögen (bitte Lage angeben) c) Betriebsvermögen (bitte die Firma und Art des Betriebs, z.B. Einzelhandelsgeschäft, Großhandel, Handwerksbetrieb, Fabrik angeben) d) Übriges Vermögen	Bemerkungen	Nummer und Jahrgang der Steuerliste
5	6	7	8

Muster 4 ErbStDV   **Anh 2**

Muster 4
(§ 4 ErbStDV)

Standesamt und Ordnungsnummer

Erbschaftsteuer

An das
Finanzamt
– Erbschaftsteuerstelle –

Fehlanzeige

Im Standesamtsbezirk
sind für die Zeit vom .... bis .... einschließlich
Sterbefälle nicht anzugeben.
Der letzte Sterbefall ist beurkundet im Sterberegister unter Nr.

Im Ausland eingetretene Sterbefälle von Deutschen und von Ausländern, die beim Tod einen Wohnsitz oder ihren gewöhnlichen Aufenthalt oder Vermögen im Bezirk des Standesamtes hatten, sind mir nicht bekanntgeworden.

Bemerkungen

Ort, Datum   Unterschrift

Anh 2

Muster 5 ErbStDV

Muster 5
(§ 7 ErbStDV)

Amtsgericht/Notariat

Erbschaftsteuer

An das
Finanzamt
– Erbschaftsteuerstelle –

Die anliegende ... beglaubigte ... Abschrift.../Ablichtung ... wird/werden mit folgenden Bemerkungen übersandt:

Erblasser Name, Vorname
Geburtstag
letzte Anschrift
Beruf
Familienstand
Güterstand (bei Verheirateten)
Todestag und Sterbeort
Standesamt und Sterberegister-Nr.
Testament/Erbvertrag vom
Tag der Eröffnung

Die **Gebühr** für die ist berechnet nach einem Wert von	Errichtung EUR	Verwahrung EUR	Eröffnung EUR

Grund der Übersendung

Eröffnung einer ☐ Verfügung von Todes wegen *

Erteilung eines ☐ Erbscheins *   ☐ Testamentsvollstreckerzeugnisses *   ☐ Zeugnisses über die Fortsetzung von Gütergemeinschaften *

Beurkundung einer ☐ Erbauseinandersetzung

Beschluß über die ☐ Einleitung oder Aufhebung einer Nachlaßpflegschaft *   ☐ Einleitung oder Aufhebung einer Nachlaßverwaltung *

Die Namen und Anschriften der Beteiligten und das persönliche Verhältnis (Verwandtschaftsverhältnis, Ehegatte oder Lebenspartner) zum Erblasser sowie Veränderungen in der Person der Erben, Vermächtnisnehmer, Testamentsvollstrecker usw. (durch Tod, Eintritt eines Ersatzerben, Ausschlagung, Amtsniederlegung des Testamentsvollstreckers und dergleichen) und Änderungen in den Verhältnissen dieser Personen (Namens-, Berufs-, Anschriftenänderungen und dergleichen)

☐ ergeben sich aus der beiliegenden Abschrift der Eröffnungsverhandlung. *

☐ sind auf einem gesonderten Blatt angegeben. *

☐ Zur Höhe und Zusammensetzung des Nachlasses ist dem Gericht/Notariat folgendes bekanntgeworden: *

☐ Ein Verzeichnis der Nachlaßgegenstände ist beigefügt. *

* Zutreffendes ist anzukreuzen

Ort, Datum   Unterschrift

Muster 6 ErbStDV **Anh 2**

Muster 6
(§ 8 ErbStDV)

Amtsgericht/Notariat

Schenkungsteuer

An das
Finanzamt
– Erbschaftsteuerstelle –

Die anliegende beglaubigte Abschrift/Ablichtung wird mit folgenden Bemerkungen übersandt:

1. **Schenker** Name, Vorname
   Geburtstag
   Anschrift

2. **Beschenkter** Name, Vorname
   Geburtstag
   Anschrift

3. **Vertrag** vom .... Urkundenrolle-Nr.

4. **Ergänzende Angaben** (§ 34 ErbStG, § 8 ErbStDV)
   Persönliche Verhältnis (Verwandtschaftsverhältnis, Ehegatte oder Lebenspartner) des Erwerbers zum Schenker (z. B. Kind, Geschwisterkind, Bruder der Mutter, nicht verwandt)

Verkehrswert des übertragenen Vermögens	Bei Grundbesitz: letzter Einheitswert/Grundbesitzwert (Nichtzutreffendes ist zu streichen)	Wert, der der Kostenberechnung zugrunde liegt
EUR	EUR	EUR

5. **Sonstige Angaben**
   Zur Verfahrensvereinfachung und Vermeidung von Rückfragen werden mit Einverständnis der Urkundsparteien folgende Angaben gemacht, soweit sie nicht bereits aus dem Vertrag ersichtlich sind:

Valutastand der übernommenen Verbindlichkeiten am Tag der Schenkung	Jahreswert von Gegenleistungen wie z.B. Nießbrauch	Höhe der Notargebühren
EUR	EUR	EUR

Ort, Datum   Unterschrift

Anhang 3

Verzeichnis der für die Verwaltung der Erbschaftsteuer und Schenkungsteuer zuständigen Finanzämter

Stand: 1. Januar 2012

Name und Anschrift des Erbschaftsteuer-(Schenkungsteuer-)Finanzamts	Bezirk des Erbschaftsteuer-(Schenkungsteuer-)Finanzamts

Baden-Württemberg

Aalen
Bleichgartenstraße 17
73431 Aalen
PLZ-Großk.-Nr.
73428 Aalen

Bezirke der Finanzämter
Aalen, Heidenheim, Schorndorf,
Schwäbisch Gmünd, Schwäbisch Hall,
Ulm und Waiblingen

Freiburg-Land
Stefan-Meier-Straße 133
79104 Freiburg
PLZ-Großk.-Nr.
79095 Freiburg

Bezirke der Finanzämter
Emmendingen, Freiburg-Land,
Freiburg-Stadt, Lahr, Lörrach,
Müllheim und Offenburg

Karlsruhe-Durlach
Prinzessenstraße 2
76227 Karlsruhe
Postfach 41 03 26
76203 Karlsruhe

Bezirke der Finanzämter
Baden-Baden, Bruchsal, Calw,
Ettlingen, Freudenstadt, Karlsruhe-
Durlach, Karlsruhe-Stadt, Mühlacker,
Pforzheim und Rastatt

Mosbach
Pfalzgraf-Otto-Straße 5
74821 Mosbach
Erbschaftsteuerstelle:
Albert-Schneider-Straße 1
74731 Walldürn

Bezirke der Finanzämter
Heidelberg, Mannheim-Neckarstadt,
Mannheim-Stadt, Mosbach,
Schwetzingen, Sinsheim und
Weinheim

Reutlingen
Leonhardsplatz 1
72764 Reutlingen
Postfach 15 43
72705 Reutlingen

Bezirke der Finanzämter
Bad Urach, Böblingen, Esslingen,
Göppingen, Leonberg, Nürtingen,
Reutlingen und Tübingen

Erbschaftsteuer-Finanzämter **Anh 3**

Name und Anschrift des Erbschaftsteuer-(Schenkungsteuer-)Finanzamts	Bezirk des Erbschaftsteuer-(Schenkungsteuer-)Finanzamts
Sigmaringen Karlstraße 31 72488 Sigmaringen Postfach 12 50 72481 Sigmaringen	Bezirke der Finanzämter Balingen, Biberach, Ehingen, Friedrichshafen, Ravensburg, Sigmaringen, Überlingen und Wangen
Tauberbischofsheim Dr.-Burger-Straße 1 97941 Tauberbischofsheim Postfach 13 40 97933 Tauberbischofsheim	Bezirke der Finanzämter Backnang, Bietigheim-Bissingen, Heilbronn, Ludwigsburg, Öhringen, Stuttgart I, Stuttgart II, Stuttgart III, Stuttgart Körperschaften und Tauberbischofsheim
Villingen-Schwenningen Weiherstraße 7 78050 Villingen-Schwenningen PLZ-Großk.-Nr. 78045 Villingen-Schwenningen	Bezirke der Finanzämter Konstanz, Rottweil, Singen, Tuttlingen, Villingen-Schwenningen und Waldshut-Tiengen

Bayern

Amberg Kirchensteig 2 92224 Amberg Postfach 14 52 92204 Amberg	Bezirke der Finanzämter Amberg, Cham, Hersbruck, Hilpoltstein, Neumarkt i.d.OPf., Nürnberg-Nord, Nürnberg-Süd, Zentralfinanzamt Nürnberg, Regensburg, Schwabach, Schwandorf, Waldsassen und Weiden i.d.OPf.
Eggenfelden Pfarrkirchnerstraße 71 84307 Eggenfelden Postfach 11 60 84301 Eggenfelden	Bezirke der Finanzämter Berchtesgaden, Burghausen, Deggendorf, Dingolfing, Ebersberg, Eggenfelden, Grafenau, Kelheim, Landshut, Miesbach, Mühldorf a. Inn, Passau, Rosenheim, Straubing, Traunstein und Zwiesel
Hof Ernst-Reuter-Straße 60 95030 Hof Postfach 13 68 95012 Hof	Bezirke der Finanzämter Bamberg, Bayreuth, Coburg, Erlangen, Forchheim, Hof, Kronach, Kulmbach, Lichtenfels und Wunsiedel
Kaufbeuren Remboldstraße 21 87600 Kaufbeuren Postfach 12 60 87572 Kaufbeuren	Bezirke der Finanzämter Garmisch-Partenkirchen, Kaufbeuren, Kempten (Allgäu), Landsberg a. Lech, Lindau (Bodensee), München, Starnberg, Weilheim-Schongau und Wolfratshausen

Anh 3 Erbschaftsteuer-Finanzämter

Name und Anschrift des Erbschaftsteuer-(Schenkungsteuer-)Finanzamts	Bezirk des Erbschaftsteuer-(Schenkungsteuer-)Finanzamts
Lohr am Main Rexrothstraße 14 97816 Lohr am Main Postfach 14 65 97804 Lohr am Main	Bezirke der Finanzämter Ansbach, Aschaffenburg, Bad Kissingen, Bad Neustadt a.d. Saale, Fürth, Gunzenhausen, Kitzingen, Lohr a. Main, Obernburg a. Main, Schweinfurt, Uffenheim, Würzburg und Zeil a. Main
Nördlingen Tändelmarkt 1 86720 Nördlingen Postfach 15 21 86715 Nördlingen	Bezirke der Finanzämter Augsburg-Land, Augsburg-Stadt, Dachau, Dillingen a.d. Donau, Eichstätt, Erding, Freising, Fürstenfeldbruck, Günzburg, Ingolstadt, Memmingen, Neu-Ulm, Nördlingen, Pfaffenhofen a.d. Ilm und Schrobenhausen

Berlin

Schöneberg Potsdamer Straße 140 10783 Berlin	Bezirke der Finanzämter Charlottenburg, Friedrichshain-Kreuzberg, Lichtenberg, Marzahn-Hellersdorf, Mitte/Tiergarten, Neukölln, Pankow/Weißensee, Prenzlauer Berg, Reinickendorf, Schöneberg, Spandau, Steglitz, Tempelhof, Treptow-Köpenick, Wedding, Wilmersdorf, Zehlendorf, Finanzamt für Körperschaften I bis IV

Brandenburg

Frankfurt (Oder) Müllroser Chaussee 53 15236 Frankfurt (Oder)	Bezirke der Finanzämter Angermünde, Brandenburg, Calau, Cottbus, Eberswalde, Finsterwalde, Frankfurt (Oder), Fürstenwalde, Königs Wusterhausen, Kyritz, Luckenwalde, Nauen, Oranienburg, Potsdam, Pritzwalk und Strausberg

Bremen

Bremerhaven Schifferstraße 2–8 27568 Bremerhaven Postfach 12 02 42 27516 Bremerhaven	Bezirke der Finanzämter Bremen-Mitte, Bremen-Nord, Bremen-Ost, Bremen-West und Bremerhaven

Erbschaftsteuer-Finanzämter **Anh 3**

Name und Anschrift des Erbschaftsteuer-(Schenkungsteuer-)Finanzamts	Bezirk des Erbschaftsteuer-(Schenkungsteuer-)Finanzamts

Hamburg

Finanzamt für Verkehrsteuern und
Grundbesitz in Hamburg
Gorch-Fock-Wall 11
20355 Hamburg
Postfach 30 17 21
20306 Hamburg

Bezirke der Finanzämter
Hamburg-Altona, Hamburg-Am
Tierpark, Hamburg-Barmbeck-
Uhlenhorst, Hamburg-Bergedorf,
Hamburg-Eimsbüttel, Hamburg-
Hansa, Hamburg-Harburg,
Hamburg-Mitte-Altstadt, Hamburg-
Neustadt-St. Pauli, Hamburg-Nord,
Hamburg-Oberalster, Hamburg-
Wandsbek

Hessen

Fulda
Königstraße 2
36037 Fulda
Postfach 13 46
36003 Fulda

Bezirke der Finanzämter
Bad Homburg v.d. Höhe, Bensheim,
Darmstadt, Dieburg, Frankfurt am
Main I bis IV, Frankfurt/M. V-Höchst,
Fulda, Gelnhausen, Groß-Gerau,
Hanau, Hofheim, Langen,
Limburg-Weilburg, Michelstadt,
Offenbach-Land, Offenbach-Stadt,
Rheingau-Taunus, Wiesbaden I
und II

Kassel-Hofgeismar
Goethestraße 43
34119 Kassel
Postfach 10 12 29
34012 Kassel

Bezirke der Finanzämter
Eschwege-Witzenhausen,
Hersfeld-Rotenburg,
Kassel-Hofgeismar, Kassel-Spohrstraße,
Korbach-Frankenberg und
Schwalm-Eder

Wetzlar
Frankfurter Straße 59
35578 Wetzlar
Postfach 15 20
35525 Wetzlar

Bezirke der Finanzämter
Alsfeld-Lauterbach, Dillenburg,
Friedberg, Gießen, Marburg-Bieden-
kopf, Nidda und Wetzlar

Mecklenburg-Vorpommern

Ribnitz-Damgarten
Sandhufe 3
18311 Ribnitz-Damgarten
Postfach 10 61
18301 Ribnitz-Damgarten

Bezirke der Finanzämter
Bergen, Greifswald, Güstrow,
Hagenow, Ludwigslust, Malchin,
Neubrandenburg, Parchim, Pasewalk,
Ribnitz-Damgarten, Rostock,
Schwerin, Stralsund, Waren, Wismar
und Wolgast

Anh 3 — Erbschaftsteuer-Finanzämter

Name und Anschrift des Erbschaftsteuer-(Schenkungsteuer-)Finanzamts	Bezirk des Erbschaftsteuer-(Schenkungsteuer-)Finanzamts
Niedersachsen	
Aurich Hasseburger Straße 3 26603 Aurich Postfach 12 60 26582 Aurich	Bezirke der Finanzämter Aurich, Emden, Leer (Ostfriesland), Norden und Wittmund
Braunschweig-Altewiekring Altewiekring 20 38102 Braunschweig Postfach 32 29 38022 Braunschweig	Bezirke der Finanzämter Braunschweig-Altewiekring, Braunschweig-Wilhelmstraße, Goslar, Helmstedt, Peine und Wolfenbüttel
Hannover-Mitte Lavesallee 10 30169 Hannover Postfach 1 43 30001 Hannover	Bezirke der Finanzämter Burgdorf, Hameln, Hannover-Land I und II, Hannover-Mitte, Hannover- Nord, Hannover-Süd, Nienburg (Weser), Sulingen, Syke und Stadthagen
Hildesheim Kaiserstraße 47 31134 Hildesheim Postfach 10 04 55 31104 Hildesheim	Bezirke der Finanzämter Alfeld (Leine), Bad Gandersheim, Göttingen, Herzberg (Harz), Hildesheim, Holzminden und Northeim
Lüneburg Am Alten Eisenwerk 4a 21339 Lüneburg Postfach 15 40 21305 Lüneburg	Bezirke der Finanzämter Buchholz i.d. Nordheide, Celle, Gifhorn, Lüchow, Lüneburg, Soltau, Uelzen und Winsen (Luhe)
Oldenburg (Oldb.) 91er Straße 4 26121 Oldenburg (Oldb.) Postfach 24 45 26014 Oldenburg	Bezirke der Finanzämter Cloppenburg, Delmenhorst, Nordenham, Oldenburg, Vechta, Wes- terstede und Wilhelmshaven
Osnabrück-Stadt Süsterstraße 48 49074 Osnabrück Postfach 19 20 49009 Osnabrück	Bezirke der Finanzämter Bad Bentheim, Lingen (Ems), Osnabrück-Stadt, Osnabrück-Land, Papenburg und Quakenbrück

Erbschaftsteuer-Finanzämter **Anh 3**

Name und Anschrift des Erbschaftsteuer-(Schenkungsteuer-)Finanzamts	Bezirk des Erbschaftsteuer-(Schenkungsteuer-)Finanzamts
Stade Harburger Straße 113 21680 Stade Postfach 13 40 21677 Stade	Bezirke der Finanzämter Cuxhaven, Osterholz-Scharmbeck, Rotenburg (Wümme), Stade, Verden (Aller), Wesermünde und Zeven

Nordrhein-Westfalen

Aachen-Stadt Krefelder Straße 210 52070 Aachen Postfach 10 18 33 52018 Aachen	Bezirke der Finanzämter Aachen-Stadt, Aachen-Kreis, Bonn-Außenstadt, Bonn-Innenstadt, Düren, Erkelenz, Euskirchen, Geilenkirchen, Jülich, St. Augustin und Schleiden
Arnsberg Rumbecker Straße 36 59821 Arnsberg PLZ-Großk.-Nr. 59818 Arnsberg	Bezirke der Finanzämter Altena, Arnsberg, Brilon, Hagen, Iserlohn, Lippstadt, Lüdenscheid, Meschede, Olpe, Siegen und Soest
Bochum-Süd Königsallee 21 44789 Bochum Postfach 10 07 64 44707 Bochum	Bezirke der Finanzämter Bochum-Mitte, Bochum-Süd, Bottrop, Dortmund-Hörde, Dortmund-Ost, Dortmund-Unna, Dortmund-West, Gelsenkirchen-Nord, Gelsenkirchen-Süd, Hamm, Hattingen, Herne, Marl, Recklinghausen, Schwelm und Witten
Detmold Wotanstraße 8 32756 Detmold PLZ-Großk.-Nr. 32754 Detmold	Bezirke der Finanzämter Bielefeld-Außenstadt, Bielefeld-Innenstadt, Bünde, Detmold, Gütersloh, Herford, Höxter, Lemgo, Lübbecke, Minden, Paderborn, Warburg und Wiedenbrück
Duisburg-West Friedrich-Ebert-Straße 133 47226 Duisburg Postfach 14 13 55 47203 Duisburg	Bezirke der Finanzämter Dinslaken, Duisburg-Hamborn, Duisburg-Süd, Duisburg-West, Essen-Nordost, Essen-Süd, Moers, Mühlheim an der Ruhr, Oberhausen-Nord, Oberhausen-Süd und Wesel
Köln-West Haselbergstraße 20 50931 Köln Postfach 41 04 69 50864 Köln	Bezirke der Finanzämter Bergheim, Bergisch Gladbach, Brühl, Gummersbach, Köln-Altstadt, Köln-Mitte, Köln-Nord, Köln-Ost, Köln-Porz, Köln-Süd, Köln-West, Leverkusen, Siegburg und Wipperfürth

Name und Anschrift des Erbschaftsteuer-(Schenkungsteuer-)Finanzamts	Bezirk des Erbschaftsteuer-(Schenkungsteuer-)Finanzamts
Krefeld Grenzstraße 100 47799 Krefeld Postfach 10 06 65 47706 Krefeld	Bezirke der Finanzämter Geldern, Grevenbroich, Kempen, Kleve, Krefeld, Mönchengladbach, Neuss und Viersen
Münster-Innenstadt Münzstraße 10 48143 Münster Postfach 61 03 48136 Münster	Bezirke der Finanzämter Ahaus, Beckum, Borken, Coesfeld, Ibbenbüren, Lüdinghausen, Münster-Außenstadt, Münster-Innenstadt, Steinfurt und Warendorf
Velbert Nedderstraße 38 42549 Velbert Postfach 10 13 10 42513 Velbert	Bezirke der Finanzämter Düsseldorf-Altstadt, Düsseldorf-Mettmann, Düsseldorf-Mitte, Düsseldorf-Nord, Düsseldorf-Süd, Hilden, Remscheid, Solingen-Ost, Solingen-West, Velbert, Wuppertal-Barmen und Wuppertal-Elberfeld

Rheinland-Pfalz

Koblenz Ferdinand-Sauerbruch-Straße 19 56073 Koblenz Postfach 7 09 56007 Koblenz	Bezirke der Finanzämter Altenkirchen-Hachenburg, Bad Kreuznach, Bad Neuenahr-Ahrweiler, Bernkastel-Wittlich, Bitburg-Prüm, Daun, Idar-Oberstein, Koblenz, Mayen, Montabaur-Diez, Neuwied, St. Goarshausen-St. Goar, Simmern-Zell und Trier
Kusel-Landstuhl Trierer Straße 46 66869 Kusel Postfach 12 51 66864 Kusel	Bezirke der Finanzämter Bingen-Alzey, Frankenthal, Kaiserslautern, Kusel-Landstuhl, Landau, Ludwigshafen, Mainz-Mitte, Mainz-Süd, Neustadt, Pirmasens-Zweibrücken, Speyer-Germersheim und Worms-Kirchheimbolanden

Saarland

Saarbrücken Mainzer Straße Mainzer Straße 109–111 66121 Saarbrücken Postfach 10 09 44 66009 Saarbrücken	Bezirke der Finanzämter Homburg, Merzig, Neunkirchen, Saarbrücken Am Stadtgraben, Saarlouis, St. Ingbert, St. Wendel

Erbschaftsteuer-Finanzämter **Anh 3**

Name und Anschrift des Erbschaftsteuer-(Schenkungsteuer-)Finanzamts	Bezirk des Erbschaftsteuer-(Schenkungsteuer-)Finanzamts

Sachsen

Bautzen
Wendischer Graben 3
02625 Bautzen
PLZ-Großk.-Nr.
02621 Bautzen

Bezirke der Finanzämter
Bautzen, Dresden Nord, Dresden Süd,
Freital, Görlitz, Hoyerswerda, Löbau,
Meißen, Pirna und Riesa

Chemnitz-Mitte
August-Bebel-Straße 11/13
09113 Chemnitz
PLZ-Großk.-Nr.
09097 Chemnitz

Bezirke der Finanzämter
Annaberg, Chemnitz-Mitte,
Chemnitz-Süd, Freiberg,
Hohenstein-Ernstthal, Mittweida,
Plauen, Schwarzenberg, Stollberg,
Zschopau, Zwickau-Land und
Zwickau-Stadt

Leipzig I
W.-Liebknecht-Platz 3–4
04105 Leipzig
Postfach 10 02 26
04002 Leipzig

Bezirke der Finanzämter
Borna, Döbeln, Eilenburg, Grimma,
Leipzig I und II und Oschatz

Sachsen-Anhalt

Köthen
Zeppelinstraße 15
06366 Köthen
Postfach 14 52
06354 Köthen

Bezirke der Finanzämter
Bitterfeld, Dessau, Lutherstadt
Eisleben, Halle-Nord, Halle-Süd,
Köthen, Merseburg, Naumburg,
Sangerhausen und Lutherstadt Wittenberg

Staßfurt
Atzendorfer Straße 20
39418 Staßfurt
Postfach 13 55
39404 Staßfurt

Bezirke der Finanzämter
Genthin, Haldensleben,
Magdeburg I und II, Quedlinburg,
Salzwedel, Staßfurt und Stendal

Schleswig-Holstein

Kiel-Süd
Sophienblatt 74/78
24114 Kiel
PLZ-Großk.-Nr.
24095 Kiel

Bezirke der Finanzämter
Bad Segeberg, Dithmarschen,
Eckernförde-Schleswig, Elmshorn,
Eutin, Flensburg, Itzehoe, Kiel-Nord,
Kiel-Süd, Lübeck, Neumünster,
Nordfriesland, Oldenburg (Holst.),
Pinneberg, Plön, Ratzeburg,
Rendsburg und Stormarn

Anh 3 — Erbschaftsteuer-Finanzämter

Name und Anschrift des Erbschaftsteuer-(Schenkungsteuer-)Finanzamts	Bezirk des Erbschaftsteuer-(Schenkungsteuer-)Finanzamts
Thüringen	
Gotha Reuterstraße 2 a 99867 Gotha Postfach 10 03 01 99853 Gotha	Bezirke der Finanzämter Altenburg, Eisenach, Erfurt, Gera, Gotha, Ilmenau, Jena, Mühlhausen, Pößneck, Sondershausen, Sonneberg und Suhl

Sachregister

Die fetten Ziffern bezeichnen die Paragraphen des Erbschaftsteuergesetzes, die mageren Ziffern die Anmerkungen. Die Abkürzung **Einf** verweist auf die Einführung, die Abkürzung **Anh** auf den Anhang.

Abfindung für aufschiebend bedingt, betagt oder befristet erworbene Ansprüche **3** 102; **7** 52, 116
Ausscheiden gegen nicht vollwertige A. **7** 148
für Ausschlagung des Nacherbenrechts **6** 7 f
für Ausschlagung oder Verzicht **3** 98 ff; **7** 107, 116
als einkommensteuerpflichtiger Veräußerungsgewinn **3** 33
für Erb-, Pflichtteils- und Vermächtnisverzicht vor dem Erbfall **7** 107
als Erwerbsgegenstand an Stelle einer Beteiligung **10** 61
als Gegenstand eines Vermächtnisses **3** 47
für Pflichtteil **10** 36
für Pflichtteilsansprüche **3** 53, 98 ff
Steuerentstehung bei A. **9** 37, 53
für Übertragung der Nacherbenanwartschaft **3** 103
für Vermächtnisse **3** 98 ff; **10** 37
Verzicht auf Zugewinnausgleich gegen A. **5** 43
an weichenden Erbprätendenten **3** 7
für Zurückweisung (§ 333 BGB) **3** 100

Abfindungsanspruch der Erben eines verstorbenen Gesellschafters **3** 66, 73
der weichenden Miterben bei qualifizierter Nachfolgeklausel im Gesellschaftsrecht **3** 12, 19, 73

Abfindungsergänzungsanspruch eines Miterben gegen den Hoferben **3** 72; **9** 28

Abfindungsklausel für den Ausscheidens- und Auflösungsfall **7** 127
für den Fall des Todes eines Gesellschafters **3** 66

Abkommen zur Vermeidung der Doppelbesteuerung *s Doppelbesteuerungsabkommen*

Abkömmlinge, Erbrecht der A. **3** 14
von Geschwistern, Steuerklasse **15** 13
von Kindern/Stiefkindern, Steuerklasse **15** 9, 11
nichtgemeinschaftliche A. bei fortgesetzter Gütergemeinschaft **4** 7
Pflichtteil der A. **3** 48 ff
Tod oder Verzicht eines A. bei fortgesetzter Gütergemeinschaft **4** 8
s auch Adoptivkinder
s auch Kinder
s auch Nichteheliche Kinder
s auch Stiefabkömmlinge

Ablösung der Jahressteuer bei jährlicher Versteuerung **23** 13 f

Abrundung 10 23

Abstrakte Verbindlichkeit, schenkweise Übernahme **7** 49
Übernahme einer A. als steuerpflichtige Bereicherung **7** 49

Abzug der Einkommensteuer aus dem Todesjahr **10** 32

Abzugsbetrag, Auf- und Abschmelzen **13 a** 13
Sperrwirkung **13 a** 14

Abzugsmethode bei ausländischer Steuer **10** 59; **21** 2

Abzugsverbot beim steuerpflichtigen Erwerb **10** 51 ff

Administrator, Steuerentstehung bei Bestellung eines A. **9** 25 f

Adoption eines Minderjährigen und Aufhebung der Verwandtschaft **Einf** 11
steuerliche Folgen **15** 6, 17
Zusammenrechnung mehrerer Erwerbe **14** 19
s auch Adoptivkinder
s auch Steuerklasse

Adoptiveltern

fette Ziffern = §§ ErbStG

Adoptiveltern/Voreltern, persönlicher Freibetrag **16**
Steuerklasse **15** 12, 13
Adoptivkinder, persönlicher Freibetrag **16** 9
Steuerklasse **15** 6, 11
Versorgungsfreibetrag **17** 10
Aktien, erweiterte beschränkte Steuerpflicht **2** 12
s auch Wertpapiere und Anteile
Aktiengesellschaft, Anzeigepflicht bei Umschreibung von Namensaktien **33** 6
s auch Kapitalgesellschaft
Aktienpakete, Bewertung **12** 27
Änderung des Erwerbs 3 10 a
Anerbenrecht *s Hoferbe*
Anfechtung einer Schenkung als die Bereicherung mindernder Posten **7** 59
eines Testaments und Steuerentstehung **9** 11
Angemessenheit der Zuwendung 13 69
Annahme als Kind *s Adoption*
Annahme der Erbschaft 3 15
Anrechnung, Ausschluss der A. im Rahmen von § 1380 BGB **5** 19
Anrechnung ausländischer Erbschaftsteuer/Schenkungsteuer 21
bei Auslandsvermögen **21** 1, 27 ff
Begrenzung der A. **21** 19 ff
und Doppelbesteuerungsabkommen **21** 4, 9, 35 ff
endgültige Steuer **21** 16
Entsprechungsklausel **21** 11
auf den Erwerber entfallende Steuer **21** 12
Fünfjahresfrist **21** 25
Höchstbetragsregelung **21** 22
Mischerwerb **21** 20 ff
Nachweispflicht **21** 33 f
per-country-limitation **21** 23 f
steuerfreie Schenkung **21** 15
steuerfreier Pflichtteilserwerb **21** 14
steuerfreier Vermächtniserwerb **21** 13
Umrechnungskurs **21** 17
Anrechnung nichtsteuerbarer Versorgungsbezüge auf den Versorgungsfreibetrag **17** 1, 6 ff

Anspruch, bedingter oder befristeter **9** 21
nach dem LAG, dem BEG u sonstigen Entschädigungsgesetzen **13** 37 f
s auch Abfindung
Anspruch auf Wertausgleich bei qualifizierter Nachfolgeklausel **3** 19, 73
Anteile am Betriebsvermögen, Bewertung **12** 77
Anteile an Kapitalgesellschaften, Mindestbeteiligung **13 b** 7
Poolvereinbarungen **13 b** 8 f
Anteile an Wirtschaftsgütern und Schulden 12 94 ff
Anteilige Zurechnung bei Gesamthandsberechtigung **12** 96
Anteilsübergang im Gesellschaftsrecht 3 62 ff; **7** 142 ff
Abfindungsansprüche Dritter beim Tod des Gesellschafters **3** 66, 73
Ausscheiden des Gesellschafters gegen nicht vollwertige Abfindung **7** 123, 130 f, 142
und Bereicherungswille **7** 151
Besteuerung des A. beim Tod des Gesellschafters **3** 62 ff
Schenkung einer Beteiligung mit Buchwertklausel **7** 121, 149
Steuerentstehung **9** 29, 54
und Wille zur Freigebigkeit **3** 68 ff
s auch Gesellschaftsanteile
s auch GmbH-Geschäftsanteil
Anteilsübertragung gegen geringwertige Abfindung **7** 151 a
Antrag auf Anrechnung ausländischer ErbSt/SchSt **21** 7
auf Aussetzung der Vollziehung eines Steuerbescheides **28** 11
auf jährliche Versteuerung einer Rente/Nutzung usw **23** 6
des Nacherben auf Versteuerung nach der günstigeren Steuerklasse **6** 12
auf Steuerermäßigung bei mehrfachem Erwerb desselben Vermögens **27**
auf Stundung **28**
Antrittserwerb 3 15
Anwachsung 3 62 f; **7** 145
s auch Anteilsübergang im Gesellschaftsrecht

magere Ziffern = Anmerkungen

Anwaltssozietät, Hinterbliebenenversorgung 3 91
Anwartschaft, Ausführung der Zuwendung in Teilschritten durch Einräumung einer A. 9 44
keine Besteuerung der A. 9 3
eines Nacherben 3 11, 103; 6 6, 8, 10; 9 38; 10 29, 48
Verwertbarkeit der A. bei aufschiebend bedingtem Erwerb 9 18
Anwartschaftsrecht, Schenkung eines A. 7 52; 10 30
Verzicht auf ein A. 7 52
Anwendung der Gesetzesvorschriften 37
Anzeige des Erwerbs *s Anzeigepflicht*
Anzeigefrist 30 5
Anzeigepflicht der Aktiengesellschaften bei Namensaktien 33 6
anzuzeigende Erwerbe 30 6
bei aufschiebend bedingtem Erwerb 30 5
Entfallen der A. 30 4, 8
Erfüllung der A. durch Abgabe einer Erbschaftsteuererklärung 30 2
des Erwerbers 30 3
der Gerichte, Beamten, Behörden, Notare 34
– in Erbfällen 34 4
– bei Schenkungen und Zweckzuwendungen unter Lebenden 34 5
Inhalt der Anzeige 30 9
und Kontrollmitteilungen 33 1 f
für Namensaktien und Namensschuldverschreibungen 33 6
des Schenkers 30 7
der Steuerberater, Rechtsanwälte, Notare und Wirtschaftsprüfer 33 3
der Vermögensverwahrer, -verwalter, Versicherungsunternehmen 33
– Zuwiderhandlungen 33 8 f
der Vermögensverwalter, Verfügungsberechtigten etc 30 3
der Versicherungsunternehmen 33 7
Arbeitsverhältnis, Hinterbliebenenbezüge aus einem A. 3 89, 94
Aufhebung der Verwandtschaft durch Adoption eines Minderjährigen, Steuerklasse **Einf** 11
Aufhebung des § 25 25 2 ff
Auflage, Abzugsverbot 10 60
Bereicherung 7 63

Auseinandersetzung

als Nachlassverbindlichkeit 10 39
Schenkung unter A. 7 5 ff, 63, 94 ff, 120; 9 6, 51; 10 20
Steuerentstehung mit Vollziehung der A. 9 35, 39
Vollziehung einer A. und Steuerpflicht des Dritten 7 95
Auflagenschenkung *s Auflage*
s Schenkung unter Auflage
Auflösende Bedingung 7 52, 130; 10 29
Aufschiebend bedingte Ansprüche, Abfindung für A. 3 102; 7 52, 116
Sonderregelung der A. 3 102
Aufschiebende Bedingung 7 52, 116; 9 19, 42
s auch Bedingung
Aufschiebende Bedingung, Befristung, Betagung, Abfindung für Verzicht auf Erwerb unter A. 7 116
Entstehung der Steuer bei A. 9 16 ff, 39
Aufteilung des Gesamthandsvermögens 12 97
Aufwendungen für Erwerb und Umfang des Geschenks 7 5 f
Ausbildungsmittel, Anspruch auf A. der Stiefabkömmlinge als gesetzliches Vermächtnis 3 71; 9 28
s auch Ausstattung
Ausbildungszuwendungen 13 48 ff
und Erwerb von Todes wegen 1 27
Ausblick, ErbSt **Einf** 18
Auseinandersetzung, Abfindung als einkommensteuerpflichtiger Veräußerungsgewinn 3 3
Aufgabe der einkommensteuerlichen Einheitsbetrachtung bei der A. 3 32
Betriebsvermögen 3 31 ff
Erb- und Einkommensteuer bei Nachfolgeregelungen im Unternehmen 3 31
der fortgesetzten Gütergemeinschaft 4 10
unter Miterben 3 20 ff
Realisation stiller Reserven 3 34
s auch Miterben
s auch Realteilung
s auch Teilungsanordnung
s auch Vorausvermächtnis

823

Ausführung d. Zuwendung fette Ziffern = §§ ErbStG

Ausführung der Zuwendung
9 40 ff
an den Auflagebegünstigten bei Schenkung unter Auflage **9** 51
beim Erwerb anlässlich der Genehmigung einer Schenkung **9** 52
Grundsatz **9** 42
Grundstücksschenkungen **9** 45 ff
Kenntlichmachen der Ausführungshandlung **9** 49
Merkmale der A. **9** 43
und Parteiwille **9** 49
Sonderregelungen **9** 50
in Teilschritten **9** 44
vertragliche Vor- oder Rückdatierung des Ausführungszeitpunktes **9** 49
s auch Entstehung der Steuer
Ausgleichsanspruch des Handelsvertreters gemäß § 89 b HGB **3** 73
Ausgleichsgemeinschaft unter Lebenspartnern **5** 5
Ausgleichung unter Miterben **3** 21 f; **9** 12
von Vorempfängen bei fortgesetzter Gütergemeinschaft **4** 5
Ausgleichungspflicht nach §§ 2050 ff BGB **3** 21; **10** 40
Auskunftspflicht des Steuerschuldners **31** 16
Ausländische Erbschaftsteuer, Anrechnung auf deutsche Steuer **21**
Anrechnung und Stichtagsprinzip **9** 5; **21** 17
bei Zahlung aus dem Nachlass **21** 12
s auch Anrechnung ausländischer Erbschaftsteuer/Schenkungsteuer
Ausländische Schenkungsteuer, Anrechnung auf deutsche Steuer **1** 23; **21**
Ausländische Staaten als steuerpflichtige Erwerber **1** 5
Ausländischer Grundbesitz, Bewertung **12** 98 f
Ausländisches Betriebsvermögen, Bewertung **12** 100 f
Ausländisches Recht, Erwerbe als steuerpflichtige Vorgänge **2** 3 f; **3** 12, 30
Qualifikation des Erwerbs **2** 4
Auslandsbeamte, Behandlung der A. als Inländer **2** 6

Auslandserwerb 3 12, 30; **9** 25 ff
als bedingte Erbeinsetzung **9** 24 ff
Härten bei der Steuerberechnung **11** 5
Steuerentstehung **9** 11, 24 ff
Auslandsstellen, Anzeigepflichten **34** 6
Auslandsvermögen, Anrechnung ausländischer ErbSt/SchSt **21** 1, 27 ff
Auslegung des Erbschaftsteuergesetzes **Einf** 12
Ausscheiden eines Gesellschafters gegen nicht vollwertige Abfindung **7** 123, 130 f, 142 ff
durch Tod **3** 62 ff
s auch Anteilsübergang im Gesellschaftsrecht
s auch Gesellschaftsanteile
s auch GmbH-Geschäftsanteil
Ausschlagung, Abfindung für A. **3** 98 ff
einer Erbschaft **3** 15 f, 98 f
des Nacherbenrechts **6** 8
Steuerentstehung bei A. einer Erbschaft oder eines Vermächtnisses **9** 37, 39
unwirksame A. zugunsten einer bestimmten Person **3** 17
eines Vermächtnisses **3** 39, 98 ff; **10** 37
Wirkung **3** 16
Ausschlagungsfrist 3 15
des Erbeserben **3** 16
im Vermächtnisrecht **3** 102
Außensteuergesetz, erweiterte beschränkte Steuerpflicht nach dem A. **2** 12
Aussetzung der Versteuerung, Steuerentstehung bei A. **9** 57 f
Aussetzung der Vollziehung eines Steuerbescheides **28** 11
Ausstattung für Abkömmlinge und Miterbenausgleichung **3** 21
als freigebige Zuwendung **7** 9
Aussteuer, Ausführung der Zuwendung der A. **9** 42
Auswirkung auf Versorgungsfreibetrag 5 24 f
Auto s Pkw
Automatisches Entgelt des Gesellschafters **7** 73
s auch Bereicherung

magere Ziffern = Anmerkungen **Befristung**

Banken, Anzeigepflichten **33** 3 ff
s auch *Anzeigepflicht*
s auch *Haftung*
s auch *Vermögensverwahrer*
Bankgeheimnis s *Kontrollmitteilungen*
Bausparkassen, Anzeigepflichten
33 3
Bebaute Grundstücke, Bewertung
12 58 ff
Grundstücksarten **12** 59
Bedingte Erbeinsetzung 9 24
Bedingte Rechte, Schenkung
7 52
Bedingter Erwerb, Bewertung
12 11 ff
und Steuerentstehung **9** 16 ff, 39
s auch *Bedingung*
Bedingter Vermächtniserwerb und
Steuerentstehung **9** 27 f
Bedingung, auflösende **7** 52, 130
aufschiebende **7** 52, 116; **9** 19, 42
als Entgelt **7** 97
Erwerb eines Dritten infolge Erfüllung
einer B. **3** 96; **7** 97
Steuerentstehung beim Erwerb auf
Grund der Erfüllung einer B. **9** 35,
39
s auch *Aufschiebend bedingte Ansprüche*
s auch *Aufschiebende Bedingung*
s auch *Befristung*
s auch *Betagung*
Beeinträchtigende Schenkung,
Anspruch des durch Erbvertrag oder
gemeinschaftliches Testament eingesetzten Erben **3** 7, 104
Beerdigungskosten s *Bestattungskosten*
Befreiungen, Angemessenheit der
Zuwendung **13** 69
Ansprüche nach dem LAG, dem BEG
und sonstigen Entschädigungsgesetzen **13** 37 f
Betriebsvermögen **13 a** 1 ff
– Gemeinwohlgründe **13 a** 3
– Optionsmodell **13 a** 38 ff
außerhalb des ErbStG **13** 71
Erwerbe erwerbsunfähiger Eltern/
Großeltern **13** 36
Familienheimerwerb unter Lebenden
13 17 ff
Familienheimerwerb von Todes wegen
13 24 ff

für Film-/Literaturpreise usw **13** 71
Grundbesitz, dessen Erhaltung im
öffentlichen Interesse liegt **13** 8 ff
Grundbesitz, Verzicht auf B. **13** 70
Grundbesitz zu Erholungszwecken
13 15
Hausrat **13** 3
Kunstgegenstände **13** 5
Pflegedienste/Unterhaltsgewährung
13 39 f
Recht des Dreißigsten (§ 1969 BGB)
13 16
rechtsfähige Pensions-, Sterbe-, Kranken- und Unterstützungskassen
13 52
Ruhegehalte und ähnliche Zuwendungen **13** 53
Sammlungen **13** 5, 8 ff
Schulderlass **13** 32 ff
übliche Gelegenheitsgeschenke
13 54 ff
Unterhalts-/Ausbildungszuwendungen
13 48 ff
Vermögensrückfall an Eltern/Voreltern **13** 42 ff
Verzicht auf den Pflichtteil **13** 47
Verzicht auf die B. **13** 70
Wegfall **13** 14
zu Wohnzwecken vermietete Grundstücke **13 c** 1 ff
Zuwendungen an ausländische Kirchen/gemeinnützige Körperschaften **13** 64
Zuwendungen an den Bund/ein
Land/eine inländische Gemeinde
oder zu deren Zwecken **13** 57
Zuwendungen an inländische Kirchen
oder gemeinnützige Körperschaften
usw **13** 58 ff
Zuwendungen an Pensions- und Unterstützungskassen **13** 52 f
Zuwendungen an politische Parteien
13 68
Zuwendungen für kirchliche, gemeinnützige, mildtätige Zwecke
13 65 ff
s auch *Steuerfreiheit*
Befristete Erwerbe, Bewertung
12 16
Befristung 9 20 f
s auch *Aufschiebende Bedingung*
s auch *Betagung*

Begrenzung d. Jahreswertes   fette Ziffern = §§ ErbStG

Begrenzung des Jahreswerts von Nutzungen 12 37
Begünstigung bei Erwerb eines Personengesellschaftsanteils **13 b** 5 a
bei Nachlassteilung **13 b** 25
beim Vermächtniserwerb **13 b** 26
Beitrittsgebiet *s Neue Bundesländer*
Bekanntgabe des Steuerbescheids *s Steuerbescheid*
Belastete Alterwerbe der Ablösebetrag **25** 10
Ablösung der gestundeten Steuer **25** 9
Auslaufen der Steuerstundung **25** 8
Aussetzung der Versteuerung **25** 17 ff
Rechtsfolgen des unentgeltlichen Nießbrauchsverzichts **25** 14 ff
Veräußerung des belasteten Vermögens **25** 12 f
Belohnende Schenkung 7 120
Bereicherung, Arten **10** 7
Auflage **7** 5 ff, 63
durch Aufnahme in eine Personengesellschaft **7** 70 ff
und Begründung eines Pfandrechts **7** 56
und Bezahlung fremder Schulden **7** 56
und Bürgschaftsübernahme **7** 56 b
bei der Einmann-GmbH **7** 72
entreichernde Posten bei Feststellung der B. **7** 57 ff, 119
beim Erwerb bedingter Rechte **7** 52
beim Erwerb von Todes wegen **3** 9
Erwerbskosten **7** 5 f, 63
Feststellung der B. **10** 17
bei der freigebigen Zuwendung **7** 12, 52 ff
beim Geltendmachen/Verzicht auf den Widerrufsvorbehalt **7** 61
beim Gesellschafterwechsel **7** 75
bei gleichzeitiger Zuwendung verschiedener Vermögensposten **7** 65 f
bei Kettenschenkung **7** 67 ff
Minderung der B. des Erwerbers bei Zweckzuwendungen **8** 7 f
nichtabzugsfähige Posten bei Feststellung der B. **7** 62 ff
bei Nießbrauchsvorbehalt **7** 55
beim Oder-Konto **7** 56 a
bei Rückübertragung eines Geschenks **7** 61
Treuhanderwerb **7** 57

durch Vereinbarung der Gütergemeinschaft **7** 99 ff
und Verzicht auf eine wertlose Forderung **7** 56
im Rahmen der Wertermittlung **10** 19 ff
bei Widerrufsvorbehalt **7** 53 f
wirtschaftliche B. und Entstehung der Steuer **9** 3, 16
bei Zuwendungen innerhalb einer Gesellschaft **7** 72 ff
Bereicherungsabsicht unerheblich **7** 81 a
Bereicherungsprinzip 1 4; **10** 6
Bereicherungswegfall, Erlöschen der Steuer **5** 18; **29**
Bereicherungswille 7 12, 81
bei gesellschaftsvertraglichen Vermögensumschichtungen **7** 151
s auch Wille zur Freigebigkeit
Berichtigung eines bestandskräftigen Steuerbescheides **32** 17
Berliner Testament, Jastrowsche Klausel beim B. **6** 24
Steuerklasse **15** 28 f
Berücksichtigung früherer Erwerbe *s Zusammenrechnung mehrerer Erwerbe*
Beschränkte Steuerpflicht 2 2 a, **10** ff
Abzugsverbot **10** 56
erweiterte **2** 12
und EU-Recht **2** 11 b
Freibetrag **16** 2, 12
und Zugewinnausgleich **5** 7, 37
Bestattungskosten 10 42 f
Einzelnachweis **10** 43
Pauschbetrag **10** 42
Umfang bei fortgesetzter Gütergemeinschaft **4** 4
Besteuerung bei Nutzungs-/Rentenlast usw, Aussetzungsfälle alten Rechts *s Aussetzung der Versteuerung*
zugunsten des Schenkers/überlebenden Ehegatten **3** 46
s auch Zinslose Stundung
Besteuerungszeitpunkt 11 4
Betagung 9 22 f
s auch Aufschiebende Bedingung
s auch Befristung
Beteiligung an Kapitalgesellschaft als Inlandsvermögen **2** 11

magere Ziffern = Anmerkungen   **Darlehen**

stille *s Stille Gesellschaft*
Unterbeteiligung *s Unterbeteiligungen*
s auch Anteilsübergang im Gesellschaftsrecht
s auch Gesellschaftsanteile
Betriebseinnahmen, nachträgliche, Erbschaftsteuer und Einkommensteuer **Einf** 2
Betriebsvermögen, Abzugsbetrag **13 a** 12 ff
und Auseinandersetzung **3** 31 ff
Ausgliederung der Bewertung **12** 75
Begriff und Umfang **12** 76
begünstigtes Vermögen beim Verschonungsabschlag **13 b** 2 ff
Begünstigungstransfer **13 a** 15 ff
Bewertung **12** 71 ff
Ertragswertverfahren **12** 80
Mindestlohnsumme **13 a** 19 ff
Nachlassteilung unter Miterben **13 a** 18
Nachsteuer **13 a** 23 ff
Neuregelung der Bewertung **12** 74
Stundungsanspruch beim Erwerb von B. **28** 4
Verschonungsabschlag **13 a** 7 ff
Wertermittlung aus zeitnahen Verkäufen **12** 79
Wertermittlung nach branchenspezifischen Methoden **12** 92
wiederholte Änderung der Bewertung **12** 72 ff
Bewegliche Sachen, Freibetrag für Erwerb von B. **13** 6
Bewegliche Wirtschaftsgüter, erweiterte beschränkte Steuerpflicht **2** 12
Bewertung, allgemeine Bewertungsvorschriften **12** 8
Bedeutung der einleitenden Vorschriften des BewG **12** 9
bedingte und befristete Erwerbe **12** 11 ff
Begriff **12** 1
Feststellung des Werts **12** 2
Gesellschaftsanteile **3** 67
bei mehreren Beteiligten **12** 10
Verantwortlichkeit **12** 5
Verhältnis zu den bürgerlich-rechtlichen Bewertungsgrundsätzen **12** 3
des Vermögensanfalls **10** 14

Bewertung des Betriebsvermögens, Escape-Klausel **12** 78
Verfahren **12** 78
Bewertung über dem Nennwert 12 30
Bewertung unter dem Nennwert 12 30
Bewertung zum gemeinen Wert 12 17 ff
Bewertung zum Nennwert 12 29
Bewertung zum Rückkaufswert 12 29
Bewertungsergebnisse, offensichtlich unzutreffende **12** 81
Bewertungsstichtag 11 1 ff
abweichende Bestimmungen **11** 7
bei aufschiebend bedingt erworbenen Posten **11** 4
Bedeutung **11** 2
und Bewertungstag **11** 2
Härten, Billigkeitserlass **11** 5
Kenntnisstand zur Zeit des Bewertungstages **11** 3
nachträglicher Wertverfall **11** 5
bei Pflichtteilsverbindlichkeit **11** 4
wertaufhellende Umstände **11** 3
wertbeeinflussende (= wertändernde) Umstände **11** 3
Zeitpunkt der Entstehung der Steuer **11** 4
Bewertungsziel 12 6
Bezugsberechtigung aus Lebensversicherungsvertrag *s dort*
BGB-Gesellschaft als Erwerber **20** 4
s auch Personengesellschaft
Billigkeitserlass 11 5
Billigkeitsregelung hinsichtlich der Entstehung der Steuer **9** 11
Binnenfischerei *s Land- und forstwirtschaftliches Vermögen*
Bodenschätze, Bewertung **12** 70
Böswillige Schenkung *s Beeinträchtigende Schenkung*
Briefmarkensammlung *s Sammlungen*
Buchwertklausel, Gesellschaftsanteil mit B. **7** 121, 148
für den Fall des Todes eines Gesellschafters **3** 66

Darlehen, unverzinsliches, als freigebige Zuwendung **7** 9; **9** 43

827

Darlehensforderung

fette Ziffern = §§ ErbStG

Darlehensforderung, Konfusion, Konsolidation **10** 28
Schenkung einer D. **7** 49; **9** 41
DBA *s Doppelbesteuerungsabkommen*
DDR *s Neue Bundesländer*
Destinatäre, Ausschüttungen an die D. **7** 112
s auch Stiftung
Deutsche Auslandsstellen, Anzeigepflichten **34** 6
Deutsche Einheit *s Neue Bundesländer*
Dienstbarkeit, unentgeltliche Bestellung einer D. als freigebige Zuwendung **7** 9
Dingliche Belastung, Wegfall **3** 8
Diplomaten 13 71
Disquotale Einlagen 7 74 b
Doppelbelastung mit Erbschaftsteuer und Einkommensteuer **Einf** 2 f
mit Erbschaftsteuer und Grunderwerbsteuer **Einf** 4
Doppelbesteuerung im Erbschaftsteuerrecht, Ursachen der internationalen D. **2** 4
Doppelbesteuerungsabkommen, Abzugsverbot bei beschränkter Steuerpflicht **10** 56
Anrechnungsmethode **2** 18
Belegenheitsbesteuerung **2** 20 f
mit Dänemark **2** 38
Definition des Wohnsitzes **2** 19
mit Frankreich **2** 24
Freistellungsmethode **2** 18
Geltungsbereich **2** 17
Grundstrukturen der D. **2** 16 ff
OECD-Musterabkommen von 1966 **2** 16 ff
mit Schweden **2** 25
mit der Schweiz **2** 26 ff
mit Steueranrechnungsmethode **21** 4, 9, 35 ff
Überblick über den Stand der deutschen D. **2** 15
mit den USA **2** 30 ff
Verbindlichkeitenabzug **2** 22
Verständigungsverfahren **2** 23
Zusammenrechnung mehrerer Erwerbe bei Anwendung eines D. **14** 24
Dreißigster (§ 1969 BGB) 3 71; **13** 16

Edelsteine 13 6
Eheähnliche Lebensgemeinschaft *s Nichteheliche Lebensgemeinschaft*
Ehebedingte Zuwendungen 7 85 f
Ehegatte, Bereicherung des E. durch Eingehung der Gütergemeinschaft **7** 99 ff
des Erblassers als Vermächtnisnehmer **3** 46
Erbrecht des E. **3** 14
Erbverzicht des E. **7** 109
Erwerb des E. bei Zugewinngemeinschaft **5** 1 ff
Hinterbliebenenbezüge **3** 89; **5** 23 ff
persönlicher Freibetrag **16** 8
Pflichtteil des E. **3** 48 ff
Rechtsposition des E. bei fortgesetzter Gütergemeinschaft **4** 6, 9
Steuerklasse **15** 5
Versorgungsfreibetrag **17** 2, 4 ff
Voraus des E. **3** 71
s auch Geschiedener Ehegatte
s auch Gütergemeinschaft
s auch Zugewinnausgleich
Ehegatten-Testament *s Testament*
Ehevertrag, Umfang der Zugewinnausgleichsforderung beim E. **5** 26 ff, 39
Eingetragener Lebenspartner *s Lebenspartner*
Einheitliche Zuwendung positiver und negativer Posten **7** 65 f
Einigungsvertrag *s Neue Bundesländer*
Einkommensteuer und Abfindung **3** 33 f
und Erbschaftsteuer **Einf** 2 f
und mittelbare Schenkung **7** 26
nachgeholte **Einf** 3
s auch Abfindung
s auch Auseinandersetzung
s auch Realteilung
Einkommensteuerermäßigung für doppelt belastete Erwerbe **Einf** 2 f
Einlagen, keine Doppelbelastung mit Erbschaftsteuer und Einkommensteuer **Einf** 2
Einmann-GmbH, Bereicherung bei der E. **7** 72
Einseitige Sachleistungsansprüche, Bewertung **12** 23

magere Ziffern = Anmerkungen

Erblasser-Schulden

Einspruch gegen Steuerbescheid
 32 13
Eintrittsklausel im Gesellschaftsrecht
 3 19
Eltern, Erbrecht der E. **3** 14
Erwerbe erwerbsunfähiger E. **13** 36
Eltern/Voreltern, persönlicher Freibetrag **16**
Steuerklasse **1** 25; **15** 12 f
Vermögensrückfall an E. **1** 25; **13** 42 ff
Enkelkinder, persönlicher Freibetrag
 16 10
Steuerklasse **15** 9, 11
Urenkelkinder *s dort*
Entgelt, Bedingung als E. **7** 97
Behandlung des E. für einen Vermögensanfall **3** 9
Entgeltlicher Erwerb *s Erwerb*
Entreichernde Posten 7 57 ff, 119;
 10 31
Entschädigungsansprüche, Steuerbefreiung **13** 37 f
Entstehung der Steuer 9
bei Abfindung für Ausschlagung, Verzicht **9** 37, 39, 53
Allgemeines **9** 1 ff
bei aufschiebender Bedingung, Betagung und Befristung **9** 16 ff, 39
bei Auslandserwerb **9** 11, 24 ff
bei Aussetzung der Versteuerung
 9 57 f
Billigkeitsmaßnahmen **9** 11
beim Erwerb auf Grund der Vollziehung einer Auflage oder der Erfüllung einer Bedingung **9** 35, 39
beim Erwerb im Hinblick auf die behördliche Genehmigung einer Zuwendung **9** 36, 39, 52
bei Erwerben von Todes wegen **9** 8 ff
bei Familienstiftungen (-vereinen)
 9 56
beim Nacherben **9** 38, 53
beim Pflichtteilsanspruch **3** 52; **9** 30 ff
Rechtsentwicklung **9** 7
bei rechtsgeschäftlicher Genehmigung einer Zuwendung **9** 42
bei Schenkungen auf den Todesfall
 9 14, 29
bei Schenkungen unter Lebenden
 9 40 ff
Stichtagsprinzip **9** 4 ff, 12
bei Stiftungen **9** 34, 39, 53

beim Übergang von Gesellschaftsanteilen **9** 29, 54
bei Übertragung des Erwerbs auf einen Dritten **3** 11
bei Vermächtnis **9** 13, 27 f
bei Vertrag zugunsten Dritter **9** 15, 51
bei Zweckzuwendungen **9** 55
s auch Ausführung der Zuwendung
s auch Bewertungsstichtag
Erbanfall, Entstehung der Steuer
 9 8 ff
Erwerb durch E. **3** 12 ff
Erbanfallsteuer und Familienstiftung
 und Familienverein **1** 19
im Gegensatz zur Nachlasssteuer **1** 8
Erbausgleich, Erwerb durch vorzeitigen E. **7** 110
Erbausschlagung 3 15 f, 98 f
rückwirkender Erwerb nach E. und
 Steuerentstehung **9** 11
Erbbaugrundstück, Bewertung
 12 66
Erbbaurecht, Bewertung **12** 64 f
Erbeinsetzung, Anwendung der
 Auslegungsregeln bei E. **3** 13
bedingte **9** 24
Erbengemeinschaft *s Miterben*
Erbersatzanspruch 3 36 ff
Abschaffung **3** 38
s auch Nichteheliche Kinder
Erbersatzsteuer *s Ersatzerbschaftsteuer*
s Familienstiftung
Erbeserbe, Ausschlagungsrecht des E.
 3 16
Erbfähigkeit 3 4
Erbfall, zeitliche Fixierung des E. **3** 4
Erbfall-Verbindlichkeiten *s Nachlassverbindlichkeit*
Erbfolge, keine E. im Fall der fortgesetzten Gütergemeinschaft **4** 3
gesetzliche **3** 14
gewillkürte **3** 13
Vor- und Nacherbfolge **6** 2
vorweggenommene *s Vorweggenommene Erbfolge*
Erblasser-Forderungen, Ansatz bei
 Vereinigung von Recht und Verbindlichkeit **10** 27 f
Doppelbelastung mit Erbschaftsteuer
 und Einkommensteuer **Einf** 2
Erblasser-Schulden 10 32 ff
s auch Schulden-Abzug

829

Erbquotenbestimmung

fette Ziffern = §§ ErbStG

Erbquotenbestimmung 3 25
Erbrecht, Gewährleistung des E.
 Einf 9
des nichtehelichen Kindes **3** 36
Erbschaft, Ausschlagung der E.
 3 15 f, 98 f
Erbschaftserwerb, Gegenstand des
 E. **3** 18
Erbschaftskauf 3 11
Erbschaftsteuer, Auslegung des Erbschaftsteuergesetzes **Einf** 12
Bereicherungsprinzip **1** 4
Doppelbelastung mit E. und Einkommensteuer **Einf** 2 f
Doppelbelastung mit E. und Grunderwerbsteuer **Einf** 4
eigene E. nicht abzugsfähig **10** 59
und Eigentumsgarantie **Einf** 9
und Einkommensteuer **Einf** 2 f
und EU-Recht **Einf** 6
und Familienprinzip **Einf** 10
für Familienstiftungen/-vereine
 15 26
Geschichte und Rechtsentwicklung
 Einf 13 ff
und Gleichheitssatz **Einf** 8
und Grunderwerbsteuer **Einf** 4
Kritik der **Einf** 1 a
Rechtfertigung der **Einf** 1 a
und Schenkungsteuer **1** 10, 22 ff
steuerpflichtige Vorgänge **1**
im Steuersystem **Einf** 1 ff
und Verfassung **Einf** 5
und wirtschaftliche Betrachtungsweise
 Einf 11; **9** 46
und Zivilrecht **Einf** 11
bei Zusammenrechnung mit Vorschenkungen **14** 1 ff
s auch Anrechnung ausländischer Erbschaftsteuer/Schenkungsteuer
Erbschaftsteuererklärung *s Steuererklärung*
Erbschaftsteuerfestsetzung *s Steuerfestsetzung*
Erbschaftsteuerfinanzämter Anh 3
Erbschaftsteuerrecht, neue Bundesländer *s dort*
**Erbschaftsteuerreform 1974
 Einf** 14 f
Erbschaftsteuerschuld eines Miterben als Quasi-Nachlassverbindlichkeit **9** 10

Erbschaftsteuerzahlungen als dauernde Last **Einf** 3; **23** 9
Erbschein, Vermutungswirkung
 3 12
ErbStG 1974, Entwicklung seit 1974
 Einf 15
Entwicklung seit 1990 **Einf** 15
Entwicklung seit 1996 **Einf** 15
Entwicklung seit 2006 **Einf** 16 f
Zielsetzung **Einf** 14
Erbteilskauf 3 11
Erbunwürdigkeitserklärung und
 Steuerentstehung **9** 11
Erbvergleich 3 12, 26; **9** 12, 60;
 10 12
Umfang der Besteuerung beim E.
 3 27
Erbvertrag, Anspruch des Vertragserben wegen beeinträchtigender
 Schenkungen des Erblassers **3** 7,
 104
Gegenleistung für Erbeinsetzung als
 Erwerbskosten **3** 9; **10** 49
gewillkürte Erbfolge nach E. **3** 13
Erbverzicht, Abfindung für E. **7** 107;
 9 53; **10** 48
unter Ehegatten **7** 109
s auch Verzicht
Erfindungen, erweiterte beschränkte
 Steuerpflicht **2** 12
Erfüllung eines Anspruchs 7 58
Erklärungsfrist, Steuererklärung
 31 5
Erklärungspflicht des Steuerschuldners/Beteiligten **31** 1 ff, 12 ff
s auch Steuererklärung
Erlass des Steueranspruchs 28 10
Erlöschen der Steuer bei Abwendung der Herausgabe **29** 9
bei Anrechnung der Zuwendung auf
 den Zugewinnausgleichsanspruch
 29 10
und Besteuerung des Nutzungsvorteils
 29 3, 16 ff
wegen Herausgabe von Geschenken
 29 4 ff
wegen Wegfalls der Bereicherung
 5 18; **29**
wegen Wegfalls der Geschäftsgrundlage **29** 8
Weitergabe an öffentliche oder gemeinnützige Träger **29** 11 ff

magere Ziffern = Anmerkungen

Familienstiftung

mit Wirkung für die Vergangenheit
  29 2
Ermächtigung zum Erlass einer
  Durchführungsverordnung **36** 1
Errungenschaftsgemeinschaft 5 6
Ersatzerben, Abfindungsleistung an
  die E. als Erwerbskosten **10** 48
Benennung von E. **3** 13
Ersatzerbeneinsetzung als aufschiebend bedingte Erbeinsetzung **9** 19
Ersatzerbschaftsteuer, Entstehung
  9 56
Familienstiftung und -verein **1** 13;
  15 26
steuerpflichtiger Erwerb **10** 22
Steuerschuldner **1** 20
Verrentung der E. **24**
s auch Familienstiftung
Ersatzerbschaftsteuerpflicht, unbeschränkte **2** 9
Erstattung *s Steuererstattung*
Ertragswertgrundstücke, Bewertung **12** 61
Erweiterte beschränkte Steuerpflicht 2 12
Erwerb, entgeltlicher E. auf erbrechtlicher Grundlage **3** 9
entgeltlicher E. außerhalb der erbrechtlichen Zuwendungen **3** 10
s auch Steuerpflichtiger Erwerb
Erwerb eines Personengesellschaftsanteils 10 21 a
Erwerb von Todes wegen 3
Anwendung von Befreiungs- und Bewertungsvorschriften für Schenkungen unter Lebenden auf E. **1** 27
Anzeigepflicht des Erwerbers **30**
Bereicherung **3** 9
entgeltlicher **3** 9
und Entstehung der Steuer **9** 8 ff
Gegenstand des E. **3** 18 ff
Steuer auf E. als Erbanfallsteuer **1** 8
Steuerpflicht **1** 8 f
und steuerpflichtiger Erwerb **3** 9;
  10 11 ff
Übertragung des Erwerbs auf einen
  Dritten **3** 11
Erwerber, Anzeigepflicht **30**
Gesamthand **20** 4
Kreis der möglichen E. **1** 5; **3** 4, 11
Steuerschuldner **20** 3
Erwerbsgründe, Katalog der E. **3** 6

Erwerbskosten, Abfindungsbetrag als
  E. **7** 108
als abziehbare Nachlassverbindlichkeit
  10 47
und Bereicherung **7** 5 f, 63
Entgelt für Übertragung der Nacherbenanwartschaft **3** 103
Gegenleistung für vertragliche Erbeinsetzung **3** 9
Pflegedienste **10** 49
im Falle der Schenkung **10** 50
und Umfang des Geschenks **7** 5 f
s auch Kosten
s auch Nachlassverbindlichkeit
Erwerbsmindernde Posten *s Entreichernde Posten*
s Erwerbskosten
s Kosten
s Nachlassverbindlichkeit
s Schulden-Abzug
Escape-Klausel, Bewertung des Betriebsvermögens **12** 78
EU-Recht und beschränkte Steuerpflicht **2** 11 b
und Erbschaftsteuer **Einf** 6
Executor, Zwischenschaltung eines
  E. und Steuerentstehung **9** 25

Fälligkeit der Steuerschuld **9** 1
Familienheimerwerb, Wirkung der
  Steuerbefreiung **13** 23
Familienheimerwerb durch Kinder
  13 27 ff
Wegfall der Steuerbefreiung **13** 31
Wohnflächenbegrenzung **13** 29
Familienheimerwerb unter Lebenden, Begriff Familienheim
  13 20
**Familienheimerwerb von Todes
  wegen,** Begriff Familienheim
  13 25
Übertragung des Familienheims
  13 24 a
Wegfall der Befreiung **13** 26
Familienstiftung 1 13 ff
kein Abzug für satzungsmäßige Leistungen **1** 20; **10** 58
Auslandsberührung **2** 9
Begriff **15** 22
Begründung und Aufhebung der Eigenschaft als F. durch Zweckänderung **1** 21

831

Familienverein

fette Ziffern = §§ ErbStG

Besteuerung der F. und System des ErbStG **1** 14
Besteuerungsgrundlage bei Periodenbesteuerung **10** 22
Familieninteressen als Grundlage der F. **1** 16
Kreis der Familienangehörigen **1** 16
Steuerentstehung **1** 20; **9** 56
Steuerermäßigung bei Aufhebung/Auflösung **26**
Steuerfolgen **1** 20
Steuerklasse **1** 20
– bei Aufhebung einer F. **15** 24 ff
– bei Errichtung einer F. **15** 19 f
– bei Periodenbesteuerung **15** 27
Steuerpflicht bei Errichtung und weiterem Vermögenserwerb durch Schenkung oder von Todes wegen **1** 21
Steuerschuldner **20** 9
Stundungsanspruch bei Periodenbesteuerung **28** 12
Verfassungsmäßigkeit der Neuregelung **1** 15
Verrentung der Periodensteuer (Ersatzerbschaftsteuer) **24** 1
wesentliches Interesse **1** 17
Zustiftung **15** 21
s auch Ersatzerbschaftsteuer
Familienverein 1 19
Steuerklasse bei Gründung eines F. **15** 23
s auch Familienstiftung
Festsetzungsverjährung 9 59 f
Filmpreise 13 71
Finanzamt s Zuständigkeit des Finanzamts
Fiskus als Anfallberechtigter beim Erlöschen einer Stiftung **7** 113
Erbrecht des F. **3** 14
Fliegender Zugewinnausgleich 5 39
Forderung mit Besserungsabrede 9 42
Forderungen s Erblasser-Forderungen
s Kapitalforderungen/Schulden
Forderungsschenkung 7 46 ff
Ausführung der Zuwendung **9** 41, 43
Forstwirtschaftsbetriebe s Landund forstwirtschaftliches Vermögen
Fortgeltung des § 25 25 4

Fortgesetzte Gütergemeinschaft 4
Anspruch aus einer letztwilligen Verfügung gemäß § 1514 BGB **3** 71
Auseinandersetzung **4** 10
Ausgleich von Vorempfängen bei F. **4** 5
nichtgemeinschaftliche Abkömmlinge **4** 7
Steuererklärung **31** 10
Steuererklärungspflicht **4** 9
Steuerschuldner **4** 9 f; **20** 10
Tod des überlebenden Ehegatten **4** 10
Tod oder Verzicht eines gemeinschaftlichen Abkömmlings **4** 8
Umfang der Bestattungskosten bei F. **4** 4
Freibetrag für andere bewegliche körperliche Gegenstände **13** 6
bei beschränkter Steuerpflicht **5** 37; **16** 2, 12
bei der Ersatzerbschaftsteuer **15** 27
für Hausrat, Kunstgegenstände und Sammlungen **13** 3 ff
bei der Jahressteuer **23** 11
des Nacherben **6** 16
persönlicher **16**
Steuerklasse **16**
s auch Versorgungsfreibetrag
Freibetragsstufen 16 7 a
Freigebige Zuwendung 7 9 ff
Ausführung s Ausführung der Zuwendung
Ausstattung als F. **7** 9
Bedeutung der Einigung über die Unentgeltlichkeit **7** 11
Bedeutung der subjektiven Komponente **7** 11
Bereicherung **7** 52 ff; s auch dort
Bereicherungswille s dort
Bestellung einer Dienstbarkeit als F. **7** 9
als eigenständiger Begriff **Einf** 11; **7** 3, 9 ff
keine F. bei bloßem Unterlassen **7** 9
Gegenstand der F. **7** 14
unter Mitgesellschaftern **7** 74 a
Unbrauchbarkeit des Merkmals der objektiven Unentgeltlichkeit **7** 13
unverzinsliches Darlehen als F. **7** 9

magere Ziffern = Anmerkungen

Geschwisterkinder

Voraussetzungen im Vergleich zur Schenkung iS des BGB **7** 9 ff
Wille zur Freigebigkeit **7** 76 ff
Wohnungsleihe als F. **7** 9
s auch Gegenstand der Zuwendung

Gärtnereibetriebe *s Land- und forstwirtschaftliches Vermögen*
Gebäude auf fremdem Grund und Boden, Bewertung **12** 67
Gebäude für den Zivilschutz, Befreiung **12** 69
Gegenleistungen, nachträgliche G. als entreichernde Posten **7** 60
ohne Geldeswert **7** 119 f
Gegenstand der Zuwendung 7 14 ff
bewertungsrechtliche Zerlegung des G. **7** 16
Forderung gegen den Zuwendenden **7** 46 ff
Geldüberlassung zum Erwerb des G. **7** 17 ff
gemischte Schenkung **7** 27 ff
Gesellschaftsanteile **7** 18
gesetzlicher Erwerb **7** 15
Grundstücke, Grundstücksteile, Gebäude **7** 14 ff, 19 ff
Maßgeblichkeit des Parteiwillens **7** 14 f
mittelbare Zuwendung **7** 17
und Parteiwille **7** 14
rechtliche Selbstständigkeit **7** 15
Schenkungsversprechen **7** 46 ff
Geldinstitute, Anzeigepflichten **33** 3 ff
s auch Anzeigepflicht
s auch Haftung
s auch Vermögensverwahrer
Geldmittel oder damit erworbene Gegenstände als Zuwendungsobjekt **7** 17 ff
Geldschenkung *s Grundstücks-/Geldschenkung*
Geldvermächtnis 3 42 f
Gelegenheitsgeschenke 13 54 ff
und Erwerb von Todes wegen **1** 27
Geltendmachen eines Anspruchs im Insolvenzverfahren **9** 31
eines Kaufrechtsvermächtnisses **9** 33 a
Merkmale des **9** 33
Steuerentstehung beim G. **9** 31
eines Teilanspruchs **9** 32

Gemälde, Befreiung **13** 8 ff
s auch Kunstgegenstände
s auch Sammlungen
Gemeiner Wert, Begriff **12** 19
Geltung im Zweifelsfall **7** 5
zeitlicher Bezug **12** 20
Gemeinnützige Körperschaften, Zuwendungen an ausländische G. **13** 64
Zuwendungen an inländische G. **13** 60 f
Gemeinnützige Zwecke 13 67
Gemeinschaftliches Testament *s Testament*
Gemischte Schenkung 1 26; **7** 7, 27 ff, 31 ff; **10** 20 a
neue Linie der Finanzverwaltung **7** 33 ff
Genehmigung (behördliche) einer Zuwendung 9 39
Erwerb Dritter infolge von Leistungsverpflichtungen im Zusammenhang mit der G. **3** 97
Steuerentstehung **9** 36, 52
Genehmigung (rechtsgeschäftliche) einer Zuwendung, Steuerentstehung **9** 42
Genehmigungsbehörden, Anzeigepflichten **34** 7
Gerichte, Anzeigepflichten **34** 3 ff
– bei Todeserklärungen **34** 3
Gesamtgläubiger, Wegfall eines G. **3** 8
Gesamtgut bei der ehelichen Gütergemeinschaft **7** 99 ff
Umwandlung von Vorbehaltsgut in G. **7** 100
Gesamthand als Erwerber **20** 4
Gesamthandsberechtigung 12 95
Gesamtzuwendung 7 66
Geschäftsgrundlage, Wegfall der G. bei Schenkungen **29** 8
Geschichte der Erbschaftsteuer **Einf** 13 ff
Geschiedener Ehegatte, Steuerklasse **15** 5
Geschwister, persönlicher Freibetrag **16**
Steuerklasse **15** 13
Geschwisterkinder, Steuerklasse **15** 13

833

Gesellschaft bürgerl. Rechts

fette Ziffern = §§ ErbStG

Gesellschaft bürgerlichen Rechts, Steuerpflicht **1** 7
Umwandlung einer GmbH in eine G. **7** 18
s auch Personengesellschaft
Gesellschaftsanteile, Aufspaltung bei Erbengemeinschaft **3** 19
Bewertung der G. **3** 67; **7** 128 ff, 133 ff, 149
mit Buchwertklausel **7** 121, 148
erweiterte beschränkte Steuerpflicht **2** 12
oder Geldmittel als Zuwendungsobjekt **7** 18
und Steuerentstehung **9** 54
Übergang beim Ausscheiden des Gesellschafters **7** 123, 130 f, 142 ff
– und Steuerentstehung **9** 54
Übergang beim Tod des Gesellschafters **3** 62 ff
mit überhöhter Gewinnbeteiligung **7** 133 ff
Übertragung von G. und gemischte Schenkung **7** 70
Vererbung von G. **3** 19
s auch GmbH-Geschäftsanteil
s auch Personengesellschaft
Gesellschaftsvertrag und Hinterbliebenenversorgung **3** 73, 91
Nachfolgeregelung im G. **3** 19, 62 f
Gesetzgebungshoheit des Bundes **Einf** 7
Gesetzliche Erbfolge 3 14
Gesetzliche Vertreter, Steuerbescheid an G. **32** 5
Gestaltungsmissbrauch, Kettenschenkung und G. **7** 67 ff
Gewillkürte Erbfolge 3 13
Gewinnausschüttungen, Berücksichtigung von G. bei § 7 Abs 5 Satz 2 ErbStG **7** 131 f
Gewinnübermaß-Schenkung 7 133 ff
und ertragsteuerliche Beurteilungsgrundsätze **7** 135
durch nachträgliche Änderung der Gewinnverteilung **7** 137
als selbstständige Schenkung **7** 139 f
Steuerentstehung bei einer G. **9** 54
GmbH, Anteilsübergang im Recht der G. **3** 65; **9** 29

Umwandlung einer G. in eine Gesellschaft bürgerlichen Rechts **7** 18
Umwandlung einer GmbH & Co KG in eine G. **7** 143
GmbH & Co KG und Inlandsvermögen **2** 12
Umwandlung einer G. in eine GmbH **7** 143
GmbH-Geschäftsanteil, Einziehung eines G. beim Ausscheiden eines Gesellschafters **3** 65; **7** 150
Übergang auf die Gesellschaft beim Tod des Gesellschafters **3** 65; **9** 29, 54
Verpflichtung der Erben zur Abtretung der G. des verstorbenen Gesellschafters **3** 65; **9** 29
s auch Gesellschaftsanteile
GmbH-Geschäftsführer, Hinterbliebenenversorgung **3** 91 f
Grabdenkmal 10 42
Grabpflege, Auflage der G. als Nachlassverbindlichkeit **10** 39
als sonstige Nachlassverbindlichkeit **10** 42 f
und Zweckzuwendung **8** 3, 6
Grobe Unbilligkeit und Zugewinnausgleich **5** 20
Großeltern, Erbrecht der G. **3** 14
Erwerbe erwerbsunfähiger G. **13** 36
s auch Eltern / Voreltern
Grundbesitz, Befreiung als Kulturgut **13** 8 ff
Befreiung für G., der Erholungszwecken dient **13** 15
Bewertung **12** 49 ff
Verzicht auf die Befreiung **13** 70
Grunderwerbsteuer und Erbschaftsteuer **Einf** 4
Grundrechte und Erbschaftsteuer **Einf** 8 ff; **3** 53
Grundschuld, Belastung mit G. als entreichernder Posten **7** 57
Grundstück *s Sachleistungsansprüche*
Grundstück im Zustand der Bebauung, Bewertung **12** 68
Grundstücks-/Geldschenkung, Abgrenzung **7** 19 ff
Bedeutung des zeitlichen Zusammenhangs **7** 19
Darlehen zum Grundstückserwerb **7** 23

magere Ziffern = Anmerkungen **Jahressteuer**

Grundstücksübertragung als Geldschenkung **7** 25
Vollzug der G. **7** 24
Zuwendung der Errichtungskosten **7** 21
Zuwendung der Sanierungskosten **7** 22
Zuwendung des Kaufpreises **7** 20
Zuwendung eines Zinsvorteils **7** 20
s auch Mittelbare Schenkung
Grundstücksschenkung 7 19
Ausführung der Zuwendung und Steuerentstehung **9** 40, 45 ff
Bedeutung der Ausführungshandlung **9** 48
eigenständige steuerliche Betrachtungsweise bei G. **Einf** 11
als gemischte Schenkung **7** 28 f
Rückauflassung des verschenkten Grundstücks **9** 49
Grundstücksübertragung, Leistung an Erfüllungs statt oder Abfindung für Vermächtnis- oder Pflichtteilsanspruch **Einf** 4; **3** 53
Grundstücksverwaltungs-GmbH, Anzeigepflichten **33** 3a
Grundvermögen, Bewertung **12** 54 ff
Gütergemeinschaft ausländischen Rechts **4** 1
Bereicherung durch Vereinbarung der G. **7** 99 ff
fortgesetzte **4**; *s auch Fortgesetzte Gütergemeinschaft*
Steuerentstehung bei Vereinbarung der G. **9** 52
Güterstand, Beendigung des G. **5** 8
Wechsel des G. unter Verzicht auf den Zugewinnausgleich **5** 42
Güterstandsschaukel 5 39

Haftung für noch ausstehende Erbschaftsteuer auf die Vorerbschaft **6** 6
des Beschenkten für Erbschaftsteuer des Schenkers **20** 16 f
der Kreditinstitute **20** 20
des Nachlasses für die Erbschaftsteuer **20** 11 ff
der Testamentsvollstrecker, Nachlassverwalter usw **20** 21
der Versicherungsunternehmen **20** 19

Haftungsfreigrenze für Versicherungsunternehmen und Vermögensverwahrer **20** 22
Handelsvertreter, Ausgleichsanspruch gemäß § 89b HGB **3** 73
Härteausgleich beim Steuersatz wegen geringen Überschreitens einer Wertstufe **19** 9 f
Hausrat, Befreiung **13** 3
Nießbrauch an H. **13** 7
Steuerfreiheit **10** 54
Hinterbliebene, Kreis der H. **3** 90
Hinterbliebenenbezüge 3 6, 84 ff; **5** 23 ff
aus einem Arbeitsverhältnis **3** 89
Versorgungsfreibetrag **3** 88
Hinzurechnung der Steuer **10** 24a
Höchstbetragsregelung, Anrechnung ausländischer ErbSt/SchSt **21** 22
Hoferbe, Abfindungsanspruch weichender Miterben gegen den H. **3** 12
Abfindungsergänzungsanspruch weichender Miterben gegen den H. **3** 72
Hypothek, Belastung mit H. als entreichernder Posten **7** 57

Imkerei *s Land- und forstwirtschaftliches Vermögen*
Immerwährende Nutzungen oder Leistungen, Bewertung **12** 34
Inland 2 5
Inländer 2 6
Auslandsbeamte als I. **2** 6
maßgeblicher Zeitpunkt der Eigenschaft als I. **2** 7
Vor- und Nacherbschaft **2** 7
Inlandsvermögen 2 10 ff
Insassenunfallversicherung, Anspruch auf Auskehrung der vom Versicherungsnehmer eingezogenen Versicherungssumme in der I. **3** 73
Internationales Erbschaftsteuerrecht 2 2
Inventar bei der Steuererklärung **31** 6

Jahressteuer, Ablösung der J. **23** 13 f
Abzug als Sonderausgabe (ESt) **23** 9
Besteuerung von Renten, Nutzungen und Leistungen **23** 3

835

Jahresversteuerung

fette Ziffern = §§ ErbStG

und Freibeträge **23** 11
und nachträglicher Verzicht auf den Erwerb **23** 8
vorzeitiger Tod des Steuerpflichtigen **23** 8
Jahresversteuerung Einf 3
Jahreswert, Begriff 12 32
Jährliche Versteuerung von Renten, Nutzungen, Leistungen **23**
s auch Jahressteuer
Jastrowsche Klausel beim Berliner Testament **6** 24
Jubiläumsgeschenke 13 56
Junges Verwaltungsvermögen 13 b 22
Juristische Personen, Steuerklasse **15** 15

Kapitalanlagegesellschaften, Bewertung der Anteilscheine **12** 48
Kapitalforderungen/Schulden, Bewertung **12** 28 ff
und Inlandsvermögen **2** 11 f
Kapitalgesellschaft, Beteiligung an K. als Inlandsvermögen **2** 11
s auch Aktiengesellschaft
s auch Anteilsübergang im Gesellschaftsrecht
s auch Gesellschaftsanteile
s auch GmbH
Kapitalgesellschaftsanteile, Bewertung aus der Sicht des Erwerbers **12** 46
Paketzuschlag **12** 47
Wertableitung aus dem Unternehmenswert **12** 43 f
Wertableitung aus Verkäufen **12** 42
Wertfeststellung durch die Finanzverwaltung **12** 40
Kapitalwert, Begriff 12 31
Kaufabrede, Umwandlung der Einigung über die Unentgeltlichkeit in eine K. **9** 49
Kaufpreisforderung, Erhöhung einer K. als Schenkung **7** 49
Kaufrechtsvermächtnis 3 39, 44; **10** 38
s auch Vermächtnis
Kettenschenkung, Bereicherung bei K. **7** 67 ff
Zusammenrechnung mehrerer Erwerbe bei K. **14** 16 ff

Kfz-Insassenunfallversicherung 10 12
KG-Beteiligung s Personengesellschaft
Kinder, nichteheliche s Nichteheliche Kinder
persönlicher Freibetrag **16** 9
Steuerklasse **15** 6 ff
Versorgungsfreibetrag **17** 3, 10 ff
s auch Abkömmlinge
s auch Adoptivkinder
s auch Pflegekinder
s auch Schwiegerkinder
s auch Stiefkinder
Kinder verstorbener Kinder/Stiefkinder, persönlicher Freibetrag **16** 9
Steuerklasse **15** 9
Kirchen, Zuwendungen an ausländische K. **13** 64
Zuwendungen an inländische K. **13** 59
Zuwendungen an kirchliche Institutionen **13** 60 f
Kirchliche Zwecke 13 67
Kleinbetragsgrenze bei Steuerfestsetzung **22**
Kommanditanteil als Gegenstand der freigebigen Zuwendung **7** 18
Kommanditgesellschaft s OHG/KG
s Personengesellschaft
Kommorientenvermutung 3 4; **9** 8
Konfusion 10 27 f
Konsolidation 10 27 f
Konsularbeamte 13 71
Kontrollmitteilungen zur Überprüfung der Zinseinkünfte **33** 1 f
Korrespondenz-Prinzip bei der Bewertung des Erwerbs und der Nachlassverbindlichkeit auf Grund Vermächtnisses **3** 41
Kosten für Abwicklung und Regelung des Nachlasses **10** 44
abziehbare K. bei Aufteilung und Weiterleitung einer Schenkung **10** 46
für Erbschaftsteuererklärung **10** 45
zur Erlangung des Erwerbs **10** 47
Grabpflege **10** 42 f
Nachlassverwaltung **10** 52
Steuerberatung **10** 45 f
s auch Erwerbskosten
s auch Grabpflege
s auch Nachlassverbindlichkeit

magere Ziffern = Anmerkungen

Miterben

Kredit *s Darlehen*
Kreditinstitute, Anzeigepflichten **33** 3 ff
Haftung für Erbschaftsteuer **20** 20
Kulturgüter, Steuerbefreiung **10** 53 f; **13** 8 ff
Verzicht auf die Befreiung **13** 70
Kunstgegenstände, Befreiung **13** 5, 8 ff
Bewertung **12** 21
Hingabe von K. zur Ablösung der Steuer **11** 6
Übereignung von K. an Zahlungs statt **29** 15
Kurswert, Begriff **12** 27
bei stark schwankenden Kursen **12** 27

Land- und forstwirtschaftlicher Grundbesitz, Bestandteile **12** 51
Bewertung **12** 50 ff
Mindestwert **12** 53
Land- und forstwirtschaftliches Vermögen, Stundungsanspruch beim Erwerb **28** 4
Lasten *s Schulden-Abzug*
Lästiger Vertrag, Schenkung in Form eines L. **7** 120
Latente Ertragsteuerbelastung 10 32
Lebensgemeinschaft, nichteheliche *s Nichteheliche Lebensgemeinschaft*
Lebenslängliche Nutzungen oder Leistungen, Bewertung **12** 35
Lebenspartner 3 14
Bereicherung durch Eingehen der Gütergemeinschaft **7** 100 ff
Pflichtteil des L. **3** 48
Steuerklasse **15** 5
Versorgungsfreibetrag **17** 2
Lebensversicherungsvertrag 3 73 ff
Abtretung der Rechte aus dem L. **3** 74
befreiende Lebensversicherung **3** 93
Erben als Bezugsberechtigte aus einem L. **3** 73
Prämienzahlung durch den Begünstigten **3** 80
Steuerentstehung bei Ansprüchen aus einem L. **9** 15, 40
zugunsten eines Gläubigers des Erblassers **3** 79
Zweck **3** 76
s auch Vertrag zugunsten Dritter

Leibrente, Konfusion, Konsolidation **10** 28
Vermächtnis einer L. **3** 46
s auch Renten
Leistungen von Außenstehenden an eine Gesellschaft **7** 74 c
einer GmbH an Außenstehende **7** 74 c
an Kapitalgesellschaften in Sonderfällen **7** 153
s auch Jährliche Versteuerung
Leistungsauflage *s Auflage*
Liquidationswert 12 93
Literatur zur Erbschaftsteuer **Abkürzungsverzeichnis**; **Einf** 19
Literaturpreise 13 71
Lohnsummenstabilität als Voraussetzung des Verschonungsabschlags **13 a** 11
Luftunfall-Pflichtversicherung, Anspruch aus L. **3** 6

Mehrfacherwerb desselben Vermögens, Begriff desselben Vermögens **27** 5
Ermäßigungshöchstgrenze **27** 14 f
Erwerb durch nahe Angehörige **27** 3, 6 f
durch Schenkung unter Lebenden **1** 25
Steuerermäßigung **27**
– Berechnung **27** 11 ff
– Nichteingreifen **27** 9
– in Sonderfällen **27** 16 f
Zusammenrechnung bei M. **14** 22
Mietverhältnis, gesetzliche Vertragsübernahme beim Tod des Mieters **3** 6
Mildtätige Zwecke 13 67
Mindestlohnsumme, Bestandteile **13 a** 20
Folgen des Nichterreichens **13 a** 21 b
gesonderte Feststellungen **13 a** 21 a
Kleinbetriebsklausel **13 a** 19
beim Optionsmodell **13 a** 19
Teilzeitkräfte **13 a** 21
Miterben, Abfindungsergänzungsanspruch eines M. gegen den Hoferben **3** 72
Anspruch auf Wertausgleich bei qualifizierter Nachfolgeklausel **3** 19, 73
Auseinandersetzung unter M. **3** 20

Mitgliederbeiträge fette Ziffern = §§ ErbStG

Ausgleichung unter M. **3** 21 f; **9** 12; *s auch Vorempfänge*
Besteuerung der M. **3** 18
als Gesamthänder **3** 23
im Höferecht **3** 12, 72
Nachfolgeklausel bei Personengesellschaft **3** 12, 19, 73
Schranken der Rechtsmacht des M. und Steuerentstehung **9** 10
Schulden-Abzug beim Tode eines M. **10** 34
Vermögensanfall **10** 12
Mitgliederbeiträge 18
Mittelbare Schenkung 7 10, 17
und Einkommensteuer **7** 26
Mitunternehmeranteil *s Gesellschaftsanteile*
s Personengesellschaft
Motiv der Zuwendung unerheblich **7** 81 a
Mündliche Erklärung des Erblassers als Verfügung von Todes wegen **3** 29
Münzen, Münzsammlungen 13 6

Nacherbe, Besteuerung des N. **6** 8 ff
– nach seinem Verhältnis zum Erblasser **6** 12 ff
Freibetrag des N. **6** 16
Kürzung der Steuerschuld des N. **6** 20 f
Progressionsvorbehalt **6** 17
Tod des N. vor dem Nacherbfall **6** 8
als Träger der Steuerlast **6** 4
Nacherbenanwartschaft, Entgelt für N. **3** 11, 103; **6** 8; **9** 38; **10** 48
Schenkung der N. **1** 23; **6** 8; **7** 5 f
Steuerpflicht des Erwerbers **3** 11
Steuerpflichtigkeit von die N. betreffenden Schulden und Lasten **10** 54
Übertragung der N. und Steuerentstehung **9** 38
– auf den Vorerben **6** 7
s auch Anwartschaft
Nacherbfall, Besteuerung des Nacherben vor Eintritt des N. **6** 8
Eintritt des N. **6** 9
als selbstständiger steuerpflichtiger Erwerb **6** 11
Nacherbfolge zu Lebzeiten des Vorerben **6** 18 ff
mehrfach gestufte **6** 14

Steuerentstehung bei N. vor ihrem Eintritt **9** 53
beim Tod des Vorerben **6** 10
Nacherbschaft, Beweislast hinsichtlich Umfang und Zusammensetzung **6** 12
Zusammenrechnung mit Vorerwerben **6** 13
s auch Vor- und Nacherbschaft
Nachfolgeklausel bei Personengesellschaften **3** 12, 19, 62, 73
Nachlass, Abwicklungskosten **10** 44
Nachlasshaftung für die Erbschaftsteuer **20** 11 ff
bei Teilauseinandersetzung **20** 13
Nachlasspfleger, Abgabe der Steuererklärung **31** 12 ff
Haftung für Erbschaftsteuer **20** 21
Steuerbescheid an N. **32** 6 ff, 10
Nachlasssteuer im Gegensatz zur Erbanfallsteuer **1** 8
Nachlassverbindlichkeit 10 15 ff, 31 ff
Abfindungsleistung als N. **3** 98
kein Abzug bei fehlender wirtschaftlicher Belastung **6** 24
Auflagen **10** 39
Aufwendungen bei Umwandlung der Vorerbschaft in Vollerbschaft **6** 7
und Ausgleichungspflicht nach §§ 2050 ff BGB **10** 40
Bewertung **10**
Erbschaftsteuererklärung **10** 45
Erbschaftsteuerschuld eines Miterben als Quasi-N. **9** 10
Erwerbskosten **10** 47
Grabpflege **10** 42 f
Inanspruchnahme des Beschenkten als Pflichtteilsschuldner **10** 41
Kaufrechtsvermächtnis **10** 38
keine N. **10** 40
Konfusion, Konsolidation **10** 27
(Nachlass-)Abwicklungskosten **10** 44
Pflegedienste **10** 49
Pflichtteile **10** 36
aus Schenkungsversprechen beim Tod des Versprechenden **7** 48
sonstige **10** 42
Steuerberatungskosten **10** 45 f
Vermächtnis **3** 40 ff
– Anspruch **10** 37
und wirtschaftliche Last **10** 31 b

838

magere Ziffern = Anmerkungen **OHG/KG**

Zugewinnausgleichsforderung als N.
5 46
s auch Erwerbskosten
s auch Kosten
s auch Schulden-Abzug
Nachlassverwalter, Abgabe der Steuererklärung **31** 12 ff
Haftung für Erbschaftsteuer **20** 21
Steuerbescheid an N. **32** 6 ff, 10
Nachlassverwaltung, Einrichtung der N. und Entstehung der Steuer **9** 9 f
Kosten der N. **10** 52
Nach-Nacherbe, Besteuerung des N. **6** 14
Nachsteuer und Abschlagsminderung **13 a** 26
Anzeigepflichten **13 a** 36 f
bei Betriebsaufgabe **13 a** 28
Entnahmefälle **13 a** 33
und gemischte Schenkung **13 a** 27
Siebenjahresfrist **13 a** 24
Umfang **13 a** 25
Veräußerungsfälle **13 a** 27 ff
Wegfall der Mindestbeteiligung **13 a** 35
Nachträgliche Betriebseinnahmen, Doppelbelastung mit Erbschaftsteuer und Einkommensteuer **Einf** 2
Nachvermächtnis 3 39, 98; **6** 22; **9** 28
Negative Schenkung 7 65 f
Negative Vorerwerbe/Erwerbe, Zusammenrechnung **14** 25
Neue Bundesländer, Zugewinnausgleich **5** 6 f
Nicht notierte Anteile an Kapitalgesellschaften, Bewertung **12** 38 ff
Bewertungsmethoden **12** 41 ff
Nichtabzugsfähige Posten 7 62 ff
Nichteheliche Kinder und Erbengemeinschaft **3** 36
und Erbersatzanspruch **3** 36
Steuerklasse **15** 6
verfassungsrechtliche Problematik der Besteuerung **3** 37 f
vorzeitiger Erbausgleich **7** 110
Nichteheliche Lebensgemeinschaft, Steuerklasse **15** 5
verfassungsrechtliche Problematik der Besteuerung **Einf** 10

Versorgungsansprüche Hinterbliebener **3** 85
Versorgungsfreibetrag **17** 5, 13
Nießbrauch, Ausführung der Zuwendung des N. **9** 43
und bedingter Vermächtniserwerb **9** 27
Belastung mit N. als entreichernder Posten **7** 55, 57
Konfusion, Konsolidation **10** 28
Steuerfolgen des Erlöschens **7** 55
vorzeitiger Verzicht **7** 55
s auch Nießbrauchsvorbehalt
Nießbraucher, Vorerbe wird nicht als N. behandelt **6** 3
Nießbrauchsschenkung 7 9
Nießbrauchsvermächtnis 3 46
Nießbrauchsvorbehalt 7 55
des Schenkers und Ausführung der Zuwendung **9** 40
Normaltarif 19 2
Notare, Anzeigepflichten **34** 4 f
Nutzungen *s Jährliche Versteuerung*
Nutzungen und Leistungen bei Nießbrauchsvorbehalt **7** 55
Nutzungsauflage *s Auflage*
Nutzungs-/Rentenlast usw *s Besteuerung bei Nutzungs-/Rentenlast usw*
Nutzungsvorteil, Besteuerung des N. bei Erlöschen der Steuer **29** 3, 16 ff
Nutzungszuwendung, Zusammenrechnung mit dem Erwerb des Vermögens **14** 21

Oder-Konto 10 12
Offensichtlich unzutreffende Bewertungsergebnisse, Bedeutung **12** 81
Öffentliche Kassen, Zuschüsse aus **7** 88
Öffentliches Recht, Vererbungs- und Zuwendungsvorgänge **1** 3
Öffentlich-rechtliche Körperschaften, Vermögenstransfers **7** 88
OHG-Beteiligung *s Personengesellschaft*
OHG/KG als Erwerber **20** 4
Schenkung einer OHG/KG-Beteiligung **7** 70 ff; **9** 41
Steuerpflicht **1** 6 f

Öko-Fonds

fette Ziffern = §§ ErbStG

Vererbung eines Gesellschaftsanteils **3** 19
s auch Personengesellschaft
Öko-Fonds, Zuwendungen an Ö. **8** 7
Option zur unbeschränkten Steuerpflicht **2** 11 b
Ordnungswidrigkeit, Zuwiderhandlungen gegen Anzeigepflichten **33** 8 f
Örtliche Zuständigkeit für Steuerfestsetzung **35**

Paketzuschlag, Berücksichtigung bei der Bewertung **12** 27
für nichtnotierte Anteile **12** 47
Patengeschenke beim Stapellauf eines Schiffes **13** 55
Patentrechte, Bewertung **12** 22
Pensions- und Unterstützungskassen, Zuwendungen an P. **13** 72
Per-country-limitation, Anrechnung ausländischer ErbSt/SchSt **21** 23 f
Perlen 13 6
s auch Schmuck
Personengesellschaft, Anteilserwerb **10** 21 a
Anteilsübergang beim Tod eines Gesellschafters **3** 62 ff
Anteilsübertragung und gemischte Schenkung **7** 70 ff
Bereicherung durch Aufnahme in eine P. **7** 70 ff
Beteiligung an einer P. als Schenkung **7** 70 ff
Beteiligung an einer P. und Steuerentstehung **9** 54
einheitliche Zuwendung **1** 7
Gewinnübermaß-Schenkung **7** 133 ff
Hinterbliebenenversorgung **3** 91
Nachfolgeklausel **3** 19, 73
Schenkung einer Beteiligung mit Buchwertklausel **7** 121 ff, 149
Übernahmeklausel in der P. **3** 63
s auch Anteilsübergang im Gesellschaftsrecht
s auch Gesellschaftsanteile
s auch GmbH & Co KG
s auch OHG/KG
Personengesellschafter, Steuerklasse **1** 7
als Steuerschuldner **1** 7

Personenvereinigung, Mitgliederbeiträge **18**
Persönliche Steuerpflicht 2
Stichtagsprinzip **9** 5
Persönliche Verhältnisse, Berücksichtigung bei der Bewertung **12** 25
Pflegedienste als Erwerbskosten **10** 49
Freibetrag für P. **13** 39 f
Pflegekinder, Steuerklasse **15** 8
Pflichtteil, Besteuerung des P. und verfassungsrechtliche Bedenken **3** 53
Bewertungsstichtag bei Pflichtteilsverbindlichkeit **11** 4
Entstehung der Steuer **3** 52; **9** 6, 30 ff
und erbrechtlicher Zugewinnausgleich **5** 10 f, 32 f
Inanspruchnahme des Beschenkten nach § 2329 BGB **10** 41
maßgebliche Erbquote **3** 49
maßgeblicher Nachlasswert **3** 50 f
– als Nachlassverbindlichkeit **10** 36
Verzicht auf den P. **13** 47
Pflichtteilsanspruch, Abfindung für P. **3** 54
Berechnung **11** 3
Geltendmachung **3** 52; **9** 30 ff
Grundstücksübertragung als Abfindung **Einf** 4
Grundstücksübertragung an Erfüllungs statt oder als Abfindung **3** 53
bezüglich steuerbefreiter Vermögensgegenstände **10** 55
Steuerentstehung beim P. **9** 30 ff
Verzicht **3** 54
– auf entstandenen P. **3** 101; **9** 37, 39; **13** 47
Pflichtteilsergänzungsanspruch 3 7, 49, 54
Pflichtteilsverzicht gegen Abfindung **6** 24
Abfindung für P. nach dem Erbfall **10** 36
Abfindung für P. vor dem Erbfall **7** 107; **9** 53
Pkw, Befreiung **13** 3
Politische Fördergesellschaften, Zuwendungen **8** 5
Politische Parteien, Zuwendungen **13** 68

magere Ziffern = Anm. **Schenkung mit Weiterschenkklausel**

Politische Vereinigung, Mitgliederbeiträge **18**
Preisverleihungen an Künstler, Schriftsteller usw **13** 71
Progressionsvorbehalt 19 7 f
bei der Besteuerung des Nacherben **6** 17
Prozesskosten 10 48

Qualifikation ausländischer Erwerbe *s Ausländisches Recht*
Qualifizierte Nachfolgeklausel 3 19, 73

Realteilung, Fortführung von Buch- und Steuerwerten bei der R. **3** 33
Rechtliche Struktur des Vermögensanfalls und Bewertung **10** 14 a
Rechtsbehelfe gegen Steuerbescheid **32** 13 ff
Reinvestitionsklausel 13 a 25
Remainderman bei Trustvermögen **2** 4
Remuneratorische Schenkung 7 120
Renten, Doppelbelastung mit Erbschaft-/Schenkungsteuer und Einkommensteuer **Einf** 2 f
erweiterte beschränkte Steuerpflicht **2** 12
s auch Hinterbliebenenbezüge
s auch Jährliche Versteuerung
s auch Nutzungen und Leistungen
Renten-/Nutzungslast usw *s Besteuerung bei Nutzungs-/Rentenlast usw*
Rentenstammrecht 9 53
Rentenvermächtnis 3 46; **9** 13
Rückdatierung in Schenkungsverträgen **11** 8
vertragliche R. des Ausführungszeitpunktes der Zuwendung **9** 49
Rückforderungsrechte, Erlöschen der Schenkungsteuer **29** 4 ff
Rückschenkungen an Eltern/Voreltern **1** 25
Ruhegehalt und ähnliche Zuwendungen **13** 53

Saatzucht *s Land- und forstwirtschaftliches Vermögen*

Sachleistungsansprüche im Gegenseitigkeitsverhältnis, Bewertung **12** 24
als Inlandsvermögen **2** 11
bei Vermächtnis **3** 40 ff
Sachliche Steuerbefreiungen 13 1 ff
Sachschenkung, Ausführung der S. **9** 43
Sachwertgrundstücke, Bewertung **12** 62
Sammlungen, Befreiung **13** 5, 8 ff
Schadensersatzanspruch wegen rechtswidriger Vereitelung einer Erbaussicht **3** 6
wegen Tötung des Erblassers **3** 6
Schenker als Steuerschuldner **20** 3, 6
Schenkung, Abziehbarkeit von Abwicklungskosten **10** 46
Abziehbarkeit von Erwerbskosten **10** 50
beeinträchtigende S. des Erblassers zu Lasten des durch Erbvertrag oder gemeinschaftliches Testament eingesetzten Erben **3** 7
Schenkung auf den Todesfall 3 55 ff
bedingter Erwerb durch S. und Steuerentstehung **9** 29
Entstehung der Steuer **9** 14, 29
gemischte **1** 25
durch Vertrag zugunsten Dritter **3** 78
Vollzug zu Lebzeiten des Erblassers **3** 56
Wille zur Freigebigkeit **3** 59 f, 68 ff
Schenkung iS des BGB und Schenkung iS des § 7 ErbStG **7** 3, 9 ff
Schenkung iS des § 7 ErbStG, belohnende, remuneratorische **7** 120
Bereicherung iS des § 7 und iS des § 10 ErbStG **7** 4 ff, 52 ff
Gegenstand der S. **7** 14 ff
gemischte **7** 28 ff, 31 ff
Gesellschaftsanteil mit Buchwertklausel **7** 121 ff
mittelbare **7** 10, 17
Rechtsentwicklung **7** 2 f
und Schenkung iS des BGB **7** 3, 9 ff
steuerpflichtiger Erwerb **7** 4 ff
s auch Gegenstand der Zuwendung
Schenkung mit Weiterschenkklausel 7 69

841

Schenkung unter Auflage

fette Ziffern = §§ ErbStG

Schenkung unter Auflage 7 5 ff, 8, 36 ff, **94** ff, 120
Ausführung der Zuwendung an den Auflagebegünstigten **9** 51
bisherige Interpretationslinie **7** 37 ff
Doppelbelastung mit Erbschaftsteuer und Grunderwerbsteuer **Einf** 4
neue Linie der Finanzverwaltung **7** 45
Schenkung unter Duldungsauflage 7 42
Schenkung unter Lebenden 7
Anzeigepflicht des Beschenkten/Schenkers **30**
Einzelfälle der S. **7** 107 ff
in Gegenüberstellung zur Schenkung auf den Todesfall **1** 10; **3** 57
Gleichstellung mit Erwerb von Todes wegen **1** 22 ff
Steuerentstehung **9** 40 ff
Steuererstattung bei Herausgabepflicht **29**
Steuerpflicht **1** 10
steuerpflichtiger Erwerb **10** 18 ff
s auch Freigebige Zuwendung
Schenkung unter Leistungs- und Duldungsauflage 7 44
Schenkung unter Leistungsauflage 7 40 f
Schenkung unter Widerrufsvorbehalt 7 53 f; **9** 40
Schenkungsteuer, Anrechnung ausländischer S. **21**
als Bereicherungssteuer **1** 4
eigene S. nicht abzugsfähig **1** 23; **7** 62; **10** 59
und Erbschaftsteuer **1** 10, 22 ff
Erlöschen wegen nachträglichen Wegfalls der Bereicherung **5** 18; **29**
Übernahme durch den Schenker **7** 6; **9** 41
bei Zusammenrechnung mit Vorschenkungen **14** 1 ff
Schenkungsteuererklärung *s Steuererklärung*
Schenkungsteuerfestsetzung *s Steuerfestsetzung*
Schenkungsversprechen 7 46 ff, 57; **9** 41
Freistellung des Schenkers **7** 47
Schmuck und Inlandsvermögen **2** 11

Schuldbefreiung, Wegfall einer Verbindlichkeit **3** 8
s auch Schulderlass
Schulden-Abzug 10 32 ff
bei beschränkter Steuerpflicht **2** 11 a; **10** 56 f
bei Doppelbesteuerungsabkommen **10** 56
eigene Erbschaftsteuer nicht abzugsfähig **10** 59
eigene Schenkungsteuer nicht abzugsfähig **1** 23; **7** 62
kein S. für Auflagen zugunsten des Erwerbers **10** 60
− für Nutzungs-/Rentenlasten zugunsten des Schenkers/überlebenden Ehegatten **3** 46
zu Lebzeiten des Erblassers entstandene Schulden **10** 32
mit Erbfall entstehende Schulden **10** 32
nach dem Erbfall entstehende Schulden **10** 32
nicht berücksichtigungsfähige Schulden **10** 34
im Fall einer Schenkung **10** 35
schuldähnliche Posten **10** 32
Schuldanerkenntnis **10** 33
Stichtag **9** 6
bei Vereinigung von Recht und Verbindlichkeit **10** 27 f
s auch Erwerbskosten
s auch Kosten
s auch Nachlassverbindlichkeit
Schulderlass 13 32 ff
des Pflichtteilsgläubigers **3** 101
im Vermächtnisrecht **3** 102
Schuldtilgung 7 56 b
Schwiegereltern, persönlicher Freibetrag **16**
Steuerklasse **15** 13
Schwiegerkinder, persönlicher Freibetrag **16**
Steuerklasse **15** 13
Sicherheiten, Bestellung, Aufgabe, Rangrücktritt als Bereicherung **7** 56 b
Sicherheitsleistung durch Testamentsvollstrecker usw **32** 11
Sonderausgabe (Einkommensteuer), Jahressteuer abzugsfähig als S. **23** 9

magere Ziffern = Anmerkungen **Steuerklasse**

Staaten, ausländische *s Ausländische Staaten*
Staatsgeschenke 13 55
Standesämter, Anzeigepflichten **34** 2
Steuer, Entstehung **9** 1 ff; *s auch Entstehung der Steuer*
Fälligkeit **9** 1
Steuerbefreiungen *s Befreiungen*
Steuerbescheid, Aussetzung der Vollziehung **28** 11
Bekanntgabe an gesetzliche Vertreter/Verfügungsberechtigte **32** 5
– bei mehreren Erwerbern **32** 2
– an Schenker **32** 2
– an Steuerschuldner **32** 1 ff
– an Testamentsvollstrecker/Nachlassverwalter/Nachlasspfleger **32** 6 ff
Berichtigung eines bestandskräftigen S. **32** 17
endgültiger/vorläufiger, unter Vorbehalt der Nachprüfung **32** 3
feststellender Charakter **9** 1
örtliche Zuständigkeit für Erteilung des S. **35**
Rechtsbehelf (Einspruch) **32** 13
Steuerbetrag, Zuwendung des S. **10** 24 f
Steuerentstehung *s Bewertungsstichtag s Entstehung der Steuer*
Steuererklärung, Abgrenzung zur Anzeige **31** 1
Ausübung von Wahlrechten **31** 8
Erklärungsfrist **31** 5
bei fortgesetzter Gütergemeinschaft **31** 10
gemeinsame S. der Erben **31** 11
Inhalt **31** 6 ff
und Inventar **31** 6
Verpflichtung zur Abgabe **31** 1 ff
Verspätungszuschlag wegen verspäteter Abgabe **31** 5
und Wertangaben **31** 7
zusätzliche Auskunftspflicht **31** 16
Steuererklärungspflicht im Fall der fortgesetzten Gütergemeinschaft **4** 9
Steuerermäßigung bei Aufhebung eines trust **26** 5
bei Aufhebung/Auflösung von Familienstiftung (-verein) **26**
bei mehrfachem Erwerb desselben Vermögens **1** 25; **27**
– und Stichtagsprinzip **9** 5

Steuererstattung wegen nachträglichen Wegfalls der Bereicherung **29**
an Testamentsvollstrecker **32** 12
Steuererstattungsansprüche 10 21
Steuerfestsetzung, Aufhebung wegen nachträglichen Wegfalls der Bereicherung **29**
Aussetzung der Vollziehung **28** 11
Berichtigung **32** 17
– bei Buchwertklauseln **7** 130
– bei Eintritt der auflösenden Bedingung **7** 52
Kleinbetragsgrenze **22**
bei mehrfachem Erwerb desselben Vermögens **27**
örtliche Zuständigkeit für S. **35**
s auch Steuerbescheid
Steuerfreiheit bei beschränkter Steuerpflicht **2** 11 a
beim erbrechtlichen Zugewinnausgleich **5** 8 ff, 31 ff
beim güterrechtlichen Zugewinnausgleich **5** 38 ff
der Hinterbliebenenbezüge aus einem Arbeitsverhältnis **3** 94
Kritik der herrschenden Interpretation **5** 32 ff
von Schulden und Lasten **10** 53
teilweise befreite Vermögensgegenstände **10** 57
s auch Befreiungen
Steuergegenstände Einf 1
Steuerklasse, Abkömmlinge von Kindern/Stiefkindern **15** 9, 11
durch Adoption begründete Verwandtschaftsverhältnisse **15** 14
durch Adoption erloschene Verwandtschaftsverhältnisse **Einf** 11; **15** 17 f
Adoptiveltern/Voreltern **15** 12 f
bei Beendigung eines trust **15** 25
Ehegatte **15** 5
Eltern/Voreltern **1** 25; **15** 12 f
Familienstiftung **15** 19
Familienstiftung (-verein) **1** 20 f
bei gemeinschaftlichem Testament von Eheleuten **15** 28 f
geschiedener Ehegatte **15** 13
Geschwister **15** 13
Geschwisterkinder **15** 13
bei Herausgabe von Vorerbschaftsvermögen **7** 111, 117 f
juristische Personen **15** 15

843

Steuerklasseneinteilung fette Ziffern = §§ ErbStG

bei Kettenschenkung **7** 67 ff
Kinder **15** 6 ff
Kinder verstorbener Kinder/Stiefkinder **15** 9
bei der Nacherbfolge **6** 12 ff, 17
nichteheliche Lebensgemeinschaft **15** 5
für Periodenbesteuerung der Familienstiftungen (-vereine) **15** 27
Personengesellschafter **1** 7
persönliches Verhältnis zwischen Erblasser/Schenker und Erwerber **15** 2 ff
Schwiegereltern **15** 13
und Stichtagsprinzip **9** 5
Stiefeltern **15** 13
übrige Erwerber **15** 15
Verlobte **15** 5, 15
Zusammenrechnung mehrerer Erwerbe bei Wechsel der S. **14** 14
Zweckzuwendungen **15** 15
s auch Freibetrag
s auch Versorgungsfreibetrag
Steuerklasseneinteilung 15 2 ff
Steuerpflicht, Begründung der S. für Erwerbe von Todes wegen **1** 9
beschränkte s Beschränkte Steuerpflicht
Gesellschafter bürgerlichen Rechts **1** 7
Gesetzesaufbau **1** 1
einer OHG/KG **1** 6 f
persönliche s Persönliche Steuerpflicht
unbeschränkte s Unbeschränkte Steuerpflicht
Steuerpflichtige Vorgänge 1
mit Auslandsberührung **2**
Erwerbe nach ausländischem Recht **2** 3 f; **3** 12, 30
Zuschüsse aus öffentlichen Kassen **1** 3
Steuerpflichtiger Erwerb, Abzugsverbote **10** 51 ff
Allgemeines **10** 1 ff
Anwartschaft eines Nacherben **10** 29
Bemessungsgrundlage **10** 1
Bereicherungsprinzip **10** 6
besonderer steuerlicher Bereicherungsbegriff **10** 19 ff
einheitlicher Erwerb **10** 10
Entstehungsgeschichte **10** 4
Ermittlung der Bereicherung bei Schenkungen unter Lebenden **10** 19 ff
bei Ersatzerbschaftsteuer **10** 22

bei Erwerben von Todes wegen **10** 11 ff
Feststellung der Bereicherung **10** 17
Konfusion, Konsolidation **10** 27
Nettobetrag **10** 2, 31
Nettorechnung **10** 5
positiver Erwerb **10** 8
bei Schenkungen **10** 18 ff
Steuerbefreiungen **10** 9, 13
steuerfreie Schulden und Lasten **10** 53
s auch Erwerb
s auch Wertermittlung
Steuersätze 19
Härteausgleich bei geringem Überschreiten einer Wertstufe **19** 9 f
bei der Nacherbfolge **6** 17
Steuerschuld, Fälligkeit **9** 1
Steuerschuldner 20 3 ff
Allgemeines **20** 1 f
Bekanntgabe des Steuerbescheides an S. **32** 1 ff
bei der Ersatzerbschaftsteuer **1** 20
Erwerber **20** 3
Erwerber von Todes wegen als S. trotz Übertragung des Erwerbs **3** 11; **9** 33
bei Familienstiftung **20** 9
bei der fortgesetzten Gütergemeinschaft **4** 9; **20** 10
Haftung anderer s Haftung
Inanspruchnahme des Schenkers **20** 6
Personengesellschafter als S. **1** 7
bei Übernahme der Steuerzahlung durch andere **20** 5
bei Übertragung der Nacherbenanwartschaft **3** 11
Vorerbe als S. **6** 4; **20** 14
bei der Zweckzuwendung **8** 10; **20** 8
Steuerstundung nach belasteten Alterwerben vor 2009 **25** 7
beim Wohnraumerwerb **28** 7 f
Steuersystem, Erbschaftsteuer im S. **Einf** 1 ff
Steuertarif 19
Steuertarif I 19 4
Steuertarif II 19 3
Steuerübernahme, Anforderungen **10** 25
bei Erwerben von Todes wegen **10** 26
Steuervergünstigungen s Befreiungen
Steuerwert 3 67; **7** 148; **12** 3

magere Ziffern = Anmerkungen

Testament

Steuerzahlung durch Testamentsvollstrecker **32** 11
Stichtagbewertung 11
Stichtagsprinzip, Entstehung der Steuer **9** 4 ff, 12
und erwerbsmindernde Posten **9** 6
Stiefabkömmlinge, Anspruch auf Ausbildungsmittel als gesetzliches Vermächtnis **3** 71; **9** 28
Stiefeltern, Steuerklasse **15** 12 f
Stiefkinder, persönlicher Freibetrag **16**
Steuerklasse **15** 7, 11
Versorgungsfreibetrag **17** 10
Stiftung, Aufhebung und Neuerrichtung **7** 115
außerordentliche Ausschüttungen **7** 112
Errichtung einer S. für kirchliche, gemeinnützige, mildtätige Zwecke **13** 60
Erwerb infolge Aufhebung (Erlöschen) der S. **7** 113
gemeinnützige und nichtgemeinnützige **7** 112
Satzungsänderung **7** 113
satzungsmäßige Ausschüttungen **7** 88
Steuerentstehung **9** 56
– beim Übergang von Vermögen auf eine vom Erblasser von Todes wegen angeordnete S. **9** 34, 39
– beim Vermögensübergang bei Gründung einer S. **9** 53
– bei Zuwendung des Vermögens bei Aufhebung der S. **9** 53
Vermögensausstattung **3** 95; **7** 112
Vermögensübergang auf Grund eines Stiftungsgeschäftes unter Lebenden **7** 112
Vermögensübergang auf Grund eines Stiftungsgeschäfts von Todes wegen **3** 95
Zustiftung **7** 112
und Zweckzuwendung **8** 4
s auch Familienstiftung
Stille Beteiligungen, Bewertung **12** 28 ff
Stille Gesellschaft und Buchwertklausel **7** 127
Stille Reserven 7 121 ff
Stiller Gesellschafter, Schenkung der Einlage **9** 41

Strikte Anwendung des Stichtagsprinzips **11** 8
Stufenklage und Geltendmachen **9** 32
Stufentarif 19 5
Stundung, zur Erhaltung des Betriebs notwendige S. **28** 5 f
beim Erwerb von Betriebsvermögen/land- u forstwirtschaftlichem Vermögen **28** 4
nach § 222 AO **28** 2, 4
bei der Periodenbesteuerung der Familienstiftungen (-vereine) **28** 12
s auch Zinslose Stundung
Stundungszinsen 28 9
Substanzwert 12 93
Subventionen der öffentlichen Hand **13** 71
Surrogate, Erlöschen der Steuer bei Weitergabe der Zuwendung **29** 14

Tarif *s Steuersätze*
Tarifbegrenzung 19 a
begünstigter Erwerb **19 a** 4 ff
Ermittlung des Entlastungsbetrages **19 a** 7 ff
Nachsteuer **19 a** 10
Regelungsmechanismus **19 a** 2
Voraussetzungen **19 a** 3
Wirkungsweise **19 a** 1
Teichwirtschaft *s Land- und forstwirtschaftliches Vermögen*
Teilabzug von Pflichtteilsschulden **10** 57
Teilauseinandersetzung, Nachlasshaftung **20** 13
Teilbefreiung von Vermögensgegenständen **10** 57
Teilungsanordnung 3 20, 23 f; **10** 12, 40
und Bemessungsgrundlage für Steuerbefreiungen **3** 20
keine Nachlassverbindlichkeit **10** 40
Verschiebung der Erbquoten **3** 25
und Vorausvermächtnis **3** 24
und Wahlrecht **3** 23 f, 45
Teilweise Freistellung der Witwenrente **5** 24
Teilwert, Begriff **12** 26
Testament, Anspruch des durch gemeinschaftliches T. eingesetzten Erben wegen beeinträchtigender

845

Testamentsanfechtung   fette Ziffern = §§ ErbStG

Schenkungen des Erblassers **3** 7, 104
gewillkürte Erbfolge **3** 13
mündliche Änderung oder mündlicher Widerruf **3** 29
Steuerklasse bei gemeinschaftlichem T. von Eheleuten **15** 28 f
verschollenes T. und Steuerentstehung **9** 12
Testamentsanfechtung und Steuerentstehung **9** 11
Testamentsvollstrecker, Abgabe der Steuererklärung **31** 12 ff
Bekanntgabe an den T. und Fristenlauf **32** 15
Grenzen der Zugangsvertretung **32** 8 f
Haftung für Erbschaftsteuer **20** 21
Rechtsbehelfsbefugnis des T. **32** 14
Steuerbescheid an T. **32** 6 ff
als Zugangsvertreter für die Erben **32** 7
Testamentsvollstreckung, Anordnung der T. und Entstehung der Steuer **9** 9 f
Testierfreiheit, Gewährleistung der T. **Einf** 9
Tod des Beschwerten, fälliges Vermächtnis **6** 24
des bisherigen Vermögensinhabers **3** 3
Todeserklärung 3 3
und Todestag **3** 5; **9** 8
Todesfallschenkung *s Schenkung auf den Todesfall*
Todeszeitpunkt, Bestimmung **9** 8
bei der Todeserklärung **3** 5; **9** 8
Vermutung gleichzeitigen Versterbens **3** 4; **5** 8; **9** 8
Treuhanderwerb, Pflicht zur Verwaltung und Rückgabe beim T. als entreichernder Posten **7** 57
Treuhandverhältnis 3 8
Trust, Bildung und Ausstattung **3** 95a; **7** 112
als Steuerschuldner **20** 9 a
Trustee 2 4
Zwischenschaltung eines t. und Steuerentstehung **9** 25

Übergabevertrag 7 3 a
Übergangsregelung beim Wechsel gesetzlicher Bestimmungen und Stichtagsprinzip **9** 5

Überlebensbedingung 3 4
Übernahmeklausel in Personengesellschaften **3** 63
Übertragung des Erwerbs 3 11
Umrechnungskurs, Anrechnung ausländischer Erbschaftsteuer **21** 17
Umwandlung einer GmbH in eine Gesellschaft bürgerlichen Rechts **7** 18
einer GmbH in eine GmbH & Co KG **7** 143
von Vorbehaltsgut in Gesamtgut **7** 100
der Vorerbschaft in Vollerbschaft **6** 7
Unbebaute Grundstücke, Bewertung **12** 55 ff
– Öffnungsklausel **12** 57
Unbenannte Zuwendungen 7 85 f
Unbeschränkte Steuerpflicht 2 2 a, 3 ff
als Anrechnungsvoraussetzung **21** 8
objektbezogene Deutung **2** 5 a
Option **2** 11 b
Wirkung **2** 8
Und-Konto 10 12
Unentgeltliche Dienstleistungen, keine freigebige Zuwendung **7** 9
Unentgeltlichkeit *s Bereicherung s Bereicherungswille*
Unterbeteiligungen, Bewertung **12** 28 ff
Schenkung einer U. **7** 49; **9** 41
Unterhaltszuwendungen 13 48 ff
und Erwerb von Todes wegen **1** 27
Unterstützungskassen, Zuwendungen an U. **13** 52 f
Untervermächtnis 3 39; **6** 22; **9** 28; **10** 37
Unverzinsliche Kapitalgewährung 7 50
Gegenstand der Zuwendung **7** 51
Schenkung der Kapitalnutzungsmöglichkeit **7** 51
Schenkung von Kapital **7** 51 a
Unverzinsliche Darlehen als freigebige Zuwendung **7** 51
Unwirksame Ausschlagung *s Ausschlagung*
Unwirksame Verfügung von Todes wegen, Erwerb **3** 12, 28
Urenkelkinder, persönlicher Freibetrag **16** 10
s auch Enkelkinder

magere Ziffern = Anmerkungen **Versicherungsunternehmen**

Urheberrechte, Bewertung **12** 22
erweiterte beschränkte Steuerpflicht
2 12
Urkundspersonen, Anzeigepflichten
34 4 f

Veräußerung des Erwerbs 3 11
Veräußerungsgewinne, Doppelbelastung mit Erbschaftsteuer und Einkommensteuer **Einf** 2
Verein, Erwerb infolge Auflösung eines V. **7** 114
Mitgliederbeiträge **18**
s auch Familienstiftung
Vereinfachtes Ertragswertverfahren 12 80 ff
Berücksichtigung der Unternehmenssteuern **12** 88
Einzelheiten **12** 82 ff
Kapitalisierungsfaktor **12** 89 f
Vereinigung von Recht und Verbindlichkeit/Belastung **10** 27 f
Verfassung und Besteuerung des Pflichtteils **3** 53
und Erbschaftsteuer **Einf** 5
und Versorgungsfreibetrag **3** 88;
17 13 f
**Verfassungsrechtlicher Rahmen
Einf** 7 a
Verfügung von Todes wegen durch mündliche Erklärung **3** 29
unwirksame **3** 12, 28
Verfügungsberechtigte, Steuerbescheid an V. **32** 5
Vergleich, Erwerb auf Grund eines V.
3 12, 20, 26; **9** 12
und Übertragung eines Gesellschaftsanteils **7** 151
Vergleichswertgrundstücke, Bewertung **12** 60
Verjährung, Ablaufhemmung
9 61
Anlaufhemmung **9** 59
Kenntnis des Erwerbers **9** 60
der Steuerschuld **9** 59 f
Verlobte, Steuerklasse **15** 5, 15
Vermächtnis 3 39 ff
Abfindung als Gegenstand eines V.
3 47
bedingtes **9** 6
Bewertung **3** 40 ff
und Entstehung der Steuer **9** 13, 27 f

Gegenstand **3** 40
Nachlassverbindlichkeit **3** 40 ff
Vermächtnisanspruch, Schulden-Abzug **10** 37
Vermächtniserwerb und Einkommensteuer **3** 47 a
Vermächtnisgleicher Erwerb 3 71
Vermächtnisverzicht 3 39
Abfindung für V. vor dem Erbfall
7 107; **9** 53
Vermögensanfall 1 3; **10** 2, **12** ff
Bestandteile **10** 12 a
Vermögensrückfall an Eltern/Voreltern **1** 25; **13** 42 ff
Vermögensteuer, Verteilung der Ersatzerbschaftsteuer auf 30 Jahre, vergleichbar mit V. **1** 20
Vermögensverwahrer, Anzeigepflichten **33** 3
Haftung für Erbschaftsteuer **20** 21
Vermögensverwalter, Anzeigepflichten **33** 3
Haftung für Erbschaftsteuer **20** 21
Verrentung, Abzugsfähigkeit der Renten bei der Körperschaftsteuer
24 2
der Ersatzerbschaftsteuer für Familienstiftungen **24** 1
Verschaffungsvermächtnis 3 39,
42
Verschollenheit, Inbesitznahme des Vermögens des Verschollenen ohne Todeserklärung **3** 3
s auch Todeszeitpunkt
Verschonungsabschlag, Begünstigung für Abfindungsansprüche
13 a 9
und Verschaffungsvermächtnis **13 a** 9
Verwaltungsvermögen **13 b** 10 ff
Versicherung auf verbundene Leben 3 77
Versicherungsanspruch, erweiterte beschränkte Steuerpflicht **2** 12
aus Insassenunfallversicherung **3** 73
aus Luftunfall-Pflichtversicherung
3 6
s auch Lebensversicherungsvertrag
Versicherungsunternehmen, Anzeigepflichten **33** 7
Haftung bei Zahlungen ins Ausland/an ausländischen Berechtigten
20 19

Versorgungsansprüche fette Ziffern = §§ ErbStG

Versorgungsansprüche Hinterbliebener 3 6, 84 ff; **5** 23 ff
Ungleichbehandlung vertraglicher/gesetzlicher V. **3** 86 f
s auch *Vertrag zugunsten Dritter*
Versorgungsausgleich 5 21 f, 47
Versorgungsfreibetrag 1 25; **3** 88
Adoptivkinder **17** 10
Anrechnung nichtsteuerbarer Versorgungsbezüge **17** 1, 6 ff
besonderer **17**
Ehegatte **17** 2, 4 ff
Ermittlung des Kapitalwerts der anrechenbaren Versorgungsbezüge **17** 7
Kinder **17** 3, 10 ff
– Kürzungen **17** 11 ff
Lebenspartner **17** 2
nichtehelicher Partner **17** 5
Stiefkinder **17** 10
und Verfassung **Einf** 10; **3** 88; **17** 13 f
Versprechensschenkung 7 46 ff; **9** 41
Vertrag zugunsten Dritter 3 73 ff; **7** 17; **9** 15
echter/unechter **3** 78
Schenkung auf den Todesfall durch V. **3** 78
Valutaverhältnis **3** 79 ff
Widerrufsvorbehalt des Versprechensempfängers **3** 82
Zurückweisung des Erwerbs **3** 83, 100
Vertragserbe 3 7, 104
Vertragsübernahme, gesetzliche V. beim Tod des Mieters **3** 6
Verwaltungsvermögen, maßgebliche Vermögensquote **13 b** 11
Voraussetzungen **13 b** 12 ff
Verwaltungsvermögensquote, Ermittlung **13 b** 23
gesonderte Feststellungen **13 b** 24 a
bei Kapitalgesellschaften **13 b** 24
Verwandtschaft, Steuerklasse bei Erlöschen der V. durch Adoption eines Minderjährigen **Einf** 11
Verzicht, Abfindung für V. **3** 98 ff; **7** 107, 116; **9** 37, 39, 53
auf Anteil bei fortgesetzter Gütergemeinschaft **4** 8
Bereicherung beim Verzicht auf den Widerrufsvorbehalt **7** 61
auf den entstandenen Pflichtteilsanspruch **3** 101; **9** 37, 39

auf das Nacherbenrecht **6** 7, 8
auf einen nicht steuerbaren Erwerb keine Bereicherung **7** 56 c
auf den Pflichtteil **13** 47
auf den Zugewinnausgleich **5** 42
Vonselbsterwerb 3 15
Entstehung der Steuer **9** 9
Vor- und Nacherbfolge, bedingte Erbeinsetzung als Anordnung einer V. **9** 24
Vor- und Nacherbschaft 3 12 f; **6**; **9** 9 f
bei Auslandsberührung **2** 7
Begriff **6** 2
Kritik an der Besteuerung **6** 25 ff
Umwandlung der Vorerbschaft in Vollerbschaft **6** 7
vorzeitige Herausgabe des Vermögens **7** 111, 117 f
Zusammenrechnung mehrerer Erwerbe **6** 13; **14** 7
Zusammentreffen mit vor- und nacherbschaftsfreiem Erwerb **6** 5, 11
s auch *Nacherbe*
Voraus des Ehegatten 3 71
Voraus des Lebenspartners 3 71
Vorausvermächtnis 3 24, 39, 45; **10** 40
s auch *Teilungsanordnung*
Vorbehaltsgut bei der ehelichen Gütergemeinschaft **7** 100
Umwandlung in Gesamtgut **7** 100
Vordatierung, vertragliche V. des Ausführungszeitpunktes der Zuwendung **9** 49
Voreltern, Erbrecht **3** 14
Vorempfänge, Ausgleich von V. bei fortgesetzter Gütergemeinschaft **4** 5
Vorerbe, Besteuerung **6** 3 ff
Tod des V. **6** 6
Vorerbschaft, Umwandlung in Vollerbschaft **6** 7
Vorrang des § 7 vor § 10 ErbStG **7** 5
Vorschenkungen s *Zusammenrechnung mehrerer Erwerbe*
Vorweggenommene Erbfolge, Begriff **7** 3 a
Bereicherung **7** 58
verfassungsrechtlicher Schutz **Einf** 9
Vorzeitiger Erbausgleich 7 110

magere Ziffern = Anmerkungen **Zugewinnausgleich**

Wahlkampfspenden an Abgeordnete/Kandidaten **13** 68
Wahlrecht zwischen Freistellung von ErbSt oder Spendenabzug bei ESt/KSt/GewSt **29** 14
zwischen Sofortversteuerung und jährlicher Versteuerung **23** 6 ff, 13
Wahlvermächtnis 3 47
Wegfall der Befreiung 13 14, 63
Wegfall der Bereicherung, Erlöschen der Steuer **5** 18; **29**
Wegfall der Geschäftsgrundlage bei Schenkungen **29** 8
Wegfall einer dinglichen Belastung 3 8
Weinbaubetriebe *s Land- und forstwirtschaftliches Vermögen*
Weitergabe an öffentliche oder gemeinnützige Träger, Erlöschen der Steuer **29** 11 ff
Wertänderungen nach dem Bewertungsstichtag **11** 5
Wertangaben bei der Steuererklärung **31** 7
Werterhöhung eines Gesellschaftsanteils als Gegenstand einer Zuwendung **7** 15, 74 a
Wertermittlung, Definition **11** 1
Stichtag **11** 1
und Stichtagsprinzip **9** 5
im Zivilrecht **11** 1 a
s auch Steuerpflichtiger Erwerb
Wertpapiere und Anteile und Inlandsvermögen **2** 11 f
s auch Aktien
s auch Gesellschaftsanteile
Wesentliche Beteiligung an Kapitalgesellschaft als Inlandsvermögen **2** 11
Widerrufsvorbehalt, Bereicherung beim Geltendmachen/Verzicht auf den W. **7** 61
Schenkung unter W. **7** 53 f; **9** 40
Wiederkehrende Nutzungen oder Leistungen, Bewertung **12** 31 ff
Doppelbelastung mit Erbschaft-/Schenkungsteuer und Einkommensteuer **Einf** 2 f
erweiterte beschränkte Steuerpflicht **2** 12
Wille zur Freigebigkeit, Feststellung des W. **7** 91 ff

bei gesellschaftsvertraglichen Vermögensumschichtungen **3** 68 ff
bei Schenkung auf den Todesfall **3** 59 f, 68
bei Vereinbarung der Gütergemeinschaft **7** 105 f
s auch Bereicherungswille
Wille zur schenkweisen Zuwendung 7 82
Kritik **7** 83
Wille zur Unentgeltlichkeit 7 79
Fehlen **7** 80
Wirtschaftliche Betrachtungsweise Einf 11
Wirtschaftlicher Zusammenhang 10 55
Wirtschaftliches Eigentum 7 55; **9** 40, 46
Wirtschaftsgüter, bewegliche, erweiterte beschränkte Steuerpflicht **2** 12
Wirtschaftswert, Ermittlung als Ertragswert **12** 52
Witwenrenten *s Hinterbliebenenbezüge*
Wohnsitz 2 6
Wohnungsleihe als freigebige Zuwendung **7** 9

Zahlung durch Übereignung von Kunstgegenständen **29** 15
Zehnjahresfrist bei Steuerermäßigung wegen mehrfachen Erwerbs desselben Vermögens **27** 2, 10
Zeitlich begrenzte Nutzungen oder Leistungen, Bewertung **12** 33
Zeitlich nicht begrenzte Nutzungen oder Leistungen, Bewertung **12** 34
Zeitlicher Anwendungsbereich des ErbStG **37**
Zinsfreie Stundung 7 50
Zinslose Stundung, Erwerbe von Todes wegen **28** 3
Zivilrecht und Erbschaftsteuer **Einf** 11
Zu Wohnzwecken vermietete Grundstücke, begünstigte Objekte **13 c** 3
Begünstigungstransfer **13 c** 4
Zugewinnausgleich, Allgemeines **5** 1 ff

849

Zugewinnausgleichsforderung fette Ziffern = §§ ErbStG

Anrechnung von Schenkungen nach § 1380 BGB **5** 18 f
Ausgleichsmodalitäten **5** 4
Ausschluss der Anrechnung im Rahmen von § 1380 BGB **5** 19
Beendigung des Güterstandes **5** 8
Berechnung des Freibetrages **5** 12 ff
bei beschränkter Steuerpflicht **5** 37
und Ehevertrag **5** 26 ff, 39
erbrechtliche Lösung des Z. **3** 49; **5** 4, 8 ff
und grobe Unbilligkeit **5** 20
güterrechtliche Lösung des Z. **3** 49; **5** 4, 38 ff
und Güterstandsschaukel **5** 39
und Hinterbliebenenbezüge **5** 23 ff
Inflationsausgleich **5** 14
und Lebenspartner **5** 3
neue Bundesländer **5** 6 f
rückwirkend vereinbarte Zugewinngemeinschaft **5** 27 ff
Steuerwert des Endvermögens als Freibetragsgrenze **5** 31
Vermutung des Fehlens von Anfangsvermögen **5** 16
und Versorgungsausgleich **5** 21 f, 47
Verzicht auf den Z. **5** 42
ohne Wechsel des Güterstandes **5** 39
Zugewinnausgleichsforderung, Steuererstattung bei Anrechnung einer Schenkung auf die Z. **29** 10
Zugewinngemeinschaft 5
Güterstand **5** 5
s auch Zugewinnausgleich
Zukünftige GmbH-Geschäftsanteile, Abtretung **9** 45
Zurückweisung (§ 333 BGB) eines durch Vertrag zugunsten Dritter auf den Todesfall zugewandten Erwerbs **3** 100
Zusammenrechnung mit zugewandtem Steuerbetrag **10** 24 f
Zusammenrechnung mehrerer Erwerbe, Abzugssteuer **14** 11 f
bei Änderung von Freibeträgen, Steuersätzen oder Steuerklassen **14** 14
bei Anwendung von DBA **14** 24
bei Ehegattenerwerb **14** 19
einheitlicher Erwerb **10** 10
Festsetzungsfrist **14** 26
und Freibetrag **14** 3, 14, 17
geschützte Interessen **14** 4
Höchststeuer für den letzten Erwerb **14** 27
Kettenschenkung (= überschneidende Zehnjahreszeiträume) **14** 16 ff
Methode **14** 9 ff
bei Nacherbfolge **14** 7
negative (Vor-)Erwerbe **14** 25
Nichteingreifen **14** 5
als Progressionsvorbehalt **14** 3
bei qualitativer Steuerbefreiung **14** 5
Sonderregeln **14** 25 f
und Steuersatz **14** 18
Voraussetzungen **14** 5 ff
bei Wechsel der persönlichen Steuerpflicht **14** 6
Wirkung des Absatz 1 Satz 4 **14** 19 f
Zehnjahresfrist **14** 8, 16
bei zwischenzeitlichen Gesetzesänderungen **14** 13
Zuständigkeit des Finanzamts, örtliche **35** 1 ff
Verzeichnis der Erbschaftsteuerfinanzämter **Anh 3**
Zustiftungen 1 21; **7** 112
Zuwendung unversteuert erworbener Posten **10** 30
Zuwendungen, Ausführung der Z. *s dort*
unter Ehegatten **7** 85 f
einheitliche, von positiven und negativen Posten **7** 65 f
auf dem Gebiet des Familienrechts **7** 84
im Geschäftsleben **7** 89
innerhalb einer Gesellschaft **7** 72 ff
im Gesellschaftsverhältnis **7** 87
bei Kapitalerhöhungen **7** 74 b
von einer Kapitalgesellschaft **15** 33 f
zwischen Kapitalgesellschaften **7** 155
über Kapitalgesellschaften an natürliche Personen **7** 154
für kirchliche, gemeinnützige, mildtätige Zwecke **13** 65 ff
bei Neugründung einer GmbH **7** 74 b
an politische Fördergesellschaften **8** 5
für politische Zwecke **7** 90; **13** 68
des Steuerbetrages **10** 24 f
steuerfreie *s Befreiungen*

magere Ziffern = Anmerkungen

von Trustvermögen **7** 115 a
unwirksame, anfechtbare Z. als entreichernder Posten **7** 59
s auch Freigebige Zuwendung
s auch Schenkung unter Lebenden
Zuwendungsobjekt *s Gegenstand der Zuwendung*
Zweckänderung, Begründung und Aufhebung der Eigenschaft als Familienstiftung durch Z. einer Stiftung **1** 21
Zweckauflage 1 11
Zweckwidmung 8 4 ff
Zweckzuwendung 8
Abgrenzung vom entgeltlichen Geschäft **8** 3

Zweijahresfrist

Anzeigepflicht des Beschwerten **30**
Arten **8** 9
Begründung der Steuerpflicht **1** 12
Gleichstellung mit Schenkung unter Lebenden **1** 22
Normzweck **8** 2
für öffentliche Zwecke **13** 57
Steuerentstehung **9** 55
Steuerklassen **15** 15
Steuerpflicht **1** 11 f
steuerpflichtiger Erwerb **10** 21 b
Steuerschuldner **8** 10; **20** 8
und Stiftungen **8** 4
und Zweckwidmung **8** 4 ff
Zweijahresfrist bei Weitergabe von Vermögensgegenständen **29** 12 a